Springer-Lehrbuch

Alfred Stobbe

Mikroökonomik

Zweite, revidierte Auflage

Springer-Verlag
Berlin Heidelberg New York
London Paris Tokyo
Hong Kong Barcelona
Budapest

Professor Dr. Alfred Stobbe
Universität Mannheim
Fakultät für Volkswirtschaftslehre und Statistik
Seminargebäude A 5
W-6800 Mannheim 1

Die erste Auflage erschien als Heidelberger Taschenbuch, Band 227, unter dem Titel „Volkswirtschaftslehre II. Mikroökonomik".
1. Auflage 1983: 1.–18. Tausend
2. Auflage 1991: 19.–28. Tausend

ISBN 3-540-54136-5 Springer-Verlag Berlin Heidelberg New York
ISBN 3-540-12446-2 1. Auflage Springer-Verlag Berlin Heidelberg New York

Die Deutsche Bibliothek – CIP-Einheitsaufnahme

Stobbe, Alfred: Mikroökonomik / Alfred Stobbe. –
2., rev. Aufl., 19.–28. Tsd. – Berlin ; Heidelberg ; New York ;
London ; Paris ; Tokyo ; Hong Kong ; Barcelona ; Budapest : Springer, 1991
(Springer-Lehrbuch)
ISBN 3-540-54136-5 (Berlin ...)

Dieses Werk ist urheberrechtlich geschützt. Die dadurch begründeten Rechte, insbesondere die der Übersetzung, des Nachdrucks, des Vortrags, der Entnahme von Abbildungen und Tabellen, der Funksendung, der Mikroverfilmung oder der Vervielfältigung auf anderen Wegen und der Speicherung in Datenverarbeitungsanlagen, bleiben, auch bei nur auszugsweiser Verwertung, vorbehalten. Eine Vervielfältigung dieses Werkes oder von Teilen dieses Werkes ist auch im Einzelfall nur in den Grenzen der gesetzlichen Bestimmungen des Urheberrechtsgesetzes der Bundesrepublik Deutschland vom 9. September 1965 in der jeweils geltenden Fassung zulässig. Sie ist grundsätzlich vergütungspflichtig. Zuwiderhandlungen unterliegen den Strafbestimmungen des Urheberrechtsgesetzes.

© Springer-Verlag Berlin Heidelberg 1983, 1991
Printed in Germany

Satzarbeiten: Konrad Triltsch, Graphischer Betrieb, Würzburg
42/3140-5 4 3 2 1 0 – Gedruckt auf säurefreiem Papier

Vorwort zur zweiten Auflage

Für die Neuauflage habe ich den Text gründlich durchgesehen und, bei praktisch ungeänderter Gliederung, an vielen Stellen geändert, um Fehler zu beseitigen, neuere Entwicklungen zu berücksichtigen und den sprachlichen Ausdruck zu verbessern. Soweit möglich, wurden die statistischen Angaben ebenso wie die Informationen über gesetzliche Bestimmungen und andere institutionelle Einzelheiten auf den neuesten Stand gebracht. In den Literaturanhängen am Schluß der Kapitel sowie in Anhang I wurden ältere Titel weggelassen, neue aufgenommen und Neuauflagen berücksichtigt. Angesichts des schnellen politischen, gesellschaftlichen und wirtschaftlichen Wandels in Mittel- und Osteuropa seit 1985 habe ich die meisten Hinweise auf dortige Verhältnisse in die vollendete Vergangenheit versetzt, aber in der Hoffnung beibehalten und durch weitere Bemerkungen ergänzt, man könne aus dieser Entwicklung etwas lernen.

Aufmerksame Leser werden feststellen, daß bei den Korrekturen eine geringfügig geänderte Schrifttype verwendet wurde. Der Preis konnte so bei fast gleichbleibender Seitenzahl auf dem bisherigen Niveau gehalten werden. Der Verlag läßt die „Heidelberger Taschenbücher" auslaufen und übernimmt das Buch mit neuem Umschlagdesign in die Reihe der „Springer-Lehrbücher". Format und Satzspiegel wurden bei dieser Gelegenheit im Interesse besserer Lesbarkeit vergrößert. Wie schon bei dem Band „Volkswirtschaftliches Rechnungswesen" lasse ich den bisherigen Obertitel weg.

Wolfgang Franz und Ute Hagen haben den Text oder Teile davon kritisch durchgesehen und mir ebenso wie einige Leser durch Verbesserungsvorschläge sehr geholfen. Ich danke ihnen ebenso wie Daniel Bannasch, Sylvie Béguey und Sikandar Siddiqui, die eine Fülle von Einzelheiten überprüft und bei den Korrekturarbeiten mitgewirkt haben. Jedoch trage ich die Verantwortung für die endgültige Fassung wie immer allein. Der Universität Mannheim und der Fakultät für Volkswirtschaftslehre und Statistik bin ich weiterhin für ihre materielle Unterstützung zu großem Dank verpflichtet.

Mannheim, im März 1991 Alfred Stobbe

Aus dem Vorwort zur ersten Auflage

Dies ist ein Lehrbuch der Mikroökonomik für Anfänger. Es beginnt mit einer relativ ausführlichen Behandlung von Methodenfragen auf elementarem Niveau, die eine geänderte und erweiterte Fassung des 1. Kapitels der „Gesamtwirtschaftlichen Theorie" von 1975 darstellt. Sie schien mir einerseits notwendig, anderseits ist sie von der Sachebene her gesehen ein Fremdkörper und hätte auch am Ende des Buches stehen können. Jedoch sind Rückverweise auf schon Gelesenes vielleicht doch Vorverweisen auf noch Unbekanntes vorzuziehen. Das erste bis vierte Kapitel enthalten, wie ich hoffe, einen großen Teil des heutigen Standardlehrstoffes der mikroökonomischen Theorie einschließlich einiger neuerer Entwicklungen. Einen allgemeinen Überblick über die behandelten Themen geben neben dem Inhaltsverzeichnis auch die kursiv gedruckten Vorbemerkungen zu den Kapiteln. Oberstes Gliederungsprinzip ist, vom Verhalten einzelner privater Haushalte und Unternehmen ausgehend das allgemeine Modell der effizienten Wettbewerbswirtschaft zu erarbeiten und von diesem Maßstab aus andere Marktstrukturen und -ergebnisse einschließlich der Mängel des Systems zu beurteilen. Institutioneller Rahmen ist die industrialisierte Marktwirtschaft westlichen Typs; Vergleiche mit den Verhältnissen in der Zentralplanwirtschaft werden nur an wenigen Stellen gegeben. Das Buch kann also alternativ zum Studium des Volkswirtschaftlichen Rechnungswesens als Einstieg in die Wirtschaftswissenschaft dienen, enthält jedoch auch weiterführende Teile für höhere Semester. Ein Vorschlag zur Aufteilung des Stoffes findet sich in den „Hinweisen zur Benutzung" S. XII. Bei der Wahl, von dem dargebotenen Stand der Theorie aus etwa weiter in die Esoterik der allgemeinen Gleichgewichts- und Ungleichgewichtstheorie einzudringen oder die Niederungen staatlicher Eingriffe in das individuelle ökonomische Verhalten zu beleuchten, habe ich mich für das letztere entschieden. Das 5. Kapitel enthält daher, zugegebenermaßen skizzenhaft und teilweise nur als Merkposten, einige Bemerkungen über Gründe und Folgen solcher Eingriffe in die Marktwirtschaft (hier wurde in geringem Umfang auf das 5. Kapitel der „Gesamtwirtschaftlichen Theorie" zurückgegriffen). In diesem Punkt unterscheidet sich das Buch von den meisten Einführungen in die Mikrotheorie und führt daher den Untertitel „Mikroökonomik". Weitere Elemente der Produktdifferenzierung sind häufige Hinweise auf die Praxis unter besonderer Berücksichtigung der hiesigen Verhältnisse, die von Gänseleberpastete ... bis zur Bluttransfusions-Hepatitis reichen. Damit soll der Zusammenhang zwischen Theorie und Praxis betont und der bei Studenten verbreiteten Ansicht entgegengewirkt werden, Mikroökonomik sei abstrakt, lebensfern, formal und uninteressant. Leider ließen sich wegen Zeit- und Platzmangels nur wenige aus der immensen Zahl empirischer Untersuchungen von Einzelproblemen verwerten ... Hinzu kommen die graphische Heraussetzung wichtiger Hypothesen, Definitionen und (Lehr-)Sätze, viele Systematisierungen sowie am Schluß die Zusammenstellungen allgemeiner Literatur zur Mikroökonomik und von Fachausdrücken dieses Bereichs. Ich habe mich bemüht, im Sprachgebrauch verständlich und vor allem konsistent zu bleiben, was angesichts der herrschenden Uneinheitlichkeit schwierig und sicher nicht voll geglückt ist. In einem Lehrbuch ist es nicht möglich, alle Übernahmen von Ideen, Erkenntnissen, Meinungen und Formulierungen anderer Autoren zu kennzeichnen; jedoch ist die überwiegende Mehrzahl der Quellen, auf die ich mich gestützt habe, in den Literaturangaben genannt.

Einige Kollegen haben Teile des Manuskripts in unterschiedlichen Stadien der Unvollkommenheit gelesen und mit mir diskutiert, so Klaus Conrad (Mannheim), Wolfgang Eichhorn (Karlsruhe), Horst Herberg (Kiel), Jürgen Kromphardt (Berlin), Michael Küttner (Berlin), Hans-Jürgen Ramser (Konstanz), Manfred E. Streit (Mannheim/Florenz), Manfred Timmermann (St. Gallen). Kritische Hinweise gaben auch Ralf Gronych, Klaus Schüler und Claus-Dieter Stahn.

Inhaltsverzeichnis

Einleitung: Methodische Grundlagen 1
  1. Ein allgemeiner wirtschaftswissenschaftlicher Denkansatz 1
  2. Positive und normative Ökonomik 13
  3. Verhaltensfunktionen 15
  4. Methode der Erklärung 21
  5. Marginalanalyse und Substitutionsprinzip 26
  6. Mikroökonomik, Makroökonomik und Aggregation 28
  7. Wirtschaftswissenschaftliche Modelle 31
  8. Modelle und Realität 38
  9. Die Ceteris-paribus-Klausel 43
 10. Die Schätzung von Verhaltensparametern 44
 11. Modelle und Theorien 51
 12. Gleichgewicht 52
 13. Statische, komparativ-statische und dynamische Analyse 56
 14. Besonderheiten des Wirtschaftsprozesses 59
Literatur zur Methodenlehre 63

Erstes Kapitel

Theorie des privaten Haushalts

  I. **Private Haushalte und ihre ökonomischen Probleme** 67
    1. Arten privater Haushalte 67
    2. Der Wirtschaftsplan des privaten Haushalts 68

 II. **Der Konsumplan des privaten Haushalts** 70
    1. Bedürfnisse, Konsumgüter, Nutzen 70
    2. Grundlagen des Nutzenkalküls 71
    3. Das Haushaltsoptimum bei zwei Gütern 76
    4. Nutzenmessung 81
    5. Indifferenzkurven 83
    6. Ableitung von Nachfrage- und Konsumkurven 89
    7. Allgemeine Theorie der Konsumwahl 92
    8. Substitutions- und Einkommenseffekte von Preisänderungen . . . 99
    9. Die Käuferrente 105
   10. Probleme der Theorie der Konsumwahl 108

III. **Verhaltensfunktionen des privaten Haushalts** 112
    1. Durchschnitts- und Marginalquoten, Elastizitäten 112
    2. Nachfragekurve und direkte Preiselastizität 114
    3. Aggregation und Verschiebung von Nachfragekurven 119
    4. Ausgabenkurven 122

	5.	Kreuzpreis- und Substitutionselastizität	125
	6.	Nichtlineare Nachfragekurven	127
	7.	Konsumfunktionen und Einkommenselastizitäten	130
	8.	Empirische Engel-Kurven	134
	9.	Transferfunktionen	137
	10.	Die Sparfunktion	139

IV. **Weitere Aspekte des Konsumentenverhaltens** 141
   1. Soziale Einflüsse auf das Konsumverhalten 141
   2. Der private Haushalt als produzierende Einheit 145
   3. Zeitaspekte des Konsumverhaltens 150
   4. Das Arbeitsangebot 152

Literatur zum ersten Kapitel 157

Zweites Kapitel

Theorie der Produktionsunternehmung

I. **Produktion und Produktionsunternehmen** 161
   1. Produktion und Produktionsprozeß 161
   2. Arten von Unternehmen 164
   3. Fragestellungen einer Theorie des Produktionsunternehmens 166
   4. Ziele von Produktionsunternehmen 167

II. **Produktionstheorie** 170
   1. Produktionsfunktionen 170
   2. Das Ertragsgesetz 178
   3. Empirie des Ertragsgesetzes 180
   4. Isoquanten und Grenzraten der technischen Substitution 182
   5. Änderungen des Prozeßniveaus und homogene Produktionsfunktionen . . . 186
   6. Linear-homogene Produktionsfunktionen 189
   7. Transformationskurven 194
   8. Die technische Substitutionselastizität 198
   9. Die CES-Produktionsfunktion 202
   10. Eine Gliederung von Produktionsfunktionen 206
   11. Technischer Fortschritt 207

III. **Kostenplanung** 209
   1. Kosten, Ausgaben, Aufwand 209
   2. Alternativ-, kalkulatorische und soziale Kosten 211
   3. Feste, variable und Grenzkosten 214
   4. Die Minimalkostenkombination 216
   5. Kostenverläufe 222
   6. Die Wahl zwischen mehreren Produktionsverfahren . . . 227
   7. Unternehmensinterne Ineffizienz 230

IV. **Das Produktionsunternehmen am Markt** 232
   1. Das Angebot des Mengenanpassers 232
   2. Das Angebot bei konstanten Grenzkosten 237
   3. Die Nachfrage des Mengenanpassers nach Produktionsfaktoren 238
   4. Allgemeine Angebots- und Nachfragetheorie des Produktionsunternehmens . 243
   5. Kosten und Angebot auf lange Sicht 246

V. Investitionsplanung 254
   1. Das Investitionsproblem 254
   2. Arten der Investition 255
   3. Investitionsverläufe 256
   4. Das Kriterium der Rendite 259
   5. Nachteile des Rendite-Kriteriums 263
   6. Die Kapitalwertmethode 264
   7. Die Gleichwertigkeit von Beständen und Strömen und die Annuitätenmethode 266
   8. Kritische Werte 268

Literatur zum zweiten Kapitel 272

Drittes Kapitel

Grundlagen der Markttheorie

I. Allokation und Tausch 278
   1. Allokationsverfahren 278
   2. Informationen im Tauschprozeß 282
   3. Vorteile des Tausches 287
   4. Produktion und Tausch 292

II. Elemente der Marktwirtschaft 295
   1. Gliederung und Abgrenzung von Märkten 295
   2. Wettbewerb 301
   3. Wettbewerbssituationen zwischen Anbietern 305
   4. Wettbewerbssituationen zwischen Nachfragern 308
   5. Marktformen 309

III. Die wichtigsten Marktformen 312
   1. Der vollkommene Markt 312
   2. Gleichgewicht auf Mengenanpassermärkten 315
   3. Nachfrage- und Angebotsänderungen 318
   4. Arbitrage und Spekulation 320
   5. Der Monopolpreis bei kurzfristiger Gewinnmaximierung . . 325
   6. Eigenschaften des Cournot-Punkts 328
   7. Preissetzung bei anderen Zielen 331
   8. Polypolistischer Wettbewerb 334
   9. Oligopolistische Interdependenz 335

IV. Die Marktwirtschaft als System 339
   1. Das Informationsproblem in der Marktwirtschaft 339
   2. Ex-ante- und Ex-post-Koordination 344
   3. Die Funktionsweise einer Marktwirtschaft 346

Literatur zum dritten Kapitel 352

Viertes Kapitel

Marktstrukturen, Marktverhalten und Marktergebnisse

I. Gesamtwirtschaftliche Effizienz und Wohlfahrt 356
   1. Allokation als gesamtwirtschaftliches Problem 356
   2. Ein gesamtwirtschaftlich-mikroökonomisches Gleichgewichtsmodell 358

  3. Die Effizienzbedingungen 364
  4. Wohlfahrtsökonomik 370

II. Dynamische Marktanalyse 378
  1. Wege zum Marktgleichgewicht 378
  2. Das Spinngewebe-Modell 382
  3. Produktlebenszyklen. 390

III. Marktmacht, Monopol und Monopson 392
  1. Marktmacht 392
  2. Der Monopolgrad und seine Messung 396
  3. Monopole in der Praxis 399
  4. Nachfragermacht 404
  5. Das bilaterale Monopol 405

IV. Polypolmärkte 407
  1. Das kurzfristige Optimum des Polypolisten 407
  2. Das langfristige Optimum im Polypol 411

V. Oligopole 412
  1. Preisbildung im Dyopol bei Anpasserverhalten 412
  2. Führungs- und Anpasserverhalten im Dyopol 418
  3. Die geknickte Preis-Absatz-Beziehung 420
  4. Preiswettbewerb im Oligopol 422
  5. Preisführerschaft 423
  6. Nichtpreiswettbewerb im Oligopol 425

VI. Preisdifferenzierung 426
  1. Gewinnerhöhung durch Preisdifferenzierung 426
  2. Theorie der Preisdifferenzierung 427
  3. Arten der Preisdifferenzierung 430
  4. Preisdifferenzierung bei unterschiedlichen Grenzkosten 434
  5. Ziele und Wohlfahrtseffekte der Preisdifferenzierung . 437

VII. Wettbewerbsbeschränkung 438
  1. Gefährdungen des Wettbewerbs 438
  2. Unternehmenskonzentration 440
  3. Vertikale Integration und andere Bindungen 447
  4. Zutrittshemmnisse 450
  5. Kartelle und andere Absprachen 452
  6. Marktexterne Operationen 459

VIII. Marktkritik 461
  1. Mängel, Versagen und Unzuständigkeit von Märkten . 461
  2. Probleme des Versicherungsgeschäfts 466
  3. Nichtentstehung von Märkten 469
  4. Das Gefangenendilemma 473
  5. Externe Effekte 475

Literatur zum vierten Kapitel 478

Fünftes Kapitel

Markt und Staat

I. Staatliche Rahmenbedingungen der Marktwirtschaft 488
    1. Bereiche staatlicher Eingriffe 488
    2. Der ordnungspolitische Rahmen 492
    3. Verfügungsrechte 493
    4. Patente und andere Schutzrechte 495

II. Eingriffe in die Allokation 497
    1. Öffentliche Güter 497
    2. Staatlicher Paternalismus 501
    3. Korrektur externer Effekte 506
    4. Wettbewerbspolitik 509
    5. Verbraucherschutz 512
    6. Höchstpreise 518
    7. Mindestpreise 522

III. Kritik staatlicher Eingriffe 525
    1. Ziele und Verhalten politischer Instanzen 525
    2. Ziele und Verhalten öffentlicher Verwaltungen 533

Literatur zum fünften Kapitel 536

Anhang I: Allgemeine Literatur zur Mikroökonomik 542

Anhang II: Fachausdrücke aus der Mikroökonomik 546

Personen- und Institutionenverzeichnis 582

Sachverzeichnis 589

Hinweise zur Benutzung dieses Buches

Adressatenkreis und Stoffauswahl: Das Buch soll Studienanfängern der Wirtschafts- und Sozialwissenschaften sowie anderen Interessenten den Zugang zu wichtigen Denkansätzen, Hypothesen und Ergebnissen der mikroökonomischen Theorie eröffnen. Darüber hinaus wird diesen Adressaten eine nichttechnische Einführung in die Methodenlehre der Wirtschaftswissenschaft geboten. Ein Grundkurs in Mikroökonomik könnte sich im Anschluß an die Lektüre der Einleitung (S. 1–63) auf die folgenden Teile und Abschnitte stützen:

1. Kapitel:	2. Kapitel:	3. Kapitel:
Teil I	Teil I	Teil I
Teil II, Abschnitte 1 bis 7	Teil II, Abschnitte 1 bis 7	Teil II
Teil III, Abschnitte 1 bis 7	Teil III, Abschnitte 1 bis 6	Teil III
	Teil IV, Abschnitte 1 bis 4	Teil IV

Diese Auswahl umfaßt mit rund 270 Seiten gut die Hälfte des Buches. Der Rest behandelt weitergehende Probleme auch wirtschaftspolitischer Art und kann selbständig im Anschluß an den Grundkurs gelesen werden.

Vorkenntnisse: Wirtschaftswissenschaftliche Vorkenntnisse werden im Prinzip nicht vorausgesetzt. Jedoch wäre es nützlich, wenn der Leser schon erste Bekanntschaft mit ökonomischen Zusammenhängen und der wirtschaftswissenschaftlichen Fachsprache gemacht hätte, etwa im Rahmen von Einführungen in die Volkswirtschaftslehre oder bei der Beschäftigung mit dem Volkswirtschaftlichen Rechnungswesen. An Mathematik werden die Anfänge der Differentialrechnung, der analytischen Geometrie und der linearen Algebra benötigt, wie sie wohl überall in Spezialkursen oder mit der Mikroökonomik integriert gelehrt werden. An einigen Stellen werden die gerade erforderlichen mathematischen Hilfsmittel in Anmerkungen erläutert. S. 544 f. wird auf Lehrbücher der Mathematik für Wirtschaftswissenschaftler hingewiesen.

Fachausdrücke: Wichtige Fachausdrücke sind da, wo sie erstmals auftreten, definiert oder sonst erläutert werden, *kursiv* gedruckt. Die entsprechenden und weitere Belegstellen können über das Sachverzeichnis (S. 589–598) gefunden werden. Anhang II (S. 546–581) enthält zusätzliche Definitionen und Erläuterungen. Wer im Text auf Bezeichnungen stößt, die offensichtlich mit Personennamen verbunden sind („Gossensches Gesetz", S. 72) findet in diesem Anhang Informationen dazu.

Numerierungen: Alle Tabellen, Bilder, Gleichungen/Modelle sowie die graphisch herausgesetzten Hypothesen, Sätze und Definitionen sind mit zweigliedrigen Zahlen numeriert, deren erstes Glied die Einleitung E oder die Nummer des Kapitels, das zweite die fortlaufende Numerierung angibt. Die Kapitel sind in römisch numerierte *Teile*, diese in arabisch numerierte *Abschnitte* eingeteilt.

Verweise: Der Text enthält zahlreiche Verweise auf andere Stellen des Buches, um an vorausgegangene Grundlagen zu erinnern, Zusammenhänge herzustellen oder auf weiterführende Überlegungen hinzuleiten. Es empfiehlt sich, ihnen auch tatsächlich nachzugehen. Handhabung: Auf Stellen im selben Abschnitt wird ohne Seitenangabe, auf Stellen im selben Kapitel mit der Seitenzahl oder mit der Angabe von (römisch numeriertem) Teil und (arabisch numeriertem) Abschnitt hingewiesen. Bei allen anderen Rückverweisen wird nur die Seitenzahl genannt; bei Verweisen nach unten Kapitel-, Teil- und Abschnittsnummer.

Symbole: Ökonomische Variable werden u. a. mit $p, x, y, z, v, w, A, C, K, Y$ oder Buchstabengruppen wie GK, DTK; Parameter mit a, b, c, e oder mit griechischen Buchstaben wiedergegeben. Δ, d, ∂ sowie f und g sind mathematische Funktionszeichen; vgl. dazu auch S. 16, Anm. 8. Ist x ein bestimmtes Gut, so werden unterschiedliche Mengen dieses Gutes durch hochgestellte Indizes $x^0, x^1, \ldots$ bezeichnet. Ebenfalls hochgestellte Potenzexponenten kommen vor, auf die Verwechslungsgefahr ist zu achten. Unterschiedliche Güter tragen tiefgestellte Indizes: $x_1, x_2, \ldots$ Werden nur zwei Güter betrachtet, so werden sie x und y oder v und w genannt. Zeitindizes werden meist tiefgestellt: $x_t, x_{t-1}, \ldots$, vgl. dazu auch S. 57, Anm. 29. Erwartete Größen tragen einen Stern: $*p$.

Graphische Darstellungen: Die verbale und algebraische Argumentation wird durch insgesamt 100 Bilder unterstützt. In diesen sind Graphen von Verhaltensfunktionen mit breiten Linien wiedergegeben, um sie von Hilfslinien abzuheben und anzudeuten, daß ihre Verläufe nicht genau bekannt sein können und eher Korridoren gleichen. Ihre gestrichelten Teile bezeichnen ökonomisch irrelevante Bereiche. Grenzkurven (Grenzkosten, Grenzumsatz) sind punktiert, Durchschnittskurven (durchschnittliche variable Kosten) gestrichelt gezeichnet.

Literaturangaben: Am Schluß der Einleitung und der fünf Kapitel, in Anhang I sowie in den Anmerkungen zum Text und in Anhang II wird ergänzende und weiterführende Literatur genannt. Neuere Titel, Übersichtsartikel und Sammelbände wurden dabei bevorzugt, da sie den besten Zugang zu früheren Publikationen bieten. Auf die einzelnen Titel wird mit Nennung des Verfassers oder Herausgebers und einer zweigliedrigen Zahl verwiesen, die die Einleitung E, das Kapitel oder den Anhang I sowie die laufende Nummer der jeweiligen Zusammenstellung nennt. Seitenverweise beziehen sich auf die jeweils genannte neueste Auflage und gegebenenfalls auf die deutschsprachige Ausgabe. Sachlich zusammengehörige Titel sind nach dem Jahr der Erstveröffentlichung geordnet.

Örtlicher und zeitlicher Bezug: Angaben ohne weitere Kennzeichnung betreffen die Bundesrepublik Deutschland gemäß dem Gebietsstand bis zum 2. Oktober 1990. Die Bezugnahme auf Gesetzgebung, wirtschaftspolitische Eingriffe und Literatur entpricht der Absicht nach dem Stand von Ende 1990.

Allgemeine Abkürzungen

Abs.	Absatz	Jg.	Jahrgang
AG	Aktiengesellschaft	Kap.	Kapitel
AGB	Allgemeine Geschäftsbedingungen	kg	Kilogramm
		LDK	langfristige Durchschnittskosten
Anm.	Anmerkung	LGK	langfristige Grenzkosten
Art.	Artikel	ln	natürlicher Logarithmus
Aufl.	Auflage	max	Maximum
Bd(e)	Band (Bände)	ME	Mengeneinheit(en)
BGB	Bürgerliches Gesetzbuch	Mill.	Million(en)
cm	Zentimeter	min	Minimum
DDR	Deutsche Demokratische Republik	mm	Millimeter
		Mrd.	Milliarde(n)
Def.	Definition	NE	Nutzeneinheit(en)
DFK	durchschnittliche feste Kosten	No., Nr.	Nummer
Diss.	Dissertation	OECD	Organisation for Economic Co-operation and Development
DIW	Deutsches Institut für Wirtschaftsforschung		
		RE	Recheneinheit(en)
DM, D-Mark	Deutsche Mark	Red.	Redaktion
		rev.	revidiert(e)
DTK	durchschnittliche Gesamtkosten	s.	siehe
DVK	durchschnittliche variable Kosten	S.	Seite
f.	und folgende Seite (bei Literaturangaben)	$	US-Dollar
		sfr	Schweizer Franken
ff.	und mehrere folgende Seiten/Jahre (bei Literaturangaben)	t	(metrische) Tonne
		tg	Tangens
g	Gramm	u. a.	und andere(s)/unter anderem
GE	Geldeinheit(en)	US(A)	United States (of America)
GWB	Gesetz gegen Wettbewerbsbeschränkungen	UWG	Gesetz gegen den unlauteren Wettbewerb
H.	Heft	vgl.	vergleiche
Hg., hg.	Herausgeber, herausgegeben	v. H.	vom Hundert
hl	Hektoliter	Vol.	Volume (=Band)
Hyp.	Hypothese		

Abkürzungen für Literaturquellen

AER	The American Economic Review. Nashville, 1911 ff.
AER-P & P	The American Economic Review. Papers and Proceedings of the ... Annual Meeting of the American Economic Association. Nashville, 1911 ff.
Bbk-Monatsbericht	Monatsberichte der Deutschen Bundesbank ... (folgt der Monat). Frankfurt am Main, 1949 ff.
BGBl. I, III	Bundesgesetzblatt, Teil I, III. Bonn, 1949 ff.
BKA-Bericht	Bericht des Bundeskartellamtes über seine Tätigkeit in den Jahren ... sowie über die Lage und Entwicklung auf seinem Aufgabengebiet (§ 50 GWB). Erscheint als Bundestagsdrucksache.
DIW-Wochenbericht	Deutsches Institut für Wirtschaftsforschung: Wochenbericht. Berlin, 1950 ff.
EJ	The Economic Journal. London, 1891 ff.
JELit	The Journal of Economic Literature. Nashville, 1969 ff.
JLawEcs	The Journal of Law and Economics. Chicago, 1958 ff.
JPE	The Journal of Political Economy. Chicago, 1892 ff.
QJE	Quarterly Journal of Economics. Cambridge, Mass., 1886 ff.
REStat	The Review of Economics and Statistics. Cambridge, Mass., 1919 ff.
REStud	Review of Economic Studies. Clevedon, 1933 ff.
Stat. Jb. BRD	Statistisches Jahrbuch für die Bundesrepublik Deutschland, hg. vom Statistischen Bundesamt. Stuttgart u. a., 1952 ff.
VRW[7]	A. STOBBE: Volkswirtschaftliches Rechnungswesen. 7. Auflage Berlin u. a. 1989.
WiSta	Wirtschaft und Statistik, hg. vom Statistischen Bundesamt. Stuttgart u. a., 1949 ff.
ZStW	Zeitschrift für die gesamte Staatswissenschaft. Tübingen, 1844 ff.

Einleitung: Methodische Grundlagen

In jeder Wissenschaft bilden sich im Laufe ihrer Entwicklung Verfahren (Methoden) heraus, die nach überwiegender Meinung am besten geeignet sind, der Lösung ihrer Aufgaben zu dienen. In der nachstehenden Einleitung wird versucht, die Methodik der Wirtschaftswissenschaft in ihren Grundzügen zu skizzieren und an Beispielen zu zeigen, wie bei der Arbeit an ihren vier Aufgabenbereichen (Beschreibung, Erklärung und Prognose wirtschaftlicher Vorgänge; Beratung bei ihrer Beeinflussung) vorzugehen ist. Damit wird auch eine Reihe wichtiger Fachausdrücke eingeführt und erläutert, die im weiteren Text immer wieder verwendet werden. Die Zahl der ökonomischen Probleme ist unbegrenzt, und letztes Ziel des wirtschaftswissenschaftlichen Unterrichts kann folglich nur sein, Methoden zu ihrer Lösung zu lehren. Im weiteren Text wird dann häufig auf den methodischen Ansatz zurückverwiesen, um seine Anwendung bewußt zu machen und seine Aneignung zu fördern.

Zunächst wird ein allgemeiner Denkansatz vorgestellt und damit ein Überblick über die zugrundeliegende Sicht des Wirtschaftsprozesses gegeben. Der 2. Abschnitt erläutert die Unterscheidung zwischen positiver und normativer Fragestellung; und anschließend werden mit dem Konzept der Verhaltensfunktion, dem Verfahren der Erklärung wirtschaftlicher Vorgänge und dem „Denken in Änderungen" zentrale Bausteine der wirtschaftswissenschaftlichen Methodik vorgestellt. Diese sind auf allen Betrachtungsebenen des Wirtschaftswissenschaftlers verwendbar, die zusammen mit dem Problem der Aggregation anschließend erläutert werden. Die Abschnitte 7 bis 9 sind dem wirtschaftswissenschaftlichen Modell und damit dem wichtigsten Instrument zur Untersuchung gedachter wie tatsächlicher wirtschaftlicher Vorgänge gewidmet. Besondere Beachtung wird hierbei in Abschnitt 8 der Frage geschenkt, unter welchen Bedingungen die aus Modellen gewonnenen Aussagen zutreffend auf die Realität übertragbar sind. Anschließend wird an einem einfachen Beispiel die Erklärung wirtschaftlicher Vorgänge unter Heranziehung statistischer Beobachtungen in der Praxis der Ökonometrie gezeigt. In den Abschnitten 12 und 13 werden mit dem Konzept des Gleichgewichts und dem Vorgehen bei statischen, komparativ-statischen und dynamischen Analysen wichtige an Modelle zu richtende Fragestellungen erläutert. Zum Schluß werden einige Besonderheiten des Wirtschaftsprozesses als Untersuchungsgegenstand genannt, die für die wirtschaftswissenschaftliche Methodik von Bedeutung sind.

1. Ein allgemeiner wirtschaftswissenschaftlicher Denkansatz. Grundlage der Analyse ökonomischer Vorgänge (im folgenden auch „Ereignisse" oder „Sachverhalte" genannt) in diesem Buch und der dabei verwendeten Methoden ist eine bestimmte *Sicht* des Wirtschaftsprozesses. Unter dieser ist die Gesamtheit der heute von der Mehrheit der Wirtschaftswissenschaftler bei seiner Analyse verwendeten Voraussetzungen, Fragestellungen, zentralen Begriffe und Hypothesen zu verstehen. Der Wirtschaftswissenschaftler nimmt den Standpunkt eines Beobachters ein und macht die folgenden Aussagen (= A) über seinen Untersuchungsgegenstand:

A.01 Gegenstand der Wirtschaftswissenschaft sind die von Menschen und Menschengruppen in ihrer Eigenschaft als Wirtschaftssubjekte getroffenen ökonomischen Entscheidungen und die daraus resultierenden *Handlungen* und *Transaktionen,* deren Gesamtheit den Wirtschaftsprozeß bildet.

A.02 Wirtschaftssubjekte werden in drei grundlegende Kategorien eingeteilt: Originäre (primäre) Einheiten sind die *privaten Haushalte*; abgeleitete (sekundäre) Einheiten sind *private Unternehmen* und *öffentliche Wirtschaftssubjekte*.

A.03 Wirtschaftssubjekte nehmen ihre Handlungen und Transaktionen innerhalb eines Rahmens vor, der einerseits aus der *natürlichen Umwelt,* der Bevölkerung des jeweiligen Landes und dem Ausland sowie dem Bestand an Produktionsmitteln und technischem Wissen; anderseits aus Sitten, Gebräuchen und Konventionen sowie *gesellschaftlichen Institutionen* wie der Rechts- und Wirtschaftsordnung, dem Ausbildungssystem, der sozialen Sicherung und anderen durch politische Übereinkommen geschaffenen Einrichtungen besteht.

Mit den Aussagen 01 bis 03 werden der Untersuchungsgegenstand der Wirtschaftswissenschaft und seine institutionelle Grundlage umrissen. Die in A.01 gemachte Unterscheidung zwischen ökonomischen Handlungen und Transaktionen ist wie folgt zu begründen. Eine wirtschaftliche Handlung ist das, was e i n Wirtschaftssubjekt tut. Bei der Mehrzahl der wirtschaftlichen Handlungen werden Vereinbarungen darüber ausgeführt, daß ein *Wirtschaftsobjekt,* im allgemeinen also ein Sachgut, eine Dienstleistung oder eine Forderung, mit oder ohne Gegenleistung von einem Wirtschaftssubjekt auf ein anderes übergehen soll. Ein solcher Übergang ist eine wirtschaftliche Transaktion. Hierbei werden zwei Wirtschaftssubjekte tätig, so daß erst zwei zusammengehörige Handlungen eine Transaktion ergeben, die dem Beobachter als ein Vorgang erscheint. Für die Beteiligten haben die beiden Handlungen zudem unterschiedliche Bedeutung: Die Übereignung einer Ware gegen Barzahlung erscheint dem einen als Verkauf und Zunahme des Kassenbestandes, dem anderen als Kauf und Verringerung des Kassenbestandes. Außerdem fallen unter den Begriff der wirtschaftlichen Handlung auch solche für den Ablauf des Wirtschaftsprozesses wichtigen Vorgänge, die wie manche wirtschaftspolitischen Maßnahmen nicht Transaktionen sind. Beispiele sind Änderungen von Steuersätzen durch den Gesetzgeber, des Währungskurses durch die Regierung und des Diskontsatzes durch die Zentralbank.

Handelnde Einheiten im Wirtschaftsprozeß sind die Wirtschaftssubjekte. Diese Bezeichnung ist präziser als etwa „Menschen", weil hier erstens nur ein Aspekt menschlichen Handelns, eben der wirtschaftliche, interessiert; und weil zweitens eine Fülle von Organisationsformen existiert, in deren Rahmen Menschengruppen aufgrund geregelter Willensbildung als handelnde Einheiten auftreten. Schon die in A.02 genannten drei Arten von Wirtschaftssubjekten sind Beispiele dafür. Der Verbrauch von Konsumgütern wird hier als letzter Zweck aller wirtschaftlichen Betätigung gesehen; und deren Nutznießer, die privaten Haushalte (Verbraucher, Konsumenten), werden daher als diejenigen betrachtet, in deren Interesse letztlich jedes ökonomische Handeln stattfindet. Diese Sicht bleibt auch gültig, wenn man die vielfältigen Einflüsse bedenkt, denen diese Haushalte seitens der anderen in A.02 genannten Wirtschaftssubjekte ausgesetzt sind. Unternehmen sind insofern abgeleitete oder sekundäre Einheiten, als sie von privaten Haushalten oder öffentlichen Wirtschaftssubjekten gegründet oder übernommen werden, ihnen gehören und in ihrem Interesse tätig sind.

Dies gilt, mit Ausnahme des Eigentumsverhältnisses, auch für die öffentlichen Wirtschaftssubjekte selbst, zusammengefaßt auch als *Staat* oder *öffentliche Hand* bezeichnet; mit ihren vier Erscheinungsformen *Gebietskörperschaften*, andere *öffentliche Haushalte* (etwa Sozialversicherungsträger, öffentliche Fonds), *öffentliche Unternehmen* und *wirtschaftspolitische Instanzen*. Unbeschadet ihrer historischen Entstehung und Entwicklung werden alle diese Einheiten hier als sekundäre Institutionen gesehen, als Dienstleistungsproduzenten spezieller Art, die von den Bürgern einer parlamentarischen Demokratie zur Erfüllung bestimmter Aufgaben gegründet und auch umkonstruiert, geteilt, zusammengelegt oder abgeschafft werden können. Unbestreitbar tendieren viele sekundäre Wirtschaftssubjekte aufgrund der Interessenlage der in ihnen tätigen Menschen dazu, ein Eigenleben zu entwickeln, sich der Kontrolle durch ihre Eigentümer oder Auftraggeber zu entziehen und ihre Aufgabenbereiche über ihre ursprünglichen Aufträge hinaus auszudehnen. Jedoch verlieren sie dadurch nicht ihre Eigenschaft als abgeleitete Einheiten.

Neben den in A.02 genannten gibt es in jeder modernen Volkswirtschaft noch eine Vielzahl weiterer abgeleiteter Wirtschaftssubjekte. Sie entstehen beispielsweise durch Zusammenschlüsse von Einzelpersonen in ihrer Eigenschaft als Verbraucher zu Vereinen oder Kirchen oder als Lieferanten von Arbeitsleistungen zu Gewerkschaften. Unternehmen bilden Wirtschafts- und Arbeitgeberverbände, Gemeinden gründen Gemeindeverbände, Staaten schaffen internationale Organisationen. Zweck solcher größerer Einheiten ist es, bestimmte Interessen ihrer Mitglieder zu fördern.

Die Aussagen 04 bis 08 führen zu den Beweggründen wirtschaftlichen Handelns und ihrer materiellen Grundlage:

A.04 Menschen und damit private Haushalte haben *Bedürfnisse*, von denen ein Teil durch den Verbrauch oder Gebrauch *ökonomischer Güter* befriedigt werden kann.

A.05 Bedürfnisse werden unter anderem von physischen Notwendigkeiten, Einflüssen der natürlichen und sozialen Umwelt, Erfahrungen sowie der subjektiven Einschätzung von Gütern samt ihren Anbietern oder Nachfragern, den Ansichten über angemessene Lebensführung, Geschmacksrichtungen und anderen *Werturteilen* bestimmt. Ein Haushalt zieht bei der Befriedigung seiner Bedürfnisse je nach den Umständen bestimmte Güter anderen vor: Er handelt gemäß seinen *Präferenzen*. Es wird angenommen, daß diese nicht widersprüchlich sind: Ihre Gesamtheit bildet die *Präferenzordnung* des Haushalts. Häufig wird unterstellt, daß sich diese kurzfristig nicht oder nur wenig ändert.

A.06 Ökonomische Güter bilden die materielle Grundlage des menschlichen Lebens und entstehen durch *Produktion*. Diese besteht darin, *Produktionsfaktoren* in Gestalt nichtdauerhafter Sachgüter und Dienstleistungen, Nutzungen dauerhafter Produktionsmittel und menschlicher Arbeitsleistungen im Rahmen technischer Prozesse so einzusetzen, daß vorhandene Güter verändert werden oder neue entstehen.

A.07 Die Güterproduktion in der heutigen Volkswirtschaft ist durch *Arbeitsteilung* gekennzeichnet: Sie läuft in Produktionsstätten ab, von denen jede auf die Herstellung jeweils bestimmter Güter spezialisiert ist. Damit läßt sich einerseits eine immense Steigerung der Güterversorgung erreichen, andererseits zieht dies die Notwendigkeit nach sich, den *Tausch* der fertigen Güter oder ihren *Transfer* zu organisieren.

A.08 Zwischen Wirschaftssubjekten ergeben sich bei der Produktion wie beim Tausch oder Transfer der Güter sowohl Interessenübereinstimmungen, die zur *Zusammenarbeit* führen, als auch Interessengegensätze, die *Konflikte* verursachen und *Wettbewerb* nach sich ziehen.

Vom Bedürfnis nach einem Gut ist der *Bedarf* an diesem zu unterscheiden: So nennt man die tatsächlich am Markt ausgeübte Nachfrage und damit eine – im Gegensatz zu „Bedürfnis" – beobachtbare Größe.

Die in Aussage 08 genannten beiden Verhaltensweisen der *Kooperation* und der *Konkurrenz* sind universell und nicht auf das Gebiet der Wirtschaft beschränkt, spielen aber auch in diesem eine zentrale Rolle. In jeder Produktionsstätte arbeiten Erwerbstätige im Sinne des Unternehmenszwecks zusammen und konkurrieren gleichzeitig um beruflichen Aufstieg; bei jedem Tausch besteht zwischen Anbietern und Nachfragern ein fundamentaler Interessengegensatz bezüglich der Tauschbedingungen; in jeder Gruppe von Menschen gibt es Wettbewerb um Einkommen, Ansehen, Machtpositionen, aber auch ein gemeinsames Interesse an der Einhaltung von Regeln, die eine geordnete Austragung von Konflikten erlauben.

Die Aussagen 09 bis 14 führen Fachausdrücke ein, mit denen der Wirtschaftswissenschaftler das zielgerichtete Handeln der Wirtschaftssubjekte analysiert:

A.09 Wirtschaftssubjekte wollen mit ihren ökonomischen Handlungen bestimmte *Ziele* erreichen. Diese ergeben sich bei den privaten Haushalten aus ihren Bedürfnissen, bei den Unternehmen und öffentlichen Wirtschaftssubjekten aus ihrem Auftrag.

A.10 Die Überlegungen eines Wirtschaftssubjekts darüber, mit welchen Handlungen es seine Ziele am besten erreichen kann, führen zu *Entscheidungen* über seine Aktivität. Werden diese für einen zukünftigen Zeitraum zusammengefaßt, ergeben sie den *Wirtschaftsplan* des Wirtschaftssubjekts für diese Periode.

A.11 Ein Ziel ist erreicht, wenn eine oder mehrere ökonomische Variable, die *Zielvariablen,* zu bestimmten Zeiten angestrebte Werte annehmen oder sich innerhalb vorgegebener Bereiche bewegen.

A.12 Wirtschaftliches Handeln besteht darin, daß das Wirtschaftssubjekt den von ihm direkt festsetzbaren Variablen, seinen *Instrumentvariablen,* bestimmte Werte in der Erwartung gibt, daß die Zielvariablen daraufhin die gewünschten Werte annehmen.

A.13 Werden zwei oder mehr Ziele gleichzeitig angestrebt, so kann der Einsatz von Instrumentvariablen zur Erreichung eines Ziels auch den Erreichungsgrad eines oder mehrerer der anderen Ziele beeinflussen. Dabei kann für das Wirtschaftssubjekt ein *Abwägungsproblem* entstehen.

A.14 Jedes Wirtschaftssubjekt muß berücksichtigen, daß es viele Erscheinungen und Vorgänge weder direkt noch in zielgerichteter Weise indirekt beeinflussen kann. Dies sind seine *Daten*. Dabei können Variable, die für ein Wirtschaftssubjekt Daten sind, für andere Wirtschaftssubjekte Instrument- oder Zielvariable sein.

Die Gesamtheit der in einem Wirtschaftsplan berücksichtigten Zeitabschnitte, der Planperioden, nennt man den *Zeithorizont* des planenden Wirtschaftssubjekts. Wirtschaftspläne sind dem Wirtschaftswissenschaftler in der Praxis nur bei öffentlichen Haushalten zugänglich; die Pläne von Unternehmen können in Einzelfällen erfragt werden. Bei privaten Haushalten müssen sie im wesentlichen als Fiktion angesehen werden, die sich jedoch als nützlich erwiesen hat.

Der Unterschied zwischen einem Ziel gemäß A.09 und einer Zielvariablen gemäß A.11 besteht darin, daß die Zielvariable meist eine konkrete und beobachtbare Größe ist, der numerische Werte beigelegt werden können, während das Ziel häufig nur allgemein benannt wird. So wurde früher in der Bundesrepublik das wirtschaftspolitische Ziel „Vollbeschäftigung" (der Erwerbspersonen) durch die Angabe konkretisiert, es sei erreicht, wenn die Zielvariable „Arbeitslosenquote" im Jahresdurchschnitt (bei normalem Winterwetter) den Wert 0,8 annehme.[1] Was ein Wirtschaftssubjekt anstrebt, wird also durch drei Angaben hinreichend beschrieben:

– Benennung des Ziels oder Zielbündels;
– Nennung einer oder mehrerer Zielvariablen;
– Angabe der angestrebten Werte oder Bereiche der Zielvariablen, gegebenenfalls unter Nennung eines Zeitraums oder Zeitpunktes.

Jedes Wirtschaftssubjekt kann wirtschaftliche Abläufe dadurch beeinflussen, daß es die Werte ökonomischer Variabler bestimmt oder mitbestimmt, an die sich andere Wirtschaftssubjekte anpassen müssen. Es kann also durch den Einsatz seiner Instrumentvariablen eine Anzahl unterschiedlicher Situationen anstreben, und es wird diejenige wählen, in der seine Ziele am besten erfüllt sind. Eine wichtige Unterscheidung besteht darin, daß man die Werte von Instrumentvariablen unabhängig von dem, was andere tun, direkt festsetzen kann, während Zielvariable von den Handlungen anderer Wirtschaftssubjekte und vielfach auch von Bewegungen außerökonomischer Variabler mitbestimmt werden und mithin nur indirekt und partiell beeinflußbar sind. Der Anbieter einer Ware benutzt beispielsweise die (direkt festsetzbare) Instrumentvariable „Preis", um (indirekt) Absatzmenge, Kosten und Umsatz und damit den Gewinn als Zielvariable zu beeinflussen. Dabei zeigen sich oft Wirkungsketten in dem Sinne, daß mehrere Variable — auch zeitlich — nacheinander Einflüsse auf andere ausüben, wie das auch in dem eben genannten Beispiel der Fall ist. Es kann dann zweckmäßig sein, die zunächst angestrebten *Zwischenziele* (bestimmte Werte für Absatzmenge, Kosten, Umsatz) von einem *Endziel* (Gewinnerhöhung) zu unterscheiden. Bei anderer Fragestellung ist auch Gewinnerhöhung nur ein Zwischenziel auf dem Weg zu dem Endziel „Konsumerhöhung". Die Unterscheidung bietet auch eine Handhabe zur Lösung von Konflikten bei der gleichzeitigen Verfolgung mehrerer Ziele. Zwischen je zwei gleichrangigen Zielen Z_i und Z_k lassen sich vier Beziehungen unterscheiden:

– *Zielkomplementarität:* Je besser das Ziel Z_i erreicht wird, um so höher ist auch der Erreichungsgrad des anderen Ziels Z_k;
– *Zielneutralität:* Die Verfolgung des Ziels Z_i hat keinen Einfluß auf das Ziel Z_k;
– *Zielkonkurrenz:* Je besser Z_i erreicht wird, um so geringer ist der Erreichungsgrad von Z_k, und umgekehrt;
– *Zielantinomie:* Die Erreichung von Z_i schließt Z_k aus. Man sagt auch, die beiden Ziele seien unvereinbar (inkompatibel, inkonsistent) oder stünden in einem Entweder-Oder-Verhältnis.

---

[1] Jahreswirtschaftsbericht 1968 der Bundesregierung, Anlage 1. Bundestagsdrucksache V/2511 vom 25. 1. 1968, S. 23. Für Einzelheiten vgl. VRW[7], 3. Kapitel, Abschnitt VIII.2.

Bei Konkurrenz zwischen zwei zunächst gleichrangig erscheinenden Zwischenzielen kann der Konflikt durch Rückgriff auf ein Endziel gelöst werden. So mag es bei einem privaten Haushalt vorkommen, daß er angesichts eines beschränkten Einkommens zwischen einer neuen Wohnungseinrichtung und einer teuren Urlaubsreise abwägen muß. Das Problem wäre dann im Hinblick auf das Endziel der bestmöglichen Bedürfnisbefriedigung zu lösen. Ebenso muß der Politiker in der Situation des *wirtschaftspolitischen Zielkonflikts* entscheiden, bei welcher Kombination beispielsweise von Arbeitslosigkeit und Inflation nach seiner Meinung so etwas wie das „Gemeinwohl" am besten verwirklicht ist (oder seine Wiederwahlchancen am größten sind). Es wird sich zeigen, daß das Abwägungsproblem im Mittelpunkt sehr vieler wirtschaftlicher Überlegungen steht.

Die Daten, denen sich Wirtschaftssubjekte gemäß Aussage 14 gegenübersehen, sind höchst unterschiedlich. Mitbestimmend für den Lebenslauf jedes Menschen ist neben seinen angeborenen Fähigkeiten das soziale Milieu, in dem er aufwächst, und daher sind schon die Startchancen und damit die erreichbaren Ziele ungleich verteilt. Unternehmen haben in der Regel um so bessere Möglichkeiten, das Verhalten ihrer Transaktionspartner zu ihren Gunsten zu beeinflussen und damit ihre Ziele durchzusetzen, je größer sie sind. Sehr große Unternehmen mischen sich zu diesem Zweck auch in die Innen- und Außenpolitik ihrer eigenen oder fremder Länder ein, und sie können als Zielvariable und damit als beeinflußbar ansehen, was für kleine Unternehmen Daten sind.

Die Aussagen 15 bis 17 nennen das ökonomische Grundproblem aller Wirtschaftssubjekte sowie das Verfahren, mit dessen Hilfe sie dieses gemäß der Sicht des Wirtschaftswissenschaftlers zu lösen versuchen:

A.15 Die Bedürfnisse der Menschen insgesamt haben bisher ständig die Möglichkeiten zu ihrer Befriedigung mittels Produktion der entsprechenden Güter überstiegen. Daraus folgt die grundlegende Tatsache der *Knappheit* der Güter.

A.16 Sowohl bei der Befriedigung von Bedürfnissen privater Haushalte als auch bei der Herstellung von Gütern in Produktionsstätten und bei der Wahrnehmung der Aufgaben öffentlicher Wirtschaftssubjekte müssen angesichts der Knappheit von Gütern ständig Entscheidungen über deren Verwendung getroffen werden: Jedes Wirtschaftssubjekt hat ein *Allokationsproblem*.

A.17 Ein Wirtschaftssubjekt verhält sich bei der Lösung des Allokationsproblems und damit bei der Verfolgung seiner Ziele *rational*: Es versucht, bei gegebenem Einsatz an Mitteln das bestmögliche Ergebnis oder ein vorgegebenes Ergebnis mit dem geringstmöglichen Einsatz an Mitteln zu erreichen.

Die in Aussage 15 genannte Knappheit eines Gutes ist daran zu erkennen, daß Wirtschaftssubjekte für seinen Erwerb einen Preis zahlen, ein anderes Wirtschaftsobjekt im Tausch hingeben oder Produktionskosten einsetzen, insoweit also auf eine andere Verwendung dieser Mittel verzichten und damit ein Abwägungsproblem lösen. Die gegenüber früher immens gestiegene Güterversorgung in den heutigen Industrieländern hat die meisten Menschen offensichtlich nicht in die Lage versetzt, ihre sämtlichen Bedürfnisse voll befriedigen zu können. Tatsächlich sind diese bisher mindestens ebenso schnell gestiegen wie die Produktionsmöglichkeiten; und es ist zu vermuten, daß dies so bleiben wird. Immerhin schließt dies die *Sättigung* des Bedarfs an manchen Gütern nicht aus, so daß von diesen auch bei nennenswerten Preissenkungen keine größeren Mengen gekauft würden.

Aus der Güterknappheit folgt das in A.16 genannte ökonomische Grundproblem, und A.17 nennt eine grundlegende Annahme der Wirtschaftswissenschaft über das von Wirtschaftssubjekten bei seiner Lösung befolgte Verfahren. „Allokation" bedeutet Zuweisung von irgend etwas Knappem — von Geldbeträgen, Einkommen, Produktionsfaktoren, Arbeits- oder Freizeit, allgemein wird hier von „Mitteln" gesprochen — zu bestimmten Verwendungszwecken. Ein Konsument muß sein begrenztes Einkommen auf die Käufe vieler Konsumgüter und eventuell Ersparnis aufteilen; ein Produzent muß entscheiden, welche Produktionsfaktoren er im Rahmen welcher Produktionsverfahren in welchen Mengen zur Güterherstellung einsetzt; ein öffentlicher Haushalt sieht sich einer Fülle von Verwendungszwecken für seine aus Steuern, Zuweisungen anderer Haushalte und Kreditaufnahmen eingehenden Mittel gegenüber. Auch in bezug auf die zeitliche und räumliche Verteilung von Gütern sind Allokationen vorzunehmen. Das Problem besteht immer darin, daß die Zuweisung auf mehrere unterschiedliche Arten geschehen kann und daher ein Auswahlprinzip erfordert. Wenn nun gemäß A.15 Knappheit die Grundtatsache des wirtschaftlichen Lebens ist, dann liegt die Annahme nahe, daß Wirtschaftssubjekte versuchen werden, aus ihrer Situation das jeweils Beste zu machen. Wirtschaftswissenschaftler nehmen daher häufig an, daß Konsumenten für den Befriedigungsgrad ihrer Bedürfnisse und Unternehmer für ihren Gewinn möglichst hohe Werte zu erreichen suchen. In anderen Fällen wird das Bestreben unterstellt, einen gegebenen Erfolg mit möglichst geringem Einsatz an Mitteln zu erzielen. Rationales Verhalten bedeutet also je nach Sachlage, eine Variable zu maximieren (etwa: Ein Haushalt versucht, mit einem gegebenen Geldbetrag möglichst viel von einem Gut zu kaufen) oder zu minimieren (etwa: Ein Produzent versucht, eine vorgegebene Produktmenge mit den geringstmöglichen Kosten herstellen zu lassen). Dabei ist jedoch immer zu berücksichtigen, daß sich das ökonomische Handeln in einer natürlichen und sozialen Umwelt abspielt (vgl. A.03), die den Wahl- und damit Handlungsmöglichkeiten jedes Wirtschaftssubjekts in vielfältiger Weise Grenzen setzt.[2] Grundlegend ist die *Zeitbeschränkung:* Die Beschaffung und Verarbeitung von Informationen als Grundlage für ökonomische Entscheidungen, diese selbst sowie das wirtschaftliche Handeln erfordern Zeit, und diese ist für jedes Wirtschaftssubjekt knapp. Eine allgemeine Beschränkung auf gesamtwirtschaftlicher Ebene ist die *Ressourcenbeschränkung:* In jeder Volkswirtschaft kann jeweils nur soviel produziert werden, wie dies die vorhandenen zuzüglich der importierbaren Bestände an Produktionsfaktoren zulassen. Deren Einsatz unterliegt zudem einer *technischen Beschränkung* in Gestalt des jeweiligen Standes des technischen Wissens. Die Gesamtheit der explizit niedergelegten rechtlichen und sonstigen institutionellen Regelungen bildet eine *institutionelle Beschränkung;* und eine Reihe ungeschriebener und informeller Verhaltensregeln und -normen, gegen die man nur bei Strafe gesellschaftlicher Sanktionen verstößt, stellt eine *Konventionsbeschränkung* dar. Schließlich bildet die Verfügbarkeit über Geldmittel zusammen mit den begrenzten Möglichkeiten zur Kreditaufnahme für das einzelne Wirtschaftssubjekt generell und für eine Volkswirtschaft gegenüber dem Ausland eine *finanzielle Beschränkung.* Be-

---

[2] Vgl. zu der folgenden Aufzählung H. SIEBERT: The Partitioning of Constraints. ZStW, Bd 138, 1982, S. 109.

schränkungen jeder Art bilden somit *Nebenbedingungen* für das wirtschaftliche Handeln, und rationales Verhalten bedeutet daher genauer, nach Extremwerten ökonomischer Variabler unter Beachtung von Nebenbedingungen zu suchen. Hat man sie im gegebenen Fall gefunden, dann sind die knappen Mittel *optimal* eingesetzt: Mehr kann aus ihnen nicht herausgeholt oder sparsamer („wirtschaftlicher") mit ihnen nicht umgegangen werden.[3] Das nennt man auch, gemäß dem *ökonomischen Prinzip* zu handeln oder *Optimierungsprobleme* zu lösen.

Es ist wichtig zu erkennen, daß eine solche Handlungsweise nur den Einsatz von Mitteln bei gegebenen Zielen kennzeichnet. Das ökonomische Prinzip ist also weder selbst ein Ziel, da es nur eine Verfahrensvorschrift angibt, noch kann es zur Kennzeichnung von Zielen verwendet werden: Deren Erreichung dient letztlich der Bedürfnisbefriedigung privater Haushalte, und diese ist durch Werturteile bestimmt, wie aus A.05 hervorgeht. Werturteile selbst können jedoch weder als rational noch als irrational bezeichnet werden. Sich nach dem ökonomischen Prinzip zu richten, bedeutet daher nicht zwangsläufig, sich gemäß der üblichen Annahme egoistisch zu verhalten. Man kann anderen Menschen auch wohlwollend (altruistisch) und natürlich auch übelwollend gegenüberstehen; und auch wer im teilweisen oder ausschließlichen Interesse anderer Personen oder Gruppen (Familie, Freunde, Klienten) handelt, wird anstreben, aus gegebenen Mitteln das meiste herauszuholen. Ebenso ist der Versuch, anderen Personen etwa durch Geldspenden Gutes zu tun, als nutzenmaximierendes Verhalten gemäß dem ökonomischen Prinzip interpretierbar. Der Spender erkauft sich mit der Spende die Dankbarkeit des Beschenkten und erhöhtes Ansehen bei Dritten; und auch wenn er anonym bleibt, gewinnt er aus der Spende eine erhöhte Selbsteinschätzung.

Die Annahme, Wirtschaftssubjekte handelten nach dem ökonomischen Prinzip, erscheint einleuchtend, auch in bezug auf so alltägliche Vorgänge wie Konsumgüterkäufe. Manche Autoren haben daher die Frage, wie man Extremwerte ökonomischer Variabler unter Beachtung von Nebenbedingungen erreicht, als das ökonomische Problem schlechthin, als die „klassische" oder die Hauptfrage der Wirtschaftswissenschaft bezeichnet oder diese sogar anhand dieses Problems definiert. Jedoch herrscht heute weitgehend Übereinstimmung darüber, daß auch andere Fragestellungen zur Wirtschaftswissenschaft gehören. In deren Rahmen ist es beispielsweise eine Aufgabe der empirischen Forschung festzustellen, welche Ziele tatsächlich angestrebt werden und ob dabei rational vorgegangen wird. So mag ein privater Unternehmer lediglich eine bestimmte Verzinsung seiner langfristig angelegten Mittel, ein öffentliches Unternehmen Kostendeckung statt Gewinnerzielung anstreben. Als sicher kann gelten, daß die einzelne Wirtschaftseinheit ihre Ziele nicht isoliert festlegt, sondern sich dabei auch von den vorherrschenden Zielen der für sie maßgebenden Gruppe oder Gruppen beeinflussen läßt. Hier wie in vielen anderen Fällen führt die Untersuchung ökonomischer Probleme in das Gebiet von Nachbarwissenschaften, und daher wird

---

[3] In der Bundesrepublik Deutschland schreibt die *Bundeshaushaltsordnung* vom 19. 8. 1969 (BGBl. I, S. 1284) in Teil I, § 7 vor: „Bei Aufstellung und Ausführung des Haushaltsplans sind die Grundsätze der Wirtschaftlichkeit und Sparsamkeit zu beachten." Dies gilt allgemein für den öffentlichen Bereich, vgl. etwa H. H. v. ARNIM: Wirtschaftlichkeit als Rechtsprinzip, Berlin 1988. Darüber hinaus hat „Wirtschaftlichkeit" seit 1969 in bezug auf den Bundeshaushalt den Rang eines Verfassungsgebots, vgl. Art. 114, Abs. 2 des *Grundgesetzes für die Bundesrepublik Deutschland* (im folgenden als „Grundgesetz" zitiert).

die Frage nach der Definition der Wirtschaftswissenschaft und damit nach ihrer Abgrenzung gegenüber anderen Sozialwissenschaften heute nicht mehr für wichtig gehalten. In diesem Buch ist die Wirtschaftswissenschaft durch die Nennung ihrer Aufgaben (S. 1) zusammen mit Aussage 01 (S. 2) umrissen. Wollte man statt dessen das für den Ökonomen charakteristische Problembewußtsein kennzeichnen, so lassen sich zwei Grundzüge angeben. Erstens ist der Ökonom darauf trainiert, beide Seiten einer Angelegenheit zu berücksichtigen; die Aktiva mit den Passiva und den Aufwand mit dem Ertrag zu vergleichen; jeweils zwischen zwei Vorteilen oder zwei Übeln abzuwägen; angesichts einer Maßnahme oder eines Plans nach den Kosten zu fragen; generell davon überzeugt zu sein, daß man nichts umsonst erhalten kann;[4] und auch zu fragen, wem eine Handlung, eine Entwicklung, eine Wertung nützt und wem sie schadet. Kurz: Auch der Wirtschaftswissenschaftler löst Abwägungsprobleme (vgl. A.13). Diese rein als Methode aufgefaßte Denkweise — „Economics is the science of rational choice" — läßt sich auf viele nichtökonomische Lebensbereiche anwenden, wovon seit Jahren zunehmend Gebrauch gemacht wird.[5] Zweitens gibt sich der Ökonom nicht mit dem guten Willen und den möglicherweise löblichen Absichten der Handelnden sowie den vordergründigen und kurzfristigen Wirkungen ihrer Maßnahmen zufrieden. Der ökonomische Laie wird nichts einwenden, wenn der Gesetzgeber einen Mindestlohn anordnet: Die gute Absicht ist unstrittig und der Effekt begrüßenswert, soweit bisher darunter liegende Lohnsätze erhöht werden und sich sonst nichts ändert. Der Ökonom wird jedoch zeigen, daß Mindestlöhne wie auch die Vereinbarung einer „sozialen Komponente" bei Lohntarifverhandlungen (niedrigere Einkommen werden stärker angehoben als höhere, etwa durch Sockelbeträge) unsoziale Folgen hat: Wenn es ein Prinzip des marktwirtschaftlich-kapitalistischen Systems ist, daß der Unternehmer-Arbeitgeber nur Arbeitskräfte beschäftigt, die ihn nicht mehr kosten als sie ihm einbringen, dann werden durch eine solche Lohnpolitik geringwertige Arbeitsplätze unrentabel und daher vernichtet. Sie wird also längerfristig gerade den Minderqualifizierten schaden, denen sie helfen sollte. Ebenso fallen Ausbildungsplätze in um so größerer Zahl weg, je höher man die Vergütungen an die Auszubildenden und die Anforderungen an die Ausbilder setzt — ebenfalls zwei scheinbar begrüßenswerte Maßnahmen. Hört der Ökonom von dem häufig zitierten „Recht auf Arbeit", wird er darauf hinweisen, daß vermutlich „Erwerbs-", das heißt

---

[4] Treffend zusammengefaßt im Titel des Buches von M. FRIEDMAN: There's No Such Thing as a Free Lunch, LaSalle 1975; deutsch unter dem Titel: Es gibt nichts umsonst. Warum in einer Volkswirtschaft jede Mark verdient werden muß, München 1978.

[5] Seit den fünfziger Jahren wird an einer „Ökonomischen Theorie der Politik" gearbeitet. Mittlerweile existieren auch Untersuchungen über die Ökonomik des Kirchenbesuchs, des Scrabble-Spiels, der Geisteskrankheit, der Körperverletzung und der Herabsetzung des Lehrdeputats von Fakultäten; es gibt eine ökonomische Theorie des Schmuggels, des Straßenraubs und des ehelichen Seitensprungs; und die Nachfrage nach Kindern in landwirtschaftlichen Haushalten wurde ebenso erforscht wie die Frage, warum der amerikanische Tourist im Ausland betrogen wird. Die Grenze zur Satire wird dabei manchmal hart gestreift ("... the person who dies with a perfect liver may have forgone a number of drinks during the course of his life that could have contributed significantly to his own welfare: a liver in good order is useless if the heart goes first"), was diese wiederum offen herausfordert ("Toward a Deeper Economics of Sleeping"). Vgl. für eine systematische Anwendung der ökonomischen Denkweise auf Liebe und Todesstrafe, Heirat und Betrug, Impfungen und Platzangst, Termiten und Schimpansen, Präsidentschaftswahlen, Lernen und anderes TULLOCK/McKENZIE [E.27].

„bezahlte Arbeit" gemeint und das eigentliche Problem die Höhe der Bezahlung sei. Schließlich kennt er das *Gefangenendilemma:* Als Einzelner eine Regel zu verletzen, kann größeren Nutzen bringen, als sie zu befolgen (vgl. unten, Abschnitt VIII.4 des 4. Kapitels); und das *Samariterdilemma*: Kurzfristige Hilfe zur Milderung von Notlagen oder Elend kann diese langfristig erst recht herbeiführen oder verstärken.

Die vorstehenden Erläuterungen könnten den Eindruck erwecken, wirtschaftliches Handeln gemäß dem ökonomischen Prinzip sei problemlos. Dem ist nicht so:

A.18 Wirtschaftliche Entscheidungen beruhen auf Informationen, die wegen der prinzipiell beschränkten und unsicheren Kenntnisse des Menschen über seine Umwelt immer, wenn auch in unterschiedlichem Grade, unvollständig sind. Jedes Wirtschaftssubjekt hat daher ein *Informationsproblem*.

A.19 Wirtschaftliches Handeln ist in die Zukunft gerichtet, da die Zielvariablen die angestrebten Werte oder Bereiche nur im Anschluß an den Einsatz der eigenen Instrumentvariablen und die darauf folgenden Handlungen anderer Wirtschaftssubjekte erreichen können. Es basiert daher auf *Erwartungen* sowohl über diese Handlungen als auch über die Entwicklung der Daten.

A.20 Daten ändern sich ständig, und zwar in größtenteils unvorhersehbarer Weise. Da auch die Handlungen anderer Wirtschaftssubjekte als Reaktionen auf die eigene Aktivität und die Tätigkeit Dritter nie vollkommen vorhersehbar sind, findet jedes wirtschaftliche Handeln unter *Unsicherheit* statt.

Das Informationsproblem stellt sich schon jedem privaten Haushalt täglich. Will er die gewünschten Konsumgüter möglichst billig einkaufen, dann wird er in der Regel feststellen, daß es auch für physisch gleiche Güter im Kreis der ihm gewohnheitsmäßig zugänglichen Anbieter nicht einen einheitlichen Preis, sondern einen *Preisfächer* gibt. Wahrscheinlich wird sich dieser für ihn vergrößern, wenn er weitere Anbieter berücksichtigt. Ferner existieren Preisfächer zweiter Art bei solchen Konsumgütern, die sich in Qualität, Aussehen, Verpackung, technischer Lebensdauer jeweils geringfügig voneinander unterscheiden. Dies gilt besonders für die meisten dauerhaften Konsumgüter. Der Haushalt kann bei dieser Sachlage versuchen, seinen Informationsstand zu erhöhen. Der entscheidende Gesichtspunkt hierbei ist jedoch, daß Informationen nicht kostenlos zu haben sind. Die Suche nach dem günstigsten Angebot erfordert Zeit, und wenn weiter entfernte Anbieter berücksichtigt werden, entstehen zusätzliche Transportaufwendungen. Bei unvollständiger Kenntnis über die Umwelt werden Informationen zu einem knappen Gut, das einen Preis hat. Für den Haushalt wie für jedes andere Wirtschaftssubjekt entsteht daher wiederum ein Abwägungsproblem: Man kann versuchen, den Grad der Unvollkommenheit seiner Kenntnisse über die für sein wirtschaftliches Handeln relevante Umwelt zu verringern, aber die durch zusätzliche Informationen möglicherweise verbesserte Zielerreichung muß mit den zusätzlichen Aufwendungen für die Informationsbeschaffung und -verarbeitung verglichen werden.

Das Entscheidungsproblem des Wirtschaftssubjekts gemäß A.10 ist demnach so zu sehen: Jede Entscheidung kann schon deshalb fehlerhaft sein, weil sie nach A.18 auf grundsätzlich unvollständigen Informationen über vergangene und gleichzeitige Sachverhalte beruht. Über zukünftige, für das eigene Handeln relevante und selbst oder von anderen veranlaßte oder mitbestimmte Vorgänge gibt es nach A.19 nur noch

Erwartungen. Sie sind also der Sache nach Prognosen, jedoch empfiehlt es sich, dem akzeptierten Sprachgebrauch zu folgen und festzulegen: Wirtschaftssubjekte haben Erwartungen über zukünftige Vorgänge, die enttäuscht werden können; Wirtschaftswissenschaftler stellen Prognosen über sie auf, die scheitern können. Gemeinsamer Grund für Enttäuschungen und Scheitern ist die grundsätzliche Unsicherheit über die Zukunft.

Ohne Erwartungen können also keine wirtschaftlichen Entscheidungen getroffen werden, und diese sind unter zwei Aspekten zu sehen:

– In jede Entscheidung gehen unsichere Erwartungen darüber ein, wie sich die Situation während der Planperiode entwickeln wird, wenn nichts unternommen wird;
– In bezug auf die Folgen eigener Handlungen gibt es drei Möglichkeiten:
  (1) Eine bestimmte Folge tritt (nahezu) mit Sicherheit ein;
  (2) Es gibt mehrere mögliche Folgen, und es existiert eine Annahme über deren jeweilige Eintrittswahrscheinlichkeiten;
  (3) Es gibt mehrere mögliche Folgen mit unbekannten Eintrittswahrscheinlichkeiten.

Gemäß dieser Einteilung spricht man von *Entscheidungen unter Sicherheit, unter Risiko* und *unter Unsicherheit*. Wirtschaftswissenschaftler unterstellen bei ihren Untersuchungen zwecks Vereinfachung häufig Sicherheit, entfernen sich damit aber in einem zentralen Punkt von der Realität und riskieren allein deswegen Fehlschläge ihrer Analysen.

Die Berücksichtigung des Informationsproblems und der Unsicherheit über die Zukunft hat nun auch Konsequenzen für das mit Aussage 17 angenommene rationale Handeln. Dieses ließe sich nur dann „rein" (unzweideutig, objektiv, verläßlich, voraussehbar) verwirklichen, wenn

– das Wirtschaftssubjekt vollständige Informationen über alle relevanten Umstände besäße, insbesondere über alle ihm offenstehenden Handlungsmöglichkeiten einschließlich sämtlicher Nebenbedingungen;
– jeweils alle Folgen der Entscheidung für eine bestimmte Handlung mit Sicherheit bekannt wären.

Da beides nicht zutrifft, suchen Wirtschaftssubjekte die Folgen falscher Entscheidungen häufig dadurch zu vermeiden, daß sie ohne jeweils neue Überlegungen bereits bewährte Verhaltensweisen anwenden und darauf verzichten, optimale Erfolge anzustreben. Sie setzen ihre Ziele anhand dessen, was sie glauben, mit hinreichend großer Wahrscheinlichkeit erreichen zu können und geben sich zufrieden, sobald bestimmte *Anspruchsniveaus* realisiert sind. Manche Wirtschaftswissenschaftler nennen dies, gemäß einem *Prinzip begrenzter Rationalität* zu handeln. Sie beziehen dann die Tatsache in ihre Untersuchungen ein, daß die Entscheidungen von Wirtschaftssubjekten auch von ihrem Informationsstand, von der Höhe ihrer Anspruchsniveaus und der Art ihrer Erwartungen abhängen. Außerdem ist der Wille und die Fähigkeit zu berücksichtigen, überhaupt bewußt zu planen und entsprechend zu handeln. Tatsächlich stellen längst nicht alle Wirtschaftssubjekte ständig für wohlunterschiedene gleichbleibende Zeiträume Pläne auf: Sie entscheiden einerseits häufig gewohnheitsmäßig, anderseits gelegentlich spontan. Im zweiten Fall wissen sie nicht im vorhinein, was sie tun werden, und daher kann der Wirtschaftswissenschaftler insoweit nichts über ihr Verhalten vermuten.

Gemäß den bisherigen Aussagen stellt sich dem Wirtschaftswissenschaftler sein in Aussage 01 genannter Untersuchungsgegenstand so dar:

A.21 Die beobachtbaren Handlungen und Transaktionen der Wirtschaftssubjekte sind eine nichtendende Folge von *Reaktionen*, mit denen sie sich laufend an nicht voll vorhergesehene Situationen anpassen und damit weitere Reaktionen hervorrufen.

A.22 Reaktionen bestehen überwiegend aus kleinen (*marginalen*) Änderungen von Instrumentvariablen. Häufig werden mit ihnen bestimmte Gütermengen durch andere ersetzt: Es werden *Substitutionen* vorgenommen.

A.23 Reaktionen erfordern Zeit. Der Ablauf des Wirtschaftsprozesses ist daher durch *Reaktionsverzögerungen* gekennzeichnet.

Wirtschaftssubjekte müssen wegen der Unvollständigkeit ihrer Informationen und der Unsicherheit über die Zukunft ständig Abweichungen der tatsächlichen Entwicklung von ihren Erwartungen hinnehmen. Manche ihrer Handlungen bleiben von vornherein ohne Erfolg; andere bewirken das Gegenteil des Angestrebten. Manchmal werden Ziele kurzfristig erreicht und gleichzeitig Prozesse mit so nachteiligen Wirkungen in Gang gesetzt, daß die kurzfristigen Erfolge langfristig überkompensiert werden, oder umgekehrt; oder es ergeben sich unbeabsichtigte Nebenwirkungen. Alles dies führt zu Revisionen von Wirtschaftsplänen, eventuell auch von Zielen, und damit zu Reaktionen, die weitere Reaktionen hervorrufen und so den Wirtschaftsprozeß weitertreiben. Da sich damit für den beobachtenden Wirtschaftswissenschaftler jeweils die Werte von Variablen ändern, stellt er fest, daß im Prinzip jede ökonomische Variable direkt oder indirekt jede andere beeinflußt: Es existiert eine allgemeine *Interdependenz* zwischen sämtlichen ökonomischen Entscheidungen und den daraus resultierenden Vorgängen. Einschränkend ist jedoch hinzuzufügen, daß die Wirtschaftswissenschaft bei ihrem jetzigen Stand weit davon entfernt ist, jedes wirtschaftliche Handeln auf erkennbare Ursachen zurückführen und damit als Reaktion deuten zu können. Wenn neue Ideen über Lebensführung private Haushalte in ihrem Verhalten beeinflussen; wenn technische Erfindungen produktionsreif werden und zu Investitionen führen; wenn Rohstoffanbieter gemeinsam ihre Preise erhöhen, kann der Wirtschaftswissenschaftler nicht von Reaktionen auf andere Ereignisse sprechen, sondern muß solche Vorgänge als spontane, unvorhersehbare Aktionen akzeptieren und bekennen, daß seine Sicht des Wirtschaftsprozesses als Reaktionszusammenhang und damit auch seine Kunst der Prognose in manchen Fällen versagt.

Wirtschaftssubjekte erleben den Wirtschaftsprozeß überwiegend so, daß sich die Werte von Daten und Zielvariablen jeweils nur geringfügig (marginal, am Rande) ändern und daß die angemessene Reaktion darauf eine ebenfalls nur marginale Änderung der Werte von Instrumentvariablen ist. Bemerken private Haushalte, daß sich der Preis eines ständig von ihnen verbrauchten Gutes bei Konstanz aller anderen Variablen erhöht, so bestünde eine nichtmarginale Reaktion darin, das Gut nicht mehr zu kaufen. Ein solches Verhalten wäre aber ungewöhnlich. In der Regel werden die Haushalte nach der Preiserhöhung insgesamt eine kleinere Menge des teurer gewordenen Gutes kaufen und, falls die Ausgaben für das Gut dadurch sinken, mit den freigewordenen Beträgen die wegfallende Menge durch marginale Mehrkäufe ähnlicher Güter ersetzen oder *substituieren*. Der Gesetzgeber ändert Steuersätze und teilt den Steuerzahlern die erwartete Wirkung als Mehr- oder Minderbelastung mit. Bei einer so wichtigen Variablen wie dem Preisniveau werden nur seine Änderungen gemessen, wobei Änderungen von Änderungen wie die Beschleunigung oder Verlangsamung einer Inflationsrate von besonderem Interesse sind. Auch das „Denken in Änderungen" kann daher für den Ökonomen als charakteristisch angesehen werden, es ist ein Aspekt des in Aussage 13 genannten Abwägungsproblems.

Die Frage der Reaktionszeit kann etwa so analysiert werden. Zunächst müssen die Abweichungen der Zielvariablen von den angestrebten Werten oder der Daten von den erwarteten Werten ein gewisses Ausmaß erreichen, bevor sie bemerkt werden oder eine Reaktion der Mühe wert ist: Auch Entscheidungsprozesse verursachen Kosten, und diese können höher sein als die Verluste aufgrund kleiner Zielabweichungen. Sind diese Schwellen überschritten, so müssen Entscheidungen getroffen werden, was je nach Art des Wirtschaftssubjekts oder der Abweichung mehr oder weniger lange dauert. Auch die Umsetzung der Entscheidungen in Handlungen nimmt wegen der erforderlichen Umorganisation der ökonomischen Aktivität wiederum Zeit in Anspruch; und die Wirkungen der meisten Handlungen treten nicht sofort ein. Das Problem der Reaktionsverzögerung zwingt den Wirtschaftswissenschaftler zu Entscheidungen darüber, welche Wirkungen er in seine Analysen einbeziehen soll und läßt ihn diese in kurz-, mittel- und langfristige einteilen.

Die vorstehend in 23 Aussagen zusammengefaßte Sicht des Wirtschaftsprozesses wird mit dem folgenden Text durch zahlreiche Rückverweise verknüpft, sobald dort Gelegenheiten für Anwendungen, weitere Erläuterungen und Beispiele auftauchen oder sich die Notwendigkeit für Modifikationen und Kritik ergibt.

2. Positive und normative Ökonomik. Der Wirtschaftswissenschaftler betrachtet ökonomische Entscheidungen als Grundlage wirtschaftlichen Handelns und untersucht sie und damit die aus ihnen resultierenden Vorgänge unter zwei wichtigen Fragestellungen:[6]

– Welche Wirkungen haben die aus gegebenen Entscheidungen folgenden Handlungen oder Transaktionen gehabt oder werden sie voraussichtlich haben?
– Welche Entscheidungen sind zu treffen und daher welche Handlungen oder Transaktionen vorzunehmen, wenn bestimmte Ziele erreicht werden sollen?

Bei der erstgenannten Fragestellung nimmt der Wirtschaftswissenschaftler den Wirtschaftsprozeß so hin, wie er vor seinen Augen abläuft oder abgelaufen ist und versucht, ihn zu beschreiben; zu erklären, warum er gerade so und nicht anders abgelaufen ist; oder vorherzusagen, wie er ablaufen wird. Solche Analysen von Ursache-Wirkungs-Zusammenhängen bezeichnet man als *positive Ökonomik* oder spricht von *positiver Fragestellung*. Im zweiten Fall handelt es sich darum, Vorschriften für zweckdienliches Handeln, Normen aufzustellen, weshalb man solche Untersuchungen von Ziel-Mittel-Zusammenhängen *normative Ökonomik* oder *normative Fragestellung* nennt. Dabei wird ein Ziel vorgegeben (etwa: Ein Anbieter will seinen Marktanteil vergrößern) und unterstellt, daß zwei oder mehr Handlungsmöglichkeiten zur Erreichung des

---

[6] Vgl. hierzu auch den Abschnitt „Beratung bei der Beeinflussung wirtschaftlicher Vorgänge", in: VRW[7], 1. Kapitel, Teil IV.

Ziels zur Wahl stehen (etwa: Änderung der Preise, Änderung anderer Absatzbedingungen, Erhöhung des Werbeaufwandes, Angliederung konkurrierender Anbieter). Aufgabe der Analyse ist es dann festzustellen, mit welchen Entscheidungen das Ziel am besten erreicht werden kann. Dabei sind die Daten des Entscheidungsträgers ebenso zu berücksichtigen wie die voraussichtlichen Reaktionen anderer Wirtschaftssubjekte auf seine Maßnahmen. Beide Fragestellungen lassen sich anhand der Einführung einer Verbrauchsteuer für ein Gut zeigen. In der positiven Ökonomik wird unter Verwendung von Vermutungen über das Verhalten der Anbieter und Nachfrager ermittelt, wie es daraufhin zu den beobachteten Änderungen von Preis und Absatzmenge des Gutes kam. Diese werden also erklärt; oder es wird vorausgesagt, welche Folgen die Einführung der Steuer haben wird. In der normativen Ökonomik wird den Anbietern und den Nachfragern gesagt, wie sie auf die Steuer reagieren müssen, wenn sie ihre (für den Ökonomen vorgegebenen) Ziele weiterhin bestmöglich erreichen wollen; oder es wird im Auftrag des Gesetzgebers der Steuersatz geschätzt, der zu einem bestimmten Steueraufkommen führt.

Der Unterschied zwischen positiver und normativer Ökonomik wird von einigen Autoren anders definiert. Danach ist

- normative Ökonomik die Zuweisung von Werturteilen zu ökonomischen Vorgängen;
- positive Ökonomik die Analyse ökonomischer Vorgänge einschließlich der ihnen von den Beteiligten zugewiesenen Werturteile, also auch die Erarbeitung von Handlungsanweisungen bei vorgegebenen Zielen.

Obgleich diese Abgrenzung einiges für sich hat, wird in diesem Buch an der oben eingeführten Unterscheidung festgehalten. In jedem Fall gilt, daß die Vorgabe von Zielen selbst, Antworten auf die Frage „Was soll sein?" (im Gegensatz zur Frage „Was ist?") wie auch alle anderen Werturteilsäußerungen in die Politik, die Weltanschauung, die Ideologie und damit in den außerwissenschaftlichen Bereich gehören. Der Grund ist, daß sie nicht wahrheitsfähig sind: Ob die zusätzliche Einkommenseinheit bei sehr hohen Einkommen mit 53, 60 oder 80 v. H. besteuert werden soll, ist keine Frage von wahr oder unwahr, sondern nur politisch entscheidbar. Die Höhe des Steuersatzes rückt erst dann in den Zuständigkeitsbereich des Wirtschaftswissenschaftlers, wenn etwa nach ihren Wirkungen auf die Investitionstätigkeit gefragt wird.

Von zentraler Bedeutung für die hier vertretene Sicht ist nun die Tatsache, daß der Wirtschaftswissenschaftler bei beiden Fragestellungen nicht wissen kann, was in dem jeweils betrachteten Wirtschaftssubjekt vorgeht. Dieses ist für ihn so etwas wie ein „schwarzer Kasten",[7] dessen Inneres keiner direkten Beobachtung zugänglich ist. Direkt beobachtbar sind nur Werte von Daten, Instrument- und — nicht immer — Zielvariablen, also nur das, was sich außerhalb des Wirtschaftssubjekts befindet oder abspielt. Mit dieser Situation kann der Wirtschaftswissenschaftler auf folgende Weise fertig werden:

(1) Er unterstellt von sich aus, das Wirtschaftssubjekt
   - verfolge bestimmte Ziele (etwa: Ein Anbieter wolle seinen Gewinn in der Plan-

---

[7] Die Vorstellung der „black box" entstammt wie manche andere in der Wirtschaftswissenschaft benutzte Konzepte der Physik.

periode maximieren) und habe (etwa als Konsument) eine bestimmte Präferenzordnung;
- hege bestimmte Erwartungen hinsichtlich des Verhaltens anderer Wirtschaftssubjekte (etwa: Ein Anbieter habe Vorstellungen darüber, welche Mengen seines Produkts die Nachfrager bei unterschiedlichen Preisen kaufen wollen);
- habe bestimmte Handlungsmöglichkeiten und verhalte sich rational.

Bei diesem Vorgehen läßt sich in der Regel allein durch logische Folgerungen ermitteln, wie das Wirtschaftssubjekt bei Vorliegen solcher Voraussetzungen angesichts der vorgegebenen Ziele auf Änderungen von Daten oder Zielvariablen reagieren müßte. Die Frage, wie es sich tatsächlich verhält, wird zunächst nicht gestellt; der Ansatz ist normativ.

(2) Der Wirtschaftswissenschaftler untersucht konkret, welche Ziele bestimmte Wirtschaftssubjekte verfolgen, welche Erwartungen sie hegen, welche Handlungsmöglichkeiten sie zu haben glauben, inwieweit sie sich rational verhalten; und beschreibt, erklärt oder prognostiziert daraufhin ihre Aktionen.

In diesem Fall wird der Inhalt des „schwarzen Kastens" zum Forschungsobjekt. Dabei wird auch auf Befragungen von Wirtschaftssubjekten zurückgegriffen, womit sich die Frage nach dem Wahrheitsgehalt der Antworten stellt. Das Verfahren verspricht am ehesten Erfolg, wenn der Wirtschaftswissenschaftler als Berater tätig ist, da der Auftraggeber dann ein Interesse an einer möglichst hohen Qualität der Beratung hat, die durch wahrheitsgemäße und möglichst vollständige Auskünfte vermutlich verbessert wird.

(3) Der Wirtschaftswissenschaftler verzichtet auf Überlegungen über Vorgänge im schwarzen Kasten und beschränkt sich auf die Verarbeitung dessen, was er ohne die unter (1) genannten Annahmen und ohne Berücksichtigung von Zielen, Erwartungen und Verfahrensannahmen beobachten kann.

Das wäre die Vorgehensweise des Naturwissenschaftlers, der ohne Annahmen und Untersuchungen über Ziele und Erwartungen von Atomen, Wolken und Planeten auskommt. Die unter (2) und (3) genannten Ansätze gehören je nach Fragestellung zur positiven oder normativen Ökonomik. Ein wichtiger Unterschied zwischen (1) und (2) besteht darin, daß nach (1) das Handeln gemäß dem ökonomischen Prinzip vorausgesetzt wird, während es nach (2) eine zu überprüfende Vermutung ist.

3. Verhaltensfunktionen. Ändert sich der Wert einer Variablen, die für ein Wirtschaftssubjekt ein Datum oder eine Zielvariable bildet, so wird dieses in irgendeiner Weise darauf reagieren, nachdem die in der Erläuterung zu A.23 (S. 13) genannten Schwellen überschritten sind. Die Reaktion besteht bei ungeänderten Zielen darin, daß das Wirtschaftssubjekt mindestens einer seiner Instrumentvariablen einen anderen Wert gibt. Man nennt das Wirtschaftssubjekt unter diesem Gesichtspunkt auch „Prozeßregler" oder „Transaktor" (die treffende Bezeichnung „Reaktor" ist schon mit anderer Bedeutung besetzt).

Für den Wirtschaftswissenschaftler als Beobachter bedeutet dies, daß er nach Zusammenhängen zwischen Variablen suchen muß. Im konkreten Fall teilt er dazu die betrachteten Variablen in eine *zu erklärende* (auch: *abhängige*) *Variable y* einerseits und eine oder mehrere *Erklärungsvariable* (auch: *erklärende* oder *unabhängige Variable*) z_1,

$z_2, \ldots$ anderseits ein und schreibt

$$y = f(z_1, z_2, \ldots). \tag{E.1}$$

Hiermit wird ein funktionaler Zusammenhang zwischen y und den $z_1, z_2, \ldots$ behauptet: Bestimmten Werten der $z_1, z_2, \ldots$ entspricht ein bestimmter Wert des y, und umgekehrt. Ökonomisch bedeutet dies, eine *Verhaltenshypothese* (oft auch *Verhaltensfunktion* oder nur *Hypothese* genannt) aufzustellen. Mit ihr wird eine Vermutung über eine Regelmäßigkeit im wirtschaftlichen Verhalten ausgesprochen.

Ein geläufiges Beispiel hierzu aus dem Haushaltsbereich ist das folgende. Steigt das verfügbare Einkommen eines privaten Haushalts, so wird dieser unter sonst gleichen Umständen vermutlich seine Konsumausgaben erhöhen. Die Verhaltenshypothese hat dann die Form eines funktionalen Zusammenhangs zwischen dem verfügbaren Einkommen als Datum und den Konsumausgaben als Instrumentvariable in der Weise, daß einem höheren Einkommen höhere Konsumausgaben zugeordnet sind. Symbolisiert man das verfügbare Einkommen mit Y^v und die Konsumausgaben mit C, so läßt sich dieser Zusammenhang als Gleichung schreiben, in der Y^v die unabhängige und C die abhängige Variable ist:

$$C = f(Y^v) \quad \text{oder}^8 \quad C = C(Y^v), \quad \text{worin} \quad \frac{\Delta C}{\Delta Y^v} > 0. \tag{E.2}$$

Eine solche Gleichung heißt *Konsumfunktion*. Die genaue Form des Zusammenhangs wird dabei offengelassen; und mit der Aussage über den Differenzenquotient wird nur behauptet, der Konsum ändere sich in gleicher Richtung wie das verfügbare Einkommen. Weitere Erklärungsvariable für die Konsumausgaben werden nicht betrachtet.

Dem Unkundigen scheint es, als werde mit einer solchen Funktion behauptet, das (personifizierte) Einkommen beeinflusse die Konsumausgaben, es handle sozusagen selbständig, und damit sei „der Mensch" aus der Wirtschaftswissenschaft verbannt. Eine solche Interpretation ist falsch. Variable wirken aufeinander, weil Wirtschaftssubjekte reagieren, und sie tun dies, weil sie Ziele haben, die sie verwirklichen wollen. Sie streben bestimmte Situationen an und versuchen, diese dadurch herbeizuführen, daß sie Instrumentvariablen bestimmte Werte geben. Die Funktion sagt also etwas über das Verhalten von Menschen, in diesem Fall eines privaten Haushalts, aus. Mit ihr werden Reaktionen von Menschen *erklärt*, das heißt auf Bewegungen von Erklärungsvariablen, in diesem Fall auf Änderungen des verfügbaren Einkommens, zurückgeführt. Dies kann für einzelne Wirtschaftssubjekte wie auch für Gruppen von ihnen geschehen. Ändern die Mitglieder einer Gruppe A ihr Verhalten, so können sich damit Daten oder Zielvariable oder beide für Mitglieder anderer Gruppen $B, C, \ldots$ ändern, was wiederum diese zu Reaktionen veranlassen wird. Erhöhen etwa die Nachfrager nach einem Gut bei gegebenem Preis ihre Käufe, so wird dies die Produzenten

---

[8] In der Schreibweise $C = C(Y^v)$ bezeichnet das C links vom Gleichheitszeichen eine ökonomische Variable, das C mit folgender Klammer rechts davon ist ein mathematisches Funktionszeichen (ein „Funktor") mit der Bedeutung: „ist eine Funktion von". Diese Schreibweise hat zwei Vorteile: Es wird ein Buchstabe eingespart, und es wird dem Irrtum vorgebeugt, in verschiedenen Gleichungen $y_1 = f(z_1)$ und $y_2 = f(z_2)$ bedeute „f" den gleichen Funktionstyp. Vgl. dazu auch die Schreibweise des Gleichungssystems E.7 in Abschnitt E.4.

des Gutes in der Regel veranlassen, die Erzeugung zu steigern und damit ihre Nachfrage nach Produktionsfaktoren zu erhöhen. Es sind somit funktionale Zusammenhänge zwischen der Nachfrage nach einem Gut einerseits und der Produktmenge und der Nachfrage nach Produktionsfaktoren zur Herstellung des Gutes anderseits zu vermuten. Sind die Produktionskapazitäten der Hersteller ausgelastet und hält die Nachfragezunahme an, so besteht ein Anreiz für die Hersteller, ihre Produktionsapparate zu vergrößern. Unter diesen Bedingungen kann sich also ein funktionaler Zusammenhang zwischen der Nachfragesteigerung und der Nachfrage nach dauerhaften Produktionsmitteln ergeben.

Solche Beispiele lassen sich beliebig vermehren. So bestehen Hypothesen über funktionale Zusammenhänge zwischen dem Einkommen aus unselbständiger Arbeit und dem Aufkommen an Lohnsteuer, zwischen dem Preis eines Gutes und der abgesetzten Menge, zwischen dem Währungskurs und dem Export und Import eines Landes, zwischen dem Zinssatz und der Nachfrage nach Krediten. Mit welchem Funktionstyp ein zu untersuchender Zusammenhang am besten zu erfassen ist, kann nur empirisch festgestellt werden. Bei Annahme einer linearen Beziehung zwischen einer zu erklärenden Variablen y und m Erklärungsvariablen $z_1 \ldots z_m$ läßt sich der funktionale Zusammenhang durch die Gleichung

$$y = a_0 + a_1 z_1 + a_2 z_2 + \ldots + a_m z_m \qquad (E.3)$$

wiedergeben. Dies ist eine spezielle Form der Gleichung (E.1), in der die a_i ($i=0, 1, \ldots, m$) konstante Größen, die *Parameter* der Funktion sind. Da sie menschliches Verhalten erklärt, spricht man auch von *Verhaltensparametern*. Sie lassen sich in zwei Gruppen gliedern. Die bei den Variablen $z_1 \ldots z_m$ stehenden Parameter $a_1 \ldots a_m$ geben einzeln an, wie sich die zu erklärende Variable y ändert, wenn sich die jeweils zugehörige erklärende Variable z_i bei Konstanz aller anderen erklärenden Variablen $z_1 \ldots z_{i-1}$ und $z_{i+1} \ldots z_m$ ändert. Mathematisch entspricht dieser Interpretation die Differenzenbildung oder (unter der Voraussetzung der Differenzierbarkeit) die partielle Differentiation der Gleichung (E.3): Es ist

$$\frac{\Delta y}{\Delta z_i} = a_i \quad \text{und} \quad \Delta y = a_i \Delta z_i \quad \text{oder} \quad \frac{\partial y}{\partial z_i} = a_i. \qquad (E.4)$$

Diese Verhaltensparameter geben also an, welche Einflüsse Änderungen der z_i über das Verhalten der beteiligten Wirtschaftssubjekte auf y ausüben. Der Parameter a_0 kann so interpretiert werden, daß er den zusammengefaßten Einfluß aller nicht ausdrücklich mit einem z_i benannten und daher nicht explizit betrachteten Variablen angibt, wobei unterstellt wird, daß sich diese Variablen nicht ändern (oder, als schwächere Bedingung, daß sich Änderungen ihrer Einflüsse kompensieren). Man bezeichnet a_0 auch als den konstanten *autonomen* Teil der Variablen y: Wenn alle z_i zugleich null sind, ist $y = a_0$. Dieser Teil wird also nicht durch die $z_1 \ldots z_m$ erklärt, und man läßt offen, welche bei der betreffenden Untersuchung nicht betrachteten Erklärungsvariablen es für ihn geben mag. Im übrigen gilt folgende Redeweise: Ändert sich eine abhängige Variable y und kann dies gemäß einer Gleichung wie (E.3) durch eine Änderung eines oder mehrerer z_i erklärt werden, dann verhalten sich die Wirtschaftssubjekte gemäß dieser Funktion. Muß dagegen zum Zweck der Erklärung auch nur ein Parameter geändert werden, dann liegt eine *Verhaltensänderung* der Wirtschaftssubjekte vor.

Setzt man also eine Konsumfunktion für eine Gruppe von Haushalten nach Gleichung (E.2) linear an:

$$C = C^a + cY^v, \quad \text{worin} \quad C^a > 0 \quad \text{und} \quad 0 < c < 1, \tag{E.5}$$

so gibt der bei dem verfügbaren Einkommen Y^v stehende Verhaltensparameter c an, welcher Teil einer Änderung ΔY^v des verfügbaren Einkommens zu zusätzlichen Konsumausgaben ΔC verwendet wird. Da sowohl das Einkommen als auch die Konsumausgaben in DM je Zeiteinheit gemessen werden, ist der Verhaltensparameter, die *marginale Konsumquote,* in diesem Fall eine dimensionslose Zahl. Steigt etwa das verfügbare Einkommen der betrachteten Gruppe von Haushalten in einem Monat um 5 Mill. DM und ist $c = \Delta C/\Delta Y^v = 0{,}8$, dann werden in diesem Monat zusätzlich 4 Mill. DM für den Konsum ausgegeben. Allgemeiner: Unabhängig von der Höhe des Einkommens werden stets 80 v. H. eines Einkommenszuwachses zu Mehrnachfrage nach Konsumgütern verwendet; und ebenso fällt in Höhe von 80 v. H. eines Einkommensrückgangs Nachfrage nach Konsumgütern weg. C^a gibt den autonomen, nicht durch Y^v erklärten Teil des Konsums an. Spielt es für ein Problem keine Rolle, welches die Erklärungsvariablen für eine abhängige Größe, etwa die Investition I, sind, dann kann man sie in voller Höhe als autonom betrachten und mit der Gleichung $I = I^a$ arbeiten. Solche Gleichungen können als Grenzfälle von Verhaltensfunktionen angesehen werden.

Kann eine Variable y restlos durch andere Variable erklärt werden? Das ist prinzipiell unmöglich. Zur Begründung sei an die allgemeine ökonomische Interdependenz — vgl. die Erläuterung zu Aussage 21 (S. 12) — erinnert: Wenn in einer Volkswirtschaft im Prinzip jede Variable von jeder anderen abhängt, ist es aussichtslos, vollständige Verhaltenshypothesen aufstellen zu wollen. Der Wirtschaftswissenschaftler kann mit diesem Sachverhalt auf zweierlei Art fertigwerden:

— Er greift eine Reihe von Erklärungsvariablen heraus, die er für wichtig hält, untersucht nur deren Einfluß und kümmert sich nicht um alle anderen.

Da hierbei die Größe oder die Änderung einer abhängigen Variablen vollständig auf die Größe oder Änderung anderer Variabler zurückgeführt wird, nennt man dieses Verfahren den *deterministischen Ansatz,* bei dem entsprechend mit *deterministischen Hypothesen* gearbeitet wird. Die Alternative ist:

— Der Einfluß aller nicht explizit betrachteten Variablen wird in einer speziellen Erklärungsvariablen zusammengefaßt.

Die nicht explizit betrachteten Variablen stören offenbar bei dem Versuch, den Wert einer abhängigen Variablen allein auf die Werte der betrachteten Erklärungsvariablen zurückzuführen. Man nennt deshalb die spezielle Variable, die ihren Einfluß zusammenfaßt, die *Störvariable.* Da deren Werte unvorhersehbar sind und daher mangels besseren Wissens als vom Zufall bestimmt angesehen werden, heißt sie auch *Zufallsvariable.* Man nennt das Verfahren den *stochastischen Ansatz* und benutzt entsprechend *stochastische Hypothesen.* Der Ansatz basiert mithin auf der Einsicht, daß menschliches Verhalten bis zu einem gewissen Grade unerklärbar (unvorhersehbar, unberechenbar, zufallsbestimmt, indeterminiert) ist. Hinzu kommt, daß prinzipiell auch jede Messung der Variablen, mit denen es der Wirtschaftswissenschaftler zu tun hat, fehlerhaft ist.

Die allgemeine stochastische Hypothese lautet demnach in Erweiterung von Gleichung (E.1)

$$y = f(z_1, z_2, \ldots, u), \tag{E.6}$$

worin u die Störvariable ist. Dieser Ansatz ist zweifellos realistischer als der deterministische: Das Zufallselement muß beim gegenwärtigen Stand der Wirtschaftswissenschaft als beträchtlich angesehen werden. Die Forschungssituation des Wirtschaftswissenschaftlers ist also dadurch gekennzeichnet, daß prinzipiell keine seiner Aussagen über die Realität, soweit sie mindestens eine Hypothese enthalten, in allen Fällen genau zutreffen kann. Er kann bestenfalls hoffen, daß sie in der überwiegenden Zahl von Fällen annähernd zutrifft, wobei er konventionell und damit im Prinzip willkürlich festlegt, in wieviel Prozent der Beobachtungsfälle eine Hypothese höchstens widerlegt werden darf, wenn sie trotzdem noch als akzeptabel gelten soll.

In diesem Buch wird, auch aus didaktischen Gründen, vom deterministischen Ansatz Gebrauch gemacht. Ausdrücklich oder stillschweigend wird also immer der Einfluß aller nicht betrachteten Variablen entweder vernachlässigt oder wie eben erläutert im autonomen Teil einer abhängigen Variablen zusammengefaßt und insgesamt als konstant betrachtet. Der Fachausdruck hierfür ist: Es wird von der modellexternen Ceteris-paribus-Klausel Gebrauch gemacht. Näheres hierzu enthält Abschnitt E.9.

Bei der Verwendung des mathematischen Funktionsbegriffs in der Wirtschaftswissenschaft muß darauf geachtet werden, daß die Ergebnisse der mathematischen Operationen ökonomisch interpretierbar bleiben. Während Mathematiker gewöhnlich Aussagen über einen möglichst großen Wertebereich für die Variablen ihrer Funktionen anstreben, sind sie für Wirtschaftswissenschaftler häufig nur innerhalb enger Bereiche ökonomisch interpretierbar und damit sinnvoll. Manche ökonomischen Größen können negativ, gleich null oder positiv sein, etwa das Geldvermögen eines Wirtschaftssubjektes oder der Saldo der Leistungsbilanz eines Landes. Der letztgenannte steht aber seiner Größenordnung nach in Beziehung zum Sozialprodukt und ist daher in der Praxis auch nicht halb so groß wie dieses. Preise, Gütermengen, Abschreibungen, die Bruttoanlageinvestition und die Zahl der Arbeitslosen können null, aber nicht negativ sein. Das Volkseinkommen und die Geldbestände gleich welcher Definition können ebenfalls nicht negativ sein, aber auch nahe bei null liegende positive Werte für sie sind bei Verwendung der üblichen Maßeinheiten ökonomisch bedeutungslos. Manche Beziehungen, wie etwa der erwähnte Zusammenhang zwischen dem Einkommen und den Konsumausgaben eines privaten Haushalts, gelten möglicherweise nur in einer Richtung: Wenn das Einkommen steigt, läßt sich der Zusammenhang mit einer Funktion wiedergeben, die nicht mehr gilt, wenn das Einkommen von seinem höheren Stand aus wieder sinkt. Der Grund kann sein, daß sich der Haushalt an die höheren Konsumausgaben gewöhnt hat und diese bei dem nun niedrigeren Einkommen beibehält und entsprechend weniger spart. Nichtbeachtung solcher Beschränkungen kann zu ökonomisch sinnlosen, uninteressanten oder falschen Ergebnissen führen.

Wie gelangt man zu Verhaltenshypothesen? Dafür gibt es keine allgemeingültigen Verfahren. Man kann solche Hypothesen gemäß dem S. 14 f. unter (1) genannten Ansatz aus einigen generellen Annahmen über Ziele, Erwartungen und rationales Handeln deduzieren. Dieses Verfahren wird im 2. Kapitel gezeigt. Es bedeutet, daß es eine Rangordnung für Hypothesen gibt, gemäß der man speziellere aus allgemeineren ableiten kann. Eine andere gebräuchliche Methode ist die Verallgemeinerung von empirisch beobachteten Einzelfällen, der *Induktionsschluß*. Je häufiger dabei ein Zusammenhang in der Vergangenheit beobachtet wurde, um so größer ist das Vertrauen darauf, daß man ihn auch in Zukunft beobachten wird, und um so genauere Aussagen kann man über ihn machen. Dies wird bei statistischen Untersuchungen explizit so gehandhabt. Man kann sich jedoch auch fragen, wie man selbst auf eine Datenänderung reagieren würde (Introspektion) und die eigenen oder zufällig beobachtete fremde Reaktionen zur Aufstellung von Hypothesen benutzen. Man kann die Literatur durchsehen und aus historischen Beispielen, aus Befragungen oder anderweitiger systematischer Beobachtung, aber auch aus Wunschdenken Hypothesen gewinnen

Tabelle E.1 – *Einige wichtige Hypothesen in der Wirtschaftswissenschaft*

Name der Funktion	Zu erklärende (abhängige) Variable	Gebräuchlichste erklärende Variable
Nachfragefunktion für ein Gut	Nachgefragte Menge eines Gutes	Preis des Gutes Preise anderer Güter Einkommen der Nachfrager
Angebotsfunktion für ein Gut	Angebotene Menge eines Gutes	Preis des Gutes Herstellungskosten des Gutes
Konsumfunktion	Ausgaben für Konsumgüter	Einkommen der Verbraucher
Investitionsfunktion	Ausgaben für Investitionsgüter	Erwartete Nettoerträge Zinssatz für Kredite zum Kauf der Investitionsgüter
Produktionsfunktion	Produktmenge in einem Produktionsprozeß	Einsatzmengen an Produktionsfaktoren
Kostenfunktion	Produktionskosten für ein Gut	Produktmenge Preise der Produktionsfaktoren
Exportfunktion	An Ausländer verkaufte Gütermenge(n) oder deren Wert(e)	Preis(e) Währungskurs Einkommen im Ausland
Importfunktion	Vom Ausland eingeführte Gütermenge(n) oder deren Wert(e)	Preis(e) Währungskurs Einkommen im Inland
Steueraufkommensfunktion	Aufkommen (Ertrag) einer Steuer	Steuersatz Bemessungsgrundlage
Nachfragefunktion für Geld	Geldhaltung	Gesamtwert der Geldtransaktionen Zinssatz
Angebotsfunktion für Geld	Geldangebot	Mindestreservesätze Zentralbankgeldmenge

wie auch vorhandene beliebig abändern. Häufig wird eine nur das Vorzeichen der Änderung einer Variablen nennende Hypothese über einzelwirtschaftliches Verhalten: „Wenn sich das Einkommen eines privaten Haushalts erhöht, dann steigen seine Konsumausgaben" — siehe Gleichung (E.2) — mit Hilfe statistischer Verfahren für den teil- oder gesamtwirtschaftlichen Bereich eines Landes präzisiert: „Wenn sich das verfügbare Einkommen der privaten Haushalte der Bundesrepublik erhöht, geben sie rund 86 v. H. des Mehreinkommens für mehr Konsum aus." Alle statistischen und ökonometrischen Verfahren erlauben nur Induktionsschlüsse, von denen nicht bewiesen werden kann, daß sie richtig sind, weil Menschen ihr Verhalten in Zukunft ändern können. Im übrigen sind Realitätsnähe oder Plausibilität dabei keine Kriterien für die Zulässigkeit von Hypothesen: Die wirtschaftswissenschaftliche Fachliteratur ist reich an Untersuchungen, denen höchst realitätsferne Annahmen über Zusammenhänge auch zwischen nichtbeobachtbaren Variablen zugrundeliegen. Sofern überprüfbare Aussagen über die Realität angestrebt werden, ist einziges Kriterium für die Beibehaltung von Hypothesen ihre Anwendbarkeit bei der Erklärung und ihre Bewährung bei der Vorhersage ökonomischer Vorgänge.

Tabelle E.1 enthält einige wichtige in der Wirtschaftswissenschaft benutzte Hypothesen über Zusammenhänge zwischen Variablen. Man benennt sie jeweils nach der abhängigen Variablen. Von allen wird sowohl im Rahmen einzel- als auch teil- und gesamtwirtschaftlicher Untersuchungen Gebrauch gemacht.

4. Methode der Erklärung. Das Konzept der Verhaltensfunktion ist vor allem deswegen wichtig, weil die Erklärung wirtschaftlicher Vorgänge auf ihm basiert. Die Methode läßt sich anhand eines Beispiels, in dem das zu erklärende Ereignis in der Änderung einer Variablen besteht, in vier Schritten wie folgt zeigen:[9]

1. Schritt: Das zu erklärende Ereignis y wird beschrieben. (Beispiel: „Der private Konsum in der Bundesrepublik hat 1990 gegenüber 1989 zugenommen.")

Das Ereignis, auch *Explanandum* oder „Wirkung" genannt, ist in Raum und Zeit lokalisiert. Seine Beschreibung ist daher eine *Singularaussage*.

2. Schritt: Es wird (mindestens) eine bekannte oder neu aufgestellte Verhaltenshypothese herangezogen. (Beispiel: „Wenn das verfügbare Einkommen der privaten Haushalte steigt, dann nimmt der private Konsum zu.")

Eine Verhaltenshypothese ist eine *generelle Aussage* (auch *Allsatz* genannt). Sie kann verbal, graphisch, in Form einer Gleichung oder Ungleichung oder als logische Implikation wiedergegeben werden. Sie ist häufig ein „Wenn-dann"-Satz, oder sie kann in einen solchen Satz umgeformt werden. Seit altersher nennt man generelle Aussagen dieser Art auch *Gesetze*. In der Wirtschaftswissenschaft sind dies Aussagen über Regelmäßigkeiten im menschlichen Verhalten. Sie sind also etwas anderes als Gesetze im juristischen Sinne, bei denen es sich um Vorschriften, Normen handelt; und sie sind auch keine logischen Gesetze im Sinne von Regeln für die Behandlung

---

[9] Die Anregung zu diesem Beispiel entstammt R. POHL: Illiquidität und Notenbankpolitik. Abschließende Stellungnahme. Konjunkturpolitik, 13. Jg. 1967, S. 186.

von Symbolen. Am ehesten entsprechen sie naturwissenschaftlichen Gesetzen: Es wird im Prinzip angenommen, daß sie immer gelten, also unabhängig davon, wann und wo sie zu Erklärungen und Prognosen herangezogen werden; und sie müssen im Prinzip an der Realität überprüfbar sein. Die Einschränkung „im Prinzip" deutet allerdings darauf hin, daß beide Ansprüche nach dem gegenwärtigen Stand der Wirtschaftswissenschaft nicht voll erfüllbar sind. Der Überprüfung stehen grundsätzliche Schwierigkeiten entgegen, und die völlige Unabhängigkeit wirtschaftswissenschaftlicher Verhaltenshypothesen von Zeit und Ort ist sicher nicht gegeben. Dies ist ein wichtiger Punkt, da manche Autoren nur den strengeren naturwissenschaftlichen Gesetzesbegriff gelten lassen. Sie verlangen für ein „Gesetz" einen hohen Bewährungsgrad in vielen Anwendungsfällen und erheben somit einen in der Wirtschaftswissenschaft selten erfüllbaren Anspruch. Angemessen wäre daher, hier nur von „Hypothesen" zu sprechen und so den Charakter dieser Aussagen als Vermutungen zu betonen.

3. Schritt: Die im „Wenn"-Teil der Hypothese angesprochenen Ereignisse werden beschrieben. (Beispiel: „Das verfügbare Einkommen der privaten Haushalte der Bundesrepublik ist 1990 gegenüber 1989 gestiegen.")

Auch diese Beschreibung besteht aus mindestens einer Singularaussage. Die Werte, die die z_1, z_2, ... in Gleichung (E.1) S. 16 oder (E.3) S. 17 annehmen, heißen unabhängig von ihrer jeweiligen Interpretation zusammen „Ursache" (auch: Anfangs-, Antezedens-, Randbedingung) oder *Anwendungsbedingung*. Diese Bezeichnung verweist auf die Hypothese: Liegen die in ihrem „Wenn"-Teil genannten Ereignisse vor, dann ist sie anwendbar. Hypothesen und Werte der Erklärungsvariablen heißen zusammen *Explanans* (lateinisch: „Das Erklärende").

4. Schritt: Das zu erklärende Ereignis wird aus den Werten der Erklärungsvariablen oder deren Änderungen und den Hypothesen abgeleitet (deduziert). (Beispiel: „Da das verfügbare Einkommen der privaten Haushalte der Bundesrepublik 1990 gegenüber 1989 gestiegen ist, und da die Haushalte auf eine Erhöhung ihres verfügbaren Einkommens immer mit einer Erhöhung ihrer Konsumausgaben reagieren, hat der private Konsum in der Bundesrepublik 1990 gegenüber 1989 zugenommen.")

Mit dieser Aussage ist das Ereignis: „Zunahme des privaten Konsums in der Bundesrepublik 1990 gegenüber 1989" gemäß dem hier vertretenen methodischen Ansatz wissenschaftlich erklärt. Schematisch und verallgemeinert sieht dieser so aus:

Bild E.1 – *Allgemeines Schema der wissenschaftlichen Erklärung eines Ereignisses*

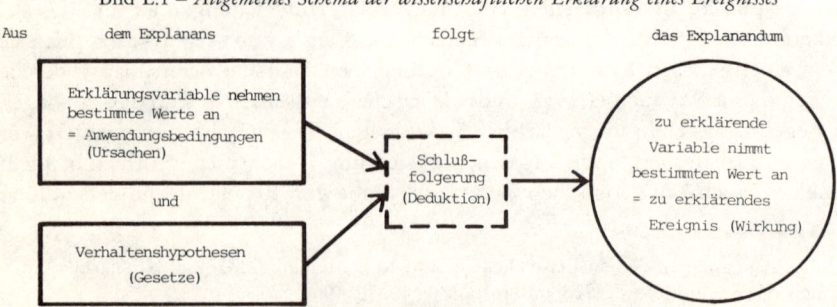

Das Bild illustriert die

Def. E.1: „*Einen Vorgang ‚kausal erklären' heißt, einen Satz, der ihn beschreibt, aus* Gesetzen und Randbedingungen *deduktiv ableiten.*"[10]

Von der Logik her gesehen läßt sich diese Methode wie folgt darstellen. A und B seien bestimmte Ereignisse, die im Prinzip beobachtbar sein sollten. Das Verfahren besteht aus drei Schritten:

(1) Es wird eine Hypothese über den Zusammenhang
    zwischen A und B aufgestellt: Wenn A, dann B.
(2) Es wird konstatiert, daß das im Wenn-Teil der Hypothese
    genannte Ereignis vorliegt: Nun aber A.
(3) Aus den vorstehenden Aussagen wird der logische Schluß gezogen: Also B.

Diese Darstellung entspricht dem vorstehenden Beispiel mit vier Schritten. In der Praxis umgibt man die Hypothese unter (1) und die Feststellung unter (2) häufig mit einer Reihe weiterer Annahmen, auch *Hilfshypothesen* genannt. Mit ihnen soll vor allem sichergestellt werden, daß nicht weitere Einflüsse den mit der Haupthypothese behaupteten Zusammenhang abschwächen oder kompensieren; und daß die Ereignisse A und B eindeutig identifizierbar sind. Im obigen Beispiel wäre etwa zusätzlich anzunehmen, daß nicht gleichzeitig mit der Einkommenserhöhung weitere Ereignisse eintreten, die Haushalte zu vermehrtem Sparen veranlassen, da dann die Konsumausgaben möglicherweise trotz der Einkommenserhöhung nicht steigen.

Die eben vorgeführte Schlußweise ist für die wirtschaftswissenschaftliche Methodik grundlegend und muß präzise gehandhabt werden. Tut man dies nicht, besteht die Gefahr, *Trugschlüssen* zu erliegen. Einer von diesen sieht so aus: (1) Wenn A, dann B; (2) Nun aber B; (3) Also A. In dem eben genannten Beispiel würde man dann von einer Erhöhung der Konsumausgaben auf eine Erhöhung des Einkommens schließen. Ein solcher Schluß kann richtig sein, muß es aber nicht: Die Haushalte können ihre Konsumausgaben aus einer Vielzahl von Gründen auch dann erhöhen, wenn ihre verfügbaren Einkommen konstant geblieben sind. Von den Regeln der Logik her gesehen ist der Schluß also falsch. Da er nur richtig sein könnte, wenn es für jedes Ereignis genau eine Ursache gäbe, kann man ihn den *Trugschluß der Monokausalität* nennen. Da er aber nur im formallogischen Sinne ein Trugschluß ist, man aber im praktischen Leben häufig gezwungen ist, von einer Wirkung auf eine Ursache zu schließen, ist er in der wirtschaftspolitischen Diskussion sehr beliebt. So wird gern gemäß der Figur argumentiert: (1) Wenn die Lohntarifabschlüsse zu hoch sind, dann gibt es Preissteigerungen; (2) Die Preise sind gestiegen; (3) Also waren die Tarifabschlüsse zu hoch.

Eine fehlerhafte Anwendung der Methode liegt auch vor, wenn allein aufgrund der Beobachtung, daß das Explanandum aufgetreten ist, die Anwendungsbedingungen als gegeben angenommen werden. Diese müssen vielmehr immer unabhängig vom Explanandum prüfbar sein und geprüft werden. Liegen die Anwendungsbedingungen nicht vor, dann bleiben die aus dem Explanans gezogenen Folgerungen richtig, sind aber auf die betrachtete Situation nicht anwendbar: Sie sind nicht aktuell.[11]

---

[10] POPPER [E.08], S. 31. Hervorhebung des Originals.
[11] So die Formulierung bei EUCKEN [E.10], S. 173.

Bei dem Versuch, wirtschaftliche Vorgänge mit diesem Ansatz zu erklären, tritt eine Fülle von Problemen auf. Zunächst gilt, daß ein Vorgang nur in seltenen Fällen auf eine einzige Ursache zurückgeführt werden kann. Das Beispiel in vier Schritten, das eine *monokausale Erklärung* illustriert, vereinfacht die Situation also erheblich. In der Praxis zieht man meist mehrere Erklärungsvariable heran, wie dies auch aus den Gleichungen (E.1) S. 16 und (E.3) S. 17, Tabelle E.1 S. 21 und den folgenden Erörterungen hervorgeht. Ferner verlangt die Fragestellung oft, die unmittelbaren Erklärungsvariablen eines Vorgangs ihrerseits durch andere Variable zu erklären. Als Beispiel diene der Beschäftigungsrückgang im Kohlenbergbau der Bundesrepublik von 1962 bis 1972.[12] Als unmittelbare Ursachen könnten der Rückgang des Kohleabsatzes und die Zunahme der Schichtleistung je Untertagearbeiter während dieser Zeit angesehen werden. Der Absatzrückgang aber könnte seinerseits auf die damaligen Preissenkungen anderer Energieträger wie Erdöl und Erdgas, die steigende Schichtleistung auf die Mechanisierung des Abbaus und die Stillegung wenig ergiebiger Schächte und Stollen zurückgeführt werden. Auch damit ist die Erklärung noch nicht beendet, da nunmehr gefragt werden kann, welches die Erklärungsvariablen für die Preissenkung der anderen Energieträger sind und warum der Abbau mechanisiert wurde. Schließlich braucht man auch hierbei nicht stehenzubleiben, sondern kann weiter nach den Erklärungsvariablen dieser Erklärungsvariablen fragen, und so fort. Hinzu kommt, daß sich mehrere der herangezogenen Erklärungsvariablen auch gegenseitig beeinflussen können. Angesichts der allgemeinen ökonomischen Interdependenz gerät man damit bei jedem Versuch, auch nur ein Ereignis vollständig zu erklären, entweder in einen *Zirkelschluß* oder in einen *infiniten Erklärungsregreß*. Da die Möglichkeiten zur Erforschung der Realität beschränkt sind, ist dieser nicht zu bewältigen. Die Rückführung von Ereignissen auf andere muß daher in jedem Fall irgendwo abgebrochen werden. Jede Erklärung eines Ereignisses ist damit in dem Sinne unvollständig, daß gewisse Variable als im Augenblick nicht weiter zu erklären, als gegeben hinzunehmen sind. Dies betrifft die bei der Erörterung von Verhaltensfunktionen im 3. Abschnitt genannten unabhängigen, vorgegebenen oder *exogenen Variablen*. Entsprechend heißen diejenigen Variablen, deren Werte man erklären will, abhängige oder *endogene Variable*. Der Kürze halber wird in diesem Buch auch von *Exovariablen* und *Endovariablen* gesprochen.

Es kommt vor, daß im Rahmen einer Untersuchung dieselbe Variable in einer Hypothese eine erklärende und in einer anderen Hypothese eine zu erklärende Variable ist. Setzt man in dem eben erwähnten Beispiel die Beschäftigung im Kohlenbergbau = y_1, den Kohleabsatz = y_2, die Schichtleistung je Untertagearbeiter = y_3, die Preise anderer Energieträger = z_1, den Mechanisierungsgrad des Abbaus = z_2 und die Zahl der Schächte = z_3, so läßt sich ein Erklärungszusammenhang in einem Gleichungssystem wie folgt darstellen:

Modell E.7 – *Beschäftigung im Kohlenbergbau*

Beschäftigung hängt ab von Absatz, Schichtleistung: $y_1 = f(y_2, y_3)$ (E.7-I)
Absatz hängt ab von Preisen anderer Energieträger: $y_2 = g(z_1)$ (E.7-II)
Schichtleistung hängt ab von Mechanisierungsgrad,
Schachtzahl: $y_3 = h(z_2, z_3)$. (E.7-III)

---

[12] Die Zahl der Beschäftigten sank von 486 700 Personen im Jahresdurchschnitt 1962 auf 242 300 Personen Ende Dezember 1972. Vgl. WiSta Februar 1968, S. 87* und Mai 1973, S. 256*.

In diesem System von Aussagen oder *Modell* E.7 zur Erklärung des Beschäftigungsrückgangs sind die Variablen y_2 und y_3 in Gleichung (E.7-I) erklärende, in den beiden anderen Gleichungen zu erklärende Variable. Als Vereinbarung über den Sprachgebrauch gilt, daß von einem gegebenen Modell her gesehen nur solche Variable als exogen gelten, die in keiner seiner Gleichungen abhängige Variable sind. Als erklärende Variable, die bei der üblichen Schreibweise rechts vom Gleichheitszeichen stehen, können also wie eben neben exogenen auch endogene Variable auftreten, die ihrerseits in anderen Gleichungen erklärt werden.

Sofern wie in den Gleichungen (E.7-I) und (E.7-III) mehr als eine Erklärungsvariable für ein Ereignis berücksichtigt wird, entsteht das Problem zu bestimmen, mit welchen, möglicherweise unterschiedlich starken, Anteilen die einzelnen Variablen das Ereignis bewirkt haben. Es wird mit der Schätzung der Zahlenwerte der Verhaltensparameter gelöst (vgl. unten, Abschnitt E.10). Welche Variablen bei einer Untersuchung als endogen und welche als exogen betrachtet werden, hängt im Prinzip ausschließlich vom Ziel der Untersuchung ab. Allerdings kann es vorkommen, daß die Art des vorhandenen oder beschaffbaren statistischen Materials die Wahl von Variablen beeinflußt. Grundsätzlich entscheidet jedoch der Wirtschaftswissenschaftler anhand seiner Fragestellung, welche Variablen er als abhängig und welche er als unabhängig ansehen will.

Der soeben in einem Gleichungssystem und weiter oben verbal dargestellte Zusammenhang ist graphisch in Bild E.2 gezeigt, wobei Exovariable durch Kästchen, Endovariable durch Kreise symbolisiert sind und die Pfeile die Wirkungsrichtungen angeben.

Bild E.2 – *Graphische Darstellung des Modells E.7 zur Erklärung des Beschäftigungsrückgangs im Kohlenbergbau*

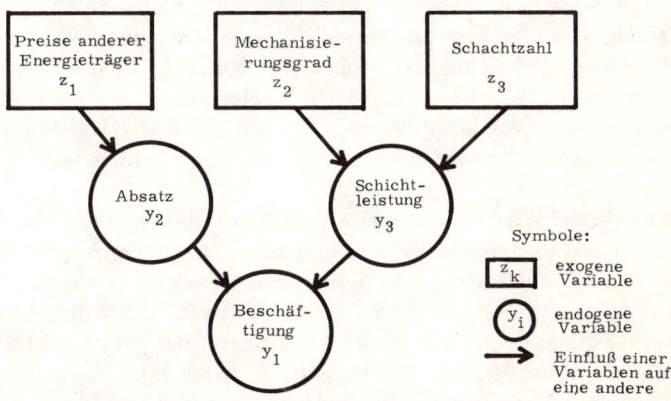

Damit läßt sich das, was in diesem Buch unter einer wissenschaftlichen Erklärung verstanden wird, in Gestalt einer an den ökonomischen Bereich angepaßten Fassung der Definition E.1 so formulieren

Def. E.2: *Größe oder Änderung einer ökonomischen Variablen ist im Modell erklärt, wenn sie unter Verwendung mindestens einer Hypothese über menschliches Verhalten aus der Größe oder Änderung mindestens einer anderen (ökonomischen oder nichtökonomischen) Variablen als Anwendungsbedingung der Hypothese(n) abgeleitet werden kann.*

5. Marginalanalyse und Substitutionsprinzip. Der Wirtschaftsprozeß als Untersuchungsobjekt der Wirtschaftswissenschaft ist zusammen mit den seinen Ablauf bestimmenden Verhaltensweisen und Zielen der Wirtschaftssubjekte, den Institutionen, dem technischen Wissen und den sonstigen Rahmenbedingungen (vgl. A.03, S. 2) zu jedem Zeitpunkt bereits vorhanden und kann nicht experimentell geschaffen werden. Dieser Tatsache muß sich die wirtschaftswissenschaftliche Methodik anpassen. Unabhängig von der jeweiligen Fragestellung muß praktisch immer entweder von einem vorhandenen Zustand in einem Zeitpunkt oder von einem vorgegebenen Ablauf während eines Zeitraums ausgegangen werden. Dieser vorgegebene Zustand oder Ablauf ist die *Ausgangssituation*. Ökonomische Vorgänge erklären bedeutet dann gemäß den Erläuterungen im vorigen Abschnitt, die in der Ausgangssituation vorliegenden Werte der erklärenden Variablen als Anwendungsbedingungen anzusehen und mit Hilfe von Hypothesen zu zeigen, wie sich daraufhin ein bestimmter Ablauf einstellt oder ein anderer Zustand ergibt. Hieraus folgt der methodische Ansatz, sich nur für Änderungen von Situationen zu interessieren, diese selbst aber als gegeben zu akzeptieren. In der Regel sind dabei die betrachteten Änderungen von Variablen klein gegenüber ihren Werten in der Ausgangssituation. Man interessiert sich dann nur für die nähere Umgebung der Ausgangssituation und nennt dieses Verfahren *Marginalanalyse* (auch: *Grenzbetrachtung, Grenzwertanalyse* oder *Denken in Änderungen*). Soweit Modelle in Form von Gleichungssystemen vorliegen, liegt es nahe, sich dabei der auf diese Art der Fragestellung anwendbaren mathematischen Kalküle, der Differenzen- und der Differentialrechnung, zu bedienen. Die Marginalanalyse ist jedoch nicht an Gleichungen gebunden. Auch wer verbal etwa die Konsequenzen wirtschaftspolitischer Maßnahmen erörtert, muß über Entscheidungen und Handlungen sprechen, aufgrund derer sich Variable ändern.

Die Marginalanalyse ist aus drei Gründen eine besonders wichtige wirtschaftswissenschaftliche Methode. Erstens müssen auch die handelnden Wirtschaftssubjekte den Wirtschaftsprozeß als immer schon vorhanden akzeptieren, und auch für sie ändern sich die Werte von Daten und Zielvariablen überwiegend nur marginal. Dies wurde in Aussage 22 des Denkansatzes (S. 12) festgehalten. Die Marginalanalyse ist daher ein besonders realitätsnahes Instrument zur Untersuchung wirtschaftlichen Verhaltens.

Zweitens setzt sie die Kenntnis von Verhaltensfunktionen nur an einer Stelle und in ihrer näheren Umgebung voraus. Sie nimmt so auf den hohen Grad von Unwissenheit über den Verlauf solcher Funktionen Rücksicht, der Wirtschaftssubjekte wie Wirtschaftswissenschaftler gleichermaßen auszeichnet. Tatsächlich ist die Kenntnis von Verhaltensfunktionen über größere Bereiche für das praktische Handeln in aller Regel auch nicht erforderlich: Der typische Anbieter muß Vorstellungen über die Reaktionen seiner Abnehmer auf Preisänderungen in Größenordnungen bis vielleicht zwanzig oder dreißig Prozent, aber nicht über ihr Verhalten bei einer Verdoppelung des Preises oder seiner Senkung auf ein Drittel haben (Ausnahmen vielleicht: Saisonschluß-, Liquidationsverkäufe). Da Differenzen- und Differentialquotienten den Verlauf von Funktionen in einem kleinen Bereich beziehungsweise an einer Stelle beschreiben, sind sie die der Marginalanalyse angemessenen Instrumente.

Der dritte Grund für die Wichtigkeit der Marginalanalyse liegt darin, daß sie das Auffinden lokaler Extremwerte erleichtert. Man stelle sich den Produzenten eines Gutes x vor, der in der Ausgangssituation eine bestimmte Menge x^0 herstellt und verkauft, dafür Produktions- und Verkaufskosten von K^0 trägt und einen Gewinn G^0 in Höhe der Differenz zwischen Verkaufserlös (auch: Umsatz) U^0 und den Kosten K^0 erzielt. Wie kann er feststellen, ob sich der Gewinn noch erhöhen läßt? Er kann dazu unter der Voraussetzung unausgenutzter Produktionsmöglichkeiten und zunächst im Gedankenexperiment die produzierte und verkaufte Menge um eine Einheit Δx erhöhen. Dadurch entstehen zusätzliche Kosten, die *Grenzkosten* $\Delta K/\Delta x$, die mit dem erwarteten zusätzlichen Erlös der Mengeneinheit, dem *Grenzumsatz* $\Delta U/\Delta x$, verglichen werden müssen. Ist $\Delta U/\Delta x > \Delta K/\Delta x$, so ist der *Grenzgewinn* $\Delta G/\Delta x$ positiv, und die Änderung erhöht den Gesamtgewinn, ist also lohnend. Das Verfahren wird von der neuen Ausgangssituation aus wiederum angewendet, und so fort. In der Regel werden bei weiterer Erhöhung der produzierten und verkauften Menge von irgendeiner Stelle an der Grenzumsatz sinken oder die Grenzkosten steigen, oder es wird beides zugleich eintreten, so daß der Grenzgewinn fällt. Das Experiment ist beendet, wenn mit dieser Marginalanalyse die Stelle entdeckt ist, an der der Grenzgewinn auf null gesunken ist und anfängt, negativ zu werden. Der Gesamtgewinn kann dann nicht mehr erhöht werden und ist folglich maximiert. Charakteristisch für dieses Beispiel ist, daß zwei Zwischenzielvariable, nämlich Kosten und Umsatz, aus denen sich als Endzielvariable der Gewinn ergibt, von nur einer Instrumentvariablen, der Produktmenge, abhängen (zur Unterscheidung von Zwischen- und Endzielen vgl. S. 5). Es werden also zwei *Marginalquoten* mit derselben Variablen x im Nenner, die Grenzkosten $\Delta K/\Delta x$ und der Grenzumsatz $\Delta U/\Delta x$, bei fortgesetzter Anwendung der Marginalanalyse miteinander verglichen.

Bei der soeben angestellten Überlegung wurde das ökonomische Prinzip mit der Maximierung einer Variablen verwirklicht. Eine Minimierung läßt sich marginalanalytisch anhand des Allokationsproblems (vgl. A.16, S. 6) zeigen. Allgemein kann man sagen, daß die Art und Weise, in der knappe Mittel zur Erreichung von Zielen eingesetzt werden, von den Bedingungen der Allokation abhängt. Für den Produzenten sind das neben den institutionellen Rahmenbedingungen vor allem die Preise der Produktionsfaktoren relativ zueinander und zu den Produktpreisen; für den Privathaushalt die Preise der Konsumgüter; für den öffentlichen Haushalt die Lohnsätze für Arbeitsleistungen. Ändern sich diese Bedingungen, dann wird das betroffene Wirtschaftssubjekt reagieren, und zwar in der Regel so, daß es bei nächster Gelegenheit ein relativ teurer gewordenes Gut durch ein relativ billigeres teilweise ersetzt, *substituiert* (in der Produktion: Soweit das technisch möglich ist). Es wird unten im 2. Kapitel ausführlich gezeigt, wie man auf diese Weise mit Hilfe der Marginalanalyse beispielsweise die Herstellung einer gegebenen Produktmenge mit den geringstmöglichen Kosten plant. Diese Anwendungen der Marginalanalyse lassen sich als *Substitutionsprinzip* zusammenfassen:

Def. E.3: *Das Substitutionsprinzip besagt, daß die Allokation knapper Mittel zur Erreichung bestimmter Zwecke von den Allokationsbedingungen, hauptsächlich Preisen, abhängt, und daß Wirtschaftssubjekte auf Änderungen dieser Bedingungen mit Substitutionen im Sinne des ökonomischen Prinzips reagieren.*

Das Prinzip setzt voraus, daß es für die Erreichung von Zielen im wirtschaftlichen Bereich (und anderswo) jeweils mehrere Wege gibt. Das ist in der Realität fast immer der Fall. Elektrizität kann durch Verbrennen von Kohle, Öl, Erdgas; durch Ausnutzung der Gezeiten, der Radioaktivität, von Wasser- und Windkraft hergestellt werden. Die Ziele einer kämpfenden Gruppe werden unabhängig davon unterstützt, ob man ihr Waffen oder Medikamente liefert. Substitutionen sind eine zentrale wirtschaftliche Verhaltensweise: Mechanische Webstühle ersetzten vor Jahrzehnten Handweberarbeit ebenso wie heute von Mikroprozessoren gesteuerte Geräte Hand- und manuelle Verwaltungsarbeit. Hebt eine Gruppe von Rohölanbietern den Preis innerhalb kurzer Zeit beträchtlich an, so wird verstärkt nach weiteren Öllagerstätten gesucht; andere Energieträger werden vermehrt eingesetzt; neue Energiequellen entwickelt; und der Energieverbrauch wird gedrosselt. Jede wirtschaftspolitische Maßnahme führt zu Versuchen der Benachteiligten, ihre Wirkungen mit Hilfe von Substitutionen abzuschwächen oder zu vermeiden. Jedoch ist im Prinzip jede Umstellung im wirtschaftlichen Verhalten mit Aufwendungen verbunden, die ein *Substitutionshemmnis* darstellen. Unterbleiben demnach Substitutionen, konstatiert der Beobachter eine *Substitutionslücke*.

6. Mikroökonomik, Makroökonomik und Aggregation. Will man eine Übersicht über die unbegrenzte Vielfalt der ökonomischen Probleme behalten, muß man eine gewisse Ordnung in sie bringen. Ein Gliederungsgesichtspunkt sind die Aufgaben der Wirtschaftswissenschaft, ein anderer ihre *Betrachtungsebenen*.[13] Gemäß diesem Kriterium wählt der Wirtschaftswissenschaftler ein einzelnes Wirtschaftssubjekt, einen Ausschnitt des Wirtschaftsprozesses mit mehreren Wirtschaftssubjekten oder aber eine Volkswirtschaft insgesamt zum Gegenstand seiner Untersuchung. Die Fragestellungen lassen sich aber auch danach einteilen, ob

– ein Wirtschaftssubjekt oder mehrere, aber einzeln betrachtete Wirtschaftssubjekte und die Beziehungen zwischen ihnen; oder
– Gruppen von Wirtschaftssubjekten (im Volkswirtschaftlichen Rechnungswesen: Sektoren) mitsamt den Beziehungen zwischen diesen erdachten Einheiten

untersucht werden. Genau dies ist, in einem strengen Sinn, die Einteilung zwischen *Mikroökonomik* und *Makroökonomik*. Zu beachten ist, daß sie nicht von der Zahl der betrachteten Wirtschaftssubjekte abhängt, und daß daher mikroökonomische Analysen auf allen drei Betrachtungsebenen vorkommen. Sie sind also

– einzelwirtschaftliche Analysen, bei denen nur ein Wirtschaftssubjekt betrachtet wird, etwa indem man sein Verhalten beschreibt, erklärt, vorhersagt, oder es berät;
– teilwirtschaftliche (auch: Partial-) Analysen, bei denen das Zusammenwirken mindestens zweier Wirtschaftssubjekte untersucht wird, die aber nur einen Teil des Wirtschaftsprozesses einer Volkswirtschaft bilden und bei denen keine Zusammenfassungen vorgenommen werden;
– gesamtwirtschaftliche Analysen, bei denen, wenigstens der Absicht nach, alle Wirtschaftssubjekte einer Volkswirtschaft, ebenfalls ohne Zusammenfassungen, einzeln betrachtet werden.

Zu der erstgenannten Kategorie gehören vor allem die Theorie des privaten Haushalts, der Unternehmung und des öffentlichen Haushalts. Zu den teilwirtschaftlich-

---

[13] Vgl. hierzu auch VRW⁷, Abschnitt IV.1 des 1. Kapitels.

mikroökonomischen Analysen rechnet man fast die gesamte Markttheorie. Das ist nicht ganz konsequent, da dabei auch schon Wirtschaftssubjekte zusammengefaßt werden, etwa wenn man die gesamte Nachfrage nach einem Gut betrachtet. Gesamtwirtschaftliche Analysen auf mikroökonomischer Basis lassen sich derzeit nur auf hohem Abstraktionsniveau ohne Aussicht auf Gewinnung empirisch überprüfbarer Aussagen vornehmen. Bei jedem Versuch, auf gesamtwirtschaftlicher Ebene zu erforschen, wie ökonomische Variable aufeinander wirken oder von außerökonomischen Vorgängen beeinflußt werden, und die Ergebnisse auf die Realität zu übertragen, müssen daher Zusammenfassungen (auch: *Aggregationen*) vorgenommen werden. Entsprechend der Konsolidierung von Konten im Volkswirtschaftlichen Rechnungswesen werden bei der Modellkonstruktion gleichartige Wirtschaftssubjekte zu Sektoren; Güter, Transaktionen, Verhaltensweisen, Kreditbeziehungen und anderes zu *Aggregaten* zusammengefaßt. Ferner wird über Zeit und Raum aggregiert: Nacheinander stattfindende Transaktionen faßt man zu Stromgrößen zusammen; und sehr häufig wird davon abgesehen, daß Wirtschaftssubjekte räumlich voneinander getrennt sind und daher bei prinzipiell jeder Transaktion Zeit und Mittel aufwenden müssen, um diese Trennung zu überwinden. Man fingiert dann auch bei gesamtwirtschaftlicher Betrachtung, daß der Wirtschaftsprozeß an einem Ort stattfindet.

Eines der Hauptprobleme dieses Verfahrens ist es, Aggregate möglichst homogen zu halten. Beispielsweise sind Sektoren so zu bilden, daß in bezug auf das zu behandelnde Problem bei allen Wirtschaftssubjekten des Sektors

– gleiche oder ähnliche Zielsetzungen vorliegen,
– gleiche oder ähnliche Instrumentvariable zur Verfügung stehen,
– gleiche oder ähnliche Daten für das ökonomische Handeln maßgebend sind,
– gleiche oder ähnliche Reaktionen auf Änderungen der Daten und Zielvariablen erfolgen.

Was dabei jeweils noch als „ähnlich" zu betrachten ist, hängt von der Fragestellung ab und muß daher von Fall zu Fall entschieden werden. So kann es sinnvoll sein, alle privaten Haushalte zu einem Sektor zusammenzufassen; während man bei anderen Fragestellungen Sektoren bildet, deren Mitglieder durch eine bestimmte Einkommensart (etwa aus selbständiger Arbeit) oder -höhe (etwa monatlich von 2500 bis unter 3000 DM) definiert sind.

Erst mit Hilfe von Aggregationen gelingt es bei gesamtwirtschaftlicher Betrachtung, die Millionenzahl der Wirtschaftssubjekte einer Volkswirtschaft und die sehr viel höhere Zahl der Wirtschaftsobjekte und ökonomischen Vorgänge auf eine überschaubare Anzahl von Sektoren und anderen Aggregaten zu reduzieren. Nur so kann man ein übersichtliches Bild des Wirtschaftsprozesses gewinnen und zu praktisch verwertbaren Aussagen über ökonomische Vorgänge im gesamtwirtschaftlichen Maßstab gelangen. Diesem Vorteil stehen allerdings auch Nachteile gegenüber:

– Jede Aggregation führt zu Informationsverlusten;[14]
– Unerkannte oder unberücksichtigte Änderungen in der Zusammensetzung (auch: *Struktur*) von Aggregaten können Modelle unbrauchbar machen;

---

[14] Vgl. die Folgen der Konsolidierung von Bestandskonten in: VRW[7], 2. Kapitel, Abschnitt II.2.

- Aggregation verführt zum *Trugschluß der Verallgemeinerung:* Von Aussagen, die für einen Teil des Ganzen gelten, wird ungeprüft angenommen, sie seien auch für das Ganze gültig.

Die Wirkung von Strukuränderungen inhomogener Aggregate läßt sich an folgendem Beispiel zeigen. Die Konsumfunktionen privater Haushalte unterscheiden sich in aller Regel um so mehr voneinander, je unterschiedlicher die Einkommenshöhe ist. Rechnet ein Haushalt i mit einem verfügbaren Monatseinkommen von 2000 DM, so wird er auf eine Einkommenserhöhung um 10 v. H. wahrscheinlich anders reagieren als ein Haushalt k mit einem verfügbaren Einkommen von 6000 DM: Die marginale Konsumquote des Haushalts i dürfte höher sein als die des Haushalts k. Es sei angenommen, Haushalt i habe eine konstante marginale Konsumquote von $c_i = 0,9$, Haushalt k eine solche von $c_k = 0,7$. Betrachtet man nun diese beiden Haushalte als Sektor, dann beträgt das gesamte verfügbare Einkommen in der Ausgangssituation 8000 DM. In der nächsten Periode möge es bei ungeänderter Verteilung auf die beiden Haushalte um 10 v. H. auf 8800 DM steigen. Haushalt i erhält dann ein Mehreinkommen von 200 DM, aus dem er gemäß seiner marginalen Konsumquote für 180 DM mehr konsumiert; Haushalt k konsumiert aus seinem Mehreinkommen von 600 DM für 420 DM mehr. Bezieht man den gesamten Mehrkonsum auf das gesamte zusätzliche Einkommen, errechnet sich die marginale Konsumquote des Sektors zu

$$\frac{\Delta C}{\Delta Y^v} = \frac{0,9 \cdot 200 + 0,7 \cdot 600}{800} = 0,75\,.$$

Sie ist das mit der Verteilung des Mehreinkommens gewogene arithmetische Mittel der beiden einzelwirtschaftlichen marginalen Konsumquoten. Wird das Mehreinkommen jedoch anders verteilt, so ändert sich auch — bei Konstanz der einzelwirtschaftlichen marginalen Konsumquoten — die Konsumquote des Sektors. Sie steigt beispielsweise auf 0,80, wenn das Mehreinkommen von 800 DM den beiden Haushalten zu gleichen Teilen zufließt.

Diese Überlegung läßt sich zur Definition des *Struktureffekts* verallgemeinern

Satz E.1: *Ökonomische Gesamtgrößen, die gewogene Durchschnitte von Einzelgrößen sind, können sich auch bei Konstanz der Einzelgrößen dadurch ändern, daß sich das Wägungsschema ändert, mit dem sie zu der Gesamtgröße zusammengefügt werden.*

Ein Wägungsschema dieser Art ist die Einkommensverteilung. Andere sind die Verteilung von Brutto- oder Nettoproduktionswerten auf Industrie- oder Wirtschaftszweige [15] und die Verteilung von Ausgaben auf Güterarten.[16] Manchmal läßt sich der Einfluß von Strukturänderungen auf Aggregate rechnerisch ausschalten. Beispiele sind die Konstanthaltung von Warenkörben bei der Berechnung von Preisniveauänderungen und die Ausschaltung des Einflusses einer sich ändernden Arbeitnehmerquote auf die gesamtwirtschaftliche Lohnquote.[17] Insgesamt muß das Aggregationsproblem

---

[15] In VRW[7], 7. Kapitel, Abschnitt III.2 wird gezeigt, daß sich die gesamtwirtschaftliche Arbeitsproduktivität trotz Konstanz der Arbeitsproduktivität in allen einzelnen Wirtschaftszweigen dadurch erhöhen kann, daß der Anteil von Wirtschaftszweigen mit überdurchschnittlicher Arbeitsproduktivität am Bruttoinlandsprodukt zunimmt.

[16] Bekanntes Beispiel hierzu sind die Wägungsschemata bei der Berechnung von Preis- und Mengenindizes. Vgl. VRW[7], 3. Kapitel, Abschnitt VII.2.

[17] Vgl. VRW[7], 7. Kapitel, Abschnitt IV.1.

jedoch als ungelöst bezeichnet werden. Vielfach wird es durch den Kunstgriff umgangen, das Verhalten eines Wirtschaftssubjekts als repräsentativ zu betrachten und auf einen Sektor zu übertragen. Das läuft jedoch darauf hinaus, den Sektor zu personifizieren: Er hat eine Präferenzordnung, stellt Wirtschaftspläne auf, handelt rational, was alles mangels zentraler Willensbildung nicht den Tatsachen entspricht; und ebenso können Strukturänderungen mit diesem Verfahren nicht erfaßt werden.

Der Trugschluß der Verallgemeinerung läßt sich in der Aussage zusammenfassen: „Was für ein Wirtschaftssubjekt oder für eine Gruppe gilt, gilt auch für alle Wirtschaftssubjekte". Ein Gegenbeispiel genügt, um sie als falsch zu entlarven. Erzielt ein Landwirt allein eine reichliche Ernte, so wird sein Einkommen steigen, wenn sein Mehrangebot klein gegenüber dem Gesamtangebot ist und den Preis daher nicht nennenswert beeinflußt. Fällt die Ernte für alle Anbieter reichlich aus, dann kann das erhöhte Angebot den Preis so stark drücken, daß das Einkommen aller Landwirte zurückgeht (vgl. unten, 1. Kapitel, Abschnitt III.4). Einzelwirtschaftlich rationales Verhalten führt hier, wenn allgemein befolgt, gesamtwirtschaftlich zum Gegenteil des Angestrebten.

Der Trugschluß der Verallgemeinerung betrifft den Wirtschaftswissenschaftler. Für das handelnde Wirtschaftssubjekt gilt entsprechend

Satz E.2: *Gesamtwirtschaftlich richtige Erkenntnisse können keine Richtschnur für einzelwirtschaftlich rationales Handeln bilden.*

Für das Beispiel des Landwirts besagt dies: Auch wenn er weiß, daß die Ernte überall reichlich ausgefallen ist und daher der Preis vermutlich fallen wird, lohnt es für ihn nicht, etwa nur einen Teil seiner eigenen Ernte zu verkaufen. Sein Einfluß auf den Preis ist vernachlässigbar gering, und er kann nicht annehmen, daß alle anderen Landwirte ebenso handeln werden. Der Preis ließe sich hochhalten, wenn es gelänge, nur einen Teil der Gesamternte an den Markt gelangen zu lassen und den Rest zurückzuhalten. Das würde aber eine ausdrückliche Vereinbarung hierüber zwischen (annähernd) allen Anbietern und deren Befolgung voraussetzen.

7. Wirtschaftswissenschaftliche Modelle. Der in dem Gleichungssystem E.7 (S. 24) und in Bild E.2 (S. 25) dargestellte Erklärungszusammenhang wurde als „Modell" bezeichnet. Modelle sind das wichtigste Arbeitsmittel des Wirtschaftswissenschaftlers und müssen daher in einer Methodenlehre gründlich diskutiert werden. Dazu wird in diesem Abschnitt versucht, vier Fragen zu beantworten:

– Was genau ist ein wirtschaftswissenschaftliches Modell?
– Aus welchen Bestandteilen setzt sich ein solches Modell zusammen?
– Beziehen sich die in einem Modell auftretenden Größen auf die Vergangenheit oder auf die Zukunft?
– Wie lassen sich wirtschaftswissenschaftliche Modelle einteilen?

In den drei folgenden Abschnitten wird dann gefragt:

– Unter welchen Voraussetzungen läßt sich eine aus einem Modell gewonnene Aussage auf die Realität übertragen?
– Wie wird der Wirtschaftswissenschaftler mit dem Problem fertig, daß Vorgänge außerhalb des Modells auf dessen Variable einwirken?

– Wie gelangt man zu numerischen Werten für die Parameter von Verhaltensfunktionen?
– Ist ein Modell dasselbe wie eine Theorie?

Anschließend wird in den Abschnitten 12 und 13 eine Übersicht über die Arten von Fragen gegeben, die sich an Modelle richten lassen.

Die erstgenannte Frage betrifft die Definition eines Modells. Hierfür gilt

Def. E.4: *Ein wirtschaftswissenschaftliches Modell ist ein im Hinblick auf eine Fragestellung konstruiertes vereinfachtes Abbild eines durch Zusammenhänge zwischen den betrachteten Phänomenen gekennzeichneten Ausschnitts der ökonomischen Realität.*

Eine Analyse dieser Definition ergibt:
– Das Modell ist ein Abbild: Die ökonomischen Variablen oder andere Erscheinungen der Realität werden durch Wörter, Buchstaben oder andere Symbole, die Zusammenhänge zwischen ihnen mit Hilfe von Gleichungen, Ungleichungen, graphischen Darstellungen oder verbal wiedergegeben;
– Das Abbild ist vereinfacht und weicht insofern von der Realität ab: Komplizierte Sachverhalte werden mit Hilfe von Verallgemeinerungen typischer oder repräsentativer Phänomene oder mit Durchschnittsbildungen auf einfache reduziert; heterogene Aggregate wie die Gesamtheit ähnlicher Produkte verschiedener Hersteller, das Volkseinkommen, der private Verbrauch, der Import, das Preisniveau werden durch homogene Variable ohne Berücksichtigung von Strukturänderungen wiedergegeben. Wirtschaftssubjekten werden einheitliche Ziele und gleichbleibende Reaktionen unterstellt. Es werden nur zwei Güter („Zwei-Güter-Fall") oder nur zwei Länder („Zwei-Länder-Fall") betrachtet. Reaktionsverzögerungen werden vernachlässigt oder vereinfacht. Statt nichtlinearer verwendet man häufig lineare Beziehungen zwischen Variablen, weil nichtlineare Zusammenhänge in genügend engen Bereichen mit hinreichender Genauigkeit durch lineare angenähert werden können, diese mathematisch leichter zu handhaben sind und die Art der Nichtlinearität meist unbekannt ist. Wichtigstes Charakteristikum jedes Modells ist unter dem Aspekt der Vereinfachung: Was in dem betrachteten Realitätsausschnitt als unwichtig oder untypisch für das zu untersuchende Problem erscheint, wird weggelassen;
– Durch Zusammenhänge gekennzeichnet sind in der Hauptsache aufeinander einwirkende Variable, vgl. Abschnitt E.3. Aber auch ein Modell einer Unternehmensorganisation zeigt Zusammenhänge etwa zwischen Abteilungen in Gestalt von Informationswegen;
– Das Modell bildet einen Ausschnitt ab: Man muß immer einen Modellbereich vom Rest der Welt als nicht betrachtetem Bereich abgrenzen, weil die wirtschaftliche Realität so komplex ist, daß sie nicht vollständig erfaßt werden kann und soll.[18] Die Fragestellung eines Modells bezieht sich erstens von vornherein häufig nur auf ein Wirtschaftssubjekt, den Markt für ein Gut oder eine Industrie, ist also einzel- oder teilwirtschaftlich. Auf gesamtwirtschaftlicher Ebene wird ein Ausschnitt dadurch hergestellt, daß man von Wirtschaftsbeziehungen zum Ausland absieht, also eine *geschlossene Volkswirtschaft* betrachtet. Zweitens können im Rahmen einer Fragestellung immer

---

[18] Dies wird gern mit einer Analogie verdeutlicht: Ein vollständiges Modell wäre etwa so möglich und nützlich wie eine Landkarte im Maßstab 1:1.

Bild E.3 – *Das wirtschaftswissenschaftliche Modell als Abbild eines Ausschnitts der Realität*

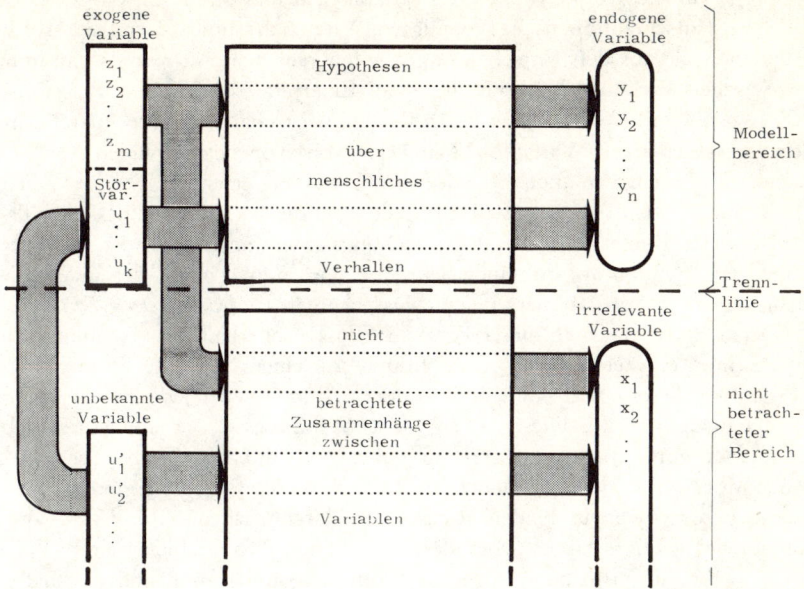

nur einige endogene Variable[19] betrachtet werden, und zwecks Vermeidung des infiniten Regresses (vgl. S. 24) muß unter den erklärenden Variablen eine Auswahl getroffen werden. Hauptkriterium hierfür ist die vermutete Stärke ihres Einflusses auf die jeweilige abhängige Variable. Werden y und z_1 in Gleichung (E.3) S. 17 in gleichen Einheiten gemessen und ist anzunehmen, a_1 habe etwa den Wert 0,5, dann übertragen sich 50 v. H. einer Änderung von z_1 auf y: z_1 ist eine wichtige Variable und muß in das Modell aufgenommen werden. Wird dagegen vermutet, daß a_1 eher bei 0,005 liegt, dann ist der Einfluß von z_1 auf y so gering, daß er besser über die Störvariable erfaßt wird. Drittens muß angesichts der Tatsache, daß wegen der allgemeinen Interdependenz prinzipiell jede Variable von jeder anderen abhängt, auch unter den möglichen Zusammenhängen zwischen ihnen eine Auswahl getroffen werden. In diesem Sinne bildet auch das Modell einer Volkswirtschaft mit Wirtschaftsbeziehungen zum Ausland, einer *offenen Volkswirtschaft,* nur einen Ausschnitt ab;
– Die „ökonomische Realität" ist nur willkürlich abgrenzbar. Akzeptiert man die Tendenz zur Anwendung der ökonomischen Denkweise und ihrer Fragestellungen auch auf bislang als nichtökonomisch betrachtete Lebensbereiche (S. 9), dann sind auch wirtschaftswissenschaftliche Modelle (fast) überall verwendbar.

Bild E.3 veranschaulicht einige Kennzeichen eines Modells graphisch, wobei als Fragestellung die in Abschnitt E.4 behandelte Erklärung wirtschaftlicher Vorgänge zugrundegelegt ist. Das Bild besagt: Der Wirtschaftswissenschaftler will im Rahmen

---

[19] Die Angabe „einige Variable" darf nicht zu eng ausgelegt werden. Fortschritte in der Datenverarbeitungstechnik haben derzeit schon Versuche möglich gemacht, den Wirtschaftsablauf von Volkswirtschaften in Modellen mit mehreren hundert bis zu einigen tausend Variablen und Gleichungen abzubilden.

eines Modells die beobachteten Werte einer Anzahl endogener ökonomischer Variabler $y_1 \ldots y_n$ auf die Werte erklärender Variabler zurückführen. Er kann nicht wissen, welche Entscheidungen die beteiligten Wirtschaftssubjekte treffen. Er weiß aber, daß sich die aus den Entscheidungen folgenden Handlungen als Zusammenhänge zwischen Variablen beobachten lassen. Er ersetzt die fehlende Kenntnis dadurch, daß er Hypothesen über das Verhalten der Wirtschaftssubjekte aufstellt, in denen jeweils eine endogene Variable als Funktion von exogenen Variablen $z_1 \ldots z_m$, im allgemeinen Fall auch von anderen endogenen Variablen, erscheint. Solche Gleichungen nennt man *Strukturgleichungen*. Ein Beispiel sind die Gleichungen des Modells E.7 (S. 24). In vielen Fällen kann man das Gleichungssystem anschließend so umformen, daß in jeder Gleichung auf der einen Seite nur eine endogene, auf der anderen Seite nur exogene und Störvariable erscheinen. Das nennt man die *reduzierte Form* des Systems. Der Sachverhalt ist in dieser Form in Bild E.3 oberhalb der Trennlinie dargestellt: Bestimmte Werte der $z_1 \ldots z_m$ führen zu einem Satz bestimmter Werte $y_1 \ldots y_n$. Mit diesem wie mit jedem anderen Modell wird jedoch nur ein Ausschnitt der Realität erfaßt. Dieser ist ein *offenes System,* dessen Variable einer Vielzahl von Einflüssen von außen ausgesetzt sind, aber auch ihrerseits nach außen wirken. Zwischen Modell- und nicht betrachtetem Bereich ist daher lediglich eine gestrichelte Trennlinie gezogen, die in beiden Richtungen durchbrochen wird. Unterhalb der Trennlinie wird gezeigt, daß es neben den betrachteten Exovariablen weitere Variable $u'_1, u'_2, \ldots$ gibt, die prinzipiell, auch der Zahl nach, unbekannt sind (weshalb das Kästchen unten offengelassen wurde). Von ihnen wird lediglich vermutet, daß ihre Wirkungen auf die $y_1 \ldots y_n$ einzeln gering sind. Ihr zusammengefaßter Einfluß wird beim stochastischen Ansatz (S. 18 f.) durch Einführung von Störvariablen berücksichtigt. Das Modell enthält im allgemeinen Fall k Verhaltensfunktionen mit je einer Störvariablen $u_1 \ldots u_k$. Sowohl die $z_1 \ldots z_m$ als auch die $u'_1, u'_2, \ldots$ haben auch noch Wirkungen auf Variable $x_1, x_2, \ldots$ außerhalb des Modells. Der Modellkonstrukteur betrachtet sie als (für das betreffende Problem) *irrelevante Variable*. Schließlich gibt es wegen der allgemeinen Interdependenz auch noch Rückwirkungen der $y_1 \ldots y_n$ und der $x_1, x_2, \ldots$ auf die $z_1 \ldots z_m$ und die $u'_1, u'_2, \ldots$ Sie sind hier zwecks Vereinfachung nicht dargestellt.

Beim deterministischen Ansatz läßt man in Bild E.3 die Störvariablen $u_1 \ldots u_k$ ersatzlos weg. Der Modellbereich enthält dann neben den autonomen Teilen (S. 17) nur noch explizit genannte Exo- und Endovariable sowie deterministische Hypothesen, mit denen Größe oder Änderungen der abhängigen Variablen jeweils restlos auf Größe oder Änderungen erklärender Variabler zurückgeführt werden.

Aus den bisherigen Erläuterungen zum Begriff des wirtschaftswissenschaftlichen Modells folgt, daß man unabhängig von der Darstellungsart wirtschaftliche Vorgänge nur mit Hilfe von Modellen beschreiben, erklären oder vorhersagen kann. Das gilt auch für den, der sich dessen nicht bewußt ist oder Modelle ablehnt. Anderseits gibt es für kein Problem ein „wahres" oder allein richtiges Modell. Ein und dieselbe empirische Situation kann bei gleichem Untersuchungsziel durch verschiedene Modelle mit unterschiedlichem Vereinfachungsgrad abgebildet werden. Oder: Modelle sind gedankliche Konstruktionen, „abstrakt", und man kann offenbar auf unbegrenzt viele Arten von der Wirklichkeit abstrahieren. Damit erscheint es auch müßig, Modelle oder Teile von ihnen allein nach dem Grad ihrer Realitätsnähe zu beurteilen. Wollte man etwa Modelle mit „unrealistischen" Annahmen nicht zulassen, müßte man sich angesichts der Tatsache, daß immer vereinfacht werden muß, auf unentscheidbare Streitigkeiten darüber einlassen, welche Annahmen genügend realistisch sind. Statt dessen wird hier das methodische Prinzip vertreten:

Satz E.3: *Modelle sind nicht nach ihrem Abstraktionsgrad oder ihrer Darstellungsform, sondern danach zu beurteilen, ob sie die von ihnen verlangten Dienste leisten.*

Die Frage nach den Bestandteilen wirtschaftswissenschaftlicher Modelle kann, wenn sie als Gleichungs-/Ungleichungssysteme vorliegen, wie folgt beantwortet werden. Solche Modelle enthalten im allgemeinen Fall:

(1) Variable, deren Werte Gegenstand der Untersuchung sind. Man legt die Fragestellung fest, indem man sie in endogene und exogene Variable einteilt. Die endogenen Variablen sind die Unbekannten des Problems, ihre Werte werden mit Hilfe des Modells auf die Werte der exogenen Variablen zurückgeführt. Beim stochastischen Ansatz treten noch Störvariable hinzu;
(2) Parameter, mit denen das als konstant angenommene Verhalten der Wirtschaftssubjekte (Verhaltensparameter) oder aber konstante technische Relationen (technische Parameter) wiedergegeben werden;

Variable und Parameter werden zu Gleichungen (im folgenden auch immer: Ungleichungen) zusammengefügt, bei denen zwei Arten zu unterscheiden sind:

(3) Gleichungen, die Hypothesen über funktionale Zusammenhänge zwischen Variablen oder andere Aussagen über die Realität enthalten (vgl. Tabelle E.1, S. 21):
    (3.1) Verhaltensgleichungen,
    (3.2) Technische Gleichungen,
    (3.3) Institutionelle Gleichungen,
    (3.4) Ziel- und Erwartungsfunktionen,
    (3.5) Beschränkungsfunktionen;
(4) Gleichungen, die Aussagen über das Modell sind:
    (4.1) Definitionsgleichungen,
    (4.2) Gleichgewichtsbedingungen.

Die unter (3.1) genannten *Verhaltensgleichungen* (auch *Gleichungen der Verhaltensweise* oder *Reaktionsfunktionen* genannt) geben Vermutungen über die Reaktionen einzelner oder mehrerer Wirtschaftssubjekte auf Änderungen ihrer Daten oder Zielvariablen wieder. Technische Gleichungen nennen Zusammenhänge zwischen Variablen in Produktionsprozessen, meist zwischen dem Einsatz von Produktionsfaktoren und der Ausbringung fertiger Erzeugnisse (*Produktionsfunktionen*). Institutionelle Gleichungen erfassen Beziehungen zwischen Variablen aufgrund gesetzlicher Vorschriften. Ein Beispiel sind die in Tabelle E.1 (S. 21) genannten *Steueraufkommensfunktionen*. In einem weiteren Sinne drücken jedoch auch technische und institutionelle Gleichungen Verhaltenshypothesen aus. Sowohl die Kombination von Produktionsfaktoren als auch die Zahlung von Steuern erfolgen aufgrund ökonomischer Überlegungen im Rahmen von Wirtschaftsplänen und damit von Entscheidungen, mit denen Ziele angestrebt werden. Technische und institutionelle Gleichungen unterscheiden sich unter diesem Aspekt also nicht von Verhaltensgleichungen.

Ziel- und Erwartungsfunktionen lassen erkennen, welche Annahmen der Modellkonstrukteur gemäß den S. 14f. unter (1) und (2) genannten Ansätzen macht. Beschränkungsfunktionen drücken häufig die Knappheit irgendwelcher Mittel aus (vgl. S. 6f.). Beispiele für alle diese Funktionen treten vor allem im 1. und 2. Kapitel auf und werden dort näher erläutert.

Definitionsgleichungen geben an, welche Dinge betrachtet werden und mit welchen Namen über sie gesprochen werden soll. Man nennt sie auch *Identitätsgleichungen* (auch: *Identitäten*) und benutzt statt des Gleichheitszeichens „=" die Zeichen „≡" oder „:=". Sie lassen beispielsweise erkennen, wie Summen, Differenzen oder Quotienten von Variablen heißen sollen. Sie enthalten also keine Aussagen über die Realität, die an dieser überprüft werden könnten, sondern legen lediglich den betrachteten Realitätsausschnitt, den Sprachgebrauch oder beides fest. Sie enthalten keine Störvariablen und können nicht falsch, wohl aber unzweckmäßig sein, etwa wenn die gewählten Namen bereits mit anderer Bedeutung benutzt werden.

Gleichgewichtsbedingungen lassen erkennen, bei welchen Werten der Variablen die Wirtschaftspläne von Wirtschaftssubjekten miteinander vereinbar sind (vgl. unten, Abschnitt E.12).

Nicht jedes Modell enthält alle diese Bestandteile. So bestehen Beschreibungsmodelle nur aus Definitionsgleichungen. Zwar stehen hinter jeder Beobachtung und damit hinter jeder Beschreibung Vermutungen über die Bedeutung der zu beobachtenden Phänomene, ihre Zusammenhänge und damit letztlich Verhaltenshypothesen,[20] aber die Beschreibung selbst enthält keine solchen Hypothesen. Das bekannteste Beschreibungsmodell auf gesamtwirtschaftlicher Ebene ist die Kreislaufanalyse, die als Grundlage der Volkswirtschaftlichen Gesamtrechnung dient. Bei anderen Modellen kommt es darauf an, welcher Ansatz gemäß der Aufzählung S. 14f. gewählt wird. Enthält das Modell eine — meist unter Nebenbedingungen — zu maximierende oder zu minimierende Zielfunktion, spricht man von einem *Optimierungsmodell* (vgl. S. 8). Diese Form wird häufig bei der Beratungsaufgabe benutzt. Wird dagegen gefragt, unter welchen Bedingungen Wirtschaftspläne miteinander vereinbar sind, handelt es sich um ein Erklärungsmodell in Form eines *Gleichgewichtsmodells*. Solche Modelle enthalten mindestens eine Gleichgewichtsbedingung.

Die dritte Frage ist so zu beantworten. Bei jedem Modell ist nicht nur anzugeben, welche Bedeutung die benutzten Symbole haben sollen, sondern auch, ob sie sich auf einen abgelaufenen oder einen zukünftigen Zeitraum oder Zeitpunkt beziehen. In einem Beschreibungsmodell bezeichnen die Symbole realisierte oder *Ex-post-Werte* der Variablen. Bei anderen Fragestellungen müssen dagegen die Wirtschaftspläne der beteiligten Wirtschaftssubjekte betrachtet werden. Die darin enthaltenen Variablenwerte beziehen sich, vom Zeitpunkt ihrer Festlegung her gesehen, auf zukünftige Zeiträume oder Zeitpunkte. Sie sind also bei Instrumentvariablen geplante, bei Daten erwartete und bei Zielvariablen angestrebte und damit ebenfalls erwartete Werte und heißen *Ex-ante-Werte*. Wichtig ist nun, daß Gleichungen mit Ex-post-Werten der Variablen stets erfüllt sein müssen, Gleichungen mit Ex-ante-Werten mindestens einer Variablen nur zufällig erfüllt sein können. Stellt ein Gesamtrechner statistische Erhebungen für die Variablen einer Gleichung der Kreislaufanalyse an und bemerkt, daß sie nicht erfüllt ist, dann weiß er, daß seine Erhebungen fehlerhaft waren. Eine

---

[20] Vgl. VRW⁷, Abschnitt IV.2 des 1. Kapitels.

Gleichung zwischen Ex-ante-Werten enthält dagegen die Aussage: „Die Wirtschaftspläne sind nur dann miteinander vereinbar, wenn die Variablen Werte annehmen, die die Gleichung erfüllen." Da Wirtschaftspläne überwiegend ohne vorherige Koordination aufgestellt werden, sind sie in der Regel nicht miteinander vereinbar, so daß sich Übereinstimmungen nur zufällig ergeben.

Die vierte Frage nach der Einteilung von Modellen kann nur im Hinblick auf ein Gliederungsmerkmal beantwortet werden. Modelle dienen den S. 1 genannten Aufgaben der Wirtschaftswissenschaft, so daß man *Beschreibungs-, Erklärungs-* und *Prognosemodelle* unterscheiden kann, die jeweils auch bei der Erfüllung der Beratungsaufgabe heranzuziehen sind. Ein anderer Gesichtspunkt ist die oben bei der Analyse des Abbildcharakters angesprochene Darstellungsform. Das Problem der Wahl zwischen verbaler, Bild- (graphischer) oder Symbol- (Gleichungs-/Ungleichungs-) Darstellung kann anhand des folgenden Beispiels erläutert werden. Aufgabe sei festzustellen, wie eine Erhöhung der Investitionen auf das Sozialprodukt wirkt. Da die Investitionen ein Teil des Sozialprodukts sind, steigt dieses zunächst definitorisch ebenfalls. Damit erhöhen sich aber auch, nachdem die zusätzlichen Steuerabzüge berücksichtigt sind, die verfügbaren Einkommen der privaten Haushalte. Nun wird ein funktionaler Zusammenhang zwischen den verfügbaren Einkommen und der Nachfrage nach Konsumgütern seitens der privaten Haushalte angenommen, der in seiner allgemeinen Form in Gleichung (E.2) S. 16 wiedergegeben ist. Damit ergibt sich eine weitere Steigerung des Sozialprodukts aufgrund der zunehmenden Konsumgüterkäufe, da diese ebenfalls Bestandteil des Sozialprodukts sind. Vermutet man ferner Einflüsse der steigenden Konsumgüterkäufe auf die Investitionstätigkeit und der zusätzlichen Steuern auf die Staatsausgaben, dann ergeben sich weitere direkte und indirekte Wirkungen auf das Sozialprodukt, und so fort. Schon bei diesem einfachen Modell zeigt sich, daß es bei Interdependenz auch nur weniger Variabler schwierig ist, die aus dem Modell zu ziehenden Folgerungen verbal abzuleiten. Manchmal helfen graphische Darstellungen in zwei- oder auch dreidimensionalen Koordinatensystemen weiter. Sie haben sich als ausgezeichnetes didaktisches Hilfsmittel bewährt und sind daher im wirtschaftswissenschaftlichen Unterricht weit verbreitet. In komplizierteren Fällen von Interdependenz versagt aber auch diese Darstellungsmethode. Es ist daher heute allgemein üblich, Modelle in Form von Gleichungs- oder Ungleichungssystemen aufzustellen, die betrachteten Größen durch Buchstaben oder Buchstabengruppen zu symbolisieren und sich zur Deduktion der Schlußfolgerungen aus den Voraussetzungen mathematischer Verfahren zu bedienen. Wer sich gegen die Verwendung solcher Verfahren in der Wirtschaftswissenschaft ausspricht, schließt damit die Behandlung praktisch aller komplizierteren Probleme aus dieser Wissenschaft aus.

Als Ergebnis dieses Abschnitts ist folgendes festzuhalten. Der Wirtschaftswissenschaftler geht so vor, daß er ein Problem formuliert und dann definitorische und Wirkungszusammenhänge zwischen den für wichtig gehaltenen Variablen in einem Modell nachbildet. Dieses ist ein Gedankengebilde, mit dem auf vielfältige Weise von der Wirklichkeit abstrahiert wird. Mit den Entscheidungen darüber, was als wichtig betrachtet und daher berücksichtigt werden soll, wird der Modellbereich gegenüber der realen Welt abgegrenzt. Modelle können verbal, graphisch oder als Gleichungssysteme konstruiert werden, wobei sich die letztgenannte Form als die bei weitem leistungsfähigste erwiesen hat und daher überwiegend benutzt wird. Bestandteile von Modellen sind Variable und Parameter, die zu Verhaltenshypothesen, Definitionsgleichungen, Gleichgewichtsbedingungen, Ziel- und Erwartungsfunktionen zusammengefügt werden. Entsprechend den Aufgaben der Wirtschaftswissenschaft lassen sich Beschreibungs-, Erklärungs- und Prognosemodelle; unter dem Gesichtspunkt der Fragestellung Gleichgewichts- und Optimierungsmodelle unterscheiden. In Beschreibungsmodellen werden Ex-post-Werte von Variablen erfaßt, in anderen Modellen treten überwiegend Ex-ante-Werte auf. Modelle sind nicht nach ihrem Abstraktionsgrad, sondern nach ihrer Leistungsfähigkeit zu beurteilen. Diese zeigt sich einerseits an dem Beitrag der aus ihnen gezogenen Schlüsse zur Lösung des jeweiligen Problems innerhalb des Modells, andererseits an der Möglichkeit, Aussagen über die Realität zu gewinnen.

8. Modelle und Realität. Aus einem wirtschaftswissenschaftlichen Modell, das mindestens eine Verhaltenshypothese enthält, läßt sich eine Reihe von Aussagen gewinnen. Es kann beispielsweise einen Zustand abbilden und ermöglicht dann die Aussage: „Bestimmte Werte eines Satzes unabhängiger Variabler $z_1 \ldots z_m$ gehen mit bestimmten Werten einer Reihe abhängiger Variabler $y_1 \ldots y_n$ einher." Es erlaubt erklärende Aussagen wie: „Die Variable y_1 hat sich so und so geändert, weil sich die Variablen $z_1 \ldots z_m$ in der und der Weise geändert haben"; und es gestattet Prognosen der Form: „Wenn sich die Variable z_i bei Konstanz der anderen exogenen Variablen in bestimmter Weise ändert, dann werden sich daraufhin die Variablen $y_1 \ldots y_n$ in der und der Weise ändern." Nun sind dies zunächst nur Schlußfolgerungen, die der Wirtschaftswissenschaftler am Schreibtisch oder an der Tafel im Hörsaal zieht. In einer Erfahrungswissenschaft werden aber Modelle letztlich zu dem Zweck konstruiert, Vorgänge der Realität zu erklären oder vorherzusagen. Damit erhebt sich die grundlegende Frage, welche Bedingungen vorliegen müssen, damit Modellaussagen der eben genannten Art zutreffend auf die Realität übertragen werden können. Dies kann man als das wirtschaftswissenschaftliche *Übertragungsproblem* bezeichnen.

Eine notwendige Bedingung für die Lösung dieses Problems ist offenbar, daß den im Modell durch Wörter, Buchstaben oder sonstwie symbolisierten Begriffen oder Konzepten allgemein beobachtbare Vorgänge und speziell meßbare Werte von Variablen in der Realität entsprechen. Hierfür gilt

Def. E.5: *Ein Modellbestandteil ist operational, wenn ihm aufgrund einer Beobachtungs- oder Meßvorschrift eine Erscheinung oder ein Vorgang der Realität eindeutig zugeordnet werden kann.*

Man sollte meinen, daß es für eine dem Anspruch nach empirische Wissenschaft wie die Wirtschaftswissenschaft selbstverständlich sein müßte, nur mit operationalen Begriffen zu arbeiten. Tatsächlich ist das keine einfach zu erfüllende Forderung, da hier wie in anderen Wissenschaften Konzepte verwendet werden, die allenfalls indirekt beobachtbar und meßbar sind. „Bedürfnis" und „Präferenz" (S. 3) sind Beispiele dafür. Wird eine bis dahin nichtoperationale Variable, ein Ziel oder dergleichen durch Angabe einer Meßvorschrift beobachtbar gemacht, nennt man dies ihre oder seine *Operationalisierung*. Ein Beispiel wurde S. 5 gegeben: Wirtschaftspolitische Ziele werden dadurch operationalisiert, daß man Zielvariable definiert, Meßvorschriften angibt und angestrebte Werte oder Bereiche für sie festlegt.

Sind die Bestandteile eines Modells operational definiert, dann gilt für das Übertragungsproblem

Satz E.4: *Die aus einem Modell zu gewinnenden Aussagen lassen sich zutreffend auf die Realität übertragen, wenn*
  (1) die Aussagen widerspruchsfrei sind und empirischen Gehalt haben;
  (2) die Anwendungsbedingungen (annähernd) vorliegen;
  (3) die Verhaltenshypothesen (annähernd) zutreffen;
  (4) der zusammengefaßte Einfluß der Störvariablen (annähernd) gleich null ist.

Liegen diese vier Voraussetzungen vor, dann ist das Modell dem Realitätsausschnitt, den es abbilden soll, in bezug auf die wesentlichen Variablen und Zusammenhänge so ähnlich („isomorph"), daß die Folgerungen, die gemäß den Regeln der Mathematik oder Logik aus dem Modell zu ziehen sind, mit ausreichender Genauigkeit auch in Wirklichkeit zutreffen und dort beobachtbar sind. Oder: Die sich in dem betrachteten Realitätsausschnitt abspielenden Prozesse lassen sich in dem Modell

– nachvollziehen, die Werte abhängiger Variabler also erklären;
– vorvollziehen, die Werte abhängiger Variabler also voraussagen.

Voraussetzung (1) des Satzes E.4 nennt ein wichtiges Konzept:

Def. E.6: *Eine Aussage über einen ökonomischen Sachverhalt hat empirischen Gehalt, wenn sie das Eintreten mindestens eines für den Sachverhalt relevanten Ereignisses ausschließt.*

Die Aussage „Wenn der Tabaksteuersatz erhöht wird, dann steigt das Tabaksteueraufkommen" hat empirischen Gehalt, da sie zwei Ereignisse — das Steueraufkommen bleibt gleich oder geht zurück — ausschließt. Es kann daher mindestens ein Ereignis eintreten, durch das die Aussage widerlegt wird, und es läßt sich im Prinzip durch Beobachtung entscheiden, ob sie zutrifft: Die Aussage ist *falsifizierbar*. Das Wort „empirisch" bezieht sich also nicht auf die Herkunft der Aussage, etwa aus der Heranziehung statistischer Beobachtungen, sondern nur auf die Möglichkeit, sie durch Beobachtungen zu widerlegen. Ein weiteres Beispiel ist die S. 21 im zweiten Schritt genannte Verhaltenshypothese: Die Haushalte könnten ihre Konsumausgaben als Folge einer Einkommenserhöhung auch ungeändert lassen oder senken.

Das Gegenteil einer empirischen und damit falsifizierbaren ist eine *nichtempirische Aussage*. Sie ist mit dem Eintreffen jedes beliebigen Ereignisses vereinbar, hat in bezug auf solche also keinen Informationsgehalt, sagt insoweit nichts über die Realität aus und ist daher durch einen Vergleich mit dieser nicht falsifizierbar. Das ehrwürdige, wenngleich nichtökonomische Standardbeispiel sei nicht verschwiegen: In der Aussage „Wenn der Hahn kräht auf dem Mist, (dann) ändert sich das Wetter, oder es bleibt, wie es ist", schließt die „Dann"-Komponente jede logische Möglichkeit in bezug auf das Wetter ein, also kein diesbezügliches Ereignis aus und ist daher, wie man auch sagt, empirisch leer. Oder: Die Aussage enthält keine Hypothese über einen Zusammenhang zwischen dem Verhalten des Hahns und dem Wetter.[21]

Nicht so offensichtlich ist der nichtempirische Charakter bei Aussagen der Art: „Wenn ein Wirtschaftssubjekt einen Kredit aufnimmt, dann bleibt sein Reinvermögen ungeändert." Dieser Satz kann nur für denjenigen einen Informationsgehalt ha-

---

[21] In anderer Hinsicht enthält die Aussage durchaus Informationen, etwa darüber, daß es so etwas wie einen Hahn und Wetter gibt und daß jener in einer Gegend kräht, in der nicht ständig das gleiche Wetter herrscht.

ben, der nicht weiß, wie „Reinvermögen" definiert ist. Für den Kenner der Definition bestätigt er diese nur, da er allein wegen der Bedeutung seiner Wörter wahr und damit eine *implizite Definition* des Reinvermögens ist. Solche definitionsgemäß wahren Aussagen gehören zu den *analytischen Aussagen*[22] (auch: *Tautologien*).

Auch eine Aussage in Gestalt einer Gleichung, die wie eine Verhaltenshypothese aussieht, ist genau dann empirisch leer, wenn sie mit jedem Ereignis vereinbar ist. Ein Beispiel wäre Gleichung (E.5) S. 18, wenn den Parametern C^a und c keine Beschränkungen auferlegt würden. Können diese jeden beliebigen Wert annehmen, darunter auch negative Werte oder null, dann läßt eine gegebene Änderung des verfügbaren Einkommens jede beliebige Änderung der Konsumausgaben wie auch deren Konstanz zu. Damit gewinnt man den

Satz E.5: *Wenn wirtschaftswissenschaftliche Modelle empirischen Gehalt haben, dann sind mindestens einem Parameter ihrer Verhaltensfunktionen Beschränkungen auferlegt.*

Als Verhaltensfunktionen gelten hierbei auch die oben genannten technischen und institutionellen Gleichungen.

Der empirische Gehalt wirtschaftswissenschaftlicher Modelle ist angesichts unterschiedlicher Möglichkeiten für diese Beschränkungen eine Sache des Grades. Je nachdem, ob Parametern keine Beschränkungen auferlegt, weite oder enge Bereiche oder numerische Werte für sie angegeben werden, kann ihr empirischer Gehalt von null bis zu einem Maximum reichen. Entsprechend kann man von *nichtempirischen, beschränkt empirischen* und *voll empirischen Modellen* sprechen. Dem entspricht ein dreistufiges Vorgehen bei der Konstruktion und Anwendung wirtschaftswissenschaftlicher Modelle.

Die erste Stufe besteht darin, nach der Wahl und Formulierung eines ökonomischen Problems ein dazu passendes Modell zunächst so allgemein wie möglich zu konstruieren und daher entweder keine Parameter zu nennen — wie in Gleichung (E.2) S. 16 — oder ihnen keine Beschränkungen aufzuerlegen. Zweck eines solchen Modells ist es, die betrachteten Variablen, die zwischen ihnen vermuteten Beziehungen und damit bestimmte Verhaltenshypothesen, definitorische Zusammenhänge sowie die Fragestellung zu nennen. Mit ihm wird also ein Denkschema vorgelegt, mit dem der betrachtete Realitätsausschnitt abgebildet wird und mit dessen Hilfe die in den Voraussetzungen steckenden Folgerungen deduziert werden können. Dabei können zwar nicht mehr Informationen herauskommen, als man bei der Konstruktion des Modells in Gestalt von Voraussetzungen eingegeben hat, aber deren Implikationen sind häufig keineswegs sofort durchschaubar. Die Deduktion macht den Informationsgehalt des Modells explizit und kann daher schon Erkenntnisse erbringen, die vorher nicht existierten. Die Folgerungen sind jedoch ebenfalls empirisch gehaltlos und lassen alle Möglichkeiten zu. Analog zu analytischen Aussagen spricht man hier von *analytischen Modellen*. Es ist ein wichtiges Ziel des wirtschaftswissenschaftlichen Studiums, einen Grundvorrat an solchen Leerformen zu erwerben, da sie die Vorstufe zu beschränkt und voll empirischen Modellen bilden und daher ständig gebraucht werden.

---

[22] „Analytisch" heißt „zerlegend". Durch solche Aussagen wird ein Begriff in seine definitorischen Bestandteile zerlegt, oder es wird auf einen solchen Bestandteil hingewiesen. Vgl. auch die Analyse der Definition E.4 in Abschnitt E.7.

Die erste Stufe ist unerläßlich, aber der Anspruch der Wirtschaftswissenschaft, eine empirische Wissenschaft zu sein, wird gefährdet, wenn Forscher in erheblichem Umfang der Versuchung erliegen, gemäß dem Prinzip der Arbeitsteilung bei dieser Stufe stehenzubleiben. Da eine Konfrontation der aus solchen nichtempirischen Modellen gezogenen Folgerungen mit beobachtbaren Vorgängen der Realität von vornherein nicht beabsichtigt ist, entsteht kein Übertragungsproblem. Es können dann nichtoperationale Konzepte verwendet und Probleme untersucht werden, die mit denen der Wirtschaftssubjekte nichts zu tun haben. Gegenstand der Untersuchung sind nicht Vorgänge der Realität, sondern selbsterzeugte Forschungsobjekte in Gestalt von Modellen, wobei die Illusion, es werde irgendetwas über die Realität ausgesagt, dadurch genährt wird, daß den Symbolen ökonomische Namen beigelegt werden. Diese Tätigkeit hat einen gewissen Prestigewert, da die Ergebnisse, wenn sie logisch oder mathematisch korrekt hergeleitet wurden, mit Sicherheit richtig und daher unangreifbar sind. Jedoch können sie auch nicht an der Realität scheitern, sagen daher nichts über diese aus und bilden eben nur die Vorstufe zur Lösung der Aufgaben des Wirtschaftswissenschaftlers.

Die zweite Stufe besteht darin, Verhaltensparametern von Modellen bestimmte Bereiche zuzuweisen und damit andere für sie auszuschließen. So werden bei Gleichung (E.5) mit der Ungleichung $0<c<1$ unter der Voraussetzung der Parameterkonstanz die Fälle ausgeschlossen, daß eine Erhöhung des verfügbaren Einkommens die Konsumausgaben senkt, keinen Einfluß auf sie ausübt, sie um denselben Betrag wie das verfügbare Einkommen oder stärker als dieses steigen läßt. Häufig sind die den Parametern auferlegten Beschränkungen noch schwächer, etwa wenn lediglich eine Aussage über die Richtung gemacht wird, in der sich eine abhängige Variable als Folge der Änderung einer Erklärungsvariablen bewegen wird. Ein Beispiel wäre die Hypothese: „Wenn der Preis des Gutes x erhöht wird, dann geht die verkaufte Menge zurück." Hier wie in vielen anderen Fällen besteht der empirische Gehalt nur in der Angabe des Vorzeichens der Änderung einer Variablen. Offen bleibt, um welchen Betrag sich die Endovariable ändert. Dieser geringe empirische Gehalt kann zudem auf null sinken, wenn in einem Modell mit mehreren solchen Hypothesen gearbeitet wird. Dies läßt sich wie folgt zeigen.[23] Führt eine wirtschaftspolitische Maßnahme gemäß einer Hypothese H_1 zur Erhöhung einer Komponente des Sozialprodukts (eine Senkung der Lohnsteuer erhöht den privaten Konsum) und gemäß einer weiteren Hypothese H_2 zur Senkung einer anderen Komponente (der Steuerausfall wird durch Kreditaufnahme gedeckt, was den Zinssatz erhöht und damit die privaten Investitionen senkt), so kann über den Nettoeffekt der Maßnahme auf das Sozialprodukt nichts ausgesagt werden, wenn beide Hypothesen in dieser beschränkt empirischen Form vorliegen. Das Modell ist nichtempirisch, da die Summe zweier Größen, von denen nur bekannt ist, daß die eine positiv, die andere negativ ist, größer oder kleiner als null oder gleich null sein kann. Die Angabe von Beschränkungen für Parameter von Verhaltensfunktionen gemäß Satz E.5 bildet also lediglich eine notwendige, aber keine hinreichende Bedingung für einen empirischen Gehalt der betreffenden Modelle.

Der geringstmögliche empirische Gehalt oberhalb von null liegt schließlich vor, wenn Hypothesen verbal formuliert und mit Zusätzen wie „meistens", „in der Regel", „wahrscheinlich" versehen werden, von denen die Umgangssprache eine große

---

[23] Vgl. H. SCHNEEWEISS: Ökonometrie. 4. Aufl. Heidelberg 1990, S. 18.

Zahl bereithält. Damit soll ausgedrückt werden: Wenn man eine größere Zahl von Beobachtungen anstellt, dann tritt das von der Hypothese geforderte Verhalten in der Mehrzahl der Fälle ein. Offen bleibt, wie groß die Zahl der Beobachtungsfälle und mit welchem Prozentsatz die Hypothese bestätigt sein muß,[24] damit Redewendungen wie die eben genannten oder gleichwertige („hauptsächlich", „normalerweise", „häufig", „im wesentlichen", „im Prinzip") angewendet werden dürfen. Es ist klar, daß mit solchen Unbestimmtheitswörtern Ausnahmen zugelassen und damit Aussagen abgeschwächt (eingeschränkt, aufgeweicht) und Falsifizierungen unmöglich gemacht werden. Sie enthüllen eine höchst unbefriedigende Situation.

Die dritte Stufe der Arbeit mit Modellen besteht daher darin, die einzubringenden Hypothesen über menschliches Verhalten numerisch zu formulieren, also den Parametern Zahlenwerte zu geben, sodann die zahlenmäßigen Konsequenzen von Änderungen der exogenen Variablen aus den Modellen zu deduzieren und die Ergebnisse mit Beobachtungen des tatsächlichen Wirtschaftsablaufs zu vergleichen. Die Angabe numerischer Werte für die Parameter — bei stochastischen Modellen: Enger Bereiche — ist die weitestgehende Beschränkung, die ihnen auferlegt werden kann. Sie bedeutet daher den maximalen empirischen Gehalt für die betreffende Aussage und schafft ein voll empirisches Modell. Sie bedeutet gleichzeitig das maximale Risiko für die Hypothesen, an der Realität zu scheitern. Die praktische Bedeutung solcher Modelle liegt vor allem im gesamtwirtschaftlich-makroökonomischen Bereich. Es ist sowohl für die Erklärung des Konjunkturverlaufs wie erst recht für seine Beeinflussung entscheidend wichtig zu wissen, ob beispielsweise die privaten Haushalte eine Erhöhung ihres verfügbaren Einkommens zu 70 v. H. oder zu 90 v. H. zu Mehrausgaben für den Konsum verwenden; ob nach einer Senkung des Kapitalmarktzinses von 10 v. H. auf 8 v. H. die privaten Investitionen gar nicht, um 10 v. H. oder um 30 v. H. zunehmen; ob eine Währungsabwertung um 10 v. H. einen Passivsaldo der Leistungsbilanz nicht ändert, halbiert oder verschwinden läßt. Angesichts der in Aussage 23 (S. 12) genannten Reaktionsverzögerungen müßte dazu noch bekannt sein, innerhalb welcher Zeit sich solche Reaktionen abspielen. Der gegenwärtige Stand der Arbeiten an gesamtwirtschaftlichen empirischen Modellen beispielsweise in der Bundesrepublik erlaubt allerdings, pauschal gesprochen, keine verläßlichen Prognosen auch nur für wenige Jahre. Auch in der Wirtschaftspolitik stehen daher nur Modelle mit geringem empirischem Gehalt zur Verfügung. Wertet eine Regierung die Währung ihres Landes ab, dann tut sie dies allein aufgrund der Hypothese, daß der Wert des Exports zunehmen und der Wert des Imports abnehmen wird, ohne auch nur vermuten zu können, innerhalb welcher Zeit diese Wirkungen in welchem Ausmaß eintreten werden. Entsprechendes gilt für die Zunahme der Staatsausgaben ($=A_1$, Hypothese: Wenn A_1, dann nimmt die Arbeitslosigkeit ab); eine Senkung der Lohnsteuer ($=A_2$, Hypothese: Wenn A_2, dann steigt der private Konsum); eine Senkung der Zinssätze ($=A_3$, Hypothese: Wenn A_3, dann nehmen die Investitionen zu).

Ob die in Satz E.4 an zweiter Stelle aufgezählte Voraussetzung zutrifft, ob also die im „Wenn"-Teil der verwendeten Hypothesen genannten Anwendungsbedingungen vorliegen, läßt sich, von Meßproblemen abgesehen, meist unschwer feststellen. Kern des Übertragungsproblems ist daher neben der Frage des Einflusses von Störvariablen

---

[24] In der statistischen Methodenlehre sind Konventionen darüber in Kraft, wann eine Aussage als *statistisch gesichert, signifikant* gelten soll.

die Güte der verwendeten Hypothesen. Diese können sich als unzutreffend erweisen, weil das ökonomische Verhalten von Menschen teilweise unbekannt ist oder falsch eingeschätzt wird. Es ist daher im Rahmen des Aufgabenbereichs „Erklärung wirtschaftlicher Vorgänge" eine zentrale Aufgabe für Wirtschaftswissenschaftler, sowohl die vorhandenen als auch neue Hypothesen immer wieder anhand der Realität zu überprüfen. Erweisen sich behauptete Zusammenhänge dabei als nicht zutreffend, so ist die betreffende Hypothese im Prinzip falsifiziert (vgl. jedoch unten, E.10). Sie muß zumindest für diesen Fall verworfen und durch eine andere ersetzt werden. Solange sie nicht in dieser Weise widerlegt ist, kann sie als bestätigt gelten, wenn auch immer nur von Fall zu Fall und damit vorläufig: Es ist nicht möglich, Hypothesen oder Gesetze endgültig, ein für allemal, zu bestätigen, sie also zu beweisen. Will man eine Aussage nur dann ein „Gesetz" nennen, wenn sie sich unabhängig von Ort und Zeit auf unbeschränkt viele Fälle bezieht (vgl. S. 22), reichen die immer nur in endlicher Zahl und bis zur Gegenwart beizubringenden Beispiele für einen Beweis nicht aus. Dieser würde im ökonomischen Bereich auch bedeuten, daß man mit Sicherheit darauf vertrauen könnte, daß das Gesetz uneingeschränkt auch für alle Zukunft gilt. Menschen können ihr Verhalten jedoch immer so ändern, daß eine gegebene Hypothese widerlegt wird.

Singularaussagen, oder allgemeiner: Sätze über beschränkte Bereiche, etwa über einen Fall oder eine endliche Zahl von Fällen, lassen sich dagegen sowohl falsifizieren als auch *verifizieren*. Sofern Einigkeit über Definitionen und Meßvorschriften herrscht und Beobachtungen möglich sind, kann immer entschieden werden, ob und in welcher Weise ein bestimmter, an Ort und Zeit fixierter Vorgang stattgefunden hat.

9. Die Ceteris-paribus-Klausel. Die vierte in Satz E.4 (S. 39) genannte Voraussetzung wirft eines der Zentralprobleme der Wirtschaftswissenschaft als Erfahrungswissenschaft auf. Das Arbeiten mit Modellen bedeutet, aus der unübersehbaren Vielfalt der ökonomischen Zusammenhänge jeweils einige wenige herauszugreifen und die Wirkungen von Änderungen der dabei ausgewählten Variablen auf andere zu untersuchen. Das Problem ist: Die Ergebnisse lassen sich nur dann zutreffend auf die Realität übertragen, wenn alle sonstigen, im Modell nicht betrachteten Variablen und Zusammenhänge keine oder nur vernachlässigbar geringe Einflüsse auf die abhängigen Variablen ausüben. Die entsprechende Annahme nennt man *Ceteris-paribus-Klausel*[25] und definiert

Def. E.7: *Mit der Ceteris-paribus-Klausel werden alle nicht genannten Einflüsse auf die in einem Modell erfaßten Vorgänge aus der Betrachtung ausgeschlossen.*

Die Klausel besagt also im Verhältnis Modell zu nicht betrachtetem Bereich (vgl. Bild E.3, S. 33), daß man alle von außen kommenden Einflüsse, die sich in Bild E.3 in von null verschiedenen Werten der Störvariablen zeigen, wahlweise als konstant, nichtexistent oder sich gegenseitig gerade kompensierend betrachtet. Mit der Wahl des deterministischen Ansatzes (vgl. S. 18 f.) gilt daher die *modellexterne Ceteris-paribus-Klausel* als vereinbart. Das Problem ist, daß die damit gemachte Annahme in Wirklichkeit häufig nicht zutrifft und dann die aus dem Modell gezogenen Schlüsse logisch richtig, aber empirisch falsch sind. Beispielsweise wird gemäß einer grundlegen-

---

[25] Ceteris paribus (lateinisch) = unter sonst gleichen Umständen.

den Hypothese von einem Gut um so weniger nachgefragt, je höher sein Preis ist. Wählt man nun ein Konsumgut aus und sieht sich die Preis- und Absatzstatistiken über eine Reihe von Jahren an, etwa in der Bundesrepublik in den siebziger Jahren, so wird man in sehr vielen Fällen finden, daß die Preise gestiegen sind, aber der Absatz zugenommen hat. Ist die Hypothese also widerlegt? Nein, denn sie gilt nur unter der modellexternen Ceteris-paribus-Klausel, daß alle sonstigen Einflüsse auf den Absatz nicht berücksichtigt werden. Die wichtigste Erklärungsvariable für den Absatz eines Konsumgutes ist aber neben seinem Preis das Einkommen der Nachfrager. Steigt dieses wie in dem genannten Zeitraum, dann kann sein Einfluß auf den Absatz die Wirkung des steigenden Preises überkompensieren. Die Hypothese bleibt richtig, darf aber nicht allein zur Erklärung des beobachteten Vorgangs herangezogen werden.

Die Klausel ist also einerseits methodisch notwendig, anderseits bildet der hinter ihr stehende Sachverhalt ein Hindernis für die praktische Anwendung der immer nur aus Modellen ableitbaren wirtschaftswissenschaftlichen Erkenntnisse, da in der Realität eben sehr viele Einflüsse nicht wie in der Klausel angenommen konstant bleiben oder sich kompensieren. Beim stochastischen Ansatz muß man daher pragmatisch vorgehen und etwa folgendes vereinbaren: Es kann nicht verlangt werden, daß die aus Modellen abgeleiteten Folgerungen exakt auf den betrachteten Realitätsausschnitt zutreffen, daß also die modellexterne Ceteris-paribus-Klausel streng gilt. Das Übertragungsproblem gilt in bezug auf die vierte Bedingung in Satz E.4 als gelöst, wenn der Gesamteinfluß aller Störvariablen mit hoher Wahrscheinlichkeit unterhalb einer durch Übereinkunft festgelegten Grenze bleibt. Man kann außerdem versuchen, das Problem dadurch zu vereinfachen, daß man, vor allem bei gesamtwirtschaftlichen Modellen, mehr Variable und Beziehungen berücksichtigt und damit den von der modellexternen Ceteris-paribus-Klausel abgedeckten Bereich verkleinert.

Die Klausel wird außerdem *modellintern* benutzt, wenn man innerhalb eines Modells mit mehreren Beziehungen zwischen den Variablen nur einen Zusammenhang betrachten, ihn sozusagen herauspräparieren will: Man hält dann alle gerade nicht interessierenden Variablen konstant. Dieser Gebrauch der Klausel gilt als so selbstverständlich, daß sie häufig nicht einmal erwähnt wird. Bei mathematischer Schreibweise wird auf sie aufmerksam gemacht, indem man die für partielle Differentiation übliche Notation benutzt. Man drückt den Unterschied zwischen modellinternem und modellexternem Gebrauch der Klausel auch so aus, daß man sagt: Im erstgenannten Fall ist sie *spezifiziert,* da genau gesagt werden kann, welche Variablen konstant gehalten werden; bei modellexternem Gebrauch ist sie *unspezifiziert,* da angesichts der allgemeinen Interdependenz niemand in der Lage ist, wirklich alle denkbaren, aber als konstant betrachteten oder vernachlässigten Einflüsse aufzuzählen und die Klausel damit zu spezifizieren.

10. Die Schätzung von Verhaltensparametern. Die Erörterungen der Abschnitte E.3 und E.4 und die Ausführungen über Modelle in den Abschnitten E.7 bis E.9 ließen erkennen, daß das Konzept der Verhaltensfunktion und damit des Verhaltensparameters für die moderne Wirtschaftswissenschaft grundlegend ist, da solche Funktionen die zentralen Bausteine wirtschaftswissenschaftlicher Modelle sind. Entscheidend für den Anspruch der Wirtschaftswissenschaft, eine empirische Wissenschaft zu sein, ist nun die Frage nach den Verfahren zur Messung oder, wie man mit einem statistisch-fachsprachlichen Ausdruck sagt, der *Schätzung* der Parameter von

Verhaltensfunktionen aufgrund empirischer Beobachtungen. Erst wenn solche Parameter zahlenmäßig vorliegen, kann man Bewegungen abhängiger Variabler dem Betrag nach erklären und vorhersagen, in welchem Ausmaß sie sich als Folge bestimmter Änderungen unabhängiger Variabler ändern werden. Wie gelangt man also zu voll empirischen Modellen?

Der Zweig der Wirschaftswissenschaft, in dem man sich in der Hauptsache damit beschäftigt, anhand statistischer Unterlagen über Ablauf oder Zustand des Wirtschaftsprozesses für bestimmte Zeiträume oder -punkte Parameter von Verhaltensfunktionen zu ermitteln, heißt *Ökonometrie*. Generell kann gesagt werden, daß die Schwierigkeiten des Versuchs, voll empirische Modelle mit zutreffenden Aussagen über Vorgänge der Realität zu konstruieren, enorm und beim gegenwärtigen Stand der Wirtschaftswissenschaft nur sehr unvollkommen zu überwinden sind. Eine der Hauptursachen dafür ist, daß hier Experimente nur in Ausnahmefällen möglich sind. Wer Verhaltensfunktionen schätzen will, muß daher den von ihm unbeeinflußt ablaufenden Wirtschaftsprozeß beobachten (und sich dabei auch noch überwiegend auf höchst unvollkommenes statistisches Material stützen). Das Verfahren wird im folgenden anhand des einfachsten Anwendungsfalls gezeigt, nämlich der Schätzung der Parameter einer einzelnen makroökonomischen Verhaltensfunktion. Als Beispiel diene die S. 16 f. erläuterte Konsumfunktion (E.2) in ihrer linearen Form (E.5), gemäß der die gesamten Konsumausgaben C in einer Volkswirtschaft während eines Zeitraums durch das zusammengefaßte verfügbare Einkommen Y^v der privaten Haushalte während desselben Zeitraums erklärt werden. Aufgabe ist es, die numerische Größe des autonomen Konsums C^a und der marginalen Konsumquote c zu bestimmen.

Auf den ersten Blick scheint es nahezuliegen, die makroökonomische Konsumfunktion durch Zusammenfassung der Konsumfunktionen aller privaten Haushalte zu ermitteln. Offenbar muß sich die zeitliche Bewegung jedes Aggregats aus dem Verhalten aller einzelnen Wirtschaftssubjekte ergeben. Es ist jedoch praktisch unmöglich, alle privaten Haushalte einer Volkswirtschaft zu einem Zeitpunkt nach ihren Konsumplänen für einen zukünftigen Zeitraum zu befragen. Man könnte sich auf eine Stichprobenerhebung beschränken, aber es ist nicht zu erwarten, daß die befragten Haushalte in ihrer Mehrheit willens oder imstande wären, Angaben über ihre geplanten Konsumausgaben bei unterschiedlichen Werten des verfügbaren Einkommens zu machen. Selbst wenn solche Angaben gemacht würden, wäre nicht sichergestellt, daß sich die Haushalte später tatsächlich wie angegeben verhalten. Schließlich bestünde auch bei Vorliegen verläßlicher Angaben das Aggregationsproblem, sehr unterschiedliche Konsumfunktionen, die auch nichtlinear sein können, zu einer gesamtwirtschaftlichen Funktion zusammenzufassen.

Diese am Beispiel der Konsumfunktion genannten Probleme bestehen entsprechend bei jeder gesamt- oder teilwirtschaftlichen Verhaltensfunktion. Das bei weitem wichtigste Verfahren, sie zu umgehen, beruht auf dem folgenden Ansatz: Man sammelt Beobachtungen über Exo- und Endovariable für mehrere vergangene Zeiträume (bei Bestandsgrößen: Zeitpunkte) und stellt daraus eine Hypothese über den in diesem Zeitbereich, dem *Stützbereich,* geltenden funktionalen Zusammenhang auf. Wenn nur eine Erklärungsvariable berücksichtigt wird, kann man die Beobachtungen zunächst in einem Koordinatensystem mit der Exovariablen auf der Abszisse und der Endovariablen auf der Ordinate graphisch veranschaulichen. In Bild E.4 ist dies für das verfügbare Einkommen der privaten Haushalte der Bundesrepublik und ihre Konsumausgaben während der Zeit von 1961 bis 1980 geschehen. Da beide Variablen während dieser Zeit ununterbrochen gestiegen sind, bilden ihre für die einzelnen Jahre eingetragenen Kombinationen eine aufsteigende Folge (die ebenfalls eingezeichnete Gerade sei noch nicht beachtet). Aus diesen Beobachtungen läßt sich nun eine makroökonomische Konsumfunktion für die Bundesrepublik mit numerischen Parametern schätzen, wenn folgendes angenommen wird. In der Zeit von 1961 bis 1980 beeinflußte das verfügbare Einkommen der privaten Haushalte in der Bundesrepublik ihre Konsumausgaben (und nicht umgekehrt), und es gab keine gemeinsame Ursache für die zeitliche Entwicklung dieser beiden Variablen. Faßt man die Einflüsse aller weiteren Variablen, die insgesamt konstant geblieben sind, in dem autonomen Teil C^a zusammen, dann legt die Anordnung der Beobachtungspunkte in Bild E.4 die Annahme eines linearen Zusammenhangs zwischen Einkommen und Ausgaben nahe, der durch eine Gleichung wie (E.5) wiederzugeben wäre. Es gibt jedoch keine Gerade, die genau durch alle 20 Punkte des Bildes verläuft. Vermutlich haben weitere Variable, die nicht konstant blieben, die Konsumausgaben beeinflußt. Ihre Einflüsse werden in einer Störvariablen u zusammengefaßt, mit der Gleichung (E.5) erweitert wird (vgl. S. 19):

$$C_t = C^a + c Y_t^v + u_t. \tag{E.8}$$

Bild E.4 – *Verfügbares Einkommen der privaten Haushalte[a] und privater Konsum in der Bundesrepublik Deutschland, 1961 bis 1980*

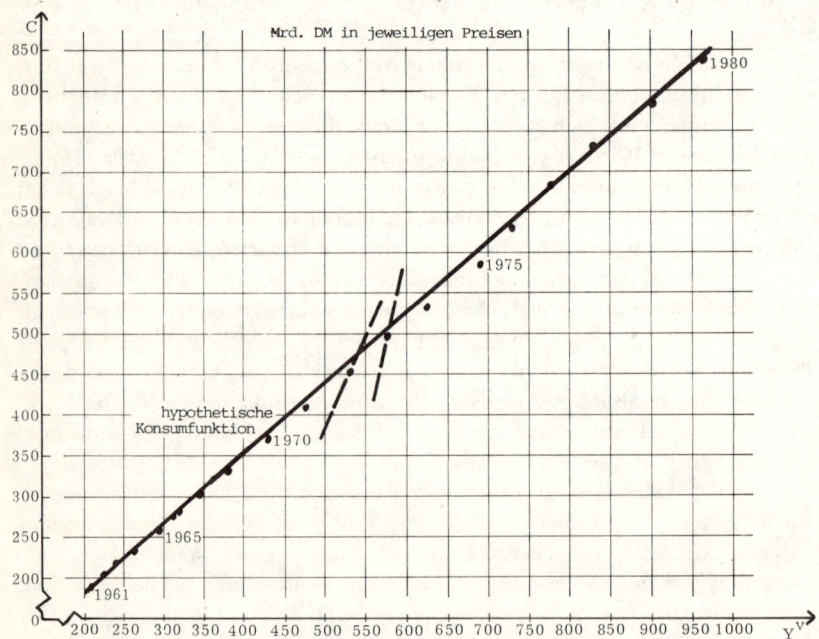

[a] Einschließlich privater Organisationen ohne Erwerbszweck, ohne nichtentnommene Gewinne der Unternehmen ohne eigene Rechtspersönlichkeit.

Quelle: Statistisches Bundesamt (Hg.): Volkswirtschaftliche Gesamtrechnungen Fachserie 18, Reihe 1.3, Konten und Standardtabellen 1989 Hauptbericht. Stuttgart 1990, S. 201.

Danach gilt, daß in jedem Jahr t, wobei t von 1961 bis 1980 läuft, die Konsumausgaben C_t dieses Jahres aus einem im Zeitablauf gleichbleibenden Teil C^a, einem gleichbleibenden Bruchteil c des verfügbaren Einkommens Y_t^v desselben Jahres und einem Zufallselement u_t bestehen. Die Größe u_t enthält den Nettoeffekt sämtlicher nicht betrachteter variabler Einflüsse auf die Konsumausgaben, Meßfehler in bezug auf die Variablen und Irrtümer bei der Wahl der Funktionsform. Sie nimmt jedes Jahr andere Werte an und läßt die Konsumausgaben daher größer oder kleiner werden, als sie es nach Gleichung (E.5) sein müßten. Im günstigsten Fall ist u_t in einzelnen Jahren zufällig gleich null. Der Ökonometriker bemüht sich nun, die zeitliche Entwicklung der abhängigen Variablen zu einem möglichst großen Teil auf die Entwicklung der explizit betrachteten Erklärungsvariablen zurückzuführen. Er errechnet dazu Zahlenwerte für die Parameter C^a und c in Gleichung (E.8) so, daß die Abweichungen u_t der beobachteten von den nach Gleichung (E.5) zu erwartenden Werten über den gesamten Beobachtungszeitraum hinweg möglichst klein werden. Aus Gründen, die in der statistischen Methodenlehre erläutert werden, minimiert man nicht die Summe der u_t, sondern die Summe ihrer Quadrate. Nach dieser *Methode der kleinsten Quadrate* wurde hier die Gleichung der in Bild E.4 eingezeichneten durchgezogenen Geraden so bestimmt, daß die Summe der quadrierten senkrechten Abstände der 20 Beobachtungspunkte von dieser Geraden ein Minimum bildet. Diese *Regressionsgleichung* lautet:

$$C = 4{,}89 + 0{,}862\, Y^v. \tag{E.9}$$

Der autonome Konsum betrug danach $C^a = 4{,}89$ Mrd. DM, die gesamtwirtschaftliche marginale Konsumquote $c = 0{,}862$. Setzt man die beobachteten Werte für das verfügbare Einkommen der Jahre 1961 ($= 207{,}1$ Mrd. DM) bis 1980 ($= 964{,}0$ Mrd. DM) in diese Gleichung ein, so erhält man Werte für die abhängige Variable „Privater Konsum", die mit den tatsächlich beobachteten (annähernd) übereinstimmen. Die Endovariable gilt damit für diesen Zeitraum als erklärt.

Es liegt auf der Hand, daß vergangene Ereignisse mit diesem Verfahren immer erklärt werden können und daß es daher nicht zur Falsifizierung von Hypothesen benutzt werden kann. Auch wenn eine Endo- auf mehrere Exovariable zurückgeführt werden soll, lassen sich die Parameter einer — eventuell nichtlinearen — Funktion im Prinzip immer so bestimmen, daß die Abweichungen der beobachteten Werte der Endovariablen von den errechneten innerhalb vorgegebener Grenzen bleiben. Das ist lediglich ein mathematisches Problem. Zudem lassen sich häufig mehrere Hypothesen finden, mit denen die Beobachtungswerte annähernd gleich gut erklärt werden können. Festzuhalten ist also, daß mit allen solchen Verfahren lediglich nicht- oder schwach empirische Hypothesen numerisch präzisiert und damit in voll empirische umgewandelt werden. Die Werte der abhängigen Variablen gelten unter Berücksichtigung der genannten Annahmen für den Untersuchungszeitraum als erklärt, aber nach wie vor kann nur vermutet werden, daß mit Gleichung (E.9) das Konsumverhalten erfaßt wird. Am Charakter der Gleichung als Hypothese hat sich durch die Schätzung der Parameter nichts geändert. Man sieht das bei der Betrachtung zweier willkürlich angenommener, in Bild E.4 gestrichelt eingezeichneter Konsumfunktionen für die Jahre 1972 und 1973: Auch bei solchen Verläufen hätten die tatsächlichen Werte von Y_t^v zu den beobachteten Werten für C_t geführt. Die Hypothese wird durch die Schätzung auch nicht bestätigt, da die Werte der Parameter ja erst aufgrund des statistischen Ausgangsmaterials bestimmt wurden. Mit der numerischen Präzisierung der Hypothese wird jedoch das Risiko ihrer Falsifizierung wesentlich erhöht, wenn sie für Aussagen über die Realität außerhalb des Stützbereichs benutzt wird, aus dem die Parameterwerte gewonnen wurden. Dies ist der letzte, für eine Erfahrungswissenschaft entscheidende Schritt und damit der eigentliche Test für ein Modell und die in ihm enthaltenen Verhaltenshypothesen. Er zeigt auch den zentralen Unterschied zwischen Beschreibungs- und Erklärungsmodellen (vgl. S. 36 f.): Nur die letztgenannten können zu Aussagen außerhalb des Stützbereichs herangezogen werden.

Die wichtigsten Aussagen dieser Art sind Vorhersagen. Man muß dazu Gleichung (E.9) als tatsächliche Konsumfunktion der privaten Haushalte der Bundesrepublik interpretieren und annehmen, daß sich erstens die Haushalte auch in der (näheren) Zukunft gemäß dieser Funktion verhalten werden, und daß zweitens der in u_t zusammengefaßte Einfluß der vielen sonstigen nicht berücksichtigten Erklärungsvariablen weiterhin vernachlässigbar klein bleibt. Es lassen sich dann Prognosen über den privaten Konsum in der Bundesrepublik für zukünftige Jahre aufstellen, sobald man Annahmen oder Kenntnisse über das verfügbare Einkommen dieser Jahre hat. Da dies inzwischen für die Zeit von 1981 bis 1989 der Fall ist[26], kann man die Güte der mit Gleichung E.9 aufgestellten Hypothese wie folgt testen. Man setzt die Werte des verfügbaren Einkommens dieser Jahre nacheinander in die Gleichung ein, errechnet die entsprechenden Werte für den privaten Konsum und vergleicht diese mit seinen statistisch beobachteten Werten. Da diese ebenfalls bereits vorliegen, nennt man ein solches Verfahren eine *Ex-post-Prognose*. Die errechneten Werte lagen 1983 bis 1985 um etwas über 2 v. H. unter den beobachteten, seit 1986 schwankte die Abweichung um minus 1 v. H.

Das gezeigte Verfahren kann nur als erster Ansatz betrachtet werden. In der Praxis werden weit kompliziertere Fälle in Angriff genommen, etwa indem für mehrere zusammenhängende Funktionen Parameterwerte geschätzt werden. In der ökonometrischen Methodenlehre wird auch gezeigt, daß sich häufig verläßlichere Werte für die Parameter von Verhaltensfunktionen bei gleichzeitiger Schätzung mehrerer Gleichungen und mit anderen Schätzverfahren als der Methode der kleinsten Quadrate ermitteln lassen. Diese Probleme können hier nicht weiterverfolgt werden. Es sei lediglich noch die generelle Verfahrensweise des empirisch-ökonometrisch arbeitenden Wirtschaftswissenschaftlers zusammengefaßt dargestellt. Sie ist in Bild E.5 als schrittweises Vorgehen bei der Konstruktion und Prüfung eines Erklärungs- oder Prognosemodells illustriert, wobei wie in Bild E.3 (S. 33) die Trennung zwischen realer und Modellwelt betont wird:

(1) In der realen Welt entsteht ein ökonomisches Problem und wird formuliert.
(2) Der Wirtschaftswissenschaftler konstruiert ein Modell zur Lösung des Problems, meist in Form eines Gleichungssystems. Es enthält mindestens eine Hypothese, die ihrerseits einer Theorie über den Erfahrungsbereich entstammt, in dem das zu lösende Problem aufgetreten ist. Die Festlegung der Gleichungsform(en) und der abhängigen und Erklärungsvariablen nennt man die *Spezifikation* des Modells.
(3) Es werden Statistiken über die Werte der Endo- und Exovariablen für einen bestimmten Zeitraum herangezogen oder eigens erstellt; und es wird versucht, mit einer Reihe von Hilfshypothesen (vgl. S. 23) eine adäquate Behandlung des

---

[26] Quelle: Wie Bild E.4.

Bild E.5 – *Die hypothetisch-deduktive Methode in der Wirtschaftswissenschaft*

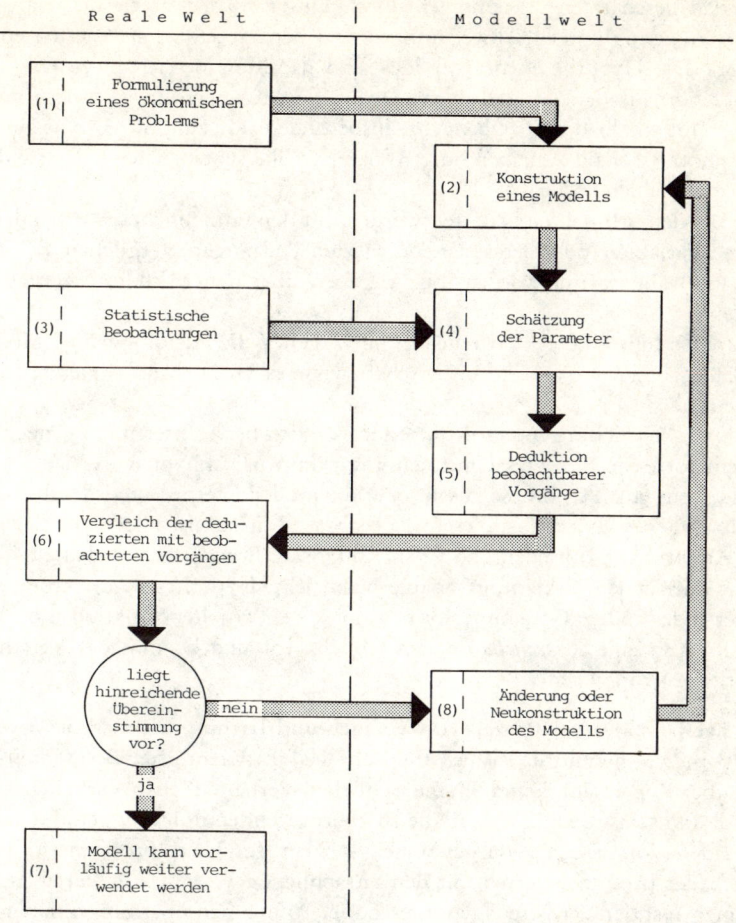

Problems sicherzustellen. In dem obigen Beispiel muß etwa angenommen werden, daß die verwendeten statistischen Zahlen dem Konzept und der Messung nach tatsächlich die aggregierten Konsumausgaben und verfügbaren Einkommen der Haushalte in der Bundesrepublik wiedergeben.[27]

(4) Die Zahlenwerte der Parameter der Gleichungen des Modells werden mit Hilfe statistischer Methoden, zumeist Regressionsanalysen, geschätzt: Die in Gestalt beobachteter Werte der Endo- und Exovariablen vorliegenden Informationen über die Realität werden in Angaben über die numerischen Werte der Parameter mitsamt Angaben darüber umgewandelt, innerhalb welcher Bereiche sie mit vorgegebener Wahrscheinlichkeit liegen.

---

[27] Damit wird ein wenig beachtetes, aber zentrales Problem der empirischen Wirtschaftswissenschaft angeschnitten, vgl. die Ausführungen zum Beobachtungsproblem in VRW[7], Abschnitt IV.2 des 6. Kapitels.

(5) Die Werte der Endovariablen gelten für den Stützbereich als erklärt, da sie sich aus den geschätzten Gleichungen durch Einsetzen der Werte der Exovariablen mit nur geringfügigen Abweichungen von den tatsächlichen Werten errechnen lassen. Die Hypothesen des Modells sind damit numerisch präzisiert. Man gewinnt nun aus dem Modell durch Deduktion Aussagen über beobachtbare Vorgänge außerhalb des Stützbereichs, insbesondere für zukünftige Zeiträume oder Zeitpunkte, sobald Angaben oder Annahmen über entsprechende Werte der exogenen Variablen vorliegen.
(6) Die aus dem Modell deduzierten werden mit den tatsächlichen Werten der endogenen Variablen (oder den sonst deduzierten Vorgängen) verglichen. Bei Prognosen muß abgewartet werden, bis Angaben über den Vorhersagezeitraum vorliegen.
(7) Zeigt sich hinreichende Übereinstimmung, gelten die Hypothesen des Modells als vorläufig bestätigt, und der Wirtschaftswissenschaftler kann weiter mit ihm arbeiten.
(8) Sind die Abweichungen der deduzierten von den beobachteten Vorgängen größer als ein vorher festgelegtes Limit, dann war die Auswahl von Variablen fehlerhaft; mindestens eine Hypothese falsch; oder die modellexterne Ceteris-paribus-Klausel (vgl. E.9) war verletzt. In diesem Fall ist der Wirtschaftswissenschaftler mit seiner Arbeit nicht zufrieden und versucht, bessere Ergebnisse zu erhalten, indem er mehr oder andere Erklärungsvariable heranzieht, Hypothesen auf sonstige Weise ändert oder andere Gleichungsformen für seine Verhaltensfunktionen benutzt. Er nimmt also eine *Respezifikation* des Modells vor und beginnt das Verfahren bei Schritt (2) von neuem.

Das Ganze ist somit ein Prozeß von Versuch und Irrtum, den man die *hypothetisch-deduktive Methode* nennt. Sie ist hypothetisch, weil ihr wichtigster Bestandteil Vermutungen über Regelmäßigkeiten im menschlichen Verhalten, eben Verhaltenshypothesen, sind; und sie ist deduktiv, weil die zu überprüfenden Folgerungen durch Deduktion aus den Voraussetzungen gewonnen werden. Ihr Hauptproblem ist, daß jeder Vergleich der prognostizierten mit den tatsächlichen Werten von Variablen ein gemeinsamer Test der Verhaltenshypothesen, der Annahmen über Störvariable und der Hilfshypothesen ist, deren Einflüsse nicht voneinander isolierbar sind. Streng genommen gilt also:

– Wenn eine Prognose eintrifft, ist die Hypothese nicht einmal vorläufig bestätigt (die Hypothese kann falsch sein, aber die Störvariablen haben ihren Einfluß so geltend gemacht, daß die Prognose zutraf);
– Wenn eine Prognose nicht eintrifft, ist die Hypothese nicht falsifiziert (die Hypothese kann richtig sein, aber die Störvariablen haben ihren Einfluß so geltend gemacht, daß eine Fehlprognose entstand).

Mit dieser eher pessimistischen Einschätzung der Möglichkeiten einer empirischen Wirtschaftswissenschaft mag hier vor Illusionen gewarnt werden. Jedoch sollte man daraus nicht schließen, diese Wissenschaft könne nichts praktisch Verwertbares sagen. Daß etwa eine Agrarpreispolitik wie die der Europäischen Gemeinschaften zu Überschußproduktion (Butterberge, Weinseen) führen würde, war voraussehbar, wurde vorausgesagt und ist eingetroffen; und dies ist nur ein Beispiel unter vielen.

Anderseits gibt es keinen Volkswirt, der in einem gegebenen Land unter gegebenen Umständen verläßlich sagen könnte, ob oder gar innerhalb welcher Zeit und in welchem Ausmaß eine allgemeine Lohnerhöhung die Beschäftigung erhöht (weil die Kaufkraft und damit Nachfrage, Produktion und Investitionen zunehmen) oder senkt (weil die höheren Lohnkosten zu arbeitsparenden Investitionen, Produktionseinschränkungen, Unternehmenszusammenbrüchen und damit Entlassungen führen) oder sie nicht ändert (weil sich beide Wirkungen neutralisieren). Man muß daher akzeptieren, daß die Wirtschaftswissenschaft eine inexakte, „weiche" Wissenschaft ist, die von dem Stand der Kenntnis und Nutzung von Gesetzen in einigen anderen („exakten") Wissenschaften, wie er sich beispielsweise spektakulär zeigte, als es gelang, Menschen lebend zum Mond und zurück zu bringen, weit entfernt ist.

11. Modelle und Theorien. In den bisherigen Ausführungen tauchte das Wort „Theorie" nur am Rande auf. Es wird jedoch in der Wirtschaftswissenschaft überaus häufig benutzt, so daß es erforderlich erscheint, seine Bedeutung(en) zu referieren und die Bezeichnungen „Theorie" und „Modell" gegeneinander abzugrenzen.

Allgemein versteht man unter einer Theorie ein widerspruchsfreies System zusammenhängender und wahrheitsfähiger, das heißt nicht Werturteile darstellender, Aussagen über einen Bereich wissenschaftlicher Betätigung. Aus diesem Aussagenzusammenhang lassen sich aus voneinander unabhängigen Annahmen (auch: Voraussetzungen, Prämissen) mit den Methoden der Logik oder Mathematik Sätze deduzieren, die man *Theoreme* nennt. Dabei ist folgende Unterscheidung zu treffen:

– Handelt es sich um eine formalwissenschaftliche Theorie, dann werden den benutzten Symbolen keine Erscheinungen der Realität zugeordnet. Ein Theorem ist akzeptabel, wenn es korrekt deduziert wurde.
– Eine Theorie in einer Realwissenschaft ist dadurch gekennzeichnet, daß die Annahmen mindestens eine Hypothese über Zusammenhänge zwischen Erscheinungen der Realität enthalten. Den Symbolen werden Erscheinungen der Realität zugeordnet, die prinzipiell beobachtbar und meßbar sind. Kriterium dafür, ob die aus den Annahmen abgeleiteten Folgerungen akzeptabel sind, ist neben ihrer korrekten Deduktion ihre als hinreichend angesehene Übereinstimmung mit Vorgängen der Realität.

Beide Arten von Theorien stimmen also in der formalen Handhabung überein: Eine Theorie besteht aus einer Reihe von Annahmen, aus denen mit Hilfe deduktiver Verfahren Schlüsse gezogen werden. Sie unterscheiden sich jedoch grundlegend im Kriterium für die Annehmbarkeit der aus ihnen deduzierten Theoreme. Die Folgerungen einer formalwissenschaftlichen Theorie, etwa der Reinen Mathematik (Zahlen-, Funktionen-, Maßtheorie), sind durch kein Verfahren außerhalb ihrer Herstellung, also ihrer Ableitung aus den Voraussetzungen, falsifizierbar: Sie sind (nur) logisch wahr (oder falsch). Dagegen beziehen sich die Folgerungen einer realwissenschaftlichen Theorie auf Vorgänge der Realität und sind daher durch Beobachtungen überprüfbar: Sie sind (auch noch) faktisch wahr (oder falsch). Die Überprüfung gilt den Hypothesen: Stimmen die Folgerungen mit den Beobachtungen überein, so gelten die Hypothesen als vorläufig bestätigt. Stimmen sie nicht überein, so müssen die Hypothesen als widerlegt gelten und durch andere ersetzt werden. Allerdings wäre damit ein strenger naturwissenschaftlicher Theoriebegriff geschildert, der in der Wirtschaftswissenschaft nur bei erheblich verringerten Anforderungen an die Übereinstimmung der Folgerungen mit der Realität verwendbar ist.

Die vorstehende Einteilung entspricht dem in E.8 geschilderten stufenweisen Vorgehen bei der Konstruktion wirtschaftswissenschaftlicher Modelle. Bei der ersten Stufe geht man wie in einer Formalwissenschaft vor, wobei ein Unterschied lediglich darin besteht, daß den Symbolen auch schon hier ökonomische Bezeichnungen beigelegt werden. Jede Hinzufügung empirischen Gehalts bedeutet dann den Übergang zur Realwissenschaft, für deren Aussagen die eben an zweiter Stelle genannten Kriterien gelten. Oder: Eine Theorie im formalwissenschaftlichen Sinn ist die Vorstufe zu einer realwissenschaftlichen Theorie. Es liegt demnach auf der Hand, daß „Theorie" und „Modell" etwas Ähnliches bezeichnen und in der Tat werden beide Wörter auch als Synonyme benutzt. Jedoch scheint es zweckmäßig, die folgende Abgrenzung vorzunehmen (wobei in der Wissenschaftstheorie weitere Gesichtspunkte herangezogen werden):

- Ein Modell ist die konkrete Realisierung des Aussagenzusammenhangs einer Theorie oder eines Teils einer Theorie; etwa in Gestalt der Niederschrift eines sich auf einen bestimmten Realitätsausschnitt beziehenden Gleichungssystems, einer geometrischen oder verbalen Darstellung;
- Zu der Theorie gehören darüber hinaus noch die Gesamtheit der aus ihren Prämissen deduzierten Theoreme sowie bei realwissenschaftlichen Theorien Informationen über den Bestätigungsgrad ihrer Theoreme und damit über die Erfolgsaussichten ihrer weiteren Verwendung.

Zu referieren bleibt, daß das Wort „Theorie" in der Wirtschaftswissenschaft mit weiteren Bedeutungen benutzt wird, was vermutlich mit seinem überwiegend als positiv empfundenen Wertgehalt zusammenhängt. So dient „Theorie" auch als Oberbegriff zu jeweils mehreren Theorien gemäß der eben geschilderten Bedeutung über bestimmte weite Problembereiche, die nach Sachgesichtspunkten („Geldtheorie", „Preistheorie", „Theorie des internationalen Handels") oder nach formalen Kriterien gebildet werden („mikroökonomische Theorie"). Schließlich wird unter Bezeichnungen wie „Wirtschaftstheorie" oder „Theoretische Volkswirtschaftslehre" alles zusammengefaßt, was mit Erklärung und Prognose zu tun hat. Dies gilt vor allem für den akademischen Unterricht in deutschsprachigen Ländern.

12. Gleichgewicht. Wirtschaftswissenschaftliche Modelle werden konstruiert, um ökonomische Probleme zu lösen. Für diese gibt es einerseits keine Beschränkungen, anderseits haben sich in der Praxis einige Fragestellungen als besonders wichtig erwiesen, die mit der Einteilung in eine positive und eine normative Ökonomik zusammenhängen (vgl. Abschnitt E.2). Die allgemeine Frage der positiven Ökonomik: „Welche Wirkungen treten ein, wenn gewisse Variable bestimmte Werte annehmen?" wird zweckmäßigerweise in zwei Schritten angegangen:

- Im ersten Schritt wird eine Ausgangssituation betrachtet, die so definiert ist, daß kein Wirtschaftssubjekt Anlaß hat, sein Verhalten zu ändern;
- Der zweite Schritt besteht darin, ein Ereignis anzunehmen und zu untersuchen, wie die Beteiligten darauf reagieren.

Jedes Wirtschaftssubjekt unternimmt bei der Ausführung seines Wirtschaftsplans Handlungen, mit denen es in Beziehung zu anderen Wirtschaftssubjekten tritt, die ihrerseits aufgrund von Plänen handeln. Die Pläne beziehen sich auf Daten, Ziel- und Instrumentvariable. Es kann nun ein Fall eintreten, der als *Gleichgewicht* bezeichnet und für die teilwirtschaftliche Ebene wie folgt definiert wird:

Def. E.8: *In einer Periode liegt in einem Modell teilwirtschaftliches Gleichgewicht vor, wenn die betrachteten Wirtschaftspläne in bezug auf die berücksichtigten Variablen in dem Sinne miteinander vereinbar sind, daß Erwartungen über Daten zutreffen und kein Wirtschaftssubjekt seine Situation durch Änderungen seiner Instrumentvariablen verbessern kann.*

Hauptanwendungsgebiet für dieses Gleichgewichtskonzept sind *Märkte*. Auf ihnen werden die Wirtschaftspläne der potentiellen Käufer (= Nachfrager) eines Gutes mit den Wirtschaftsplänen der potentiellen Verkäufer (= Anbieter) konfrontiert. Planen die Nachfrager, eine um so kleinere Menge des Gutes zu kaufen, je höher sein Preis ist (die „grundlegende Hypothese" von S. 43 f.), während die Anbieter in diesem Fall gerade umgekehrt um so mehr anbieten, dann existiert meist ein Preis, bei dem die nachgefragte Menge gleich der angebotenen ist. Bei diesem *Gleichgewichtspreis* stimmen dann die Wirtschaftspläne in bezug auf die gekaufte/verkaufte Menge, die *Gleichgewichtsmenge*, überein; und der Markt wird geräumt. Das muß nicht bedeuten, daß alle Beteiligten auch ihre Ziele erreicht haben, sondern heißt gemäß der Definition nur, daß unter den gegebenen Umständen niemand seine Situation verbessern kann. Auf diesem Anwendungsgebiet wird auch besonders klar, warum eine solche Situation mit einer mechanischen Analogie beschrieben wird: Es wirken auf die abhängigen Variablen Kräfte aus unterschiedlichen Richtungen ein, nämlich Handlungen aufgrund entgegengesetzter ökonomischer Interessen, deren Wirkungen sich neutralisieren, wenn sie „gleiches Gewicht" haben.

Auf der gesamtwirtschaftlichen Ebene läßt sich analog von einem *gesamtwirtschaftlichen Gleichgewicht* sprechen, und zwar in zweierlei Bedeutung. Erstens kann darunter der Fall verstanden werden, daß in einem Zeitraum die Pläne sämtlicher Wirtschaftssubjekte der Volkswirtschaft in der eben geschilderten Weise miteinander vereinbar sind. Es liegt dann *gesamtwirtschaftliches Mikrogleichgewicht* vor. Zweitens spricht man von *gesamtwirtschaftlichem Makrogleichgewicht*, wenn bestimmte Aggregate übereinstimmen. Damit erhält man

Def. E.9: *Ein gesamtwirtschaftliches Gleichgewicht liegt vor, wenn die Wirtschaftspläne aller einzeln betrachteten Wirtschaftssubjekte miteinander vereinbar sind oder wenn bestimmte aus Plangrößen gebildete Aggregate übereinstimmen.*

Wie verhalten sich Wirtschaftssubjekte nach Ablauf des Zeitraums, in dem Gleichgewicht herrschte? Zwei Fälle sind zu unterscheiden. Ändern sich weder Daten noch Ziele, kann man annehmen, daß sie ihren Instrumentvariablen in der nächsten Periode keine anderen Werte geben werden, da sie ihre Situation nicht verbessern können. In diesem Fall bleiben auch die abhängigen Variablen im Zeitablauf konstant oder *stationär*, und man spricht von einem *statischen Gleichgewicht*:

Def. E.10: *Im statischen Gleichgewicht bleiben die in einem Modell betrachteten Variablen im Zeitablauf konstant.*

Modelltechnisch heißt das: Als Lösung eines Modells erhält man bestimmte Werte der abhängigen Variablen, und wenn diese bei ungeänderten Werten der exogenen Variablen und Parameter konstant bleiben, liegt statisches Gleichgewicht vor. Das muß nicht bedeuten, daß auch alle nicht betrachteten Variablen konstant bleiben. Spart ein privater Haushalt einen gleichbleibenden Teil seines konstanten Einkommens, dann nimmt sein Vermögen ständig zu. Wird diese Variable aber gemäß Bild E.3 (S. 33) als irrelevant angesehen, dann bleibt Definition E.10 gültig.

Im anderen Fall ändern sich Daten oder Zielvariable oder beide von Periode zu Periode. Wird das von den beteiligten Wirtschaftssubjekten richtig vorausgesehen und mit entsprechenden Änderungen der Instrumentvariablen beantwortet, dann ergibt sich eine Kette unterschiedlicher Gleichgewichtszustände und damit ein *dynamisches Gleichgewicht*:

Def. E.11: *Ändern sich die Gleichgewichtswerte der im Modell betrachteten Variablen im Zeitablauf und treffen die Erwartungen der Beteiligten über ihre Daten zu, dann liegt ein dynamisches Gleichgewicht vor.*

Trifft eine der einen Gleichgewichtszustand kennzeichnenden Voraussetzungen nicht zu, dann besteht ein *Ungleichgewicht*. Mindestens ein Datum wurde dann nicht richtig vorausgesehen, oder die Situation erschien mindestens einem der Beteiligten verbesserungsfähig. In einer solchen Situation stimmen geplante Werte der betrachteten Variablen nicht überein. Es müssen dann Ex-post- von Ex-ante-Werten (vgl. S. 36) abweichen. Ungleichgewichtszustände führen zu Reaktionen, mit denen versucht wird, den erwünschten Zustand zu erreichen oder ihm wenigstens näherzukommen.

Gibt es Gleichgewichtszustände in der Realität, und wenn ja, woran kann man sie dort erkennen? Die erste dieser Fragen ist mit der Einschränkung mit „ja" zu beantworten, daß sich Gleichgewichte nur zufällig und vorübergehend einstellen können, da ständiges Gleichgewicht vollständige Information und perfekte Voraussicht aller Beteiligten erfordert, über die niemand verfügt (vgl. die Ausführungen über das Informationsproblem S. 10 und die Unsicherheit über die Zukunft S. 11). Bei der Konfrontation unabhängig voneinander aufgestellter Wirtschaftspläne etwa auf einem Markt wird sich daher in aller Regel ihre Unvereinbarkeit erweisen, wenn nicht besondere Bedingungen vorliegen. Gleichgewichte können insbesondere dann nicht auftreten, wenn sich die das wirtschaftliche Handeln bestimmenden Daten schneller ändern, als die Wirtschaftssubjekte reagieren können. So gut wie jede Beobachtung der Realität müßte also Ungleichgewichtszustände zeigen. Die Antwort auf die zweite Frage lautet: Ein Beobachter könnte aus der zeitlichen Konstanz ökonomischer Variabler nur dann schließen, daß ihre Werte Gleichgewichtswerte sind, und bei Änderungen von Variablen entscheiden, ob dynamisches Gleichgewicht oder Ungleichgewicht vorliegt, wenn er die Pläne aller jeweils beteiligten Wirtschaftssubjekte kennen würde. Ist das nicht der Fall, dann kann bei Konstanz wie bei Änderungen einer Variablen Ungleichgewicht vorliegen, da irgendeines der beteiligten Wirtschaftssubjekte jeweils gegenteilige Erwartungen gehabt haben kann. Da dem Wirtschaftswissenschaftler in der Praxis die Pläne der Wirtschaftssubjekte mit wenigen Ausnahmen nicht bekannt sind, kann empirisch in aller Regel nicht festgestellt werden, ob im konkreten Fall Gleichgewicht vorliegt. „Gleichgewicht" wird also so gut wie nie als operationaler Begriff gebraucht und auf Zustände der Realität angewendet. Jedoch ist er zur Charakterisierung von Modellzuständen unentbehrlich und gilt daher als einer der Zentralbegriffe der Wirtschaftswissenschaft:

- Bei der Ermittlung von Gleichgewichtswerten der Variablen eines Modells zeigt sich, ob es widerspruchsfrei und inwieweit es vollständig ist;
- Herrscht in einer Ausgangssituation statisches Gleichgewicht, dann lassen sich im Modell die Reaktionen auf eine Störung identifizieren und dieser allein zurechnen. Hierin liegt eine methodische Rechtfertigung dafür, Ausgangssituationen als Gleichgewichte zu konstruieren;
- Erst die Vorstellung von Gleichgewichtszuständen, auch wenn sich diese in der Realität nur zufällig und vorübergehend einstellen können, erlaubt den Schluß, daß Ungleichgewichtszustände wegen der von ihnen hervorgerufenen Reaktionen nicht von Dauer sein können und daß es unter bestimmten Bedingungen eine Tendenz zur Herstellung eines Gleichgewichtszustandes gibt. Dies läßt sich in Modellen nachvollziehen, und wenn Gleichgewichtswerte endogener Variabler Lösungen von Optimierungsproblemen sind (vgl. S. 8), dann kann auch bei schwach empirischen Modellen vorausgesagt werden, in welcher Richtung sich Endovariable als Folge der Änderungen von Exovariablen bewegen werden;[28]
- Das Konzept des Gleichgewichts auf einem Markt, bei dem dieser geräumt wird, erlaubt es, die höchst realen Folgen der Festsetzung eines vom Gleichgewichtspreis abweichenden Höchst- oder Mindestpreises so verläßlich wie bei kaum einer anderen Maßnahme vorherzusagen;
- Werden beobachtete Werte von Variablen zur Schätzung der Parameter von Verhaltensfunktionen herangezogen, so hat das nur Sinn, wenn die betrachteten Wirtschaftssubjekte die Werte der endogenen Variablen an die Werte der exogenen, eventuell mit einer zu berücksichtigenden Verzögerung, angepaßt haben. Nur wenn sich die Wirtschaftssubjekte im Gleichgewicht oder wenigstens in dessen Nähe befinden, kann man hoffen, zutreffende Werte für die Parameter aus den Beobachtungen zu gewinnen: Ungleichgewichtszustände bedeuten ja, daß Werte von Variablen nicht in den angestrebten Beziehungen zueinander stehen. Regressionen solcher Werte aufeinander müssen dann falsche Parameterwerte erbringen.

Beispielsweise wachsen Parameter in Gestalt von Marginalquoten wegen der Reaktionsverzögerung — Aussage 23, S. 12 — erst im Zeitablauf in ihre endgültigen Werte hinein. Angesichts ständiger Änderungen von Daten und Zielvariablen werden Ziele zwar angestrebt, können aber nur vorübergehend in dem Sinne erreicht werden, daß sich nicht mehr verbesserungsfähige Situationen ergeben. Darüber hinaus läßt sich zeigen, daß das Streben nach Erreichung bestimmter Ziele manchmal keine Tendenz zu einem Gleichgewichtszustand bedeutet (vgl. unten, Abschnitt II.2 des 4. Kapitels). Immer in diesen Fällen und sonst meistens werden also Ungleichgewichtswerte von Variablen zur Schätzung von Parametern verwendet, so daß diese bestenfalls annähernd richtig sein können.

- Die Frage nach Gleichgewichten ist die Frage nach der *Koordination von Wirtschaftsplänen*. Sie ist eine der Grundfragen bei der Beurteilung von Wirtschaftssystemen.

Die bisher diskutierten Gleichgewichtsbegriffe gehören im wesentlichen in den Bereich der Modellwelt, sie sind methodische Konzepte. Spricht man dagegen in der

---

[28] Vgl. SAMUELSON [I.21], S. 21.

Wirtschaftspolitik von Gleichgewicht, so ist ein Zustand gemeint, in dem sich wirtschaftspolitische Zielvariable in den für sie angestrebten Bereichen befinden, so daß kein Anlaß besteht, die gerade vorliegenden Werte der wirtschaftspolitischen Instrumentvariablen zu ändern. Das ist die Situation des *wirtschaftspolitischen Gleichgewichts*. Der Begriff ist operational, sofern die wirtschaftspolitischen Instanzen die angestrebten Bereiche ihrer Zielvariablen numerisch festgelegt haben.

13. Statische, komparativ-statische und dynamische Analyse.

Die S. 52 genannten beiden Frageschritte lassen sich in drei Teilfragen gliedern, die im Rahmen der positiven Ökonomik an Modelle im Zusammenhang mit der Gleichgewichtsvorstellung gerichtet werden können:

(1) Unter welchen Bedingungen sind die Wirtschaftspläne der in einem Modell betrachteten Wirtschaftssubjekte so miteinander vereinbar, daß statisches Gleichgewicht herrscht?
(2) Wodurch unterscheiden sich Gleichgewichtssituationen, die durch unterschiedliche Werte von exogenen Variablen oder Parametern bestimmt sind?
(3) Wie verlaufen Prozesse, die durch Änderungen gleichgewichtsbestimmender Variabler oder Parameter in Gang gesetzt werden? Hier sind zwei Unterfälle zu unterscheiden:

(3.1) Die Änderungen werden von den beteiligten Wirtschaftssubjekten korrekt antizipiert. Es entsteht ein dynamisches Gleichgewicht als zeitliche Aneinanderreihung von Gleichgewichten, in denen sich der Wert mindestens einer Variablen von Planperiode zu Periode ändert;
(3.2) Mindestens eine Änderung wird nicht korrekt antizipiert. Das Modell bildet eine Kette von Ungleichgewichtszuständen ab.

Bei Untersuchungen der unter (1) genannten Art wird gefragt, welche Werte die endogenen Variablen annehmen müssen, damit bei gegebenen Werten der exogenen Variablen und angesichts der Verhaltenshypothesen des Modells Gleichgewicht herrscht. Nur ein Zeitraum oder Zeitpunkt wird betrachtet, alle Werte der Variablen beziehen sich auf diesen. Reaktionsverzögerungen werden nicht berücksichtigt. Die Bearbeitung solcher Fragestellungen nennt man *statische Analysen*. Liegt das Modell in Form eines Gleichungssystems vor, dann ist die Frage beantwortet, wenn das System mathematisch gelöst ist. Die Ausgangsgleichungen sind dann so umgeformt, daß jede endogene Variable einzeln als Funktion aller exogenen Variablen erscheint, also die reduzierte Form hergestellt ist (vgl. S. 34). Es kann auch vorkommen, daß keine mathematische Lösung existiert, etwa wenn das Gleichungssystem nicht widerspruchsfrei ist. Manchmal gibt es Lösungen, die ökonomisch nicht sinnvoll sind, etwa wenn endogene Variable mit nicht zulässigen Vorzeichen auftreten. Beispiele hierfür wurden S. 19 genannt. In solchen Fällen muß das Modell revidiert werden.

Jedes Gleichgewicht wird durch die Werte der Exovariablen und der Parameter bestimmt. Ändert sich auch nur einer dieser Werte, und geht damit ein anderes Gleichgewicht einher, dann werden gemäß der oben unter (2) genannten Fragestellung die beiden Gleichgewichtssituationen hinsichtlich der Werte der endogenen Variablen miteinander verglichen. Häufig wird dabei von der modellinternen Ceteris-paribus-Klausel und von der Grenzbetrachtung Gebrauch gemacht, also nur eine gleichgewichtsbestimmende Exovariable, und diese nur um einen kleinen Betrag, geändert. Das Verfahren heißt *komparativ-statische Analyse*. Ihre praktische Bedeutung liegt darin, daß sie in vielen Fällen auch schon dann die Richtung erkennen läßt, in der sich eine Endovariable als Folge der Änderung einer Exovariablen bewegen wird, wenn den Parametern nur schwache Beschränkungen auferlegt sind. Ist etwa in Gleichung (E.5) S. 18 die marginale Konsumquote $c>0$, so führt eine Erhöhung des verfügbaren Einkommens immer zu einer Erhöhung der Konsumausgaben. Ebenso läßt sich erkennen, in welche Richtungen sich Preis und Angebotsmenge eines Gutes bewegen werden, wenn den Anbietern auf einem im Gleichgewicht befindlichen Markt eine Umsatz- oder Verbrauchsteuer auferlegt oder geändert wird. Auch wirtschaftspolitische Fragen lassen sich mit diesem Ansatz bearbeiten. Sind darüber hinaus die Parameter des Modells numerisch bekannt, läßt sich auch das Ausmaß der Änderungen der Endovariablen abschätzen.

Komparativ-statische Analysen sagen jedoch nichts über Verlauf und Dauer der Anpassungsprozesse aus, die von dem einen zum anderen Gleichgewichtszustand führen, da bei ihnen nur Anfangs- und Endsituation miteinander verglichen werden. Wird aus einer Gleichgewichtssituation heraus eine exogene Variable oder ein Parameter geändert, dann ändern sich für die betrachteten Wirtschaftssubjekte oder Gruppen die Werte von Daten oder Zielvariablen. Sie reagieren darauf mit Änderungen der Werte ihrer Instrumentvariablen, was seinerseits Reaktionen an anderen Stellen bewirkt, und so fort. Die Untersuchung solcher Prozesse entspricht der eingangs unter (3) genannten Fragestellung und heißt *dynamische Analyse* (auch: *Prozeßanalyse*). Mit ihr versucht man, den Wirtschaftsablauf Periode für Periode zu verfolgen, ihn also als Folge zeitlich aufeinanderfolgender Reaktionen auf Änderungen zu sehen, die sich wegen der allgemeinen Interdependenz gegenseitig bedingen und somit einen Komplex einander beeinflussender Prozesse bilden. Den in dynamischen Analysen auftretenden Variablen muß anzusehen sein, welche Werte sie in einer beliebig herausgegriffenen Periode oder zu einem bestimmten Zeitpunkt annehmen. Man versieht sie zu diesem Zweck mit Zeitindizes,[29] betrachtet statt ihrer Werte deren zeitliche Änderungen oder nimmt die Zeit als selbständige Exovariable auf. (Solche Kennzeichnungen sind bei statischen Analysen überflüssig, da bei ihnen nur ein Zeitraum oder Zeitpunkt betrachtet wird und sich alle Variablen des Modells auf diesen beziehen.) Sehr häufig arbeitet man bei dynamischen Analysen mit funktionalen Beziehungen, in denen der Wert einer Variablen während eines Zeitraums oder Zeitpunkts auf den Wert einer anderen Variablen zu einem früheren Zeitraum oder Zeitpunkt zurückgeführt wird. Beispiele anhand bisher schon herangezogener Verhaltensfunktionen wären

$$C_{t+1}=f(Y_t^t) \quad \text{und} \quad x_t^A=f(p_{t-n}). \tag{E.10}$$

Die linksstehende Gleichung besagt, daß das verfügbare Einkommen des Zeitraumes t, etwa das des Monats Mai, die Konsumausgaben des darauffolgenden Zeitraumes $t+1$, also des Monats Juni, beeinflußt, oder anders ausgedrückt: Das verfügbare Einkommen wirkt mit einer Verzögerung von einer Periode auf den Konsum. Die andere Gleichung, in der x_t^A das Angebot an Gut x während der Periode t, p_{t-n} seinen Preis n Perioden früher bedeutet, könnte eine Hypothese über das Verhalten der Anbieter von

---

[29] Nimmt eine Variable y zum Zeitpunkt oder während des Zeitraums t, $t-1$, ... einen bestimmten Wert an, schreibt man y_t, y_{t-1}, $y(t)$ oder y^t (hier ist t kein Potenzexponent). Die Änderung von y während des Zeitraums t wird durch $\Delta y/\Delta t$, dy/dt oder $\dot{y}$ wiedergegeben.

Schweinefleisch sein, gemäß der die Anbieter mit einer produktionsbedingten Verzögerung von *n* Monaten auf Änderungen des Preises reagieren. Solche Differenzengleichungen gehören zur Klasse der *dynamischen Gleichungen*. Sie bringen das Ursache-Wirkungs-Verhältnis zwischen Variablen besonders sinnfällig zum Ausdruck. Bei der statischen Analyse in Modellen mit mehreren interdependenten Endovariablen lassen sich eindeutige Kausalbeziehungen dagegen nicht isolieren, da jede Variable zur gleichen Zeit von jeder anderen abhängt.

Die im Rahmen einer Prozeßanalyse anzustellenden Gedankenexperimente sind etwa folgende:

(A) Man gibt einer exogenen Variablen aus einer Gleichgewichtssituation heraus für eine Planperiode einen anderen Wert und läßt sie in den folgenden Perioden wieder den ursprünglichen Wert annehmen.

Die von der Änderung betroffenen Wirtschaftssubjekte reagieren hierauf gemäß den Verhaltenshypothesen des Modells. Je nach dem Zusammenspiel der Reaktionen gibt es zwei Möglichkeiten für die zeitliche Entwicklung der endogenen Variablen. Diese müssen sich zunächst als Folge der Änderung der exogenen Variablen ändern. Ist die Änderung jedoch wieder weggefallen, können die endogenen Variablen entweder

(A.1) sich nach und nach wieder ihren Ausgangswerten nähern. Man sagt dann, in der Ausgangssituation habe *stabiles Gleichgewicht* geherrscht; oder

(A.2) nicht wieder zu ihren Ausgangswerten zurückkehren, sich beispielsweise in einer Richtung immer weiter von ihnen entfernen oder aber hin und her schwanken (oszillieren). Das Ausgangsgleichgewicht war dann *instabil* (auch: *labil*).

Ein weiteres Gedankenexperiment sieht so aus:

(B) Man gibt einer exogenen Variablen aus einer Gleichgewichtssituation heraus einen anderen Wert und läßt sie diesen auch in den folgenden Perioden beibehalten.

Wieder gibt es zwei Möglichkeiten:

(B.1) Die Reaktionen der beteiligten Wirtschaftssubjekte führen zu einem neuen Gleichgewicht; oder

(B.2) der einsetzende Prozeß führt nicht zu einem neuen Gleichgewicht.

Im Falle (B.2) können endogene Variable in ständige Schwingungen oder nichtendende Expansions- oder Kontraktionsprozesse geraten. Was tatsächlich geschieht, hängt von den Parametern des Systems ab.

Hieraus sind zwei wichtige Schlüsse zu ziehen. Erstens kann nur mit einer dynamischen Analyse festgestellt werden, ob ein Ausgangsgleichgewicht stabil im Sinne des Experiments (A) ist; und zweitens sind komparativ-statische Analysen angesichts der Möglichkeit (B.2) nur sinnvoll, wenn vorher im Wege einer dynamischen Analyse gezeigt wird, daß ein neues Gleichgewicht, das mit dem alten verglichen werden soll, überhaupt erreicht wird (häufig wird dies ungeprüft unterstellt). Statische und komparativ-statische Analyse einerseits und dynamische anderseits ergänzen sich demnach in dieser Hinsicht.

In den folgenden Kapiteln werden alle drei Arten der Modellanalyse vorgeführt. Hauptanwendungsgebiet der statischen Analyse sind die Preis- und die allgemeine Gleichgewichtstheorie (vgl. 3. u. 4. Kapitel). Sie kann aber auch auf gesamtwirtschaftlich-makroökonomischer Ebene zur Untersuchung der Frage eingesetzt werden, ob Gleichgewichtswerte endogener Variabler wirtschaftspolitisch annehmbar sind.

Komparativ-statische Analysen erlauben es, die Richtung und, sofern Verhaltensparameter numerisch bekannt sind und nicht der Fall (B.2) vorliegt, auch das Ausmaß der Änderungen endogener Variabler als Folge der Änderungen von Exovariablen abzuschätzen. Sie ermöglichen damit prinzipiell schon bei schwachen Beschränkungen der Parameter, schwach empirische Hypothesen zu gewinnen. Die komparative Statik ist die Untersuchungsmethode, die heute im wirtschaftswissenschaftlichen Unterricht und in Lehrbüchern am häufigsten angewendet wird. Der Wirklichkeit am nächsten steht jedoch die Prozeßanalyse, da sie nachzuzeichnen erlaubt, wie sich im Zeitablauf eine Situation aus der vorhergehenden entwickelt. Sie ist häufig sehr schwierig, da der gesamte Komplex der Reaktionen auf Abweichungen realisierter von erwarteten Werten durchleuchtet werden muß, wobei eine Vielzahl unterschiedlicher Verzögerungen auftreten kann. Die Konstruktion entsprechender Modelle, in denen beispielsweise in der Zeit ablaufende Prozesse mit Differenzengleichungen abgebildet werden und für die das Übertragungsproblem gelöst ist, stellt jedoch so etwas wie das Traumziel des Wirtschaftswissenschaftlers dar:[30] Solche Modelle wären hervorragende Prognoseinstrumente, da die Werte der Endovariablen im günstigsten Fall bei gegebenen Werten der Exovariablen und Parameter in der Ausgangssituation allein als Funktionen der Zeit erscheinen. Tatsächlich muß die Erstellung verläßlicher Prognosen als die anspruchsvollste und praktisch wichtigste Aufgabe der Wirtschaftswissenschaft bezeichnet werden, zumal Erklärungen vergangener Ereignisse immer möglich sind (vgl. S. 47). Dynamische Modelle stehen daher im Mittelpunkt der neueren Entwicklung voll empirischer Modelle und sind für die Aufgabe der wirtschaftswissenschaftlichen Beratung besonders im Bereich der Wirtschaftspolitik unentbehrlich.

14. Besonderheiten des Wirtschaftsprozesses. Die in Abschnitt E.1 skizzierte heutige Sicht des Wirtschaftsprozesses durch die etablierte Wirtschaftswissenschaft und die zu seiner Analyse entwickelten Methoden werden durch einige besondere Merkmale mitbestimmt, durch die sich der Prozeß von der unbelebten und belebten Natur außerhalb des Menschen unterscheidet. Wirtschaftssubjekte verfolgen ihre teils übereinstimmenden, teils gegensätzlichen Interessen, wobei gilt:

– Menschen wollen als Wirtschaftssubjekte Ziele erreichen, die auf Werturteilen beruhen. Diese können von Land zu Land unterschiedlich sein und sich im Zeitablauf ändern. Aussagen über Regelmäßigkeiten im wirtschaftlichen Verhalten gelten daher nur räumlich und zeitlich beschränkt.

Menschen verhalten sich im wirtschaftlichen Bereich und auch sonst nicht ständig völlig unberechenbar. Sie lernen jedoch aus Erfahrungen, werden von neuen Ideen beeinflußt oder nehmen alte wieder auf und reagieren darauf mit Änderungen ihres Verhaltens und der Institutionen ihres Zusammenlebens. Vor allem unterliegen verhaltensbestimmende Einflüsse wie die Höhe der Einkommen und Vermögen und ihre Verteilung, die Bevölkerungsdichte, die Produktionstechnik, Traditionen, das Bil-

---

[30] "Every economist dreams of the time when the comparative statics theory will be supplemented by, to some extent substituted by, a dynamic theory." B. OHLIN: Model Construction in International Trade Theory. In: W. A. ELTIS/M. FG. SCOTT/J. N. WOLFE (Hg.): Induction, Growth and Trade. Essays in Honour of Sir Roy Harrod. Oxford 1970, S. 332.

dungsniveau, religiöse und politische Ansichten, die Gesamtheit der gesellschaftlichen Institutionen und allgemein die Werturteilssysteme einem ständigen Wandel. Sie befinden sich in einem irreversiblen (unumkehrbaren, nicht zeitinvarianten, historischen) Entwicklungsprozeß (dessen spätere Stadien gegenüber früheren nicht notwendig als „besser" oder „fortschrittlicher" zu bewerten sind). Entsteht nun in einem bestimmten kulturellen Milieu wie im letzten Viertel des 18. und in der ersten Hälfte des 19. Jahrhunderts in den sich industrialisierenden Staaten Westeuropas und Nordamerikas eine Wirtschaftswissenschaft, so werden viele Elemente dieses Milieus bewußt oder unbewußt in die Grundannahmen dieser Wissenschaft eingehen. Das muß angesichts des eben genannten Prozesses aber zu Schwierigkeiten führen, wenn diese in einem anderen Milieu angewendet werden soll, herrsche dieses nun in demselben Land Jahrzehnte später oder zur gleichen Zeit in einem anderen Land auf anderer Entwicklungsstufe oder mit anderer gesellschaftlicher Organisation. Dem steht nicht entgegen, daß es Fälle durchaus modern und „westlich" anmutenden rationalen Verhaltens etwa auf Märkten schon im Altertum gab und ähnliches heute auch im afrikanischen Busch zu beobachten ist. Die im 19. Jahrhundert vollendete „klassische" Nationalökonomie ist jedoch ebenso wie die marxistische in vieler Hinsicht zeitgebunden und zur Lösung heutiger Probleme nur nach sorgfältiger Prüfung anwendbar. Veraltungserscheinungen zeigt auch schon der in den dreißiger Jahren des 20. Jahrhunderts entstandene, mit dem Namen von J. M. KEYNES verbundene Denkansatz. Besonders deutlich wird die Milieugebundenheit der Nationalökonomie bei einer Betrachtung der nach dem zweiten Weltkrieg allenthalben unternommenen Versuche, die als „unterentwickelt" bezeichneten Länder nach dem Vorbild Westeuropas und Nordamerikas zu industrialisieren. Nach nunmehr gut vierzig Jahren müssen diese Versuche in ihrer Mehrzahl als Fehlschläge beurteilt werden. Das ist jedoch gleichzeitig als Versagen der Wirtschaftswissenschaft zu deuten, die die theoretischen Grundlagen für die Entwicklungshilfe lieferte, aber offensichtlich in dem ganz anderen Milieu der südlichen Länder nicht anwendbar war und ist. Es kann dahingestellt bleiben, ob dies auch ein methodisches Versagen war. Festzuhalten bleibt, daß eine in einer bestimmten sozialen Umgebung entwickelte Wirtschaftswissenschaft an diese gebunden bleibt, was beispielsweise bei einer Naturwissenschaft nicht vorkommen kann.

Der zweite Charakterzug ist unter der Bezeichnung „allgemeine ökonomische Interdependenz" bekannt (vgl. S. 12):

– Der Wirtschaftsprozeß ist ein hochgradig vernetztes und zudem offenes System.

Dieser Sachverhalt hat drei Aspekte. Eine Volkswirtschaft wird von der Wirtschaftswissenschaft als ein *System* gesehen, das heißt als eine Gesamtheit in der Zeit ablaufender und zusammenhängender Handlungen und Transaktionen, deren Zusammenwirken sich aufgrund prinzipiell erkennbarer Regelmäßigkeiten vollzieht und deren Ergebnisse daher grundsätzlich erklärbar, vorhersehbar und zielgerichtet beeinflußbar sind. Jeder ökonomische Vorgang hat eine Vielzahl von Wirkungen, die ihrerseits weitere Wirkungen ausüben, sich auch gegenseitig beeinflussen, Rückwirkungen haben, und so fort. Es genügt, sich die Einkommens-, Nachfrage-, Kosten-, Beschäftigungs- und Steueraufkommenswirkungen einer Lohnsatzerhöhung in einem Wirtschaftszweig vorzustellen. Der Wirtschaftsprozeß ist somit, wie man auch sagt, ein hochgradig komplexes System. In solchen Systemen müßte man nicht in Kausalketten, sondern in Kausalgeflechten denken, aber in diesen lassen sich typischerweise die

Ursachen wie auch die Wirkungen bestimmter Vorgänge nur sehr schlecht von dem isolieren, was zur gleichen Zeit sonst noch geschieht. Die mit Aussage 21 (S. 12) formulierte Sicht ist also nicht so zu verstehen, als könnten Wirtschaftswissenschaftler alle wirtschaftlichen Vorgänge im Sinne eines allgemeinen Determinismus als Reaktionen auf bestimmte und von ihnen erkennbare Ereignisse deuten. Hieraus folgt der zweite Aspekt, der für die Anwendung der Wirtschaftswissenschaft bedeutsam ist: Jeder Eingriff in den Wirtschaftsprozeß ist in unterschiedlichem, aber verglichen mit Eingriffen in die meisten physikalischen und chemischen Systeme hohem Maße mit Unsicherheit über seine Folgen belastet. Diese schließen im günstigsten Fall das gewünschte Ergebnis ein, aber es gibt im Prinzip keine Sicherheit hierüber, und der hohe Interdependenzgrad führt häufig dazu, daß das angestrebte Ziel nur unzulänglich oder gar nicht erreicht wird, daß das Gegenteil des Gewünschten eintritt oder daß die immer auftretenden und häufig nicht voraussehbaren Nebenwirkungen die Zielerreichung fragwürdig machen. Es entsteht dann das Problem, zwischen den gewollten und den ungewollten Folgen des Handelns abzuwägen. Der dritte Aspekt ist, daß der Wirtschaftsprozeß in dem Sinne offen ist, daß eine Vielzahl nichtökonomischer Einflüsse in ihn hineinwirkt. Jedermann ist geläufig, daß sich Menschen bei ihrem ökonomischen Verhalten auch nach dem Wetter, politischen Ereignissen, ihrem Gesundheitszustand, der Zahl ihrer Kinder und nach vielen anderen nichtökonomischen Ereignissen und Sachverhalten richten, die somit den Wirtschaftsprozeß mitbestimmen, ihrerseits aber von ihm nicht oder nur am Rande beeinflußt werden. Der Prozeß ist also kein isoliertes System, muß aber gleichwohl irgendwie abgegrenzt werden, da man sonst nicht von ihm sprechen könnte. Angesichts dieser Situation liegt es nahe, die Wirtschaftswissenschaft als inexakte empirische Wissenschaft unter methodischem Aspekt mit der Meteorologie zu vergleichen. Gegenstand beider Wissenschaften ist ein in der Zeit ablaufender Prozeß ohne Anfang und ohne Ende, der aus unzählig vielen interdependenten Vorgängen besteht. Beide Prozesse erzeugen an unterschiedlichen Orten meßbare Variable wie Preise, Absatzmengen, Kreditgewährungen einerseits und Lufttemperaturen, Windgeschwindigkeiten, Niederschlagsmengen andererseits, zwischen denen jeweils Zusammenhänge vermutet werden. Jeder Ausschnitt aus dem Gesamtgeschehen wie auch dieses selbst aber sind offene Systeme, auf die in vielfältiger Weise von außen eingewirkt wird. Das praktisch wichtigste Ergebnis beider Wissenschaften wären verläßliche Prognosen, aber nach ihrem gegenwärtigen Stand ist die Treffsicherheit kurzfristiger Prognosen ausreichend bis gering, verläßliche langfristige Prognosen gibt es nicht, und es besteht eine Neigung, kurzfristige Phänomene für dauerhaft zu halten.[31]

Ähnlichkeit mit der Meteorologie läßt sich auch anhand einer weiteren Besonderheit konstatieren:

– Mit dem Wirtschaftsprozeß kann nur in ganz beschränktem Umfang experimentiert werden.

Ein Experiment wird grundsätzlich so angestellt, daß gewisse Einflüsse auf das interessierende Phänomen zugelassen oder herbeigeführt und alle anderen nach Möglich-

---

[31] Der Meteorologe hat es jedoch insofern leichter, als er mit physikalischen Gesetzen arbeitet, die unabhängig von ihrer Verwendung in der Meteorologie prüfbar sind. Entsprechendes läßt sich von „ökonomischen Gesetzen" nicht sagen.

keit ausgeschaltet werden. Im wirtschaftlichen Bereich ist es jedoch überwiegend aus Kostengründen nicht möglich, Prozesse unter kontrollierten Bedingungen so stattfinden zu lassen, daß etwa der Einfluß einer bestimmten ökonomischen Variablen isoliert erfaßt und der aller anderen ferngehalten wird. Kein Politiker könnte eine Änderung der Lohnsteuer mit dem Ziel verantworten, die Reaktionen der betroffenen Haushalte in bezug auf ihre Konsumausgaben zu untersuchen; und außerdem ließen sich die gleichzeitigen sonstigen Einflüsse auf das Konsumverhalten nicht ausschalten. Es gibt eine *Experimentalökonomik,* aber ganz überwiegend muß sich der Wirtschaftswissenschaftler auf die Beobachtung von Vorgängen beschränken, die er nicht kontrollieren kann; und er muß Vermutungen über Ursache-Wirkungs-Zusammenhänge anstellen, die sich häufig mit genügender Sicherheit weder bestätigen noch widerlegen lassen.

Die vierte Eigenart wird von vielen Autoren für den wichtigsten Unterschied zwischen Sozial- und Naturwissenschaften auf methodischem Gebiet gehalten:

– Wirtschaftliche Vorgänge sind das Ergebnis menschlicher Handlungen und werden aufgrund von Entscheidungen getroffen, die von dem untersuchenden Wirtschaftswissenschaftler grundsätzlich nachvollziehbar, „verstehbar", sind.

Man wird stets versuchen, Handlungen auf wirtschaftlichem Gebiet als zielgerichtet und von Erwartungen über zukünftige Ereignisse bestimmt anzusehen, und der Wirtschaftswissenschaftler kann sich in die Entscheidungssituationen von Wirtschaftssubjekten versetzen und sich fragen, was er selbst unter den gegebenen Umständen tun würde oder warum die beobachteten Subjekte gerade so und nicht anders gehandelt haben. Diese Möglichkeit hat der Naturwissenschaftler nicht: Die Zugfestigkeit einer neuen Stahllegierung oder das Fortpflanzungsverhalten von Pandabären bei Käfighaltung kann man nicht „verstehen", sondern nur durch Beobachtung ermitteln.

Die fünfte Besonderheit betrifft die Tatsache, daß das Bekanntwerden ökonomischer Theorien, die Planung oder Ankündigung von Eingriffen in den Wirtschaftsprozeß sowie die Veröffentlichung von Prognosen die Datenkränze der betroffenen Wirtschaftssubjekte ändern und auch Präferenzen und Ziele beeinflussen können:

– Der Wirtschaftsprozeß wird von der Tatsache beeinflußt, daß Handlungsabsichten angekündigt oder bekannt werden und daß es eine Wirtschaftswissenschaft gibt, deren Ergebnisse veröffentlicht werden.

Sagt ein Forschungsinstitut eine Preissteigerung für ein Gut voraus[32], dann werden daraufhin die im Besitz dieser Information befindlichen und sie als glaubwürdig beurteilenden Anbieter vermutlich ihr Angebot verringern (in der Hoffnung, später teurer verkaufen zu können), während die entsprechend informierten Nachfrager vermehrt kaufen (da sie befürchten, später einen höheren Preis zahlen zu müssen).

---

[32] Der Präsident der Deutschen Bundesbank, O. EMMINGER, kritisierte in seinem Vortrag „Aktuelle Probleme der Geld- und Währungspolitik" am 27. 10. 1978, die deutschen wirtschaftswissenschaftlichen Forschungsinstitute hätten in ihrem Herbstgutachten 1978 mit ihrer Prognose einer Erhöhung des Preisindex für die Lebenshaltung 1979 von 3½ v. H. „einen Beitrag zur psychologischen Preis-Lohn-Steigerungs-Schaukel geliefert" (die genannte Zahl galt damals als hoch). Vgl. Schriftenreihe Chemie und Fortschritt, hg. vom Verband der Chemischen Industrie e. V., Frankfurt am Main, H. 2/1978, S. 16. Ex post zeigte der Index eine Erhöhung um 4,1 v. H. an (Stat. Jb. BRD 1983, S. 506).

Auch ohne preistheoretische Kenntnisse läßt sich vermuten, daß ein solches prognosebestimmtes Verhalten dazu tendiert, den Preis steigen und so die Prognose sich bewahrheiten zu lassen. Dies wäre der Fall einer *selbsterfüllenden Prognose*. Es ist dann nur ein Schritt zu dem Beschluß, Prognosen bewußt im Hinblick auf ihre Selbsterfüllung zu veröffentlichen. Solche *Zweckprognosen* werden auf reaktionsempfindlichen Märkten wie Waren- und Wertpapierbörsen, aber auch von Wirtschaftspolitikern ständig geäußert. Wirtschaftspolitische Maßnahmen rufen vielfach *Ankündigungseffekte* hervor: Steht eine Erhöhung der Alkohol- oder der Tabaksteuer bevor, steigt der Verkauf von Spirituosen oder Tabakwaren kurz vor dem Inkrafttreten der Erhöhung in Erwartung einer Preissteigerung stark an. Gehen öffentliche Haushalte eines Landes dazu über, private Investitionen zu subventionieren, kann dies Erwartungen auf die Dauerhaftigkeit solcher Eingriffe wecken und das Investitionsverhalten nachhaltig ändern. Wird im Fernsehen oder in der Touristikwerbung ein Ferienort als idyllisch und wenig besucht geschildert, so kann sich daraufhin dort ein solcher Besucherstrom einfinden, daß die vorausgesagten und erwarteten Eigenschaften sämtlich verlorengehen: Die Prognose war *selbstzerstörend*. Generell gilt also: Da jedes Wirtschaftssubjekt aufgrund eigener Hypothesen ökonomisch handelt, beeinflussen wirtschaftswissenschaftliche Theorien das Verhalten, das sie erklären und vorhersagen sollen. Oder: Die Sozialwissenschaften wirken als Teil des sozialen Prozesses auf diesen zurück, sie sind reflexiv.

Schließlich gilt:

– Wirtschaftswissenschaftler sind mit ihrer Person und Tätigkeit in die komplexen Zusammenhänge von Interessen, Zielen und Werturteilen der Wirtschaftssubjekte verstrickt, die hinter den beobachtbaren Vorgängen stehen. Es ist ein spezielles Problem zu erkennen, inwieweit ihre Aussagen hiervon beeinflußt sind.

Damit wird die Frage nach der Rolle von Interessen und Werturteilen in der Wirtschaftswissenschaft angeschnitten, die gemäß einem weit verbreiteten Wissenschaftsbegriff dort nichts zu suchen haben oder doch wenigstens, soweit sie unvermeidbar erscheinen, offengelegt werden sollten.

Die vorstehend genannten und weitere Besonderheiten werden im folgenden Text an vielen Stellen zutage treten. Aufgabe des Methodologen ist es, Verfahren zu entwickeln, mit denen die aus ihnen entstehenden Probleme gelöst werden können.

Literatur zur Methodenlehre

Den ersten Zugang zur wissenschaftlichen Methodik allgemein eröffnet auf elementarem Niveau

[E.01] H. SEIFFERT: Einführung in die Wissenschaftstheorie. 1. Bd: Sprachanalyse – Deduktion — Induktion in Natur- und Sozialwissenschaften. 1969, 10. Aufl. München 1983. X, 278 S. 2. Bd: Geisteswissenschaftliche Methoden: Phänomenologie — Hermeneutik und historische Methode — Dialektik. 1970, 8. Aufl. 1983. VIII, 368 S. 3. Bd: Handlungstheorie, Modallogik, Ethik, Systemtheorie. 1985. 230 S.

Einführungen in die Methodik der Wirtschaftswissenschaft geben

[E.02] K. CHMIELEWICZ: Forschungskonzeptionen der Wirtschaftswissenschaft. 1970, 2. Aufl. Stuttgart 1979. XII, 373 S.

[E.03] J. Kromphardt/P. Clever/H. Klippert: Methoden der Wirtschafts- und Sozialwissenschaften. Eine wissenschaftskritische Einführung. Wiesbaden 1979. 258 S.
[E.04] I. M. T. Stewart: Reasoning and Method in Economics. An Introduction to Economic Methodology. London u. a. 1979. X, 238 S.
[E.05] M. Blaug: The Methodology of Economics or How Economists Explain. Cambridge u. a. 1980. XIV, 296 S.
[E.06] J. Pheby: Methodology and Economics. A Critical Introduction. Houndmills u. a. 1988. XII, 145 S.

Von den zeitgenössischen Nationalökonomen hat sich neben anderen F. Machlup eingehend mit Methodenproblemen der Wirtschaftswissenschaft befaßt. Eine Sammlung seiner Beiträge ist

[E.07] F. Machlup: Methodology of Economics and Other Social Sciences. New York u. a. 1978. XIV, 567 S.

Da in diesem Buch mehrere methodologische Positionen referiert werden, kann es gleichfalls als Einführung in die Methodik der Wirtschaftswissenschaft dienen.

Maßgebend für eine heute weit verbreitete Auffassung der Methodologie der Erfahrungswissenschaften ist

[E.08] K. R. Popper: Logik der Forschung. 1935, 9. Aufl. Tübingen 1989. XXIX, 477 S.

Für Wirtschaftswissenschaftler sind die Kapitel 1 bis 6 und 10 relevant. Eine Diskussion seines Einflusses enthält der Sammelband

[E.09] N. De Marchi (Hg.): The Popperian Legacy in Economics. Papers Presented at a Symposium in Amsterdam, December 1985. Cambridge 1988. XI, 280 S.

Nach wie vor zurückgegriffen wird auch auf

[E.10] W. Eucken: Die Grundlagen der Nationalökonomie. 1939, 9. Aufl. Berlin u. a. 1989. XVII, 279 S.

Wissenschaft kann als in der Zeit ablaufender Prozeß von These, Antithese und Synthese, Forschungsergebnis und Kritik, Ausarbeitung grundlegender Annahmen und Wechsel der Sicht, Lösung alter und Auftreten neuer Probleme gesehen werden. Einige Autoren fassen jeweils die laufende Kritik zusammen:

[E.11] M. Shubik: A Curmudgeon's Guide to Microeconomics. JELit, Vol. 8, 1970, S. 405–434.
[E.12] O. Morgenstern: Thirteen Critical Points in Contemporary Economic Theory: An Interpretation. JELit, Vol. 10, 1972, S. 1163–1189.
[E.13] B. Ward: What's Wrong with Economics. New York u. a. 1972. X, 273 S.
    Deutsch: Sind die Wirtschaftswissenschaften am Ende? Aporien und Antworten. Stuttgart u. a. 1976. 286 S.
[E.14] H. Arndt: Irrwege der Politischen Ökonomie. Die Notwendigkeit einer wirtschaftstheoretischen Revolution. München 1979. 262 S.
[E.15] D. Bell/I. Kristol (Hg.): The Crisis in Economic Theory. New York 1981. XIII, 226 S.
    Deutsch: Die Krise in der Wirtschaftstheorie. Berlin u. a. 1984. XVIII, 295 S.

Zur Methodenkritik und zu neueren Entwicklungen vgl. ferner die Sammelbände

[E.16] H. Albert (Hg.): Theorie und Realität. Ausgewählte Aufsätze zur Wissenschaftslehre der Sozialwissenschaften. 1964, 2. Aufl. (mit teilweise anderer Auswahl) Tübingen 1972. XII, 431 S.

[E.17] E. Topitsch (Hg.): Logik der Sozialwissenschaften. 1965, 10. Aufl. Königstein 1980. 529 S.
[E.18] S. R. Krupp (Hg.): The Structure of Economic Science. Essays on Methodology. Englewood Cliffs 1966. VI, 282 S.
[E.19] R. Jochimsen/H. Knobel (Hg.): Gegenstand und Methoden der Nationalökonomie. Köln 1971. 421 S.
[E.20] S. J. Latsis (Hg.): Method and Appraisal in Economics. Cambridge u. a. 1976. VIII, 229 S.
[E.21] H. Raffée/B. Abel (Hg.): Wissenschaftstheoretische Grundfragen der Wirtschaftswissenschaften. München 1979. V, 244 S.
[E.22] B. J. Caldwell (Hg.): Appraisal and Criticism in Economics. A Book of Readings. Boston u. a. 1984. XIV, 490 S.
[E.23] D. M. Hausman (Hg.): The Philosophy of Economics. An Anthology. Cambridge, Mass., u. a. 1984. VIII, 415 S.

Zur heutigen Diskussion sind außerdem heranzuziehen:

[E.24] L. A. Boland: The Foundations of Economic Method. London u. a. 1982. XIV, 209 S.
[E.25] B. J. Caldwell: Beyond Positivism. Economic Methodology in the Twentieth Century. London u. a. 1982. X, 277 S.
[E.26] G. L. Johnson: Research Methodology for Economists. Philosophy and Practice. New York u. a. 1986. XX, 252 S.

Die im Text S. 9 genannten Versuche, die ökonomische Denkweise auf traditionell als nichtökonomisch geltende Lebensbereiche auszudehnen und damit das gesamte menschliche Verhalten als Gegenstand der Wirtschaftswissenschaft zu vereinnahmen, finden sich unter anderem bei

[E.27] G. Tullock/R. B. McKenzie: The New World of Economics. Explorations into the Human Experience. 1975, 4. Aufl. Homewood 1985. XIII, 303 S.
Deutsch: Die neue Welt der Ökonomie. Leben nach dem wirtschaftlichen Prinzip. Frankfurt 1983. 372 S.
[E.28] G. S. Becker: The Economic Approach to Human Behavior. Chicago u. a. 1976. 314 S.
Deutsch: Der ökonomische Ansatz zur Erklärung menschlichen Verhaltens. Tübingen 1982. VI, 351 S.
[E.29] G. Radnitzky/P. Bernholz (Hg.): Economic Imperialism. The Economic Approach Applied Outside the Field of Economics. New York 1987. IX, 421 S.
[E.30] B. S. Frey: Ökonomie ist Sozialwissenschaft. Die Anwendung der Ökonomie auf neue Gebiete. München 1990. X, 232 S.

Die einschlägige Sammlung von Satiren ist

[E.31] O. V. Trebeis (Hg.): Nationalökonom*olo*gie. 1979, 5. Aufl. Tübingen 1988. 247 S. (6. Aufl. für 1991 angekündigt.)

Einige grundlegende Probleme der Beweggründe menschlichen Verhaltens zwischen Egoismus und Altruismus werden diskutiert in

[E.32] E. S. Phelps (Hg.): Altruism, Morality, and Economic Theory. New York 1975. IX, 232 S. (Hierin auch ein Beitrag von J. M. Buchanan über das S. 10 erwähnte Samariterdilemma.)
[E.33] D. Collard: Altruism and Economy. A Study in Non-selfish Economics. Oxford 1978. X, 221 S.
[E.34] H. Margolis: Selfishness, Altruism, and Rationality. Cambridge u. a. 1982. XII, 194 S.

Zu Detailproblemen vgl. die nachstehenden Werke, die diesen anhand ihrer Titel zugeordnet werden können. Zur Frage der Schätzung empirischer Verhaltensfunktionen sind Lehrbücher der Ökonometrie heranzuziehen.

[E.35] D. ALDRUP: Das Rationalitätsproblem in der politischen Ökonomie. Methodenkritische Lösungsansätze. Tübingen 1971. 189 S.

[E.36] R.M. HOGARTH/M.W. REDER (Hg.): Rational Choice. The Contrast between Economics and Psychology. Chicago u.a. 1987. IX, 332 S.

[E.37] F. MACHLUP: Positive and Normative Economics. An Analysis of the Ideas. In: R.L. HEILBRONER (Hg.): Economic Means and Social Ends. Essays in Political Economics. Englewood Cliffs 1969, S. 99–129. Auch in: MACHLUP [E.07], S. 425–450.

[E.38] H. ALBERT: Der Gesetzesbegriff im ökonomischen Denken. S. 129–161 in: SCHNEIDER/ WATRIN [4.57].

[E.39] K.-H. HARTWIG: Kritisch-rationale Methodologie und ökonomische Forschungspraxis. Zum Gesetzesbegriff in der Nationalökonomie. Frankfurt u.a. 1977. III, 210 S.

[E.40] J.-L. ARNI: Die Kontroverse um die Realitätsnähe der Annahmen in der Oekonomie. Grüsch 1989. 312 S.

[E.41] R.D.C. BLACK/A.W. COATS/C.D.W. GOODWIN (Hg.): The Marginal Revolution in Economics. Interpretations and Evaluation. Durham 1973. VIII, 367 S.

[E.42] J. v. DAAL/A.H.Q.M. MERKIES: Aggregation in Economic Research. From Individual to Macro Relations. Dordrecht u.a. 1984. XIV, 321 S.

[E.43] F. NEAL/R. SHONE: Economic Model Building. London u.a. 1976. XIII, 172 S.

[E.44] W. EICHHORN: Die Begriffe Modell und Theorie in der Wirtschaftswissenschaft. In: RAFFÉE/ABEL [E.21], S. 60–104.

[E.45] P. CLEVER: Über den Informationsgehalt sozialwissenschaftlicher Theorien. Bonn-Bad Godesberg 1973. 147 S.

[E.46] K.F. WALLIS: Macroeconomic Forecasting: A Survey. EJ, Vol. 99, 1989, S. 28–61.

[E.47] P. MEIER: Prognosewirkungen. Der Einfluß von Wirtschaftsprognosen auf die prognostizierten Variablen. Theoretisch-methodische Analyse und Anwendung auf Konjunkturprognosen. Bern u.a. 1982. XI, 331 S.

[E.48] F. MACHLUP: Equilibrium and Disequilibrium: Misplaced Concreteness and Disguised Politics. EJ, Vol. 68, 1958, S. 1–24.

[E.49] J.M. Finger: Is Equilibrium an Operational Concept? EJ, Vol. 81, 1971, S. 609–612.

[E.50] H.-J. HOFFMANN-NOWOTNY (Hg.): Unbeabsichtigte Folgen sozialen Handelns. Frankfurt am Main u.a. 1982. 209 S.

[E.51] M. TIETZEL: Das Experiment in der Wirtschaftswissenschaft. Jahrbuch für Sozialwissenschaft, Bd 33, 1982, S. 294–319.

[E.52] A.E. ROTH: Laboratory Experimentation in Economics. A Methodological Overview. EJ, Vol. 98, 1988, S. 974–1031.

[E.53] D.N. MCCLOSKEY: The Rhetoric of Economics. Madison 1985. XX, 209 S.

[E.54] A. KLAMER/D.N. MCCLOSKEY/R.M. SOLOW (Hg.): The Consequences of Economic Rhetoric. Cambridge u.a. 1988. X, 305 S.

Die mit 2244 Titeln derzeit wohl umfangreichste Spezialbibliographie ist

[E.55] D.A. REDMAN: Economic Methodology. A Bibliography with References to Works in the Philosophy of Science, 1860–1988. Westport u.a. 1989. XVI, 285 S.

Erstes Kapitel

Theorie des privaten Haushalts

Dieses Kapitel behandelt Wirtschaftspläne und ökonomisches Verhalten der privaten Haushalte und damit derjenigen Wirtschaftseinheiten, deren Versorgung mit Sachgütern und Dienstleistungen als letztes Ziel aller wirtschaftlichen Tätigkeit gilt. Haushalte stehen als Transaktionspartner in Verbindung mit anderen Wirtschaftssubjekten: Sie sind Käufer auf den Märkten für Konsumgüter, Verkäufer auf den Märkten für Produktionsfaktoren, sie leisten Transferzahlungen an öffentliche Haushalte und empfangen solche Zahlungen von diesen, und sie disponieren über Vermögensobjekte. Damit sind fünf Untersuchungsbereiche umrissen, die hier auszugsweise analysiert werden. Im Mittelpunkt steht die Nachfrage nach Konsumgütern. Sie wird in Teil II unter der Fragestellung untersucht, was ein Haushalt tun muß, wenn er angesichts beschränkter Mittel seine Bedürfnisse bestmöglich befriedigen will. In Teil III wird sein Verhalten vom Standpunkt des beobachtenden Wirtschaftswissenschaftlers untersucht, der Regelmäßigkeiten im Verhalten durch Hypothesen über funktionale Zusammenhänge zwischen Variablen zu erfassen sucht. Hier werden Nachfrage-, Konsum-, Transfer- und Sparfunktion mitsamt den Instrumenten ihrer Analyse wie Marginalquoten und Elastizitäten diskutiert. Teil IV behandelt einige weitergehende Probleme des Konsumentenverhaltens: Einflüsse der sozialen Umwelt; die Tatsache, daß viele Tätigkeiten im Haushalt auch als Produktion gesehen werden können; die Rolle der Zeit im Konsumverhalten sowie das Angebot an Arbeitsleistungen.

I. Private Haushalte und ihre ökonomischen Probleme

1. Arten privater Haushalte. Jeder Mensch lebt als *Verbraucher* (auch: *Konsument*) in einem privaten Haushalt. Lebt er allein, dann bildet er einen Einpersonenhaushalt. Lebt er mit mindestens einer anderen Person zusammen, spricht man von einem Mehrpersonenhaushalt. Außerdem gibt es Anstaltshaushalte wie Altersheime, Kasernen, Klöster, Krankenhäuser und Strafanstalten. Alle diese Institutionen werden hier als private Haushalte bezeichnet, um sie gemäß Aussage 02 (S. 2) und den Erläuterungen dazu von öffentlichen Haushalten zu unterscheiden. Ökonomisches Kennzeichen von Mehrpersonen- und Anstaltshaushalten ist das gemeinsame Wirtschaften: Auch wenn Einkommen von mehreren Personen erzielt wird oder einer Person aus mehreren Quellen zufließt, wird es im wesentlichen als Einheit betrachtet; und viele Konsumgüter werden gemeinsam beschafft und genutzt oder verbraucht. Diese Tatsache rechtfertigt es, auch Mehrpersonenhaushalte als wirtschaftende Einheiten — Wirtschaftssubjekte — zu betrachten. Die Frage, wie es zu einer gemeinsamen Willensbildung innerhalb der betreffenden Gruppe von Menschen kommt, wird hier nicht behandelt.

Private Haushalte unterscheiden sich nach vielen Merkmalen und lassen sich entsprechend einteilen. Die wichtigsten ökonomischen Merkmale sind die Art der Einkommensquelle sowie die Höhe des Einkommens. Zu den bedeutendsten nichtökonomischen zählen Alter der Mitglieder und ihre Zahl, Familienstand, Bildungsniveau, Größe des Wohnortes. Alle diese und weitere Merkmale können zur Erklärung und Vorhersage des Verhaltens von Haushalten herangezogen werden. Im folgenden ist abstrakt von einem privaten Haushalt die Rede, dem bestimmte Ziele und Verhaltensweisen zugesprochen werden, die als typisch für die Mehrzahl der Haushalte gelten.

2. Der Wirtschaftsplan des privaten Haushalts. Der typische private Haushalt (im folgenden auch einfach: Haushalt) hat drei ökonomische Grundprobleme, mit deren Nennung gleichzeitig seine Aktivitäten im Wirtschaftsprozeß gekennzeichnet sind:

(1) Wie erwirbt er ein Einkommen?
(2) Wie verwendet er sein Einkommen?
(3) Wie legt er sein Vermögen an?

Dazu wird gemäß Aussage 10 des Denkansatzes (S. 4) angenommen, daß der Haushalt sein für einen bestimmten zukünftigen Zeitabschnitt, die Planperiode, vorgesehenes wirtschaftliches Handeln in einem Wirtschaftsplan zusammenfaßt. Angesichts der eben genannten Probleme läßt sich dieser in einen *Einkommenserwerbsplan,* einen *Einkommensverwendungsplan* und einen *Vermögensanlageplan* aufteilen. Diese Teilpläne gelten für unterschiedlich lange Zeiträume. Soweit es im folgenden erforderlich ist, hierüber Annahmen zu machen, kann als kurzfristige Planperiode der Monat, als langfristige ein Zeithorizont von mehreren Jahren unterstellt werden.

In seinem Einkommenserwerbsplan legt der Haushalt fest, auf welche Weise er ein Einkommen erzielen will. Hierfür gibt es angesichts von vier Einkommensarten ebensoviele Möglichkeiten: Er kann im Produktionsprozeß verwertbare Leistungen gegen Entgelt anbieten und Einkommen aus unselbständiger Arbeit oder aus Vermögen beziehen; aufgrund rechtlicher Ansprüche oder freiwilliger Zuwendungen ein Transfereinkommen erhalten; oder sich als Unternehmer betätigen und Gewinneinkommen erwerben. Allerdings steht der überwiegenden Mehrheit der Haushalte nur die Arbeitskraft eines Mitgliedes oder mehrerer Mitglieder zur Verfügung, so daß sich ihr Wahlproblem auf die Frage reduziert, wo und eventuell zu welchen Bedingungen sie ihre Arbeitsleistungen anbieten sollen. Entscheidungen hierüber werden in der Regel mit längerer Wirkung getroffen, so daß der Einkommenserwerbsplan in einer gegebenen kurzen Periode, etwa einem Monat, routinemäßig fortgeführt wird.

Einkommen werden in der modernen Wirtschaft ganz überwiegend in Form von Geld gezahlt, aber die Gleichung „Einkommen ist gleich Geldzufluß" gilt in beiden Richtungen nicht: Geld kann auch aus Kreditaufnahme oder dem Verkauf von Vermögensobjekten zufließen; und ein Arbeitnehmer erwirbt Tag für Tag mit seiner Arbeitsleistung Einkommen, das erst am Monatsende in Geld ausgezahlt wird.[1] Ebenso entsteht Gewinn bei einem Unternehmer als rechnerischer Überschuß der Verkaufser-

---

[1] Vgl. hierzu ausführlich VRW[7], Abschnitt I.3 des 3. Kapitels über „Leistungs- und Finanztransaktionen".

löse über die Produktionskosten seiner Erzeugnisse und ist nicht mit einer identifizierbaren Geldbewegung gleichzusetzen.

Bezieht der Haushalt ein Transfereinkommen auf Lebenszeit, etwa eine Sozialrente, dann ist das Problem, auf welche Weise ein Einkommen zu erzielen ist, im wesentlichen gelöst. Allerdings kann er noch versuchen, sich Nebeneinkommen durch unselbständige oder durch unternehmerische Tätigkeit zu verschaffen. Dasselbe gilt für die Bezieher von Vermögenseinkommen.

Der typische Haushalt verwendet sein Einkommen zu drei Zwecken. Er muß Transferzahlungen leisten; er kauft Konsumgüter; und er spart, bildet also Vermögen. Entsprechend kann der Einkommensverwendungsplan gegliedert werden. Die meisten Haushalte haben in Gestalt von Steuern und Sozialversicherungsbeiträgen zwangsweise Transfers zu leisten; jedoch gibt es in großem Umfang auch freiwillige Transfers, etwa als Mitgliedsbeiträge oder Spenden an Kirchen, Parteien, Gewerkschaften oder als Unterstützungszahlungen an Angehörige außerhalb des Haushalts. Allerdings müßte in jedem Fall geprüft werden, ob tatsächlich keine direkte Gegenleistung erbracht wird, da nur dann definitionsgemäß ein Transfer vorliegt. Soll das *verfügbare Einkommen* als Differenz zwischen Bruttoeinkommen und zwangsweise geleisteten Transfers nicht voll für Konsumgüter ausgegeben werden, enthält der Einkommensverwendungsplan auch eine Entscheidung über die Höhe des Sparens. In seinem *Konsumplan* schließlich legt der Haushalt fest, welche Konsumgüter er in welchen Mengen aus dem ihm zugänglichen Angebot bei den überwiegend von ihm nicht beeinflußbaren Preisen kaufen will. Dieser Plan enthält also gemäß Aussage 16 (S. 6) Entscheidungen über die Allokation von Mitteln auf konkurrierende Zwecke. In der Praxis wird der typische Haushalt dabei nichtdauerhafte Konsumgüter einschließlich vieler Dienstleistungen gewohnheitsmäßig kaufen und nur dem Erwerb größerer dauerhafter Konsumgüter, dem Umzug in eine andere Wohnung und dergleichen Zeit für Einzelentscheidungen widmen.

Das Problem der Vermögensanlage bezieht sich sowohl auf das im Planungszeitpunkt vorhandene als auch auf das während der Planperiode durch Sparen neu zu bildende Vermögen. Der Haushalt sieht sich einer Reihe von Anlagemöglichkeiten gegenüber, die sich nach Rendite (dem Ertrag je Einheit des Vermögens), Laufzeit, Kurs- und Ausfallrisiko, Liquiditätsgrad und anderen Merkmalen unterscheiden. Damit entsteht das Problem, bei gegebener Risikoneigung und im Zeitablauf variierenden Erwartungen über die zukünftige Entwicklung der Renditen einzelner Anlageformen das Vermögen ständig optimal angelegt zu halten. Da mit der Vermögensanlage ein Einkommen erzielt werden soll, kann der Vermögensanlageplan als Teil des Einkommenserwerbsplans aufgefaßt werden. Bei Haushalten, die nur Vermögenseinkommen beziehen, fallen beide Pläne zusammen.

Auch die Gesamtheit der im Produktionsprozeß verwertbaren Kenntnisse und Fähigkeiten kann als Vermögen („Arbeitsvermögen", „Humanvermögen") gesehen werden, womit auch die Entscheidung zur Abgabe von Arbeitsleistungen die Verwertung eines Vermögensbestandes beträfe. Im folgenden wird jedoch an der zu Beginn dieses Abschnitts eingeführten Dreiteilung des Wirtschaftsplans festgehalten und der erweiterte Vermögensbegriff nicht verwendet. Auch gelten dauerhafte Konsumgüter hier nicht als Vermögen.

Die Teilpläne sind nicht unabhängig voneinander. So kann der Wunsch nach mehr Konsum, der sich in einer Änderung des Konsumplans ausdrückt, zum Mehrangebot von Arbeitsleistung, beispielsweise durch Überstundenarbeit oder Arbeitsaufnahme eines bisher nicht erwerbstätigen Haushaltsmitglieds, führen und daher auch den Einkommenserwerbsplan ändern. Alternativ oder parallel dazu können die Ersparnis oder das Vermögen verringert werden, womit der Vermögensanlageplan berührt wird. Eine einheitliche und vollständige Theorie des Haushalts würde es erlauben, seine sämtlichen ökonomischen Entscheidungen als Anbieter und Nachfrager von Gütern, als Transferleister und -empfänger sowie als Vermögensanleger gleichzeitig zu erklären und vorherzusagen. Auch aus didaktischen Gründen werden hier jedoch die Teilpläne unabhängig voneinander unter der Annahme sonst gleichbleibender Umstände analysiert. Dabei wird die soeben diskutierte und in Bild 1.1 zusammengefaßte Gliederung des Wirtschaftsplans zugrundegelegt. Dessen systematische Analyse

Bild 1.1 – *Gliederung des Wirtschaftsplans eines privaten Haushalts*

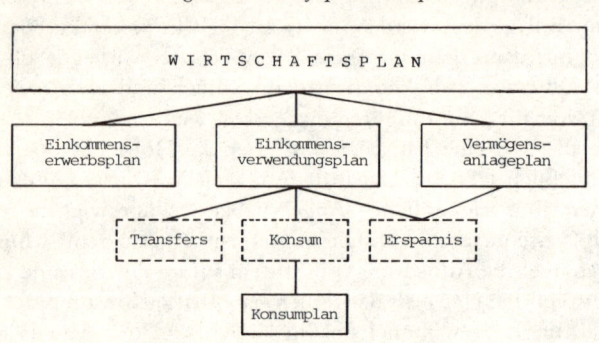

würde nahelegen, die Teilpläne in der angegebenen Reihenfolge zu behandeln: Zuerst muß der Haushalt ein Einkommen erzielen, dann kann er Transfers leisten und Konsumgüter kaufen; und schließlich kann er sich der Anlage seines Vermögens widmen. Jedoch hat man sich in der ökonomischen Theorie bisher mit unterschiedlicher Intensität mit den Teilplänen befaßt, was eine andere Reihenfolge nahelegt. Im Mittelpunkt des Interesses steht der Konsumplan, der in der *Theorie der Konsumwahl* behandelt wird. Die zur Analyse dieses Plans entwickelten Instrumente lassen sich auch zur Untersuchung der anderen Teilpläne verwenden. Jedoch werden hier Probleme des Einkommenserwerbsplans nur kurz erwähnt (die Einkommensart „Gewinn" ist Gegenstand der Theorie des Unternehmens) und solche des Vermögensanlageplans nicht behandelt.

II. Der Konsumplan des privaten Haushalts

1. Bedürfnisse, Konsumgüter, Nutzen. Die Mitglieder eines jeden Haushalts haben *Bedürfnisse*. Sie müssen zumindest essen und trinken, sich kleiden und eine Unterkunft haben. Weitere Bedürfnisse können in um so größerer Zahl und um so weitgehender befriedigt werden, je höher das Einkommen des Haushalts ist. Dies legt eine

Einteilung der Bedürfnisse nahe, und eine häufig benutzte Gliederung ist die in Grundbedürfnisse (etwa nach Unterkunft), gehobene Bedürfnisse (etwa nach Informationen über das Weltgeschehen) und Luxusbedürfnisse (etwa nach Urlaubsreisen in ferne Länder). Es ist zuzugeben, daß jede Einordnung in eine solche Gliederung bis zu einem gewissen Grade willkürlich ist und sich mit dem Zeitablauf ändert. Gleichwohl ist sie für einige Zwecke erforderlich, etwa wenn Güter zur Befriedigung von Luxusbedürfnissen höher besteuert oder das Existenzminimum und damit die Höhe von Unterstützungszahlungen festgelegt werden sollen.[2]

Der Haushalt befriedigt seine Bedürfnisse, indem er *nichtdauerhafte Konsumgüter* verbraucht (die wie Nahrungsmittel dabei untergehen) und *dauerhafte Konsumgüter* (wie Möbel, Kleidung, Fahrzeuge) gebraucht oder nutzt. Da der typische Haushalt nicht über ein so hohes Einkommen verfügt, daß er alle Bedürfnisse vollständig befriedigen könnte, muß er aus dem vielfältigen Konsumgüterangebot eine Auswahl nach Güterarten und -mengen treffen. In dieser äußern sich seine Präferenzen — vgl. Aussage 05 (S. 3) —, die ihrerseits von den S. 68 als Unterscheidungsmerkmale für Haushalte genannten Einflüssen mitbestimmt werden. Mit den entsprechend gekauften Konsumgütern befriedigt der Haushalt seine Bedürfnisse. Jede solche Befriedigung kann so aufgefaßt werden, daß dabei der *Nutzen* des ver- oder gebrauchten Gutes im Bewußtsein des Konsumenten registriert wird. Nutzen abgeben zu können ist also eine gemeinsame Eigenschaft aller Konsumgüter, hinsichtlich derer sie der Haushalt miteinander vergleichen kann. Man kann den Nutzen auch als die subjektive Bewertung von Gütern durch den Konsumenten auffassen, die Bedürfnisbefriedigung selbst so bezeichnen oder sagen, die Nutzung von Gütern erhöhe die *Wohlfahrt* des Verbrauchers. Jedoch muß sorgfältig zwischen Konsumsachgütern und -dienstleistungen einerseits, die prinzipiell in physischen Einheiten meßbar sind und meist Preise haben, und dem allenfalls unter besonderen Umständen meßbaren Nutzen andererseits unterschieden werden, den Haushalte aus ihnen zu ziehen erwarten oder gezogen haben.

Nicht betrachtet werden in diesem Kapitel *Kollektivgüter* wie Straßenbeleuchtung, für die der Haushalt im Gegensatz zu den bisher erwähnten *Individualgütern* nicht direkt zahlt; und *Ungüter*, die wie Müll bei allen Haushalten Schaden stiften, da ihre Beseitigung Aufwendungen verursacht.

2. Grundlagen des Nutzenkalküls. Hauptproblem bei der Untersuchung des Konsumplans ist die Frage, nach welchen Gesichtspunkten der Haushalt Güter nach Arten und Mengen auswählt. Die zentrale Hypothese dazu ist

Hyp. 1.1: *Der Haushalt möchte in jeder Planperiode möglichst viel Nutzen aus dem Konsum von Gütern erlangen und handelt bei der Verfolgung dieses Ziels rational.*

---

[2] In der Bundesrepublik gilt für die meisten Nahrungsmittel der halbe Mehrwertsteuersatz, so auch für Lachs und Gänseleberpastete, jedoch beispielsweise nicht für Kaviar, Langusten, Austern, Hummer und Schnecken; aber auch nicht für Frucht- und Gemüsesäfte (vgl. Anlage zu § 12 Abs. 2 Nr. 1 des *Umsatzsteuergesetzes* (BGBl. I 1979, S. 1953). § 1 der Verordnung zur Durchführung des § 22 des *Bundessozialhilfegesetzes* (Regelsatzverordnung) vom 20. 7. 1962, zuletzt geändert durch Verordnung vom 21. 3. 1990 (BGBl. I, S. 562) nennt diejenigen Gütergruppen („für Ernährung, hauswirtschaftlichen Bedarf, . . ., persönliche Bedürfnisse, . . ., Wäsche und Hausrat von geringem Anschaffungswert, . . ."), deren laufende Beschaffung durch die Sozialhilfe gewährleistet werden soll.

Aufgabe der Theorie ist es zu ermitteln, wie er dieses Ziel erreichen kann. Die Fragestellung ist also normativ (vgl. S. 13) und bedient sich des S. 14 f. unter (1) genannten Ansatzes. Zur Rationalitätsannahme vgl. S. 6–8. Es sei unterstellt, daß der Haushalt seine Handlungsmöglichkeiten kennt und sie in einer noch zu präzisierenden Weise konsistent bewertet.

Über das Verfahren, das der Haushalt bei der Nutzenmaximierung anwendet, wird zunächst eine sehr weitgehende Hypothese aufgestellt, die später zu modifizieren ist. Sie lautet:

Hyp. 1.2: *Der Haushalt ordnet den für den Verbrauch vorgesehenen Gütermengen bestimmte erwartete Nutzenbeträge zu.*

Die Hypothese sei ganz konkret so verstanden, daß etwa dem Konsum von 4 kg Brot je Woche eine reelle Zahl als Maß für den Nutzen dieser Menge zugeordnet wird. Ferner möge gelten

Hyp. 1.3: *Der zusätzliche Nutzen, den der Verbrauch einer zusätzlichen Mengeneinheit eines Gutes dem Haushalt bei gleichbleibenden Verbrauchsmengen aller anderen Güter verschafft, nimmt mit steigendem Gesamtverbrauch des Gutes zunächst mit zunehmenden, später mit abnehmenden Zuwachsraten zu, sinkt dann auf null und wird anschließend negativ.*

Den zusätzlichen Nutzen nennt man auch den *Grenznutzen* ΔU (von englisch: Utility). Der in der Hypothese angesprochene Bereich positiven, aber abnehmenden Grenznutzens ist besonders wichtig. Man nennt die Hypothese, soweit sie sich auf diesen Bereich bezieht, das *Gesetz vom abnehmenden Grenznutzen* oder das *Erste Gossensche Gesetz*. Sie dürfte plausibel sein: Auch bei einer Lieblingsspeise wird jedermann ungefähr angeben können, ab welcher Verbrauchsmenge je Planperiode der Grenznutzen abnimmt; und wenn schon jedem Haushaltsmitglied ein Rundfunkgerät zur Verfügung steht und eins als Reserve vorhanden ist, nimmt ein weiteres Gerät nur noch Platz weg, hat also einen negativen Grenznutzen. Jedem Durstigen wird einleuchten, daß ein Bedürfnis unterschiedlich intensiv sein kann und seine Befriedigung daher einen variierenden Grenznutzen verschafft, wenn er den ersten Schluck in dieser Hinsicht mit weiteren vergleicht. Im übrigen sind je nach Art der Güter die unterschiedlichsten Grenznutzenverläufe denkbar. So kann man vermuten, daß der Grenznutzen von Kleidungsstücken über einen größeren Bereich nur schwach fällt, während der von Medikamenten einen rasch steigenden, aber ebenso rapide abnehmenden und schnell negativ werdenden Verlauf zeigt.

In algebraischer Schreibweise ist der gesamte Nutzen U, der dem Haushalt während einer Periode aus dem Verbrauch von Konsumgütern zufließt, nach Hypothese 1.2 eine Funktion der Mengen $x_1 \ldots x_n$ von n solchen Gütern gemäß einer

Nutzenfunktion: $\qquad U = f(x_1, x_2, \ldots, x_n).$ \hfill (1.1)

Die Eigenschaften solcher Funktionen werden im folgenden noch eingehend erörtert. Der Haushalt muß jedoch berücksichtigen, daß ihm nur ein der Höhe nach begrenztes Bruttoeinkommen Y zur Verfügung steht. Zieht er hiervon die direkten Steuern und sonstigen unfreiwilligen Transfers ab, bleibt das verfügbare Einkommen Y^v übrig. Aus diesem werden freiwillige Transfers geleistet, der größere Teil wird für den Kauf von Konsumgütern ausgegeben, und der Rest wird gespart. Es kann auch vorkommen, daß ein Teil des Vermögens zum Konsum verwendet oder dieser partiell durch Kreditaufnahme finanziert wird: Es liegt dann *Entsparen* vor. Man kann annehmen, daß über Transfers und Sparen vorweg entschieden wird, so daß der für die Käufe von Konsumgütern zur Verfügung stehende Betrag festliegt. Dies ist die *Konsumausgabensumme* (auch kurz: *Konsumsumme*) C. Zwecks Vereinfachung wird im folgenden zunächst von Transfers und Sparen abgesehen, so daß $Y = Y^v = C$ ist, und vom „Einkommen" Y gesprochen. Es wird nur eine Planperiode betrachtet und Kauf gleich Verbrauch gesetzt, von Lagerhaltung und dauerhaften Konsumgütern also abgesehen. Bezeichnet man die Preise der n Konsumgüter mit $p_1 \ldots p_n$, dann gilt die

Budgetgleichung: $\qquad p_1 x_1 + p_2 x_2 + \ldots + p_n x_n = Y.$ (1.2)

Obwohl es in der Praxis vorkommt, daß Konsumgüterpreise für das gleiche Gut unterschiedlich hoch sind, also ein Preisfächer existiert (vgl. S. 10), und überdies von Konsumenten beeinflußt werden, sei hier zur weiteren Vereinfachung angenommen, daß der Haushalt einheitlichen Preisen gegenübersteht, die er akzeptieren muß. Da dann die gekauften Mengen seine Instrumentvariablen sind, mit denen er sich an die Preise als Daten anpaßt, sagt man, er verhalte sich als *Mengenanpasser* oder Preisnehmer.[3] Gleichung (1.2) enthält erwartete Größen (die Preise) und Plangrößen (die zu kaufenden Mengen), also Ex-ante-Werte von Variablen (vgl. S. 36) und heißt die *Budgetgleichung* des Haushalts. Da sie angibt, welcher Betrag höchstens für den Kauf von Konsumgütern zur Verfügung steht, die Ausgaben für diese also beschränkt, nennt man sie auch seine *Budgetbeschränkung* oder *-restriktion*. (Bezöge sie sich auf einen abgelaufenen Zeitraum, enthielte sie realisierte Größen und hieße seine *Bilanzgleichung*.)

Der Haushalt möchte gemäß Hypothese 1.1 seinen Nutzen U maximieren, muß dabei aber die mit Gleichung (1.2) gegebene Beschränkung beachten. Er hat also das ökonomische Standardproblem der Maximierung einer Variablen unter einer Nebenbedingung (vgl. S. 8), die hier als Gleichung auftritt: Der Betrag Y darf nicht überschritten werden, wird aber auch nicht unterschritten. Das Problem läßt sich durch folgende Überlegung lösen. Angenommen, der Haushalt habe in seinem Plan fast den gesamten Betrag Y so auf die einzelnen Käufe verteilt, daß gerade noch eine Einkommenseinheit, etwa eine DM, übrigbleibt. Welches Gut wird er mit dieser einen DM dann noch zu kaufen planen, wenn U möglichst groß werden soll? Offenbar ist der Zuwachs an U am größten, wenn er mit dem Restbetrag etwas mehr von demjenigen Gut kauft, dessen Zusatzverbrauch angesichts der bereits eingeplanten Mengen einen höheren Grenznutzen als der Zusatzverbrauch jedes anderen Gutes stiftet. Kann der Haushalt dann sicher sein, daß er den höchsten Gesamtnutzen erhält? Er muß dazu folgendes bedenken: Das Ziel ist nicht erreicht, solange es möglich ist, den Gesamtnutzen durch Umverteilung des Einkommens in der Weise zu erhöhen, daß man dem Kauf eines Gutes x_i eine DM weniger widmet und dafür mehr von einem Gut x_k kauft, weil der wegfallende Grenznutzen von x_i kleiner ist als der hinzutretende Grenznutzen von x_k. Mithin gilt

---

[3] In der Umgangssprache „nimmt", das heißt fordert und erhält, der Anbieter den Preis. Dagegen akzeptiert der Preisnehmer in dem hier gemeinten Sinne den Preis, ob er nun von einem Anbieter gesetzt oder von einem Makler aus Kauf- und Verkaufsaufträgen errechnet wird.

Satz 1.1: *Ein Haushalt maximiert seinen Gesamtnutzen, wenn der Grenznutzen der letzten zum Konsumgüterkauf verwendeten Einkommenseinheit bei allen Gütern gleich groß ist.*

In diesem Satz wird insofern eine verkürzte Ausdrucksweise benutzt, als vom „Grenznutzen der letzten Einkommenseinheit" die Rede ist. Gemeint ist der Grenznutzen der Gütermenge, die mit dieser Einkommenseinheit gekauft wird. Hat der Haushalt die Situation gemäß Satz 1.1 verwirklicht, dann befindet er sich in bezug auf seinen Konsumplan im Optimum.

Die Vorschrift läßt sich an einem Zahlenbeispiel wie folgt illustrieren. Ein Haushalt verbrauche neben anderen zwei Güter x und y. Das Gut x werde in Litern gemessen und habe den Preis $p_x=1,20$ DM/Liter, für y mit der Einheit Stück gelte $p_y=23,10$ DM/Stück.[4] Der Nutzen werde in Einheiten NE gemessen, und die Grenznutzen mögen bei den gerade erreichten Verbrauchsmengen sämtlicher Güter $\Delta U(x)=4$ NE/Liter und $\Delta U(y)=77$ NE/Stück betragen. Ist dann der optimale Konsumplan in bezug auf diese Güter erfüllt? Dazu muß man gemäß Satz 1.1 ermitteln, ob der Grenznutzen der jeweils letzten DM in beiden Verwendungen gleich groß ist. Nun gibt der reziproke Wert $1/p$ eines jeden Preises p die Menge des Gutes x an, die man für eine Geldeinheit kaufen kann. Im Beispiel ist $1/p_x=0,83$ Liter/DM und $1/p_y=0,0433$ Stück/DM. Multipliziert man die so errechneten Mengen mit den Grenznutzen $\Delta U(x)$ und $\Delta U(y)$ der Mengeneinheiten, erhält man die zusätzlichen Nutzenquantitäten je zuletzt eingesetzter Geldeinheit. Das ergibt hier

$$\frac{1}{p_x}\Delta U(x) = \frac{4 \text{ NE/Liter}}{1,20 \text{ DM/Liter}} = 3,33 \text{ NE/DM};$$

$$\frac{1}{p_y}\Delta U(y) = \frac{77 \text{ NE/Stück}}{23,10 \text{ DM/Stück}} = 3,33 \text{ NE/DM}.$$

Die physische Maßeinheit kürzt sich in den Quotienten weg, so daß diese in der Tat die Nutzenzuwächse je zuletzt eingesetzter Einkommenseinheit angeben. Da die Zuwächse bei beiden Gütern gleich groß sind, ist die eben gestellte Frage zu bejahen. Die Rechnung zeigt auch die Problematik, die sich aus der *Unteilbarkeit* vieler Güter ergibt: Eine DM kann bei dem genannten Preis nicht sinnvoll zum Mehrkauf von Bettlaken eingesetzt werden, der Mindestbetrag ist der Stückpreis von 23,10 DM. Das erfordert den Vergleich mit 19,25 Litern Apfelsaft, dessen Grenznutzen aber innerhalb solcher Mengen schon sinken kann. Jedoch ist das wirtschaftliche Rechnungswesen flexibel genug, mit solchen Problemen fertigzuwerden: Man könnte hier wie in der Praxis bei dauerhaften Produktionsmitteln anhand der geschätzten Lebensdauer des Bettlakens einen rechnerischen Preis für die Einheit seiner Nutzung ermitteln und im Nutzenkalkül mit diesem arbeiten. Ein anderer Ausweg wäre, längere Planperioden zu betrachten.

Das Beispiel läßt sich auf die übrigen Güter erweitern und führt zu dem Schluß, daß Satz 1.1 bei n Gütern $x_1 \ldots x_n$ auch in der Form

$$\frac{\Delta U(x_1)}{p_1} = \frac{\Delta U(x_2)}{p_2} = \ldots = \frac{\Delta U(x_n)}{p_n} = \lambda \tag{1.3}$$

---

[4] Nach Stat. Jb. BRD 1981, S. 509 waren dies die Preise für $x=$Apfelsaft (naturrein) und $y=$Bettlaken (Baumwolle) in der Bundesrepublik Deutschland im Jahresdurchschnitt 1980.

geschrieben werden kann. λ bezeichnet den Grenznutzen der letzten Einkommenseinheit nach Satz 1.1. Marginales Denken gemäß A.22 (S. 12) wäre auf diese Bedingung wie folgt anzuwenden. Ist etwa der Quotient aus Grenznutzen und Preis beim Gut x_i größer als bei allen anderen Gütern, dann kann der Gesamtnutzen dadurch vergrößert werden, daß von einem Gut x_k weniger und dafür mehr von x_i gekauft wird. Da der bei x_k wegfallende Grenznutzen $\Delta U(x_k)$ kleiner als der hinzutretende Grenznutzen $\Delta U(x_i)$ bei x_i ist, steigt durch diese Substitution der Gesamtnutzen. Gleichzeitig ist aber, wenn der Haushalt sich mit seinen Verbrauchsmengen in der Region abnehmenden, aber noch positiven Grenznutzens befindet — dies wird hier vorausgesetzt, vgl. die Bemerkung zu Hypothese 1.3 — der Nutzen der letzten Gütereinheit bei x_i kleiner, bei x_k größer geworden, die beiden Grenznutzen haben sich also aneinander angenähert. Diese Marginalanalyse (vgl. das Beispiel S. 27) wird solange fortgesetzt, bis die Gleichungskette (1.3) erfüllt ist.

Aus den Gleichungen (1.3) folgen zwei weitere Fassungen des Satzes 1.1:

Satz 1.2: *Ein Haushalt maximiert seinen Gesamtnutzen, wenn er von jedem Gut soviel verbraucht, daß der Quotient aus Grenznutzen und Preis bei allen Gütern gleich groß ist.*

Da in der Statistik die Division einer Variablen durch eine andere „gewichten" oder „wägen" heißt, kann man auch sagen, die mit den Preisen gewogenen Grenznutzen müßten einander gleich sein. Satz 1.2 heißt daher das *Gesetz vom Ausgleich der gewogenen Grenznutzen* oder das *Zweite Gossensche Gesetz*.[5] Für alle Güterpaare x_i und x_k folgt schließlich $\Delta U(x_i)/\Delta U(x_k) = p_i/p_k$ oder

Satz 1.3: *Ein Haushalt maximiert seinen Gesamtnutzen, wenn sich die Grenznutzen je zweier Güter so zueinander verhalten wie ihre Preise.*

Aus den bisherigen Erörterungen lassen sich zwei wichtige Schlüsse ziehen. Erhöht sich der Preis eines Gutes x_i, während die anderen Preise und das Einkommen konstant bleiben, dann ist die Maximierungsbedingung in Gestalt der Gleichungen (1.3) nicht mehr erfüllt. Gemäß den obigen Überlegungen kann sie nur dadurch wieder erfüllt werden, daß der durch die Preiserhöhung kleiner gewordene Quotient $\Delta U(x_i)/p_i$ soweit erhöht wird, daß er den anderen Quotienten der Bedingung (1.3) gleich wird. Da der Preis ein Datum ist, kann dies nur durch eine entsprechende Erhöhung des Zählers geschehen. Gemäß Hyphothese 1.3 erhöht sich der Grenznutzen eines Gutes, wenn sich der Haushalt in dessen abnehmendem Bereich befindet, nur dadurch, daß weniger von ihm verbraucht wird. Entsprechend läßt sich für den Fall einer Preissenkung argumentieren. Damit gewinnt man die aus den bisherigen Hypothesen abgeleitete

Hyp. 1.4: *Ein Haushalt kauft von einem Konsumgut bei gegebenen Preisen aller anderen Güter um so weniger, je höher sein Preis ist.*

---

[5] Satz 1.2 nennt keine Regelmäßigkeit im menschlichen Verhalten, ist also keine Hypothese, die durch Beobachtungen bestätigt oder widerlegt werden könnte und damit kein „Gesetz" gemäß dem Sprachgebrauch dieses Buches (vgl. S. 21 f.). Es handelt sich vielmehr im Unterschied zum Ersten Gossenschen Gesetz um eine Maximierungsvorschrift (auch: -bedingung), die allein aus logischen Gründen richtig und unabhängig davon gültig ist, ob sich irgendein Haushalt nach ihr richtet. Die eingebürgerte Bezeichnung wird hier referiert, aber nicht weiter benutzt.

Es wird später gezeigt, daß eine entsprechende Hypothese auch für die Produktionsgüterkäufe von Unternehmen und damit für alle Güter gilt. Sie ist eine grundlegende Hypothese der Wirtschaftswissenschaft. Viele Autoren nennen sie das *Nachfragegesetz*. Die eigens genannte Ceteris-paribus-Klausel (vgl. E.9) in bezug auf die anderen Preise besagt, daß es bei der Hypothese auf die *relativen Preise* (auch: *Preisverhältnisse*) ankommt.

Der zweite Schluß folgt aus der Annahme, daß sich der Haushalt in bezug auf alle Güter im Bereich abnehmenden, aber noch positiven Grenznutzens befindet. Er kann daher seinen Gesamtnutzen bei gegebenen Preisen immer dadurch erhöhen, daß er den Gesamtbetrag seiner Konsumausgaben erhöht. Da hierzu in der Regel das Einkommen verwendet wird, gilt

Hyp. 1.5: *Die Konsumausgaben eines privaten Haushalts sind um so größer, je höher bei gegebenen Preisen sein Einkommen ist.*

Mit den vorstehenden Erörterungen sind die wichtigsten Ergebnisse des Nutzenkalküls bereits gewonnen. Sie werden im folgenden noch graphisch und algebraisch abgeleitet und dabei hinsichtlich ihrer Voraussetzungen modifiziert und präzisiert.

3. Das Haushaltsoptimum bei zwei Gütern. Eine rigorose Vereinfachung in Gestalt der Annahme, der Haushalt konsumiere nur zwei Güter x und y, ermöglicht die graphische Analyse des Nutzenkalküls. Bei vielen Überlegungen kann man allerdings auch ein Gut der Gesamtheit der anderen Güter gegenüberstellen und auf diese Weise den *Zwei-Güter-Fall* konstruieren. Die Funktion (1.1) S. 72 reduziert sich dann auf die

Nutzenfunktion im Zwei-Güter-Fall: $U = f(x, y)$. (1.4)

Bild 1.2 – *Der Nutzen als Funktion zweier Konsumgüter*

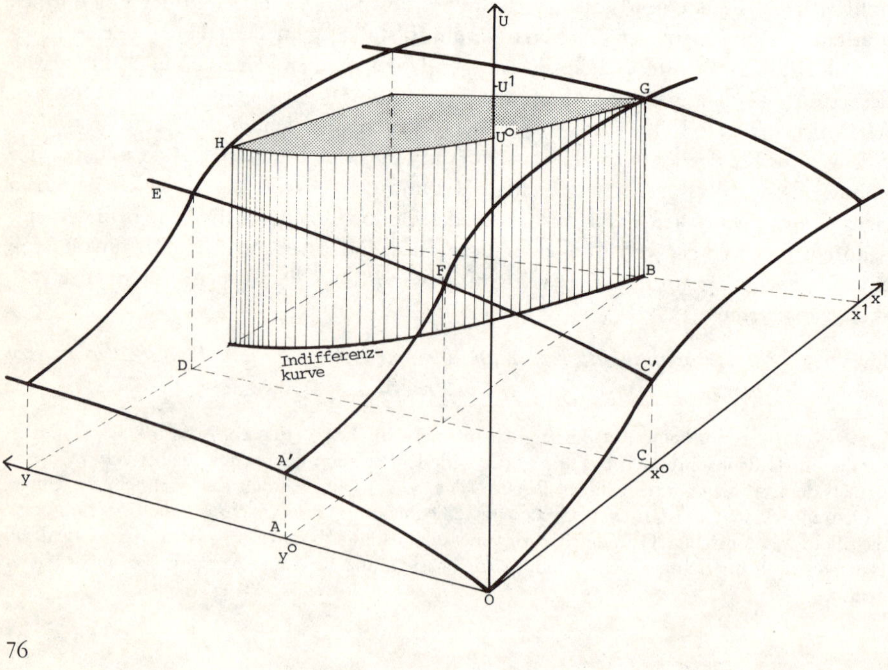

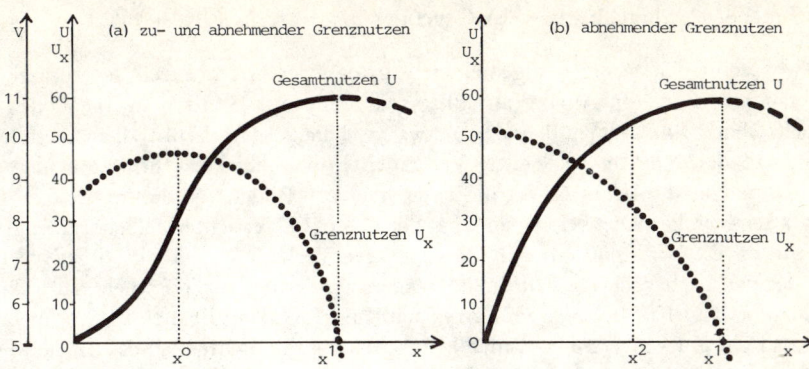

Bild 1.3 – *Gesamt- und Grenznutzen beim Verbrauch eines Gutes*

Sie ist in Bild 1.2 in einem dreidimensionalen Koordinatensystem wiedergegeben und ähnelt einem entlang der *x*- und *y*-Achse aufgespannten Zeltdach, das hier nicht vollständig eingezeichnet ist. Man nennt eine solche zeichnerische Darstellung ein *Nutzengebirge*. Es läßt sich am besten analysieren, wenn man Schnittebenen hindurchlegt und die entstehenden Kurven in zweidimensionalen Graphiken untersucht. Denkt man sich eine solche Ebene bei y^0 senkrecht auf der x,y-Ebene stehend und diese entlang der Linie *AB* schneidend, dann erhält man als Schnittkurve mit der Funktion (1.4) die Kurve $A'FG$ mit dem in Bild 1.3 (a) gezeigten Verlauf für den Gesamtnutzen *U* in Abhängigkeit vom Verbrauch des Gutes *x* bei gegebener und konstanter Verbrauchsmenge y^0. Es ist wichtig, sich von Anfang an klarzumachen, daß sich der Haushalt nicht etwa im Zeitablauf entlang dieser oder anderer später gezeigter Kurven bewegt: Es wird hier sein Wirtschaftsplan analysiert, und alle Punkte auf diesen Kurven stellen gleichzeitig existierende Möglichkeiten dar, von denen schließlich eine herausgegriffen und verwirklicht wird. Die Ordinate zeigt eine Zahlenskala für den Nutzen *U*, womit Hypothese 1.2 (S. 72) erfüllt ist. Der in Hypothese 1.3 (S. 72) genannte Funktionsverlauf ist an der Kurve des Gesamtnutzens *U*, noch besser aber an der ebenfalls eingezeichneten Kurve des Grenznutzens von *x* zu erkennen. Dieser wird zweckmäßig mathematisch als erste Ableitung der Nutzenfunktion nach *x* unter Konstanthaltung von *y* interpretiert:

$$\text{Grenznutzen von } x: \quad U_x = \frac{\partial U}{\partial x}.$$

Die drei in Hypothese 1.3 genannten Bereiche sind in Bild 1.3 (a) unmittelbar abzulesen:

- Von null bis x^0 nimmt der Gesamtnutzen *U* mit wachsenden Zuwachsraten zu, der Grenznutzen U_x steigt. Algebraisch: Es sind $U_x > 0$ und die zweite Ableitung $\partial^2 U / \partial x^2$ (auch geschrieben: U_{xx}) > 0;
- Vom Wendepunkt der *U*-Kurve bei x^0 an nimmt der Gesamtnutzen bis x^1 noch zu, aber mit fallenden Zuwachsraten; der Grenznutzen fällt, bleibt aber positiv. Hier gelten $U_x > 0$ und $U_{xx} < 0$;

- Jenseits von x^1 fällt der Gesamtnutzen, der Grenznutzen wird negativ. Weiter zunehmender Verbrauch stiftet das Gegenteil von Nutzen, Schaden.

Teil (b) zeigt den weniger allgemeinen Fall, daß der Grenznutzen des zusätzlichen Verbrauchs schon von Anfang an sukzessive abnimmt. Greift man irgendeine Verbrauchsmenge zwischen null und x^1, etwa x^2, heraus, so gilt überall in diesem Bereich, daß der Nutzen der letzten Verbrauchseinheit bei einer Erhöhung der Verbrauchsmenge fällt, bei ihrer Verringerung steigt. In Bild 1.2 ist dies in bezug auf das Gut y dargestellt: Die bei x^0 entlang der Linie CD errichtete Ebene erzeugt die Schnittkurve $C'FE$ mit dem in Rede stehenden Verlauf. Wie bereits angedeutet, ist dies der praktisch wichtige Fall. Im folgenden wird daher angenommen, daß sich der betrachtete Haushalt bei allen Gütern gemäß Bild 1.3 (a) im Bereich $x^0 \ldots x^1$ befindet oder daß ein Kurvenverlauf wie in Bild 1.3 (b) für ihn zutrifft, und daß er die Menge x^1 in beiden Darstellungen nicht erreicht. Dies nennt man die Annahme der *Nichtsättigung*. Sie bedeutet, daß der typische Haushalt angesichts seiner Budgetrestriktion und der heutigen Vielfalt von Konsumgütern von keinem Gut soviel konsumiert, daß schon ein geringer Mehrverbrauch den Grenznutzen null oder negativ werden läßt.

Eine weitere Erkenntnis aus der Analyse des Nutzengebirges von Bild 1.2 ist: Gesamt- wie auch Grenznutzen einer gegebenen Menge eines Gutes hängen auch vom Konsum des anderen Gutes ab. So nehmen Gesamt- und Grenznutzen von y in Punkt F, bei dem von x die Menge x^0 verbraucht wird, andere Werte an als in Punkt G, in dem x^1 konsumiert wird. Dies erscheint einleuchtend, man denke etwa an die Zusammenstellung von Speisen und Getränken zu einer Mahlzeit. Nutzenfunktionen wie (1.4) können daher mathematisch nicht durch additive Formen wie $U = f(x) + g(y)$ wiedergegeben werden, in denen $\partial U/\partial x$ von y und $\partial U/\partial y$ von x unabhängig ist. Arbeitet man dagegen mit *interdependenten Nutzenfunktionen* etwa der Form $U = x^a y^b$ (worin a, $b > 0$), dann ist $\partial U/\partial x = a x^{a-1} y^b$: Der Grenznutzen von Gut x hängt auch von der Menge des Gutes y ab. Der Sachverhalt wird im folgenden durch die Annahme berücksichtigt, der Konsument ordne *Güterbündeln* Nutzenbeträge zu.

Die wichtigste Art der Auswertung des Nutzengebirges besteht schließlich in der Konstruktion der Kurven, die sich beim Schnitt von parallel zur x,y-Ebene verlaufenden Ebenen ergeben. Die jeweilige Schnittebene (in Bild 1.2 punktiert) wird in Höhe eines bestimmten Nutzenniveaus, etwa U^0, gehalten, und wenn das Nutzengebirge nach hinten monoton abfällt, dann erhält man geschlossene, nicht notwendig kreisförmige, Schnittkurven, die senkrecht auf die x,y-Ebene projiziert werden. Sie heißen *Kurven konstanten Nutzens* oder *Indifferenzkurven* und sind in Bild 1.4 dargestellt. (Mit dem gleichen Verfahren werden in kartographischen Darstellungen Höhenschichtlinien erzeugt.) Für sie gilt

Def. 1.1: *Eine Indifferenzkurve gibt alle Gütermengenkombinationen an, die dem Haushalt den gleichen Nutzen verschaffen.*

Hebt man die Schnittebene ein Stück an, etwa auf U^1, erhält man eine weitere Indifferenzkurve, die in Bild 1.4 gänzlich innerhalb der Kurve für U^0 liegt. Berührungspunkte oder gar Schnitte der beiden Indifferenzkurven kann es ohne Verstoß gegen ihre Voraussetzungen nicht geben, da an solchen Stellen das Nutzengebirge senkrecht verlaufen oder überhängen müßte. Beides ist gemäß Hypothese 1.3 ausgeschlossen. Da die Höhe der Schnittebene beliebig variierbar ist, hat man sich die x,y-Ebene von einer

Bild 1.4 – *Geschlossene Indifferenzkurven*

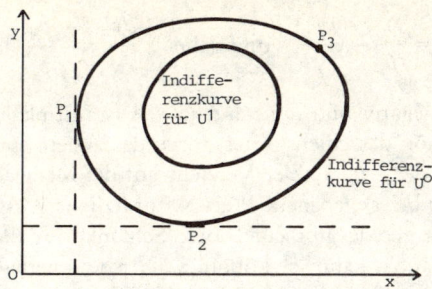

Schar von Indifferenzkurven durchzogen zu denken. Zieht man Hypothese 1.1 heran, dann läßt sich ein wichtiger Schluß ziehen: Da rationales Verhalten bedeutet, einen gegebenen Erfolg, hier etwa die Erreichung des Nutzenniveaus U^0, mit möglichst geringem Einsatz, hier Verbrauch von Konsumgütern, zu erreichen, ist in Bild 1.4 nur der dem Nullpunkt zugewandte Teil der Indifferenzkurve zwischen den beiden Tangentialpunkten P_1 und P_2 für die Konsumplanung des Haushalts relevant. Jeder andere Punkt, etwa P_3, bedeutet, daß U^0 mehr Verbrauch an beiden Gütern als auf dem relevanten Teil der Kurve erfordert. Mithin braucht der gesamte Bereich von P_1 über P_3 bis P_2 nicht mehr beachtet zu werden, und in ihrem relevanten Bereich verlaufen Indifferenzkurven von links oben nach rechts unten fallend.

Zur graphischen Bestimmung des Haushaltsoptimums ist wieder die Budgetgleichung 1.2 (S. 73) heranzuziehen, die jetzt so aussieht

Budgetgleichung im Zwei-Güter-Fall: $\quad p_x x + p_y y = Y.$ \hfill (1.5)

Sie wird zur Abschnittsgleichung umgeformt:[6]

$$\frac{x}{Y/p_x} + \frac{y}{Y/p_y} = 1$$

und als *Budgetgerade* in ein x,y-Koordinatensystem eingezeichnet, in das nach dem Muster von Bild 1.4 die relevanten Teile einer Schar von Indifferenzkurven projiziert wurden. Bild 1.5 zeigt das Ergebnis, wobei ein bestimmtes Einkommen $Y = Y^0$ und die Preise $p_x = p_x^0$ und $p_y = p_y^0$ als gegeben angenommen sind. Die Budgetgerade hat die Lage AB und schneidet auf der x-Achse die Strecke Y^0/p_x^0, auf der y-Achse die Strecke Y^0/p_y^0 ab. Diesen Strecken entsprechen ökonomisch die maximal zu erwerbenden Mengen jeweils eines der beiden Güter, wenn auf den Kauf des anderen ganz verzichtet wird. Man erhält diese Mengen auch direkt aus der Budgetgleichung (1.5): Setzt man etwa $y = 0$, ergibt sich $x = Y/p_x$. Ferner erhält man aus dieser Gleichung die Stei-

---

[6] Die Gleichung einer Geraden $ax + by = c$ mit den Variablen x und y, deren Parameter a, b und c von null verschieden sind (so daß die Gerade weder durch den Nullpunkt des Koordinatensystems noch parallel zu einer der Achsen verläuft), wird nach Division durch c zur Abschnittsgleichung $x/A + y/B = 1$, worin $A = c/a$ und $B = c/b$ die Strecken sind, die die Gerade vom Nullpunkt her gesehen auf der x- respektive y-Achse abschneidet.

gung der Budgetgeraden: Es ist

$$y = \frac{Y}{p_y} - x\frac{p_x}{p_y} \quad \text{und daher} \quad \frac{dy}{dx} = -\frac{p_x}{p_y}. \tag{1.6}$$

Die Steigung ist also negativ und konstant, und Ausmultiplizieren ergibt als Bedingung für die Substitution des einen Gutes durch das andere entlang der Budgetgeraden die Gleichung $p_x dx = -p_y dy$: Der Verzicht auf die Menge dy setzt in Höhe von $p_y dy$ *Kaufkraft* frei, die bei gegebenem Preis p_x zusätzliche Ausgaben von $p_x dx$ für x ermöglicht. Die Budgetgerade gibt eine obere Schranke für die x,y-Kombinationen an, die der Haushalt kaufen kann; er könnte auch jede innerhalb des Dreiecks OAB gelegene Kombination realisieren. Da Y jedoch definitionsgemäß der für Konsumausgaben vorgesehene Betrag ist, werden nur die auf der Geraden liegenden Kombinationen berücksichtigt. Wird Y verringert, verschiebt sich die Budgetgerade parallel in

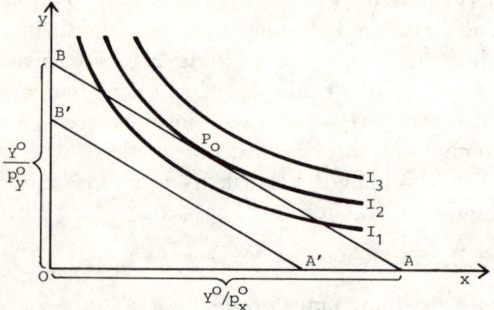

Bild 1.5 – *Graphische Ermittlung des Haushaltsoptimums*

Richtung auf den Nullpunkt, etwa in die Lage $A'B'$. Die Indifferenzkurven I_1 bis I_3 sind dadurch entstanden, daß in Bild 1.2 die parallel zur x,y-Ebene verlaufende Schnittebene sukzessiv angehoben wurde. I_3 repräsentiert daher ein höheres Nutzenniveau als I_2 und diese ein höheres als I_1. Der Haushalt wird nun diejenige Kombination von x und y wählen, die einerseits bei den gegebenen Preisen mit dem geplanten Einkommen gekauft werden kann, also auf der Budgetgeraden liegt, andererseits das höchste Nutzenniveau verschafft. Er muß dazu den Punkt P_0 auf der Budgetgeraden wählen, in dem diese von einer Indifferenzkurve, hier von I_2, gerade tangiert wird. Einen höheren Grad, etwa den von I_3, kann er nicht erreichen, da die betreffenden Mengenkombinationen außerhalb seiner durch die Budgetgerade beschränkten Kaufmöglichkeiten liegen. Ein niedrigerer Grad, etwa der von I_1, ist an beiden Schnittpunkten von I_1 mit der Budgetgeraden erreichbar. Jede zwischen diesen Punkten liegende x,y-Kombination befindet sich jedoch auf einer weiter außen liegenden und daher vorzuziehenden Indifferenzkurve. Mithin hat der Haushalt sein Optimum verwirklicht, wenn er die dem Punkt P_0 entsprechende Kombination wählt. Er hat dann seine durch die Lage der Indifferenzkurven ausgedrückten Bedürfnisse optimal mit seinen Möglichkeiten, die durch sein Einkommen (Lage der Budgetgeraden) und die Preise als Daten (Steigung der Budgetgeraden) bestimmt sind, in Einklang gebracht.

4. Nutzenmessung. Zweck der bisherigen Überlegungen war es, aus einer grundlegenden und unmittelbar einleuchtenden Hypothese, dem Gesetz vom abnehmenden Grenznutzen, und Annahmen über Ziel und Verfahren des Haushalts Schlußfolgerungen darüber abzuleiten, wie sich dieser bei der Nachfrage nach Konsumgütern bei einem bestimmten Einkommen und gegebenen Preisen verhalten müßte. Dabei wurde angenommen, daß Nutzen eine beim Verbrauch von Konsumgütern entstehende Variable sei, der der Haushalt jeweils numerische Werte zuordnen könne. Bei Zahlenbeispielen wie dem von S. 74 wird vorausgesetzt, daß von zwei Nutzenquantitäten nicht nur gesagt werden kann, ob eine von ihnen größer oder kleiner als die andere oder ihr gleich sei, sondern auch, um welchen Betrag sich beide gegebenenfalls unterscheiden oder in welchem numerischen Verhältnis sie zueinander stehen. Man spricht in diesem Fall von *kardinaler Messung* des Nutzens. Jede solche Messung erfordert eine Meßskala, mit der ein Nullpunkt und eine Maßeinheit festgelegt sind — man denke an ein Bandmaß oder ein Thermometer. Für die Nutzenmessung mit Hilfe einer gemäß Hypothese 1.2 (S. 72) existierenden Meßskala gilt nun:

– Der Vergleich absoluter Nutzenbeträge hängt von der Wahl der Meßskala ab;
– Der Vergleich von Grenznutzen hinsichtlich ihrer relativen Größe ist von der Wahl des Nullpunkts und der Maßeinheit unabhängig, oder: Grenznutzenvergleiche sind gegenüber linearen Transformationen invariant.[7]

Diese Aussagen sind wie folgt zu verstehen. Die Ordinate in Bild 1.3 (S. 77) zeigt Nullpunkt und Maßeinheiten bestimmter Größe für die Zuordnung von Nutzenbeträgen zu unterschiedlichen Gütermengen gemäß der Meßskala U. Danach ist der Gesamtnutzen der Menge x^1 doppelt so groß wie der Gesamtnutzen der Menge x^0. Mißt man jedoch gemäß einer anderen, neben der U-Ordinate von Bild 1.3 (a) errichteten Skala in Einheiten „V", dann stehen die Gesamtnutzen der beiden Mengen nicht mehr in diesem Verhältnis zueinander. Wenn also einem Konsumenten der Nutzen von 20 Äpfeln ($=x^1$) gemäß der U-Skala doppelt so groß erscheint wie der von acht ($=x^0$), dann wird diese Einschätzung durch die V-Skala nicht wiedergegeben.

Die zweite Aussage besagt, daß beim Grenznutzenvergleich Nullpunkt und Maßeinheiten beliebig gewählt werden können. Beträgt etwa der Grenznutzen ΔU bei dem S. 74 betrachteten Bettlaken für aufeinanderfolgende zusätzliche Stücke $\Delta^1 U = 100$ NE, $\Delta^2 U = 90$ NE und $\Delta^3 U = 60$ NE, dann nimmt er offenbar mit zunehmender Rate ab. Dieses Ergebnis ändert sich nicht, wenn man die Maßeinheiten verdoppelt und den bisherigen Nullpunkt willkürlich um 300 Einheiten verschiebt. Multiplikation der $\Delta^1 U$ bis $\Delta^3 U$ mit 2 und Addition von jeweils 300 erbrächte dann die Folge $\Delta^1 V = 500$, $\Delta^2 V = 480$ und $\Delta^3 V = 420$, gemäß der der Grenznutzen ebenfalls mit zunehmender Rate abnimmt. Da die eben beschriebene Operation eine lineare Transformation ist, gelangt man zu der zweiten Aussage, die auch so formuliert werden kann: Grenznutzenvergleiche sind bis auf eine lineare Transformation bestimmt.[8]

---

[7] Eine lineare Transformation einer Variablen U liegt vor, wenn U mit Hilfe der Operation $a + bU = V (b > 0)$ in eine Variable V überführt wird. Darin kann $a \neq 0$ als Verschiebung des Nullpunkts und $b \neq 1$ als Änderung der Maßeinheit einer Meßskala interpretiert werden.

[8] In Bild 1.3 (a) wurde $V = 5 + 0{,}1\,U$ gesetzt. Ist der Nutzen U eine Funktion der Gütermenge x, dann ist es auch V. Differenziert man $a + bU = V$ nach x, erhält man $b(dU/dx) = dV/dx$: Der Grenznutzen bleibt wegen $b > 0$ positiv. Ist die zweite Ableitung d^2U/dx^2 wie im Zahlenbeispiel negativ, nimmt der Grenznutzen also ab, dann ist es auch $b(d^2U/dx^2) = d^2V/dx^2$: Der Grenznutzen nimmt auch bei der Messung gemäß der V-Skala ab.

Die Nationalökonomen, die im letzten Viertel des 19. Jahrhunderts den Nutzenkalkül entwickelten, hielten den Nutzen ohne weiteres für kardinal meßbar.[9] Auch an die Vergleichbarkeit des Nutzens verschiedener Personen wurde geglaubt. Jedoch kamen bald Zweifel daran auf, ob Haushalte wirklich in der Lage seien, Gütermengen gemäß ihrem subjektiven Empfinden Nutzenquantitäten zuzuordnen und so für sich das Problem der Nutzenmessung zu lösen. Wer sich selbst in seiner Eigenschaft als Haushalt(smitglied) in dieser Hinsicht befragt, wird die Frage eher verneinen. Jedenfalls sind solche Zuordnungen für Wirtschaftswissenschaftler als Außenstehende nicht beobachtbar und nicht prognostizierbar. Darüber hinaus wurde auch kein Weg gefunden, objektive *interpersonelle Nutzenvergleiche* so anzustellen, daß der von einem Haushalt für eine Gütermenge angegebene Nutzenbetrag mit dem eines anderen Haushalts verglichen werden könnte. Wenn von zwei Personen die eine mit Nutzeneinheiten U, die andere mit V mißt, dann fehlt eben eine dritte Maßeinheit, an der beide ihre Einheiten messen und über die sie diese dann vergleichen könnten.

Die weitere Entwicklung der Theorie der Konsumwahl ist daher durch das Bestreben gekennzeichnet, schwächere, das heißt in diesem Fall plausiblere, Annahmen über die Entscheidungen des Haushalts bei der Konsumplanung zu machen. Die zentrale Hypothese ist nunmehr, daß der Haushalt in der Lage sei, Güterbündel hinsichtlich des von ihnen erwarteten Nutzens in eine Rangordnung zu bringen. Allgemein spricht man von *ordinaler Messung*,[10] wenn etwa von jeweils zwei Werten einer Variablen gesagt werden kann, daß der eine größer als der andere, ihm gleich oder kleiner sei. Solche Messungen werden der Theorie der Konsumwahl im folgenden zugrundegelegt.

Die bisherigen Erörterungen aufgrund der kardinalistischen Hypothese 1.2 (S. 72) sind daneben nicht überflüssig. Erstens bleiben deren Ergebnisse, die auf sehr einfache Weise gewonnen werden konnten, in etwas anderer Interpretation gültig. Zweitens wird auch in der neuesten Theorie immer wieder einmal kardinale Meßbarkeit des Nutzens angenommen, besonders wenn es um rationale Entscheidungen bei Unsicherheit geht. Das ist gemäß dem methodischen Prinzip zulässig, nach dem es nicht auf die Annahmen, sondern auf die Ergebnisse einer Theorie ankommt (vgl. S. 34 f.). Sind diese brauchbar, bedürfen die Annahmen keiner Rechtfertigung. Drittens kommt man in der Wirtschaftspolitik nicht ohne interpersonelle Nutzenvergleiche aus: Einer der Gründe dafür, die Einkommensteuer progressiv zu gestalten, besteht in der Unterstellung, der Nutzen einer zusätzlichen Einkommenseinheit sei für den Be-

---

[9] So erdachte sich F. Y. EDGEWORTH: Mathematical Psychics; An Essay on the Application of Mathematics to the Moral Sciences, 1881; im Abschnitt „On Hedonimetry" ein „Hedonimeter" als ein „ideally perfect instrument, a psychophysical machine, continually registering the height of pleasure experienced by an individual ..." (S. 101). Hedonismus (von altgriechisch hedone=Freude, Vergnügen) ist eine Lehre, nach der das höchste ethische Prinzip das Streben nach Genuß ist.

[10] „Messen" bedeutet die eindeutige Zuordnung von Zahlen aufgrund festgelegter Regeln zu Eigenschaften von Objekten oder zu Sachverhalten. Mit Grund- (auch: Kardinal-)zahlen werden absolute Beträge gemessen; nach der Messung steht fest, um wieviel Einheiten sich A und B in bezug auf die gemessene Eigenschaft voneinander unterscheiden. Mit Ordnungs- (auch: Ordinal-)zahlen werden Objekte oder Sachverhalte anhand einer gemeinsamen Eigenschaft in eine Reihenfolge (Rangordnung, Rangskala) gebracht; nach der Messung kann gesagt werden, ob A vor B angeordnet ist, an gleicher Stelle oder nach B steht.

zieher eines hohen Einkommens niedriger als für den eines niedrigen Einkommens. Besonders in krassen Fällen kann hierbei weitgehende Übereinstimmung erzielt werden: Wer dem Wohlhabenden mit einem Monatseinkommen von 20 000 DM etwa 1000 DM wegnimmt und sie der kinderreichen Familie gibt, die mit 2000 DM auskommen muß, wird bei den Beteiligten wie bei Dritten kaum Einwände gegenüber der Ansicht finden, daß der gemeinsame Nutzen durch diese Umverteilung steigt. Oder: In solchen Fällen sind interpersonelle Nutzenvergleiche prinzipiell möglich, wenn man dem Nutzenkonzept nicht jeden Sinn nehmen will. Gleichwohl ist es heute allgemein üblich, den Konsumplan unter der Voraussetzung zu analysieren, daß der Nutzen nicht kardinal meßbar sei. Dabei werden im Interesse einerseits der didaktischen, anderseits der mathematischen Vereinfachung zusätzliche Annahmen gemacht, von denen einige wirklichkeitsfremd anmuten.

5. Indifferenzkurven. In der Theorie der Konsumwahl auf der Grundlage ordinaler Nutzenmessung geht man von einer Reihe von Hypothesen aus, die gegenüber denen des Abschnitts II.2 zum Teil modifiziert sind. Hypothese 1.1 (S. 71) gilt weiterhin. Soweit der dort gebrauchte Ausdruck „Nutzen" mit der Vorstellung kardinaler Messung behaftet ist, kann man ihn durch „Bedürfnisbefriedigung" ersetzen. Ferner gilt

Hyp. 1.6: *Eine größere Menge eines Gutes wird einer kleineren unter sonst gleichen Umständen vorgezogen. Eine Sättigung des Bedürfnisses nach einem Gut tritt nicht ein.*

Die Ceteris-paribus-Klausel bezieht sich vor allem auf die Verbrauchsmengen der anderen Güter und das Einkommen. Zwecks graphischer Darstellung sei wieder der Fall zweier Güter x und y betrachtet, die der Haushalt zu den für ihn gegebenen Preisen p_x und p_y regelmäßig kauft und verbraucht. Anstelle von Hypothese 1.2 (S. 72) gilt nunmehr

Hyp. 1.7: *Werden dem Haushalt jeweils zwei verschiedene Gütermengenkombinationen $X_1 = (x^1, y^1)$ und $X_2 = (x^2, y^2)$ präsentiert, so kann er angeben, ob er eine Kombination der anderen vorzieht oder ob ihm beide den gleichen Grad an Bedürfnisbefriedigung verschaffen.*

Besonderes Interesse verdient der Fall, daß unterschiedliche Bündel den gleichen Grad an Bedürfnisbefriedigung mit sich bringen. Beispielsweise möge Punkt P_0 in Bild 1.6 (a) die im Konsumplan des Haushalts in einer Planperiode vorgesehene Men-

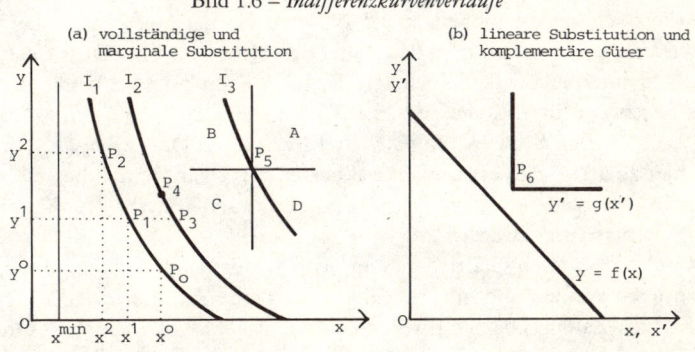

Bild 1.6 – *Indifferenzkurvenverläufe*

genkombination x^0, y^0 kennzeichnen. Die beiden Güter seien nun im Urteil des Haushalts derart substituierbar, daß eine andere Zusammenstellung x^1, y^1 in Punkt P_1 dem Haushalt die gleiche Bedürfnisbefriedigung verschafft wie P_0. Zwar verbraucht der Haushalt in P_1 weniger von x, aber die damit einhergehende verringerte Bedürfnisbefriedigung wird durch den Mehrverbrauch von y angesichts von Hypothese 1.6 gerade wettgemacht. Daraus wird geschlossen, daß sich der Haushalt bei der Wahl zwischen den beiden durch P_0 und P_1 repräsentierten Güterbündeln indifferent verhält: Es ist ihm gleich, welches der beiden Bündel er verbraucht. Dasselbe gilt für einen weiteren Punkt P_2: Hier wird noch weniger von x, aber dafür wiederum mehr von y verbraucht.

Punkt P_3 liegt dagegen auf einer anderen Indifferenzkurve I_2. Bei dieser Kombination verbraucht der Haushalt die gleiche Menge von y wie bei P_1, jedoch mehr von x. In Punkt P_4 verbraucht er mehr von beiden Gütern als in P_1. Für die Beziehung der beiden Indifferenzkurven zueinander mag es zwecks Erleichterung des Verständnisses weiterhin vertretbar sein zu sagen, die Bedürfnisbefriedigung sei gemäß Hypothese 1.6 auf der Kurve I_2 höher als auf I_1; und bei den durch I_3 wiedergegebenen Mengenkombinationen sei sie noch höher. Allgemein kann man sich den gesamten 1. Quadranten des x,y-Koordinatensystems in dieser Weise von einer Indifferenzkurvenschar durchzogen denken, wobei eine Kurve einen um so höheren Grad an Bedürfnisbefriedigung repräsentiert, je weiter sie vom Nullpunkt entfernt ist. Streng genommen muß aber so argumentiert werden: Der Haushalt bewertet Güterbündel gemäß seiner Präferenzordnung — vgl. Aussage 05 (S. 3) — in bestimmter Weise, und diese Ordnung läßt sich unter bestimmten Voraussetzungen durch eine Indifferenzkurvenschar wiedergeben. Bild 1.6(a) zeigt einen Ausschnitt aus dieser. Der Wirtschaftswissenschaftler sagt nun nicht mehr, der Haushalt ziehe bestimmte Bündel vor, weil sie ihm mehr Nutzen oder Bedürfnisbefriedigung verschaffen, sondern er stellt lediglich die Tatsache der Präferenz ohne Begründung fest. Der Haushalt braucht weder anzugeben, welchen absoluten Betrag an Bedürfnisbefriedigung ihm die auf einer bestimmten Indifferenzkurve liegenden Gütermengenkombinationen verschaffen; noch auszusagen, um welche Beträge sich die Niveaus der Bedürfnisbefriedigung unterschiedlicher Indifferenzkurven unterscheiden. Oder: Die Rangordnung der Differenzen zwischen den Bedürfnisbefriedigungsniveaus unterschiedlicher Indifferenzkurven, die für das (kardinale) Gesetz vom abnehmenden Grenznutzen (Hypothese 1.3, S. 72) grundlegend ist, spielt bei ordinaler Messung keine Rolle. Nur ihr Vorzeichen ist noch wichtig. Auf kürzeste Weise ausgedrückt, lautet der Unterschied zwischen beiden Messungen: Bei kardinaler Messung kann man behaupten, der Genuß eines Apfels verschaffe (beispielsweise) doppelt soviel Nutzen wie der einer Birne; bei ordinaler Messung wird nur gesagt, daß man den Apfel der Birne vorzieht. Damit entfällt auch die Möglichkeit interpersoneller Vergleiche. Es seien A und B zwei Wirtschaftssubjekte, X_1 und X_2 zwei Güterbündel. A zieht X_1 vor, seine Nutzenfunktion sei $U_A(X_1) = 10$, $U_A(X_2) = 5$. Bei B ist es umgekehrt: Es sei $U_B(X_1) = 12$, $U_B(X_2) = 20$. Kein Schluß ist hier zulässig, daß etwa X_2 für B besser (oder gar viermal besser) sei als für A; denn die Präferenzordnung des B könnte auch durch $U_B(X_1) = 0{,}4$ und $U_B(X_2) = 0{,}5$ repräsentiert werden.

Der Wirtschaftswissenschaftler möchte jedoch mit der Präferenzordnung mathematisch hantieren können und gibt sie daher durch eine Funktion wieder, mit der den einzelnen Kurven Zahlen beigelegt werden, die man *Nutzenindizes* nennt. Ordnet man beispielsweise aufgrund einer solchen *Nutzenindexfunktion* in Bild 1.6 (a) der Kurve I_1 eine beliebige positive Zahl zu, etwa 100, dann läßt sich die Rangordnung gemäß ordinaler Messung dadurch wiedergeben, daß man I_2 und I_3 in dieser Reihenfolge die Zahlen 101 und 102 oder aber 500 und 1000 beilegt. Welche Zahlen man wählt, ist gleichgültig, wenn sie nur sukzessiv größer sind. Man sagt, bei ordinaler Nutzenmessung sei die Nutzenindexfunktion bis auf eine streng monoton wachsende Transformation bestimmt.[11] Unter den genannten Voraussetzungen ist dann das ökonomische Problem, unter den erreichbaren Güterbündeln das am meisten präferierte zu finden, dem mathematischen Problem äquivalent, eine der die Präferenzordnung repräsentierenden Nutzenindexfunktionen unter der Nebenbedingung der Budgetbeschränkung zu maximieren.

Indifferenzkurven gemäß ordinaler Interpretation haben zwei wichtige Eigenschaften mit den aus einem Nutzengebirge wie in Bild 1.2 (S. 76) gewonnenen Kurven gemäß kardinaler Deutung gemeinsam:

– Sie verlaufen von links oben nach rechts unten fallend;
– Sie erscheinen vom Koordinatenursprung her gesehen konvex.

Die erstgenannte Eigenschaft folgt aus Hypothese 1.6 und kann anhand der Kurve I_3 in Bild 1.6 (a) erläutert werden. Auf der Kurve ist der Punkt P_5 eingezeichnet, der den Nullpunkt eines zusätzlichen Koordinatenkreuzes mit den Quadranten A bis D bildet. Nun enthalten sämtliche Mengenkombinationen der Güter x und y, die im Quadranten A einschließlich seiner Begrenzungslinien liegen, mehr von einem oder von beiden Gütern als die durch P_5 repräsentierte Kombination. Alle diese Kombinationen werden daher gemäß Hypothese 1.6 der Kombination P_5 vorgezogen. Eine durch P_5 gehende Indifferenzkurve kann daher durch keinen Punkt des Quadranten A verlaufen. Entsprechend ist für den Quadranten C zu argumentieren: Jeder in ihm oder auf seinen Begrenzungslinien liegende Punkt enthält mindestens von einem Gut weniger als P_5, so daß auch hier keine Indifferenz auftreten kann. Eine durch P_5 gehende Indifferenzkurve kann sich daher nur in den Quadranten B und D fortsetzen; sie muß fallenden Verlauf haben. Algebraisch läßt sich diese Eigenschaft wie folgt zeigen. Man bildet aus der Funktion, die die Bedürfnisbefriedigung U in Abhängigkeit von den beiden Gütermengen x und y angibt, also aus $U=f(x,y)$, das totale Differential:[12]

$$dU = \frac{\partial U}{\partial x} dx + \frac{\partial U}{\partial y} dy.$$

---

[11] Eine streng monoton wachsende Transformation einer Folge dem Rang nach geordneter Elemente, hier der Nutzenindizes $U^1 \ldots U^3$ der Indifferenzkurven I_1 bis I_3, liegt vor, wenn nach einer beliebigen mathematischen Operation $T(U^i)$ die Rangfolge der $T(U^1) \ldots T(U^3)$ die gleiche ist wie die der $U^1 \ldots U^3$.

[12] Das Differential dy einer differenzierbaren Funktion $y=f(z)$ ist $dy=f'(z)\,dz$. Das totale (auch: vollständige) Differential dy einer Funktion $y=f(z_1, z_2, \ldots, z_n)$ ist $dy = \frac{\partial y}{\partial z_1} dz_1 + \frac{\partial y}{\partial z_2} dz_2 + \ldots + \frac{\partial y}{\partial z_n} dz_n$, also gleich der Summe der partiellen Ableitungen von y nach den einzelnen unabhängigen Variablen $z_1 \ldots z_n$, multipliziert mit deren Änderungen. Vgl. ALLEN [I.46], S. 328–330.

Da man sich auf einer Indifferenzkurve bewegen will, muß $dU=0$ gesetzt werden. Das ergibt

$$\frac{\partial U}{\partial x} dx + \frac{\partial U}{\partial y} dy = 0 \quad \text{oder} \quad \frac{dx}{dy} = -\frac{\partial U}{\partial y} \bigg/ \frac{\partial U}{\partial x}.$$

Da die beiden partiellen Ableitungen $\partial U/\partial x$ und $\partial U/\partial y$ gemäß Hypothese 1.6 positiv sind, ist der Quotient dx/dy negativ. Das tritt nur ein, wenn ein Mehrverbrauch von x durch einen Minderverbrauch von y ausgeglichen wird und umgekehrt. Die Indifferenzkurve verläuft daher wie angegeben. Bild 1.6 zeigt darüber hinaus zwei Möglichkeiten für die mit diesem Verlauf implizierte Substitutionsbeziehung zwischen den beiden Gütern. Die Kurve I_1 in Teil (a) läßt erkennen,

- daß das Gut y restlos durch x ersetzt werden kann (die Indifferenzkurve berührt die x-Achse). Man sagt, y sei durch x *vollständig substituierbar;*
- daß umgekehrt x durch y nicht vollständig substituierbar ist (die Indifferenzkurve nähere sich asymptotisch der Linie $x^{\min}$).

Der Haushalt betrachtet Mindestmengen unvollständig ersetzbarer Güter vermutlich als lebensnotwendig.

Des weiteren könnte man fragen, wieviele Indifferenzkurven es gibt und in welchen Abständen voneinander sie verlaufen. Zwecks Vereinfachung der mathematischen Handhabung wird gewöhnlich angenommen, daß Indifferenzkurven und die ersten Ableitungen der sie beschreibenden Funktionen stetig sind, also weder Lücken noch Sprünge oder Knicke aufweisen. Dies wird ökonomisch so interpretiert, daß alle Güter beliebig teilbar sind und daß der Haushalt beliebig kleine Mengenänderungen zur Kenntnis nimmt und auf sie reagiert. Unter diesen Voraussetzungen liegen die Indifferenzkurven auch beliebig dicht aneinander. Wichtig ist nur, daß sich keine zwei dieser Kurven schneiden können. Ein Schnittpunkt würde bedeuten, daß ein und dieselbe Mengenkombination der beiden Güter zwei unterschiedliche Grade an Bedürfnisbefriedigung verschafft. Das ist jedoch wegen Hypothese 1.6 ausgeschlossen.

Die zweite Eigenschaft betrifft die Gestalt von Indifferenzkurven. In Bild 1.6 (a) verlaufen sie gekrümmt, in Teil (b) ist die Kurve $y=f(x)$ geradlinig. Hier ist das Verhältnis, in dem das eine Gut durch das andere ersetzt werden kann, über den gesamten Bereich konstant. Man sagt, die beiden Güter seien *perfekte Substitute.* Beispielsweise ist das Tauschverhältnis beim Handel mit kleinen Devisenbeträgen konstant. Das Gegenteil liegt vor, wenn zwei Güter x' und y', wie ebenfalls in Bild 1.6 (b) gezeigt, *perfekt komplementär* sind. Zusätzliche Mengen eines Gutes bei Konstanz des anderen sind nutzlos, die Indifferenzkurve verläuft rechtwinklig. Der Haushalt konsumiert beide Güter in einem bestimmten Mengenverhältnis, das durch den Punkt P_6 angegeben wird, und kann sie wie linke und rechte Schuhe oder Tasse und Untertasse zusammen als ein Gut betrachten. Substituierbarkeit ist also eine Frage des Grades: Je schwächer eine Indifferenzkurve gekrümmt ist, um so bessere Substitute sind die beiden Güter füreinander (und um so stärker ist die Reaktion auf eine Änderung der das Verbrauchsverhältnis bestimmenden Variablen). Bei dieser Vielzahl denkbarer Verläufe muß eine Annahme über das Verhalten des Haushalts in dieser Hinsicht gemacht werden. Sie lautet

Hyp. 1.8: *Wird ein Gut x sukzessive durch ein Gut y so ersetzt, daß das Niveau der Bedürfnisbefriedigung konstant bleibt, dann nimmt der Quotient $\Delta x/\Delta y$ aus substituierter Menge Δx und substituierender Menge Δy kontinuierlich ab.*

Bild 1.7 (a) zeigt, was gemeint ist. Ausgehend vom Punkt P_0 wird der Verbrauch des Gutes x sukzessive verringert. Die Strecken $\Delta^1 x$, $\Delta^2 x$ und $\Delta^3 x$ zeigen an, welche Abnahme an x dabei im Urteil des Haushalts durch die Zunahme jeweils einer ME von y gerade kompensiert wird. Nimmt der Quotient aus den beiden Mengenänderungen gemäß Hypothese 1.8 ab, dann muß die Indifferenzkurve monoton fallen und vom Nullpunkt des Koordinatensystems her gesehen konvex verlaufen. Man nennt den Quotient die *Grenzrate der Substitution* des wegfallenden durch das hinzutretende Gut und dementsprechend Hypothese 1.8 das *Gesetz der abnehmenden Grenzrate der Substitution*. Sie schließt den Fall der linearen Substitution von Bild 1.6 (b) aus. Die Hypothese gilt unabhängig davon, in welcher Richtung entlang der Indifferenzkurve substituiert wird. Bewegt man sich in Bild 1.7 (a) von P_0 nach P_3, werden die Quotienten

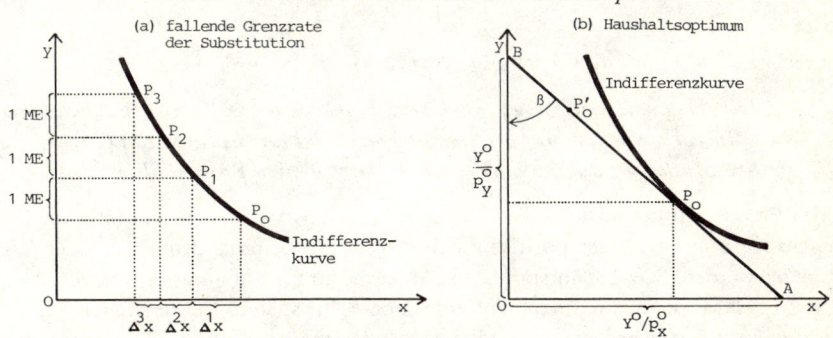

Bild 1.7 – *Grenzrate der Substitution und Haushaltsoptimum*

$\Delta^1 x/1 \ldots \Delta^3 x/1$ kleiner; bewegt man sich von P_3 nach P_0, nehmen die Quotienten $1/\Delta^3 x \ldots 1/\Delta^1 x$ ab. Das Verhältnis der beiden Güter zueinander ist also in bezug auf die Fähigkeit des einen, das andere ohne Änderung der Bedürfnisbefriedigung zu ersetzen, symmetrisch.

Ökonomisch kann Hypothese 1.8 etwa so erläutert werden: Der Konsument strebt nach Ausgewogenheit im Güterverbrauch. Steht ihm sehr viel von dem einen Gut und sehr wenig von dem anderen zur Verfügung, dann ist er bereit, zunächst viel von dem reichlich vorhandenen Gut aufzugeben, um nur wenig mehr von dem anderen zu erhalten. Da dies entsprechend auch für das andere Ende der Indifferenzkurve gilt, muß diese vom Nullpunkt her gesehen konvex erscheinen. Für spätere Überlegungen ist noch wichtig, daß die Grenzrate der Substitution gleich dem Verhältnis ist, in dem zwei Gütermengen getauscht werden können, ohne daß sich die Wohlfahrt des Konsumenten gemäß dessen subjektiver Bewertung dieser Mengen ändert. Man kann sie daher auch sein *subjektives Realtauschverhältnis* (hinzugedacht: bei Indifferenz) nennen.

Indifferenzkurven gemäß ordinaler Nutzenmessung können in genau der gleichen Weise wie die aus kardinaler Messung abgeleiteten zur Bestimmung des Haushaltsoptimums benutzt werden. In Bild 1.7 (b) tangiert die Budgetgerade AB die Indifferenzkurve im Punkt P_0, so daß sich der Haushalt angesichts der gegebenen Werte von Y^0, p_x^0 und p_y^0 bei der dort realisierten Kombination von x und y im Optimum befindet. Für diesen Punkt muß es eine der Maximierungsbedingung des Satzes 1.1 (S. 74) entsprechende Vorschrift geben. Nun kann man sich vorstellen, daß die soeben mit Hilfe endlich großer Änderungen von x und y definierte Grenzrate der Substitution durch Verkleinerung dieser Mengen in den Differentialquotienten dx/dy überführt wird. Dieser gibt die Steigung einer Tangente an die Indifferenzkurve an. Im Punkt P_0 fällt die Tangente mit der Budgetgeraden zusammen, deren Steigung gleich dem Tangens des Winkels β ist:

$$\operatorname{tg}\beta = \frac{Y^0/p_x^0}{Y^0/p_y^0} = \frac{p_y^0}{p_x^0}.$$

Mithin gilt für das Haushaltsoptimum die Bedingung

$$\left|\frac{dx}{dy}\right| = \frac{p_y^0}{p_x^0}, \tag{1.7}$$

ein Ergebnis, das schon mit Gleichung (1.6) S. 80 erzielt wurde, oder

Satz 1.4: *Der Haushalt erreicht bei gegebenem Einkommen sein Optimum bei derjenigen Mengenkombination auf der Budgetgeraden, bei der die (absolute) Grenzrate der Substitution der beiden Güter gleich ihrem reziproken Preisverhältnis ist.*

Da das Preisverhältnis positiv, die Grenzrate der Substitution aber negativ ist (eine Mengenänderung ist immer positiv, die andere negativ), muß deren absoluter Wert verwendet werden. Satz 1.4 entspricht als Maximierungsbedingung den Sätzen 1.1 bis 1.3 (S. 74, 75). Er kann auch noch auf eine andere, für spätere Überlegungen wichtige Weise ausgedrückt werden, wenn man folgendes berücksichtigt. Die Steigung der Budgetgeraden drückt das Preisverhältnis der beiden Güter aus, also das Verhältnis, zu dem das eine Gut gemäß Gleichung (1.6) am Markt durch das andere substituiert werden kann. Man kann das Preisverhältnis daher auch die *Grenzrate der Substitution am Markt* oder das *objektive Realtauschverhältnis* nennen. Beispielsweise erhält man aus dem Preisverhältnis der beiden S. 74 genannten Güter (23,10 DM/Stück zu 1,20 DM/Liter) das Realtauschverhältnis $p_y/p_x = 19{,}25$ Liter/Stück. Anderseits gibt die (kontinuierlich variierende) Steigung der Indifferenzkurve in jedem Punkt die (subjektive) *Grenzrate der Substitution beim Konsum* an. Die alternative Fassung von Satz 1.4 lautet dann

Satz 1.5: *Der Haushalt erreicht bei gegebenem Einkommen sein Optimum bei derjenigen Gütermengenkombination, bei der seine Grenzrate der Substitution beim Konsum gleich der des Marktes ist.*

Befindet sich der Haushalt außerhalb des Optimums, etwa in Bild 1.7 (b) im Punkt P_0', dann kann er durch die Bewegung nach P_0 bei ungeänderten Gesamtausgaben in eine präferierte Situation gelangen.

Verlaufen die Indifferenzkurven anders, etwa wie in Bild 1.6 (a) S. 83, dann kann es vorkommen, daß der Berührungspunkt von Budgetgerade und Indifferenzkurve auf einer der beiden Achsen, in Bild 1.6(a) auf der *x*-Achse, liegt. Das Haushaltsoptimum ist dann ein *Randoptimum*. Dieser Fall muß bei einer linearen Indifferenzkurve wie in Bild 1.6(b) zwangsläufig eintreten, falls nicht Budgetgerade und Indifferenzkurven zufällig die gleiche Steigung haben. Aus deren Schar fällt dann eine mit der Budgetgeraden zusammen, und die Lösung ist unbestimmt.

Als Ergebnis dieses Abschnitts ist für den Zwei-Güter-Fall folgendes festzuhalten. Bei ordinaler Messung der Bedürfnisbefriedigung muß der Haushalt gemäß Hypothese 1.7 in der Lage sein anzugeben, welches von zwei Güterbündeln er vorzieht oder ob er beiden indifferent gegenübersteht. Mit Hilfe einiger zusätzlicher Annahmen lassen sich dann Indifferenzkurven zeichnen, die monoton fallen, sich nicht schneiden, beliebig dicht aneinander liegen und gemäß dem Gesetz der abnehmenden Grenzrate der Substitution beim Konsum (Hypothese 1.8) vom Koordinatenursprung her gesehen konvex verlaufen. Die Schar dieser Kurven repräsentiert die Präferenzordnung des Haushalts. Er steht einer Budgetrestriktion gegenüber, die graphisch durch eine Budgetgerade wiedergegeben wird. Deren Steigung gibt das Preisverhältnis der beiden Güter, ihre Entfernung vom Nullpunkt die Höhe des Einkommens an. Der Haushalt erreicht sein Optimum in dem Punkt der Budgetgeraden — und wegen Hypothese 1.6 („mehr ist besser") nicht unterhalb von ihr —, in dem die am weitesten vom Nullpunkt entfernte Indifferenzkurve die Budgetgerade tangiert. Bei dieser Gütermengenkombination ist die (absolut genommene) Grenzrate der Substitution gemäß der Indifferenzkurve gleich dem reziproken Preisverhältnis der beiden Güter, das subjektive Realtauschverhältnis des Konsumenten stimmt mit dem objektiven des Marktes überein.

6. Ableitung von Nachfrage- und Konsumkurven. Die eben vorgeführte Analyse erlaubt es, aus dem Indifferenzkurvensystem eines Haushalts sein Verhalten angesichts von Preis- und Einkommensänderungen abzuleiten. In Bild 1.8 ist links eine Indifferenzkurvenschar wiedergegeben, aus der zunächst I_0 betrachtet sei. Hat die Budgetgerade die Lage *AB*, so wählt der Haushalt die dem Punkt P_0 entsprechende *x,y*-Kombination. Überträgt man nun die dazugehörige Menge von *y* aus dem *x,y*-Koordinatensystem in das y, p_y-System rechts, erhält man dort den Punkt P'_0, der angibt,

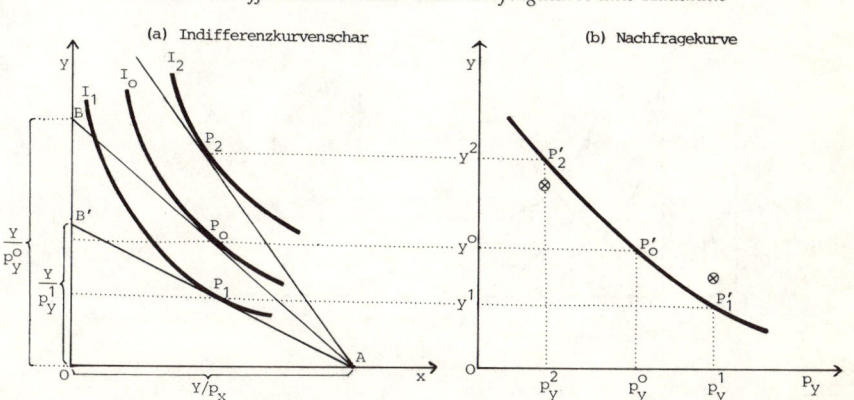

Bild 1.8 – *Indifferenzkurvenschar und Nachfragekurve eines Haushalts*

welche Menge an y der Haushalt beim Preis p_y^0 — bei gegebenem p_x und Y — zu kaufen plant. Steigt der Preis p_y bei Konstanz von p_x und Y auf p_y^1, dann dreht sich die Budgetgerade in die Lage AB'. Wieder wird der Haushalt eine Mengenkombination wählen, die auf der Budgetgeraden liegt und ihm die größtmögliche Bedürfnisbefriedigung verschafft. Das ist nunmehr beim Punkt P_1 der Fall, in dem die Indifferenzkurve I_1 die neue Budgetgerade tangiert. Überträgt man auch diese Preis-Mengen-Kombination nach Teil (b), erhält man dort den Punkt P_1'. Auch die Konstruktion des dritten Punktes P_2' ist noch gezeigt. Variiert man im Gedankenexperiment den Preis p_y stufenlos über einen größeren Bereich, so erhält man in Teil (b) eine zusammenhängende Kurve, die das Kaufverhalten des Haushalts angesichts unterschiedlicher Preise für das Gut y beschreibt, wenn wie bisher Kauf gleich Verbrauch gesetzt wird. Sie ist eine *einzelwirtschaftliche Nachfragekurve*, damit ein Teil des Konsumplans des Haushalts und bedeutet, daß dieser auf den Fall vorbereitet ist, daß sich seine Erwartung über einen in der Planperiode herrschenden bestimmten Preis nicht erfüllt. Stellt sich ein anderer als der erwartete Preis ein, so gibt sie bei jedem Preis an, welche Menge von y zu kaufen ist. Allgemein nennt man einen Wirtschaftsplan, der Handlungsalternativen für den Fall von Datenänderungen vorsieht, eine *ökonomische Strategie*. Die Nachfragekurve ist die graphische Darstellung der Hypothese 1.4, des Nachfragegesetzes (S. 75).

Was geschieht, wenn das Einkommen bei konstanten Preisen steigt? Wie aus der Abschnittsgleichung (1.5) S. 79 hervorgeht und in Bild 1.9 (a) gezeigt wird, führen Erhöhungen von Y^0 auf Y^1 und Y^2 zu Parallelverschiebungen der Budgetgeraden in weiter vom Nullpunkt entfernte Lagen. Verbindet man die den Haushaltsoptima entsprechenden Punkte $P_0 \ldots P_2$ durch eine Linie, erhält man den *Einkommensexpansionspfad* (der beim Rückgang des Einkommens ein *Einkommenskontraktionspfad* wäre) des Haushalts als seine Reaktion auf Einkommensänderungen. Überträgt man die den Punkten P_0 bis P_2 entsprechenden Nachfragemengen des Gutes y in ein y, Y-Koordinatensystem — Bild 1.9 (b) — erhält man eine Kurve, die den funktionalen Zusammenhang zwischen dem Einkommen und der nachgefragten Menge des Gutes bei Konstanz der Güterpreise angibt. Dies ist die *Konsumkurve* für das betreffende Gut. Entsprechend ließe sich die Konsumkurve für das Gut x ableiten. Liegt der Zusam-

Bild 1.9 – *Indifferenzkurvenschar und Konsumkurve eines Haushalts*

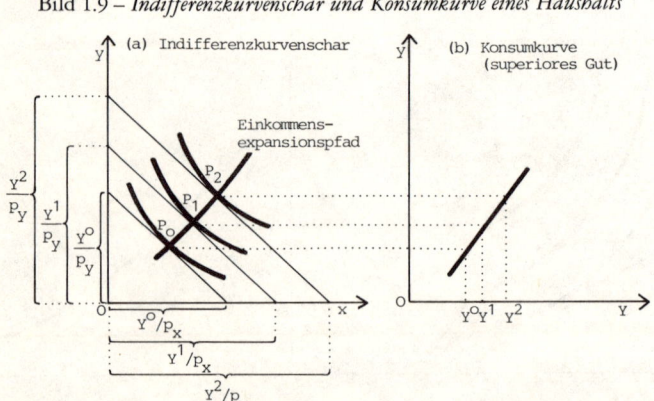

Bild 1.10 – *Indifferenzkurvenfelder und Konsumkurven inferiorer Güter*

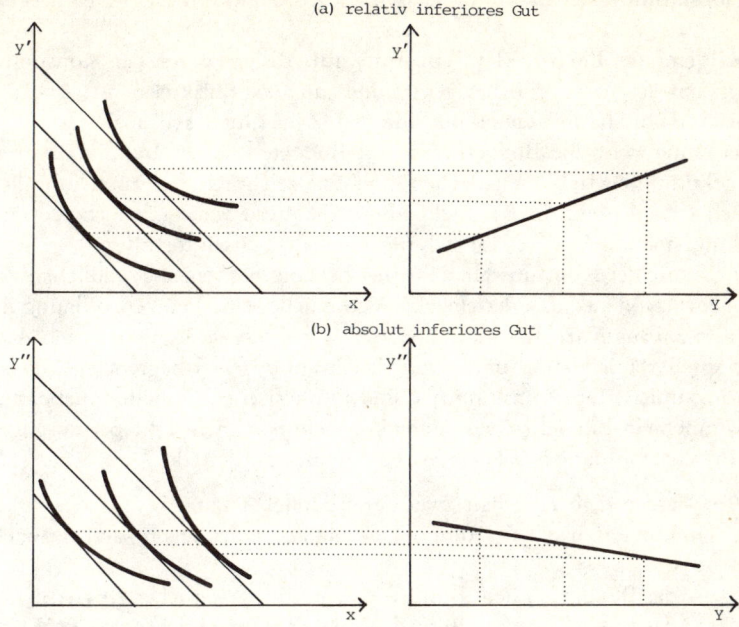

menhang zwischen Einkommen und nachgefragter Menge in algebraischer Form vor, spricht man von einer *einzelwirtschaftlichen partiellen Konsumfunktion*. Sie entspricht der Hypothese 1.5 (S. 76) und besagt:

– Der Haushalt ordnet unterschiedlichen Höhen seines Einkommens unterschiedliche Nachfragemengen und damit — bei gegebenen Preisen — Ausgabebeträge für jedes einzelne Gut zu. Für den Beobachter ergeben sich daraus funktionale Zusammenhänge zwischen der Nachfrage nach jedem Gut und dem Einkommen des Haushalts: Es gilt $x_i = f(Y)$ oder $C_i = g(Y)$, worin $C_i = p_i x_i$ die Ausgabe für x_i ist;
– Je nach Art des Gutes bestehen unterschiedliche Zusammenhänge.

Der Konsum des Gutes y nimmt bei steigendem Einkommen gemäß Bild 1.9 relativ stärker zu als das Einkommen. Man sagt, y sei in der Einschätzung des Haushalts ein *superiores Gut*. Zwei andere Fälle sind in Bild 1.10 gezeigt. In Teil (a) liegen die Indifferenzkurven in bezug auf zwei Güter y' und x so, daß der Konsum von y' mit steigendem Y schwächer als Y zunimmt. In diesem Fall spricht man von einem *relativ inferioren Gut*. Im Zwei-Güter-Fall bildet es das Pendant zu einem superioren Gut. Im statistischen Durchschnitt gehören Wohnungsnutzung, viele Arten von Kleidung und viele Nahrungsmittel in diese Kategorie. Geht schließlich der Konsum eines Gutes y'' wie in Bild 1.10 (b) mit steigendem Y absolut zurück, spricht man von einem *absolut inferioren Gut*. Ein solches Verhalten ist zu beobachten, wenn mit steigendem Einkommen technisch bessere Produkte die bisherigen verdrängen. So wurden Petroleumlampen durch elektrische Beleuchtungsanlagen und Schmierseife durch Waschpulver ersetzt. In der Bundesrepublik geht seit den fünfziger Jahren der Verbrauch von Kartoffeln und Brot zurück, da immer mehr Haushalte einen zunehmenden Teil ihres Nahrungsmittelbedarfs durch Fleisch, Gemüse und Feinbackwaren decken.

7. Allgemeine Theorie der Konsumwahl. Bisher wurde der Konsumplan des Haushalts auf der Basis ordinaler Nutzenmessung aus didaktischen Gründen im wesentlichen graphisch und daher nur für den Zwei-Güter-Fall analysiert. Betrachtet man drei Güter, wird die Budgetgerade zur Budgetebene, die Indifferenzkurven werden zu gekrümmten Indifferenzflächen, und eine zeichnerische Darstellung ließe sich eben noch bewerkstelligen. Bei mehr als drei Gütern versagt jedoch die räumliche Vorstellung, und die Analyse läßt sich nur noch algebraisch fortführen.

Die Theorie der Konsumwahl aus einer beliebig großen, aber endlichen Zahl von Gütern geht davon aus, daß der einzelne Verbraucher eine Präferenzordnung in bezug auf die ihm zugänglichen Konsumgüter hat, gemäß der er die Güter nach Arten und Mengen so auswählt, daß er unter Berücksichtigung seiner begrenzten Mittel seinen Nutzen maximiert. Die Konsumgüter sind in physischen Einheiten meßbar und bilden zusammen ein Bündel (einen Warenkorb, ein Sortiment).[13] Über die Eigenschaften der Präferenzordnung werden sechs Hypothesen aufgestellt:[14]

Hyp. 1.9: Werden dem Haushalt zwei Güterbündel X_1 und X_2 präsentiert, die sich in mindestens einer Komponente unterscheiden, dann kann er angeben, ob er
- das Bündel X_1 dem Bündel X_2 vorzieht, geschrieben: $X_1 \succ X_2$;
- das Bündel X_2 dem Bündel X_1 vorzieht, geschrieben: $X_1 \prec X_2$;
- keines der beiden dem anderen vorzieht, ihnen also beim Vergleich indifferent gegenübersteht; geschrieben: $X_1 \sim X_2$.

Dies ist die *Vollständigkeitshypothese.* Man sagt auch, der Haushalt habe eine *vollständige Präferenzordnung* und schließt mit der Hypothese den Fall aus, daß er nicht in der Lage ist, zwei Bündel auf eine der drei Arten zu ordnen. Hat sich der Haushalt für eine Präferenzordnung entschieden, wird unterstellt, daß er sie für eine gewisse, nicht näher festgelegte Zeit beibehält. Die beiden Zeichen $\succ$ („wird vorgezogen") und $\sim$ („ist gleichwertig mit", „wird gleichgeschätzt") lassen sich kombinieren. Die Beziehung $X_1 \succsim X_2$ ist dann zu lesen „X_2 wird X_1 nicht vorgezogen". Man nennt sie eine *schwache Präferenz* für X_1 und unterscheidet sie von der *strengen* (auch: strikten, starken) Präferenz $X_1 \succ X_2$. Für den Beobachter gilt: Sieht er, daß sich ein Haushalt bei der Wahl zwischen X_1 und X_2 für X_1 entscheidet, dann kann er daraus nur auf die schwache Präferenz $X_1 \succsim X_2$ schließen.

Hyp. 1.10: Unterscheiden sich zwei Bündel X_1 und X_2 nicht, dann ist der Haushalt ihnen gegenüber indifferent: Aus $X_1 = X_2$ folgt $X_1 \sim X_2$. Dies nennt man die *Reflexivitätshypothese*.

---

[13] Mathematisch wird ein Güterbündel als ein Vektor X mit nichtnegativen Elementen im n-dimensionalen Raum gesehen.

[14] Die folgenden Hypothesen werden häufig als Axiome bezeichnet, also als nichtableitbare und nicht zu beweisende Aussagen, aus denen die Sätze einer Theorie deduziert werden. Jedoch besteht keine Notwendigkeit, diesen aus Mathematik und Logik stammenden Sprachgebrauch hier zu übernehmen.

Natürlich gilt bei ihr nicht der Umkehrschluß: Der Haushalt kann zwei verschiedenen Bündeln sehr wohl indifferent gegenüberstehen.

Hyp. 1.11: Hat sich der Haushalt angesichts dreier Bündel X_1, X_2 und X_3 für die Rangordnungen $X_1 \succ X_2$ und $X_2 \succ X_3$ entschieden, dann entscheidet er sich bei der Wahl zwischen X_1 und X_3 für die Rangordnung $X_1 \succ X_3$. Das ist die *Transitivitätshypothese*.

Vereinfacht gilt also: Wer Apfelsinen lieber als Äpfel und Äpfel lieber als Birnen ißt, von dem wird die Aussage erwartet, daß er Apfelsinen (erst recht) Birnen vorzieht. Ist er beim Vergleich von X_1 mit X_2 ebenso wie beim Vergleich von X_2 mit X_3 indifferent, dann muß er dies auch in bezug auf X_1 und X_3 sein. Dies nennt man auch *transitive Präferenzen* des Haushalts und stellt mit dieser und Hypothese 1.10 sicher, daß er sich konsistent verhält und die der Präferenzordnung entsprechende optimale Entscheidung unabhängig von der Reihenfolge trifft, in der ihm die Wahlmöglichkeiten präsentiert werden. Die Hypothesen 1.9 bis 1.11 sorgen zusammen dafür, daß für alle betrachteten Güterbündel eine vollständige, reflexive und transitive *schwache Präferenzordnung* existiert. „Ordnung" heißt, daß jedem Güterbündel ein Platz zugewiesen wird; „schwach" bedeutet, daß mehrere Bündel auch gleich hoch bewertet werden können, Indifferenz also nicht ausgeschlossen wird. Tritt die Indifferenzrelation nicht auf, handelt es sich um eine strenge Ordnung. Ferner gilt

Hyp. 1.12. Jedes Gut ist durch ein anderes marginal substituierbar. Dies ist die *Substituierbarkeitshypothese*.

Ohne sie kann es Fälle geben, in denen keine Indifferenzkurve existiert. Beispiel ist ein Alkoholiker, der bei der Wahl zwischen je zwei Körben mit Bier und Brot immer denjenigen Korb vorzieht, der das meiste Bier enthält.[15] Eine noch so kleine Minderversorgung mit Bier kann durch eine noch so große Mehrversorgung mit Brot nicht kompensiert werden, die Relation der Indifferenz tritt nicht auf. Nur wenn beide Körbe gleich viel Bier enthalten, wird nach der Versorgung mit Brot entschieden. Da hier die einzelnen Körbe wie nach dem Alphabet geordnet werden, in dem jeder Buchstabe seinen festen Platz hat und keine zwei Buchstaben denselben Platz einnehmen (was der Indifferenzrelation entspräche), nennt man eine solche Rangordnung eine *lexikographische Ordnung*. Sie wird durch die Hypothese 1.12 ausgeschlossen, gemäß der eine geringere Menge eines Gutes immer durch eine höhere Menge eines anderen ausgeglichen werden kann: Es gibt kein Gut und kein Güterbündel, auf das nicht marginal verzichtet werden könnte. Ferner gilt

Hyp. 1.13: Ein größeres Güterbündel wird einem kleineren vorgezogen. Dies ist die *Monotonitätshypothese*.

Ein Bündel X_2 ist dann größer als ein Bündel X_1, wenn X_2 von mindestens einem Gut x_i eine größere und von keinem Gut eine kleinere Menge als X_1 enthält. Die Hypothese stellt sicher, daß die Bedürfnisbefriedigung U aus dem Konsum von Gütern eine monoton wachsende Funktion ist und hat daher ihren Namen. Eine obere Schranke für die Bedürfnisbefriedigung mit irgendeinem Gut wird nicht angenom-

---

[15] Vgl. PHLIPS [1.06], S. 6 f.

men, der Fall der Sättigung also ausgeschlossen. Schließlich gilt

Hyp. 1.14: Besteht zwischen zwei Güterbündeln X_1 und X_2 Indifferenz, dann wird eine lineare Kombination $aX_1+(1-a)X_2$, worin $0<a<1$ ist, sowohl X_1 als auch X_2 strikt vorgezogen.

Die Bedeutung dieser *Konvexitätshypothese* oder *konvexer Präferenzen,* wie man auch sagt, läßt sich am besten am Zwei-Güter-Fall zeigen. In Bild 1.11 (a) seien $X_1=(x_1^1, x_2^1)$ und $X_2=(x_1^2, x_2^2)$ zwei durch die Punkte P_1 und P_2 markierte Güterbündel, zwischen denen auf der Indifferenzkurve I_0 die Relation $X_1 \sim X_2$ besteht. Die Kurve I_0 teilt die Menge der x_1, x_2-Kombinationen im 1. Quadranten in drei Teilmengen: Die im schraffierten Raum R_1 gelegenen Kombinationen, denen die auf I_0 liegenden vorgezogen werden; die auf I_0 liegenden selbst und die im Raum R_2 gelegenen Kombinationen, die der Haushalt ihrerseits den auf I_0 liegenden vorzieht. Verbindet man nun

Bild 1.11 – *Konvexe Präferenzen*

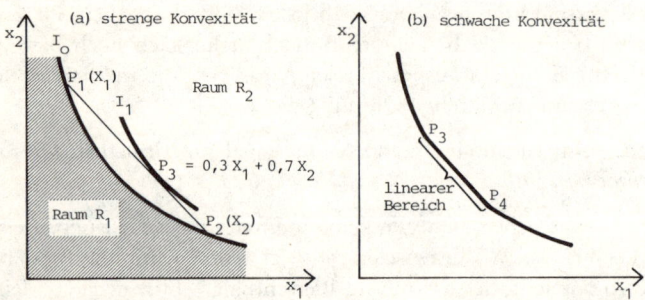

P_1 und P_2 durch eine Gerade, dann ist diese der geometrische Ort für alle Linearkombinationen $aX_1+(1-a)X_2$ einschließlich der beiden Endpunkte mit den Koordinaten X_1 und X_2 selbst, wenn $0 \leq a \leq 1$ gilt.[16] Beispielsweise gibt der Punkt P_3 die Kombination $0{,}3 X_1+0{,}7 X_2$ an. Wenn aber Hypothese 1.14 gilt, dann wird die in R_2 gelegene Kombination im Punkt P_3 sowohl X_1 als auch X_2 vorgezogen. Die durch P_1 und P_2 verlaufende Indifferenzkurve I_0 muß daher in der Nähe von P_3 links unterhalb der Verbindungsgeraden $P_1 P_2$ verlaufen, und P_3 liegt seinerseits auf der weiter außen befindlichen Indifferenzkurve I_1. Rückt man die Punkte P_1 und P_2 näher aneinander und wiederholt das Gedankenexperiment, dann wird klar, daß jede Indifferenzkurve vom Nullpunkt her gesehen in der angegebenen Weise gekrümmt verlaufen muß. Die Idee läßt sich entsprechend auf höhere Räume, also auf den Viele-Güter-Fall, übertragen. Man schließt mit Hypothese 1.14 den Fall der linearen Substituierbarkeit in Bild 1.6(b) S. 83 aus und nennt sie daher genauer die strenge Konvexitätshypo-

---

[16] Eine lineare Kombination zweier Variabler x und y liegt vor, wenn die Operation $ax+by=z$ ausgeführt wird, worin a und b von null verschieden sind. Solche Operationen haben erhebliche praktische Bedeutung, da sie der Gewichtung (auch: Wägung) ökonomischer Größen entsprechen (vgl. S. 30). Ist wie im Text $0<b=1-a<1$, handelt es sich um den Spezialfall des gewogenen arithmetischen Mittels aus x und y.

these. Sie entspricht Hypothese 1.8 (S. 87). Der andere Fall *schwacher Konvexität* liegt vor, wenn die Indifferenzkurve ganz oder teilweise linear verläuft. In einem solchen Bereich fällt dann wie in Bild 1.11 (b) die Indifferenzkurve mit der Verbindungsgeraden seiner beiden Endpunkte P_3 und P_4 zusammen. Der Haushalt zieht keine zwischen P_3 und P_4 liegende Mengenkombination diesen Punkten selbst vor. In der Praxis heißt das: Der Konsument hat streng konvexe Präferenzen, wenn er bei der Wahl zwischen 10 kg Äpfeln+2 kg Birnen ($=X_1$) einerseits, 4 kg Äpfeln+3 kg Birnen ($=X_2$) anderseits und einer linearen Kombination beider Bündel (etwa $0,4\,X_1+0,6\,X_2=6,4$ kg Äpfel+2,6 kg Birnen) immer die Mischung vorzieht. Seine Präferenzen sind schwach konvex, wenn er zwischen den drei Möglichkeiten indifferent ist, und sie sind nichtkonvex, wenn er X_1 oder X_2 jeder Kombination vorzieht. Die mit konvexen Präferenzen ausgedrückte Vorliebe für Vielfalt im Konsum wird in der Praxis allerdings durch die Unteilbarkeit vieler Güter eingeschränkt. Eine halbe Stereoanlage und drei Viertel eines Farbfernsehers mögen das Heim-Unterhaltungsbedürfnis optimal befriedigen, sind aber nicht realisierbar.

Mit den vorstehenden sechs Hypothesen wird so etwas wie der Normalfall des Konsumentenverhaltens vermutet. Zusammen bilden sie die hinreichenden Bedingungen für die Existenz einer Nutzenindexfunktion mit einem Maximum bei gegebener Budgetrestriktion:

Modell 1.8 – *Optimierung des Konsums eines privaten Haushalts*

Nutzenindexfunktion: $\quad U = U(x_1, x_2, \ldots, x_n) \to$ max! $\qquad$ (1.8-I)

Budgetrestriktion: $\qquad Y = p_1 x_1 + p_2 x_2 + \ldots + p_n x_n.$ $\qquad$ (1.8-II)

Hierin ist U ein ordinales Maß für die aus dem Verbrauch der Konsumgüter $x_1 \ldots x_n$ gezogene Bedürfnisbefriedigung. Die mathematische Handhabung der Theorie wird erleichtert, wenn beliebige Teilbarkeit aller Güter unterstellt und angenommen wird, die Nutzenindexfunktion sei stetig und zweimal differenzierbar. Gelten alle diese Voraussetzungen, dann sagt man, die Funktion (1.8-I) „zeige Wohlverhalten". Sie repräsentiert die Präferenzordnung in dem Sinne, daß sie jedem Versorgungsstand des Haushalts in Gestalt eines Güterbündels eine reelle Zahl zuweist. Gilt in der Präferenzordnung $X_1 \succ X_2$, dann wird dies in der Nutzenindexfunktion durch $U(X_1) > U(X_2)$ wiedergegeben. Da diese Wiedergabe durch eine streng monoton wachsende Transformation nicht berührt wird, kann jede Präferenzordnung durch beliebig viele Nutzenindexfunktionen repräsentiert werden, sofern sich diese nur durch eine solche Transformation unterscheiden. Die ordinale Messung drückt sich darin aus, daß die Größe der Differenz zwischen zwei Werten der Nutzenindexfunktion keine Bedeutung hat. Tatsächlich kann außerhalb experimenteller Situationen kaum jemals aus Beobachtungen auf unterschiedliche Grade der Präferenz oder Bedürfnisintensität geschlossen werden. Es kommt daher bei je zwei Werten der Nutzenindexfunktion nur darauf an, ob die Differenz zwischen ihnen positiv, null oder negativ ist, da dies für die Wiedergabe der Information ausreicht, daß in der Präferenzordnung $X_1 \succ X_2$, $X_1 \sim X_2$ oder $X_1 \prec X_2$ gilt.

Der Haushalt versucht, den optimalen Konsumplan zu realisieren. Dazu muß er sein Einkommen gemäß der Budgetgleichung (1.8-II) so auf die Käufe der einzelnen Güter verteilen, daß seine Bedürfnisbefriedigung U gemäß Gleichung (1.8-I) den höchstmöglichen Wert erreicht. Zur Lösung des Problems wird die Lagrange-Funktion[17] angesetzt:

$$L = U(x_1, \ldots, x_n) + \lambda (Y - p_1 x_1 - p_2 x_2 - \ldots - p_n x_n) \tag{1.9}$$

und partiell nach jedem einzelnen Gut und nach λ differenziert:

$$\frac{\partial L}{\partial x_i} = \frac{\partial U}{\partial x_i} - \lambda p_i \quad \text{und} \quad \frac{\partial L}{\partial \lambda} = Y - \sum p_i x_i, \quad \text{worin} \quad i = 1 \ldots n. \tag{1.10}$$

Schreibt man wieder zur Vereinfachung $\partial U / \partial x_i = U_i$ und setzt die partiellen Ableitungen (1.10) gleich null, erhält man

$$U_i = \lambda p_i \quad \text{und} \quad Y = \sum p_i x_i, \quad \text{worin } i = 1 \ldots n. \tag{1.11}$$

Aus diesen $n+1$ Gleichungen lassen sich die $n+1$ Unbekannten des Problems, nämlich die n optimalen Verbrauchsmengen $x_1 \ldots x_n$ sowie λ, bestimmen. Die Bedingun-

---

[17] Die kritischen Punkte (Extremwerte, Sattelpunkte) einer stetigen und differenzierbaren Funktion mit n unabhängigen Variablen $z_1, z_2, \ldots, z_n$

$$y = f(z_1, z_2, \ldots, z_n) \tag{I}$$

lassen sich, wenn m Nebenbedingungen in Form von Gleichungen

$$g_j(z_1, z_2, \ldots, z_n) = 0, \quad \text{worin} \quad j = 1 \ldots m, \tag{II}$$

zu berücksichtigen sind, abgesehen von Randlösungen nach dem Verfahren des französischen Mathematikers J. L. de LAGRANGE in drei Schritten so finden:

1. Schritt: Es wird die Lagrange-Funktion L durch Addition der Nebenbedingungen (II) zu Funktion (I) gebildet, wobei jede Nebenbedingung einzeln mit einer reellen Zahl λ_j multipliziert wird:

$$L = f(z_1, z_2, \ldots, z_n) + \sum_{j=1}^{m} \lambda_j g_j(z_1, z_2, \ldots, z_n). \tag{III}$$

Angesichts der Form der Nebenbedingungen (II) stimmt Gleichung (III) mit (I) überein.

2. Schritt: Gleichung (III) wird je einmal partiell nach z_1 bis z_n und λ_1 bis λ_m differenziert. Das ergibt n Gleichungen der Form

$$\frac{\partial L}{\partial z_i} = \frac{\partial f}{\partial z_i} + \sum_{j=1}^{m} \lambda_j \frac{\partial g_j}{\partial z_i}, \quad \text{worin} \quad i = 1 \ldots n, \tag{IVa}$$

und m Gleichungen der Form

$$\frac{\partial L}{\partial \lambda_j} = g_j(z_1, z_2, \ldots, z_n), \quad \text{worin} \quad j = 1 \ldots m. \tag{IVb}$$

3. Schritt: Die partiellen Ableitungen (IVa) und (IVb) werden gleich null gesetzt. Man erhält so als Bedingungen 1. Ordnung ein System von $n+m$ Gleichungen — wobei die m Gleichungen (IVb) gleich den Nebenbedingungen (II) sind —, aus dem sich die $n+m$ Unbekannten z_1 bis z_n und λ_1 bis λ_m bestimmen lassen. Zur Frage der Bedingungen 2. Ordnung, aus denen sich ergibt, ob die Extremwerte Maxima oder Minima sind, vgl. S. 97, Anm. 18 sowie CHIANG [I.48], S. 400–404; STÖWE/HÄRTTER [I.49], S. 62–77.

gen zweiter Ordnung zeigen, ob es sich dabei um ein Minimum oder ein Maximum handelt. Es sei angenommen, daß die Bedingungen für ein Maximum vorliegen.[18]

Die ökonomische Bedeutung der Gleichungen (1.11) sei am Zwei-Güter-Fall mit den Gütern x_1 und x_2 und einer speziellen Nutzenindexfunktion gezeigt:

Modell 1.12 – *Optimierung des Konsums bei zwei Gütern*

Nutzenindexfunktion: $U=(x_1+a)(x_2+b) \to$ max!, worin $a, b > 0$, (1.12-I)

Budgetrestriktion: $Y=p_1 x_1 + p_2 x_2$. (1.12-II)

Die Konstanten a und b mögen Mindestmengen der beiden Güter darstellen. Die Lagrange-Funktion lautet

$$L = x_1 x_2 + b x_1 + a x_2 + ab + \lambda (Y - p_1 x_1 - p_2 x_2),$$

und die Bedingungen 1. Ordnung sind [19]

$$\frac{\partial L}{\partial x_1} = x_2 + b - \lambda p_1 = 0, \quad (1.13)$$

$$\frac{\partial L}{\partial x_2} = x_1 + a - \lambda p_2 = 0, \quad (1.14)$$

$$\frac{\partial L}{\partial \lambda} = -(p_1 x_1 + p_2 x_2 - Y) = 0. \quad (1.15)$$

---

[18] Die Annahme strenger Konvexität gemäß Hypothese 1.14 und stetiger Ableitungen stellt dies sicher. Mathematisch ist hinreichende Bedingung für ein Maximum bei einer Nebenbedingung (1.8-II), daß die geränderte Hessesche Determinante

$$\begin{vmatrix} 0 & p_1 & \dots & p_n \\ p_1 & L_{11} & \dots & L_{1n} \\ \vdots & \vdots & & \vdots \\ p_n & L_{n1} & \dots & L_{nn} \end{vmatrix},$$

in der $L_{ii} = \partial^2 L / \partial x_i^2$ und $L_{ik} = \partial^2 L / \partial x_i \partial x_k$ die partiellen direkten und Kreuzableitungen 2. Ordnung der Lagrange-Funktion sind, das Vorzeichen $(-1)^n$ hat und daß die Hauptunterdeterminanten, die aus der Determinante nacheinander durch Streichung der jeweils letzten Zeile und Spalte entstehen, sukzessive das Vorzeichen wechseln.

[19] Die Prüfung der Bedingungen 2. Ordnung gemäß Anmerkung 18 ergibt folgendes. Die direkten Ableitungen 2. Ordnung der Lagrange-Funktion sind durch nochmalige Differentiation der Gleichungen (1.13) und (1.14) nach x_1 und x_2 zu gewinnen, sie lauten $L_{11} = L_{22} = 0$, die Kreuzableitungen sind $L_{12} = L_{21} = 1$. Die geränderte Hesse-Determinante ist demnach

$$\begin{vmatrix} 0 & p_1 & p_2 \\ p_1 & 0 & 1 \\ p_2 & 1 & 0 \end{vmatrix} = 2 p_1 p_2 > 0,$$

hat also wie gefordert das positive Vorzeichen. Die erste Hauptunterdeterminante ist $\begin{vmatrix} 0 & p_1 \\ p_1 & 0 \end{vmatrix} = -p_1^2 < 0$ mit dem geforderten negativen Vorzeichen, die zweite verschwindet. Es handelt sich also tatsächlich um ein Maximum.

Eliminierung von λ aus (1.13) und (1.14) ergibt

$$\frac{x_2+b}{p_1} = \frac{x_1+a}{p_2} \quad \text{oder} \quad p_2 x_2 + b p_2 = p_1 x_1 + a p_1.$$

Ersetzt man hierin erstens $p_2 x_2$, zweitens $p_1 x_1$ durch den jeweils aus (1.15) gewonnenen Wert, erhält man

$$x_1 = \frac{Y + b p_2 - a p_1}{2 p_1} \quad \text{und} \quad x_2 = \frac{Y + a p_1 - b p_2}{2 p_2}. \tag{1.16}$$

Damit sind aus dem Modell 1.12 die in dem Sinne *allgemeinen Nachfragefunktionen* für beide Güter gewonnen worden, daß die Nachfrage jeweils vom Preis des betrachteten Gutes, vom Preis des anderen Gutes und vom Einkommen abhängt. Mit solchen Funktionen wird die Trennung von Nachfrage- und Konsumfunktionen aufgehoben. Die unabhängigen Variablen haben die (bei nicht absolut inferioren Gütern) zu erwartenden Vorzeichen: Die Nachfrage nach jedem der beiden Güter nimmt ceteris paribus mit steigendem eigenen Preis ab, mit zunehmendem Einkommen oder steigendem Preis des anderen Gutes zu. Die Ableitung ist ein Beispiel dafür, wie aus einer Reihe von Hypothesen weitere gewonnen werden können (vgl. S. 19).

Auch der Lagrange-Multiplikator λ läßt sich ökonomisch interpretieren. Aus der linksstehenden Gleichung (1.11) folgt

$$\lambda = \frac{U_i}{p_i} = \frac{U_k}{p_k} \quad \text{oder} \quad \frac{U_i}{U_k} = \frac{p_i}{p_k} \quad \text{oder} \quad \lambda = \frac{1}{p_1} \frac{\partial U}{\partial x_1} = \frac{1}{p_2} \frac{\partial U}{\partial x_2} = \ldots = \frac{1}{p_n} \frac{\partial U}{\partial x_n}.$$

Die linksstehende Gleichungskette kann nach Satz 1.2 (S. 75) gemäß kardinaler Nutzenmessung interpretiert werden. Aus der rechtsstehenden Gleichungskette folgt, daß der Lagrange-Multiplikator λ gleich der Änderung des Nutzens für alle Güter je Einheit der Mehrausgabe für diese ist. Wenn die Budgetrestriktion (1.8-II) bindend ist, was beim Einkommen immer angenommen wird, gibt λ den zusätzlichen Nutzen beim Hinausschieben der Schranke um eine Einheit an. Dies läßt sich noch deutlicher zeigen, wenn man $p_i \partial x_i = \partial C_i$ setzt: Im Optimum muß die Nutzenänderung ∂U je Einheit der Mehrausgabe ∂C_i bei allen Gütern gleich groß sein. In der Sprache der Nutzentheorie ist λ demnach gleich dem Grenznutzen, den der Haushalt aus der Verwendung einer Einkommenseinheit zum Kauf und Verbrauch eines Gutes erzielt, dem *Grenznutzen des Einkommens*.[20] Die Gleichungskette (1.3) S. 74 zeigte bereits die Bedingung, daß dieser Grenznutzen in allen Verwendungen gleich groß sein muß. Will man jedoch die kardinale Interpretation vermeiden, benutzt man die oben in der Mitte stehende Gleichung. Da $U_i = \partial U / \partial x_i$ ist, gilt $U_i / U_k = \partial x_k / \partial x_i$. Man erhält so Satz 1.4 (S. 88), in dem wegen der ordinalen Messung nicht mehr von Nutzenquantitäten, sondern von der Grenzrate der Substitution entlang einer Indifferenzkurve gesprochen wird. Im übrigen zeigt sich, warum Randlösungen mit $x_i = 0$ für irgendein i hier auszuschließen sind: Die Grenzrate der Substitution $\partial x_k / \partial x_i$ wäre dort nicht definiert.

---

[20] Häufig „Grenznutzen des Geldes" genannt. Geld kann jedoch auch aus Kreditaufnahme oder dem Verkauf von Vermögensobjekten zufließen, wofür bisher keine Beschränkungen genannt wurden. Die hier maßgebende Restriktion (1.12-II) bezieht sich dagegen auf das Einkommen, und daher ist die obige Bezeichnung korrekt.

Die aus dem Modell 1.12 abgeleiteten allgemeinen Nachfragefunktionen (1.16) sind homogen vom Grad null[21] und haben damit eine wichtige ökonomische Eigenschaft: Die mengenmäßige Nachfrage nach beiden Gütern bleibt ungeändert, wenn sich alle Preise und das Einkommen im selben Verhältnis ändern. Verdoppeln, verdreifachen oder halbieren — allgemein: ver-k-fachen ($k>0$) sich alle Preise und das Einkommen, werden also alle unabhängigen Variablen in der Nachfragefunktion (1.16) für x_1 mit k multipliziert, erhält man

$$x_1 = \frac{kY + k b p_2 - k a p_1}{k \, 2 p_1} = \frac{k(Y + b p_2 - a p_1)}{k \, 2 p_1} = \frac{Y + b p_2 - a p_1}{2 p_1},$$

die Funktion ändert sich also nicht. Das gleiche Ergebnis erhält man, wenn man schon in der Budgetrestriktion (1.12-II) beide Preise und die Konsumsumme mit k multipliziert und den anschließenden Rechenweg beschreitet: Weder Lage und Steigung der Budgetgeraden noch die Grenzraten der Substitution entlang der relevanten Indifferenzkurve ändern sich. Man sagt auch, der betrachtete Haushalt unterliege nicht einer *Geldillusion*. Diese würde vorliegen, wenn er bei einer gleichzeitigen Steigerung aller Preise und seines Einkommens um den gleichen Prozentsatz

— nur das Einkommen betrachtet und glaubt, dieses sei real gestiegen;
— nur die Preise betrachtet und glaubt, seine Kaufkraft habe abgenommen und seine ökonomische Situation sich daher verschlechtert.

Die Annahme der Freiheit von Geldillusion steckt in dem Modell 1.12 wie auch in dem allgemeinen Modell 1.8, weil weder Preise noch Einkommen Argumente der Nutzenindexfunktion sind. Bei empirischen Untersuchungen ist jedoch jeweils erst festzustellen, ob sie zutrifft.

8. Substitutions- und Einkommenseffekte von Preisänderungen. In Bild 1.12 ist das Gedankenexperiment von Bild 1.8 (S. 89) wiederholt: Die Budgetgerade hat im Zwei-Güter-Fall in der Ausgangssituation die Lage AB und dreht sich infolge einer Erhöhung des Preises p_y von p_y^0 auf p_y^1 in die Lage AB', woraufhin sich das Haushaltsoptimum von Punkt P_0 nach P_1 verlagert. Es ist nun eine weitere ökonomische Konsequenz eines solchen Vorgangs zu untersuchen.

Steigt ein Preis, dann kann mit dem nominell gleichbleibenden Einkommen nur noch ein kleineres Güterbündel gekauft werden. Man sagt, das *Realeinkommen* des Haushalts habe sich infolge der Preiserhöhung verringert, oder er habe eine Einbuße an Kaufkraft erlitten. Bild 1.12 zeigt, daß die neue Konsumgüterkombination P_1 auf der näher zum Koordinatenursprung liegenden und daher einen niedrigeren Nutzenindex tragenden Indifferenzkurve I_1 liegt. Wenn nun aber, verallgemeinert, jede Preisän-

---

[21] Eine Funktion mit n unabhängigen Variablen $y = f(z_1, z_2, \ldots, z_n)$ ist homogen vom Grad r, wenn für eine reelle Zahl >0 gilt: $f(\lambda z_1, \lambda z_2, \ldots, \lambda z_n) = \lambda^r y$. Zum Nachweis setzt man für jedes z_i die Größe λz_i und zieht dann λ vor eine Klammer. Beispielsweise ist die Funktion $y = a z_1^2 + b z_1 z_2 + c z_2^2$ homogen vom Grad 2, da $a(\lambda z_1)^2 + b \lambda z_1 \lambda z_2 + c(\lambda z_2)^2 = \lambda^2 (a z_1^2 + b z_1 z_2 + c z_2^2) = \lambda^2 y$ ist. Der Homogenitätsgrad null bedeutet, daß man wie oben jedes z_i mit λ multiplizieren darf, ohne daß sich wegen $\lambda^0 = 1$ etwas an y ändert.

Bild 1.12 – *Substitutions- und Einkommenseffekt einer Preiserhöhung gemäß der Hicks-Zerlegung*

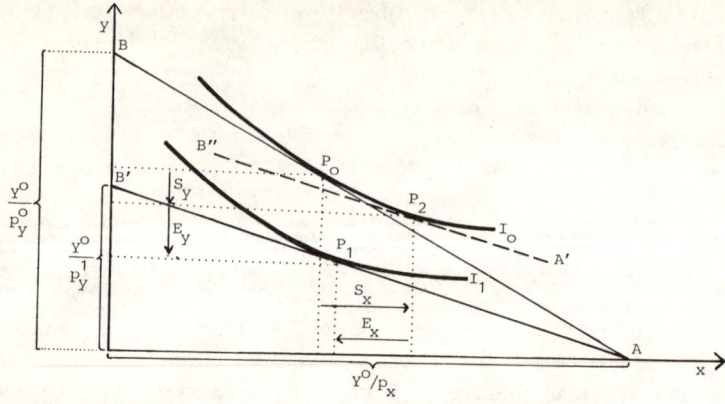

derung auch das Realeinkommen des Haushalts ändert, dann reagiert dieser nicht nur gemäß Hypothese 1.4 (S. 75) auf die Änderung des Preisverhältnisses, sondern gleichzeitig gemäß Hypothese 1.5 (S. 76) auch auf die Änderung seines Realeinkommens. Seine Reaktion läßt sich demnach in zwei Teile zerlegen:

(1) Der *Substitutionseffekt* veranlaßt den Haushalt, weniger von dem teurer gewordenen und dafür mehr von dem anderen Gut zu kaufen;
(2) Der *Einkommenseffekt* verringert die Nachfrage nach beiden Gütern, soweit sie nicht absolut inferior sind (vgl. Bild 1.10, S. 91).

Entsprechend kann man bei einer Preissenkung sagen, der Haushalt sei aufgrund des Substitutionseffekts willens, aufgrund des Einkommenseffekts fähig, mehr von dem billiger gewordenen Gut zu kaufen.[22] Die beiden Effekte lassen sich mit einem Kunstgriff graphisch trennen, der auf J.R. Hicks zurückgeht.[23] Das Verhältnis, in dem die beiden Güter gekauft werden, wird durch ihr Preisverhältnis, graphisch also durch die Steigung der Budgetgeraden, bestimmt. Die Steigung wird durch die Erhöhung eines Preises geändert. Will man deren Einfluß auf das Güterverhältnis getrennt von ihrem Einfluß auf die Kaufkraft ermitteln, muß man in Bild 1.12 auf der ursprünglichen Indifferenzkurve I_0 bleiben und daher die neue Budgetgerade AB' soweit parallel verschieben, bis sie I_0 gerade berührt. Dies ist durch die gestrichelte Gerade $A'B''$ angedeutet. Das Gedankenexperiment kann so interpretiert werden, daß der Kaufkraftrückgang durch eine fiktive Erhöhung des Einkommens gerade kompensiert wird. P_2 ist die fiktive Gütermengenkombination, der Substitutionseffekt allein würde sich also in der Bewegung von P_0 nach P_2 zeigen, die mit „S_x" und „S_y" bezeichneten Pfeile geben den Mehrverbrauch von x und den Minderverbrauch von y aufgrund dieses Effekts an. Entsprechend zeigt die Bewegung von P_2 nach P_1, welche Wirkung der Einkommenseffekt allein auslösen würde. Die nunmehrige Parallelverschiebung der Budgetgeraden aus der fiktiven Lage $A'B''$ in die tatsächliche

---

[22] Diese eingängige Formulierung bei D. R. Kamerschen/L. M. Valentine: Intermediate Economic Theory. Cincinnati 1977, S. 130 f.
[23] Hicks [I.20], S. 29–33.

neue Lage AB' kann ja nur zustandekommen, wenn auf beiden Achsenabschnitten entweder der Betrag Y verringert oder p_x und p_y im selben Verhältnis erhöht werden: Beides bedeutet eine Kaufkraftverringerung ohne Wirkung auf das Preisverhältnis. Die mit „E_y" und „E_x" gekennzeichneten Pfeile zeigen, daß der Einkommenseffekt bei Gut y den Substitutionseffekt verstärkt, ihn bei Gut x dagegen teilweise kompensiert. Beides erscheint bei superioren und relativ inferioren Gütern plausibel. Von Gut y wird aus beiden Gründen, dem der relativen Verteuerung und dem des Einkommensrückgangs, weniger gekauft. Die Mehrnachfrage nach x infolge seiner relativen Verbilligung wird dagegen durch die Mindernachfrage infolge des Einkommensrückgangs zum Teil beseitigt.

Zwei andere Fälle sind in Bild 1.13 dargestellt. Wieder wird eine Preiserhöhung von Gut y angenommen. In Teil (a) liegen die Indifferenzkurven jetzt jedoch so, daß der Substitutionseffekt zugunsten des Mehrverbrauchs von Gut x bei diesem Gut durch den Einkommenseffekt überkompensiert wird. Der Haushalt schätzt das teurer gewordene Gut y so hoch ein, daß er bereit ist, angesichts der Preiserhöhung mehr als bisher für seinen Erwerb auszugeben, so daß ein kleinerer Betrag für den Kauf von x übrigbleibt. Den Extremfall zeigt Teil (b): Die Präferenz für y ist hier so ausgeprägt, daß der Haushalt angesichts der Preiserhöhung auch seine mengenmäßige Nachfrage nach y erhöht (und entsprechend sehr viel weniger von x kauft). Dieser dem Nachfragegesetz widersprechende Fall wird das *Giffen-Paradox* genannt und läßt sich wie folgt interpretieren: Ein Haushalt hat ein so niedriges Einkommen, daß er gerade die Nahrungsmittel kaufen kann, die sein physisches Existenzminimum sicherstellen. Steigt nun der Preis für ein je Nährwerteinheit relativ billiges Grundnahrungsmittel wie Kartoffeln, dann kann es notwendig werden, zu Lasten des Verbrauchs teurerer Nahrungsmittel wie Fleisch das Grundnahrungsmittel vermehrt zu kaufen, um das Nährwertminimum nicht zu unterschreiten. Die Wahrscheinlichkeit hierfür ist um so größer, je höher der Anteil der Ausgaben für dieses Gut am Einkommen ist. Der Einkommenseffekt muß also negativ sein (weniger Einkommen führt zu mehr Nachfrage, das Gut ist absolut inferior) und den Substitutionseffekt überkompensieren.

Die eben gegebene Übersicht über die verschiedenen Möglichkeiten zeigt, daß die Wirkung des Substitutionseffekts im Zwei-Güter-Fall der Richtung nach ausnahmslos vorhersehbar ist: Er bewirkt immer einen teilweisen Ersatz des teurer gewordenen

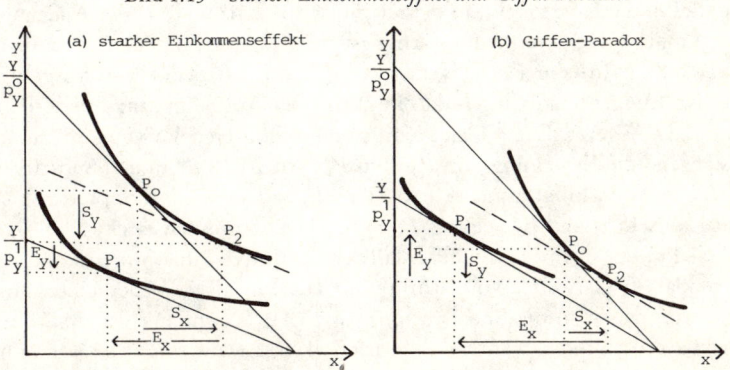

Bild 1.13 – *Starker Einkommenseffekt und Giffen-Paradox*

Gutes durch das relativ billiger werdende. Im n-Güter-Fall bei $n > 2$ wäre zu berücksichtigen, daß Güter auch komplementär sein können (vgl. S. 86) und daher eine Preisänderung die Nachfrage nach beiden in gleicher Richtung beeinflussen kann. Die Wirkung des Einkommenseffekts ist nur vorhersehbar, wenn man den Giffen-Fall außer Betracht läßt (was in den industrialisierten Ländern wohl realistisch wäre): Der Einkommenseffekt verringert die Nachfrage nach beiden (nicht absolut inferioren) Gütern. Die gemeinsame Wirkung der beiden Effekte ist nur aufgrund weiterer Informationen (etwa über die Lage der Indifferenzkurven) prognostizierbar, weil zwei nur dem Vorzeichen nach bekannte Änderungen zusammentreffen (vgl. S. 41): Der Einkommenseffekt kann den Substitutionseffekt bei dem relativ billiger gewordenen Gut wie in Bild 1.12 zum Teil oder wie in den Bildern 1.13 (a) und (b) mehr als kompensieren; er kann ihn wie in den Bildern 1.12 und 1.13 (a) bei dem teurer gewordenen Gut verstärken oder wie in Bild 1.13 (b) überkompensieren. Das Nachfragegesetz (Hypothese 1.4, S. 75) bleibt jedoch bis auf den Giffen-Fall gültig, da mit ihm nur ein Zusammenhang zwischen der Nachfrage nach einem Gut und dessen Preis behauptet wird, während die Wirkung einer Preisänderung auf die Nachfrage nach anderen Gütern außer Betracht bleibt.

Die Zerlegung der Reaktion eines Haushalts auf Preisänderungen in einen Substitutions- und einen Einkommenseffekt ist nicht nur eine theoretische Feinheit, sondern hat erhebliche praktische Bedeutung in der empirischen Konsumforschung. Wer Angaben über gezahlte Preise und abgesetzte Mengen eines Gutes über längere Zeiträume hinweg sammelt, um eine Preis-Absatz-Beziehung zu rekonstruieren, kann sicher sein, daß die Ceteris-paribus-Klausel hinsichtlich des Einkommens der Nachfrager nicht erfüllt war (vgl. S. 43 f.). Er muß dann den Einfluß des Einkommens auf die nachgefragten Mengen auf irgendeine Weise herausrechnen, um den Einfluß des Preises „rein" darstellen zu können. Das theoretisch einwandfreie Verfahren von HICKS ist hierzu jedoch nicht geeignet, weil es die Kenntnis des Indifferenzkurvensystems des Haushalts voraussetzt. Bei empirischer Arbeit muß man sich auf beobachtbare Größen wie Preise, Nominaleinkommen und Gütermengen stützen. Hier hilft ein gegenüber dem von HICKS etwas abgewandeltes Verfahren, das auf SLUTSKY zurückgeht und in Bild 1.14 dargestellt ist. Wie in Bild 1.12 ist angenommen, daß p_y bei Konstanz von p_x und Y steigt, so daß sich die Budgetgerade aus der Lage AB in die Lage AB' dreht. P_0 und P_1 sind die optimalen Mengenkombinationen. Soll die durch die Preiserhöhung bewirkte Realeinkommenssenkung durch eine fiktive Einkommenserhöhung kompensiert werden, verschiebt man die neue Budgetgerade AB' gemäß HICKS parallel in die Lage $A'B''$, in der sie die Indifferenzkurve I_0 der Ausgangssituation gerade tangiert. Der Berührungspunkt ist mit H bezeichnet. Gemäß dem Verfahren von SLUTSKY wird die Parallelverschiebung von AB' jedoch so vorgenommen, daß die fiktive Budgetgerade durch den Punkt P_0 der Ausgangssituation verläuft, also in die Lage $A''B'''$ gerät. Diese Gerade möge eine Indifferenzkurve I_2 im Punkt S berühren. Während die Bewegung von P_0 nach P_1 gemäß HICKS in den Substitutionseffekt $P_0 \to H$ und den Einkommenseffekt $H \to P_1$ zerlegt wird, interpretiert man nun als Substitutionseffekt die Bewegung $P_0 \to S$, als Einkommenseffekt $S \to P_1$. (Daß der Haushalt Punkt S realisieren würde, falls er die fiktive Einkommenskompensation erhielte, ist klar: I_2 ist weiter vom Nullpunkt entfernt als I_0.) Der Unterschied besteht also darin, daß man die Substitution gemäß HICKS entlang der ursprünglichen Indifferenzkurve vornimmt, während man nach SLUTSKY auf eine neue Kurve mit höherem Nutzenindex gerät, wobei man das Güterbündel der Ausgangssituation mit den neuen Preisen bewertet, von denen einer höher ist als vorher. Oder: Gemäß HICKS wird der reine Substitutionseffekt dadurch ermittelt, daß man dem Haushalt zum Ausgleich der Preiserhöhung fiktiv soviel Mehreinkommen gibt, daß er auf der Indifferenzkurve der Ausgangssituation bleibt; gemäß SLUTSKY kompensiert man soweit, daß er nach wie vor das ursprüngliche Güterbündel kaufen kann, was eine Indifferenzkurve mit höherem Nutzenindex impliziert. Der Unterschied in der Zerlegung ist gering, und er ist um so kleiner, je kleiner die Preisänderung ist. Man sieht dies, wenn man in Bild 1.14 den Punkt B' in Richtung auf B wandern läßt. Damit ändern

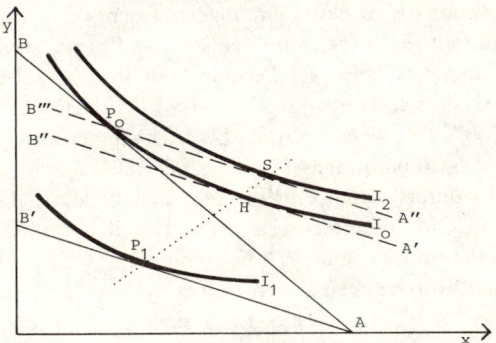

Bild 1.14 – *Substitutions- und Einkommenseffekt einer Preiserhöhung gemäß der Slutsky-Zerlegung*

sich auch die Hilfslinien $A'B''$ und $A''B'''$, und mit den Punkten P_0 und P_1 rücken auch die Punkte S und H immer mehr aneinander. Bei infinitesimal kleiner Preisänderung fallen beide Zerlegungen zur Slutsky-Hicks-Zerlegung zusammen und lassen sich algebraisch im allgemeinen Fall zweier Güter x_i und x_j durch die Gleichung

$$\left(\frac{\partial x_i}{\partial p_j}\right)_Y = \left(\frac{\partial x_i}{\partial p_j}\right)_U - x_j \left(\frac{\partial x_i}{\partial Y}\right)_p$$

wiedergeben. Hierin bezeichnen die an den Klammern stehenden Indizes die jeweils konstant gehaltenen Variablen: Die Wirkung einer Änderung des Preises p_j auf die Nachfrage nach dem Gut x_i bei gegebenem Nominaleinkommen Y (der Ausdruck links vom Gleichheitszeichen) wird durch die Slutsky-Hicks-Zerlegung aufgespalten in den reinen Substitutionseffekt einer einkommenskompensierten Preisänderung, also bei Bewegung auf der ursprünglichen Indifferenzkurve ($U=$konstant, erster Ausdruck rechts) und den Einkommenseffekt (Preis konstant, zweiter Ausdruck rechts). Die Gleichung gilt auch für den Fall $i=j$ und wird *Grundgleichung der Wertlehre* oder *Slutsky-Gleichung* genannt.[24]

Bei endlich großer Preisänderung und damit in der Praxis ergibt sich der in Bild 1.14 gezeigte Unterschied zwischen beiden Zerlegungen, und es stellt sich die

---

[24] Zur Herleitung vgl. SILBERBERG [I.25], S. 323–338, oder LAYARD/WALTERS [I.24], S. 133–143.

Frage, warum man die Ungenauigkeit, den Realeinkommensrückgang fiktiv überzukompensieren, in Kauf nimmt. Die Antwort ist, daß die Slutsky-Zerlegung empirisch annähernd meßbar ist, und zwar wie folgt. Die Änderung des Realeinkommens wird ermittelt, indem man die beobachtbaren Ausgaben des Haushalts für die beiden Güter in Periode 1 (nach der Preisänderung), also die Größe $p_x^1 x^1 + p_y^1 y^1$, durch die mit den Preisen der Periode 1 bewerteten beobachtbaren Mengen der Ausgangsperiode 0 dividiert:

$$\frac{p_x^1 x^1 + p_y^1 y^1}{p_x^1 x^0 + p_y^1 y^0}.$$

Dies ist ein *Paasche-Mengenindex*. Da in ihm die Preise nur einer Periode verwendet werden, gibt er die Realeinkommens- gleich Wohlfahrtsänderung an, so wie sie von dem Haushalt empfunden wird, von dem angenommen werden muß, daß er sich zu den Zeiten der Beobachtung in den Punkten P_0 und P_1 im jeweiligen Optimum befand. Die Verwendung der Preise der Periode 1 stellt sicher, daß man sich auf der Geraden $A''B'''$ (mit derselben Steigung wie AB') befindet. Die Lage des Punktes S auf der Geraden $A''B'''$ läßt sich durch die Beobachtung ermitteln, wie der Haushalt auf Änderungen seines Einkommens bei ungeänderten Preisen mit Änderungen der Nachfrage nach dem untersuchten Gut reagiert. Das bedeutet die Messung der partiellen Konsumausgaben-Einkommenselastizität. Die Reaktion des Haushalts ist in Bild 1.14 durch die Verbindungslinie $P_1 S$ angedeutet.

Die vorstehenden Erörterungen zeigen, daß es bei der Interpretation von Nachfragekurven wie in Bild 1.8 (b) S. 89 eine Schwierigkeit gibt. Solche Kurven werden unter der Bedingung sonst gleicher Umstände gezeichnet, gelten also nur bei Konstanz aller nicht betrachteten Preise und des Einkommens des Haushalts. Da jedoch Preisänderungen zwangsläufig gleichzeitig Änderungen des Realeinkommens bedeuten, enthält jede Nachfragekurve auch die Wirkungen des Einkommenseffekts: Die Ceteris-paribus-Klausel bezieht sich nur auf das Nominaleinkommen. Das ist einerseits erwünscht, da beispielsweise ein Anbieter, der den Verlauf der Preis-Absatz-Beziehung für sein Gut erfahren möchte, nur am tatsächlichen Verhalten seiner Kunden einschließlich des Einkommenseffekts interessiert ist. Anderseits erhält der Statistiker, der seine Beobachtungswerte gemäß dem soeben geschilderten Verfahren bearbeitet, eine Annäherung an eine von Einkommensänderungen *bereinigte Nachfragekurve*. Ihr Verlauf läßt sich, wenn man die in Bild 1.12 angenommene Situation zugrundelegt, durch folgende Überlegung erschließen. Von der Ausgangssituation mit der Budgetgeraden AB und dem Punkt P_0 her gesehen bewirkt eine Erhöhung des Preises p_y^0 von p_y^0 auf p_y^1 eine Verringerung der nachgefragten Menge von y, deren Ausmaß auch in Bild 1.8 abzulesen ist. Dabei ist jedoch der Einkommenseffekt mit erfaßt, der laut Bild 1.12 den Substitutionseffekt verstärkt. Will man diesen allein betrachten, dann ergibt sich ein schwächerer Rückgang von y. Ein Punkt der bereinigten Nachfragekurve liegt in Bild 1.8 (b) also etwas oberhalb von Punkt P_1' (durch ein Kreuz im Kreis angedeutet). Wird anderseits von P_0 aus eine Senkung von p_y angenommen, dann wird der Substitutionseffekt allein eine schwächere Zunahme der Nachfrage bewirken, was in Bild 1.8 (b) durch das Kreuz im Kreis unterhalb von P_2' angedeutet ist. Die Schlußfolgerung lautet: Die bereinigte Nachfragekurve verläuft in Bild 1.8 (b) durch die beiden Kreuze und den Ausgangspunkt P_0' und damit flacher, in der üblichen Darstellung mit dem Preis auf der Ordinate also steiler als die nichtbereinigte Kurve.

Wird die Nachfragekurve nicht bereinigt, lautet eine Rechtfertigung dafür, daß in der Praxis viele Güter nur einen geringen Teil des Verbraucherbudgets beanspruchen, so daß der Einkommenseffekt vernachlässigbar klein ist.

9. Die Käuferrente. Hypothese 1.3 (S. 72) über den abnehmenden Grenznutzen beim Konsum eines jeden Gutes regt im Zusammenhang mit dem Konzept der Nachfragekurve zu folgender Überlegung an. Angenommen, ein Gut x verschaffe einem Haushalt bei sukzessivem Mehrverbrauch je Mengeneinheit (=ME) einen bestimmten Grenznutzen, und der Haushalt sei in der Lage, diesen in der in Bild 1.15 (a) angedeuteten Weise zu quantifizieren. U_1 (in Höhe von OD) bis U_4

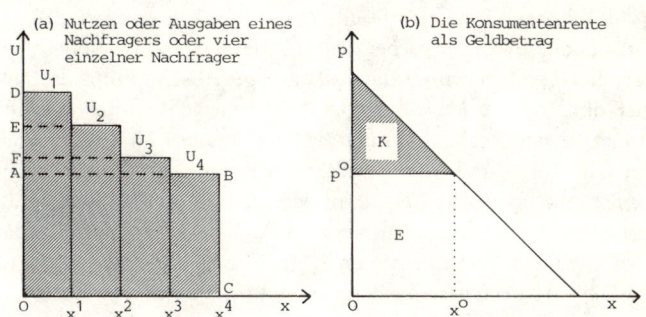

Bild 1.15 – *Die Konsumentenrente als Überschuß-Nutzen und als ersparte Ausgabe*

seien die Grenznutzen der ersten bis vierten ME des Gutes. Der Gesamtnutzen aus dem Konsum der vier ME-en ist gleich der Summe der vier Grenznutzen und wird durch die schraffierte Fläche wiedergegeben. Von der zweiten ME an ist nun der Gesamtnutzen größer als das (mathematische) Produkt aus dem Grenznutzen der letzten verbrauchten ME und der Zahl der ME-en. Eine solche Differenz entstünde nicht, wenn der Grenznutzen aller ME-en konstant wäre. Der Sachverhalt kann so gesehen werden, daß der Haushalt aus der Tatsache des sinkenden Grenznutzens bei Verbrauch von mehr als einer ME einen Nutzenüberschuß erzielt. Überschüsse solcher Art nennt man *Renten* und spricht in dem angeführten Beispiel von einer *Konsumentenrente*. Sie ist in Bild 1.15 (a) bei der Menge x^4 gleich der schraffierten Fläche oberhalb des Rechtecks $OABC$. Die korrekte Bezeichnung ist *Käuferrente*, da die Überlegung auch für Nichtkonsumenten als Käufer gilt.

Bei Darstellungen wie der von Bild 1.15 (a) wird unterstellt, daß der Nutzen kardinal meßbar sei. Wenn man schon eine so weitgehende Annahme macht: Läßt sich die Konsumentenrente dann in Geld bewerten? Ja, wenn die vier Balken die Preise angeben, die der Nachfrager für unterschiedliche Mengen des Gutes zu zahlen bereit wäre. Beim Preis OD würde er eine ME, beim Preis OE zwei ME-en kaufen, und so weiter. Ergibt sich nun ein tatsächlicher Marktpreis von OA, dann wendet der Nachfrager einen Geldbetrag in Höhe des Rechtecks $OABC$ auf, und er kann sich ausrechnen, daß er bei dieser Situation gewisse Beträge nicht auszugeben braucht, sie also „gespart" hat: Für die 1. ME brauchte er die Differenz AD, für die 2. ME AE und für die 3. ME AF nicht zu zahlen. Der direkte Zusammenhang zwischen diesen Beträgen und der Wohlfahrt des Konsumenten wird durch die Annahme hergestellt, der Grenznutzen seines Einkommens sei im betrachteten Bereich konstant. Allerdings mag die vorgestellte Situation, mit der die tatsächliche verglichen wird, gekünstelt aussehen: Sie würde bedeuten, daß der Anbieter von demselben Nachfrager nacheinander für die 1. ME den Preis OD, für die 2. ME den Preis OE kassieren könnte, und so weiter. Die Situation wird leichter vorstellbar, wenn man vier Nachfrager annimmt, von denen jeder eine ME nachfragt und bereit ist, dafür seinen Höchstpreis zu zahlen. Dieser sei OD bei Nachfrager 1, und so weiter. Gelingt es dem Anbieter, von jedem Nachfrager dessen individuellen Höchstpreis zu vereinnahmen, gibt es keine Käuferrente. Zahlen dagegen alle Nachfrager nur den Preis OA, dann haben drei von ihnen einen Vorteil in Gestalt einer nunmehr in Geld bewerteten Käuferrente. Nimmt man wie üblich beliebige Teilbarkeit des Gutes und eine aggregierte Nachfragekurve an, dann läßt sich die Käuferrente in Bild 1.15 (b) beim Preis p^0 durch die schraffierte Fläche K messen. Vorausgesetzt wird hierbei, daß der Grenznutzen des Einkommens bei den Nachfragern interpersonell gleich groß ist. Vom Anbieter her gesehen würde die vollständige Abschöpfung der Käuferrente einen Erlös in Höhe von $E+K$ bedeuten, während tatsächlich nur E erzielt wird. Entsprechend höher ist das Realeinkommen der Nachfrager. Eine Folgerung hieraus ist: Verschwindet ein Gut ersatzlos vom Markt, so fallen auch die Ausgaben dafür weg, und man könnte annehmen, die Wohlfahrt der Käufer werde nicht berührt. Tatsächlich aber verschwindet auch die Käuferrente, so daß netto ein Verlust entsteht. Dieser Sachverhalt kann als eines von mehreren Argumenten dafür herhalten, manche nicht kostendeckend absetzbare Güter dennoch mit Hilfe öffentlicher Zuschüsse zu produzieren und daher etwa öffentliche Nahverkehrsmittel zu betreiben.

In der Praxis wird mit dem Konzept der Käuferrente weniger im Hinblick auf eine gegebene Situation als vielmehr komparativ-statisch unter der Fragestellung gearbeitet, welchen Einfluß eine gegebene Änderung einer Variablen auf die Wohlfahrtssituation von Nachfragern hat. Prototyp einer solchen Variablen ist für den Verbraucher der Preis eines Konsumgutes, und die Frage soll daher im folgenden lauten: Wie kann man die Änderung der Wohlfahrtssituation eines Konsumenten als Folge einer Preisänderung messen? Bild 1.16 (a) zeigt eine Preissenkung für Gut x bei Konstanz der Preise aller anderen Güter, die man sich als Bündel im Einkommen Y zusammengefaßt denken kann. Die Budgetgerade AB dreht sich dadurch in die Lage $A'B$, und der Konsument gelangt aus der Position P_0 auf der Indifferenzkurve I_0 in die Position P_1 auf der Indifferenzkurve I_1. Um wieviel besser steht er sich im Punkt P_1 verglichen mit P_0? Zieht man eine Parallele zur neuen Budgetgeraden $A'B$ in der Weise, daß sie die Indifferenzkurve I_0 der Ausgangssituation (in Punkt P_2) tangiert und die Y-Achse daher im Punkt B' berührt, kann man sagen: Würde man dem Konsumenten Einkommen in Höhe der Strecke BB' wegnehmen, etwa mittels einer Steuer, dann würde die durch die Preissenkung eingetretene Verbesserung seiner Situation gerade rückgängig gemacht, da er sich dann wieder auf der Indifferenzkurve I_0 der Ausgangssituation befände, wenn auch wegen der Änderung des Preisverhältnisses in einem anderen Punkt. Die Strecke BB' ist daher die (die Preisänderung) *kompensierende Einkommensänderung* ΔY_k. Oder: Von der Ausgangssituation her gesehen ist BB' der Betrag, den der Konsument höchstens zahlen würde, um in den Genuß der Preissenkung zu kommen. (Könnte er diese durch eine kleinere Zahlung erlangen, würde sich seine Situation netto verbessern.)

Bild 1.16 – *Kompensierende und äquivalente Einkommensänderungen zwecks Ermittlung der Konsumentenrente*

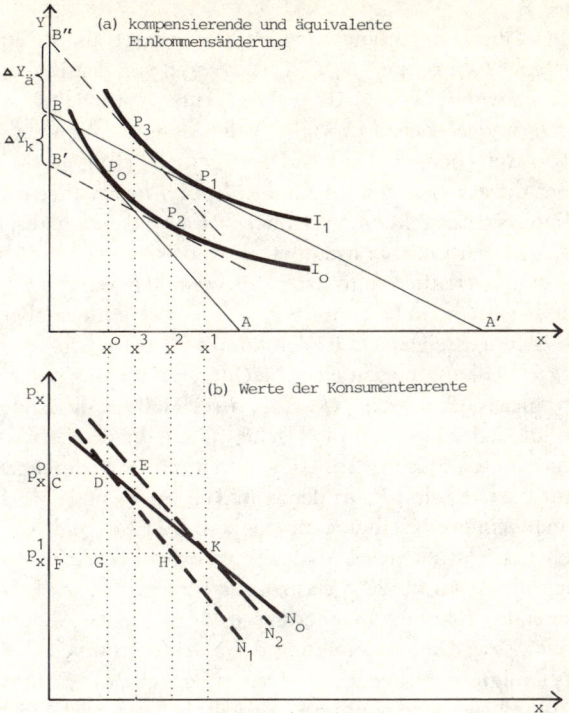

Anderseits kann man fragen: Welches Mehreinkommen müßte der Konsument erhalten, damit sich seine Situation gerade so verbessert wie durch die Preissenkung? Da er durch diese auf die Indifferenzkurve I_1 gelangt, muß man dazu die Budgetgerade AB parallel soweit verschieben, bis sie I_1 tangiert (in Punkt P_3). Sie berührt dann die Y-Achse in Punkt B'', und die Antwort lautet: Die (der Preisänderung) *äquivalente Einkommensänderung* $\Delta Y_ä$ ist gleich der Strecke BB''. Oder: Von der neuen Situation her gesehen ist BB'' der Betrag, den der Konsument mindestens erhalten müßte, wenn er für den Verzicht auf die Preissenkung entschädigt werden soll.

Umgekehrt ist bei einer Preissteigerung zu argumentieren. Die Budgetgerade dreht sich von $A'B$ nach AB, der Konsument gelangt von P_1 nach P_0. Soll er für die Wohlfahrtsminderung entschädigt werden, ist die kompensierende Änderung seines Einkommens, nunmehr dessen Erhöhung etwa mittels einer Transferzahlung, gleich BB'', womit er auf I_1 zurückgelangt, wenn auch nach P_3 statt P_1. Entsprechend würde er höchstens den Betrag BB' als äquivalente Einkommensänderung zahlen, um die Preissteigerung zu vermeiden.

Teil (b) zeigt die Übertragung der Einkommensänderungen aus dem Indifferenzkurvenfeld in die Darstellung von Nachfragekurven. Die Preissenkung von p_x^0 auf p_x^1 ist hier diejenige, die in Teil (a) die Budgetgerade von AB nach $A'B$ verschiebt. Es läßt sich zeigen,[25] daß

---

[25] Vgl. WINCH [4.36], S. 137–143; SUGDEN/WILLIAMS [4.49], S. 127–131.

- die Einkommensänderung BB' in Teil (a) gleich der Fläche $CDHF$ in Teil (b),
- die Einkommensänderung BB'' in Teil (a) gleich der Fläche $CEKF$ in Teil (b) ist.

Die kompensierende Einkommensänderung ist also kleiner als die äquivalente, und die beiden Nachfragekurven N_1 und N_2 in Teil (b) sind von den Einkommenseffekten der Preisänderung bereinigt (vgl. S. 104): Die (kurz gestrichelte) Kurve N_1 geht durch die Punkte D und H, denen in Teil (a) die Mengen x^0 und x^2 und damit die Punkte P_0 und P_2 entsprechen, die beide auf I_0 liegen; N_2 (lang gestrichelt) verbindet E und K und daher die auf I_1 liegenden Punkte P_3 und P_1 entsprechend den Mengen x^3 und x^1. Bereinigte Nachfragekurven zeichnen sich also dadurch aus, daß die Wohlfahrt der Konsumenten auf ihnen konstant ist. Daß beispielsweise die bereinigte Kurve N_1 wie eingezeichnet verlaufen muß, ist so zu verstehen: Sinkt der Preis von p_x^0 auf p_x^1, dann steigt die Nachfrage unbereinigt von x^0 auf x^1. Hierin ist aber der Effekt des infolge der Preissenkung steigenden Realeinkommens enthalten. Rechnet man ihn heraus, führt die Preissenkung nur zu einer Nachfragesteigerung auf x^2. Der Einkommenseffekt ist also gleich der Strecke HK. Als drittes Maß für die Änderung der Konsumentenrente ergibt sich schließlich die Fläche $CDKF$, die der Größe nach zwischen den beiden eben genannten Flächen liegt. Die entsprechende (durchgezogene) Nachfragekurve N_0 geht durch D und K, zu denen in Teil (a) P_0 und P_1 gehören. Dies ist die gewöhnliche unbereinigte Nachfragekurve wie in Bild 1.8 (b) S. 89.

Analysen solcher Art liegen vielen Maßnahmen öffentlicher Haushalte und Unternehmen zugrunde, mit denen in die Preisstruktur eingegriffen wird. Häufig wird dabei die kompensierende Einkommensänderung als Maß für die Änderung der Wohlfahrt verwendet oder, soweit die Bereinigung der Nachfragekurve Schwierigkeiten bereitet, auf die unbereinigte zurückgegriffen. Das ist vertretbar, weil Einkommenseffekte meist quantitativ unbedeutend sind und hier lediglich der zeichnerischen Deutlichkeit halber übertrieben groß dargestellt werden.

10. Probleme der Theorie der Konsumwahl. Die Theorie der Konsumwahl geht von dem alltäglichen Umstand aus, daß der typische private Haushalt ein bestimmtes Einkommen hat, mit dem er nach Abzug von Transfers und Ersparnis in jeder Periode eine größere Zahl von Konsumgütern zu kaufen plant, deren Preise für ihn Daten sind. Bei der Auswahl der Güter nach Art und Menge richtet er sich nach einer kurzfristig konstanten Präferenzordnung, von der angenommen wird, daß sie vollständig und konsistent sei und den Haushalt daher in die Lage versetzt, unter den ihm zugänglichen Güterbündeln eine Rangordnung herzustellen. Der Haushalt erreicht sein Optimum, wenn er seine Nachfragemengen so an seine Daten anpaßt, daß sein subjektives Realtauschverhältnis zwischen zwei Gütern gleich dem des Marktes ist. Der Wirtschaftswissenschaftler beschreibt die Präferenzordnung mit Hilfe einer Nutzenindexfunktion, die bis auf eine streng monoton wachsende Transformation bestimmt ist und es ihm ermöglicht, aus der Annahme der Nutzenmaximierung unter der Restriktion eines gegebenen Budgets allgemeine Nachfragefunktionen für jedes Gut aufzustellen. In diesen erscheint die Nachfrage als homogene Funktion vom Grade null der Preise aller Güter und des Einkommens sowie der Präferenzen der Haushalte, die sich in den Parametern der Funktionen ausdrücken. Die Wirkung einer Preisänderung auf die Nachfrage nach einem Gut kann in zwei Effekte aufgespalten werden: Den Einkommenseffekt aufgrund der Tatsache, daß jede Preisänderung das

Realeinkommen ändert; und den Substitutionseffekt als Folge der Änderung der Preisstruktur. Hauptergebnis der Theorie ist die Hypothese, daß eine einkommenskompensierte Preisänderung für ein Gut zu einer Änderung der nachgefragten Menge in entgegengesetzter Richtung führt. Aufgrund einiger weitergehender Annahmen läßt sich mit Hilfe des Konzepts der Konsumentenrente die Änderung der Wohlfahrtssituation des Haushalts als Folge einer Preisänderung messen.

In jeder Theorie muß man Annahmen machen, mit denen die für ein Problem wesentlichen Zusammenhänge von unwesentlichen oder zufälligen getrennt oder formale Lösungen erleichtert werden (vgl. S. 32 f.), die aber unter verschiedenen Aspekten kritisierbar sind. So könnte man die Hypothese der Nichtsättigung (S. 83) mit dem Argument ablehnen, daß es schon wegen der Zeitknappheit kein Gut gibt, von dem ein Haushalt beliebig viele Einheiten verbrauchen oder nutzen könnte; und bei vielen Nahrungs- und Genußmitteln ist „mehr" sicher nicht auch „besser". Es genügt jedoch, wenn die Annahme bei einem gegebenen Versorgungsniveau für sehr viele Haushalte in bezug auf die meisten Güter zutrifft. Die Gleichsetzung von Kauf und Verbrauch (vgl. S. 73) gilt für viele Güter nicht: Tatsächlich werden nur Dienstleistungen und einige Sachgüter wie Elektrizität und Trinkwasser mit ihrem Übergang in den Haushalt auch verbraucht. Der zeitliche Unterschied zwischen Kauf und Verbrauch ist außerdem nur noch bei leichtverderblichen Sachgütern wie vielen Nahrungsmitteln so klein, daß er vernachlässigt werden kann. Andere nichtdauerhafte Sachgüter können gelagert werden, und eine in der Natur der Sache liegende Diskrepanz zwischen Kauf und Verbrauch besteht bei allen dauerhaften Konsumgütern. Damit wird ein wichtiger Punkt der Kritik an der Theorie der Konsumwahl deutlich: Sie bezieht sich, wie S. 73 vorausgesetzt, nur auf eine Planperiode. Jeder Haushalt trifft jedoch ständig Entscheidungen, die sich auf mehrere kurze Perioden auswirken und Gegenstand eines langfristigen Wirtschaftsplans sind. Die statische Theorie muß daher durch eine solche des intertemporalen Nutzenkalküls ergänzt werden, an der in der Tat gearbeitet wird. Viele Überlegungen im Rahmen eines solchen Kalküls sind formal die gleichen wie die eines Unternehmens beim Kauf dauerhafter Produktionsmittel. Dieser Kritik kann also durch Anwendung anderer wirtschaftswissenschaftlicher Denkinstrumente begegnet werden. Damit erledigt sich auch der Einwand, nicht alle Güter seien beliebig teilbar. Trifft er auf ein gegebenes Gut zu, dann wird einfach von der Vorstellung Gebrauch gemacht, daß solche Güter während ihrer Lebensdauer einen Strom von Nutzungen abgeben, von dem ein Teil in jedem kurzfristigen Wirtschaftsplan erfaßt wird.

Schwerwiegender ist ein anderer Aspekt der dynamischen Betrachtung des privaten Konsums: Die Präferenzordnungen der Haushalte sind nicht unabhängig voneinander und bleiben im Zeitablauf nicht konstant. Faßt man sie als prozeßendogen auf, entsteht die Frage, wodurch sie bestimmt werden. Zwei Arten von Einflüssen lassen sich unterscheiden: Solche der Konsumenten untereinander, und Einflüsse der Produzenten auf Konsumenten. Der typische Haushalt bewertet Güter nicht völlig autonom, sondern läßt sich dabei in vielfältiger Weise von seiner sozialen Umwelt beeinflussen. In mancher Hinsicht paßt er sich an sie an, läßt sich von ihr also kontrollieren und die S. 7 genannte Konventionsbeschränkung auferlegen. Dem Bestreben, das Verhalten anderer Haushalte nachzuahmen, etwa bezüglich einer Kleidermode, stehen jedoch auch Versuche gegenüber, sich von ihm zu unterscheiden. Daneben empfinden Konsumenten Freude oder aber Neid darüber, was andere tun; ihr Nutzen hängt also nicht nur von den Gütern ab, die sie selbst kaufen oder besitzen. Allgemein gilt: Das Konsumverhalten eines gegebenen Haushalts hat *externe Effekte* und wird von solchen beeinflußt. Auch werden Menschen älter, sammeln Erfahrungen und lernen aus ihnen. Sie bilden Gewohnheiten, so daß sich Präferenzen durch Akte des Verbrauchs ändern und der Konsum von heute den von morgen beeinflußt; und sie passen sich mit ihren Ansichten an allgemeine Entwicklungen an und sind so zur gleichen Zeit Akteure und Objekte eines irreversiblen Prozesses (vgl. S. 60 f.).

Die andere Art von Einflüssen geht von Produzenten und Anbietern aus, die mittels Werbung versuchen, die Präferenzen der Konsumenten in ihrem Sinne zu beeinflussen. Dabei werden im Zuge des wirtschaftlichen Wachstums ständig neue Güter geschaffen, mit denen nicht nur bestehende Bedürfnisse auf andere Weise befriedigt, sondern auch neue geschaffen werden. Allein deswegen können Präferenzordnungen im Zeitablauf nicht konstant bleiben. Insgesamt liegt hier ein schwieriges und noch wenig erforschtes Problem vor.[26]

Ein grundsätzlicher Einwand methodischer Art könnte sich schließlich ergeben, wenn man die Hypothesen der Theorie der Konsumwahl wörtlich nimmt und beispielsweise versucht, die Vollständigkeits- und die Transitivitätshypothese (S. 92 f.) empirisch zu überprüfen. Der durchschnittliche Haushalt in einem hochindustrialisierten Land verbraucht laufend Hunderte verschiedener Konsumgüter. Es wäre gewiß absurd, ihm gemäß den beiden Hypothesen die Fähigkeit und Bereitschaft zu unterstellen, gegenüber einer Unzahl von je zwei aus mehreren hundert Gütern bestehenden Bündeln widerspruchsfreie und zeitlich konstante Präferenzen anzugeben. Präferenzordnungen könnten auf solche Weise immer nur für wenige Werte bestimmt werden, so daß intra- und extrapoliert werden müßte; und Experimente haben gezeigt, daß sich viele Konsumenten ihrer Präferenzen nur vage bewußt sind, geringe Unterschiede nicht wahrnehmen (vgl. S. 13) sowie intransitives und im Zeitablauf nicht konstantes Konsumverhalten zeigen. Einwände solcher Art wären jedoch gemäß dem hier vertretenen methodischen Standpunkt irrelevant. Die Theorie ist nicht für den Konsumenten gedacht, etwa als Hilfsmittel bei seinen Kaufentscheidungen, sondern sie soll es dem Ökonomen ermöglichen, das Verhalten von Haushalten zu erklären und vorherzusagen. Tut sie dies nach dem jeweiligen Stand der Wissenschaft besser als jede andere Theorie, muß sie akzeptiert werden. Die Tatsache, daß sie abstrakt, formalistisch, mathematisch ist, kann dabei keine Rolle spielen. Ein Blick auf andere Wissenschaften zeigt, warum das so ist. Niemand erhebt wegen solcher Eigenschaften Einwände gegen die Analysen des Chemikers, Bakteriologen und Parasitologen, da von vornherein niemand auf den Gedanken kommen kann, die untersuchten Moleküle, Mikroben und Milben müßten die sie betreffende Theorie verstehen oder gar anwenden können. Es ist nicht einzusehen, warum dieses Prinzip nicht auch in den Wissenschaften gelten sollte, die sich mit dem Menschen und Fragen seines Zusammenlebens befassen, und es gilt dort auch tatsächlich: Der Patient muß weder die gleichen Kenntnisse haben wie der Arzt, der ihn behandelt, noch muß er dessen Fachsprache verstehen. Es ist daher eine müßige Frage, ob Präferenzordnungen „in Wirklichkeit

---

[26] Als symptomatisch kann gelten, daß bei einer Tagung über Konsum und Produktionstätigkeit privater Haushalte im Jahre 1973 keiner der Beiträge die Herkunft von Haushaltspräferenzen oder deren Änderungen behandelte, wie bei TERLECKIJ [1.44], S. 2 f. bemerkt wird. Vgl. hierzu jedoch inzwischen POLLAK [1.25] und YAARI [1.26].

existieren": Sie existieren als Denkinstrumente von Wirtschaftswissenschaftlern. Sofern das Konsumentenverhalten nicht gänzlich sprunghaft, erratisch, unvorhersehbar ist; und ohne diese Voraussetzung wäre eine Wirtschaftswissenschaft nicht möglich; kann man versuchen, es mit diesem Instrumentarium zu erfassen. Die entscheidende Frage bleibt lediglich, ob und wie gut das gelingt. Damit wird der zentrale Einwand ausgesprochen: Die Theorie der Konsumwahl ermöglicht keine Vorhersagen, da weder Präferenzordnungen noch Indifferenzkurvenfelder beobachtbar sind. In der Tat kann man aufgrund dieser Theorie nicht sagen, was ein Konsument angesichts der Wahl zwischen einem Apfel und einer Apfelsine tun wird. Was man durch Beobachtung ohne Befragung feststellen kann, ist nur, daß ein Konsument Gut A erwirbt, während er Gut B zum selben Betrag hätte kaufen können. Daraus ist zu schließen, daß er unter den gegebenen Umständen Gut A vorzieht oder beiden indifferent gegenübersteht. Mit dem beobachtbaren Akt des Konsumgüterkaufs offenbart der Konsument seine Präferenzen, so daß aus seinem Verhalten auf diese zurückgeschlossen werden kann. Damit wird die Ausgangsbasis der Theorie von den nichtbeobachtbaren Präferenzordnungen der Konsumenten auf ihr beobachtbares Marktverhalten verschoben, was in der Aufzählung S. 14 f. den Übergang von Ansatz (1) zu Ansatz (3) bedeutet. Warum greift man dann weiterhin in der Theorie auf nichtbeobachtbare Erklärungsbestandteile wie Präferenzordnungen und Wirtschaftspläne zurück, was vom Standpunkt einer streng empirischen Wissenschaft als nicht mehr selbständig durch Beobachtungen belegbarer und daher überflüssiger Erklärungsregreß (vgl. S. 24) erscheinen könnte? Die Antwort ist: Dieser Ansatz befriedigt das Bedürfnis des Wirtschaftswissenschaftlers, sich nicht mit bloßer Beobachtung des Verhaltens zufriedenzugeben, sondern dieses in dem Sinne zu verstehen (vgl. S. 62), daß man es auf rationale Entscheidungen zurückführt. Erst wenn man weiß, wie diese aussehen müßten und zustandekommen, kann man Hilfestellung bei der zukünftigen Entscheidungsfindung leisten. Aufgabe der gemäß diesem Ansatz arbeitenden *Theorie der offenbarten Präferenzen* ist es dann, die Voraussetzungen aufzudecken, aus denen das beobachtbare Verhalten deduzierbar ist. Gelingt es dabei im Laufe der Zeit, schwächere Voraussetzungen zu finden oder ihre Zahl zu verringern, hat man einen wissenschaftlichen Fortschritt erzielt: Auch für ökonomische Theorien gilt das ökonomische Prinzip. Die einen Teil der Voraussetzungen bildenden Hypothesen wie etwa 1.9 bis 1.14 in II.7 sind dann allerdings nicht mehr selbständig und direkt überprüfbar. Sie gehören zu der Sicht, mit der man an den Erfahrungsbereich „Konsumentenverhalten" herangeht. Aussagen der Art, daß Konsumenten ihren Nutzen zu maximieren suchen, sind dann eine Redeweise, ein Deutungsprinzip, ein Interpretationsmuster, also empirisch leer.

Was die empirische Forschung angeht, so geht man von Nutzenindexfunktionen aus und leitet aus diesen Nachfrage- und Konsumfunktionen nach Art von Gleichung (1.16) S. 98 ab, auf deren Grundlage dann Verhaltensparameter geschätzt werden, um das beobachtete Verhalten zu erklären und zukünftiges vorherzusagen. Ein Fortschritt besteht hierbei darin, die Zahl der Erklärungsvariablen zu vergrößern und so den Inhalt der Ceteris-paribus-Klausel zu verkleinern. Die Verhaltensfunktionen des privaten Haushalts werden dazu in ihren einfachsten Fassungen im folgenden Teil III vorgestellt.

III. Verhaltensfunktionen des privaten Haushalts

1. Durchschnitts- und Marginalquoten, Elastizitäten. Mit den in II.6 eingeführten beiden Verhaltensfunktionen, der Nachfrage- und der Konsumfunktion, lassen sich wesentliche Aspekte des Verbraucherverhaltens in Abhängigkeit von den jeweiligen Datenkonstellationen erfassen. Bei der auch hierbei vorherrschenden Marginalbetrachtung (vgl. S. 26f.) ist die Frage nach der Reaktion des Wirtschaftssubjekts auf eine (kleine) Änderung eines Datums bei Konstanz aller anderen Einflüsse zu beantworten. Dabei geht man wie folgt vor.

Als Beispiel diene die Konsumfunktion $C = C(Y)$, worin C die Konsumsumme und Y das (verfügbare) Einkommen ist. Das Verhalten des Haushalts in einer Ausgangssituation einerseits und bei Änderung eines Datums andererseits läßt sich wie folgt beschreiben:

(1) Das Konsumverhalten in der Ausgangssituation oder -periode t kann durch die Angabe des Teils des verfügbaren Einkommens Y gekennzeichnet werden, der zu Konsumausgaben C verwendet wird. Man bildet dazu die *durchschnittliche Konsumquote* C/Y. Sie ist in der Regel kleiner als eins.

Die Reaktion des Haushalts in der Periode t auf eine Änderung seines verfügbaren Einkommens gegenüber der Vorperiode $t-1$ kann dadurch gemessen werden, daß man entweder

(2.1) die absolute Änderung seiner Konsumausgaben $C_t - C_{t-1} = \Delta C$ auf die sie bewirkende absolute Änderung seines verfügbaren Einkommens $Y_t - Y_{t-1} = \Delta Y$ bezieht, also seine Reaktion durch die marginale Konsumquote $\Delta C / \Delta Y$ mißt; oder daß man

(2.2) die relative Änderung seiner Konsumausgaben $\Delta C/C$ auf die sie bewirkende relative Änderung seines Einkommens $\Delta Y/Y$ bezieht, also seine Reaktion durch den Quotienten

$$\varepsilon_{C,Y} = \frac{\Delta C}{C} : \frac{\Delta Y}{Y} = \frac{\Delta C}{\Delta Y} \cdot \frac{Y}{C} \qquad (1.17)$$

mißt. Dieser Quotient (gesprochen: Epsilon-C-in-bezug-auf-Y) heißt *Elastizität der Konsumausgaben in bezug auf das (verfügbare) Einkommen* oder kurz *Konsumausgaben-Einkommenselastizität*.

Solche Quotienten lassen sich allgemein aufgrund eines funktionalen Zusammenhangs $y = f(z_1 \ldots z_m)$ in bezug auf die abhängige Variable y und eine Erklärungsvariable z_i und unter der Bedingung, daß alle anderen Variablen konstant bleiben, wie folgt bilden:

Def. 1.2: *Eine Durchschnittsquote ist der Quotient aus dem Wert der abhängigen Variablen und dem Wert einer Erklärungsvariablen: y/z_i;*

Def. 1.3: *Eine Marginalquote ist der Quotient aus der absoluten Änderung der abhängigen Variablen und der absoluten Änderung einer erklärenden Variablen: $\Delta y/\Delta z_i$;*

Def. 1.4: *Eine Elastizität ist der Quotient aus der relativen Änderung der abhängigen Variablen und der relativen Änderung einer Erklärungsvariablen: $\Delta y/y : \Delta z_i/z_i$.*

Wie sich durch Umformung der Elastizitätsdefinition (1.17) zeigen läßt, besteht zwischen den drei Quotienten die Beziehung

$$\varepsilon_{y,z_i} = \frac{\Delta y}{\Delta z_i} : \frac{y}{z_i} \quad \text{oder} \quad \text{Elastizität} = \frac{\text{Marginalquote}}{\text{Durchschnittsquote}}. \tag{1.18}$$

Für die Benennung gilt, daß man bei Durchschnitts- und Marginalquoten nur die abhängige Variable („marginale Konsumquote"), bei Elastizitäten die abhängige Variable zuerst nennt („Konsumausgaben-Einkommenselastizität"). Jedoch existieren für einige Elastizitäten auch Kurzbezeichnungen („Nachfrageelastizität"), die im folgenden Text jeweils erwähnt werden. Elastizitäten werden in diesem Buch wie in den Gleichungen (1.17) und (1.18) mit den Symbolen beider Variabler indiziert, sofern Verwechslungsgefahr besteht.

Die Bildung von Durchschnittsquoten erscheint nicht immer sinnvoll, beispielsweise dann nicht, wenn die Investition die abhängige und ein Zinssatz die erklärende Variable ist. Bei Marginalquoten und Elastizitäten kann man von endlich großen Änderungen der Variablen wie Δy und Δz_i oder von infinitesimalen Änderungen ausgehen und dann (Differenzierbarkeit vorausgesetzt) Differentialquotienten wie dy/dz_i oder (partiell) $\partial y/\partial z_i$ benutzen. Bei nichtlinearen Funktionen erhält man allerdings beliebig viele Werte für eine mit endlichen Änderungen berechnete Marginalquote und damit auch für eine Elastizität je nachdem, wie groß man die Änderung Δz_i der Erklärungsvariablen wählt. In solchen Fällen zieht man daher die Definition unter Verwendung des (partiellen) Differentialquotienten vor. Elastizitäten können demnach wie folgt geschrieben werden:

$$\varepsilon_{y,z_i} = \frac{\Delta y}{y} : \frac{\Delta z_i}{z_i} \quad \text{oder} = \frac{\partial y}{y} : \frac{\partial z_i}{z_i} \quad \text{oder nach Umformung} = \frac{\partial y}{\partial z_i} \cdot \frac{z_i}{y}.$$

Bei der empirischen Messung von Marginalquoten und Elastizitäten ist die Reaktionsverzögerung — vgl. Aussage 23 (S. 12) — zu berücksichtigen. Jede Messung von heute erfaßt nicht nur die Reaktion auf die Ursachen von gestern, sondern auch noch Reste von Reaktionen auf Ursachen von vorgestern und weiter zurückliegenden Perioden. Jede abhängige Variable wächst so erst im Laufe der Zeit in einen neuen Wertebereich hinein, der sich jedoch seinerseits nicht endgültig bestimmen läßt, weil ständig weitere Einflüsse hinzutreten. Empirisch festzustellen ist immerhin, daß nacheinander ausgeführte Messungen häufig (absolut) zunehmende Werte für die genannten Quotienten ergeben.

Elastizitäten sind unbenannte Zahlen, da Geld- oder Mengeneinheiten als Dimensionsbezeichnungen der Variablen jeweils in Zähler und Nenner auftreten und sich wegkürzen. Mit ihnen lassen sich daher Reaktionen auf Preisänderungen ganz unterschiedlicher Güter unabhängig von den physischen Maßeinheiten für diese vergleichen. Bei Marginalquoten sind dagegen solche Kürzungen nicht immer möglich, beispielsweise dann nicht, wenn man die Änderung Δx der nachgefragten Menge eines Gutes auf die sie bewirkende Preisänderung Δp bezieht. Eine Elastizität ist positiv, wenn eine Änderung der erklärenden Variablen zu einer gleichgerichteten Änderung der abhängigen Variablen führt. Sie ist negativ, wenn die Änderungsrichtungen entgegengesetzt verlaufen.

Das Verfahren, ökonomisches Verhalten mit Hilfe von Marginalquoten und Elastizitäten zu kennzeichnen, wird in allen Bereichen der Wirtschaftswissenschaft verwendet. Solche Größen treten auch häufig als Parameter in Verhaltensfunktionen auf. Ein Beispiel ist die marginale Konsumquote c in Gleichung (E.5) S. 18.

2. Nachfragekurve und direkte Preiselastizität. Die eben erarbeiteten Instrumente sind auf die Nachfragekurve eines Haushalts für ein Gut wie folgt anzuwenden. Diese Kurve gibt an, welche Mengen des Gutes der Haushalt bei unterschiedlichen Preisen zu kaufen plant, wobei Konstanz aller anderen Preise, des Einkommens sowie aller sonstigen das Kaufverhalten beeinflussenden Variablen vorausgesetzt wird. Es sei zunächst angenommen, die Nachfragekurve verlaufe linear. Ihre allgemeine sowie eine spezielle Gleichung lauten dann

$$p = a - bx, \quad \text{worin} \quad a > 0, b > 0; \quad p = 10 - 0{,}8x. \tag{1.19}$$

Die Funktion ist anhand des Zahlenbeispiels in Bild 1.17 graphisch dargestellt, wobei wie üblich der Preis p auf der Ordinate, das Gut x auf der Abszisse abgetragen ist. Formt man sie zur Abschnittsgleichung um (vgl. S. 79, Anm. 6):

$$\frac{p}{a} + \frac{x}{a/b} = 1,$$

so erkennt man, daß a ($=10$) der Abschnitt auf der p-Achse, a/b ($=12{,}5$) der Abschnitt auf der x-Achse ist. Die Kurve verläuft um so steiler, je größer bei gegebenem a der (absolute) Wert von b ist. Beim Preis $p=a$ wird das Gut nicht mehr gekauft: Dies ist der *Höchstpreis* (auch: *Prohibitivpreis*) für den Haushalt. Die Höchstmenge a/b, die beim Preis null nachgefragt wird, heißt *Sättigungsmenge*. Will man nun die Reaktion eines Haushalts, für den die Nachfragekurve von Bild 1.17 (a) gilt, auf eine Preisänderung mit Hilfe der Elastizität messen, gilt folgendes. Da die unabhängige Variable hierbei der Preis p, die abhängige Variable die Menge x ist,[27] lautet die Definition der *Elastizität der Nachfragemenge in bezug auf den Preis* (auch kurz der *direkten Preiselastizität*) $\eta_{x,p}$ (sprich: eta-x-p):

$$\eta_{x,p} = \frac{\Delta x/x}{\Delta p/p} = \frac{\Delta x}{\Delta p}\frac{p}{x}. \tag{1.20}$$

Das Bild zeigt zwei Fälle. Im ersten Fall sinkt der Preis von 8 auf 7 Geldeinheiten je Mengeneinheit (GE/ME), woraufhin die nachgefragte Menge von 2,5 ME auf 3,75 ME steigt. Im zweiten Fall sinkt der Preis von 4 GE/ME auf 3 GE/ME, woraufhin die nachgefragte Menge von 7,5 ME auf 8,75 ME steigt. Die absoluten Preis- und Mengenänderungen sind in beiden Fällen gleich groß, aber die relativen Änderungen unterscheiden sich erheblich: Im ersten Fall ruft eine Preissenkung um 12,5 v.H. eine Mengenreaktion um 50 v.H. hervor, während im zweiten Fall eine Preissenkung um 25 v.H. die nachgefragte Menge nur um 16,7 v.H. zunehmen läßt. Die Berechnung

---

[27] Die übliche Schreibweise (1.19) der Nachfragefunktion bedeutet also nicht, daß der Preis in jedem Fall als abhängige Variable betrachtet wird. Es ist jeweils eine Sachfrage des untersuchten Marktes, welche Variable auf eine oder mehrere andere reagiert.

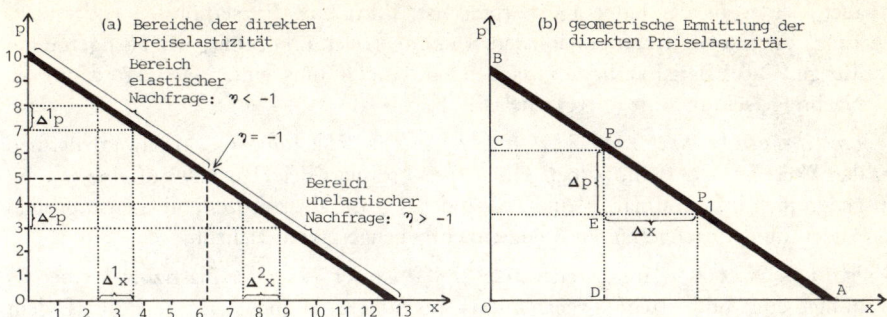

Bild 1.17 – *Lineare Nachfragekurve eines Haushalts und direkte Preiselastizität*

der numerischen Werte der Elastizitäten ergibt daher unterschiedliche Werte:

erster Fall zweiter Fall

$$\eta^1_{x,p} = \frac{1{,}25}{-1} \cdot \frac{8}{2{,}5} = -4, \quad \eta^2_{x,p} = \frac{1{,}25}{-1} \cdot \frac{4}{7{,}5} = -0{,}67.$$

Die Kurve läßt sich wie folgt in Bereiche für den Wert der direkten Preiselastizität einteilen. Da Nachfragefunktionen wie (1.19) als stetig und differenzierbar vorausgesetzt werden, ersetzt man in der Definitionsgleichung der direkten Preiselastizität (1.20) den Differenzenquotienten $\Delta x/\Delta p$ durch den Differentialquotienten dx/dp [28]

$$\eta_{x,p} = \frac{dx}{dp} \cdot \frac{p}{x} \qquad (1.21)$$

und setzt in diese Gleichung den durch Umformung von (1.19) zu gewinnenden Wert für x sowie den durch Differenzierung der umgeformten Gleichung entstehenden Wert für dx/dp ein. Das ergibt

$$\eta_{x,p} = \frac{p}{p-a} = \frac{1}{1-a/p}. \qquad (1.22)$$

Wandert man nun auf der Nachfragekurve von ihrem Berührungspunkt mit der x-Achse an aufwärts und setzt die jeweils entsprechenden Werte für p in Gleichung (1.22) ein, erhält man folgende Bereiche für die Nachfrageelastizität:

- *Völlig unelastische Nachfrage*: Im Punkt $p=0$ ist die Elastizität ebenfalls gleich null. Man sagt dann, die Nachfrage sei völlig unelastisch.[29] Der hier nur für den uninteressanten Fall $p=0$ geltende Wert von $\eta_{x,p}=0$ wird unten für den Fall $p>0$ erläutert.

---

[28] Streng genommen handelt es sich um einen partiellen Differentialquotienten, da auch noch andere Exovariable, vor allem Preise von Substituten und das Einkommen, die Nachfrage beeinflussen. Jedoch wird der partielle Differentialquotient hier nur benutzt, wenn andere Variable explizit in der jeweiligen Gleichung auftreten.

[29] Häufig wird auch von „vollkommen" unelastischer Nachfrage gesprochen. Dieses Wort wird hier wegen seines möglichen Wertgehalts vermieden.

- *Unelastische Nachfrage:* Im Bereich $0 < p < a/2$, wenn also der Preis größer als null, aber kleiner als der halbe Höchstpreis ist, führt eine Preiserhöhung (oder -senkung) zu einer unterproportionalen Senkung (oder Erhöhung) der nachgefragten Menge. Die Elastizität liegt zwischen null und minus eins. Man sagt dann, die Nachfrage sei (auch: reagiere) unelastisch.
- *Einheitselastische Nachfrage:* Setzt man $p = a/2$ in Gleichung (1.22) ein, erhält man den Wert $\eta = -1$. Beim halben Höchstpreis reagiert der Haushalt auf eine (streng genommen infinitesimal) kleine Preisänderung mit einer prozentual ebenso großen Änderung der nachgefragten Menge in entgegengesetzter Richtung.
- *Elastische Nachfrage:* Im Bereich $a/2 < p < a$ ist der Wert der Elastizität kleiner als minus eins und strebt gegen minus unendlich, je mehr sich der Preis dem Höchstpreis a nähert. Der Haushalt reagiert hier auf eine Preisänderung mit einer prozentual jeweils größeren Mengenänderung. Man sagt, die Nachfrage sei elastisch.
- *Völlig elastische Nachfrage:* Ist $p = a$, so führt eine kleine Preissenkung mathematisch zu einem über alle Grenzen gehenden Wert für $\eta_{x,p}$. Dieser Fall der völlig elastischen Nachfrage wird unten ebenfalls für einen realistischen Bereich erörtert.

Für die Eigenschaften der bisher behandelten Nachfragekurve gilt demnach

Satz 1.6: *Eine lineare fallende Nachfragekurve hat in Höhe des halben Höchstpreises die Elastizität -1, bei der die Hälfte der Sättigungsmenge nachgefragt wird. Bei höherem Preis reagiert der nachfragende Haushalt elastisch, bei niedrigerem Preis unelastisch auf Preisänderungen.*

Dies zeigt zunächst, daß Angaben über die Größe einer Preiselastizität ohne Nennung des dazugehörigen Preises sinnlos sind. Wer etwa behauptet: „Die Preiselastizität der Butternachfrage liegt bei $-0{,}8$" meint meist, ohne es zu sagen, „beim gegenwärtigen Preis". Ohne eine solche zusätzliche Angabe könnte man auf einer linearen Nachfragekurve immer eine Stelle finden, für die eine Behauptung über die numerische Größe einer Elastizität zutrifft. Die Aussage wäre nicht widerlegbar, also empirisch leer (vgl. S. 39 f.). Zu beachten ist auch hier, daß Angaben über eine Elastizität die strikte Geltung der Ceteris-paribus-Klausel voraussetzen: Alle sonstigen Erklärungsvariablen für die nachgefragte Menge außer dem Preis müssen als konstant oder als sich insgesamt neutralisierend betrachtet werden.

Das Vorzeichen der direkten Preiselastizität ist immer negativ, sofern die Nachfragekurve den als normal angesehenen von links oben nach rechts unten fallenden Verlauf zeigt. Das liegt darin, daß Preis und Menge in der Ausgangssituation immer positiv sind, während eine positive Preisänderung eine negative Mengenänderung nach sich zieht und umgekehrt. Damit entsteht insofern eine kleine sprachliche Schwierigkeit, als man mit der Kennzeichnung „elastische Nachfrage" gern eine größere Zahl verbinden möchte als mit der Bezeichnung „unelastische Nachfrage". Tatsächlich ist jedoch etwa im obigen Zahlenbeispiel der Wert von η bei elastischer Reaktion $\eta^1 = -4$ und damit algebraisch kleiner als bei unelastischer Reaktion mit $\eta^2 = -0{,}67$. Das Dilemma wird in diesem Buch dadurch umgangen, daß bei Bedarf vom absoluten Wert der Elastizität, geschrieben $|\eta|$, gesprochen wird, der die gewünschte Eigenschaft aufweist: Er ist bei elastischer Nachfrage größer, bei unelastischer Nachfrage kleiner als eins.[30]

Die direkte Preiselastizität läßt sich aus der Darstellung einer Nachfragekurve wie folgt ablesen. In Bild 1.17 (b) ist ein Punkt P_0 auf der Nachfragekurve AB angenommen. Wie hoch ist die direkte Preiselastizität bei dem diesem Punkt entsprechenden Preis? Dazu wählt man willkürlich einen weiteren Punkt P_1 und macht sich klar, daß gemäß der Definition (1.20) gilt

$$\eta_{x,p} = \frac{\Delta x}{\Delta p} \frac{p}{x} = \frac{EP_1}{EP_0} \frac{OC}{OD}.$$

Nun gilt wegen der Ähnlichkeit der Dreiecke P_0EP_1 und BCP_0:

$$\frac{EP_1}{EP_0} = \frac{CP_0}{CB}.$$

Setzt man diesen Quotienten in die obige Definitionsgleichung ein und berücksichtigt, daß $CP_0 = OD$ ist, erhält man

$$\eta = \frac{OC}{CB} \quad \text{oder auch} \quad \eta = \frac{AP_0}{P_0B},$$

was sich aus dem 1. Strahlensatz ergibt. Damit gilt

Satz 1.7: *Die direkte Preiselastizität in einem Punkt einer linearen Nachfragekurve ist gleich dem (negativen) Verhältnis des unteren zum oberen Abschnitt der durch diesen Punkt geteilten Nachfragekurve.*

Was dabei unter unterem und oberem Abschnitt zu verstehen ist, geht aus Bild 1.17 (b) hervor. Selbstverständlich läßt sich die Elastizität auch auf der x-Achse an dem Verhältnis AD/DO ablesen. Ist der Preis gleich dem halben Höchstpreis, dann teilt er die Nachfragekurve im Verhältnis 1 : 1, vgl. Bild 1.17 (a). Nähert er sich null oder aber dem Höchstpreis, dann wird auch bei dieser geometrischen Deutung klar, daß sich die Preiselastizität null nähert oder aber über alle Grenzen wächst.

Ein Verlauf der Nachfragekurve wie in Bild 1.17 wird als Normalfall angesehen. In der Praxis können jedoch, wenn auch vielleicht nur innerhalb enger Bereiche, andere Verhaltensweisen auftreten. Bild 1.18 zeigt unter anderen zwei Fälle, in denen die beiden extremen Elastizitätswerte, die in Bild 1.17 nur an den Endpunkten der Nachfragekurve auf den Achsen auftreten, über endlich große Bereiche gelten. In Teil (a) sind vier Nachfragekurven N_1 bis N_4 mit unterschiedlichen Steigungen darge-

---

[30] Einige Autoren setzen statt dessen ein Minuszeichen vor den Wert von η und erhalten so eine positive direkte Nachfrageelastizität. Das Verfahren geht auf den Schöpfer des Elastizitätskonzepts zurück (A. MARSHALL: Principles of Economics. An Introductory Volume. 8. Aufl. London 1920, S. 839), weshalb man auch vom „Marshallschen Minuszeichen" spricht. Das Zeichen verwirrt jedoch eher und wird daher hier nicht verwendet. Erstens kommen auch original positive Werte für direkte Nachfrageelastizitäten vor (vgl. unten, in IV.1), und zweitens hat das Vorzeichen von Elastizitäten bei vielen anderen Anwendungen dieses Maßes erhebliche ökonomische Bedeutung; vgl. unten die Unterschiede zwischen positiver und negativer Kreuzpreiselastizität in III.5 und Einkommenselastizität in III.7.

Bild 1.18 – *Unterschiedliche Steigerungen von Nachfragekurven und Elastizitäten*

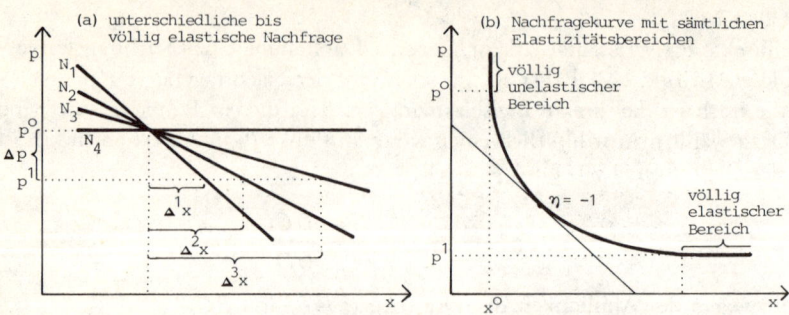

stellt. Bei gegebener Preissenkung von p^0 um Δp auf p^1 ist die Reaktion Δx um so größer, je flacher die Nachfragekurve verläuft. Gemäß Gleichung (1.20) und Satz 1.7 nimmt die Elastizität damit immer größere Werte an. Den Extremfall bildet die Lage N_4: Eine infinitesimal kleine Preisänderung führt zu einer beliebig großen Mengenänderung, die Elastizität ist minus unendlich, die Nachfrage völlig elastisch, und der Preis bestimmt nicht mehr die gekaufte Menge.

Umgekehrt gilt: Je steiler die Nachfragekurve in einem Punkt verläuft, um so weniger elastisch ist die Nachfrage bei diesem Preis. Teil (b) zeigt eine Nachfragekurve mit allen vorkommenden Werten der Nachfrageelastizität. Das andere Extremverhalten tritt hier bei Preisen oberhalb von p^0 auf: Eine Änderung des Preises bewirkt in diesem Bereich keine Mengenänderung, es wird unabhängig vom Preis die Menge x^0 gekauft. Die Nachfrage ist daher hier völlig unelastisch, die Elastizität gemäß Gleichung (1.20) und Satz 1.7 gleich null. Unterhalb von p^0 nimmt sie zunächst sehr kleine Werte an, die bei weiter fallendem Preis über den gekennzeichneten Wert -1 hinaus (absolut) immer größer werden, bis bei p^1 der völlig elastische Bereich beginnt.

Wie hoch sind die Nachfrageelastizitäten für konkrete Güter bei den in einem Land zu einem Zeitpunkt herrschenden Preisen? Es gibt Tausende von Untersuchungen hierüber, aufgrund derer sich sagen läßt:

– Die Nachfrage nach einem Gut ist um so elastischer, je mehr und je engere Substitute es hat.

Da bei jeder Untersuchung vorher festgelegt werden muß, was man als ein Gut betrachten will, wird hier die Frage der Abgrenzung zwischen Gütern berührt. Beispielsweise kann man davon ausgehen, daß die Nachfrage nach einer Apfelsorte elastischer ist als die nach Äpfeln allgemein, und diese wiederum elastischer als die nach Frischobst. Dies gilt für viele solche Güterhierarchien. Jeder Finanzminister erhofft von einer Erhöhung der Tabaksteuer ein höheres Aufkommen dieser Steuer, weil er die Nachfrage nach Tabakwaren insgesamt mangels enger Substitute für unelastisch hält, aber dies gilt sicher nicht für die einzelnen Arten von Tabakwaren.

– Die Nachfrage nach einem Gut ist um so weniger elastisch, je kleiner der Anteil der Ausgaben für das Gut am Budget ist.

Dieses Verhalten wird noch verstärkt, wenn das Gut ein Grundbedürfnis befriedigt. Innerhalb realistischer Preisbereiche ist daher die Elastizität der Nachfrage nach

Speisesalz, Elektrizität für Beleuchtungszwecke, Trinkwasser annähernd (wenn vielleicht auch nicht gleich) null.

– Die Nachfrage nach einem Gut ist um so elastischer, je mehr Verwendungsmöglichkeiten es für das Gut gibt.

Nach einer Preissenkung wird das Gut dann auch für Zwecke eingesetzt, für die es vorher zu teuer war. Ein Beispiel sind elektronische Taschenrechner, die in Schulen und private Haushalte eindrangen, nachdem sie zu erschwinglichen Preisen angeboten wurden.

Im übrigen darf man sich Nachfragekurven nicht als etwas Feststehendes vorstellen, da die anderen Erklärungsvariablen der Nachfrage wie das Einkommen, die Preise von Substituten und Komplementärgütern sowie die Präferenzordnungen nicht konstant bleiben. Elastizitätsmessungen zeigen daher im Zeitablauf nicht nur wegen der Reaktionsverzögerung variierende Werte, sondern spiegeln auch die Tatsache wider, daß mit wachsendem Sozialprodukt und daher steigenden Einkommen Luxus- zu Notwendigkeitsgütern und dann weniger elastisch nachgefragt werden.

Gibt es Ausnahmen vom Nachfragegesetz, also positive Werte der Nachfrageelastizität? Eine echte Ausnahme wurde in Gestalt des Giffen-Paradox genannt (S. 101); eine weitere liegt vor, wenn eine Teilgruppe von Haushalten mit einem hohen Preis eines Gutes einen höheren Nutzen verbindet (vgl. unten, IV.1). Insgesamt dürften solche Fälle jedoch nur geringe praktische Bedeutung haben. Eine Scheinausnahme liegt vor, wenn Preiserwartungen eine Rolle spielen: Ist ein Preis von p^0 auf p^1 gesunken und weckt dies die Erwartung auf einen demnächst noch niedrigeren Preis p^2, dann kann dies bewirken, daß bei p^1 weniger gekauft wird als bei p^0. Ebenfalls zu den Scheinausnahmen gehören die Fälle, in denen die Ceteris-paribus-Klausel verletzt ist (vgl. das Beispiel S. 44).

Als Ergebnis dieses Abschnitts ist festzuhalten: Es ist für Akteure des Wirtschaftsprozesses wie für Wirtschaftswissenschaftler wichtig, vermuten zu können, wie stark die Nachfrager nach einem Gut auf Preisänderungen reagieren. Das Maß für solche Reaktionen ist die direkte Preiselastizität als Quotient aus der relativen Änderung der Nachfragemenge und der relativen Preisänderung. Je nach dem numerischen Wert der Elastizität spricht man von völlig unelastischer, unelastischer, einheitselastischer, elastischer und völlig elastischer Nachfrage. Normal verlaufende lineare Nachfragekurven haben in Höhe des halben Höchstpreises die Elastizität –1; darüber ist die Nachfrage elastisch, darunter unelastisch. Geometrisch ist die Elastizität in jedem Punkt einer linearen Nachfragekurve gleich dem Verhältnis des unteren Kurvenabschnitts zum oberen. Da die Elastizität meist mit dem Preis variiert, gehört zur Angabe einer Elastizität immer auch die des Preises.

3. Aggregation und Verschiebung von Nachfragekurven. In der Praxis wird in der Regel nicht die Nachfrage eines einzelnen Haushalts, sondern die von Haushaltsgruppen untersucht, was die Zusammenfassung einzelner Nachfragefunktionen zu einer Gesamtnachfragefunktion erfordert. Bild 1.19 zeigt am Beispiel dreier Nachfragekurven, wie das graphisch geschieht, wobei für alle Nachfrager jeweils die gleichen Preise gelten. Die Kurven N_1 bis N_3 sind nach dem Höchstpreis geordnet und haben unterschiedliche Steigungen. Sie sind waagerecht zu addieren, da zu jedem Preis die von allen Nachfragern zusammen nachgefragte Menge zu ermitteln ist. Dabei

Bild 1.19 – *Aggregation von Nachfragekurven zu einer Gesamtnachfragekurve*

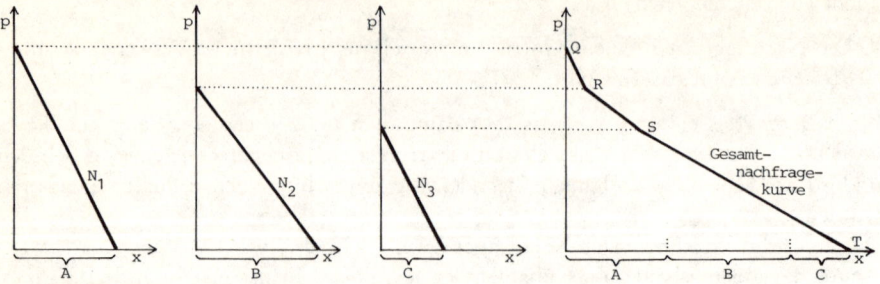

zeigt sich, daß die Gesamtnachfragekurve nur im Abschnitt QR die gleiche Steigung wie eine der Ausgangskurven, nämlich wie N_1, hat (weil sie insoweit mit ihr identisch ist). Im Abschnitt RS addieren sich die Steigungen von N_1 und N_2, und im Abschnitt ST verläuft die Gesamtkurve noch flacher, weil hier alle drei Steigungen der Ausgangskurven zusammentreffen. Als Ergebnis erhält man eine Gesamtnachfragekurve, die gebrochen linear und zum größten Teil flacher als jede der Ausgangskurven verläuft. Sie berührt die x-Achse im Punkt T, der die Summe der Sättigungsmengen A, B und C der Einzelkurven darstellt. Gibt es sehr viele Nachfrager auf dem betrachteten Markt, so kann die daraus entstehende Gesamtnachfragekurve durch eine gekrümmte Kurve angenähert werden. Dies gilt um so mehr, je größer die Zahl der Nachfrager und je niedriger der Preis ist, da dann die Höchstpreise von immer mehr Nachfragern unterschritten werden, diese also als Marktteilnehmer auftreten. Allerdings wird trotz dieses Effekts häufig mit Gesamtkurven gearbeitet, die im relevanten Bereich linear sind (zur Begründung vgl. S. 32).

Präferenzordnungen, Einkommen und Preise anderer Güter können sich ändern, und damit ändert sich die Lage der unter der Ceteris-paribus-Klausel gezeichneten Nachfragekurve für das jeweils betrachtete Gut. Steigt das Einkommen eines Haushalts, dann wird sich die Nachfragekurve für ein superiores oder relativ inferiores Gut nach rechts, die für ein absolut inferiores Gut nach links verschieben, wobei die Steigung konstant bleiben oder sich ändern kann. Bild 1.20 zeigt drei Verschiebungen von Nachfragekurven. In Teil (a) ist eine Parallelverschiebung nach rechts dargestellt: Bei jedem Preis wird eine größere Menge nachgefragt. Sie könnte auch als Parallelver-

Bild 1.20 – *Der Einfluß von Verschiebungen der Nachfragekurve auf die direkte Preiselastizität*

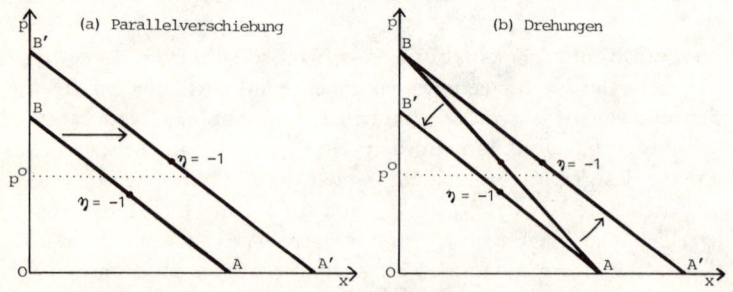

schiebung nach oben interpretiert werden — jede Menge wird bei einem höheren Preis nachgefragt — jedoch werden dadurch keine zusätzlichen Einsichten gewonnen. Wichtigstes Ergebnis ist, daß die Nachfrage bei einem gegebenen Preis, im Bild bei p^0, durch diese Verschiebung weniger elastisch wird, wie aus der Anwendung von Satz 1.7 (S. 117) sofort abzulesen ist. Im vorliegenden Fall wird sogar der Bereich der Elastizität gewechselt.

Will man die direkte Preiselastizität bei einem bestimmten Preis algebraisch als Funktion der Lage einer linearen Nachfragekurve darstellen, dann ist wie folgt vorzugehen. Die Lage einer solchen Kurve ist bei gegebener und gleichbleibender Steigung durch den Abschnitt OA der x-Achse in Bild 1.20(a) bestimmt. Ist $p = a - bx$ die Gleichung der Kurve, dann ist dieser Abschnitt gleich a/b, wie S. 114 festgestellt wurde. Setzt man nun $a/b = \pi$ (sprich: pi), worin π ein *Verschiebungsparameter* ist, dessen Änderungen waagerechte Parallelverschiebungen der Nachfragekurve bewirken, dann ist $a = b\pi$ und gemäß Gleichung (1.22) S. 115

$$\eta = \frac{p}{p - b\pi}.$$

Diese Gleichung zeigt in der gewünschten Weise die Elastizität bei gegebenem Preis und gegebener Steigung der Nachfragekurve als Funktion des Verschiebungsparameters. Beispielsweise ist in Bild 1.17(a) S. 115 $\pi = 12{,}5$, womit sich aus der obigen Gleichung beim Preis $p = 8$ (und für $b = 0{,}8$) die Elastizität zu $\eta^1 = -4$ ergibt (dort als erster Fall bezeichnet). Verschiebt sich nun die Nachfragekurve etwa so weit nach rechts, daß der Abschnitt der x-Achse zu $\pi' = 15$ wird, dann fällt die Elastizität bei $p = 8$ auf $\eta' = -2$.

Teil (b) von Bild 1.20 zeigt zwei Verschiebungen in Form von Drehungen. Dreht sich die Nachfragekurve um ihren Berührungspunkt B mit der p-Achse aus der Lage BA in die Lage BA', dann bleibt gemäß Satz 1.7 in Verbindung mit dem Strahlensatz die direkte Preiselastizität beim Preis p^0 ungeändert. Dreht sich die Kurve dagegen um ihren Berührungspunkt A auf der x-Achse, dann nimmt die Elastizität bei p^0 bei einer Drehung nach links in die Lage AB' (wie eingezeichnet) absolut zu, bei einer Drehung nach rechts absolut ab. Die allgemeine Folgerung aus Bild 1.20 ist demnach: Die Verschiebung einer linearen Nachfragekurve ändert die direkte Preiselastizität bei einem gegebenen Preis nur dann, wenn sie den Abschnitt a auf der p-Achse ändert. Dieses Ergebnis ist auch aus Gleichung (1.22) abzulesen: Bei gegebenem Preis bestimmt nur a den Wert der Elastizität, der Steigungsparameter b in Gleichung (1.19) S. 114 spielt dabei keine Rolle.

Bezieht man bei der Analyse von Nachfragekurven auch deren Verschiebungen in die Betrachtung ein, muß man sich klarmachen, daß das Wort „Nachfrage" eine Kurzbezeichnung für drei ganz unterschiedliche Sachverhalte ist:

(1) Nachfrage = gekaufte oder zum Kauf gewünschte Menge eines Gutes, meist in Abhängigkeit vom Preis. Typische Aussage ist: „Wenn der Preis sinkt, nimmt die Nachfrage zu." Hier bewegen sich die Nachfrager auf einer feststehenden Kurve. Klarer wäre, von „Nachfragemenge" zu sprechen.
(2) Nachfrage = Zuordnung unterschiedlicher Nachfragemengen zu Preisen in den Wirtschaftsplänen der Nachfrager. Häufige Aussage: „Wenn die Nachfrage nach einem Gut zunimmt, dann steigt sein Preis." Hier verschiebt sich eine Nachfrage-

kurve nach rechts, und im Vergleich zum Sprachgebrauch (1) sind Ursache und Wirkung vertauscht, die Richtung des Einflusses verläuft umgekehrt.

Die Bewegung auf einer Kurve wie unter (1) muß also von einer Bewegung der Kurve wie unter (2) unterschieden werden, die an einer Änderung der Parameter der zugrundeliegenden Funktion zu erkennen ist. Wie anhand von Bild 3.7 (unten, S. 319) gezeigt wird, geht eine Zunahme der Nachfrage gemäß (2) nicht zwangsläufig mit einer Zunahme der Nachfrage gemäß (1) einher.

(3) Nachfrage = Reaktionsweise eines Nachfragers oder mehrerer Nachfrager entsprechend einer Stelle auf einer gegebenen Nachfragekurve. Dieser Sprachgebrauch liegt in einem Satz wie „Die Nachfrage nach Gut x_i ist beim gegenwärtigen Preis p_i elastisch" vor.

Alle drei Bedeutungen treten in der folgenden Aussage auf (die man in der Praxis der Deutlichkeit halber so nicht formulieren würde): „Unelastische Nachfrage kann bei einer Zunahme der Nachfrage elastisch werden, ohne daß sich die Nachfrage ändert" (dargestellt in einem der drei Teile des Bildes 3.7).

4. Ausgabenkurven. Aus der Multiplikation der jeweils zum Kauf geplanten Menge eines Gutes x_i mit seinem Preis p_i ergibt sich die geplante Ausgabe C_i des Haushalts für das Gut: $C_i = p_i x_i$. Je nachdem, ob man die Nachfragefunktion in der Form $p_i = a - b x_i$ oder in der Form $x_i = a/b - 1/b \cdot p_i$ einsetzt, ergibt sich die Ausgabe für das Gut als Funktion des Preises oder der Menge. Im erstgenannten Fall erhält man

$$C_i = \frac{a}{b} p_i - \frac{1}{b} p_i^2 \qquad C_i = 12{,}5\, p_i - 1{,}25\, p_i^2 . \tag{1.23}$$

Bild 1.21 (a) zeigt den Verlauf dieser Ausgabenkurve. Sie ist eine nach links geöffnete Parabel und läßt erkennen, daß für lineare Nachfragekurven folgender Satz gilt:

Satz 1.8: *Im Bereich elastischer Nachfrage senkt eine Preiserhöhung für ein Gut die Ausgabe, eine Preissenkung erhöht die Ausgabe. Im Bereich unelastischer Nachfrage steigert eine Preiserhöhung die Ausgabe, eine Preissenkung verringert sie.*

Die Wirkung einer Preissenkung auf die Ausgabe wird bei elastischer Nachfrage durch die prozentual größere Mengenänderung mehr als wettgemacht, die Ausgabe steigt. Sinkt der Preis dagegen bei unelastischer Nachfrage, so nimmt zwar die gekaufte Menge zu, aber prozentual weniger als die Preissenkung, die Ausgabe nimmt ab. Befindet sich der Preis in der Ausgangssituation gerade auf der halben Höhe des Höchstpreises, so ändert eine — streng genommen infinitesimal kleine — Änderung des Preises die Ausgabe nicht: Die Wirkung der Preisänderung auf die Ausgabe wird durch eine prozentual ebenso große Mengenänderung in entgegengesetzter Richtung gerade ausgeglichen.

Mißt man die Reaktion der Ausgabe auf eine Preisänderung durch die *Ausgaben-Preiselastizität*

$$\eta_{C_i, p_i} = \frac{dC_i}{dp_i} \frac{p_i}{C_i}, \tag{1.24}$$

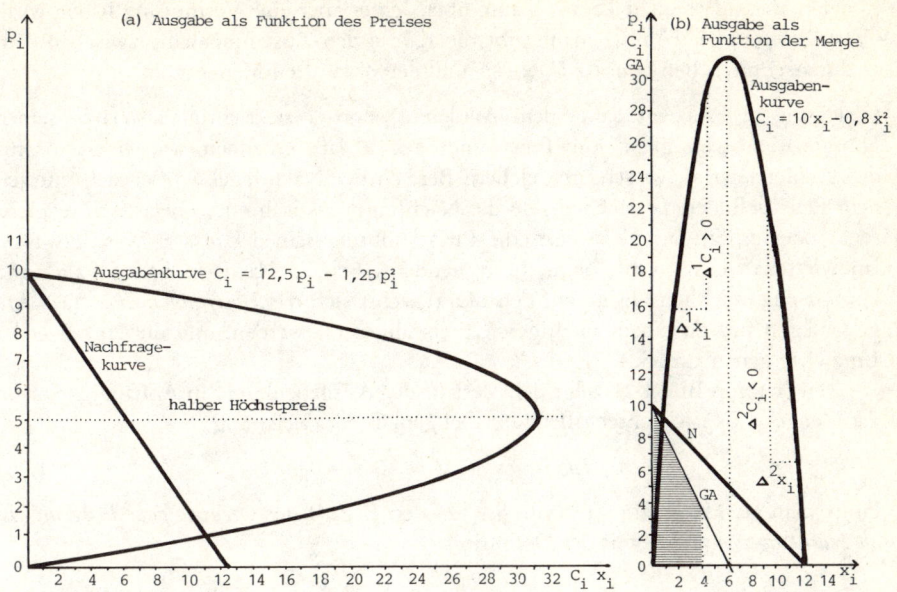

Bild 1.21 – *Ausgabenkurven des Haushalts*

so erhält man nach der Produktregel der Differentialrechnung,[31] da aus $C_i = p_i x_i$

$$\frac{dC_i}{dp_i} = x_i + \frac{dx_i}{dp_i} p_i = x_i \left(1 + \frac{dx_i}{dp_i} \frac{p_i}{x_i}\right), \quad \text{mithin} \quad \frac{dC_i}{dp_i} = x_i (1 + \eta_{x_i p_i})$$

folgt, nach Einsetzen dieses Wertes in (1.24)

$$\eta_{C_i p_i} = x_i (1 + \eta_{x_i p_i}) \frac{p_i}{p_i x_i} = 1 + \eta_{x_i p_i} \tag{1.25}$$

oder den

Satz 1.9: *Die Elastizität der Ausgabe für ein Gut in bezug auf dessen Preis ist um eins größer als die Elastizität der Nachfragemenge in bezug auf den Preis.*

Im unelastischen Bereich der Nachfragekurve, in dem η_{x_i, p_i} zwischen 0 und -1 liegt, ist die Ausgaben-Preiselastizität daher positiv: Eine Preissteigerung erhöht die Ausgabe. Im elastischen Bereich ist sie negativ: Eine Preissteigerung senkt die Ausgabe, wie Bild 1.21 (a) zeigt.

Die Nachfrage des Haushalts nach einer bestimmten Gütermenge bedeutet, daß er eine Ausgabe plant und daher einen bestimmten Geldbetrag anbietet. Betrachtet man die Situation von einem Anbieter (oder den Anbietern) des Gutes her, dann gilt:

– Die Ausgabe des Haushalts ist die Einnahme des Anbieters, sein *Umsatz*;

---

[31] Ist $y = f(z) \cdot g(z)$, dann gilt $dy/dz = f(z) \cdot g'(z) + f'(z) \cdot g(z)$.

- Die Nachfragekurve ist vom Standpunkt des Anbieters eine *Preis-Absatz-Beziehung,* deren Verlauf er nicht kennen kann, über den er aber eine Vermutung haben wird. Ist $U_i = p_i x_i$ der Umsatz, dann gibt die Kurve den Zusammenhang zwischen dem durchschnittlichen Umsatz $U_i/x_i = p_i$ und der verkauften Menge x_i an.

Gleichung (1.23) zeigt daher dem Anbieter, wenn er sie richtig einschätzt, seinen Umsatz in Abhängigkeit vom Preis, und Satz 1.8 läßt erkennen, wie wichtig es für den Anbieter ist zu wissen, in welchem Bereich der Nachfragekurve er sich mit seinem Preis befindet: Je nachdem, ob die Nachfrage elastisch oder unelastisch reagiert, senkt oder erhöht beispielsweise eine Preiserhöhung seinen Umsatz. Wird etwa ein landwirtschaftliches Gut beim herrschenden Preis unelastisch nachgefragt und kommt eine reichliche Ernte auf den Markt, zeigt sich das *Überflußparadox:* Das Angebot kann nur zu einem niedrigeren Preis abgesetzt werden, und die Umsätze der Landwirte gehen zurück.

Teil (b) von Bild 1.21 zeigt den Verlauf der Ausgabenkurve in Abhängigkeit von der Menge x_i als nach unten offene Parabel gemäß der Gleichung

$$C_i = a x_i - b x_i^2 \qquad C_i = 10 x_i - 0{,}8 x_i^2. \tag{1.26}$$

Führt man als Marginalquote (vgl. S. 112) den Begriff der *Grenzausgabe in bezug auf die Nachfragemenge* GA_i mit der Definition

$$\text{Grenzausgabe für das Gut } x_i: \quad GA_i = \frac{dC_i}{dx_i}$$

ein, so ist aus Bild 1.21 (b) unmittelbar ersichtlich, daß die Grenzausgabe im elastischen Bereich positiv, an der Stelle $\eta_{x_i,p_i} = -1$ gleich null und im unelastischen Bereich negativ ist. Wie aus der Gleichung der Grenzausgabenkurve als Funktion der Menge

$$\frac{dC_i}{dx_i} = a - 2 b x_i$$

hervorgeht, ist sie wie die Nachfragekurve linear und doppelt so stark wie diese geneigt. Sie schneidet daher die x-Achse in Höhe der halben Sättigungsmenge. Addiert man von null an mit wachsender Nachfragemenge kumulativ die Grenzausgaben, erhält man die jeweilige Gesamtausgabe als Fläche unterhalb der Grenzausgabenkurve, wie in Bild 1.21(b) schraffiert für $x_i = 4$ gezeigt. Daß die Gesamtausgabe im unelastischen Bereich sinkt, zeigt sich graphisch dadurch, daß die dann unterhalb der x_i-Achse entstehende Fläche negativ zu berechnen ist.

Die Abhängigkeit der Grenzausgabe vom Preis läßt sich durch folgende Ableitung zeigen. Aus $C_i = p_i \cdot x_i = f(x_i) \cdot x_i$ folgt nach der Produktregel der Differentialrechnung (S. 123, Anm. 31)

$$\frac{dC_i}{dx_i} = p_i + \frac{dp_i}{dx_i} x_i = p_i \left(1 + \frac{dp_i}{dx_i} \frac{x_i}{p_i}\right)$$

oder

$$GA_i = p_i \left(1 + \frac{1}{\eta_{x_i,p_i}}\right), \tag{1.27}$$

wenn man die Definition der Elastizität (1.21) berücksichtigt. Diese Gleichung nennt man im deutschen Sprachbereich die *Amoroso-Robinson-Beziehung*. Auch sie läßt erkennen, daß die Grenzausgabe für ein Gut im elastischen Bereich der Nachfrage ($\eta < -1$) positiv ist, bei $\eta = -1$ null wird und bei unelastischer Nachfrage negativ ist. Da η immer negativ ist, ist die Grenzausgabe immer kleiner als der Preis, wie auch Bild 1.21 (b) zeigt. Was für die Haushalte die Grenzausgabe, ist für die Anbieter des Gutes ihr Grenzumsatz dU/dx.

5. Kreuzpreis- und Substitutionselastizität. Wie S. 78 angedeutet, werden Güter nicht unabhängig voneinander nachgefragt. Dies folgt schon aus der Budgetgleichung (1.2) S. 73: Steigt der Preis p_i eines Gutes x_i, dann bleibt die Ausgabe $C_i = p_i x_i$ für dieses Gut nur im Spezialfall der einheitselastischen Nachfrage konstant. Bei jedem anderen Wert der Elastizität muß sich C_i und damit bei Konstanz des Einkommens auch die Ausgabe für mindestens ein anderes Gut ändern. Zwei Elastizitätskoeffizienten sind für die Messung der gegenseitigen Nachfrageabhängigkeit von Gütern entwickelt worden:

– Die *Kreuzpreiselastizität* gibt an, wie die Nachfrage nach einem Gut auf die Änderung des Preises eines anderen Gutes reagiert;
– Die *Substitutionselastizität* gibt an, wie sich das Verhältnis, in dem zwei Güter nachgefragt werden, als Folge einer Änderung des Preisverhältnisses dieser beiden Güter ändert.

Im erstgenannten Fall gibt es drei Möglichkeiten, die in Bild 1.22 dargestellt sind. Für viele Güter gibt es Substitute: Steigt der Preis p_i für das Gut x_i, so weicht der Haus-

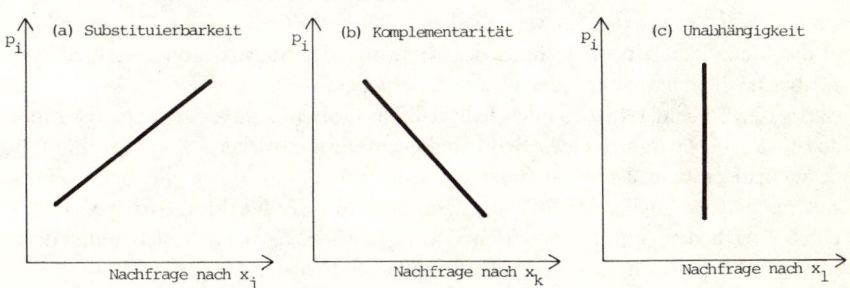

Bild 1.22 – *Nachfragezusammenhänge zwischen zwei Gütern*

halt teilweise oder ganz auf das Gut x_j aus, fragt also weniger von x_i und mehr von x_j nach. Dieses Verhalten wurde in Teil II dieses Kapitels ausführlich analysiert. Man kann diese Reaktion mit Hilfe der Kreuzpreiselastizität

$$\eta_{x_j, p_i} = \frac{\partial x_j}{x_j} : \frac{\partial p_i}{p_i} = \frac{\partial x_j}{\partial p_i} \cdot \frac{p_i}{x_j} \qquad (1.28)$$

messen, bei der die relative Änderung der Nachfrage nach x_j durch die relative Änderung des Preises p_i dividiert wird. Da eine Preiserhöhung für ein Gut wegen der Ausweichreaktion des Haushalts zu Mehrnachfrage, eine Preissenkung zu Mindernachfrage nach dem anderen Gut führt, beide Bestandteile des Quotienten $\partial x_j/\partial p_i$ in der Definitionsgleichung (1.28) also jeweils das gleiche Vorzeichen haben, ist die Kreuzpreiselastizität bei substituierbaren Gütern positiv. Standardbeispiele für diese sind Butter und Margarine, Brief und Telefonanruf, Holz und Kunststoff, Erdgas und Heizöl. Der Finanzpolitiker muß bei der Einführung oder Erhöhung von Verbrauchsteuern das Vorhandensein von Substituten berücksichtigen. Erhöht er beispielsweise die Schaumweinsteuer, so können die Verbraucher so stark auf den nichtbesteuerten Wein ausweichen, daß das Aufkommen an Schaumweinsteuer zurückgeht. Als Maß dafür, wie gut sich ein gegebenes Gut durch ein anderes ersetzen läßt, kann der numerische Wert der Kreuzpreiselastizität dienen: Zwei Güter sind um so engere Substitute, je höher dieser Wert ist. Den Grenzfall bilden Exemplare eines vertretbaren Gutes, die sich nicht voneinander unterscheiden, aber beispielsweise von zwei Produzenten angeboten werden. Eine noch so kleine Preiserhöhung des einen Anbieters führt dann bei hinreichender Information der Nachfrager und Abwesenheit persönlicher Präferenzen dazu, daß sich alle Nachfrager dem anderen Anbieter zuwenden: Die Kreuzpreiselastizität wird beliebig groß. Ein solches Verhalten ist auf den Märkten für international gehandelte Rohstoffe zu beobachten, weshalb Preisunterschiede dort nur in geringer Höhe und nur kurzzeitig auftreten. Im internationalen Handel nennt man importierte Güter mit positiver Kreuzpreiselastizität gegenüber im Inland hergestellten Gütern *Wettbewerbsgüter*. Ändern sich ihre Preise, dann wird davon der Absatz der Importeure wie auch der heimischen Anbieter in gleicher Richtung beeinflußt.

Die Kreuzpreiselastizität ist keine symmetrische Beziehung und nicht immer leicht zu interpretieren. Werden in einer Ausgangssituation von Gut x 1000 ME, von Gut y 100 ME nachgefragt und nach einer Erhöhung von p_x um 10 v. H. 20 ME x durch 20 ME y substituiert, dann ist $\eta_{y,p_x}=2$. Steigt dagegen bei gleicher Ausgangslage p_y um 10 v. H. und werden 20 ME von y durch 20 von x ersetzt, erhält man $\eta_{x,p_y}=0{,}2$. Die in beiden Fällen gleiche Substitutionsmenge führt hier wegen der unterschiedlichen Bezugsbasis zu verschiedenen Werten der Elastizität. Darüber hinaus kann die Menge auch noch je nach der Richtung der Substitution verschieden sein und daher noch andere Werte der Elastizität ergeben.

Teil (b) von Bild 1.22 zeigt den Fall, daß ein Gut ein anderes ergänzt, etwa indem beide bei der Befriedigung eines Bedürfnisses zusammenwirken. Man sagt, die Güter seien zueinander komplementär, oder es bestehe zwischen ihnen die Beziehung der Komplementarität. Steigt der Preis p_i, dann geht mit der Nachfrage nach x_i auch die Nachfrage nach dem komplementären Gut x_k zurück. Es handelt sich unter diesem Gesichtspunkt quasi um ein Gut, und entsprechend ist die Kreuzpreiselastizität (wie jede direkte Preiselastizität) negativ. Beispiele sind Rauchtabak und Tabakspfeifen, Fernsehapparat und Antenne und elektrischer Strom, Kraftfahrzeuge und Kraftfahrzeugbenzin und allgemein Maschinennutzung und Träger der Antriebsenergie.

Schließlich ist der Fall denkbar, daß die Nachfrage nach einem Gut x_1 vom Preis p_i eines anderen Gutes x_i nicht berührt wird, weil x_1 mit dem von x_i befriedigten Bedürfnis nichts zu tun hat und daher x_i weder ersetzt noch mit ihm zusammenwirkt. Abgesehen von dem immer über die Budgetgleichung (und den Einkommenseffekt, vgl. S. 100) bestehenden Zusammenhang handelt es sich dann um ein (von diesem anderen Preis) *unabhängiges Gut*. Die Kreuzpreiselastizität ist in diesem Fall gleich null. Der Sachverhalt ist in Teil (c) von Bild 1.22 graphisch dargestellt. Im internationalen Handel sind dies *Nichtwettbewerbsgüter*. Als Ergebnis erhält man

Satz 1.10: *Die Kreuzpreiselastizität ist bei substituierbaren Gütern positiv, bei komplementären Gütern negativ und bei voneinander unabhängigen Gütern gleich null.*

Beim Konzept der Substitutionselastizität geht man von dem Sachverhalt aus, daß zwei substituierbare Güter in einer Ausgangssituation in einem bestimmten Mengenverhältnis nachgefragt werden. Beispielsweise haben kanadischer und argentinischer Weizen bestimmte Anteile am Weltweizenmarkt. Wie hoch diese sind, wird in der Hauptsache von dem Verhältnis der Preise der beiden Weizensorten zueinander bestimmt. Ändert sich das Preisverhältnis p_y/p_x für die beiden Güter y und x, dann werden die Nachfrager auch das Verhältnis ändern, in dem sie die beiden Güter nachfragen. Macht man wie bei jeder Elastizität von den relativen Änderungen der Variablen Gebrauch, erhält man als Definition (σ sprich: sigma):

$$\text{Substitutionselastizität } \sigma_{y/x,\,p_y/p_x} = \frac{d(y/x)}{d(p_y/p_x)} \cdot \frac{p_y/p_x}{y/x}. \tag{1.29}$$

Ein besonderes Anwendungsgebiet für die Substitutionselastizität liegt in den Fällen vor, in denen beispielsweise die Substitution zweier Konsumgüter so erfolgt, daß das Niveau der Bedürfnisbefriedigung ungeändert bleibt, wenn also entlang einer Indifferenzkurve substituiert wird. Die numerische Größe der Substitutionselastizität ist dann ein Maß dafür, wie leicht das teurer gewordene Gut durch das relativ billiger gewordene ersetzt werden kann: Je größer der absolute Wert der Substitutionselastizität ist, um so engere Substitute sind die beiden Güter.

6. Nichtlineare Nachfragekurven. Bisher wurden nur lineare Nachfragekurven betrachtet. Jedoch kann man sich nicht immer auf enge Bereiche beschränken, so daß dann einer der S. 32 genannten Gründe für ihre Bevorzugung entfällt und auch mit nichtlinearen Nachfragekurven gearbeitet werden muß. Dabei ergeben sich gegenüber den bisherigen Ergebnissen einige Besonderheiten.

Es wurde schon S. 113 darauf hingewiesen, daß es für die Berechnung des numerischen Wertes einer direkten Preiselastizität nur bei linearen Nachfragekurven unerheblich ist, ob man ihre Definition in der Form (1.20) S. 114, also unter Benutzung eines Differenzenquotienten, oder in der Form (1.21) S. 115 mit einem Differentialquotienten verwendet (weil bei ihnen alle Tangenten mit der Kurve zusammenfallen). Ist ein nichtlinearer Verlauf zu vermuten, ergeben sich Unterschiede, wie Bild 1.23 zeigt. Es sei P_0 der Punkt, für den die Elastizität bestimmt werden soll. Ist AB die Tangente an die Nachfragekurve in diesem Punkt, dann ist gemäß der geometrischen Interpretation von Bild 1.17 (b) S. 115 das Verhältnis $AP_0 : P_0B$ gleich der Elastizität im Punkt P_0. Man nennt sie daher die *Punktelastizität*. Sie läßt sich nur berechnen, wenn man die Steigung der Nachfragekurve in P_0 und damit den gemäß Gleichung (1.21) erforderlichen Differentialquotienten dx/dp an dieser Stelle kennt. Sind dagegen nur Informationen über zwei Preis-Mengen-Kombinationen in den Punkten P_0 und P_1 vorhanden und muß die Elastizität daher unter Verwendung der Differenzen Δx und Δp berechnet werden, erhält man einen anderen, in Bild 1.23 absolut größeren, numerischen Wert für die Elastizität. Dies ist die *Bogenelastizität*. Da bei gegebenem P_0 der Punkt P_1 im Prinzip beliebig gewählt werden kann oder aus dem statistischen Material anfällt, gibt es auch beliebig viele Werte für die Bogenelastizität. Sie rückt um so näher an die Punktelastizität heran, je kleiner die Differenz Δp und damit Δx

Bild 1.23 – *Punkt- und Bogenelastizität bei einer nichtlinearen Nachfragekurve*

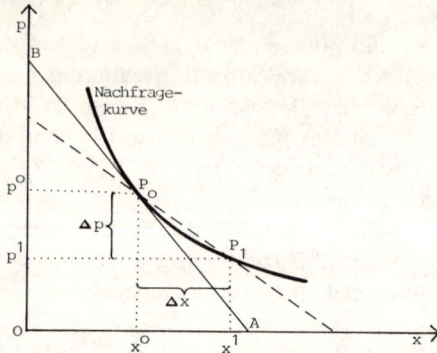

ist. Satz 1.9 (S. 123) und die Amoroso-Robinson-Beziehung (1.27) S. 124 gelten für die Bogenelastizität nicht. Wegen ihrer Eindeutigkeit wird in der Wirtschaftstheorie meist die Punktelastizität benutzt. Der Anbieter in der Praxis muß dagegen mit endlich großen Preisänderungen arbeiten, die zudem unterhalb einer je nach dem Gut unterschiedlichen Mindestgröße nicht lohnen, da neue Preislisten gedruckt oder Preisauszeichnungen geändert werden müssen. Für ihn ist daher die Kenntnis von Bogenelastizitäten wichtig, da nur sie ihm Aufschluß über die tatsächlichen Reaktionen der Nachfrager und damit die Änderungen seines Umsatzes geben kann. Schließlich muß auch in allen Fällen mit der Bogenelastizität gearbeitet werden, in denen nur Beobachtungen über zwei Preis-Mengen-Kombinationen vorliegen, der Verlauf der Nachfragefunktion aber nicht bekannt ist.

Eine Untergruppe der nichtlinearen Nachfragekurven sind Kurven mit überall gleicher Elastizität, die *isoelastischen Nachfragekurven*. Ihre allgemeine Gleichung lautet, wenn η die konstante Elastizität ist,

$$p = c x^{1/\bar{\eta}} \quad \text{oder umgeformt} \quad x = c' p^{\bar{\eta}}, \tag{1.30}$$

worin c und $c' = c^{-\bar{\eta}}$ Konstanten größer als null sind. Der Beweis läßt sich anhand der Definitionsgleichung (1.21) führen: Man ermittelt aus der rechtsstehenden Gleichung (1.30) den Differentialquotienten $dx/dp = \bar{\eta} c' p^{\bar{\eta}-1}$, setzt diesen Wert sowie den Wert für x aus (1.30) in (1.21) ein und erhält

$$\eta_{x,p} = \frac{p}{c' p^{\bar{\eta}}} \bar{\eta} \, c' \, p^{\bar{\eta}-1} = \bar{\eta}.$$

Gemäß Gleichung (1.18) S. 113 ist auf einer isoelastischen Nachfragekurve das Verhältnis Marginal- zu Durchschnittsquote überall gleich groß, oder: Die beiden Quoten sind proportional zueinander, und die konstante Elastizität bildet den Proportionalitätsfaktor.

Bild 1.24 zeigt drei isoelastische Nachfragekurven mit unterschiedlichen konstanten Elastizitäten. Die Kurve in Teil (a) hat die konstante Elastizität −1. Jede Tangente an diese Kurve wird durch den Berührungspunkt im Verhältnis 1:1 geteilt. Ökonomisch bemerkenswert ist, daß dann die Ausgabe für das Gut bei jedem Preis gleich

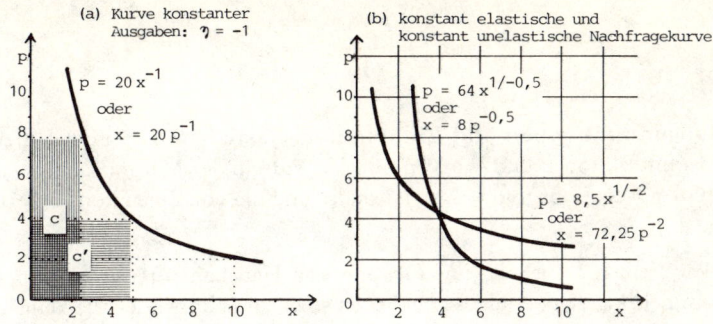

Bild 1.24 – *Isoelastische Nachfragekurven*

groß ist: Es gilt $p \cdot x = c = c'$, die Flächeninhalte der drei eingezeichneten wie aller weiteren solcher Rechtecke sind gleich groß und die Grenzausgabe ist bei jedem Preis gleich null: Man nennt eine solche Kurve, mathematisch ein Ast einer gleichseitigen Hyperbel, daher auch eine *Kurve konstanter Ausgaben*. Das ist bei den Kurven in Teil (b) anders. Liegt die Elastizität zwischen 0 und -1 (im Bild: $-0{,}5$), dann wird die Ausgabe mit wachsender Nachfragemenge immer kleiner; ist sie (algebraisch) kleiner als -1 (im Bild: -2), dann wächst die Ausgabe mit zunehmender Menge über alle Grenzen.

Isoelastische Nachfragefunktionen spielen aus mehreren Gründen eine bedeutende Rolle in der empirischen Konsumforschung. Meist stehen nicht genügend Angaben zur Verfügung, um den Verlauf von Nachfragekurven über größere Bereiche zu bestimmen. Kann man ihn aber nur in einem Punkt erfassen, dann bietet sich die Annahme an, daß die Funktion bei diesem Preis und in seiner unmittelbaren Nachbarschaft eine konstante Elastizität aufweist. Vergleicht man hierzu zwei Fassungen einer Funktion, in der die nachgefragte Menge x von ihrem Preis p und dem Einkommen Y der Nachfrager abhängt und a, b, c, a', b', c' konstante Parameter sind, die mit Ausnahme von b und b' größer als null sind,

1. Fassung	2. Fassung
$x = a + bp + cY$	$x = a' p^{b'} Y^{c'}$,

dann zeigt sich, daß sowohl die direkte Preis- als auch die Einkommenselastizität in der 1. Fassung vom Niveau der jeweils anderen Variablen und vom Absolutglied a abhängen, in der 2. Fassung aber nicht: Es ist

1. Fassung	2. Fassung
$\eta_{x,p} = b \dfrac{p}{a + bp + Y}$,	$\eta'_{x,p} = b'$.

Die 2. Fassung hat überdies den Vorteil, daß die Elastizitäten gleich den Potenzexponenten und daher aus der Gleichung ablesbar sind. Außerdem ist sie durch Logarithmierung in eine lineare Form überführbar, so daß man auch deren Vorteile nutzen kann. Logarithmierung der 2. Fassung zur Basis e der natürlichen Logarithmen ergibt

$$\ln x = \ln a' + b' \ln p + c' \ln Y,$$

so daß man den Wert der Elastizität η' auch wie folgt erhält[32]

$$\eta'_{x,p} = \frac{\partial \ln x}{\partial \ln p} = b'. \tag{1.31}$$

7. Konsumfunktionen und Einkommenselastizitäten. Bei der Untersuchung von Konsumfunktionen und -kurven mit den Mitteln der Marginalanalyse kann man mit je drei Aggregationsgraden für Haushalte und die von ihnen konsumierten Güter arbeiten:

- Man kann einen Haushalt, eine Gruppe von Haushalten (etwa einer bestimmten Einkommensklasse oder eines gegebenen sozialen Status) oder alle Haushalte einer Volkswirtschaft betrachten;
- Die Untersuchung kann sich auf ein Gut, eine Gruppe ähnlicher und daher einen Bedürfnisbereich befriedigender Güter oder auf alle Konsumgüter erstrecken.

Spezielle Bezeichnungen für die hieraus entstehenden neun Arten von Konsumfunktionen unterschiedlicher Aggregationsgrade sind nicht erforderlich, da das Untersuchungsobjekt in der Regel hinreichend genau gekennzeichnet wird. Die im folgenden zunächst für einen Haushalt und ein Gut und dann für einen Haushalt und alle von ihm nachgefragten Konsumgüter abgeleiteten Ergebnisse lassen sich ohne weiteres auf die übrigen Konsumfunktionen übertragen. Bei empirischen Untersuchungen werden sehr häufig Gütergruppen (wie Nahrungsmittel, Bekleidung, Dienstleistungen, dauerhafte Konsumgüter) betrachtet,[33] womit man sich einen Vorteil der Aggregation zunutze macht: Für ein einzelnes Gut, etwa ein bestimmtes Nahrungsmittel, gibt es in der Regel viele nahe Substitute, so daß die Nachfrage nach ihm sehr viel weniger stabil ist als die nach der betreffenden Gütergruppe, innerhalb derer man Substitutionsvorgänge nicht zu beachten braucht.

Die beiden hier zu stellenden Fragen lauten:

- In welcher Weise hängt die Nachfrage nach einem Gut x_i vom verfügbaren Einkommen Y des Haushalts ab?
- In welcher Weise hängen die gesamten Konsumausgaben C des Haushalts von seinem Einkommen und möglicherweise anderen Variablen ab?

Graphische Darstellungen partieller Konsumfunktionen, ob einzelwirtschaftlich oder für Haushaltsgruppen, nennt man *Engel-Kurven*. Dabei wird gemäß der Ceteris-paribus-Klausel von konstanten Preisen für das betrachtete Gut und alle anderen Güter ausgegangen. Man kann dann anstelle der Mengen x_i die Ausgaben $C_i = p_i x_i$ betrachten, da sie dieselben Verläufe zeigen. Dieses Verfahren ist sowieso unerläßlich, wenn Gütergruppen untersucht werden. Wichtigste Instrumente zur Messung des Verhaltens gemäß einer partiellen Konsumfunktion

$$C_i = f(Y); \quad \text{wenn linear:} \quad C_i = C_i^a + c_i Y, \quad \text{worin} \quad c_i > 0, \tag{1.32}$$

---

[32] Unter den üblichen Voraussetzungen ist $d\ln y/dy = 1/y$ und $d\ln z/dz = 1/z$, die Differentiale sind mithin $d\ln y = dy/y$ und $d\ln z = dz/z$. Für die allgemeine Verhaltensfunktion $y = f(z_1 \ldots z_m)$ gilt also $\partial \ln y/\partial \ln z = \partial y/y : \partial z/z = \eta_{y,z}$ entsprechend Definition (1.21) S. 115.

[33] HOUTHAKKER/TAYLOR [1.32] untersuchten kombinierte Konsum-Nachfragefunktionen für 82 Konsumgüterkategorien.

mit c_i als marginaler Konsumquote in bezug auf das Gut x_i, sind

- die *partielle durchschnittliche Konsumquote* C_i/Y;
- die *partielle marginale Konsumquote* $\Delta C_i/\Delta Y$; bei infinitesimaler Betrachtung: dC_i/dY;
- die *partielle Konsumausgaben-Einkommenselastizität*

$$\varepsilon_{C_i,Y} = \frac{dC_i}{dY} \cdot \frac{Y}{C_i} = \frac{\text{partielle marginale Konsumquote } dC_i/dY}{\text{partielle durchschnittliche Konsumquote } C_i/Y}. \quad (1.33)$$

Die in den Bildern 1.9 (S. 90) und 1.10 (S. 91) gezeigten unterschiedlichen Verläufe der Konsumkurve lassen sich anhand der Elastizität (1.33) wie folgt beschreiben. In Bild 1.25 sind lineare Verläufe der Engel-Kurve gemäß Gleichung (1.32) für fünf verschiedene Güter x_j bis x_n gezeigt. Es sei zunächst in Teil (a) der Punkt P_0 auf der Konsumkurve $C_j = C_j(Y)$ betrachtet. Dividiert man die ihm entsprechenden Konsumausgaben C_j^0 durch das dazugehörige Einkommen Y^0, erhält man den Anteil der Ausgaben C_j am Einkommen oder die durchschnittliche Konsumquote für dieses Gut. Sie ist gleich dem Tangens des Winkels β und damit gleich dem Streckenverhältnis P_0A/OA. Erwartet der Haushalt nun für die Planperiode eine Erhöhung des Einkommens um ΔY, dann führt dies gemäß der durch den Verlauf der Funktion gegebenen Verhaltenshypothese zu einer Ausgabenerhöhung um ΔC_j. Die marginale Konsumquote $\Delta C_j/\Delta Y$ ist gleich dem Tangens des Winkels α und damit gleich dem Streckenverhältnis P_0A/BA. Die Elastizität der Ausgabe für dieses Gut in bezug auf das Einkommen ist dann nach Gleichung (1.18) S. 113 gleich dem Verhältnis Marginal- zu Durchschnittsquote $P_0A/BA : P_0A/OA$ oder gleich dem Streckenverhältnis OA zu BA, also positiv und größer als eins. Da das Gut x_j gemäß den Erläuterungen zu Bild 1.9 superior ist, gilt die alternative

Def. 1.5: *Bei einem superioren Gut ist die Konsumausgaben-Einkommenselastizität größer als eins.*

Entsprechend sieht man, daß bei einem Verlauf der Konsumkurve wie bei $C_k = C_k(Y)$ in Teil (b), wenn die Definition von Bild 1.10 (a) herangezogen wird,

Def. 1.6: *Bei einem relativ inferioren Gut liegt die Konsumausgaben-Einkommenselastizität zwischen null und eins (ausschließlich beider Grenzen)*

gilt. Teil (b) zeigt ferner den Fall des absolut inferioren Gutes $C_l = C_l(Y)$, für den wegen der negativen marginalen Konsumquote

Bild 1.25 – *Verläufe der Engel-Kurve bei unterschiedlichen partiellen Konsumausgaben-Einkommenselastizitäten*

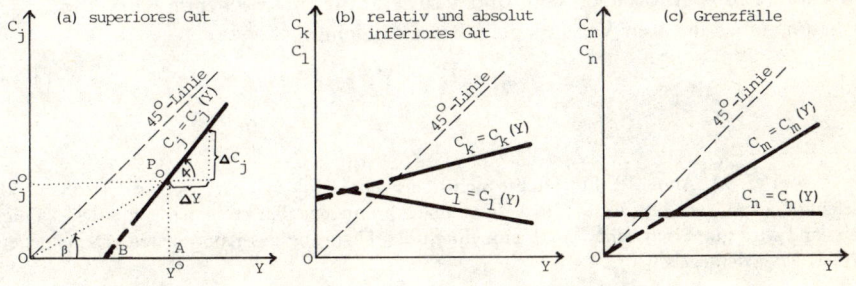

Def. 1.7: *Bei einem absolut inferioren Gut ist die Konsumausgaben-Einkommenselastizität negativ*

gilt. Schließlich zeigt Teil (c) zwei Grenzfälle: Beim Verlauf $C_m = C_m(Y)$ sind marginale und durchschnittliche Konsumquote überall gleich groß, so daß die Elastizität konstant und gleich eins ist. Dieser Wert ist unabhängig davon, welche Neigung die Engel-Kurve, gemessen an ihrem Winkel mit der positiven Richtung der Y-Achse, aufweist. Im Fall $C_n = C_n(Y)$ bleibt die Ausgabe für das Gut konstant, $\varepsilon_{C_n,Y}$ ist gleich null. Die an Teil (a) des Bildes gezeigte geometrische Deutung der Einkommenselastizität als Verhältnis zweier Strecken auf der Y-Achse gilt auch für die anderen Konsumkurven.

Alle fünf Konsumkurven in Bild 1.25 sind nur zum Teil durchgezogen gezeichnet. Damit soll angedeutet werden, daß das Einkommen nicht von null an beliebig variierbar ist, sondern sich bei empirischen Untersuchungen nur innerhalb enger Grenzen ändert. Jedoch sind die Kurven gestrichelt bis zur C-Achse weitergeführt, um Größe und Vorzeichen des Absolutgliedes C_i^a in der allgemeinen linearen partiellen Konsumfunktion (1.32) sichtbar zu machen. Das Bild zeigt, daß der autonome Teil C_i^a der Konsumausgaben (vgl. S. 17) bei inferioren Gütern, ob absolut oder relativ inferior, positiv und bei superioren Gütern negativ ist. Er fehlt, wenn die Konsumausgaben-Einkommenselastizität gleich eins ist, also eine in bezug auf Y linear-homogene Funktion vorliegt.[34]

In welche der drei Kategorien ein Haushalt ein gegebenes Gut einordnet, hängt vor allem von der Einkommenshöhe ab. Bei sehr niedrigen Einkommen können Güter noch relativ inferior oder sogar superior sein, die bei höheren Einkommen absolut inferior werden. Solche Unterschiede zeigen sich sowohl beim Vergleich von armen mit reichen Haushalten in einem Land als auch beim internationalen Vergleich von Ländern mit niedrigem und hohem Durchschnittseinkommen. In diesem Fall können sie als Indikator für den Entwicklungsstand des jeweiligen Landes dienen. Bei Haushalten mit sehr hohen Einkommen ist anzunehmen, daß die Ausgaben für viele Konsumgüter bei weiterer Einkommenszunahme konstant bleiben. Geht man vom Durchschnittseinkommen in einem Land aus, gelten Güter mit einer Einkommenselastizität von nennenswert größer als eins häufig als *Luxusgüter;* die mit $\varepsilon_{G,Y}$ um eins könnte man als (gegenüber dem Entwicklungsstand) *neutrale Güter* bezeichnen; und solche mit niedriger Einkommenselastizität sind *Notwendigkeitsgüter* (vgl. die Einteilung der Bedürfnisse in Abschnitt II.1 dieses Kapitels).

Betrachtet man die gesamten Konsumausgaben C eines Haushalts in Abhängigkeit vom Einkommen, erhält man eine Funktion, die als *einzelwirtschaftliche Gesamtkonsumfunktion* zu bezeichnen ist, wenn man den Unterschied zu der partiellen Funktion (1.32) hervorheben will. Bild 1.26 zeigt die entsprechende Kurve unter der Annahme eines linearen Verlaufs gemäß der Gleichung

$$C = C^a + cY. \tag{1.34}$$

---

[34] Vgl. S. 99, Anm. 21. Eine linear-nichthomogene Funktion hat wie die rechtsstehende Gleichung (1.32) ein absolutes Glied. Eine linear-homogene Funktion hat ein solches Glied nicht und wird graphisch daher durch eine durch den Ursprung des Koordinatensystems gehende Gerade wiedergegeben.

Bild 1.26 – *Gesamtkonsumkurve und Verbrauchsstruktur eines privaten Haushalts*

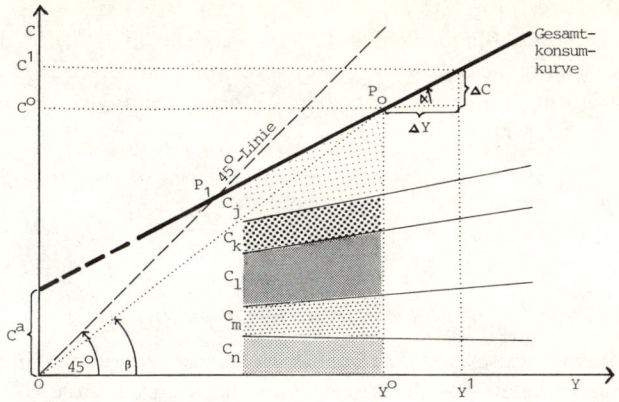

Hierin ist c entsprechend die marginale Gesamtkonsumquote. Es sei nochmals daran erinnert, was eine solche Darstellung besagt: Der Haushalt ordnet in seinem Wirtschaftsplan unterschiedlichen Beträgen seines für die Planperiode erwarteten verfügbaren Einkommens Y bestimmte Beträge für seine Konsumausgaben C zu. Beide Variablen beziehen sich auf die Planperiode, sind also Ex-ante-Stromgrößen. Die Preise der einzelnen Konsumgüter werden ebenso wie alle weiteren Erklärungsvariablen für die Konsumausgaben als konstant angesehen und üben daher keinen Einfluß auf diese aus: Die Ceteris-paribus-Klausel gilt als vereinbart (vgl. S. 43 f.). Ändern sich die Preise oder andere Erklärungsvariable, so werden sich in der Regel auch Höhe und Zusammensetzung der Konsumausgaben ändern. Zu jeder Konstellation der weiteren Erklärungsvariablen einschließlich der Preise gehört also eine bestimmte Konsumfunktion des Haushalts. Wie in Bild 1.25 (a) ist auch in 1.26 die Konstruktion der marginalen Konsumquote (Tangens des Winkels α) und der durchschnittlichen Konsumquote (im Punkt P_0, Tangens des Winkels β) gezeigt. Bei dem hier angenommenen Verlauf steigen mit dem Einkommen auch die Konsumausgaben, jedoch nicht so stark wie das Einkommen, so daß der Anteil der Konsumausgaben am Einkommen abnimmt. Es ist also $\operatorname{tg}\alpha < \operatorname{tg}\beta$, und die entsprechend zu (1.33) definierte Gesamtkonsum-Einkommenselastizität $\varepsilon_{C,Y}$ bewegt sich im Bereich zwischen null und eins. Mit wachsendem Einkommen steigt sie, da die marginale Konsumquote im Zähler des Quotienten (1.33) konstant bleibt und die durchschnittliche im Nenner kleiner wird. Die Lage der Konsumfunktion wird außer durch die marginale Konsumquote durch die Größe C^a bestimmt. Diese könnte ökonomisch als der Betrag interpretiert werden, den der Haushalt für Konsumausgaben aufwenden würde, wenn er kein Einkommen hätte, und wird gelegentlich als „absolut notwendiger Konsum" interpretiert. Die Ausgaben für diesen müßten voll durch Vermögensabbau, Kreditaufnahme oder beides finanziert werden. In der Regel ist jedoch nicht anzunehmen, daß Haushalte auch diese Extremsituation in ihre Planung einbeziehen.

Ob Konsumfunktionen für einzelne Haushalte oder Gruppen von ihnen tatsächlich, wie in Bild 1.26 angenommen, linear verlaufen, kann nur empirisch festgestellt werden. Ein anderer plausibler Verlauf wäre, daß die Konsumkurve von der Einkommensachse her gesehen konkav erscheint. Die marginale Konsumquote wäre dann nicht wie bei linearem Verlauf konstant, sondern würde mit steigendem Einkommen fallen.

In Bild 1.25 waren Möglichkeiten für die Bereiche und Werte der partiellen marginalen Konsumquote dC_i/dY genannt worden. Für deren Gesamtheit gibt es eine Restriktion, die man aus der Differentiation der Budgetgleichung $p_1 x_1 + \ldots + p_n x_n = Y$ nach Y erhält: Es ist

$$p_1 \frac{\partial x_1}{\partial Y} + \ldots + p_n \frac{\partial x_n}{\partial Y} = 1 \quad \text{oder} \quad \frac{\partial C_1}{\partial Y} + \ldots + \frac{\partial C_n}{\partial Y} = 1,$$

wenn man $p_i \partial x_i = \partial C_i$ setzt. Es gilt also

Satz 1.11: *Die Summe der partiellen marginalen Konsumquoten ist gleich eins.*

Daraus folgt beispielsweise, daß ein Haushalt weder nur superiore noch nur inferiore Güter konsumieren kann. Erweitert man ferner die rechtsstehende Gleichung

$$\sum_{i=1}^{n} \frac{\partial C_i}{\partial Y} = 1 \quad \text{mit den Variablen } C_i \text{ und } Y \text{ zu} \quad \sum_{i=1}^{n} \frac{C_i}{Y} \left(\frac{\partial C_i}{\partial Y} \cdot \frac{Y}{C_i} \right) = 1$$

und setzt den Anteil der Ausgaben für das Gut x_i am Einkommen $C_i/Y = w_i$, dann erhält man

$$\sum_{i=1}^{n} w_i \varepsilon_{C_i, Y} = 1 \quad \text{oder}$$

Satz 1.12: *Die Summe der mit den Anteilen der Ausgaben für die einzelnen Konsumgüter am verfügbaren Einkommen gewogenen Konsumausgaben-Einkommenselastizitäten ist gleich eins.*

Definiert man nun als *Verbrauchsstruktur* des Haushalts die Gesamtheit der Anteile der Ausgaben für die einzelnen Konsumgüter am verfügbaren Einkommen, dann werden sich mit steigendem Einkommen nicht nur die Mengen der gekauften Güter, sondern angesichts unterschiedlicher Elastizitäten (bei konstanten Preisen) auch die Anteile der für sie getätigten Ausgaben am Einkommen ändern. Dies führt zu der

Hyp. 1.15: *Der Haushalt hat bei jedem Einkommen eine bestimmte Verbrauchsstruktur, die sich mit dem Einkommen ändert.*

In Bild 1.26 ist durch unterschiedliche Schraffierung deutlich gemacht, in welcher Weise sich eine Verbrauchsstruktur über einen bestimmten Einkommensbereich ändern könnte. Die Ausgabenkategorien C_j bis C_n sind dabei so zu definieren, daß die Konsumausgaben vollständig von ihnen erfaßt werden.

8. Empirische Engel-Kurven. Das Verhalten privater Haushalte bei Einkommensänderungen wird seit Jahrzehnten auch empirisch untersucht. Bild 1.27 illustriert beispielsweise Hypothese 1.15 (oben) für das Aggregat „Private Haushalte der Bundesrepublik Deutschland" im Jahre 1985 in bezug auf drei Konsumgüterkategorien. In der zitierten Untersuchung wurden die 25 Millionen Haushalte der Bundesrepublik in der auf der Abszisse angegebenen Weise nach ihrem monatlichen verfügbaren Einkommen in Gruppen eingeteilt (die Gruppen mit Einkommen von 10 000 DM und mehr sind hier weggelassen), und für jede Gruppe die durchschnittlichen monatlichen Ausgaben für insgesamt neun Konsumgüterkategorien festgestellt, von denen drei in Bild 1.27 wiedergegeben sind. Die Punkte zeigen die jeweiligen Einkommens-Ausgaben-Kombinationen, die der besseren Übersicht halber durch gerade Linien verbunden sind.

Wollte man aus den Angaben von Bild 1.27 Engel-Kurven, also Verhaltensfunktionen, gewinnen, so ist wie folgt vorzugehen:

- Für jede Konsumgüterkategorie ist eine unter Umständen nichtlineare Funktion $C_i = f(Y)$ zu finden, deren Parameter so zu bestimmen sind, daß ihr graphisches Bild möglichst wenig von den Beobachtungspunkten abweicht. Dies kann mit Hilfe der Methode der kleinsten Quadrate geschehen (vgl. S. 47);
- Ist die gefundene Kurve das Bild einer Verhaltensfunktion, muß gelten: Wenn Haushalte infolge von Erhöhungen oder Senkungen ihres Einkommens in eine andere Einkommensklasse geraten, dann übernehmen sie das Konsumverhalten der Mitglieder dieser Klasse (Hypothese der Verhaltensübernahme);
- Ferner muß angenommen werden, daß die Haushalte im Beobachtungszeitraum ihr Konsumverhalten voll an das jeweilige gleichzeitige Einkommen angepaßt haben, sich also weder mit Verzögerung am Einkommen früherer Perioden orientieren

Bild 1.27 – *Ausgaben[a] der privaten Haushalte der Bundesrepublik Deutschland 1985 für drei Konsumgüterkategorien bei unterschiedlichen Einkommenshöhen[b]*

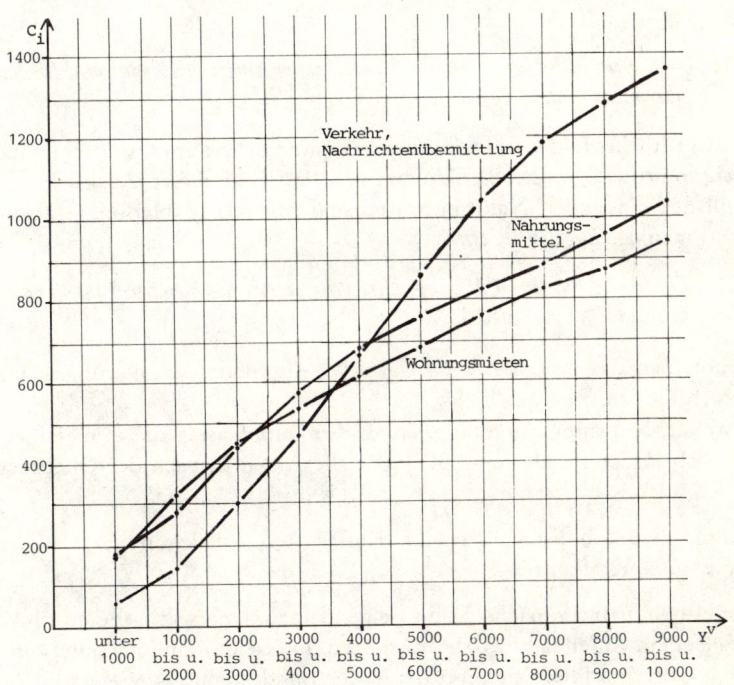

[a] Durchschnittliche Ausgaben je Haushalt und Monat in DM.
[b] Verfügbares Monatseinkommen je Haushalt in DM.
Quelle: BEDAU [1.34], S. 74f.

noch sich von Erwartungen über zukünftiges Einkommen leiten lassen (Hypothese der Gleichzeitigkeit);
- Außerdem muß gelten: Wählt man bei weiteren Beobachtungen kleinere Einkommensklassen (in der Quelle zu Bild 1.27 wurden zwischen 2000 DM und 4000 DM Monatseinkommen 250-DM-Klassen gebildet), dann liegen auch die Zwischenwerte auf der Kurve (Interpolationshypothese).

Man nennt dieses Verfahren zur Gewinnung von Verhaltensfunktionen *Querschnittsanalyse*. Es hat den Vorteil, daß alle Beobachtungen einer Periode entstammen und die sonstigen Erklärungsvariablen für das Konsumverhalten daher als konstant angenommen werden können. Sein Nachteil ist, daß die weitgehende Hypothese der Verhaltensübernahme gemacht werden muß, die vermutlich nur längerfristig gilt.

Das alternative Verfahren wäre das der *Zeitreihenanalyse*, bei der das Verhalten derselben Wirtschaftssubjekte über mehrere Perioden hinweg beobachtet und zur Gewinnung einer Verhaltensfunktion benutzt wird. So wurde bei der makroökonomischen Konsumfunktion (S. 46 f.) vorgegangen. Hauptnachteil dieses Verfahrens ist, daß die sonstigen, nicht berücksichtigten Erklärungsvariablen um so weniger als konstant betrachtet werden können, je länger die Beobachtungszeit ist: Die Ceteris-paribus-Annahme kann nur noch mit zunehmend schlechtem Gewissen gemacht werden.

Hat man aufgrund einer Querschnittsanalyse Engel-Kurven für Konsumgüterkategorien gefunden, dann läßt sich beispielsweise anhand von Bild 1.27, in dem solche Kurven nicht wesentlich von den eingezeichneten Linienzügen abweichen würden, sagen:

Hyp. 1.16: *Die Ausgaben für Nahrungsmittel nehmen mit wachsendem Einkommen zu, aber nicht so stark wie dieses.*

Anders ausgedrückt: Die marginale Ausgabenquote für Nahrungsmittel ist kleiner als die durchschnittliche; oder: die Einkommenselastizität dieser Ausgaben liegt zwischen null und eins; oder: Nahrungsmittel sind eine relativ inferiore Güterkategorie. Dies nennt man das *Engelsche Gesetz*.

Hyp. 1.17: *Die Ausgaben für Wohnungsmiete nehmen mit wachsendem Einkommen zu, aber nicht so stark wie dieses.*

Dies nennt man das *Schwabesche Gesetz*. Alle Alternativformulierungen von eben treffen auch hier zu.[35]

Als weitere Konsumgüterkategorien mit Einkommenselastizitäten kleiner als eins erwiesen sich in der Bundesrepublik 1985 (alle Angaben nach der Quelle von Bild 1.27):

- Genußmittel (alkoholische Getränke, Kaffee, Tee, Tabakwaren);
- Energie, ohne Kraftstoffe

Eine Mittelstellung mit zunächst leicht steigendem und mit wachsendem Einkommen wieder fallendem Anteil nahmen die Ausgaben für Kleidung und Schuhe ein. Zu den superioren Gütern schließlich gehörten in der Bundesrepublik:

---

[35] Weitere Angaben hierzu in: WiSta 1982, S. 829 f.

- Verkehrsleistungen und Nachrichtenübermittlung (vgl. Bild 1.27). Der Anteil der Ausgaben für diese Güter, zu denen vor allem die Nutzung von Personenkraftwagen und Telefonen gehören, stieg von 7,2 v. H. der Einkommen unter 1000 DM monoton auf 14,4 v. H. der Einkommen von 9000 bis unter 10 000 DM;
- Güter für Zwecke der Gesundheitspflege sowie Bildung. Hier stiegen die Anteile von 8,0 v. H. auf 13,5 v. H.;
- Waren und Dienste für persönliche Ausstattung sowie sonstige Waren und Dienste (Dienste des Beherbergungsgewerbes, der Banken und Versicherungen; Reiseausgaben).

Weitere Einsichten in das Konsumverhalten ergeben sich, wenn man den Aggregationsgrad der Güter wie auch der Wirtschaftssubjekte herabsetzt. So stellte das Statistische Bundesamt anhand der Einkommens- und Verbrauchsstichprobe 1983 fest,[36] daß die Einkommenselastizität der Nachfrage aller Haushalte nach Personenkraftwagen bei Netto-Monatseinkommen von 2000 DM bei 2,8 lag, bei Einkommen von 4400 DM den Wert 1,0 erreichte und bei Einkommen von 6000 DM auf 0,8 gesunken war. Dies ist ein Beispiel dafür, wie sehr es von der Einkommenshöhe abhängen kann, was als Grundbedarf der Lebenshaltung gilt und was gehobene und Luxusbedürfnisse sind. Auch die soziale Schicht ist dabei von Bedeutung: Die Einkommenselastizität der Ausgaben für langlebige, hochwertige Gebrauchsgüter lag im gesamten Einkommensbereich von 800 DM bis 6000 DM im Durchschnitt aller Haushalte im Bereich 1,9 ... 0,7, für Haushalte von Landwirten jedoch zwischen 2,6 und 1,3 und ging hier mit steigenden Einkommen erheblich schwächer zurück.

Solche Beobachtungen haben erhebliche praktische Konsequenzen. So veranlaßte letztlich das Engelsche Gesetz den Gesetzgeber der Bundesrepublik, bei der Umsatzsteuerreform von 1967 Nahrungsmittel nur mit der Hälfte des allgemeinen Steuersatzes (damals 10 v. H., zur Zeit 14 v. H.) zu belegen: Da die Bezieher niedriger Einkommen einen größeren Teil ihrer Gesamtausgaben für Nahrungsmittel aufwenden, sollte ihre Umsatzsteuerbelastung in Grenzen gehalten werden. Die Beobachtungen zeigen auch, daß die einzelwirtschaftliche Hypothese 1.15 (S. 134) auf eine Volkswirtschaft übertragen werden kann und dann Schätzungen darüber erlaubt, in welcher Weise wirtschaftliches Wachstum mit Änderungen in der Zusammensetzung des Bruttoinlandsprodukts, der Struktur des Produktionsapparats und der Verteilung der Arbeitskräfte auf die Wirtschaftszweige einhergeht. Prognosen über diese Entwicklung sind nicht nur für den Wirtschaftspolitiker, sondern auch für die Produzenten der einzelnen Güter wichtig, die sich auf wachsende, stagnierende oder schrumpfende Nachfrage nach ihren Erzeugnissen einstellen müssen. Sie sind auch für den Schulabgänger von Bedeutung, der eine Vorstellung von der Entwicklung der Nachfrage nach der Qualifikation haben sollte, die er zu erwerben gedenkt.

9. Transferfunktionen. Der typische private Haushalt verwendet einen Teil seines Einkommens dazu, Transferzahlungen an andere Wirtschaftssubjekte zu leisten. In der Hauptsache handelt es sich dabei um nichtfreiwillige Übertragungen an öffentliche Haushalte in Gestalt direkter Steuern und Sozialbeiträge. Die Höhe dieser Transfers steht häufig in direktem Zusammenhang mit der Höhe des Einkommens,

---

[36] WiSta 11/1987, S. 414*.

so daß sich für einzelne Transferarten TR_i und auch für alle Transfers TR zusammen *Transferfunktionen* mit dem Bruttoeinkommen Y^b als unabhängige Variable finden lassen:

$$TR_i = TR_i(Y^b) \quad \text{und} \quad TR = TR(Y^b). \tag{1.35}$$

Der Verlauf dieser Funktionen ist für jeden Haushalt gesetzlichen Vorschriften zu entnehmen; sie gehören zur Klasse der institutionellen Gleichungen (vgl. S. 35). Beispiele sind in der Bundesrepublik Transferfunktionen für die Beiträge zur Arbeitslosen-, zur Renten- und zur Krankenversicherung, die für unselbständig Beschäftigte innerhalb gewisser Einkommensgrenzen gelten. Solche Funktionen können mit den gleichen Instrumenten analysiert werden wie Konsumfunktionen. So gibt die *durchschnittliche Transferquote* an, welcher Anteil des Bruttoeinkommens ohne Gegenleistung abzugeben ist oder, soweit es sich um freiwillige Übertragungen handelt, abgegeben wird. Zieht man die Quote von eins ab, sieht man, welcher Anteil dem Haushalt zur freien Verfügung bleibt. Bei jedem Einkommen existiert eine *marginale Transferquote*, die erkennen läßt, welcher Anteil einer zusätzlichen Einkommenseinheit zu transferieren ist. Aus beiden Quoten errechnet sich gemäß Gleichung (1.18) S. 113 die *Transferausgaben-Einkommenselastizität*.

Besonderes Interesse beansprucht der Zusammenhang zwischen Einkommen und Einkommensteuer, die *einzelwirtschaftliche Einkommensteueraufkommensfunktion*. Sie ist beispielsweise in der Bundesrepublik Deutschland seit 1964 in Gestalt eines Satzes mathematischer Formeln Bestandteil des jeweiligen Einkommensteuergesetzes und besteht ab 1990 aus vier Teilfunktionen. Unabhängige Variable und damit *Steuerbemessungsgrundlage* ist darin das (auf den nächsten durch 54 ohne Rest teilbaren vollen DM-Betrag abgerundete) jährliche „zu versteuernde Einkommen" Y, das aus dem ökonomisch definierten Einkommen aufgrund umfangreicher Vorschriften durch Abzug von steuerfreien Einnahmen, Werbungskosten, Sonderausgaben, Frei- und Entlastungsbeträgen zu errechnen ist. Abhängige Variable ist die jährliche Einkommensteuer T_{ESt} gemäß den folgenden Funktionen, in denen Y das zu versteuernde Einkommen eines oder einer Unverheirateten ist[37]:

$T_{ESt} = 0$ für Y von 0 bis 5616 DM; (1.36a)

$T_{ESt} = 0{,}19\,Y - 1067$ für Y von 5617 DM bis 8153 DM; (1.36b)

$T_{ESt} = 0{,}000001519\,Y^2 + 0{,}1653857\,Y - 967{,}312166$ (1.36c)
für Y von 8154 DM bis 120 041 DM;

$T_{ESt} = 0{,}53\,Y - 22\,842$ für Y ab 120 042 DM. (1.36d)

Die Gleichungen besagen im einzelnen:

– Jahreseinkommen bis 5616 DM sind nicht steuerpflichtig, sie bilden die *Nullzone* des Einkommensteuertarifs. Die Obergrenze heißt *Grundfreibetrag*, von der Bundesregierung auch als „soziales Existenzminimum" bezeichnet.[38]

---

[37] Steuerreformgesetz 1990 vom 25. 7. 1988, Art. 1, Ziff. 27. BGBl. I, S. 1093.
[38] Bericht der Bundesregierung über die Möglichkeiten zur Einführung eines Einkommensteuertarifs mit durchgehendem Progressionsverlauf — Tarifbericht (§ 56 EStG) —. Bundestagsdrucksache 8/62 vom 27. 1. 1977, S. 5.

- Einkommen von 5617 DM bis 8153 DM werden mit 19 v. H. besteuert. In diesem Einkommensbereich, der *unteren Proportionalzone*, gilt also ein konstanter *marginaler Steuersatz* (auch: *Grenzsteuersatz*) von 0,19; oder: Von jeder zusätzlichen DM zu versteuerndem Einkommen sind 19 Pfennig als Einkommensteuer abzuführen. Da der Grenzsteuersatz in der Nullzone null ist, macht er beim Übergang von dieser in die untere Proportionalzone einen Sprung;
- Einkommen von 8154 DM bis 120 041 DM liegen in der *Progressionszone*. Eine Steuer ist progressiv, wenn der marginale Steuersatz mit steigendem Einkommen steigt. Die Gleichung für diesen Satz erhält man durch Differentiation zu

$$\frac{dT_{ESt}}{dY} = 0{,}0000030388\, Y + 0{,}16538572\,.$$

Der Satz steigt in dem für ihn geltenden Einkommensbereich monoton. Setzt man die untere Grenze von $Y = 8154$ in die Gleichung ein, erhält man 0,19; bei $Y = 120\,041$ hat der Satz den Wert 0,53 erreicht;

- Ab Jahreseinkommen von 120 042 DM bleibt der marginale Steuersatz konstant bei 53 v. H. Dies ist der *Spitzensteuersatz* der *oberen Proportionalzone*.

Als Begründung für eine progressive Einkommensteuer hat der Gesetzgeber in der Bundesrepublik nutzentheoretische Überlegungen angestellt.[39] Je höher das Einkommen ist, um so mehr Bedürfnisse können befriedigt werden, die weniger dringlich sind. Außerdem ist die Konsumfähigkeit des Menschen begrenzt, so daß seine finanzielle Leistungsfähigkeit stärker steigt als sein Einkommen. Mit der unteren Proportionalzone des Tarifs sollen „typische Verbrauchseinkommen" erfaßt werden; die (damals noch zwei) Progressionszonen sind für Einkommen gedacht, „die das übliche Verbrauchseinkommen fühlbar übersteigen."[40] Mit dieser unterschiedlichen Besteuerung soll jedoch auch der Anreiz, das Einkommen durch vermehrte Leistungsabgabe zu steigern, gewahrt bleiben.

Diese und weitere Argumente zur Ausgestaltung der Einkommensteuer können hier nicht weiter diskutiert werden. Als bemerkenswert sei nur noch darauf hingewiesen, daß es eine obere Proportionalzone gibt, obwohl doch der Hinweis auf den abnehmenden Grenznutzen des Einkommens und die beschränkte Konsumfähigkeit mit steigendem Einkommen immer gewichtiger wird; und daß bei langfristig steigendem Nominaleinkommen immer mehr Einkommensbezieher in die Progressionszone(n) geraten und dann möglicherweise auch nur noch ein „typisches Verbrauchseinkommen" erhalten. Dies gilt um so mehr, je stärker die allgemeine Preissteigerung (Inflation) ist und die Realeinkommen dabei hinter den Nominaleinkommen zurückbleiben.

10. Die Sparfunktion. Hat ein privater Haushalt seine Transfers geleistet, dann bleibt sein verfügbares Einkommen übrig. In der Regel wird er dessen größeren Teil zum Kauf von Konsumgütern verwenden und den kleineren Teil sparen. Die Höhe der Ersparnis hängt von Erwägungen des Haushalts darüber ab, inwieweit es für ihn

---

[39] Bundestagsdrucksache 7/1470 vom 9. 1. 1974, S. 212.
[40] Bundestagsdrucksache III/260 vom 7. 3. 1958, S. 37.

lohnt, auf Konsum in der Planperiode zugunsten zukünftig erweiterter Handlungsmöglichkeiten zu verzichten. Zu diesen gehört, die Ersparnis zinsbringend anzulegen und so in zukünftigen Perioden ein Einkommen aus Vermögen zu erzielen. Die Form der Anlage ist Gegenstand besonderer Planung und kann hier offenbleiben. Das neu gebildete Vermögen kann zur Gründung eines Unternehmens verwendet werden; es soll vielleicht eine Erbschaft bilden; es kann aber auch zukünftigem Konsum dienen (Zwecksparen, etwa für dauerhafte Konsumgüter), so daß der Haushalt hierbei vor dem Abwägungsproblem zwischen heutigem und künftigem Konsum steht. Gegenwärtiger Konsum wird in anderen Fällen so hoch eingeschätzt, daß Haushalte das Gegenteil von Sparen realisieren: Sie entsparen, indem sie ihre Konsumausgaben höher als ihr gegenwärtiges Einkommen ansetzen, in Höhe der Differenz Vermögensobjekte verkaufen oder Kredit aufnehmen und diesen aus dem Einkommen späterer Perioden tilgen. Zu den Gründen dafür, daß Haushalte zukünftigen Konsum geringer einschätzen, also eine *Zeitpräferenz* zugunsten der Gegenwart haben, gehört die Unsicherheit über die Zukunft. Schätzt nun ein Haushalt eine bestimmte in Periode $t+1$ verfügbare Menge x_i eines Konsumgutes um einen gewissen Prozentsatz niedriger ein als die gleiche Menge in Periode t, dann muß er bedenken, daß der Verzicht auf x_i in t und die Anlage der entsprechenden Ersparnis zum Zinssatz r es ihm ermöglicht, bei gleichbleibendem Preis in $t+1$ die Menge $x_i(1+r)$ zu konsumieren. Die Minderschätzung kann dadurch ausgeglichen oder überkompensiert werden; und daher kann man die Hypothese aufstellen, daß Änderungen des Zinssatzes bei ungeänderter Zeitpräferenz die Höhe der Ersparnis beeinflussen.

Die Entscheidungen des Haushalts über die Aufteilung des Einkommens führen zu einer bestimmten positiven oder negativen Ersparnis. Da das verfügbare Einkommen (abgesehen von freiwilligen Transfers) jeweils ohne Rest auf Konsumausgaben und Ersparnis aufgeteilt wird, läßt sich diese beispielsweise in Bild 1.26 (S. 133) am senkrechten Abstand zwischen der Konsumkurve und der zusätzlich eingezeichneten 45°-Linie ablesen. Diese Hilfslinie zeichnet sich dadurch aus, daß der senkrechte Abstand jedes auf ihr gelegenen Punktes von der Abszisse ebenso groß ist wie das auf dieser ablesbare verfügbare Einkommen. Das Einkommen kann daher jeweils auch senkrecht abgelesen werden. Entsprechend könnte die 45°-Linie auch als graphische Darstellung einer speziellen Konsumfunktion gedeutet werden, gemäß der jeweils das gesamte Einkommen für Konsumzwecke ausgegeben wird. Rechts vom Schnittpunkt P_1 der Konsumkurve mit der 45°-Linie gibt der Abstand zwischen beiden Geraden den Betrag an, der jeweils gespart wird. Hat das erwartete verfügbare Einkommen die dem Punkt P_1 entsprechende Höhe, so wird es restlos zum Konsum verwendet, die Ersparnis ist null. Dieses Einkommen nennt man auch das *Basiseinkommen* des Haushalts. Ist das erwartete Einkommen niedriger als dieses, so will oder muß der Haushalt mehr ausgeben, als er für die Planperiode an verfügbarem Einkommen zu erhalten erwartet. Er muß dann sein Bruttovermögen verringern oder sich verschulden, um die Differenz zwischen Konsumausgaben und Einkommen — seinen Ausgabenüberschuß — zu finanzieren. Die Ersparnis ist in diesem Fall negativ, es wird entspart. Jeder Konsumfunktion entspricht somit eine Sparfunktion und umgekehrt. Ist eine der beiden Funktionen bekannt, kann man die andere aus ihr ableiten. So ergibt sich aus Gleichung (1.34) S. 132 und der Definitionsgleichung für die Aufteilung des Einkommens Y auf Konsum C und Ersparnis S

$$Y = C + S \tag{1.37}$$

die zu der Konsumfunktion (1.34) gehörende Sparfunktion:

$$S = -C^a + (1-c)Y \quad \text{oder} \quad S = -C^a + sY. \tag{1.38}$$

Hierin ist der Parameter $s = 1 - c$ die *marginale Sparquote* $\Delta S/\Delta Y$, die angibt, um welchen Betrag die Ersparnis des Haushalts zu- oder abnimmt, wenn sein Einkommen um eine Geldeinheit steigt oder fällt. Der Anteil S/Y der Ersparnis am Einkommen heißt *durchschnittliche Sparquote*. Addiert man zu ihr die durchschnittliche Konsumquote, so muß sich wie bei der Summe aus marginaler Konsum- und Sparquote eins ergeben. Das Bild der Sparfunktion ist:

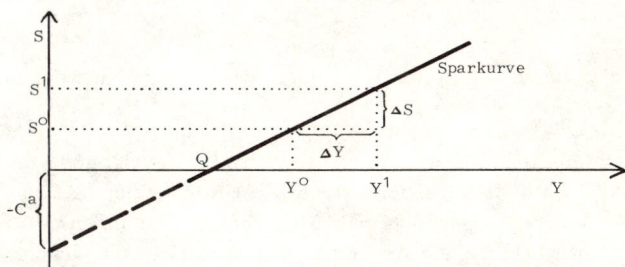

Bild 1.28 – *Die Sparkurve eines privaten Haushalts*

Der Schnittpunkt Q der Sparkurve mit der Einkommensachse, bei dem die Ersparnis gleich null ist, entspricht in bezug auf die Einkommenshöhe dem Schnittpunkt P_1 der Konsumkurve mit der 45°-Linie in Bild 1.26. Rechts von diesem Punkt ist die Ersparnis positiv, links davon negativ. Die marginale Sparquote s ist hier gleich der konstanten Steigung der Kurve.

IV. Weitere Aspekte des Konsumentenverhaltens

1. Soziale Einflüsse auf das Konsumverhalten. Der typische Haushalt lebt nicht isoliert von der sozialen Umwelt, sondern ist vielfältigen Einflüssen aus dieser ausgesetzt (vgl. S. 109 f.). Da er seinerseits auf andere Haushalte einwirkt, gilt

Satz 1.13: *Die Präferenzordnungen der privaten Haushalte einer Volkswirtschaft sind interdependent.*

Der Sachverhalt wird durch die Aussage ausgedrückt, das Verhalten der Wirtschaftssubjekte habe externe Effekte. Einige dieser Effekte werden nachstehend anhand eines Modells unter den folgenden Annahmen erörtert:

— Einflüsse der sozialen Umwelt wirken sich auf Präferenzordnungen und damit auf die Lage und Gestalt von Nachfragefunktionen aus;
— Ein Haushalt oder eine kleine Gruppe von Haushalten wird herausgegriffen und der Gesamtheit der übrigen Wirtschaftssubjekte gegenübergestellt.

Gemäß der üblichen Gliederung der Wirtschaftssubjekte lassen sich demnach Einflüsse aus der sozialen Umwelt wie folgt unterteilen. Sie können ausgehen

(1) von privaten Haushalten als Nachfrager nach Konsumgütern;
(2) von Unternehmen als Anbieter von Konsumgütern;
(3) von wirtschaftspolitischen Instanzen.

Der allgemeine Fall des Einflusses anderer Haushalte liegt vor, wenn der betrachtete Haushalt bei seiner Einschätzung eines Gutes das Verhalten anderer Haushalte berücksichtigt. Zwei entgegengesetzte Reaktionstypen sind zu beobachten:

(1.1) Der Haushalt übernimmt die (überwiegend) positive oder negative Einschätzung der anderen Haushalte und deren Verhalten. Dies nennt man den *Mitläufereffekt*.
(1.2) Der Haushalt verhält sich konträr zu dem, was andere Haushalte tun. Dies ist der *Snobeffekt*.

Ein Grund für die mit dem Mitläufereffekt eintretende Angleichung von Präferenzordnungen kann sein, daß der Haushalt seine Informationen über das Gut als unzureichend empfindet. So erkundigen sich viele Menschen bei Freunden und Bekannten, wenn sie einen Handwerker, einen Arzt oder einen Rechtsanwalt suchen, und folgen deren Empfehlungen. In anderen Fällen kauft der betrachtete Haushalt ein Gut vermehrt, wenn ihm bekannt wird, daß die Nachfrage der anderen Haushalte groß oder steigend ist. Auch dies kann als Versuch gedeutet werden, die fehlende eigene Information über das Gut durch die Annahme der Informiertheit der anderen Nachfrager zu ersetzen. Bei neuen Gütern warten viele Haushalte ab, bis der Absatz ein Mindestausmaß erreicht, bevor sie die Güter in ihr Nachfragesortiment aufnehmen. Sie lassen diese Güter sozusagen von anderen Haushalten testen, bevor sie sich den Vorläufern anschließen. Ein anderer Grund für das Mitläuferverhalten kann sein, daß der Haushalt das Bedürfnis befriedigen möchte, sich im Einklang mit den Präferenzen vieler anderer Haushalte zu befinden.

Der Mitläufereffekt ist graphisch in Bild 1.29 dargestellt. N_0 bis N_2 seien die Nachfragekurven einer kleinen Gruppe von Haushalten nach einem Gut x_i in Abhängigkeit von dessen Preis p_i und von der Gesamtnachfrage C_i, wobei $C_i^0 < C_i^1 < C_i^2$ sei. Je höher also die Gesamtnachfrage ist, um so höher ist auch, bei jedem gegebenen Preis, die Nachfrage der betrachteten Haushalte. Mit dem Hinweis auf die Gruppe wird der Fall eingeschlossen, daß einzelne Haushalte das Gut bei höherer Gesamtnachfrage überhaupt erst in den Korb der von ihnen nachgefragten Güter aufnehmen. Algebraisch läßt sich die Kurvenschar durch die Gleichung

$$x_i = f(p_i, C_i^s), \quad \text{worin (in Bild 1.29)} \quad s = 0 \ldots 2 \text{ ist,}$$

wiedergeben. C_i^s wirkt als Verschiebungsparameter (vgl. S. 121), der die Lage der Nachfragekurve bestimmt. Wird nun für die Planperiode bei einer Gesamtnachfrage von C_i^0 der Preis p_i^0 erwartet, so planen die betrachteten Haushalte die Menge x_i^0 nachzufragen. Bei dem niedrigeren Preis p_i^1 würden sie gemäß ihrer Nachfragekurve N_0 die Menge x_i^0 nachfragen. Der niedrigere Preis gilt jedoch für alle Nachfrager und bewirkt daher auch eine höhere Gesamtnachfrage C_i^1. Damit wird aber für die be-

Bild 1.29 – *Der Mitläufereffekt im Nachfrageverhalten*

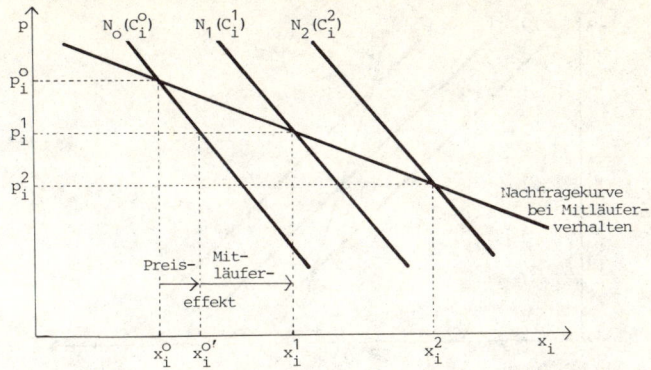

trachteten Haushalte gemäß dem Mitläufereffekt die Nachfragekurve N_1 relevant, so daß die Nachfragemenge in der Planung auf x_i^1 steigt: Der Mitläufereffekt wirkt in dieser Richtung selbstverstärkend (kumulativ) auf die Nachfrage. Bild 1.29 zeigt, in welcher Weise die Änderung der geplanten Nachfragemenge in einen Preis- und einen Mitläufereffekt zerlegt werden kann. Bei einem noch niedrigeren Preis p_i^2 wird entsprechend x_i^2 nachgefragt. Man erhält die tatsächliche Nachfragekurve bei Mitläuferverhalten mithin unter der Annahme stetiger Veränderlichkeit aller Variablen, wenn man die den Kombinationen (p_i^0, x_i^0), (p_i^1, x_i^1) und (p_i^2, x_i^2) entsprechenden Punkte verbindet. Sie ist bei jedem Preis elastischer als die Nachfragekurven bei gegebener Gesamtnachfrage. Mitläuferverhalten findet sich bei Moden aller Art, „modebewußtes" Verhalten ist geradezu ein Synonym dafür. Markantes Beispiel für ein Gut, das einen weltweiten Mitläufereffekt hervorgerufen hat, ist Oberbekleidung aus blaugefärbtem Drillichstoff, insbesondere Hosen („Jeans").

Das oben unter (1.2) genannte Konträrverhalten läßt sich graphisch wie folgt zeigen. In Bild 1.30 seien N_0 bis N_2 Nachfragekurven einer kleinen Haushaltsgruppe nach dem Gut x_j in Abhängigkeit vom Preis p_j und von der Gesamtnachfrage C_j, für deren Werte $C_j^0 < C_j^1 < C_j^2$ gilt. Die Haushalte schränken ihre Nachfrage in der Planung jetzt ein, wenn die Gesamtnachfrage größer ist, wobei einzelne vielleicht ganz auf das Gut verzichten. Wird beim Preis p_j^0 die Menge x_j^0 nachgefragt, so würde ein niedrigerer Preis p_j^1 ohne Berücksichtigung des Snobeffekts die Menge auf $x_j^{0'}$ erhöhen. Die mit dem niedrigeren Preis einhergehende höhere Gesamtnachfrage C_j^1 veranlaßt die Gruppe der Snobs jedoch, einen geringeren Konsum des Gutes zu planen, so daß ihre Nachfragekurve unter dieser Voraussetzung die Lage N_1 einnimmt. Statt $x_j^{0'}$ wird die Menge x_j^1 nachgefragt. Die Gesamtänderung der Nachfragemenge läßt sich demnach in einen Preis- und einen entgegenwirkenden Snobeffekt zerlegen. Entsprechend wirkt ein noch niedrigerer Preis p_j^2. Die aufgrund des Snobeffekts entstehende Nachfragekurve ist also bei jedem Preis weniger elastisch als die Ausgangskurven. Grund für das Snobverhalten kann das Bestreben sein, sich vom allgemein üblichen Verhalten abzusetzen und dadurch Aufmerksamkeit auf sich zu ziehen. Es läßt sich beispielsweise in bezug auf bestimmte Ferienorte beobachten, die von Snobs um so weniger besucht werden, je größer der allgemeine Andrang ist (wobei objektive Gründe wie Überfüllung hinzukommen).

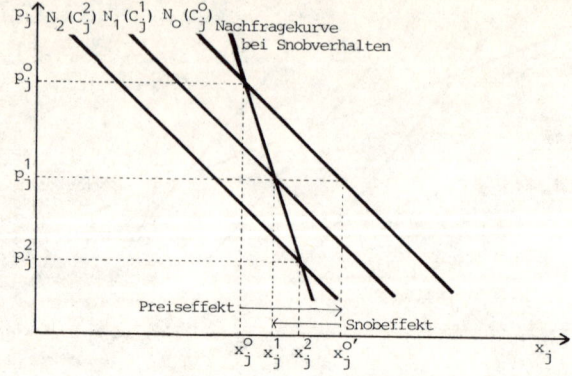

Bild 1.30 – *Der Snobeffekt im Nachfrageverhalten*

Aufmerksamkeit kann auch durch anderes Verhalten erregt werden, so durch den Kauf und das Herzeigen ungewöhnlicher oder besonders teurer Konsumgüter. Je höher nach allgemeiner Ansicht der Preis mancher Güter ist, um so mehr Ansehen (Prestige) hoffen die Käufer durch ihren Erwerb, den *Demonstrativkonsum*, in den Augen anderer Haushalte zu erlangen. Das Verhalten solcher Haushalte, eine Variante des Snobeffekts, wird in Bild 1.31 durch die Nachfragekurven N_0 bis N_2 für das Gut x_k beschrieben. Gilt beispielsweise statt des Preises p_k^0 für die Menge x_k^0 der höhere Preis p_k^1, so würden die Haushalte gemäß der Nachfragekurve N_0 die kleinere Menge $x_k^{0'}$ zu kaufen planen. Da der höhere Preis jedoch mehr Ansehen verspricht, gilt nunmehr für ihre Nachfragekurve die Lage N_1, und sie planen x_k^1 nachzufragen. Dies kann auch dadurch zustandekommen, daß der höhere Preis das Gut für zusätzliche Nachfrager erst attraktiv macht, die betrachtete Haushaltsgruppe bei diesem Preis also größer ist. Wie im Bild dargestellt, wird dann der Preiseffekt durch einen *Prestigeeffekt* überkompensiert. Entsprechendes Verhalten bei noch höherem Preis läßt eine Nachfragekurve

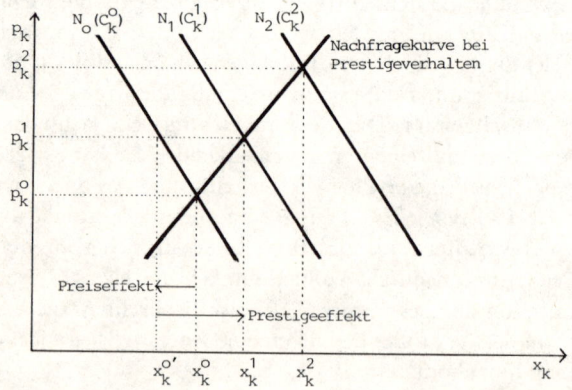

Bild 1.31 – *Der Prestigeeffekt im Nachfrageverhalten*

entstehen, die von links unten nach rechts oben steigend verläuft. Im Zeitablauf betrachtet würden entsprechend Nachfrager bei einer Preissenkung eben deswegen ausscheiden, weil das Gut billiger geworden ist.

Ein solches Verhalten widerspricht dem Nachfragegesetz (S. 75). Hier liegt der Fall vor, daß die in der elementaren Haushaltstheorie gewöhnlich gemachte Annahme, die Präferenzordnungen der Haushalte seien unabhängig voneinander, zu Schlußfolgerungen (dem Nachfragegesetz) führt, die durch Beobachtungen widerlegt werden können. Ob freilich der Prestigeeffekt bei bestimmten Gütern so stark ist, daß er das nicht von ihm bestimmte Verhalten der sonstigen Nachfrager dominiert, kann im allgemeinen nicht vorausgesagt werden. Im übrigen ist er nur für Haushalte definiert und spielt daher mit Sicherheit auf vielen Märkten keine Rolle: Wer Devisen, Rohkaffee oder Futterkartoffeln kauft, wird sich von ihm nicht leiten lassen.

Wichtigster Einfluß, der von Unternehmen als Anbieter von Konsumgütern auf private Haushalte ausgeübt wird, ist die Werbung. Zweck der Werbung ist immer, die Nachfragekurve entweder nach rechts zu verschieben, so daß bei jedem Preis mehr nachgefragt wird; oder sie steiler verlaufen zu lassen, so daß die Nachfrage bei jedem Preis weniger elastisch wird.

Einflüsse wirtschaftspolitischer Instanzen einschließlich des Gesetzgebers und öffentlicher Haushalte werden zu den verschiedensten Zwecken ausgeübt. So fordern Regierungen die Verbraucher auf, je nach der Konjunktursituation mehr zu sparen oder aber mehr zu konsumieren. Werden viele Konsumgüter importiert, während die Leistungsbilanz passiv ist oder hohe Arbeitslosigkeit herrscht, wird dazu aufgerufen, heimische anstelle ausländischer Güter zu kaufen. Weitere Angaben über Eingriffe öffentlicher Stellen in den privaten Konsum enthält das 5. Kapitel.

2. Der private Haushalt als produzierende Einheit. Die neuere Entwicklung der Theorie der Konsumwahl ist unter anderem dadurch gekennzeichnet, daß einige bislang als selbstverständlich geltende Aspekte des Verhaltens privater Haushalte nunmehr als Probleme gesehen werden. Dazu gehört auch die Überlegung, daß zwar nach den derzeitigen statistischen Konventionen jeder Übergang eines Gutes mit Ausnahme von Häusern und Wohnungen in den Bereich eines privaten Haushalts als Konsum gilt, tatsächlich jedoch innerhalb der Haushalte umfangreiche Aktivitäten stattfinden, die zum Teil Weiterverarbeitung der gekauften Konsumgüter sind und daher zutreffender als Produktionstätigkeit zu interpretieren wären. Ausgangspunkt ist diese Sicht:

- Der Haushalt kauft und verbraucht Güter nicht um ihrer selbst willen, sondern wegen gewisser Eigenschaften (Attribute, Merkmale);
- Viele Güter besitzen zwei oder mehr solcher Eigenschaften gemeinsam, unterscheiden sich aber in ihrem relativen Gehalt an ihnen;
- Es ist eine spezielle Tätigkeit des Haushalts, die Eigenschaften der gekauften Güter unter Aufwendung von Zeit und zum Teil von Arbeitsleistung so zu kombinieren und nutzbar zu machen, daß dabei gewisse Leistungen entstehen, die ihrerseits die unabhängigen Variablen in seiner Nutzenfunktion bilden;
- In der industrialisierten Volkswirtschaft übersteigt die Zahl der Güter bei weitem die ihrer Attribute, so daß es viele Substitutionsmöglichkeiten zwischen Gütern

gibt (die vielen Zahnpasten haben im Grunde nur zwei Attribute: Zahnreinigungsleistung und Geschmack).

Formal kann das Problem mit seiner grundlegenden Unterscheidung zwischen den am Markt angebotenen Konsumgütern und den mit ihnen im Haushalt erzeugten Leistungen[41] mit Hilfe des Modells 1.39 angegangen werden:

Modell 1.39 – *Produktion im privaten Haushalt*

Transformationsfunktionen: $L_j = L_j(x_1 \ldots x_n, A_j)$, worin $j = 1 \ldots k$, (1.39-I)

Nutzenindexfunktion: $U = U(L_1 \ldots L_k) \to \max!$ (1.39-II)

Budgetrestriktion: $\sum_{i=1}^{n} p_i x_i = Y$. (1.39-III)

Zunächst wird eine Reihe von Transformationsfunktionen (1.39-I) aufgestellt, gemäß denen unter Einsatz von bis zu n Konsumgütern $x_1 \ldots x_n$ und Arbeitsleistung A_j des Haushalts jeweils eine der Bedürfnisbefriedigung dienende Leistung L_j ($j = 1 \ldots k$) hergestellt wird. Ziel des Haushalts ist es nach Gleichung (1.39-II), seine Bedürfnisbefriedigung U mittels einer Kombination der L_j zu maximieren, wobei beim Kauf der Konsumgüter die Budgetrestriktion (1.39-III) zu beachten ist. Der Unterschied zu dem Optimierungsmodell 1.8 (S. 95) liegt in der Zwischenschaltung der Gleichungen (1.39-I), der *Produktionsfunktionen des Haushalts*. Geht es beispielsweise darum, die Leistung zu produzieren, mit der das Bedürfnis nach Unterhaltung befriedigt wird, dann gibt es offenbar eine große Zahl von Konsumgütern, die hier in Frage kommen: Bücher und andere Druckerzeugnisse, Schallplatten, Nutzung von Radio- und Fernsehgeräten, Film- und Theateraufführungen, Sportveranstaltungen. Der Haushalt stellt nun eine Kombination dieser Güter so zusammen, daß aufgrund der entsprechenden Gleichung (1.39-I) die Leistung „Unterhaltung" entsteht, die in Gleichung (1.39-II) zur Gesamt-Bedürfnisbefriedigung beiträgt. Die Nachfrage nach den einzelnen Konsumgütern ist somit nicht direkt eine Folge der von ihnen erwarteten Bedürfnisbefriedigung, sondern hängt von ihrem Beitrag zur Produktion der jeweiligen von dem Haushalt erstellten Leistung ab. Sie ist in diesem Sinne *abgeleitete Nachfrage*.

Die traditionelle Theorie der Konsumwahl ist in Modell 1.39 als Sonderfall enthalten, wenn man von der Berücksichtigung der Arbeitsleistung in (1.39-I) absieht und annimmt, daß jedes Gut x_i nur eine Eigenschaft aufweist und daß keine zwei Güter x_i und x_h dieselbe Eigenschaft haben. Es können dann alle L_j in Gleichung (1.39-II) eindeutig durch die entsprechenden x_i ersetzt werden, und dies ergäbe das Modell 1.8. Demgegenüber erscheint der neue Ansatz wirklichkeitsnäher. Schon das alltägliche Beispiel des Personenkraftwagens zeigt dies. Er hat mindestens zwei Eigenschaften, mit denen der Haushalt bedürfnisbefriedigende Leistungen produzieren

---

[41] Englischsprachige Autoren unterscheiden (nicht einheitlich) die am Markt gekauften Konsumgüter als „goods" von den im Haushalt hergestellten Leistungen als „commodities". Die Unterscheidung entspricht der unten in der Produktionstheorie gebrauchten zwischen Produktionsfaktoren und Produkten.

kann: Er ist potentieller Lieferant von Transportleistungen, und seine Existenz beeinflußt das Ansehen, das sein Besitzer in seiner sozialen Umwelt genießt. Dieser *Sozialnutzen* des Automobils — so genannt im Unterschied zum *Individualnutzen,* der auch entsteht, wenn niemand sonst die Nutzung des Gutes beachtet — kann von dem Haushalt mit der gleichen Eigenschaft anderer Güter wie Wohnungsausstattung, modische Kleidung, Schmuck kombiniert werden, so daß die Leistung „Ansehen bei anderen Menschen" entsteht. Die Transportleistung des Kraftfahrzeugs kann, vom gesamten Haushalt her gesehen, nicht passiv konsumiert werden — jemand muß das Auto fahren, was einer Arbeitsleistung entspricht, für die es einen eigenen Berufsstand gibt. Dies erfordert Zeit, und die Vorstellung des Produktionsprozesses wird dadurch vervollständigt, daß zur Erstellung der Transportleistung auch noch von Unternehmen hergestellte komplementäre Produktionsgüter wie Benzin, Öl, Wartungs- und Reparaturarbeiten eingesetzt werden müssen. Ein weiteres, besonders einleuchtendes Beispiel für einen Produktionsprozeß im Privathaushalt ist die Herstellung von Speisen, andere sind Wäschewaschen, Einkaufen, Körperpflege, Urlaubsreisen. Schließlich hat der Haushalt zu berücksichtigen, daß es für einige der von ihm hergestellten Leistungen nahe Substitute am Markt gibt, etwa Mahlzeiten in Restaurants, öffentlicher Personentransport, Wohnungsreinigung durch eine Putzfrau/einen Putzmann.

Einige Aspekte des neuen Ansatzes und Schlußfolgerungen aus ihm sind die folgenden. Die Bedürfnisse des Haushalts, die mit den Leistungen $L_1 \ldots L_k$ gemäß Gleichung (1.39-II) befriedigt werden, lassen sich mit ihm präziser definieren, da sie nicht mehr direkt an bestimmte Güter gebunden sind. Strickwolle ist kein enges Substitut für Honig, wohl aber kann man ein Fahrrad durch ein Mofa ersetzen: Dies folgt jetzt aus den unterschiedlichen beziehungsweise ähnlichen Eigenschaften dieser Güter, mit denen sie in die Haushaltsproduktion eingehen, während der Grad der Substituierbarkeit bisher nur pauschal und nicht weiter erklärt eine Sache der „Präferenzen" war, über deren Bildung keine Theorie existiert. Die Eigenschaften können explizit berücksichtigt, zum Teil auch in physischen Einheiten gemessen werden; und es kann gefragt werden, wie sich ihre Änderungen über die Produktionsfunktionen (1.39-I) auf die Ergebnisse L_j der häuslichen Produktionstätigkeit auswirken. In der bisherigen Theorie gingen alle solche Änderungen in Verschiebungen der Lage oder des Verlaufs oder beider von Indifferenzkurven unter. Dies gilt auch für Substitutionsvorgänge, die nunmehr in einer Weise erfaßt werden können, die den tatsächlichen Überlegungen von Haushalten in der Realität nahekommt. Wenn als Konsum des Haushalts nicht der Kauf eines Autos, sondern Ortsveränderungen seiner Mitglieder betrachtet werden, dann bezieht sich sein Wahlproblem auf mindestens zwei Produktionsprozesse, wobei Unterschiede in der Arbeitsleistung (Selbstfahren gegenüber Benutzung eines öffentlichen Verkehrsmittels), Zeitaufwand und Gesamtkosten gegeneinander abzuwägen sind.

Ein wichtiges Ergebnis dieser Sicht läßt sich wie folgt zeigen. Betrachtet seien drei Konsumgüter x_1 bis x_3. Der Haushalt kann jedes dieser Güter zur Herstellung von zwei Leistungen L_1 und L_2 einsetzen, aber die Güter unterscheiden sich durch das Verhältnis, in dem sie zu L_1 und L_2 beitragen. Bild 1.32 zeigt diese Situation in einem L_1, L_2-Koordinatensystem. Die unterschiedlichen Steigungen der drei Fahrstrahlen stellen den unterschiedlichen relativen Gehalt an L_1 und L_2 der drei Güter dar. Die Punkte P_1, P_2 und P_3 repräsentieren die jeweils maximale Menge an x_1, x_2 und x_3, die

Bild 1.32 – *Effizienz- und Präferenzentscheidung in der Haushaltsproduktion*

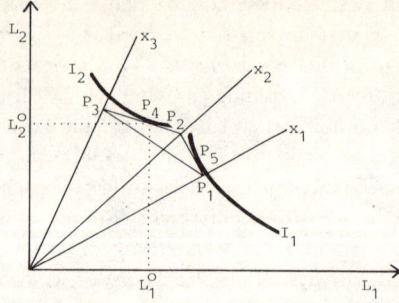

der Haushalt angesichts seiner Budgetrestriktion erwerben kann. Er hat dann ein Wahlproblem:

- Er kauft nur eins der drei Güter in der durch P_1, P_2 oder P_3 vorgegebenen Menge und stellt die damit erzielbare Kombination von L_1 und L_2 her;
- Er kauft Kombinationen je zweier Güter und kann dann weitere Kombinationen von L_1 und L_2 verwirklichen. Bild 1.32 zeigt als Beispiel, wie die Kombination L_1^0, L_2^0 aus der Kombination von x_2 und x_3 entsteht.

Das Wahlproblem wird nun in zwei Schritten gelöst, und darin zeigt sich der grundlegende Unterschied dieses Ansatzes gegenüber der traditionellen Konsumtheorie. Bild 1.32 zeigt neben den drei Punkten P_1 bis P_3 auch die drei Verbindungslinien P_1P_2, P_2P_3 und P_1P_3 zwischen ihnen. Jeder Punkt auf einer dieser Linien stellt eine Güterkombination (x_i, x_j) dar, die angesichts der Budgetrestriktion zulässig ist. Man sieht jedoch sofort, daß jede durch einen Punkt auf der Linie P_1P_3 repräsentierte Güterkombination mit Ausnahme der beiden Endpunkte P_1 und P_3 selbst jedem Punkt auf dem Linienzug $P_1P_2P_3$ unterlegen ist: Mit den Güterkombinationen auf diesem Linienzug läßt sich immer eine größere L_1,L_2-Kombination erstellen als mit jeder Güterkombination auf der Linie P_1P_3. Dies ist der erste Schritt des Wahlproblems, und das Bemerkenswerte daran ist, daß die Bevorzugung der Punktmenge auf $P_1P_2P_3$ gegenüber der auf P_1P_3 von der Art der Präferenzen des Haushalts unabhängig ist und allein aufgrund des ökonomischen Prinzips erfolgt: Bei gleichem Einsatz an Budgetmitteln wird eine größere L_1,L_2-Kombination einer kleineren vorgezogen. Mit einem Ausdruck aus der Produktionstheorie sagt man, die Kombinationen auf $P_1P_2P_3$ seien *effizient*, die auf P_1P_3 *ineffizient*, und der erste Schritt des Wahlproblems ist daher eine *Effizienzentscheidung*. Erst im zweiten Schritt wird mit einer Präferenzentscheidung aufgrund der Lage des Indifferenzkurvensystems festgelegt, welche der effizienten L_1,L_2-Kombinationen produziert und welche x_1,x_2-Kombination daher gekauft werden soll.

In Bild 1.32 sind zwei alternative, nicht zur selben Präferenzordnung gehörende Indifferenzkurven eingezeichnet, aufgrund derer entweder die Kombination P_4 oder aber P_5 realisiert wird. Andere Kurvensysteme können so verlaufen, daß nur einer der Eckpunkte des Kurvenzuges $P_1P_2P_3$ gewählt wird. Im übrigen zeigt die Darstellung, warum der Haushalt bei effizientem Verhalten und beliebiger Lage seines Indifferenzkurvensystems höchstens zwei der drei Konsumgüter kaufen wird, nicht aber alle drei: Zwei reichen hier zur Nutzenmaximinierung aus. Der Ansatz erklärt also, warum ein gegebener Haushalt manche Güter nicht kauft und daher von den entsprechenden Preisänderungen nicht berührt wird, während nach der traditionellen Theorie jede Preisänderung das Nachfrageverhalten beeinflußt. Nur weil Indifferenzkurvensysteme unter den Haushalten differieren, besteht insgesamt Nachfrage nach allen drei Gütern. Tritt ein neues Gut auf oder wird ein vorhandenes differenziert, dann bedeutet das in der bisherigen Theorie den Übergang vom n- zum $(n+1)$-Güterraum. Nunmehr wird lediglich ein neuer Strahl in Bild 1.32 hinzugefügt: Das andere Gut bringt eine neue Mischung bekannter Eigenschaften. Im übrigen ist es zunächst nur eine Vermutung, daß Haushalte zutreffende Effizienzentscheidungen vornehmen. Jeder Sozialarbeiter wird davon berichten können, daß sich besonders Haushalte mit geringem Wissensstand dabei irren, und damit entsteht hier ein Bedarf an Beratung.

Die Tatsache, daß Güter Bündel unterschiedlicher nützlicher Eigenschaften sind, ist nicht neu. Produzenten machen sich dies seit jeher zunutze, wenn sie Produktdifferenzierung betreiben: Eine oder mehrere Eigenschaft(en) werden geändert, andere konstant gelassen, und die neue Kombination soll attraktiver sein als die bisherigen. Ein bedeutender Teil der Marktforschungsaktivität von Unternehmen ist darauf gerichtet herauszufinden, mit welchen solchen Kombinationen genügend neue Käufer gefunden werden können. Die Konsumenten stehen ihrerseits vor dem Problem, die Eigenschaften des (unteilbaren) Gutes zu bewerten, zu einer Art gewichtetem Index des erwarteten Nutzens zusammenzufassen und danach die Kaufentscheidung zu treffen. Ebenso ist bei der Wahl eines Arbeitsplatzes zu verfahren, bei dem das zu erwartende Einkommen nur einer unter mehreren Aspekten wie Arbeitszeit, Verantwortungsbereich, Aufstiegsmöglichkeiten, erwartete Sozialleistungen, Betriebsklima, Reisemöglichkeiten ist. Für den Wirtschaftswissenschaftler stellt sich das Problem, Qualitätsänderungen von Gütern bei der Berechnung von Preisindizes zu berücksichtigen. In neueren Untersuchungen werden dazu Güter als Bündel einzeln meßbarer und mit rechnerischen Preisen bewertbarer Eigenschaften betrachtet, die man dann zu *hedonistischen Preisindizes* zusammenfaßt.

Die Idee des privaten Haushalts als Produktionsstätte wird zu ihrem Extrem geführt, wenn man ihn als Produzenten von Arbeitsleistung sieht und ihn so in ein geschlossenes Modell des Wirtschaftskreislaufs einfügt: Unternehmen stellen unter Nutzung der natürlichen Umwelt mit Hilfe von Arbeitsleistungen (letztlich nur) Konsumgüter her, und Haushalte produzieren mit Hilfe dieser Güter Arbeitsleistungen, die sie an die Unternehmen liefern.

Die Sicht, private Haushalte als produzierende Einheit zu betrachten, hat auch auf einem anderen Gebiet weitreichende Konsequenzen. Wenn der volkswirtschaftliche Produktionsprozeß nicht mehr an der Grenze des Haushalts endet, dann sind seine Endprodukte nicht mehr unter anderem die an Haushalte gelieferten Konsumgüter, sondern erst die von diesen erstellten Leistungen. Das Sozialprodukt muß dann anders als bisher definiert und neu berechnet werden. Versuche in dieser Richtung werden seit einiger Zeit unternommen. Allerdings zeigt sich dabei auch die Problematik des gesamten Ansatzes: Wenn die neuere Theorie empirisch relevant sein soll, dann müssen die Ergebnisse der Haushaltsproduktion beobachtbar und meßbar sein. Für die meisten Tätigkeiten liegt das auch bei bescheidenen Ansprüchen an die Genauigkeit der Meßergebnisse noch in weiter Ferne.

3. Zeitaspekte des Konsumverhaltens. Bei den Erörterungen des Verhaltens privater Haushalte bei der Konsumwahl in den Teilen II und III dieses Kapitels wurden die zeitlichen Aspekte dieses Verhaltens nicht explizit betrachtet. Haushalte berücksichtigen jedoch die Zeit und ihren Ablauf in vielfältiger Weise:

– Jeder Akt des Konsums erfordert Zeit, die prinzipiell knapp ist und daher zu den „Mitteln" (S. 7) gehört, über die Allokationsentscheidungen zu treffen sind;
– In vielen Fällen sind Haushalte in der Lage, innerhalb gewisser Grenzen über die Aufteilung ihrer Gesamtzeit auf bezahlte Arbeitszeit außerhalb der Haushaltsproduktion und Nichtarbeitszeit zu entscheiden. Damit wird die Frage nach dem Arbeitsangebot gestellt;
– Der typische Haushalt hat in jeder Planperiode eine Entscheidung über die Aufteilung seines verfügbaren Einkommens auf Konsumausgaben und Sparen zu treffen. Damit gehen in der Regel Entscheidungen über die Verwendung der ersparten Beträge in zukünftigen Perioden einher;
– Das ökonomische Verhalten in der Planperiode kann erheblich von den Erwartungen über die zukünftige Entwicklung bestimmter Variabler beeinflußt werden.

Soll der eben an erster Stelle genannte Zeitaspekt in der Theorie der Haushaltsproduktion explizit berücksichtigt werden, dann ist in Modell 1.39 (S. 146) in jede Transformationsfunktion anstelle von A_j die zur Herstellung von L_j erforderliche Zeit t_j aufzunehmen und festzuhalten, daß die Zeit T je Planperiode eine feststehende, nicht überschreitbare Größe ist, über die nach Allokationsgesichtspunkten verfügt werden muß. Das erfordert eine Zeitrestriktion als weitere Nebenbedingung:

$$T_a + \Sigma t_j = T, \quad \text{worin} \quad j = 1 \ldots k. \qquad (1.39\text{-IV})$$

Hier ist T_a die bezahlte Arbeitszeit im Rahmen des Einkommenserwerbsplans, Σt_j die Nichtarbeitszeit. Diese wird gemäß der Produktionstheorie des Haushalts auf seine verschiedenen Aktivitäten aufgeteilt. Sie enthält also auch Fahrtzeiten von der und zur Arbeitsstätte, Zeiten für Aus- und Weiterbildung, Nichtstun und diverse Wartezeiten. Sie wird daher nicht „Freizeit" genannt, zumal beispielsweise auch die Zeit für den Schlaf in diesen Ansatz integrierbar ist: Dieser ist als häuslicher Produktionsprozeß gemäß einer der Gleichungen (1.39-I) aufzufassen, bei dem mit den Konsumgütern Schlafraum- und Bettnutzung und möglicherweise Schlaftabletten unter Aufwand von Zeit t_s die Leistung L_s = Schlaf produziert wird.[42] T ist die volle, etwa in Stunden gemessene Planperiode und wäre, wenn diese etwa gleich der Woche ist, mit 168 Stunden anzusetzen. Schon die Tatsache, daß die wöchentliche Arbeitszeit in den Industrieländern heute im Durchschnitt nur noch rund ein Viertel der Gesamtzeit T ausmacht, spricht dafür, auch die Nichtarbeitszeit ähnlich ausführlich in der theoretischen Analyse zu berücksichtigen, wie das bisher mit der Arbeitszeit geschehen ist. Außerdem ist das Einkommen der meisten Haushalte in diesen Ländern so hoch, daß die für die verschiedenen Konsumaktivitäten erforderliche Zeit knapp wird und daher zum Gegenstand ökonomischer Überlegungen gemacht werden muß.

Mit der Einbeziehung der Arbeitszeit T_a in das Modell wird der zu Beginn dieses Abschnitts an zweiter Stelle genannte Aspekt erfaßt, daß der Haushalt mit der Auftei-

---

[42] G. S. BECKER: A Theory of the Allocation of Time. EJ, Vol. 75, 1965, S. 493–517.

lung seiner Gesamtzeit gleichzeitig auch über sein Arbeitsangebot entscheidet. Da dieses in seinen Einkommenserwerbsplan eingeht, bedeutet das erweiterte Modell 1.39 einen Schritt in Richtung auf die S. 70 erwähnte einheitliche und vollständige Theorie des Haushalts. Weitere Verfeinerungen der statischen Theorie der Zeitallokation sind seit Beginn der siebziger Jahre dadurch vorgenommen worden, daß bestimmte häufig vorkommende Arten des Zeitverbrauchs gesondert untersucht wurden. Dazu gehören die für den Personentransport aufgewandte Zeit (Reisezeit), die Zeit für die Beschaffung von Informationen (Suchzeit) und die bei vielen Aktivitäten in Kauf zu nehmende Wartezeit.

Unter dynamischem Aspekt ist die eingangs erwähnte Entscheidung des Haushalts über die Aufteilung seines verfügbaren Einkommens auf Konsumsumme C und Ersparnis S zu sehen (vgl. S. 140 f.). Wie weit sein Zeithorizont dabei reicht, ist Sache der empirischen Untersuchung. In der auf der *Lebenszyklus-Hypothese* aufbauenden Theorie wird davon ausgegangen, daß sich seine Planung über seine gesamte erwartete Lebenszeit erstreckt, und es wird versucht, Größe und zeitliche Entwicklung des Vermögens des Haushalts und des daraus fließenden Einkommens von einem Anfangsbestand aus und eventuell unter Berücksichtigung eines angestrebten Endbestands in Gestalt einer Erbschaft als endogene Variable zu sehen und zu erklären. Bei so langfristiger Betrachtung ist auch die Theorie der Investitionsplanung bei der Frage heranzuziehen, ob der Konsument in Sachgüter, finanzielle Aktiva oder in seine eigene Ausbildung investieren und welche der vielen Möglichkeiten hierfür er wahrnehmen sollte.

Das bekannteste Beispiel zu dem eingangs an letzter Stelle genannten Aspekt ist die Tatsache, daß jeder Haushalt bei seinen Konsumentscheidungen tunlichst nicht nur die für die Planperiode erwarteten Preise, sondern auch deren Entwicklung in späteren Perioden berücksichtigen sollte. Es ist eine zweite Frage, inwieweit Haushalte dies tatsächlich tun. Schon die oberflächlichste Beobachtung zeigt jedoch, daß längerfristige Erwartungen in vielen Fällen berücksichtigt werden. So werden regelmäßig vorkommende jahreszeitliche Preisschwankungen ausgenutzt, wenn Haushalte die niedrigeren Sommerpreise für Hausbrandkohle, Heizöl und Pelze wahrnehmen. Wird die Branntweinsteuer mit der vorhersehbaren Folge einer Preiserhöhung für Spirituosen heraufgesetzt, dann werden kurz vor Inkrafttreten Vorratskäufe über das übliche Maß hinaus vorgenommen. In allen diesen Fällen müßte der genau rechnende Haushalt allerdings die Aufwendungen für die zusätzlichen Mittel berücksichtigen, die für die Mehrkäufe benötigt werden. Werden sie durch Kreditaufnahme beschafft, wären dies die Zinsen und Nebenkosten für den Kredit; sind die Mittel vorhanden, so entgehen Erträge, die bei anderweitiger Anlage der Mittel erzielbar wären. Für das Ausmaß, in dem Käufe wegen erwarteter Preissteigerungen vorgezogen werden, gilt eine Marginalanalyse: Es lohnt, dem Wert nach höchstens soviel mehr zu kaufen, bis die Aufwendungen für die zusätzlichen Mittel ebenso hoch sind wie die Mehraufwendungen, die später infolge der höheren Preise entstehen würden. Generell gilt, daß die Erwartung späterer Preissteigerungen die Nachfrage in der Planperiode erhöht, graphisch also die Nachfragekurve nach rechts verschiebt. Sofern dies zu Preiserhöhungen schon in der Planperiode führt, die ihrerseits Erwartungen über weitere Preiserhöhungen wecken oder verstärken, liegt eine selbsterfüllende Prognose vor (vgl. S. 63).

Ein entsprechend anderes Verhalten ist bei Erwartungen über Preissenkungen zu beobachten. Es lohnt dann, den Kauf des betreffenden Gutes aufzuschieben, um später den niedrigeren Preis zu zahlen. Hegt ein genügend großer Teil der Käufer auf einem Markt eine solche Erwartung, dann verschiebt sich die Nachfragekurve nach links, was den Preis schon in der Planperiode senken und daher ebenfalls den Fall selbsterfüllender Prognosen bedeuten kann.

Mit allen diesen Verhaltensweisen möchte der Haushalt Wohlfahrtseinbußen (bei erwarteter Preissteigerung) abwenden oder seine Wohlfahrt (bei erwarteter Preissenkung) erhöhen. Der nächste Schritt wäre, erwartete Preisänderungen zur Erzielung eines Einkommens auszunutzen. Dazu kann man Güter, die keiner oder nur geringer Abnutzung unterliegen, oder Forderungen kaufen und nach erfolgter Preissteigerung verkaufen; oder man kann sich zur Lieferung von Gütern oder Forderungen zu einem bestimmten Preis zu einem späteren Zeitpunkt verpflichten, sich die Objekte aber erst kurz vor dem vereinbarten Zeitpunkt zu einem niedrigeren Preis beschaffen und so einen Gewinn erzielen. Solche Verhaltensweisen heißen *Spekulation*.

4. Das Arbeitsangebot. Der typische Arbeitnehmerhaushalt setzt seine Arbeitsleistung im Rahmen eines zur Routine gewordenen Einkommenserwerbsplans im Produktionsprozeß ein. Die auch bei gesamtwirtschaftlichen Betrachtungen interessante Frage ist, wieviel Arbeitsleistung, etwa in Arbeitsstunden gemessen, in Abhängigkeit von welchen anderen Variablen insgesamt angeboten wird. Zu ihrer Beantwortung sind Hypothesen über das Verhalten des typischen Haushalts aufzustellen. Häufig gearbeitet wird mit

Hyp. 1.18: *Der private Haushalt bietet Arbeitsleistung in Abhängigkeit von dem damit erzielbaren verfügbaren Realeinkommen an, wobei er zwischen Arbeits- und Nichtarbeitszeit abwägt.*

Die Analyse läßt sich in Analogie zum Zwei-Güter-Fall der Theorie der Konsumwahl vornehmen:

Modell 1.40 – *Das optimale Arbeitsangebot des privaten Haushalts*

Nutzenindexfunktion: $\quad U = U(Y_r^v, T_f)$, wobei $\partial U/\partial Y_r^v, \partial U/\partial T_f > 0 \quad$ (1.40-I)

Definitionsgleichung: $\quad Y_r^v = w_r \cdot T_a \cdot v \quad$ (1.40-II)

Zeitrestriktion: $\quad T = T_a + T_f. \quad$ (1.40-III)

Gemäß diesem Modell wird die Präferenzordnung mit einer Nutzenindexfunktion (1.40-I) beschrieben, in der Y_r^v das verfügbare Realeinkommen und T_f die Nichtarbeitszeit je Planperiode sind. Die beiden ersten partiellen Ableitungen sind positiv: Die Wohlfahrt erhöht sich sowohl mit steigendem Realeinkommen als auch mit zunehmender Nichtarbeitszeit. Das verfügbare Realeinkommen Y_r^v ergibt sich aus dem nominellen Bruttoeinkommen Y^b, indem man von diesem die Transfers TR abzieht und die Differenz durch einen Preisindex P dividiert. Da Y^b gleich der bezahlten Arbeitszeit T_a je Planperiode mal dem Nominallohnsatz w ist und die Transfers einen Bruchteil k von Y^b ausmachen:

$$Y^b = w \cdot T_a \quad \text{und} \quad TR = k \cdot Y^b,$$

erhält man die Definitionsgleichung (1.40-II) wie folgt:

$$Y_r^v = \frac{1}{P}(Y^b - TR) = \frac{1}{P}(w \cdot T_a - k \cdot w \cdot T_a) = \frac{w}{P} T_a (1-k) = w_r \cdot T_a \cdot v.$$

Hierin ist der Quotient $w/P = w_r$ der *Reallohnsatz*, der angibt, wieviel Güter man mit dem Nominallohn w kaufen kann. Ist etwa $w = 15$ DM/Stunde und gibt es nur ein Gut, etwa Brot mit dem Preis $p = 2$ DM/kg, so beträgt der Reallohnsatz 7,5 kg/Stunde. Multipliziert man diesen Satz mit der Arbeitszeit T_a, etwa 40 Stunden je Woche, erhält man das Bruttorealeinkommen Y_r^b je Woche, hier 300 kg Brot. $v = 1 - k$ ist der *Verfügbarkeitssatz,* der den nach Abzug der Transfers verbleibenden Teil des Bruttorealeinkommens angibt. Bei einem Transfersatz von $k = 0{,}2$ ist $v = 0{,}8$, so daß das verfügbare Realeinkommen Y_r^v 240 kg Brot je Woche beträgt. Gleichung (1.40-III) enthält die Beschränkung, daß die Stundenzahl T je Planperiode auf Arbeits- und Nichtarbeitszeit aufgeteilt werden muß.

Das Modell 1.40 ist graphisch in Bild 1.33 (a) dargestellt. Die durchgezogene Linie AB zeigt die Zeitrestriktion (1.40-III) und damit sämtliche Kombinationen von Arbeits- und Nichtarbeitszeit. Die Planperiode sei die Woche. Die Linie beginnt im Punkt A, bei dem nicht gearbeitet wird und die gesamten 168 Stunden der Woche also Nichtarbeitszeit sind. Das ist die Situation der Bezieher von Transfer- oder Vermögenseinkommen ohne Nebentätigkeit. Eine Wanderung entlang der Linie nach oben zeigt variierende Kombinationen von Arbeits- und Nichtarbeitszeit, bis in Punkt B der (irreale) Extremfall erreicht ist, in dem nur gearbeitet wird. Arbeitszeit bedeutet aber Empfang von Lohn und damit in der eben erläuterten Abhängigkeit von Nominallohnsatz, Güterpreisen und Transferverpflichtungen ein bestimmtes Realeinkommen. Der Haushalt hat also zwischen T_f und Y_r^v abzuwägen, die Linie AB wird zu einer *Transformationslinie* zwischen diesen beiden Variablen, und die neben der Ordinate errichtete Hilfsordinate zeigt die Höhe des verfügbaren Realeinkommens bei gegebenen Werten für w, P und v in Abhängigkeit von der Arbeitszeit T_a. Die Indiffe-

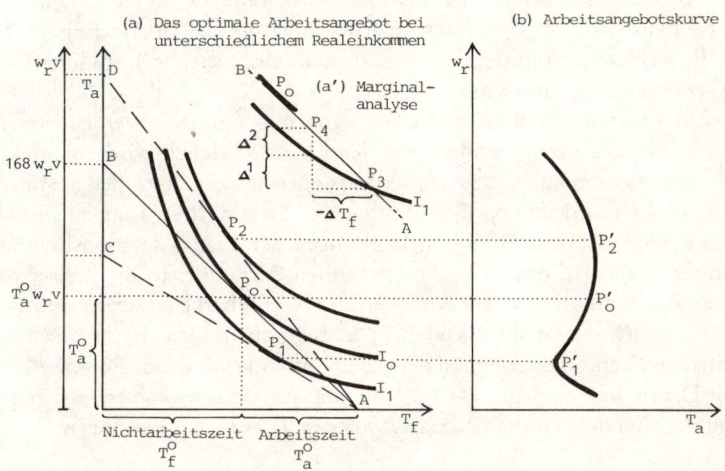

Bild 1.33 – *Das Arbeitsangebot des privaten Haushalts*

renzkurven repräsentieren die Präferenzordnung des Haushalts in bezug auf seine Wahl zwischen Nichtarbeitszeit T_f einerseits und Arbeitszeit T_a und damit Realeinkommen in Gestalt von Konsumgütern anderseits. Diese Wahl wird von der generellen Einschätzung der jeweiligen Berufstätigkeit durch den Haushalt beeinflußt, die in der Realität eine Skala von mehr oder weniger lästig und unbefriedigend bis hin zu sinngebend und der Selbstverwirklichung dienend umfaßt. Festzuhalten ist, daß das Arbeitsangebot vom Angebot an Konsumgütern beeinflußt werden kann: Hält sich der Haushalt hier für vergleichsweise unterversorgt, kann dies sein Arbeitsangebot steigern. In solchen Fällen ist dann das Einkommen nicht mehr wie bisher angenommen ein Datum für den Haushalt, sondern wird zu einer Zwischenzielvariablen (vgl. S. 5) auf dem Wege zu dem Endziel einer als angemessen betrachteten Konsumgüterversorgung. Mit dieser Endogenisierung des Einkommens wird die Interdependenz zwischen dem Angebots- und dem Nachfrageverhalten des Haushalts berücksichtigt. Auf jeden Fall wird angenommen, daß der Haushalt Kombinationen mit mehr Freizeit, mehr Realeinkommen oder beidem anderen Situationen mit weniger Freizeit oder Realeinkommen vorzieht. Er erreicht dann ein Optimum in seinem Einkommenserwerbsplan dort, wo eine Indifferenzkurve die Transformationslinie gerade berührt. Das ist bei der durchgezogenen Linie AB im Punkt P_0 der Fall. Auf den Achsen ist dann die Kombination Arbeits-/Nichtarbeitszeit T_a^0, T_f^0 mit dem entsprechenden Y_r^v abzulesen, die der Haushalt als optimal betrachtet. Wie bei der Wahl zwischen zwei Konsumgütern (S. 88) stimmen auch hier zwei Realtauschverhältnisse überein: Das objektive des Marktes, das durch die Steigung der Transformationslinie wiedergegeben wird und von den vom Markt determinierten Größen w und P sowie dem staatlichen Satz v bestimmt wird; und das subjektive marginale Realtauschverhältnis des Haushalts zwischen Nichtarbeitszeit und Realeinkommen. Wie man zu dem Punkt P_0 gelangt, läßt sich mit einer Marginalanalyse anhand der Darstellung (d') in Bild 1.33 nachweisen. Diese zeigt einen vergrößerten Ausschnitt des Bildes 1.33 (a) unterhalb des Punktes P_1. Schnittpunkt der Indifferenzkurve I_1 mit der Transformationslinie AB ist P_3. Befindet sich der Haushalt an dieser Stelle, dann ist er gegenüber einer Verringerung von T_f um eine Stunde ΔT_f und dem Mehreinkommen von $\Delta^1 Y_r^v$ indifferent. Der Markt bietet jedoch gemäß der Linie AB mehr Realeinkommen für eine Stunde Mehrarbeit, nämlich $(\Delta^1+\Delta^2)Y_r^v$. Also lohnt es für den Haushalt, sich nach Punkt P_4 zu bewegen. Für diesen ist jedoch die gleiche Überlegung anzustellen (die durch P_4 verlaufende Indifferenzkurve ist nicht eingezeichnet), und der Haushalt gelangt so schließlich bis zum Punkt P_0.

Nach dem Muster von Bild 1.8 (S. 89) kann nun ermittelt werden, welche Arbeits-/Nichtarbeitszeit-Kombinationen der Haushalt vorziehen wird, wenn sich das verfügbare Realeinkommen infolge von Änderungen jeweils einer der unabhängigen Variablen w_r und v in Gleichung (1.40-II) ändert. Zwei weitere Tangentialpunkte P_1 und P_2 sind gezeigt, die mit Hilfe von Drehungen der Transformationslinie um den Punkt A in die Lagen AC und AD erzeugt wurden. Nimmt man an, dies sei von Änderungen des Reallohnsatzes w_r bei Konstanz des Verfügbarkeitssatzes v bewirkt worden, dann lassen sich die entsprechenden T_a, w_r-Kombinationen wie in Bild 1.8 (b) in ein Koordinatensystem übertragen, in dem die Konstruktion dreier Punkte P_0', P_1', P_2' gezeigt ist. Damit hat man in Bild 1.33 (b) eine *Arbeitsangebotskurve* als graphische Darstellung der allgemeinen *Arbeitsangebotsfunktion* $T_a = T_a(w_r)$ gewonnen.

Die Wirkung von Änderungen des Reallohns kann auch hier gemäß dem in II.8 entwickelten Verfahren in einen Substitutions- und einen Einkommenseffekt aufgespalten werden. Geht man in Bild 1.33 (a) von einer Lohnerhöhung aus, infolge derer sich die Transformationslinie von AB nach AD dreht, und denkt sich nach dem Vorgang von HICKS eine Parallele zu AD als Tangente an die ursprüngliche Indifferenzkurve I_0 gelegt (im Bild nicht eingezeichnet), dann verschiebt sich P_0 infolge des Substitutionseffekts in Richtung auf weniger Nichtarbeitszeit: Da eine Stunde mehr Arbeit jetzt mehr einbringt, steigt der Preis für den Verzicht auf sie, so daß von dem teurer gewordenen Gut Nichtarbeitszeit weniger nachgefragt wird. Jedoch muß für die Gesamtwirkung noch der Einkommenseffekt berücksichtigt werden. Ist dieser kleiner als der Substitutionseffekt, dann steigt das Arbeitsangebot netto infolge der Erhöhung des Reallohnsatzes. Dies wird im nächsten Kapitel als normaler Verlauf einer Angebotskurve interpretiert werden. Dieser Fall wird erst recht eintreten, wenn Freizeit als inferiores Gut gilt (vgl. S. 91), da dann beide Effekte in dieselbe Richtung wirken. Es können aber auch die beiden anderen Reaktionen auftreten. Kompensieren sich beide Effekte gerade, dann verläuft die Arbeitsangebotskurve senkrecht; überwiegt der Einkommenseffekt, weil Freizeit ein superiores Gut ist, dann verläuft sie von links oben nach rechts unten fallend.

Zwei Fragen erheben sich an dieser Stelle:

– Inwieweit haben Anbieter von Arbeitsleistungen unter den heutigen Bedingungen die mit einer Arbeitsangebotsfunktion unterstellte Wahlmöglichkeit zwischen Arbeits- und Freizeit?
– Wie verläuft die Arbeitsangebotskurve tatsächlich?

Die meisten Anbieter von Arbeitsleistungen etwa in der Bundesrepublik stehen in vertraglichen Arbeitsverhältnissen, die ihnen kurzfristig keine bedeutenden Variationen der Arbeitszeit erlauben. Immerhin ist es an vielen Arbeitsplätzen möglich, freiwillig Überstunden zu leisten oder aber zusätzlichen unbezahlten Urlaub zu nehmen. Außerdem bleibt bei einer Wochenarbeitszeit von etwa 40 Stunden für viele Arbeitnehmer, etwa Handwerker, noch Zeit übrig, außerhalb ihres Arbeitsverhältnisses Arbeitsleistungen anzubieten. Selbständig Tätige können ihre Arbeitszeit in der Regel innerhalb weiter Bereiche selbst festlegen. Verläßt man die auf eine Person abgestellte Betrachtungsweise und betrachtet einen Mehrpersonenhaushalt, so kann dieser sein Arbeitsangebot dadurch variieren, daß Mitglieder Tätigkeiten, auch halbtags, zusätzlich aufnehmen oder auch einstellen. Allerdings wird die Analyse erschwert, wenn die Miglieder Arbeitsleistungen unterschiedlicher Art und Qualität anbieten, was häufig der Fall ist.

Unter langfristigen Aspekten ergibt sich über den Verlauf der Angebotskurve folgendes. Bei sehr niedrigen, nahe am Existenzminimum liegenden Reallohnsätzen muß bei Abwesenheit sozialpolitischer Transfers individuell viel Arbeitszeit angeboten werden, um das Überleben zu ermöglichen. Das führte im 19. Jahrhundert zu Arbeitszeiten von bis zu 16 Stunden am Tag und 96 Stunden in der Woche. Steigender Reallohn ermöglicht es, diese nach heutigen Maßstäben unzumutbare Belastung zu verringern, wobei vor allem der Erholungswert der Nichtarbeitszeit genutzt wird. In dieser Situation verläuft die Angebotskurve, nunmehr mit ihrem historischen Verlauf interpretiert, von unten her gesehen zunächst von rechts nach links steigend wie in Bild 1.33 (b) unterhalb des Punktes P'_1. In einer späteren Phase kann dann wieder der

Anreiz bestehen, mehr Arbeit anzubieten, um sich attraktive dauerhafte Konsumgüter leisten zu können. Dies wäre ein normaler Verlauf der Angebotskurve wie zwischen den Punkten P'_1 und P'_2, für den beispielsweise auch spricht, daß Überstunden höher als Arbeitsleistungen innerhalb der Normalarbeitszeit vergütet werden. So ist in vielen Ländern, in denen die Reallohnsätze schon oberhalb des Existenzminimums liegen, eine Zunahme des Arbeitsangebots im Wege einer Erhöhung der Erwerbsquote besonders der weiblichen Bevölkerung zu beobachten. Sind dabei die Reallohnsätze noch wesentlich niedriger als in anderen Ländern, so besteht ein Anreiz, diesen in der Konsumgüterversorgung nahezukommen. Die Nichtarbeitszeit begrenzt die Konsummöglichkeiten noch nicht, zumal viele dauerhafte Konsumgüter wie Kraftfahrzeuge, Staubsauger, Wasch- und Geschirrspülmaschinen Zeitersparnisse in der Haushaltsproduktion ermöglichen. In den hochindustrialisierten westlichen Ländern ist es dagegen das Streben vieler Frauen nach wirtschaftlicher Unabhängigkeit, das ihre Erwerbsquote erhöht hat. Die Komplementärbeziehung – mehr Einkommen ermöglicht mehr häusliche Leistungserstellung – kann schließlich in der dritten Phase in ihr Gegenteil, eine Konkurrenzbeziehung, umschlagen, wenn das Realeinkommen so hoch wird, daß verstärkt zeitintensive Aktivitäten wie Reisen, Teilnahme am politischen Leben, zweckfreie Bildung, Unterhaltungskonsum betrieben werden und der Stand der Sozialleistungen hoch ist. Es kommt dann der obere nach links gewandte Teil der Arbeitsangebotskurve in Bild 1.33 (b) zur Geltung. Dieser Effekt wird verstärkt, wenn das Arbeitseinkommen nennenswert durch Vermögenseinkommen ergänzt wird.

Gleichung (1.40-II) erlaubt weitere Überlegungen hinsichtlich der Einflüsse auf das Arbeitsangebot. Die Annahme seiner Abhängigkeit vom Reallohnsatz w_r setzt voraus, daß der Arbeitsanbieter ständig den Nominallohnsatz w mit dem für ihn relevanten Preisniveau vergleicht und beispielsweise nicht reagiert, wenn beide um den gleichen Prozentsatz steigen. Man unterstellt also auch hierbei Freiheit von Geldillusion (vgl. S. 99). Besonders interessant ist unter den heutigen Bedingungen ferner die Reaktion auf Änderungen des Verfügbarkeitssatzes v. So wird vielfach vermutet, daß Senkungen dieses Satzes das Arbeitsangebot eher vermindern,[43] zumal der Abgabesatz k für viele Einkommensbezieher progressiv, der Satz v daher degressiv ist. Eine andere Reaktion könnte sein, daß auf Märkte ausgewichen wird, auf denen das Einkommen von Steuern und anderen Zwangsabgaben nicht erfaßt wird. Das bedeutet den Übergang in den Bereich der *Nebenwirtschaft*.[44]

---

[43] Diese Hypothese wurde schon "one of the oldest and most respectable conclusions in public finance theory" genannt. Vgl. J. G. HEAD: A Note on Progression and Leisure: Comment. AER, Vol. 56, 1966, S. 172.

[44] Vgl. VRW⁷, Abschnitt IV.3 des 6. Kapitels.

Literatur zum ersten Kapitel

Die Theorie des privaten Haushalts wird, wenn auch meist beschränkt auf die Analyse des Konsumplans, der Verhaltensfunktionen und allenfalls des Arbeitsangebots, in allen Lehrbüchern der Mikroökonomik behandelt, vgl. Anhang I. Einführungen in das Gebiet enthalten auch alle Lehrbücher der gesamten Volkswirtschaftslehre, von denen einige im Literaturanhang zum ersten Kapitel von VRW[7] genannt sind. Nachstehend sind nur Titel aufgeführt, die sich speziell mit Themen dieses Kapitels befassen.

Allgemeines:

Einführungen in die Theorie des Haushalts sind

[1.01]   H. A. J. Green: Consumer Theory. 1971, 2. Aufl. London u. a. 1976. 344 S.
[1.02]   M. Streissler: Theorie des Haushalts. Stuttgart 1974. XII, 160 S.
[1.03]   H. Luckenbach: Theorie des Haushalts. Göttingen 1975. 275 S.
[1.04]   K. Brandt: Volkswirtschaftliche Vorlesungen Band I: Entscheidungsfindung und Konsumverhalten. Freiburg 1975. 244 S.

Übersichten über neuere Probleme und den Stand der Forschung geben

[1.05]   A. Brown/A. Deaton: Surveys of Applied Economics: Models of Consumer Behaviour. EJ, Vol. 82, 1972, S. 1145–1236.
[1.06]   L. Phlips: Applied Consumption Analysis. 1974, rev. Aufl. Amsterdam 1983. XI, 331 S.
[1.07]   A. A. Powell: Empirical Analytics of Demand Systems. Lexington u. a. 1974. XIV, 149 S.
[1.08]   H. Theil: Theory and Measurement of Consumer Demand. Amsterdam u. a., Vol. 1, 1975, XI, 335 S.; Vol. 2, 1976, XVI, 490 S.
[1.09]   A. Deaton/J. Muellbauer: Economics and Consumer Behavior. Cambridge u. a. 1980. XIV, 450 S.
[1.10]   A. P. Barten/V. Böhm: Consumer Theory. S. 381–429 in: Arrow/Intriligator [I.32].
[1.11]   T. P. Roth: The Present State of Consumer Theory. 1987, 2. Aufl. Lanham u. a. 1989. IX, 208 S.
[1.12]   R. Blundell: Consumer Behaviour: Theory and Empirical Evidence – A Survey. EJ, Vol. 98, 1988, S. 16–65.

Sammelwerke sind

[1.13]   R. B. Ekelund/E. G. Furubotn/W. P. Gramm (Hg.): The Evolution of Modern Demand Theory. A Collection of Essays. Lexington u. a. 1972. XI, 484 S.
[1.14]   G. Bombach/B. Gahlen/A. E. Ott (Hg.): Neuere Entwicklungen in der Theorie des Konsumentenverhaltens. Tübingen 1978. IX, 525 S.

Zu Teil II:

Überblicke über die Geschichte der Nutzentheorie geben

[1.15]   G. J. Stigler: The Development of Utility Theory. JPE, Vol. 58, 1950, S. 307–327 und 373–396. Auch in: Page [1.16], S. 55–119.

sowie der Sammelband mit 22 Lesestücken

[1.16]   A. N. PAGE: Utility Theory: A Book of Readings. New York u. a. 1968. VIII, 454 S.

Eine zusammenfassende Darstellung ist

[1.17]   W. KRELLE: Präferenz- und Entscheidungstheorie. Tübingen 1968. XVI, 400 S.

Das Problem der Nutzenmessung wird behandelt in

[1.18]   A. A. ALCHIAN: The Meaning of Utility Measurement. AER, Vol. 43, 1953, S. 26–50.
[1.19]   T. MAJUMDAR: The Measurement of Utility. London 1958. XIV, 143 S.

Zum Giffen-Paradox vgl.

[1.20]   R. S. MASON: Robert Giffen and the Giffen Paradox. Oxford 1989. XI, 153 S.

Die Idee, daß der Haushalt seine Präferenzordnung durch sein Verhalten offenbart, ist abgehandelt und kritisiert in

[1.21]   S. WONG: The Foundations of Paul Samuelson's Revealed Preference Theory. A Study by the Method of Rational Reconstruction. London u. a. 1978. X, 148 S.

Eine Untersuchung der Frage, wie Präferenzen der Konsumenten zustandekommen und beeinflußt werden können, ist

[1.22]   W. KROEBER-RIEL: Konsumentenverhalten. 1975, 4. Aufl. München 1990. XIV, 782 S.

Umfassende Übersichten über ökonomische Überschüsse („Renten") im allgemeinen und von Konsumenten- und Produzentenrenten im besonderen geben

[1.23]   J. M. CURRIE/J. A. MURPHY/A. SCHMITZ: The Concept of Economic Surplus and Its Use in Economic Analysis. EJ, Vol. 81, 1971, S. 741–799.
[1.24]   C. K. ROWLEY/R. D. TOLLISON/G. TULLOCK (Hg.): The Political Economy of Rent-Seeking. Boston u. a. 1988. XVI, 492 S.

Praktische Anwendungen zeigt die Literatur über *Kosten-Nutzen-Analysen*, vgl. die Titel [4.47] bis [4.50].

Zu weiteren Einzelproblemen siehe

[1.25]   R. A. POLLAK: Endogenous Tastes in Demand and Welfare Analysis. AER-P&P, Vol. 68, 1978, S. 374–379.
[1.26]   M. E. YAARI: Endogenous Changes in Tastes: A Philosophical Discussion. S. 59–98 in: H. W. GOTTINGER/W. LEINFELLNER (Hg.): Decision Theory and Social Ethics. Issues in Social Choice. Dordrecht u. a. 1978.
[1.27]   A. SEN: Interpersonal Comparisons of Welfare. S. 183–201 in: M. J. BOSKIN (Hg.): Economics and Human Welfare. Essays in Honor of Tibor Scitovsky. New York u. a. 1979.
[1.28]   H. LAMOUROUX: Das Informationsverhalten der Konsumenten: Eine mikroökonomische Analyse. Göttingen 1979. 326 S.

Zur Kritik am gesamten Nutzen- und Indifferenzkurvenansatz vgl.

[1.29]   E. J. MISHAN: Theories of Consumer's Behaviour: A Cynical View. Economica, N.S. Vol. 28, 1961, S. 1–11. Auch in: KAMERSCHEN [I.31].

Zu Teil III:

Einige bekannte empirische Untersuchungen von Konsum- und Nachfragefunktionen sind

[1.30] R. STONE u. a.: The Measurement of Consumers' Expenditure and Behaviour in the United Kingdom 1920–1938. Vol. I, Cambridge 1954. XXXIX, 447 S. – Vol. II, 1966. XI, 152 S.
[1.31] S. J. PRAIS/H. S. HOUTHAKKER: The Analysis of Family Budgets. 1955, 2. Aufl. Cambridge 1971. XXIX, 202 S.
[1.32] H. S. HOUTHAKKER/L. D. TAYLOR: Consumer Demand in the United States: Analyses and Projections. 1966, 2. Aufl. Cambridge, Mass. 1970. XII, 321 S.

Eine Untersuchung von Engel-Kurven für rund 30 Länder ist

[1.33] H. S. HOUTHAKKER: An International Comparison of Household Expenditure Patterns, Commemorating the Centenary of Engel's Law. Econometrica, Vol. 25, 1957, S. 532–551.

Im Text wurde benutzt:

[1.34] K.-D. BEDAU: Verbrauch und Ersparnis sozialer Haushaltsgruppen in der Bundesrepublik Deutschland im Jahr 1985. DIW-Wochenbericht, 54. Jg. 1987, S. 69–78.

Ausführlichere Studien des Verbraucherverhaltens in der Bundesrepublik sind:

[1.35] H. G. L. GOLLNICK: Dynamic Structure of Household Expenditures in the Federal Republic of Germany. Analysis and Projections 1955–1969/1971 and 1975/1977. Amsterdam u. a. 1975. XII, 251 S.
[1.36] R. RAU: Ökonometrische Analyse der Ausgabearten des Privaten Verbrauchs. Eine ökonometrische Analyse des Privaten Verbrauchs nach Ausgabearten für die Bundesrepublik Deutschland 1950–1967. Berlin 1975. 153 S.
[1.37] G. GÖSEKE/K.-D. BEDAU: Einkommens- und Verbrauchsschichtung für die größeren Verwendungsbereiche des privaten Verbrauchs und die privaten Ersparnisse in der Bundesrepublik Deutschland 1955 bis 1974. Berlin 1978. 215 S.
[1.38] F. FOTIADIS u. a.: Konsum- und Investitionsverhalten in der Bundesrepublik Deutschland seit den fünfziger Jahren. Band I: Bestimmungsgründe des Konsumverhaltens. Eine theoretische und empirische Analyse konjunktureller und struktureller Aspekte. Berlin 1980. XX, 430 S.
[1.39] U. SANDER: Die Entwicklung des Privaten Verbrauchs in der Bundesrepublik Deutschland. Eine theoretische und empirische Analyse. Frankfurt u. a. 1986. 282 S.

Zu Teil IV:

Die Beschreibung und Benennung der in Abschnitt IV.1 behandelten Effekte stammt von

[1.40] H. LEIBENSTEIN: Bandwagon, Snob, and Veblen Effects in the Theory of Consumers' Demand. QJE, Vol. 64, 1950, S. 183–207. Auch in: KAMERSCHEN [I.31].
Deutsch: Mitläufer-, Snob- und Veblen-Effekte in der Theorie der Konsumentennachfrage. In: E. STREISSLER/M. STREISSLER (Hg.): Konsum und Nachfrage. Köln u. a. 1966.

Die auf der Idee, den Privathaushalt als produzierende Einheit aufzufassen, basierende „neue Konsumtheorie" hat ihren Protagonisten in

[1.41] K. LANCASTER: Modern Consumer Theory. Aldershot u. a. 1991. 242 S.

Zusammenfassungen der wichtigsten Gesichtspunkte finden sich bei

[1.42] R. T. MICHAEL/G. S. BECKER: On the New Theory of Consumer Behavior. The Swedish Journal of Economics, Vol. 75, 1973, S. 378–396.
[1.43] H. LUCKENBACH: Neuere Ansätze in der mikroökonomischen Konsumtheorie. In: BOMBACH/GAHLEN/OTT [1.14], S. 211–235 und Replik, S. 249–255.

Der Sammelband

[1.44] N. E. TERLECKYJ (Hg.): Household Production and Consumption. New York u. a. 1975. XI, 669 S.

enthält eine Reihe von Forschungsergebnissen zur „Neuen Konsumtheorie", wobei der Konsumbegriff unter anderem auch auf das Reproduktionsverhalten von Haushalten ausgedehnt wird. Eine systematische Anwendung der Instrumente der neoklassischen Mikroökonomik auf Fragen solcher Art findet sich bei

[1.45] G. S. BECKER: A Treatise on the Family. Cambridge, Mass. 1981. XII, 288 S.

Zur Kritik vgl. zwei Aufsätze in JELit, Vol. 20, 1982; sowie davor

[1.46] R. A. POLLAK/M. L. WACHTER: The Relevance of the Household Production Function and Its Implications for the Allocation of Time. JPE, Vol. 83, 1975, S. 255–277.

Zur Berücksichtigung der Zeit im Konsumverhalten vgl. neben der Übersicht in LUCKENBACH [1.43]

[1.47] R. GRONAU: Leisure, Home Production, and Work – the Theory of the Allocation of Time Revisited. JPE, Vol. 85, 1977, S. 1099–1123.
[1.48] J. D. OWEN: The Price of Leisure. An Economic Analysis of the Demand for Leisure Time. Rotterdam 1969. X, 169 S.
[1.49] C. SHARP: The Economics of Time. Oxford 1981. VIII, 231 S.

Theorien des Arbeitsangebots sind in vielen Lehrbüchern der Mikroökonomik zu finden. Vgl. besonders auch LUCKENBACH [1.03] und die dort angegebene Literatur.

Zweites Kapitel

Theorie der Produktionsunternehmung

In diesem Kapitel wird die ökonomische Tätigkeit der Produktionsunternehmung als derjenigen Wirtschaftseinheit analysiert, die mit Hilfe technischer Prozesse Güter herstellt oder umwandelt. In Teil I werden Grundfragen wie das allgemeine Modell des Produktionsprozesses mit seinen Beziehungen zur wirtschaftlichen Umwelt, Möglichkeiten der Einteilung von Unternehmen, Ansätze zu ihrer Theorie und ihre Ziele diskutiert. In den folgenden Teilen stehen die unternehmerischen Entscheidungen unter der Annahme der Gewinnmaximierung gemäß einem vierstufigen Aufbau im Mittelpunkt der Betrachtung. Zunächst wird gefragt, wie man die Beziehungen zwischen eingesetzten und ausgebrachten Gütern in Produktionsprozessen mit Hilfe von Produktionsfunktionen erfassen kann und unter welchen Bedingungen Produktionsverfahren in dem Sinne technisch effizient sind, daß keine Produktionsfaktoren verschwendet werden. Produktionsfunktionen bilden die Grundlage der betrieblichen Kostenplanung, der Teil III gewidmet ist. Hier geht es darum zu klären, welches die Kosten einer gegebenen Produktmenge sind, unter welchen Bedingungen sie ihr Minimum erreichen, wie sie sich mit der Menge ändern und wie gegebenenfalls zwischen mehreren Produktionsverfahren zu wählen ist. Die nächste Stufe der Entscheidung betrifft die Frage nach der Produktmenge, bei der kurzfristig der höchstmögliche Gewinn erzielt wird, und Teil IV behandelt daher einige Beziehungen zwischen der Produktionstätigkeit und den Bedingungen auf den Märkten für die eingesetzten und ausgebrachten Güter, wobei auch die längerfristige Planung der Produktionskapazität und damit der Betriebsgröße berücksichtigt wird. Diese Planung steht dann im Mittelpunkt der Erörterungen von Teil V, in dem in allgemeiner und für alle Wirtschaftssubjekte geltender Form die zentrale Frage untersucht wird, unter welchen Bedingungen es lohnt, Mittel langfristig ertragbringend anzulegen.

I. Produktion und Produktionsunternehmen

1. Produktion und Produktionsprozeß. Grundlage der wirtschaftlichen Betätigung von Menschen ist die *Produktion* von Gütern. Sie spielt sich im Rahmen von *Produktionsprozessen* ab und besteht darin, Güter in technischen Prozessen so einzusetzen, daß vorhandene Güter verändert werden oder neue entstehen. Sprachlich ist „Produktion" also ein in der Zeit ablaufender Vorgang, dessen Ergebnis hier „Produkt(menge)" oder „Erzeugnis" heißt. Die technischen Aspekte der Produktion sind Gegenstand eigener wissenschaftlicher Disziplinen[1] und werden hier nur insoweit berücksichtigt, als sie sich in ökonomischen Entscheidungen und Transaktionen niederschlagen. In der Sicht des Ökonomen stehen die Beziehungen von Produktionsprozessen zur wirtschaftlichen Umwelt, also zur Gesamtheit der anderen Produktionsprozesse und Wirtschaftssubjekte, im Vordergrund der Betrachtung. Sie werden in der Regel für einen bestimmten Zeitraum analysiert, so daß man es bei der Analyse von Produktionsprozessen mit Stromgrößen zu tun hat. Mit den dabei benutzten Fachausdrücken wird die für die Produktionstheorie relevante Güterklassifikation eingeführt. Alle Sachgüter, Dienstleistungen und Nutzungen, die in einem Produktionsprozeß eingesetzt werden, heißen *Produktionsfaktoren*, im folgenden Text auch einfach *Faktoren*. Sie lassen sich in zwei Kategorien einordnen:

– *Vorleistungen*. Das sind nichtdauerhafte Produktionsmittel wie Rohstoffe, Halbfabrikate, Brennstoffe, elektrische Energie und Dienstleistungen wie Transport oder Versicherungsschutz. Sie werden in dem betrachteten Zeitraum von anderen Unternehmen geliefert. Soweit ein Unternehmen nichtdauerhafte Produktionsmittel aus seinen Lagerbeständen entnimmt, spricht man von *Vorprodukten*.

Hauptkennzeichen von Vorleistungen und Vorprodukten ist, daß sie mit dem Einsatz im Produktionsprozeß ihre Identität verlieren: Sie werden verbraucht, verarbeitet, bearbeitet, eingebaut. Die zweite Kategorie sind

– *Nutzungen* dauerhafter Produktionsmittel und *Arbeitsleistungen* von Menschen.

Dauerhafte Produktionsmittel sind entweder produziert wie Maschinen und maschinelle Anlagen, Werkzeuge, Gebäude, Fahrzeuge; oder nichtproduziert wie Grundstücke. Man faßt sie mit arbeitenden oder arbeitswilligen Menschen unter der Bezeichnung *Bestandsfaktoren* zusammen und unterscheidet sie damit von den *Verbrauchsfaktoren* (als Synonym zu Produktionsfaktoren), also ihren eigenen Nutzungen und Leistungen sowie den Vorleistungen einschließlich der Vorprodukte. Die drei Arten von Bestandsfaktoren heißen seit altersher kurz *Kapital, Boden* und *Arbeit*. Das Wort „Kapital" wird in diesem Buch jedoch wegen der Verwechslungsgefahr mit seiner zweiten Hauptbedeutung „langfristige (und überwiegend auf dem ‚Kapitalmarkt' handelbare) Forderungen" nicht verwendet; statt dessen wird hier von *Sachkapital* (auch: *Realkapital*) gesprochen. Zu den Nutzungen des „Bodens" gehört auch der gesamte Gebrauch der natürlichen Umwelt einschließlich des Abbaus von Bodenschätzen und der Energiegewinnung aus fließendem oder durch die Gezeiten bewegtem Wasser.

Die Unterscheidung zwischen einem Bestandsfaktor und den von ihm abgegebenen Nutzungen oder Leistungen ist fundamental: Ein Lastkraftwagen ist technisch wie ökonomisch etwas ganz anderes als die mit ihm erstellbare Transportleistung. Auf dem Arbeitsmarkt kann man Arbeitsleistungen, aber (von Sklaverei abgesehen) nicht den Bestandsfaktor „Arbeit" kaufen. Die Unterscheidung ist vor allem wichtig, weil

---

[1] Mit der Technik im weitesten Sinne befassen sich die Ingenieurwissenschaften. An der Grenze zwischen diesen und der Betriebswirtschaftslehre als Wissenschaft von der Ökonomik des Unternehmens stehen Disziplinen wie die *Betriebswissenschaft*, in der die Bedingungen für einen möglichst rationellen und reibungslosen Ablauf des Produktionsprozesses untersucht werden; und die *Arbeitswissenschaft*, in der das Interesse auf die vielfältigen Probleme gerichtet ist, die beim Einsatz von Menschen in Produktionsprozessen auftreten.

Arbeiter arbeitslos, Maschinen und Grundstücke ungenutzt sein können; und weil Entscheidungen über den Einsatz dauerhafter Produktionsmittel eine Planung über mehrere Perioden erfordern. Dabei spielen auch Zinserwägungen eine Rolle, wie unten in Teil V gezeigt wird; und die Anpassung der Faktorbestände an Änderungen der Produktmenge kann nur zeitlich verzögert erfolgen: Wenn weniger produziert wird, läßt sich die Abgabe etwa von Maschinenleistung sofort drosseln, während die noch gebrauchsfähigen Maschinen selbst erst nach Ablauf ihrer Lebensdauer ausscheiden und bis dahin teilweise oder ganz ungenutzt bleiben. Die Unterscheidung zeigt sich schließlich konkret bei der Messung der Variablen: „Arbeit" als Bestandsfaktor ist gleich Zahl der Beschäftigten zu einem Zeitpunkt, als Produktionsfaktor gleich Zahl der (tatsächlich geleisteten) Arbeitsstunden im Untersuchungszeitraum.

Bild 2.1 – *Die Beziehungen eines Produktionsprozesses zur Umwelt*

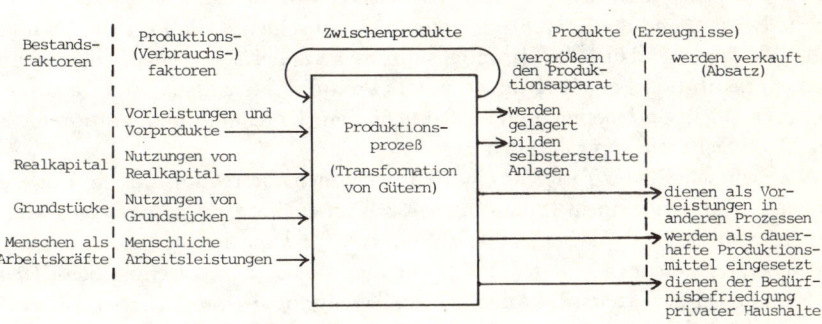

Bild 2.1 zeigt schematisch die Beziehungen eines Produktionsprozesses zur Umwelt. Die von außen in den Prozeß eingehenden Produktionsfaktoren bewirken die Transformation von Gütern, wobei sich in vielen größeren, in Abteilungen gegliederten Betrieben Teilprozesse identifizieren lassen, deren Erzeugnisse an andere Abteilungen gegeben und dort weiter transformiert werden. Bei detaillierter Betrachtung sind sie *Zwischenprodukte* (auch: *Eigenverbrauch*), jedoch werden sie häufig ignoriert. Das Bild zeigt auf der rechten Seite die Verwendungsmöglichkeiten für die Erzeugnisse. Ein Teil kann im herstellenden Betrieb bleiben und als Sachkapital zum eigenen Gebrauch dienen oder die Lagerbestände an eigenen Erzeugnissen erhöhen; der Rest geht an die Umwelt und wird in anderen Produktionsprozessen eingesetzt oder an private Haushalte verkauft.

Nicht jeder Posten in Bild 2.1 tritt in jedem Produktionsprozeß auf. Dienstleistungen können nicht gelagert werden; in vielen Prozessen werden keine dauerhaften Produktionsmittel hergestellt; und Konsumgüter sind nicht Vorleistungen in anderen Prozessen. Jedoch läßt sich das Schema auf eine Vielzahl unterschiedlichster Vorgänge anwenden und ist damit ein hervorragendes Beispiel für die Leistungsfähigkeit der Abstraktion im Sinne der Vernachlässigung von Unterschieden. Unter den damit dargestellten Begriff eines Produktionsprozesses lassen sich subsumieren

– die Tätigkeit eines Arbeiters an einer Drehbank, der aus Rohlingen mittels spanabhebender Formung Maschinenteile herstellt;

- das Trockenlegen eines Säuglings;
- die Lagerung von Sachgütern mit dem Ziel, sie später zu verkaufen; etwa weil sie dann nicht produziert werden können (Weizen im Winter) oder weil sich bis dahin bestimmte Eigenschaften geändert haben (Wein, Whisky);
- die Überlassung einer Wohnung;
- der Transport von Sachgütern, Menschen, Nachrichten;
- die Montage von Automobilen an einem Fließband;
- die gesamte Tätigkeit einer chemischen Fabrik, die Tausende von Produkten herstellt;
- die gesamte Produktionstätigkeit in einer Volkswirtschaft.

Der Vergleich des erstgenannten Beispiels mit dem letztgenannten zeigt, daß es hier für Zusammenfassungen keine Grenze gibt; man könnte auch von einem Welt-Produktionsprozeß sprechen. Es muß daher jeweils anhand der Fragestellung festgelegt werden, was man als Produktionsprozeß ansehen will. Wie das an zweiter Stelle genannte Beispiel und die Ausführungen S. 145–149 zeigen, kann man auch Vorgänge innerhalb privater Haushalte darunter subsumieren. Bei sehr vielen Fragestellungen wird ein institutionelles Kriterium benutzt: Produktion ist das, was gewisse Institutionen, nämlich Unternehmen und öffentliche Haushalte, aufgrund bestimmter Ziele tun. Diese Sicht wird im folgenden zugrundegelegt.

Die wirtschaftliche Tätigkeit eines Unternehmens besteht also darin, Vorleistungen zu kaufen, sie in einem Produktionsprozeß unter Einsatz der Nutzungen und Leistungen von Bestandsfaktoren zu transformieren und die Erzeugnisse zu verkaufen. Die verkauften Mengen sind der *Absatz;* die Summe der Verkaufserlöse heißt *Umsatz;* die Summe der bewerteten Faktoren, die zur Erzeugung der produzierten Gütermenge eingesetzt wurden, sind deren *Kosten*. Die Differenz zwischen Umsatz und Kosten in bezug auf eine Gütermenge ist, wenn von Steuern und anderen Transfers abgesehen wird, der *Gewinn*. Er fließt als Einkommen dem Eigentümer (oder den Eigentümern) des Unternehmens zu. Sind die Kosten größer als der Umsatz, dann entsteht ein *Verlust,* der vom Eigentümer zu tragen ist. In der Regel verfügt das Unternehmen über einen *Produktionsapparat,* der aus Grundstücken und reproduzierbaren dauerhaften Produktionsmitteln (auch: Anlagen) besteht. Häufig rechnet man auch die Lagerbestände an Vorprodukten und eigenen Erzeugnissen dazu. Jede Vergrößerung des Produktionsapparats ist eine (Real-)Investition, wobei man zwischen *Anlage-* und *Lagerinvestition* unterscheidet.

Unternehmen sind rechtliche und organisatorische Einheiten und damit Wirtschaftssubjekte, deren Leitungen ökonomische Entscheidungen treffen. Produktion als technischer Vorgang vollzieht sich in Unternehmensteilen, den *Betrieben* (auch: *Produktionsstätten, Arbeitsstätten*), die räumliche Einheiten bilden und deren Leitungen entweder mit den Unternehmensleitungen identisch sind oder deren Anweisungen auszuführen haben. Die Produktionstätigkeit in einem Betrieb kann je nach Fragestellung als ein Produktionsprozeß oder als eine Mehrheit miteinander verflochtener Prozesse analysiert werden.

2. Arten von Unternehmen. In der modernen Volkswirtschaft existieren Unternehmen in einer Vielfalt von Erscheinungsformen, die sich nach mehreren Kriterien einteilen lassen. Das ökonomisch wichtigste Gliederungsmerkmal ergibt sich aus der

Tatsache, daß die Produktionstätigkeit der Volkswirtschaft nach dem Prinzip der *Arbeitsteilung* organisiert ist: Jedes Unternehmen stellt auch dann, wenn es ein *Mehrproduktunternehmen* ist, nur einen winzigen Bruchteil der in die Millionen gehenden Zahl verschiedener Sachgüter und Dienstleistungen her. Daraus ergibt sich die Gliederung nach *Wirtschaftszweigen*, bei der im wesentlichen auf die Art der erzeugten Güter abgestellt wird. Die Grobgliederung wird hier, etwa in der amtlichen Statistik der Bundesrepublik, nach vier Wirtschaftsbereichen (Land- und Forstwirtschaft, Fischerei; Warenproduzierendes Gewerbe; Handel und Verkehr; Dienstleistungsunternehmen) vorgenommen, die ihrerseits in einer Feingliederung mehrstufig unterteilt werden. Dabei treten Unterschiede zutage, die es zweckmäßig erscheinen lassen, auf eine einheitliche, auch in Einzelheiten gleichermaßen auf alle Unternehmen anwendbare Theorie zu verzichten. Statt dessen ist es angezeigt, Unternehmen zunächst grob in

– *Produktionsunternehmen*, die Sachgüter oder Dienstleistungen oder beides herstellen; und
– *Finanzunternehmen*, die in der Hauptsache Kredite nehmen und gewähren,

einzuteilen.[2] Eine entsprechende, nur weiter verfeinerte institutionelle Gliederung ist auch in der Betriebswirtschaftslehre üblich: In den Wirtschaftszweiglehren werden die Besonderheiten einzelner Wirtschaftszweige der Sachgüterproduktion (Industrie-, Handwerksbetriebslehre), der Erstellung von Dienstleistungen (Handels-, Verkehrsbetriebslehre) und der Kreditnahme und -gewährung einschließlich der Übernahme von Risiken (Bank-, Versicherungsbetriebslehre) behandelt. Im folgenden werden nur Produktion und Angebot privater Produktionsunternehmen erörtert. Die Tätigkeit öffentlicher Haushalte wird unten im 5. Kapitel kurz gestreift; die der Finanzunternehmen ist Gegenstand der Geldtheorie und -politik und bleibt hier außer Betracht.

Ein weiteres Unterscheidungsmerkmal ist die Größe von Unternehmen. Diese Gliederung beginnt mit dem Einpersonenunternehmen, eventuell mit mithelfenden Familienangehörigen, wie dem Zeitungskiosk und dem landwirtschaftlichen Kleinbetrieb, und endet mit dem in vielen Ländern mit Tochterunternehmen vertretenen (multinationalen) Großunternehmen mit mehreren hunderttausend Beschäftigten. Gemessen wird die Unternehmensgröße häufig wie eben anhand der Beschäftigtenzahl. Andere Kriterien sind der Umsatz oder die Bilanzsumme. Die absolute Größe ist ökonomisch unter anderem deshalb von Bedeutung, weil sie die *Massenproduktion* vieler Erzeugnisse zu Preisen ermöglicht, die den entsprechenden Massenabsatz hervorbringen. Dies wird bei der Kostenanalyse in Teil III näher erörtert. Die relative Größe eines Unternehmens im Vergleich zu anderen, die gleiche oder ähnliche Produkte anbieten, kann sich auf seine Position am Markt auswirken und wird in der Markttheorie des 4. Kapitels diskutiert.

Schließlich kann als drittes Merkmal die *Rechtsform* herangezogen werden. In der Bundesrepublik und in anderen Ländern ist die Hauptgliederung hier in Unternehmen mit eigener Rechtspersönlichkeit einerseits, in der Hauptsache Aktiengesellschaften und Gesellschaften mit beschränkter Haftung; und Personengesellschaften und Ein-

---

[2] Gemäß dem eingangs diskutierten umfassenden Produktionsbegriff üben auch Finanzunternehmen Produktionstätigkeit aus. Die Bezeichnung „Produktionsunternehmen" hat sich jedoch eingebürgert und wird daher hier beibehalten. Auch die oben erwähnte Benennung der vier Wirtschaftsbereiche in der amtlichen Statistik ist sprachlich unzulänglich, da auch der Sektor „Handel und Verkehr" Dienstleistungen erstellt.

zelunternehmen anderseits. Die Rechtsform ist eng mit der Frage verknüpft, welche Personen die unternehmerischen Aufgaben wahrnehmen, also insbesondere darüber entscheiden

– ob und wann ein Unternehmen gegründet oder aufgelöst wird und wo es seinen Standort haben soll;
– welche Ziele angestrebt und auf welchen Wegen sie erreicht werden sollen;
– welche Güter hergestellt und welche Produktionsfaktoren dazu in welcher Weise eingesetzt werden sollen;
– welche Investitionen vorgenommen und wie sie finanziert werden sollen.

Von erheblicher Bedeutung ist die Rechtsform schließlich für die Frage der Haftung für Fehlentscheidungen. Da sich jede Entscheidung als falsch herausstellen kann, ist die unternehmerische Tätigkeit mit dem Risiko verknüpft, daß die eingesetzten Mittel geringere als die erwarteten oder keine Erträge abwerfen oder verlorengehen. Im Einzelunternehmen und in der Personengesellschaft fungieren der oder die Inhaber im allgemeinen als Unternehmer und haften für ihre Entscheidungen nicht nur mit dem im Unternehmen angelegten, sondern mit ihrem gesamten Vermögen. In der Kapitalgesellschaft beschränkt sich die Haftung auf die Einlage — ein Aktionär kann Verluste höchstens insoweit erleiden, als seine Aktien beim Zusammenbruch der Gesellschaft wertlos werden —, und als Unternehmer fungieren Angestellte, deren Tätigkeit von einem von den Anteilseignern gewählten Ausschuß, bei einer Aktiengesellschaft dem Aufsichtsrat, beaufsichtigt wird.

3. Fragestellungen einer Theorie des Produktionsunternehmens. Aufgabe einer Theorie des Produktionsunternehmens (im folgenden auch einfach: Unternehmens) ist es wie die jeder Theorie, allgemeine Aussagen über eine Anzahl auf den ersten Blick unterschiedlicher Phänomene zu machen. Der erste Schritt in die dazu notwendige Abstraktion von allen als unwichtig angesehenen Aspekten wurde schon mit Bild 2.1 (S. 163) geleistet. Nach dieser steht jedes Unternehmen unabhängig von seiner Größe, Rechtsform und Zugehörigkeit zu einem Wirtschaftszweig an zwei Stellen mit anderen Wirtschaftssubjekten in Verbindung:

(1) Auf den *Beschaffungsmärkten* als Nachfrager nach Produktionsfaktoren und dauerhaften Produktionsmitteln;
(2) Auf den *Absatzmärkten* als Anbieter seiner Erzeugnisse, soweit diese nicht im eigenen Produktionsprozeß eingesetzt oder auf Lager genommen werden.

Vier weitere Verbindungen zur Umwelt fehlen in jener vereinfachten Darstellung:

(3) Die *Kreditmärkte,* soweit das Unternehmen Kredite, insbesondere von Banken, nimmt oder diese gewährt, etwa an Abnehmer;
(4) Die Transferbeziehungen zu öffentlichen Haushalten, die von zweierlei Art sind:
  (4.1) Das Unternehmen leistet Transferzahlungen in Gestalt von Steuern, anderen Abgaben, Sozialbeiträgen und erhält gegebenenfalls Subventionen;
  (4.2) Es nimmt Realtransfers in Form von Straßennutzung, Verwaltungs- und anderen öffentlichen Dienstleistungen entgegen und gibt seinerseits unentgeltliche Leistungen ab, etwa indem es die Lohnsteuer der Arbeitnehmer

und ihre Sozialbeiträge berechnet, einbehält und an öffentliche Kassen weiterleitet;
(5) Die Informationen, die das Unternehmen einerseits aus der Umwelt aufnimmt, verarbeitet und verwertet; anderseits an andere Wirtschaftssubjekte abgibt, etwa über Werbung und Öffentlichkeitsarbeit oder in Gestalt statistischer Mitteilungen an Wirtschaftsverbände und öffentliche Stellen.

Allen Produktionsunternehmen ist also ihre durch die wirtschaftliche Aktivität „Produktion" bedingte Einbindung in den Wirtschaftskreislauf gemeinsam. Daneben lassen sich drei weitere gemeinsame Aspekte nennen:

(6) Alle Produktionsunternehmen verfolgen Ziele, wenn auch nicht notwendig die gleichen;
(7) In jedem Produktionsprozeß bestehen bestimmte Beziehungen zwischen den eingesetzten Produktionsfaktoren und dem Produktionsergebnis, den Produktionsfaktoren untereinander und den Produktmengen untereinander;
(8) In so gut wie jedem Produktionsunternehmen müssen Entscheidungen über die Anschaffung dauerhafter Produktionsmittel getroffen werden: Damit stellt sich das Problem der *Investitionsplanung*.

Von den damit angedeuteten acht Problemkreisen werden in diesem Kapitel, wenn auch in unterschiedlicher Breite, die Produktions- und Kostentheorie (7) sowie die Frage der Zielsetzung (6) und die Investitionsplanung (8) behandelt, während das Verhalten auf Beschaffungs- und Absatzmärkten (1) und (2) ebenfalls hier sowie im 3. und 4. Kapitel erörtert wird.

Ökonomische Entscheidungen werden prinzipiell unter unvollständiger Information (vgl. Aussage 18, S. 10) und unter Unsicherheit über die zukünftige Entwicklung der Daten, der Reaktionen anderer Wirtschaftssubjekte und damit über die Wirkungen der eigenen Handlungen getroffen (vgl. A.20, S. 10). Eine Theorie der Unternehmung muß diese Tatsachen berücksichtigen. Für die vorliegende Einführung wird jedoch zur Vereinfachung im allgemeinen unterstellt, daß die Information für das jeweils behandelte Problem ausreicht und daß Annahmen über die Entwicklung von Daten und Zielvariablen zutreffen.

4. Ziele von Produktionsunternehmen. Die soeben unter (6) aufgestellte Behauptung läßt die Frage entstehen, mit welchen Zielen Produktionsunternehmen betrieben und ständig neu gegründet oder aber angesichts nachhaltiger Nichterfüllung aufgelöst werden. Die gesamte nachfolgende Diskussion kommt ohne eine Antwort auf diese Frage nicht aus, weil sie überwiegend von den S. 14f. unter (1) und (2) bezeichneten Ansätzen ausgeht. Eine Annahme über die Ziele ist auch für das Verständnis des Wirtschaftssystems und für die Sicht entscheidend, mit der man an seine Analyse herangeht. Produktion kann als Transformation von Gütern gesehen werden, die deshalb stattfindet, weil das Ergebnis des Prozesses höher bewertet wird und damit „sozial" erwünschter ist als das, was in ihm eingesetzt wurde und dabei unterging. Betreibt also der selbständige Bäckermeister sein Gewerbe, um seine Kunden unter anderem mit Brötchen zu versorgen und sich dadurch ein soziales Verdienst zu erwerben; oder ist seine Tätigkeit ein Mittel zu dem Zweck, ein Einkommen zu erzielen? Geht es der Margarineindustrie um die Volksgesundheit oder um einen höheren

Marktanteil zu Lasten der Butter? Will ein multinationaler Erdölkonzern an der Energieversorgung mitwirken oder für seine Anteilseigner Gewinne erwirtschaften? Wie sich zeigt, schließt das eine Ziel das andere nicht aus, jedoch kommt es im Falle von Konflikten zwischen solchen Zielen darauf an, welches von ihnen vorrangig verfolgt wird. Die Frage kann nicht definitiv durch Befragung der für die Zielsetzungen verantwortlichen Personen entschieden werden, weil Menschen sich über ihre Motive täuschen können und im übrigen dazu neigen, von jeweils mehreren möglichen Motiven für ihr Verhalten das edelste zu nennen. Mitmenschen etwas zu überlassen, sie mit Brot, Benzin, ärztlicher Behandlung oder Transportmöglichkeit zu versorgen, kurz, ihnen Gutes („Güter") zukommen zu lassen und daher scheinbar uneigennützig zu handeln, wird zweifellos für edler als das egoistische Bestreben gehalten, für sich selbst ein Einkommen zu erzielen. Für die Frage, welche Sicht eher zutrifft, kommt es allein darauf an, welche Hypothese über die Zielsetzung die besseren Prognosen ergibt. Kann der Wirtschaftswissenschaftler aufgrund der Annahme, Unternehmen wollten Einkommen erzielen, mit größerer Treffsicherheit voraussagen, wie sie sich im konkreten Fall verhalten, als aufgrund der Annahme, sie produzierten, um die Bevölkerung mit ihren Erzeugnissen zu versorgen?

Diese Frage wird hier bejaht.[3] Schon die Tatsache, daß Unternehmen aufgegeben werden, wenn mit ihnen voraussichtlich kein Einkommen mehr zu erzielen ist, spricht dafür, daß hier das unternehmerische Hauptziel vorliegt. Jedoch muß dieses differenziert betrachtet werden. Zunächst ist zwischen einem Endziel (auch: *Oberziel, Primärziel*) und Zwischenzielen (auch: *Sub-, Sekundärzielen*) zu unterscheiden (vgl. S. 5). Als Endziel kann in der Regel unterstellt werden, daß das Unternehmen auf unbegrenzte Zeit bestehen bleiben und seinen Eigentümern ein dauerhaftes, möglichst sicheres und stetiges Einkommen verschaffen soll. Dies wird häufig als das Ziel der *langfristigen Gewinnmaximierung* bezeichnet. Zu seiner Erreichung muß ständig eine Reihe von Zwischenzielen angestrebt werden, die auch wechseln können. Eines davon kann sein, daß sich das Unternehmen als Anbieter am Markt gegenüber konkurrierenden Anbietern behaupten soll und zu diesem Zweck danach strebt, einen bestimmten *Marktanteil* zu erreichen, zu halten oder wiederzugewinnen. Steigt die vom Markt aufgenommene Gütermenge über längere Zeit, etwa weil das Volkseinkommen, die Bevölkerung oder der Export zu- oder die Marktanteile anderer Anbieter abnehmen, heißt das Zwischenziel *Unternehmenswachstum*. Ein anderes ist es, den Gewinn je kurzer Planperiode möglichst hoch zu machen, die *kurzfristige Gewinnmaximierung*. Dieses Ziel kann allerdings mit dem Wachstumsziel wie auch mit dem der langfristigen Gewinnmaximierung in Konflikt geraten. Versucht das Unternehmen, seinen Marktanteil durch Preissenkungen seiner Produkte zu erhöhen, so kann dies, auch infolge von Reaktionen anderer Anbieter, zu Gewinneinbußen führen. Werden kurzfristig hohe Gewinne geplant und erzielt, kann dies zusätzliche Anbieter anlocken und zu einer solchen Verschlechterung der Wettbewerbsposition führen, daß die dauerhaft erzielbaren

---

[3] Diese Sicht geht schon auf ADAM SMITH (1776) zurück: „Nicht vom Wohlwollen des Metzgers, Brauers und Bäckers erwarten wir das, was wir zum Essen brauchen, sondern davon, daß sie ihre eigenen Interessen wahrnehmen. Wir wenden uns nicht an ihre Menschen-, sondern an ihre Eigenliebe, und wir erwähnen nicht die eigenen Bedürfnisse, sondern sprechen von ihrem Vorteil." SMITH [3.44], S. 17.

Gewinne niedriger liegen, als sie es bei Verzicht auf die volle Ausnutzung der kurzfristig günstigen Position gewesen wären.

Ein Aspekt der kurzfristigen Gewinnmaximierung kann allerdings unabhängig vom Verhalten am Markt als ständig wirksam angesehen werden: Das Unternehmen wird in der Regel versuchen, die Kosten der jeweils geplanten Produktmenge so niedrig wie möglich zu halten (Ausnahmen s. unten in III.7). Dieses Zwischenziel der *Kostenminimierung* kollidiert mit keinem anderen Zwischenziel oder dem Endziel, kann allerdings, wenn es etwa durch rigorosen Personalabbau verfolgt wird, die Leistungsbereitschaft der verbleibenden Beschäftigten beeinträchtigen und ist insofern selbstgefährdend.

Die angedeutete Fülle von Verhaltensweisen, die als vereinbar mit langfristiger Gewinnmaximierung interpretiert werden können, macht es schwierig, dieses Ziel als falsifizierbare Hypothese aufzufassen. Wenn die Aussage, alle Maßnahmen einer Unternehmensleitung dienten diesem Ziel, schon deshalb nicht widerlegt werden kann, weil ihre Wirkungen wegen der Unsicherheit über die Zukunft ungewiß sind, dann wird die Gewinnmaximierung eher zu einer Sicht, einer Redeweise, die im konkreten Fall offenläßt, was tatsächlich angestrebt wird. Diesem Dilemma wird hier durch folgende Überlegung begegnet. Bei Untersuchungen eines einzelnen Unternehmens oder einer Industrie, deren Unternehmen bestimmten einheitlichen Wettbewerbsverhältnissen unterliegen, ist Gewinnmaximierung eine von mehreren Hypothesen, und es ist gemäß Ansatz (2) S. 15 Aufgabe der empirischen Forschung zu ermitteln, welche Ziele tatsächlich verfolgt werden. Strebt man dagegen Aussagen über alle Unternehmen einer Volkswirtschaft an, muß ein einheitliches Ziel unterstellt werden. Dazu bietet sich, insbesondere bei normativer Fragestellung gemäß Ansatz (1), als erste Annäherung die Annahme der kurzfristigen Gewinnmaximierung an.

Die eben genannten Ziele sind solche der Eigentümer des Unternehmens. Ein Unternehmen mit diesen Zielen erfüllt jedoch auch Anforderungen, die ihm von anderer Seite gestellt werden. Häufig wird gesagt, Unternehmen hätten die „Funktion" (Aufgabe), zu produzieren und Einkommen zu schaffen. Damit wird jedoch nur beschrieben, was sie tatsächlich tun, da es in einer Marktwirtschaft mit Privateigentum an Produktionsmitteln keine übergeordnete Instanz gibt, die Unternehmen irgendwelche Aufgaben zu übertragen hätte. Detaillierte Anforderungen gibt es: Konsumenten sind daran interessiert, betriebssichere und langlebige dauerhafte Konsumgüter zu möglichst niedrigen Preisen zu erhalten; Gewerkschaften verlangen sichere Arbeitsplätze, steigende Löhne und Sozialleistungen, bessere Arbeitsbedingungen, mehr Mitbestimmung; öffentliche Stellen fordern die Bereitstellung von Ausbildungsplätzen und die Senkung von Schadstoffemissionen. Solche Anforderungen können unter sich wie auch mit den Zielen der Eigentümer kollidieren oder deren Interessen beeinträchtigen. Es entstehen dann Konflikte, und zwar

– *interne Konflikte* zwischen den im Unternehmen zusammenarbeitenden Personen;
– *externe Konflikte* mit Außenstehenden.

Beispiel für die erstgenannte Art von Konflikten ist, daß Kostenminimierung oder Angliederung anderer Unternehmen Arbeitsplätze überflüssig machen kann, wodurch das Interesse der Arbeitnehmer an sicheren Arbeitsplätzen beeinträchtigt wird. Auch können interne Zielkonflikte in dem heute besonders wichtigen Fall auftreten, in dem die Eigentümer nicht mehr selbst die unternehmerischen Entscheidungen treffen, sondern diese Aufgabe eigens eingesetzten Unternehmensleitungen übertragen haben. Aktionäre, besonders Kleinaktionäre, sind häufig an höheren Gewinnausschüttungen interessiert, während die Vorstände mehr das Unternehmenswachstum im Auge haben und mit einbehaltenen Gewinnen Investitionen finanzieren möchten. Der gleiche Konflikt wird in der Person des Einzelunternehmers ausgetragen, der über den Umfang seiner Privatentnahmen entscheiden muß. Neuere Theorien schließlich gehen davon aus, daß Unternehmensleiter nicht in erster Linie — unter welchem Zeithorizont auch immer — Gewinne für die Eigentümer, sondern ihren eigenen Nutzen zu maximieren suchen. Gewinne sind dabei nur ein Aspekt, andere sind Stärkung der Machtposition durch Vermehrung der Zahl der Untergebenen, Erhöhung des Marktanteils über den gewinnmaximierenden Punkt hinaus, Steigerung des eigenen Einkommens, Erhöhung des Ansehens durch Stiftungen oder Spenden. Unternehmensleiter nutzen damit Spielräume zu Lasten der Eigentümer aus und schädigen deren Interessen. Ihre Kontrolle in dieser Hinsicht würde jedoch in der Regel zusätzliche Aufwendungen erfordern, die häufig nur in extremen Fällen lohnen.

Externe Konflikte treten auf, wenn bei bestimmten Marktbedingungen die Nachfrager nach den Erzeugnissen des Unternehmens höhere Preise zahlen müssen, oder wenn das Unternehmen seinen Lieferanten niedrigere Preise zahlt, als dies bei volkswirtschaftlich optimalen Bedingungen der Fall wäre; wenn Kostenminimierung durch Abgabe von Schadstoffen an die Umgebung realisiert wird; wenn langfristige Gewinnmaximierung zur Verlagerung von Unternehmenssitzen und Betriebsstätten ins Ausland führt und damit das heimische Steueraufkommen und die Zahl der Arbeitsplätze im Inland senkt.

Im folgenden werden interne Konflikte nicht behandelt. Das Problem der Ziel- und Willensbildung im Unternehmen wird als gelöst oder alternativ als Gegenstand der Betriebswirtschaftslehre betrachtet, und es wird abstrakt von dem „Unternehmer" oder „Unternehmen" als dem Wirtschaftssubjekt gesprochen, das angesichts feststehender Ziele ökonomische Entscheidungen trifft und danach handelt. Externe Konflikte werden im Rahmen der Unternehmens- und der Markttheorie in diesem und den weiteren Kapiteln erörtert, wobei auch unter normativer Fragestellung Problemlösungen bereitgestellt werden.

II. Produktionstheorie

1. **Produktionsfunktionen.** Die zur Herstellung eines Gutes x erforderlichen Produktionsfaktoren $v_1, v_2, \ldots, v_n$ müssen je nach dem verwendeten Produktionsverfahren in bestimmter Weise technisch kombiniert werden. Es kann nun versucht werden, ein solches Verfahren mit einer *Produktionsfunktion*

$$x = f(v_1, v_2, \ldots, v_n), \quad \text{worin} \quad x, v_i > 0, \tag{2.1}$$

zu erfassen, in der die Symbole die in physischen Einheiten gemessenen Mengen der einzelnen Güter bedeuten. Die Größe x ist das mit den eingesetzten Faktoren maximal erzielbare Produktionsergebnis und heißt auch *Produktionsniveau, Ausstoß* oder *Ertrag*[4] des Produktionsprozesses. Gleichung (2.1) nennt man daher auch *Ertragsfunktion*. Die Mengen der Produktionsfaktoren bilden die *Realkosten* der Produktmenge x, ihre Gesamtheit heißt das *Prozeßniveau*.

Gleichung (2.1) symbolisiert einen Einproduktprozeß. In vielen Unternehmen laufen jedoch Mehrproduktprozesse ab, die man durch

$$f(x_1 \ldots x_m, v_1 \ldots v_n) = 0 \qquad (2.2)$$

wiedergeben kann, worin $x_1 \ldots x_m$ die nach Güterarten unterschiedenen Produktmengen sind. Man kann auch

$$f(x_1 \ldots x_m, x_{m+1} \ldots x_n) = 0, \quad \text{worin} \quad x_i > 0 \quad \text{für} \quad i = 1 \ldots m, \qquad (2.3)$$
$$x_j < 0 \quad \text{für} \quad j = m+1 \ldots n$$

mit den x_i als Produktmengen und den x_j als Produktionsfaktoren schreiben. Im folgenden werden vorerst nur Einproduktprozesse betrachtet, und es wird die Schreibweise (2.1) benutzt. Die Funktion sei stetig und zweimal differenzierbar. Was als Prozeß gelten soll, ist nach den Ausführungen S. 163 f. beliebig, jedoch stelle man sich im folgenden die Produktionstätigkeit in einem (kleinen) Einproduktunternehmen vor.

Die S. 167 unter (7) angedeuteten Fragestellungen werden im folgenden bis zum Abschnitt II.7 in dieser Reihenfolge erörtert:

(1) Welche Beziehungen bestehen zwischen einem Produktionsfaktor und dem Produktionsergebnis im Einproduktprozeß, wenn die Einsatzmenge des Faktors bei konstantem Einsatz aller anderen Faktoren geändert wird?
(2) Welche Beziehungen bestehen zwischen den Produktionsfaktoren eines Einproduktprozesses, und auf welche Weise ist ein gegebener Faktor so durch einen anderen teilweise ersetzbar, daß die Produktmenge ungeändert bleibt?
(3) Wie ändert sich die Produktmenge, wenn die Einsatzmengen sämtlicher Produktionsfaktoren geändert werden?
(4) Wie läßt sich ein gegebener Gesamtbestand unterschiedlicher Produktionsfaktoren zur Herstellung von zwei oder mehr Produkten einsetzen, und welche Beziehungen bestehen zwischen den Produktmengenkombinationen?

Frage (1) ist wie folgt zu beantworten. Angenommen, ein Prozeß laufe auf einem bestimmten Niveau und erbringe die Produktmenge x je Zeitraum. Was geschieht, wenn in der Planung zu Beginn der nächsten Periode die Einsatzmenge des Faktors v_i um den kleinen Betrag ∂v_i erhöht wird, während die Einsatzmengen aller anderen Faktoren ungeändert bleiben? Offenbar gibt es zwei Möglichkeiten:

– Die Produktmenge x ändert sich um einen kleinen Betrag ∂x;
– Die Produktmenge ändert sich nicht.

---

[4] Mit „Ertrag" bezeichnet man häufig auch das (etwa zu Marktpreisen) bewertete Produktionsergebnis, also den Umsatz zuzüglich etwaiger Bestandserhöhungen an eigenen Erzeugnissen und selbsterstellten Anlagen (vgl. auch unten, III.1). In Teil II dieses Kapitels ist jedoch nur von dem in physischen Einheiten gemessenen Produktionsergebnis die Rede. Das englische Wort dafür, output, wird auch in deutschsprachigen Texten verwendet.

Im ersten Fall sei zunächst angenommen, daß x als Folge des Mehreinsatzes von v_i um einen kleinen Betrag ∂x steigt. Es muß dann möglich sein, im Gedankenexperiment die Einsatzmenge eines anderen Faktors v_j, mehrerer oder auch aller anderen Faktoren soweit zu verringern, daß das Produktionsergebnis von seinem höheren Stand $x+\partial x$ wieder auf den Stand x der Ausgangssituation zurückgeht. Im Ergebnis ist der Faktor v_j (oder ein Paket von Faktoren) durch den Mehreinsatz von v_i bei ungeänderter Produktmenge teilweise ersetzt oder substituiert worden. Entsprechende Überlegungen gelten für die Fälle, daß der Mehreinsatz von v_i die Produktmenge senkt sowie für die Wirkungen eines verringerten Einsatzes von v_i, die durch den Mehreinsatz mindestens eines anderen Faktors gerade ausgeglichen werden. Produktionsfaktoren, die andere Faktoren in der geschilderten Weise ersetzen oder von ihnen ersetzt werden können, heißen hier *substitutiv* (für „substituierend" und „substituierbar"). Bezieht man die Änderung ∂x der Produktmenge x auf den verursachenden Mehreinsatz ∂v_i eines Produktionsfaktors v_i, dann erhält man — mathematisch durch partielle Differentiation der Produktionsfunktion (2.1), wodurch die Anwendung der Ceteris-paribus-Klausel ausgedrückt wird (vgl. S. 43f.) — die Marginalquote

$$\frac{\partial x}{\partial v_i} \qquad (2.4)$$

mit der Bezeichnung *Grenzproduktivität* des Produktionsfaktors v_i. Multipliziert man sie mit einer kleinen Änderung der Einsatzmenge dv_i, ergibt sich das *Grenzprodukt* (auch: der *Grenzertrag*) dx von v_i:

$$dx = \frac{\partial x}{\partial v_i} dv_i. \qquad (2.5)$$

Setzt man $dv_i = 1$, fallen Grenzprodukt und Grenzproduktivität zusammen und können als Synonyme behandelt werden, wovon im folgenden Text Gebrauch gemacht wird. Es gilt dann

Def. 2.1: *Das Grenzprodukt eines Produktionsfaktors gibt an, um wieviel Einheiten sich die Produktmenge eines Produktionsprozesses ändert, wenn die Einsatzmenge dieses Faktors ceteris paribus um eine Einheit geändert wird.*

Der Begriff der Produktivität spielt in der Produktionstheorie eine zentrale Rolle. Er gibt immer eine Beziehung zwischen dem Produktionsergebnis einerseits und dem Einsatz eines Verbrauchsfaktors, aller solcher Faktoren oder eines Bestandsfaktors anderseits an und hat die Form eines Quotienten mit dem Produktionsergebnis im Zähler. Wie immer ist auch hierbei zwischen Marginal- und Durchschnittsquote zu unterscheiden (vgl. S. 112): Neben der Grenzproduktivität eines Faktors gibt es seine *Durchschnittsproduktivität* x/v_i, deren reziproker Wert v_i/x *Produktionskoeffizient* (auch: *Input-Output-Koeffizient*) heißt. Da in dem eben diskutierten Fall eine gegebene Produktmenge mit unterschiedlichen Faktorkombinationen hergestellt werden kann, ist die Durchschnittsproduktivität substitutiver Faktoren (und meist auch ihre Grenzproduktivität) eine variable Größe.

In dem zweiten oben genannten Fall gibt es aus technischen Gründen keine Substitutionsmöglichkeiten zwischen den Produktionsfaktoren. Die Zusammenhänge zwischen der Produktmenge und jedem einzelnen Faktor werden dann durch ein Gleichungssystem

$$v_k = v_k(x), \quad \text{worin} \quad k = 1 \ldots n,$$

wiedergegeben. Welche Form diese Gleichungen haben, muß empirisch festgestellt werden. Im folgenden werden nur linear-homogene Beziehungen (vgl. S. 132) dieser Art behandelt. Die Produktionsfunktion wird dann in der gegenüber (2.1) inversen Form von n *Faktoreinsatzfunktionen* geschrieben:

$$v_1 = a_1 x, \quad v_2 = a_2 x, \quad \ldots, \quad v_n = a_n x, \quad \text{worin} \quad a_k > 0 \quad \text{für } k = 1 \ldots n. \quad (2.6)$$

Die $a_k = v_k/x$ geben die Einsatzmenge des Faktors v_k je Einheit des Produkts an, sind konstant und gleich den eben definierten Produktionskoeffizienten. Beispielsweise lautet ein solcher Koeffizient in der Fahrradproduktion $a_k = 2$ Luftschläuche je Fahrrad. Da die v_k angesichts der Konstanz der a_k die Menge x bestimmen oder genauer, sie nach oben begrenzen oder limitieren — mit einer gegebenen Menge v_k kann entsprechend der Gleichung $v_k = a_k x$ höchstens die Menge x, jedoch immer eine kleinere Menge x' hergestellt werden — nennt man die v_k in Produktionsfunktionen der Art (2.6) *limitative Produktionsfaktoren*.

Produktionsfunktionen dieser Art haben sich als hervorragendes Instrument zur kurzfristigen Analyse interdependenter Produktionsprozesse besonders des industriellen Bereichs erwiesen. Ist etwa v_k der in Stunden Ah gemessene Arbeitseinsatz, wird die Produktmenge x in Tonnen t gemessen, und sollen 40 t hergestellt werden, dann wird beispielsweise

$$v_k = a_k \, x \quad \text{konkret zu} \quad 50 \text{ Ah} = \frac{1{,}25 \text{ Ah}}{\text{t}} \, 40 \text{ t}.$$

Setzt man hierin andere Werte für die Produktmenge ein, erhält man die jeweiligen, mit der korrekten Dimensionsbezeichnung versehenen Einsatzmengen des Faktors v_k. Da das Mengenverhältnis eines Faktors v_k zu einem anderen Faktor v_j auch die *Intensität* von v_k in bezug auf v_j heißt,[5] implizieren die festen Proportionen der Faktoren zueinander auch deren konstante Intensitäten.

Schreibt man die Produktionsfunktion in der direkten Form, bei der das Produktionsergebnis explizit wie in Gleichung (2.1) auf einer Seite der Gleichung erscheint, dann tritt auf der anderen Seite der reziproke Wert des Produktionskoeffizienten, also seine Durchschnittsproduktivität $1/a_k$ auf:

$$x = \frac{1}{a_k} v_k, \quad \text{konkret} \quad 40 \text{ t} = \frac{0{,}8 \text{ t}}{\text{Ah}} 50 \text{ Ah}.$$

Dieses Maß hat die Dimension „Produktionsergebnis je Einheit des Produktionsfaktors", im Beispiel also „Tonnen je Arbeitsstunde", und hat vor allem gesamtwirtschaftlich erhebliche Bedeutung: Steigt in einer Volkswirtschaft die durchschnittliche Arbeitsproduktivität, werden also je Arbeitsstunde mehr Güter erzeugt, dann steigt unmittelbar auch der durchschnittliche Lebensstandard.

Läuft ein Prozeß mit limitativen Produktionsfaktoren auf einem bestimmten Niveau und wird die Einsatzmenge eines Faktors v_k bei Konstanz der anderen Faktoren

---

[5] Vgl. die Angaben über die Entwicklung der Kapitalintensität der Arbeit in den Wirtschaftsbereichen der Bundesrepublik Deutschland, in: VRW[7], Abschnitt III.5 des 7. Kapitels.

erhöht, dann ändert sich die Produktmenge nicht. Die zusätzliche Menge von v_k ist also überflüssig, sie wird verschwendet. Berühmtes Beispiel hierfür ist der Heizer auf der Elektrolok.[6] Wird anderseits die Menge eines gemäß den Gleichungen (2.6) eingesetzten Faktors v_i verringert, dann muß auch die Produktmenge x sinken, und es werden Teilmengen aller anderen Faktoren überflüssig. In beiden Fällen sagt man, der Prozeß werde *technisch ineffizient*. Wird dagegen von jedem Produktionsfaktor gerade soviel eingesetzt wie nötig, dann ist er *technisch effizient*. Diese Effizienz ist keine ökonomische Eigenschaft: Ohne jede Kenntnis von Kosten und Preisen kann allein der Techniker entscheiden, ob ein Prozeß bei einem gegebenen Niveau in diesem Sinne effizient ist. Er kann also dafür sorgen, daß beim Zuschneiden von Leder in der Schuhproduktion oder beim Ausstanzen von Blechteilen der Abfall möglichst gering gehalten oder bei Schmelzprozessen nicht mehr Wärme als nötig zugeführt wird: Technische Effizienz ist technische Rationalität (vgl. S. 6 f.).

Woran ist allgemein zu erkennen, ob ein Produktionsprozeß technisch effizient ist? Nur durch den Vergleich mit einem anderen Prozeß oder einer Kombination anderer Prozesse:

Def. 2.2: *Ein Produktionsprozeß ist technisch ineffizient, wenn in ihm zur Herstellung einer gegebenen Produktmenge von mindestens einem Produktionsfaktor mehr und von keinem anderen Faktor weniger verbraucht wird als in einem anderen Prozeß oder einer Kombination anderer Prozesse.*

Der Sachverhalt kann anhand des Bildes 2.2 erläutert werden. Jeder der Punkte P_1 bis P_6 bedeutet eine Kombination der beiden Produktionsfaktoren v_1 und v_2 und damit einen Produktionsprozeß, und es möge bei allen sechs Kombinationen jeweils die gleiche Produktmenge x^0 entstehen. Gemäß Definition 2.2 ist klar, daß Prozeß P_2 aufgrund des Vergleichs mit P_1 ineffizient ist, da er zwar die gleiche Menge an v_1, aber mehr an v_2 verbraucht. Ebenso ist P_3 verglichen mit P_1 und P_6 verglichen mit P_5 ineffizient. Übrig bleiben drei Vergleiche: P_1 mit P_4, P_1 mit P_5 und P_4 mit P_5. Ohne Berücksichtigung der letzten fünf Wörter der Definition 2.2 könnte keiner der Prozesse P_1, P_4 und P_5 als ineffizient deklariert werden: Jeder verbraucht im Vergleich zu jedem anderen mehr von dem einen, aber dafür weniger von dem anderen Faktor. Jedoch ist im allgemeinen Fall auch noch die Möglichkeit der Prozeßkombination zuzulassen. Man stelle sich vor, daß der Prozeß P_5 auf dem Niveau P_7 läuft — das Einsatzverhältnis v_2/v_1, das diesen Prozeß kennzeichnet, ist gewahrt — und daß die an x^0 fehlende Menge mit dem ebenfalls auf niedrigerem Niveau laufenden Prozeß P_1 hergestellt wird. Diese Prozeßkombination ermöglicht die Herstellung von x^0 gemäß Punkt P_8 und kommt daher, wie aus dem Bild ersichtlich, mit geringerem Gesamtverbrauch sowohl an v_1 als auch an v_2 aus als der Prozeß P_4. Damit ist auch P_4 als ineffizient erkannt. Dabei wird vorausgesetzt, daß die Prozesse unabhängig voneinander auf beliebigem Niveau laufen können, Faktoren und Produkte also beliebig teilbar

---

[6] Lokomotiven wurden ursprünglich mit kohlebefeuerten Dampfmaschinen betrieben, was einen Heizer für die Bedienung des Kessels erforderte. Nach der Einführung elektrischer Lokomotiven gelang es den zuständigen Gewerkschaften verschiedentlich, die weitere Mitfahrt samt Entlohnung der ehemaligen Heizer auf diesen Lokomotiven durchzusetzen. Der Fall gilt als Paradebeispiel für den Versuch, Folgen des arbeitsparenden gleich arbeitsplatzvernichtenden technischen Fortschritts abzuwehren.

Bild 2.2 – *Technisch effiziente und ineffiziente Produktionsprozesse*

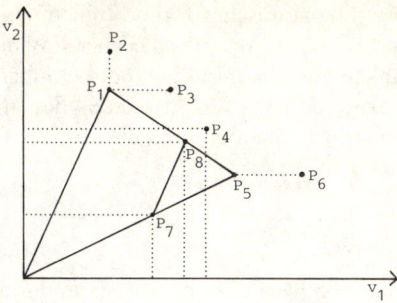

sind, und daß das Faktoreinsatzverhältnis jedes Prozesses von dessen jeweiligem Niveau unabhängig ist. Sind alle Faktorpreise strikt positiv, wird ein gewinnmaximierender Unternehmer nur effiziente Prozesse realisieren. Nichteffiziente werden im folgenden daher nicht betrachtet, und entsprechend wurde in Gleichung (2.1) das Gleichheitszeichen und nicht das Zeichen $\leqq$ benutzt.

Mit Hilfe des Begriffs „Grenzproduktivität" lassen sich nun alle effizienten Produktionsverfahren und die sie erfassenden Produktionsfunktionen in zwei Gruppen einteilen. Die beiden eingangs genannten Möglichkeiten einer Antwort auf Frage (1) sind dann wie folgt zu charakterisieren:

(1) Die Grenzproduktivität mindestens eines Produktionsfaktors ist von null verschieden. Es gilt also $\partial x/\partial v_i \gtreqless 0$, wobei normalerweise angenommen wird, daß man sich im Bereich positiver Grenzproduktivitäten bewegt. Die dazugehörigen Produktionsfunktionen heißen *klassische Produktionsfunktionen*.

Eine bestimmte Faktorkombination führt bei solchen Prozessen zu einem bestimmten Produktionsergebnis, aber nicht umgekehrt: Ein bestimmtes Produktionsergebnis kann mit mehreren unterschiedlichen Kombinationen hergestellt werden. Oder: Mindestens ein Faktor oder ein Bündel (Paket) von Faktoren ist bei Konstanz mindestens eines anderen Faktors variabel einsetzbar, ohne daß der Prozeß ineffizient wird. Damit sind auch die Produktionskoeffizienten variabel, und man sagt, der Prozeß unterliege dem *Gesetz der variablen Proportionen*. Ökonomisches Hauptproblem ist hierbei, für jede gegebene Produktmenge diejenige Kombination der Produktionsfaktoren zu finden, die die geringsten Kosten verursacht.

(2) Die Grenzproduktivität aller Produktionsfaktoren ist gleich null, es gilt also $\partial x/\partial v_i = 0$ für alle *i*, sofern der Prozeß in der Ausgangssituation effizient ist. Die entsprechenden Produktionsfunktionen nennt man im deutschen Sprachbereich *Leontief-Produktionsfunktionen*.

Für jede Produktmenge *x* existiert hier genau eine effiziente Kombination von Produktionsfaktoren, und alle Produktionskoeffizienten sind konstant und vom Produktionsniveau unabhängig. Der Zusammenhang zwischen Produktionsergebnis und Faktorkombination ist umkehrbar eindeutig: Eine bestimmte Kombination der $v_1 \ldots v_n$ erbringt ein bestimmtes *x*, und ein bestimmtes *x* erfordert eine feststehende Kombination der v_i. Da irgend zwei Faktoren v_i und v_k effizient nur in einem bestimmten Verhältnis v_i/v_k eingesetzt werden können, unterliegen solche Prozesse dem *Gesetz der festen Proportionen*. Ökonomisches Hauptproblem ist es hierbei, für eine gegebene Produktmenge eine Kombination verschiedener Produktionsprozesse (falls es mehr als einen Prozeß für die Herstellung des Produkts gibt) so zu finden, daß die gesamten Kosten minimiert werden. Die Voraussetzung des effizienten Einsatzes wird bei Leontief-Produktionsfunktionen häufig durch die Schreibweise

$$x = \min\left(\frac{1}{a_1} v_1,\ \frac{1}{a_2} v_2, \ldots,\ \frac{1}{a_n} v_n\right)$$

ausgedrückt: Angesichts der gegebenen Durchschnittsproduktivitäten $1/a_k$ sollen die kleinstmöglichen Faktormengen v_k eingesetzt werden, mit denen die Menge x herstellbar ist.

Der Unterschied zwischen den beiden Arten von Produktionsfunktionen ist graphisch unter der eingangs unter (1) bezeichneten Fragestellung in Bild 2.3 gezeigt. In beiden Teilen ist die Produktmenge von null an in Abhängigkeit von unterschiedlichen Einsatzmengen eines Faktors bei konstantem Einsatz aller anderen Faktoren dargestellt. Die Kurven heißen *Ertragskurven bei partieller Faktorvariation*. Sie sind nicht etwa so zu verstehen, daß in einem Produktionsprozeß im Zeitablauf sukzessive mehr von dem betrachteten Faktor eingesetzt wird. Vielmehr symbolisiert jeder Punkt auf den beiden Ertragskurven den vollständigen Ablauf des Prozesses während der Planperiode, bedeutet also eine jeweils alle anderen Fälle ausschließende Realisierung einer Faktorkombination (vgl. das entsprechende Argument S. 77).

Teil (a) des Bildes zeigt den funktionalen Zusammenhang zwischen dem Einsatz des Faktors v_i und dem Produktionsergebnis x, wenn v_i substitutiv ist. Beim Einsatz null wird nichts produziert. Man sagt dann, v_i sei ein *notwendiger Produktionsfaktor*. Bei einem nichtnotwendigen Faktor würde die Ertragskurve irgendwo im positiven Bereich der x-Achse beginnen: Nutzpflanzen wachsen auch ohne Düngereinsatz. Besonders in der industriellen Produktion sind jedoch die meisten Produktionsfaktoren notwendig, und in jedem Prozeß gilt dies für die menschliche Arbeitsleistung. Wird nun von null an, immer bei von Anfang an konstantem Einsatz aller anderen Faktoren, mehr von v_i eingesetzt, so nimmt x mit ständig wechselnden Raten zu. Das

Bild 2.3 – *Verläufe der Ertragskurve beim Einsatz substitutiver und limitativer Produktionsfaktoren*

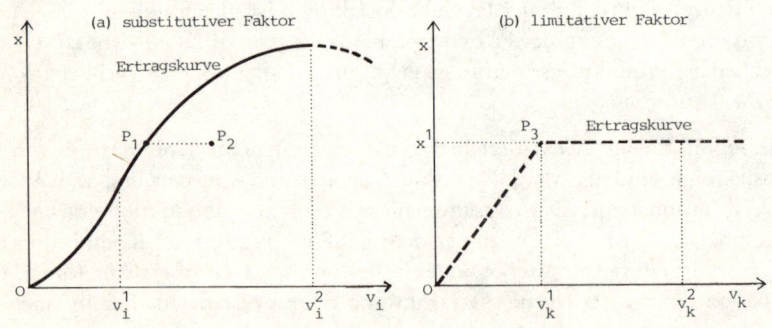

Bild zeigt den allgemeinen Fall: Zwischen null und v_i^1 steigt x mit wachsenden, von da an bis v_i^2 mit abnehmenden positiven Zuwachsraten, und jenseits von v_i^2 sind die Zuwachsraten negativ. Dieser Verlauf wird später noch näher analysiert. Als wichtig für den Unterschied zwischen den beiden Arten von Produktionsfunktionen ist jetzt nur festzuhalten, daß alle Faktorkombinationen auf der Ertragskurve von Bild 2.3 (a) im Bereich von null bis einschließlich v_i^2 effizient sind, wenn man sie mit rechts der Kurve liegenden Kombinationen (im Bild: P_1 mit P_2) vergleicht. Erst wenn von v_i mehr als v_i^2 eingesetzt wird, gerät man auf den ineffizienten (und daher hier gestrichelten) Teil der Kurve. Dieser könnte auch waagerecht verlaufen. Der überschüssige Faktor stört dann den Produktionsprozeß nicht, dieser behält das bei v_i^2 erreichte Niveau bei.

Teil (b) zeigt den Verlauf der Ertragskurve bei partieller Variation eines Faktors v_k gemäß einer Leontief-Produktionsfunktion. Die Kurve muß im Nullpunkt beginnen, da nach den Gleichungen (2.6) alle v_k notwendig sind. Wird der Einsatz von v_k in der Planung erhöht, so nimmt die Produktmenge zu, solange die nach Annahme konstant vorhandenen anderen Produktionsfaktoren $v_1 \ldots v_{k-1}$ und $v_{k+1} \ldots v_n$ für die jeweilige Menge x gemäß den Gleichungen (2.6) ausreichen. Beim Einsatz von v_k^1 sei jedoch die Menge x^1 erreicht, von der an die Gesamtheit der anderen Faktoren die Produktmenge limitiert. Wird also noch mehr von v_k eingesetzt, etwa v_k^2, dann kann x dadurch nicht mehr erhöht werden. Die Ertragskurve verläuft daher von v_k^1 an waagerecht, der Prozeß ist in diesem Bereich ineffizient. Er ist dies auch bei jeder Produktmenge zwischen null und x^1 (mit Ausnahme von x^1 selbst), da hier v_k der limitierende Faktor ist und daher jeweils ein Teil der anderen Faktoren überflüssig ist. Damit ergibt sich als Hauptunterschied zur klassischen Produktionsfunktion die Tatsache, daß es auf der Ertragskurve einer Leontief-Produktionsfunktion nur einen, im Bild mit P_3 bezeichneten, Punkt gibt, der eine effiziente Kombination der Produktionsfaktoren darstellt.

Wie schon angedeutet, ist es eine Frage der empirischen Forschung festzustellen, mit welcher Art von Produktionsfunktion ein gegebener Prozeß am besten abzubilden ist. Beispiele etwa für substitutive Faktoren in der landwirtschaftlichen Produktion liegen auf der Hand: Für den Einsatz von Dünge- und Pflanzenschutzmitteln gibt es mehr als eine effiziente Kombination mit den sonstigen Faktoren; und bei der Kartoffelernte können Arbeitsleistungen durch Maschineneinsatz substituiert werden und umgekehrt. Anderseits sind Kombinationen genau aufeinander abgestimmter Produktionsfaktoren einschließlich der menschlichen Arbeitskraft für viele industrielle Produktionsprozesse typisch; und beim Zusammenbau von Automobilen gelten für Vorleistungen wie Räder, Motoren, Bremsen und Glasscheiben zweifellos konstante Produktionskoeffizienten.

Im übrigen können in ein und demselben Produktionsprozeß einige Produktionsfaktoren limitativ, andere substitutiv sein. Wenn etwa, um bei der Eisenbahn zu bleiben (S. 174, Anm. 6) im Rahmen einer Kritik an der Annahme substitutiver Faktoren nach dem Grenzprodukt eines Zugführers gefragt wird, dann muß die Antwort lauten: Sein Grenzprodukt ist in der Tat gleich null, aber seine Arbeitsleistung bildet zusammen mit der Nutzung des Zuges (und dem Energieeinsatz) ein Paket unter sich limitativer Produktionsfaktoren, das als Ganzes substitutiv ist, etwa gegenüber einem Omnibus (samt Fahrer und Energieeinsatz). Außerdem kommt es bei der Frage, ob substitutive oder limitative Faktoren vorliegen, auf den Zeithorizont der Untersuchung (als Gegenstück zum Zeithorizont von Wirtschaftssubjekten, vgl. S. 4) und den Aggregationsgrad (vgl. S. 29 f.) an. Kurzfristig mögen in gegebenen industriellen Produktionsprozessen Substitutionsmöglichkeiten fehlen oder beschränkt sein, obwohl immer wieder Beispiele für Substitutionen auftauchen. So lassen Ölgesellschaften ihre Tankschiffe bei der Fahrt vom Persischen Golf nach Europa, Amerika und Japan als Reaktion auf eine Ölpreiserhöhung langsamer fahren, um so Öl als Treibstoff marginal durch zeitabhängige Realkosten wie Arbeitsleistungen der Schiffsbesatzungen zu ersetzen; und auch jeder langsamer fahrende Automobilist substituiert Benzin durch Arbeits- oder Freizeit. In vielen Prozessen führt sorgfältigere und daher längere Arbeitsleistung zu verringertem Ausschuß und daher vermindertem Materialeinsatz. Längerfristig ist jedoch die Substitution von Arbeitsleistungen durch Realkapitalnutzung geradezu das Hauptmerkmal des Industrialisierungsprozesses. Andere Beispiele wie die Substitution von Holz, Glas und Metallen durch Kunststoffe liegen auf der Hand. Je höher anderseits der Aggregationsgrad gewählt wird, um so größer ist die Wahrscheinlichkeit, daß Substitutionen nicht beachtet werden. Wenn nur noch ein einheitlicher Produktionsfaktor „Arbeit" betrachtet wird, bleibt die Ersetzung von niedriger durch höher qualifizierte Arbeitsleistung ebenso unbeachtet wie bei der pauschalen Betrachtung einer einzigen Vorleistung „Energie" die Substitution von Kohle durch Heizöl oder umgekehrt.

Aus diesen Erörterungen ist zu schließen, daß über die Wahl einer geeigneten Produktionsfunktion jeweils anhand der empirischen Gegebenheiten und der Fragestellung zu entscheiden ist und die Produktionstheorie daher die Untersuchungsinstrumente für beide der eingangs genannten Möglichkeiten bereitzustellen hat.

2. Das Ertragsgesetz. Der in Teil (a) von Bild 2.3 (S. 176) dargestellte Verlauf ist nicht willkürlich gewählt und muß näher untersucht werden. Er repräsentiert die als *Ertragsgesetz* bekannte

Hyp. 2.1: *Wird in einem Produktionsprozeß von einem substitutiven Produktionsfaktor bei konstantem Einsatz aller anderen Faktoren in der Planung sukzessiv mehr eingesetzt, so nimmt der Ertragszuwachs zunächst zu und dann ab.*

Bild 2.4 zeigt den Sachverhalt als Erweiterung von Bild 2.3 (a); vgl. dazu auch die Kurven in Bild 1.3 (S. 77). Die Zeichnung enthält neben der Kurve des Gesamtertrags zwei abgeleitete Kurven:

- Die Kurve des Durchschnittsertrages (der Durchschnittsproduktivität) x/v_i, der geometrisch durch den Tangens des Winkels α gegeben wird, den ein Fahrstrahl vom Nullpunkt des Koordinatensystems zu jedem Punkt der Gesamtertragskurve mit der positiven Richtung der Abszisse bildet;
- Die Kurve des Grenzertrags $\partial x/\partial v_i$, identisch mit der Grenzproduktivität (2.4) S. 172, geometrisch gleich dem Tangens des Winkels β zwischen der Tangente an die Gesamtertragskurve und einer Parallele zur Abszisse, algebraisch gleich der ersten partiellen Ableitung von x nach v_i.

Drei Bereiche der Gesamtertragskurve sind zu unterscheiden, deren Grenzen durch die Einsatzmengen 0, v_i^2 und v_i^3 des variablen Faktors markiert sind:

Bild 2.4 – *Gesamt-, Grenz- und Durchschnittsertrag eines substitutiven Produktionsfaktors*

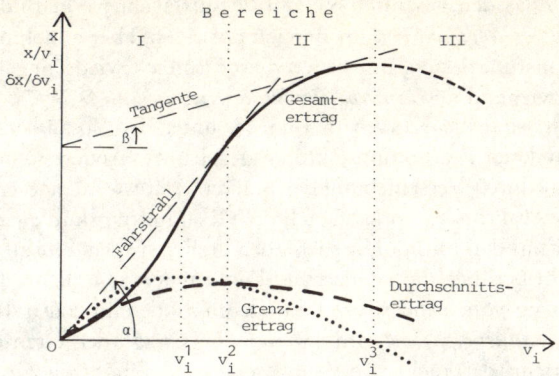

Bereich I: Von null bis zur Einsatzmenge v_i^2 nimmt der Gesamtertrag zu, der Durchschnittsertrag steigt ebenfalls und erreicht bei v_i^2 sein Maximum.

Der Bereich wird durch das Verhalten des Grenzertrags unterteilt: Dieser steigt bis zur Einsatzmenge v_i^1 (die zweite partielle Ableitung $\partial^2 x/\partial v_i^2$ ist positiv) und erreicht im Wendepunkt der Gesamtertragskurve bei v_i^1 sein Maximum. Von da an nimmt er ab, während der Gesamtertrag noch wächst, aber mit abnehmenden Zuwachsraten. An der Stelle v_i^2 schneiden sich Grenz- und Durchschnittsertragskurve, weil hier der Fahrstrahl vom Nullpunkt des Koordinatensystems an die Gesamtertragskurve mit der Tangente an diese zusammenfällt.

Bereich II: Von der Einsatzmenge v_i^2 an wächst der Gesamtertrag weiter bis zu seinem Maximum bei v_i^3, aber mit abnehmenden Zuwachsraten, der Durchschnittsertrag geht zurück.

Der Grenzertrag sinkt hier weiter ($\partial^2 x/dv_i^2$ ist negativ) und erreicht beim Maximum des Gesamtertrags den Wert null.

Bereich III: Wird mehr als v_i^3 eingesetzt, geht der Gesamtertrag zurück, der Grenzertrag wird negativ.

Dieser Bereich ist ineffizient, da jede hier erzielbare Produktmenge auch mit geringerem Einsatz von v_i hergestellt werden könnte. Kein Unternehmer mit der Zielsetzung der Gewinnmaximierung wird also in diesem Bereich produzieren. Dasselbe gilt für den Bereich I: Unter der Voraussetzung, daß er zu konstanten Preisen sowohl mehr an v_i beschaffen als auch mehr von dem Produkt x absetzen kann, lohnt es hier offensichtlich, die Produktmenge auszudehnen, da der Ertrag jeder zusätzlichen Einheit von v_i höher ist als der Durchschnittsertrag aller bis dahin eingesetzten Einheiten, so daß der Gewinn mindestens bis zur Einsatzmenge v_i^2 steigen muß. Als ökonomisch relevant bleibt also der Bereich II übrig. Er ist durch fallenden Grenzertrag gekennzeichnet, so daß man hier von dem *Gesetz vom abnehmenden Grenzertrag* spricht. Da der Grenzertrag bei v_i^1 zu fallen beginnt, beschränken manche Autoren die Bezeichnung „Ertragsgesetz" von vornherein auf den Bereich $v_i^1 \ldots v_i^3$ und nennen die Einsatzmenge

v_i^1 die „Schwelle des Ertragsgesetzes". Am besten unterscheidet man das *Ertragsgesetz im weiteren Sinne*, das den gesamten Verlauf der Ertragskurve in Bild 2.4 wiedergibt, vom *Ertragsgesetz im engeren Sinne* im Bereich positiven, aber abnehmenden Grenzertrags. Produktionsfunktionen, mit denen dieser Bereich wiedergegeben wird, nennt man heute überwiegend *neoklassische Produktionsfunktionen*.

Wie erwähnt, sind die Kurven in Bild 2.4 unter der Voraussetzung konstanten Einsatzes aller anderen Produktionsfaktoren gezeichnet. Ändert sich dieser, so kann das graphisch nur durch Verschiebung der Kurven erfaßt werden. Steigt etwa der Einsatz eines anderen Faktors v_j, so kann sich die Gesamtertragskurve parallel nach oben verschieben oder um den Nullpunkt nach oben drehen. Im ersten Fall wird der Grenzertrag von v_i nicht berührt, die Grenzertragskurve ändert sich nicht, die beiden Faktoren sind unabhängig voneinander. Produktionsfunktionen, in denen das für jeden Faktor gilt, heißen *additiv-separabel*. Im zweiten Fall steigt der Grenzertrag in jedem Punkt: Die Tatsache, daß mehr von v_j eingesetzt wird, erhöht die Grenzproduktivität von v_i. Algebraisch bedeutet dies, daß die partielle Kreuzableitung der Produktionsfunktion nach den beiden Faktoren positiv ist:

$$\frac{\partial^2 x}{\partial v_i \partial v_j} > 0. \tag{2.7}$$

Analog zu der für Konsumgüter eingeführten Bezeichnung (S. 126) sagt man in diesem Fall, die beiden Faktoren seien komplementär.

Die Frage, warum es in einem Produktionsprozeß zu fallenden Ertragszuwächsen eines Faktors kommt, kann etwa so beantwortet werden. Erstens kann der Mehreinsatz eines Faktors v_i sein Grenzprodukt schon deshalb senken, weil dann relativ kleinere Mengen der konstant bleibenden Faktoren mitwirken; und zweitens kommt es vor, daß v_i nicht homogen ist und daher nach und nach Einheiten abnehmender Qualität eingesetzt werden müssen. Standardbeispiele sind abnehmende Bodenfruchtbarkeit bei der Ausweitung der Pflanzenproduktion und die Einstellung zusätzlicher, aber weniger gut geeigneter Arbeitskräfte.

3. Empirie des Ertragsgesetzes. Das Ertragsgesetz läßt sich empirisch gut an landwirtschaftlichen Produktionsprozessen nachweisen,[7] und hier besonders sinnfällig am Einsatz von Düngemitteln. Tabelle 2.1. zeigt Ergebnisse eines Experiments, das 1956 in Kanada unternommen wurde. Sie ist wie folgt zu lesen. Jedes ihrer 24 Ergebnisfelder enthält einen beobachteten und einen berechneten Gerstenertrag, gemessen in bushels/acre, der sich bei der jeweiligen Kombination der beiden Düngerarten ergab. Beispielsweise zeigen die oberen Werte in der dritten Doppelzeile, daß der beobachtete Ertrag bei konstant gehaltenem Einsatz von 80 lbs./acre Phosphatdünger 23,2 bu./acre Gerste war, wenn kein Stickstoffdünger eingesetzt wurde. Wurden 20 lbs./acre Stickstoffdünger eingesetzt, stieg der Ertrag auf 27,9 bushels je acre, wurden 40 lbs./acre eingesetzt, stieg er auf 33,0 bushels je acre. Bild 2.5 zeigt das in dieser Zeile festgehaltene Ergebnis des Experiments graphisch. Entsprechendes ist aus den anderen Zeilen der Beobachtungswerte in der Tabelle abzulesen. Aufgabe des Ökono-

---

[7] Der französische Nationalökonom A. R. J. TURGOT (1727–1781) stellte die Hypothese als erster in Form des „Gesetzes vom abnehmenden Bodenertrag" auf.

Tabelle 2.1 – *Beobachtete und berechnete Gerstenerträge bei unterschiedlichen Düngemittelgaben*

Phosphat-dünger lbs./acre[a]		Stickstoffdünger in lbs./acre[a]					
		0	20	40	60	80	120
		Gerstenerträge in bu./acre[b]					
0	beobachtet berechnet	7,8 8,27	9,6 12,80	13,2 15,91	16,0 17,32	12,2 17,13	9,0 11,91
20	beobachtet berechnet	20,2 13,92	22,1 18,79	27,2 22,04	26,2 23,69	23,4 23,74	23,1 19,00
80	beobachtet berechnet	23,2 24,16	27,9 29,75	33,0 33,72	37,9 36,09	37,0 36,86	31,7 33,56
120	beobachtet berechnet	27,5 25,38	31,9 31,45	37,0 35,90	40,2 38,75	44,0 40,00	33,6 37,66

[a] Englische Pfund (=453,6 g) je acre ($\approx$ 0.4 Hektar).
[b] Bushels (=36,37 Liter) je acre.
Quelle: J. C. GILSON/V. W. BJARNARSON: Effects of Fertilizer Use on Barley in Northern Manitoba. Journal of Farm Economics, Vol. 40, 1958, S. 935 (gekürzt).

metrikers ist es nun, eine mathematische Funktion

Gerstenertrag $= f$ (Stickstoffdünger, Phosphatdünger); oder $y = f(N, P)$

zu finden und ihre Parameter so zu bestimmen, daß sich ihr Verlauf möglichst gut an die beobachteten Wertetripel von y, N und P anpaßt. Als Kriterium für eine „möglichst gute" Anpassung diente in diesem Fall wie in vielen anderen die Methode der kleinsten Quadrate (vgl. S. 47). Danach ergab sich aus dem Beobachtungsmaterial die Gleichung

$$y = 8{,}2714 + 0{,}2715\,N + 0{,}3106\,P - 0{,}00201\,N^2 - 0{,}0014\,P^2 + 0{,}0006\,NP. \qquad (2.8)$$

Bild 2.5 – *Das Ertragsgesetz bei variablem Einsatz von Stickstoffdünger in der Produktion von Gerste*

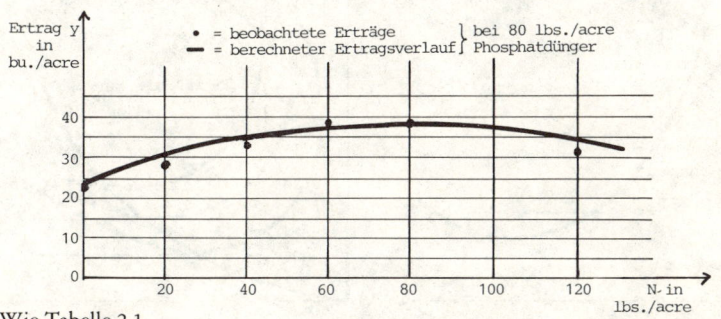

Quelle: Wie Tabelle 2.1.

Setzt man hierin $P=80$ ein, reduziert sich die Gleichung zu

$$y = 24{,}1594 + 0{,}3195\,N - 0{,}00201\,N^2. \tag{2.9}$$

Der Verlauf dieser Funktion ist in Bild 2.5 eingetragen. Die auf diese Weise berechneten Werte weichen von den beobachteten nur wenig ab, wie auch aus dem Vergleich der oberen mit den unteren Werten der dritten Doppelzeile von Tabelle 2.1 hervorgeht. Setzt man die erste Ableitung dy/dN von Gleichung (2.9) gleich null:

$$\frac{dy}{dN} = 0{,}3195 - 0{,}00402\,N = 0,$$

so läßt sich hieraus ermitteln, daß das Maximum der Ertragsfunktion mit 36,9 bu./acre bei einem Einsatz von 79,5 lbs./acre Stickstoffdünger erreicht wird, falls die Einsatzmenge von Phosphatdünger konstant bei 80 lbs./acre bleibt. Noch mehr Düngung läßt den Ertrag sinken, macht den Prozeß also ineffizient: Es liegt dann Überdüngung vor.

Gleichung (2.8) liefert auch für alle anderen Einsatzmengenkombinationen der beiden Düngerarten Werte für den Gerstenertrag. Sie kann in erster Linie dazu benutzt werden, bei im Zeitablauf variierenden Preisen für die Produktionsfaktoren und das Produkt das jeweils gewinnmaximierende Produktionsniveau zu berechnen.

4. Isoquanten und Grenzraten der technischen Substitution. Die in II.1 unter (2) genannte Frage nach den Beziehungen der Produktionsfaktoren zueinander läßt sich graphisch analysieren, wenn man annimmt, daß nur zwei Faktoren v_1 und v_2 bei der Produktion eines Gutes x zusammenwirken (alternativ kann etwa v_2 als Faktorpaket konstanter Zusammensetzung betrachtet werden). Für eine klassische Produktionsfunktion (vgl. S. 175) läßt sich dann analog zum Nutzengebirge von Bild 1.2 (S. 76) in einem dreidimensionalen x, v_1, v_2-Koordinatensystem ein *Ertragsgebirge* zeichnen, aus dem mit Hilfe einer senkrechten Schnittebene beispielsweise die Ertragskurve von Bild 2.3 (a) S. 176 gewonnen werden kann. Ebenso erhält man durch einen Schnitt parallel zur Grundfläche und dessen Projektion auf diese ein Analogon zur Indifferenzkurve, das wie folgt zu interpretieren ist. Teil (a) von Bild 2.6 zeigt, daß

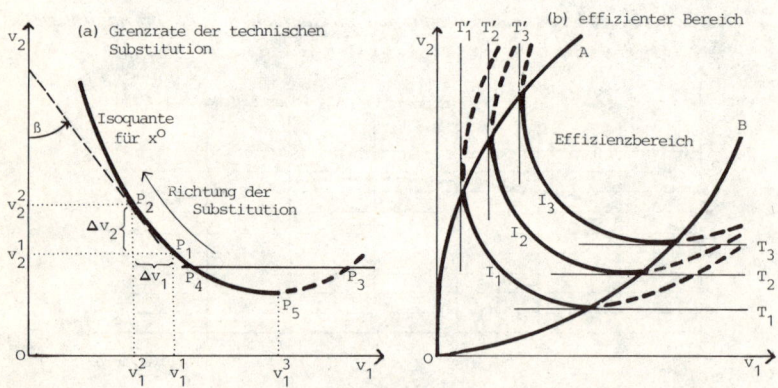

Bild 2.6 – *Grenzrate der technischen Substitution und effizienter Bereich bei Isoquanten*

eine bestimmte Produktmenge x^0 mit Hilfe der im Punkt P_1 wiedergegebenen Kombination v_1^1, v_2^1 hergestellt werden kann. Da es sich um substitutive Produktionsfaktoren handelt, wird der Einfluß einer Verringerung des Einsatzes an v_1 von v_1^1 auf v_1^2 auf die Produktmenge dadurch wettgemacht, daß man den Einsatz von v_2 erhöht, im Bild von v_2^1 auf v_2^2, und so zu Punkt P_2 gelangt. Bei beliebiger Teilbarkeit der Produktionsfaktoren liegt dann eine Kurve als geometrischer Ort aller v_1, v_2-Kombinationen und damit unterschiedlicher Prozesse vor, mit denen eine konstante Menge x^0 effizient hergestellt werden kann. Eine solche Kurve heißt *Isoquante*. Ihr Verlauf läßt sich analog zur Indifferenzkurve eines privaten Haushalts (vgl. S. 83 ff.) durch die *Grenzrate der technischen Substitution* von v_1 durch v_2 beschreiben (der Zusatz „technische" dient der Unterscheidung von der Grenzrate der Substitution von Konsumgütern durch Haushalte, die nicht durch technische Gegebenheiten bestimmt wird). Der Quotient

$$\left|\frac{\Delta v_1}{\Delta v_2}\right|, \text{ bei Verwendung der Differentiale } \left|\frac{dv_1}{dv_2}\right|, \qquad (2.10)$$

gibt dann an jeder Stelle an, welcher Zugang an v_2 (der gleich eines gesetzt werden kann) den Abgang an v_1 gerade so ausgleicht, daß die Produktmenge x^0 ungeändert bleibt (die absoluten Werte werden benutzt, um den Quotienten positiv zu halten). Bei infinitesimaler Betrachtung ist die Grenzrate der Substitution von v_1 durch v_2 gleich dem Tangens des Winkels β, den eine Tangente an die Isoquante in dem jeweils betrachteten Punkt (im Bild für P_2 eingezeichnet) mit der negativen Richtung der v_2-Achse bildet. Algebraisch erhält man den Sachverhalt, indem man das totale Differential (vgl. S. 85, Anm. 12) der Produktionsfunktion $x=f(v_1, v_2)$ gleich null setzt:

$$dx = \frac{\partial x}{\partial v_1} dv_1 + \frac{\partial x}{\partial v_2} dv_2 = 0. \qquad (2.11)$$

Die partiellen Differentiale multipliziert mit den Änderungen der Einsatzmengen sind in dieser Gleichung ökonomisch gleich den Grenzprodukten der beiden Produktionsfaktoren, wie Gleichung (2.5) S. 172 zeigt. Wenn man sich auf einer Isoquante bewegt, muß ihre Summe gleich null sein: Das wegfallende Grenzprodukt des vermindert eingesetzten Faktors wird durch das hinzutretende Grenzprodukt des vermehrt eingesetzten anderen Faktors gerade kompensiert. Aus Gleichung (2.11) folgt, daß die technische Grenzrate der Substitution zweier Produktionsfaktoren in direktem Zusammenhang mit ihren Grenzproduktivitäten steht, nämlich gleich ihrem reziproken Verhältnis ist:

$$\left|\frac{dv_1}{dv_2}\right| = \frac{\partial x/\partial v_2}{\partial x/\partial v_1} \qquad (2.12)$$

Wird nun in dem ökonomisch allein relevanten Bereich sinkender Grenzerträge beider Faktoren produziert (vgl. S. 179), dann wird, wenn man die Isoquante in Bild 2.6(a) beispielsweise von Punkt P_5 an von unten nach oben durchläuft, die Grenzproduktivität $\partial x/\partial v_2$ ständig kleiner (weil immer mehr von v_2 eingesetzt wird) und die Grenzproduktivität $\partial x/\partial v_1$ ständig größer (weil immer weniger von v_1 eingesetzt wird). Damit sinkt auch gemäß Gleichung (2.12) die Grenzrate der technischen Substitution von v_1 durch v_2. In der graphischen Darstellung verläuft die Isoquante dann vom Koordinatenursprung her gesehen konvex, der Winkel β und sein Tangens werden bei der Wanderung von unten nach oben ständig kleiner. Da man das gleiche Ergebnis erhält, wenn man die Isoquante von oben nach unten durchläuft — es wird dann v_1 mit v_2 vertauscht, also die Grenzrate $|dv_2/dv_1|$ gebildet, die gleich dem Verhältnis der Grenzproduktivitäten $\partial x/\partial v_1 : \partial x/\partial v_2$ sein muß, welcher Quotient mit zunehmendem v_1 und abnehmendem v_2 ebenfalls kleiner wird —, ergibt sich das *Gesetz der abnehmenden Grenzrate der technischen Substitution* in Gestalt von

Hyp. 2.2: *Wird ein Produktionsfaktor sukzessiv so durch einen anderen ersetzt, daß das Produktionsergebnis ungeändert bleibt, dann nimmt die Grenzrate der technischen Substitution ständig ab.*

Es besteht in dieser Hinsicht also vollständige formale Analogie zur Indifferenzkurve des Haushalts. Sie erstreckt sich auch darauf, daß sich zwei Isoquanten zwar schneiden können, damit aber ökonomisch irrelevante Situationen erfaßt werden. Ein Schnittpunkt würde bedeuten, daß mit derselben Faktorkombination zwei verschiedene Produktmengen hergestellt werden könnten; und zu beiden Seiten eines Schnittpunkts wäre jeweils ein Ast einer Isoquante im Vergleich zum anderen ineffizient. Der ineffiziente Teil einer einzelnen Isoquante ist in Bild 2.6(a) gezeigt: Wird hier von v_1 mehr als v_1^3 eingesetzt, dann biegt sich die Kurve nach oben. Befindet man sich aber auf der Isoquante rechts von P_5, dann kann die Produktmenge x^0 auch mit jeweils der gleichen Menge an v_2 und einer kleineren Menge an v_1 hergestellt werden, wie der Vergleich der Punkte P_3 und P_4 deutlich macht (vgl. Bild 2.2, S. 175).

Teil (b) zeigt für eine Schar von Isoquanten I_1 bis I_3, daß ihre effizienten Bereiche durch zwei Kurven OA und OB begrenzt werden, die durch die Berührungspunkte der Isoquanten mit parallel zu den Koordinatenachsen verlaufenden Tangenten T_1 bis T_3 und T_1' bis T_3' bestimmt sind.

Unterliegt der zu untersuchende Prozeß dem Gesetz der festen Proportionen (S. 176), dann erhält man für die Isoquanten der ihn beschreibenden Leontief-Produktionsfunktion im Falle zweier Produktionsfaktoren die Darstellung von Bild 2.7. Da in einem solchen Prozeß gemäß den Gleichungen (2.6) S. 173

$$v_1 = a_1 x \quad \text{und} \quad v_2 = a_2 x \quad \text{und daher} \quad \frac{v_2}{v_1} = \frac{a_2}{a_1} = \text{konstant} \tag{2.13}$$

Bild 2.7 – *Isoquanten einer Leontief-Produktionsfunktion*

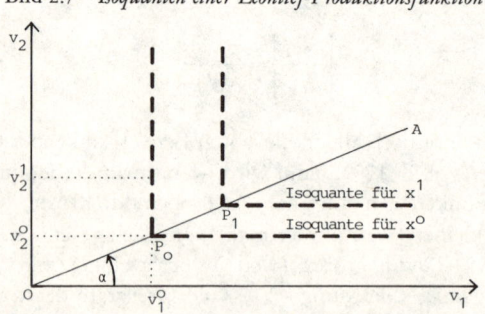

gilt, liegen alle effizienten Kombinationen der Produktionsfaktoren auf einer Geraden OA durch den Koordinatenursprung, deren Winkel α mit der positiven Richtung der v_1-Achse den Tangens a_2/a_1 aufweist. Die Isoquanten degenerieren hier in eine rechtwinklige Gestalt: Es ist möglich, mehr von jeweils einem Faktor einzusetzen, beispielsweise bei konstantem v_1^0 die Menge v_2^1, aber die Produktmenge steigt dadurch nicht, und der Prozeß wird ineffizient. Nur wenn man gleichzeitig mehr von beiden Faktoren einsetzt, läßt sich ein höheres Produktionsniveau erreichen; und die neue Kombination ist nur dann effizient, wenn auch der Mehreinsatz im Verhältnis a_2/a_1 erfolgt, beispielsweise also der Punkt P_1 realisiert wird. Da wie bei der Ertragskurve von Bild 2.3 (b) S. 176 nur jeweils ein Punkt auf den Isoquanten effizient und damit ökonomisch relevant ist, sind diese in Bild 2.7 gestrichelt gezeichnet.

Während also bei einem Produktionsprozeß unter dem Gesetz der festen Proportionen mit der Produktmenge auch alle Einsatzmengen an Produktionsfaktoren festliegen, entsteht bei jedem mit neoklassischer Produktionsfunktion zu beschreibenden Prozeß die Frage, welche der vielen effizienten Kombinationen der v_i realisiert werden soll. Dazu müssen die Produktionskosten und damit die Preise der Faktoren berücksichtigt werden, was nicht Sache des Technikers ist. Die Frage der technischen Effizienz tritt jedoch erneut auf, wenn man zwei oder mehr Prozesse vergleicht, in denen der gleiche Faktor v_i eingesetzt wird. Solche Vergleiche lassen sich fast beliebig anstellen, da Produktionsfaktoren wie Energie, Transport- und Versicherungsleistungen, Metalle und Kunststoffe in sehr vielen Prozessen, Arbeitsleistungen in jedem Prozeß benötigt werden. Betrachtet man nun zwei Prozesse s und t, in denen das gleiche Produkt x hergestellt wird, dann gilt: Setzt man eine Einheit des Faktors v_i aus dem Prozeß s in den Prozeß t um, und ist das in s wegfallende Grenzprodukt $\partial x^s/\partial v_i$ kleiner als das in t hinzukommende $\partial x^t/\partial v_i$, dann erhöht sich die in beiden Prozessen zusammen erzeugte Produktmenge bei insgesamt gleichbleibendem Einsatz an v_i. Das wäre der Standardfall für die Anwendung des ökonomischen Prinzips (vgl. S. 8). Die Überlegung gilt für eine beliebige Zahl von Produktionsprozessen und für jeden in je zwei Prozessen benötigten Faktor und ergibt den folgenden Satz über die Effizienz beim Einsatz eines Produktionsfaktors

Satz 2.1: *Ein Produktionsfaktor ist bei der Herstellung eines Produkts x in mehreren Prozessen effizient eingesetzt, wenn seine Grenzproduktivität in allen Prozessen gleich groß ist.*

Dieser Satz ist auf Prozesse, mit denen zwei verschiedene Güter x und y hergestellt werden, nicht anwendbar, weil der Vergleich der Grenzprodukte $\partial x/\partial v_i$ und $\partial y/\partial v_i$ ohne weitere Informationen, etwa über die Verkaufspreise von x und y, kein Urteil über die relative Vorteilhaftigkeit des Einsatzes von v_i erlaubt. Über diese ist jedoch dann eine Aussage möglich, wenn man zwei in beiden Prozessen benötigte Faktoren v_i und v_k auswählt. Können beispielsweise entlang von Isoquanten und damit ohne Änderung der jeweiligen Produktmenge bei der Herstellung von x 2 Arbeitsstunden v_i gegen 5 Maschinenstunden v_k, bei der Produktion von y dagegen 4 v_i gegen 5 v_k substituiert werden, dann sind die Grenzraten der Substitution $\Delta v_i/\Delta v_k$ unterschiedlich groß, und der Faktor Arbeit hat gegenüber dem Einsatz von Realkapital bei der x-Produktion einen relativen (auch: komparativen) Vorteil gegenüber der y-Produktion. Bei der x-Herstellung können schon 2 v_i den Wegfall von 5 v_k ersetzen und sind daher dort in bezug auf v_k produktiver als bei der y-Herstellung, wo zu demselben Ergebnis 4 v_i gebraucht werden. Diese Feststellung ist unabhängig davon, in welchen Einheiten x und y gemessen werden. Die Situation legt zum Beispiel folgende *Re-Allokation* (vgl. zu „Allokation" Aussage 16, S. 6) nahe: Aus der y-Produktion werden 4 v_i abgezogen. 2 davon werden zusätzlich in die x-Produktion eingebracht und setzen dort 5 v_k frei. Diese werden bei der y-Herstellung eingesetzt und kompensieren dort den Abzug der 4 v_i. Es bleiben 2 v_i übrig, von denen je eine Einheit in beiden Prozessen eingesetzt werden könnte. Die Reallokation erhöht dann in beiden Prozessen die ausgebrachten Mengen. Außerdem hat sie angesichts der Krümmung beider Isoquanten die Grenzraten der Substitution aneinander angenähert. Offensichtlich lohnt es, sie solange fortzusetzen, bis die beiden Grenzraten gleich groß sind. Es ist als höchst bemerkenswert festzuhalten, daß durch derartige Umstellungen in der Produktion meßbare Erhöhungen von Produktmengen erzielbar sind (wenngleich sich in der Praxis dabei das Problem der Teilbarkeit zeigen mag). Da jede Grenzrate nach Gleichung (2.12) gleich dem reziproken Verhältnis der Grenzproduktivitäten ist, gilt der folgende Satz über die Effizienz beim Einsatz zweier Produktionsfaktoren:

Satz 2.2: *Zwei Produktionsfaktoren sind bei der Herstellung zweier Produkte effizient eingesetzt, wenn das Verhältnis ihrer Grenzproduktivitäten in beiden Prozessen gleich groß ist.*

5. Änderungen des Prozeßniveaus und homogene Produktionsfunktionen.

In Abschnitt II.2 wurde die Einsatzmenge eines Produktionsfaktors bei konstantem Einsatz aller anderen Faktoren variiert. Was geschieht, wenn die Einsatzmengen aller Faktoren gemäß Fragestellung (3) S. 171 gleichzeitig geändert werden, und zwar so, daß alle Mengenverhältnisse konstant bleiben? Man kann sich dazu vorstellen, daß es für jeden Produktionsprozeß bestimmte Einsatzmengen der Produktionsfaktoren gibt, bei denen gerade eine — prinzipiell willkürlich definierte — Mengeneinheit des Produkts hergestellt wird. Ein auf diesem gedachten Niveau ablaufender Prozeß ist dann der *Einheitsprozeß*, und jedes höhere Niveau ist dadurch zu erreichen, daß die Einsatzmengen aller Faktoren mit einer Zahl $\lambda > 1$ multipliziert werden:

$$x = f(\lambda \bar{v}_1, \lambda \bar{v}_2, \ldots, \lambda \bar{v}_n), \tag{2.14}$$

wobei $\bar{v}_1 \ldots \bar{v}_n$ diejenigen Einsatzmengen der Faktoren sind, die den Einheitsprozeß bilden. Die Größe λ bezeichnet somit die Zahl der Faktorpakete konstanter Zusammensetzung, die die jeweilige Produktmenge x liefern, und ist nichts anderes als das S. 171 definierte Prozeßniveau.

Analog zum Begriff der Grenzproduktivität eines Produktionsfaktors kann nun die Marginalquote *Grenzproduktivität des Prozeßniveaus* $dx/d\lambda$ gebildet werden. Hierfür gilt

Def. 2.3: *Die Grenzproduktivität des Prozeßniveaus gibt an, um welchen Betrag sich das Produktionsergebnis ändert, wenn die Zahl der Faktorpakete konstanter Zusammensetzung um eine Einheit geändert wird.*

Statt von der Grenzproduktivität spricht man auch vom Grenzprodukt des Prozeßniveaus oder vom *Niveaugrenzprodukt*. Die einfachste Bezeichnung ist *marginaler Skalen-*

ertrag,[8] sie wird im folgenden verwendet. Für die Variation der Produktmenge in Abhängigkeit von der Größe λ gibt es drei Möglichkeiten, wie Bild 2.8(a) zeigt. Es handelt sich hier um *Ertragskurven bei totaler Faktorvariation*. Sie heißen so zwecks Unterscheidung von den bisher behandelten Ertragskurven, bei denen nur ein Faktor ceteris paribus variiert wurde (vgl. Bilder 2.3 und 2.4, S. 176 und 179). Die zugrundeliegende Funktion $x = f(\lambda)$ nennt man *Skalenertragsfunktion*. Bild 2.8(a) zeigt, daß der marginale und damit auch der durchschnittliche Skalenertrag mit zunehmendem Einsatz der Faktorpakete zunehmen, gleichbleiben oder abnehmen kann. Führt man die Meßgröße *Skalenelastizität*

$$\varepsilon_{x,\lambda} = \frac{dx}{d\lambda} \frac{\lambda}{x} = \frac{\text{marginaler Skalenertrag}}{\text{durchschnittlicher Skalenertrag}} \qquad (2.15)$$

ein, so können die drei Möglichkeiten auch durch die Bereiche für diese Elastizität beschrieben werden. Es ist

$\varepsilon_{x,\lambda} > 1$ bei zunehmendem Skalenertrag;
$\varepsilon_{x,\lambda} = 1$ bei konstantem Skalenertrag;
$0 < \varepsilon_{x,\lambda} < 1$ bei abnehmendem Skalenertrag.

Teil (b) des Bildes zeigt den Fall, daß in einem Produktionsprozeß in Abhängigkeit von seinem Niveau und damit von der Produktmenge alle drei Bereiche auftreten. Der bis λ^0 steigende Skalenertrag bleibt zwischen λ^0 und λ^1 konstant und sinkt jenseits von λ^1.

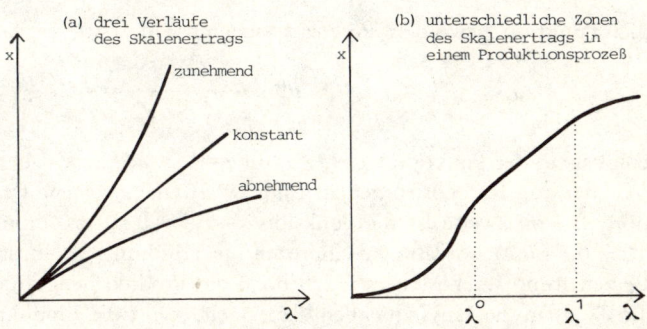

Bild 2.8 – *Unterschiedliche Skalenerträge bei Variation des Prozeßniveaus*

Ist die Skalenelastizität konstant, dann kann die Produktionstätigkeit mit Hilfe homogener Produktionsfunktionen erfaßt werden (vgl. S. 99, Anm. 21). Den drei Bereichen für die Skalenelastizität entsprechen unterschiedliche Homogenitätsgrade der Produktionsfunktionen. Hat eine solche Funktion im allgemeinen Fall den Grad r,

---

[8] Im Englischen nennt man die drei Verläufe in Bild 2.8(a) *increasing, constant* und *decreasing returns to scale*. „Scale" ist der auf der λ-Achse abgetragene Maßstab, im übertragenen Sinne daher die Zahl der Produktionsfaktorpakete, und eben daher stammt der Ausdruck „Skalenertrag".

dann folgt aus dem eben genannten mathematischen Hinweis, daß Gleichung (2.14) auch

$$x = f(\lambda \bar{v}_1, \ldots, \lambda \bar{v}_n) = \lambda^r f(\bar{v}_1 \ldots \bar{v}_n) \tag{2.16}$$

geschrieben werden kann. Für die Skalenelastizität gemäß Definition (2.15) ergibt sich dann

$$\varepsilon_{x,\lambda} = r \lambda^{r-1} f(\bar{v}_1 \ldots \bar{v}_n) \frac{\lambda}{\lambda^r f(\bar{v}_1 \ldots \bar{v}_n)} = r.$$

Sie ist also bei diesen Funktionen gleich dem Homogenitätsgrad.

Bei der empirischen Anwendung der Produktionstheorie müssen mathematische Funktionen gefunden werden, mit denen die quantitativen Zusammenhänge zwischen Produktionsfaktoren und Produktionsergebnis möglichst genau wiedergegeben werden können. Als besonders geeignet für Produktionsprozesse mit substitutiven Faktoren und daher variablen Produktionskoeffizienten hat sich eine Klasse homogener Funktionen der Form

$$x = c \cdot v_1^{a_1} \cdot v_2^{a_2} \ldots v_n^{a_n}; \quad \text{worin} \quad c, a_i > 0 \quad \text{für} \quad i = 1 \ldots n, \tag{2.17}$$

erwiesen. Hierin ist c eine positive Konstante und die $a_1 \ldots a_n$ sind Potenzexponenten der n Produktionsfaktoren. Sofern ihre Summe keinen Beschränkungen unterliegt, mögen diese Funktionen hier *allgemeine Cobb-Douglas-Funktionen* heißen. Sie haben die wichtige Eigenschaft, daß die Elastizität der Produktmenge x in bezug auf den Einsatz eines beliebigen Faktors v_i, die *partielle Produktionselastizität*

$$\varepsilon_{x, v_i} = \frac{\partial x}{x} : \frac{\partial v_i}{v_i} = \frac{\partial x}{\partial v_i} \cdot \frac{v_i}{x}$$

bei jeder solchen Funktion gleich dem Potenzexponenten von v_i ist:

$$\varepsilon_{x, v_i} = a_i \cdot c \cdot v_1^{a_1} \ldots v_i^{a_i - 1} \ldots v_n^{a_n} \cdot \frac{v_i}{c \cdot v_1^{a_1} \ldots v_n^{a_n}} = a_i.$$

Der Homogenitätsgrad der Funktion ist $r = \Sigma a_i$ für $i = 1 \ldots n$: Es ist daher sofort ablesbar, in welche der drei Kategorien gemäß Bild 2.8(a) eine gegebene Funktion dieser Form gehört. Beispielsweise ist die Funktion $x = 1,8\, v_1^{0,6}\, v_2^{0,3}\, v_3^{0,2}$ homogen vom Grad 1,1 ($=0,6+0,3+0,2$), so daß eine einprozentige Erhöhung des Einsatzes der $v_1 \ldots v_3$ unter Beibehaltung ihrer Mengenverhältnisse die Produktmenge um 1,1 v.H. zunehmen läßt. Werden die Einsatzmengen verdoppelt, steigt die Produktmenge gemäß Gleichung (2.16) auf das $\lambda^r = 2^{1,1} = 2,14$-fache.

Eine weitere Eigenschaft homogener Produktionsfunktionen ist wie folgt zu ermitteln. Das totale Differential der Produktionsfunktion (2.1) S. 170 ist

$$dx = \frac{\partial x}{\partial v_1} dv_1 + \frac{\partial x}{\partial v_2} dv_2 + \ldots + \frac{\partial x}{\partial v_n} dv_n. \tag{2.18}$$

Man multipliziert nun die Einsatzmengen aller Produktionsfaktoren, ausgehend vom Einheitsprozeß mit $\lambda > 0$ und erhält

$$v_i = \lambda\, \bar{v}_i \quad \text{und} \quad dv_i/d\lambda = \bar{v}_i \quad \text{oder} \quad dv_i = \bar{v}_i\, d\lambda \quad \text{für } i = 1 \ldots n.$$

Division der dritten durch die erste dieser Gleichungen ergibt

$$\frac{dv_i}{v_i} = \frac{\bar{v}_i \, d\lambda}{\lambda \, \bar{v}_i} \quad \text{oder} \quad dv_i = \frac{d\lambda}{\lambda} v_i \,.$$

Dieses Ergebnis wird in (2.18) eingesetzt und erbringt

$$dx = \frac{d\lambda}{\lambda} \left(\frac{\partial x}{\partial v_1} v_1 + \frac{\partial x}{\partial v_2} v_2 + \ldots + \frac{\partial x}{\partial v_n} v_n \right). \tag{2.19}$$

Bildet man anderseits die erste Ableitung $dx/d\lambda$ der Produktionsfunktion (2.14) in der Fassung (2.16), erhält man

$$\frac{dx}{d\lambda} = r\lambda^{r-1} f(\bar{v}_1 \ldots \bar{v}_n) = r \frac{\lambda^r f(\bar{v}_1 \ldots \bar{v}_n)}{\lambda} = r\frac{x}{\lambda} \quad \text{und} \quad dx = r\,x\,\frac{d\lambda}{\lambda}\,.$$

Setzt man dann dx aus dieser Gleichung gleich dx aus (2.19), ergibt sich

$$r\,x = \frac{\partial x}{\partial v_1} v_1 + \frac{\partial x}{\partial v_2} v_2 + \ldots + \frac{\partial x}{\partial v_n} v_n = \varepsilon_{x,\lambda} \cdot x. \tag{2.20}$$

Dieses Ergebnis, mathematisch das *Eulersche Theorem*, ist verbal gleich

Satz 2.3: *Multipliziert man die Grenzproduktivitäten aller Produktionsfaktoren gemäß einer homogenen Produktionsfunktion vom Grad r mit den Einsatzmengen dieser Faktoren, ergibt die Summe der mathematischen Produkte das r-fache der Produktmenge.*

Da der Homogenitätsgrad r wie oben gezeigt gleich der Skalenelastizität ist, kann man die Produktmenge auch mit dieser multiplizieren. Sowohl aus Gleichung (2.19) wie aus (2.20) ergibt sich nach Multiplikation mit $1/x$

$$\frac{dx}{d\lambda}\frac{\lambda}{x} = \frac{\partial x}{\partial v_1}\frac{v_1}{x} + \ldots + \frac{\partial x}{\partial v_n}\frac{v_n}{x} \quad \text{oder} \quad \varepsilon_{x,\lambda} = \varepsilon_{x,v_1} + \ldots + \varepsilon_{x,v_n}$$

und damit als alternative Fassung des Satzes 2.3

Satz 2.4: *Bei homogenen Produktionsfunktionen ist die Skalenelastizität gleich der Summe der partiellen Produktionselastizitäten.*

Beide Sätze ermöglichen es, die Zunahme der Produktmenge bei einer proportionalen Erhöhung der Faktoreinsatzmengen diesen einzeln zuzurechnen. Da die Lieferanten der von Bestandsfaktoren abgegebenen Leistungen Entgelte erhalten, die für sie Einkommen darstellen, ist der Satz für die Theorie der Einkommensverteilung wichtig.

6. Linear-homogene Produktionsfunktionen. Der Hinweis S. 187 auf die drei Bereiche der Skalenelastizität läßt die Frage entstehen, welche Werte diese denn in der Realität annimmt. Noch vor jeder Messung kann man sagen, daß der Wert eins plausibel klingt, da er den Sachverhalt wiedergibt, daß sich etwa bei einer Verdoppelung oder Verdreifachung des Einsatzes aller Produktionsfaktoren auch das Produktionsergebnis verdoppelt oder verdreifacht. In der Tat: Wenn man neben eine bestehende Fabrik noch einmal eine samt allen dauerhaften Produktionsmitteln genau gleiche Fabrik baut und sie mit der gleichen Zahl von Arbeitskräften gleicher Qualifikation und dem gleichen Einsatz an Vorleistungen betreibt — was sollte anderes dabei herauskommen als noch einmal das gleiche Produktionsergebnis? Jedoch gibt es auch Argumente für die beiden anderen Möglichkeiten. Mit wachsender Größe eines Betriebes kann die interne Arbeitsteilung zunehmen, und es können sich technische Vorteile der Massenproduktion ergeben, was insgesamt zu einer Skalenelastizität größer als eins führen würde. Ein bekanntes Beispiel ist die Rohrleitung: Ist r der Radius des Rohrs, dann beträgt sein Umfang $2\pi r$ und seine Leitungskapazität πr^2. Verdoppelt man den Radius auf $2r$, dann verdoppelt sich der Materialeinsatz für die Herstellung auf $4\pi r$, während sich der Querschnitt auf $4\pi r^2$ vervierfacht. Auch wenn sich die Herstellungskosten, etwa wegen stärkerer Wände, mehr als verdoppeln, bleibt ein zunehmender Skalenertrag bestehen.

Mit der *Betriebsgröße* wächst anderseits auch die Zahl der internen Beziehungen, die Befehls- und Informationswege werden länger, kurz, der Komplexitätsgrad des Produktionsprozesses nimmt überproportional zu und kann von einer bestimmten Größe an die Skalenelastizität unter eins drücken. Endgültigen Aufschluß gibt hierüber nur die Beobachtung tatsächlicher Prozesse, wobei sich zeigen kann, daß in ein und demselben Prozeß je nach seinem Niveau alle drei Bereiche der Skalenelastizität auftreten, wie dies in Bild 2.8 (b) S. 187 gezeigt ist.

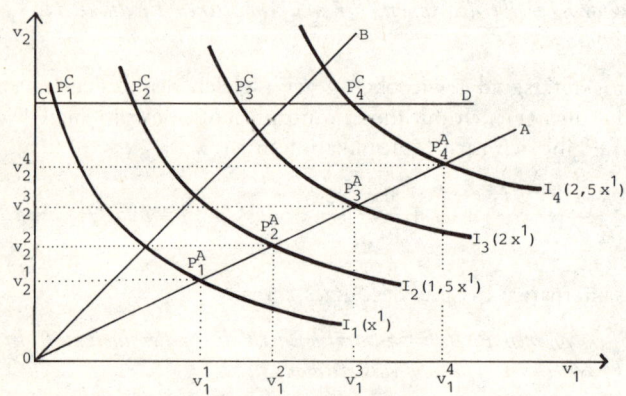

Bild 2.9 – *Isoquanten einer linear-homogenen Produktionsfunktion*

Produktionsprozesse, in denen die Skalenelastizität konstant und gleich eins ist, werden mit linear-homogenen Produktionsfunktionen[9] wiedergegeben. Bild 2.9 zeigt eine Isoquantenschar einer solchen Funktion. Ausgehend von der Isoquante I_1 werden die Einsatzmengen von v_1 und v_2 nacheinander mit den Zahlen 1,5 sowie 2 und 2,5 multipliziert. Die Einsatzmengenverhältnisse bleiben konstant: Es ist $v_2^1/v_1^1 = v_2^2/v_1^2 = \ldots$, so daß die v_2, v_1-Kombinationen auf der Geraden OA liegen. Entsprechend

---

[9] Nicht zu verwechseln mit linearen Funktionen. Beispielsweise ist die nichtlineare Funktion $y = (az_1^3 + bz_1 z_2^2) z_3^{-2}$ linear homogen. Bei den hier betrachteten Funktionen bezieht sich die Bezeichnung „linear" nur auf den Homogenitätsgrad. Manche Autoren schlagen vor, die Bezeichnung „linear-homogen" zu vermeiden und nur von „homogen vom Grad eins" zu sprechen.

repräsentieren die Isoquanten I_2, I_3 und I_4 das 1,5-, 2- und 2,5fache der Ausgangsmenge x^1. Lag das Einsatzmengenverhältnis in der Ausgangssituation auf der Geraden OB, dann liegen die Produktmengen bei den gleichen Einsatzerhöhungen auf denselben Isoquanten wie im ersten Fall.

Bemerkenswert ist, daß auf den Geraden OA, OB und auf jeder weiteren derartigen Geraden nicht nur die jeweiligen Einsatzmengenverhältnisse v_2^j/v_1^j, sondern auch die Grenzraten der technischen Substitution $\Delta v_1^j/\Delta v_2^j$ gleich sind. Geometrisch bedeutet dies, daß Tangenten an den Punkten P_1^A bis P_4^A parallel verlaufen. Der Beweis läßt sich am einfachsten für Funktionen der Art (2.17) S. 188 führen. Er gilt für beliebige Homogenitätsgrade. Gemäß Gleichung (2.12) S. 183 sind die Grenzraten der technischen Substitution in jedem Punkt einer Isoquante gleich dem reziproken Verhältnis der Grenzproduktivitäten. Ermittelt man nun aus der Funktion

$$x = c\, v_1^\alpha\, v_2^\beta, \quad \text{worin} \quad c, \alpha, \beta > 0,$$

in der $\alpha + \beta = r$ der Homogenitätsgrad und c eine positive Konstante ist, die beiden Grenzproduktivitäten

$$\frac{\partial x}{\partial v_1} = c\,\alpha\, v_1^{\alpha-1}\, v_2^\beta \quad \text{und} \quad \frac{\partial x}{\partial v_2} = c\,\beta\, v_1^\alpha\, v_2^{\beta-1}$$

und bildet deren Verhältnis, erhält man

$$\frac{\partial x}{\partial v_1} \Big/ \frac{\partial x}{\partial v_2} = \frac{\alpha}{\beta}\, \frac{v_2}{v_1}$$

Hierin taucht die Produktmenge x nicht mehr auf. Das Verhältnis der Grenzproduktivitäten und damit die Grenzrate der technischen Substitution hängt damit auf jeder Isoquante dieser Produktionsfunktion nur noch von dem Verhältnis α/β, in dem sich der gegebene Homogenitätsgrad der Funktion ausdrückt, und dem Einsatzmengenverhältnis der beiden Produktionsfaktoren ab. Eben dieses Verhältnis ist aber auf jeder der Geraden OA und OB in Bild 2.9 konstant. Kennt man daher die Isoquante einer homogenen Produktionsfunktion für eine bestimmte Produktmenge, lassen sich die Isoquanten für alle anderen Produktmengen daraus ableiten.

Legt man anderseits einen Schnitt CD durch die Isoquantenschar, dann verlaufen die Tangenten an die Punkte P_1^C bis P_4^C sukzessive flacher. Ihre Winkel mit der negativen Richtung der v_2-Achse — vgl. Bild 2.6 (a), S. 182, dort Winkel β — werden zunehmend größer, so daß die Grenzrate der technischen Substitution $\Delta v_1^j/\Delta v_2^j$ zunimmt. Entlang der Linie CD muß bei konstantem Einsatz von v_2 zunehmend mehr von v_1 eingesetzt werden, um absolut gleiche Zuwächse von x zu ermöglichen. Umgekehrt gilt, daß gleichbleibende Zuwächse von v_1 fallende Zuwächse von x hervorbringen: Es gilt das Ertragsgesetz.

Bei Produktionsfunktionen mit zu- oder abnehmendem Skalenertrag ändert sich die Darstellung von Bild 2.9. Bei zunehmendem Niveaugrenzprodukt erhöht der Mehreinsatz von Faktorpaketen um den (mathematischen) Faktor $\lambda > 1$ die Produktmenge überproportional um das λ^r-fache, da wegen $r > 1$ auch $\lambda^r > \lambda$ ist. In einer Darstellung wie der von Bild 2.9 würden die Abstände zwischen den Isoquanten daher immer kleiner werden, je mehr Produktionsfaktoren in gleichbleibenden zusätzlichen Paketen eingesetzt werden. Die Abstände werden entsprechend sukzessive größer, wenn der Skalenertrag abnimmt. Linear-homogene Funktionen der Form

$$x = c \cdot v_1^{a_1} \ldots v_n^{a_n}, \quad \text{worin} \quad c, a_i > 0, \quad \Sigma a_i = 1,$$

heißen (nicht einheitlich) *spezielle Cobb-Douglas-Funktionen*. Sie haben einige Eigenschaften, die sie als besonders gut geeignet erscheinen lassen, Produktionsprozesse wiederzugeben. Die wichtigsten sind

(1) Der Skalenertrag ist konstant.

Dies läßt sich an einem Zahlenbeispiel wie folgt zeigen. In einem Produktionsprozeß sei A die als homogen gedachte menschliche Arbeitsleistung, K die Nutzung einer bestimmten Art dauerhafter Produktionsmittel, V eine Vorleistung. Die Funktion sei

$$x = c A^\alpha K^\beta V^\gamma; \quad x = 1,5 \ A^{0,6} K^{0,3} V^{0,1}. \tag{2.21}$$

Wird jetzt willkürlich angenommen, der Prozeß laufe auf dem Niveau $A=50$ Mengeneinheiten (ME), $K=80$ ME und $V=20$ ME, erhält man als Produktmenge $x=78,8$. Erhöht man die Einsatzmengen um je 10 v.H. auf $A'=55$, $K'=88$ und $V'=22$, erhöht sich x auf 86,7 und damit ebenfalls um 10 v.H.

(2) Die Grenzerträge aller Produktionsfaktoren sind positiv und nehmen von Anfang an ab.

Es gilt hier also das Ertragsgesetz in der Form des Gesetzes vom abnehmenden Grenzertrag. Dies läßt sich wie folgt zeigen. Aus Gleichung (2.21) folgt

$$\frac{\partial x}{\partial A} = c \alpha \ A^{\alpha-1} K^\beta V^\gamma; \quad \frac{\partial x}{\partial A} = 0,9 \ A^{-0,4} K^{0,3} V^{0,1} \tag{2.22a}$$

$$\frac{\partial x}{\partial K} = c \beta \ A^\alpha K^{\beta-1} V^\gamma; \quad \frac{\partial x}{\partial K} = 0,45 \ A^{0,6} K^{-0,7} V^{0,1} \tag{2.22b}$$

$$\frac{\partial x}{\partial V} = c \gamma \ A^\alpha K^\beta V^{\gamma-1}; \quad \frac{\partial x}{\partial V} = 0,15 \ A^{0,6} K^{0,3} V^{-0,9}. \tag{2.22c}$$

Die Grenzproduktivitäten sind also positiv; sie betragen in der Ausgangssituation des obigen Zahlenbeispiels $\partial x/\partial A = 0,9456$, $\partial x/\partial K = 0,2955$ und $\partial x/\partial V = 0,3940$. Wird der Einsatz jeder der drei Faktoren ceteris paribus sukzessive vergrößert, dann nehmen ihre Grenzproduktivitäten ständig ab, da die jeweiligen Mengen A, K und V negative Exponenten haben. Allgemein folgt dies aus den zweiten Ableitungen der Funktion (2.21), die alle negativ sind. Beispielsweise gilt in bezug auf A

$$\frac{\partial^2 x}{\partial A^2} = c \alpha \ (\alpha-1) \ A^{\alpha-2} K^\beta V^\gamma < 0 \quad \text{wegen} \quad \alpha - 1 < 0.$$

So sinkt $\partial x/\partial A$ beispielsweise bei $A'=55$ auf 0,91, bei $A''=100$ auf 0,72. Das gleiche läßt sich für K und V zeigen. Eine spezielle Cobb-Douglas-Funktion gibt also das Ertragsgesetz im engeren Sinne (vgl. S. 180) für jeden in ihr berücksichtigten Produktionsfaktor wieder, wobei sich die Grenzprodukte dem Wert null allerdings nur asymptotisch nähern. Der von Funktionen dieser Art erfaßte Bereich des Ertragsgesetzes ist jedoch noch präziser definiert:

(3) Das Grenzprodukt jedes Faktors ist bei jeder Einsatzmenge kleiner als seine Durchschnittsproduktivität.

Dies zeigt für den Faktor A und entsprechend für die anderen Faktoren der Vergleich des Grenzprodukts (2.22a) mit dem Durchschnittsprodukt $x/A = cA^{\alpha-1}K^\beta V^\gamma$: Das Grenzprodukt ist gleich Durchschnittsprodukt mal $\alpha < 1$ und damit kleiner. Solche Funktionen beschreiben daher nur Prozesse, für die der Bereich II der Gesamtertragskurve von Bild 2.4 (S. 179) gilt. Eine weitere Eigenschaft ist:

(4) Die Elastizität der Produktmenge in bezug auf einen Produktionsfaktor ist gleich dem Potenzexponenten dieses Faktors in der Cobb-Douglas-Produktionsfunktion (vgl. S. 188).

Erhöht man den Arbeitseinsatz in dem durch diese Funktion erfaßten Produktionsprozeß ceteris paribus um 1 v. H., dann nimmt die Produktmenge um α v. H. zu, im Zahlenbeispiel der Gleichung (2.21) also um 0,6 v. H. Man sieht sofort, daß dies auch für jeden anderen Faktor gilt. Zeichnet man also die Ertragskurve einer speziellen Cobb-Douglas-Funktion bei partieller Variation des Faktors v_i (vgl. Bild 2.4), dann ist diese Kurve in bezug auf ε_{x,v_i} isoelastisch.

(5) Cobb-Douglas-Funktionen sind logarithmiert linear in den Parametern.

Allgemein sieht eine solche Funktion dann so aus:

$$\ln x = \ln c + a_1 \ln v_1 + \ldots + a_n \ln v_n. \tag{2.23}$$

Sie ist mathematisch und rechentechnisch leicht zu handhaben. Das eben bezüglich der partiellen Produktionselastizitäten erzielte Ergebnis läßt sich hieraus besonders leicht gewinnen, wenn man die S. 129 f. entwickelte Schreibweise für Elastizitäten heranzieht: Partielle Differentiation von Gleichung (2.23) ergibt

$$\frac{\partial \ln x}{\partial \ln v_i} = a_i.$$

Eine weitere Eigenschaft, von der vor allem in der Theorie der Einkommensverteilung Gebrauch gemacht wird, ergibt sich aus Satz 2.3 (S. 189). Da der Homogenitätsgrad r der speziellen Cobb-Douglas-Funktion gleich 1 ist, lautet jener Satz in ökonomischer Anwendung

Satz 2.5: *Erhält jeder Lieferant eines Produktionsfaktors an einen gemäß einer linear-homogenen Cobb-Douglas-Funktion ablaufenden Produktionsprozeß als Entgelt das Grenzprodukt dieses Faktors mal Zahl der gelieferten Mengeneinheiten, dann wird das Produktionsergebnis gerade ohne Rest an die Lieferanten verteilt. Der Anteil jedes Lieferanten ist gleich der partiellen Produktionselastizität des gelieferten Faktors.*

Als Beispiel für diesen als *Ausschöpfungstheorem* bekannten Satz betrachte man die drei Grenzprodukte (2.22) der Produktionsfunktion (2.21). Wird jedes mit A respektive K und V multipliziert, dann nehmen die Potenzexponenten von A, K und V in den Grenzprodukten ihre ursprünglichen Werte an, und es läßt sich $cA^\alpha K^\beta V^\gamma = x$ vor eine Klammer ziehen, in der $\alpha + \beta + \gamma = 1$ steht. Der Anteil etwa des Lieferanten von

A ergibt sich gemäß Satz 2.5 zu

$$\frac{\partial x}{\partial A} A = c\alpha\, A^{\alpha-1} K^\beta V^\gamma A = \alpha\, x.$$

Daher gilt auch für die Ausgangssituation des Zahlenbeispiels

Grenzprodukt mal Einsatzmenge A:	0,9456 · 50 = 47,28,	Anteil 0,6
Grenzprodukt mal Einsatzmenge K:	0,2955 · 80 = 23,64,	Anteil 0,3
Grenzprodukt mal Einsatzmenge V:	0,3940 · 20 = 7,88,	Anteil 0,1
	Summe: 78,80	1

Es muß ausdrücklich betont werden, daß dieses Ergebnis nur unter der Voraussetzung gilt, daß die Entlohnung je Mengeneinheit jedes Produktionsfaktors, sein Lohnsatz, gleich dem jeweiligen Grenzprodukt des Faktors ist. Würden sich die Preise der Faktoren tatsächlich auf diese Weise bilden, dann wäre die primäre, das heißt aus der Produktionstätigkeit entstehende, Einkommensverteilung von technischen Gegebenheiten abhängig, wie diese in den Produktionselastizitäten der speziellen Cobb-Douglas-Funktion zum Ausdruck kommen. Eine gewerkschaftliche Lohnpolitik wäre dann, soweit sie die Änderung dieser Art von Einkommensverteilung zugunsten der von ihnen vertretenen unselbständig Beschäftigten bezweckt, zur Erfolglosigkeit verurteilt. Lohnsätze werden auf dem Arbeitsmarkt jedoch heute durch zweiseitige Verhandlungen bestimmt, und welchen Einfluß daher die gewerkschaftliche Lohnpolitik tatsächlich auf die Einkommensverteilung hat, ist eine Frage der empirischen Forschung im makroökonomischen Bereich.

7. Transformationskurven. Die S. 171 unter (4) erwähnte Beziehung läßt sich wie folgt einteilen. Vorausgesetzt sei ein gegebener Bestand an Produktionsfaktoren, der in der Planperiode voll eingesetzt wird. Dies kann im Rahmen eines Produktionsprozesses erfolgen, bei dem aus technischen Gründen zwei (oder mehr) verschiedene Produkte anfallen. Der Prozeß „Schafhaltung" erbringt Wolle und Fleisch; eine Erdölraffinerie erzeugt aus Rohöl schweres Heizöl, leichtes Heizöl, Benzin und andere Produkte; Silber fällt zu einem großen Teil als Nebenprodukt bei der Gewinnung anderer Metalle an. Dies nennt man *Kuppel-* (auch: *Koppel-)produktion* und unterscheidet zwei Unterfälle je nachdem, ob die Erzeugnisse in einem nicht beeinflußbaren Mengenverhältnis anfallen oder ob dieses innerhalb gewisser Grenzen variierbar ist. Die andere Möglichkeit besteht darin, die Produktionsfaktoren im Rahmen von zwei (oder mehr) Einproduktprozessen zur Herstellung ähnlicher Güter einzusetzen, zwischen denen das Mengenverhältnis variierbar ist. Ein Beispiel ist die Erzeugung von Gegenständen der Unterhaltungselektronik (Radio-, Fernsehapparate, Videorecorder). Diese *Alternativproduktion* wird im folgenden anhand von zwei Produkten x und y betrachtet.

Bild 2.10 zeigt in den Teilen (a) und (b) die Kurven $T_a T'_a$ und $T_b T'_b$, die unter der Voraussetzung stetiger Variierbarkeit die jeweils maximal herstellbaren Kombinationen von x und y wiedergeben. Beide beginnen an einem Punkt der Ordinate und zeigen damit den Fall, daß die Faktoren ausschließlich zur Herstellung von y eingesetzt sind. Von da ab verlaufen beide monoton fallend: Jede Mehrproduktion an x läßt sich nur auf Kosten einer Minderproduktion an y realisieren. Das folgt aus der gene-

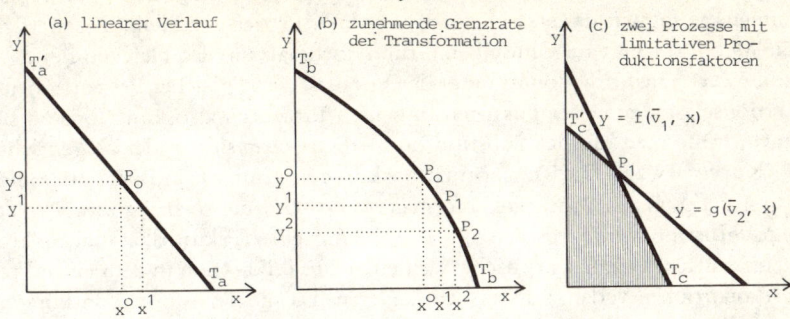

Bild 2.10 – *Transformationskurven*

rellen Knappheit der ökonomischen Güter (vgl. S. 6 f.). Die Kurven heißen *Produktionsmöglichkeits-* oder *Transformationskurven,* weil man sich vorstellen kann, daß bei einer Wanderung entlang einer solchen Kurve das eine Gut sukzessive in das andere verwandelt, transformiert wird, indem man die Produktionstätigkeit entsprechend umstellt. Das Substitutionsprinzip (vgl. S. 27) in der Produktion, das in II.4 auf zwei Faktoren bei gegebener Produktmenge angewendet wurde, wird also nun in bezug auf zwei Produktmengen bei gegebenem Faktoreinsatz betrachtet. Die Kurven stellen auch die Grenzen der Produktionsmöglichkeiten dar und trennen zwei Bereiche voneinander: Kombinationen von x und y rechts oder oberhalb der Kurven sind bei der gegebenen Technik nicht erreichbar; solche unterhalb sind möglich, bedeuten aber, daß Produktionsmöglichkeiten nicht genutzt werden. Die Kurven selbst zeigen daher die Produktionsmöglichkeiten bei vollem Einsatz (Vollbeschäftigung) aller Produktionsfaktoren (wobei in der Praxis institutionelle Beschränkungen wie Höchstarbeitszeiten je Woche oder je Jahr zu berücksichtigen wären).

Wovon hängt der Verlauf einer Transformationskurve ab? Es sei angenommen, daß x und y in je einem Produktionsprozeß hergestellt werden, die beide in ihrem gesamten Bereich durch substitutive Produktionsfaktoren und konstante Skalenerträge gekennzeichnet sind (vgl. S. 187), und daß in der Ausgangssituation in Bild 2.10 (a) der Punkt P_0 realisiert ist. Nimmt man jetzt aus dem y-Prozeß eine bestimmte Menge jedes Faktors heraus, so daß die Produktmenge gerade um eine Einheit auf y^1 sinkt, und setzt das freigewordene Faktorpaket zusätzlich im x-Prozeß ein, dann wird dort die Produktmenge steigen, etwa auf x^1. Bei dieser Umsetzung ist jedoch darauf zu achten, daß beide Prozesse, die nach Annahme vorher effizient waren, dies auch bleiben. Das ist sichergestellt, wenn Satz 2.2 (S. 186) gültig bleibt. Beim Einsatz des so gewonnenen Pakets im x-Prozeß gibt es daher zwei Möglichkeiten. Im ersten Fall arbeitet dieser Prozeß auch auf dem neuen, höheren Niveau effizient, wenn das transferierte Paket seiner Zusammensetzung nach den Proportionen des x-Prozesses entspricht und die Produktionselastizitäten der Faktoren die gleichen wie im y-Prozeß sind. Das Verhältnis der beiden Produktmengenänderungen $\Delta y/\Delta x$, bei Verwendung der Differentiale dy/dx, heißt *Grenzrate der Transformation* des Produkts y in das Produkt x und drückt sich in der Steigung der $T_aT'_a$-Kurve an der betreffenden Stelle aus. Der Verlauf der Transformationskurve wird offenbar durch die Größe dieser Grenzrate bei weiterer Substitution von y durch x bestimmt. Entnimmt man dem y-Prozeß erneut ein Faktorpaket derart, daß er effizient bleibt und y um eine weitere Einheit zurückgeht, dann hat dieses Paket wegen des konstanten Skalenertrags die gleiche Zusammensetzung wie das erste. Setzt man es im x-Prozeß ein, bleibt dieser effizient, und die Menge x steigt aus demselben Grund nochmals um den gleichen Betrag. Die Grenzrate der Transformation ist unter der Voraussetzung gleicher Proportionen und Produktionselastizitäten der Faktoren in beiden Prozessen also konstant und bleibt dies auch, wenn man mit der Substitution fortfährt oder sich in der Gegenrichtung auf der Kurve bewegt. Die Transformationskurve verläuft wie in Bild 2.10 (a) linear.

Dies ist jedoch ein Sonderfall. Normalerweise wird die soeben an zweiter Stelle genannte Situation vorliegen, daß die Umsetzung eines Faktorpakets einen Prozeß oder beide zunächst ineffizient macht, weil effiziente Produktion in dem einen Prozeß andere Proportionen verlangt als in dem anderen. Da die Transformationskurve aber angeben soll, welches die bei gegebener Menge des einen Produkts mit dem konstanten Vorrat an Produktionsfaktoren maximal herstellbare Menge des jeweils anderen ist, müssen die Faktoren nach der Umsetzung in beiden Prozessen so eingesetzt sein, daß die Effizienzbedingung des Satzes 2.2 (S. 186) erfüllt bleibt. Wovon hängt dann die Grenzrate der Transformation ab? Dazu sei zur Vereinfachung angenommen, daß in beiden Prozessen die Faktoren A = Arbeitsleistung und K = Realkapitalnutzung eingesetzt werden. Setzt man nun je eine kleine Menge ΔA und ΔK aus dem y- in den x-Prozeß um, ist das Minderprodukt Δy und das Mehrprodukt Δx gleich der jeweiligen Summe der Grenzprodukte von A und K:

$$\Delta y = -\left(\frac{\partial y}{\partial A}\Delta A + \frac{\partial y}{\partial K}\Delta K\right) \quad \text{und} \quad \Delta x = \frac{\partial x}{\partial A}\Delta A + \frac{\partial x}{\partial K}\Delta K.$$

Zieht man in beiden Gleichungen den linksstehenden Ausdruck vor eine Klammer, erhält man

$$\Delta y = -\frac{\partial y}{\partial A}\Delta A\left(1+\frac{\partial y/\partial K}{\partial y/\partial A}\cdot\frac{\Delta K}{\Delta A}\right) \quad \text{und} \quad \Delta x = \frac{\partial x}{\partial A}\Delta A\left(1+\frac{\partial x/\partial K}{\partial x/\partial A}\cdot\frac{\Delta K}{\Delta A}\right). \quad (2.24)$$

Nun war mit Satz 2.2 als Bedingung für den effizienten Einsatz zweier Faktoren in zwei Prozessen die Gleichheit ihrer Grenzproduktivitätsverhältnisse genannt worden. Die Klammerausdrücke in den vorstehenden Gleichungen sind also einander gleich. Dividiert man die Gleichungen durcheinander, erhält man

$$\frac{\Delta y}{\Delta x} = -\frac{\partial y/\partial A}{\partial x/\partial A}. \quad (2.25)$$

Da man das gleiche Verfahren auch auf den Faktor K (und jeden etwa vorhandenen weiteren) anwenden kann, gilt

Satz 2.6: *Die Grenzrate der Transformation des Produkts y in das Produkt x ist gleich dem negativen Verhältnis der Grenzproduktivität irgendeines Produktionsfaktors im y-Prozeß zu der im x-Prozeß.*

Da das Grenzprodukt eines Produktionsfaktors in dem Prozeß, aus dem man ihn wegnimmt, steigt und in dem Prozeß, in dem man ihn hinzufügt, sinkt, steigt unter diesen Voraussetzungen gemäß Gleichung (2.25) die Grenzrate der Transformation: Es gilt das in Bild 2.10 (b) dargestellte *Gesetz der zunehmenden Grenzrate der Transformation*. Danach ist man nicht nur gezwungen, weniger von einem Gut zu produzieren, wenn man mehr von dem anderen herstellen möchte, sondern man muß auf um so größere Mengen des einen verzichten, je mehr man von dem anderen schon herstellt und noch haben möchte. Oder: Je mehr sich ein Produzent auf die Herstellung nur eines Gutes spezialisiert, um so größer werden seine Kosten in Gestalt des Verzichts auf das andere Gut. Der Grund ist: Je mehr Produktionsfaktoren man aus der Herstellung des einen Gutes abzieht und transferiert, um so weniger gut eignen sie sich zur Produktion zusätzlicher Mengen des anderen Gutes. Dieser Sachverhalt drückt sich graphisch dadurch aus, daß die Transformationskurve vom Nullpunkt her gesehen streng konkav verläuft. Analog zur Grenzrate der Substitution beim Konsum, für die ein Gesetz der Abnahme gilt (Hypothese 1.8, S. 87), nimmt der absolute Wert des Quotienten $\Delta y/\Delta x$ aus substituierter und substituierender Menge entlang der Transformationskurve zu. Dies ist in Teil (b) für die Substitution gleichbleibender Mengen von y durch kleiner werdende Mengen von x eingezeichnet: Das Mehrprodukt $x^2 - x^1$ ist kleiner als das Mehrprodukt $x^1 - x^0$. Satz 2.6 gilt ebenso für die Substitution von x durch y.

Das Gesetz gilt erst recht und die Transformationskurve verläuft daher stärker gekrümmt, wenn einer der beiden Prozesse konstante, der andere sinkende Skalenerträge aufweist, oder wenn beide mit sinkenden Skalenerträgen arbeiten.

Anders liegen die Dinge bei Prozessen, die mit Leontief-Produktionsfunktionen zu beschreiben sind. Bezeichnet man mit $v_1(x)$ und $v_2(x)$ sowie $v_1(y)$ und $v_2(y)$ die zur Herstellung der beiden Güter x und y erforderlichen Mengen zweier Faktoren v_1 und v_2, die beide in begrenzten Mengen $\bar{v}_1$ und $\bar{v}_2$ vorhanden sind, so daß

$$v_1(x) + v_1(y) = \bar{v}_1 \quad \text{und} \quad v_2(x) + v_2(y) = \bar{v}_2 \tag{2.26}$$

gilt; und lauten die Produktionsfunktionen gemäß den Gleichungen (2.6) S. 173

$$v_1(x) = a_1 x \quad \text{und} \quad v_2(x) = a_2 x \quad \text{sowie} \quad v_1(y) = b_1 y \quad \text{und} \quad v_2(y) = b_2 y,$$

dann kann man zunächst fragen: Wie verläuft die Produktionsmöglichkeitskurve für das Produkt x, wenn v_1 restlos eingesetzt wird und vorübergehend angenommen wird, daß für den Einsatz von v_2 keine Beschränkung besteht? Durch Einsetzen in die linksstehende Gleichung (2.26) erhält man

$$a_1 x + b_1 y = \bar{v}_1 \quad \text{oder} \quad y = \frac{\bar{v}_1}{b_1} - \frac{a_1}{b_1} x$$

und entsprechend aus der rechtsstehenden Gleichung (2.26) unter der vorübergehenden Annahme freier Verfügbarkeit von v_1

$$a_2 x + b_2 y = \bar{v}_2 \quad \text{oder} \quad y = \frac{\bar{v}_2}{b_2} - \frac{a_2}{b_2} x.$$

Damit hat man die Gleichungen zweier *Kapazitätslinien* gewonnen, mit denen gezeigt wird, welche x,y-Kombinationen angesichts der begrenzten Menge jeweils eines Faktors unter der Annahme maximal herstellbar sind, daß der jeweils andere Faktor in den benötigten Mengen zur Verfügung steht. Die beiden Kapazitätslinien sind in Bild 2.10 (c) eingezeichnet. Normalerweise werden die Absolutglieder $\bar{v}_1/b_1$ und $\bar{v}_2/b_2$

ebenso voneinander differieren wie die Steigungsparameter a_1/b_1 und a_2/b_2, und die Linien schneiden sich in einem Punkt P_1. Läßt man nun die vorübergehende Annahme der freien Verfügbarkeit des jeweils anderen Faktors fallen, dann wird klar, daß die Produktionsmöglichkeiten oberhalb von P_1 durch den Faktor v_2, unterhalb durch v_1 beschränkt werden. Die Transformationskurve ist also unter diesen Voraussetzungen gleich dem Linienzug $T_c P_1 T'_c$; die Produktionsmöglichkeiten werden durch das schraffierte Gebiet einschließlich seiner Grenzen wiedergegeben; und nur in P_1 werden beide Faktoren restlos eingesetzt. In Abwesenheit weiterer Überlegungen etwa über die Preise von v_1 und v_2 ist dies die technisch effiziente Kombination der beiden Produktmengen.

Die Transformationskurve ist hier für einen einzelnen Produzenten eingeführt worden, aber der durch sie veranschaulichte Sachverhalt gilt für jede Betrachtungsebene und für jeden Aggregationsgrad. So hat bei gesamtwirtschaftlich-makroökonomischer Betrachtung die Volkswirtschaft kurzfristig eine bestimmte maximale Produktionskapazität, die durch die Zahl der arbeitenden Menschen und die Qualität ihrer Leistungen, den Produktionsapparat, die natürlichen Ressourcen und den Stand der Technik begrenzt wird. Gewöhnlich betrachtet man die beiden, in Bild 2.10 nicht sichtbaren, Bestandsfaktoren Arbeit und Realkapital, mit denen das Sozialprodukt hergestellt wird, das aus Konsumgütern ($=x$) und Investitionsgütern ($=y$) besteht. Bei Vollbeschäftigung der Faktoren kann in einer geschlossenen Wirtschaft, wie die Kurve etwa in Teil (b) zeigt, nur dann mehr investiert werden, wenn weniger konsumiert wird, und umgekehrt. Eine andere häufig erwähnte Substitutionsbeziehung besteht zwischen zivilen („Butter") und militärischen Gütern („Kanonen"). Befindet sich die Volkswirtschaft in einem Punkt unterhalb der Transformationskurve, dann herrscht Unterbeschäftigung, oder es sind Produktionsfaktoren ineffizient eingesetzt. Technischer Fortschritt und wirtschaftliches Wachstum verschieben die Kurve nach außen.

8. Die technische Substitutionselastizität. Die bisherige Einführung in die Produktionstheorie hat gezeigt, daß dem Problem der Substituierbarkeit von Produktionsfaktoren hervorragende Bedeutung zukommt. Dies läßt es wünschenswert erscheinen, ein Maß zur Verfügung zu haben, mit dem man so etwas wie die technischen Möglichkeiten eines Unternehmens numerisch bestimmen kann, auf Änderungen seiner Daten, beispielsweise des Preisverhältnisses zweier Faktoren, mit Änderungen ihres Einsatzverhältnisses zu reagieren. Es ist anzunehmen, daß die Gewinnsituation um so weniger beeinträchtigt wird, je schneller diese Reaktion erfolgt und je weniger Kosten die Umstellung erfordert. Nun wird das Mengenverhältnis, in dem eine Substitution von jeder Ausgangssituation aus vorgenommen werden kann, bei einer graphischen Darstellung offenbar durch den Verlauf, die Krümmung einer Isoquante wiedergegeben. Ein exaktes Maß, das über den bloßen Augenschein bei der Betrachtung einer solchen Kurve hinausgeht, müßte zeigen, wie stark sich das Einsatzverhältnis zweier Faktoren als abhängige Variable ändert, wenn sich als Folge einer Bewegung entlang einer Isoquante ihre Steigung ändert, die ihrerseits durch die Grenzrate der technischen Substitution als exogene Variable gemessen wird. Ein solches Maß ist die analog zu der Definition S. 127 konstruierte *technische Substitutionselastizität*. Sie ist in jedem Punkt einer Isoquante gleich dem Quotienten aus der relativen Änderung des Einsatzverhältnisses (der Intensität, vgl. S. 173) zweier Produktionsfaktoren und der relativen Änderung der Grenzrate der technischen Substitution zwischen ihnen. Bezeichnet man diese Substitutionselastizität (das Adjektiv „technisch" wird im folgenden weggelassen) mit σ (sprich: sigma), dann gilt die Definition, wenn der Faktor A (= Arbeitsleistung) marginal durch K (= Realkapitalnutzung) ersetzt wird:

$$\sigma_{A,K} = \frac{\dfrac{d(A/K)}{A/K}}{\dfrac{d(dA/dK)}{dA/dK}} = \frac{d(A/K)}{d(dA/dK)} \cdot \frac{dA/dK}{A/K} \tag{2.27}$$

Wie bei jeder Elastizität zeigt sich auch hier der Vorteil der Dimensionslosigkeit: σ ist unabhängig davon, in welchen Einheiten die Faktoren gemessen werden. Da bei einer Wanderung entlang einer konvexen Isoquante die Grenzrate der Substitution ebenso wie das Einsatzverhältnis der Faktoren abnimmt, ist die Substitutionselastizität nichtnegativ.

Die Frage, welche Werte σ annehmen kann und in welcher Beziehung diese zu der Krümmung der Isoquante stehen, läßt sich anhand von Bild 2.11 beantworten. In ihm wird in Teil (a) angenommen, die auf der Isoquante I_a konstant bleibende Produktmenge x^0 könne mit den Faktoren A und K hergestellt werden. In der Ausgangssituation sei die durch den Punkt P_0 gegebene Kombination von A und K realisiert. Das Einsatzmengenverhältnis A/K, also die Arbeitsintensität des Realkapitals, ist in diesem Punkt gleich dem Tangens des Winkels α_0. Die Grenzrate der Substitution dA/dK von A durch K ist gleich dem Tangens des Winkels β_0, wie entsprechend aus den Erläuterungen zu Bild 2.6 (a) S. 182 hervorgeht. Die Ausgangssituation, die in der Definition (2.27) in dem ganz rechts stehenden Quotienten $dA/dK : A/K$ festgehalten ist, wird also in Bild 2.11 (a) durch das Verhältnis der Tangens der beiden Winkel β_0 und α_0 zueinander bestimmt. Es möge nun soviel weniger Arbeit $(-\Delta A)$ und zum Ausgleich soviel mehr Realkapital $(+\Delta K)$ eingesetzt werden, daß das neue

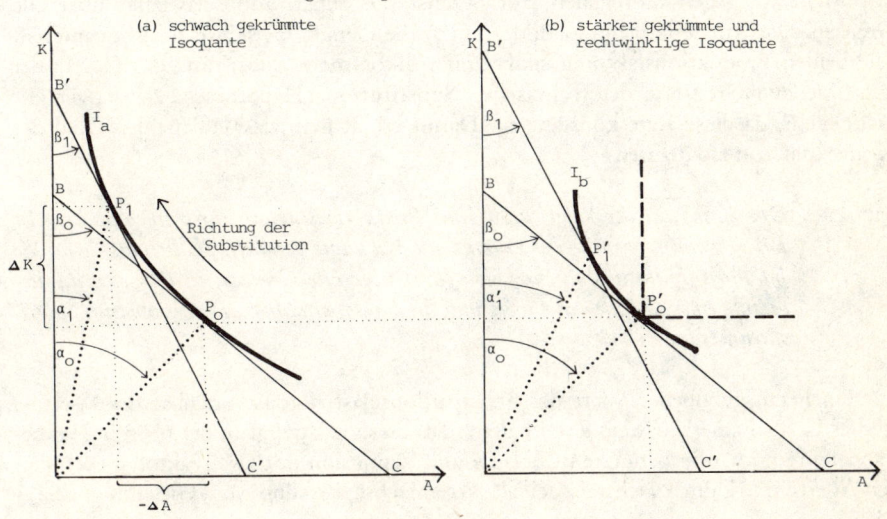

Bild 2.11 – *Krümmung von Isoquanten und Größe der Substitutionselastizität*

Einsatzmengenverhältnis durch den Punkt P_1 gekennzeichnet ist (der wegen der zeichnerischen Deutlichkeit nicht nahe an P_0 liegt). Dieses Verhältnis ist gleich dem Tangens des Winkels α_1, die neue Grenzrate der Substitution gleich dem Tangens von β_1. Die Substitutionselastizität wäre demnach abzuschätzen aus der Division der relativen Änderung des Tangens von α, also $(\text{tg}\,\alpha_1 - \text{tg}\,\alpha_0)/\text{tg}\,\alpha_0$, durch die relative Änderung des Tangens von β, also $(\text{tg}\,\beta_1 - \text{tg}\,\beta_0)/\text{tg}\,\beta_0$. Angesichts der Gestalt der Isoquante ist die relative Änderung von α ersichtlich größer als die von β und damit σ größer als eins und, da sich beide Winkel verkleinern, wie erwähnt positiv.

Teil (b) enthält zum Vergleich eine gegenüber Teil (a) wesentlich stärker gekrümmte Isoquante I_b. Die Ausgangssituation sei die gleiche wie in Teil (a): In beiden Teilen stimmen die Winkel α_0 und β_0 überein, und es möge auch die verursachende (und daher den Nenner der Elastizität σ gemäß linksstehender Fassung bildende) relative Änderung der Grenzrate der Substitution von A durch K die gleiche sein, so daß auch die Winkel β_1 übereinstimmen. Die andere Krümmung kann sich dann nur noch in einem anderen Wert des Winkels α'_1 gegenüber dem Winkel α_1 in Teil (a) und damit in einer anderen Änderung des Einsatzmengenverhältnisses im Zähler von Gleichung (2.27) auswirken. Der neue Tangentialpunkt P'_1 liegt näher an P'_0 als P_1 an P_0, daher ist α'_1 in Teil (b) größer als α_1 in Teil (a), und damit ist die relative Änderung von α_0 und daher auch σ kleiner.

Denkt man sich nun die Krümmung der Isoquante immer stärker werdend, dann rückt der Punkt P'_1 in Bild 2.11 (b) immer näher an den Punkt P'_0 heran. In der Definitionsgleichung (2.27) wird also in ihrer linksstehenden Form der Zähler immer kleiner, und der Nenner als relative Änderung der Grenzrate der Substitution immer größer. Im Extremfall ist die relative Änderung des Einsatzverhältnisses der Faktoren und damit die Substitutionselastizität null, wenn die Isoquante in die in Teil (b) gestrichelt angedeutete rechtwinklige Form mit dem Eckpunkt als einziger effizienter Kombination degeneriert ist.

Das andere Extrem erhält man, je mehr sich die Isoquante einer Geraden annähert. Eine kleine Änderung der Grenzrate der Substitution führt dann zu immer größeren Änderungen des A/K-Verhältnisses, und wenn man umgekehrt die Änderung der Grenzrate gegen null gehen läßt, wächst die Substitutionselastizität über alle Grenzen. Dies tritt ein, wenn in Bild 2.11 (b) die Gerade BC selbst die Isoquante ist. Die beiden Produktionsfaktoren sind dann vollkommene Substitute, das Gesetz der abnehmenden Grenzrate der technischen Substitution (Hypothese 2.2, S. 184) gilt nicht mehr, da diese Rate konstant ist. Damit erhält man als Maß für den Grad der Konvexität von Isoquanten

Satz 2.7: *Die Elastizität der Substitution eines Produktionsfaktors durch einen anderen ist um so kleiner, je stärker gekrümmt die Isoquante verläuft. Sie ist null, wenn die Faktoren limitativ sind; und sie wächst über alle Grenzen, je mehr sich die Isoquante einer Geraden annähert und die Faktoren daher zu vollkommenen Substituten werden.*

Ein herausgehobener Wert der Substitutionselastizität ist offenbar der Wert 1, und es ist als bemerkenswert festzuhalten, daß diese Elastizität in der oben in II.6 behandelten und häufig benutzten Cobb-Douglas-Funktion mit zwei Faktoren eben diesen Wert hat. Zum Nachweis sei als vereinfachte Fassung von Gleichung (2.21)

S. 192 die Funktion

$$x = cA^\alpha K^{1-\alpha}, \quad \text{worin} \quad c > 0,\, 0 < \alpha < 1, \tag{2.28}$$

herangezogen. Die Elastizität der Substitution von Arbeit durch Realkapital wird durch Gleichung (2.27) gegeben. Zur Bestimmung der beiden Differentialquotienten in der rechtsstehenden Fassung dieser Definition wird zunächst Gleichung (2.28) nach A aufgelöst. Es ist

$$A^\alpha = \frac{x}{c} K^{\alpha-1} \quad \text{und} \quad A = \left(\frac{x}{c}\right)^{\frac{1}{\alpha}} K^{\frac{\alpha-1}{\alpha}} = \left(\frac{x}{c}\right)^{\frac{1}{\alpha}} K \cdot K^{-\frac{1}{\alpha}}.$$

Hieraus folgen als Marginal- und Durchschnittsquote

$$\frac{dA}{dK} = \left(\frac{x}{c}\right)^{\frac{1}{\alpha}} \frac{\alpha-1}{\alpha} K^{\frac{\alpha-1}{\alpha}-1} = \left(\frac{x}{c}\right)^{\frac{1}{\alpha}} \frac{\alpha-1}{\alpha} K^{-\frac{1}{\alpha}} \quad \text{und} \quad \frac{A}{K} = \left(\frac{x}{c}\right)^{\frac{1}{\alpha}} K^{-\frac{1}{\alpha}}.$$

Setzt man nun aus der rechtsstehenden Gleichung den Wert für $K^{-1/\alpha} = A/K : (x/c)^{1/\alpha}$ in die in der Mitte stehende Gleichung ein, ergibt sich

$$\frac{dA}{dK} = \frac{\alpha-1}{\alpha} \frac{A}{K} \quad \text{und daher} \quad \frac{A}{K} = \frac{\alpha}{\alpha-1} \frac{dA}{dK}.$$

Hieraus erhält man durch Differentiation von A/K nach dA/dK

$$\frac{d(A/K)}{d(dA/dK)} = \frac{\alpha}{\alpha-1}.$$

Damit hat man alle Bestandteile der Definition (2.27) beisammen. Einsetzen ergibt

$$\sigma_{A,K} = \frac{\alpha}{\alpha-1} \frac{\alpha-1}{\alpha} \frac{A}{K} \frac{K}{A} = 1. \tag{2.29}$$

Die Definition der Substitutionselastizität (2.27) läßt sich noch in einer Weise umformen, die weitere Anwendungsmöglichkeiten eröffnet. Wie unten in III.4 gezeigt wird, sind die Kosten einer gegebenen Produktmenge bei gegebenen und konstanten Preisen substitutiver Produktionsfaktoren dann minimal, wenn je zwei von ihnen in einem solchen Verhältnis eingesetzt werden, daß ihre Grenzrate der technischen Substitution gleich dem reziproken Verhältnis ihrer Preise ist. In dem vorstehenden Beispiel müssen also in diesem *Produktionsoptimum* solche Mengen der beiden Faktoren eingesetzt werden, daß die Grenzrate der Substitution von Arbeit durch Realkapital dA/dK in Bild 2.11 gleich dem Verhältnis des Preises der Realkapitalnutzung zum Preis der Arbeitsleistung wird. Man kann nun als Preis für den Faktor „Nutzung des Realkapitals" einen Zinssatz ansehen. Entweder hat der Unternehmer zum Kauf der dauerhaften Produktionsmittel Kredite aufgenommen und zahlt dafür Zinsen, die er der Einheit der Realkapitalnutzung als deren Preis zurechnen muß; oder er hat die Produktionsmittel aus eigenem Vermögen angeschafft, als deren rechnerischer Nutzungspreis nun die entgangenen Zinsen anzusehen sind, die er bei anderweitiger Anlage dieses Vermögens hätte erzielen können (vgl. dazu unten, III.2). Der Preis der Arbeitsleistung ist der Lohnsatz. Damit erhält man als alternative Definition der Substitutionselastizität unter der Voraussetzung geringstmöglicher Kosten der gegebenen Produktmenge

$$\sigma' = \frac{\text{relative Änderung des Einsatzverhältnisses Arbeit zu Kapital}}{\text{relative Änderung des Verhältnisses Zinssatz zu Lohnsatz}} \qquad (2.30)$$

Unter diesem Aspekt ist der in beiden Teilen von Bild 2.11 dargestellte Sachverhalt wie folgt zu sehen. Der Lohnsatz steigt relativ zum Zinssatz, die Gerade BC dreht sich in die Lage $B'C'$. Daraufhin findet die übliche Substitution statt: Von dem relativ teurer gewordenen Faktor Arbeit A wird weniger, von der relativ billiger gewordenen Realkapitalnutzung K mehr eingesetzt. Das Maß σ' gibt die Stärke der Reaktion an, bei der man die Bereiche $0 < \sigma' < 1$, $\sigma' > 1$ und die Werte $\sigma' = 0$ und $\sigma' = 1$ unterscheiden kann.

Die erhebliche praktische Bedeutung der Substitutionselastizität liegt bei dieser Anwendung auf der Hand. Es ist für Arbeiter, Unternehmer, Wirtschaftspolitiker und Wirtschaftswissenschaftler höchst wichtig zu wissen, ob und in welchem Ausmaß die technischen Produktionsbedingungen in einem Unternehmen oder in einer Industrie dazu führen, daß bei Lohnsatzerhöhungen Arbeit durch Realkapital ersetzt wird. Auch die wichtige Frage der Einkommensverteilung wird dabei berührt: Bei $\sigma' < 1$ steigt beispielsweise die Lohnsumme der beschäftigt bleibenden Arbeiter relativ zum Einkommen aus dem Einsatz von Realkapital, obwohl der Arbeitseinsatz zurückgeht. Bei $\sigma' = 1$ gilt in Übereinstimmung mit dem Kommentar zu Satz 2.5 (S. 193), daß sich Preis- und Einsatzverhältnis entgegengesetzt um gleiche Prozentsätze ändern und die Einkommensanteile in der Cobb-Douglas-Funktion daher konstant bleiben. Bei $\sigma' > 1$ schließlich geht der Lohnanteil zurück.

9. Die CES-Produktionsfunktion. Die Cobb-Douglas-Funktion hat neben ihren S. 192f. beschriebenen plausiblen Eigenschaften den Nachteil, daß die Substitutionselastizität in ihr wie eben nachgewiesen gleich eins ist. Es ist jedoch nicht einzusehen, warum es nicht angesichts der immensen Verschiedenartigkeit von Produktionsprozessen auch solche geben sollte, in denen dieser Wert zwar im relevanten Bereich konstant, aber von eins verschieden ist: Manche Faktoren sind leicht, andere schwierig zu ersetzen. Eine Funktion mit dieser Eigenschaft wurde 1961 konstruiert und wird seitdem in vielen Untersuchungen verwendet. Sie lautet im Fall zweier Faktoren

$$x = \gamma \, [\delta K^{-\varrho} + (1-\delta) \, A^{-\varrho}]^{-1/\varrho}. \qquad (2.31)$$

Die Funktion enthält in dieser linear-homogenen Form drei Variable x, K und A und drei Parameter γ, δ, ϱ. Die Symbole bedeuten:

x ist das Produktionsergebnis. Da hier nur zwei Faktoren in der Funktion auftreten, die mit Arbeitsleistung und Realkapitalnutzung identifiziert werden, ist x als Nettoproduktionswert zu interpretieren.[10]

---

[10] Vgl. zur statistischen Interpretation dieser Größe die Erläuterungen in VRW⁷, Anhang III. Die Verwendung des Nettoproduktionswerts in konstanten Preisen als Maß für das Produktionsergebnis bietet sich auch deshalb an, weil in industriellen Produktionsprozessen viele Vorleistungen mit fixen Produktionskoeffizienten eingesetzt werden.

K bezeichnet den Einsatz des Faktors „Nutzung von Realkapital", meist gemessen als Bestandsgröße, von der angenommen wird, daß sie bei gegebenem Nutzungsgrad während der betrachteten Periode(n) einen konstanten Nutzungsstrom abgibt.

A ist der Einsatz menschlicher Arbeitsleistung, gemessen etwa in Mann-Jahren.

γ ist eine positive Zahl und bezeichnet das Prozeßniveau. γ gibt also wie die Größe λ in Gleichung (2.14) S. 186 die Zahl der Faktorpakete konstanter Zusammensetzung an, die das Produktionsniveau x erbringen, und wird am besten als *Niveauparameter* bezeichnet.

Da der Parameter γ nach Gleichung (2.31) gleich dem Quotienten aus x und dem Ausdruck in der eckigen Klammer ist, der die beiden Faktoren enthält, gibt er gemäß den Erörterungen S. 172 auch die *Gesamtproduktivität* der beiden Faktoren an. Man könnte ihn daher ebensogut *Produktivitätsparameter* nennen.[11] Man kann aber auch die Maßeinheit für x so wählen, daß γ gleich eins wird und dann aus Gleichung (2.31) verschwindet.

δ kann Werte zwischen null und eins ausschließlich beider Grenzen annehmen, ist unter der Voraussetzung, daß die Faktoren mit dem Wert ihrer Grenzprodukte entlohnt werden, ein Maß für die Verteilung des Produktionsergebnisses auf die Lieferanten der Faktoren und heißt daher *Verteilungs-* (auch: *Distributions-*)*parameter*. Technisch gesehen gibt δ das Einsatzmengenverhältnis der beiden Faktoren an. Je größer δ in Gleichung (2.31) ist, um so größer ist die Kapitalintensität der Arbeit. Einige Autoren nennen δ daher den *Intensitätsparameter*.

Der Parameter δ hängt wie folgt mit anderen Größen zusammen. Man erhält die Grenzprodukte der beiden Faktoren aus Gleichung (2.31), wenn γ gemäß dem eben Gesagten $=1$ gesetzt wird, zu

$$\frac{\partial x}{\partial K} = -\frac{1}{\varrho}\left[\delta K^{-\varrho} + (1-\delta) A^{-\varrho}\right]^{-1/\varrho - 1} (-\varrho\, \delta\, K^{-\varrho-1})$$

$$= \delta \left[\delta K^{-\varrho} + (1-\delta) A^{-\varrho}\right]^{-\frac{1}{\varrho}(1+\varrho)} K^{-\varrho-1}$$

oder, wenn man anstelle des Ausdrucks in der eckigen Klammer hoch $-1/\varrho$ gemäß (2.31) die Größe x einsetzt:

$$\frac{\partial x}{\partial K} = \delta x^{1+\varrho} K^{-(1+\varrho)} \quad \text{oder} \quad \frac{\partial x}{\partial K} = \delta \left(\frac{x}{K}\right)^{1+\varrho} \tag{2.32}$$

Entsprechend ergibt sich für das Grenzprodukt von A:

$$\frac{\partial x}{\partial A} = (1-\delta) \left(\frac{x}{A}\right)^{1+\varrho} \tag{2.33}$$

Nach Satz 2.5 (S. 193) verteilt sich das Ergebnis eines gemäß einer linear-homogenen Produktionsfunktion ablaufenden Produktionsprozesses ohne Rest auf die Faktorlieferanten, wenn diese mit den Grenzprodukten ihrer Faktoren entlohnt werden.

---

[11] Die Konstrukteure der Gleichung (2.31) sahen dies nicht so und bezeichneten γ als „Effizienzparameter". Das entspricht nicht dem sonstigen Gebrauch des Wortes „Effizienz".

Multipliziert man also (2.32) links mit K und rechts mit $x\,(x/K)^{-1}$, Gleichung (2.33) links mit A und rechts mit $x\,(x/A)^{-1}$, erhält man

$$\frac{\partial x}{\partial K}\cdot K = \left(\frac{x}{K}\right)^{1+\varrho}\left(\frac{x}{K}\right)^{-1}\cdot x = \delta\left(\frac{x}{K}\right)^{\varrho}\cdot x \quad \text{und} \quad \frac{\partial x}{\partial A}\cdot A = (1-\delta)\left(\frac{x}{A}\right)^{\varrho}\cdot x.$$

Das Verhältnis des Einkommens aus Realkapital zu dem aus Arbeit ist also gleich

$$\frac{\text{Einkommen aus Realkapital}}{\text{Einkommen aus Arbeit}} = \frac{\delta}{1-\delta}\left(\frac{A}{K}\right)^{\varrho}. \tag{2.34}$$

Bei gegebener Arbeitsintensität des Kapitals A/K und gegebenem ϱ wird die Verteilung des in dem betrachteten Prozeß entstehenden Einkommens also durch δ bestimmt.

ϱ mißt die Substitutionselastizität σ und heißt daher *Substitutionsparameter*. Beide Größen sind durch die Gleichung $\sigma = 1/1+\varrho$ oder $\varrho = (1/\sigma)-1$ verbunden. Da σ gemäß den Erörterungen im vorigen Abschnitt Werte von null bis plus unendlich annehmen kann, erstreckt sich der Bereich des Parameters ϱ von unendlich bis minus eins.

Der angegebene Zusammenhang läßt sich wie folgt herleiten. Ist der Preis für die Realkapitalnutzung gleich dem Zinssatz i (von englisch „interest"), der Lohnsatz gleich w (aus englisch „wage"), dann läßt sich die Substitutionselastizität σ nach Gleichung (2.30) S. 202 auch als

$$\sigma = \frac{d\,(A/K)}{A/K} : \frac{d\,(i/w)}{i/w} = \frac{d\,(A/K)}{d\,(i/w)}\cdot \frac{i/w}{A/K}$$

schreiben. Nun ist gemäß Satz 2.9 (unten in III.4) Bedingung für die Minimalkostenkombination, daß das Preisverhältnis zweier Faktoren gleich dem Verhältnis ihrer Grenzproduktivitäten ist. Aus (2.32) und (2.33) erhält man daher

$$\frac{i}{w} = \frac{\delta}{1-\delta}\left(\frac{A}{K}\right)^{1+\varrho} \quad \text{und} \quad \frac{d\,(i/w)}{d\,(A/K)} = \frac{\delta}{1-\delta}(1+\varrho)\left(\frac{A}{K}\right)^{\varrho}.$$

Setzt man den reziproken Wert dieses Differentialquotienten in die obige Definition von σ ein, ergibt sich

$$\sigma = \frac{1-\delta}{\delta}\,\frac{1}{1+\varrho}\left(\frac{A}{K}\right)^{-\varrho}\frac{\delta}{1-\delta}\left(\frac{A}{K}\right)^{1+\varrho}\left(\frac{A}{K}\right)^{-1} = \frac{1}{1+\varrho}.$$

Im Gegensatz zur Cobb-Douglas-Funktion hängt also bei der Funktion (2.31) bei $\sigma \neq 1$ und daher $\varrho \neq 0$ die Einkommensverteilung nicht allein von den Produktionselastizitäten ab.

Da die Funktion (2.31) mithin die Substitutionselastizität indirekt als konstanten Parameter enthält, dessen Wert bei einem gegebenen Produktionsprozeß empirisch festgestellt werden kann, nennt man sie nach den Anfangsbuchstaben der englischen Bezeichnung dieser Haupteigenschaft („constant elasticity of substitution") *CES-Funktion*. Ihre Eigenschaften sind im wesentlichen:

- Die Funktion ist in der Form (2.31) homogen vom Grad eins.

Man sieht dies, wenn man gemäß dem S. 99 Anm. 21 genannten Verfahren λK und λA anstelle von K und A in die Funktion einsetzt, $\lambda^{-\varrho}$ vor eine Klammer zieht und diese Größe durch Potenzieren mit $-1/\varrho$ aus der eckigen Klammer herausnimmt: Es bleibt dann λ vor der Klammer stehen. Man kann der Funktion jedoch jeden anderen Homogenitätsgrad $\nu \neq 1$ verleihen, indem man ihr anstelle des Exponenten $-1/\varrho$ den Exponenten $-\nu/\varrho$ gibt.

- Die Grenzprodukte beider Faktoren sind positiv und nehmen von Anfang an monoton ab (wenn nicht gerade ϱ einen seiner Extremwerte unendlich oder minus eins annimmt).

Hiervon kann man sich anhand der ersten Ableitungen (2.32) und (2.33) sowie durch Herstellung der zweiten überzeugen. Die Funktion ist also neoklassisch, ihre Isoquanten verlaufen konvex.

- Die Funktion enthält die Leontief- und die Cobb-Douglas-Funktion als Spezialfälle.

Hierin manifestiert sich vor allem der mit dieser Funktion erzielte wissenschaftliche Fortschritt. Gemäß den Erläuterungen zu dem Parameter ϱ ist -1 der kleinste Wert, den dieser annehmen kann, da dann σ über alle Grenzen gewachsen ist. Setzt man $\varrho = -1$ in die Funktion (2.31) ein, erhält man, da dann $-\varrho = +1$ ist,

$$x = \gamma \delta K + \gamma (1-\delta) A.$$

Dies ist für ein vorgegebenes $x = x^0$ die Gleichung einer linearen Isoquante mit den Abschnitten $x^0/\gamma\delta$ auf der K-Achse und $x^0/\gamma(1-\delta)$ auf der A-Achse, die gemäß den Erörterungen S. 200 in der Tat eine unendlich große Substitutionselastizität bedeutet. Für Werte von ϱ zwischen -1 und null ist diese Elastizität größer als eins. Für $\varrho = 0$ wird $\sigma = 1$, was in Gleichung (2.31) zunächst auf eine unbestimmte Form führt, da der Inhalt der eckigen Klammer zu 1 wird und ihr Potenzexponent für $\varrho \to 0$ gegen unendlich strebt. Es läßt sich jedoch zeigen, daß der Grenzwert von (2.31) in diesem Fall $x = \gamma K^\delta L^{1-\delta}$ ist,[12] also auf eine linear-homogene Cobb-Douglas-Funktion führt. Bei dieser waren gemäß Satz 2.5 (S. 193) die Einkommensanteile gleich den Produktionselastizitäten, hier also gleich δ und $1-\delta$; ein Ergebnis, das man für $\varrho = 0$ auch aus Gleichung (2.34) erhält. Für $\varrho > 0$ ergeben sich Werte der Substitutionselastizität zwischen null und eins, was sich als der empirisch vor allem relevante Fall erwiesen hat, wenn man nicht einzelne Unternehmen, sondern Industrien als Gesamtheit der Anbieter gleicher oder ähnlicher Produkte untersucht. Wächst schließlich ϱ über alle Grenzen, dann strebt die Substitutionselastizität gegen null, und man erhält eine Gleichung für rechtwinklig verlaufende Isoquanten einer Leontief-Produktionsfunktion, wie sie in Bild 2.7 (S. 184) dargestellt sind.

---

[12] Am einfachsten nach der Regel von DE L'HOSPITAL, nach der bei (mathematischen) Produkten oder Quotienten von Funktionen, die bei gewissen Werten der unabhängigen Variablen unbestimmte Formen wie $0/0$, $0 \cdot \infty$, ∞/∞ annehmen, anstelle der Funktionen selbst die Grenzwerte der ersten oder höheren Ableitungen verwendet werden. Vgl. SCHWARZE [I.50] Bd 2, S. 31–34; STÖWE/HÄRTTER [I.49], S. 79–81.

Mit den vorstehenden Erörterungen wurde nur der einfachste Fall von Produktionsprozessen mit zwei Faktoren beschrieben. Bei drei und mehr Faktoren ist anzunehmen, daß die Substitutionselastizitäten zwischen je zwei von ihnen nicht alle gleich groß sind: Ungelernte und niedrig qualifizierte Arbeitnehmer sind leichter durch Maschinen zu ersetzen als hochqualifizierte. Das erfordert kompliziertere Formen der CES-Funktion.

10. Eine Gliederung von Produktionsfunktionen. Die in den vorstehenden Abschnitten erörterten unterschiedlichen Eigenschaften von Produktionsfunktionen sind der besseren Übersicht halber in Bild 2.12 zusammengefaßt. Die Übersicht beginnt auf der Stufe A mit der grundlegenden Einteilung der Produktionsprozesse nach der Eigenschaft der Produktionsfaktoren, substitutiv oder limitativ zu sein, und der entsprechenden Einteilung in klassische und Leontief-Produktionsfunktionen. Variiert

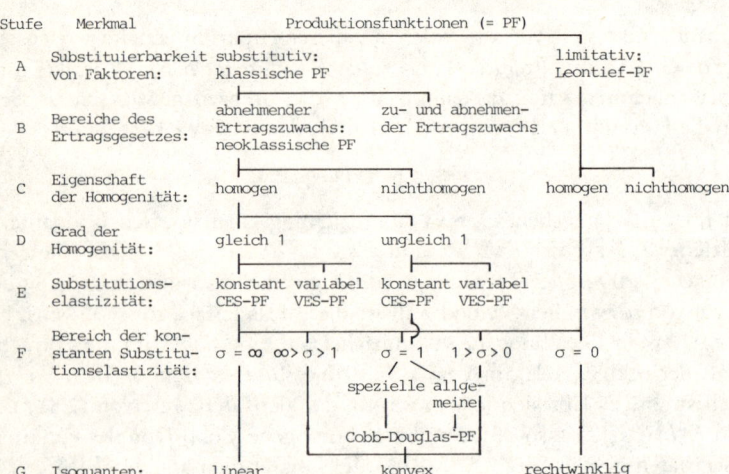

Bild 2.12 – *Produktionsfunktionen: Übersicht*

man gemäß Fragestellung (1) S. 171 ceteris paribus einen substitutiven Faktor, durchläuft dieser im allgemeinen Fall je einen Bereich zunehmenden und abnehmenden Ertragszuwachses (Stufe B). Da für den gewinnmaximierenden Unternehmer nur der letztgenannte Bereich relevant ist, hebt man Produktionsfunktionen, die nur diesen Bereich aufweisen, durch die Bezeichnung „neoklassisch" heraus. Produktionsfunktionen beider Hauptarten können homogen oder nichthomogen sein (Stufe C), wobei mit den letztgenannten seltener gearbeitet wird. Der Grad der Homogenität gibt im Rahmen der Fragestellung (3) auf Stufe D ein weiteres Einteilungskriterium ab, wobei der Wert eins wegen der plausiblen Eigenschaft herausgehoben ist, daß eine Ver-n-fachung ($n > 0$) des Einsatzes der Faktoren unter Wahrung ihrer Proportionen zueinander auch das Produktionsergebnis ver-n-facht. Eines der wichtigsten Merkmale von Produktionsfaktoren ist die Leichtigkeit, mit der ihr Einsatz an Datenänderungen, insbesondere Änderungen ihrer Preise, angepaßt werden kann. Dieses Problem wurde mit Fragestellung (2) in II.1 angesprochen. Als Maß hierfür dient die Substitutionselastizität, die auf Stufe E zunächst für alle Homogenitätsgrade danach eingeteilt ist, ob sie im gesamten von der Produktionsfunktion erfaßten Bereich konstant oder variabel ist. Der letztgenannte Fall der VES-Produktionsfunktion (VES = Variable Elasticity of Substitution) ist allgemeiner und auch plausibler, da anzunehmen ist, daß sich die Substitutionsmöglichkeiten verschlechtern, je mehr man sich von ausgewogenen Einsatzverhältnissen entfernt (vgl. hierzu die Argumentation zur Transformationskurve, S. 197). Bleibt man bei Produktionsfunktionen mit konstanter Substitutionselastizität σ, dann lassen sich diese nach bestimmten Werten oder Bereichen von σ gemäß Stufe F einteilen. Diese Klassifizierung vereinigt sich hier mit der von Stufe A: $\sigma = 0$ bedeutet Nichtsubstituierbarkeit von Faktoren und damit den Fall der Leontief-Produktionsfunktion. Bei Cobb-Douglas-Produktionsfunktionen ist zu bemerken, daß ihre Substitutionselastizität unabhängig davon, ob sie homogen vom Grad 1 sind oder nicht, konstant und gleich 1 ist. Schließlich weist Stufe G die Gestalt der zugehörigen Isoquanten aus.

11. Technischer Fortschritt. Mit den bisher behandelten Produktionsfunktionen kann immer nur versucht werden, Produktionsprozesse mit einem gegebenen und konstanten Stand der Technik zu erfassen. Wenn aber bei längerfristiger Betrachtung eine Erscheinung typisch für den Wirtschaftsprozeß in der Marktwirtschaft mit Privateigentum an Produktionsmitteln ist, dann ist es die ständige Änderung der technischen Produktionsbedingungen, der *technische Fortschritt*. Der empirisch arbeitende Forscher, der aufgrund statistischer Angaben die Parameter einer Produktionsfunktion beispielsweise für eine Industrie schätzen will, sieht sich dann folgendem Dilemma gegenüber:

– Verwendet er Zeitreihen, die sich über mehrere Jahre erstrecken, dann hat sich während dieser Zeit die Produktionstechnik gewandelt, und die geschätzten Parameter bilden zeitliche Durchschnitte der „wahren" Parameter mit unbekannter Gewichtung;
– Verwendet er Angaben aus nur einer Periode, etwa im Rahmen einer Querschnittsanalyse (vgl. S. 136), oder aus nur wenigen Perioden, dann mag er die Parameter halbwegs zutreffend geschätzt haben. Die Ergebnisse veralten jedoch mit dem technischen Fortschritt, haben daher bald nur noch historischen Wert und sind später nicht mehr verwendbar.

Als Ausweg aus diesem Dilemma bietet sich an, in die Produktionsfunktion von vornherein eine Variable aufzunehmen, die den technischen Fortschritt repräsentiert. In der Isoquantendarstellung einer Produktionsfunktion mit den beiden Faktoren A und K wirkt diese Variable dann als Verschiebungsparameter (vgl. S. 121). Bild 2.13 zeigt dies zusammen mit einem naheliegenden Versuch, den technischen Fortschritt zu klassifizieren. In allen drei Fällen verschiebt sich die Isoquante für die Produktmenge x^0 aus der gleichen Ausgangsposition in Richtung auf den Nullpunkt, so daß x^0 mit geringerem Einsatz an beiden Faktoren hergestellt werden kann. Das führt zu folgender Klassifikation:

– In Teil (a) verschiebt sich die Isoquante parallel in der Weise, daß sich bei der auf der Linie OB konstant bleibenden Kapitalintensität der Arbeit K/A die Grenzrate der technischen Substitution von Arbeit durch Realkapital dA/dK nicht ändert. Das nennt man *neutralen technischen Fortschritt*.

Bild 2.13 – *Drei Arten des technischen Fortschritts*

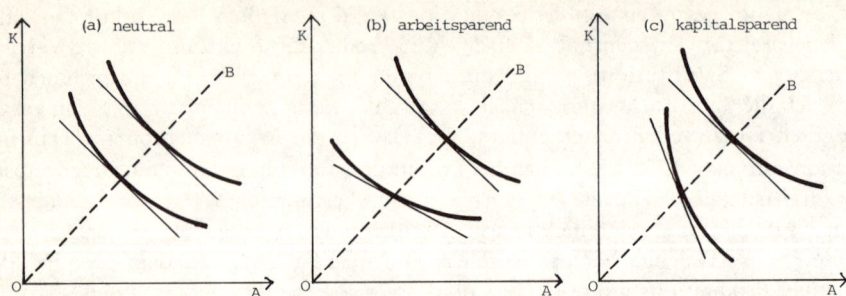

- In Teil (b) ändert sich durch die Verschiebung die Grenzrate der Substitution bei gleichbleibender Kapitalintensität, und zwar wird sie kleiner: Wenn jetzt beispielsweise Arbeitsleistungen relativ teurer werden als die Realkapitalnutzung, dann genügt ein kleinerer zusätzlicher Realkapitaleinsatz als vor der Realisierung des technischen Fortschritts, um eine gegebene Menge an Arbeitseinsatz zu substituieren. Es liegt dann relativ *arbeitsparender technischer Fortschritt* vor.
- Teil (c) zeigt den umgekehrten Fall des relativ *kapitalsparenden technischen Fortschritts*.

Diese Klassifikation geht auf J. R. HICKS zurück, weshalb man insbesondere im Fall (a) von *Hicks-Neutralität* als einer von mehreren Arten neutralen technischen Fortschritts spricht.

Die einfachste Lösung des Problems, den technischen Fortschritt in Produktionsfunktionen zu berücksichtigen, besteht darin, ihn als Funktion der Zeit anzusehen und diese als unabhängige Variable in die Funktion aufzunehmen. Je nachdem, wie dies geschieht, lassen sich mit der erweiterten Funktion dann die unterschiedlichen Arten des technischen Fortschritts wiedergeben. So kann beispielsweise die Cobb-Douglas-Funktion (2.28) S. 201 wie folgt erweitert werden:

$$x = c(t) A^\alpha K^{1-\alpha} \quad \text{oder} \quad x = c A^{\alpha(t)} K^{1-\alpha(t)}, \tag{2.35}$$

wobei auch beide Arten der Zeitabhängigkeit kombiniert werden können. Wird nur der Produktivitätsparameter c im Zeitablauf größer, verschiebt sich die Isoquante wie in Bild 2.13 (a) in Richtung auf den Nullpunkt, wobei auch deutlich wird, daß diese Verschiebung in bezug auf die Produktionselastizitäten α und $1 - \alpha$ neutral ist, das heißt sie nicht ändert, und daher ihren Namen hat. Im anderen Fall bilden geeignete Änderungen des Parameters α, eventuell zusammen mit Änderungen von c, andere Arten des technischen Fortschritts ab. Auch die CES-Funktion kann in dieser Weise modifiziert werden.

Die Rückführung des technischen Fortschritts auf den bloßen Zeitablauf kann nur als erster Schritt gewertet werden, da sie das Eingeständnis bedeutet, nichts über seine Ursachen zu wissen. In neueren Untersuchungen wird daher nachzuweisen versucht, ob und wie sich der technische Fortschritt in neuen Maschinen und Anlagen und damit in der jahrgangsweisen Zusammensetzung des Produktionsapparats verkörpert; inwieweit bessere Ausbildung und im Produktionsprozeß selbst erworbenes Wissen und Können der Erwerbspersonen zu ihm beiträgt; welche Rolle die Forschungs- und Entwicklungstätigkeit spielt; wie schnell sich neues Wissen ausbreitet und angewendet wird.

III. Kostenplanung

1. Kosten, Ausgaben, Aufwand. In Teil II dieses Kapitels war nur von produktionstheoretischen Zusammenhängen die Rede, wobei alle Variablen in physischen Einheiten gemessen und die eingesetzten Produktionsfaktoren daher als Realkosten bezeichnet wurden. Unternehmer müssen jedoch in Werten rechnen und daher bei jeder geplanten Produktmenge wissen, welche Geldkosten sie verursachen. Für diese, im folgenden einfach Kosten genannt, gilt

Def. 2.4: *Die Kosten K einer Produktmenge x sind gleich der Summe der mit ihren Preisen bewerteten Produktionsfaktoren, die zur Herstellung dieser Menge eingesetzt werden.*

Analog zur Budgetgleichung des privaten Haushalts läßt sich also eine *Kostengleichung* so aufstellen:

$$K = p_1 v_1 + p_2 v_2 + \ldots + p_n v_n. \tag{2.36}$$

Zur deutlicheren Abgrenzung von den noch zu erörternden anderen Kostenbegriffen spricht man häufig auch von den *Gesamt-* (auch: *Total-*)*kosten TK*. Wie überall kann man auch bei den Kosten einer Produktmenge zwischen den geplanten und den realisierten unterscheiden, da beide nur selten voll übereinstimmen (vgl. S. 36 f.). Im folgenden ist nur von geplanten, also zukünftigen Kosten die Rede. Im konkreten Fall kann es schwierig sein zu entscheiden, ob und inwieweit auch die Kosten des Absatzes der Produktmenge in die Definition 2.4 einbezogen werden sollen. Im Zweifel wird man sie, soweit sie etwa infolge einer bestehenden Vertriebsorganisation zwangsläufig anfallen, zu den Produktionskosten rechnen; die Kosten von Werbemaßnahmen aber, da diese weitgehend unabhängig von der Produktmenge geplant werden können, eher als nicht dazugehörig betrachten.

Kosten werden gemäß Definition 2.4 auf Produktmengen bezogen, wobei vom Zeitablauf zunächst abgesehen wird. Das damit ausgeklammerte Problem zeigt sich vielleicht am deutlichsten, wenn man Produktionsprozesse betrachtet, in denen Großobjekte wie Hoch- oder Tiefbauten, Produktionsanlagen oder Schiffe erzeugt werden. Dabei ist es gang und gäbe, daß Rohstoffe und Halbfabrikate gekauft, bezahlt und gelagert werden, bevor der Prozeß anläuft; und anderseits können Faktorkäufe manchmal erst abgeschlossen werden, nachdem das Objekt fertiggestellt ist, etwa wenn sich ein Lieferant mit einer strittigen höheren Preisforderung durchsetzt. Die Kosten einer Produktmenge sind daher nicht die Käufe von Produktionsfaktoren, die zufällig in die Produktionszeit fallen. Es ist vielmehr eine wichtige Aufgabe der Kostenrechner des Unternehmens, aus der Vielzahl von Käufen und Lagerentnahmen diejenigen herauszusuchen und der Produktmenge zuzurechnen, die zum Einsatz von Faktoren in dem betrachteten Produktionsprozeß geführt haben. Auf der anderen Seite ist es jedoch aus vielen Gründen erforderlich, auch den Zeitablauf in die Betrachtung einzubeziehen. Dazu kann man sich den Produktionsprozeß so vorstellen, daß ein kontinuierlicher Strom von Faktoren zu einem ebensolchen Strom von Erzeugnissen führt. Beide Ströme gehen mit Transaktionen auf den Beschaffungs- und Absatzmärkten einher, die zwecks rechnerischer Erfassung des Prozesses Zeitabschnitten gleichbleibender Länge wie Kalendermonaten oder -jahren zugeordnet werden. Diese Vorgänge

erfaßt man mit den folgenden Fachausdrücken, wobei ein bestimmter Zeitabschnitt als Planperiode betrachtet sei:
- Eine *Ausgabe* liegt vor, wenn ein Produktionsgut gekauft oder eine andere Transaktion vorgenommen wird, die mit dem Produktionsprozeß in Zusammenhang steht, wie die Entrichtung von Zinsen auf einen produktionsnotwendigen Kredit. Kennzeichen einer Ausgabe ist, daß sie das *Geldvermögen* des Unternehmens, definiert als Differenz zwischen der Summe seiner Forderungen und der Summe seiner Schulden, verringert;
- Wird eine Ausgabe auf die betrachtete Planperiode bezogen, ihr zugerechnet, dann wird sie zu *Aufwand* (in der Mehrzahl meist: *Aufwendungen*). Es gilt also die Definition: Aufwand ist periodisierte Ausgabe. Die Zurechnung geschieht im Hinblick darauf, daß der mit dem Aufwand beschaffte Faktor während der betrachteten Periode in den Produktionsprozeß einging und daher zu den Kosten der während der gleichen Zeit hergestellten Produktmenge gehört.

Die parallelen Bezeichnungen auf der Absatzseite sind:
- Eine *Einnahme* entsteht, wenn Erzeugnisse des Produktionsprozesses verkauft werden. Sie erhöht das Geldvermögen des Unternehmens;
- Eine periodisierte Einnahme heißt *Ertrag*. (Der so definierte Ertrag ist eine Wertgröße und muß daher vom Ertrag als physischer Menge in der Produktionstheorie unterschieden werden. Vgl. S. 171, Anm. 4.)

Die Unterschiede zwischen Ausgaben und Einnahmen einerseits und Aufwendungen und Erträgen anderseits sind beträchtlich. Einige Beispiele mögen dies erhellen. Wird eine Maschine gekauft, deren Lebensdauer über die Planperiode hinausreicht, dann ist der Kaufpreis in voller Höhe Ausgabe, aber nur in der Höhe auch Aufwand, in der die Maschine während der Planperiode genutzt wird (wie dieser Anteil zu berechnen ist, wird gleich noch erörtert). Ist die Planperiode das Kalenderjahr und wird die Pacht für ein betriebsnotwendiges Grundstück am 1. Juli für ein Jahr im voraus entrichtet, dann ist nur die Hälfte der Ausgabe auch Aufwand der Planperiode. Werden die Lagerbestände an Rohstoffen erhöht, dann hat das Unternehmen zunächst nur die Anlageform eines Teils seines Vermögens geändert: Statt beispielsweise eines Bankguthabens erscheinen jetzt die zusätzlichen Lagerbestände unter den Aktiva seiner Vermögensrechnung (Bilanz) — man sagt, sie werden dort *aktiviert*. Erst wenn und insoweit die Rohstoffe sukzessive im Produktionsprozeß eingesetzt werden, verrechnet sie der Kostenrechner als Aufwand der jeweiligen Periode. Eine Ausgabe wie die Ausschüttung eines Gewinns wird nie zu einem Aufwand. Zum Ertrag einer Periode gehören auch die fertigen, aber noch nicht verkauften Erzeugnisse: Hier fällt die Einnahme erst später beim Verkauf an. Hat das Unternehmen dauerhafte Produktionsmittel hergestellt und setzt sie im eigenen Produktionsprozeß ein (selbsterstellte Anlagen), zählen diese zum Ertrag der Periode, Einnahmen entstehen zu keiner Zeit.

Das dritte hier zu diskutierende Begriffspaar sind *Zahlungsein-* und *-ausgänge* (auch: *Ein-* und *Auszahlungen*). Bei diesen handelt es sich um Bewegungen von Geld, also von Sichtguthaben bei Banken oder Bargeld. Beim Verkauf eines Fertigprodukts entsteht eine Einnahme, die nur bei sofortiger Bezahlung mit einem Zahlungseingang einhergeht. Bei Verkauf gegen Ziel entsteht mit der Einnahme eine Forderung gegen den Käufer, deren spätere Begleichung ein Zahlungseingang ist, der die Geldvermögen der Beteiligten nicht ändert: Der Verkäufer tauscht lediglich eine Forderung gegen den Käufer in Geld um.

Es liegt auf der Hand, daß bei der Periodisierung von Ausgaben und Einnahmen wie auch bei der Erfassung und Zurechnung von Kosten ständig Probleme auftreten. Sie können hier nicht im einzelnen behandelt werden; ihre Lösung muß dem betrieblichen Rechnungswesen überlassen bleiben und wird hier vorausgesetzt. Im folgenden wird der Kostenbegriff gemäß Definition 2.4 in einer noch zu diskutierenden Interpretation benutzt und auf eine Planperiode bezogen. Der Einfachheit halber werden dann „Kosten" und „Aufwendungen" einerseits und „Umsatz", „Erlös" und (wertmäßiger) „Ertrag" anderseits synonym verwendet.

2. Alternativ-, kalkulatorische und soziale Kosten. Der Kostenbegriff gemäß Definition 2.4 ist allgemein akzeptiert und brauchbar, bedarf aber noch einer Interpretation. Angenommen, jemand sei Eigentümer eines unbebauten Grundstücks in einer Vorstadt, das er als Garten nutzt, indem er beispielsweise Tomaten anbaut. Dies kann als Produktionsprozeß betrachtet werden. Fragte man den Eigentümer nach den Kosten seiner Tomatenproduktion, so würde er als Nichtökonom vermutlich antworten, sie seien gering: Er kaufe lediglich im Frühjahr die Pflanzen, brauche etwas Leitungswasser zum Gießen und berechne seine Arbeitsleistung nicht, da ihm das Gärtnern Spaß mache. Das Grundstück sei sein Eigentum und koste ihn daher außer der Grundsteuer nichts. Den Fehler dieser Sicht enthüllt der Ökonom, wenn er dem Eigentümer klarmacht, daß er das Grundstück verkaufen und den Erlös zinsbringend anlegen könnte. Da er das nicht getan hat, muß er den entgehenden Zinsertrag (neben der Grundsteuer) zu den Kosten der Grundstückshaltung und damit der Tomatenproduktion zählen. Er produziert die Tomaten angesichts der geschilderten Umstände vermutlich überaus teuer: Mit dem entgehenden Zinsertrag könnte er ein Vielfaches der selbst hergestellten Menge kaufen.

Mit diesem Beispiel ist ein grundlegendes Kostenkonzept angesprochen, das sich wie folgt verallgemeinern läßt. Jede Festlegung (Widmung) von Mitteln wie Geld, Arbeitszeit oder Produktionsfaktoren für einen bestimmten Zweck A bedeutet, daß diese Mittel nicht mehr zur Erreichung anderer Zwecke $B, C, \ldots$ zur Verfügung stehen, für die sie ebenfalls hätten eingesetzt werden können. Ordnet man diese anderen Zwecke nach dem Grad ihrer Erwünschtheit, ihres Nutzens oder der Höhe ihrer Erträge, dann kann man sagen: Die Kosten der Erreichung des Zwecks A bestehen darin, daß man auf den nächsterwünschten Zweck B, den man mit den für A eingesetzten Mitteln ebenfalls hätte erreichen können, verzichten muß. Da man die Kosten also durch den Vergleich mit der nächstbesten Alternative ermittelt, nennt man sie *Alternativkosten*[13] mit der

Def. 2.5: *Die Alternativkosten einer Aktivität A sind gleich dem Ertrag der nächstgünstigen (relativ besten alternativen) Aktivität B, der mit den für A eingesetzten Mitteln erzielt werden könnte.*

Die Bezeichnung „Aktivität" ist hierin sehr weit gefaßt. Sie bezieht sich auch auf den Studenten, der zu den Alternativkosten seines Studiums das Einkommen rechnen

---

[13] Englisch meist „opportunity costs". Diese Bezeichnung wird manchmal auch in deutschsprachigen Texten benutzt oder mit „Opportunitätskosten" übersetzt.

muß, das er während der Studienzeit erzielen könnte (und das nichtstudierende Jahrgangsgenossen tatsächlich erzielen); auf den Konsumenten, der die Kosten eines Theaterbesuchs durch die Zahl der entgehenden Taschenbücher ausdrücken kann; auf den Hauseigentümer, der sein Haus keineswegs „umsonst" bewohnt: Seine Alternativkosten sind gleich der Miete, die er bei Vermietung des Hauses erzielen könnte. Dies wird in der Bundesrepublik im Prinzip auch steuerrechtlich so gesehen: Der Hauseigentümer muß sich eine fiktive Miete als Einkommen anrechnen lassen und versteuern.[14] Zur Begründung dient das Konzept der alternativen Verwendung: Hätte er sein Vermögen nicht in dem Haus, sondern beispielsweise in Wertpapieren angelegt, unterlägen deren Erträge als Einkünfte aus Kapitalvermögen ebenfalls der Steuerpflicht. Das Gebot der Gleichbehandlung erfordert mithin die Besteuerung des Nutzungswerts.[15] Das Argument wird in einer anderen Fassung vielleicht noch deutlicher: Der Eigentümer wird fiktiv in einen Produzenten und einen Konsumenten gespalten. Als Produzent erzeugt er das Gut „Wohnungsnutzung", das er gegen eine fiktive Miete an sich selbst als Konsument verkauft. Da er als Produzent nur die Unterhaltungskosten für das Haus zu tragen hat, weil es ihm gehört, ist die ihm darüber hinaus zufließende Miete sein Einkommen, das er versteuern muß. Er hat zwar anderseits als Konsument Aufwendungen in Höhe der fiktiven Miete, aber die gehören zu den Kosten der Lebensführung und sind daher nicht vom steuerpflichtigen Einkommen absetzbar. Das Konzept der Alternativkosten spielt auch auf anderen Gebieten eine wichtige Rolle. Herrscht in einer Volkswirtschaft Unterbeschäftigung, gibt es also Arbeitslose und ungenutzte Produktionsstätten, dann sind die realen Alternativkosten etwa eines öffentlichen Bauprojekts gleich null, da kein Produktionsfaktor aus anderen Verwendungen abgezogen werden muß. Schließlich steckt das Konzept der Alternativkosten implizit in den wichtigsten bisher erarbeiteten wirtschaftswissenschaftlichen Denkinstrumenten. Der Wert, den ein Haushalt einer Mengeneinheit des Konsumgutes y beilegt, bemißt sich danach, wieviele Einheiten des Gutes x er aufzugeben bereit ist, um die Einheit von y zusätzlich zu erhalten. Die Grenzrate der Substitution entlang einer Indifferenzkurve enthält daher ebenso wie die entlang einer Isoquante oder einer Transformationskurve die Vorstellung von Alternativkosten.

Für das hier anstehende Problem der Bestimmung der Kosten im Produktionsunternehmen gehören zu diesen drei Arten von Alternativkosten:

– Der Wert der Arbeitsleistung des Unternehmer-Eigentümers;
– Die Verzinsung seiner langfristig im Unternehmen gebundenen Mittel;
– Die Abgeltung des unternehmerischen Risikos.

Der erste Posten ist das rechnerische Entgelt für die Arbeitsleistung des Unternehmers. Seine Alternative besteht darin, als Angestellter, vielleicht in leitender Position, bei einem anderen Unternehmen unselbständig beschäftigt zu sein. Das dort maximal

---

[14] „Zu den Einkünften aus Vermietung und Verpachtung gehört auch der Nutzungswert der Wohnung im eigenen Haus...": Einkommensteuergesetz 1990, § 21 Abs. 2. BGBl. I, S. 1898.

[15] Das Argument läßt sich auf viele Vermögensgegenstände ausdehnen. Warum wird also der Nutzungswert des eigenen Personenkraftwagens nicht besteuert, da man ihn wie eine Wohnung vermieten und so mit ihm ein Einkommen erzielen könnte? Der Verzicht auf die Besteuerung ist wohl mit Erfassungs- und Bewertungsschwierigkeiten sowie mit dem politischen Beschluß zu begründen, Personenkraftwagen bei privaten Haushalten nicht als Produktionsmittel anzusehen.

erzielbare Gehalt muß er als *kalkulatorischen Unternehmerlohn* den Kosten des eigenen Unternehmens zurechnen. Zweitens gilt wie in dem obigen Beispiel des Hauseigentümers auch bei jedem Unternehmen, daß die durch den Kauf dauerhafter Produktionsmittel und die Unterhaltung von Mindest-Lagerbeständen langfristig festgelegten, nicht durch Kreditaufnahme beschafften Mittel anderweitig ertragbringend hätten angelegt werden können. Die so entgehenden Zinserträge müssen daher als rechnerische oder *kalkulatorische Verzinsung* des Eigenkapitals den Kosten des Produktionsprozesses zugerechnet werden. Welcher Zinssatz hierbei zugrundegelegt wird, ist ein Problem für sich. Er wird nicht niedriger als der auf dem Kapitalmarkt beim Kauf langfristiger festverzinslicher Wertpapiere erzielbare Satz sein. Häufig wird der Satz angewandt, der in dem jeweiligen Wirtschaftszweig als so etwas wie die Normalverzinsung gilt. Der dritte Posten stellt den rechnerischen Gegenwert für den Mindestgewinn dar, der bei einem anderweitigen Einsatz des gesamten Unternehmens erzielbar wäre und ist damit ein Entgelt für das Risiko, das mit jeder Anlage von Mitteln in einem Unternehmen verbunden ist. Wer also für 80 000 DM/Jahr unselbständig beschäftigt ist, 200 000 DM Vermögen zu 10 v. H. verzinslich angelegt hat und das Risiko einer in Aussicht genommenen selbständigen Tätigkeit, die mit dem Kauf von Produktionsmitteln für 200 000 DM verbunden ist (etwa: Einrichtung einer Arztpraxis), mit jährlich 20 000 DM bewertet, wird diese Alternative nur realisieren, wenn seine erwarteten jährlichen Erlöse die geplanten sonstigen Kosten um mindestens 120 000 DM überschreiten.

Hinzuweisen ist schließlich darauf, daß Alternativkosten teilweise betriebswirtschaftlich und erst recht steuerrechtlich als Gewinn betrachtet werden können. Diese andere Sicht ist zu berücksichtigen, wenn statistisches Material zu ökonomischen Untersuchungen herangezogen wird, das auf dem Rechnungswesen von Unternehmen oder auf steuerlichen Sachverhalten beruht.

Bisher wurden nur Vorgänge als kostenrelevant aufgeführt, die von dem betrachteten Unternehmen wahrgenommen und als solche registriert werden. Bei vielen Produktionstätigkeiten wird jedoch Lärm erzeugt, Kraftfahrzeugverkehr induziert und Natur verdrängt; und vor allem werden gasförmige, flüssige oder feste Abfälle an die natürliche Umwelt abgegeben. Alles dies kann von Nachbarn bis hin zu weit entfernten Rezipienten etwa von Luftverunreinigungen als Belästigung, Beeinträchtigung oder Schädigung empfunden werden. Diese *externen Effekte* der Produktionstätigkeit geben Anlaß zur Unterscheidung zwischen *privaten Kosten*, die im Rechnungswesen des Unternehmens erfaßt werden, und *sozialen Kosten*, die aus den privaten zuzüglich der von anderen Wirtschaftssubjekten zu tragenden Kosten beispielsweise der Schadensbeseitigung bestehen. Sind die sozialen größer als die privaten Kosten, spricht man auch von *negativen externen Effekten* der Produktionstätigkeit. Anderseits kommen auch positive solche Effekte vor, etwa wenn ein Chemiewerk einem Fluß verunreinigtes Wasser entnimmt und es ihm nach Gebrauch und Durchlauf durch seine Kläranlage sauberer wieder hinzufügt. Negative externe Effekte verschwinden, wenn beispielsweise ein Kohlekraftwerk eine Rauchentschwefelungsanlage installiert: Die betreffenden sozialen Kosten werden dann privatisiert (wobei sie sich verringern können). Das Problem des Auseinanderfallens von privaten und sozialen Kosten wird in diesem Kapitel ignoriert und erst wieder im 4. und 5. Kapitel aufgenommen.

Als Ergebnis dieses Abschnitts ist festzuhalten, daß der Kostenbegriff gemäß Definition 2.4 nicht oberflächlich als nur diejenigen Produktionsfaktoren enthaltend zu verstehen ist, die zu Aufwendungen führen. Nur die Interpretation als Alternativkosten stellt sicher, daß das Entscheidungsproblem über den Einsatz von Mitteln richtig gelöst wird. Ein Vorzug des Konzepts der Alternativkosten liegt auch darin, daß es streng zukunftsbezogen ist: Es werden immer die zukünftigen Erträge aufgrund der gegebenen Verwendung mit den zukünftigen Erträgen der alternativen Verwendung verglichen. Im Beispiel des Tomatengärtners spielen daher Erwägungen über die Vergangenheit keine Rolle: Es ist für seine Kostenrechnung und damit für eine Entscheidung über die zukünftige Verwendung des Grundstücks gleichgültig, ob er es geerbt oder zu welchem Preis er es gekauft hat. Folgerichtig ändern sich Alternativkosten mit den Erwartungen über zukünftige Verwendungsmöglichkeiten. Wird Ackerland in Bauland umgewidmet, steigen seine Alternativkosten. Zuzugeben ist, daß bei der Einbeziehung von Alternativkosten in die Planung Informationsprobleme entstehen und daß Alternativ- gegenüber realisierten Kosten eben wegen ihrer Zukunftsbezogenheit unsicher sind und daher nur geschätzt werden können.

3. **Feste, variable und Grenzkosten.** Der weiteren Analyse dient zunächst die Unterscheidung in *feste* (auch: *fixe*) *Kosten* und *variable Kosten*. Variable Kosten steigen und sinken mit der Produktmenge, während feste Kosten von der Produktmenge unabhängig sind und auch anfallen, wenn im Extremfall nichts produziert wird. Diese Unterscheidung wird hier jedoch nur als sinnvoll betrachtet, wenn die Kosten auf bestimmte Zeiträume bezogen sind. Werden sie wie die Realkosten in der Produktionstheorie des Teils II dieses Kapitels nur auf die Produktmenge bezogen, dann muß man entweder versuchen, alle Produktionsfaktoren als mit der Produktmenge variierend zu erfassen, die nicht variablen aus der Betrachtung ausschließen oder mit nichthomogenen Produktionsfunktionen arbeiten. Für die Einordnung einer gegebenen, auf Produktmenge und Zeitabschnitt bezogenen Kostenart in die Kategorien „fest" und „variabel" gilt folgendes:

– Es hängt von der Länge der Planperiode ab, ob eine gegebene Kostenart fest oder variabel ist;
– Viele Kostenarten „sind" bei gegebener kurzer Planperiode nicht fest oder variabel, sondern werden gemäß einer Entscheidung des Kostenrechners oder Unternehmers so oder so eingeordnet.

Beträgt die Planperiode etwa ein Jahr, dann zählt die Ausgabe für ein zu Beginn des Jahres angeschafftes Werkzeug mit geringerer als einjähriger Lebensdauer zu den variablen Kosten, da seine Nutzung restlos in die Produktmenge des Jahres eingeht. Ist die Planperiode dagegen der Monat und die Lebensdauer vielleicht sechs Monate, dann kann man auf zwei Arten vorgehen:

– Man kann den Anschaffungswert des Werkzeugs von vornherein in bestimmter, von der jeweiligen Nutzung unabhängiger Weise als feste Kosten den Planperioden zurechnen, während derer es eingesetzt wird;
– Man kann die Lebensdauer in Nutzungsstunden schätzen, den Anschaffungswert durch deren Zahl dividieren und mit dem so ermittelten Betrag als variable Kosten des Werkzeugs je nach dessen Einsatz rechnen.

In beiden Fällen heißen die Beträge, mit denen die Nutzung des Werkzeugs in der Kostenrechnung erfaßt wird, *Abschreibung*. Im erstgenannten Fall ist sie zeitbedingt und damit unabhängig von der Produktmenge des Monats, bei deren Herstellung das Werkzeug mitwirkt. Der Quotient „Feste Kosten je Produktmengeneinheit" schwankt dann rechnerisch mit der monatlichen Produktmenge. Ist diese hoch, dann ist der Quotient, die Fixkostenbelastung der Produktmengeneinheit, niedrig und umgekehrt. Für die Verteilung der zeitabhängigen Gesamtabschreibung, im wesentlichen Anschaffungs- abzüglich Rest-(Schrott-)wert, auf die einzelnen Planperioden gibt es mehrere Verfahren. Die beiden gebräuchlichsten sind die *lineare Abschreibung*, bei der man den Gesamtbetrag gleichmäßig auf die Planperioden verteilt; und die *degressive Abschreibung*, bei der die Gesamtabschreibung auf Beträge verteilt wird, die in arithmetischer oder geometrischer Folge kleiner werden.

Im zweitgenannten Fall ist die Abschreibung nicht zeit-, sondern einsatz-(leistungs-)abhängig. Hauptproblem ist hierbei, den Vorrat an Nutzungen, den das jeweilige dauerhafte Produktionsgut verkörpert, zu schätzen. Maßgebend ist dabei nicht die technische Lebensdauer, die man als die Zeitspanne ansehen kann, während derer das Gut bestimmungsgemäß genutzt werden kann, sondern die wirtschaftliche Lebensdauer, während derer es lohnt, die Funktionsfähigkeit des Gutes durch Wartung und Reparaturen aufrechtzuerhalten.

Im folgenden wird angenommen, daß die Planperiode festgelegt und dann ein Teil der Kosten als fest geplant wird. In der Praxis handelt es sich dabei vorwiegend um Kosten für die Aufrechterhaltung des Produktionsapparats und damit der *Betriebsbereitschaft:* Zeitabhängige Abschreibungen auf Gebäude, Maschinen, Anlagen; Pacht für Grundstücke; Zinsen für Kredite; Versicherungsprämien sowie Löhne und Gehälter für leitendes und verwaltendes Personal, dessen Arbeitsleistungen nicht direkt der Produktmenge zurechenbar sind. Einzelwirtschaftlich müssen auch produktunabhängige Steuern wie Grund- und Vermögensteuer als Teil der festen Kosten geplant werden, obwohl sie kein Entgelt für den Bezug von Produktionsfaktoren, sondern staatlich erzwungene Transfers sind. Will man sie unter den Kostenbegriff subsumieren, muß man sie wie alle anderen Steuern als nicht direkt zurechenbare Entgelte für von öffentlichen Haushalten produzierte Leistungen sehen. Der staatliche Eingriff in den Wirtschaftsprozeß führt im übrigen auch dazu, daß die Kosten des Produktionsfaktors Arbeitsleistung nicht nur aus den an die Arbeitnehmer gezahlten Bruttolöhnen und -gehältern bestehen. Das Unternehmen hat außerdem die gesetzlichen Arbeitgeberanteile zu entrichten; es leistet Transfers im Rahmen der Lohnfortzahlung im Krankheitsfall, außerdem sind tarifliche und freiwillige außertarifliche Sozialleistungen üblich. Diese *Personalnebenkosten* haben heute eine solche Höhe erreicht, daß sie zu einem wichtigen Bestimmungsfaktor bei unternehmerischen Entscheidungen über Einstellung oder Entlassung von Arbeitskräften geworden sind.[16]

Läßt man die Produktmenge in der Planung um jeweils eine Einheit zunehmen, dann steigen jeweils auch die Gesamtkosten um bestimmte Beträge, die jedoch in der Regel klein gegenüber den Gesamtkosten der Ausgangssituation sind. Dies sind die *Grenzkosten* der jeweiligen zusätzlichen Mengeneinheit. Für ihren Zusammenhang mit den variablen Kosten gilt: Addiert (kumuliert) man die bis zu einer bestimmten Pro-

---

[16] Nach Erhebungen des Statistischen Bundesamts kamen 1988 im Produzierenden Gewerbe der Bundesrepublik zum Entgelt für geleistete Arbeit weitere 80,5 v. H. dieses Entgelts als Personalnebenkosten (gemäß der Definition der Internationalen Arbeitsorganisation) hinzu. Vgl. WiSta Juli 1990, S. 467.

duktmenge für jede einzelne Mengeneinheit angefallenen Grenzkosten, erhält man die gesamten variablen Kosten dieser Menge.

4. Die Minimalkostenkombination. Eine zentrale unternehmerische Aufgabe besteht darin, die Herstellung jeder innerhalb der Kapazität liegenden Produktmenge so zu organisieren, daß die jeweiligen Gesamtkosten so niedrig wie möglich werden: Der Unternehmer handelt gemäß dem ökonomischen Prinzip und strebt die *Minimalkostenkombination* an. Dazu sei zunächst angenommen, daß die Entscheidung über die Art des Produktionsprozesses gefallen ist, daß dieser auf einem bestimmten Niveau x^0 läuft und daß die Preise $p_1 \ldots p_n$ der Faktoren $v_1 \ldots v_n$ sowie der Produktpreis p_x gegeben und konstant sind. Die grundlegende Überlegung ist dann folgende. Die Gesamtkosten einer vorgegebenen Produktmenge lassen sich durch Mindereinsatz eines Faktors v_i und entsprechenden Mehreinsatz eines Faktors v_k dann senken, wenn die Kostenerhöhung $p_k \Delta v_k$ kleiner ist als die Kostensenkung $p_i \Delta v_i$. Denkt man sich das Verfahren schrittweise weitergeführt, dann zeigt sich, daß bei abnehmender Grenzrate der technischen Substitution gemäß Hypothese 2.2 (S. 184) je Einheit des Mehreinsatzes von v_k eine ständig kleiner werdende Menge an v_i eingespart werden kann, wenn die Produktmenge ungeändert bleiben soll. Daher wird auch die durch fortgesetzte Substitution in dieser Richtung erzielbare Kostenersparnis immer kleiner, erreicht schließlich den Wert null und wird bei noch weiterer Substitution negativ: Die Kosten steigen dann wieder. Solange also die Gesamtkosten durch Substitutionen irgend zweier Faktoren noch gesenkt werden können, ist die Minimalkostenkombination noch nicht erreicht. Sie ist realisiert, wenn für alle denkbaren v_i/v_k-Paare gilt, daß die Kostenerhöhung infolge des Mehreinsatzes einer kleinen Menge des einen Faktors genau so groß ist wie die Kostensenkung infolge des Mindereinsatzes des anderen, wenn also gilt

$$p_i |\Delta v_i| = p_k |\Delta v_k| \quad \text{für} \quad i, k = 1 \ldots n, i \neq k. \tag{2.37}$$

(Die senkrechten Striche deuten an, daß hier die absoluten Werte betrachtet werden müssen, da immer eine Kostenerhöhung einer Kostensenkung gegenübersteht und das Gleichheitszeichen daher ohne diese Kennzeichnung nicht gelten könnte.) Gleichung (2.37) ist die Bedingung für die Minimalkostenkombination, wenn die Faktorpreise konstant sind. Streng genommen gilt sie nur für beliebig kleine Änderungen der Einsatzmengen dv_i und dv_k und läßt sich demnach besser so schreiben:

$$\frac{p_k}{p_i} = \frac{|dv_i|}{|dv_k|}. \tag{2.38}$$

Unter Benutzung der Grenzrate der technischen Substitution von v_i durch v_k gilt also

Satz 2.8:   *Bei gegebenen Faktorpreisen ist die Minimalkostenkombination erreicht, wenn für jeweils zwei Faktoren v_i und v_k die Grenzrate der Substitution von v_i durch v_k gleich dem reziproken Verhältnis ihrer Preise ist.*

Steigt beispielsweise der Preis p_k, dann nimmt auch das Preisverhältnis p_k/p_i in Gleichung (2.38) zu. Soll die Minimalkostenkombination gewahrt bleiben, muß die Grenzrate der Substitution von v_i durch v_k auf der rechten Seite der Gleichung ebenfalls steigen. Das geht nur, wenn mehr von v_i oder weniger von v_k eingesetzt oder eine

Kombination beider Änderungen vorgenommen wird. Eine Preiserhöhung für einen Faktor läßt also seinen Einsatz und damit die Nachfrage nach ihm relativ zurückgehen, wenn die Produktmenge ungeändert bleibt. Das Umgekehrte gilt für eine Preissenkung. Zu beachten ist, daß dabei immer nur die relativen Preise wichtig sind. Steigen zwei Preise zur selben Zeit, dann geht der Einsatz desjenigen Faktors relativ zurück, dessen Preis stärker steigt. Vorausgesetzt wird hierbei, daß die Isoquante normalen Verlauf gemäß Hypothese 2.2 hat.

Wie S. 183 anhand von Gleichung (2.12) gezeigt wurde, ist in jedem Punkt einer Isoquante die technische Grenzrate der Substitution zwischen zwei Faktoren v_i und v_k gleich dem reziproken Verhältnis ihrer beiden Grenzproduktivitäten:

$$\frac{|dv_i|}{|dv_k|} = \frac{\partial x/\partial v_k}{\partial x/\partial v_i}.$$

Setzt man dies in Gleichung (2.38) ein, erhält man

$$\frac{p_k}{p_i} = \frac{\partial x/\partial v_k}{\partial x/\partial v_i}. \tag{2.39}$$

Das ergibt als alternative Fassung zu Satz 2.8 den

Satz 2.9: *Die Minimalkostenkombination ist verwirklicht, wenn sich die Grenzproduktivitäten irgend zweier Faktoren zueinander verhalten wie deren Preise.*

Je teurer also ein Faktor im Verhältnis zu einem anderen ist, um so höher muß im Optimum auch seine Grenzproduktivität in dem betrachteten Prozeß sein. Gemäß den früher gemachten Annahmen ist die Grenzproduktivität eines Faktors um so höher, je niedriger seine Einsatzmenge ist. Auch aufgrund von Satz 2.9 ist daher zu folgern, daß die Nachfrage nach einem substituierbaren Produktionsfaktor um so geringer ist, je höher sein Preis ist.

Aus der Bedingung (2.39) läßt sich durch die Umformung

$$\frac{p_i}{\partial x/\partial v_i} = \frac{p_k}{\partial x/\partial v_k} \tag{2.40}$$

ein weiterer wichtiger Satz ableiten. Wie ist der Quotient aus dem Preis und der Grenzproduktivität eines Produktionsfaktors ökonomisch zu interpretieren? Man sieht das, wenn man in einem Zahlenbeispiel auch die Dimensionsbezeichnungen berücksichtigt. Es sei p_i=8 DM/Ah (=Arbeitsstunde), also ein Lohnsatz, p_k=20 DM/Mh (=Maschinenlaufstunde), und die Grenzproduktivitäten seien $\partial x/\partial v_i$=2 Stück/Ah und $\partial x/\partial v_k$=5 Stück/Mh. Es ist dann

$$\frac{p_i}{\partial x/\partial v_i} = \frac{8 \text{ DM/Ah}}{2 \text{ Stück/Ah}} = \frac{4 \text{ DM}}{\text{Stück}} \quad \text{und} \quad \frac{p_k}{\partial x/\partial v_k} = \frac{20 \text{ DM/Mh}}{5 \text{ Stück/Mh}} = \frac{4 \text{ DM}}{\text{Stück}}.$$

Bei den gewählten Zahlen ist Gleichung (2.40) erfüllt. Ihre Quotienten geben also an, um welchen Betrag die Kosten steigen, wenn jeweils eine Einheit des Produkts zusätzlich hergestellt wird, wobei aber der Einsatz nur eines Faktors erhöht wird. Der Kostenzuwachs je Einheit des Mehrprodukts wurde in III.3 als Grenzkosten bezeichnet. Während dort jedoch offen blieb, ob der Einsatz eines Faktors oder mehrerer Faktoren erhöht wurde, betrachtet man bei Gleichung (2.40) den Produktmengenzuwachs aufgrund des Mehreinsatzes nur eines Faktors. Man nennt die Quotienten der Gleichung (2.40) daher die *partiellen Grenzkosten* (auch: *Faktorgrenzkosten*). Diese Größe ergibt sich im übrigen auch aufgrund der Überlegung, daß der Mehreinsatz eines Faktors v_i je Einheit des Mehrprodukts gleich dem Quotienten $\partial v_i/\partial x$ ist. Multipliziert man diesen Quotienten mit dem Preis p_i des Faktors, ergeben sich die partiellen Grenzkosten GK_i:

$$GK_i = p_i \frac{\partial v_i}{\partial x} = \frac{p_i}{\partial x/\partial v_i}. \tag{2.41}$$

Für irgend zwei Faktoren v_i und v_k muß daher nach Gleichung (2.40) die Bedingung $GK_i = GK_k$ gelten. Mithin gilt als weitere Fassung der Sätze 2.8 und 2.9 der

Satz 2.10: *Die Minimalkostenkombination ist verwirklicht, wenn die partiellen Grenzkosten beim Mehreinsatz aller Produktionsfaktoren gleich groß sind.*

Diese Minimierungsvorschrift nennt man auch das *Gesetz vom Ausgleich der Faktorgrenzkosten* (zum Gebrauch von „Gesetz" vgl. S. 75, Anm. 5). Ist der Satz nicht erfüllt, so ist sofort zu sehen, wie die Kosten gesenkt werden können. Betragen die partiellen Grenzkosten beim Mehreinsatz von v_i beispielsweise 5 DM/Stück, beim Mehreinsatz von v_k 3 DM/Stück, dann sinken die Gesamtkosten offenbar um 2 DM, wenn ein Stück mehr durch Mehreinsatz von v_k mittels Kostenerhöhung um 3 DM und ein Stück weniger durch Mindereinsatz von v_i und Kosteneinsparung um 5 DM produziert wird. Wieder muß die Substitution von v_i durch v_k solange fortgesetzt werden, bis Satz 2.10 gilt.

Schließlich kann man die reziproken Werte der Quotienten (2.40) bilden. Das an diese anschließende Zahlenbeispiel zeigt, daß die Bedingung für die Minimalkostenkombination dann lautet, daß die Produktmengenerhöhung einheitlich 0,25 Stück betragen muß, wenn von einem beliebigen Faktor für 1 DM mehr gekauft und eingesetzt wird. Das ergibt

Satz 2.11: *Die Minimalkostenkombination ist verwirklicht, wenn der Mehreinsatz jedes beliebigen Produktionsfaktors im Wert einer Geldeinheit das Produktionsergebnis jeweils um die gleiche Menge erhöht.*

Verkürzt kann man von der „Grenzproduktivität einer (zum Kauf von Produktionsfaktoren ausgegebenen) Geldeinheit in allen Verwendungen" sprechen. Die Richtigkeit auch dieses Satzes leuchtet sofort ein, wenn man von einer Situation ausgeht, in der er nicht gilt. Da die reziproken Werte der Bedingungen (2.40) bedeuten, daß die Grenzproduktivitäten der Faktoren mit ihren Preisen gewogen werden, nennt man diese Fassung das *„Gesetz vom Ausgleich der gewogenen Grenzproduktivitäten"*.

Graphisch läßt sich die Minimalkostenkombination bei zwei Faktoren v_1 und v_2 wie folgt ermitteln. In Bild 2.14 (a) sind eine Isoquante und zwei *Isokostengeraden*

$$K = p_1 v_1 + p_2 v_2 \quad \text{und} \quad K' = p_1 v_1' + p_2 v_2'$$

eingezeichnet. Eine Isokostengerade entspricht als graphische Darstellung einer Kostengleichung (2.36) S. 209 der Budgetgeraden in der Theorie des Haushalts und ist der geometrische Ort für alle Kombinationen von v_1 und v_2, die bei gegebenen Preisen p_1 und p_2 bestimmte Gesamtkosten *TK* verursachen. Sind feste Kosten *FK* zu berücksichtigen, bezieht sich die Isokostengerade nur auf die variablen Kosten gemäß der Gleichung

$$TK - FK = VK = p_1 v_1 + p_2 v_2.$$

Im folgenden wird für die zu berücksichtigenden Kosten einfach *K* geschrieben. Die Gleichung einer Isokostengeraden ist in einem v_1, v_2-Koordinatensystem unter den gegebenen Voraussetzungen

$$v_2 = \frac{K}{p_2} - \frac{p_1}{p_2} v_1.$$

Die Abschnitte auf den beiden Achsen, in Bild 2.14 (a) für die K'-Gerade gekennzeichnet, sind K'/p_1 und K'/p_2. Ihre konstante Steigung ist gleich dem Preisverhältnis p_1/p_2. *K* kann mithin als Verschiebungsparameter benutzt werden, dessen Änderungen Parallelverschiebungen der Isokostengeraden bewirken.

Für die beiden Isokostengeraden gilt $K' < K$. Der Schnittpunkt *P* zeigt, daß die Produktmenge x^0 mit der durch diesen Punkt angegebenen Kombination von v_1 und v_2 hergestellt werden kann, wobei Kosten in Höhe von *K* anfallen. Wandert man nun auf der Isoquante in Richtung auf P', substituiert also v_1 nach und nach durch v_2, so sinken dadurch die Gesamtkosten, da zunächst ein relativ kleiner Mehreinsatz von v_2 ausreicht, um einen relativ großen Mindereinsatz von v_1 zu kompensieren. Da das Preisverhältnis p_2/p_1, das die Richtung der Kostengeraden bestimmt, konstant bleibt, wird die Kostengerade parallel in Richtung auf den Nullpunkt verschoben. Die Gesamtkosten erreichen ihr Minimum, sobald eine Kostengerade zur Tangente an die Isoquante wird. Das bedeutet, aber auch, daß die Grenzrate der Substitution von v_1 durch v_2 im Punkt P', also $\Delta v_1/\Delta v_2$ (oder genauer dv_1/dv_2), die durch den Tangens des Winkels β gegeben wird, in diesem Punkt gleich dem Verhältnis der beiden Abschnitte ist, die die Kostengerade K' auf den beiden Koordinatenachsen erzeugt. Dieses Verhältnis ist gleich deren durch das Preisverhältnis ausgedrückten Steigung:

$$\frac{K'}{p_1} : \frac{K'}{p_2} = \frac{p_2}{p_1}, \quad \text{so daß gilt} \quad \frac{|dv_1|}{|dv_2|} = \frac{p_2}{p_1},$$

Bild 2.14 – *Die graphische Ermittlung der Minimalkostenkombination*

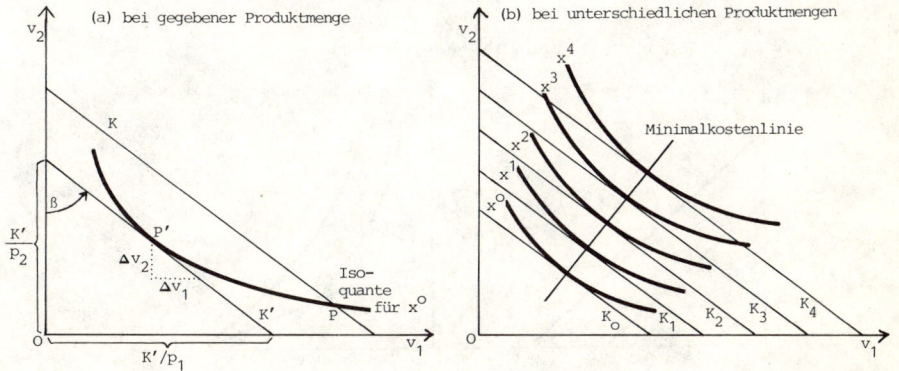

womit die Bedingung (2.38) im Punkt P' erfüllt ist. Im Punkt P' des Optimums stimmen wiederum zwei Realtauschverhältnisse überein: Das Preisverhältnis p_2/p_1 der beiden Faktoren bedeutet, daß sie am Markt im Verhältnis v_1/v_2 getauscht werden, und in eben diesem Verhältnis können sie im Punkt P' auch in der Produktion durcheinander ersetzt werden. Unter Verwendung des in III.2 eingeführten Begriffs läßt sich sagen: Im Optimum sind die Alternativkosten des Einsatzes eines Produktionsfaktors in der Produktion ebenso groß wie die seiner Beschaffung am Markt.

Die vorstehenden Überlegungen lassen sich für jede vorgegebene Produktmenge anstellen. Bild 2.14 (b) zeigt Isoprodukt- und Isokostenkurven für eine Reihe von Produktionsniveaus, die von x^0 bis x^4 sukzessive zunehmen, und die entsprechenden minimalen Kostenbeträge K_0 bis K_4. Verbindet man die Tangentialpunkte, die für jede Produktmenge die Minimalkostenkombination angeben, erhält man als geometrischen Ort für diese Kombinationen die für die herrschenden Preise und die verwendete Technik geltende *Minimalkostenkurve* (auch: *Faktoranpassungskurve*). Da die Kurve die Einsatzmengen der beiden Faktoren bei einer wachsenden Unternehmung angibt, nennt man sie auch den *Expansionspfad* dieser Unternehmung.

Bild 2.14 läßt erkennen, wie zwei äquivalente Probleme zu lösen sind:

– Welches sind die kleinstmöglichen Kosten K^{min} einer gegebenen Produktmenge $x=x^0$?
– Welches ist die mit einer gegebenen Kostensumme $K=K^0$ maximal herstellbare Produktmenge x^{max}?

Die Frage nach der Reaktion des Unternehmens auf Änderungen des Preisverhältnisses p_2/p_1 der Faktoren wird unten in IV.3 beantwortet.

Die in Bild 2.14 dargestellte Situation kann insofern als Normalfall angesehen werden, als die Berührungspunkte von Isoquanten und Isokostenlinien im ersten Quadranten des Koordinatensystems und nicht auf dessen Achsen liegen. Das nennt man *interne Lösungen* des Optimierungsproblems. Verlaufen jedoch die Isoquanten wie in Bild 2.15 (a) geradlinig und parallel, dann gibt es zwei Möglichkeiten. Entweder hat die Isokostenlinie zufällig die gleiche Steigung wie die Isoquanten, fällt also mit einer von ihnen zusammen, oder die Steigungen sind verschieden. Im ersten Fall sind beispielsweise K_1 und I_1 identisch, und jede beliebige Faktorkombination verursacht die gleichen Kosten. Im zweiten Fall erhält man das Kostenminimum für $x=x^1$ beim Schnittpunkt von K_0- und I_1-Gerade auf der v_1-Achse: Es ergibt sich eine Randlösung (vgl. S. 89). Wie Teil (b) des Bildes zeigt, kann eine solche Lösung auch bei

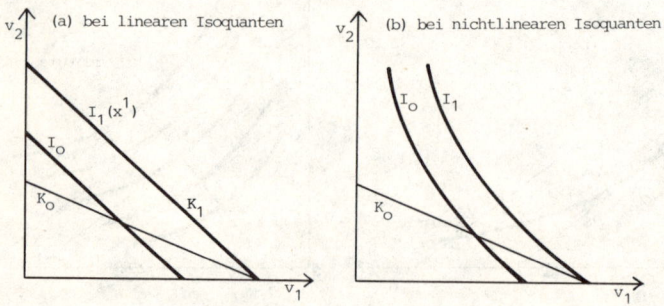

Bild 2.15 – *Randlösungen*

nichtlinearen Isoquanten vorkommen, wenn die Steigung der Isokostenlinie überall kleiner ist als die der Isoquante. Ihr Kennzeichen ist, daß nur ein Faktor eingesetzt wird.

Die bisherigen Antworten auf die Frage nach den Eigenschaften der Minimalkostenkombination lassen sich für eine beliebige Zahl von Faktoren algebraisch gewinnen, wenn man das Problem als Lösung einer Optimierungsaufgabe unter einer Nebenbedingung in Form einer Gleichung auffaßt. Das geschieht mit Hilfe von

Modell 2.42 – *Minimierung der Kosten einer Produktmenge*

Kostengleichung: $TK = FK + \sum p_i v_i \to \min!$ $i = 1 \ldots n$ (2.42-I)

Produktionsfunktion: $x = f(v_1, v_2, \ldots, v_n)$ (2.42-II)

Produktmenge: $x = x^0$. (2.42-III)

Hierin sind die festen Kosten FK, die Faktorpreise $p_1 \ldots p_n$ und die Produktmenge x^0 gegeben. Die Lagrange-Funktion lautet, wenn man die beiden Nebenbedingungen (2.42-II) und (2.42-III) auf die Nullform bringt und zu $x^0 - f(v_i) = 0$ zusammenfaßt:

$$L = FK + \sum p_i v_i + \lambda \left[x^0 - f(v_1, v_2, \ldots, v_n) \right].$$

Differentiation nach $v_1 \ldots v_n$ und λ und Nullsetzung der $n+1$ partiellen Ableitungen ergibt als Bedingungen 1. Ordnung für das Kostenminimum

$$\frac{\partial L}{\partial v_i} = p_i - \lambda \frac{\partial x}{\partial v_i} = 0, \quad \text{worin} \quad i = 1 \ldots n, \tag{2.43}$$

$$x^0 - f(v_1, v_2, \ldots, v_n) = 0.$$

Damit liegen $n+1$ Gleichungen vor, aus denen sich die $n+1$ Unbekannten $v_1 \ldots v_n$ und λ ermitteln lassen. Auf die Untersuchung der Bedingungen 2. Ordnung wird verzichtet (sie sind für streng konvexe Isoquanten erfüllt).

Aus (2.43) folgt

$$\lambda = \frac{p_1}{\partial x/\partial v_1} = \frac{p_2}{\partial x/\partial v_2} = \ldots = \frac{p_n}{\partial x/\partial v_n} \quad \text{und} \quad \frac{1}{\lambda} = \frac{\partial x/\partial v_1}{p_1} = \ldots = \frac{\partial x/\partial v_n}{p_n}.$$

Die Größe λ ist also gleich den partiellen Grenzkosten, und die Sätze 2.9 bis 2.11 ergeben sich unmittelbar.

Die Sätze über die Minimierung der Kosten entsprechen formal den Sätzen 1.1 bis 1.3 über die Maximierung der Bedürfnisbefriedigung in der Theorie der Konsumwahl (vgl. S. 74f.). Sie sind damit Anwendungsbeispiele für die beiden Fassungen des ökonomischen Prinzips (S. 7f.).

Als Ergebnis dieses Abschnitts ist festzuhalten, daß die Minimalkostenkombination erreicht ist, wenn eine Marginalbedingung vorliegt, die in vier Fassungen hergeleitet wurde:

– Die Grenzraten der technischen Substitution je zweier Produktionsfaktoren müssen ihren Preisen umgekehrt proportional sein;
– Die Grenzproduktivitäten je zweier Produktionsfaktoren müssen sich zueinander verhalten wie ihre Preise;

- Die partiellen Grenzkosten müssen beim Mehreinsatz jedes Produktionsfaktors gleich groß sein;
- Das „Gesetz" vom Ausgleich der gewogenen Grenzproduktivitäten muß erfüllt sein, der Mehreinsatz jedes Faktors im Wert einer Geldeinheit erbringt das gleiche Mehrprodukt.

Die Bedingung ist hinreichend, die Minimalkostenkombination ist also realisiert, wenn sie vorliegt und die Bedingungen 2. Ordnung erfüllt sind. Das Ergebnis gilt unter recht strengen Voraussetzungen: Alle Faktoren müssen beliebig teilbar und wenigstens paketweise (vgl. S. 177) substituierbar sein, die Faktorpreise sind gegeben, der Produzent verhält sich auf seinen Beschaffungsmärkten also als Mengenanpasser, alle Grenzproduktivitäten sind positiv und fallend, und die gewählte Produktmenge liegt in bezug auf sämtliche Faktoren innerhalb der Kapazitätsgrenze. Ein Produktionsprozeß mit realisierter Minimalkostenkombination ist immer auch effizient (streng genommen nur unter der allerdings realistischen Voraussetzung, daß alle Faktoren Preise größer als null haben: Wenn ein v_i nichts kostet, kann von ihm zuviel, das heißt bis zur Situation $\partial x/\partial v_i < 0$, eingesetzt werden, ohne daß die Kosten berührt werden). Sind jedoch alle Produktionsfaktoren limitativ, dann ist das Problem der Minimalkostenkombination dadurch gelöst, daß der Prozeß effizient gehalten wird. Dies kann schon der Techniker ohne jede Kenntnis von Preisen sicherstellen, da die Einsatzmengen aller Faktoren für jede Produktmenge gemäß den Gleichungen (2.6) feststehen (vgl. S. 173). Das Problem taucht daher bei Prozessen mit konstanten Produktionskoeffizienten für den Kostenplaner nicht auf. Die Entscheidungssituation des Unternehmers hängt wie folgt von der Art des Produktionsprozesses ab (vgl. auch S. 175 f.):

- Bei Prozessen mit konstanten Produktionskoeffizienten sind Entscheidungen über die Art des Prozesses (falls mehrere zur Auswahl stehen) und über sein Niveau zu treffen;
- Bei Prozessen mit variablen Produktionskoeffizienten sind Entscheidungen über die Art des Prozesses, sein Niveau und zusätzlich über die Kombination der Produktionsfaktoren zu treffen.

5. Kostenverläufe. Wenn TK die Gesamtkosten, FK die festen einschließlich der Alternativkosten (S. 212) und $p_1 \ldots p_n$ die Preise der n Faktoren sind (zu denen wie S. 215 beschrieben rechnerische Preise für die Einheit der Nutzung dauerhafter Produktionsmittel gehören können), dann gilt wie in Modell 2.42 (S. 221) die Kostengleichung

$$TK = FK + \sum p_i v_i, \quad \text{worin} \quad i = 1 \ldots n. \tag{2.44}$$

Im folgenden sei stets unterstellt, daß für jede Produktmenge die Minimalkostenkombination geplant wird. Der Unternehmer ordnet nun in seiner Planung unterschiedlichen Produktmengen die entsprechenden Gesamtkosten für Herstellung und Verkauf zu und erhält so die Gesamtkostenfunktion oder einfach *Kostenfunktion*:

$$TK = f(x). \tag{2.45}$$

Die Zusammenhänge zwischen dieser Funktion, der Kostengleichung (2.44) und der Produktionsfunktion (2.1) S. 170 sind wie folgt zu beschreiben:

- Bei gegebenen Faktormengen $v_1 \ldots v_n$ gibt die Produktionsfunktion $x = f(v_1 \ldots v_n)$ unter der Voraussetzung technisch effizienten Faktoreinsatzes die höchstmögliche Produktmenge x^{max} an, die während der Planperiode herstellbar ist. Bei zwei Produkten wird sie graphisch durch eine Transformationskurve wie in Bild 2.10 (S. 195) wiedergegeben;
- Die Kostengleichung $K = p_1 v_1 + \ldots + p_n v_n$ nennt den bei der Herstellung von x^{max} entstehenden Gesamtbetrag an Kosten, der von den Mengen der $v_1 \ldots v_n$ und ihren Preisen abhängt. Bei zwei Faktoren und gegebenen Gesamtkosten $K = K^0$ wird sie graphisch durch eine Isokostenlinie wie in Bild 2.14 (a) S. 219 dargestellt;
- Die (kurzfristige) Kostenfunktion $K = f(x)$ gibt die kleinstmöglichen Gesamtkosten für jede innerhalb der Kapazität liegende Produktmenge x an, wobei jeweils technisch effiziente Produktion, die Minimalkostenkombination und je nach Fragestellung gegebene oder beeinflußbare Faktorpreise vorausgesetzt werden. Graphisch ist sie unten in den Bildern 2.16 und 2.17 dargestellt.

Im folgenden wird angenommen, daß der Zusammenhang (2.45) unabhängig davon gilt, ob für x ein steigender oder fallender Wert geplant wird. In der Praxis ist mitunter zu beobachten, daß die Kosten einer Produktmenge x^1, die kleiner als die früher produzierte Menge x^2 ist, größer sind als die Kosten der gleichen Menge x^1, die gegenüber einer noch früher hergestellten Menge x^0 eine Ausdehnung der Produktmenge bedeutete. Diese Erscheinung wird als *Kostenremanenz* bezeichnet. Eine häufige Ursache für diese ist, daß der Produktionsrückgang als vorübergehend angesehen wird und daher beispielsweise Facharbeiter im Unternehmen festgehalten werden, deren Entlassung und Wiedereinstellung teurer als ihre kurzzeitige Weiterbezahlung trotz Beschäftigungsmangels wäre. Von solchen Erscheinungen wird hier abgesehen.

Der Verlauf der Kostenfunktion (2.45) hängt gemäß Gleichung (2.44) sowohl von den Preisen der Faktoren als auch von der mit der Produktionsfunktion erfaßten Technik des Produktionsprozesses ab. Diese bildet insofern die Grundlage der Kostenplanung und damit auch der Nachfrage nach Faktoren und des Angebots an Produkten. Bild 2.16 zeigt drei plausible Verläufe der *Gesamtkostenkurve* gemäß Gleichung (2.45). Aus ihr lassen sich einige abgeleitete Kostenkurven gewinnen, von denen die *Grenzkostenkurve* ebenfalls eingezeichnet ist. Das Bild läßt erkennen, in welcher Weise der Verlauf der Grenzkostenkurve vom Verlauf der Gesamtkosten abhängt. Zunächst gilt, daß Produktionsunternehmen bei ihrer Kostenplanung auf kurze Frist eine *Kapazitätsgrenze* berücksichtigen müssen. Das ist die in den drei Teilen von Bild 2.16 jeweils durch x^{max} symbolisierte höchste Produktmenge, die mit dem

Bild 2.16 – *Gesamt- und Grenzkostenverläufe*

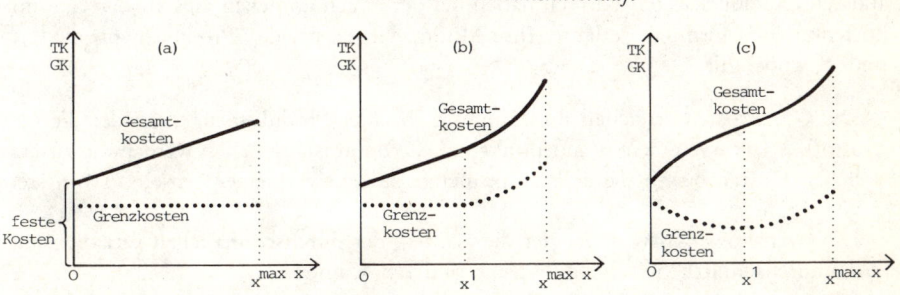

kurzfristig nicht zu erweiternden Bestandsfaktor Realkapital hergestellt werden kann. Auch jeder Produktionsfaktor kann eine Kapazitätsgrenze markieren, etwa wenn kurzfristig nicht mehr Arbeitskräfte eingestellt oder nicht mehr Rohstoffe beschafft werden können, oder wenn die Energieversorgung begrenzt ist. In der hier betrachteten kurzfristigen Kostenplanung enden die Kostenkurven daher an der Kapazitätsgrenze. Teil (a) zeigt den Fall, daß die Gesamtkostenkurve bis x^{max} linear verläuft, und entsprechend sind die Grenzkosten im gesamten Bereich konstant. Eine für viele Produktionsprozesse zutreffende Beschreibung bietet Teil (b): Hier sind die Grenzkosten über einen großen Teil der Kapazität konstant, steigen aber von der Produktmenge x^1 an progressiv. In der Praxis kann das dadurch zustandekommen, daß Überstunden gemacht und höher bezahlt werden, Zuschläge für Nacht- oder Wochenendarbeit fällig werden, mehr Ausschuß anfällt oder höhere Preise bei Mehrbezug anderer Faktoren zu entrichten sind. Teil (c) verallgemeinert Fall (b) dadurch, daß im Bereich 0 bis x^1 fallende Grenzkosten berücksichtigt werden. Eine Zwischenzone konstanter Grenzkosten könnte ebenfalls noch auftreten.

Drei weitere abgeleitete Kostenkurven ergeben sich aus der Division der Gesamtkosten TK, der festen Kosten FK und der variablen Kosten VK durch die Produktmenge x:

– die durchschnittlichen Gesamtkosten $\quad DTK = \dfrac{TK(x)}{x}$; $\hfill$ (2.46)

– die durchschnittlichen festen Kosten $\quad DFK = \dfrac{FK}{x}$; $\hfill$ (2.47)

– die durchschnittlichen variablen Kosten $DVK = \dfrac{VK(x)}{x}$. $\hfill$ (2.48)

Die Grenzkosten GK sind algebraisch gleich der ersten Ableitung der Kostenfunktion (2.45) nach der Produktmenge, wenn die üblichen mathematischen Voraussetzungen gelten:

$$GK = \frac{dTK(x)}{dx} . \hfill (2.49)$$

Bild 2.17 zeigt als Vergrößerung und Erweiterung von Bild 2.16 (c) die Verläufe der bisher erwähnten Kostenfunktionen. In Teil (a) kann man sich die Kurve der Gesamtkosten aus der im Punkt P beginnenden Kurve der variablen Kosten und den in Höhe von FK anfallenden festen Kosten zusammengesetzt denken. Die durchschnittlichen festen Kosten fallen ständig und nähern sich asymptotisch der x-Achse. Die anderen drei abgeleiteten Kurven haben bei der angenommenen Gestalt der Gesamtkostenkurve U-förmige Verläufe. Ihre Minima liegen bei den Produktmengen x^1, x^2 und x^3, wobei gilt:

- Die Grenzkosten erreichen ihr Minimum bei der Produktmenge, bei der die Gesamtkostenkurve einen Wendepunkt hat. Ökonomisch gesehen werden die zusätzlichen Kosten bis zu dieser Produktmenge sukzessive kleiner, jenseits davon steigen sie an;
- Die Grenzkostenkurve schneidet die Kurven der durchschnittlichen variablen und der durchschnittlichen totalen Kosten in deren Minima.

Bild 2.17 – *Gesamtkostenkurve und abgeleitete Kostenkurven*

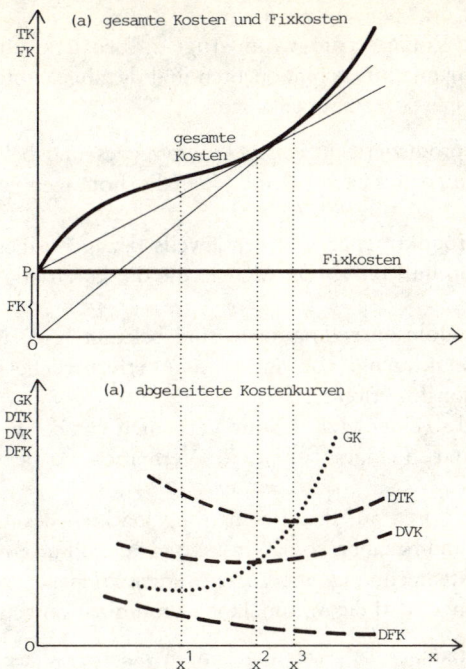

Die Richtigkeit dieser Aussagen läßt sich zunächst geometrisch einsehen. Die Grenzkosten sind überall gleich der Steigung der jeweiligen Tangente an die Gesamtkostenkurve. In Teil (a) sind die Tangens der Winkel, die die beiden Fahrstrahlen an die Gesamtkostenkurve von Punkt P aus mit der Fixkostenlinie und vom Nullpunkt aus mit der positiven Richtung der x-Achse bilden, gleich den DVK und den DTK. Diese Winkel sind jeweils an einer Stelle kleiner als alle anderen Winkel, die die beiden Fahrstrahlen bilden können. In diesen Minima werden die Fahrstrahlen zu Tangenten an die Gesamtkostenkurve: Bei x^2 erhält man das DVK^{min}, bei x^3 das DTK^{min}, und deren Werte sind dann gleich den jeweiligen Grenzkosten.

Alternativ kann man den wichtigen und auch anderweitig geltenden logischen Zusammenhang zwischen Grenz- und Durchschnittsgrößen etwa so darstellen. Die DVK einer Produktmenge sind das arithmetische Mittel aus den bis dahin aufsummierten Grenzkosten. Solange diese sinken, fallen auch die DVK, aber wegen der Durchschnittsbildung nicht so stark wie die Grenzkosten. Diese beginnen nach dem Durchgang durch ihr eigenes Minimum wieder zu steigen, liegen aber zunächst noch unter ihrem bisherigen arithmetischen Mittel, so daß die DVK noch weiter sinken. Die Hinzufügung ständig größer werdender Grenzkosten bremst jedoch den Rückgang der DVK, bis ein Punkt erreicht wird, in dem die Grenzkosten so groß wie das arithmetische Mittel aus ihrer eigenen Summe und damit gleich den DVK werden. Die dann hinzutretenden weiteren Grenzkosten sind größer als ihr bis dahin erreichter Durchschnitt, ziehen diesen also nach oben. Folglich haben die DVK ihr Minimum bei der Produktmenge durchschritten, bei der sie gleich den Grenzkosten waren. Entsprechend läßt sich für die *DTK* argumentieren.

Es ist wichtig, die Voraussetzungen im Auge zu behalten, unter denen eine Gesamtkostenkurve und damit ihre Komponenten und die abgeleiteten Kurven gezeichnet werden. Sie lassen sich so zusammenfassen:

- Das Unternehmen produziert ein einziges homogenes und beliebig teilbares Gut mit Hilfe von Produktionsfaktoren, die ebenfalls homogen und beliebig teilbar sind;
- Die Planung der Produktmenge und der jeweils dazugehörigen Kosten erstreckt sich auf Mengen von null bis zu der Menge, die die kurzfristige Kapazitätsgrenze markiert;
- Die technischen Produktionsbedingungen sind bekannt und lassen sich in bezug auf die für jede Produktmenge von null bis x^{max} erforderliche Faktorkombination durch eine Produktionsfunktion erfassen;
- Einige Faktoren sind so eingesetzt, daß ihr Verbrauch von der Produktmenge unabhängig ist, andere sind so eingesetzt, daß ihr Verbrauch mit der Produktmenge variiert;
- Das Angebot an Faktoren auf den Beschaffungsmärkten des Unternehmens und seine Bedingungen sind bekannt, so daß insbesondere die Einstandspreise jeder Faktormenge in die Kostenrechnung einbezogen werden können.
- Für jede Produktmenge wird die Minimalkostenkombination geplant.

Unter diesen Voraussetzungen läßt sich angeben, in welcher Weise die Gesamtkosten von der Produktmenge abhängen. Man kann dann eine Kostenfunktion (2.45) aufstellen und eine Gesamtkostenkurve zeichnen. In einer solchen Funktion werden Plangrößen einander zugeordnet, auch sie beschreibt also nicht etwa Änderungen von Produktmenge und Kosten im Zeitablauf. Wie immer gilt auch die Ceteris-paribus-Klausel: Ändert sich auch nur eine der Voraussetzungen, etwa eine technische Gegebenheit oder ein Preis auf einem Beschaffungsmarkt, so ändert sich auch die Kostenfunktion.

Der Verlauf der Gesamtkostenfunktion kann wie beschrieben mit Hilfe der drei Durchschnitts- und der einen Marginalquote gemäß den Gleichungen (2.46) bis (2.49) näher gekennzeichnet werden. Setzt man die relativen Änderungen der Gesamtkosten und der Produktmengen zueinander in Beziehung, erhält man die *Elastizität der Gesamtkosten in bezug auf die Produktmenge* oder kürzer die *Gesamtkosten-Produktmengenelastizität* (oft auch einfach *Kostenelastizität*):

$$\varepsilon_{TK,x} = \frac{\frac{dTK}{TK}}{\frac{dx}{x}} = \frac{dTK}{dx} \cdot \frac{x}{TK} = \frac{\frac{dTK}{dx}}{\frac{TK}{x}} = \frac{\text{Grenzkosten}}{\text{durchschnittliche Gesamtkosten}}. \quad (2.50)$$

Da sowohl die Grenzkosten als auch die durchschnittlichen Gesamtkosten immer größer als null sind, ist diese Elastizität positiv. Bei einem Verlauf der Gesamtkostenkurve wie im Bild 2.17 ist sie bis zum Minimum der durchschnittlichen Gesamtkosten kleiner als eins, da in diesem Bereich die Kosten prozentual schwächer steigen als die Produktmenge. Bei DTK^{min} erreicht die Elastizität den Wert eins und liegt jenseits dieses Punktes über eins.

6. Die Wahl zwischen mehreren Produktionsverfahren. Das allgemeine Wahlproblem — ein angestrebter Erfolg kann prinzipiell immer auf mehreren Wegen erreicht werden, vgl. S. 27 f. — stellt sich dem Unternehmer bei der Planung des Produktionsprozesses auf zwei Arten:

- Sind die Produktionsfaktoren einzeln oder paketweise kontinuierlich substituierbar, dann kann er zwischen einer Vielzahl von Faktorkombinationen wählen, wobei er die technischen Gegebenheiten zu berücksichtigen hat und die Zusammensetzung an die Preisverhältnisse anpassen wird;
- Sind die Faktoren limitativ, dann kann die Möglichkeit bestehen, zwischen mehreren Verfahren zu wählen, die durch unterschiedliche, aber konstante Faktorproportionen gekennzeichnet sind.

Einige Autoren sehen den erstgenannten Fall als nur ein Verfahren an, jedoch ist dies lediglich eine Frage des Sprachgebrauchs. Da jeder Punkt auf einer Isoquante eine andere Faktorkombination und damit andere Produktionskoeffizienten bedeutet, kann man ebensogut von kontinuierlicher Substitution zwischen beliebig vielen Produktionsverfahren sprechen. Das hierbei zu lösende Wahlproblem wurde in Abschnitt III.4 abgehandelt. Die Wahl zwischen mehreren nicht kontinuierlich substituierbaren Verfahren mit jeweils konstanten Produktionskoeffizienten läßt sich bei zwei Faktoren v_1 und v_2 wie folgt graphisch darstellen. In Bild 2.18 symbolisieren die *Prozeßstrahlen* genannten Geraden OA und OB zwei Produktionsverfahren A und B, die durch unterschiedliche konstante Mengenverhältnisse $v_2^A/v_1^A = \text{tg } \alpha$ und $v_2^B/v_1^B = \text{tg } \beta$ gekennzeichnet sind. Die Punkte P_A und P_B mögen bedeuten, daß mit den jeweiligen v_2, v_1-Kombinationen die gleiche Menge x^0, etwa 100 Mengeneinheiten, des Produktes x hergestellt werden können. Hierbei wird jeweils nur ein Verfahren benutzt, das andere also nicht eingesetzt. Die erste Frage ist: Welche Mengen an v_1 und v_2 werden benötigt, wenn beide Verfahren beliebig teilbar und kombinierbar sind und mit solchen Prozeßniveaus eingesetzt werden, daß zusammen 100 ME hergestellt werden? Es könnte ja sein, daß angesichts der Preise von v_1 und v_2 die Gesamtkosten einer Kombination beider Verfahren niedriger liegen als die Gesamtkosten bei alleinigem Einsatz von A oder B. Es sei λ ($0 \leq \lambda \leq 1$) der Teil von x^0, der mit dem Verfahren A hergestellt wird, $1 - \lambda$ der mit dem Verfahren B hergestellte Teil. Der Punkt P auf der Geraden OA gibt dann die Mengen von v_1 und v_2 an, die zur Herstellung von λx^0

Bild 2.18 – *Die Wahl zwischen zwei Produktionsverfahren*

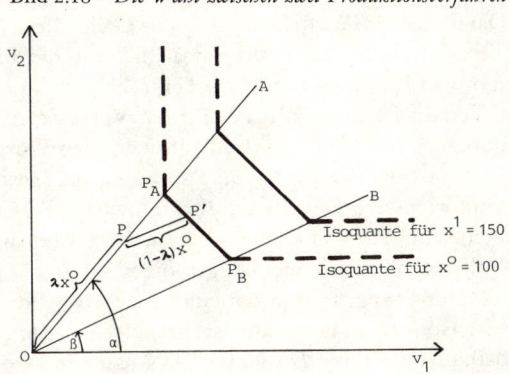

im Verfahren A gebraucht werden. Zieht man nun in P eine Parallele zu OB, so gibt die Strecke PP' an, auf welchem Niveau der Prozeß B laufen muß, um die noch fehlende Menge $(1-\lambda)\,x^0$ zu erbringen. Der Parallelverlauf bedeutet ja, daß die Faktoren in dem für B charakteristischen Verhältnis eingesetzt werden. Verschiebt man den Punkt P auf der Geraden OA und zieht die jeweiligen Parallelen zu OB, dann wandert der Punkt P' auf der Strecke $P_A P_B$. Mithin ist diese Strecke die Isoquante für die Produktmenge x^0 bei allen denkbaren Kombinationen der beiden Verfahren einschließlich der beiden Extreme, in denen jeweils nur ein Verfahren benutzt wird.

Daß es sich bei der Verbindungslinie $P_A P_B$ um einen Geradenabschnitt handelt, läßt sich wie folgt zeigen. Es mögen für die beiden Prozesse die folgenden Einsatzfunktionen gelten:

Prozeß A: $\qquad\qquad v_1 = a_1 x \quad$ und $\quad v_2 = a_2 x \quad\Big\}\quad$ worin $\quad a_1 \neq b_1$

Prozeß B: $\qquad\qquad v_1 = b_1 x \quad$ und $\quad v_2 = b_2 x \quad\Big\}\quad$ und $\quad a_2 \neq b_2 \quad$ ist.

Die Einsatzmengen bei der Produktmenge x^0 errechnen sich dann wie folgt. Im Prozeß A werden der Betrag $a_1 \lambda\, x^0$ von v_1 und $a_2 \lambda\, x^0$ von v_2 gebraucht, im Prozeß B daher noch $b_1(1-\lambda)\,x^0$ von v_1 und $b_2(1-\lambda)\,x^0$ von v_2. Die gesamten Einsatzmengen von v_1 und v_2 sind dann

$$v_1 = a_1 \lambda x^0 + b_1(1-\lambda)\,x^0$$
$$v_2 = a_2 \lambda\, x^0 + b_2(1-\lambda)\,x^0.$$

Löst man beide Gleichungen nach λ auf und eliminiert λ durch Gleichsetzung, erhält man

$$\frac{v_1 - b_1 x^0}{(a_1 - b_1)\,x^0} = \frac{v_2 - b_2 x^0}{(a_2 - b_2)\,x^0}.$$

Hieraus ergibt sich nach einigen Umformungen

$$v_2 = \frac{a_2 - b_2}{a_1 - b_1} v_1 + \frac{a_1 b_2 - a_2 b_1}{a_1 - b_1} x^0. \qquad(2.51)$$

Nun erfordert gemäß Bild 2.18 Prozeß A bei jedem Niveau x einen niedrigeren Einsatz an v_1 als Prozeß B, so daß $a_1 < b_1$; und einen höheren Einsatz an v_2 als Prozeß B, so daß $a_2 > b_2$ gilt. Damit ist der Koeffizient von v_1 in Gleichung (2.51) kleiner und das Absolutglied größer als null, so daß es sich tatsächlich um die Gleichung einer in dem Koordinatensystem von Bild 2.18 von links oben nach rechts unten verlaufenden Geraden handelt. Ihr Verlauf ist unter den gemachten Voraussetzungen von λ und damit von der Aufteilung der Gesamtproduktion auf die beiden Prozesse unabhängig. Der Vollständigkeit halber ist die Isoquante von P_A und P_B aus (gestrichelt) noch als Parallele zu den Achsen fortgesetzt. Gemäß den Erörterungen S. 174 bezeichnen diese beiden Äste jedoch ineffiziente Kombinationen. Eine weitere Isoquante, die im 1,5fachen Abstand vom Nullpunkt eingezeichnet ist, gilt für $x^1 = 150$.

Das Problem der Minimierung der Kosten einer gegebenen Produktmenge wird, nachdem die Gestalt der Isoquanten bestimmt ist, graphisch wie S. 219 f. gelöst. Bild 2.19 zeigt vier Prozeßstrahlen OA bis OD und eine Isoquante für $x = x^0$. Zunächst ist

Bild 2.19 – *Die graphische Ermittlung der Minimalkostenkombination*

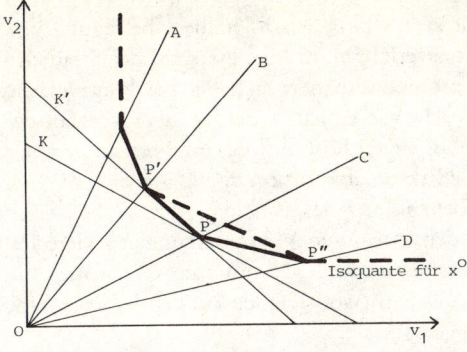

klar, daß effiziente Kombinationen nur auf dem durchgezogenen Teil der Isoquante liegen. Die gestrichelte Verbindung zwischen den Punkten P' auf OB und P'' auf OD ist zwar auch eine Isoquante, aber eine ineffiziente, da x^0 in diesem Bereich mit Kombinationen entlang des Linienzuges $P'PP''$ und daher mit geringerem Einsatz an v_1 oder v_2 oder beiden hergestellt werden kann. Denkt man sich nun eine Isokostengerade K, deren Steigung das konstante Preisverhältnis p_1/p_2 der beiden Produktionsfaktoren wiedergibt, vom Nullpunkt ausgehend solange parallel verschoben, bis der Linienzug der Isoquante berührt wird, dann gibt der Berührungspunkt die kostenminimale v_1, v_2-Kombination an. Zwei Möglichkeiten sind in Bild 2.19 gezeigt. Die Linie K berührt die Isoquante im Eckpunkt P, der auf dem Prozeßstrahl OC liegt. Bei dem gegebenen Preisverhältnis ist es vorteilhaft, die gesamte Menge x^0 nur mit dem Verfahren OC herzustellen. Ändert sich das Preisverhältnis, dann ändert sich auch die Steigung der Kostenlinie. Steigt etwa p_1 relativ zu p_2, so wird der Abschnitt auf der v_1-Achse kleiner, der auf der v_2-Achse größer: Die Kostenlinie dreht sich im Uhrzeigersinn. Bemerkenswert ist nun, daß die Änderung des Preisverhältnisses zunächst keinen Einfluß auf die Entscheidung hat, nur den Prozeß OC einzusetzen. Solange K die Isoquante nur im Punkt P berührt, repräsentiert dieser Punkt die Minimalkostenkombination unabhängig vom Preisverhältnis. Dies ist ein wesentlicher Unterschied zu der Situation bei kontinuierlicher Substitutionsmöglichkeit, die in III.4 behandelt wurde. Zwar mögen sich in der Praxis auch dabei die im Kommentar zu Aussage 23 (S. 13) genannten Schwellen bemerkbar machen, aber in dem in Bild 2.19 dargestellten Fall kann es beachtliche Änderungen der Preisrelationen geben, die den Unternehmer auch bei sofortiger Reaktionsbereitschaft nicht veranlassen, seine Produktionsplanung zu ändern. Erst wenn sich das Preisverhältnis so stark geändert hat, daß die Kostenlinie in die Lage K' gerät, tritt eine andere Situation ein. Dies ist die oben genannte andere Möglichkeit. Da hier die Kostenlinie mit einem Stück der Isoquante zusammenfällt, verursacht jede zwischen P und P' gelegene Kombination der Prozesse OC und OB einschließlich der beiden durch P und P' selbst repräsentierten die gleichen Kosten. Der Produktionsplaner ist in diesem Bereich indifferent gegenüber diesen Kombinationen. Wurde bisher mit der Kombination gemäß P produziert, dann ist allerdings zu vermuten, daß zunächst keine Umstellung erfolgen wird, da diese ihrerseits Kosten verursacht. Erst wenn sich das Preisverhältnis weiter in der bisher angenommenen Richtung ändert, wird der vollständige Übergang zum Verfahren OB lohnend.

Aus Bild 2.19 läßt sich schließlich folgende Überlegung gewinnen. Erhöht man die Zahl der Produktionsverfahren, nimmt die Zahl der Strahlen vom Nullpunkt aus zu und die Form der Isoquante nähert sich der bei kontinuierlicher Faktorsubstitution. Diese kann demnach, wie eingangs betont, als Grenzfall der Substitutionsmöglichkeit zwischen beliebig vielen Produktionsverfahren aufgefaßt werden: Die Prozeßsubstitution geht in die Faktorsubstitution über.

Die algebraische Behandlung des Problems der Wahl zwischen Produktionsverfahren erfordert unter den genannten Voraussetzungen andere Hilfsmittel als im Fall kontinuierlicher Faktorsubstitution. Optimierungsprobleme unter Nebenbedingungen, von denen einige die Form von Ungleichungen haben, werden mit Hilfe der *Linearen Programmierung* gelöst.

7. Unternehmensinterne Ineffizienz. Bei den bisherigen Überlegungen wurde von der Standardannahme ausgegangen, daß Unternehmer für jede Produktmenge die Minimalkostenkombination planen. Dies ist Teil der allgemeinen Annahme, daß Wirtschaftssubjekte unabhängig von ihrer Größe und internen Organisation (Struktur) nach dem ökonomischen Prinzip verfahren. Ob sie dies tatsächlich tun oder tun können, ist jedoch eine empirische Frage; und die Beobachtung zeigt, daß Kostenminimierung auf Grenzen stößt und daß daher in nennenswertem Umfang technisch und ökonomisch ineffizient produziert wird. Dabei läßt sich eine Skala angeben, die von der Situation, daß der Wille der Unternehmensleitung zur Kostenminimierung auf Widerstand der Mitarbeiter stößt, bis hin zu Fällen reicht, in denen die Ziele des Unternehmens am besten mittels *Kostenmaximierung* erreicht werden.

Kostenminimierung ist ein ständiger Prozeß, der unter vielen Aspekten den Interessen von Mitarbeitern des Unternehmens zuwiderläuft, etwa wenn es darum geht, Arbeitsplätze einzusparen oder deren Ausstattung (das Arbeitszimmer des Abteilungsleiters, die Bereitstellung von Hilfskräften und Transportmöglichkeiten, freiwillige Sozialleistungen aller Art) zu beschränken. Ist die Gewinnsituation befriedigend, liegt die Hypothese nahe, daß es die Unternehmensleitung im Interesse der Arbeitszufriedenheit mit der Kostenminimierung nicht allzu genau nehmen wird. Als Beleg kann die häufig zu machende Beobachtung dienen, daß bei Verschlechterung der ökonomischen Situation eines Unternehmens mit dem damit eintretenden Zwang zur Kostensenkung unerwartet viele und weitgehende Möglichkeiten für diese entdeckt werden. Die Statistik zeigt, daß die Krankmeldungen zurückgehen, wenn sich die konjunkturelle Situation verschlechtert und die Gefahr des Arbeitsplatzverlustes daher zunimmt. Kostenerhöhungen können daher durch Leistungssteigerungen aufgefangen werden, und umgekehrt können Preiserhöhungen für die Produkte eines Unternehmens Kosten steigen lassen. Generell gilt, daß kein Arbeitsvertrag festlegen und keine laufende Aufsicht sicherstellen kann, daß die jeweilige Tätigkeit ständig mit dem für eine effiziente Produktion erforderlichen Maximum an Eifer, Sorgfalt und Einsatzbereitschaft verrichtet wird. Deren Ausmaß wird statt dessen von Bestimmungsfaktoren wie Betriebsklima, Aufstiegswille und -möglichkeiten sowie vielen anderen motivierenden und demotivierenden Umständen abhängen und kann innerhalb weiter Grenzen wie auch im Zeitablauf variieren. Ferner zeigt schon die oberflächliche Beobachtung, daß die Fähigkeiten von Unternehmensleitern, den Produktionsprozeß effizient zu organisieren und die Mitarbeiter zu motivieren, außerordentlich unterschiedlich sind. Auch verfolgen sie häufig Ziele, die von denen der Anteilseigner abweichen (vgl. S. 169 f.). Mangelhafte Kenntnis der Produktionsfunktion kann hinzukommen. Insgesamt ist daher die Tatsache zu akzeptieren, daß ein Unternehmen weniger als technisch effizienter Güter-Einsatz-Ausstoß-Mechanismus, sondern vielmehr als eine soziale Organisation zu sehen ist, in der Menschen mit allen ihren Fehlern und Schwächen aufgrund vielfältiger gleichlaufender wie widerstreitender Interessen zusammenarbeiten. Die hieraus resultierende Abweichung vom Zustand effizienter Produktion wird *X-Ineffizienz* genannt. Sie bedeutet, daß sich Unternehmen in einer Darstellung wie der Bild 2.10 (b) S. 195 unterhalb der Transformationskurve befinden. Bei der Beurteilung dieses Sachverhalts unter Wohlfahrtsgesichtspunkten ist jedoch zu beachten, daß Abweichungen solcher Art die Wohlfahrt von Beschäftigten erhöhen können: Die Tätigkeit in der Produktion hat einen Konsumaspekt. Dies wäre mit der Beeinträchtigung der Interessen der Unternehmenseigner zu verrechnen.

Äußere Umstände sind vermutlich ein maßgeblicher Bestimmungsgrund für das Ausmaß der X-Ineffizienz. So besteht kein starker Anreiz zur Kostensenkung, wenn ein Unternehmen keinem wesentlichen Wettbewerb ausgesetzt ist und seine Preise so setzen kann, daß ein als auskömmlich betrachteter Gewinn erzielt wird.[17] Ähnliches ist in einer allgemeinen und als dauerhaft angesehenen (schleichenden) Inflation zu vermuten, wie sie heute vielerorts zu beobachten ist. Besonders in den industrialisierten Ländern steigen die Lohnsätze in einigermaßen regelmäßigen Abständen. In einer nichtinflatorischen Situation bedeutet dies den Anreiz, die teurer gewordene Arbeitskraft durch vermehrten Einsatz von Realkapital zu substituieren, dessen Preise weniger stark steigen oder konstant bleiben. Damit werden die Kosten konstant gehalten oder können sogar sinken, und die Gewinne sind nicht gefährdet. Auch wenn die Kosten steigen, besteht noch eine Hemmung, die Preise zu erhöhen, da bei Vorliegen von Wettbewerb die Gefahr besteht, daß die Konkurrenten nicht mitziehen, sondern ihre Preise, obwohl auch sie von den Lohnerhöhungen betroffen sind, konstant halten und hoffen, dadurch ihren Absatz steigern zu können. Anders ist die Lage jedoch bei allgemeinen und fortdauernden Preissteigerungen, von denen auch Rohstoffe, Energie und andere Vorleistungen sowie die dauerhaften Produktionsmittel betroffen sind. Hier weiß jeder Anbieter, daß auch seine Konkurrenten keine andere Möglichkeit haben, als diese Preissteigerungen in ihren Preisen weiterzugeben. In einer allgemeinen Inflation gibt es daher kaum noch eine Barriere gegen das Vorpreschen des einzelnen Anbieters mit Preiserhöhungen. Die Anbieter verhalten sich, als ob zwischen ihnen Absprachen über Preiserhöhungen bestünden. Damit fällt auch ein wesentlicher Anreiz zur Begrenzung des Anstiegs der Kosten oder gar zu deren Senkung weg. Statt dessen werden sie so, wie sie anfallen, in den Preisen weitergegeben. Nebenergebnis dieses Kostenweitergabe-Verhaltens kann ein starker Rückgang der Wachstumsrate der durchschnittlichen Arbeitsproduktivität sein.

---

[17] Ein Indiz dafür ist die Beobachtung, daß die Produktionskosten je Kilowattstunde von Elektrizitäts-Dyopolen in den Vereinigten Staaten im Durchschnitt um 11 v. H. niedriger lagen als die von Monopolen in gleicher Situation; vgl. W. J. PRIMEAUX: An Assessment of X-Efficiency Gained Through Competition. REStat, Vol. 59, 1977, S. 107. Damit erscheint auch der Fall des natürlichen Monopols (unten, in IV.5) in einem anderen Licht: Dessen Kostenvorteile können durch seine *X*-Ineffizienz im Extremfall mehr als aufgewogen werden.

Die wichtigste Ausnahme vom Streben nach Kostenminimierung dürfte schließlich dann vorliegen, wenn Güter in Auftragsfertigung hergestellt werden. Die krassesten Fälle dieser Art sind zu beobachten, wenn vor der Auftragsvergabe kein oder kein wesentlicher Wettbewerb bestand; wenn es sich um Großprojekte mit langer Fertigungsdauer handelt und daher Preisgleitklauseln im Liefervertrag enthalten sind; wenn noch während der Bauzeit Forschungs- und Entwicklungsarbeiten zu leisten sind; und wenn die Auftraggeber öffentliche Stellen sind, die ihrerseits auf keine Gewinnsituation Rücksicht zu nehmen haben. Alle diese Bedingungen treffen zusammen, wenn das Verteidigungsministerium als Auftraggeber einerseits bestimmte Forderungen an die Leistungsfähigkeit des Produkts stellt, anderseits Preise aufgrund der vom Produzenten erstellten Kostenkalkulation samt einem Gewinnzuschlag zahlt. Da der absolute Gewinn hierbei mit den Kosten wächst und deren Kontrollmöglichkeiten durch den Auftraggeber begrenzt sind, ergibt sich bei solchen Produzenten das eindeutige Zwischenziel der Kostenmaximierung (wobei gewisse Obergrenzen einzuhalten sind, um zukünftige Aufträge nicht zu gefährden). Bei dieser Interessenlage ist ein sich aufschaukelnder Prozeß zu beobachten: Die infolge der Kostenmaximierung steigenden Preise der Rüstungsgüter veranlassen die Verwalter der öffentlichen Mittel zu Mehranforderungen, was wiederum weitere Kostenerhöhungen ermöglicht, und so fort (vgl. zur Interessenlage der Verwalter öffentlicher Gelder unten, Abschnitt III.2 des 5. Kapitels). Wie Beobachtungen zeigen, werden solche Effekte verstärkt, wenn personelle Verflechtungen der Art bestehen, daß ehemalige Regierungsbeamte oder Politiker nach Quittierung ihres Dienstes leitende Posten in der Rüstungsindustrie übernehmen.

Eine Spielart des kostenmaximierenden ist schließlich das subventionsmaximierende Unternehmen. Sein Subventionsbedarf wächst mit seinen Kosten, und obwohl eine zunehmende Abhängigkeit von öffentlichen Zuschüssen kaum erstrebenswert ist, sind Subventionen doch eine gegenüber Erlösen am Markt vergleichsweise mühelos zu erzielende Art von Einkünften. Ständig subventionierte Unternehmen zeichnen sich häufig durch Verwendung der neuesten Technik ohne Rücksicht auf deren Wirtschaftlichkeit, zu hohe und daher unausgelastete Kapazitäten, zu hohe Lagerbestände und generell durch ineffiziente Produktion aus.

IV. Das Produktionsunternehmen am Markt

1. Das Angebot des Mengenanpassers. Die bisher behandelte Kostenplanung lieferte Angaben darüber, welche Gesamtkosten für unterschiedliche Produktmengen bei Produzenten anfallen, die auf ihren Beschaffungsmärkten als Mengenanpasser auftreten. Übrig bleibt zu entscheiden, welche Menge tatsächlich hergestellt und angeboten werden soll. Diese Entscheidung hängt in erster Linie von dem kurzfristig verfolgten Ziel sowie davon ab, ob der Anbieter den Verkaufspreis p innerhalb gewisser Grenzen selbst festlegen kann oder ihn als gegeben hinnehmen muß. Zunächst sei der Fall untersucht, daß der Gewinn in der Planperiode maximiert werden soll und der Preis ein Datum ist. Die produzierte sei gleich der abgesetzten Menge.

Bild 2.20 zeigt in Teil (a) den Umsatz und die Gesamtkosten sowie als Differenz zwischen beiden den Gewinn eines als Mengenanpasser handelnden Anbieters. Die Kosten seien bei jeder Produktmenge minimal. Bei den Mengen x^2 und x^5 decken sich

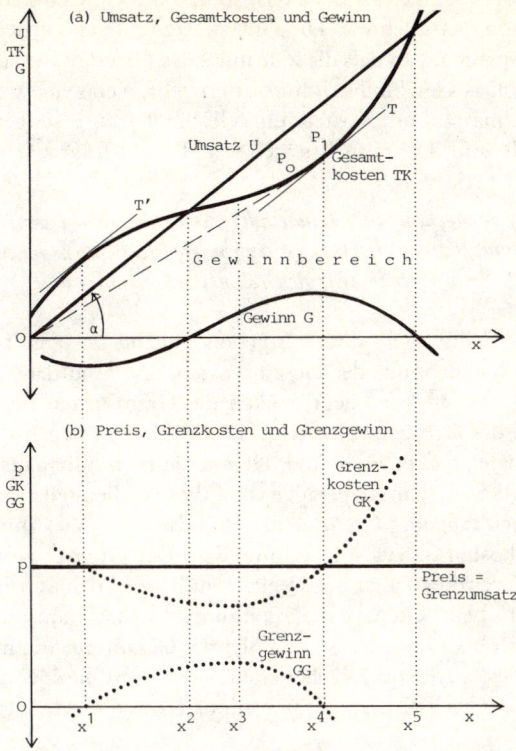

Bild 2.20 – *Der Gewinn eines Mengenanpassers*

Umsatz und Kosten, der Gewinn ist gleich null. Bei Mengen zwischen null und kleiner als x^2 sowie größer als x^5 übersteigen die Kosten den Umsatz, es entsteht ein Verlust, bei $x^2 < x < x^5$ ein Gewinn. Bei der angegebenen Lage der Kurven existiert also ein *Gewinnbereich* (auch: eine *Gewinnzone*), der von zwei *Verlustbereichen* eingeschlossen wird. Ob ein Gewinnbereich vorhanden und wie groß er ist, hängt bei gegebenem Kostenverlauf allein vom Preis ab. Dieser ist wegen $U = px$ gleich der Steigung der Umsatzgeraden, gemessen durch den Tangens U/x des Winkels α. Ist der Preis beispielsweise so niedrig, daß die gestrichelt eingezeichnete Umsatzgerade die Kostenkurve im Punkt P_0 berührt, dann werden die Kosten der betreffenden Produktmenge gerade gedeckt, der Gewinn ist null, und bei jeder anderen Menge entsteht ein Verlust. Der Gewinn steigt in Bild 2.20 (a) mit wachsender Produktmenge zunächst an und fällt dann wieder. Es muß dann eine Stelle geben, an der er am höchsten ist. Der maximale senkrechte (positive) Abstand zwischen Umsatz- und Gesamtkostenkurve ist offenbar im Punkt P_1, in dem die Tangente T an die TK-Kurve parallel zur Umsatzgeraden verläuft, und damit bei der Menge x^4 erreicht.

Unabhängig von geometrischen Überlegungen läßt sich die gewinnmaximierende Produktmenge durch folgende Anwendung marginalen Denkens finden. Man gehe in der Planung von der Menge x^2 aus und füge sukzessive eine Mengeneinheit des Produkts hinzu. Der Mehrerlös ist gleich dem Preis p der Einheit, die Mehrkosten sind gleich der Zunahme der Gesamtkosten, also gleich den Grenzkosten *GK*. Zunächst sind die Grenzkosten kleiner als der Preis, so daß der Gewinn zunimmt. Es lohnt daher, die Produktion auszudehnen. Die Grenzkosten mögen zunächst noch sinken; jedoch steigen sie später an, so daß die Zunahme des Gewinns, der *Grenzgewinn*, sukzessive kleiner wird. Das Gewinnmaximum ist erreicht, wenn eine weitere Erhöhung der Produktmenge Umsatz und Kosten um gleiche Beträge steigen läßt, so daß der Grenzgewinn null wird. Die gesuchte Stelle ist also wie folgt zu finden:

Satz 2.12: *Ein als Mengenanpasser handelnder Anbieter erreicht sein kurzfristiges Gewinnmaximum, wenn er im Bereich steigender Grenzkosten die Menge produziert und anbietet, deren Grenzkosten gleich dem Verkaufspreis sind.*

Teil (b) des Bildes illustriert dieses Ergebnis anhand der aus Teil (a) abgeleiteten Kurven. Da der Wendepunkt der Gesamtkostenkurve und damit das Minimum der Grenzkostenkurve bei $x^3 > x^2$ liegt, sinken die Grenzkosten im Gewinnbereich zunächst noch, und der Grenzgewinn steigt. Das Bild zeigt ferner, daß die Grenzkosten auch noch bei x^1 gleich dem Preis sind. Hier verläuft, wie sich aus Teil (a) ergibt, die Tangente T' parallel zur Umsatzgeraden, und dies ist die Stelle maximalen Verlustes. Sie liegt im Bereich fallender Grenzkosten, und daher ist der Hinweis auf den Bereich steigender Grenzkosten in Satz 2.12 erforderlich. Der Grenzgewinn als Differenz zwischen Preis und Grenzkosten ist bei x^1 gleich null, wird dann positiv und baut so den Verlust ab, erreicht beim Grenzkostenminimum x^3 sein Maximum und nimmt von da an ab, ist aber noch bis x^4 positiv, so daß hier der Gesamtgewinn maximiert ist.

Algebraisch läßt sich Satz 2.12 herleiten, wenn man die Definitionsgleichung für den Gewinn G, der gleich Umsatz $U = px$ minus Kosten $K = K(x)$ ist:

$$G = px - K(x),$$

nach x differenziert und den Grenzgewinn dG/dx gleich null setzt:

$$\frac{dG}{dx} = p - \frac{dK(x)}{dx} = 0 \quad \text{und damit} \quad p = GK. \tag{2.52}$$

Dies ist nur eine notwendige Bedingung, wie Bild 2.20 (b) zeigt. Es muß also wie immer noch die zweite Ableitung herangezogen werden, um festzustellen, wo Gewinnmaximum und -minimum liegen:

$$\frac{d^2G}{dx^2} = -\frac{d^2K(x)}{dx^2}.$$

An der Stelle des Gewinnmaximums muß die zweite Ableitung negativ sein. Da ein Minuszeichen vor $d^2K(x)/dx^2$ steht, ist die Bedingung 2. Ordnung erfüllt, wenn dieser Ausdruck, der seinerseits gleich der 1. Ableitung der Grenzkostenfunktion und damit gleich deren Steigung ist, positiv ist. Damit ist auch aufgrund der algebraischen Ableitung das Gewinnmaximum im Bereich steigender und das Gewinnminimum im Bereich abnehmender Grenzkosten lokalisiert. Tabelle 2.2 macht dies zusätzlich an einem fiktiven Zahlenbeispiel deutlich, das etwa die Situation von Bild 2.20 wiedergibt. Der Gewinn $G = U - TK$ gehorcht der Gleichung (Achtung: Potenzexponenten im folgenden nicht mit hochgestellten Indizes zur Kennzeichnung unterschiedlicher Pro-

Tabelle 2.2 – *Umsatz, Kosten und Gewinn eines Mengenanpassers*

Produkt-menge x	Umsatz bei $p=1\,200$	Gesamt-kosten[a]	Gewinn	Grenz-kosten	Grenz-gewinn
(1)	(2)	(3)	(4)	(5)	(6)
10	12 000	44 000	– 32 000	1 210	– 10
20	24 000	54 400	– 30 400	880	320
30	36 000	61 800	– 25 800	610	590
40	48 000	66 800	– 18 800	400	800
50	60 000	70 000	– 10 000	250	950
60	72 000	72 000	0	160	1 040
70	84 000	73 400	10 600	130	1 070
80	96 000	74 800	21 200	160	1 040
90	108 000	76 800	31 200	250	950
100	120 000	80 000	40 000	400	800
110	132 000	85 000	47 000	610	590
120	144 000	92 400	51 600	880	320
130	156 000	102 800	53 200	1 210	– 10
140	168 000	116 800	51 200	1 600	– 400
150	180 000	135 000	45 000	2 050	– 850
160	192 000	158 000	34 000	2 560	– 1 360
170	204 000	186 400	17 600	3 130	– 1 930
180	216 000	222 800	– 6 800	3 760	– 2 560

[a] Gemäß der Funktion $TK = 0,1\,x^3 - 21\,x^2 + 1\,600\,x + 30\,000$.

duktmengen verwechseln!):

$$G = -0,1\,x^3 + 21\,x^2 - 400\,x - 30\,000$$

mit den Nullstellen (im positiven Bereich von x) $x^2 = 60$ und $x^5 = 178,08$. Der Grenzgewinn ist

$$dG/dx = -0,3\,x^2 + 42\,x - 400.$$

Diese Gleichung hat die beiden Lösungen $x^1 = 10,28$ (Gewinnminimum gleich Verlustmaximum) und $x^4 = 129,72$ (Gewinnmaximum). Wie Spalte (5) der Tabelle erkennen läßt, liegt die erste dieser Mengen im Bereich sinkender, die zweite im Bereich steigender Grenzkosten. Das Grenzkostenminimum und daher das Grenzgewinnmaximum liegen bei $x^3 = 70$, wie aus der Nullsetzung der 1. Ableitung der Grenzkostenfunktion

$$dTK/dx = GK = 0,3\,x^2 - 42\,x + 1600, \quad \text{also} \quad dGK/dx = 0,6\,x - 42 = 0,$$

zu ermitteln ist.

Die bisherigen Überlegungen dieses Abschnitts erlauben eine Antwort auf die Frage, welche Produktmenge bei einem bestimmten vorgegebenen Preis angeboten wird. Wie reagiert das Unternehmen mit seinem Angebot, wenn sich der Preis ändert, oder allgemeiner: Gibt es einen funktionalen Zusammenhang zwischen dem Preis und der angebotenen Menge? Die Antwort auf diese Frage zeigt Bild 2.21. In ihm sind in

Bild 2.21 – *Die Angebotskurve eines Mengenanpassers*

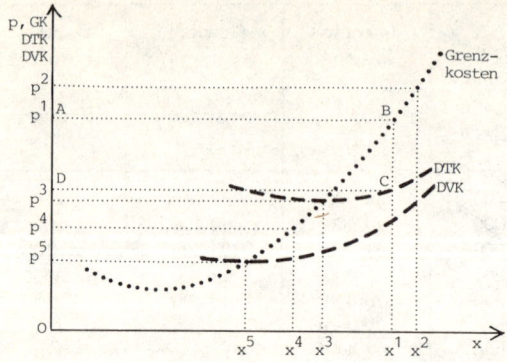

Erweiterung von Bild 2.20 (b) die Kurven der durchschnittlichen gesamten und der durchschnittlichen variablen Kosten aus Bild 2.17 (S. 225) eingezeichnet. Der Preis sei zunächst gleich p^1. Gemäß Satz 2.12 wird dann die Menge x^1 angeboten. Der Gewinn je Mengeneinheit, der *Stückgewinn* (auch: *Durchschnittsgewinn*), ist gleich der Differenz zwischen Preis und durchschnittlichen Gesamtkosten bei dieser Produktmenge, also gleich der Strecke *BC*. Der Gesamtgewinn ist gleich dem Stückgewinn mal Produktmenge, also gleich dem Inhalt des Rechtecks *ABCD*. Steigt der Preis auf p^2, wird x^2 angeboten. Stückgewinn und Gesamtgewinn nehmen dabei zu.

Fällt der Preis auf p^3, so wird x^3 angeboten. Hierbei werden gerade die gesamten Kosten gedeckt, Stück- und Gesamtgewinn fallen auf null. Dieser Preis, bei dem sich Grenzkosten- und *DTK*-Kurve schneiden, muß mindestens erzielt werden, wenn der Anbieter auf Dauer am Markt bleiben soll. Dies gilt allerdings nur, wenn die bei diesem Preis gedeckten Gesamtkosten sich erstens auch langfristig nicht ändern und zweitens einschließlich der Alternativkosten definiert sind (vgl. S. 212 f.). Sie müssen daher den kalkulatorischen Unternehmerlohn, eine als angemessen angesehene kalkulatorische Verzinsung der eingesetzten Mittel und ein Risikoentgelt enthalten. Man spricht dann auch von der *langfristigen Preisuntergrenze* oder der *Gewinnschwelle*, weil von dieser Höhe des Preises an Gewinne entstehen, wenn er steigt. Bleibt er konstant, sind Gewinne nur über Kostensenkung erzielbar, etwa mittels Realisierung technischen Fortschritts oder organisatorischer Verbesserungen. Die Möglichkeit der Gewinnerzielung bildet den Anreiz für diese gesamtwirtschaftlich erwünschten Innovationen. Vom Standpunkt der Konsumenten schließlich, die generell daran interessiert sind, daß die Produktionsfaktoren in sämtlichen Produktionsprozessen der Volkswirtschaft bestmöglich genutzt werden, weil dann auch die Konsumgüterversorgung optimal ist, kann man die Produktmenge, bei der die *DTK* ihr Minimum erreichen, das *Betriebsoptimum* nennen. Diesen Standpunkt nimmt auch der Wirtschaftswissenschaftler ein, wenn er nach der optimalen Organisation eines Produktionssystems fragt. Für ihn ist bei p^3 das *Produktivitätsoptimum* verwirklicht, in dem für jeden Produktionsfaktor v_i das Verhältnis x/v_i unter der Nebenbedingung ihr Maximum erreicht, daß das Unternehmen auf Dauer am Markt bleibt. Bemerkenswert ist, daß immer dann, wenn der Preis höher als p^3 ist, die einzelwirtschaftlich erstrebenswerte Situation, nämlich Gewinne auf die in Bild 2.21 gezeigte Art zu erzielen, sich nicht mit der gesamtwirtschaftlich erwünschten Situation deckt, daß jeder Faktor maximal genutzt wird: Rentabilitätsoptimum (gleich maximaler Gewinn) und Produktivitätsoptimum fallen auseinander.

Fällt der Preis auf p^4, so tritt ein Verlust auf, da die variablen Kosten voll, die festen Kosten aber nur noch zum Teil gedeckt werden. Erwartet der Unternehmer, daß der Preis in absehbarer Zukunft wieder steigen wird oder er seine Kosten senken kann, wird er weiter produzieren. Sein Verlust ist dann immer noch kleiner, als wenn er die Produktion unter zeitweiliger Aufrechterhaltung des Unternehmens einstellen würde. In diesem Fall entstünden zwar keine variablen Kosten mehr, aber die festen Kosten blieben voll bestehen, so daß der Verlust noch größer werden würde.

Bei p^5 werden nur noch die variablen Kosten voll gedeckt. Auch diese Situation kann in der Hoffnung auf einen steigenden Preis, wenn auch in der Regel nur kurze Zeit, durchgehalten werden. Da unterhalb von p^5 auch die variablen Kosten nur noch zum Teil gedeckt werden und der Verlust also durch Einstellung der Produktion verringert werden kann, bezeichnet man p^5 als die *kurzfristige Preisuntergrenze*. Dieser Preis heißt auch das *Betriebsminimum* oder die *Produktionsschwelle*, weil erst von ihm an eine Aufnahme der Produktionstätigkeit in Betracht kommt.

Wie immer sich jedoch der Preis einstellt: Der Anbieter wird unter den bisherigen Voraussetzungen immer eine solche Menge x anbieten, daß die Kosten der letzten Mengeneinheit gerade gleich dem Preis werden. Damit ergibt sich als Antwort auf die Frage nach dem funktionalen Zusammenhang zwischen Preis und Angebotsmenge

Satz 2.13: *Die kurzfristige Angebotskurve eines nach Gewinnmaximierung strebenden und als Mengenanpasser handelnden Produzenten ist der im Minimum der durchschnittlichen variablen Kosten beginnende aufsteigende Ast seiner Grenzkostenkurve.*

Sind viele Anbieter auf dem Markt für das betrachtete Gut vorhanden, so haben ihre Grenzkostenkurven in der Regel unterschiedliche Verläufe und Preisuntergrenzen. Zur Konstruktion einer Gesamtangebotskurve kann man sie nach den Minima der *DVK* ordnen und addieren, so daß jedem Preis eine Gesamtangebotsmenge zugeordnet wird. Dabei wird es bei jedem Preis eine Unternehmung geben, die mit den relativ höchsten Kosten produziert und bei diesem Preis gerade noch ihre gesamten Kosten deckt. Geht der Preis auf Dauer zurück, oder steigen die Kosten aller Anbieter, während der Preis weniger stark steigt, konstant bleibt oder fällt, so scheidet diese Unternehmung als erste aus: Sie ist die *Grenzunternehmung* (auch: Der *Grenzproduzent*, *Grenzanbieter*).

2. Das Angebot bei konstanten Grenzkosten. Die bisherige Analyse bezog sich auf einen Produzenten mit einem Gesamtkostenverlauf, wie er in den Bildern 2.16 (c) S. 223, 2.17 (S. 225) und 2.20 (S. 233) dargestellt ist. Sie läßt sich auch auf einen Kostenverlauf wie in Bild 2.16 (b) anwenden, da auch in diesem Fall ein aufsteigender Ast der Grenzkostenkurve existiert. Die Dinge liegen jedoch anders, wenn die Gesamtkosten, wie in Bild 2.16 (a) dargestellt, bis zur Kapazitätsgrenze linear und die Grenzkosten daher konstant sind. Bild 2.22 (a) zeigt, daß hierbei drei Fälle zu unterscheiden sind. Bei einem Verlauf der *TK*-Kurve wie TK_1 ist keine gewinnbringende Produktion möglich. Dauert eine solche Situation länger an, so scheidet der Anbieter aus dem Markt aus. Beim Verlauf TK_2 wird gerade Kostendeckung an der Kapazitätsgrenze erreicht. Hier hängt es, wie oben erläutert, von der Definition der Gesamtkosten ab, ob der Anbieter im Markt bleibt. Bei Kostenverläufen nach dem Muster von TK_3 wird das Gewinnmaximum an der Kapazitätsgrenze erreicht. Teil (b) des Bildes zeigt, wie hoch Stückgewinn (= Strecke BC) und Gesamtgewinn (= Fläche $ABCD$) in diesem Fall sind. Der Unternehmer hat dann einen Anreiz, seine Produktionskapazität zu erhöhen, da sich dadurch vermutlich sein Gewinn steigern läßt. Ist die Nutzung dauerhafter Produktionsmittel der kapazitätsbestimmende Produktionsfaktor, so wird er entweder zu deren verstärkter Nutzung (Mehrschichtenarbeit) übergehen oder zusätzliches Realkapital installieren. Voraussetzung ist dabei allerdings, daß die in Bild 2.22 beschriebene Kosten-Preis-Relation als dauerhaft angesehen wird, und zwar mindestens für die Lebensdauer der zu investierenden Produktionsmittel.

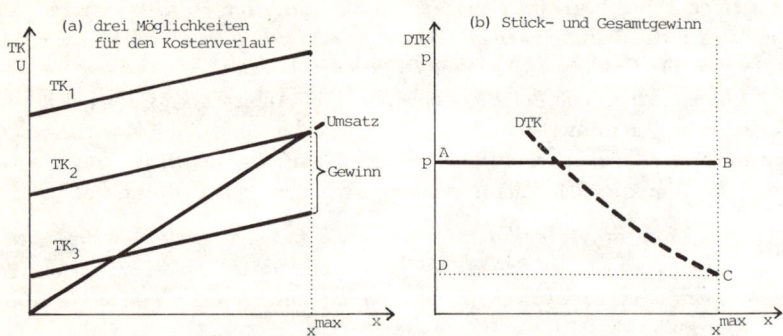

Bild 2.22 – *Die Angebotsmenge bei linearen Gesamtkosten*

3. Die Nachfrage des Mengenanpassers nach Produktionsfaktoren. Aus der Erörterung der Minimalkostenkombination in III.4 ist der Schluß zu ziehen, daß der kostenminimierende Unternehmer seine Nachfrage nach Produktionsfaktoren an deren Preise anpaßt. Vorausgesetzt sei nach wie vor, daß er diese nicht beeinflussen kann, und es sei zunächst angenommen, daß die Produktmenge feststeht. Wie reagiert er dann auf Änderungen der Faktorpreise? Bild 2.23 zeigt für den Fall zweier Faktoren v_1 und v_2 mit den Preisen p_1 und p_2, wie sich die Nachfrage nach v_2 ändert, wenn p_2 ceteris paribus sinkt. In der Ausgangssituation wird die Produktmenge x^0 mit den Einsatzmengen v_1^0 und v_2^0 hergestellt, was bei den Preisen p_1^0 und p_2^0 Kosten in Höhe von K_0 verursacht. Die Isokostenlinie K_0 mit der Abschnittsgleichung

$$\frac{v_1}{K_0/p_1^0} + \frac{v_2}{K_0/p_2^0} = 1$$

berührt die Isoquante für x^0 im Punkt P_0. Sinkt nun p_2 auf p_2^1, so ist die in Gleichung (2.38) und Satz 2.8 (S. 216) ausgesprochene Bedingung für die Minimalkostenkombination im Punkt P_0 nicht mehr erfüllt. Da das Preisverhältnis p_2/p_1 kleiner geworden ist, muß auch die Grenzrate der Substitution $|dv_1| : |dv_2|$ kleiner werden. Das kann nur dadurch geschehen — man vergleiche Bild 2.14 (a) S. 219 — daß weniger von v_1 und mehr von v_2 eingesetzt, also substituiert wird, so daß der Tangentialpunkt in Bild 2.23 (a) nach oben wandert, etwa nach P_1. Die Isokostengerade dreht

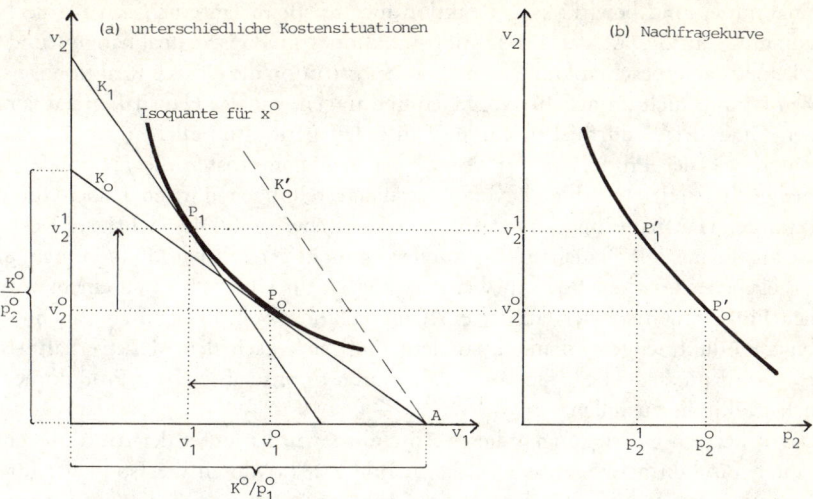

Bild 2.23 – *Preisänderung und Nachfragekurve für einen Produktionsfaktor*

sich dann in die Lage K_1. Gleichzeitig sind damit die Gesamtkosten gesunken. Man sieht das, wenn man sich vorstellt, daß sich die Kostengerade durch die Senkung von p_2 zunächst um ihren Berührungspunkt A mit der v_1-Achse in die gestrichelt gezeichnete Lage K'_0 dreht und erst im zweiten Schritt parallel in die Lage K_1 verschiebt: Jede Verschiebung in dieser Richtung bedeutet eine Kostensenkung. In Teil (b) des Bildes sind die nachgefragten Mengen von v_2 in ein p_2, v_2-Koordinatensystem übertragen. Die Konstruktion der beiden Punkte läßt erkennen, daß die Nachfragekurve für v_2 normal verläuft: Je niedriger der Preis eines Faktors ist, um so mehr wird von ihm nachgefragt. Die Nachfragefunktion hat in diesem Fall zweier Faktoren und gegebener Produktmenge also die Form

$$v_2 = f(p_2, p_1^0, x^0) \quad \text{mit} \quad \frac{\partial v_2}{\partial p_2} < 0.$$

Die Ableitung der Nachfragekurve gemäß Bild 2.23 erinnert an die Ableitung der Konsumgüternachfrage aus dem Indifferenzkurvensystem des Haushalts in Bild 1.8 (S. 89), weist jedoch einen Unterschied auf. Der Haushalt versucht, aus seinem gegebenen Einkommen die größte Bedürfnisbefriedigung herauszuholen. Sinkt ein Preis, so läßt er die Gesamtausgaben ungeändert und gelangt auf eine höhere Indifferenzkurve. Graphisch wird beim Problem der Bedürfnisbefriedigung also angesichts eines vorgegebenen Einkommens und einer infolge der Preisänderung geänderten Nebenbedingung die am weitesten vom Nullpunkt entfernte Indifferenzkurve gesucht. Das Unternehmen versucht dagegen in der Kostenplanung, angesichts einer auf einer Isoquante vorgegebenen Produktmenge x^0 die dem Nullpunkt am nächsten liegende Isokostengerade zu finden, um die Gesamtkosten von x^0 möglichst klein zu halten. Dieser Unterschied bewirkt auch, daß eine Preisänderung beim Haushalt einen Substitutions- und einen Einkommenseffekt, beim Unternehmen dagegen nur einen Substitutionseffekt auslöst (der allerdings nur im Fall zweier Faktoren eindeutig ist).

Beim Haushalt verschiebt eine Preisänderung die Nebenbedingung, ändert damit das Realeinkommen und bewirkt eine Reaktion hierauf. Beim Unternehmen ist die Nebenbedingung in Gestalt der Produktionsfunktion von Preisen unabhängig, und es kennt keine Budgetbeschränkung, so daß die Substitution die einzige Reaktion ist.

Man könnte auch umgekehrt vorgehen und fragen, wie der Haushalt einen vorgegebenen Grad der Bedürfnisbefriedigung mit den geringstmöglichen Ausgaben erreicht und wie der Produzent mit vorgegebenen Gesamtkosten die maximale Produktmenge herstellt. Die hier bevorzugten Fragestellungen dürften jedoch für die Mehrzahl der Haushalte und Unternehmen realistischer sein. Die wichtigste Restriktion ist für die meisten Haushalte das kurzfristig nicht vermehrbare Einkommen, und ein vorgegebener Grad an Bedürfnisbefriedigung ist im Unterschied zu einem vorgegebenen Einkommen schwer faßbar; ein Unternehmen kann in der Regel nicht jede beliebige Produktmenge verkaufen, sondern muß sich nach den Marktverhältnissen richten und dann versuchen, die von außen mitbestimmte absetzbare Produktmenge möglichst billig herzustellen.

Die bisherigen Überlegungen dieses Abschnitts wurden unter der Annahme einer konstanten Produktmenge angestellt, die in Bild 2.23 (a) durch die Isoquante für x^0 wiedergegeben ist. Jede Preisänderung eines Faktors ändert jedoch die Gesamtkosten dieser Menge, und in Abschnitt IV.1 war gezeigt worden, in welcher Weise das Angebot des gewinnmaximierenden Mengenanpassers von seinen Grenzkosten abhängt — vgl. Satz 2.12 oder Gleichung (2.52), beide S. 234. Dabei kann von dem Fall abgesehen werden, daß die Preisänderung einen Faktor mit produktmengenunabhängiger Einsatzmenge betrifft, also lediglich die festen Kosten berührt. In Bild 2.20 (S. 233) würde dadurch die Gesamtkostenkurve parallel nach oben (bei einer Preiserhöhung) oder nach unten (bei einer Preissenkung) verschoben werden, sich aber an der Lage der Grenzkostenkurve und damit an der gewinnmaximierenden Produktmenge nichts ändern. Die interessante Frage ist: Welcher Zusammenhang besteht zwischen Preis und nachgefragter Menge eines Faktors, wenn Änderungen des Preises die Grenzkosten des Produzenten berühren?

Dazu ist zunächst zu ermitteln, wann es lohnt, den Einsatz eines Faktors v_i bei konstantem Einsatz aller anderen Faktoren um eine Mengeneinheit zu erhöhen. Durch den Mehreinsatz von v_i entsteht das Mehrprodukt dx, das zum Preis p_x verkauft werden kann. Für die zusätzlich eingesetzte Mengeneinheit von v_i ist deren Preis p_i zu zahlen. Offenbar lohnt der Mehreinsatz, wenn der *Wert des Grenzprodukts* $p_x \cdot dx$ größer ist als p_i, da dann der Gewinn steigt. Das Verfahren kann fortgesetzt werden, jedoch nicht beliebig lange. Gemäß dem Gesetz vom abnehmenden Ertragszuwachs nimmt dx bei Mehreinsatz von v_i sukzessive ab, so daß einmal eine Stelle erreicht werden muß, von der ab bei weiterem Mehreinsatz von v_i der Wert des Mehrprodukts kleiner wird als der gleichbleibende Preis p_i. Entsprechend kann für den Fall argumentiert werden, daß der Einsatz eines Faktors v_k sukzessive verringert wird. Dies erhöht den Gewinn solange, wie die Kosten des wegfallenden Faktors höher sind als der Verkaufserlös seines wegfallenden Grenzprodukts. Aus diesen Überlegungen folgt

Satz 2.14: *Ein Produzent maximiert seinen Gewinn, wenn er bei gegebenen Preisen der Produktionsfaktoren und des Produkts soviel von jedem Faktor einsetzt, daß der Wert seines Grenzprodukts gleich seinem Preis wird.*

Algebraisch erhält man dieses Ergebnis aus dem

Modell 2.53 – *Gewinnmaximierung bei Mengenanpasserverhalten auf Absatz- und Beschaffungsmärkten*

Zielfunktion: $G = U - K \to \max!$ (2.53-I)

Umsatzdefinition: $U = p_x \cdot x$,   worin $p_x =$ konstant   (2.53-II)

Kostengleichung: $K = FK + p_1 v_1 + \ldots + p_n v_n$,   worin $p_i =$ konstant.   (2.53-III)

Hierin ist p_x der Preis des Erzeugnisses, K steht für die Gesamtkosten und die übrigen Symbole haben die bisherige Bedeutung. Man erhält die Bedingungen 1. Ordnung für das Gewinnmaximum, wenn man die Definitionen für U und K in die Zielfunktion einsetzt und die partiellen Ableitungen des Gewinns nach den n Faktoren, also die Grenzgewinne bei deren Mehreinsatz ceteris paribus, gleich null setzt:

$$\frac{\partial G}{\partial v_i} = p_x \frac{\partial x}{\partial v_i} - p_i = 0 \quad \text{oder} \quad p_x \frac{\partial x}{\partial v_i} = p_i. \tag{2.54}$$

Hinreichende Bedingung ist, daß das Grenzprodukt jedes Faktors bei den Einsatzmengen, an denen die Bedingungen 1. Ordnung erfüllt sind, abnimmt. Dies sei vorausgesetzt. Das Ergebnis entspricht Satz 2.14.

Satz 2.14 und damit Gleichung (2.54) lassen sich wie folgt zusätzlich interpretieren. Gemäß Satz 2.12 und Gleichung (2.52) gilt für den gewinnmaximierenden Mengenanpasser die Bedingung $p_x = GK$. Setzt man GK statt p_x in Gleichung (2.54) ein und vergleicht das Ergebnis mit Gleichung (2.41) S. 218, dann zeigt sich, daß der Quotient aus dem Faktorpreis p_i und der Grenzproduktivität des Faktors i im Kostenminimum sowohl gleich GK als auch GK_i sein muß. Die Kosten einer zusätzlichen Mengeneinheit des Produkts müssen also unabhängig davon, ob sie durch Mehreinsatz nur eines Faktors oder mehrerer Faktoren entstehen, gleich dem Produktpreis sein: Es gilt $p_x = GK = GK_i$ für alle i.

Gleichung (2.54) liefert ferner eine Antwort auf die Frage, wie der gewinnmaximierende Mengenanpasser auf eine Änderung des Preises p_i eines Faktors v_i reagiert. Zu Beginn dieses Abschnitts war diese Frage unter der Voraussetzung behandelt worden, daß die Produktmenge $x = x^0$ ungeändert blieb. Es ergab sich dann bei einer Preiserhöhung lediglich eine teilweise Substitution des teurer gewordenen v_i, woraus eine Nachfragekurve für diesen konstruiert werden konnte. Tatsächlich hat jedoch die Preiserhöhung eines Faktors unter den nunmehrigen Voraussetzungen zwei Effekte:

- Die Preiserhöhung erhöht die Grenzkosten, verschiebt daher die Grenzkostenkurve etwa in Bild 2.20(b) S. 233 nach oben und verringert damit bei ungeändertem Produktpreis p_x die gewinnmaximierende Produktmenge. Dieser *Produktmengeneffekt* läßt die Nachfrage nach allen Faktoren und damit auch nach dem teurer gewordenen v_i zurückgehen;
- Da v_i relativ zu den anderen Faktoren teurer geworden ist, lohnt es, v_i zusätzlich durch andere Faktoren zu ersetzen: Das ist der *Substitutionseffekt* der Faktorpreiserhöhung.

Die Gesamtwirkung beider Effekte ist aus Gleichung (2.54) abzulesen. Wenn p_i steigt, muß bei ungeändertem p_x auch das Grenzprodukt zunehmen. Bewegt man sich, wie vorausgesetzt, im Bereich abnehmenden Grenzertrags (= Grenzprodukts), dann kann $\partial x/\partial v_i$ nur zunehmen, wenn weniger von v_i eingesetzt wird. Bild 2.24 reproduziert Teile der Grenzertrags- und der Durchschnittsertragskurve aus Bild 2.4 (S. 179) und zeigt zusätzlich die Kurve des Wertes des Grenzertrags, die aus diesem durch Multiplikation mit dem konstanten Preis p_x entsteht. Liegt der Preis des betrachteten Faktors bei p_i^0, dann wird gemäß Gleichung (2.54) die Menge v_i^0 nachgefragt. Steigt der Preis, geht die Nachfrage zurück. Dabei ist zu berücksichtigen, daß der Unternehmer immer im Bereich abnehmender Ertragszuwächse produziert (vgl. S. 179). Das bedeutet, daß hier nur der nach rechts abfallende Teil der Kurve des Grenzproduktwertes als Nachfragekurve für v_i in Frage kommt. Ferner war mit Satz 2.13 (S. 237) festgestellt worden, daß die Angebotskurve des Mengenanpassers für seine Produkte im Minimum der durchschnittlichen variablen Kosten beginnt. Nun verhalten sich der Durchschnittsertrag des Faktors v_i, also x/v_i, und die durchschnittlichen variablen Kosten in bezug auf v_i bei gegebenem p_i, also $p_i v_i/x$, offenbar gegenläufig: Bei der Produktmenge, bei der $p_i v_i/x$ ein Minimum hat, erreicht der Durchschnittsertrag x/v_i sein Maximum. Da also links von der Stelle $(x/v_i)^{max}$ in Bild 2.24 wegen Unterschreitung des *DVK*-Minimums nicht mehr produziert werden würde, gilt bei einer klassischen Produktionsfunktion

Satz 2.15: *Die Nachfragekurve eines als Mengenanpasser handelnden Unternehmens für einen Produktionsfaktor v_i ist identisch mit dem fallenden Teil der Kurve des Wertes des Grenzertrages von v_i. Sie beginnt bei der Menge von v_i, bei der dessen Durchschnittsertrag sein Maximum erreicht.*

Diese Kurve enthält den Produktmengen- ebenso wie den Substitutionseffekt und ist daher gegenüber der in Bild 2.23 (b) unter der Bedingung $x=x^0$ (und damit ohne Berücksichtigung des Produktmengeneffekts) abgeleiteten die eigentliche, am Markt zu beobachtende Nachfragekurve.

Eine weitere Interpretation von Gleichung (2.54) läßt sich schließlich aus ihrer Umformung

$$\frac{\partial x}{\partial v_i} = \frac{p_i}{p_x} \qquad (2.55)$$

gewinnen. Diese besagt, daß im Gewinnmaximum das Grenzprodukt jedes Faktors gleich dem Quotienten aus seinem Preis und dem Produktpreis sein muß. Dieser

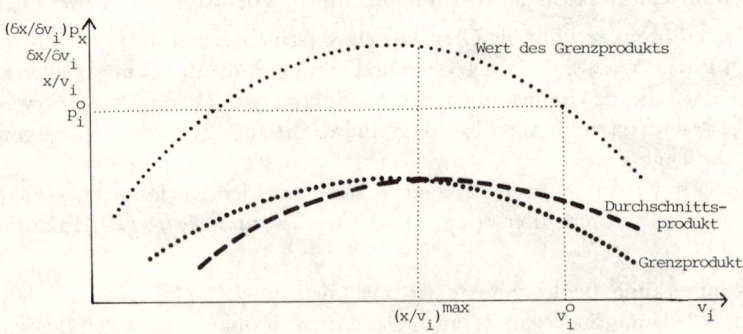

Bild 2.24 – *Die Nachfrage des Mengenanpassers nach einem Produktionsfaktor*

Quotient ist aber nichts anderes als die reale Entlohnung des Lieferanten des Faktors. Beträgt beispielsweise der Lohnsatz als Preis p_i für die Arbeitsleistung 15 DM/Arbeitsstunde und der Verkaufspreis für das Produkt „Brot" 2 DM/kg (vgl. S. 153), dann erhält man als *Reallohnsatz:*

$$\frac{15\ \text{DM}}{\text{Arbeitsstunde}} : \frac{2\ \text{DM}}{\text{kg}} = 7{,}5\ \text{kg/Arbeitsstunde}.$$

Damit ist zusätzlich zu dem mit Satz 2.5 (S. 193) erzielten Ergebnis gezeigt, daß die Entlohnung jedes Lieferanten eines Faktors mit dessen Grenzprodukt bei Mengenanpasserverhalten auch den Gewinn maximiert.

Zur Bezeichnungsweise ist hinzuzufügen, daß das Problem des Einsatzes von Faktoren unter den in diesem Abschnitt gemachten Voraussetzungen früher vor allem unter dem Aspekt der Verknüpfung von Produktions- und Einkommensverteilungstheorie gesehen wurde. Den Komplex der dazugehörigen Hypothesen und Theoreme nennt man *Grenzproduktivitätstheorie.* Satz 2.14 oder Gleichung (2.54) heißt *Erster Hauptsatz der Grenzproduktivitätstheorie,* Satz 2.11 (S. 218) *Zweiter Hauptsatz der Grenzproduktivitätstheorie.* Dabei entspricht das Ertragsgesetz im engeren Sinne (S. 180) dem *Ersten Gossenschen Gesetz* (S. 72), Satz 2.11 dem Zweiten Gossenschen „Gesetz" (Satz 1.1, S. 74) in der Theorie der Konsumwahl.

4. Allgemeine Angebots- und Nachfragetheorie des Produktionsunternehmens. In den Abschnitten IV.1 bis IV.3 wurde vorausgesetzt, daß die Preise auf dem Absatzmarkt und den Beschaffungsmärkten des Unternehmens von diesem als Daten betrachtet werden. Das mag in manchen Fällen in der Realität zutreffen, und außerdem werden die dort angestellten Überlegungen und ihre Ergebnisse im 3. und 4. Kapitel gebraucht. Überwiegend dürfte jedoch die Situation vorliegen, daß Unternehmen Einfluß auf die Preise ihrer Erzeugnisse haben, und im allgemeinen Fall hängen auch die Preise von Faktoren von der Nachfrage nach diesen ab. Faktorpreise können beispielsweise mit zunehmender Nachfrage steigen, weil die Faktoren anders nicht aus ihren bisherigen Verwendungen herausgelockt werden können. In anderen Fällen kann Mehrnachfrage zu Preisnachlässen führen, etwa wenn Mengenrabatte eingeräumt werden. Die Frage nach dem Verhalten des Produktionsunternehmens am Markt ist daher erst dann vollständig beantwortet, wenn alle diese Möglichkeiten berücksichtigt werden. Dazu dient

Modell 2.56 – *Das gewinnmaximierende Produktionsunternehmen auf Absatz- und Beschaffungsmärkten*

Zielfunktion:	$G = U - K \to \max!$	(2.56-I)
Umsatzdefinition:	$U = p_x x$	(2.56-II)
Preis-Absatz-Beziehung:	$p_x = f(x)$, worin $dp_x/dx < 0$	(2.56-III)
Kostengleichung:	$K = FK + \sum p_i v_i$, worin $i = 1 \ldots n$	(2.56-IV)
Angebotsfunktionen für Produktionsfaktoren:	$p_i = g_i(v_i)$, worin $dp_i/dv_i > 0$.	(2.56-V)

Der Unterschied zu Modell 2.53 (S. 241) liegt in den Gleichungen (2.56-III) und (2.56-V). Die erstgenannte besagt, daß der Preis p_x auf dem Absatzmarkt in der Weise eine Funktion der abgesetzten Menge ist, daß einem höheren Preis eine niedrigere Menge entspricht und umgekehrt. Die zweitgenannte Gleichung bedeutet, daß für jeden Faktor v_i eine Angebotsfunktion existiert, gemäß der eine größere Menge nur zu einem höheren Preis erworben werden kann.

Die Frage an das Modell 2.56 lautet: Wieviel muß von jedem substitutiven Faktor v_i eingesetzt werden, damit der Gewinn in der Planperiode sein Maximum erreicht, wobei zu berücksichtigen ist, daß jede zusätzliche Mengeneinheit (ME) des Produkts nur zu einem niedrigeren Preis für alle ME abgesetzt werden kann und der Kauf einer zusätzlichen ME jedes Faktors einen höheren Preis für alle diese ME bedingt? Die Bedingungen 1. Ordnung lauten

$$\frac{\partial G}{\partial v_i} = \frac{\partial U}{\partial v_i} - \frac{\partial K}{\partial v_i} = 0 \quad \text{oder} \quad \frac{\partial U}{\partial v_i} = \frac{\partial K}{\partial v_i}, \quad \text{worin} \quad i = 1 \ldots n \qquad (2.57)$$

und besagen

Satz 2.16: *Der Gewinn wird maximiert, wenn der aus dem Mehreinsatz jedes Produktionsfaktors und dem Verkauf des damit hergestellten Mehrprodukts herrührende Mehrumsatz gleich den durch den Mehreinsatz des Faktors entstehenden Mehrkosten ist.*

Auf die Untersuchung der Bedingungen 2. Ordnung sei verzichtet. Der Satz gilt allgemein und enthält beispielsweise Satz 2.12 (S. 234) als Sonderfall. Zieht man nun die Umsatzdefinition (2.56-II) heran und berücksichtigt, daß der Preis p_x gemäß (2.56-III) eine Funktion der Menge x ist, erhält man

$$\frac{\partial U}{\partial v_i} = \frac{\partial (p_x x)}{\partial v_i} = \left(p_x + \frac{dp_x}{dx} \cdot x \right) \frac{\partial x}{\partial v_i} = p_x \left(1 + \frac{1}{\eta_{x,p_x}} \right) \frac{\partial x}{\partial v_i}. \qquad (2.58)$$

Hierbei wird in der S. 123 gezeigten Weise von der Definition der Nachfragemengen-Preiselastizität Gebrauch gemacht. Aus der Kostendefinition (2.56-IV) ergibt sich, da gemäß (2.56-V) p_i eine Funktion von v_i ist, unter Anwendung der Produktregel

$$\frac{\partial K}{\partial v_i} = p_i + \frac{dp_i}{dv_i} \cdot v_i = p_i \left(1 + \frac{1}{\eta_{v_i,p_i}} \right). \qquad (2.59)$$

Hierbei wird nach dem gleichen Verfahren wie eben die Elastizität der Angebotsmenge von v_i in bezug auf den Preis p_i eingeführt. Setzt man (2.59) gemäß (2.57) gleich (2.58), erhält man als Satz von Bedingungen 1. Ordnung für ein Gewinnmaximum

$$p_x \left(1 + \frac{1}{\eta_{x,p_x}} \right) \frac{\partial x}{\partial v_i} = p_i \left(1 + \frac{1}{\eta_{v_i,p_i}} \right) \quad \text{für} \quad i = 1 \ldots n. \qquad (2.60)$$

Zur Interpretation dieses Ergebnisses ist zunächst zu zeigen, daß es frühere Ergebnisse als Spezialfälle enthält und daher allgemeiner als diese ist. Kann beispielsweise das Unternehmen den Preis p_x für sein Erzeugnis nicht beeinflussen, sondern muß ihn als Datum akzeptieren, dann ist sein Grenzumsatz beim Mehrabsatz einer Mengeneinheit von x gleich dessen Preis. Da der Grenzumsatz eines Anbieters, wie S. 124 ermittelt, gemäß der Amoroso-Robinson-Beziehung gleich dem in Gleichung (2.60) links von $\partial x/\partial v_i$ stehenden mathematischen Produkt ist, gilt für den Mengenanpasser

$$\frac{dU}{dx} = p_x\left(1 + \frac{1}{\eta_{x,p_x}}\right) = p_x.$$

Dies ist nur möglich, wenn die (negative) Elastizität η_{x,p_x} über alle Grenzen gestiegen ist. Der Ausdruck in der Klammer wird dann gleich eins, und die Preis-Absatz-Beziehung verläuft in einem p_x, x-Koordinatensystem wie N_4 in Bild 1.18(a) S. 118 waagerecht. Satz 2.12 (S. 234) erweist sich damit als Spezialfall von Satz 2.16. Entsprechend ist zu argumentieren, wenn auch die Preise auf den Beschaffungsmärkten konstant sind. Die partiellen Grenzkosten $\partial K/\partial v_i$ gemäß Gleichung (2.59) sind dann gleich dem Preis p_i, was wiederum bedingt, daß die Elastizität η_{v_i,p_i} über alle Grenzen gestiegen ist, so daß auch dieser Klammerausdruck gleich eins wird. Unter der Voraussetzung gegebener Preise auf Absatz- und Beschaffungsmärkten reduziert sich Gleichung (2.60) mithin auf Gleichung (2.54) S. 241.

Zwei weitere Fälle ergeben sich, wenn jeweils nur auf dem Absatzmarkt oder nur auf den Beschaffungsmärkten Mengenanpasserverhalten vorliegt. Im erstgenannten Fall erhält man aus (2.60) gemäß den vorstehenden Überlegungen

$$p_x\frac{\partial x}{\partial v_i} = p_i\left(1 + \frac{1}{\eta_{v_i,p_i}}\right) \quad \text{oder} \quad \frac{p_i}{p_x} = \frac{\partial x/\partial v_i}{1 + \frac{1}{\eta_{v_i,p_i}}}. \tag{2.61}$$

Dieses Ergebnis ist vor allem für die Grenzproduktivitätstheorie interessant. Für die Elastizität des Angebots an Produktionsfaktoren gilt $\eta_{v_i,p_i} > 0$. Die Grenzproduktivität in Gleichung (2.61) wird also durch eine Größe größer als eins dividiert, so daß der Reallohnsatz p_i/p_x für den Faktor v_i kleiner als sein Grenzprodukt ist. Ein entsprechendes Ergebnis erhält man, wenn der Preis auf dem Absatzmarkt beeinflußbar ist und auf dem Beschaffungsmarkt Mengenanpasserverhalten vorliegt. Aus Gleichung (2.60) folgt dann für den Reallohnsatz

$$\frac{p_i}{p_x} = \left(1 + \frac{1}{\eta_{x,p_x}}\right)\frac{\partial x}{\partial v_i}. \tag{2.62}$$

Da die Nachfragekurve von links oben nach rechts unten verläuft, ist die Nachfrageelastizität negativ: $\eta_{x,p_x} < 0$. Wie unten in Abschnitt III.6 des 3. Kapitels gezeigt wird, muß sie im Gewinnmaximum zudem (algebraisch) kleiner als −1 sein (könnte sie im Bereich −1 ... 0 liegen, käme das unsinnige Ergebnis eines negativen Reallohns zustande). In Gleichung (2.61) wird $\partial x/\partial v_i$ daher mit einer Größe kleiner als eins multipliziert, so daß auch in diesem Fall der Reallohnsatz niedriger als das Grenzprodukt ist. Gelten schließlich die Voraussetzungen des Modells 2.56 auf beiden Märkten, dann ist aus Gleichung (2.60) zu ermitteln, daß der Reallohnsatz noch weiter unterhalb des Grenzprodukts liegt. Damit erhält man den

Satz 2.17: *Verhält sich ein Anbieter auf dem Absatzmarkt für sein Produkt oder auf dem Beschaffungsmarkt für einen Produktionsfaktor oder auf beiden nicht als Mengenanpasser, so erhält bei Gewinnmaximierung der Lieferant des Faktors weniger als den Wert seines Grenzprodukts.*

Dieses Ergebnis ist mit Satz 2.5 (S. 193) oder mit Gleichung (2.55) S. 242 zu vergleichen. Da weniger von einem Gut gleich „schlechter" ist, sagt man auch mit einem stark werthaltigen Ausdruck, der Lieferant eines Produktionsfaktors werde unter den Voraussetzungen des Satzes 2.17 „ausgebeutet". Der Grad der Ausbeutung ist um so höher,

- je kleiner die Angebotselastizität für den Faktor ist, je näher also η_{v_i,p_i} in Gleichung (2.61) an null liegt;
- je näher die Nachfrageelastizität für das Produkt des Unternehmens an dem Wert −1 liegt — s. Gleichung (2.62).

Dies bedeutet etwa für die Theorie der Einkommensverteilung, daß die Anbieter von Arbeitsleistungen einen um so kleineren Teil ihres Grenzprodukts erhalten, je weniger elastisch ihr Angebot im relevanten Bereich ist. Dies wiederum ist um so eher der Fall, je weniger sie auf andere Einkommensquellen wie Vermögen, landwirtschaftliche Betätigung oder Verkauf von Arbeitsleistungen auf anderen Arbeitsmärkten zurückgreifen können, je weniger Substitutionsmöglichkeiten ihnen also zur Verfügung stehen.

Zu berücksichtigen ist bei Satz 2.17 allerdings, daß er nichts über die absolute Höhe des Reallohnsatzes aussagt. Liegen seine Voraussetzungen vor, dann ist beispielsweise anzunehmen, daß der Anbieter, der seinen Verkaufspreis beeinflussen kann, diesen höher setzt, als er sich unbeeinflußt einstellen würde. Damit wird weniger verkauft und produziert, weshalb auch der Wert des Grenzprodukts jedes Faktors höher ist. Ob dann das gesamte, aber niedrigere Grenzprodukt bei Mengenanpasserverhalten höher ist als der an den Faktorlieferanten gehende Teil des höheren Grenzprodukts bei dem höheren Preis, ist offen und jeweils erst bei Kenntnis des Einzelfalls feststellbar.

5. Kosten und Angebot auf lange Sicht. Die bisherigen Überlegungen bezogen sich auf die kurze Planperiode. Produktions- und Kostenfunktionen erfassen unter dieser Voraussetzung die Nachfrage nach Produktionsfaktoren, die Produktionstätigkeit und den Absatz der Produkte angesichts einer vorhandenen und in der betrachteten Periode nicht variablen Ausstattung mit dauerhaften Produktionsmitteln, also bei gegebener Betriebsgröße oder Produktionskapazität. Wie in III.3 erörtert, ist es dabei zweckmäßig, in der Kostenplanung bestimmte Kosten als fest und die restlichen als variabel zu betrachten. Damit existiert eine Gesamtkostenkurve, aus der nach dem Muster von Bild 2.17 (S. 225) die Verläufe der durchschnittlichen Gesamt- und variablen Kosten sowie der Grenzkosten abgeleitet werden können. Das Unternehmen entscheidet dann, so wurde angenommen, aufgrund seiner Annahmen über den Verlauf dieser Kurven über die optimale, das heißt den Gewinn in der betrachteten Periode maximierende, Produktmenge. Bei Mengenanpasserverhalten ist dies, wie in IV.1 gezeigt wurde, die Menge, deren Grenzkosten gleich dem von außen vorgegebenen Produktpreis sind. Verhalten sich alle Unternehmen einer Industrie in dieser Weise, dann ist die Aufteilung der Gesamtproduktion effizient: Da überall die gleichen Grenzkosten vorliegen, können die Gesamtkosten der Industrie nicht mehr dadurch gesenkt werden, daß irgendein Unternehmen weniger und ein anderes ebensoviel mehr produziert (vgl. die Sätze 2.1 und 2.2, S. 185f.).

Diese Situation ist jedoch unter Umständen nicht mehr optimal, wenn die Möglichkeit in Betracht gezogen wird, die Betriebsgröße zu ändern. Dazu ist wegen der längeren Nutzungszeit der dauerhaften Produktionsmittel auch eine längerfristige Planung erforderlich. Wie lang diese ist, hängt in der Praxis von der Art der Produktionsmittel sowie davon ab, ob die Produktionskapazität vergrößert oder verkleinert werden soll. Vergrößern läßt sich die Kapazität häufig schnell, besonders wenn nur standardisierte und am Markt angebotene Produktionsmittel zu kaufen sind. Bei einer Verkleinerung muß dagegen auf die Lebensdauer des jeweils vorhandenen Realkapitals Rücksicht genommen werden. Setzt ein Transportunternehmen Fahrzeuge mit fünfjähriger Lebensdauer ein, dann kann es zwar sein Transportleistungsangebot durch Zukauf weiterer Fahrzeuge und Einstellung zusätzlichen Personals im allgemeinen relativ kurzfristig erhöhen, muß aber bei Kapazitätsverkleinerungen im Extremfall bis zu fünf Jahre warten, da erst nach Ablauf dieser Zeit alle zum Planungszeitpunkt vorhandenen Fahrzeuge ausscheiden und die Kapazität daher dann ganz von den Neuanschaffungen während der Periode abhängt. Gebrauchte Fahrzeuge mögen sich verkaufen lassen, aber viele andere dauerhafte Produktionsmittel würden nur den Schrottwert erbringen. Im übrigen ist die Lebensdauer meist keine feststehende Größe; sie wird von technischen und ökonomischen Gegebenheiten bestimmt.

Der Unterschied zwischen kurz- und langfristiger Kostenplanung liegt also darin, daß kurzfristig bestimmte Kosten als fest geplant werden, während langfristig die Betriebsgröße selbst zu einer Instrumentvariablen wird und daher auch alle Kosten variabel sind. Die damit entstehende Frage lautet: Wie hängen die Gesamtkosten von der Produktmenge ab, wenn diese nicht in einem gegebenen Betrieb und daher mit einer feststehenden Ausrüstung an dauerhaften Produktionsmitteln erzeugt wird, sondern wenn für jede Produktmenge von vornherein die optimale Betriebsgröße geplant wird? Da die entsprechenden Anpassungen des Bestandes an dauerhaften Produktionsmitteln längere Zeit erfordern, ist dies die Frage nach der *langfristigen Gesamtkostenfunktion* mit der

Def. 2.6: *Die langfristige Gesamtkostenfunktion gibt für jede Produktmenge an, welche Kosten bei ihrer Produktion unter der Voraussetzung entstehen, daß die Betriebsgröße mit dem Ziel der Kostenminimierung an die Produktmenge angepaßt ist.*

Die Antwort findet man graphisch aufgrund der folgenden Überlegung. Für jede gegebene Betriebsgröße läßt sich eine bestimmte Gesamtkostenkurve zeichnen. Mit der Betriebsgröße ändert sich aber die Zusammensetzung der Kosten, die *Kostenstruktur:* In der Regel lohnt es, das heißt senkt es die durchschnittlichen Gesamtkosten größerer Produktmengen, wenn diese mit einem relativ höheren Einsatz an dauerhaften Produktionsmitteln und damit höherem Fixkostenanteil, aber niedrigeren variablen Kosten hergestellt werden (Einzelheiten vgl. unten, in V.8). Damit gibt es für jede Betriebsgröße eine eigene optimale Gesamtkostenkurve. Bild 2.25 (a) zeigt drei solcher Kurven. TK_1 bedeutet einen relativ kleinen Betrieb. Die Fixkosten FK_1 sind niedrig, aber die Grenzkosten und damit die variablen Kosten steigen schnell an. Bei TK_2 sind die Fixkosten FK_2 höher, dafür steigen Grenz- und variable Kosten über einen größeren Bereich langsamer, und für TK_3 gilt beides in noch stärkerem Maße. Stellt man sich nun die Betriebsgröße als eine stetige Variable vor, dann gibt es eine beliebig große Schar solcher Kostenkurven, und es läßt sich in Bild 2.25 (a) eine Kostenkurve so zeichnen, daß sie jede der kurzfristigen, für eine bestimmte Betriebsgröße gezeichne-

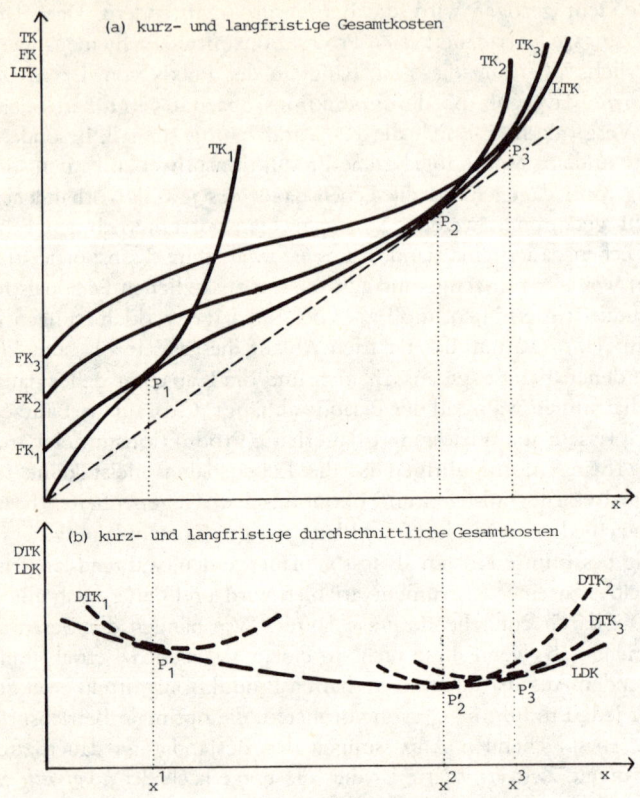

Bild 2.25 – *Kurz- und langfristige Kostenkurven*

ten Kostenkurven in jeweils einem Punkt berührt[18]. Das ist die *langfristige Gesamtkostenkurve LTK*. Sie beginnt im Nullpunkt, da es bei langfristiger Planung keine festen Kosten gibt, und berührt jede der kurzfristigen Kurven in den Punkten P_1 bis P_3, in deren Umgebung die kurzfristigen Gesamtkosten höher als die langfristigen sind, weil eben nur die Produktmengen x^1, x^2 und x^3 selbst diejenigen sind, die für die jeweiligen Betriebsgrößen optimal sind.

Bild 2.25 (b) zeigt die Beziehungen zwischen kurz- und langfristigen durchschnittlichen Gesamtkosten *DTK* und *LDK*. Wie aus Teil (a) hervorgeht, sind die Durchschnittskosten als Tangens des jeweiligen Winkels eines Fahrstrahls vom Nullpunkt an die Gesamtkostenkurve — vgl. die Erläuterungen zu Bild 2.17 (S. 225); in Bild 2.25 (a) nur für die Produktmenge x^2 eingezeichnet — in den Berührungspunkten P_1 bis P_3 der kurzfristigen Kostenkurven mit der langfristigen Kurve einander gleich. In gleicher Weise wie eben kann daher die Kurve der langfristigen durchschnittlichen Gesamtkosten (da es langfristig keine Fixkosten gibt, fällt sie mit der Kurve der langfristigen durchschnittlichen variablen Kosten zusammen) als Hüllkurve der kurzfristigen *DTK*-Kurven konstruiert werden. Jede *DTK*-Kurve liegt gänzlich

---

[18] Mathematisch handelt es sich um eine Hüllkurve der kurzfristigen Kostenkurven.

oberhalb der Hüllkurve, was aus Teil (a) des Bildes folgt, und berührt diese lediglich in dem einen Punkt, in dem die Produktmenge optimal auf die jeweilige Betriebsgröße abgestimmt ist. Diese Punkte P'_1 bis P'_3 sind nicht etwa alle gleich den Minima der TK-Kurven: Wie Teil (b) zeigt, fallen nur bei der — in der Darstellung eigens ausgewählten — Produktmenge x^2 kurz- und langfristiges Minimum der Durchschnittskosten bei Punkt P'_2 zusammen. Dies ist mithin diejenige Menge, die nicht nur die geringsten DTK verursacht, wenn sie auf die Betriebsgröße abgestimmt ist, sondern bei der auch die DTK bei jeder denkbaren langfristig erreichbaren anderen Betriebsgröße am kleinsten sind. Für den Punkt P'_1 gilt dagegen folgendes. Zu der langfristigen Gesamtkostenkurve läßt sich eine (nicht eingezeichnete) langfristige Grenzkostenkurve LGK vorstellen, die zu der Kurve der langfristigen Durchschnittskosten in Teil (b) die gleiche Beziehung hat wie die entsprechenden kurzfristigen Kurven (vgl. S. 224 f.): Sie schneidet die LDK-Kurve in deren Minimum, also beim Punkt P'_2. Links davon sind die langfristigen Grenzkosten mithin kleiner als die LDK: Eben deswegen nehmen die LDK in diesem Bereich ab. Nun sind im Tangentialpunkt P_1 in Teil (a) nicht nur die kurz- und langfristigen Durchschnitts-, sondern auch die kurz- und langfristigen Grenzkosten einander gleich: Im Punkt P_1 fallen die Tangenten an die TK_1- und die LTK-Kurve zusammen. Daher sind hier auch die kurzfristigen Grenzkosten kleiner als die DTK_1. Solange das aber der Fall ist, müssen die DTK_1 mit wachsender Produktmenge noch zurückgehen, erreichen ihr Minimum also, wie in Teil (b) gezeigt, rechts von P'_1. Entsprechend ist bei der Produktmenge x^3 zu argumentieren.

Wie sieht die Situation eines Anbieters aus, der seinen kurzfristigen Gewinn maximiert, aber nicht die optimale Betriebsgröße realisiert hat? Welches sind seine Reaktionen und welche Folgen haben diese? Bild 2.26 (a) zeigt ein Unternehmen, das beim Preis p^0 die Menge x^0 anbietet, bei der seine Grenzkosten GK_0 gleich dem Preis sind, so daß die Bedingung für die Maximierung des Gewinns in der kurzen Periode gemäß Satz 2.12 (S. 234) erfüllt ist. Bei längerfristiger Planung ist diese Situation jedoch unbefriedigend, da die durchschnittlichen Gesamtkosten nicht so niedrig sind, wie sie sein könnten: Ihr Minimum liegt, wie es sein muß bei ihrem Schnittpunkt mit der Grenzkostenkurve, also bei der Produktmenge x'. Da außerdem die Grenzkosten in der Ausgangssituation stark steigen, besteht ein Anreiz, in der längerfristigen Planung die Produktionskapazität mit dem Ziel auszudehnen, die Kosten zu senken. Teil (b) des Bildes zeigt das Ergebnis der Planung. Zum besseren Vergleich sind die GK_0- und die DTK_0-Kurve der Ausgangssituation noch einmal wie in Teil (a) eingezeich-

Bild 2.26 – *Kurzfristiges und langfristiges Angebot eines Mengenanpassers*

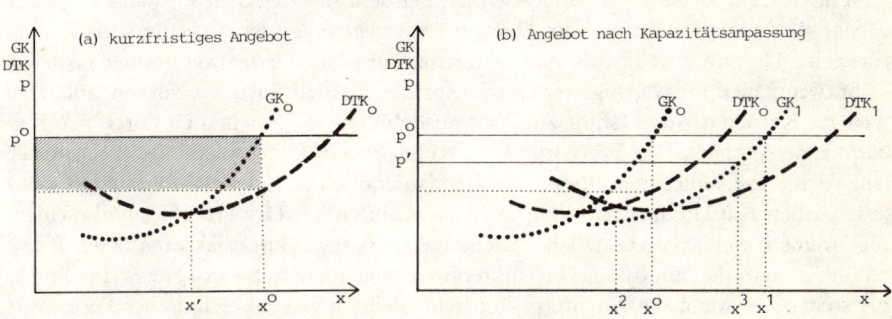

net, und die neue Situation ist durch die Kurven GK_1 und DTK_1 gekennzeichnet. Deren Verlauf hängt von den technischen Möglichkeiten ab, die dem Unternehmen zur Verfügung stehen. Wie erwähnt sehen diese in vielen Fällen so aus, daß variable Kosten sinken, wenn der Einsatz dauerhafter Produktionsmittel vergrößert wird. Damit wächst der Anteil der Fixkosten an den Gesamtkosten. Dies führt dazu, daß die DTK_1-Kurve in Teil (b) für kleinere Produktmengen als x^2 oberhalb, für größere unterhalb der DTK_0-Kurve liegt. Auch die Grenzkostenkurve hat sich verschoben, so daß nach der Kapazitätserweiterung die Angebotsmenge x^1 geplant wird. Unter der Voraussetzung, daß der Preis konstant bleibt, lohnt sich die Kapazitätserweiterung. In Teil (a) ist der Gesamtgewinn gleich der Fläche des schraffierten Rechtecks (Stückgewinn als Differenz zwischen Preis und DTK mal Zahl der verkauften Mengeneinheiten). In Teil (b) ist der Stückgewinn nur geringfügig niedriger, aber der Absatz hat merklich zugenommen.

Zwei Überlegungen lassen sich hier anknüpfen. Die erste bezieht sich auf den Verlauf der langfristigen Durchschnittskosten. Sie können offenbar fallen, steigen oder konstant bleiben. In Bild 2.25 (b) zeigte die Kurve der LDK bis zur Produktmenge x^2 fallenden, von da ab steigenden Verlauf. Bild 2.26 (b) enthält die dritte Möglichkeit: Bei beiden Betriebsgrößen liegen die Minima der kurzfristigen Durchschnittskosten gleich hoch. Die LDK-Kurve verläuft dann waagerecht, und das kann — in Bild 2.25 (b) nicht dargestellt — für einen beträchtlichen Bereich der Betriebsgröße gelten. In einer Industrie mit dieser Technik haben große Unternehmen, vom Skalenertrag her gesehen, keinen Kostenvorteil gegenüber kleinen und umgekehrt. Beide können daher nebeneinander bestehen, ohne daß die einen die anderen verdrängen. Wächst die Industrie als Reaktion auf zunehmende Nachfrage, dann kann das sowohl dadurch geschehen, daß bestehende Betriebe vergrößert werden, als auch dadurch, daß neue hinzutreten. Im ersten Fall werden einfach Produktionsprozesse der bestehenden Art im selben Betrieb angefügt, und es besteht die S. 187 beschriebene Situation des konstanten Skalenertrags.

Die zweite Überlegung betrifft eine wesentliche Folge des in Bild 2.26 beschriebenen Verhaltens. Die der Planung zugrundeliegende Annahme, der Preis werde trotz des auf x^1 erhöhten Angebots bei p^0 bleiben, kann zutreffen, wenn der Erweiterung die Erwartung zunehmender Nachfrage zugrundelag und sich diese bewahrheitet. Jedoch können auch andere Unternehmen der Industrie die gleiche Erwartung haben, ebenso handeln und daher das Angebot so stark vergrößern, daß der Preis trotz steigender Nachfrage fällt. Da diese langfristig nicht unbegrenzt steigen kann, verringert sich im Ergebnis die Spanne zwischen Preis und DTK. In Bild 2.26 (b) ist zur Illustration dieser Entwicklung der Preis p' eingezeichnet, bei dem die zwischen x^0 und x^1 liegende Menge x^3 abgesetzt wird und der Gewinn auch gegenüber der Ausgangssituation zurückgeht. Da nun aber die als Ausgangssituation geschilderte Lage immer noch besteht, wenn auch mit verringerter Gewinnspanne, existiert nach wie vor ein Anreiz zu weiterer Kapazitäts- und damit Angebotsausdehnung, eventuell auch durch neu hinzutretende Anbieter. Der Wachstumsprozeß findet sein Ende, sobald der Preis auf die langfristige Preisuntergrenze gesunken ist, da dann keine Gewinnerhöhung aus einer zusätzlichen Kapazitätserweiterung mehr zu erhoffen ist. Der Prozeß kann beschleunigt werden, wenn die zusätzliche Nachfrage nach Produktionsfaktoren deren Preise erhöht, so daß die langfristige Preisuntergrenze bei allen Anbietern steigt. Im Ergebnis stellt sich, wenn die Nachfrage konstant bleibt und kein technischer Fortschritt die Produktionsbedingungen ändert, die Situation des langfristigen Gleichgewichts ein. In ihm fallen Produktivitäts- und Rentabilitätsoptimum zusammen, die Situation kann weder einzel- noch gesamtwirtschaftlich verbessert werden. Damit ist hier ein Beispiel für das Wirken des *Marktmechanismus* geschildert, bei dem drei Aspekte hervorzuheben sind:

- Die Verfolgung des Ziels, den Gewinn zu erhöhen, durch jeden einzelnen Anbieter führt zur Eliminierung aller derjenigen Gewinne, die über die S. 212 genannten Posten hinausgehen,[19] also zu einem Ergebnis, das keiner von ihnen gewollt hat;
- Da in dem betrachteten Markt keine über den „Normal"gewinn hinausgehenden Gewinne zu erwarten sind, besteht kein Anreiz für den Markteintritt weiterer Anbieter, aber auch keine Veranlassung zum Ausscheiden vorhandener Anbieter;
- Das egoistische Streben nach Gewinnerhöhung führt zu dem gesamtwirtschaftlich erwünschten Ergebnis, daß das Produkt der Industrie mit den niedrigstmöglichen Kosten hergestellt wird.

Es liegt auf der Hand, daß der Markt„mechanismus" in dieser Weise nur unter gewissen Bedingungen funktioniert. Sie werden in der Markttheorie der beiden folgenden Kapitel im einzelnen erörtert.

Die vorstehenden Überlegungen lassen sich entsprechend für die beiden anderen Fälle des Verlaufs der langfristigen Durchschnittskostenkurve anstellen. Bild 2.27 reproduziert (seitenvertauscht) die beiden Äste dieser Kurve aus Bild 2.25 (b). Teil (a) zeigt die Situation zweier Anbieter, wenn mit der Betriebsgröße auch die Minima der durchschnittlichen Gesamtkosten steigen. Anbieter 1 verkauft die Menge x^1, Anbieter 2 verfügt über einen wesentlich größeren Betrieb und verkauft x^2. Kennzeichnend für viele Produktionsprozesse ist nun, daß mit zunehmender Betriebsgröße die Durchschnittskosten steigen. Beispiele sind die Gewinnung von Bodenschätzen und die Landwirtschaft. So muß einmal bei der Erdölgewinnung der Zeitpunkt kommen, an dem alle leicht zugänglichen Lagerstätten mit niedrigen Förderkosten gefunden sind und ausgebeutet werden. Will ein Produzent seine Förderung erhöhen, muß er weniger ergiebige Felder anbohren, er muß aus dem Meeresboden fördern oder, mit noch höheren Kosten, den Rohstoff aus Ölsanden und -schiefern gewinnen oder Kohle verflüssigen. Dieser Situation sehen sich auch Unternehmer gegenüber, die neu in die Industrie eintreten wollen, und sie gilt auch für andere extrahierende Industrien wie den Erz- und Kohlebergbau. Ähnliche Verhältnisse liegen in der Landwirtschaft vor. Mit einem Produkt etwa wie Weizen werden in einem Land wie auch weltweit zuerst die geeignetsten Böden bestellt. Mit steigender Bevölkerung und daher steigender Nachfrage müssen dann immer mehr Böden kultiviert werden, die sukzessive weniger geeignet sind und daher die Produktionskosten steigen lassen. Dies gilt streng nur bei ungeänderter Technik. Ändert sich diese, so verschieben sich die Kurven, aber das Argument bleibt gültig.

Gemäß Bild 2.27 (a) produzieren kleine Betriebe kostengünstiger als große, aber nur für kleine Produktmengen: Für Mengen größer als x', bei der sich die beiden

---

[19] Die Anbieter weisen daher in ihren betriebswirtschaftlichen Rechenwerken (Gewinn- und Verlustrechnung, Bilanz) nach wie vor Gewinne aus; eliminiert sind lediglich höhere als die als „normal" geltenden Gewinne.

Bild 2.27 – *Steigende und fallende langfristige Durchschnittskosten*

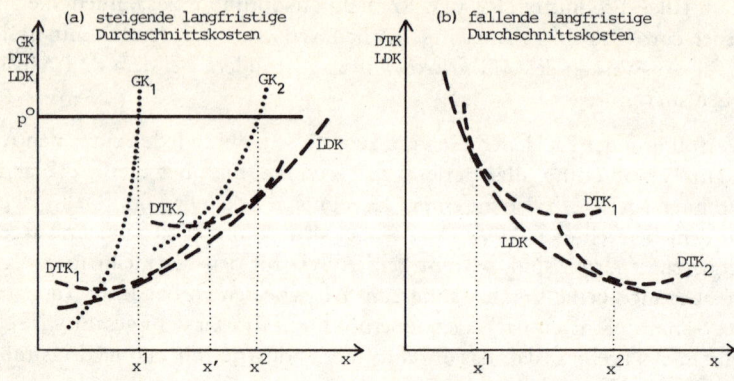

DTK-Kurven schneiden, gibt es einen für den größeren Produzenten günstigeren Bereich. Der Verlauf der langfristigen Durchschnittskosten bedeutet auch, daß der Anreiz zur Betriebsvergrößerung schwächer ist: Im Gegensatz zu der Situation von Bild 2.26 steigen dabei auch die Durchschnittskosten. Befindet sich ein Anbieter schließlich in der durch DTK_2 und GK_2 gekennzeichneten Situation, dann hat er sein langfristiges Optimum erreicht, da bei dieser Betriebsgröße und beim Preis p^0 die Grenzkosten gleich dem langfristig erreichbaren Minimum der durchschnittlichen Gesamtkosten sind. Von der Industrie her gesehen kann der Preis auch langfristig nicht wie im Falle konstanter *LDK* auf deren Minimum sinken, da die Durchschnittskosten der Industrie aus den niedrigen, höheren und hohen Kosten der einzelnen Produzenten errechnet werden und daher immer unter dem Preis liegen müssen. Das hat auch zur Folge, daß die einzelnen Anbieter je nach Höhe ihrer Kosten unterschiedlich hohe Gewinne machen, und zwar auf Dauer: Alle Besitzer von Land, das fruchtbarer ist als dasjenige, das zu bebauen gerade noch lohnt, erzielen höhere Gewinne als der Grenzunternehmer. Da diese Gewinne nicht durch die Verhältnisse „an der Grenze" erzielt werden, nennt man sie *intramarginale Gewinne* (auch: *Differentialgewinne*) oder, um ihre Dauerhaftigkeit zu betonen, *intramarginale Renten* mit der

Def. 2.7: *Eine intramarginale Rente ist der über den Gewinn des Grenzproduzenten hinausgehende Gewinn, der denjenigen Anbietern einer unter den Bedingungen abnehmenden Skalenertrags arbeitenden Industrie auf Dauer zufällt, die mit niedrigeren Kosten als der Grenzanbieter produzieren.*

Steigt der Preis auf Dauer, so nehmen ensprechend alle intramarginalen Gewinne zu. Da dies ohne Zutun der Anbieter geschieht, diagnostiziert man dann die Entstehung von *Marktlagengewinnen*. Das bekannteste Beispiel hierzu aus jüngster Zeit sind die Zusatzgewinne, die den nicht zur Organisation erdölexportierender Länder (OPEC) gehörenden und daher nicht an deren Preispolitik beteiligten Erdölproduzenten zufielen. Wegen der überragenden Bedeutung des Erdöls als Energieträger entstehen solche Gewinne auch bei den Produzenten naher Substitute wie Kohle und Erdgas.

Schließlich zeigt Bild 2.27 (b) langfristig abnehmende Durchschnittskosten. Dieser Fall kann aus zwei Arten von Gründen eintreten, die auch zusammentreffen können:

Tabelle 2.3 – *Mindestoptimale Betriebsgrößen für die Herstellung ausgewählter Erzeugnisse in den Vereinigten Staaten*

Wirtschaftszweig/ Produkt	Mindest- betriebsgröße	Marktanteil 1967 v. H.	Stückkosten- zunahme bei ⅓ der Mindest- betriebsgröße v. H.
Bierbrauerei	6,44 Mill. hl/Jahr	3,4	5,0
Zigaretten	36 Mrd. Stück/Jahr	6,6	2,2
Farben	455 000 hl/Jahr	1,4	4,4
Ölraffinerie	200 000 Faß Durchsatz je Tag	1,9	4,8
Schuhe (ohne Gummischuhe)	1 Mill. Paar/Jahr	0,2	1,5
Hohlglas	133 000 t/Jahr	1,5	11,5
Portlandzement	1,2 Mill. t/Jahr	1,7	26,0
Rohstahl	4 Mill. t/Jahr	2,6	11,0
Kühlschränke	800 000 Stück/Jahr	14,1	6,5

Quelle: CHERER [2.61] S. 80, 94. Hier nach SCHERER [4.03], S. 96.

– zunehmende Skalenerträge (vgl. S. 187, 189 f.) aufgrund technischer Gegebenheiten, wie relativ hohe Fixkosten; Übergang zu kontinuierlicher Produktion anstatt Herstellung einzelner Lose; weitere Arbeitsteilung und Einsatz höher spezialisierten Realkapitals; Integration aufeinanderfolgender Produktionsstufen; positive externe Effekte der Aktivität anderer Wirtschaftssubjekte, etwa wenn der Produzent Fachkräfte einstellen kann, die von anderen Unternehmen ausgebildet wurden;
– die Preise von Produktionsfaktoren können mit steigender Nachfrage nach ihnen sinken (weil sich vielleicht auch bei ihrer Herstellung zunehmende Skalenerträge bemerkbar machen).

Es ist dann die Massenproduktion des betreffenden Erzeugnisses so viel kostengünstiger als die Herstellung kleinerer Mengen, daß sich kleine Betriebe auf die Dauer nicht halten können, wenn nicht besondere Bedingungen vorliegen. Tabelle 2.3 zeigt Mindestbetriebsgrößen für die Herstellung einiger Produkte in den Vereinigten Staaten Ende der sechziger Jahre. Die letzte Spalte weist aus, daß die Stückkosten zum Teil nennenswert steigen, wenn mit einem Drittel der optimalen Betriebsgröße produziert wird. Folgerungen hieraus sind, daß zunächst vorhandene kleinere Anbieter aus dem Markt gedrängt werden,[20] daß wegen der immensen Aufwendungen für den Neubau von Produktionsstätten kaum neue Anbieter in die Industrie eintreten, daß sich das Wachstum der Industrie daher fast ausschließlich in Form des Wachsens bestehender Betriebe vollzieht, und daß auf den Absatzmärkten der Industrie andere Verhaltens-

---

[20] Im Deutschen Reich wurden 1924 von 86 Unternehmen 146 Personenkraftwagenmodelle gebaut. Die Zahl der Unternehmen sank bis 1931 auf 17, die der Modelle auf 60; und zur Zeit werden praktisch alle Fahrzeuge in der Bundesrepublik von neun Unternehmen hergestellt. Vgl. A. ADDICKS: Die deutsche Kraftfahrzeugindustrie in der Nachkriegszeit (seit 1924), Würzburg 1934, S. 42 f., 49; sowie Monopolkommission [5.72], Anlagenband S. 16.

weisen als die des Mengenanpassers vorherrschen. Dies ergibt sich besonders in kleineren Ländern zwangsläufig aus den Marktanteilen der betreffenden Anbieter. In den Vereinigten Staaten spielte dieser Effekt wegen der Größe ihres Binnenmarktes laut Tabelle bei den genannten Produkten keine wesentliche Rolle, aber wenn für Großbritannien bei einer ähnlichen Untersuchung [21] als jährliche Mindestkapazitäten für optimale Betriebsgrößen in den sechziger Jahren bei Ölraffinerien 10 Mill. t, bei Portlandzement 2 Mill. t, bei Stahl 9 Mill. t, bei Kraftfahrzeugen 500 000 Stück (ein Modell mit Varianten) ermittelt werden, dann ist klar, daß in einem solchen Land nur wenige Anbieter nebeneinander existieren können. Bei einigen Produkten wie Flugzeugen, Turbogeneratoren, Farben und Computern überstiegen die optimalen Kapazitäten die Aufnahmefähigkeit des britischen Marktes oder reichten aus, ihn voll zu versorgen. Sind die Kostenvorteile aus zunehmenden Skalenerträgen so groß, daß sich in einem Land nur ein einziger Produzent auf die Dauer halten kann, liegt der Fall des *natürlichen Monopols* vor. Regionale Monopole dieser Art bestehen in Gestalt von *Leitungsmonopolen*, etwa für Trinkwasser, Gas, Elektrizität, Telefongespräche. Wohlfahrtstheoretisch besteht bei ihnen ein Abwägungsproblem zwischen der Effizienz der Produktion in Großbetrieben und der Abweichung von den Effizienzbedingungen auf den Märkten der betreffenden Güter.

V. Investitionsplanung

1. Das Investitionsproblem. Die in IV.5 angestellten Überlegungen über die langfristige Kosten- und Angebotsplanung müssen im folgenden vertieft werden. In der Praxis kann man die kurze Planperiode, von der bisher überwiegend die Rede war, mit höchstens einem Jahr ansetzen. In so gut wie jedem Unternehmen ist es jedoch erforderlich, Entscheidungen zu treffen, deren Wirkungen über eine solche Periode hinausgehen. Sie beziehen sich in der Hauptsache auf die Anschaffung dauerhafter Produktionsmittel, die definitionsgemäß eine Lebensdauer haben, die sich über mehrere kurze Planperioden erstreckt. Man kann auch sagen: Maschinen, Geräte, Anlagen, Bauten und Fahrzeuge sind unteilbar, wenn sie ihre Funktionsfähigkeit behalten sollen, so daß die in ihnen verkörperten Nutzungen bündelweise gekauft werden müssen und nur nach und nach im Produktionsprozeß eingesetzt werden können. Der Verbrauch an Nutzungen je Periode wird dann rechnerisch durch die Abschreibungen erfaßt (vgl. S. 214 f.). Das Problem verschwindet auch dann nicht, wenn dauerhafte Produktionsmittel mit kurzer Kündigungsfrist gemietet werden, wobei laufende Mietaufwendungen entstehen, die nur noch Gegenstand der kurzfristigen Planung sind: Die Maschine oder das Fahrzeug sollen in der Regel längere Zeit zur Verfügung stehen; und der Vermieter muß sie seinerseits kaufen oder produzieren, so daß das Problem, vom Standpunkt des Beobachters aus gesehen, nur verschoben wird.

Andere Entscheidungen eines Produktionsunternehmens mit langfristiger Wirkung betreffen beispielsweise ein sich über mehrere Jahre erstreckendes Forschungsprojekt; Ausgaben für Werbung während längerer Zeit, wenn es einen Markt für seine

---

[21] Pratten [2.59], S. 269–277.

Produkte in einem anderen Land aufbauen will; ein Schulungsprogramm für seine Mitarbeiter.

Das Problem ist jedoch nicht auf Unternehmen beschränkt. Wie S. 69 erwähnt wurde, hat ein privater Haushalt ein Anlageproblem für seine Ersparnis. Da auch öffentliche Haushalte und private Organisationen ohne Erwerbszweck investieren, gibt es angesichts einer Fülle von Anlagemöglichkeiten ein für alle Arten von Wirtschaftssubjekten gleiches *Investitionsproblem* mit der

Def. 2.8: *Ein Investitionsproblem liegt vor, wenn Entscheidungen über die Festlegung von Mitteln oder den Verzicht auf Erträge mit Wirkung für mehrere kurze Planperioden zu treffen sind.*

Das Problem wird mit der Antwort auf die Frage gelöst: Wann lohnt es zu investieren?

2. Arten der Investition. Im Volkswirtschaftlichen Rechnungswesen wird als Bruttoinvestition der Teil des Bruttosozialprodukts bezeichnet, der zum Ersatz ausgeschiedener dauerhafter Produktionsmittel, zur Erweiterung oder Verbesserung des Produktionsapparates und zur Vergrößerung von Lagerbeständen verwendet wird. Die Investition ist bei dieser Betrachtung ein Sachgüterstrom, der ex post gemessen wird. Der im folgenden zu behandelnde einzelwirtschaftliche Begriff der Investition ist dagegen auf die Zukunft bezogen und betrifft nicht nur Sachgüter:

Def. 2.9: *Einzelwirtschaftlich bedeutet Investition die Festlegung von Mitteln über einen längeren Zeitraum in der Erwartung, Erträge zu erzielen.*

Unter „Mitteln" sind im allgemeinen Zahlungsmittel, also Geldbeträge, zu verstehen. Sie können bei Konsumenten wie bei Unternehmen und öffentlichen Wirtschaftssubjekten als Ersparnis aus dem laufenden Einkommen, aus der Umwandlung von Vermögensbestandteilen in Geld oder aus Kreditaufnahme stammen. Es spricht jedoch nichts dagegen, auch Arbeitszeit als investierbar zu betrachten. Was ein „längerer Zeitraum" ist, kann offenbleiben, da die Investitionstheorie auf jeden Zeitraum anwendbar ist. Der Regelfall ist jedoch, daß bei einer Investition Mittel über mehrere Planperioden hinweg gebunden werden. „Erträge" sind streng genommen Überschüsse über den Anlagebetrag (oder die Anlagebeträge). Da aber beispielsweise bei Kreditgewährung Anlagebetrag (Tilgung) und Ertrag (Zinsen) ratenweise zusammen an den Investor zurückfließen, ist es zweckmäßig, nur die Zahlungsströme zu betrachten. Zahlungsausgänge sind mit A oder a, Zahlungseingänge mit e symbolisiert. Der Einfachheit halber wird jedoch im folgenden auch von Aufwendungen und Erträgen gesprochen.

Nach der Anlageform der Mittel lassen sich drei Arten von Investitionen unterscheiden:

(1) *Sachinvestition* als Kauf von Sachgütern, hauptsächlich in Gestalt dauerhafter Produktionsmittel, die im Produktionsprozeß zur Erzeugung von Gütern eingesetzt werden. Beim Verkauf der Güter bleibt in der Regel ein Gewinn übrig, der den Ertrag dieser Anlageform bildet. Andere Arten der Sachinvestition sind Lagerinvestition sowie der Kauf von Sachgütern ohne Be- oder Verarbeitung in der Erwartung, ihr Preis werde steigen (Spekulation).

(2) *Finanzinvestition* besteht darin, in bestehende Kreditbeziehungen einzutreten, also beispielsweise am Kapitalmarkt umlaufende festverzinsliche Wertpapiere, Aktien oder Investmentanteile zu kaufen; oder neue Kredite zu gewähren, etwa durch Kauf neu emittierter Wertpapiere, Begründung von Spar- und Terminguthaben oder Gewährung von Hypothekendarlehen und Wechselkrediten.

(3) *Wissensinvestition* liegt vor, wenn Privatpersonen eine Ausbildung absolvieren, also Aufwendungen zum Erwerb von Kenntnissen und Fähigkeiten machen, die im Produktionsprozeß verwertbar sind (*Ausbildungsinvestition*); oder wenn Unternehmen und öffentliche Haushalte Mittel zwecks Forschung sowie Entwicklung neuer Produktionsverfahren oder Produkte einsetzen.

Aus dieser Aufzählung ergibt sich, in welcher Hinsicht der einzelwirtschaftliche Investitionsbegriff umfassender als der gesamtwirtschaftliche ist:

– Einzelwirtschaftlich gelten auch Käufe solcher Sachgüter als Investition, die wie Grundstücke oder gebrauchte Fahrzeuge nicht aus der laufenden Produktion stammen. Gesamtwirtschaftlich liegt keine Investition vor, da dem Kauf solcher Güter an anderer Stelle ein Verkauf als *Desinvestition* gegenübersteht, so daß sich der volkswirtschaftliche Produktionsapparat nicht ändert;
– Der Eintritt in bestehende Kreditbeziehungen oder die Begründung neuer Kreditbeziehungen ist bei gesamtwirtschaftlicher Betrachtung keine Investition, sondern eine Änderung des volkswirtschaftlichen Kreditnetzes;
– Wissensinvestition bedeutet zwar wie die Installation neu produzierter dauerhafter Produktionsmittel auch gesamtwirtschaftlich die Bildung von Vermögen, nämlich von Arbeitsvermögen, jedoch wird diese Art der Vermögensbildung in der jetzigen Volkswirtschaftlichen Gesamtrechnung nicht als Investition erfaßt. Immerhin liegt die Vorstellung, daß ein Mensch ein dauerhaftes Produktionsmittel sei, in das in Form von Ausbildung investiert wird, der Entscheidung einiger Regierungen zugrunde, von Auswanderern Rückzahlung von Ausbildungskosten zu verlangen.

Einzel- wie gesamtwirtschaftlich ist die Festlegung von Mitteln in Wissensinvestitionen irreversibel, in Sachinvestitionen meist nur unter Verlusten rückgängig zu machen. Typisch für Finanzinvestitionen ist dagegen, daß die Mittel vielfach ohne Verlust freigemacht werden können.

Der einzelwirtschaftliche Begriff der Investition ist also weit gefaßt, zumal ihm auch der Spezialfall der Spekulation zuzuordnen ist, wie eben unter (1) genannt. Trotzdem lassen sich alle Arten von Investitionen unabhängig von Investitionsobjekt, zeitlichem Verlauf und Erfolg mit einem einheitlichen Denkinstrumentarium analysieren, das im folgenden vorgeführt wird.

3. Investitionsverläufe. Da die Anschaffung des Investitionsobjekts einerseits und der Zufluß des Ertrages oder der Erträge einschließlich des Rückflusses des investierten Betrages zu verschiedenen Zeitpunkten stattfinden, lassen sich Investitionen nach ihrem zeitlichen Ablauf gliedern. Für diesen gibt es mehrere Möglichkeiten.

Im einfachsten Fall wird zu einem bestimmten Zeitpunkt, dem *Investitionszeitpunkt*, ein *Anlagebetrag* (auch: *Anschaffungsbetrag*[22]) A_0 aufgewendet, dem nach Ablauf

---

[22] Im Interesse einer einheitlichen Redeweise wird von „Anschaffungsbetrag" auch in Fällen gesprochen, in denen nicht ein Sachgut, sondern eine Forderung erworben wird. Tatsächlich

von n Perioden, der *Investitionsdauer*, ein einmaliger Ertrag e_n in Gestalt des rückfließenden Anschaffungsbetrages zuzüglich eines Nettoertrages (Gewinns) gegenübersteht. Vom Investitionszeitpunkt ist der — gewöhnlich zeitlich davorliegende — *Planungszeitpunkt* (auch: *Kalkulationszeitpunkt*) zu unterscheiden, in dem die Berechnungen angestellt werden. Als Periode im Sinne der nachstehenden Erörterungen sei das Jahr betrachtet. Schematisch läßt sich dieser Fall entlang einer Zeitachse so darstellen:

(1) *Ein Anlagebetrag, ein Ertrag*

$$\begin{array}{c|c|c|c|c}-A_0 & & & +e_n & \\ \hline \uparrow & \text{Periode 1} & \text{Periode 2} & \cdots & \text{Periode } n \quad \text{Zeit } t\end{array}$$

Investitionszeitpunkt

Zahlungsausgänge werden mit einem negativen, Zahlungseingänge mit einem positiven Vorzeichen versehen. Ein einfacher Fall dieser Art liegt vor, wenn jemand ein Sparguthaben in Höhe von 1000 DM errichtet und nach fünf Jahren 1216,65 DM zurückerhält.

Weitere unter (1) einzuordnende Fälle sind
- der Kauf von Abzinsungspapieren, bei denen dem Käufer ein Ertrag dadurch zufließt, daß er einen niedrigeren Betrag für das Papier zahlt als zurückerhält. Beispiele sind Wechsel und unverzinsliche Schatzanweisungen, unter diesen die „Finanzierungsschätze" der Bundesrepublik Deutschland;
- der Kauf von Anteilen an Thesaurierungsfonds. Diese Investmentfonds schütten die Erträge der von ihnen gehaltenen Wertpapiere nicht an die Anteilseigner aus, sondern verwenden sie zum Kauf weiterer Papiere;
- der Kauf von Sachgütern, die durch Lagerung (wie Wein und Whisky) oder Zuwachs (Wald, Vieh- oder Fischbestände) im Zeitablauf an Wert zunehmen;
- der Kauf von Sachgütern oder Forderungen in der Erwartung, ihr Preis werde steigen, oder das Eingehen von Verbindlichkeiten in der Erwartung, der Rückzahlungsbetrag werde abnehmen, also die Spekulation mit Sachgütern oder Forderungen.

Ein anderer Investitionsverlauf liegt wie folgt vor:

(2) *Ein Anlagebetrag, mehrere Erträge in regelmäßigen Abständen in gleicher Höhe*

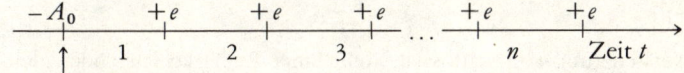

Investitionszeitpunkt

Die regelmäßig und in gleicher Höhe anfallenden Erträge e sind beispielsweise zusammengefaßte Zins- und Tilgungsbeträge von Hypothekendarlehen, die von Banken, Bausparkassen und Versicherungsunternehmen zur Finanzierung des Kaufs oder der Bebauung von Grundstücken gewährt werden. Man nennt sie *Amortisationsbeträge* (auch: *Annuitäten*). Besteht die Investition aus dem Kauf festverzinslicher Wertpa-

---

wird beispielsweise mit der Errichtung eines Sparguthabens eine verzinsliche Forderung gegen eine Bank angeschafft. Ebenso sind die Einkommensbeträge, auf die während einer Studienzeit verzichtet wird, als Anschaffungsbeträge der damit getätigten Ausbildungsinvestition zu sehen.

piere, der Gewährung von Darlehen oder der Errichtung von Spar- oder Terminguthaben, so fällt am Ende des Festlegungszeitraums noch ein Rückzahlungsbetrag e_n an. Dieser kann gleich dem Anlagebetrag sein (Darlehen, festverzinsliche Wertpapiere, die zu pari begeben und zurückgezahlt werden) oder von ihm differieren (bei vielen Emissionen festverzinslicher Wertpapiere ist der Ausgabekurs höher oder niedriger als der Rückzahlungskurs).

Eine weitere Gruppe von Investitionen zeigt den folgenden Verlauf:

(3) *Ein Anlagebetrag, mehrere Erträge in unregelmäßigen Abständen und in wechselnder Höhe*

$$-A_0 \quad +e_1 \quad +e_2 \quad +e_3 \quad \ldots \quad +e_{n-1} \quad +e_n \longrightarrow$$
$$\uparrow \quad 1 \quad 2 \quad 3 \quad \ldots \quad n \quad \text{Zeit } t$$
Investitionszeitpunkt

Dieser Fall liegt in der Regel vor, wenn dauerhafte Produktionsmittel gekauft und zur Produktion von Gütern eingesetzt werden, die bei wechselnden Marktbedingungen verkauft werden. Die Nettoerträge als Differenz zwischen Verkaufserlösen und Kosten schwanken dann im Zeitablauf und können auch gleich null oder negativ werden, etwa wenn größere Reparaturen anfallen oder wenn während eines Konjunkturrückgangs Verluste entstehen. Auch Finanzinvestitionen wie Käufe von Aktien oder Investmentanteilen zeigen solche Verläufe. In der schematischen Darstellung kommt die wechselnde Höhe der Nettoerträge durch ihre Indizierung $e_1, e_2, \ldots$ zum Ausdruck. Gehen sie unregelmäßig ein, empfiehlt es sich, gleichlange Zeitabschnitte, etwa Monate, Quartale oder Jahre, zu betrachten und alle Zahlungsein- und -ausgänge dem Ende derjenigen Periode zuzuordnen, in die sie fallen. Dieses Vorgehen wird im folgenden immer unterstellt. Im Verlauf (3) entsteht dann das obige Ablaufschema, bei dem zu jedem Periodenende ein Nettoertrag gehört.

Erhebliche Bedeutung hat auch der Verlauf

(4) *Mehrere Anlagebeträge in gleicher oder wechselnder Höhe, ein Ertrag*

$$-a_0 \quad -a_1 \quad -a_2 \quad \ldots \quad -a_{n-1} \quad e_n \longrightarrow$$
$$\uparrow \quad 1 \quad 2 \quad \ldots \quad n \quad \text{Zeit } t$$
Investitionszeitpunkt

Wird eine Lebensversicherung abgeschlossen, steht einer Reihe zu leistender gleichbleibender Beiträge $a_1 \ldots a_{n-1}$ ein einmaliger Ertrag e_n gegenüber. Wer Vieh aufzieht, bringt während einer Reihe von Perioden schwankende Beträge für Futter und Pflege auf und erzielt beim Verkauf ebenfalls einen einmaligen Ertrag.

Der allgemeinste Fall eines Investitionsverlaufs, der die bisher erwähnten als Spezialfälle enthält, ist schließlich

(5) *Wechselnd mehrere Anlagebeträge und Erträge, beide in unregelmäßigen Abständen und in unterschiedlicher Höhe*

$$-a_0/+e_0 \quad -a_1/+e_1 \quad -a_2/+e_2 \quad \ldots \quad -a_n/e_n \longrightarrow$$
$$\uparrow \quad 1 \quad 2 \quad \ldots \quad \text{Zeit } t$$
Investitionszeitpunkt

Ein solcher Verlauf liegt vor, wenn man die gesamte Tätigkeit eines zum Zeitpunkt t_0 gegründeten Unternehmens unter dem Investitionsaspekt sieht. Auch hier wählt man gleichlange Perioden und nimmt an, daß alle Zahlungsein- und -ausgänge jeweils an deren Ende anfallen. Ein Beispiel für den Verlauf (5) aus dem Bereich der privaten Haushalte sind Transaktionen mit einer privaten oder öffentlichen Rentenversicherung. Während des Arbeitslebens werden Beiträge $a_1, a_2 \ldots a_m$ geleistet, denen im Alter als Erträge die Rentenzahlungen $e_1 \ldots e_n$ gegenüberstehen. Bei Ausbildungsinvestitionen entstehen während einer Reihe von Jahren Aufwendungen in Gestalt von Studiengebühren und dergleichen sowie Alternativkosten in Form entgehenden Einkommens (vgl. S. 211 f.), denen in späteren Jahren erwartete Einkommensbeträge gegenüberstehen, die höher sind, als sie es ohne die Ausbildung sein würden.

4. Das Kriterium der Rendite. Eine Investition wird in der Regel nur vorgenommen, wenn sie im Urteil des Investors aufgrund bestimmter Kriterien als vorteilhaft oder *rentabel* erscheint. Bei der Prüfung der Frage, wann dies der Fall ist, steht jeder Investor vor einem Wahlproblem: Er hat immer mehrere Möglichkeiten, die verfügbaren Mittel so anzulegen, daß sie in zukünftigen Perioden Erträge erwarten lassen. Eine dieser Möglichkeiten besteht darin, festverzinsliche Wertpapiere oder vergleichbare Kapitalmarktforderungen zu kaufen. Diese Anlageformen sind überwiegend risikoarm, und ihre Erträge sind mit großer Sicherheit vorauszuberechnen. Will der Investor jedoch möglichst hohe jährliche Nettoerträge aus der Anlage seiner Mittel erzielen, so wird er prüfen, ob eine anderweitige Anlage vorzuziehen ist. Er muß dazu zunächst den Ertrag (oder die Erträge) in eine Beziehung zum Anlagebetrag (oder zu den Anlagebeträgen) setzen. Handelt es sich im einfachsten Fall um einen Anlagebetrag A_0, der innerhalb eines Jahres auf den Betrag e_1 wächst, so besteht zwischen A_0, e_1 und dem Ertragssatz r der Investition die Beziehung

$$A_0 + rA_0 = e_1. \tag{2.63}$$

Hieraus läßt sich r durch Umformung errechnen. Wenn etwa 100 DM auf einem Sparkonto in einem Jahr auf 104 DM wachsen, ist $r=0,04$ (oder 4 v.H. Beide Schreibweisen werden in diesem Buch benutzt). Der Ertragssatz r heißt *Rendite* (auch: *interner Zinssatz*) der Investition. Gleichung (2.63) kann jedoch auch in der Form

$$A_0 = \frac{1}{1+r} e_1 \tag{2.64}$$

geschrieben und wie folgt interpretiert werden: Die Rendite r einer Investition wird aus einer Gleichung errechnet, in der ihr Ertrag, hier e_1, mit dem (mathematischen) Faktor $1/1+r$ multipliziert und dem Anlagebetrag, hier A_0, gleichgesetzt wird. Der Faktor $1/1+r$ heißt *Diskontierungsfaktor* (auch: *Abzinsungsfaktor*). Multiplikation mit diesem Faktor bedeutet Berechnung des *Gegenwartswertes* (auch: *Barwertes*) des Betrages e_1.

Dieses Verfahren läßt sich bei den anderen im vorigen Abschnitt behandelten Investitionsverläufen wie folgt anwenden. Wächst A_0 nach zwei Jahren auf e_2, so gilt analog zu Gleichung (2.63)

$$A_0 + rA_0 + r(A_0 + rA_0) = e_2. \tag{2.65}$$

Hierbei wird der nach dem ersten Jahr anfallende Ertrag rA_0 dem Anschaffungsbetrag A_0 zugeschlagen und mit ihm weiter verzinst. Man sagt dann, der Anlagebetrag A_0 stehe auf *Zinseszins*. Aus (2.65) folgt

$$A_0(1+2r+r^2)=e_2 \quad \text{oder} \quad A_0(1+r)^2=e_2. \tag{2.66}$$

Allgemein läßt sich schließen, daß für eine Festlegungszeit von n Jahren

$$A_0(1+r)^n=e_n \quad \text{und daher} \quad r=\sqrt[n]{\frac{e_n}{A_0}}-1 \tag{2.67}$$

gilt.

Die Rendite einer Investition mit dem in V.3 unter (3) gezeigten Verlauf wird dadurch errechnet, daß man analog zu Gleichung (2.64) die Summe der Gegenwartswerte der nacheinander erwarteten Nettoerträge $e_1, e_2, \ldots, e_n$ dem Anschaffungsbetrag A_0 gleichsetzt

$$A_0=\frac{e_1}{1+r}+\frac{e_2}{(1+r)^2}+\ldots+\frac{e_n}{(1+r)^n} \tag{2.68}$$

und hieraus r ermittelt. Ist nach Ablauf der Nutzungsdauer, also am Ende der Periode n, noch ein *Restwert* vorhanden (Verkaufswert eines Mietshauses, Schrottwert einer Maschine, Tilgungsbetrag einer Anleihe) so enthält e_n auch diesen Betrag.

Liegt ein Verlauf wie unter (2) S. 257 vor, ist also $e_1=e_2=\ldots=e_n=e$, dann läßt sich (2.68) wie folgt vereinfachen. Aus

$$A_0=\frac{e}{1+r}+\frac{e}{(1+r)^2}+\ldots+\frac{e}{(1+r)^n}$$

folgt zunächst

$$\frac{A_0}{e}=\frac{1}{1+r}+\frac{1}{(1+r)^2}+\ldots+\frac{1}{(1+r)^n}$$

und nach Multiplikation dieser Gleichung mit $\dfrac{1}{1+r}$

$$\frac{A_0}{e}\cdot\frac{1}{1+r}=\frac{1}{(1+r)^2}+\frac{1}{(1+r)^3}+\ldots+\frac{1}{(1+r)^n}+\frac{1}{(1+r)^{n+1}}.$$

Subtrahiert man diese Gleichung von der davorstehenden, erhält man

$$\frac{A_0}{e}\left(1-\frac{1}{1+r}\right)=\frac{1}{1+r}-\frac{1}{(1+r)^{n+1}} \quad \text{oder} \quad \frac{A_0}{e}\cdot\frac{r}{1+r}=\frac{(1+r)^n-1}{(1+r)^{n+1}}.$$

Multiplikation mit $\dfrac{e(1+r)}{r}$ ergibt dann

$$A_0=e\,\frac{(1+r)^n-1}{r(1+r)^n}. \tag{2.69}$$

Gleichbleibende jährliche Nettoerträge e sind demnach mit einem durch r und n bestimmten Quotienten zu multiplizieren, dem *Barwertfaktor*,[23] um den Anlagebetrag A_0 zu erhalten.

Gleichung (2.69) kann für die Berechnung der Rendite festverzinslicher Wertpapiere benutzt werden. Ein solches Papier ist mit einem Nominal- (gleich Rückzahlungs-)Wert, einer Nominalverzinsung in Höhe eines bestimmten Geldbetrages je Jahr, der gewöhnlich als Prozentsatz des Nominalwertes genannt wird, und einer Laufzeit ausgestattet. Häufig wird ein Ausgabekurs festgesetzt, der niedriger als der Rückzahlungskurs ist. Man sagt, das Papier werde mit einem *Disagio* emittiert. Die Rendite des Papiers wird dann gemäß Gleichung (2.68) in Verbindung mit (2.69) aus der Gleichung

$$K_0 = e \frac{(1+r)^n - 1}{r(1+r)^n} + \frac{K_n}{(1+r)^n} \tag{2.70}$$

ermittelt, in der K_0 der Anschaffungs-, K_n der Rückzahlungskurs und e die Nominalverzinsung ist. Beträgt beispielsweise $K_0 = 98$ DM, $e = 8$ DM, $n = 10$ Jahre und $K_n = 100$ DM, so erhält man die Gleichung

$$98 = 8 \frac{(1+r)^{10} - 1}{r(1+r)^{10}} + \frac{100}{(1+r)^{10}},$$

deren Lösung $r = 0{,}083$ ist. In der Praxis ist es als Näherungslösung auch gebräuchlich, das Disagio, hier 2 DM, durch die Laufzeit, hier 10 Jahre, zu dividieren und das Ergebnis, hier 0,2 DM je Jahr, zur Nominalverzinsung, hier 8 DM je Jahr, zu addieren. Damit wird der Kursgewinn des Anlegers gleichmäßig auf die Laufzeit verteilt: Neben der Nominalverzinsung erhält der Anleger zusätzlich 0,2 DM je Jahr Kursgewinn. Das Ergebnis, hier 8,2 DM je Jahr, wird dann durch den Anschaffungskurs dividiert. Das ergibt hier eine Rendite von 8,367 v. H., die etwas höher als die wahre Rendite von 8,302 v. H. ist. Die Rendite festverzinslicher Wertpapiere nennt man auch *Effektivverzinsung*, um sie von der Nominalverzinsung zu unterscheiden.

In zwei Fällen läßt sich die Rendite durch einfache Division des (gleichbleibenden) jährlichen Nettoertrags durch den Anschaffungsbetrag ermitteln: Wenn Anschaffungs- und Rückzahlungskurs übereinstimmen, oder wenn eine Rückzahlung nicht vorgesehen ist. Im erstgenannten Fall ist $K_n = K_0$, so daß Gleichung (2.70) dann

$$K_0 = e \frac{(1+r)^n - 1}{r(1+r)^n} + \frac{K_0}{(1+r)^n}$$

lautet. Multiplikation mit $r(1+r)^n$ ergibt

$$K_0 r (1+r)^n = e[(1+r)^n - 1] + r K_0 \quad \text{oder} \quad K_0 r [(1+r)^n - 1] = e[(1+r)^n - 1]$$

und nach Division durch den in eckigen Klammern stehenden Ausdruck

$$r = \frac{e}{K_0}.$$

---

[23] Tabellen für den Barwertfaktor mit einer größeren Zahl von r-n-Kombinationen sind in einigen Lehrbüchern abgedruckt, so in SCHNEIDER [2.64]; BUSSE V. COLBE/LASSMANN [2.02], Bd. 3.

Ist keine Rückzahlung vorgesehen, fällt in Gleichung (2.70) der zweite Summand auf der rechten Seite weg. Dividiert man in der übrigbleibenden Gleichung Zähler und Nenner des Bruches durch $(1+r)^n$, erhält man

$$K_0 = e \frac{1 - \frac{1}{(1+r)^n}}{r} \quad \text{und damit ebenfalls} \quad r = \frac{e}{K_0}, \tag{2.71}$$

wenn n über alle Grenzen wächst und der Bruch $1/(1+r)^n$ im Zähler daher gegen null strebt. Beide Fälle haben praktische Bedeutung. Manche Wertpapiere werden ohne Disagio („zu pari") ausgegeben, und manche Staaten gaben früher festverzinsliche Wertpapiere ohne Rückzahlungsverpflichtung aus („ewige Renten"). Formel (2.71) kann außerdem näherungsweise für hohe n, etwa ab 30 Jahren, benutzt werden.

Gleichung (2.71) zeigt den wichtigen gegenläufigen Zusammenhang zwischen der als Prozentsatz definierten Effektivverzinsung und dem Kurs eines Wertpapiers bei gegebener, als Geldbetrag je Jahr ausgedrückter Nominalverzinsung. Dieser Zusammenhang bewirkt, daß sich die Effektivverzinsungen der zu jedem Zeitpunkt vorhandenen („umlaufenden") festverzinslichen Wertpapiere durch Kursänderungen an Änderungen des herrschenden Kapitalmarktzinses und damit an die Renditen neu ausgegebener Wertpapiere anpassen. Beträgt die Rendite etwa während der Periode $t=1$: $r_1=0,06$, dann wird ein Wertpapieremittent sein Papier mit einem Nominalzins von 6,– DM/Jahr ausstatten und es zum Ausgabekurs von $K_1^{e=6}=100$ DM/Stück anbieten. Ist der Kapitalmarktzins während einer späteren Periode $t=2$ auf $r_2=0,10$ gestiegen, dann müssen Emittenten 10,– DM/Jahr für Papiere mit dem Ausgabekurs von 100 DM zusichern. Für jedes Stück der aus Periode 1 noch umlaufenden Sechsprozenter aber wird ein Käufer nur noch einen Kurs bieten, der ihm angesichts der gleichbleibenden Nominalverzinsung ebenfalls eine Rendite von 10 v.H. gewährt. Das ist nach Gleichung (2.71): $K_2^{e=6}=6,-$ DM$/0,10=60$ DM. Was geschieht mit den Kursen, wenn der Kapitalmarktzins in der nächsten Periode $t=3$ auf $r_3=0,08$ sinkt? Die Sechsprozenter haben dann den Kurs $K_3^{e=6}=6,-$ DM$/0,08=75$ DM, die Zehnprozenter $K_3^{e=10}=10,-$ DM$/0,08=125$ DM. Selbstverständlich realisieren die Inhaber der in $t=3$ umlaufenden Sechsprozenter einen Kursverlust, die Inhaber der Zehnprozenter einen Kursgewinn nur, wenn sie ihre Papiere verkaufen. Die Beispiele sind vereinfacht, weil es auch noch auf die Restlaufzeit des jeweiligen Papiers ankommt, zeigen aber das Prinzip.

Nach den bisherigen Erörterungen ist es klar, wie die Rendite bei dem unter (5) beschriebenen Investitionsverlauf zu berechnen ist: Der Anlagebetrag a_0 wird allen anderen auf den Investitionszeitpunkt diskontierten Zahlungsaus- und -eingängen mit den entsprechenden Vorzeichen gleichgesetzt:

$$a_0 = -\frac{a_1}{1+r} - \frac{a_2}{(1+r)^2} - \ldots - \frac{a_m}{(1+r)^m} + \frac{e_1}{(1+r)^{m+1}} + \ldots + \frac{e_n}{(1+r)^{m+n}},$$

und aus dieser Gleichung wird r bestimmt. Mithin gilt die alle Fälle einschließende

Def. 2.10: *Der interne Zinssatz gibt an, mit welchem Satz sich eine Investition unter Einbeziehung aller mit ihr zusammenhängenden Aufwendungen und Erträge und unter Berücksichtigung ihres zeitlichen Verlaufs verzinst. Er wird aus einer Glei-*

chung errechnet, in welcher der Anlagebetrag zum Investitionszeitpunkt der Summe der Gegenwartswerte aller folgenden Aufwendungen und Erträge gleichgesetzt wird.

Liegen die Aufwendungen und Erträge ganz oder teilweise in der Zukunft, so ist der interne Zinssatz eine erwartete Größe. Liegen sie in der Vergangenheit, so ist er eine Ex-post-Größe.

Hat der Investor die internen Zinssätze $r_1, r_2, \ldots, r_s$ der etwa vorhandenen s Investitionsmöglichkeiten berechnet, so kann er sich nach Berücksichtigung weiterer Aspekte wie des Risikos für ein Objekt, etwa das mit der höchsten Rendite, entscheiden.

5. Nachteile des Rendite-Kriteriums. Das Verfahren, Investitionsentscheidungen mit Hilfe eines Vergleichs der Renditen verschiedener Investitionsobjekte zu treffen, hat unter gewissen Bedingungen Nachteile. Treten bei einer Investition in einzelnen Jahren negative Nettoerträge auf, so können sich bei der Berechnung der Rendite mehrere Werte für den internen Zinssatz ergeben. Ein Beispiel dafür ist eine Investition mit folgendem Verlauf:[24]

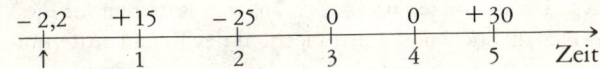

Investitions-
zeitpunkt

Wie leicht nachzuprüfen ist, gelten hierfür die beiden Gleichungen

$$2{,}2 = \frac{15}{2{,}06} - \frac{25}{2{,}06^2} + \frac{30}{2{,}06^5} \quad \text{und} \quad 2{,}2 = \frac{15}{1{,}81} - \frac{25}{1{,}81^2} + \frac{30}{1{,}81^5}.$$

Die Investition hat die beiden internen Zinssätze $r_1 = 106$ v. H. und $r_2 = 81$ v. H. Es kann also vorkommen, daß beim Vergleich mit den Renditen anderer Investitionen nicht zu entscheiden ist, welche Investition die vorteilhafteste ist.

Anderseits kann gezeigt werden, daß es bei Investitionsverläufen wie oben unter (1), (2) und (3), bei denen einem Anlagebetrag nur nichtnegative Nettoerträge gegenüberstehen, genau einen positiven internen Zinssatz gibt. Dazu setzt man in Gleichung (2.68) S. 260 den Diskontierungsfaktor $1/1+r = q$ und wandelt die Gleichung in eine Funktion um:

$$f(q) = -A_0 + e_1 q + e_2 q^2 + \ldots + e_n q^n. \tag{2.72}$$

Wie verläuft diese Funktion bei gegebenen Werten von A_0 und $e_1 \ldots e_n$ in einem Koordinatensystem mit q als unabhängiger Variabler auf der Abszisse und $f(q)$ als abhängiger Variabler auf der Ordinate? Läßt man zunächst q gegen null gehen (also r immer größer werden), dann geht $f(q)$ gegen $-A_0$. Die Funktion beginnt also an ei-

---

[24] Das Beispiel und die folgende Argumentation entstammen J. D. PITCHFORD/A. J. HAGGER: A Note on the Marginal Efficiency of Capital. EJ, Vol. 68, 1958, S. 597–600. — Polynome n-ten Grades haben n Lösungen, von denen mehr als eine reell und nichtnegativ und damit ökonomisch sinnvoll sein kann.

ner Stelle unterhalb der q-Achse. Ihr Verlauf wird durch das Vorzeichen der ersten Ableitung

$$\frac{df(q)}{dq} = e_1 + 2e_2 q + \ldots + n\, e_n q^{n-1}$$

gegeben. Sind nun alle $e_i \geqq 0$, so ist die erste Ableitung immer positiv, die Funktion also streng monoton steigend. Eine solche Funktion kann aber nur einen Schnittpunkt mit der q-Achse haben, so daß es auch nur eine (reelle) Lösung von Gleichung (2.68) und damit nur einen Wert für den internen Zinssatz gibt. Kommt im Verlauf der Investition mehr als eine Auszahlung vor, dann steigt die Funktion (2.72) nicht mehr mit Sicherheit monoton, und es kann wie in dem obigen Zahlenbeispiel mehr als einen positiven internen Zinssatz geben. Solche Fälle gemäß Verlauf (5) in V.3 haben erhebliche praktische Bedeutung. Ist das Investitionsobjekt ein Miethaus, so können die Nettoerträge in den Jahren negativ werden, in denen größere Renovierungen vorgenommen werden. Unternehmen machen in Rezessionsjahren Verluste, und bei manchen Investitionsobjekten sind die Nettoerträge während mehrjähriger Anlaufzeiten negativ. Dies tritt häufig ein, wenn mit der Investition ein neues Produkt auf den Markt gebracht wird.

Insgesamt legen diese Überlegungen nahe, nach anderen Kriterien für die Vorteilhaftigkeit von Investitionen zu suchen, die den Nachteil des Renditekriteriums nicht aufweisen.

6. Die Kapitalwertmethode. Die Nachteile des Renditekriteriums werden bei einem Verfahren vermieden, bei dem der Investor in seiner Planung von vornherein vorsieht, daß die Investition nur vorgenommen wird, wenn sie sich mit einem bestimmten Mindestsatz k rentiert. Dieser Satz, der *Kalkulationszinssatz,* wird nicht kleiner als die Rendite r sein, die bei der leicht zugänglichen und risikoarmen Anlage von Mitteln auf dem Kapitalmarkt zu erzielen ist. In der Regel wird der Kalkulationszinssatz um so höher angesetzt, je höher das Risiko einer Investition eingeschätzt wird. Der Investor berechnet nun mit Hilfe des Kalkulationszinssatzes k den *Ertragswert*[25] E der Investition als Summe der Gegenwartswerte aller zukünftigen Nettoerträge, beim Verlauf (3) in V.3 also gemäß

$$E = \frac{e_1}{1+k} + \frac{e_2}{(1+k)^2} + \ldots + \frac{e_n}{(1+k)^n}, \qquad (2.73)$$

und vergleicht den Ertragswert mit dem Anschaffungsbetrag A_0:

$$K = E - A_0. \qquad (2.74)$$

Die Differenz K zwischen E und A_0 heißt der *Kapitalwert* der Investition. Allgemein gilt für diesen

Def. 2.11: *Der Kapitalwert einer Investition ist gleich der Summe aller ihrer mit dem Kalkulationszinssatz auf den Investitionszeitpunkt diskontierten Zahlungsein- und -ausgänge.*

---

[25] Vgl. VRW⁷, 1. Kapitel, Abschnitt V.5. Dort ist der Ertragswert als eine von mehreren Möglichkeiten genannt, ein Vermögensobjekt für die Zwecke einer Vermögensrechnung zu bewerten.

Wird eine Anschaffungsausgabe A_0 vorgenommen, bestimmt diese den Investitionszeitpunkt und bleibt daher undiskontiert, so daß sich dann Gleichung (2.74) ergibt. Ist der Kapitalwert gleich null, dann sind die erwarteten Nettoerträge gerade so groß, daß der Investor den Anschaffungsbetrag A_0 zuzüglich einer Verzinsung in Höhe des Kalkulationszinssatzes zurückerhält. Ist der Kapitalwert positiv, so erhält der Investor mehr als den mit dem Kalkulationszinssatz verzinsten Anschaffungsbetrag zurück. Die Rendite der Investition ist dann höher als der Kalkulationszinssatz. Bei negativem Kapitalwert gilt das Umgekehrte. Bei diesem Verfahren wird sich der Investor unter mehreren Investitionsalternativen für diejenige mit dem höchsten Kapitalwert entscheiden, wenn er nach dem höchstmöglichen Gewinn strebt und keine weiteren Umstände zu berücksichtigen sind. Daraus folgt der

Satz 2.18: *Eine Investition ist vorteilhaft, wenn ihr Kapitalwert nicht negativ ist. Unter mehreren Investitionsmöglichkeiten ist unter sonst gleichen Umständen diejenige mit dem höchsten Kapitalwert die vorteilhafteste.*

Dieser Satz heißt das *Kapitalwertkriterium,* seine Anwendung die *Kapitalwertmethode.* Seine zweite Aussage muß allerdings noch näher untersucht werden. Der in der Praxis sehr wichtige Fall, daß mehrere Investitionsmöglichkeiten vorhanden sind, ist meist damit verbunden, daß die Anschaffungsbeträge voneinander differieren. Maschinen, maschinelle Anlagen, Grundstücke, Fahrzeuge sind als Investitionsobjekte unteilbar, und ihre Preise können erheblich voneinander abweichen. Angenommen, es gebe zwei Investitionsmöglichkeiten A mit einem Anlagebetrag von 1,5 Mill. DM und B mit 1 Mill. DM. Von einer Wahl zwischen ihnen kann nur gesprochen werden, wenn beide finanzierbar sind. Der Investor muß also über eigene Mittel oder Kreditmöglichkeiten oder beides in einer solchen Höhe verfügen, daß auch die Investition mit dem höheren Anlagebetrag realisierbar ist. Wird nun B vorgezogen, so bleibt zu berücksichtigen, daß auch noch die Mittel zur Verwirklichung einer dritten Investitionsmöglichkeit, der *Differenzinvestition C* in Höhe von 0,5 Mill. DM, zur Verfügung stehen oder beschafft werden können. Gemäß dem Prinzip der Alternativkosten (oder entsprechend der Alternativhandlung, vgl. S. 211 f.) muß ja immer gefragt werden, was an die Stelle einer beabsichtigten Handlung treten könnte, oder was aufgegeben werden muß, wenn eine bestimmte Handlung vorgenommen wird. Wird in das Objekt A investiert, so können B und C nicht realisiert werden. Wird in B allein investiert, kann daneben noch C verwirklicht werden. Tatsächlich ist also nicht zwischen A und B, sondern zwischen A einerseits und B plus C anderseits zu entscheiden. Nun war oben bei den Erläuterungen zur Definition 2.11 gesagt worden, daß der Investor bei einem negativen Kapitalwert eine Rendite unterhalb des Kalkulationszinssatzes erzielt, während sie bei positivem Kapitalwert höher ausfällt. Im erstgenannten Fall wird er die Investition nicht vornehmen, im zweiten wird er investieren. Dazwischen muß es eine Höhe der Rendite geben, bei der er gegenüber der Alternative, zu investieren oder nicht zu investieren, indifferent ist. Dieser Fall tritt ein, wenn der Kapitalwert gleich null, der interne Zinssatz der Investition also gleich dem Kalkulationszinssatz ist. Auf das hier anstehende Problem übertragen heißt das: Zwischen zwei Investitionen mit unterschiedlichen Anschaffungsbeträgen kann nur dann nach dem Kapitalwertkriterium gemäß Satz 2.18 entschieden werden, wenn erstens beide finanzierbar sind und wenn zweitens der Differenzbetrag zum Kalkulationszinssatz investiert oder geliehen werden kann. Nur dann ist der Investor gegenüber der Differenzinvestition indifferent und kann seine Wahl gemäß dem obigen Beispiel auf die Objekte *A* und *B* beschränken. Diese beiden Bedingungen müssen also bei Satz 2.18 mitbedacht werden. Die in ihm ausdrücklich genannte Ceteris-paribus-Klausel bezieht sich vor allem auf das Risiko der verglichenen Investitionen. Da es sich um Planungen handelt und mit erwarteten Werten gerechnet werden muß, enthalten die Ergebnisse in der Praxis sämtlich ein starkes subjektives Element.

7. Die Gleichwertigkeit von Beständen und Strömen und die Annuitätenmethode. Die Berechnung von Ertrags- und Kapitalwerten ist von eminenter praktischer Bedeutung, da sie festzustellen erlaubt, wann unterschiedliche Reihen von Nettoerträgen untereinander und mit Bestandsgrößen gleichwertig (äquivalent) sind. Beispielsweise bedeutet die Angabe des Gegenwartswertes einer Reihe von Nettoerträgen unter Verwendung eines Kalkulationszinssatzes gemäß Gleichung (2.73) S. 264, daß der Investor den Gegenwartswert, also eine Bestandsgröße, als gleichwertig mit der Reihe der diskontierten Nettoerträge, also einer Anzahl von Stromgrößen, ansieht. Hat etwa *A* eine solche Reihe von Zahlungen von *B* zu fordern, so können sie übereinkommen, daß sich *B* von seiner Verpflichtung durch eine einmalige Zahlung befreit. Man sagt dann, die Zahlungsreihe werde *kapitalisiert,* also in „Kapital" verwandelt, worunter hier ein Geldbetrag zu verstehen ist, der seinerseits wieder ertragbringend angelegt werden kann. *A* und *B* müssen sich allerdings über den Kalkulationszinssatz einigen: *A* wird ihn möglichst niedrig, *B* ihn möglichst hoch ansetzen wollen. Umgekehrt kann jeder einmalig fällige Betrag rechnerisch in eine Reihe von Zahlungen umgewandelt (auch: *verrentet*) werden. Auf solchen Berechnungen der Äquivalenz zwischen Zahlungsreihen und Kapitalbeträgen beruht beispielsweise ein Teil des Versicherungsgeschäfts. Dort kann man durch eine Reihe von Beitragszahlungen den Anspruch auf Erhalt einer Lebensversicherungssumme oder durch Entrichtung eines Betrages den Anspruch auf eine lebenslängliche Rente erwerben.

Ein Investor könnte weiterhin fragen, wie hoch die jährlichen Nettoerträge eines Investitionsobjekts mit gegebenem Anschaffungsbetrag und bekannter Lebensdauer mindestens sein müssen, wenn sich die Investition lohnen soll. Die Antwort ist durch eine solche Umformung von Gleichung (2.69) S. 260 zu erhalten, daß die erfragte Größe *e* auf der linken Seite steht:

$$e = A_0 \frac{k(1+k)^n}{(1+k)^n - 1}. \qquad (2.75)$$

Dabei ist *r* durch den Kalkulationszinssatz *k* ersetzt, der die Zielvorstellung des Investors angibt. Der bei A_0 stehende Bruch ist (für alle $n > 1$) kleiner als eins und gibt den Teil des Anschaffungsbetrages an, der während der Lebensdauer *n* jährlich wiedergewonnen werden muß, damit man während der gesamten Laufzeit den Betrag A_0 mit der Verzinsung *k* zurückerhält. Der Bruch heißt *Kapitalwiedergewinnungsfaktor.* Die Frage nach der Vorteilhaftigkeit der Investition so zu stellen, bedeutet für den Investor, daß er mit weniger Informationen auskommt: Er braucht nicht zu wissen, wie hoch die jährlichen Nettoerträge voraussichtlich sein werden, wenn er nur genügend sicher sein kann, daß sie mindestens so hoch wie durch Gleichung (2.75) angegeben sind. Dies erleichtert angesichts der Ungewißheit über die Zukunft die Investitionsentscheidung.

Der Kapitalwiedergewinnungsfaktor ermöglicht es ferner, eine Reihe unterschiedlich hoher Nettoerträge in eine gleichwertige Reihe mit gleich hohen Erträgen zu verwandeln. Dazu dient der

Satz 2.19: *Zwei Reihen sind gleichwertig (äquivalent), wenn ihre mit dem Kalkulationszinssatz für denselben Zeitpunkt berechneten Gegenwartswerte gleich groß sind.*

Gegeben sei etwa die Reihe

```
   1000   3000   3500   2500   6000
 ──┼──────┼──────┼──────┼──────┼────────►
   1      2      3      4      5    Zeit
```

Ihr Gegenwartswert zum Zeitpunkt 1 ist

$$B_1 = \sum_{t=1}^{n} \frac{e_t}{(1+k)^t}, \quad \text{bei} \quad \left\{ \begin{array}{l} k = 10 \text{ v. H} \\ n = 5 \end{array} \right\} \quad \text{gleich } 11\,451 \text{ DM.}$$

Gesucht wird die äquivalente Reihe

```
    x      x      x      x      x
 ──┼──────┼──────┼──────┼──────┼────────►
   1      2      3      4      5    Zeit
```

mit dem gleichbleibenden Betrag x. Ihr Gegenwartswert ist nach Gleichung (2.69):

$$B_2 = x \frac{(1+k)^n - 1}{k(1+k)^n}.$$

Äquivalenz herrscht nach Satz 2.19, wenn $B_1 = B_2$, also

$$\sum_{t=1}^{n} \frac{e_t}{(1+k)^n} = x \frac{(1+k)^n - 1}{k(1+k)^n} \quad \text{oder} \quad x = \frac{k(1+k)^n}{(1+k)^n - 1} \cdot \sum_{t=1}^{n} \frac{e_t}{(1+k)^n}.$$

Da der Kapitalwiedergewinnungsfaktor für $k=0,1$ und $n=5$ gleich 0,2638 ist, ergeben sich im Zahlenbeispiel hieraus 3021 DM. Zweck solcher Transformationen ist es, Reihen auf einen Blick vergleichbar zu machen, die wegen unregelmäßiger Verläufe zunächst unvergleichbar sind. Liegen etwa zwei unterschiedlich lange Reihen $a_1, a_2, \ldots, a_m$ und $b_1, b_2, \ldots, b_n$ mit unterschiedlich großen Gliedern vor (es sei also auch $a_i \neq a_k$ und $b_s \neq b_t$), so berechnet man mit Hilfe desselben Kalkulationszinssatzes beide Gegenwartswerte und transformiert diese mit Hilfe von Gleichung (2.75) in zwei gleich lange Reihen mit jeweils gleich großen Gliedern (auch: äquidistante uniforme Reihen), die leicht zu vergleichen sind. Die Zahl der Perioden kann dabei beliebig gewählt, im Beispiel also gleich m, gleich n oder gleich irgendeiner anderen Zahl gesetzt werden. Es liegt auf der Hand, daß zwei Reihen, die bei einem bestimmten Kalkulationssatz gleichwertig sind, dies bei anderen Sätzen nicht sind. Das Verfahren kann beispielsweise auch dazu benutzt werden, eine endliche Reihe in eine unendliche zu transformieren. Man braucht dazu nur den Gegenwartswert der endlichen Reihe mit demjenigen Wert des Kapitalwiedergewinnungsfaktors zu multiplizieren, der sich ergibt, wenn man n über alle Grenzen wachsen läßt. Ein solcher Grenzübergang war S. 262 mit dem reziproken Wert dieses Faktors vorgenommen worden und erbrachte den Wert $1/k$. Das Glied der unendlichen Reihe ergibt sich also als (mathematisches)

Produkt aus dem Gegenwartswert der endlichen Reihe und dem Kalkulationssatz. Ebenso läßt sich ein einzelner Betrag transformieren: 1000 DM sind beim Kalkulationszinssatz von 6 v.H. einer ewigen Rente von jährlich 60 DM äquivalent, und eine ewige Rente von 12 000 DM jährlich kann beim Kalkulationssatz von 8 v.H. durch eine einmalige Zahlung von 150 000 DM abgelöst werden.

Mit solchen Reihentransformationen läßt sich schließlich ein weiteres Investitionskriterium gewinnen, bei dem sämtliche Aufwendungen (Anlagebetrag A_0 und jährliche Betriebsaufwendungen $a_1, a_2, \ldots, a_n$) einerseits und sämtliche Erträge $e_1, e_2, \ldots, e_n$ einschließlich etwa anfallender Restwerte oder Tilgungsbeträge anderseits in je eine uniforme Reihe transformiert werden. Dies entspricht dem Investitionsverlauf (5) in V.3, wobei mit den Bruttobeträgen der Zahlungsein- und -ausgänge gearbeitet wird. Die durchschnittlichen jährlichen Aufwendungen sind dann

$$\bar{a} = \left(A_0 + \frac{a_1}{1+k} + \frac{a_2}{(1+k)^2} + \ldots + \frac{a_n}{(1+k)^n} \right) \frac{k(1+k)^n}{(1+k)^n - 1}$$

und die durchschnittlichen jährlichen Erträge

$$\bar{e} = \left(\frac{e_1}{1+k} + \frac{e_2}{(1+k)^2} + \ldots + \frac{e_n}{(1+k)^n} \right) \frac{k(1+k)^n}{(1+k)^n - 1}.$$

Das ergibt als weiteres Investitionskriterium den

Satz 2.20: *Eine Investition ist vorteilhaft, wenn die unter Benutzung des Kalkulationszinssatzes errechneten durchschnittlichen jährlichen Erträge nicht kleiner als die durchschnittlichen jährlichen Aufwendungen sind.*

Da gleichbleibende jährliche Beträge, die sowohl aus Zinsen als auch aus Tilgungsbeträgen bestehen, Annuitäten heißen, nennt man das eben beschriebene Verfahren *Annuitätenmethode*.

8. Kritische Werte. Wie aus den bisherigen Erörterungen hervorgeht, unterscheiden sich Investitionen nicht nur im Anschaffungsbetrag, sondern auch in weiteren Aspekten, so nach

- Höhe und zeitlicher Verteilung der jährlichen Erträge;
- Höhe und zeitlicher Verteilung der jährlichen Aufwendungen;
- Investitionsdauer, bei Sachinvestitionen: Lebensdauer;
- Kalkulationszinssatz;
- Risiko.

Ein Verfahren zur Auswahl unter mehreren Investitionen besteht nun darin, in der Planung jeweils eine der Variablen, von denen die Kapitalwerte der zur Wahl stehenden Investitionen mitbestimmt werden, zu variieren und dabei alle anderen Variablen konstant zu halten. Damit ändern sich jeweils auch die Kapitalwerte. Die betrachteten Investitionen lassen sich dann bei einem bestimmten Wert der Variablen gemäß dem Kapitalwertkriterium in eine Reihenfolge der Vorteilhaftigkeit bringen, und diese Reihenfolge kann sich mit dem Wert der Variablen ändern. Ein einfaches Beispiel ist das folgende.

Es bestehe die Wahl zwischen zwei Investitionen A und B, die beide die gleiche Anschaffungsausgabe von 25 erfordern (die Zahlen mögen Mill. DM bedeuten), sich aber bei gleicher Gesamtlaufzeit durch die jährlichen Nettoerträge unterscheiden:

Investition A Investition B

```
−25   +5   +5        +5   +5              −25   +1   +2   +3         +9   +10
 ┼────┼────┼───…─────┼────┼──→             ┼────┼────┼────┼────…─────┼────┼──→
 0    1    2         9   10  Zeit          0    1    2    3          9   10  Zeit
```

Die gemäß Gleichung (2.68) S. 260 errechnete Rendite von A liegt bei 15,1 v. H., die Rendite von B bei 12,6 v. H. Nach dem Rendite-Kriterium wäre also Investition A vorteilhafter. Die Lösung des Wahlproblems sieht jedoch anders aus, wenn nach der Kapitalwertmethode entschieden wird. Beispielsweise beträgt der Kapitalwert K_A der Investition A bei einem Kalkulationszins von 4 v. H. 15,6 Mill. DM, der Kapitalwert von B 17,0 Mill. DM. Bei diesem Kalkulationszinssatz wäre also B vorzuziehen. Wird dieser Satz jedoch auf 12 v. H. festgelegt, dann hat A den Kapitalwert 3,25 Mill. DM und B 0,90 Mill. DM, wonach A vorteilhafter wäre. Wie kommt es zu solchen Umkehrungen in der Rangfolge der Vorteilhaftigkeit von Investitionen? Je höher der Kalkulationszinssatz ist, um so kleiner wird der Diskontierungsfaktor $1/(1+k)^n$ für weiter in der Zukunft liegende Perioden. Da bei Investition B die nominell höheren Nettoerträge erst später anfallen, werden sie bei dem höheren Kalkulationszinssatz stärker diskontiert und tragen entsprechend weniger zum Ertragswert in Gleichung (2.73) S. 264 bei. Bei Investition A sind dagegen die in den Jahren direkt nach dem Investitionszeitpunkt anfallenden und daher schwächer diskontierten Nettoerträge höher als bei B und führen so bei dem höheren Kalkulationssatz zu einem insgesamt höheren Kapitalwert. Dieser Effekt überkompensiert auch die Tatsache, daß die Summe der nicht diskontierten Nettoerträge mit 55 bei B um 5 höher ist als bei A.

Die beiden eben genannten Kalkulationszinssätze sind willkürlich herausgegriffen. Einen vollständigen Vergleich der beiden Investitionen erhält man, wenn man die beiden Kapitalwerte K_A und K_B als Funktionen des Kalkulationszinssatzes k darstellt. Das Ergebnis sind die in Bild 2.28 gezeichneten *Kapitalwertkurven,* die folgendes zeigen:

– Die Kapitalwerte der betrachteten (und aller anderen) Investitionen fallen mit wachsendem Kalkulationszinssatz;
– Bei hinreichend großem Kalkulationszinssatz werden die Kapitalwerte der betrachteten (und aller anderen) Investitionen negativ;
– Die Schnittpunkte der Kapitalwertkurven mit der Abszissenachse geben die internen Zinssätze der beiden Investitionen an;
– Nimmt der Zinssatz den *kritischen Wert*[26] von 6,28 v. H. an, sind die Kapitalwerte beider Investitionen mit 11,32 Mill. DM gleich groß. Ist der Kalkulationszinssatz kleiner als 6,28 v. H., so ist Investition B vorteilhafter als A, ist k größer als dieser Wert, ist A vorteilhafter.

Ein weiteres Beispiel mit erheblicher praktischer Bedeutung ist das folgende. Das Wahlproblem bestehe zwischen zwei Produktionsverfahren, die durch zwei Maschi-

---

[26] Die englische Bezeichnung „break-even point" wird auch in der deutschsprachigen Literatur verwendet.

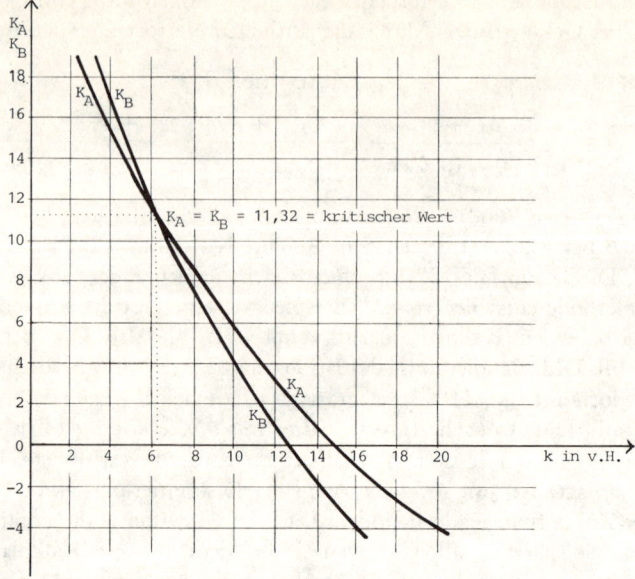

Bild 2.28 – *Die Kapitalwerte zweier Investitionen als Funktionen des Kalkulationszinssatzes*

nen X und Y verkörpert werden. Maschine X habe den Preis a_X und die Lebensdauer n_X, Maschine Y den Preis a_Y und die Lebensdauer n_Y. Es sei $a_X < a_Y$ und $n_X < n_Y$, Maschine Y sei also teurer und habe eine längere Lebensdauer. Außerdem möge für die laufenden Betriebsaufwendungen $b(x)$ in Abhängigkeit von der Produktmenge x gelten, daß $b_X(x) > b_Y(x)$ ist. Die teurere Maschine verursacht also geringere Betriebsaufwendungen, etwa für Löhne, als die billigere. Schließlich sei angenommen, daß die Investition nach Ablauf der Lebensdauer identisch ad infinitum wiederholt werden soll.

Die Untersuchung kann sich auf den Vergleich des Kapitaldienstes und der laufenden Betriebsaufwendungen beschränken, wenn alle sonstigen Aufwendungen sowie die Einnahmen bei beiden Investitionen gleich groß sind. Der Kapitalwert K_a der Anschaffungsausgabe a einer ad infinitum wiederholten Investition mit der Lebensdauer n ist beim Kalkulationszinssatz k

$$K_a = a + \frac{a}{(1+k)^n} + \frac{a}{(1+k)^{2n}} + \ldots$$

Dies ist eine unendliche fallende geometrische Reihe mit dem Quotienten $q=1/(1+k)^n$. Ihre Summe ist $S=a/1-q$. Der Kapitalwert der Anschaffungsausgaben ist mithin

$$K_a = \frac{a}{1 - \frac{1}{(1+k)^n}} = a \frac{(1+k)^n}{(1+k)^n - 1}.$$

Der Kapitalwert K_b der jährlich in gleicher Höhe ad infinitum anfallenden Betriebsaufwendungen $b(x)$ ist nach Gleichung (2.71) S. 262

$$K_b = \frac{b(x)}{k}.$$

Die Kapitalwerte der beiden Investitionen K_X und K_Y setzen sich jeweils aus dem Kapitalwert der Anschaffungsausgaben und dem Kapitalwert der Betriebsaufwendungen zusammen und betragen daher

$$K_X = a_X \frac{(1+k)^{n_X}}{(1+k)^{n_X}-1} + \frac{b_X(x)}{k} \quad \text{und} \quad K_Y = a_Y \frac{(1+k)^{n_Y}}{(1+k)^{n_Y}-1} + \frac{b_Y(x)}{k}.$$

Multiplikation beider Gleichungen mit dem Kalkulationszinssatz k, hier nur für eine ausgeführt, ergibt

$$k K_X = a_X \frac{k(1+k)^{n_X}}{(1+k)^{n_X}-1} + b_X(x).$$

Der erste Summand in dieser Gleichung ist nichts anderes als der Kapitaldienst (vgl. S. 266), der zwecks Wiedergewinnung des Anschaffungsbetrages a und seiner Verzinsung mit dem Satz k jährlich erwirtschaftet werden muß. Der Betrag ist somit von der Produktmenge unabhängig und kann als feste Kosten des Produktionsprozesses angesehen werden. Der zweite Summand $b(x)$ gibt die jährlichen Betriebsaufwendungen an. Nimmt man deren Abhängigkeit von x als linear an, dann lassen sich die gesamten jährlichen Aufwendungen beider Produktionsverfahren wie folgt graphisch darstellen:

Bild 2.29 – *Kritischer Wert zweier Produktionsverfahren in Abhängigkeit von der geplanten Produktmenge*

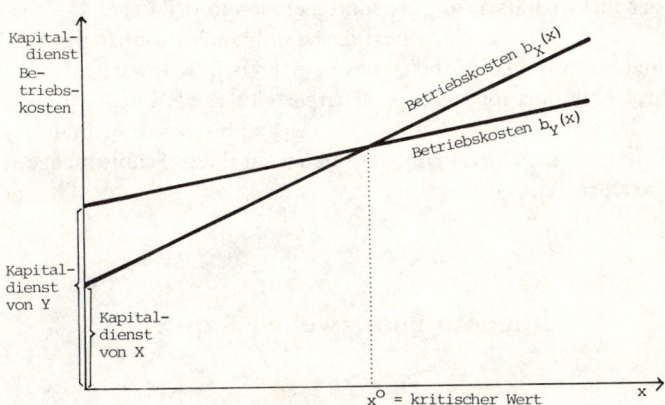

Hierbei ist gemäß den eingangs gemachten Annahmen vorausgesetzt, daß die Anschaffungsausgabe und damit der Kapitaldienst der Maschine Y größer als die der Maschine X, die jährlichen Betriebsaufwendungen dagegen kleiner sind. Es zeigt sich, daß auch hier ein kritischer Wert x^0 für die jährliche Produktmenge x existiert. Da die Zeichnung die Aufwendungen zeigt, ist bei $x > x^0$ das Verfahren mit der Maschine Y vorteilhafter, bei $x < x^0$ verursacht X niedrigere Aufwendungen. Damit entscheidet in diesem Fall bei gegebenem Kalkulationszinssatz die Höhe der geplanten Jahresproduktion darüber, welche Investition vorgenommen wird. Anders ausgedrückt: Die Produktionsmethode ist eine Funktion der Produktmenge. Dies kann natürlich nur für die Planung gelten. Damit wird eine Erklärung dafür geboten, warum bei langfristiger Betrachtung der Übergang zur Massenproduktion in den entwickelten Ländern mit vermehrtem Einsatz von Maschinen einherging, die niedrigere Betriebsaufwendungen, vor allem für Arbeitslöhne, erforderten. Der technische Fortschritt ist in der Hauptsache arbeitsparend (vgl. S. 208). Auch im Konjunkturaufschwung, also bei mittelfristiger Betrachtung, ist der Übergang zu mechanischeren Produktionsverfahren zu beobachten, da diese wegen verbesserter Absatzchancen und damit steigender Produktmengen rentabler werden. Da in allen solchen Fällen Arbeitskräfte freigesetzt werden, können soziale Probleme entstehen, wenn nicht an anderen Stellen, etwa in der Investitionsgüterindustrie, genügend zusätzliche Arbeitsplätze entstehen.

Die beiden Beispiele haben gezeigt, wie in der Investitionsplanung auf kritische Werte Rücksicht zu nehmen ist. Die gewonnenen Erkenntnisse lassen sich wie folgt verallgemeinern:

Satz 2.21: *Die Methode der kritischen Werte ist anwendbar, wenn die Kapitalwertkurven zweier Investitionen als Funktionen gleicher Variabler unterschiedliche Verläufe zeigen, sich aber in einem Punkt schneiden. Bei diesem kritischen Wert der Variablen sind beide Kapitalwerte gleich, und in seiner Umgebung wechselt ihre Differenz das Vorzeichen. Welche Investition vorteilhafter ist, hängt dann von dem Wert ab, den die Variable annimmt oder den ihr der Investor beilegt.*

Beispiele für die Anwendung dieses Verfahrens lassen sich auch bei privaten Haushalten finden. Diese können beim Bezug von elektrischem Strom bei der gegenwärtigen Preispolitik der Elektrizitätsversorgungsunternehmen in der Regel zwischen zwei Tarifen wählen, wovon der eine einen niedrigen (verbrauchsunabhängigen) „Bereitstellungspreis" und einen hohen „Arbeitspreis" (= Preis je Kilowattstunde), der andere die umgekehrte Kombination aufweist. Hierbei gibt es als kritischen Wert die von den Anbietern so genannte „Schnittmenge", die graphisch wie in Bild 2.29 ermittelt werden kann. Je nach Lage der Verbrauchsmenge zu dieser Schnittmenge ist dann zu entscheiden, welcher Tarif günstiger ist.

Literatur zum zweiten Kapitel

Allgemeines:

Die Theorie der Unternehmung ist im deutschsprachigen Bereich Gegenstand einer selbständigen akademischen Disziplin, der Betriebswirtschaftslehre. Sie wird aber auch, meist wie in diesem Buch auf abstrakterem Niveau, als Teil der Mikroökonomik in der Volkswirtschaftslehre behandelt. Von den Lehrbüchern des Fachs sind im Text erwähnt

[2.01] E. GUTENBERG: Grundlagen der Betriebswirtschaftslehre. 3 Bde. Berlin u. a.
1. Bd: Die Produktion. 1951, 24. Aufl. 1983. XII, 521 S.
2. Bd: Der Absatz. 1954, 17. Aufl. 1984. XVI, 625 S.
3. Bd: Die Finanzen. 1969, 8. Aufl. 1980. IX, 424 S.

[2.02] W. BUSSE V. COLBE/G. LASSMANN: Betriebswirtschaftstheorie. Berlin u. a.
Bd 1: Grundlagen, Produktions- und Kostentheorie. 1974, 4. Aufl. 1988. XVI, 356 S.
Bd 2 (Mitautor: P. HAMMANN): Absatztheorie. 1977, 3. Aufl. 1990. XVI, 356 S.
Bd 3: Investitionstheorie. 1977, 3. Aufl. 1990. XVI, 311 S.

Übersichten über unterschiedliche Ansätze der Theorie des Produktionsunternehmens sowie Gesamtdarstellungen bieten

[2.03] F. MACHLUP: Theories of the Firm: Marginalist, Behavioral, Managerial. AER, Vol. 57, 1967, S. 1–33. Auch in: MACHLUP [E.07].

[2.04] T. H. NAYLOR/J. M. VERNON: Microeconomics and Decision Models of the Firm. A General Introduction to the Economic Theory of the Firm From Conventional Marginal Analyses to the Latest Mathematical and Computer Models. New York u. a. 1969. XIII, 482 S.

[2.05] I. HOROWITZ: Decision Making and the Theory of the Firm. New York u. a. 1970. XII, 468 S.

[2.06] R. M. CYERT/C. L. HEDRICK: Theory of the Firm: Past, Present, and Future; An Interpretation. JELit, Vol. 10, 1972, S. 398–412.

[2.07] A. A. THOMPSON: Economics of the Firm. Theory and Practice. 1973, 2. Aufl. Englewood Cliffs 1977. XVI, 638 S.

[2.08] A. KOUTSOYIANNIS: Non-Price Decisions. The Firm in a Modern Context. London u. a. 1982. XXIII, 671 S.

[2.09] M. J. RICKETTS: The Economics of Business Enterprise. New Approaches to the Firm. Brighton 1987. XII, 306 S.

[2.10] R. CLARKE/T. McGUINESS (Hg.): The Economics of the Firm. Oxford 1987. 190 S.

In der neueren Entwicklung der Theorie des Produktionsunternehmens werden zunehmend die vielfältigen Entscheidungsprobleme der Unternehmensleitung in den Mittelpunkt der Betrachtung gerückt. Vgl. dazu neben KRELLE [1.17].

[2.11] G. BAMBERG/A. G. COENENBERG: Betriebswirtschaftliche Entscheidungslehre. 1973, 5. Aufl. München 1989. VIII, 272 S.

Angesichts der rapiden technischen Entwicklung der Datenverarbeitung und ihrer Anwendungsmöglichkeiten ist als neues Wissensgebiet die *Wirtschaftsinformatik* entstanden. Vgl. zu ihrem Einsatz bei der unternehmerischen und betrieblichen Erfassung, Verarbeitung und Verwendung von Informationen

[2.12] R. STAHLKNECHT: Einführung in die Wirtschaftsinformatik. 1983, 4. Aufl. Berlin u. a. 1989. XV, 478 S.

[2.13] A.-W. SCHEER: Wirtschaftsinformatik. Informationssysteme im Industriebetrieb. 1988, 3. Aufl. Berlin u. a. 1990. XXIII, 603 S.

Zu Teil I:

Die Frage der Unternehmensziele wird seit langem hin und her gewendet. Vgl. dazu

[2.14] F. X. BEA: Kritische Untersuchungen über den Geltungsbereich der Gewinnmaximierung. Berlin 1968. 149 S.

[2.15] P. KUPSCH: Unternehmungsziele. Stuttgart u. a. 1979. 159 S.

Mehr noch als beim privaten Haushalt scheint es bei Unternehmen nötig, die Interaktionen der an seinen Entscheidungen beteiligten Personen zu untersuchen. Eine Aufforderung hierzu ist

[2.16] H. LEIBENSTEIN: A Branch of Economics is Missing: Micro-Micro Theory. JELit, Vol. 17, 1979, S. 477–502.

Probleme der Trennung von Unternehmenseigentum und -kontrolle behandelt

[2.17] J. R. WILDSMITH: Managerial Theories of the Firm. London 1973. 140 S.

Zur Rolle des Unternehmers vgl.

[2.18] M. CASSON: The Entrepreneur: An Economic Theory. Oxford 1982. XIV, 418 S.
[2.19] H. BARRETO: The Entrepreneur in Microeconomic Theory. Disappearance and Explanation. London u. a. 1989. XII, 156 S.

Zu Teil II:

Gesamtdarstellungen der Produktionstheorie sind

[2.20] W. KRELLE unter Mitarbeit von W. SCHEPER: Produktionstheorie. Tübingen 1969. X, 237 S.
[2.21] C. E. FERGUSON: The Neoclassical Theory of Production and Distribution. Cambridge 1969. XVIII, 383 S.
[2.22] D. F. HEATHFIELD: Production Functions. London u. a. 1971. 91 S.
[2.23] K. BRANDT: Volkswirtschaftliche Vorlesungen Band II: Faktoreinsatz und Ertragsgestaltung in der Produktion. Freiburg 1976. 157 S.
[2.24] G. UEBE: Produktionstheorie. Berlin u. a. 1976. XVII, 301 S.

Einen Überblick über den gegenwärtigen Stand gibt

[2.25] M. I. NADIRI: Producer's Theory. S. 431–491 in: ARROW/INTRILIGATOR [I.32].

Einen Spezialaspekt behandelt

[2.26] W. EICHHORN: Theorie der homogenen Produktionsfunktion. Berlin u. a. 1970. VIII, 119 S.

Manche Autoren behandeln Produktions- und Kostentheorie gemeinsam:

[2.27] W. LÜCKE: Produktions- und Kostentheorie 1969, 3. Aufl. Würzburg u. a. 1973. 367 S.
[2.28] R. W. SHEPHARD: Theory of Cost and Production Functions. Princeton 1970. XI, 308 S.
[2.29] D. ADAM: Produktions- und Kostentheorie. 1974, 3. Aufl. Düsseldorf 1990. 192 S.
[2.30] J. KLAUS: Produktions- und Kostentheorie. Stuttgart 1974. XIV, 167 S.
[2.31] G. FANDEL: Produktion I. Produktions- und Kostentheorie. 1986, 2. Aufl. Berlin u. a. 1989. XIII, 327 S.
[2.32] D. F. HEATHFIELD/S. WIBE: An Introduction to Cost and Production Functions. New York 1987. XV, 193 S.

Die Cobb-Douglas-Produktionsfunktion wird diskutiert in

[2.33] M. NERLOVE: Estimation and Identification of Cobb-Douglas Production Functions. Chicago u. a. 1965. VI, 193 S.
[2.34] P. H. DOUGLAS: The Cobb-Douglas Production Function Once Again: Its History, Its Testing, and Some New Empirical Values. JPE, Vol. 84, 1976, S. 903–915.

Eine Übersicht über die Entstehungsgeschichte der Grenzproduktivitätstheorie im letzten Viertel des 19. Jahrhunderts anhand der Beiträge von zehn bekannten Nationalökonomen der damaligen Zeit gibt

[2.35] G. J. STIGLER: Production and Distribution Theories. The Formative Period. New York 1941. VII, 392 S.

Das Konzept der Substitutionselastizität erörtern

[2.36] H. HESSE/B. GAHLEN: Die Beziehungen zwischen eigentlicher und historischer Substitutionselastizität bei technischem Fortschritt. Weltwirtschaftliches Archiv, Bd 99, 1967, S. 175–224.

Die CES-Produktionsfunktion stammt von

[2.37] K. J. ARROW/H. B. CHENERY/B. S. MINHAS/R. M. SOLOW: Capital-Labor Substitution and Economic Efficiency. REStat, Vol. 43, 1961, S. 225–250.

Eine ausführliche Darstellung findet sich bei KRELLE [2.20]. Weitere Titel hierzu sind

[2.38] M. NERLOVE: Recent Empirical Studies of the CES and Related Production Functions. In: BROWN [2.47], S. 55–122.
[2.39] J. FROHN: Untersuchungen zur CES-Produktionsfunktion. Darstellung der mathematischen Eigenschaften, Berücksichtigung des technischen Fortschritts und Schätzung der Parameter. Würzburg 1970. 124 S.

Gesamtdarstellungen der Probleme des technischen Fortschritts sind

[2.40] M. BROWN: On the Theory and Measurement of Technical Change. Cambridge 1966. XII, 214 S.
[2.41] L. B. LAVE: Technological Change: Its Conception and Measurement. Englewood Cliffs 1966. XX, 228 S.
[2.42] H. WALTER: Der technische Fortschritt in der neueren ökonomischen Theorie. Versuch einer Systematik. Berlin 1969. 267 S.
[2.43] M. I. NADIRI: Some Approaches to the Theory and Measurement of Total Factor Productivity: A Survey. JELit, Vol. 8, 1970, S. 1137–1177.
[2.44] C. KENNEDY/A. P. THIRLWALL: Surveys in Applied Economics: Technical Progress. EJ, Vol. 82, 1972, S. 11–72.
[2.45] F. H. FLECK: Die ökonomische Theorie des technischen Fortschritts und seine Identifikation. Meisenheim 1973. 253 S.
[2.46] G. BOMBACH/N. BLATTNER: Technischer Fortschritt. Kritische Beurteilung von Meß- und Prognosekonzepten. Göttingen 1976. VII, 495 S.

Sammelbände zu Problemen der Produktionstheorie sind

[2.47] M. BROWN (Hg.): The Theory and Empirical Analysis of Production. New York 1967. X, 515 S.
[2.48] M. FUSS/D. MCFADDEN (Hg.): Production Economics. A Dual Approach to Theory and Applications. Amsterdam u. a. 1978.
Vol. 1: The Theory of Production. XX, 482 S.
Vol. 2: Applications of the Theory of Production. XXI, 338 S.

Zu Teil III:

Darstellungen der Kostenplanung finden sich in allen Lehrbüchern der Mikroökonomik, der Betriebswirtschaftslehre und der Theorie der Produktionsunternehmung. Ein einführendes Lehrbuch ist

[2.49] K. BRANDT: Volkswirtschaftliche Vorlesungen Band III: Kostentheorie. Freiburg 1976. 170 S.

Zum Konzept der Alternativkosten und seinen Anwendungen vgl.

[2.50] H. MÜNSTERMANN: Bedeutung der Opportunitätskosten für unternehmerische Entscheidungen. Zeitschrift für Betriebswirtschaft, 36. Jg. 1966, Ergänzungsheft 1, S. 18–36.
[2.51] W. MÄNNEL: Möglichkeiten und Grenzen des Rechnens mit Opportunitätserlösen. S. 201–245 in: P. RIEBEL (Hg.): Beiträge zur betriebswirtschaftlichen Ertragslehre. Opladen 1971.

Abhandlungen über die empirische Bestimmung von Kostenfunktionen sind

[2.52] J. JOHNSTON: Statistical Cost Analysis. New York u. a. 1960. IX, 197 S.
[2.53] A. A. WALTERS: Production and Cost Functions. An Econometric Survey. Econometrica, Vol. 31, 1963, S. 1–66.

Zu den im Text nicht behandelten Problemen der Mehrproduktunternehmung vgl.

[2.54] H. SCHLÖGL: Mehrproduktunternehmung, Marktentwicklung, Wettbewerb. Frankfurt 1972. IX, 204 S.
[2.55] E. E. BAILEY/A. F. FRIEDLAENDER: Market Structures and Multiproduct Industries. JELit, Vol. 20, 1982, S. 1024–1048.

Zum Effizienzproblem im Unternehmen vgl.

[2.56] R. S. FRANTZ: X-Efficiency: Theory, Evidence and Applications. Boston u. a. 1988. XVIII, 227 S.

Zum Verhalten als Subventionsempfänger und bei Inflation vgl.

[2.57] N. FINGER: The Impact of Government Subsidies on Industrial Management. The Israel Experience. New York u. a. 1971. XXII, 100 S.
[2.58] B. Y. HONG: Inflation under Cost Pass-along Management. New York u. a. 1979. VI, 171 S.

Zu Teil IV:

Die in diesem Teil behandelten Themen werden in den Lehrbüchern meist zusammen mit der Kosten- oder der Markttheorie erörtert. Literaturangaben zum unternehmerischen Verhalten bei der Preissetzung folgen unten im Anschluß an das 3. Kapitel bei der Diskussion der Marktformen. Zum Spezialproblem der Skalenerträge und der optimalen Betriebsgröße vgl.

[2.59] C. F. PRATTEN: Economies of Scale in Manufacturing Industry. Cambridge 1971. XII, 352 S.
[2.60] A. SILBERSTON: Economies of Scale in Theory and Practice. EJ, Vol. 82, 1972, S. 369–391.
[2.61] F. M. SCHERER u. a.: The Economics of Multi-Plant Operation: An International Comparisons Study. Cambridge, Mass u. a. 1975. XIII, 448 S.
[2.62] A. GRICHTING: Die Skalenerträge. Theoretische und empirische Aspekte. Meisenheim 1976. XVII, 238 S.

Zu Teil V:

Die Investitionsplanung wird in ihren Grundzügen in einigen Lehrbüchern der Mikroökonomik, der Preistheorie und der Betriebswirtschaftslehre dargestellt. Ihre arithmetischen Grundlagen bietet

[2.63] E. CAPRANO/A. GIERL: Finanzmathematik. 1974, 4. Aufl. München 1990. XI, 190 S.

Spezielle Lehrbücher über den Gegenstand sind

[2.64] E. SCHNEIDER: Wirtschaftlichkeitsrechnung. Theorie der Investition. 1951, 8. Aufl. Tübingen u. a. 1973. VIII, 166 S.
[2.65] H. HAX: Investitionstheorie. 1970, 5. Aufl. Würzburg u. a. 1985. 208 S.
[2.66] D. SCHNEIDER: Investition, Finanzierung und Besteuerung. 1970, 6. Aufl. Wiesbaden 1990. 674 S.
[2.67] K.-D. DÄUMLER: Grundlagen der Investitions- und Wirtschaftlichkeitsrechnung mit Beispielen, Fragen und Aufgaben, Antworten und Lösungen, Testklausur, finanzmathematischen Tabellen. 1976, 6. Aufl. Herne u. a. 1989. 308 S.

Die Problematik des internen Zinssatzes diskutiert

[2.68] R. BUCHNER: Zur Frage der Zweckmäßigkeit des internen Zinsfußes als investitionsrechnerisches Auswahlkriterium. Zeitschrift für Betriebswirtschaft, 43. Jg. 1973, S. 693–710.

Die Methode der kritischen Werte wird ausführlich dargestellt bei

[2.69] M. SCHWEITZER/E. TROSSMANN: Break-even-Analysen. Grundmodell, Varianten, Erweiterungen. Stuttgart 1986. XI, 314 S.

Eine Sammlung von Aufsätzen zur einzelwirtschaftlichen Investitionstheorie zusammen mit einer umfangreichen Bibliographie enthält

[2.70] H. ALBACH (Hg.): Investitionstheorie. Köln 1975. 438 S.

Drittes Kapitel

Grundlagen der Markttheorie

Dieses Kapitel bietet den ersten Überblick über die Art und Weise, in der sich der Gütertausch über Märkte vollzieht. Während im 1. und 2. Kapitel die Betrachtung des einzelnen Wirtschaftssubjekts und der normative Ansatz im Vordergrund standen, wird jetzt unter teils normativem, teils positivem Aspekt gefragt, welche Situationen sich aus der Konfrontation von Wirtschaftsplänen und den dabei auftretenden Interessengegensätzen ergeben. Der Tausch ist nur eines unter mehreren Allokationsverfahren, die daher zunächst in ihren Hauptzügen zusammen mit dem allgemeinen Informationsproblem der arbeitsteiligen Wirtschaft vorgestellt werden. Anschließend wird die grundlegende Frage erörtert, unter welchen Bedingungen der freiwillige Tausch für die Beteiligten vorteilhaft ist. Teil II nennt Möglichkeiten für die Einteilung von Märkten, wobei sich die unterschiedlichen Arten des Wettbewerbsverhaltens als besonders wichtig herausstellen. Diese geben dann das Merkmal für die Gliederung nach Marktformen ab, mit der auf die zentrale Frage der Markttheorie hingeführt wird, inwieweit von den einzelnen Marktstrukturen auf das Verhalten der Beteiligten und weiter auf die auch wohlfahrtstheoretisch relevanten Marktergebnisse geschlossen werden kann. Zur Vorbereitung auf die Erörterung dieser Frage im nächsten Kapitel werden in Teil III die wichtigsten Marktformen, angefangen mit dem Modell des vollkommenen Marktes über den beiderseitigen Mengenanpassermarkt, das Monopol und das Polypol bis zum Oligopol, in ihren Grundzügen vorgestellt. Teil IV schließlich behandelt das System der Marktwirtschaft als Ganzes, nimmt noch einmal das Informations- und das Koordinierungsproblem auf und gibt dann einen Gesamtüberblick über die Funktionsweise des Systems, wobei auch auf seine Mängel hingewiesen wird.

I. Allokation und Tausch

1. Allokationsverfahren. Sobald arbeitsteilig produziert wird, also Produzenten nicht nur genau das herstellen, was sie selbst verbrauchen, stellen sie die über ihren Eigenbedarf hinaus produzierten Güter anderen Wirtschaftssubjekten zur Verfügung und erhalten einen Teil von deren Überschußproduktion. Auch private Haushalte nehmen an diesem Prozeß gegenseitiger Belieferung teil, da sie Arbeitsleistungen und andere Produktionsfaktoren abgeben und Konsumgüter empfangen. Angesichts der generellen Knappheit an Mitteln, mit deren Einsatz Ziele angestrebt werden, entsteht damit das S. 6f. beschriebene Allokationsproblem: Auf welche Weise und aufgrund welcher Motive oder Anreize wird darüber entschieden, wie die Produktionsfaktoren in einer Vielzahl von Produktionsprozessen eingesetzt und die Produkte auf die verschiedenen Verwendungszwecke verteilt werden? Zu seiner Lösung existieren mehrere Verfahren. Eine grundlegende Einteilung für diese ist die in

- *dezentrale Allokationsverfahren,* bei denen es der Initiative der einzelnen Wirtschaftssubjekte überlassen bleibt, Produktionstätigkeiten aufzunehmen, über Art und Menge der herzustellenden Produkte zu entscheiden und von sich aus Partner für Transaktionen zu finden, mit denen die jeweils überschüssigen Gütermengen weitergegeben werden. Hierbei werden die einzelnen Wirtschaftspläne selbständig aufgestellt und müssen auf irgendeine Weise koordiniert werden. Der Anreiz für die Transaktionen besteht in der Erwartung, mit ihnen die eigene Situation zu verbessern;
- *zentrale Allokationsverfahren,* bei denen eine übergeordnete Stelle aufgrund eines zentralen Wirtschaftsplans entweder die Produktionstätigkeit nachgeordneter Einheiten steuert oder für die Güterverteilung sorgt oder beides regelt. Die Anweisungen der Zentralstelle werden befolgt, weil sonst Sanktionen drohen.

Die Verfahren lassen sich ferner danach einteilen, ob beim Übergang von Gütern und Forderungen zwischen Wirtschaftssubjekten jeweils eine direkte Gegenleistung erfolgt oder nicht. Im ersten Fall liegt *Tausch,* im zweiten *Transfer* vor. Kombiniert man beide Gesichtspunkte, ergeben sich vier Kategorien von Allokationsverfahren gemäß Tabelle 3.1. Sie lassen sich wie folgt näher beschreiben, benennen und untergliedern:

(1) Eine *dezentrale Tauschwirtschaft* entsteht ohne zentrale Eingriffe aus der Notwendigkeit, Güter zum Lebensunterhalt zu produzieren, der daraufhin einsetzenden Arbeitsteilung und dem damit einhergehenden Gütertausch.

Dieses Allokationsverfahren wird über Märkte realisiert und heißt daher *Marktwirtschaft.* Für Märkte gilt

Def. 3.1: *Der Markt für ein Wirtschaftsobjekt besteht aus der Gesamtheit von Handlungen und Transaktionen, mit denen Anbieter und Nachfrager des Objekts zum Zweck des Tausches in Verbindung treten, wobei sich aus ihrer Interaktion die Bedingungen ergeben, zu denen der Tausch vorgenommen wird.*

Tabelle 3.1 – *Allokationsverfahren*

Art der Wirtschaftsplanung	Transaktionsart	
	Tausch	Transfer
Dezentrale Planung	(1) Dezentrale Tauschwirtschaft: Marktwirtschaft	(2) Dezentrale Transferwirtschaft: Mittels (2.1) Geschenk (2.2) Zufall (2.3) Illegaler Aktivität
Zentrale Planung	(3) Zentrale Tauschwirtschaft: Zentralplanwirtschaft	(4) Zentrale Transferwirtschaft: Fiskalwirtschaft

Dazu müssen sich nicht Personen zur selben Zeit an einem geographisch lokalisierbaren Ort treffen, obwohl auch das vorkommt, beispielsweise bei Auktionen, Verkaufsmessen, Börsen und Wochenmärkten. Die Verbindung kann wie bei Devisenmärkten über Telefon hergestellt werden; sie kann schriftlich oder durch Beauftragte, etwa beim Handel mit Wertpapieren oder Grundstücken, erfolgen; und ein Markt wie der für Frischmilch erstreckt sich beim Verkauf an Endverbraucher über Zehntausende von Lebensmittelläden in einem Land.

Bei dezentralen Allokationsverfahren gemäß (2) stellen die Produzenten die von ihnen über den Eigenbedarf hinaus hergestellten oder erworbenen Güter anderen Mitgliedern der Volkswirtschaft ohne Rücksicht darauf zur Verfügung, was und wieviel sie von diesen erhalten. Da hierbei Güter unentgeltlich und ohne direkte Gegenleistung abgegeben werden, handelt es sich um eine *Transferwirtschaft*. Transfers werden häufig in der Erwartung geleistet, die Empfänger oder Dritte möchten ebenso verfahren. Das sieht wie Tausch aus, aber es fehlt der für diesen charakteristische unmittelbare Zusammenhang zwischen beiden Leistungen. Außerdem entscheidet beim Transfer typischerweise nur ein Partner über die Höhe der Leistung. Drei Unterfälle sind zu unterscheiden:

(2.1) Die Allokation erfolgt freiwillig aufgrund von Tradition, routinemäßig oder weil der Geber aus der Tatsache, daß er die ökonomische Situation des Empfängers verbessert, Nutzen bezieht (vgl. S. 8). Dieses Verfahren kann man *Geschenkwirtschaft* nennen;

(2.2) Die Allokation erfolgt durch Zufallsereignisse. Hierzu gehören Schadensversicherungen, Lotterien, Spiele mit ökonomischen Einsätzen aller Art, Wetten, Verlust und Fund. Einige dieser Verfahren stehen an der Grenze zum Tausch, da in Gestalt von Versicherungsbeiträgen und Wetteinsätzen Gegenleistungen existieren;

(2.3) Die Allokation erfolgt unfreiwillig zum Schaden des Gebers. Beispiele sind Diebstahl, Betrug, Raub, Erpressung und andere illegale Aktivitäten. Bei einigen wird der Transfer durch Anwendung von Gewalt oder Drohung mit dieser erzwungen.[1]

Diese drei Verfahren sind praktisch nicht in gesamtwirtschaftlichem Maßstab anwendbar, bilden aber durchaus keine Randerscheinungen. Die Geschenkwirtschaft gemäß (2.1) ist in Gestalt der freiwilligen unentgeltlichen Allokation von Konsumgütern ständige Praxis innerhalb der Familie und anderer Kleingruppen. Im Verhältnis zwischen Staaten ist Entwicklungshilfe zu nennen. Andere Formen sind die Vererbung von Wirtschaftsobjekten, Trinkgelder, Spenden und individuelle Wohltätigkeit jeder Art. Jedoch ist zu vermuten, daß guter Wille und Nächstenliebe als Basis eines Allokationsverfahrens wohl in der Kleingruppe, nicht aber in der Großgesellschaft funktionieren können, in der jedermann bei seiner Güterversorgung darauf angewiesen ist, daß Millionen ihm unbekannter Personen zusammenarbeiten, die nicht alle altruistisch handeln können. Erst recht eignen sich die Verfahren (2.2) und (2.3) nicht zur allgemeinen Anwendung.

---

[1] Wer bei einem Raubüberfall seine Barschaft hergibt, erkauft damit den Wegfall der Drohung. Dies als Tausch zu deuten, erscheint weit hergeholt.

Der Prototyp der zentralen Allokation mit Tausch liegt vor, wenn die gesamte Produktionstätigkeit der betrachteten Wirtschaftseinheiten von einer Zentralstelle gesteuert wird, die auch Anweisungen darüber erteilt, an wen die jeweils nicht für den Eigenbedarf benötigten Erzeugnisse zu liefern sind und worin die Gegenleistung besteht. Bei solchen Systemen wirken handelnde Einheiten zusammen, die nicht alle in gleicher Weise Entscheidungsbefugnis besitzen. Da somit unsymmetrische, hierarchische Verhältnisse vorliegen und man sich die Anordnungen der Zentralstelle in einem Gesamtplan zusammengefaßt denken kann, spricht man von

(3) Allokation gemäß Zentralplanwirtschaft mit hierarchischer Organisation.

In der Praxis wird bei diesem Verfahren, wenn man nicht gerade einen isolierten Bauernhof oder ein Kloster betrachtet, Geld benutzt: Die erzeugten Güter werden von den Empfängern bezahlt, wobei die Zentralstelle die Tauschbedingungen festsetzt. Die zentrale Planbehörde kann jedoch auch auf diese Art von Tausch verzichten:

(4) Bei zentraler Allokation mit Transfer werden die erzeugten Güter einer Zentralstelle zwangsweise zur Verfügung gestellt und von dieser ohne Gegenleistung verteilt. Da das Urbild der legal erzwungenen Ablieferung von Wirtschaftsobjekten die Steuer ist und die empfangende Instanz Fiskus („Staatskasse") heißt, kann man das Allokationsverfahren *Fiskalwirtschaft* nennen.

Das Verfahren ist in der Praxis auf bestimmte Güter oder Gütergruppen beschränkt, aber weit verbreitet. Eine Zentralbehörde erhebt eine Steuer oder einen Zwangsbeitrag, produziert oder kauft mit den aufkommenden Mitteln die benötigten Mengen und verteilt sie mit oder ohne Bezugschein an die Berechtigten. Beispiel ist die allgemeine Staatstätigkeit mit Steuererhebung und Bereitstellung öffentlicher Güter wie Landesverteidigung, Ausbildung, Straßennutzung. Daneben existieren weitere partielle Fiskalwirtschaften wie etwa die zwangsweise Krankenversicherung. Außerdem wird dieses Verfahren in jedem Unternehmen angewendet, innerhalb dessen der Eigentümer oder die Geschäftsleitung über die Allokation entscheidet und die entsprechenden Transfers anordnet.

Bei zentralen Allokationsverfahren muß die verfügende Instanz über Machtmittel gebieten, mit denen sie ihren Anordnungen Geltung verschaffen kann: Sie hat ein *Durchsetzungsproblem*. Zwar wollen auch in der Marktwirtschaft die Tauschpartner ihre Interessen durchsetzen, aber sie haben es dabei mit gleichberechtigten Kontrahenten zu tun, wobei sie bei Vertragsverletzungen ihre Rechte vor zivilen Gerichten verfolgen müssen. Es fehlt hier der bei der zentralen Allokation durch Vertragsabschluß gesicherte oder durch staatliche Drohung bewehrte Machtanspruch gegenüber Untergebenen. Nun kann man gemäß einer weit verbreiteten und einleuchtenden Sicht die Tatsache, daß Menschen immer und überall Macht über andere Menschen ausüben, als das soziale und daher auch als das sozialwissenschaftliche Hauptproblem betrachten. Mit dem Hinweis auf das Durchsetzungsproblem und seine institutionellen Lösungen wird daher auf einen wichtigen Unterschied der genannten Organisationsformen aufmerksam gemacht.

In den heutigen Volkswirtschaften sind im allgemeinen alle genannten Allokationsverfahren anzutreffen. Zentrale Planung findet überall in Unternehmen statt, während auf der mittleren Ebene, das heißt im Verkehr der Unternehmen untereinander und mit den Haushalten, entweder die Marktwirtschaft oder die (seit Ende der achtziger Jahre im Rückzug begriffene) Zentralplanwirtschaft überwiegt. In den westlichen Industrieländern dominiert in Friedenszeiten die Marktwirtschaft, jedoch greifen überall staatliche Stellen direkt in die private Allokation ein.

Allokationsentscheidungen sind in die Zukunft gerichtet und haben daher eine zeitliche Dimension. Einige von ihnen zeichnen sich unter diesem Gesichtspunkt dadurch aus, daß sie die Entscheidungsmöglichkeiten des Wirtschaftssubjekts selbst oder später lebender Menschen beeinflussen. So stehen ein heute vergrößerter Produktionsapparat und neu erworbenes Wissen auch später zur Verfügung, während heute verbrauchte Bestände nichtregenerierbarer Rohstoffe für die zukünftige Nutzung ausfallen. Es ist daher ein spezielles Problem zu untersuchen, bei welchem Allokationsverfahren in welcher Weise die Interessen zukünftiger Generationen gegenüber denen der heute lebenden berücksichtigt werden.

Im Rahmen jedes Allokationsverfahrens haben Wirtschaftssubjekte ständig Entscheidungen zu treffen, und die Art und Weise, in der diese zustande kommen, wird von manchen Autoren als eine Art vorgelagertes Allokationsverfahren gesehen. Möglich sind offenbar Einzel- und Kollektiventscheidungen, wobei die zweitgenannten in leitenden, aus zwei oder mehr Personen bestehenden Organen von Aktiengesellschaften und anderen größeren Unternehmen, Gebietskörperschaften, Verbänden und Vereinen, aber auch in Mehrpersonenhaushalten zu treffen sind. Kollektiventscheidungen entstehen unter anderem durch *Abstimmungen,* für die es wiederum unterschiedliche Verfahren gibt, die in der Politikwissenschaft, aber auch unter ökonomischen Gesichtspunkten untersucht werden.

2. Informationen im Tauschprozeß. Jedes Allokationsverfahren erfordert die fortwährende Lösung eines andauernden *Informationsproblems:* Wie erfahren die einzelnen Wirtschaftssubjekte voneinander, wann und zu welchen Bedingungen sie welche Güter erwerben oder abgeben können? In Kleingruppen wie Mehrpersonenhaushalten und vielen Unternehmen wird das Problem durch ständige unmittelbare Kontakte zwischen den Mitgliedern gelöst. Wie aber werden in Großgruppen wie Volkswirtschaften die Wirtschaftspläne von Millionen von Teilnehmern koordiniert? Auch als Antwort auf diese Frage gibt es eine dezentrale und eine zentrale Lösung. In der dezentralen Tauschwirtschaft ist das Informationsproblem einzelwirtschaftlicher Natur: Jeder Produzent muß selbst ermitteln, mit welchen Partnern er welche Transaktionen zu welchen Bedingungen abwickeln kann. In der Zentralplanwirtschaft hat die produktions- und verteilungssteuernde Stelle ein gesamtwirtschaftliches Informationsproblem: Sie muß wissen, wie groß die Produktionskapazität jedes einzelnen Herstellers von Produktions- und Konsumgütern ist, wieviel Produktionsgüter jeder von ihnen bei bestimmten Auslastungsgraden der Kapazität benötigt, und wie hoch der Bedarf der Verbraucher an Konsumgütern ist. Auch in der Transferwirtschaft ist das Informationsproblem entweder einzel- oder gesamtwirtschaftlicher Natur.

Der wichtigste Aspekt des Informationsproblems betrifft die Frage, ob in der betrachteten Volkswirtschaft *Geld* existiert. Als Gedankenexperiment sei zunächst von einer Wirtschaft ohne Geld, der *Realtauschwirtschaft,* ausgegangen. Ein Akt des *Realtausches* (auch: *Naturaltausches*) besteht darin, daß ein Wirtschaftssubjekt A eine Anzahl Mengeneinheiten (ME) eines Gutes i, also x_i, einem Tauschpartner B übergibt und dafür eine Anzahl ME eines Gutes k, also x_k, erhält. Beide Übergabeakte können gleichzeitig oder unmittelbar nacheinander stattfinden. Es kann aber auch vereinbart werden, daß sie zeitlich auseinanderfallen. Wer zuerst liefert, akzeptiert dann ein Versprechen des anderen auf spätere Lieferung und gewährt ihm damit einen *Kredit*. Das Verhältnis der beiden getauschten Gütermengen zueinander heißt Realtauschverhältnis (vgl. S. 88). Es kann als Quotient x_i/x_k oder als x_k/x_i niedergeschrieben werden. Dieser wird gewöhnlich standardisiert, indem man die Menge im Nenner gleich eins setzt. Werden also $x_i=77$ Liter Apfelsaft gegen $x_k=4$ Bettlaken getauscht, sind die beiden Quotienten 19,25 x_i/x_k (= Liter Saft je Laken) und 0,052 x_k/x_i (Laken je Liter Saft, zu den Zahlen vgl. S. 74, Anm. 4).

Unter dem Aspekt des Informationsproblems ist zunächst zu fragen, wieviel Realtauschverhältnisse es in einer Volkswirtschaft gibt, deren Wirtschaftssubjekte sich mit n Gütern ($n > 2$) am Tauschverkehr beteiligen. Die Antwort hängt vom Verhalten der Beteiligten ab und kann nicht einfach rechnerisch mit dem Hinweis gegeben werden, daß die Zahl der Kombinationen 2. Ordnung aus n Elementen ohne Wiederholung $\binom{n}{2} = 0{,}5\,n\,(n-1)$ ist. Die Wirtschaftssubjekte A und B können für den Tausch der Güter i und k ein bestimmtes Verhältnis vereinbaren, während gleichzeitig die Wirtschaftssubjekte C und D die gleichen Güter in einem anderen Verhältnis tauschen. Außerdem können am nächsten Tag wieder andere Tauschverhältnisse entstehen. Ihre Zahl ist, wenigstens für einen Zeitraum, nur dann bestimmbar, wenn gewisse Verhaltenshypothesen gelten. Die erste bezieht sich auf das bereits erwähnte rationale Verhalten beim Tausch:

Hyp. 3.1: *Jeder Tauschpartner versucht, das Tauschverhältnis möglichst günstig für sich zu gestalten.*

Jeder Partner hat demnach bestimmte Vorstellungen darüber, wie das Tauschverhältnis aussehen soll, und er wird versuchen, diese gegenüber den anderen Marktteilnehmern durchzusetzen. Die Aussage „möglichst günstig" bedeutet hier, daß jeder Teilnehmer je Einheit des von ihm abgegebenen Gutes möglichst viele Einheiten des anderen Gutes erhalten oder je Einheit des erhaltenen Gutes möglichst wenig von seinem Gut abgeben möchte. Mit Hypothese 3.1 wird also Handeln gemäß dem ökonomischen Prinzip unterstellt (vgl. S. 8). Kommt ein Tausch zustande, so hat jeder Partner seine Situation gemäß eigener Einschätzung verbessert oder zumindest nicht verschlechtert: Der Nutzen der weggegebenen Gütermenge ist also höchstens ebenso groß wie der Nutzen der erhaltenen. Sofern der Tauschakt selbst oder seine Vorbereitung Aufwendungen erfordern, muß der Nutzen der erhaltenen Menge diese kompensieren.

Jeder Tauschpartner wird seine Interessen um so besser wahrnehmen können, je genauer er die Bedingungen kennt, unter denen die anderen Teilnehmer den Tauschakt abwickeln wollen, je höher also sein Informationsstand ist. Hat beispielsweise Teilnehmer A die Bereitschaft von B festgestellt, ein bestimmtes Tauschverhältnis zu akzeptieren, dann müssen beide vor dem Tausch erst noch sicherstellen, daß sie nicht mit jeweils Dritten günstigere Verhältnisse vereinbaren können. Dies läßt sich am besten auf Märkten erreichen:

Hyp. 3.2: *Tauschakte finden nicht isoliert voneinander statt. Für den Tausch je zweier Güter entsteht ein Markt, auf dem alle Anbieter und Nachfrager der beiden Güter zusammentreffen.*

Für den Grad der Marktkenntnis jedes Teilnehmers sowie die Verfahren, sich diese Kenntnis zu verschaffen und sie zu verbessern, gibt es eine Fülle von Möglichkeiten. Die extreme und unrealistische, aber einfache Hypothese der *vollständigen Markttransparenz* lautet:

Hyp. 3.3: *Jeder Marktteilnehmer kennt die Bedingungen, unter denen alle anderen Teilnehmer zum Tausch bereit sind.*

Sind die drei vorstehenden Hypothesen erfüllt, dann kann es für je zwei Güter während eines Zeitraumes nur genau ein Realtauschverhältnis geben. Hypothese 3.1 über die Anwendung des ökonomischen Prinzips schließt aus, daß ein Tauschpartner einem anderen freiwillig ein günstigeres Tauschverhältnis als das einräumt, das er mit einem Dritten erzielen könnte; Hypothese 3.2 über die Marktbildung schließt aus, daß Märkte für die gleichen Güter unverbunden nebeneinander existieren, auf denen sich unterschiedliche Tauschverhältnisse bilden könnten; und Hypothese 3.3 über die Markttransparenz schließt aus, daß sich auf einem Markt gleichzeitig unterschiedliche Tauschverhältnisse infolge der Unkenntnis von Teilnehmern bilden.

Gibt es also in der betrachteten Volkswirtschaft n Güter und für den Tausch je zweier Güter genau einen Markt, dann kann man die Zahl der Realtauschverhältnisse entweder nach den Regeln der Kombinatorik oder anschaulicher dadurch ermitteln, daß man die n Güter in die Kopfzeile und in die Vorspalte einer Matrixtabelle schreibt. Die Tabelle hat n^2 Felder, und die Hauptdiagonale mit n Feldern bleibt leer. Da sich je zwei Quotienten in der oben geschilderten Weise nur durch die Schreibweise voneinander unterscheiden, existieren in dieser Volkswirtschaft insgesamt $0{,}5\,(n^2 - n)$ voneinander verschiedene Realtauschverhältnisse und damit auch Märkte.

Es liegt auf der Hand, daß der Tauschverkehr in einer Realtauschwirtschaft wegen der im Vergleich zur Zahl der Güter hohen Zahl der Tauschverhältnisse ein erhebliches Informationsproblem aufwirft. Außerdem erfordert er viel Rechenarbeit. Diese muß beispielsweise schon erbracht werden, um den reziproken Wert jedes Tauschverhältnisses festzustellen, das nicht zufällig in „runden" Zahlen ausdrückbar ist. Dies zeigt sich heute an den Währungskursen: Es ist nicht auf den ersten Blick zu erkennen, daß der Devisenkurs 4,832 DM je 100 belgische Francs (Kassa-Mittelkurs im Monatsdurchschnitt Dezember 1990) dem Wechselkurs 2069,54 Francs je 100 DM entspricht. Schon auf früher Kulturstufe sind Menschen daher dazu übergegangen, Tauschverhältnisse mit Hilfe einer *Recheneinheit* festzustellen, die jeweils in den Zähler des Tauschverhältnisses tritt. Ein solches Verhältnis mit der Dimension „Recheneinheiten je Mengeneinheit" nennt man einen *Geldpreis* oder einfach *Preis*. Recheneinheit ist die Einheit eines *Rechengutes,* für das früher meist leicht teilbare dauerhafte Sachgüter benutzt wurden. Heute sind es bestimmte Forderungen gegen Banken, die als Geld und damit gleichzeitig als allgemeines Transaktions- und Wertaufbewahrungsmittel dienen. Entsprechend nennt man eine Tauschwirtschaft mit Verwendung von Geld eine *Geldtauschwirtschaft* oder einfach *Geldwirtschaft*. Realtauschverhältnisse lassen sich in ihr durch Division zweier Preise bei gegebenen physischen Mengeneinheiten errechnen. Man nennt diese Tauschverhältnisse daher auch *relative Preise* oder *Preisverhältnisse*.

Der Vorteil der Verwendung von Preisen anstelle von Realtauschverhältnissen liegt darin, daß sie Vergleiche ermöglichen, auf denen ein großer Teil aller wirtschaftlichen Entscheidungen beruht. Für jeden Produzenten ist das Verhältnis der Preise seiner Produkte zu den Preisen seiner Produktionsgüter von zentraler Bedeutung, da es dafür maßgebend ist, ob und wie hohe Gewinne er erzielt. Jeder Investor muß die von zukünftigen Preisen abhängigen erwarteten Erträge mit dem von heutigen Preisen bestimmten Anlagebetrag vergleichen (vgl. S. 264). Jeder Konsument wird Preise vergleichen, wenn er bei gegebenem Nominaleinkommen ein möglichst hohes Realeinkommen anstrebt. Das Ausmaß, in dem die ökonomische Planung und Entscheidungsfindung mit dem Übergang von Realtauschverhältnissen zu Preisen erleichtert wird, läßt sich abschätzen, wenn man eine Annahme über die Zahl der Wirtschaftsobjekte in einer Volkswirtschaft macht. Setzt man allein die Zahl der Güter mit 500 000 an, so beträgt die Zahl der Realtauschverhältnisse gemäß der obigen Erörterung rund 125 Mrd., die der Preise 500 000, also den zweihundertfünfzigtausendsten Teil davon. Dieser Vergleich mag eine Vorstellung davon vermitteln, welch eine soziale Errungenschaft Geld allein dadurch darstellt, daß es das Informationsproblem der arbeitsteilig wirtschaftenden Menschen in so beträchtlichem Ausmaß reduziert.[2] Durch seine Einführung, wie immer sie sich vollzogen haben mag, wurde also der Tauschverkehr gemäß dem ökonomischen Prinzip organisiert, und es gilt

Satz 3.1: *Der Gebrauch von Geld als Recheneinheit setzt den Bedarf an Informationen über Tauschverhältnisse in einer Tauschwirtschaft sowie an Rechenarbeit drastisch herab und erlaubt daher den anderweitigen Einsatz von Produktionsfaktoren, die sonst zur Gewinnung und Verarbeitung dieser Informationen verwendet werden müßten.*

Weiterhin sinkt mit dem Übergang zu Preisen auch die Zahl der Märkte, und die Zahl der Teilnehmer und Transaktionen je Markt steigt. Damit werden die Informationsaufwendungen je Teilnehmer kleiner, da jeder von der Informationsbeschaffung anderer profitiert. Der Gebrauch von Geld als allgemeinem Transaktionsmittel erleichtert den Gütertausch auch deswegen, weil es Kreditbeziehungen zu vermeiden erlaubt, die beim zeitlichen Auseinanderfallen von Leistung und Gegenleistung zwangsläufig entstehen würden und prinzipiell Unsicherheit und damit Informationsbedarf darüber mit sich bringen, ob die entsprechenden Verträge eingehalten werden. Die Vorteile des Geldes werden offenbar als so wesentlich[3] empfunden, daß man auch in Ländern mit zwei- oder dreistelligen jährlichen Inflationsraten an seinem Gebrauch festhält, obwohl das Halten von Geld dort zu erheblichen Einbußen an Realeinkommen führt. Das Allokationsverfahren „Zentralplanwirtschaft" könnte prinzipiell mit Produktions- und Verteilungsanweisungen in physischen Mengeneinheiten arbeiten, also auf eine allgemeine Recheneinheit und damit auf Preise verzichten — man stelle sich die Verhältnisse innerhalb eines Produktionsunternehmens vor. Wird das Verfahren jedoch wie in den früheren sozialistischen Ländern im gesamtwirtschaftlichen Maßstab angewendet, deren Volkswirtschaften Riesenunternehmen mit sehr vielen Betrieben ähnelten, kann das zentrale Planbüro praktisch nicht anders als mit Preisen

---

[2] Eine dezimal eingeteilte Recheneinheit erspart in einem dezimalen Zahlensystem darüber hinaus weitere Rechenarbeit gegenüber anders unterteilten Einheiten. Dies bewog nach über hundertjähriger Diskussion auch die britische Regierung im Jahre 1971, trotz enormer Umstellungskosten das Pfund Sterling zu dezimalisieren, nachdem dieser Schritt in anderen Ländern schon früher vollzogen worden war.

[3] Dies scheinen jene Gesellschaftsreformer nicht recht zu bedenken, die das Geld wieder abschaffen wollen, wobei allerdings meist unklar bleibt, ob sie damit auch auf eine allgemeine Recheneinheit verzichten wollen.

arbeiten. Aber auch Großunternehmen in anderen Ländern benutzen sie in Gestalt von *Verrechnungspreisen* als Lenkungsinstrument innerhalb des Unternehmens oder Betriebs. Da im internationalen Wirtschaftsverkehr einheitliche Recheneinheiten fehlen, hilft man sich dadurch, daß man Weltmarktpreise in US-Dollar oder Pfund Sterling notiert, auch wenn in anderen Währungen gezahlt wird. In internationalen Organisationen bedient man sich ebenso wie bei Handels- und Verrechnungsabkommen eigens geschaffener Recheneinheiten.

Gleichwohl bleibt auch in der Geldtauschwirtschaft ein erhebliches Informationsproblem bestehen, und es entsteht die weitere Frage, bei welchem Allokationsverfahren ihm am besten beizukommen ist. Es kann als eine für die Rolle der Wirtschaftswissenschaft bemerkenswerte Beobachtung gelten, daß der „gesunde Menschenverstand" dem wirtschaftswissenschaftlichen Laien zunächst sagt, das Informationsproblem sei in der Zentralplanwirtschaft viel leichter zu lösen als in der dezentralen Tauschwirtschaft. Die Vorstellung einer zentralen Lenkung von Produktion und Verteilung ist ohne Schwierigkeit nachzuvollziehen, und sei es anhand der Analogie zu einem landwirtschaftlichen Betrieb, in dem der Bauer entscheidet, was und wieviel wo produziert werden soll und daher Tag für Tag seinen Leuten die erforderlichen Tätigkeiten zuweist. Dagegen scheint es unvertretbar zu sein, die Güterversorgung im Rahmen einer Tauschwirtschaft ohne zentrale Steuerung der ungeregelten Einzelinitiative zu überlassen — tatsächlich wurde und wird dieses Verfahren als „chaotisch" und „anarchisch" kritisiert. Jedoch stehen dem Beobachtungen gegenüber, die zum Nachdenken zwingen. In jeder Großstadt gibt es hunderttausende von Haushalten, von denen jeder ständig ein breites Konsumgütersortiment unterschiedlicher Zusammensetzung kaufen will. Nur ein kleiner Teil dieser Güter wird in der Stadt selbst hergestellt, so daß der größte Teil von außerhalb zugeliefert werden muß. Niemand befaßt sich im marktwirtschaftlichen System mit diesem Versorgungsproblem, und dennoch werden alle diese Güter in annähernd den gewünschten Mengen ständig bereitgehalten. Offenbar muß es so etwas wie einen Mechanismus geben, der dies bewirkt, und zwar so zuverlässig, daß man sich als Laie keine Gedanken über ihn zu machen, ja ihn nicht einmal zu kennen braucht.[4] Die Wirtschaftswissenschaft aber muß ihn analysieren. In diesem und im nächsten Kapitel werden die dazu nötigen Überlegungen angestellt. Wie alle menschlichen Einrichtungen funktioniert auch dieser Mechanismus nicht einwandfrei,[5] und es sind daher auch seine Mängel zu zeigen. Dies bildet die Vorarbeit für die in der Theorie der Wirtschaftssysteme zu beantwortende Frage, welche Vor- und Nachteile die dezentrale und die zentrale Lösung des Informationsproblems insgesamt haben.

---

[4] Der Wissenschaftliche Beirat beim Bundesministerium für Wirtschaft diagnostizierte 1978, daß das Verständnis für die Funktionsweise des Gesamtsystems (der Marktwirtschaft) in der (deutschen) Öffentlichkeit fehle. Vgl. Bundesministerium für Wirtschaft [5.16], Teilziffer 5.

[5] Schon Ausdrücke wie „Marktmechanismus" oder „Preismechanismus" können insoweit irreführen, als sie die Vorstellung erwecken, man könne sich auf ihr Funktionieren in ähnlicher Weise verlassen wie bei einem technischen Apparat. Dieser kann defekt sein, aber wenn er funktioniert, kann man seine Wirkungen ungleich besser vorhersagen als die von „Mechanismen" im sozialen Bereich. Der Grund ist, daß diese auf dem Verhalten von Menschen basieren, das sich in unvorhersehbarer Weise ändern kann.

3. Vorteile des Tausches. Es wurde bisher als selbstverständlich angenommen, daß in der modernen Volkswirtschaft in der Produktion Spezialisierung und im Konsum Mannigfaltigkeit herrscht, so daß notwendigerweise Güter getauscht werden müssen. Da die Arbeitsproduktivität bei Arbeitsteilung so außerordentlich viel höher liegt als ohne diese, wird der Gütertausch praktisch erzwungen, wenn die Versorgung nicht auf niedrigstem Niveau stagnieren soll. Daneben ist jedoch zu fragen, ob nicht der Tausch von Gütern von sich aus vorteilhaft sein kann und daher auch ohne Arbeitsteilung stattfinden würde.

Dazu seien zwei Haushalte A und B betrachtet, die beide mit einer Erstausstattung an Gütern versehen sind und Gelegenheit haben, miteinander Tauschtransaktionen vorzunehmen. Drei Situationen sind denkbar:

– Beide Haushalte sind im Besitz von zwei Gütern x und y, aber A möchte nur x, B nur y konsumieren.

Als Beispiel diene der Fall, daß in Kriegszeiten Genußmittel rationiert sind und daher A und B Bezugscheine sowohl für Kaffee als auch für Tee erhalten. Trinkt A keinen Kaffee und B keinen Tee, dann ist der Tausch offensichtlich für beide vorteilhaft, solange der Grenznutzen für die durch den Tausch erworbenen zusätzlichen Mengen positiv ist. Das kann ohne Bedenken angenommen werden, wenn beide Güter rationiert sind.

Die Annahme, daß bei beiden Wirtschaftssubjekten kein Bedürfnis für jeweils ein Gut vorliegt, kann fallengelassen werden. Die zweite Situation ist:

– Beide Haushalte möchten sowohl x als auch y konsumieren, aber in der Ausgangssituation ist A nur im Besitz von x, B nur im Besitz von y.

In die Realität übertragen liegt dieser Fall vor, wenn in einem Land Bananen, aber keine Personenkraftwagen, in einem anderen Land Personenkraftwagen, aber keine Bananen produziert werden, also internationale Arbeitsteilung herrscht. Auch hier ist der Tausch für beide Wirtschaftssubjekte vorteilhaft, wenn der Grenznutzen beider Güter abnimmt und dabei kleiner als der Grenznutzen mindestens der ersten Einheit des jeweils nicht selbst hergestellten Gutes wird.

Schließlich kann die dritte Situation wie folgt vorliegen:

– Beide Haushalte sind in der Ausgangssituation im Besitz sowohl von x als auch von y und möchten auch beide Güter konsumieren.

Die Bedingungen, unter denen es auch in dieser Situation zum Tausch kommt, lassen sich anhand des Bildes 3.1 zeigen. In ihm sind die Koordinatensysteme zweier Wirtschaftssubjekte A und B samt ihren Indifferenzkurven für zwei Güter x und y in der Weise vereint, daß das System des A mit dem Nullpunkt 0_A die übliche Lage hat, während das System des B um 180 Grad gedreht und so angebracht wurde, daß es den 1. Quadranten des A-Systems nach rechts und oben abschließt. Die für B relevanten Mengen nehmen daher von 0_B aus nach links und unten zu. Man nennt eine solche Darstellung ein *Edgeworth-(Schachtel-)Diagramm*. Eingezeichnet sind neun Indifferenzkurven der beiden Wirtschaftssubjekte. I_A^1 bis I_A^5 gelten für A (sie sind von 0_A aus gesehen konvex), I_B^1 bis I_B^4 gelten für B (sie sind von 0_B aus gesehen konvex). Beide Wirtschaftssubjekte sind mit einer Erstausstattung versehen, die durch den Punkt E beschrieben wird. A besitzt von x die Menge x_A^0 ($=CE$), B die Menge x_B^0 ($=DE$); A

Bild 3.1 — *Realtausch zwischen zwei Wirtschaftssubjekten im Edgeworth-Diagramm*

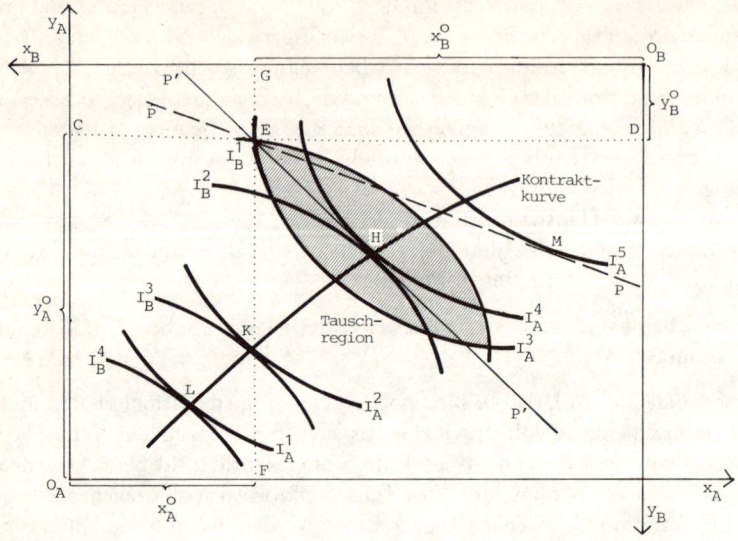

besitzt von y die Menge y_A^0 ($=FE$), B die Menge y_B^0 ($=GE$). Höhe und Breite der „Schachtel" sind also durch die insgesamt verfügbaren Mengen CD und FG der beiden Güter bestimmt; und jeder Punkt in ihr bedeutet eine bestimmte Verteilung dieser Mengen. Die Frage ist nun, ob beide Wirtschaftssubjekte den Punkt E der Erstausstattung als optimal ansehen oder eine andere Güterverteilung vorziehen. Dazu sind die Indifferenzkurven so eingezeichnet worden, daß I_A^3 des A und I_B^1 des B durch E gehen. Wollen A und B ihre jeweilige Bedürfnisbefriedigung maximieren, dann werden sie nur dann in einen Gütertausch eintreten, wenn sich ihre Bedürfnisbefriedigung dadurch verbessert oder zumindest nicht verschlechtert. Für A bedeutet das, sich auf eine Indifferenzkurve jenseits von I_A^3; für B, sich auf eine Kurve (von 0_B her gesehen) jenseits von I_B^1 zu begeben, oder mindestens auf diesen Kurven zu bleiben. Der von beiden Kurven begrenzte schraffierte linsenförmige Raum ausschließlich der Begrenzungslinien selbst enthält somit die Gesamtheit der Güterkombinationen, die von beiden Wirtschaftssubjekten der Erstausstattungskombination vorgezogen werden. Man nennt ihn die *Tauschregion,* wobei mitzudenken ist, daß der Tausch hier für beide Partner vorteilhaft ist, weil beide durch ihn auf höhere Indifferenzkurven gelangen. Liegen diese Kurven beliebig dicht aneinander, dann läßt sich ein Punkt H innerhalb der Tauschregion finden, in dem sich zwei solche Kurven berühren. Er bedeutet, daß A einen Teil seiner Erstausstattung mit y an B gibt und dafür im Tausch einen Teil der Erstausstattung des B mit x erhält. A gelangt dadurch auf die gegenüber seiner Erstausstattungs-Indifferenzkurve I_A^3 höhere Indifferenzkurve I_A^4, B auf die für ihn höhere Kurve I_B^2. Die durch den Punkt H wiedergegebene Situation hat die wichtige Eigenschaft, daß von ihr aus keiner der beiden Tauschpartner mehr durch eine Umverteilung der beiden Güter gewinnen kann, ohne daß der andere verliert. Bezieht man gleich noch die Möglichkeit von Umstellungen in der Produktion zwecks Erreichung der technischen Effizienz (vgl. S. 174–176) mit ein, gilt allgemein:

Def. 3.2: *Eine Situation, in der durch Umstellungen im Produktionsprozeß oder Umverteilung von Gütern keine Produktmenge mehr erhöht und kein Beteiligter noch besser gestellt werden kann, ohne daß eine andere Produktmenge gesenkt oder ein anderer schlechter gestellt wird, heißt ökonomisch effizient oder pareto-effizient.*

Die Beteiligten, im vorliegenden Fall die beiden Tauschpartner, befinden sich dann jeder in einem relativen Maximum oder Optimum, weshalb man die Situation auch *pareto-optimal* nennt (das Maximum wird dadurch relativiert, daß es nur unter freiwilliger Mitwirkung des anderen beim Tausch und damit unter Berücksichtigung seiner Interessen erreichbar ist). Gemäß Definition E.8 (S. 53) liegt dann teilwirtschaftliches Gleichgewicht vor. Dessen Lage hängt in Bild 3.1 bei gegebenen Präferenzordnungen von der Erstausstattung ab, ist also auch in dieser Hinsicht relativ. Stellt man entsprechende Überlegungen für andere Erstausstattungen an, dann ergeben sich weitere Berührungspunkte von Indifferenzkurven solcher Art — im Bild die Punkte K und L —, die sich durch eine Kurve verbinden lassen. Da diese die Güterkombinationen repräsentiert, die von beiden Wirtschaftssubjekten mit Hilfe von Tauschverträgen (Kontrakten) angestrebt wird, nennt man sie die *Kontraktkurve*. Sie gibt Anlaß zu einer wichtigen Unterscheidung. Befinden sich die Beteiligten nicht auf dieser Kurve, dann können sie ihre Situation durch Tausch verbessern. Es bleibt zwar ohne weitere Angaben ungewiß, zu welchem Punkt innerhalb des schraffierten Bereichs der Tausch führen wird, so daß der eine mehr, der andere weniger gewinnen kann, aber keiner verliert. Ist die Kontraktkurve erreicht, dann sind alle Möglichkeiten des Tausches, bei denen sich die Situation eines Partners noch verbessern könnte, ohne daß sich die des anderen verschlechtert, ausgeschöpft. Jede weitere Änderung kann dann nur noch durch einen Transfer herbeigeführt werden, oder sie bedeutet einen *Konflikt,* und in beiden Fällen kann der eine nur zu Lasten des anderen gewinnen. Allgemein wird dies als eine schwieriger zu lösende Problemsituation angesehen.

Da sich auf der Kontraktkurve die Indifferenzkurven tangieren, gilt für ökonomisch effiziente Situationen hier die Bedingung, daß in ihnen die Grenzraten der Substitution zwischen beiden Gütern bei beiden Tauschpartnern gleich sind. Diese wichtige Bedingung läßt sich anhand des folgenden Beispiels erläutern. Zwei Haushalte A und B seien beide Besitzer und Verbraucher von Äpfeln und Birnen, aber in einer Ausgangssituation möge für A gelten, daß ihm ein Apfel ebensoviel Nutzen verschafft wie zwei Birnen, während B gegenüber dem Tausch von einem Apfel gegenüber drei Birnen indifferent ist. Die beiden Grenzraten der Substitution sind demnach verschieden. Gibt nun B fünf Birnen an A und erhält dafür zwei Äpfel, dann hat sich das Niveau seiner Bedürfnisbefriedigung erhöht, da er gegenüber sechs Birnen und zwei Äpfeln indifferent war, diese zwei aber schon für fünf Birnen erhalten hat. Aber auch A hat durch den Tausch seine Lage verbessert: Er war gegenüber vier Birnen und zwei Äpfeln indifferent, hat für diese zwei aber fünf Birnen erhalten. Allgemein gilt: Findet der Tausch zu Verhältnissen statt, die zwischen den beiden Grenzraten der Substitution liegen, profitieren beide Partner durch ihn.[6] Ist das Tauschverhältnis gleich einer der beiden Grenzraten, fällt der gesamte Vorteil an den Partner mit der

---

[6] Vgl. Bild 1.11 (S. 94), nach dem der Konsument bei konvexen Präferenzen eine Güterkombination vorzieht, bei der die Grenzrate der Substitution zwischen denen der beiden anderen Kombinationen liegt.

anderen Grenzrate. Mit dem Tausch haben sich nun angesichts der Krümmung beider Indifferenzkurven die Grenzraten der Substitution aneinander angenähert. *A* wird jetzt vielleicht gegenüber einem Apfel und zweieinhalb Birnen indifferent sein (weil er nach dem Tausch weniger Äpfel und mehr Birnen hat, so daß ein Apfel bei ihm jetzt, in Birnen gerechnet, mehr wert ist), während *B* umgekehrt jetzt etwa einen Apfel gegen zweidreiviertel Birnen zu tauschen bereit wäre. Ändern sich jedoch die Grenzraten durch den Tausch nicht, sind die Indifferenzkurven also linear, dann wird der Tausch solange fortgesetzt, bis ein Partner im Besitz der Gesamtmenge eines Gutes ist: Es ergibt sich eine Randlösung (vgl. S. 220).

Diese Ergebnisse bleiben gültig, wenn mehr als zwei Güter betrachtet werden. Bei drei Gütern wird das Edgeworth-Diagramm zu einer dreidimensionalen Schachtel mit der Erstausstattung als darin fixiertem Punkt *E*, die Indifferenzkurven zu — von den Nullpunkten her gesehen konvexen — Indifferenzflächen. Die Kontraktkurve bleibt eine Kurve und bestimmt die pareto-effiziente Allokation. Entsprechendes gilt für mehr als drei Güter.

Das Edgeworth-Diagramm 3.1 zeigt also, daß der Tausch — oder: Handel — auch in der dritten oben genannten Situation für beide Partner vorteilhaft und nicht etwa dadurch gekennzeichnet ist, daß einem Vorteil des einen immer ein Nachteil des anderen gegenübersteht. Das führt zu einer Erkenntnis, die man das *Fundamentale Tauschtheorem* genannt hat:

Satz 3.2: *Freiwilliger Tausch ist für beide Partner vorteilhaft, sofern er die Güterallokation gemäß beiden Präferenzordnungen verbessert.*

Ist der bloße Tausch damit auch „produktiv" in dem Sinne, daß er etwas hervorbringt, das es vorher nicht gab? Der ökonomische Laie verneint dies, weil er als Dritter konstatiert, daß nach dem Tausch genausoviel Äpfel und Birnen vorhanden sind wie vorher. Tatsächlich aber hat sich das Vermögen beider Partner vergrößert, da beide gemäß eigener Einschätzung etwas bekommen haben, das mehr wert ist als das, was sie dafür hergaben. Was „Vermögen" ist, kann immer nur anhand der Bewertung durch Menschen festgestellt werden. Der Karton, in dem die neue Waschmaschine geliefert wurde, ist für die Eltern Sperrmüll, für ihr Kind ein Häuschen und damit ein wertvolles Spielzeug. Tausch und Handel und damit die Tätigkeit des Händlers, Maklers oder Vermittlers sind also in genau dem gleichen Sinne werteschaffend wie Sachgüterproduktion. Freiwilliger Tausch als Allokationsverfahren, das den Teilnehmern volle Selbstbestimmung, Souveränität, gewährt, erlaubt ihnen ferner, aus egoistischen Motiven ihre eigene Wohlfahrtsmehrung zu betreiben, beschränkt diese aber auch angesichts des Zwangs zu Kompromissen, da jeder Tausch gemäß Hypothese 3.1 (S. 283) auch die Lösung eines Interessenkonflikts bedeutet. Allerdings kommt es auf die Freiwilligkeit an. Satz 3.2 gilt nicht für Fälle erzwungenen Tausches, bei denen dem schwächeren Partner Güter aufgedrängt werden, für die er keine Verwendung hat oder die seine Wohlfahrt verringern. Weiterhin sind folgende Qualifikationen zu beachten:

— Betrügerische Transaktionen, bei denen der eine Partner den anderen über wesentliche Eigenschaften des Tauschobjekts täuscht, werden nicht betrachtet;[7]
— Satz 3.2 gilt für eine konstante Präferenzordnung. Tatsächlich können sich Präferenzen oder äußere Umstände so ändern, daß ein Partner den Tausch später bereut.

Das ist jedoch eine allgemeine menschliche Situation („hinterher ist man klüger"), die nichts daran ändert, daß die Transaktion im Augenblick ihres Vollzugs für vorteilhaft gehalten wurde;
- Ein Beobachter könnte behaupten, eine bestimmte Transaktion liege nicht im „wahren Interesse" eines Partners, dieser irre sich über ihre Vorteilhaftigkeit also schon vor oder bei ihrem Vollzug. Eine solche Diagnose kann drei Gründe haben: Der Beobachter
  (a) stellt seine eigenen Werturteile gemäß dem Prinzip des *Paternalismus* höher als die des beobachteten Tauschpartners;
  (b) schätzt das mit der Transaktion verbundene Risiko anders ein;
  (c) besitzt andere Informationen über Eigenschaften oder Verwendungsmöglichkeiten des Objekts.

Daher gilt Satz 3.2 mit der Maßgabe, daß jedermann nicht nur die eigene Wohlfahrt und seine Risiken am besten beurteilen kann, sondern auch über die dazu nötigen Informationen verfügt.

- Satz 3.2 schließt nicht aus, daß die Vorteile des Tausches ungleich verteilt sind: Leistung und Gegenleistung müssen nicht gleichwertig sein (wer immer dies beurteilt).

Ist ein Partner dringend auf das zu ertauschende Gut angewiesen, etwa weil es sich um Nahrungsmittel handelt und die Alternative zum Tausch die Hungersnot ist, dann nähert man sich einer Grenze, von der ab von Freiwilligkeit nicht mehr die Rede sein kann. Nach wie vor ist der Tausch für beide Partner vorteilhaft, aber der Teilnehmer A mit dem weniger dringenden Bedürfnis kann die Tauschbedingungen um so mehr zu seinen Gunsten gestalten, je dringender im Vergleich dazu das Bedürfnis des Partners B ist. Bekanntes Beispiel zur Frage des ungleichen Tausches ist die ständige (und hier nicht zu untersuchende) Behauptung der Vertreter von Entwicklungsländern, sie müßten im Handel mit Industrieländern ungünstige Bedingungen hinnehmen. Im Extremfall fällt der gesamte Vorteil nur einem Partner zu.

- Der Tausch selbst kann Aufwendungen verursachen, etwa weil ein Partner erst gesucht werden muß, weil Informationen über die Bedingungen von Tauschtransaktionen mit oder zwischen anderen Partnern einzuholen sind, weil über den Kontrakt verhandelt werden muß oder weil Transportkosten entstehen. Solche Aufwendungen mindern die Vorteile des Tausches; sie können so hoch werden, daß er nicht mehr lohnt;
- Tausch setzt Einigkeit darüber voraus, auf andere Allokationsverfahren zu verzichten. Es kann jedoch vorteilhafter erscheinen, die damit etablierte Regel zu verletzen und beispielsweise zu rauben oder zu stehlen, solange sich andere mehrheitlich an sie halten und das Risiko erträglich erscheint;
- Daten wie zum Beispiel die Erstausstattung werden nicht diskutiert, obwohl sie unter anderen Fragestellungen das eigentliche Problem darstellen können.

---

[7] Die Ähnlichkeit zwischen den Wörtern „tauschen" und „täuschen" ist nicht zufällig: Beide haben denselben Ursprung. Über die Figur des „Roßtäuschers" gibt es eine eigene volkstümliche Überlieferung (Folklore).

Die vorstehend für zwei Wirtschaftssubjekte geschilderte Situation läßt sich im Gedankenexperiment auf eine Volkswirtschaft übertragen. Besteht diese nur aus Konsumenten, die auf irgendeine Weise zu Beginn der Planperiode in den Besitz einer Erstausstattung gelangt sind und nun durch Tauschoperationen versuchen, ihren Nutzen zu maximieren, dann hat man das *Modell der reinen Tauschwirtschaft* vor sich. Als Anwendungsfall ist häufig die Situation in Gefangenenlagern herangezogen worden, deren Insassen fortlaufend mit gleichen Rationen an Nahrungs- und Genußmitteln versorgt werden. Diese Ausstattung trifft wie in Bild 3.1 auf unterschiedliche Präferenzordnungen der Empfänger und wird durch Tausch an diese angepaßt. Standardbeispiel ist der Tauschverkehr zwischen Nichtrauchern, schwachen und starken Rauchern angesichts gleicher Rationen an Tabakwaren und Nahrungsmitteln für alle Insassen.

4. Produktion und Tausch. Bisher wurde nur der Realtausch zwischen zwei Wirtschaftssubjekten ohne Produktion betrachtet. Die S. 287 an dritter Stelle genannte Situation, gemäß der beide Güter bei beiden Wirtschaftssubjekten vorhanden sind und auch von beiden konsumiert werden, stellt den allgemeinen Fall dar, da sie die beiden anderen Situationen als Spezialfälle mit enthält. Sie wird daher im folgenden zugrundegelegt und in zwei Punkten modifiziert. Erstens wird nicht mehr von einer Erstausstattung mit Gütern unbekannter Herkunft ausgegangen, sondern deren Produktion in die Betrachtung einbezogen; und zweitens wird angenommen, daß sich beide Tauschpartner an Preise anzupassen haben, die außerhalb ihres Einflusses vom Markt bestimmt werden und für sie Daten sind.

Bild 3.2(a) zeigt für den Produzenten A eine Transformationskurve $T_A T'_A$ mit einem Verlauf wie in Bild 2.10(b) S. 195. Ist A gleichzeitig auch Konsument mit dem Indifferenzkurvensystem I^1_A, I^2_A; und unternimmt er keine Transaktionen mit anderen Wirtschaftssubjekten, dann wird er diejenige Mengenkombination von x und y herstellen und verbrauchen, die einerseits auf der Transformationskurve (und nicht

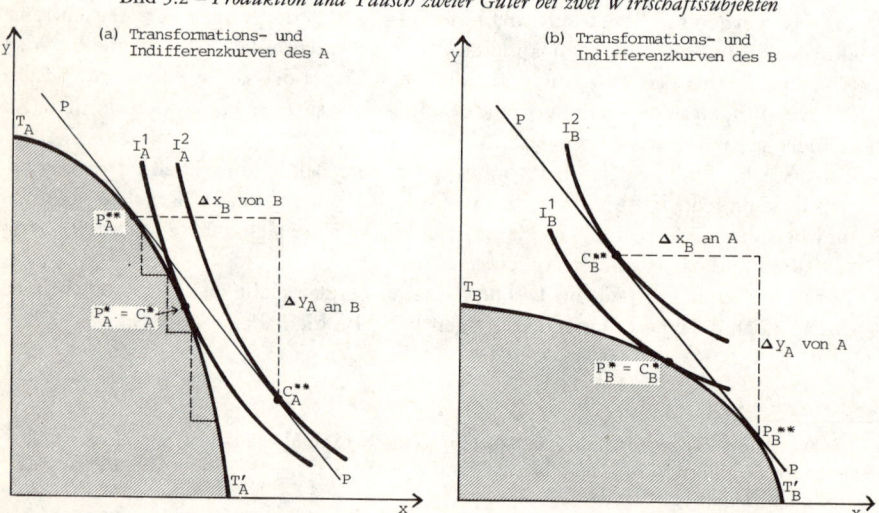

Bild 3.2 – *Produktion und Tausch zweier Güter bei zwei Wirtschaftssubjekten*

im schraffierten Bereich), anderseits auf der am weitesten vom Nullpunkt entfernten Indifferenzkurve liegt. Die Mengenkombination in der Produktion P_A^* fällt so mit der beim Verbrauch C_A^* zusammen, ist angesichts der Daten optimal und dadurch gekennzeichnet, daß die Grenzrate der Substitution bei der Transformation gleich der beim Konsum ist. In gleicher Weise läßt sich ein Wirtschaftssubjekt B mit dem Indifferenzkurvensystem I_B^1, I_B^2 denken, bei dem Produktions- und Konsumoptimum im Punkt $P_B^* = C_B^*$ zusammenfallen.

Die Transformationskurven verlaufen bei A und B unterschiedlich. Bewegt sich B auf dem oberen Teil seiner Kurve in Richtung auf T_B', dann erhält er beim Verzicht auf gegebene Mengen an y zunächst relativ große Zuwächse an x. Seine technischen Daten würden also nahelegen, möglichst viel von x zu produzieren. Das Gegenteil ist bei A der Fall. Geht dieser von T_A' aus, dann erbringt ihm der Verzicht auf x relativ große Zuwächse an y, was bei ihm die Spezialisierung auf y nahelegt. Es sei nun angenommen, daß sich Märkte für die beiden Konsumgüter etabliert haben und daß daher ein Preisverhältnis p_x/p_y für sie existiert, das für die beiden Produzenten-Konsumenten ein Datum darstellt. Die Linie PP gibt in beiden Teilen von Bild 3.2 dieses Verhältnis wieder. Da es bei ihr nur auf die Neigung ankommt, ist sie so eingezeichnet, daß sie die beiden Transformationskurven jeweils tangiert. Die Berührungspunkte P_A^{**} und P_B^{**} stellen jetzt die optimalen Produktionspunkte für beide Produzenten dar, da hier der maximale Erlös aus dem Verkauf der betreffenden Gütermengen erzielt wird. Die optimalen Konsumpunkte sind dagegen jetzt C_A^{**} und C_B^{**}, da hier die Indifferenzkurven mit dem jeweils höchsten Grad an Bedürfnisbefriedigung die Preisverhältnis-Geraden berühren. Stellen sich A und B auf diese Situation ein, dann werden sie die den Produktionsoptima entsprechenden Mengenkombinationen herstellen und die angesichts ihrer Konsumoptima überschüssigen Mengen tauschen: A gibt Δy_A an B ab und erhält dafür Δx_B von B. Damit gilt unter der Voraussetzung, daß der Tausch selbst wie auch Umstellungen in der Produktion keine Aufwendungen verursachen,

Satz 3.3: *Bei arbeitsteiliger Produktion ist der Gütertausch vorteilhaft, wenn unterschiedliche technische Produktionsbedingungen vorliegen.*

Bemerkenswert ist, daß eine vollständige Arbeitsteilung — A stellt etwa nur y, B nur x her — bei dem angenommenen Preisverhältnis nicht optimal wäre, wenngleich man sich entsprechende Preisverhältnisse und Verläufe der Transformationskurven vorstellen könnte. Bei den Verhältnissen in Bild 3.2 hat es aber der Tausch für beide Partner möglich gemacht, die Spezialisierung in der jeweils technisch günstigen Richtung (wie oben angedeutet) voranzutreiben und die Optimalpunkte bei den Beteiligten mit dem Ergebnis auseinanderzuziehen, daß von beiden Gütern insgesamt mehr hergestellt wird und beide Wirtschaftssubjekte auf höhere Indifferenzkurven gelangen. Bedingung dafür, daß die Beteiligten ihre Produktions- und Konsumoptima zur gleichen Zeit erreichen, ist nunmehr, daß nicht nur bei beiden die Grenzrate der Substitution bei der Transformation gleich der beim Konsum ist, sondern daß diese Grenzraten auch interpersonell übereinstimmen.

Die wichtigste Schlußfolgerung aus den bisherigen Erörterungen ist nun die folgende. Mit der Betrachtung zweier Wirtschaftssubjekte wurde wie schon im Edgeworth-Diagramm (S. 288) der entscheidende Schritt von der einzel- zur teil- und weiter zur gesamtwirtschaftlichen Betrachtung vollzogen. Damit kann nunmehr vom

Konzept des Gleichgewichts Gebrauch gemacht und sein Zusammenhang mit dem der ökonomisch effizienten Situation aufgedeckt werden. Offenbar sind die in Definition E.8 (S. 53) genannten beiden Voraussetzungen in den Optimalsituationen der Bilder 3.1 (S. 288) und 3.2 erfüllt: Die Wirtschaftspläne sind in bezug auf die zu tauschenden Mengen miteinander vereinbar, und kein Beteiligter kann angesichts seiner Daten seine Situation durch Änderung von Instrumentvariablen verbessern. Zu den Daten des A wie des B gehören auch die Präferenzordnungen des jeweils anderen, so daß jeder Tausch jenen Interessenausgleich darstellt, von dem S. 289 f. die Rede war, und Bild 3.1 läßt erkennen, daß die Kontraktkurve der geometrische Ort aller Berührungspunkte der für beide jeweils maximal erreichbaren Indifferenzkurven ist.

Bei den weiteren Fragestellungen ist zu berücksichtigen, daß die heutige Wirtschaft keine Realtausch-, sondern eine Geldwirtschaft ist und daß für jeden Konsumenten eine Budgetrestriktion gilt. Diese ist im Zwei-Güter-Fall durch eine Budgetgerade darstellbar (vgl. S. 79), deren Lage vom Einkommen, der absoluten Höhe der beiden Güterpreise und deren Verhältnis zueinander abhängt. Ist nun das Preisverhältnis für die beiden in Bild 3.1 betrachteten Konsumenten vorgegeben, dann kann es vorkommen, daß diese ihre Situation durch einen Tausch nicht verbessern können. Dazu sei in Bild 3.1 die gestrichelt gezeichnete Budgetgerade PP betrachtet. Sie verläuft durch den Punkt E der Erstausstattung, gilt daher für beide Wirtschaftssubjekte und schreibt durch ihre Richtung vor, in welchem Verhältnis die beiden Güter nur getauscht werden können. S. 80 war als Bedingung für das Konsumoptimum genannt worden, daß eine Indifferenzkurve die Budgetgerade berührt. Im Bild berührt die Kurve I_A^5 des A die Gerade PP im Punkt M. A würde diese Güterkombination allen anderen bisher diskutierten vorziehen, weil der Grad seiner Bedürfnisbefriedigung auf I_A^5 höher als auf I_A^1 bis I_A^4 ist. Er kann den Punkt M jedoch nicht auf dem Wege des freiwilligen Tausches mit B erreichen. Das wäre nur möglich, wenn sich auch die Bedürfnisbefriedigung des B im Punkt M gegenüber dessen Erstausstattung erhöhen würde. Das ist offensichtlich nicht der Fall. Zwar existiert auch für B eine Indifferenzkurve mit einem gegenüber der Indifferenzkurve I_B^1 der Erstausstattung höheren Niveau, die die Budgetgerade PP tangiert. Die Kurve ist in Bild 3.1 nicht eingezeichnet, um die Darstellung nicht zu überladen, läßt sich aber leicht durch eine geringe Verschiebung von I_B^1 in Richtung auf 0_A hineindenken. Sie würde jedoch die Linie PP nicht im Punkt M berühren, so daß kein Tausch zustandekäme. Nur wenn die Budgetgerade den Verlauf $P'P'$ hat, ist die Bedingung des Satzes 1.4 (S. 88) über die Gleichheit zwischen Grenzrate der Substitution und reziprokem Preisverhältnis für beide Tauschpartner zur gleichen Zeit erfüllt, so daß der wohlfahrtsmehrende Tausch zustandekommt.

Zu Beginn dieses Abschnitts wurde vorausgesetzt, daß sich die betrachteten Tauschpartner an Preise anzupassen haben, die „vom Markt" bestimmt werden. Aufgabe einer Markttheorie muß es jedoch offenbar sein, zu erklären, wie Preise auf Märkten zustandekommen. Der Rest dieses Kapitels ist einer differenzierten Behandlung dieser Frage gewidmet.

II. Elemente der Marktwirtschaft

1. Gliederung und Abgrenzung von Märkten. Ein Versuch, sich dem vielgestaltigen Phänomen „Markt" zu nähern, kann in einer Klassifizierung bestehen. Die nächstliegende Einteilung ist die nach der Art der gehandelten Wirtschaftsobjekte, der *Marktobjekte*. Dabei kann man bei Gütern zunächst grob nach Verwendungszwecken gliedern und Konsum- von Investitionsgüter- und Inlands- von Exportmärkten unterscheiden. Man kann den Klassifikationen der Wirtschaftsstatistiker folgen und Märkte für die Erzeugnisse der Chemischen Industrie, des Maschinenbaus, der Elektrotechnischen Industrie und viele andere definieren. Aufschlußreicher ist jedoch die in Bild 3.3 dargestellte Gliederung, die nicht nur Güter enthält. Die Grobgliederung

Bild 3.3 – *Gliederung der Marktobjekte nach physischen Eigenschaften und Stellung im Wirtschaftskreislauf*

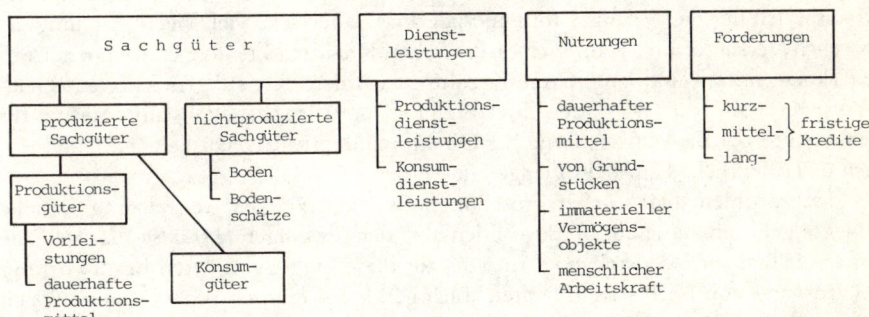

in Sachgüter, Dienstleistungen, Nutzungen und Forderungen erfaßt im Prinzip alle Marktobjekte, wenn man von Märkten für Menschen, meist in ihrer Eigenschaft als Arbeitskräfte (im Unterschied zu Märkten für Arbeitsleistungen) als Randerscheinung absieht. Die Unterscheidung zwischen Sachgütern einerseits und den drei anderen Kategorien andererseits stellt auf die physische Erscheinung ab; die zwischen Produktions- und Konsumgütern auf die Stellung im Wirtschaftskreislauf. Dienstleistungen werden von Unternehmen und öffentlichen Haushalten bereitgestellt, während Nutzungen von fertigen Maschinen, Anlagen, Fahrzeugen abgegeben und bei deren Vermietung zu Marktobjekten werden. Hierher gehören vor allem auch die Vermietung von Gebäuden zu Wohnzwecken sowie die Verpachtung von Land, auch zwecks Nutzung natürlicher Ressourcen. Immaterielle Vermögensobjekte sind Patente, Lizenzen (etwa zum Nachbau von Maschinen), Urheberrechte (deren Erwerber Werke der Literatur nachdrucken darf), Schürfrechte (für die Suche nach Bodenschätzen). Auch Informationen sind hier einzuordnen, obwohl bei diesen die Grenze zu dem Produkt (Buch, Zeitschrift, Informationsdienst), das die Information enthält, gelegentlich schwer zu ziehen ist. Gemeinsames Merkmal von Nutzungen ist, daß sie im Zeitablauf erfolgen und daher Verträge geschlossen werden müssen, gemäß denen die Anbieter die Nutzung für bestimmte Zeiträume bereitstellen und die Nachfrager für diese ein Entgelt zusichern. Auf solchen Märkten bestehen daher ebenso wie auf denen für Arbeitsleistungen dauerhafte ökonomische Bindungen zwischen den Marktpartnern, und die dort gezahlten Preise wie Wohnungsmieten und Arbeitslöhne kann man zwecks Unterscheidung von Veräußerungspreisen *Nutzungspreise* nennen. Diese Besonderheiten lassen vermuten, daß nicht alle aus der Untersuchung von Produktmärkten gewonnenen Erkenntnisse ohne weiteres auf Nutzungsmärkte übertragbar sind.

Die Märkte für Forderungen (Kredite) unterscheiden sich vor allem in zwei Aspekten von Gütermärkten. Erstens sind Kreditbeziehungen unter sich weit homogener als die meisten Produkte und Faktorleistungen. Eine Aktie unterscheidet sich ökonomisch nicht von einer anderen Aktie derselben Gesellschaft, eine Dollarnote nicht von der nächsten, und auch ein Spargutahaben ist allen anderen solchen Guthaben zum Verwechseln ähnlich. Soweit in Marktmodellen also mit der Annahme der Homogenität des Marktobjekts, der Abwesenheit persönlicher und räumlicher Präferenzen und eines hohen Grades an Markttransparenz gearbeitet wird, eignen sich Kreditmärkte besonders gut zur Übertragung der aus den Modellen gewonnenen Folgerungen auf die Realität. Zweitens besteht zwischen Gläubiger und Schuldner einer Kreditbeziehung die genannte fortdauernde und daher sehr viel engere Bindung als zwischen Verkäufer und Käufer eines Produkts. Kreditmärkte können nach der Laufzeit (kurz-, mittel- und langfristige Kredite), nach dem Kreis der Beteiligten (Geldmarkt, Kapitalmarkt) oder nach ihrer Stellung im Wirtschaftskreislauf (Märkte für Bankkredite, für Bankeinlagen und für Direktkredite privater Haushalte an Unternehmen und öffentliche Haushalte) eingeteilt werden.

Hauptproblem aller solcher Einteilungen ist die Frage der Abgrenzung: Welche Objekte gehören zu einem Markt, bilden also den jeweiligen *relevanten Markt?* Eine in allen Fällen zufriedenstellende Antwort auf diese Frage, von deren Beantwortung der Ausgang von Rechtsstreitigkeiten abhängen kann, existiert nicht. Man muß sich daher mit der Erkenntnis bescheiden

Satz 3.4: *Bestimmte Objekte sind um so eher als zu einem Markt gehörig anzusehen, je besser sie im Urteil der Käufer angesichts ihrer vorgesehenen Verwendung durcheinander ersetzbar sind.*

Demnach könnte man beispielsweise Güter gemäß einer Skala mit abnehmendem Homogenitätsgrad anordnen. Beim Goldmarkt liegt bei standardisiertem Reinheitsgrad auch physisch völlige Homogenität vor, und die einzelnen Exemplare eines Kraftfahrzeugs, einer Waschmaschine oder eines Radiorecorders bestimmter Marke desselben Herstellers unterscheiden sich voneinander nur durch die Herstellungsnummer und erfüllen daher die Annahme der Homogenität streng.[8] Jedes Exemplar ist dann ein vollkommenes Substitut für jedes andere. Dasselbe gilt für die Tonne Weizen aus einem Anbaugebiet und das Faß Rohöl aus einem Ölfeld. Argentinischer Weizen ist jedoch nicht nur aus Standortgründen ein anderes Gut als kanadischer, und Rohöl aus einem bestimmten iranischen Feld etwas anderes als Rohöl aus Libyen.[9] Gleichwohl

---

[8] Von Qualitätsschwankungen abgesehen, die bei landwirtschaftlichen Produkten naturbedingt sind, bei Industrieerzeugnissen von der „Montagsproduktion" bis zu den in der Zentralplanwirtschaft gegen Ende der jeweiligen Planperiode unter Zeitdruck hergestellten Exemplaren reichen und durch keine wirtschaftlich vertretbare Qualitätskontrolle auszuschalten sind.

sind sinnvolle Aussagen auch über aggregierte Märkte möglich, in den genannten Fällen also über den Weltweizen- und den Weltrohölmarkt, weil es sich bei den einzelnen Weizen- und Rohölsorten zwar nicht um vollkommene, aber doch um enge Substitute handelt und sich die Transaktionsbedingungen für sie daher ähnlich entwickeln. Etwas weniger enge Substitute werden auf dem Markt für Fernsehgeräte verschiedener Hersteller angeboten, die zwar gleiche Nutzungen abgeben, sich aber nach Ausstattung, Größe, Bedienungskomfort geringfügig voneinander unterscheiden. Auch physisch ganz unterschiedliche und gemäß den Konventionen der Statistiker in verschiedenen Industrien hergestellte Produkte können ökonomisch enge Substitute sein, man denke an Glasflaschen und Blechdosen als Behälter für Getränke oder an die verschiedenen Energieträger. Allerdings besteht ein Substitutionshemmnis (vgl. S. 28) hier in der Tatsache, daß für den Einsatz der Behälter wie der Energieträger jeweils unterschiedliche Apparate erforderlich sind. Wer aber vom „Kraftfahrzeugmarkt" in der Bundesrepublik spricht, sollte bedenken, ob er wirklich alle Feuerwehrlöschfahrzeuge, Sattelschlepper, Mofas, Krankenwagen, Pistenraupen, Omnibusse und Mülltransportfahrzeuge mitmeint (in bezug auf Spezialfahrzeuge liegt keine Substituierbarkeit mehr vor), und wer von „dem" Konsumgütermarkt einer Volkswirtschaft spricht, zeigt nur, daß es für sprachliche Zusammenfassungen keine Grenze gibt. Das Problem der Bestimmung des relevanten Marktes ist vor allem bei der Erörterung praktischer Fragen der Wettbewerbspolitik wichtig. Dort zeigt sich, daß Märkte in vielen Fällen nicht durch wissenschaftliche, sondern nur durch politische oder richterliche Festsetzung abgegrenzt werden können. Im folgenden wird bei der Betrachtung von Märkten im allgemeinen ein weitgehend homogenes Marktobjekt unterstellt. Märkte, auf denen streng homogene Objekte gehandelt werden, nennt man *Elementarmärkte*.

Viele Märkte haben auch einen räumlichen Aspekt: Werden Sachgüter an unterschiedlichen Orten hergestellt und verkauft, müssen die Transportkosten auf irgendeine Weise von den Beteiligten getragen werden. Dies kann eine so große Rolle spielen, daß weit voneinander entfernte Anbieter homogener Güter nicht als zu einem Markt gehörig betrachtet werden können, weil die Transportkostenbelastung zu hoch ist. Anderseits können räumliche Präferenzen nicht entstehen, wenn Angebot und Nachfrage an einem Ort geltend gemacht werden. Man spricht dann von einem *Punktmarkt*.

Bei Sachgütern entstehen neben den Produktions- und Transportkosten in der Regel noch weitere Kosten des Wirtschaftsbereiches „Handel". Die Nebenkosten können so groß sein, daß sich bei manchen Gütern Preisfächer aufgrund der gehandelten Mengen ergeben. Leichtes Heizöl ist beim Verkauf an private Haushalte je Liter um so billiger, je höher die auf einmal bezogene Menge ist. Ein anderes Beispiel sind Kartoffeln, die waggonweise vom Großhandel, in Zentnerpartien vom Einzelhandel zur Einkellerung und kiloweise zum kurzfristigen Verbrauch angeboten werden. Damit gibt es drei Preisniveaus für Speisekartoffeln und drei Teilmärkte für diese.

---

[9] Rohölsorten unterscheiden sich chemisch durch die Anteile der verschiedenen Kohlenwasserstoffe und der Beimischungen, vor allem an Schwefelverbindungen. Da die Verarbeitung somit auch zu unterschiedlichen Anteilen der Erdölprodukte führt, die auf verschiedenen Märkten verkauft werden, ist „Rohöl" auch ökonomisch kein homogenes Gut.

Die Abwicklung von Markttransaktionen erfordert Zeit. Diese kann kurz sein: Wer beim Einzelhandel ein wohlbekanntes Produkt in kleiner Menge kauft und bar bezahlt, braucht dazu nur Sekunden. Am anderen Ende der Skala liegen Fälle, bei denen in Auftragsfertigung Großprodukte wie Kraftwerke, Schiffe, Fabrikanlagen erzeugt werden, was von der Erarbeitung der Produktspezifikation durch den Auftraggeber bis zur Inbetriebnahme, der Zahlung der letzten Rate des Kaufpreises und des Ablaufs der letzten Garantiefrist Jahre dauern kann. Zwischen diesen Extremen existiert eine Fülle von Zwischenstufen, bei denen jeweils besondere und bei empirischen Marktuntersuchungen zu berücksichtigende Verhältnisse vorliegen. Daneben gibt es noch einen weiteren allgemeinen Fall, in dem der Zeitablauf ein Unterscheidungsmerkmal für Märkte hergibt: Diese lassen sich einteilen in

– *Kassamärkte,* bei denen Lieferung des Marktobjekts und Bezahlung entweder sofort bei Abschluß des Geschäfts oder innerhalb kurzer Frist erfolgen, beim Devisenhandel beispielsweise spätestens am zweiten Arbeitstag nach Abschluß;
– *Terminmärkte,* bei denen die Transaktionsbedingungen bei Abschluß des Geschäfts festgelegt, Lieferung und Bezahlung aber für einen späteren Zeitpunkt verabredet werden.

Unterscheidungsmerkmal ist also der *Erfüllungszeitpunkt* der Transaktion, wobei man in bezug auf die wichtigste Transaktionsbedingung von *Kassapreisen* und *Terminpreisen* (bei Wertpapieren, Devisen: *Kassa-, Terminkursen*) spricht. Dieser ist bei Termingeschäften grundsätzlich beliebig vereinbar, jedoch haben sich auf manchen Märkten gewisse Gebräuche, *Usancen,* hinsichtlich der Zeitspanne bis zu diesem Zeitpunkt herausgebildet. Häufig werden Ein- oder Zweimonats-, Vierteljahres-, Halbjahres- oder Jahres-Termingeschäfte verabredet.

Berücksichtigt man schließlich, daß jedes Marktobjekt von der Rechtsordnung mit gewissen Eigenschaften ausgestattet ist, mit denen die Verfügungsmöglichkeiten des Eigentümers oder Besitzers festgelegt werden, gilt

Satz 3.5: *Jedes Marktobjekt wird durch vier Angaben gekennzeichnet: Seine physischen Eigenschaften gemäß den Ansichten der Marktteilnehmer, die mit ihm verbundenen Verfügungsrechte, den Ort sowie den Zeitpunkt oder Zeitraum seiner Verfügbarkeit.*

Die auf Märkten zustandekommenden Transaktionsbedingungen bilden Informationen für die Marktteilnehmer, sie sind Signale und geben Hinweise für das zukünftige Verhalten. Im Mittelpunkt der folgenden Betrachtungen stehen als wichtigstes Marktsignal die Preise, die in der Realität auf ganz unterschiedliche Weise zustandekommen. Im wesentlichen lassen sich folgende Fälle unterscheiden:

– Preise bilden sich unabhängig von den Aktionen der einzelnen Marktteilnehmer und werden daher von diesen als Daten angesehen.

Die damit betrachteten Mengenanpassermärkte werden unten in Abschnitt III.2 unter statischer und in Teil II des 4. Kapitels unter dynamischer Fragestellung erörtert.

– Preise werden von den Anbietern festgesetzt und von den Nachfragern akzeptiert.

Das ist die am weitesten verbreitete Art der Preisbildung. Nach der Einführung in die entsprechenden Arten von Märkten in diesem Kapitel werden weitere Angaben dazu im nächsten Kapitel gemacht.

– Preise bilden sich aufgrund von Bietaktionen der Nachfrager oder Anbieter.

Hier sind *Auktionen* zu nennen, auf denen unterschiedliche Verfahrensweisen zu beobachten sind. Entweder überbieten sich die Nachfrager solange, bis kein weiteres Gebot mehr abgegeben wird; oder es erhält derjenige Bieter den Zuschlag, der angesichts eines für alle Anwesenden auf einer Art Uhr sichtbar fallenden Preises als erster zugreift: Jeder Teilnehmer hat mit sinkender Wahrscheinlichkeit die Chance, das Gut billiger zu erhalten. Hierher gehören auch die öffentliche Ausschreibung von Aufträgen, meist für Bauvorhaben, die *Submission;* und das *Tenderverfahren,* der Verkauf zinstragender Papiere an die Meistbietenden.

– Preise bilden sich aufgrund von Verhandlungen.

Wichtigster Fall sind Lohntarifverhandlungen zwischen Gewerkschaften und Arbeitgeberverbänden, jedoch reicht die Skala hier von internationalen Verhandlungen über Zolltarife bis zum Feilschen im orientalischen Basar und auf vielen Konsumgütermärkten in Entwicklungsländern (das sich auch in Industrieländern beispielsweise beim Autokauf angesichts hoher Lagerbestände des Händlers oder der Fabrik zeigt). Diese Art der Preisbildung ist Gegenstand der Theorie des bilateralen Monopols (vgl. unten, Abschnitt III.5 des 4. Kapitels).

Außerhalb der Betrachtung bleiben vorerst alle Güter, die wie die überwiegende Mehrheit der öffentlichen Dienstleistungen unentgeltlich abgegeben werden. Zwar spricht man auch bei ihnen von Angebot und Nachfrage, aber es fehlen Preise für sie und damit ein wesentliches Marktmerkmal.

Systematische Gliederungen wie die vorstehenden sind nützlich, weil sie Überblick verschaffen und insofern den ersten Schritt zur Analyse darstellen, als die in die einzelnen Kategorien eingeordneten Märkte gewisse gemeinsame Kennzeichen aufweisen. Bei einer Einteilung beispielsweise nach Marktobjekten ist jedoch klar, daß diese wirtschaftspolitisch nicht alle von gleicher Bedeutung sind. Wollte man nach diesem Gesichtspunkt vorgehen, ergäbe sich unter den Bedingungen der Bundesrepublik Deutschland im letzten Viertel des 20. Jahrhunderts etwa nachstehende Aufzählung politisch wichtiger Märkte oder Marktgruppen, wobei jeweils einige wichtige Besonderheiten mitgenannt werden (die Reihenfolge bedeutet keine Wertung).

– *Arbeitsmarkt.* Arbeitsleistungen sind die wichtigsten Produktionsfaktoren im volkswirtschaftlichen Produktionsprozeß; ihre Qualität entscheidet kurzfristig zusammen mit dem Bestand an dauerhaften Produktionsmitteln, langfristig allein über den Entwicklungsstand der Volkswirtschaft und damit über den Lebensstandard der Bevölkerung. Der Arbeitsmarkt nimmt dank dreier Umstände eine einzigartige Stellung ein. Erstens ist das Marktobjekt untrennbar an Menschen gebunden, seine Anbieter sind daher zugleich diejenigen, in deren Interesse letztlich der Wirtschaftsprozeß stattfindet. Zweitens erfordert seine Erbringung zeitlich einen wesentlichen Teil des wachen Lebens der meisten Menschen und ist ein bedeutender Bestimmungsgrund für ihre Selbsteinschätzung, ihre soziale Stellung, ihr Verhalten, ihren Gesundheitszustand und andere wichtige Komponenten ihres Daseins. Drittens ist der Preis des Marktobjektes auf gesamtwirtschaftlicher Ebene einerseits die wichtigste Kostenkomponente im Produktionsprozeß, anderseits Bestimmungsfaktor für das Einkommen aus unselbständiger Arbeit, das für den Großteil der Bevölkerung die bedeutendste oder einzige Quelle des Lebensunterhalts darstellt.

– *Grundstücksmarkt.* Boden ist insgesamt in jeder Volkswirtschaft ein praktisch nicht vermehrbares Gut, wenngleich die Anteile der verschiedenen Nutzungsarten durch politische Entscheidungen wie Umwidmung von Acker- in Bauland geändert werden können. Bei zunehmender Bevölkerung und wachsendem Lebensstandard wird Boden relativ knapper, zumal dann auch der Landbedarf für Infrastrukturbauten — Wohnungen, andere Bauten des Produktionsapparats einschließlich Land- und Wasserstraßen, Schulen, Krankenhäuser, Verwaltungsgebäude — zunimmt. Allein hieraus resultieren Preissteigerungen, die die Bodeneigentümer begünstigen und längerfristig die Vermögensverteilung erheblich ändern.

– *Wohnungsmarkt.* Wohnungsnutzung ist ein lebensnotwendiges Gut, das praktisch nicht substituierbar ist und daher preisunelastisch nachgefragt wird. Dem Wechsel der Wohnung steht zudem ein hohes Substitutionshemmnis in Gestalt der Umzugskosten entgegen. Wohnungen sind ein höchst differenziertes Gut; sie unterscheiden sich nach Größe und Ausstattung, Lage in bezug auf den Arbeitsort, Einkaufsmöglichkeiten, Verkehrsanbindung, Lärm- und sonstige Umweltbelastung, Größe der Gemeinde und deren Lage innerhalb des Landes. Politiker haben es daher in vielen Ländern als ihre Aufgabe angesehen, ständig massiv in den Wohnungsmarkt einzugreifen. Ändert sich nun wie in der Bundesrepublik die Präferenzordnung eines Teils der Bevölkerung dahingehend, daß größere Wohnungen gewünscht werden, junge Erwachsene vermehrt in eigenen Wohnungen leben wollen, und werden aufgrund politischer Entscheidungen zunehmend Einwanderer ins Land geholt oder gelassen sowie Mietsteigerungen verhindert oder erschwert, dann entsteht trotz statistisch besserer Wohnungsversorgung als je zuvor eine Situation, die Politiker „Wohnungsnot" nennen und zum Anlaß für weitere Eingriffe nehmen.

– *Märkte für Energieträger.* Energie wird in der industrialisierten Volkswirtschaft in solchen Mengen gebraucht, daß der durch menschliche und tierische Muskelkraft gestellte Anteil verschwindend gering geworden ist. Entsprechende Bedeutung haben Energieträger wie Erdöl, Erdgas, Stein- und Braunkohle, Uran als Produktionsfaktoren gewonnen. Sie sind insgesamt nicht durch andere Güter substituierbar und werden deshalb fast völlig preisunelastisch nachgefragt; für Substitutionen innerhalb der Gruppe bestehen bei vielen Verwendungen erhebliche Hemmnisse. Seit die *Organization of Petroleum Exporting Countries* (OPEC) den Preis des Rohöls als des wichtigsten einzelnen Energieträgers innerhalb von acht Jahren in zwei Schüben gut verzwölffachte,[10] gehen von den Märkten für Energieträger in zuvor nicht gekanntem Ausmaß Einflüsse auf die wirtschaftlichen Abläufe aus.

– *Markt für ärztliche Dienstleistungen.* Ein Arzt ist als Anbieter einer Dienstleistung gegenüber einem Patienten in einer Sonderstellung: Er kann den Umfang der Nachfrage weitgehend selbst bestimmen. Dem Patienten als Nachfrager ist die Entscheidung über Notwendigkeit und Umfang diagnostischer und therapeutischer Maßnahmen so gut wie völlig entzogen, da er als Laie einem Experten gegenübersteht, dem er zunächst vertrauen muß. Es gibt vermutlich nur sehr wenige wichtige Märkte, auf denen die Situation zwischen Anbietern und Nachfragern in bezug auf das Marktobjekt so asymmetrisch ist. Die Entscheidungsfreiheit des Arztes über die Höhe seines Einkommens, auf die diese Situation hinausläuft, wird noch wesentlich gefördert, wenn

---

[10] Durchschnittspreis aus 12 Monatswerten für Erdöl Arabian Light fob Kuwait 1972: 2,36 US-$, 1980: 29,83 US-$ je Barrel. Quelle: Stat. Jb. BRD 1979, S. 690; 1981, S. 708.

der Patient, wie dies heute etwa in der Bundesrepublik fast ausschließlich der Fall ist, gegen Krankheit versichert ist. Ein Widerstand des Patienten gegen kostenverursachende Maßnahmen des Arztes ist dann gleich null, da der Patient seine Beiträge zur Krankenversicherung, einzeln gesehen, unabhängig von der Inanspruchnahme ihrer Leistungen entrichtet. Die gegenwärtige Konstruktion der Märkte für ärztliche Dienstleistungen begünstigt daher die Tendenz, Menschen als untersuchungs- und behandlungsbedürftig zu definieren und für das Gesundheitswesen einen steigenden Anteil am Volkseinkommen zu beanspruchen. Da diese Konstruktion schon seit Jahrzehnten besteht, muß man fragen, warum sie nicht schon längst zusammengebrochen ist. Das kann nur daran liegen, daß Ärzte und Patienten bisher einen insgesamt zurückhaltenden Gebrauch von ihr gemacht haben. Jedoch deuten viele Anzeichen darauf hin, daß dies bei steigender Zahl der Ärzte und teurer werdender Medizintechnik nicht so bleiben wird.

– *Geld- und Kapitalmärkte.* In der modernen Volkswirtschaft liegen die Entscheidungen über Sparen einerseits und damit Angebot von Krediten vorwiegend bei den privaten Haushalten; die über Investieren sowie Ausgabenüberschüsse andererseits und damit Nachfrage nach Krediten bei den Unternehmen und öffentlichen Haushalten. Auf den damit entstehenden Märkten für Forderungen bilden sich in Gestalt von Zinssätzen Preise, die sowohl von den Verhältnissen im Inland als auch — bei freiem internationalem Kapitalverkehr — vom Ausland bestimmt werden. Von ihnen gehen so wesentliche Einflüsse auf den Wirtschaftsablauf aus, daß sie wichtige Zwischenzielvariable der Wirtschaftspolitik bei dem Versuch sind, gesamtwirtschaftliche Endziele wie Vollbeschäftigung, Wirtschaftswachstum und Preisstabilität zu erreichen.

Ein sehr wichtiges Einteilungskriterium für Märkte ist schließlich das Verhalten der Anbieter wie der Nachfrager gegenüber Teilnehmern der eigenen Marktseite. Damit wird das Problem des Wettbewerbs angesprochen.

2. Wettbewerb. Mit Hypothese 3.1 (S. 283) wurde eine für die Analyse des Allokationsverfahrens „Marktwirtschaft" grundlegende Vermutung ausgesprochen. Allerdings bestehen nicht nur zwischen Anbietern und Nachfragern Interessengegensätze. Mit der Entstehung von Märkten gemäß Hypothese 3.2 (S. 283) treten auch die Marktteilnehmer jeweils einer Seite in Beziehungen zueinander, wobei sich sowohl einander entgegengesetzte als auch gleichgerichtete Interessen zeigen. So hat jeder Anbieter auf einem Markt, auf dem noch andere Anbieter auftreten, das gegen diese gerichtete Interesse, einen möglichst großen Teil der auf diesem Markt erzielbaren Gewinne an sich zu ziehen. Jeder Nachfrager möchte von den Anbietern möglichst günstige Bedingungen für seine Transaktionen eingeräumt erhalten, auch wenn dies zu Lasten anderer Nachfrager geht. Man sagt daher, auf einem gegebenen Markt stehe jeder Anbieter mit jedem anderen Anbieter und jeder Nachfrager mit jedem anderen Nachfrager im *Wettbewerb* (auch: in *Konkurrenz*) oder, die Anbieter und Nachfrager seien — jeweils unter sich — *Wettbewerber* (auch: *Konkurrenten*). Wettbewerb ist also eine Beziehung zwischen den Teilnehmern jeweils einer Marktseite. Er fehlt, wenn es auf einer Seite nur einen Teilnehmer gibt; auf ein und demselben Markt können auf den beiden Seiten unterschiedliche Wettbewerbssituationen vorliegen; und zwischen Verkäufer(n) und Käufer(n) besteht kein Wettbewerbsverhältnis.

Eine präzise Definition der Situation „Wettbewerb" zu finden hat sich als so schwierig erwiesen, daß es sie beispielsweise für den juristischen Bereich in der

Bundesrepublik nicht gibt, obwohl sie dort wegen zahlreicher gesetzlicher Regelungen dringend benötigt würde. Für den hier vorliegenden Zweck reicht die folgende Definition aus [11]

Def. 3.3: *Wirtschaftlicher Wettbewerb zeigt sich in Handlungen, mit denen Anbieter oder Nachfrager auf einem Markt ohne Absprache mit mindestens einem Teilnehmer derselben Marktseite und zu dessen Lasten danach streben, ihre ökonomische Situation zu verbessern.*

Das zentrale Konzept ist hier das der *Wettbewerbshandlung,* die in der Änderung mindestens einer Instrumentvariablen besteht und sich gegen mindestens einen Teilnehmer derselben Marktseite richtet (was nicht ausschließt, daß sich Teilnehmer zwecks Vornahme gemeinsamer Handlungen gegenüber Dritten verbünden). Wettbewerb bezieht sich zwangsläufig auf etwas Knappes derart, daß die zusammengefaßten Ansprüche der Konkurrenten das Vorhandene oder Angebotene übersteigen. Dieses kann unteilbar (ein Gemälde bei einer Auktion) oder teilbar (Marktanteile) sein. Wettbewerb ist daher eine Konfliktbeziehung und mit Rivalität, Antagonismus gleichzusetzen. Sobald dagegen Instrumentvariable unter dem Einfluß, in (stillschweigender) Übereinstimmung oder aufgrund einer Absprache mit anderen Teilnehmern oder Dritten (wie dem Staat) geändert werden, liegt im Verhältnis zu diesen keine Wettbewerbshandlung vor. Bei den folgenden Erörterungen wird zunächst nur die Seite der Anbieter betrachtet. Bei diesen lassen sich die Wettbewerbshandlungen, betriebswirtschaftlich als *Absatzpolitik* (auch: *absatzpolitisches Instrumentarium*) bezeichnet, in vier Gruppen einteilen:

(1) Der Anbieter kann den Preis ändern, also das Mittel der *Preispolitik* einsetzen.

Dabei ist zu beachten, daß der Preis in der Wirtschaftspraxis keine so einfache Größe ist, wie dies dem Verbraucher erscheinen mag, der an der Kasse des Einzelhandelsgeschäfts bar zahlt. Zum Preis eines Objekts im weiteren Sinne müssen auch eine Vielzahl von Zu- oder Abschlägen sowie weitere Transaktionsbedingungen gerechnet werden. Zu den Liefer- und Zahlungsbedingungen, über die auf den dem Einzelhandel vorgelagerten Stufen Vereinbarungen zu treffen sind, gehören Vorauszahlungen (wann und in welcher Höhe sind Abschlagszahlungen auf den Kaufpreis vor Lieferung zu entrichten); Zahlungsziele (innerhalb welcher Zeit nach Lieferung muß der Kaufpreis endgültig bezahlt sein); Verzugszinsen (in welcher Höhe ist die trotz Fälligkeit ganz oder teilweise nicht bezahlte Kaufsumme zu verzinsen); Verpackungs- und Transportkosten (ob und in welcher Höhe werden die Kosten des Lieferanten für Verpackung, Versicherung und Transport gesondert in Rechnung gestellt); Mengenrabatte (in welcher Höhe werden bei größerer Liefermenge Preisnachlässe gewährt); Barzahlungsrabatte (auch *Skonto:* In welcher Höhe wird ein Preisnachlaß für Zahlung sofort oder kurz nach Lieferung gewährt). Es gibt außerdem Frühbezugs-, Treue-, Funktions-, Vorauszahlungs- und weitere Rabatte; zum Preis eines Automobils gehören die Überführungsgebühr (für den Transport vom Herstellerwerk zum Händler) und gegebenenfalls Aufschläge für Extraausstattung; Einzelhandelsketten, Supermärkte und andere Großunternehmen des Einzelhandels verlangen von ihren Lieferanten Prämien für die Aufnahme der Ware ins Sortiment, ihre Preisauszeichnung, die Einräumung in die Regale und Miete für diese; und auch die Gestaltung der Garantiefri-

---
[11] Vgl. zum Definitionsproblem HOPPMANN [3.16]; WILLEKE [5.65], S. 26 ff., 422.

sten, die Vereinbarung des Gerichtsstandes sowie die Lieferung von Neben- oder Zusatzleistungen wirken sich jeweils zugunsten des einen Transaktionspartners und zu Lasten des anderen und damit auf den Nettopreis aus. Wettbewerbshandlungen im Rahmen der Preispolitik bestehen häufig aus Änderungen solcher Preisbestandteile, der Zu- oder Abschläge sowie der Transaktionsbedingungen.

Die anderen drei Arten der Absatzpolitik faßt man als *Nichtpreiswettbewerb* zusammen:

(2) Der Anbieter kann das Marktobjekt ändern, bei Gütern also *Produktpolitik* betreiben.

Diese kann sich auf die Qualität, die Formgebung (äußere Gestaltung, „Aufmachung") oder die Verpackung beziehen. Da es hierbei meist darum geht, das Erzeugnis in den Augen der Nachfrager möglichst verschieden von dem anderer Anbieter erscheinen zu lassen, ist Produktpolitik häufig *Produktdifferenzierung*. Zur Produktpolitik gehört aber auch die Einführung neuer Produktionsverfahren oder neuer Produkte sowie die Änderung des Sortiments.

(3) Der Anbieter kann versuchen, die Ansichten der tatsächlichen und potentiellen Nachfrager über sein Objekt in seinem Sinne zu beeinflussen. Dies geschieht durch *Werbung*.
(4) Der Anbieter kann die räumliche Distanz zu seinen vorhandenen und potentiellen Kunden durch Errichtung oder Ausbau der Vertriebsorganisation verringern, also Maßnahmen der *Vertriebspolitik* einsetzen.

Hierzu gehört etwa bei Banken, Mineralölunternehmen, Einzelhandelsketten die Eröffnung neuer Filialen, der Einsatz von Reisenden, die Inanspruchnahme von Handelsvertretern, Maklern, Kommissionären; die Einrichtung von Kundendienstnetzen oder die Verlagerung der Offerte in die Wohnung des Konsumenten durch Versand von Verkaufskatalogen oder Prospekten.

Entsprechend dieser Einteilung der Wettbewerbshandlungen spricht man auch von *Preis-, Produkt-, Werbe-* und *Vertriebswettbewerb*. Sofern mit ihnen Marktteilnehmern der Gegenseite Vorteile eingeräumt oder Informationen gegeben werden, handelt es sich um *Leistungswettbewerb*. Das Gegenteil wäre *Nichtleistungswettbewerb,* der sich etwa in der Verleumdung von Konkurrenten, ihrer Behinderung beim Bezug von Vorleistungen oder in aggressiven Methoden der Vertriebspolitik (Kunden von Konkurrenten werden abgefangen oder eingeschüchtert) äußert. Soweit mit einer Wettbewerbshandlung irgend etwas Neues (ein Produkt, ein Verfahren, eine Verwendungsmöglichkeit) eingeführt wird, spricht man von *Innovationswettbewerb*.

Je nach der Häufigkeit und dem Ausmaß, mit denen Wettbewerbshandlungen von den Anbietern auf einem Markt vorgenommen werden, lassen sich verschiedene Grade der *Wettbewerbsintensität* unterscheiden, wenngleich diese nicht leicht zu quantifizieren sind. Die Skala reicht hierbei von einem offenen Kampf um Marktanteile, etwa durch wiederholte Preissenkungen innerhalb kurzer Zeit, dem *Verdrängungswettbewerb,* über Werbeeinsatz unterschiedlicher Höhe oder Akte der Produktdifferenzierung in variierenden Zeitabständen (Modellwechsel) bis zum Fehlen jeder Wettbewerbshandlung. Allerdings darf man sich die Wettbewerbsintensität nicht als etwas unverrückbar Feststehendes vorstellen. Wettbewerb besteht zu einem nicht geringen Teil darin, Präferenzen von Nachfragern für Produkte von Konkurrenten zu schwächen oder zu überwinden. Dies kann zum Beispiel durch Preissenkung geschehen, und das Paradebeispiel ist die Überwindung räumlicher Präferenzen. Diese bestehen in aller Regel darin, daß die Transportkosten für das Gut des bevorzugten Anbieters, für die Person des Nachfragers oder beides, auch als Wegezeit gerechnet, niedriger als bei anderen Anbietern sind. Wenn sich also außerhalb von Städten oder in deren Vororten Supermärkte niederlassen, müssen sie die räumlichen Präferenzen vieler innerstädtischer Nachfrager für nahegelegene Anbieter überwinden, und sie tun das durch Angebotsvielfalt, bequeme Parkgelegenheiten und niedrigere Preise für wenigstens einige Güter. Haben sich solche Anbieter einmal etabliert, dann kann die Wettbewerbsintensität auch wieder nachlassen.

Die Interessengleichheit zwischen Anbietern des gleichen Gutes hat zwei Aspekte. Erstens sind alle Anbieter daran interessiert, daß die Nachfrage nach ihrem Gut lebhaft, wachsend oder wenigstens möglichst wenig preiselastisch ist. Auch wenn nicht bekannt ist, wie sich eine steigende Nachfrage auf die Anbieter verteilen wird, so kann doch jeder hoffen, daß sie ihm wenigstens teilweise zugutekommt. Hierin drückt sich als Aspekt der allgemeinen Interdependenz die Tatsache aus, daß sämtliche Anbieter von Konsumgütern insofern im Wettbewerb miteinander stehen, als sie um die Einkommensverwendung durch die privaten Haushalte, die „Konsumentenmark", konkurrieren. Kaufen die Konsumenten eines Landes in einem Jahr vermehrt Kraftfahrzeuge, dann könnten sie dies zwar zu Lasten ihrer Ersparnis tun; aber es ist wahrscheinlicher, daß sie ihre Ausgaben etwa für Wohnungseinrichtung, Bekleidung oder Urlaubsreisen verringern. Steigt der Heizölpreis stark, kann dies den Absatz der Buchhandlungen beeinträchtigen. Die Interessenharmonie veranlaßt die Anbieter eines Gutes beispielsweise, Werbekampagnen gemeinsam zu finanzieren. Da regelmäßig auch noch gemeinsame Interessen gegenüber anderen gesellschaftlichen Gruppen wahrzunehmen sind, haben sich die Anbieter vieler Güter oder Gütergruppen zu Verbänden zusammengeschlossen. Die Vorteile dieses Vorgehens sind offenbar so bedeutend, daß die Existenz von Wirtschaftsverbänden zu einem wichtigen Kennzeichen moderner Industriegesellschaften geworden ist.

Zweitens müssen die Anbieter (und auch die Nachfrager) die zu erwartenden Marktbedingungen in ihren Wirtschaftsplänen berücksichtigen und haben ein Interesse daran, möglichst wenig von abrupten Änderungen dieser Bedingungen, etwa kurzfristig stark schwankenden Preisen, überrascht zu werden. Die Aufrechterhaltung von *geordneten Marktbedingungen* (orderly market conditions) liegt daher im gemeinsamen Interesse aller Marktpartner. Aus diesem Grund greifen beispielsweise Zentralbanken mit Käufen oder Verkäufen in Devisen- und Wertpapiermärkte ein, um Kursbewegungen zu glätten.

Ziel des Wettbewerbs ist es einzelwirtschaftlich, den Gewinn zu erhöhen. Soweit die Rendite mit dem Marktanteil des Anbieters (gemessen als Anteil seines Absatzes oder Umsatzes am Gesamtabsatz oder -umsatz auf dem betrachteten Markt) wächst,[12] wirkt sich das Ziel einer höheren Rendite als Streben nach einem größeren Marktanteil aus. Ein wichtiges Mittel dazu besteht darin, Kunden günstigere Transaktionsbedingungen als Konkurrenten zu offerieren. Diese wollen ihre Marktanteile halten und werden so gezwungen, ihre Bedingungen anzupassen und dabei notfalls auf einen Teil

---

[12] Ein solcher Zusammenhang wurde für viele Industrien in mehreren Ländern nachgewiesen. Vgl. SCHERER [4.03], S. 279, 294.

ihrer Gewinne zu verzichten. Wettbewerbshandlungen haben daher häufig zur Folge, daß der Gewinn des Anbieters, der sie unternimmt, kurzfristig steigt und langfristig sinkt, weil Konkurrenten mit Gegenmaßnahmen antworten. Wettbewerb drückt auf diese Weise die auf einem Markt erzielbaren Gewinne auf das Maß herab, das auch auf anderen Märkten erzielbar wäre. Im Extremfall führt das Gewinnstreben von Anbietern bei Konkurrenz in einem fortwährenden Prozeß dazu, daß keine oder nur noch geringe Gewinne übrigbleiben. Das hat man das *Wettbewerbsparadox* genannt, und A. SMITH sprach von der „unsichtbaren Hand", die dafür sorge, daß sich das egoistische Gewinnstreben in der geschilderten Weise positiv für die Marktteilnehmer der anderen Seite auswirkt.[13] Das Paradox ist ein Beispiel für die Erkenntnis, daß die Ergebnisse von Handlungen im Wirtschaftsprozeß (und allgemeiner auch in anderen stark vernetzten Systemen) mitunter sehr verschieden von dem ausfallen, was mit ihnen beabsichtigt wurde, und auch geradezu das Gegenteil bewirken können (vgl. S. 251).[14]

Immerhin ist zu vermuten, daß die dem Druck des Wettbewerbs ausgesetzten Marktteilnehmer versuchen werden, ihn zu mildern oder sich ihm zu entziehen. Für jeden Teilnehmer gilt dabei das Prinzip: Wettbewerb ist gut, aber für die anderen. Da sich dies jedoch selten verwirklichen läßt, ergibt sich als dritter Aspekt der Interessengleichheit zwischen Anbietern: Wettbewerbshandlungen sind nur eine von zwei Möglichkeiten, den Gewinn zu erhöhen. Die andere besteht darin, den Wettbewerb zu beschränken oder zu beseitigen, um so den auf dem betreffenden Markt insgesamt erzielbaren Gewinn zu erhöhen und daran zu partizipieren. Wie man dabei in der Praxis vorgeht, wird unten in Teil VII des 4. Kapitels erörtert.

3. Wettbewerbssituationen zwischen Anbietern.

Wettbewerb wurde im vorigen Abschnitt nach der Art der Wettbewerbshandlungen gegliedert, und er ist in unterschiedlichem Maße intensiv. Das dritte und für die theoretische Analyse sehr wichtige Klassifikationsmerkmal ergibt sich aus der Tatsache, daß Anbieter und Nachfrager ihre Interessen nicht auf allen Märkten gleich stark durchsetzen können. Betrachtet man zunächst die Angebotsseite, so läßt sich eine grundlegende Einteilung danach vornehmen, ob ein Anbieter den Preis für das von ihm angebotene Wirtschaftsobjekt beeinflussen kann oder nicht. Folgende Möglichkeiten sind zu unterscheiden:

(1) Der Anbieter kann den Preis nicht beeinflussen, dieser ist für ihn ein Datum. Man sagt auch, der Anbieter könne keine Preispolitik treiben. Seine wichtigste Instrumentvariable ist die angebotene Menge, die er an den Preis anpassen muß. Man nennt ihn einen Mengenanpasser.
(2) Der Anbieter kann den Preis setzen, durch Preispolitik also seine ökonomische Situation ändern. Hierbei gibt es drei Unterfälle:
  (2.1) Der Anbieter ist sich bewußt, daß es außer ihm noch eine größere Zahl anderer Anbieter des gleichen Objekts oder enger Substitute gibt, aber er weiß

---

[13] SMITH [3.44], S. 371.
[14] Diese Erkenntnis halten ARROW/HAHN [4.26], S. 1 zusammen mit dem Nachweis, daß die Handlungen unzähliger selbständiger Akteure mit den unterschiedlichsten Zielen nicht zum Chaos führen, sondern mit einem allgemeinen Gleichgewichtszustand vereinbar sind, für den wichtigsten intellektuellen Beitrag der ökonomischen Analyse zum allgemeinen Verständnis sozialer Prozesse. Entgegen dieser Einschätzung könnte man die obige Erkenntnis jedoch auch eine alltägliche Erfahrung, eine Volksweisheit, nennen.

aus Erfahrung, daß Änderungen seines Preises nur Nachfrager, nicht aber andere Anbieter zu Reaktionen bewegen. Es liegt dann die Situation des *Polypols* vor, der Anbieter ist *Polypolist*.

(2.2) Der Anbieter muß bei Preisänderungen neben den Reaktionen von Nachfragern die Möglichkeit von Reaktionen anderer Anbieter berücksichtigen. Umgekehrt gilt, daß der eigene Absatz auch nennenswert von Wettbewerbshandlungen der Konkurrenten abhängt. Dieser Fall liegt in der Regel vor, wenn nur wenige Anbieter vorhanden sind, ihre Zahl also überschaubar ist. Dies ist die Situation des *Oligopols,* der Anbieter ist *Oligopolist*.

(2.3) Es gibt außer dem betrachteten keinen weiteren Anbieter auf dem Markt, so daß nur die Reaktionen der Nachfrager zu berücksichtigen sind. Der Anbieter hat ein *Monopol,* er ist *Monopolist*.

Die Fachausdrücke[15] unter (2) scheinen darauf hinzudeuten, daß das Wettbewerbsverhalten der Anbieter von ihrer Zahl abhängt. Jedoch kann es im konkreten Fall schwierig sein zu entscheiden, wann „viele" Anbieter vorhanden sind, von denen jeder ein Polypolist ist, und wann es „wenige" sind, die sich als Oligopolisten verhalten. Selbst ein monopolistisch angebotenes Marktobjekt hat in aller Regel entfernte Substitute. Mit den etablierten Bezeichnungen wird daher einem quantitativen Merkmal eine zu große Bedeutung zugemessen, das nur eines unter mehreren ist. Für den Ablauf des Wirtschaftsprozesses ist entscheidend, wie sich die Wirtschaftssubjekte verhalten, und das Wettbewerbsverhalten von Anbietern wird von ihrer Zahl zwar wesentlich mit-, aber nicht allein bestimmt. Im folgenden mögen die Bezeichnungen so verstanden werden, daß sie gleichzeitig Vermutungen über Verhaltensweisen wiedergeben.[16] Wenn also ein Anbieter „Oligopolist" genannt wird, dann ist er einer unter wenigen Anbietern, und es wird angenommen, daß er Reaktionen von Konkurrenten auf seine Wettbewerbshandlungen einkalkuliert.

Mengenanpasserverhalten wird in der Praxis auf mehrere Arten erzwungen:

– Durch die Marktverhältnisse: Das Marktobjekt ist hinreichend homogen, und es gibt sehr viele Anbieter mit sämtlich sehr kleinen Marktanteilen. Man spricht dann auch von einer *atomistischen Angebotsstruktur;*
– Durch Vertrag mit dem Vorlieferanten;
– Wenn nur ein Nachfrager vorhanden ist, der den Preis festsetzt, oder wenn eine Gruppe von Nachfragern dies tut;
– Durch staatliche Vorschrift ohne Umgehungsanreiz oder -möglichkeit.

Ein typisches Beispiel für den ersten Fall ist der Markt für ein bestimmtes festverzinsliches Wertpapier. Es wird unten in III.1 erläutert, warum sich hier die Beteiligten als Mengenanpasser verhalten. Der zweitgenannte Fall liegt bei *vertikaler Preisbindung* vor: Der Hersteller liefert Ware nur an solche Wiederverkäufer, die sich verpflichten, sie

---

[15] Sie sind aus den altgriechischen Wörtern polys = viel, oligos = wenig, monos = einzig, allein sowie polein = verkaufen gebildet.

[16] Auch der Gesetzgeber vermutet Zusammenhänge zwischen Zahl und Verhalten von Marktteilnehmern. Gemäß § 23a des Gesetzes gegen Wettbewerbsbeschränkungen in der seit 1. 1. 1990 geltenden Fassung (BGBl. I, S. 235) gilt eine Gesamtheit von Unternehmen im wesentlichen als marktbeherrschend, wenn sie aus drei oder weniger Unternehmen besteht und einen Marktanteil von 50 v. H. oder aus fünf oder weniger Unternehmen besteht und einen Marktanteil von zwei Dritteln erreicht.

zu festgesetzten Preisen zu verkaufen. Die Wiederverkäufer verzichten auf die Instrumentvariable „Preis", weil die Alternative nur wäre, das betreffende Gut nicht im Angebot zu haben. Ein Beispiel für den dritten Fall liegt vor, wenn Organe der Europäischen Gemeinschaften im Rahmen ihrer Agrarpolitik Preise für landwirtschaftliche Güter festsetzen, zu denen staatliche Stellen jede ihnen angebotene Menge kaufen. Die im vierten Fall genannte Vorschrift existiert in manchen Ländern in bezug auf den Benzinpreis, der von Staats wegen einheitlich für alle Tankstellen festgesetzt wird.

Typisch polypolistisches Verhalten von Anbietern ist auf den Märkten für viele Nahrungs- und Genußmittel zu beobachten. Butter wird in der Stadt in vielen kleinen Lebensmittelgeschäften, in Supermärkten und in den Lebensmittelabteilungen der Kaufhäuser angeboten, und der Marktanteil jedes Anbieters ist klein. Die Nachfrager handeln als Mengenanpasser, haben aber persönliche und vor allem räumliche Präferenzen für bestimmte Anbieter. Wie die Beobachtung zeigt, liegen die Preise für eine gegebene Qualität, etwa für deutsche Markenbutter, innerhalb eines gewissen Bereichs und bilden daher einen Preisfächer (vgl. S. 10). Jeder Anbieter ist frei, den Preis innerhalb dieses Bereichs festzusetzen oder diesen auch zu verlassen. Er muß nicht damit rechnen, daß andere Anbieter daraufhin ebenfalls ihre Preise ändern, da sie die Wirkungen seiner Handlungen nicht spüren. Außerdem können sie sich entweder nicht ständig Informationen über Preisänderungen verschaffen, weil das zu aufwendig wäre, oder eine Reaktion selbst erscheint zu aufwendig. Der polypolistische Anbieter muß seinerseits auch nicht fürchten, alle seine Kunden für das Produkt zu verlieren, wenn ein Konkurrent seinen Preis senkt, sondern wird aus den gleichen Gründen damit rechnen, daß er sie, wenigstens zeitweilig und zum großen Teil, behält.

Oligopolsituationen sind dadurch gekennzeichnet, daß nur wenige Anbieter vorhanden sind, von denen jeder einen nennenswerten Marktanteil hält.[17] Viele solche Anbieter haben Verkaufs- oder spezielle Marktforschungsabteilungen, die das Verhalten der Konkurrenten beobachten, und Preisänderungen des einen führen häufig zu Reaktionen der anderen. Oligopolistisch angebotene Produkte sind häufig keine vollkommenen, sondern nur mehr oder weniger enge Substitute. Dies gilt immer, wenn es sich um industrielle Fertigprodukte handelt, die mit dem Namen des Herstellers verknüpft sind.

Ein Monopolist weiß, daß er keinen anderen Anbieter enger Substitute neben sich hat. Er muß bei der Preissetzung daher nur auf die Reaktionen seiner Nachfrager achten. Jedoch gibt es zu fast jedem Gut wenigstens entfernte Substitute, so daß die Kreuzpreiselastizität des monopolistisch angebotenen Gutes nicht zu allen anderen Gütern gleich null ist.

Die Frage, ob mit den genannten Wettbewerbssituationen unterschiedliche und typische Grade der Wettbewerbsintensität einhergehen, gemessen an Häufigkeit, Dauer und Kosten von Wettbewerbshandlungen, ist zunächst grob so zu beantworten:

– Die Wettbewerbsintensität bei Mengenanpasserverhalten ist gleich null. Der einzelne Anbieter kann definitionsgemäß keine Preispolitik betreiben; Werbemaßnah-

---

[17] Beispielsweise teilten sich in der Bundesrepublik 1988 zehn Anbieter den Markt für Zigaretten. In dem etwas weiter gefaßten Wirtschaftszweig „Tabakverarbeitung" entfielen 1987 auf die sechs größten Unternehmen 92,7 v. H. des Gesamtumsatzes. Vgl. Monopolkommission [5.72], Anlagenband S. 48, 63.

men sind sinnlos, weil er auch ohne diese jede von ihm herstellbare Menge absetzen kann; und Produktdifferenzierung ist technisch nicht möglich. Wäre sie möglich, so könnte der Anbieter auch Preispolitik betreiben und brauchte sich demzufolge nicht als Mengenanpasser zu verhalten;
- Die Intensität polypolistischen Wettbewerbs ist gering. Der einzelne Anbieter kann häufig nicht hoffen, seinen kleinen Marktanteil durch Wettbewerbshandlungen zu vergrößern, weil sein Kunden-Einzugsbereich räumlich begrenzt ist;
- Am intensivsten kann der Wettbewerb im Oligopol sein, besonders dann, wenn es sich nicht um ein *enges Oligopol*[18] handelt, das aus ganz wenigen, etwa drei bis fünf, Anbietern besteht. In einem *weiten Oligopol* ist der Marktanteil jedes Anbieters noch relativ klein und daher die Chance groß, durch Wettbewerbshandlungen den eigenen Marktanteil auf Kosten der Konkurrenten zu vergrößern. Je nach den technischen Möglichkeiten, das Produkt zu differenzieren, verlagert sich der Wettbewerb dabei mehr oder weniger vom Preiswettbewerb weg auf die drei anderen genannten Arten.
- Auch ein Monopolist ist häufig noch einer Art schwachen Wettbewerbs ausgesetzt. Manchmal ist dies der Rest, der nach erfolgreicher Produktdifferenzierung übrigbleibt. Jedoch sind die Übergänge hier fließend.

Die vorstehend beschriebenen Wettbewerbssituationen auf der Anbieterseite von Märkten werden häufig gemäß den eben eingeführten Bezeichnungen benannt. So spricht man bei den unter (2.1) und (2.2) genannten Situationen von *polypolistischem* und *oligopolistischem Wettbewerb*. Folgerichtig könnte man den schwachen Wettbewerb durch entfernte Substitute, dem ein Monopolist ausgesetzt sein kann, *monopolistischen Wettbewerb* nennen. Das ist jedoch nicht üblich. Statt dessen gilt diese Bezeichnung als Synonym für polypolistischen Wettbewerb.

4. Wettbewerbssituationen zwischen Nachfragern. Die Überlegungen über Wettbewerbskonstellationen auf der Anbieterseite lassen sich auf die Nachfragerseite von Märkten übertragen, wobei lediglich sprachliche Änderungen vorzunehmen sind. Müssen die Nachfrager den Preis als Datum akzeptieren, so handeln sie als Mengenanpasser. Können sie den Preis beeinflussen, gibt es drei Möglichkeiten:

(1) Sind viele Nachfrager vorhanden, nimmt jeder nur einen kleinen Teil des Angebots auf und führt die Beeinflussung eines Preises durch einen Nachfrager nicht zu Reaktionen anderer Nachfrager, so liegt *polypsonistischer Wettbewerb* vor, die Nachfrager sind *Polypsonisten;*[19]

---

[18] Enge Oligopole diagnostizierte das Bundeskartellamt in der Bundesrepublik zur jeweiligen Berichtszeit beispielsweise auf den Märkten für Programmzeitschriften (drei Großverlage, BKA-Bericht 1979/1980, S. 97); Siliciumscheiben (zwei Anbieter mit 87 v. H. und 13 v. H. Marktanteil; ebenda, S. 54); Kohlensäure und technische Gase (BKA-Bericht 1985/1986, S. 66); Polyamid-Textilfäden (marktbeherrschendes Dyopol mit zusammen etwa 75 v. H. Marktanteil, ein weiterer Anbieter mit etwa 17 v. H.; BKA-Bericht 1987/1988, S. 70); reflexfreies Bilderglas (ebenda, S. 74).

[19] Dieser Fachausdruck und die folgenden sind aus den S. 306, Anm. 15 genannten Vorsilben und dem altgriechischen Wort opsonein = kaufen zusammengesetzt. Die drei Fachwörter werden jedoch nicht durchweg verwendet, so wird beispielsweise auch von „Nachfragemonopol" und „Nachfrageoligopol" (BKA-Bericht 1983/1984, S. 23) gesprochen, obwohl dies offenbar unsinnige Wortbildungen sind.

(2) Bei wenigen Nachfragern muß jeder damit rechnen, daß die anderen auf Beeinflussungen des Preises reagieren: Die Nachfrager stehen als *Oligopsonisten* in *oligopsonistischem Wettbewerb*;

(3) Der Alleinnachfrager ist *Monopsonist*.

Mengenanpasserverhalten von Nachfragern ist gang und gäbe: Auf den meisten Konsumgütermärkten sieht sich der Verbraucher Preisen gegenüber, die er nicht beeinflussen kann. Auch auf den Devisen-, Aktien-, den meisten Kredit-, den internationalen Rohstoffmärkten müssen die Nachfrager die Preise als Daten akzeptieren. Polypsonistisches Verhalten liegt vor, wenn Nachfrager beim Kauf dauerhafter Konsumgüter versuchen, durch Verhandlungen Preise zu drücken; als Standardbeispiel gilt hier das Feilschen im orientalischen Basar. Oligopsonisten sind Fischkonserven- und Fischmehlfabriken an der Küste; Sägewerke in Waldgebieten, in denen die Transportkosten für Baumstämme relativ zum Warenwert hoch sind; und wenige Nachfrager (und Anbieter) gibt es auch auf den Märkten für Großflugzeuge, große Tankschiffe, Straßenbahn- und Untergrundbahnwaggons, Banknotenpapier. Monopsonisten sind nationale Beschaffungsämter für Rüstungsgüter, für die ein Ausfuhrverbot besteht.

5. Marktformen. Fügt man die soeben beschriebenen Wettbewerbssituationen auf beiden Marktseiten zusammen, erhält man 16 *Marktformen*:

Tabelle 3.2 – *Marktformen*

Anbieter handeln/ handelt als Nachfrager handeln/handelt als		Mengen-anpasser 1	Poly-polisten 2	Oligo-polisten 3	Mono-polisten 4
Mengenanpasser	1	beiderseitige Mengenanpassung	reines Polypol	reines Oligopol	reines Monopol
Polypsonisten	2	reines Polypson	beiderseitiges Polypol	Oligopol-Polypson	Monopol-Polypson
Oligopsonisten	3	reines Oligopson	Polypol-Oligopson	beiderseitiges Oligopol	Monopol-Oligopson
Monopsonist	4	reines Monopson	Polypol-Monopson	Oligopol-Monopson	beiderseitiges Monopol

Zum Sprachgebrauch in diesem Buch ist anzumerken, daß Aussagen über Märkte beide Marktseiten einschließen. Ist nur von einer Seite die Rede, dann wird von Wettbewerbssituationen gesprochen. Das Schema enthält in seinen 16 Feldern, die wie in der

Matrixalgebra numeriert werden (in Feld k.n kreuzt sich die *k*-te Zeile mit der *n*-ten Spalte), Bezeichnungen für die Marktformen, die wie folgt zu erläutern sind:

Feld 1.1: Handeln Anbieter und Nachfrager als Mengenanpasser, liegt beiderseitige (bilaterale) Mengenanpassung, ein *Mengenanpassermarkt,* vor.

Felder 1.2, 1.3, 1.4: Hier treffen die preissetzenden Anbieter der drei Konstellationen auf Nachfrager, die sich mit ihren Nachfragemengen an die als Daten angesehenen Preise anpassen. Die Bezeichnungen weisen darauf hin, daß sich die Anbieterkonstellationen sozusagen „rein" verwirklichen.

Felder 2.1, 3.1, 4.1: Hier verwirklichen sich die Nachfragerkonstellationen rein.

Felder 2.2, 3.3, 4.4: Hier entsprechen wie auch in Feld 1.1 Angebots- und Nachfragekonstellation einander. Es ist allgemein üblich, wenn auch sprachlich nicht korrekt, solche Marktformen mit beiderseits gleichen Wettbewerbssituationen wie in Tabelle 3.2 nach der Situation der Anbieterseite zu benennen.[20]

Felder 2.3, 2.4, 3.2, 3.4, 4.2, 4.3: Die Benennung geschieht am einfachsten durch Zusammenstellung der Situationen, wobei die der Anbieterseite an erster Stelle genannt wird.[21]

Die Fülle der in der Realität vorkommenden Marktformen läßt sich mit einer so einfachen Darstellung wie der von Tabelle 3.2 nicht annähernd ausschöpfen. Immerhin liefert sie ein Gerüst, das die Eingliederung weiterer Marktformen erleichtert. Dazu kann man zunächst die in der Tabelle stillschweigend gemachte Annahme fallenlassen, daß ein Monopolist wirklich Alleinanbieter ist und daß die wenigen Marktteilnehmer bei Oligopolen und Oligopsonen annähernd gleich große Marktanteile haben, die *Symmetrieannahme.* In der Praxis sind die Marktanteile auf den meisten Märkten ungleichmäßig verteilt. Damit ergeben sich auf der Anbieterseite zwei weitere praktisch wichtige Konstellationen:

– das *Teilmonopol:* Ein Anbieter hat einen hohen, vielleicht über 60 v. H. liegenden Marktanteil, während sich eine Anzahl kleinerer Anbieter den Rest teilt.

Eine entsprechende, sehr häufige Marktform ist das

– *Teiloligopol:* Neben wenigen großen Anbietern gibt es noch mehrere Anbieter mit jeweils geringen Marktanteilen.

So diagnostizierte in der Bundesrepublik das Kammergericht Berlin ein Teiloligopol für Tennisbälle mit drei großen Anbietern;[22] das Bundeskartellamt ein solches für

---

[20] Eine korrekte Bezeichnung für die Marktform in Feld 4.4 wäre etwa „Monopol-Monopson". Die Wortbildung „beiderseitiges Monopol" ist auch nicht dadurch zu rechtfertigen, daß der Monopsonist ebenfalls alleiniger Anbieter eines Wirtschaftsobjekts auf dem betrachteten Markt ist, nämlich von Geld: Es gäbe dann auf Märkten nur noch Anbieter. Der Ausweg, neue Wortungeheuer („Monopolopson"?) zu schaffen, soll hier nicht begangen werden.

[21] Manche Autoren weisen im Anschluß an EUCKEN [E.10], S. 111, mit ihren Bezeichnungen der Marktformen dieser Felder darauf hin, daß die Konstellation der einen Seite eine Beschränkung für die der anderen darstellt. In Feld 3.2 wäre dann ein „polypolistisch beschränktes Oligopson", in Feld 3.4 ein „oligopsonistisch beschränktes Monopol" angesiedelt. Vgl. OTT [I.02], S. 39–41.

[22] Entscheidungen des Bundesgerichtshofs in Zivilsachen, 53. Bd 1970, S. 300.

Vergaserkraftstoff mit sieben Anbietern, die 1979 zusammen 80 v. H. des Marktes beherrschten.[23] Da in entsprechender Weise auch ein *Teilmonopson* und ein *Teiloligopson* zu definieren wären, ließe sich Tabelle 3.2 durch Einschub je zweier Zeilen und Spalten zu einer Matrix mit 36 Marktformen erweitern. Darauf kann hier verzichtet werden, da nur ein Teil von ihnen in der Praxis Bedeutung hat und auch aus diesen hier noch ausgewählt werden muß. Außerdem erfaßt das Schema gewisse Sonderfälle nicht, wie den der

– *Optionsfixierung:* Soll einmalig eine gegebene Menge verkauft werden, kann der Anbieter Preis und Menge zugleich festlegen und den Nachfragern nur die Wahl lassen, beides zu akzeptieren oder auf den Kauf zu verzichten. Der Anbieter handelt dann als *Optionsfixierer*.[24]

In den bisher betrachteten Fällen wurde dagegen unterstellt, daß das Angebot aus laufender Produktion stammt, ständig erneuert wird und daher, wie immer auch der Preis zustandekommt, die abgesetzte Menge von der Nachfrageseite mitbestimmt wird. Auch Nachfrager können sich als Optionsfixierer verhalten.

Was ist angesichts aller dieser Gliederungsversuche das Forschungsziel der Markttheorie? Generell versucht man, von beobachtbaren und unter der Bezeichnung *Marktstruktur* zusammengefaßten Phänomenen auf das *Marktverhalten* der Teilnehmer und von diesem auf die *Marktergebnisse* zu schließen. Der Denkansatz ist in Bild 3.4 dargestellt. Die wichtigsten Aspekte der Marktstruktur sind die Zahl und die Größenverteilung der Anbieter und der Nachfrager anhand ihrer Marktanteile, ihre *Konzentration;* das Ausmaß der Produktdifferenzierung und damit der Substitutions-

Bild 3.4 – *Marktstruktur, Marktverhalten und Marktergebnisse*

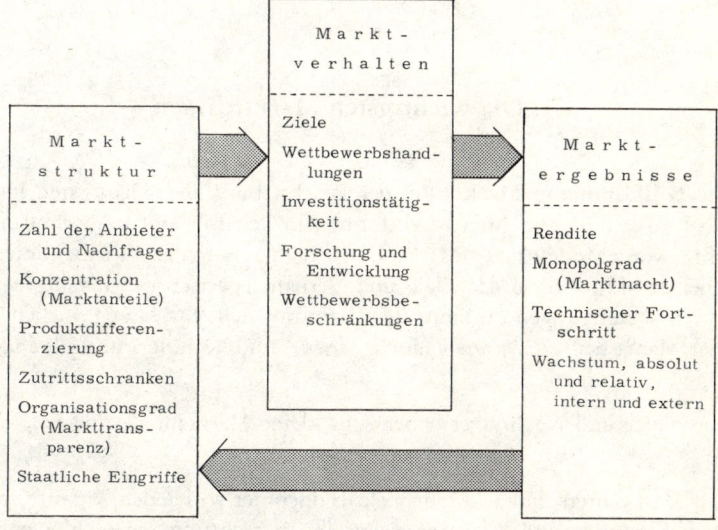

[23] BKA-Bericht 1979/1980, S. 47.
[24] „Option" bedeutet das Recht oder die Anwartschaft auf Lieferung eines Gutes oder einer Forderung.

hemmnisse für die Nachfrager; die Zutrittsschranken für neue Anbieter; der Organisationsgrad und damit der Grad der Markttransparenz bei den Teilnehmern; und schließlich der jeweilige Stand der staatlichen Eingriffe in den betrachteten Markt. Die entscheidende Frage ist: Wie stark beeinflussen solche Strukturmerkmale das Marktverhalten? Das Problem wird in den Industrieländern vor allem für den Bereich der gewerblichen Sachgütererzeugung (und weniger für Landwirtschaft und Dienstleistungsgewerbe) untersucht und begründet ein eigenes Teilgebiet der Markttheorie, die *Industrieökonomik*. Deren Standardhypothese lautet

Hyp. 3.4: *Die Marktstruktur, insbesondere die relative Größe von Marktteilnehmern sowie die der Konkurrenten und deren Zahl, legt ein bestimmtes Marktverhalten nicht zwangsläufig fest, aber doch so nahe, daß in vielen Fällen von der Struktur auf das Verhalten geschlossen werden kann.*

Preis- und Produktpolitik, die Investitionstätigkeit und die Ausgaben für Forschung und Entwicklung sind dann abhängige Variable, die ihrerseits zu Ergebnissen wie Gewinnsituation, technischem Fortschritt und Unternehmenswachstum führen. Damit bricht die Wirkungskette jedoch nicht ab. Die Marktergebnisse, insbesondere das relative Wachstum der Unternehmen beeinflussen ihrerseits wieder die Marktstruktur, die damit mittelfristig zu einer endogenen Variablen wird. Erst die zeitliche Betrachtung läßt etwa erkennen, ob ein Anbieter Monopolist ist, weil er gerade mit einem neuen Produkt einen Markt geschaffen hat und vorerst konkurrenzlos dasteht, oder ob er auf einem schrumpfenden Markt nach Ausscheiden der Konkurrenten als Alleinanbieter übriggeblieben ist. Gegenstand der Industrieökonomik ist somit der Prozeß der Entstehung und Wandlung von Märkten samt ihren Teilnehmern und Objekten, dessen Ergebnisse im Lichte wohlfahrtstheoretischer Erkenntnisse zu beurteilen sind.

III. Die wichtigsten Marktformen

1. Der vollkommene Markt. Bei der Beschreibung der wichtigsten in Tabelle 3.2 (S. 309) zusammengestellten Marktformen in den folgenden Abschnitten ist es zweckmäßig, vom Modell eines Marktes auszugehen, auf dem Transaktionen angesichts seiner Struktur sowie der Ziele und Verhaltensweisen der Beteiligten nur zu Gleichgewichtsbedingungen im Sinne der Definition E.8 (S. 53) abgewickelt werden. Ein solcher Markt heißt *vollkommen* (auch: *perfekt*) und kommt unter folgenden Voraussetzungen zustande:

(1) Alle Anbieter und Nachfrager haben sehr kleine Marktanteile und handeln rational.

Auf beiden Marktseiten sind also sehr viele Teilnehmer vorhanden, womit Großgüter wie Verkehrsflugzeuge und Kraftwerke von der Betrachtung ausgeschlossen werden. Häufig wird explizit beliebige Teilbarkeit des Marktobjekts angenommen. Jeder Teilnehmer versucht, zu den für ihn günstigsten Bedingungen zu kaufen oder zu verkaufen: Es gilt Hypothese 3.1 (S. 283).

(2) Kein Teilnehmer beachtet Unterschiede zwischen einzelnen Exemplaren des Marktobjekts oder zwischen anderen Teilnehmern.

Dieser Sachverhalt hat drei Aspekte. Erstens muß das gehandelte Objekt soweit homogen sein, daß kein Marktteilnehmer bestimmte Exemplare wegen besonderer Eigenschaften vorzieht. Oder: Es wird ein vertretbares Objekt gehandelt, für dessen Teilmengen keine *sachlichen Präferenzen* existieren. Zweitens und drittens zieht kein Nachfrager einen bestimmten Anbieter und kein Anbieter einen bestimmten Nachfrager gegenüber anderen aus Gründen vor, die in der Person dieses Marktteilnehmers oder in dessen Standort liegen. Es gibt also keine *persönlichen* und keine *räumlichen Präferenzen*. Diese drei Aspekte sind voneinander unabhängig. Auch wenn ein Käufer überzeugt ist, daß alle Anbieter das gleiche Gut anbieten, könnte er einen von ihnen bevorzugen. Solche Fälle werden demnach ausgeschlossen.

(3) Jeder Marktteilnehmer kennt die Bedingungen, unter denen die anderen Teilnehmer zu Transaktionen bereit sind: Es herrscht insoweit vollständige (auch: vollkommene) Markttransparenz.

Ohne diese mit Hypothese 3.3 (S. 284) gemachte Voraussetzung könnte es vorkommen, daß ein Käufer einem Verkäufer A einen höheren Preis in Unkenntnis der Tatsache zahlt, daß er das gleiche Gut von einem Verkäufer B zu einem niedrigeren Preis erhalten könnte. Jedoch ist es unnötig, so etwas wie „vollkommene Voraussicht" bei den Beteiligten anzunehmen, über die ohnehin niemand verfügt.[25]

(4) Der Zugang zu und der Abgang von dem betrachteten Markt ist auf beiden Seiten für jedes Wirtschaftssubjekt frei.

Man sagt auch, es handele sich um einen *offenen Markt*. Die Voraussetzung wird gemacht, weil Erschwerungen, Beschränkungen oder die Verhinderung des Marktzutritts als Wettbewerbsbeschränkungen gelten. Da diese häufig institutionell geregelt sind, formuliert man Bedingung (4) auch als Abwesenheit institutioneller Beschränkungen. Zur Vervollständigung ist weiter vorauszusetzen:

(5) Alle Marktteilnehmer haben übereinstimmende Planperioden.

Diese Annahme ist nötig, weil sich Angebot und Nachfrage auf Zeiträume beziehen, also Stromgrößen sind. Hätte etwa ein Anbieter eine doppelt so lange Planperiode wie die anderen Teilnehmer, dann käme sein Angebot in deren Planperiode möglicherweise nicht zum Tragen, sondern erst danach. Stimmen die Planperioden dagegen überein, dann ist sichergestellt, daß Preisfeststellung und Abwicklung der Transaktionen unter voller Berücksichtigung von Gesamtangebot und -nachfrage in derselben Periode erfolgen. Die Annahme schließt auch unterschiedliche Lieferfristen für das Marktobjekt und damit *zeitliche Präferenzen* aus.

(6) Anpassungsprozesse verursachen keine Transaktionsaufwendungen und verlaufen so schnell, daß sie nicht beachtet zu werden brauchen.

---

[25] Vgl. über die logische Widersprüchlichkeit der Annahme vollkommener Voraussicht O. MORGENSTERN: Spieltheorie und Wirtschaftswissenschaft, 2. Aufl. Wien u. a. 1966, S. 43 ff.

Die praktische Frage, auf welche Weise und wie schnell die Marktteilnehmer Kontakte aufnehmen und Informationen über die gegenseitigen Preisvorstellungen und sonstigen Bedingungen austauschen, wird nicht gestellt. Die Bedingung kann auch so interpretiert werden, daß es auf den Anpassungsprozeß und seine Dauer nicht ankommt: Man interessiert sich nur für den Endzustand nach Ablauf aller Anpassungen, unternimmt also eine statische Analyse.

Zusammengefaßt gilt also im wesentlichen

Def. 3.4: *Ein Markt heißt vollkommen, wenn bei freiem Zutritt auf beiden Seiten sehr viele Marktteilnehmer mit übereinstimmenden Planperioden und sämtlich sehr kleinen Marktanteilen vorhanden sind, die sich rational verhalten, keine sachlichen, persönlichen oder räumlichen Präferenzen haben und über vollständige Markttransparenz verfügen.*

Liegt auch nur eine dieser Bedingungen nicht vor, ist der Markt unvollkommen (aber deswegen nicht etwa „schlechter": Die Adjektive „vollkommen" und „unvollkommen" sollten hier wertfrei gebraucht werden). Solche Märkte lassen sich leicht nennen, wenn schon aus den Bezeichnungen für die gehandelten Güter wie „Käse", „Staubsauger", „zahnärztliche Behandlung" deren Heterogenität ersichtlich ist.

Liegen die Bedingungen des vollkommenen Marktes vor, dann lassen sich für die auf ihm herrschende Situation vier Schlußfolgerungen ziehen:

(1) Alle Anbieter und Nachfrager handeln als Mengenanpasser;
(2) Die Transaktionsbedingungen sind einheitlich;
(3) Der entstehende einheitliche Preis ist ein Gleichgewichtspreis;
(4) Es gibt keine Wettbewerbshandlungen.

Diese Schlüsse folgen im wesentlichen aus den oben unter (1) bis (3) genannten Voraussetzungen. Markttransparenz bedeutet nicht etwa, daß jeder Marktteilnehmer erst nach Abwicklung der Transaktionen erfährt, zu welchen Bedingungen sie stattgefunden haben. Markttransparenz ist ein Ex-ante-Konzept: Es muß angenommen werden, daß jeder Teilnehmer vor dem Vollzug der Transaktionen über die von den anderen Teilnehmern angestrebten Bedingungen unterrichtet ist. Dies ist in der Praxis ein Informationsproblem, das auf manchen Märkten so gelöst wird, daß ein Makler alle Kauf- und Verkaufsaufträge sammelt und aufgrund der damit erhaltenen vollständigen Information den Gleichgewichtspreis ermittelt. Im Modell stellt sich ohne Verzögerung der Gleichgewichtspreis ein, bei dem definitionsgemäß die insgesamt angebotene Menge gleich der insgesamt nachgefragten ist. Würde ein Anbieter einen höheren als diesen Preis verlangen, könnte er nichts mehr absetzen, da alle Nachfrager Einkommens- und Nutzenmaximierer sind und daher nur den niedrigstmöglichen Preis zahlen. Verlangte er einen niedrigeren als den Gleichgewichtspreis für die gleiche Menge wie bisher, so würde er gegen seine eigene Zielsetzung der Einkommensmaximierung verstoßen, da er die Menge auch zu dem höheren Gleichgewichtspreis absetzen könnte. Angesichts seines unbedeutenden Marktanteils bleibt also jedem Marktteilnehmer nichts anderes übrig, als sich mit seiner Angebots- oder Nachfragemenge an den Gleichgewichtspreis anzupassen. Da der Markt entsprechend auch die anderen Transaktionsbedingungen vereinheitlicht, sagt man, auf einem vollkommenen Markt gelte das *Gesetz der Unterschiedslosigkeit*.[26] Allerdings ist der Umkehrschluß nicht zulässig: Ein einheitlicher Preis zeigt nicht zwangsläufig die Vollkommenheit eines Marktes an, da er auch von Staats wegen festgesetzt oder lediglich eine Folge davon sein kann, daß alle Anbieter mit gleichen Kosten produzieren.

Herrscht auf einem vollkommenen Markt Wettbewerb? Offenbar handelt es sich bei diesem laut II.2 nicht um einen Zustand, sondern um einen Prozeß, der in Handlungen sichtbar wird, mit denen Situationen geändert und in solche überführt werden sollen, in denen die Ziele des Handelnden besser erreicht sind. In dem für den vollkommenen Markt typischen Gleichgewicht besteht zwar nach wie vor ein Interessengegensatz, aber kein Beteiligter kann seine Zielerreichung noch verbessern, so daß keine Wettbewerbshandlungen mehr vorkommen. Diese sind nur bei Vorliegen von Marktunvollkommenheiten sinnvoll. So setzt Preiswettbewerb unvollständige Markttransparenz, Reaktionsverzögerungen oder beides und damit Abweichungen von den Bedingungen (3) oder (6) des vollkommenen Marktes voraus: Eine Preissenkung kann die Situation eines Anbieters nur verbessern, wenn nicht sofort alle anderen Anbieter ebenfalls ihre Preise senken und dies den Nachfragern bekannt wird. Die anderen oben genannten Arten des Wettbewerbs zielen in der Hauptsache darauf ab, Präferenzen zu etablieren oder zu ändern und setzen voraus, daß Bedingung (2) nicht gilt. Sie sind ebenfalls um so wirksamer, je später Konkurrenten auf sie reagieren. Wettbewerbshandlungen kommen also nur als Bestandteile von Anpassungsprozessen vor, die beim vollkommenen Markt aber gerade nicht betrachtet werden.

Das Modell des vollkommenen Marktes hat zwei Anwendungsbereiche:

– Es kann zur Erklärung der Preisbildung auf einigen empirischen Märkten dienen. Damit befassen sich die drei folgenden Abschnitte;
– Es ist Grundlage einer Theorie des allgemeinen mikroökonomischen Gleichgewichts in einer Volkswirtschaft und damit auch wohlfahrtstheoretischer Überlegungen. Diese Probleme werden unten in Teil I des 4. Kapitels behandelt.

2. Gleichgewicht auf Mengenanpassermärkten. Es gibt eine Reihe wichtiger Märkte, auf denen die Voraussetzungen des vollkommenen Marktes annähernd vorliegen und die daher mit diesem Modell abgebildet werden können. Ihre Kennzeichen sind eine große Zahl von Teilnehmern auf beiden Seiten, weitgehende Homogenität des Marktobjekts, Abwesenheit sonstiger Präferenzen und eine Marktorganisation, die eine gewisse Transparenz sicherstellt. Teilnehmer können von sich aus Preise nennen, aber nicht erwarten, daß andere sie ohne weiteres akzeptieren. Welcher Preis schließlich gezahlt wird, entscheidet sich erst nach Vergleichen mit anderen solchen Nennungen. Je nach der Marktorganisation konvergieren die Nennungen mehr oder weniger schnell zum Gleichgewichtspreis, zu dem die Transaktionen dann abgewickelt werden.

Bei der graphischen und algebraischen Analyse solcher Märkte werden die im 1. und 2. Kapitel entwickelten Angebots- und Nachfragekurven verwendet. Liegen keine Hindernisse für eine freie Preisbildung vor, dann stellt sich bei Mengenanpassung auf beiden Marktseiten gemäß Feld 1.1 von Tabelle 3.2 (S. 309) und gegebener Lage der

---

[26] Einige Autoren sprechen einengend von einem „Gesetz der Preisunterschiedslosigkeit", aber zu einem vollkommenen Markt gehört offenbar die Unterschiedslosigkeit sämtlicher Transaktionsbedingungen.

Angebots- und der Nachfragekurve der Gleichgewichtspreis im Schnittpunkt beider Kurven ein. Bild 3.5 zeigt diesen Sachverhalt. Ein Preis in Höhe von p^0, den beispielsweise ein Anbieter nennen würde, könnte sich nicht halten, da die bei ihm angebotene Menge x_A^0 insgesamt wesentlich größer als die nachgefragte Menge x_N^0 wäre. Die Nachfrager befänden sich dann, wie man auch sagt, auf der kurzen Seite des Marktes, die Anbieter auf der langen; und bei einem Mindestmaß an Markttransparenz würden einige Nachfrager entdecken, daß es Anbieter gibt, die auch zu niedrigeren Preisen verkaufen wollen, und sich diesen zuwenden. Entsprechend umgekehrt ist zu argumentieren, wenn Nachfrager zum Preis p^1 kaufen möchten: Sie würden keinen Verkäufer finden. Solche Preise werden also laufend anhand der Ungleichgewichte, die sie erzeugen würden, korrigiert und kommen erst gar nicht zustande. Der einzige Preis, bei dem die nachgefragte gleich der angebotenen Menge ist, ist der Gleichgewichtspreis p^{GG}, bei dem die Gleichgewichtsmenge x^{GG} abgesetzt wird. Da in dieser

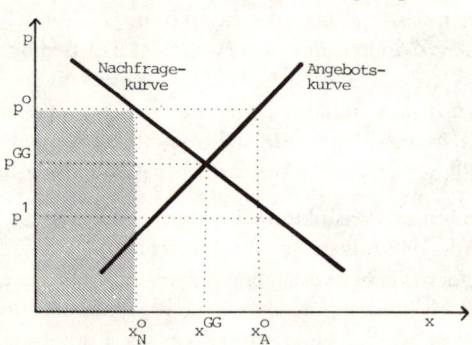

Bild 3.5 – *Preisbildung auf einem Mengenanpassermarkt*

Situation die Wirtschaftspläne der Beteiligten in bezug auf die abhängigen Variablen p und x miteinander vereinbar sind, herrscht partielles Gleichgewicht gemäß der Definition E.8 (S. 53), für das hier gilt

Def. 3.5: *Auf einem Markt herrscht in einer Periode Gleichgewicht, wenn in ihr die bei einem Preis gemäß den Wirtschaftsplänen der Anbieter angebotene Menge gleich der bei diesem Preis gemäß den Wirtschaftsplänen der Nachfrager nachgefragte Menge ist.*

Wie bei allen Gleichgewichtsdefinitionen ist auch hier darauf zu achten, daß sie sich auf geplante und nicht auf realisierte Größen beziehen (vgl. S. 36 f.). Auf jedem Markt ist die während eines Zeitraums tatsächlich abgesetzte Menge notwendig gleich der tatsächlich gekauften. Von unterschiedlichen Wirtschaftssubjekten unabhängig voneinander geplante Mengen können aber sehr wohl voneinander abweichen. Im übrigen dürfte man, streng genommen, glatte Kurven wie in Bild 3.5 nur zeichnen, wenn das Marktobjekt beliebig teilbar ist.

Die Multiplikation einer Gütermenge mit dem Preis des Gutes ergibt den Wert dieser Menge. Diesen nennt man auch die *monetäre Nachfrage* nach diesem Gut, den Wert der bei einem bestimmten Preis angebotenen Menge das *monetäre Angebot*. Graphisch erhält man beide Größen in Bild 3.5 als Inhalte von Rechtecken $p \cdot x$, die aus dem jeweiligen Preis auf der Nachfrage- oder Angebotskurve und der dazugehörigen Menge entstehen. Als Beispiel ist die monetäre Nachfrage beim Preis p^0 schraffiert eingezeichnet. Marktgleichgewicht kann demnach auch durch die Aussage definiert werden, daß bei einem bestimmten Preis die geplante monetäre Nachfrage gleich dem geplanten monetären Angebot ist. Auch das wäre in Bild 3.5 nur beim Preis p^{GG} der Fall.

Liegen Gleichungen über den Zusammenhang zwischen vorgegebenen Preisen und nachgefragten Mengen einerseits und angebotenen Mengen anderseits vor, dann lassen sich Gleichgewichtspreis und -menge wie folgt algebraisch ermitteln. Es seien p der Preis, x_N die nachgefragte Menge in den Wirtschaftsplänen der Nachfrager und x_A die angebotene Menge in den Wirtschaftsplänen der Anbieter. Das Modell ist dann

Modell 3.1 – *Gleichgewichtspreis und -menge auf einem Mengenanpassermarkt*

Nachfragefunktion:	$p = a - b\,x_N, \quad a, b > 0$	(3.1-I)
Angebotsfunktion:	$p = c + e\,x_A, \quad c, e > 0$	(3.1-II)
Gleichgewichtsbedingung:	$x_N = x_A$.	(3.1-III)

Beide Verhaltensfunktionen sind als linear angenommen, so daß Modell 3.1 die Situation von Bild 3.5 wiedergibt. Alle Variablen beziehen sich auf denselben Zeitraum. Das Modell besteht aus drei Gleichungen und hat die drei Unbekannten p, x_N und x_A, ist also lösbar (die weiteren Bedingungen dafür seien hier und im folgenden vorausgesetzt). Die Lösung sieht so aus, daß jede der drei Unbekannten als Funktion der vier Parameter a, b, c, e erscheint. Man erhält so durch sukzessives Einsetzen

$$p^{GG} = \frac{a\,e + b\,c}{b + e} \quad \text{und} \quad x_N^{GG} = x_A^{GG} = \frac{a - c}{b + e}.$$

Die Situation auf einem Mengenanpassermarkt wurde bisher vom Standpunkt eines Beobachters beschrieben. Einen Standpunkt „der", das heißt aller, Nachfrager oder Anbieter gibt es nicht, da für diese Gruppen keine zentrale Informationsbeschaffung oder Willensbildung existiert. Wohl aber gibt es den Standpunkt des einzelnen Anbieters oder Nachfragers. Für diesen gilt hier, daß er keinen Preis verlangen oder bieten kann, sondern den Gleichgewichtspreis akzeptieren muß. Bei diesem Preis verkauft er als Anbieter die geplante Menge oder kauft sie als Nachfrager. Ändert er die angebotene oder die nachgefragte Menge, so beeinflußt das den Preis nicht, weil sein Anteil am Gesamtangebot oder an der Gesamtnachfrage wie der jedes anderen einzelnen Marktteilnehmers sehr klein ist. Das bedeutet, daß sich der einzelne Anbieter, wie in Bild 3.6 (a) dargestellt, in dem für ihn relevanten Bereich einer völlig elastischen Nachfragekurve NN' gegenübersieht, und daß Verschiebungen seiner Angebotskurve AA' den Gleichgewichtspreis p^{GG} nicht berühren. Ebenso existiert vom Standpunkt eines Nachfragers, in Teil (b) dargestellt, eine völlig elastische Angebotskurve AA', oder anders ausgedrückt: Er kann zu dem feststehenden und unbeeinflußbaren Preis p^{GG} im Rahmen seines winzigen Marktanteils jede beliebige Menge des Gutes kaufen.

Besteht nicht zwischen den Bildern 3.5 und 3.6 ein Widerspruch? Wieso kann die vom Standpunkt des Beobachters in Bild 3.5 geneigt verlaufende Nachfragekurve

Bild 3.6 – *Der Mengenanpassermarkt vom Standpunkt einzelner Teilnehmer*

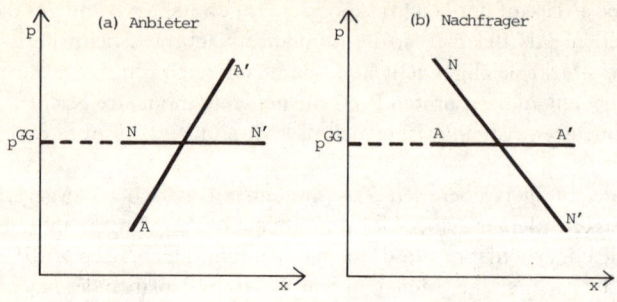

vom Standpunkt des einzelnen Anbieters in Bild 3.6 (a) völlig elastisch sein? Die Lösung des scheinbaren Widerspruchs liegt darin, daß die Nachfragekurve in 3.6 (a) ein sozusagen mit dem Mikroskop betrachteter Ausschnitt der Gesamtnachfragekurve in Bild 3.5 ist und, streng genommen, nicht völlig waagerecht verläuft. Jede noch so kleine Verschiebung der Angebotskurve eines einzelnen Anbieters wirkt sich, wenn auch unmerklich, auf den Preis aus, was rechnerisch immer nachvollzogen werden kann. In der Praxis gibt es dagegen die in der Erläuterung zu A.23 (S. 13) genannten Schwellen, so daß der Preis konstant bleibt und geringfügige Angebots- und Nachfrageverschiebungen beispielsweise durch Änderungen von Lagerbeständen aufgefangen werden.

3. **Nachfrage- und Angebotsänderungen.** Die Lage der Nachfrage- und der Angebotskurve auf einem Mengenanpassermarkt wird von einer großen Zahl von Variablen bestimmt, deren Einflüsse unter der Ceteris-paribus-Klausel konstant gehalten werden, um Darstellungen wie die von Bild 3.5 (S. 316) zu ermöglichen. Bei einem Konsumgut sind die wichtigsten Erklärungsvariablen für die Nachfrage das verfügbare Einkommen der Verbraucher, die Preise von Substituten und von komplementären Gütern, Erwartungen über die Preisentwicklung in naher Zukunft sowie die Präferenzordnungen der Nachfrager als Gesamtheit der subjektiven Bestimmungsgründe (vgl. Aussage 05 des Denkansatzes, S. 3). Handelt es sich um ein Produktionsgut, dann wird die Nachfrage nach ihm von den Preisen substituierbarer Güter sowie maßgeblich von den Absatzaussichten für die Erzeugnisse des Unternehmens bestimmt. Die Lage der Angebotskurve ist hauptsächlich eine Funktion der Preise der Produktionsgüter einschließlich der Löhne, des Standes der Produktionstechnik und der Absatzerwartungen. Beide Kurven werden außerdem von der Besteuerung und anderen staatlichen Markteingriffen mitbestimmt. In dem Modell 3.1 (S. 317) erscheint keine dieser Variablen explizit, ihr Einfluß drückt sich daher ausschließlich in der Größe der Parameter a, b, c, e aus. Eine Änderung auch nur einer dieser Variablen kann daher in diesem Modell nur durch Parameteränderungen berücksichtigt werden, was in dem p, x-Koordinatensystem von Bild 3.5 die Lage der betrachteten Kurven ändert. Hierfür gibt es unzählige Möglichkeiten, die nur dadurch eingeschränkt werden, daß man im allgemeinen annimmt, eine Nachfragekurve verlaufe nicht von links unten nach rechts oben steigend (also wie eine Angebotskurve, Ausnahmen wurden S. 144 f. behandelt), und eine Angebotskurve verlaufe nicht von links oben nach rechts unten fallend (also wie eine Nachfragekurve): Es wird, mit anderen Worten, an einem Min-

destmaß an empirischem Gehalt festgehalten. Ändert sich nun ceteris paribus eine der Erklärungsvariablen, dann zeigt Bild 3.7 im Fall einer Zunahme der Nachfrage in Gestalt einer — durch Pfeile angedeuteten — Parallelverschiebung die Folgen für den Gleichgewichtspreis und die Gleichgewichtsmenge bei unterschiedlicher Lage der Angebotskurve. In Teil (a) weist die Angebotskurve im relevanten Bereich einen mittleren Wert der Angebotsmengen-Preiselastizität auf, in Teil (b) ist diese völlig unelastisch, und in Teil (c) völlig elastisch. Bei der „normalen" Lage der Angebotskurve erhöht die Zunahme der Nachfrage den Gleichgewichtspreis von p^1 auf p^2 und die Gleichgewichtsmenge von x^1 auf x^2. Bei völlig unelastischem Angebot steigt der Preis stärker, während sich die Menge nicht ändert (Teil b), und bei völlig elastischem Angebot (Teil c) ändert sich bei konstantem Preis die Menge stärker als im Fall (a). Es muß besonders beachtet werden, daß die Aussage, die Nachfrage habe zugenommen, zwar häufig, aber nach dem eben Gesagten nicht zwangsläufig mit der Aussage identisch ist, die nachgefragte Menge habe zugenommen (vgl. zur Sprachregelung S. 121 f.). Teil (b) zeigt die Ausnahme: Bei völlig unelastischem Angebot führt eine Zunahme der Nachfrage im Sinne einer Preis-Mengen-Zuordnung nicht zu einer Zunahme der Nachfrage im Sinne von abgesetzter Menge.

Bild 3.7 – *Wirkungen einer Nachfrageerhöhung auf Gleichgewichtspreis und Gleichgewichtsmenge*

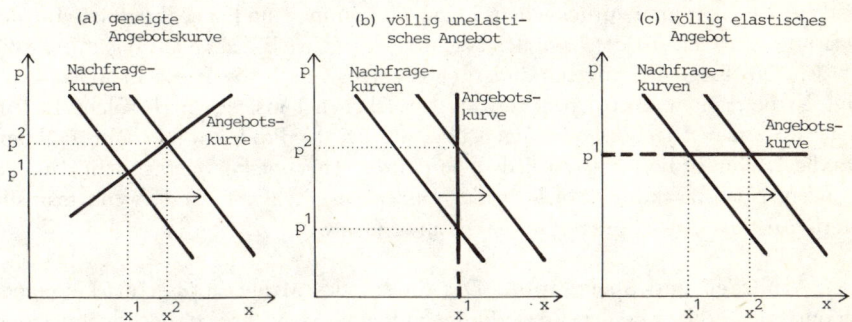

Entsprechende Wirkungen ergeben sich aus Änderungen des Angebots. Man sagt, dieses nehme zu, wenn sich die Angebotskurve nach rechts, und es nehme ab, wenn sie sich nach links verschiebt. (Hierbei zeigt sich übrigens, warum man sich auf waagerechte Verschiebungen beschränkt: Wie S. 120 f. erwähnt, könnte eine Zunahme der Nachfrage auch als eine Verschiebung der Nachfragekurve nach oben interpretiert werden. Das gilt jedoch nicht für die Angebotskurve.) Hat die Nachfragekurve eine der beiden in Bild 3.7 wiedergegebenen Lagen und verläuft die Angebotskurve wie in Teil (a) des Bildes, dann sinkt bei steigendem Angebot der Preis, während die Menge zunimmt, und der Preis steigt bei abnehmender Menge, wenn das Angebot abnimmt. Ist die Nachfrage völlig elastisch, verläuft die Nachfragekurve also waagerecht, dann ändert sich bei Angebotsverschiebungen nur die Menge. Ist die Nachfrage völlig unelastisch, die Kurve im relevanten Bereich also senkrecht, dann ändert sich bei Angebotsänderungen nur der Preis. Angebotsänderungen bedeuten also ebenfalls nur in der Regel, aber nicht zwangsläufig zugleich Änderungen der angebotenen und abgesetzten Menge. Es gilt hier die gleiche sprachliche Festlegung wie bei der Nachfrage.

Verschieben sich Angebot und Nachfrage gleichzeitig, können sich ihre Einflüsse auf den Preis, auf die Menge oder auf beide sowohl verstärken als auch teilweise, ganz oder mehr als kompensieren, so daß ohne zusätzliche Informationen keine Voraussagen möglich sind. Die mit Verschiebungen der Nachfragekurve einhergehenden Änderungen der Nachfragemengen-Preiselastizität wurden S. 121 behandelt.

Komparativ-statische Analysen wie die von Bild 3.7 gelten nur, wenn die beiden Kurven voneinander unabhängig sind: Verschiebt sich die eine, dann bleibt die Lage der anderen davon unberührt. Streng genommen kann das in Wirklichkeit wegen der allgemeinen ökonomischen Interdependenz niemals zutreffen. Jede Änderung an einer Stelle des Wirtschaftsprozesses ruft Reaktionen betroffener Wirtschaftssubjekte hervor, die ihrerseits zu weiteren Reaktionen führen und im Laufe der Zeit den gesamten Prozeß durchdringen (vgl. S. 12). Bei empirischen Untersuchungen kann man diesen Sachverhalt vernachlässigen, wenn die Wirkung der Verschiebung einer Kurve auf die Lage der anderen offensichtlich sehr klein ist. Das wird bei vielen, aber nicht bei allen Gütern der Fall sein. Tritt beispielsweise in einem Land eine Mißernte bei einem wichtigen Nahrungsmittel ein, die nicht durch zusätzliche Einfuhren ausgeglichen wird, dann verschiebt sich die Angebotskurve nach links, der Preis steigt. Bei — wie anzunehmen — unelastischer Nachfrage erhöhen die Verbraucher ihre Ausgaben für das Gut und reduzieren entsprechend ihre Ausgaben für andere Güter. Das kann gesamtwirtschaftlich so bedeutend sein, daß deren Produktion und damit die Einkommen der dabei Beschäftigten zurückgehen. Diese Einkommen sind aber ihrerseits eine der Erklärungsvariablen für die Lage der Nachfragekurve nach dem Nahrungsmittel, die sich daher als Folge der Angebotsänderung ebenfalls verschiebt. In einem anderen Fall kann das betrachtete Gut den gesamtwirtschaftlichen Umsätzen nach solche Bedeutung haben, daß Angebotsänderungen über das bei der Produktion erzielte Einkommen die Nachfrage beeinflussen. Jedem Punkt der Angebotskurve entspricht dann eine andere Nachfragekurve. Solche Fälle müssen ausgeschlossen sein, wenn man die Ceteris-paribus-Klausel guten Gewissens anwenden will.

4. Arbitrage und Spekulation. Das Modell des Mengenanpassermarkts eignet sich gut zur Erklärung der Preisbildung auf einigen wichtigen hochorganisierten Märkten. Dabei gibt es zwei Antworten auf die Frage, auf welche Weise die zur Ermittlung des Gleichgewichtspreises erforderliche Markttransparenz hergestellt wird: Sie entsteht entweder bei einem Makler oder als Ergebnis von *Arbitrage*. Als Beispiele mögen die Wertpapierbörse und der Devisenmarkt dienen.

Die Funktionsweise der Börse kann man sich vereinfacht wie folgt vorstellen. Ein Makler sammelt die während eines Zeitraums eingehenden Kauf- und Verkaufsaufträge für ein bestimmtes Wertpapier. Die Verkaufsaufträge nennen die zu verkaufende Stückzahl oder den Nennwert und geben häufig an, daß „bestens" (der höchstmögliche Preis soll erzielt werden) oder nicht unterhalb eines Mindestpreises („Limit") verkauft werden soll. Die Kaufaufträge sind „billigst" oder nicht oberhalb eines Höchstpreises auszuführen. Der Makler ermittelt nun einen Kurs so, daß die maximale Stückzahl umgesetzt wird. Dieser ergibt sich graphisch wie in Bild 3.5 aus einer Angebots- und einer Nachfragekurve, die beide den als normal betrachteten Verlauf zeigen: Je niedriger der Kurs, desto mehr Nachfrager mit einem Höchstpreis und desto weniger Anbieter mit einem Mindestpreis treten auf. Die Voraussetzungen des vollkommenen Marktes liegen weitgehend vor: Auf beiden Seiten ist Mengenanpasserverhalten gegeben, da der Marktpreis akzeptiert wird und nur Preislimite für die Nichtausführung von Aufträgen gesetzt werden; es existieren keine Präferenzen; und es fehlt nur die Markttransparenz bei den Anbietern und Nachfragern. Diese kennen jedoch den Kurs des Vortages und haben häufig Erwartungen darüber, ob er am betrachteten Tag eher steigen oder eher sinken wird (die „Markttendenz"), während alle erforderlichen Informationen beim Makler vorliegen, der sie treuhänderisch in der geschilderten Weise verwertet. Der in dieser Weise organisierte Markt für Wertpapiere bildet somit eine Ausnahme von der S. 54 genannten Regel, wonach der Wirtschaftswissenschaftler nicht feststellen kann, ob auf einem Markt Gleichgewicht herrscht.

Der Devisenmarkt wird technisch so gehandhabt, daß die Devisenhändler größerer Banken während bestimmter Tageszeiten in ständiger Telefonverbindung miteinander Devisenkauf- und -verkaufsaufträge von Bankkunden oder der Banken selbst ausführen. Dabei werden Kurse wechselnd von Anbietern und Nachfragern genannt. Präferenzen existieren nicht, und Markttransparenz wird durch Herumfragen hergestellt. Die Planperiode ist schwer bestimmbar, aber auf jeden Fall sehr kurz, so daß sich bei rasch wechselnden Angebots-Nachfrage-Konstellationen im Laufe eines Tages mehrmals unterschiedliche Kurse ergeben können. Als „Gleichgewichtskurs" kann dann ein Tagesdurchschnitt der Transaktionskurse oder die Bandbreite, innerhalb derer diese lagen, interpretiert werden.

Wertpapiere, Devisen, andere Forderungen, Rohstoffe werden international, aber auch innerhalb einer Volkswirtschaft auf räumlich verschiedenen Märkten gehandelt, auf denen in der Regel unterschiedliche Angebots-Nachfrage-Konstellationen bestehen. Von den drei Hauptbedingungen des vollkommenen Marktes liegen Mengenanpasserverhalten und Abwesenheit von Präferenzen vor, aber Markttransparenz ist zunächst nicht vorhanden und nicht kostenlos zu haben: Die Beteiligten haben ein Informationsproblem. Dabei zeigt sich in der Praxis, daß Informationen grundsätzlich ungleichmäßig verteilt sind und einige Marktteilnehmer daher bei diesen Vorsprünge haben. Entdeckt ein Wertpapierhändler, daß sich für ein Papier auf der Börse A ein höherer Kurs als auf der Börse B gebildet hat, dann kann er das Papier zum niedrigeren Kurs kaufen und sofort anschließend zum höheren Kurs verkaufen und so ein Einkommen erzielen. Das nennt man *Arbitrage,* den Händler *Arbitrageur.* Hat ein Getreidehändler Informationen darüber, daß Weizen bestimmter Sorte an zwei Plätzen zu unterschiedlichen Preisen gehandelt wird, kann er ebenfalls zum niedrigeren Preis kaufen, das Getreide zum anderen Ort transportieren lassen und dort mit Gewinn verkaufen. Allerdings muß die Preisdifferenz jeweils mindestens so hoch sein, daß die Kosten der Arbitrage gedeckt werden. Der Wertpapierarbitrageur muß die Kosten für die Beschaffung seiner Informationen und die Weitergabe seiner Anweisungen sowie eventuell eine Börsenumsatzsteuer, der Warenhändler Transport-, Versicherungs- und Lagerhaltungskosten berücksichtigen. Die Handlungsmaxime des Arbitrageurs ist immer, billig zu kaufen und möglichst sofort teuer zu verkaufen. Man nennt dieses Verhalten auch genauer *Differenzarbitrage* und unterscheidet es von der *Ausgleichsarbitrage.* Diese besteht darin, bei der Wahl zwischen zwei oder mehr Märkten für ein Objekt dieses ohne Gegengeschäft auf dem billigsten Markt zu kaufen oder aber auf dem teuersten zu verkaufen. Da somit bei jeder Arbitrage die Nachfrage auf dem Niedrigpreis-Markt zunimmt, wird auf diesem eine Tendenz zur Preissteigerung ausgelöst (falls das Angebot nicht völlig elastisch ist); auf dem Hochpreis-Markt nimmt das Angebot zu, was den Preis senkt (es sei denn, die Nachfrage sei völlig elastisch). Arbitrage bewirkt also, daß sich die Preise auf den von ihr erfaßten Märkten aneinander angleichen: Sie stellt den *direkten Preiszusammenhang* her. Sie setzt ein, sobald die Preisdifferenz die Kosten des am billigsten arbeitenden Arbitrageurs übersteigt und wird solange fortgesetzt, wie ihre Erträge höher sind als ihre Kosten, also ein Gewinn übrigbleibt. Ist dieser auf null gesunken, besteht kein Anreiz zur Arbitrage mehr, diese hat sich selbst beseitigt. Preisunterschiede in Höhe der Transaktionskosten können dabei jedoch bestehen bleiben. Arbitrage ist ein hervorragendes praktisches Beispiel dafür, daß Wettbewerb erstens nur bei Marktunvollkommenheiten existieren kann und zweitens Gewinne zum Verschwinden bringt.

Ein etwas komplizierterer Fall ergibt sich aus der in I.2 gewonnenen Einsicht in Marktzusammenhänge bei rationalem Verhalten und hinreichender Markttransparenz. Existiert neben den S. 283 genannten beiden Gütern noch ein drittes in Gestalt von Heizöl, und haben sich in einem Zeitraum drei Märkte für Apfelsaft A, Bettlaken B und Heizöl H mit den Tauschverhältnissen 19,25 A/B (Markt 1), 0,5 A/H (Markt 2) und 42 H/B (Markt 3) etabliert, dann kann diese Situation nicht andauern, wenn Teilnehmer eines Marktes über die Tauschverhältnisse auf den anderen Märkten unterrichtet sind, Erträge erzielen wollen und keine rechtlichen oder tatsächlichen Hindernisse für Arbitrage bestehen. Ermittelt man nämlich aus den Tauschverhältnissen auf den Märkten 1 und 2, auf denen Apfelsaft gehandelt wird, also aus 19,25 A/B und 0,5 A/H, mittels Division des erstgenannten Verhältnisses durch das zweitgenannte das rechnerische *Kreuztauschverhältnis* Heizöl zu Bettlaken, dann erhält man den Wert 38,5 H/B. Dieser weicht von dem nach Annahme tatsächlich zustandegekommenen Wert von 42 H/B auf Markt 3 ab. Wer dies entdeckt, kann ein Einkommen wie folgt erzielen. Er erwirbt auf Markt 1 durch Einsatz von beispielsweise 1925 Litern Apfelsaft 100 Bettlaken, tauscht für diese auf Markt 3 Heizöl ein, und zwar 4200 l, und erhält für diese auf Markt 2, wo für je 1 l Heizöl ein halber Liter Apfelsaft zu bekommen ist, 2100 Liter Saft. Nach Abwicklung dieser *Kreuzarbitrage* in Gestalt dreier Transaktionen hätte er ein Einkommen von 175 l Apfelsaft gleich 9 v. H. der eingesetzten Menge erzielt. Gelten nun die Hypothesen 3.1 bis 3.3 in I.2 und schließt die Markttransparenz auch die Kenntnis der tatsächlichen oder beabsichtigten Tauschverhältnisse auf den Nachbarmärkten ein, dann wird die einsetzende Kreuzarbitrage die Tauschverhältnisse solange ändern, bis sich das tatsächliche Kreuztauschverhältnis zwischen je zwei Gütern an das rechnerische angeglichen hat (bei Fehlen von Transaktionsaufwendungen). Von je drei Tauschverhältnissen ist also unter den genannten Voraussetzungen eines von den beiden anderen abhängig. Das Beispiel läßt sich unter Beiziehung der S. 283 errechneten Angabe verallgemeinern zu

Satz 3.6: *In einer Realtauschwirtschaft mit n Gütern, deren Wirtschaftssubjekte unter vollständiger Markttransparenz und unbehinderter Arbitragemöglichkeit nach Einkommensmaximierung streben, ist unter den 0,5 ($n^2 - n$) voneinander verschiedenen Realtauschverhältnissen eines von den anderen abhängig.*

Dieser Aspekt des Modells der Realtauschwirtschaft hat, auf Güter angewendet, heute kaum noch, in bezug auf Devisen jedoch erhebliche Bedeutung. Das liegt daran, daß auf den Devisenmärkten trotz der großen Bedeutung des US-Dollars längst nicht alle Transaktionen über diesen als allgemeines Tauschmittel abgewickelt werden, sondern daß ständig auch direkte Transaktionen zwischen Drittwährungen stattfinden. Auf den Devisenmärkten ist Kreuzarbitrage zwischen je drei Währungen daher eine alltägliche Angelegenheit. Wenn zu einem bestimmten Zeitpunkt in Frankfurt der US-Dollar mit 1,4776 DM/$ und der Schweizer Franken mit 1,1815 DM/sfr notiert,[27] dann ergibt sich ein rechnerischer *Kreuzkurs* von 1,2506 sfr/$. Weicht der tatsächliche Kurs in Zürich hiervon ab, etwa indem er sich auf 1,2510 sfr/$ stellt, dann kann ein Devisenhändler als Arbitrageur beispielsweise für 5 Mill. Dollar in Zürich 6,255 Mill. sfr. kaufen (die dort relativ billig sind), diese sofort anschließend in Frankfurt (relativ teuer) für 1,1815 DM/sfr · 6,255 Mill. sfr = 7 390 282,50 DM verkaufen und für diesen Betrag ebenfalls sofort Dollar erwerben. Er erhält dafür gemäß dem eben genannten Kurs 5 001 544,74 $ und hat also mit Hilfe einiger Telefongespräche in Sekunden 1544,74 $ verdient. In diesem Beispiel wird eine Kursdifferenz von vier Hundertstel Rappen genutzt, was eine realistische Größenordnung ist, und die Praxis zeigt, daß die heutige Nachrichtentechnik die Devisenmärkte so transparent gemacht hat, daß solche Abweichungen nur in geringem Umfang auftreten und nicht lange bestehen bleiben. Oder: Die Devisenarbitrage funktioniert, auch in Gestalt der Ausgleichsarbitrage, so gut, daß sie ständig nahe am Zustand der Ertragslosigkeit und damit ihres eigenen Wegfalls arbeitet.

Märkte sind nicht nur räumlich, sondern auch zeitlich getrennt. Viele wichtige Güter werden per Termin gehandelt: Käufer und Verkäufer vereinbaren, daß die Ware zu einem heute fixierten Preis an einem zukünftigen Zeitpunkt geliefert und bezahlt werden soll. Die Möglichkeit zur Arbitrage ergibt sich hierbei aus der Differenz zwischen Kassa- und Terminpreis. Ist dieser bei einem lagerfähigen Gut größer als die Summe aus Lagerhaltungskosten und Zinsaufwendungen für die in den Lagerbestand investierten Mittel, dann lohnt es, die Ware per Kassa zu kaufen, sofort per Termin zu verkaufen und sie in der Zwischenzeit einzulagern. In der Praxis wird so bei landwirtschaftlichen Produkten verfahren, bei denen die gesamte Jahresproduktion während einer kurzen Erntezeit anfällt. Bei sofortigem Verkauf an die Weiterverarbeiter, etwa von Getreide an die Mühlen und Brotfabriken, würde der Preis sehr niedrig liegen und andererseits bis zur nächsten Ernte für alle diejenigen Nachfrager stark steigen, die dann noch Getreide benötigen. Es lohnt daher, zur Erntezeit das Produkt zu kaufen und per Termin zu verkaufen. Solche Transaktionen tendieren dazu, den Kassapreis zu erhöhen und den Terminpreis zu senken, so daß auch in diesem Fall die Arbitrage Preise angleicht und ihre Schwankungen im Zeitablauf verringert.

Arbitrage läßt sich demnach so definieren:

Def. 3.6: *Arbitrage liegt vor, wenn zur selben Zeit bestehende Preisunterschiede für gleiche Marktobjekte, Abweichungen tatsächlicher Kreuzpreisverhältnisse von rechnerischen oder Unterschiede zwischen Kassa- und Terminpreisen zur Ertragserzielung genutzt werden, indem das Objekt zum niedrigeren Preis gekauft und unverzüglich zum höheren verkauft wird.*

Festzuhalten ist hierbei, daß die genannten Preisunterschiede nicht auftreten könnten, wenn bei allen Beteiligten vollständige Markttransparenz herrschte, daß der Arbitrageur also von Informationsvorsprüngen lebt und insofern kein Risiko eingeht, als er

---

[27] Amtliche Kassa-Mittelkurse vom 14. 11. 1990, sie dienen nur als Rechenbeispiel. Jedoch war der genannte Dollarkurs an diesem Tag zufällig gleich dem Interbanken-Ankaufskurs um 12.30 Uhr. Quelle: Statistische Beihefte zu den Monatsberichten der Deutschen Bundesbank, Reihe 5 – Die Währungen der Welt, November 1990 Nr. 4, S. 13 f.

im Idealfall Kauf und Verkauf gleichzeitig tätigt (das immer bestehende Risiko, daß ein Geschäftspartner seinen vertraglichen Verpflichtungen nicht nachkommt, ist hier nicht gemeint).

Arbitrage erfordert wenig Informationen — es sind nur Kenntnisse über tatsächlich gezahlte, gebotene oder geforderte Preise und eventuell über Marktusancen erforderlich — und ist deshalb eine weit verbreitete Aktivität. Ihre wichtigsten Arten sind heute die Effekten- (auch: Wertpapier-), die Devisen- und die Zinsarbitrage. Die Marktobjekte sind hier homogen und die Transaktionskosten im Verhältnis zu den Umsätzen klein, so daß die Arbitrage zu gesamtwirtschaftlich einheitlichen Preisen führt. Sie versagt jedoch bei unbeweglichen Gütern wie Grundstücken und Häusern, für die daher breite Preisfächer bestehen bleiben.

Eine andere Verhaltensweise liegt vor, wenn Kauf und Verkauf zeitlich auseinanderfallen. Wer am 29. 6. 1951 eine Aktie der Daimler-Benz AG kaufte, zahlte einen Kurs von 56 DM. Am 30. 6. 1960 konnte er die Aktie für 5540 DM verkaufen[28] und hatte so eine jährliche Rendite von 66,6 v. H. erzielt — ohne Berücksichtigung der Transaktionsaufwendungen, aber auch der demgegenüber erheblich höheren Erträge aus Dividenden, Bezugsrechten und der Ausgabe von Berichtigungsaktien während dieser Zeit. Wer sich im Mai 1976 in London für ein halbes Jahr 1000 £ lieh, konnte diesen Betrag sofort anschließend für 4633 DM verkaufen. Zwecks Rückzahlung der Schuld im November 1976 konnte er 1000 £ schon für 3945 DM am Devisenmarkt erwerben.[29] Für den Kredit waren Zinsen zu zahlen, aber der DM-Betrag konnte seinerseits verzinslich angelegt werden. Vernachlässigt man auch hier die Transaktionsaufwendungen, so wurde aus der Transaktion ein Gewinn von 688 DM gleich 14,85 v. H. des ursprünglich kontrahierten Betrages erzielt. Eigene Mittel waren nicht erforderlich, der Transaktor mußte lediglich kreditwürdig sein. Wer sich am 31. 3. 1978 in der Bundesrepublik verpflichtete, innerhalb eines Vierteljahres 100 Aktien der AEG-Telefunken AG zum Kurs von 85 DM/Stück zu liefern (der Kurs am 31. 3. 1978 betrug 89,40 DM je Stück), konnte die Aktien nach Fristablauf für 77,80 DM an der Börse kaufen,[30] erhielt aber von seinem Partner den vereinbarten Kurs von 85 DM. Der Gewinn aus dieser Transaktion betrug, wiederum ohne Einsatz eigener Mittel, 720 DM gleich 8,5 v. H. des kontrahierten Betrages. Am 30. November 1978 betrug der Goldpreis am Londoner Markt 193,4 US-$ je Feinunze. In der Folgezeit stieg er innerhalb von knapp 14 Monaten unter Schwankungen auf mehr als das Vierfache und erreichte am 21. Januar 1980 mit 850 $/Unze seinen bisherigen Höchststand. Wer daraufhin in der Hoffnung auf eine weitere Preissteigerung Gold zu diesem Preis kaufte, sah sich, jedenfalls bis Ende 1990, getäuscht: Der Goldpreis sank und stieg seitdem nicht über 720,50 $/Unze, der am 23. 9. 1980 erreicht wurde.[31]

Es ist eine alltägliche Erfahrung, daß Preise schwanken, ohne daß sich die dazugehörigen Marktobjekte ändern. Die eben genannten Transaktionen sind Beispiele für den Versuch, diese Tatsache zur Erzielung eines Einkommens auszunutzen. Eine sol-

---

[28] Kursangaben nach: Börsen- und Wirtschaftshandbuch 1952, 89. Jg. des Börsen- und Wirtschaftskalenders der Frankfurter Zeitung, Frankfurt 1952, S. 108; 98. Jg. 1961, S. 135. Der Höchstkurs des Jahres 1960 betrug 7830.

[29] Durchschnittliche monatliche Kassa-Mittelkurse nach Bbk-Monatsbericht Dezember 1976, S. 77*.

[30] Kursangaben nach: Börsen- und Wirtschaftshandbuch 1979, S. 128.

[31] Sharps Pixley: Monthly Market Report. London u. a. 1980, 1981.

che Tätigkeit heißt *Spekulation;* wer sie unternimmt, ist ein *Spekulant.* Preisänderungen kommen jedoch in der Realität überaus häufig vor, und Erwartungen hierüber müssen daher bei sehr vielen wirtschaftlichen Entscheidungen berücksichtigt werden. Wollte man jedes durch solche Erwartungen ausgelöste Verhalten als „Spekulation im weiteren Sinne" ansehen, hätte man es fast nur noch mit dieser zu tun. Das erscheint unzweckmäßig. Es muß daher versucht werden, spekulative gegenüber nichtspekulativen und solchen Transaktionen abzugrenzen, die allenfalls ein spekulatives Element enthalten. Dazu dient

Def. 3.7: *Spekulation besteht darin, Transaktionen mit Sachgütern oder Forderungen eigens in der unsicheren Erwartung vorzunehmen oder sich zu ihrer Vornahme zu verpflichten, der Preis der Marktobjekte werde sich so ändern, daß die Transaktionen später mit Gewinn rückgängig gemacht, durch solche in entgegengesetzter Richtung kompensiert oder die Verpflichtungen erfüllt werden können.*

Ein Spekulant versucht also, kurz und ungenau gesagt, erwartete Preisänderungen zu seinen Gunsten auszunutzen. Er kauft oder verkauft Marktobjekte ausschließlich zu diesem Zweck und nicht, weil er sie auch nutzen, in einem Produktionsprozeß transformieren oder unverzüglich auf andere Märkte bringen will. Der Unterschied zur Arbitrage liegt darin, daß immer versucht wird, eine Differenz zwischen zwei zu unterschiedlichen Zeitpunkten herrschenden Preisen auszunutzen, wobei mindestens einer von ihnen in der Zukunft liegt, unsicher ist und diese Unsicherheit nicht von vornherein durch eine Gegentransaktion beseitigt wird. Der Spekulant geht also im Unterschied zum Arbitrageur ein Risiko ein. Arbitrage und Spekulation haben jedoch gemeinsam, daß sie die Preise, deren Unterschiede sie ausnutzen, ihrerseits beeinflussen.

Bei einigen Objekten ist Spekulation eine so naheliegende Tätigkeit, daß sich spezielle Märkte mit besonderen Organisationsformen nebst einer eigenen Terminologie für sie entwickelt haben. Ein Hauptgebiet ist das *Warentermingeschäft* mit international gehandelten Rohstoffen. Zu diesen gehören Nichteisenmetalle (Kupfer, Blei, Zinn, Nickel, Zink, Silber und andere, seit 1968 auch Gold), tierische (Häute, Schweine, Schweinebäuche, Rinder, Kälber, Eier, Brathähnchen) und pflanzliche Produkte (Rohkaffee, Rohkakao, Weizen, Mais, Zucker, Jute, Kopra, Sojabohnen, Holz, Wolle, Baumwolle). Lieferkontrakte werden im Terminhandel für etwa 75 Waren dieser Art über Makler an einer Reihe von Warenbörsen gehandelt, deren bedeutendste sich in New York, Chicago und London befinden. Mengen und Qualitäten der Waren sind dabei zwecks Erhöhung der Markttransparenz standardisiert. Weitere Bereiche sind die Wertpapier-, die Devisen- und die Bodenspekulation.

5. Der Monopolpreis bei kurzfristiger Gewinnmaximierung. Ordnet man die Marktformen gemäß dem Schema S. 309 nach dem Einfluß der Anbieter auf den Preis, dann stellt das Monopol gegenüber dem Mengenanpasserverhalten das andere Extrem dar. Betrachtet sei ein Markt, auf dem ein Anbieter eines Gutes vielen Nachfragern gegenübersteht, von denen jeder nur einen geringen Teil der Gesamtnachfrage aufnimmt und den Preis als Datum betrachtet. Präferenzen des Anbieters gegenüber bestimmten Nachfragern mögen nicht bestehen, und die Kreuzpreiselastizitäten gegenüber allen anderen Gütern seien null oder annähernd null: Ändert sich der Preis irgendeines anderen Gutes, dann wird die Nachfrage nach dem betrachteten Gut nicht oder kaum berührt. Dies ist eine häufig analysierte und auch praktisch wichtige Marktform. Sie ist im Marktformenschema in Feld 1.4 erfaßt und wird meist als „Monopolmarkt" schlechthin bezeichnet. Es sei angenommen, daß der Anbieter in der Planperiode den höchstmöglichen Gewinn erzielen will und einen beliebigen, aber für alle Abnehmer einheitlichen Preis setzen kann. Er muß sich dann danach richten, welche Mengen des Gutes die Nachfrager bei dem jeweiligen Preis abzunehmen gewillt sind. Er muß, mit anderen Worten, die aggregierte Nachfragekurve seiner Kunden als Datum akzeptieren — von Werbung und anderen Mitteln zur Beeinflussung der Nachfrage sei vorerst abgesehen. Er kann die Nachfragekurve nicht kennen, muß aber eine Annahme über ihren Verlauf machen. Seine Ansicht darüber wird als *konjekturale* (vermutete) *Preis-Absatz-Beziehung* bezeichnet. Der Unterschied zur Nachfragekurve ist wichtig und liegt auf der Hand: Diese existiert einzeln in den Köpfen der Nachfrager, jene ist eine Vermutung des Anbieters über das zusammengefaßte Verhalten der Nachfrager. Der Wirtschaftswissenschaftler als Dritter stellt eine Hypothese darüber auf, welchen Verlauf der Nachfragekurve der Anbieter vermutet. Gewöhnlich wird ein Verlauf gemäß dem Nachfragegesetz unterstellt.

Der Anbieter kann nun in der Planung die folgende Marginalanalyse vornehmen: Er vergrößert die produzierte und angebotene Menge (von Lagerbestandsänderungen sei abgesehen) sukzessiv um je eine Mengeneinheit und vergleicht den jeweiligen Mehrerlös mit den Mehrkosten. Der Mehrerlös ist nicht etwa gleich dem Preis der zusätzlich verkauften Mengeneinheit: Jede zusätzliche Mengeneinheit kann nur zu einem niedrigeren Preis für alle abgesetzten Mengeneinheiten am Markt untergebracht werden, wie ein Blick auf jede Nachfragekurve mit normalem Verlauf lehrt. Es muß also der Grenzumsatz mit den Grenzkosten verglichen werden. Da der Grenzumsatz bei kleinen Absatzmengen in der Regel höher sein dürfte als die Grenzkosten — ist das nicht der Fall, dann ist keine gewinnbringende Produktion möglich —, wird der Monopolist in seiner Planung die Absatzmenge solange ausdehnen, wie der Grenzumsatz höher ist als die Grenzkosten. Da der Grenzumsatz von Mengeneinheit zu Mengeneinheit kleiner und schließlich gleich null wird, die Grenzkosten hingegen abnehmen, konstant bleiben oder steigen, aber nicht negativ und in aller Regel auch nicht gleich null werden können, muß einmal eine Produktmenge erreicht werden, bei der die Grenzkosten ebenso hoch sind wie der Grenzumsatz. Bis dahin waren die Grenzkosten niedriger als der Grenzumsatz, der Grenzgewinn war also positiv. Vergrößert der Monopolist die Menge noch weiter, so sinkt sein Gewinn, da schon die Grenzkosten der nächsten zusätzlichen Mengeneinheit größer sind als der Grenzumsatz, der Grenzgewinn also negativ wird. Die Analyse führt zum *Cournotschen Theorem*:

Satz 3.7: *Der Monopolist maximiert seinen Gewinn in einer Planperiode, wenn er in ihr diejenige Produktmenge herstellt und anbietet, bei der seine Grenzkosten gleich seinem Grenzumsatz sind.*

Die Fixkosten spielen für die Ermittlung der gewinnmaximierenden Produktmenge keine Rolle. Zieht man sie ebenfalls vom Gesamtumsatz ab, kann es vorkommen, daß der Gesamtgewinn gleich null oder negativ wird. Die aus Satz 3.7 ableitbare Vorschrift stellt also nur die Erzielung eines relativen Gewinnmaximums sicher, das auch ein Verlustminimum sein kann.

Die soeben verbal vorgetragene Analyse ist graphisch in Bild 3.8(a) dargestellt. Die vermutete Preis-Absatz-Beziehung ist linear angenommen und nur in ihrem mittleren Teil durchgezogen, um anzudeuten, daß sie nicht in ihrem gesamten Bereich praktisch relevant ist. Die Grenzumsatzkurve schneidet die x-Achse an der Stelle, die

Bild 3.8 – *Monopolpreissetzung bei kurzfristiger Gewinnmaximierung: Der Cournot-Punkt*

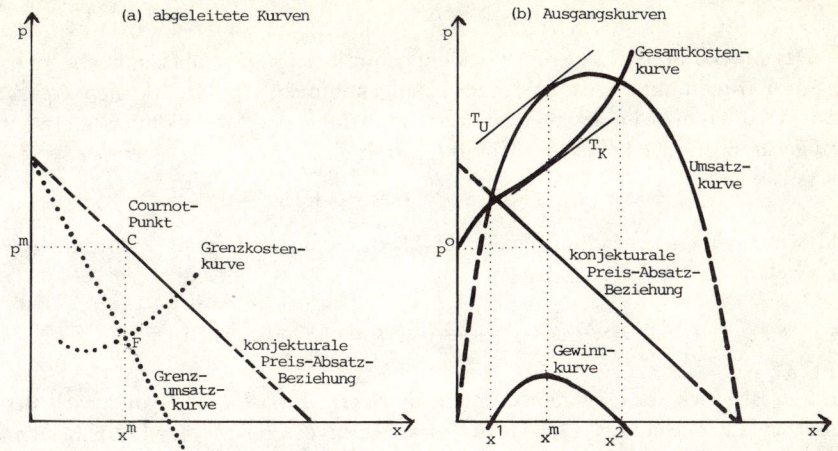

der halben Sättigungsmenge entspricht, und die Grenzkostenkurve ist als zunächst fallend und dann steigend angenommen. Fällt man vom Schnittpunkt F der Grenzumsatz- mit der Grenzkostenkurve eine Senkrechte auf die x-Achse, erhält man die Produktmenge x^m, die zur Erzielung des Gewinnmaximums hergestellt und angeboten werden muß. Verlängert man die Senkrechte nach oben, läßt sich an ihrem Auftreffpunkt auf die Nachfragekurve der Preis p^m ablesen, zu dem diese Menge abgesetzt werden kann. Diesen Punkt nennt man den *Cournot-Punkt*.

Die verbale Analyse läßt sich auch mit Teil (b) des Bildes verbinden, das die Ausgangskurven zeigt. Bei den Produktmengen x^1 und x^2 schneidet die Gesamtkostenkurve die Umsatzkurve. Da hier also die Kosten so hoch sind wie der Umsatz, ist der Gewinn gleich null. Dieser ist bei Produktmengen zwischen null und x^1 und größer als x^2 negativ, im Bereich $x^1 < x < x^2$ positiv. Erhöht man die Produktmenge in der Planung jenseits von x^1 sukzessive, so steigt der Gewinn, erreicht ein Maximum bei x^m und fällt dann wieder. Das Maximum entspricht graphisch dem maximalen Abstand zwischen Umsatz- und Gesamtkostenkurve und kann durch einen Vergleich der Steigungen der Tangenten an beide Kurven gefunden werden. Solange die Steigung der an die Umsatzkurve gelegten Tangente T_U (die den Grenzumsatz angibt) größer ist als die Steigung der an die Kostenkurve gelegten Tangente T_K (die die Grenzkosten bezeichnet), nimmt der Gewinn bei einer Erhöhung von x noch zu. Im Cournot-Punkt ist die Steigung beider Tangenten gleich (es ist Grenzumsatz gleich Grenzkosten).

Algebraisch läßt sich das Problem der Monopolpreissetzung wie folgt lösen:

Modell 3.2 – *Monopolpreissetzung bei kurzfristiger Gewinnmaximierung*

Nachfragefunktion:	$p = f(x)$	$p = 20 - 0{,}4\,x$	(3.2-I)
Kostenfunktion:	$K = K(x)$	$K = 5 + 2\,x + 0{,}1\,x^2$	(3.2-II)
Umsatzdefinition:	$U = p \cdot x$	$U = 20\,x - 0{,}4\,x^2$	(3.2-III)
Gewinndefinition:	$G = U - K$	$G = U - K$	(3.2-IV)

Gewinnmaximierungs-
bedingung:
$$\frac{dG}{dx} = 0. \qquad (3.2\text{-V})$$

Das Modell besteht aus fünf Gleichungen mit den fünf Unbekannten p, x, K, U, G. Als Kostenfunktion ist eine Parabel angenommen, die Grenzkosten $GK = 2 + 0{,}2\,x$ verlaufen also linear steigend. Zur Ermittlung des Monopolpreises setzt man die Gleichungen (3.2-I) bis (3.2-III) in (3.2-IV) ein:

$$G = x \cdot f(x) - K(x) \qquad G = -5 + 18\,x - 0{,}5\,x^2$$

und setzt den Grenzgewinn gemäß der Maximierungsbedingung 1. Ordnung (3.2-V) gleich null:

$$\frac{dG}{dx} = f(x) + x\frac{df(x)}{dx} - GK = 0 \qquad 18 - x = 0. \qquad (3.3)$$

Hieraus läßt sich der gewinnmaximierende Wert von x^m ($= 18$) und nach dessen Einsetzen in Gleichung (3.2-I) der dazugehörige Preis p^m ($= 12{,}8$) berechnen. Die zweite Ableitung von (3.2-IV) muß kleiner als null sein, wenn der Extremwert ein Maximum sein soll:

$$\frac{d^2G}{dx^2} = \frac{d^2U}{dx^2} - \frac{d^2K}{dx^2} < 0 \quad \text{oder} \quad \frac{d^2U}{dx^2} < \frac{d^2K}{dx^2}.$$

Da die zweite Ableitung der Ausgangskurven gleich der ersten Ableitung und damit der Steigung der abgeleiteten Kurven in Teil (a) des Bildes ist, liegt ein Gewinnmaximum dann vor, wenn die Steigung der Grenzkostenkurve kleiner als die der Grenzumsatzkurve ist. Das trifft laut Bild im Cournot-Punkt zu.

Wendet man die Gewinnmaximierungsbedingung (3.2-V) auf die Gewinndefinition (3.2-IV) an, erhält man Satz 3.7. Nun ergibt sich der Grenzumsatz aus Gleichung (3.2-III) nach der (mathematischen) Produktregel zu

$$\frac{dU}{dx} = p + x \cdot \frac{dp}{dx} \quad \text{oder} \quad GU = p\left(1 + \frac{1}{\eta}\right). \qquad (3.4)$$

Die S. 124 f. für die Ausgabenkurve des Haushalts abgeleitete Amoroso-Robinson-Beziehung gilt also auch für die konjekturale Preis-Absatz-Beziehung, wenn η als die vom Anbieter vermutete Preiselastizität der Nachfrage interpretiert wird. Setzt man den Grenzumsatz gemäß Gleichung (3.3) gleich den Grenzkosten GK, erhält man nach Umformung

$$p = \frac{GK}{1 + \dfrac{1}{\eta}}. \qquad (3.5)$$

6. Eigenschaften des Cournot-Punkts. Die eben vorgeführte Analyse ist grundlegend für das Verständnis der Preisbildung auch bei anderen Marktformen. Sie erfordert daher einige Ergänzungen bezüglich der Eigenschaften der Preis-Mengen-Kombination im Cournot-Punkt. Diese sind:

(1) Der Cournot-Punkt liegt immer im elastischen Bereich der Preis-Absatz-Beziehung.

Da die Grenzkosten nicht negativ sein können, müssen sie die Grenzumsatzkurve in deren positivem Teil schneiden. Der Grenzumsatz ist seinerseits nur solange positiv, wie der Umsatz bei einer Preissenkung noch zunimmt. Das wiederum ist nur bei elastischer Nachfrage der Fall.

(2) Die im Cournot-Punkt abgesetzte Menge ist bei linearer Nachfragekurve kleiner als die halbe Sättigungsmenge.

Dies folgt unmittelbar aus der eben genannten Eigenschaft in Verbindung mit Satz 1.6 (S. 116), wenn wieder Übereinstimmung von Nachfragekurve und konjekturaler Preis-Absatz-Beziehung angenommen wird.

(3) Sind die Grenzkosten gleich null, dann liegt das Gewinnmaximum bei derjenigen Preis-Mengen-Kombination, bei der auch der Grenzumsatz gleich null ist und daher im Umsatzmaximum, bei dem die Nachfrageelastizität gleich -1 ist.

Dies kann man sich als Extremfall vorstellen, bei dem die Grenzkostenkurve die x-Achse zufällig in deren Schnittpunkt mit der Grenzumsatzkurve berührt, oder in dem überhaupt keine variablen Kosten anfallen. Ein solches Beispiel wählte COURNOT, indem er als Monopolisten den Besitzer einer Mineralquelle mit exklusiven Heilwirkungen annahm.[32] Zur Gewinnermittlung sind dann vom Umsatz, der in diesem Fall sein Maximum erreicht, nur die Fixkosten abzuziehen.

(4) Der Grenzumsatz und damit die Grenzkosten sind immer kleiner als der Preis.

Da die Elastizität η in Gleichung (3.5) S. 328 im Cournot-Punkt algebraisch kleiner als -1 ist, von der 1 im Nenner also eine Zahl kleiner als 1 abgezogen wird, ist GK immer durch eine Zahl zwischen 0 und 1 zu dividieren, so daß $p > GK$ sein muß. Dieser Sachverhalt läßt sich auch aus Bild 3.8 (a) S. 327 ablesen.

Die Differenz zwischen Grenzumsatz und Preis wird um so kleiner, je größere negative Werte die Elastizität annimmt, und im Extremfall berühren sich die Gegensätze: Bei völlig elastischer Nachfrage verläuft die Nachfragekurve waagerecht, der Grenzumsatz ist gleich dem Preis, und der Monopolist kann keine Preispolitik mehr betreiben, er wird zum Mengenanpasser. Daraus folgt

(5) Satz 3.7 (S. 326) über die Gewinnmaximierung bei monopolistischer Preissetzung gilt, da die Bedingung „Preis gleich Grenzkosten" in ihm enthalten ist, auch für Mengenanpasser und damit universell.

Gleichung (3.5) S. 328 zeigt auch, daß bei gegebenen Grenzkosten der gewinnmaximierende Preis und damit dessen Abstand zu den Grenzkosten um so höher wird, je mehr sich die Elastizität dem Wert -1 nähert. Sind beispielsweise die Grenzkosten in Abänderung des Zahlenbeispiels S. 327f. konstant und gleich 2, dann ergäbe sich bei einer Nachfrageelastizität im Cournot-Punkt von $\eta = -2$ ein Preis von 4. Bei $\eta = -1,5$ wäre p schon gleich 6, bei $\eta = -1,1$ wäre er 22, und so fort. Wieweit eine Monopolposition, jedenfalls kurzfristig, ausgenutzt werden kann, hängt also mit vom Verhalten der Nachfrager ab, das sich in der Höhe der Nachfrageelastizität zeigt. Diese sind in einer um so schwächeren Position, je weniger elastisch ihre Nachfrage ist. Ist die dahinter stehende Dringlichkeit ihres Bedürfnisses zwangsläufig und unverschuldet, et-

---

[32] COURNOT [4.69], S. 47f.

wa weil es sich um ein lebensnotwendiges Gut handelt, dann ist der Gebrauch der stark negativ werthaltigen Bezeichnung „Ausbeutung" für diese Situation immerhin verständlich (vgl. S. 246).

(6) Der Monopolist bietet bei Preissetzung im Cournot-Punkt eine geringere Menge an und erzielt dabei einen höheren Gewinn, als wenn er den Preis gleich den Grenzkosten setzen würde.

Bild 3.9 ermöglicht diesen Vergleich. Der wie eben aufgrund des Schnittpunktes von Grenzumsatz- und Grenzkostenkurve ermittelte Preis p^m im Cournot-Punkt ist wesentlich höher als der den Grenzkosten des Monopolisten entsprechende Preis p_0^w.

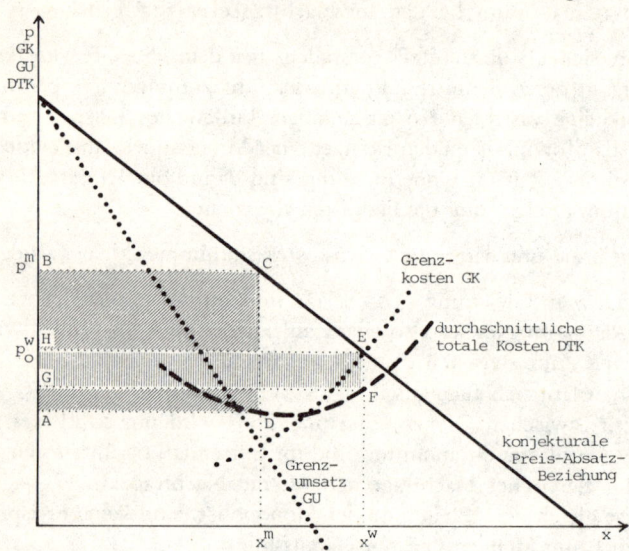

Bild 3.9 – *Der Gewinn bei unterschiedlicher Preissetzung*

Demgemäß ist die bei p^m abgesetzte Menge x^m kleiner als die bei p_0^w verkaufte Menge x^w. Der Gewinn ergibt sich aus der Multiplikation des Stückgewinns mit der abgesetzten Menge, wobei der Stückgewinn graphisch gleich der Differenz zwischen dem Preis als durchschnittlichem Umsatz je Stück und den durchschnittlichen totalen Kosten *DTK* der bei diesem Preis erzeugten und abgesetzten Gütermenge ist, also gleich der Strecke *CD*. Der Monopolgewinn G^m bei Realisierung des Cournot-Punktes ist demnach gleich dem Inhalt des schräg schraffierten Rechtecks *ABCD*. Dagegen beträgt der Stückgewinn beim Preis p_0^w nur *EF*, und der Gesamtgewinn G^w bei Preissetzung gleich den Grenzkosten ist gleich dem Inhalt des senkrecht schraffierten Rechtecks *GHEF*. Dieses ist ersichtlich kleiner als das andere. Die Größenbeziehungen $p^m > p_0^w$, $x^m < x^w$ und $G^m > G^w$ bleiben unter den üblichen Voraussetzungen auch bei Änderungen der Lage der Kurven erhalten. Allerdings kann ein solcher Vergleich nur angestellt werden, wenn ein Anbieter unter den S. 325 f. genannten Annahmen die Möglichkeit hat, entweder den Preis p^m oder den Preis p_0^w zu setzen, oder man einen Anbieter, der bisher p^m forderte, zwingen kann, seinen Preis auf p_0^w zu senken. Das hat nur Sinn, wenn er genügend Produktionskapazität zur Herstellung der größeren Menge x^w hat.

Ein Korrelat zu Eigenschaft (6) ist

(7) Kostensenkungen führen nicht in gleichem Maße zu Preissenkungen wie bei Mengenanpasserverhalten.

Dieser Effekt läßt sich ebenfalls an Bild 3.9 ablesen. Verschiebt sich, etwa infolge des in neuen dauerhaften Produktionsmitteln verkörperten technischen Fortschritts, die Grenzkostenkurve parallel nach unten, so führt das sowohl beim gewinnmaximierenden Monopolisten als auch bei Gleichsetzung von Preis und Grenzkosten zu einer Preissenkung. Da jedoch die Grenzumsatzkurve doppelt so steil verläuft wie die Nachfragekurve, ist die Preissenkung beim Monopolisten geringer. Zudem ist bei diesem nicht wie bei Mengenanpasserverhalten die Gewähr gegeben, daß sie überhaupt eintritt: Hat der Monopolist vorher seinen Preissetzungsspielraum nicht voll ausgenutzt, kann er auch seinen Preis ungeändert und seinen Gewinn daher steigen lassen. Entsprechend fällt eine Preiserhöhung als Folge einer Kostensteigerung beim Monopolisten kleiner aus als bei Mengenpasserverhalten unter sonst gleichen Bedingungen. Ferner gilt

(8) Der Monopolist hat keine Angebotskurve.

Die Vorstellung einer Angebotskurve ist nur sinnvoll, wenn unterschiedlich hohe Preise von außen vorgegeben sind, an die sich der Anbieter in seiner Planung der Angebotsmenge anpaßt. Der Monopolist ist dagegen in der Lage, den Preis zu setzen, an den sich die Nachfrager mit ihrer Mengenplanung anpassen müssen. Anders ausgedrückt: Die bei jedem Preis angebotene Menge hängt von der Lage der Nachfragekurve ab, so daß eine selbständige Angebotskurve nicht existiert.

7. Preissetzung bei anderen Zielen. Es kann für einen Anbieter mit Preissetzungsspielraum gute Gründe geben, seinen Preis niedriger als im Cournot-Punkt zu setzen. Die für das langfristige Schicksal des Unternehmens zentrale Überlegung ist, daß kurzfristig hohe Gewinne Reaktionen hervorrufen können, die die Gewinne späterer Perioden negativ beeinflussen. Dies kann beispielsweise dadurch geschehen, daß die hohen Gewinne andere Anbieter in den Markt locken. Jeder Anbieter tut also gut daran, beim Einsatz seiner Instrumentvariablen den potentiellen Wettbewerb (vgl. S. 168 f.) in seine Überlegungen einzubeziehen. Dies gilt selbst für gesetzlich geschützte Gebietsmonopole wie die einiger Feuerversicherer in der Bundesrepublik und der Leitungsmonopolisten. Der Gesetzgeber kann jederzeit den Gebietsschutz aufheben oder von dem Elektrizitätswerk verlangen, daß es sein Leitungsnetz auch anderen Anbietern zur Verfügung stellt. Andere Reaktionen können darin bestehen, daß sich die Nachfrager wegen des hohen Preises Substituten zuwenden, die Nachfragekurve sich also nach links verschiebt; daß Gewerkschaften wegen der hohen Gewinne zusätzliche Lohnforderungen stellen; und daß — bei manchen Produkten — der Staat eingreift. Schließlich würde eine strikte Verfolgung des Ziels angesichts ständig wechselnder Kosten- und Absatzsituationen so häufig zu Preisänderungen führen, daß allein dadurch Kunden abgeschreckt würden, die an stabilen Daten für ihre Wirtschaftspläne interessiert sind. Unter diesen Umständen legt das Hauptziel praktisch jedes Unternehmers, den Fortbestand des Unternehmens auf Dauer zu sichern, den

Verzicht auf kurzfristige Gewinnmaximierung nahe. Indizien für solche Verzichte sind die Existenz längerer Lieferfristen, als sie für die Produktionsplanung erforderlich wären, und die relative Unbeweglichkeit vieler Preise angesichts starker kurzfristiger Kostenschwankungen.

Die Zielformulierung „langfristige Gewinnmaximierung" ist jedoch zu allgemein (vgl. auch S. 169) und muß durch konkretere Hypothesen präzisiert werden. So wurde der

Hyp. 3.5: *Unternehmen versuchen, ihren Umsatz unter der Bedingung zu maximieren, daß der Gewinn nicht unter ein vorgegebenes Minimum fällt,*

seit dem Beginn der sechziger Jahre eine Vielzahl von Untersuchungen gewidmet. Sie ist in Bild 3.10(a) illustriert. Bei den angenommenen Verläufen der Umsatz- und der

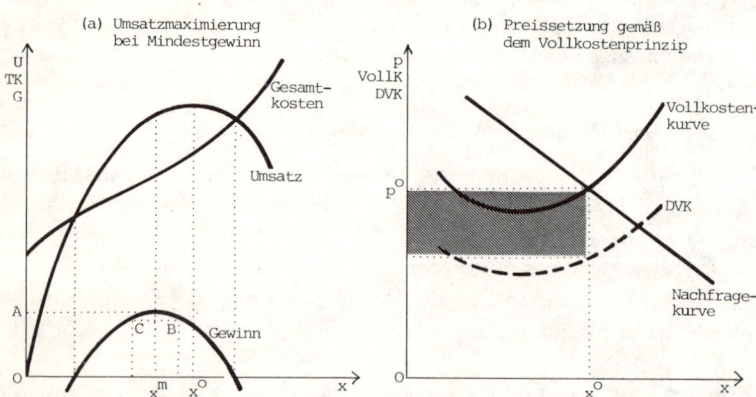

Bild 3.10 – *Der Gewinn bei anderen Zielsetzungen*

Gesamtkostenkurve gibt es eine Gewinnzone, innerhalb derer der Gewinn bei x^m maximiert wird. Das Umsatzmaximum würde bei der Menge x^0 erreicht, und im Regelfall dürfte wie dargestellt $x^0 > x^m$ gelten. Ist nun der vorgegebene Mindestgewinn kleiner als der maximale Gewinn OA, liegt er etwa bei B, dann wird das Unternehmen von den zwei den Punkten B und C entsprechenden Produktmengen die größere und damit den höheren Umsatz wählen. Vom Standpunkt des Anbieters ermöglicht die Zielsetzung einen höheren Marktanteil und einen niedrigeren Preis, was die eingangs genannten Gefahren mindert.

Das Problem bleibt festzustellen, wonach sich Unternehmen bei der Festlegung des Mindestgewinns richten. Eine Hypothese hierzu ist, daß sie eine branchenübliche Rendite auf das eingesetzte Eigenkapital anstreben. Solange dieses Ziel erreicht wird, sind einerseits die Eigentümer zufriedengestellt; andererseits gibt es bei größerem Absatz keine Probleme mit der Beschäftigung, der Spielraum für Wettbewerbshandlungen wird erweitert und Geldgeber sind eher geneigt, neue Kredite zu gewähren. Beobachtungen deuten darauf hin, daß gemäß Hypothese 3.5 besonders häufig in Unternehmen verfahren wird, in denen Eigentum und Leitung personell getrennt sind, weil das Ansehen von Angestellten als Unternehmensleitern enger mit Umsätzen und Absatzzahlen als mit Gewinnen verknüpft ist. Vielfach bestehen auch direkte materielle

Anreize in dieser Richtung, beispielsweise wenn ein Teil des Einkommens als Umsatzprovision erzielt wird. Ist das Unternehmen in einem wachsenden Wirtschaftszweig tätig, lautet die hieran angepaßte Hypothese, daß Gewinne angestrebt werden, mit denen ein möglichst schnelles Umsatz- oder Absatzwachstum finanziert werden kann.

Hypothese 3.5 ist ein Spezialfall der allgemeineren Hypothese, daß Menschen im allgemeinen und Unternehmensleiter im besonderen weder maximale noch optimale Ergebnisse ihrer Handlungen anstreben, sondern lediglich zufriedenstellende (vgl. S. 11). Hauptgrund ist die Unsicherheit über die Folgen eigenen und fremden Handelns, die selbst ex post häufig ein Urteil darüber unmöglich macht, ob eine Variable nun maximiert wurde oder nicht. Außerdem erfordert Maximierung Informationen, deren Beschaffung Kosten erfordert und in vielen Fällen unmöglich ist. Der praktische Ausweg ist, bestimmte Anspruchsniveaus etwa in bezug auf Gewinne und Marktanteile des Unternehmens und die erfolgsabhängigen Einkommensteile von Angestellten festzulegen und anzustreben. Die Niveaus werden ihrerseits von der Erfahrung bestimmt und können sich in Anpassung an diese auch ändern: Wird ein Niveau ständig in einer Richtung verfehlt, liegt eine Korrektur nahe. In der Praxis läuft eine solche Verhaltensweise häufig darauf hinaus, daß bei der Preissetzung nach groben Regeln („Faustregeln") verfahren wird.

Ein Beispiel für ein solches Verfahren ist die Preissetzung gemäß dem *Vollkostenprinzip*. Es liegt auf der Hand, daß sich der Preis eines Gutes zunächst immer grob nach den Kosten richten muß: Der Preisunterschied zwischen einer Stecknadel und einer Lokomotive beruht in der Hauptsache hierauf. Kein Gut kann auf die Dauer unter marktwirtschaftlichen Bedingungen produziert werden, dessen Kosten nicht gedeckt werden. Anderseits kann der Preis aus den vorhin genannten Gründen auch nicht beliebig hoch über den Kosten liegen. Unterschiedliche Grade der Wettbewerbsintensität sorgen dann für die Feinabstimmung zwischen Kosten und Verkaufspreis. Ist nun ein Preissetzungsspielraum vorhanden, wird so verfahren:

Def. 3.8: *Bei Preissetzung nach dem Vollkostenprinzip werden auf die durchschnittlichen variablen Kosten der voraussichtlichen Absatzmenge bestimmte Prozentsätze zur Deckung der festen Kosten und zur Erzielung eines angemessenen Gewinns aufgeschlagen.*

Bild 3.10 (b) zeigt die Kurve der durchschnittlichen variablen Kosten *DVK* und über ihr eine Vollkostenkurve, die aus der *DVK*-Kurve durch einen Zuschlag von 60 v. H. entstanden ist. Wird der Preis beim Schnittpunkt dieser Kurve mit der Nachfragekurve in Höhe von p^0 gesetzt, herrscht beim Absatz x^0 Gleichgewicht auf diesem Markt. Die schraffierte Fläche gibt eine Art Rohgewinn an, aus dem nach Abzug der festen Kosten der Reingewinn zu errechnen wäre. Die Höhe der Zuschlagssätze wird durch Erfahrung, in Handwerksbetrieben unter polypolistischer Konkurrenz vielfach durch Tradition oder in Anlehnung an andere Anbieter bestimmt und ist so bemessen, daß auch die Alternativkosten (vgl. S. 211 f.) samt einer angemessenen Rendite gedeckt sind. Flexibel gehandhabt, läßt das Verfahren auch Raum für Anpassungen an die jeweilige Marktlage. Die Gründe für die Anwendung des Vollkostenprinzips sind pragmatisch und realitätsnah: Der Anbieter hat nur eine vage Vorstellung über den Verlauf der Nachfragekurve für sein Erzeugnis und die Aktionen und Reaktionen seiner Konkurrenten; er weiß aus Erfahrung oder hofft, daß ihm der so gesetzte Preis einerseits einen auskömmlichen Gewinn sichern und anderseits keine neuen Anbieter in den Markt locken wird; und die einfache Zuschlagskalkulation erspart ihm Kosten der Preiskalkulation besonders dann, wenn er ein breites Sortiment unterschiedlicher Produkte führt, wie etwa im Einzelhandel. Eine gewisse Preisstarrheit ergibt sich hier, wenn die durchschnittlichen variablen Kosten im relevanten Bereich konstant sind, die *DVK*-Kurve also waagerecht verläuft: Schwankungen der Nachfrage führen dann nicht zu Preisänderungen. Allgemeine Kostensteigerungen wie Lohntarifabschlüsse, Erhöhungen indirekter Steuern oder ein steigender Devisenkurs führen ebenso allgemein zu Preissteigerungen und lassen daher die relative Wettbewerbsposition unberührt.

Preissetzung gemäß dem Vollkostenprinzip und ähnlicher Verfahren dürfte erhebliche praktische Bedeutung haben. Bei einer Befragung von Industrieunternehmen in der Bundesrepublik 1971 gab je rund ein Viertel von 401 Teilnehmern an, sie strebten nach einem angemessenen oder einem möglichst hohen Gewinn. Jeweils rund ein Siebentel nannte als Hauptziel einen möglichst hohen Umsatz oder Absatz oder einen branchenüblichen Gewinn. 30 v. H. der Unternehmen bildeten ihre Preise bei neuen Produkten aus den Kosten und einem branchen- oder firmenüblichen Zuschlag; ein Viertel gab an, ebenso vorzugehen, den Preis aber dann noch etwas in der Erwartung zu variieren, dadurch den Gewinn erhöhen zu können; ein weiteres Viertel wählte aus mehreren hypothetischen Preis-Mengen-Kombinationen die gewinnmaximierende; ein Zehntel übernahm den herrschenden Marktpreis. Bei Kleinunternehmen sowie bei Auftragsfertigung überwog dabei das starre Vollkostenprinzip.[33]

8. Polypolistischer Wettbewerb. Wie aus den vorhergehenden Abschnitten hervorgeht, ist Mengenanpasserverhalten auf der Anbieterseite häufig auf Märkten anzutreffen, bei denen die Zahl der Anbieter groß und ihr jeweiliger Marktanteil klein ist, das Objekt in den Augen der Nachfrager als homogen gilt und räumliche oder persönliche Präferenzen fehlen. Einige wichtige Märkte dieser Art zeichnen sich auch durch einen hohen Grad der Marktorganisation aus. Viele andere Märkte sind jedoch dadurch gekennzeichnet, daß das Marktobjekt zwar homogen ist und daher keine sachlichen, wohl aber persönliche und räumliche Präferenzen oder beide existieren. Manche Nahrungsmittel wie Trinkmilch, Butter, Eier und Zucker gehören hierzu. In anderen Fällen gesellen sich bei der Mehrheit der Nachfrager sachliche Präferenzen hinzu, weil das Produkt differenziert ist, etwa bei Brot, Fruchtsäften, Mineralwasser, Textilien. Alle diese Güter werden vom Einzelhandel in Fachgeschäften, Supermärkten, Kaufhäusern vertrieben, und die Anbieter sind Polypolisten, deren Situation gegenüber der auf Mengenanpassermärkten dadurch gekennzeichnet ist, daß

- sie infolge des Vorhandenseins wie immer gearteter Präferenzen einen gewissen Spielraum für eine Preispolitik haben;
- sie wegen der großen Zahl ihrer Konkurrenten nicht annehmen, daß sich Wettbewerbshandlungen nennenswert auf irgendeinen von diesen auswirken und ihn daher zu Reaktionen veranlassen werden;
- die Nachfrager nur über unvollständige Informationen verfügen und keine nennenswerten Suchaktionen nach dem günstigsten Angebot unternehmen, solange der Preisfächer eng bleibt;

---

[33] Wied-Nebbeling [3.25], S. 130, 143, 160–162; [3.28], S. 127.

- sie darauf achten müssen, daß viele andere Anbieter enge Substitute anbieten;
- freier Zugang für weitere Wettbewerber besteht.

Diese Situation wird von vielen Autoren *monopolistischer Wettbewerb* genannt. Die im Grunde paradoxe Bezeichnung weist darauf hin, daß sich der Polypolist wegen der soeben an erster bis dritter Stelle genannten Kennzeichen innerhalb eines gewissen Preisbereichs als Alleinanbieter fühlen kann und Reaktionen von Konkurrenten nicht zu erwarten braucht (das wäre das monopolistische Element), außerhalb dieses Bereichs aber die Existenz anderer Anbieter dadurch zu spüren bekommt, daß er bei hohem Preis Nachfrager in nennenswertem Umfang verliert und bei niedrigem Kunden hinzugewinnt. Hieran zeigt sich die Wettbewerbssituation, auch ohne daß Konkurrenten auf seine Wettbewerbshandlungen reagieren.

Da die Preispolitik dem Polypolisten insgesamt also nur wenig ergiebig vorkommt, wird er eher auf andere absatzpolitische Instrumente zurückgreifen, etwa auf Werbung oder Produktdifferenzierung. Eine Verbindung zwischen Preis- und Werbepolitik ist das *Lockvogelangebot:* Einzelhändler vertreiben in der Regel eine große Zahl von Artikeln unter den Bedingungen des polypolistischen Wettbewerbs. Erfahrungsgemäß werden Kunden, sobald sie erst ein Geschäft betreten haben, durch die ausgelegten Waren häufig dazu angeregt, gleich auch noch Käufe zu tätigen, die sie ursprünglich nicht, woanders oder zu einem späteren Zeitpunkt beabsichtigt hatten. Der Einzelhändler lockt Kunden in sein Geschäft, indem er einzelne Güter mit breitem Absatz vorübergehend stark verbilligt und in der lokalen Werbung als *Sonderangebot* deklariert. Die Verluste an diesen *Lockartikeln* (auch: *Zugartikeln*) betrachtet er als Werbeaufwand, der dem Absatz anderer Güter zugute kommt. Hier wie auch bei anderen Wettbewerbshandlungen sind deren Kosten gegenüber den erwarteten, aber unsicheren Mehrerträgen abzuwägen.

9. Oligopolistische Interdependenz. Wer als Anbieter einen nennenswerten Marktanteil von beispielsweise zehn oder mehr Prozent hat und in Konkurrenz mit anderen Anbietern mit ähnlichen oder größeren Anteilen steht, muß damit rechnen, daß Wettbewerbshandlungen zu Reaktionen von Konkurrenten führen. Er wird daher gut daran tun, diese Reaktionen von vornherein in seine Planung einzubeziehen, und ebenso wird er sich eigene Reaktionen für den Fall überlegen müssen, daß Konkurrenten ihre Instrumentvariablen ändern. Dies ist das wichtigste Kennzeichen des Wettbewerbs zwischen wenigen Anbietern, der Marktform des Oligopols und entsprechend auch des Oligopsons. Die Tatsache, daß das Wirtschaftsergebnis oligopolistischer Anbieter nicht nur vom eigenen Verhalten und dem der Nachfrager, sondern in fühlbarer Weise auch von den Aktionen und Reaktionen der Konkurrenten abhängt, wird einleuchtend durch spieltheoretische Schemata der folgenden Art illustriert. Betrachtet sei der einfachste Fall eines Oligopols, das *Dyopol* mit zwei Anbietern A und B. Beide haben mehrere Handlungsmöglichkeiten wie Preis- und Produktpolitik, Werbeeinsatz und dergleichen, die man Strategien nennt. Zur Vereinfachung sei die Existenz je dreier solcher Strategien mit den Bezeichnungen a_1, a_2, a_3 und b_1, b_2, b_3 angenommen. Für ihr Zusammentreffen gibt es neun Möglichkeiten, und es sei ferner angenommen, daß beide Anbieter vorhersagen können, wie sich ihrer beider ökonomische Situation gegenüber einer Ausgangssituation ändern wird, wenn A gemäß a_i ($i=1\ldots3$) und B gemäß b_k ($k=1\ldots3$) handelt. Weiter sei unterstellt, daß es sich um ein *Nullsummenspiel*[34] handelt: Eine Gewinnerhöhung des einen geht mit einer Gewinnsenkung des anderen um den gleichen Betrag einher. Es läßt sich dann eine Auszahlungsmatrix wie in Tabelle 3.3 aufstellen, in der jedes Feld a_i/b_k die positive oder negative Gewinnänderung des A beim Zusammentreffen der jeweiligen Strategien zeigt, die eine gleich große Gewinnänderung des B mit entgegengesetztem Vorzeichen bedeutet. Wählt also A die Strategie a_1 und B die Strategie b_3, dann verringert sich der Gewinn des A um 2 und der des B steigt um 2. Treffen a_3 und b_2 zusammen, gehen 5 Einheiten von B an A. Welche Strategien beide Anbieter wählen werden, hängt von den Umständen ab. Ist A zuerst am Zuge und strebt er den höchst-

Tabelle 3.3 – *Auszahlungsmatrix für Anbieter A in einem Dyopol*

		Strategien des Anbieters B			Maximin des A
		b_1	b_2	b_3	
Strategien des Anbieters A	a_1	+4	−7	−2	−7
	a_2	−3	+1	+8	−3
	a_3	−1	+5	+3	−1
Minimax des B		+4	+5	+8	

möglichen Gewinn an, müßte er a_2 wählen, um 8 zu erhalten. B würde daraufhin jedoch b_1 einsetzen und so dem A einen Verlust von 3 zufügen. B als erster müßte unter den gleichen Voraussetzungen b_2 wählen, um 7 zu erhalten, aber A als zweiter würde diese Planung durch Einsatz von a_3 zunichte machen. Tatsächlich werden beide Anbieter als Risikovermeider bei voller Kenntnis der Auszahlungsmatrix vermutlich nicht so vorgehen, sondern diejenigen Strategien wählen, bei denen sie die geringstmöglichen Verluste erleiden. Für A sind die schlechtestmöglichen Ergebnisse −7 bei a_1, −3 bei a_2 und −1 bei a_3. Er wird daher als *Maximin-Strategie*[35] a_3 einsetzen. B sucht nach dem kleinsten Wert unter A's höchstmöglichen Ergebnissen und wählt daher gemäß seiner *Minimax-Strategie* b_1, so daß A höchstens 4 erhält (bei b_2 wären es 5, bei b_3 8). Somit wird a_3/b_1 gewählt werden. Das gilt aber nur, wenn A nicht weiß, welche Wahl B treffen wird. Weiß A, daß B b_1 wählen wird, ist a_1 die beste Strategie für ihn.

Die Matrix bezieht sich nur auf eine Planperiode, gilt nur unter weitgehenden Annahmen insbesondere über die Prognostizierbarkeit der Folgen von Wettbewerbs-

---

[34] Viele Kartenspiele sind Nullsummenspiele: Was ein Spieler gewinnt, verlieren die anderen. Ein wichtiges Nicht-Nullsummenspiel sind Lohntarifverhandlungen: Der Ausgang der Verhandlungen über die Verteilung der Wertschöpfung in einem Wirtschaftszweig kann deren Höhe beeinflussen.

[35] Dieser und der folgende Ausdruck sind zusammengezogen aus lateinisch maximum minimorum = höchster der kleinsten (Werte) und minimum maximorum = kleinster der höchsten (Werte).

handlungen und läßt eine Fülle von Fragen entstehen, aber sie zeigt in unübertrefflicher Deutlichkeit die *oligopolistische Interdependenz*. Die Spielanalogie ist schließlich auch wegen der Überlegung attraktiv, daß der Markt zwischen den Konkurrenten aufgeteilt ist und Aktionen des einen sich so gut wie immer in fühlbarem Ausmaß auf die Situation der anderen auswirken. Einen Vorteil gegenüber seinen Konkurrenten hat daher im Oligopol nicht nur der Anbieter, der bei der Einschätzung der Nachfrageentwicklung die geringsten Fehler macht, sondern auch derjenige, der die Reaktionen von Konkurrenten am schnellsten erfährt, sie am besten vorhersieht, sich am flexibelsten auf sie einstellt und der es am besten versteht, seine eigenen Absichten zu verbergen oder gar falsche Erwartungen über sie entstehen zu lassen.

Der wichtigste weitere Aspekt betrifft den zeitlichen Ablauf des oligopolistischen „Spiels", dessen Vorhersage der wirtschaftswissenschaftlichen Analyse besondere Schwierigkeiten bereitet. Im konkreten Fall ist als Reaktion auf das Verhalten eines Anbieters A eine Fülle von Reaktionen der Konkurrenten $B, C, \ldots$ denkbar, die sich nach Art, Ausmaß, Zeitpunkt und Wirkungsweise sowie danach unterscheiden, ob bei den Nachfragern Präferenzen gegenüber Anbietern oder Teilmengen des Marktobjekts bestehen (*heterogenes Oligopol*) oder nicht (*homogenes Oligopol*). Der Wirtschaftswissenschaftler muß nicht nur diese Möglichkeiten kennen, sondern auch noch Hypothesen darüber aufstellen, welche Reaktionen der Anbieter A mit welchen Wahrscheinlichkeiten erwartet und in seinem Wirtschaftsplan berücksichtigt. Dies wird auch von Einzelheiten der Marktstruktur beeinflußt. Wie der Name sagt, hat man es im Oligopol mit wenigen Anbietern zu tun, aber „wenige" können zwei oder zwanzig sein, und es ist zu erwarten, daß das Verhalten auch von diesen Zahlen sowie davon abhängt, ob bei zwanzig Anbietern alle ungefähr gleich groß sind oder ob vielleicht 70 oder 80 v. H. des Marktes auf die drei oder fünf größten entfallen und sich die weiteren den Rest teilen (Teiloligopol). Wo allerdings die Grenzen zur Marktform des Polypols anhand der Zahl der Anbieter und ihrer Marktanteile zu ziehen sind, läßt sich nicht ein für allemal angeben.

Eine wichtige Einteilung oligopolistischen Verhaltens ist danach vorzunehmen, ob die Anbieter aufgrund von Absprachen handeln (*Kollusion*), sich ohne diese nach dem Verhalten eines der ihren richten (*Preisführerschaft*) oder gänzlich unabhängig voneinander entscheiden. Die Situation des selbständig handelnden Anbieters kann anhand des folgenden Modells analysiert werden. Es sei X die gesamte Produktmenge aller Anbieter, die in einem nach Annahme homogenen Oligopol zu einem einheitlichen Preis p abgesetzt wird, den der einzelne Anbieter daher nicht setzen, wohl aber durch Variation seiner Angebotsmenge beeinflussen kann. Betrachtet wird der Anbieter n mit dem Absatz x_n, während $x_1 \ldots x_{n-1}$ die Absatzmengen der Konkurrenten sind.

Modell 3.6 – *Mengenfixierung im homogenen Oligopol*

Gesamt-Nachfragefunktion:	$p = f(X)$	(3.6-I)
Aufteilung der Gesamtnachfrage:	$X = x_1 + x_2 + \ldots + x_n$	(3.6-II)
Kostenfunktion des n-ten Anbieters:	$K_n = K_n(x_n)$	(3.6-III)
Gewinn des n-ten Anbieters:	$G_n = p\,x_n - K_n$.	(3.6-IV)

Setzt man Gleichung (3.6-II) in (3.6-I) und dann (3.6-I) und (3.6-III) in (3.6-IV) ein, erhält man als Gewinn des n-ten Anbieters

$$G_n = f(x_1 + \ldots + x_n) x_n - K_n(x_n)$$

und als Bedingung 1. Ordnung für dessen Maximum

$$\frac{dG_n}{dx_n} = p + \left(\frac{dp}{dx_1} \frac{dx_1}{dx_n} + \ldots + \frac{dp}{dx_{n-1}} \frac{dx_{n-1}}{dx_n} + \frac{dp}{dx_n} \right) x_n - \frac{dK_n}{dx_n} = 0. \quad (3.7)$$

Die Grenzkosten müssen auch hier gleich dem Grenzumsatz sein, aber der letztere gibt jetzt die oligopolistische Interdependenz wieder. Die Differentialquotienten dp/dx_i ($i = 1 \ldots n-1$) in der Klammer messen den Einfluß von Änderungen der von den Konkurrenten angebotenen Mengen auf den Preis und damit auf den Absatz des Anbieters n, die Ausdrücke dx_i/dx_n die Reaktionen der Konkurrenten auf Änderungen des Angebots durch den betrachteten Anbieter (sie heißen daher *Reaktionskoeffizienten*). Fehlen beide Arten von Einflüssen, dann sind beide Quotientensätze gleich null und Bedingung (3.7) verwandelt sich in die Gewinnmaximierungsbedingung des Monopolisten, wie der Vergleich mit Gleichung (3.3) S. 328 zeigt. Bezieht der n-te Anbieter die Erwartung in seine Planung ein, daß auch nur einer dieser Koeffizienten von null verschieden ist, dann handelt er als Oligopolist. Wie kompliziert dann sein Planungsproblem ist, läßt sich anhand von Gleichung (3.7) ermessen:

- Der betrachtete Anbieter muß eine Vorstellung darüber haben, in welcher Weise Aktionen seiner Konkurrenten den Preis, seinen eigenen Absatz und damit seinen Gewinn beeinflussen;
- Der Wirtschaftswissenschaftler muß Hypothesen aufstellen
  (a) über die tatsächlichen Einflüsse der Aktionen der Konkurrenten,
  (b) über die Vermutungen des betrachteten Anbieters hierüber,
  (c) über seine Reaktionen im Fall der Übereinstimmung oder aber der Nichtübereinstimmung zwischen (a) und (b), also seine *Reaktionsfunktion,* wie sie etwa Gleichung (3.7) darstellt;
- Der betrachtete Anbieter muß eine Vorstellung darüber haben, wie einige oder alle seiner Konkurrenten auf eigene Aktionen reagieren werden: Dies kann man seine *konjekturale Reaktionsfunktion* nennen;
- Der Wirtschaftswissenschaftler muß eine Hypothese über das Verhalten der Konkurrenten bei Tätigwerden des betrachteten Anbieters, ihre (tatsächliche) Reaktionsfunktion aufstellen.

Die Frage, ob der Oligopolist seinen Gewinn in der Planperiode tatsächlich maximiert, hängt also (bei Kenntnis seiner eigenen Produktionsbedingungen) nicht wie beim Monopolisten allein davon ab, daß er das Verhalten der Nachfrager zutreffend einschätzt, sondern auch von der Richtigkeit seiner Vermutungen über die Reaktionen seiner Konkurrenten und deren Einflüsse. Dabei ist noch zu berücksichtigen, daß jeder der Konkurrenten neben dem Preis noch über mehrere andere Instrumentvariable verfügt, mit denen er versuchen kann, auf den Absatz und seine Verteilung auf die Teilnehmer des Oligopols einzuwirken. Irrtümer sind hierbei unvermeidlich, und man wird realistischerweise annehmen müssen, daß Oligopolisten aus den im Zeitablauf gewonnenen Erfahrungen lernen, ihre Situation besser zu verstehen und nicht immer wieder die gleichen Fehler zu begehen. Eine Folge davon könnte beispielsweise sein, daß sie Preiswettbewerb, bei dem alle zusammen nur verlieren können, wenn irgend möglich vermeiden und auf die verschiedenen Formen des Nichtpreiswettbewerbs (vgl. II.2) ausweichen. Als Kennzeichen oligopolistischen Verhaltens ist daher eine relative Preisstarrheit und vor allem das Streben nach Produktdifferenzierung zu vermuten. Da es dabei nicht auf technisch meßbare Unterschiede der Produkte, sondern lediglich auf die Ansichten der Nachfrager über diese ankommt, spielen Markenzeichen besonders in Konsumgüteroligopolen eine große Rolle. Bleibt das Produkt in den Augen der Konsumenten dennoch relativ homogen, ist auch im Oligopol Preiswettbewerb zu beobachten. Beispiele hierzu aus der Bundesrepublik während der siebziger und achtziger Jahre sind die Märkte für Kraftfahrzeugbenzin, leichtes Heizöl und Röstkaffee.[36] Diese Produkte sind weitgehend homogen, werden oligopolistisch angeboten, die Möglichkeiten zur Produktdifferenzierung sind gering, und Werbemaßnahmen tendieren dazu, sich gegenseitig zu neutralisieren. Der Preiswettbewerb war daher so lebhaft, daß sich Änderungen der Kostensituation bei den Ausgangsrohstoffen über alle Zwischenstufen der Verarbeitung und Verteilung hinweg schnell beim Letztverbraucher bemerkbar machten, auch wenn es sich um Kostensenkungen handelte. Ähnliche Verhältnisse liegen auf den Märkten für Bankkredite vor, wo die Zahl der Anbieter des völlig homogenen Objekts etwa in einer Stadt ebenfalls relativ klein ist und sich die Geldbeschaffungskosten für alle Banken gleichförmig ändern.

Ein weiteres Kennzeichen oligopolistischer Märkte sind die Umstände, die zu dieser Marktform geführt haben und ihr Weiterbestehen sichern. Für das Zustandekommen spielt ein technischer Grund eine Hauptrolle: Die Skalenerträge nehmen im relevanten Bereich so erheblich zu, daß angesichts der Marktgröße nur Platz für wenige Anbieter ist (vgl. S. 253 f.). Anderseits ist die Zunahme bei noch größeren Betrieben nicht mehr so durchschlagend, daß etwa nur noch ein einziger Anbieter auf Dauer existieren könnte. Die Mindestbetriebsgröße bildet gleichzeitig ein Zutrittshemmnis, das die vorhandenen Anbieter vor weiteren Konkurrenten schützt und in der Regel höhere Renditen als unter anderen Wettbewerbsformen zuläßt. Insgesamt wurde und wird eine im Vergleich zu den einfachen Modellen der Preisbildung auf dem vollkommenen Markt und im Monopol beträchtliche Vielzahl von Oligopolmodellen konstruiert, ohne daß man vorerst sagen könnte, daß Wirtschaftswissenschaftler mit ihrer Hilfe imstande wären, die Entwicklung der relevanten Variablen auf empirischen Oligopolmärkten nennenswert besser als andere Beobachter oder die Beteiligten vorherzusagen.

IV. Die Marktwirtschaft als System

1. Das Informationsproblem in der Marktwirtschaft. Bei der bisherigen Erörterung von Marktformen wurde auf das Informationsproblem nur am Rande einge-

---

[36] In der Bundesrepublik bilden 16 Mineralölgesellschaften auf dem Markt für leichtes Heizöl sowie die Anbieter von Röstkaffee marktbeherrschende Oligopole, vgl. BKA-Bericht 1979/1980, S. 20, 89; sowie oben S. 308, Anm. 18. — Zur Definition der Marktbeherrschung vgl. S. 306, Anm. 16.

gangen, und im Modell des vollkommenen Marktes wurde es durch die Annahme der vollständigen Markttransparenz beseitigt. Das Allokationsverfahren „Marktwirtschaft" liefert jedoch sowenig wie irgendein anderes automatisch Markttransparenz mit, und es ist daher noch allgemein zu klären, wie das einzelwirtschaftliche Informationsproblem beim dezentralen Tausch gelöst wird.

Informationen zu beschaffen und zu verarbeiten ist eine eigene, kostenverursachende und unvollkommen arbeitende Aktivität mit dem Ziel, die Unsicherheit über bestimmte Aspekte der Umwelt zu verringern, günstigstenfalls zu beseitigen (vgl. Aussage 18, S. 10). In einer Marktwirtschaft lassen sich vom Standpunkt des einzelnen Wirtschaftssubjekts drei Bereiche seines Informationsbedarfs unterscheiden:

(1) Das Wirtschaftssubjekt benötigt Informationen über seinen eigenen Zustand, soweit dieser Bedeutung für seine ökonomischen Entscheidungen hat. Dies betrifft
  (1.1) den jeweiligen realisierten, den Ist-Zustand;
  (1.2) den durch nichtökonomische Entdeckungsverfahren potentiell erreichbaren Zustand.

In den beiden vorangegangenen Kapiteln wurde stillschweigend unterstellt, daß sich Konsumenten über ihre Präferenzordnung im klaren sind und Produzenten über alle notwendigen Informationen bezüglich ihrer tatsächlichen und potentiellen Produktionstätigkeit verfügen. Jedoch ist bei den meisten Haushalten nicht zu erwarten, daß sie willens und fähig sind, Güterbündel zu vergleichen, in eine konsistente Ordnung zu bringen und die dazu erforderliche Rechenleistung zu erbringen. Produzenten müssen je nach Größe und Sortiment teilweise erhebliche Aufwendungen in Kauf nehmen, um sich mit Hilfe ihres Betriebsabrechnungswesens Klarheit über ihre Produktionsbedingungen zu verschaffen. Sie haben darüber hinaus ein weiteres Informationsproblem in bezug auf das Wissen über technische Verfahren, Naturgesetze, Materialeigenschaften und dergleichen, aber auch über die Möglichkeiten, Transaktionspartner im Sinne der eigenen Ziele zu beeinflussen. Solche Informationen sind zunächst verborgen und müssen durch eine spezielle, mit Aufwendungen verbundene Aktivität, *Forschung und Entwicklung,* entdeckt werden. Sind sie gewonnen, entsteht das Problem, sie so zu verwerten, daß die Aufwendungen mitsamt der angestrebten Rendite wieder hereingebracht werden — es wurde S. 256 darauf hingewiesen, daß Forschung und Entwicklung als eine spezielle Art der Investitionstätigkeit gelten. In vielen Fällen lohnt dies nur, wenn Konkurrenten daran gehindert werden können, sich ihrerseits des neuen Verfahrens, der Erfindung oder des sonstigen neuen Wissens zu bedienen. Zu diesem Zweck stellt der Gesetzgeber *gewerblichen Rechtsschutz* bereit (vgl. unten, 5. Kapitel, Abschnitt I.4).

Ein weiterer Aspekt des einzelwirtschaftlichen Informationsproblems ist

(2) Die Unsicherheit über außerhalb des Marktgeschehens liegende Vorgänge, die auf dieses einwirken, die *marktexterne Unsicherheit.*

Hierher gehören Fragen nach dem Wetterverlauf, dem Ausfall von Ernten, der Entdeckung von Bodenschätzen, der Verfügbarkeit neuer Produktionsverfahren und vor allem nach Art, Ausmaß und Dauer staatlicher Eingriffe in den Wirtschaftsprozeß. Für die Beschaffung von Informationen über solche Vorgänge gibt es eine Reihe von Möglichkeiten. Manche werden als Kollektivgüter verbreitet und sind für jedermann leicht zugänglich, wie Sturmwarnungen und Meldungen über politische Ereignisse.

Andere werden im Rahmen gewinnbringender Tätigkeiten verkauft, etwa von Informationsdiensten. Ein ökonomisch interessantes Problem bildet die Tatsache, daß viele Informationen über marktexterne Vorgänge die Beteiligten zu unterschiedlichen Zeitpunkten erreichen, womit *Informationsvorsprünge* entstehen. Wer früher als andere erfährt, wie eine Ernte ausfallen wird, wie sich der Außenhandel eines Landes im letzten Berichtsmonat entwickelt hat, daß eine Rohstofflagerstätte entdeckt wurde, kann solches Wissen zur Einkommenserzielung ausnutzen. Diese Möglichkeit besteht auch in bezug auf politische und wirtschaftspolitische Entscheidungen, am krassesten wohl bei Währungskursänderungen.

Das für die Frage nach der Funktionsweise einer Marktwirtschaft wichtigste Informationsproblem besteht schließlich in bezug auf

(3) Die Unsicherheit über die Absichten und das Verhalten anderer vorhandener und potentieller Marktteilnehmer und über die daraus und aus dem eigenen Verhalten resultierenden Bedingungen für den Tausch, die *marktinterne Unsicherheit*.

Vom Anbieter her gesehen betrifft dies die Frage, wie die Preis-Absatz-Beziehungen für seine Produkte verlaufen und wie sich konkurrierende und potentielle Anbieter in bezug auf Transaktionsbedingungen, Investitionstätigkeit, Marktzutritt und damit auf das Angebot in späteren Perioden verhalten. Kreditanbieter benötigen Informationen über die Bonität ihrer Kunden. Entsprechend sehen sich Nachfrager dem Problem der marktinternen Unsicherheit in bezug auf die Standorte von Anbietern, deren Transaktionsbedingungen und vor allem die Eigenschaften der angebotenen Wirtschaftsobjekte gegenüber. Beispielsweise erwirbt jeder Käufer eines dauerhaften Konsumgutes einen sich über Jahre erstreckenden, aber mit Unsicherheit behafteten Strom von Nutzungen. Die Anbieter wissen dies und bemühen sich, diese Unsicherheit durch Einhaltung von Qualitätsstandards samt Garantiezusagen zu verringern, sofern sie dauerhaft im Geschäft bleiben wollen. Wer hingegen nur selten etwas anzubieten hat, wird es nicht lohnend finden, sich um Ansehen bei seinen Abnehmern zu bemühen. Unterschiede im Verhalten von Gebrauchtwagenhändlern und Gelegenheitsverkäufern von Kraftfahrzeugen lassen sich so erklären.

Auch bei marktinternen Vorgängen spielt das Problem des Informationsvorsprungs eine Rolle. In Aktiengesellschaften werden von den leitenden Organen immer wieder Entscheidungen getroffen, die wie die Höhe der Dividende, Kapitalerhöhungen oder -herabsetzungen, größere Investitionsvorhaben, Angliederung anderer Unternehmen, Massenentlassungen, Produktionsreife von Erfindungen die ökonomische Situation des Unternehmens kurzfristig so erheblich ändern oder solche Änderungen nach außen sichtbar machen, daß der Börsenkurs seiner Aktien nennenswert beeinflußt wird. Nicht jeder Teilnehmer am Aktienmarkt hat jedoch die gleiche Chance, entsprechende Informationen zu erwerben und zu nutzen, da diese zunächst nur einem kleinen Personenkreis bekannt sind, den *Innenseitern*.[37] Zu ihnen gehören die an den Entscheidungen beteiligten Personen, ihre Mitarbeiter bis hin zu Schreib- und Telefonkräften; aber auch Richter, die in Streitfällen aus diesem Bereich Urteile zu fällen haben, samt dem damit befaßten Justizpersonal. Die Chance, frühzeitig einschlägige Informationen zu erhalten, haben ferner Mitarbeiter von Kreditinstituten sowie die

---

[37] Von englisch „insider". Da es zu dem „outsider" durchaus den „Außenseiter" gibt, ist nicht einzusehen, warum man nicht auch von „Innenseitern" sprechen sollte.

an den Wertpapierbörsen tätigen Makler und ihre Angestellten. Bei den meisten dieser Personen ist nicht zu kontrollieren, woher sie ihr wertvolles Wissen haben, dessen Nutzung wenig Risiko birgt und zu einer Quelle immenser Bereicherung werden kann. Die Lösung des *Innenseiterproblems* wird schließlich dadurch erschwert, daß die Empfänger der Vorweginformationen Strohmänner und -frauen bis hin zu Familienangehörigen vorschieben, das heißt mit der Abwicklung der gewinnbringenden Transaktionen beauftragen können.

Unter diesen Umständen hat sich in den meisten Ländern noch keine befriedigende Regelung gefunden. In der Bundesrepublik Deutschland wurden 1970 „Empfehlungen der Börsensachverständigenkommission beim Bundeswirtschaftsministerium zur Lösung der sogenannten Insider-Probleme" mit dem Ergebnis verabschiedet, daß die Untersuchung möglicher Innenseitergeschäfte seitdem fünf Prüfungskommissionen an den acht Wertpapierbörsen der Bundesrepublik obliegt. Jedoch ist die Annahme der Empfehlungen freiwillig, die Ausnutzung von Informationsvorsprüngen ist kein Straftatbestand, und die Prüfungskommissionen haben nur geringe Möglichkeiten, Verstöße aufzudecken.[38] Änderungen sind jedoch in Sicht, da der EG-Ministerrat 1989 den Mitgliedsstaaten vorschrieb, bis 1992 bestimmte Tatbestände des Innenseiterhandels unter Strafe zu stellen. In Großbritannien wurde 1973 vorgeschlagen, „Insider-trading" zum Straftatbestand zu erklären und mit Geldbußen, Gefängnisstrafe und der Verpflichtung zur Rückzahlung der Gewinne zu belegen. Entsprechende Bestimmungen sind seit 1980 in Kraft. Die relativ strengsten Bestimmungen gelten in den Vereinigten Staaten, wo die Aufsichtsbehörde (Securities and Exchange Commission, SEC) Verstöße mit Geldbußen belegen sowie Zivil- und Strafverfahren einleiten kann.

Für die ökonomisch-theoretische Seite des Informationsproblems ist vor allem zu beachten, daß Informationen im allgemeinen nicht kostenlos zu erhalten sind und daß daher hinsichtlich ihrer Beschaffung, Verwertung und Verwendung ein Abwägungsproblem besteht (vgl. Aussage 13, S. 4). Zusätzliche Aufwendungen sind gemäß der Standardregel solange in Kauf zu nehmen, als sie kleiner zu bleiben versprechen als der erwartete zusätzliche Ertrag. Hier ist der Konsument zu nennen, der die Existenz eines Preisfächers vermutet und nun unter Aufwendung von Suchkosten feststellen will, von welchem Anbieter er am günstigsten kaufen kann. Er hat ein *Suchproblem*, das etwa so zu definieren ist:

Def. 3.9: *Ein Suchproblem liegt vor, wenn nicht alle Möglichkeiten für eine bestimmte Handlung zur gleichen Zeit bekannt sind, sondern unter Zeitaufwand mit Hilfe einer kostenverursachenden Aktivität ermittelt werden müssen.*

Da häufig nicht einmal die Zahl der Handlungsmöglichkeiten feststeht (beim Kauf vieler dauerhafter Konsumgüter ist die Zahl der Anbieter ungewiß), besteht das Hauptproblem darin zu entscheiden, wann die Suche abgebrochen und eine Wahl unter den bis dahin gefundenen Möglichkeiten getroffen werden soll. Naheliegende Beispiele sind der Kauf eines Wohnhauses oder eines Gebrauchtwagens, wobei noch zu berücksichtigen ist, daß bereits ermittelte Handlungsmöglichkeiten auch ständig wieder wegfallen, weil noch andere Käufer am Markt sind. Vielfach wird das Suchproblem so gelöst, daß sich im Laufe der Suche nach einem Objekt ein bestimmter An-

---

[38] Einzelheiten bei RODRIAN [3.42].

spruch an dessen Eigenschaften und die Transaktionsbedingungen herausbildet und die Suche beendet wird, sobald ein Exemplar gefunden ist, das diesem Anspruch genügt oder ihn übertrifft. Weitere Hypothesen zum Suchproblem sind:
– Ein Nachfrager wird um so länger nach einem Objekt suchen, je höher dessen Preisniveau ist.

Je höher dieses Niveau ist, um so größer sind angesichts des Preisfächers die absoluten Preisunterschiede und damit der potentielle Ertrag einer längeren Suche. Da ein solches Verhalten der Nachfrager nicht ohne Wirkung auf die Preissetzung der Anbieter bleiben kann, hat man hieraus geschlossen:
– Je höher das Preisniveau eines Objekts ist, um so enger ist sein Preisfächer.

Dies betrifft vor allem hochwertige und geringfügig differenzierte dauerhafte Konsumgüter. Allerdings wurde diesem Schluß entgegengehalten: Wenn alle oder die meisten Nachfrager diesen Effekt erwarten, werden sie sich die Mühe einer langen Suche sparen, so daß die Preisfächer für diese Güter weit bleiben. Diese werden schließlich auch von der Tatsache beeinflußt, daß die Suchkosten der einzelnen Nachfrager unterschiedlich hoch sind. Es liegt immer eine Zeitrestriktion (vgl. S. 7) für die Suche vor, und die Alternativkosten der Suchzeit sind je nach dem Einkommen und der Präferenz für Freizeit unterschiedlich hoch. Daher gilt:
– Nachfrager mit hohen Suchkosten suchen weniger und zahlen daher höhere Preise als solche mit niedrigen Suchkosten.

Einige weitere Besonderheiten des Wirtschaftsobjekts „Information" sind:
– Der Käufer kann den Wert einer Information oft nur schwer im voraus bestimmen. Häufig ist dieser erst nach Erhalt derselben feststellbar, etwa bei der erstmaligen Inanspruchnahme eines Arztes oder Rechtsanwalts;
– In manchen Fällen muß zwischen den Kosten des Abwartens und der mit dem Zeitablauf wachsenden Wahrscheinlichkeit des Zuflusses weiterer Informationen abgewogen werden;
– Manche Informationen können immer wieder genutzt werden, ohne daß jedesmal erneut für sie gezahlt werden muß. Das gilt beispielsweise für die Nutzung von Erfindungen;
– Manche Informationen können sowohl vom Käufer genutzt als auch zum Schaden des Verkäufers weiterverkauft werden. Dies erfordert spezielle Vorkehrungen seitens des Erstverkäufers;
– Informationen können — mit oder ohne Absicht ihres Absenders — falsch und somit ein Ungut sein. Die Prüfung ihrer Glaubwürdigkeit erfordert eine spezielle, mit Aufwendungen verbundene Aktivität des Empfängers;
– Auf manchen Gebieten gibt es ein Überangebot an Informationen, so daß nicht diese knapp sind, sondern die ihrer Aufnahme, Verarbeitung und Bewertung gewidmete Zeit. Das Problem besteht dann darin, einen Filter zu entwickeln, der nur die wichtigen Informationen durchläßt und die unwichtigen zurückhält;
– Vielfach ist es wichtig, Informationen nicht zu erhalten, sondern sie zu verbreiten, was am besten kostenlos für den Empfänger geschieht. Werbung ist das naheliegende Beispiel (die allerdings hauptsächlich Präferenzen beeinflussen soll). Informationen dieser Art weichen daher in einem wichtigen Punkt von der gewöhnlichen Gütercharakteristik ab.

2. Ex-ante- und Ex-post-Koordination. Da auf Märkten die Wirtschaftspläne der Beteiligten miteinander konfrontiert werden, berührt das Informationsproblem auch die Frage der Koordination der Wirtschaftspläne. Wie wird dieses Problem einzelwirtschaftlich über Märkte gelöst? Offenbar gibt es zwei Möglichkeiten:

– Man kann Pläne vor ihrer Ausführung koordinieren: *Ex-ante-Koordination;*
– Man kann sie unkoordiniert ausführen und am Ende der Planperiode im Hinblick auf die folgende Periode Korrekturen vornehmen: *Ex-post-Koordination.*

Die erstgenannte Möglichkeit sähe so aus. Da Produktion Zeit erfordert, wäre es für jeden Anbieter am vorteilhaftesten, wenn er mit den Nachfragern vor Produktionsbeginn Verträge über Art und Menge der zu liefernden Güter schließen und so einen wesentlichen Teil der marktinternen Unsicherheit beseitigen könnte. Es läge dann Produktion auf Bestellung oder *Auftragsfertigung* vor. Das Risiko des Produzenten, auf fertiggestellter Ware sitzenzubleiben, bliebe auf Fälle beschränkt, in denen der Abnehmer vertragsbrüchig wird und nicht zum Schadenersatz herangezogen werden kann. Eine schwächere Regelung läge vor, wenn jeder Nachfrager angeben würde, wann er welche Güter zu erwerben gedenkt, wobei in irgendeiner Weise sichergestellt werden müßte, daß er sich an seine Bestellung hält. In beiden Fällen läge eine Ex-ante-Koordination zwischen Angebot und Nachfrage vor. Das dazu notwendige Informations- und Vertragssystem existiert jedoch nur für bestimmte Güter. Fest mit dem Boden verbundene Sachgüter wie Gewerbe- und Wohnbauten, Industrieanlagen, Kraftwerke, Straßen und Brücken werden fast ausschließlich aufgrund von Verträgen erstellt. Auch über die Lieferung von Nutzungen (vgl. Bild 3.3, S. 295) werden überwiegend Verträge geschlossen. Beispiele sind Arbeitsverträge, Pachtverträge für Grundstücke, Mietverträge für Bauten. Die Produktion wird auch dann quasi ex ante zwischen Anbietern und Nachfragern abgestimmt, wenn Lieferfristen existieren, besonders wenn sie länger als die Produktionszeit sind. Solche Verhältnisse liegen häufig bei der Herstellung größerer Maschinen, von Automobilen und von größeren Möbeln vor. Die Gewißheit, feste Abnehmer zu haben und daher die Produktion besser planen zu können, führt zu Kostensenkungen bei der Herstellung der betreffenden Güter, die in manchen Fällen in Form von Preissenkungen an solche Abnehmer weitergegeben werden. So sind viele Zeitungen und Zeitschriften im Abonnement billiger als im Einzelkauf; die Mitglieder von Buchgemeinschaften erhalten Bücher gegen eine feste Abnahmeverpflichtung zu niedrigeren Preisen als im Buchhandel; Einzelhändler versuchen, Kundentreue durch Zugaben, früher auch durch Ausgabe von Rabattmarken, zu festigen; wer Vorauszahlungen leistet und so seinen Willen zur Vertragstreue zeigt, zahlt einen niedrigeren Preis. Die Masse der Sachgüter wird jedoch ohne Bestellung durch Letztnachfrager in der Hoffnung produziert, daß die aufgrund von Erfahrungen oder von Vermutungen über bestimmte zukünftige Vorgänge hergestellten Mengen auch absetzbar sein werden. In diesem Fall stellt sich aber erst nach Ablauf der Planperiode heraus, ob sich die Erfahrungen bestätigt haben oder die Vermutungen richtig waren: Es findet eine Ex-post-Koordination statt. Ihr Nachteil ist, daß sie auf Prognosen angewiesen ist, die in den meisten Fällen nur annähernd richtig sein können. Es muß daher ständig zu Diskrepanzen zwischen angebotener und nachgefragter Menge kommen, die zu ungeplantem Ab- oder Aufbau von Lagerbeständen, ungenutzten Produktionskapazitäten, kurzfristigen Änderungen von Preisen, Lieferfristen und anderen Marktbedingungen führen. Da mit solchen Diskrepanzen Nutzen-

und Einkommenseinbußen sowie Kostenerhöhungen einhergehen, die um so größer sind, je größer die Unsicherheit über das Verhalten der Nachfrager ist, unternehmen viele Anbieter, die für den „anonymen Markt" produzieren, erhebliche Anstrengungen wie etwa Marktforschung, um ihre Unsicherheit über das Verhalten ihrer Abnehmer zu verringern.

Etwas anders liegt das Problem bei Dienstleistungen und bestimmten nichtlagerfähigen Sachgütern wie Elektrizität. Bei vielen Dienstleistungen muß der Nachfrager persönlich bei der Erbringung der Leistung mitwirken, man denke an Haarschnitte, ärztliche Untersuchungen, Personentransport und an das Hotel- und Gaststättengewerbe. Dies könnte man als Ex-ante-Abstimmung ansehen, da hierbei — meist stillschweigend — Verträge vor Erbringung der Leistung geschlossen werden. In allen solchen Fällen haben die Anbieter jedoch ein *Kapazitätsproblem:* Sie müssen angesichts der im Tages-, Wochen- oder Jahresrhythmus schwankenden Nachfrage ständig Kapazität in Höhe der Spitzennachfrage bereitstellen, wenn sie nicht, etwa angesichts voller Wartezimmer, Eisenbahnzüge, Passagierflugzeuge, Hotels Kunden abweisen und sie eventuell an die Konkurrenz verlieren wollen. Für die Nachfrage innerhalb der Kapazitätsgrenze ist dann allerdings keine Ex-ante-Abstimmung nötig: Die Grenzkosten des Transports zusätzlicher Eisenbahn- oder Flugpassagiere sind sehr klein. In diesen Wirtschaftsbereichen wird versucht, eine möglichst gleichmäßige Kapazitätsauslastung durch Reservierungssysteme und Beweglichkeit bei der Preissetzung zu erreichen.

In der Realität ist eine Fülle von Vorkehrungen zu beobachten, mit denen der Informationsfluß zwischen Anbietern und Nachfragern in Gang gehalten wird. Dies betrifft den Organisationsgrad von Märkten, der durch den Anteil an den potentiellen Marktteilnehmern der Gegenseite definiert werden kann, mit denen ein Anbieter oder Nachfrager in Kontakt kommt. Der höchste Organisationsgrad wäre demnach auf Börsen zu beobachten, deren Existenz jedem Marktteilnehmer bekannt ist und in denen treuhänderisch tätige Beauftragte unter standardisierten Bedingungen ihre Informationen über das jeweilige gesamte Angebot und die gesamte Nachfrage so verarbeiten, daß Gleichgewichtspreise entstehen. Auf anderen Märkten gibt es Zwischeninstanzen wie Grundstücks- und Wohnungsmakler, Arbeitsämter und Personalberater, Kreditvermittler.

Ein Vergleich zwischen den beiden Informationsverfahren kann sich schließlich auf deren Kosten erstrecken. Bei der Ex-ante-Koordination entstehen Kosten für

- die Suche nach Transaktionspartnern einschließlich Werbung;
- die Beschaffung von Informationen über die Transaktionsbedingungen anderer Marktteilnehmer;
- den Abschluß von Verträgen;
- die Kontrolle der Qualität bezogener Waren (beim Abnehmer);
- die Rechtsverfolgung bei Vertragsbruch.

Bei der Ex-post-Abstimmung spielen die Vertrags- und Rechtsverfolgungskosten eine geringere Rolle. Viele Anbieter versuchen mit Erfolg, die Transaktionsbedingungen besonders in bezug auf deren rechtlichen Rahmen in Gestalt *Allgemeiner Geschäftsbedingungen* zu standardisieren. Grundsätzlich bleibt aber die Tatsache bestehen, daß Märkte das Informationsproblem bei der Ex-post-Abstimmung nur unvollkommen lösen. Dies scheint ein Argument für die Ex-ante-Abstimmung zu sein. Jedoch kann diese, wenn sie etwa dezentral jeweils für bestimmte Märkte so gehandhabt wird, daß alle Anbieter an ihr mitwirken, ein Instrument zur Wettbewerbsbeschränkung sein (vgl. unten, 4. Kapitel, Abschnitt VII.5).

3. Die Funktionsweise einer Marktwirtschaft. In Abschnitt III.2 wurde beschrieben, wie es auf Mengenanpassermärkten zu Gleichgewichten kommt. Der Wirtschaftsprozeß in der heutigen Industriegesellschaft ist jedoch generell weder durch solche Märkte noch durch ständige Gleichgewichte auf der Mehrzahl der Märkte gekennzeichnet. Vorherrschend sind technischer Fortschritt, Änderungen von Präferenzen, Verschwinden bestehender und Entstehung neuer Unternehmen, Konjunkturschwankungen mit Arbeitslosigkeit; also ständiger Wandel, Überraschungen, Planrevisionen und somit Ungleichgewichte auf den meisten Märkten. Einige Grundzüge dieses Prozesses und damit die Funktionsweise einer Marktwirtschaft lassen sich wie folgt beschreiben.

Akteure des Prozesses sind, wenn man von öffentlichen Wirtschaftssubjekten zunächst absieht, einerseits Unternehmen, die Produktionsfaktoren von anderen Unternehmen und von privaten Haushalten kaufen, daraus Güter herstellen und verkaufen; und anderseits private Haushalte, die aus dem Verkauf von Produktionsfaktoren Einkommen beziehen und damit Konsumgüter erwerben. Hauptkennzeichen des Allokationsverfahrens ist, daß jeder Teilnehmer selbständig, wenn auch unter Berücksichtigung der erwarteten Aktionen und Reaktionen anderer Akteure und daher nicht unabhängig von diesen, Wirtschaftspläne aufstellt und damit die Entscheidungen trifft, aufgrund derer produziert, investiert, konsumiert und gespart wird. Institutionelle Grundlage ist die Möglichkeit, Verfügungsrechte an Sachgütern und Forderungen zu erwerben. Zwischenziel aller Teilnehmer auf dem Wege zum Endziel einer möglichst weitgehenden Bedürfnisbefriedigung ist es, ein nachhaltig gesichertes und möglichst hohes Einkommen zu erzielen. Die Möglichkeit dazu bildet den Hauptanreiz, am Wirtschaftsprozeß teilzunehmen und sich nach dessen Signalen zu richten. Die Eigentümer von Produktionsfaktoren, Kreditgeber und Güterproduzenten treten daher dort als Anbieter auf, wo sie die höchsten Erlöse erwarten oder zugesichert erhalten; und Nachfrager versuchen, Faktoren, Produkte oder Kredite zu den jeweils niedrigsten Preisen zu erwerben. Märkte bewirken so zusammen mit der Koordination der Wirtschaftspläne von Anbietern und Nachfragern einen ständigen Interessenausgleich zwischen ihnen.

Das wichtigste Signal, nach dem sich die Marktteilnehmer bei ihren Entscheidungen richten, sind die Preise der Marktobjekte, in geringerem Maße auch die anderen Transaktionsbedingungen. Aus der Existenz von Preisen, ihrer relativen Höhe zueinander (auch: ihrer Struktur) und ihren Änderungen ergeben sich demnach bestimmte Wirkungen auf das Verhalten der Marktteilnehmer, die man *Preisfunktionen* nennt und in zwei Bereiche einteilt: In die *Allokationsfunktion* (auch: *Lenkungsfunktion*) und die *Distributionsfunktion* (auch: *Verteilungsfunktion*). Preise bedeuten für die Nachfrager Informationen darüber, in welcher Höhe sie auf eine alternative Verwendung ihrer Mittel verzichten müssen, wenn sie ein bestimmtes Gut kaufen wollen. Preise erzwingen so ständig Kompromisse zwischen der Dringlichkeit des Bedürfnisses nach diesem Gut, nach anderen Gütern und der Budgetbeschränkung. Auf der anderen Seite des Marktes vermitteln sie Signale in umgekehrter Richtung an die Produzenten und Anbieter. Diese müssen im eigenen Interesse die Wünsche ihrer tatsächlichen oder potentiellen Transaktionspartner möglichst weitgehend berücksichtigen. Erhöht sich beispielsweise die Nachfrage nach einem Gut, dann wird je nach der Marktform sein Preis steigen, die Lieferfristen werden länger, oder die Lagerbestände nehmen ab. Die Preisänderung oder das Auftreten von Salden zwischen zwei Mengen eines Gutes (etwa zwischen der zum Verkauf geplanten und der tatsächlich verkauften Menge) zeigen also an, daß das Gut knapper geworden ist und signalisieren den Eigentümern der Produktionsfaktoren, daß sich die Einkommenschancen auf diesem Markt erhöht haben. Die Anbieter werden daraufhin mehr von dem Gut produzieren und die erforderlichen zusätzlichen Produktionsfaktoren eventuell durch höhere Preisgebote aus ihren bisherigen Verwendungen herauslocken. Bemerken anderseits die Hersteller bei einem Nachfragerückgang für das betreffende Gut, daß ihre Gewinne zurückgehen, dann werden sie weniger produzieren, wenn sie die neue Situation als dauerhaft ansehen. Damit setzen sie Produktionsfaktoren zur Verwendung in anderen Produktionsrichtungen frei. In beiden Fällen führt eine Änderung der Nachfragestruktur zu einer Änderung der Preisstruktur und über die damit an die Produzenten gelangenden Signale zu einer Änderung der Faktorallokation, einer *Re-Allokation*. Im Ergebnis werden die Faktoren ständig in die produktivsten Verwendungen gelenkt und Produktionskapazitäten angepaßt, wenn auch mit unterschiedlich langen Reaktionsverzögerungen (vgl. S. 12 f., 247) und wegen zahlreicher Mobilitätshemmnisse nur unvollständig.

Preise bestimmen gleichzeitig die Einkommen der am Produktions- und Tauschprozeß teilnehmenden Wirtschaftssubjekte und bilden damit den Hauptfaktor des Anreizsystems. Für jeden Produzenten ergibt sich aus den Preisen der von ihm hergestellten Produkte und der im Produktionsprozeß eingesetzten Produktionsgüter sein Gewinn oder Verlust, und das Einkommen der Mehrzahl der privaten Haushalte wird in der Hauptsache von den Preisen der von ihnen angebotenen Faktoren bestimmt. Mit der Allokation entstehen also gleichzeitig in einem komplizierten, interdependenten Prozeß sowohl auf den Märkten für die Produktionsfaktoren selbst als auch auf den Märkten für die mit ihnen hergestellten Güter sowie auf den Forderungsmärkten die Einkommen der am Produktionsprozeß beteiligten Personen und damit die *primäre Einkommensverteilung*.[39] Dies ist die Distributionsfunktion der Preise. Im Ergebnis führen die durch das Preissystem vermittelten Signale zu Entscheidungen, die in ihrer Gesamtheit das nach Arten, Mengen und Qualitäten bestimmte Gütersortiment, die Wahl der Produktionsverfahren, den Einsatz der Produktionsfaktoren, die primäre Einkommensverteilung und damit — bei Abwesenheit staatlicher Eingriffe — auch die Aufteilung des Sozialprodukts auf Konsum und Investition und die Verteilung der Konsumgüter bestimmen. Ändern sich Technik, Präferenzen, Verfügbarkeit von Ressourcen, so weichen realisierte von geplanten Größen ab. Die Teilnehmer erhalten auf diese Weise neue Informationen, ändern durch ihre Reaktionen wiederum Daten für andere, und dies führt über Anpassungen der Entscheidungen und damit nach Art eines Regelmechanismus zu Änderungen des Preissystems, woraufhin wiederum Entscheidungen geändert werden, und so fort.

---

[39] Die *sekundäre Einkommensverteilung* ergibt sich nach Berücksichtigung der — vor allem von staatlichen Instanzen vorgenommenen — Transfers wie Steuern, Sozialbeiträge, Subventionen, Sozialrenten, Pensionen, Arbeitslosen-, Kinder-, Wohngeld.

Hauptwirkung des Anreizsystems ist es, Wettbewerb zwischen den Marktteilnehmern zu erzwingen. Dieser wird damit zum tragenden Element der Marktwirtschaft, weshalb man diese auch *Wettbewerbswirtschaft* nennt. Wettbewerb bedeutet für jeden Produzenten die Notwendigkeit, Initiative zu entwickeln, um seinen Marktanteil mindestens zu halten, seine Gewinne zu erhöhen und generell seine Marktposition zu verbessern. Hierfür stehen Wettbewerbshandlungen zur Verfügung (vgl. II.2), unter denen Prozeßinnovationen mit der Folge von Kostensenkungen sowie Produktinnovationen und damit die Schaffung neuer Märkte die wichtigsten sind. Kostensenkung erhöht bei zunächst gleichbleibenden Verkaufspreisen unmittelbar den Gewinn und erweitert damit den Handlungsspielraum des Unternehmers. Er kann Schulden tilgen und dadurch seine Abhängigkeit von Kreditgebern verringern. Er kann mehr oder mit einem höheren Selbstfinanzierungsgrad investieren, so seine Produktionskapazität erweitern und durch verstärkte Wettbewerbsaktivität (Preissenkung, Verkürzung von Lieferfristen, Zugeständnisse bei Zahlungsbedingungen, vermehrten Werbeeinsatz) seinen Marktanteil erhöhen. Er kann höhere Gewinne ausschütten und so seine Attraktivität für Kreditgeber erhöhen. Das Streben nach Kostensenkung bezieht sich auf alle in einen Produktionsprozeß eingehenden Arten von Produktionsfaktoren (vgl. Bild 2.1, S. 163). Kostensenkung bei den Vorleistungen kann durch Einführung neuer Produktionsverfahren erreicht werden, mit denen beispielsweise der Energieeinsatz je Produktmengeneinheit verringert wird. Sie kann in der Erschließung neuer, billigerer Rohstoffquellen oder in der Ersetzung teurer werdender durch billigere Vorleistungen bestehen. Historische Beispiele hierfür sind die Substitution von Stahl und Holz durch Kunststoffe und die Ersetzung fossiler Brennstoffe bei der Elektrizitätserzeugung durch den Einsatz von Kernenergie. Kostensenkung bei der Nutzung dauerhafter Produktionsmittel kann bedeuten, daß mit dem technischen Fortschritt Maschinen verfügbar werden, die wegen längerer Nutzungsdauer oder größerer Kapazität je Einheit der Nutzungsdauer billiger zu produzieren gestatten (kapitalsparender technischer Fortschritt, vgl. S. 208). Kostensenkung bei der menschlichen Arbeitskraft schließlich hat bisher die größte Bedeutung gehabt. Sie vollzieht sich ganz überwiegend dadurch, daß die teurer werdenden Arbeitsleistungen durch vermehrten Einsatz dauerhafter Produktionsmittel ersetzt werden (arbeitsparender technischer Fortschritt), womit die Kapitalintensität der Arbeit und die Arbeitsproduktivität zunehmen. Steigende Lohnsätze und Wettbewerbsdruck bilden damit einen Anreiz, *Rationalisierungsinvestitionen* vorzunehmen. Eine weitere Möglichkeit zur Kostensenkung beim Arbeitseinsatz besteht darin, Produktionsprozesse in weniger entwickelte Gebiete des eigenen Landes oder des Auslandes zu verlagern, in denen das Lohnniveau niedriger ist. Schließlich können neue Organisationsprinzipien und Formen der Zusammenarbeit innerhalb des Unternehmens entwickelt und ausprobiert werden.

Die Schaffung neuer Märkte schließlich ist dasjenige Element, das den Wirtschaftsprozeß der Marktwirtschaft am sichtbarsten vorantreibt und umgestaltet, also für Wandel, Entwicklung und Wachstum sorgt. Sie kann sich dadurch vollziehen, daß für vorhandene Güter neue Käuferschichten gewonnen, bestehende Güter in bezug auf Qualität, Aufmachung, Verpackung geändert oder neue Güter auf den Markt gebracht werden. Gewinnt ein Anbieter neue Käufer für ein vorhandenes Gut, so kann dies auf Kosten der Marktanteile konkurrierender Anbieter geschehen. Die Aktivität des betrachteten Anbieters kann jedoch auch neue Käufer hinzugewinnen, den Gesamtmarkt also vergrößern. Die Änderung bestehender Güter, die Produktdifferenzierung, zielt darauf ab, neue Bedürfnisse bei Nachfragern zu schaffen, den Grad der Substituierbarkeit zwischen Gütern herabzusetzen und die Markttransparenz zu verringern. Die Schaffung neuer Märkte einschließlich der Produktdifferenzierung hat im Laufe der Geschichte des marktwirtschaftlichen Systems ständig an Bedeutung gewonnen. Mit steigendem Konsumenteneinkommen steht immer mehr Kaufkraft zur Verfügung, die zu einem sinkenden Teil für den Kauf lebensnotwendiger Güter festgelegt ist. Ein größer werdender Rest ist beliebig verwendbar und läßt sich deshalb leichter in neue Verwendungszwecke umlenken, so daß es lohnt, hierfür immer mehr Forschungs- und Entwicklungsaufwand zu leisten. Neue Bedürfnisse und damit neue Märkte lassen sich jedoch nur schaffen, wenn die potentiellen Käufer über die Existenz des betreffenden Gutes informiert werden. Der Wettbewerb zwingt daher Produzenten und Händler, Informationen zu verbreiten und damit Werbung zu treiben. Diese ist also angesichts der Bedeutung, die die Schaffung neuer Märkte für das marktwirtschaftliche System hat, eine systemnotwendige Aktivität. Sie wird aber auch massiv eingesetzt, um auf bestehenden Märkten Präferenzen auf die eigenen Produkte zu lenken oder sich gegenüber der Werbung von Konkurrenten zu behaupten. Dabei erringt derjenige Anbieter Vorteile, der Präferenzen am wirksamsten beeinflußt oder ihre Änderungen als erster erkennt und sich darauf einstellt. Werbung macht daher die Präferenzen der Konsumenten zum Teil prozeßendogen, zum Teil heben sich ihre Wirkungen gegenseitig auf.

Wettbewerb belohnt den Leistungsfähigen und -willigen und bestraft den Unwilligen oder Unfähigen, auch wenn er dies unverschuldet ist. Er begrenzt jedoch die Chancen zur Einkommenserhöhung auch für den erfolgreichen Neuerer, da dieser nicht verhindern kann (von Patent- und anderen Schutzrechten abgesehen), daß Nachahmer seine Errungenschaften übernehmen. Definiert man als *Marktmacht* eines Marktteilnehmers die Möglichkeit, die Verhaltensweisen anderer Teilnehmer im Sinne der eigenen Ziele zu beeinflussen, dann kann man sagen, daß Wettbewerb die Marktmacht jedes ihm ausgesetzten Teilnehmers schwächt. Dabei wirkt er im Gegensatz etwa zu staatlichen Kontrollen unpersönlich und anonym: Wer Erfolge hat oder aber Fehlschläge erleidet, kann dies im allgemeinen nicht bestimmten Personen zurechnen, die er daher auch weder belohnen noch durch Drohung zur Unterlassung ihres Tuns bewegen oder aber bestechen kann. Wettbewerb unter Anbietern macht Preise beweglich, vereinheitlicht und drückt sie der Tendenz nach auf die Grenzkosten und eliminiert dabei überdurchschnittlich hohe Gewinne, reduziert örtliche Preisunterschiede auf die Transport- und zeitliche auf die Lagerhaltungskosten. Er beschränkt den Preissetzungsspielraum jedes Anbieters nach oben und damit dessen Marktmacht selbst dann, wenn er nur potentiell vorhanden ist: Die bloße Möglichkeit, daß Konkurrenten auftauchen oder Wettbewerbshandlungen unternehmen könnten, kann einen Anbieter schon dazu veranlassen, seine Marktmacht nicht voll auszunutzen. Von den Nachfragern her gesehen bedeutet Wettbewerb die Freiheit der Wahl zwischen mehreren Anbietern; die Chance, neue Produkte zu nutzen und den Konsum zu diversifizieren; die bessere Leistung anstelle der geringeren in Anspruch zu nehmen (was allerdings eine entsprechende Motivation und hinreichende Informationen erfordert) und so von den unternehmerischen Anstrengungen zu profitieren, im Wettbewerb zu überleben.[40]

---

[40] „Die wirkliche und wirksame Aufsicht über einen Handwerker übt nicht seine Zunft, sondern üben seine Kunden aus. Es ist die Furcht vor dem Verlust ihres Auftrages, welche seine List und seine Nachlässigkeit in Schranken halten." SMITH [3.44], S. 113.

Bei einer Gesamtbeurteilung des vorstehend geschilderten Systems ist zunächst hervorzuheben, daß die dezentrale Steuerung den Informationsbedarf verteilt und damit beschränkt. Jeder Teilnehmer hat zwar die in IV.1 genannten Informationsprobleme, aber er braucht nur einen kleinen Teil der insgesamt existierenden Preise zu kennen und bei seinen Entscheidungen zu berücksichtigen. Weder muß er etwas über Gesamtmengen wissen, da er als Anbieter und Nachfrager nur die ihn selbst betreffenden Gütermengen anhand der Preise festsetzt oder schätzt; noch benötigt er Informationen über die Produktionskapazitäten von Kunden und Lieferanten oder über die Verwendungszwecke der verkauften Güter. Die Entscheidungsfreiheit liegt bei einer Vielzahl von Wirtschaftssubjekten; es bedarf keiner übergeordneten Koordinierungsinstanz zur Festsetzung von Preisen oder Mengen, womit auch die entsprechenden Machtpositionen nicht erforderlich sind; und als Folge davon ist das System gegenüber den ständigen Datenänderungen wie Umstellungen in den Produktionsprozessen, sonstigen Änderungen von Angebotsbedingungen und Strukturänderungen bei der Nachfrage bemerkenswert reaktions- und anpassungsfähig. Werden Fehler gemacht (und es ist unmöglich, keine zu machen), dann trägt in der Marktwirtschaft im Prinzip derjenige die Folgen, dem sie unterlaufen: Es gilt das *Verursacherprinzip*.

Unter Wohlfahrtsgesichtspunkten gilt, daß ein marktwirtschaftliches System niedrige Ansprüche an die moralische Qualität seiner Teilnehmer stellt. Jeder braucht nur um sein eigenes Wohlergehen und das ihm nahestehender Personen besorgt zu sein. Selbstlosigkeit, Hilfsbereitschaft, Solidarität mit Benachteiligten und Schwachen sind selbstverständlich zugelassen und erwünscht, aber das System ist nicht auf sie angewiesen, sondern darauf angelegt, auch dann zu funktionieren, wenn jedermann in dem Sinne egoistisch handelt, daß er sein eigenes Wohl zu fördern trachtet (vgl. S. 8). Um so etwas wie das „Gemeinwohl" braucht er sich nicht zu kümmern, wenn er nur die Rechte anderer respektiert. Es wurde schon vor der Zeit der nationalökonomischen Klassiker entdeckt, daß ein solches Verhalten nicht zwangsläufig zu einem unerträglichen Kampf aller gegen alle, zum Chaos führen muß, wenn das Ziel der Einkommenserhöhung durch die Produktion von Gütern zu erreichen versucht wird, gewisse Spielregeln eingehalten werden und institutionelle Vorkehrungen getroffen sind. Konkret ausgedrückt: Jeder Produzent, ob Dachdecker, Automobilhersteller, Friseur oder Arzt, mag das egoistische Ziel „Einkommensmaximierung" anstreben, wenn er es nur dadurch zu erreichen sucht, daß er seine Waren oder Dienste unter Beachtung der Gesetze[41] in Konkurrenz mit anderen Anbietern bei gegebener Qualität möglichst billig anbietet. Die Basishypothese des marktwirtschaftlichen Systems läßt sich demnach so formulieren: Dezentrale Allokation von Gütern und Forderungen unter Wettbewerb bei Verfolgung des Selbstinteresses durch alle Wirtschaftssubjekte mit Vertragsfreiheit und Privateigentum an Produktionsmitteln führt zu insgesamt akzeptablen Lebensbedingungen wenn nicht für alle, so doch für die überwiegende Mehrheit der Menschen.

Es kann keinem Zweifel unterliegen, daß die Marktwirtschaft in einem bestimmten kulturellen Milieu in bezug auf das Ziel, den Lebensstandard breiter Volksschichten nachhaltig zu erhöhen, bisher von keinem anderen System auch nur annähernd

---

[41] Mit dem Hinweis auf diesen Rahmen läßt sich dem Einwand beggnen, das marktwirtschaftliche System zerstöre zwangsläufig die natürliche Umwelt. Vgl. dazu unten, 5. Kapitel, Abschnitt II.3 über die Internalisierung externer Effekte.

erreicht wurde. Jedoch ist dieses Urteil durch zwei Hinweise zu relativieren: Marktwirtschaft kann zu nachteiligen Ergebnissen führen und bedarf daher einer Reihe von Korrekturen; und sie ist das Ergebnis eines langen Eingewöhnungsprozesses und daher nicht von heute auf morgen zu haben.

Die erstgenannte Einschränkung besagt, daß sich die eben genannte Basishypothese unter den institutionellen Bedingungen des frühen 19. Jahrhunderts, also in der Entstehungsphase des kapitalistisch-marktwirtschaftlichen Systems, als falsch erwiesen hat. Die im Laufe der Industrialisierung aufgetretenen und zum Teil auf diese zurückzuführenden sozialen Probleme und die mit ihnen wachsende Systemkritik haben dies hinlänglich gezeigt. So führt Wettbewerb zu beträchtlichen und von der Informationsaufgabe her unnötigen Ausgaben für Werbung, wobei Nachfrager auch irregeführt und unzufrieden gemacht werden; er induziert Unternehmenskonzentration und tendiert als instabiles Verfahren zu seiner eigenen Beschränkung und Abschaffung. Diese Entwicklung ist am weitesten auf dem Arbeitsmarkt gediehen, wo im 19. Jahrhundert als *Gegenmacht* zu den Unternehmen als Arbeitsplatzgeber Gewerkschaften entstanden. Sie übernahmen und lösten die historische Aufgabe, die Wochen- und Jahresarbeitszeit zu senken, die primäre Einkommensverteilung zugunsten der unselbständig Beschäftigten zu ändern, betriebliche Mitbestimmungsrechte für sie zu etablieren und ihre Arbeitsbedingungen zu verbessern. Sie setzten aber auch den Wettbewerb auf dem Arbeitsmarkt weitgehend außer Kraft und trieben und treiben eine Lohnpolitik, die die Besetzung vieler Ausbildungs- und geringwertiger Arbeitsplätze unrentabel macht und sie daher fortwährend vernichtet. Das System benachteiligt angesichts seiner Ausrichtung auf die Konkurrenz Schwache, Träge, Ungeschickte, Unbegabte, Glücklose, Kranke und Behinderte so stark, daß man sie nicht allein auf die freiwillige Unterstützung durch die Kleingruppe oder private Mildtätigkeit verweisen kann. Es läßt Überwälzung von Fehlerfolgen auf Unbeteiligte zu, etwa beim Konkurs von Unternehmen auf die Beschäftigten, die ihren Arbeitsplatz verlieren. Großunternehmen und Großaufträge heben Marktvorgänge aus der Anonymität heraus und machen die Beteiligten korruptionsanfällig. Sich selbst überlassene Märkte begünstigen Anbieter von Gütern bei plötzlich auftretender Verknappung in unvertretbar hohem Maße und zeigen mitunter starke Preisschwankungen. Märkte erfassen nicht alle Interaktionen zwischen den Teilnehmern am Wirtschaftsprozeß und benachteiligen dabei unbeteiligte Dritte; sie sind für die Lösung einiger Probleme einfach unzuständig; und die konsequente Verfolgung des Selbstinteresses führt dazu, daß Märkte für wichtige Güter erst gar nicht entstehen, obwohl ihre Existenz die Wohlfahrt aller erhöhen würde. Dies alles wurde zum Anlaß staatlicher Eingriffe genommen, die inzwischen einen solchen Umfang angenommen haben, daß sie das Erscheinungsbild der Marktwirtschaft beherrschend prägen und ihre Funktionsweise in vieler Hinsicht beeinträchtigen. Hauptkennzeichen des heutigen Mischsystems aus privaten und staatlichen Allokationsentscheidungen ist, daß die Eingriffe zum Teil unerwünschte Folgen haben, sich gelegentlich gegenseitig aufheben und vor allem zu einer so massiven Einkommensumverteilung geführt haben, daß der Wille und die Möglichkeit zur Erzielung von Einkommen aus Erwerbstätigkeit bei den Begünstigten einerseits wie bei den durch Steuern Belasteten andererseits beeinträchtigt werden.

Zu einem abschließenden Urteil über die Marktwirtschaft gehört schließlich die Erkenntnis, daß sie wie jedes Wirtschaftssystem in dem Sinne eingeübt sein muß, daß die Teilnehmer in ihrer überwiegenden Mehrzahl

- ihre Signale verstehen, sich nach ihnen richten und ihrerseits verständliche Signale aussenden;
- Vertrauen darauf entwickelt haben, daß beliebige unbekannte Transaktionspartner die Regeln des Systems einhalten werden, so daß man sich auf ihre Reaktionen ganz überwiegend verlassen und ihnen Vertrauensvorschüsse gewähren kann;
- insgesamt die Existenz des Systems als in ihrem Interesse liegend ansehen und es daher (innerlich, aus Überzeugung) akzeptieren.

Die Regeln des Systems betreffen die Verfügungs- und Eigentumsrechte, das Vertrags- und Haftungsrecht, die Grundsätze von Treu und Glauben sowie eine Reihe wirtschaftlicher Handlungsfreiheiten, die zusammen den ordnungspolitischen Rahmen bilden (Einzelheiten unten in Abschnitt I.2 des 5. Kapitels). Letztlich ist es diese gelungene Einübung, der die Bewohner der insgesamt kleinen Zahl wirtschaftlich erfolgreicher Länder in Europa, Nordamerika und Asien ihren hohen Lebensstandard verdanken. Sie erfordert vor allem Zeit, da das Vertrauen auf hinreichende allgemeine Regeltreue erst nach jahrzehntelanger Erfahrung entstehen kann. Sie ist in der überwiegenden Mehrzahl der Entwicklungsländer trotz immenser technischer und finanzieller Hilfe nicht gelungen; und ein eindrucksvolles Zeugnis dafür, daß der Mangel an Einübung das zentrale Problem darstellt, bildet die Entwicklung in der Sowjetunion und den ehemals sozialistischen Ländern Mitteleuropas seit 1985.[42]

Literatur zum dritten Kapitel

Die in diesem Kapitel angeschnittenen Probleme gehören größtenteils zum Standardlehrstoff der Mikroökonomik, der in allen einschlägigen Lehrbüchern behandelt wird. Vgl. dazu Anhang I.

Zu Teil I:

Übersichten über Allokationsverfahren geben

[3.01] K. J. ARROW: The Organization of Economic Activity. Issues Pertinent to the Choice of Market Versus Nonmarket Allocation. S. 67–81 in: R. H. HAVEMAN/J. MARGOLIS: Public Expenditure and Policy Analysis. 2. Aufl. Chicago 1977.
[3.02] M. SHUBIK: On Different Methods for Allocating Resources. Kyklos, Vol. 23, 1970, S. 332–337.

---

[42] Zur Akzeptanz der Marktwirtschaft gehört beispielsweise, die privatwirtschaftliche Tätigkeit des Händlers als selbstverständlich anzusehen, der Ware auf eigene Rechnung kauft und sie mit der Absicht der Gewinnerzielung teurer verkauft. In der Sowjetunion galt dies jedoch seit den Notzeiten nach der Revolution von 1917, als in der Tat in großem Umfang Waren gehortet und auch in der Erwartung von Preissteigerungen vom Markt zurückgehalten wurden, als ein Verbrechen namens „Spekulation". Außerdem wurde von der dortigen Propaganda „Marktwirtschaft" mitsamt dem dazugehörenden Privateigentum an Produktionsmitteln einschließlich Boden mit „Kapitalismus" gleichgesetzt, dessen Bekämpfung als das schlechthin böse, wenngleich absterbende System Daseinszweck der sozialistischen Bewegungen in aller Welt war. Offenbar ist jedes Volk mit dem Ansinnen überfordert, eine solche in Jahrzehnten verinnerlichte Sicht innerhalb weniger Jahre zu verlernen.

[3.03] L. HURWICZ: The Design of Mechanisms for Resource Allocation. AER-P & P, Vol. 63, 1973, S. 1–30.

[3.04] C. SEIDL: Allokationsmechanismen. Ein Überblick über dynamische mikroökonomische Totalmodelle. S. 123–205 in: SCHENK [5.30].

[3.05] D. E. CAMPBELL: Resource Allocation Mechanisms. Cambridge u. a. 1987. XIII, 183 S.

Transaktionsaufwendungen stehen im Mittelpunkt der Untersuchungen von

[3.06] L. WEGEHENKEL: Gleichgewicht, Transaktionskosten und Evolution. Eine Analyse der Koordinierungseffizienz unterschiedlicher Wirtschaftssysteme. Tübingen 1981. IX, 170 S.

[3.07] O. E. WILLIAMSON: The Economic Institutions of Capitalism. Firms, Markets, Relational Contracting. New York u. a. 1985. XIV, 450 S.
Deutsch: Die ökonomischen Institutionen des Kapitalismus. Unternehmen, Märkte, Kooperationen. Tübingen 1990. XV, 382 S.

Probleme der Transferwirtschaft finden angesichts der heutigen massiven staatlichen Umverteilung zunehmendes Interesse. Vgl.

[3.08] K. E. BOULDING/M. PFAFF (Hg.): Redistribution to the Rich and the Poor. The Grants Economics of Income Distribution. Belmont 1972. 390 S.

[3.09] K. E. BOULDING: The Economy of Love and Fear. A Preface to Grants Economics. Belmont 1973. 116 S.

Zu den Teilen II und III:

Monographien, in denen mehrere der Themen dieses Kapitels, nicht jedoch die Theorie des privaten Haushalts und des Unternehmens behandelt werden, sind

[3.10] F. MACHLUP: The Economics of Sellers' Competition. Model Analysis of Sellers' Conduct. Baltimore 1952. XX, 582 S.
Deutsch: Wettbewerb im Verkauf. Modellanalyse des Anbieterverhaltens. Göttingen 1966. XVIII, 568 S.

[3.11] E. HEUSS: Allgemeine Markttheorie. Tübingen u. a. 1965. IX, 275 S.

[3.12] M. BORCHERT/H. GROSSEKETTLER: Preis- und Wettbewerbstheorie. Marktprozesse als analytisches Problem und ordnungspolitische Gestaltungsaufgabe. Stuttgart u. a. 1985. 371 S.

[3.13] K. BAIN/P. HOWELLS: Understanding Markets. An Introduction to the Theory, Institutions and Practice of Markets. Hemel Hempstead 1988. XIII, 254 S.

Zur Theorie und Funktionsweise des Wettbewerbs vgl.

[3.14] F. A. HAYEK: Der Sinn des Wettbewerbs. S. 122–140 in: Individualismus und wirtschaftliche Ordnung. 1952, Nachdruck Salzburg 1976.

[3.15] P. W. S. ANDREWS: On Competition in Economic Theory. London u. a. 1964. IX, 141 S.

[3.16] E. HOPPMANN: Zum Problem einer wirtschaftspolitisch praktikablen Definition des Wettbewerbs. S. 9–49 in: SCHNEIDER [5.63]; HOPPMANN [5.70].

[3.17] E. KANTZENBACH/H. H. KALLFASS: Das Konzept des funktionsfähigen Wettbewerbs. S. 104–127 in: COX/JENS/MARKERT [5.66].

[3.18] C. W. NEUMANN: Historische Entwicklung und heutiger Stand der Wettbewerbstheorie. Königstein 1982. 318 S.

[3.19] N. J. IRELAND: Product Differentiation and Non-Price Competition. Oxford 1987. 192 S.

[3.20] T. BURKE/A. GENN-BASH/B. HAINES: Competition in Theory and Practice. London u. a. 1988. XI, 257 S.

Sammelbände zum Thema sind

[3.21] K. HERDZINA (Hg.): Wettbewerbstheorie. Köln 1975. 383 S.

[3.22] G. BOMBACH/B. GAHLEN/A. E. OTT (Hg.): Probleme der Wettbewerbstheorie und -politik. Tübingen 1976. IX, 422 S.

[3.23] T. M. DEVINNEY (Hg.): Issues in Pricing. Theory and Research. Lexington u. a. 1988. IX, 412 S.

Theoretische und empirische Untersuchungen des eng mit der Frage der Marktformen zusammenhängenden unternehmerischen Preisverhaltens sind

[3.24] A. SILBERSTON: Surveys of Applied Economics: Price Behaviour of Firms. EJ, Vol. 80, 1970, S. 511–582.
[3.25] S. WIED-NEBBELING: Industrielle Preissetzung. Eine Überprüfung der marginal- und vollkostentheoretischen Hypothesen auf empirischer Grundlage. Tübingen 1975. VIII, 334 S.
[3.26] H. SCHMALEN: Preispolitik. Stuttgart u. a. 1982. 199 S.
[3.27] F. BÖCKER (Hg.): Preistheorie und Preisverhalten. München 1982. XII, 299 S.
[3.28] S. WIED-NEBBELING: Das Preisverhalten in der Industrie. – Ergebnisse einer erneuten Befragung –. Tübingen 1985. XI, 220 S.
[3.29] C. ZEELENBERG: Industrial Price Formation. Amsterdam u. a. 1986. XVIII, 250 S.
[3.30] N. DORWARD: The Pricing Decision. Economic Theory and Business Practice. London u. a. 1987. XVI, 182 S.

Zu Teil IV:

Das Informationsproblem behandeln unter dem Aspekt der Funktionsweise von Allokationsverfahren und Wirtschaftssystemen

[3.31] F. A. HAYEK: The Use of Knowledge in Society. AER, Vol. 35, 1945, S. 519–530. Deutsch: Die Verwertung des Wissens in der Gesellschaft. S. 103–121 in: Individualismus und wirtschaftliche Ordnung. 1952, Nachdruck Salzburg 1976.
[3.32] M. TIETZEL: Wirtschaftstheorie und Unwissen. Überlegungen zur Wirtschaftstheorie jenseits von Risiko und Unsicherheit. Tübingen 1985. VIII, 208 S.

Übersichten und Sammelbände zur neueren Markttheorie, in der Unsicherheit und Informationsprobleme ausdrücklich berücksichtigt werden, sind

[3.33] D. M. LAMBERTON (Hg.): Economics of Information and Knowledge. Selected Readings. Harmondsworth 1971. 384 S.
[3.34] P. DIAMOND/M. ROTHSCHILD (Hg.): Uncertainty in Economics. Readings and Exercises. New York u. a. 1978. XI, 556 S.
[3.35] J. HIRSHLEIFER/J. G. RILEY: The Analytics of Uncertainty and Information — An Expository Survey. JELit, Vol. 17, 1979, S. 1375–1421.
[3.36] M. GALATIN/R. D. LEITER (Hg.): Economics of Information. Boston u. a. 1981. 257 S.
[3.37] E. STREISSLER (Hg.): Information in der Wirtschaft. Berlin 1982. XI, 409 S.
[3.38] J. D. HEY/P. J. LAMBERT (Hg.): Surveys in the Economics of Uncertainty. Oxford u. a. 1987. 232 S.
[3.39] L. PHLIPS: The Economics of Imperfect Information. Cambridge u. a. 1988. XIV, 281 S.

Zum Innenseiterproblem nach dem jeweiligen Stand vgl.

[3.40] K. J. HOPT/M. R. WILL: Europäisches Insiderrecht. Einführende Untersuchung — Ausgewählte Materialien. Stuttgart 1973. XV, 188, 168 S.
[3.41] U. PFISTERER: Machtmißbrauch im Wertpapierhandel durch Insider. Implikationen für die Bundesrepublik Deutschland aus Erfahrungen in den USA. Tübingen 1976. XII, 154 S.
[3.42] H. RODRIAN: Insider-Regelungen. Insiderhandels-Richtlinien, Händler- und Beraterregeln und Verfahrensordnung. Textausgabe mit Erläuterungen. Berlin 1977. 96 S.

Eine ausgezeichnete Sammlung zu Fragen der Suchtheorie ist

[3.43] S. A. LIPPMAN/J. J. MCCALL: Studies in the Economics of Search. Amsterdam 1979. 225 S.

Das Verdienst, als erster die Marktwirtschaft als Allokations- und Verteilungssystem gesehen zu haben, gebührt

[3.44] A. SMITH: An Inquiry into the Nature and the Causes of the Wealth of Nations. 1776, viele Nachdrucke. Standardausgabe hg. von E. CANNAN. London 1904, ebenfalls viele Nachdrucke.
Deutsch: Der Wohlstand der Nationen. Eine Untersuchung seiner Natur und seiner Ursachen. Hg. von H.C. RECKTENWALD, München 1974. LXXIX, 860 S.

Viele Autoren setzen mit dem Erscheinen dieses Werkes den Beginn der wissenschaftlichen Nationalökonomie gleich. Aufsatzsammlungen zu heutigen Problemen der Marktwirtschaft sind

[3.45] D. CASSEL/G. GUTMANN/H. J. THIEME (Hg.): 25 Jahre Marktwirtschaft in der Bundesrepublik Deutschland. Konzeption und Wirklichkeit. Stuttgart 1972. VIII, 417 S.
[3.46] E. TUCHTFELDT (Hg.): Soziale Marktwirtschaft im Wandel. Freiburg 1973. 256 S.
[3.47] P. HARBUSCH/D. WIEK (Hg.): Marktwirtschaft. Eine Einführung in das Konzept der freiheitlichen Wirtschaftsordnung. Stuttgart 1975. 329 S.

Die Ideen über Zusammenhänge zwischen Marktwirtschaft und Gesellschaft untersucht

[3.48] A.O. HIRSCHMAN: Rival Interpretations of Market Society: Civilising, Destructive, or Feeble? JELit, Vol. 20, 1982, S. 1463–1484.

Der führende Theoretiker der Marktwirtschaft ist neben M. FRIEDMAN (vgl. S. 9, Anm. 4)

[3.49] F. A. v. HAYEK: Recht, Gesetzgebung und Freiheit. Bd. 1: Regeln und Ordnung. 1980, 2. Aufl. Landsberg 1986. 229 S. – Bd. 2: Die Illusion der sozialen Gerechtigkeit. 1981. 248 S. – Bd. 3: Die Verfassung einer Gesellschaft freier Menschen. 1981. 288 S.

Mit der auf etwa 12 Jahre veranschlagten Herausgabe seines mehr als 20 Bände umfassenden Gesamtwerkes wurde begonnen:

[3.50] W. W. BARTLEY III (Hg.): The Collected Works of Friedrich August Hayek. Vol. I: The Fatal Conceit. The Errors of Socialism. London u.a. 1988. XIII, 180 S.

Viertes Kapitel

Marktstrukturen, Marktverhalten und Marktergebnisse

Dieses Kapitel enthält in der Hauptsache Analysen der wichtigsten Marktformen, mit denen die Ergebnisse des 3. Kapitels vertieft werden. Vorweg wird als Maßstab zu ihrer Beurteilung das allgemeine mikroökonomische Gleichgewichtsmodell zusammen mit daran anknüpfenden Überlegungen zur Allokationseffizienz und Wohlfahrt in seinen Grundzügen vorgestellt. Das Modell beruht auf Annahmen über Verhaltensweisen der privaten Haushalte und Produktionsunternehmen, die bereits im 1. und 2. Kapitel diskutiert wurden und faßt diese mit dem Modell des vollkommenen Marktes aus dem 3. Kapitel zu einem einheitlichen, wenngleich idealisierten Gesamtbild des Wirtschaftsprozesses einer Marktwirtschaft zusammen. Teil II enthält dynamische Marktmodelle und zeigt damit Versuche, den Wirtschaftsprozeß ausschnittsweise im Zeitablauf zu verfolgen. In den Teilen III bis VI wird über weitere Analysen der wichtigsten Marktformen berichtet, wobei explizit berücksichtigt wird, daß im Tauschverkehr auch Partner mit Marktmacht zusammentreffen und daß nicht alle Teilnehmer die Rahmenbedingungen von Märkten als unverrückbare Daten ansehen. Das Kapitel schließt mit einer Diskussion der Unzulänglichkeiten des Allokationsverfahrens „Marktwirtschaft". Deren prominenteste ist die Tendenz zur Wettbewerbsbeschränkung (Teil VII); über weitere wird in Teil VIII berichtet. Diese Überlegungen bilden den Ausgangspunkt und die Rechtfertigung für staatliche Eingriffe in die Allokation und leiten damit zum 5. Kapitel über.

I. Gesamtwirtschaftliche Effizienz und Wohlfahrt

1. Allokation als gesamtwirtschaftliches Problem. Im bisherigen Text wurden im wesentlichen die Verhaltensweisen einzelner Wirtschaftssubjekte und die Ergebnisse ihres Zusammenwirkens auf einzelnen Märkten analysiert. Das wirtschaftliche Geschehen außerhalb des betrachteten Ausschnitts wurde ignoriert, methodisch durch die Ceteris-paribus-Klausel sozusagen stillgelegt. So wird auch in den folgenden Teilen dieses Kapitels verfahren. Daneben besteht jedoch ein Interesse daran, das Zusammenwirken sämtlicher Wirtschaftssubjekte einer Volkswirtschaft zu untersuchen. Aus diesem ergibt sich die Allokation der Produktionsfaktoren und Produkte, und wer die Funktionsweise eines Allokationsverfahrens (vgl. S. 278–282) beurteilen will, muß einen Maßstab haben. Grundlegend für die Untersuchung des Systems der Marktwirtschaft wäre daher ein Modell, anhand dessen man gesamtwirtschaftlich-mikroökonomische (vgl. S. 29) statische, komparativ-statische und dynamische Analysen (vgl. S. 56–59) vornehmen und die Ergebnisse mit beobachteten Situationen und Abläufen vergleichen könnte. Zeigt die Realität hierbei unbefriedigende Resultate, lassen sich diese möglicherweise durch Änderungen etwa der Rahmenbedingungen des Prozesses verbessern. Ein solches umfassendes Modell existiert allerdings zur Zeit nicht. Einige Überlegungen zum Problem des Vergleichsmaßstabs sind jedoch vorhanden und werden im folgenden vorgeführt.

Ausgangspunkt ist das Modell des vollkommenen Marktes, das in Abschnitt III.1 des 3. Kapitels der Beschreibung der wichtigsten Marktformen vorangestellt wurde. Bei seiner Übertragung auf eine Volkswirtschaft ist vor allem die schon mehrfach betonte Interdependenz aller ökonomischen Variablen zu berücksichtigen. Je nachdem, in welcher Höhe sich der Gleichgewichtspreis etwa auf einem Konsumgütermarkt einstellt, wendet ein privater Haushalt einen bestimmten Teil seines Einkommens für den Kauf des betreffenden Gutes x_i auf. Damit ist aber eine Beschränkung der Ausgaben für alle anderen Güter gegeben, und wenn sich ein anderer Gleichgewichtspreis für x_i einstellt, ändert sich auch die Ausgabensumme für die anderen Güter, sofern die Nachfrageelastizität in bezug auf x_i von -1 verschieden ist. Alle Märkte hängen daher zusammen: Ändern sich Preis und Menge auf nur einem Markt, so wirkt sich das auf alle anderen Preise und Mengen aus. Diese können auch nicht nacheinander, Markt für Markt, ermittelt, sondern müssen simultan bestimmt werden. Die Interdependenz zeigt sich ferner daran, daß die Konsumgüternachfrage der Haushalte auch durch ihre Einkommen bestimmt wird, deren Höhe wiederum vom Angebot der Haushalte an Produktionsfaktoren, der Nachfrage nach diesen und damit den sich daraus ergebenden Preisen abhängt. Betrachtet man das System der in dieser Weise zusammenhängenden Märkte einer Volkswirtschaft, dann erheben sich unter der Voraussetzung, daß die Präferenzen der privaten Haushalte und entweder eine Erstausstattung mit Gütern oder bestimmte Produktionsmöglichkeiten gegeben sind, vor allem drei Fragen. Die erste lautet:

– Unter welchen Voraussetzungen existiert ein System von Preisen derart, daß auf allen Märkten gleichzeitig statisches Gleichgewicht herrscht?

Das ist die Frage nach der Existenz eines gesamtwirtschaftlichen (auch: allgemeinen, totalen) mikroökonomischen Gleichgewichts. Bei ihrer Beantwortung ist beispielsweise zu berücksichtigen, daß die auf den einzelnen Märkten entstehenden Preise wie auch die umgesetzten Mengen in ihrer Eigenschaft als ökonomische Größen Beschränkungen unterliegen: Sie können nicht negativ sein. Der Nachweis der Existenz und die Klarstellung der Voraussetzungen gelangen in den dreißiger Jahren dieses Jahrhunderts und gelten als eine der großen Leistungen der Wirtschaftstheorie.

Ist der Nachweis geführt, daß ein solches Preissystem unter gewissen Voraussetzungen existiert, dann kann zweitens gefragt werden:

– Welche Bedingungen sind in bezug auf das Angebots- und Nachfrageverhalten, die Produktionstätigkeit und damit die Güterallokation erfüllt, wenn auf allen Märkten Gleichgewicht herrscht?

Das ist die Frage nach den Eigenschaften eines allgemeinen mikroökonomischen Gleichgewichts. Dabei wird gewöhnlich unterstellt, daß sich die Wirtschaftssubjekte mit kleinen Änderungen ihrer Instrumentvariablen an kleine Änderungen ihrer Daten und Zielvariablen angepaßt haben. Die Marginalanalyse ist dann das angemessene Verfahren zur Untersuchung dieses Zustandes, und dieser wird durch die Erfüllung bestimmter *Marginalbedingungen* gekennzeichnet.

Schließlich ist zu untersuchen, inwiefern ein allgemeiner Gleichgewichtszustand in irgendeinem Sinne wünschenswert sein könnte. Das läuft auf die dritte Frage hinaus:

– Wie ist die Güterallokation bei Vorliegen teil- und gesamtwirtschaftlicher Gleichgewichtszustände zu bewerten und daher gegebenenfalls wirtschaftspolitisch zu beurteilen?

Da Endziel aller wirtschaftspolitischen Betätigung offenbar, allgemein formuliert, die Förderung der Wohlfahrt sein muß, wird hiermit ein Problem der *Wohlfahrtsökonomik* angeschnitten. Die Frage leitet damit zu den weiter unten behandelten Problemen der Beurteilung einzelner Marktformen, der Wettbewerbsbeschränkung, der Marktkritik und schließlich der staatlichen Eingriffe in Märkte über. Die drei eben genannten Fragen werden in diesem Teil I diskutiert.

2. Ein gesamtwirtschaftlich-mikroökonomisches Gleichgewichtsmodell. Die Voraussetzungen eines allgemeinen mikroökonomischen Gleichgewichtsmodells sind:

– Es wird eine dezentrale Marktwirtschaft ohne wirtschaftliche Beziehungen zum Ausland und ohne Staat betrachtet, in der es zwei Arten von Wirtschaftssubjekten, private Haushalte und private Produktionsunternehmen, gibt;

– Die Haushalte sind Eigentümer von Bestandsfaktoren, bieten deren Nutzungen einschließlich Arbeitsleistungen den Unternehmen an und fragen aufgrund der so erzielten Einkommen Konsumgüter nach, die sie unter Berücksichtigung ihrer Budgetrestriktionen nach Art und Menge so wählen, daß sie ihren Nutzen maximieren. Die Grenzrate der Substitution jedes Gutes durch irgendein anderes nimmt ab, eine Sättigung mit irgendeinem Gut tritt nicht ein.

– Unternehmen fragen Produktionsfaktoren nach und produzieren Güter im Bereich konstanter oder fallender Skalenerträge, wobei sie nach Gewinnmaximierung streben und ihre sämtlich mit abnehmender Grenzrate substituierbaren Produktionsfaktoren daher so wählen, daß kein anderes Güterangebot zugleich technisch möglich ist und höheren Gewinn erwarten läßt;

– Die in nichtnegativen Mengen produzierten und beliebig teilbaren Güter unterscheiden sich durch ihre physischen Eigenschaften voneinander. Dazu gehört auch der Ort, an dem sie zu haben sind. Jedes Gut hat einen nichtnegativen Preis.

– Alle Substitutionen können kostenlos vorgenommen werden, weil insbesondere alle Produktionsfaktoren perfekt mobil sind; es gibt also weder Substitutionslücken noch Transaktions- oder Informationsaufwendungen;

– Alle Märkte sind vollkommene Märkte im Sinne der Definition 3.4 (S. 314), so daß alle Wirtschaftssubjekte auf allen Märkten als Mengenanpasser handeln;

– Geld tritt nur als Recheneinheit auf, insbesondere ist die in der Realität wegen unvollständiger Informationen über Zahlungstermine erforderliche Geldhaltung unnötig;

– Außerhalb der explizit betrachteten Marktbeziehungen bestehen keine Einflüsse der Akteure aufeinander. Weder richtet sich ein Konsument bei seinen Kaufentscheidungen nach denen anderer Haushalte, noch wirken beispielsweise Umweltbeeinträchtigungen bei der Produktion negativ auf Konsumenten oder andere Produzenten ein, noch gibt es andere Allokationsverfahren wie etwa Transfers;

– Präferenzordnungen, die Produktionstechnik und die verfügbaren Mengen an Produktionsfaktoren bleiben während der betrachteten Periode konstant;
– Die Analyse ist statisch, es werden also keine Anpassungsprozesse, sondern nur deren Ergebnisse betrachtet. Investitionsentscheidungen, in die typischerweise mehrere Perioden einbezogen werden, bleiben außer Betracht, und die Haushalte sparen nicht.

Eine Skizze dieses Zustandes in Gestalt eines Gleichungssystems besteht angesichts der beiden Gruppen von Wirtschaftssubjekten aus je zwei Sätzen von Nachfragefunktionen, Budgetgleichungen und Gleichgewichtsbedingungen und könnte wie folgt aussehen.

Modell 4.1 – *Das gesamtwirtschaftliche mikroökonomische Gleichgewicht*

(1) Nachfragefunktionen

(1.1) Es gibt in der Volkswirtschaft M private Haushalte und N Konsumgüter. Die Nachfrage x_{nm} des Haushalts m nach dem Konsumgut x_n ist eine Funktion sämtlicher Konsumgüterpreise $p_1 \ldots p_N$ und des Einkommens y_m dieses Haushalts:

$$x_{nm} = x_{nm}(p_1, p_2, \ldots, p_N, y_m), \quad \text{worin} \quad \begin{array}{l} n = 1 \ldots N \\ m = 1 \ldots M. \end{array} \qquad (4.1\text{-I})$$

Dies ist eine verallgemeinerte Fassung der Gleichungen (1.16) S. 98. Man kann sie sich wie jene aus den Indifferenzkurvensystemen der Haushalte als Ergebnis eines Optimierungskalküls abgeleitet denken.

(1.2) Für jedes Konsumgut x_n existiert eine Produktionsfunktion, aufgrund derer einige oder alle von R Produktionsfaktoren v_r nachgefragt werden. Die Nachfrage der Produktionsunternehmung s ($s = 1 \ldots S$) nach dem Faktor v_r zur Herstellung des Gutes x_n, also v_{rn}^s, hängt von der hergestellten und angebotenen Menge x_n und damit von deren Preis p_n sowie von den Preisen q_r sämtlicher R Faktoren ab:

$$v_{rn}^s = v_{rn}^s(p_n, q_1, q_2, \ldots, q_R), \quad \text{worin} \quad \begin{array}{l} s = 1 \ldots S \\ r = 1 \ldots R \\ n = 1 \ldots N. \end{array} \qquad (4.1\text{-II})$$

(2) Budgetgleichungen

(2.1) Das Einkommen y_m jedes Haushalts m entstammt dem Verkauf von Produktionsfaktoren v_{rm}, von denen er eine Erstausstattung besitzt, zu den Preisen $q_1 \ldots q_R$. Zur Vereinfachung sei angenommen, daß die Mengen v_r bekannt sind und völlig preisunelastisch angeboten werden. Das Einkommen y_m des Haushalts m ist dann

$$y_m = \sum_r q_r \bar{v}_{rm}, \quad \text{worin} \quad \begin{array}{l} m = 1 \ldots M \\ r = 1 \ldots R. \end{array} \qquad (4.1\text{-III})$$

Der Querstrich über den $\bar{v}_{rm}$ deutet an, daß sie nicht zu den Variablen des Problems gehören.

(2.2) Bei jedem Produktionsunternehmen s muß es für jedes von ihm erzeugte Konsumgut x_n^s eine Budgetgleichung geben, gemäß der die Erlöse aus dem Verkauf dieses Gutes gleich den Aufwendungen für seine Herstellung sind:

$$p_n x_n^s = \sum_r q_r v_{rn}^s, \quad \text{worin} \quad \begin{array}{l} n = 1 \ldots N \\ s = 1 \ldots S \\ r = 1 \ldots R. \end{array} \qquad (4.1\text{-IV})$$

Gewinne entstehen unter den Voraussetzungen des Modells nicht oder sind als Normalrendite des eingesetzten Realkapitals in die Aufwendungen einkalkuliert (vgl. S. 213).

(3) Gleichgewichtsbedingungen

(3.1) Für jeden der N Konsumgütermärkte muß gelten, daß die bei dem herrschenden Preis von allen M Haushalten zusammen nachgefragte Menge gleich der von allen S Unternehmen zusammen angebotenen ist:

$$\sum_m x_{nm} = \sum_s x_n^s, \quad \text{worin} \quad \begin{aligned} n &= 1 \ldots N \\ m &= 1 \ldots M \\ s &= 1 \ldots S. \end{aligned} \qquad (4.1\text{-V})$$

(3.2) Für jeden der R Faktormärkte muß gelten, daß die von allen S Unternehmen insgesamt nachgefragte gleich der insgesamt vorhandenen und angebotenen Menge ist:

$$\sum_s \sum_n v_{rn}^s = \sum_m \bar{v}_{rm}, \quad \text{worin} \quad \begin{aligned} s &= 1 \ldots S \\ n &= 1 \ldots N \\ r &= 1 \ldots R \\ m &= 1 \ldots M. \end{aligned} \qquad (4.1\text{-VI})$$

Das System enthält keine Angebotsfunktionen für die Konsumgüter, und diese sind auch nicht nötig: Da für jedes Konsumgut gemäß (1.2) Nachfragefunktionen für alle Produktionsfaktoren existieren, in denen auch der Preis des Gutes selbst enthalten ist, liegt seine Menge für alle Kombinationen dieses Preises mit den Faktorpreisen und damit sein Angebot fest. Die Herstellung von Zwischenprodukten — Endprodukte eines Unternehmens sind Vorleistungen für andere — wird nicht gesondert betrachtet, ließe sich aber ohne Schwierigkeiten in das Modell einfügen.

Bevor Fragen an dieses Modell gerichtet werden, ist eine Übersicht darüber zweckmäßig, wieviel Gleichungen und abhängige Variable es enthält. Tabelle 4.1 liefert diese Übersicht, wobei die Nummern in den Fächern denen des Modells entsprechen. Wie sich zeigt, ist die Zahl der Gleichungen gleich der Zahl der Unbekannten. Diese Tatsache wäre für die Lösung des Systems jedoch nur dann von Bedeutung, wenn alle Gleichungen voneinander unabhängig wären. Das ist nicht der Fall. Wenn die Haushalte gemäß Voraussetzung nicht sparen, dann haben sie mit ihren Entscheidungen über die Nachfrage nach beliebig herausgegriffenen $N-1$ der N Konsumgüter zwangsläufig auch schon über die Nachfrage nach dem N-ten Gut mitentschieden, da die dann noch vorhandenen Einkommensreste für dieses Gut ausgegeben werden. In dem Gleichungssystem hängt also eine der Gleichungen von den anderen ab (oder: Die Zahl der voneinander unabhängigen Gleichungen ist um eins kleiner als die Zahl der Unbekannten, oder: Das System hat einen Freiheitsgrad). Dies ist eine Folgerung aus der *Walrassches Gesetz* genannten buchhalterischen Tatsache, daß in einer geschlossenen Wirtschaft wie der vorliegenden der Wert des gesamten Güterangebots gleich dem Wert der gesamten Güternachfrage sein muß unabhängig davon, ob die Preise Gleichgewichtspreise sind oder nicht. Eine der Unbekannten kann also beliebig festgelegt werden. Dies kann etwa der Preis für ein Gut sein, und man kann dann die Mengeneinheit eines Gutes als Recheneinheit[1] wählen und die Preise der

---

[1] Häufig wird hierfür auch in deutsch- und englischsprachigen Texten die französische Bezeichnung „numéraire" benutzt.

Tabelle 4.1 – *Gleichungen und Variable im Modell des gesamtwirtschaftlichen mikroökonomischen Gleichgewichts*

	Zahl der	
	Gleichungen	Variablen
(1.1) Wenn M Haushalte je N Konsumgüter nachfragen, beträgt die Zahl der Gleichungen: Unbekannt sind N Preise, M Einkommen und die $N \cdot M$ Konsumgütermengen:	$M \cdot N$	$N + M + N \cdot M$
(1.2) S Unternehmen fragen je R Produktionsfaktoren zur Herstellung von N Gütern nach: Unbekannt sind die jeweiligen Mengen sowie die R Faktorpreise: Die N Konsumgüterpreise sind schon unter (1.1) erfaßt.	$S \cdot R \cdot N$	$S \cdot R \cdot N + R$
(2.1) Für jeden Haushalt m existiert eine Budgetgleichung: Die Einkommen sind unter (1.1) erfaßt; die Faktormengen sind gegeben, ihre Preise sind unter (1.2) erfaßt.	M	
(2.2) Für jedes der S Unternehmen existiert für jedes der N Konsumgüter eine Budgetgleichung: Unbekannt sind die von den S Unternehmen hergestellten Konsumgütermengen:	$S \cdot N$	$S \cdot N$
(3.1) Für jeden Konsumgütermarkt existiert eine Gleichgewichtsbedingung: Die Unbekannten x_{nm} und x_n^s sind bereits unter (1.1) und (1.2) genannt.	N	
(3.2) Für jeden Faktormarkt existiert eine Gleichgewichtsbedingung: Die Unbekannten v_m^s sind bereits unter (1.2) genannt.	R	
Zahl der Gleichungen gleich Zahl der Variablen:	$N(M + S \cdot R + S + 1) + M + R$	

$N-1$ anderen Güter in dieser ausdrücken. Wählt man Gold bei einem Preis von 20 DM je Gramm als Rechengut, dann lassen sich alle anderen Preise in Gramm Gold als Recheneinheit ausdrücken, indem man sie durch den Goldpreis dividiert. Der Preis von 180 DM etwa für ein Paar Schuhe wird so zu 9 g Gold/Paar Schuhe. Die Tatsache, daß die Zahl der Gleichungen des Modells 4.1 nur hinreicht, relative Preise (Preisverhältnisse) zu bestimmen, ist gleichbedeutend mit der Eigenschaft, daß sich bei einer Verdoppelung oder Ver-z-fachung ($z > 0$) aller Preise (einschließlich der Preise der Produktionsfaktoren und damit der Einkommen) real nichts ändert, die nachgefragten wie auch die produzierten Mengen also gleich bleiben. Dies war S. 99 für die aus einem Indifferenzkurvensystem abgeleiteten Nachfragefunktionen eines Haushalts gezeigt worden. Auch für ein Unternehmen ändert sich nichts, wenn sich die Preise aller seiner Produktionsfaktoren und Produkte um den gleichen Prozentsatz ändern. Das gesamte System ist also in bezug auf die Preise homogen vom Grad null.

Bemerkenswert ist, daß bei der mit diesem Gleichungssystem unternommenen gesamtwirtschaftlich-mikroökonomischen Analyse Preise und Einkommen abhängige Variable sind, während sie bei einzelwirtschaftlichen Analysen wie denen des 1. und 2. Kapitels meist als Daten betrachtet werden. Dies sind sie hier immer noch vom Standpunkt der einzelnen Akteure, nicht mehr aber für den Wirtschaftswissenschaftler, der nach der Existenz und Struktur des Preissystems fragt, bei dem alle Wirtschaftspläne der Konsumenten und Produzenten miteinander vereinbar sind.

Die eingangs gestellte Frage, ob ein Satz nichtnegativer Preise, Gütermengen und Einkommen existiert, der einem simultanen Gleichungssystem wie dem vorstehenden genügt, läßt sich nicht auf einfache Weise beantworten. Die eben festgestellte Übereinstimmung der Zahl der Gleichungen mit der Zahl der abhängigen Variablen ist schon mathematisch weder eine notwendige noch eine hinreichende Bedingung für die Existenz einer Lösung. Hinzu kommt, daß mathematische Lösungen von Gleichungssystemen bei dem gewählten Ansatz ökonomisch nicht interpretierbar und daher unbrauchbar sind, wenn sie zu negativen oder nichtreellen Werten der abhängigen Variablen führen. Die Gleichungen des Modells 4.1 sind so allgemein gehalten, daß sich Angebots- und Nachfragekurven auch nicht oder bei negativen Werten von Preisen oder Mengen schneiden könnten, und auch nichtreelle, triviale oder (bei nichtlinearen Funktionen) multiple Lösungen könnten vorkommen. Das Problem wäre leichter zu lösen, wenn Werte für die Parameter der Gleichungen vorlägen. Da diese jedoch angesichts der Betrachtungsebene „Volkswirtschaft" nicht beschafft werden können, geht man so vor, daß gewisse theoretisch akzeptable Annahmen über die Verläufe der Verhaltens-(einschließlich Produktions-)funktionen gemacht werden und dann die Existenz einer Lösung nachgewiesen wird. Das Ergebnis läßt sich wie folgt zusammenfassen, wobei die zu Beginn dieses Abschnitts gemachten allgemeinen Voraussetzungen gelten:

Satz 4.1: *In einem System vollkommener Märkte existiert ein allgemeines mikroökonomisches Gleichgewicht, wenn alle Güter beliebig teilbar und substituierbar sind, Indifferenzkurven und Isoquanten konvex verlaufen, die Akteure sich nicht außerhalb von Märkten ökonomisch beeinflussen, nirgends mit zunehmenden Skalenerträgen produziert wird und jeder Haushalt mindestens einen Produktionsfaktor anbietet.*

Im Prinzip erlaubt das Gleichungssystem also zu berechnen, welche Mengen welcher Konsumgüter jeder Haushalt zu welchen Preisen im Gleichgewicht kauft, zu welchen Preisen er seine Produktionsfaktoren verkauft und wie hoch daher sein Einkommen ist. Das Problem der Koordinierung der Wirtschaftspläne ist gelöst, die Marktentscheidungen der Haushalte und Unternehmen sind miteinander vereinbar, das scheinbare Chaos unzähliger selbständiger Einzelentscheidungen wird durch die Gleichgewichtspreise geordnet. Jedoch bleiben die Betriebsgrößen und damit die Zahl der Unternehmen in diesem System unbestimmt, sofern überall mit konstanten Skalenerträgen produziert wird. Dies läßt sich wie folgt zeigen. Bei linear-homogenen Produktionsfunktionen wird die Produktmenge ohne Rest verteilt, wenn alle Lieferanten von Produktionsfaktoren mit den Werten ihrer Grenzprodukte entlohnt werden (vgl. S. 193 f.). Erlöse und Kosten und daher auch der Gewinn je Produktmengeneinheit sind dann unabhängig von der Produktmenge und konstant. Ist der Stückgewinn positiv, dann wird der Gesamtgewinn bei einer über alle Grenzen wachsenden Produktmenge maximiert. Ist er negativ, lohnt es, überhaupt nicht zu produzieren. Ist er gleich null, ist der Gesamtgewinn ebenfalls null und die Produktmenge des einzelnen Unternehmens unter dem Ziel der Gewinnmaximierung daher unbestimmt. Zwar liegt die Gesamtmenge jedes Konsumguts fest, da sie bei den sich einstellenden Preisen durch die Gesamtnachfrage der Haushalte gemäß den Gleichungen (4.1-V) bestimmt wird, aber es gibt beliebig viele Möglichkeiten, die jeweilige Gesamtmenge auf eine damit erst festzulegende Zahl von Produzenten aufzuteilen. Anders ausgedrückt: Die Größe jeder Industrie als Zusammenfassung aller Produzenten desselben Gutes wird vom System determiniert, nicht aber die Aufteilung der Gesamtmenge auf einzelne Unternehmen.

Die primäre Einkommensverteilung wird im Modell durch die Erstausstattung der Haushalte mit Produktionsfaktoren gemäß den Gleichungen (4.1-III), deren völlig unelastischem Angebot und ihren sich aus der Nachfrage nach ihnen ergebenden Preisen bestimmt. Hier könnte man sich an tatsächliche Gegebenheiten durch die Annahme annähern, daß jeder Inhaber von Produktionsfaktoren einen Teil von ihnen zum eigenen Gebrauch zurückhält und daraus Nutzen zieht. Beispielsweise können Anbieter von Arbeitsleistungen deren Erträge gegen den Nutzen zusätzlicher Freizeit abwägen (vgl. S. 153 f.). An die Stelle des völlig unelastischen Angebots an Produktionsfaktoren träten dann allgemeiner Angebotsfunktionen. Auch in diesem Fall ist aber das Modell in bezug auf die Einkommensverteilung neutral: Ob diese akzeptabel erscheint oder durch Umverteilungsmaßnahmen korrigiert werden sollte, wird nicht diskutiert.

Den zeitlichen Aspekt des Allokationsproblems kann man dadurch in das Modell einbeziehen, daß man Güter, die zu unterschiedlichen Zeiten verfügbar sind, als verschieden betrachtet. Das setzt allerdings ein umfangreiches System von Terminmärkten voraus, die in Wirklichkeit wegen der mit ihnen verbundenen unsicheren Erwartungen und hoher Transaktionskosten nur spärlich vorhanden sind.

Ist der Nachweis der Existenz eines Gleichgewichts gelungen, stellt sich als nächstes die Frage nach der Stabilität dieses Zustandes. Wenn das System infolge einer exogenen Störung ins Ungleichgewicht gerät, oder wenn eine Ausgangssituation von vornherein ungleichgewichtig ist — treten dann Reaktionen auf, die es zum Gleichgewicht führen oder zurückführen, und wie schnell geschieht das? Wie S. 58 ausgeführt, kann diese Frage nur mit Hilfe dynamischer Analysen beantwortet werden, für die unten in Teil II Beispiele in bezug auf Einzelmärkte gebracht werden.

Das Modell des gesamtwirtschaftlich-mikroökonomischen Gleichgewichts ist kein hinreichend ähnliches Abbild einer existierenden Volkswirtschaft. Das läßt sich schon anhand seiner eingangs aufgezählten Voraussetzungen vermuten. Nun wäre dies noch kein entscheidender Einwand, wenn man eine methodische Haltung wie die in Satz E.3 (S. 35) ausgedrückte akzeptiert. Offenbar ist aber das Übertragungsproblem gemäß Satz E.4 (S. 39) bei diesem Modell nicht lösbar. Die Betrachtung jedes einzelnen Wirtschaftssubjekts und der Verzicht auf Zusammenfassungen bedeutet, die Preise, Angebots- und Nachfragemengen aller einzelnen Konsum- und Investitionsgüter, alle einzelnen Einkommen, Produktionsfaktoren und Lohnsätze sowie alle außerökonomischen Variablen explizit zu berücksichtigen. Die Zahl der Variablen und der Gleichungen eines solchen Modells einer Volkswirtschaft würde je nach deren Größe in die Milliarden oder noch höhere Größenordnungen reichen, und es ist vorläufig ausgeschlossen, einen dem so detailliert betrachteten Wirtschaftsprozeß hinreichend ähnlichen Prozeß in einer Datenverarbeitungsanlage schneller als den wirklichen Prozeß ablaufen zu lassen, um so dessen Ergebnisse vorhersagen zu können. Zudem wird in der ökonometrischen Methodenlehre gezeigt, daß sich Verhaltensparameter in Modellen, in denen jede Variable von jeder anderen abhängt, nicht schätzen lassen. Schätzungen sind nur möglich, wenn und insoweit man die Betrachtung auf die relativ stärksten Einflüsse beschränkt. Wozu also ein solches Modell samt den Bemühungen, die Bedingungen zu ermitteln, unter denen ein totales Gleichgewicht existiert? Einige Argumente hierzu lauten wie folgt. In einer dezentralen Tauschwirtschaft wirken auch in der Realität sehr viele Wirtschaftssubjekte zusammen, die sich von ihrem eigenen Vorteil leiten lassen. Sie wickeln ihre Transaktionen über Märkte ab, die zwar ganz überwiegend unvollkommen sind, jedoch alle zusammenhängen, und dieser Gesichtspunkt der allgemeinen Interdependenz aller Preise und Mengen wird in den Gleichungssystemen der Theorie des mikroökonomischen Gleichgewichts explizit dargestellt. Damit wird gleichzeitig der Anwendungsbereich der in einzel- und teilwirtschaftlichen Analysen so problematischen Ceteris-paribus-Klausel wesentlich eingeschränkt. Ebenfalls zutreffend betont die Theorie die Rolle der Preise bei der dezentralen Allokation der Produktions- und Konsumgüter. Ferner bildet sie, wie hier nicht weiter ausgeführt werden kann, die gemeinsame Grundlage einer Reihe spezieller Theorien wie der Theorie des internationalen Handels, der Geld- und der Werttheorie, der Beschäftigungs- und der Wachstumstheorie, die ursprünglich unabhängig voneinander entstanden sind und an deren Vereinheitlichung gearbeitet wird. Methodisch gesehen lassen sich andere Theorien als Vereinfachungen der Theorie des allgemeinen Gleichgewichts deuten: Beim makroökonomischen Ansatz wird aggregiert (vgl. S. 29), bei der Input-Output-Analyse lineare Technik unterstellt und bei Partialanalysen die Ceteris-paribus-Klausel umfassender verwendet. Die wohl wichtigste Rechtfertigung für das Modell ergibt sich jedoch erstens aus der Überlegung, daß sich die Märkte der realen Welt in einem ständigen Wandlungsprozeß und damit im Ungleichgewicht befinden. Eine solche Aussage setzt das Gleichgewichtskonzept voraus. Zweitens werden mit dem Modell unter den aufgeführten Voraussetzungen gewisse ideale Eigenschaften von Gleichgewichtszuständen erkennbar. Es wäre sinnlos, diese zu untersuchen und Erscheinungen der Realität mit ihnen zu vergleichen, wenn nicht zuvor sichergestellt wäre, daß das mit dem Modell abgebildete Marktsystem überhaupt in dem Sinne vorstellbar ist, daß ein allgemeines und ökonomisch sinnvolles Gleichgewicht in ihm existiert. Die idealen Eigenschaften betreffen die ökonomische Effizienz bei Produktion und Konsum sowie die Wohlfahrt der Haushalte und werden in den beiden folgenden Abschnitten erörtert.

3. Die Effizienzbedingungen. Herrscht in dem im vorigen Abschnitt beschriebenen Modell Gleichgewicht auf allen Märkten, dann sind gewisse Bedingungen erfüllt, die an früheren Stellen dieses Buches im Rahmen von Partialanalysen abgeleitet wurden. Man nennt sie *Effizienzbedingungen* oder, da sie mit Ausdrücken der Marginalanalyse (vgl. S. 26 f.) formuliert sind, *Marginalbedingungen*. Sie werden im folgenden der Übersicht halber zusammengestellt und kommentiert. Dabei seien aus der Gesamtheit von N Konsumgütern jeweils zwei Güter x und y mit den Preisen p_x und p_y

und aus R Produktionsfaktoren zwei Faktoren v und w mit den Preisen p_v und p_w herausgegriffen.

Die erste Bedingung betrifft die Frage der technischen Effizienz (vgl. S. 185 f.) beim Einsatz der Faktoren v und w in den Produktionsprozessen, mit denen das Gut x hergestellt wird und die zusammen die x-Industrie bilden. Die Frage dazu lautet: Ist es möglich, die Gesamtmenge von x dadurch zu erhöhen, daß man eine Einheit von v aus einem Prozeß s abzieht und sie in einem anderen Prozeß t einsetzt? Ist das der Fall, dann war die Grenzproduktivität $\partial x/\partial v_s$ dieses Faktors im Prozeß s kleiner als seine Grenzproduktivität $\partial x/\partial v_t$ im Prozeß t. Die Frage ist zu verneinen, die Gesamtmenge auf diese Weise nicht mehr zu erhöhen und die Produktion daher innerhalb jeder Industrie technisch effizient, wenn die Grenzproduktivitäten übereinstimmen. Da dies auch für den anderen Faktor w gilt, muß auch das Verhältnis der Grenzproduktivitäten von v und w im Prozeß s gleich ihrem Verhältnis im Prozeß t sein. Nun war S. 183 anhand von Gleichung (2.12) gezeigt worden, daß die Grenzrate der technischen Substitution zweier Faktoren auf einer Isoquante gleich dem reziproken Verhältnis ihrer Grenzproduktivitäten ist, und mit Satz 2.8 (S. 216) wurde nachgewiesen, daß diese Grenzrate in der Minimalkostenkombination gleich dem reziproken Verhältnis der Preise beider Faktoren ist. Mithin lautet die Marginalbedingung der Faktorsubstitution oder

1. Effizienzbedingung: Die Grenzraten der technischen Substitution zweier Produktionsfaktoren v und w sind in allen Prozessen $s, t, \ldots$ zur Herstellung eines Gutes x gleich groß und gleich dem reziproken Verhältnis ihrer Preise p_v und p_w:

$$\left|\frac{dv}{dw}\right|_s = \left|\frac{dv}{dw}\right|_t = \ldots = \frac{p_w}{p_v}.$$

Die zweite Bedingung bezieht sich auf den Vergleich des Einsatzes je zweier Faktoren v und w bei der Herstellung zweier Güter x und y. Bild 4.1 zeigt nach dem Muster des Edgeworth-Diagramms 3.1 (S. 288) zwei Produktionsprozesse, in denen Arbeitsleistung ($=v$) und Realkapitalnutzung ($=w$) zusammenwirken und in dem einen Prozeß (von links unten her gesehen) das Gut x, in dem anderen (von rechts

Bild 4.1 – *Effizienter Einsatz zweier Produktionsfaktoren bei der Herstellung zweier Güter*

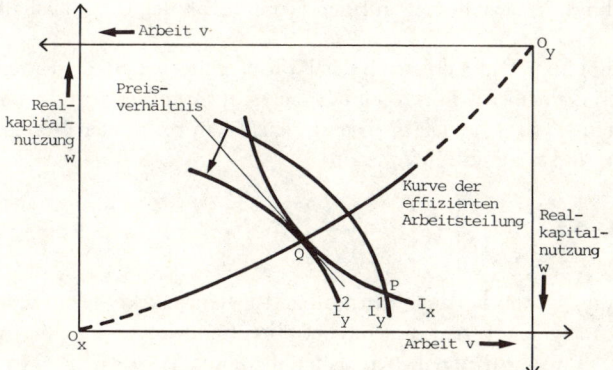

oben her gesehen) das Gut *y* hervorbringen. Jeder Punkt in der Schachtel bedeutet eine bestimmte Allokation der gegebenen und insgesamt kurzfristig nicht vermehrbaren Ausstattung der Volkswirtschaft mit den beiden Faktoren auf die beiden Prozesse. Im Punkt *P* wird gemäß einer solchen Verteilung je eine bestimmte Menge von *x* und *y* hergestellt, für die die Isoquanten I_x und I_y^1 eingezeichnet sind. Offenbar kann aber bei der Allokation im Punkt *Q* nach entsprechender Reallokation der Faktoren gemäß der weiter von O_y entfernten Isoquante I_y^2 mehr von *y* hergestellt werden, während die Produktmenge von *x* auf der Isoquante I_x und daher ungeändert bleibt. Entsprechende Überlegungen gelten für andere Punkte außerhalb von *Q*. In *Q* selbst kann die von Gut *x* hergestellte Menge nicht mehr erhöht werden, ohne daß die von Gut *y* verringert wird, und umgekehrt. Die Produktion ist daher im Punkt *Q* effizient, und da hier die Grenzraten der technischen Substitution beider Faktoren in beiden Prozessen übereinstimmen, erhält man unter erneuter Berücksichtigung von Satz 2.8 die

2. Effizienzbedingung: Die Grenzraten der technischen Substitution irgend zweier Produktionsfaktoren *v* und *w* sind bei der Herstellung aller Güter *x, y, ...* gleich groß und gleich dem reziproken Verhältnis ihrer Preise p_v und p_w:

$$\left|\frac{dv}{dw}\right|_x = \left|\frac{dv}{dw}\right|_y = \ldots = \frac{p_w}{p_v}.$$

Die Bedingung betrifft die interindustrielle Effizienz und sagt etwas darüber aus, in welchen Mengen die in der Volkswirtschaft insgesamt vorhandenen Produktionsfaktoren bei gegebener, durch die Isoquantenverläufe beschriebener Technik in den einzelnen Produktionsprozessen eingesetzt werden müssen (vgl. das Beispiel S. 185 f.). Sie kann daher auch als die Bedingung der *effizienten Arbeitsteilung* angesehen werden, da mit der Verteilung der Faktoren angesichts der vorgegebenen Technik gleichzeitig festgelegt wird, welche Mengen an welchen Endprodukten in den einzelnen Prozessen hergestellt werden. Bild 4.1 zeigt, daß die Berührungspunkte der Isoquanten analog zur Kontraktkurve in Bild 3.1 eine *Kurve der effizienten Arbeitsteilung* bilden, wobei das Preissystem und damit die Nachfrage darüber entscheidet, welcher Punkt realisiert wird. Jeder Punkt dieser Kurve gibt eine Mengenkombination der beiden Güter *x* und *y* an, in der diese effizient, unter Beachtung der 1. und 2. Effizienzbedingung, hergestellt werden. Überträgt man diese Kombinationen in ein *x*, *y*-Koordinatensystem, erhält man die Transformationskurve für diese beiden Güter (S. 195).

Die 3. Bedingung bezieht sich auf den Güterverbrauch der Haushalte und lautet

3. Effizienzbedingung: Die Allokation der Konsumgüter ist effizient, wenn die Grenzraten der Substitution irgend zweier Konsumgüter *x* und *y* bei allen Haushalten *A*, *B*, ... gleich groß und gleich dem reziproken Verhältnis der Preise p_x und p_y dieser Güter sind:

$$\left|\frac{dx}{dy}\right|_A = \left|\frac{dx}{dy}\right|_B = \ldots = \frac{p_y}{p_x}.$$

Diese Bedingung wurde bei der Erörterung der Kontraktkurve im Edgeworth-Diagramm (S. 288) abgeleitet. Auf dieser Kurve berühren sich jeweils die Indifferenzkurven der beiden Tauschpartner, haben daher in diesen Punkten die gleiche Steigung und sind an das herrschende Preisverhältnis angepaßt. Im 1. Kapitel wurde gezeigt, daß die Steigung einer Indifferenzkurve gleich der Grenzrate der Substitution der beiden betrachteten Güter ist (S. 87). Die 3. Effizienzbedingung gleicht formal der ersten: Während dort knappe Produktionsfaktoren kombiniert werden, um ein möglichst großes Produktionsergebnis bei allen Unternehmen einer Industrie hervorzubringen, werden hier knappe Konsumgüter zusammengestellt, um ein möglichst hohes Niveau der Bedürfnisbefriedigung bei den Haushalten zu gewährleisten.

Die nächste Bedingung sorgt für die Übereinstimmung der relativen Wertschätzung je zweier Güter durch die Konsumenten mit ihrer effizienten Produktion und lautet

4. Effizienzbedingung: Das Konsumgütersortiment ist effizient, wenn die Grenzrate der Transformation irgend zweier Güter in der Produktion P gleich ihrer Grenzrate der Substitution beim Konsum C durch alle Haushalte und gleich dem reziproken Verhältnis ihrer Preise ist. Für zwei Konsumgüter x und y muß also gelten

$$\left|\frac{dx}{dy}\right|_P = \left|\frac{dx}{dy}\right|_C = \frac{p_y}{p_x}.$$

Diese Bedingung wurde anhand des Bildes 3.2 (S. 292) diskutiert. Besteht die Volkswirtschaft aus einem einzigen Wirtschaftssubjekt, das Produzent und Konsument in einer Person ist,[2] dann gilt beispielsweise Teil (a) des Bildes und das effiziente Gütersortiment wird ohne Mitwirkung von Preisen im Punkt P_A^* realisiert, in dem die beiden Grenzraten übereinstimmen. Bei mehr als einem Wirtschaftssubjekt gelten beide Teile des Bildes, und der Handel sorgt samt den dabei entstehenden Preisen für die Erfüllung der Bedingung. Alle vier bisher genannten Effizienzbedingungen sind im übrigen in dieser Darstellung enthalten: Technisch effiziente Produktion gemäß der 1. und 2. Bedingung bedeutet, daß eine Mengenkombination hergestellt wird, die durch Umstellungen in der Produktion nicht mehr vergrößert werden kann und daher auf der Transformationskurve und nicht in der schraffierten Fläche unter ihr liegt; und das Preissystem sorgt für die Angleichung der Grenzraten der Substitution beim Konsum sowohl aneinander (3. Bedingung) als auch an die der Transformation (4. Bedingung).

Schließlich ist das Verhalten der Haushalte beim Angebot von Produktionsfaktoren zu berücksichtigen. So können Grundstücke alternativ in der landwirtschaftlichen Produktion oder aber im Rahmen von Freizeitbeschäftigungen genutzt werden, und insbesondere hat jeder Anbieter von Arbeitsleistung im Prinzip die Wahl zwischen Arbeits- und Nichtarbeitszeit (vgl. Hypothese 1.18, S. 152). Erbringt ihm beispielsweise eine zusätzliche Arbeitsstunde v den Gegenwert von 10 Liter Benzin x, dann muß er diese Grenzrate der Substitution in der Produktion mit seiner subjektiven Grenzrate beim Konsum vergleichen, gemäß der eine zusätzliche Stunde Nichtarbeitszeit durch den Verzicht auf 10 Liter Benzin mehr als aufgewogen, nicht oder gerade aufgewogen wird. Für die Wahl gilt die

---

[2] Gelegentlich *Robinson-Crusoe-Ökonomie* nach dem 1719 erschienenen Roman des Engländers D. DEFOE genannt, in dem das Leben des Titelhelden als Schiffbrüchigem auf einer unbewohnten Insel beschrieben wird, der zunächst allein produziert und konsumiert.

5. Effizienzbedingung: Die Abwägung zwischen dem Einsatz eines Produktionsfaktors v in der Produktion P eines Gutes x und seiner Nutzung im Konsum C ist effizient, wenn die beiden Grenzraten der Substitution übereinstimmen und gleich dem reziproken Verhältnis ihrer Preise sind:

$$\left|\frac{dx}{dv}\right|_P = \left|\frac{dx}{dv}\right|_C = \frac{p_v}{p_x}.$$

Zusammengefaßt lassen sich die fünf Bedingungen, die jeweils auf dem Vergleich von Alternativen beruhen und in der angegebenen Reihenfolge kurz als die Bedingung des effizienten Faktoreinsatzes, der effizienten Arbeitsteilung, des effizienten Tausches, des effizienten Gütersortiments und des effizienten Faktorangebots zu bezeichnen sind, so wiedergeben:

Satz 4.2: *Die Effizienzbedingungen sind erfüllt, wenn die Grenzraten der Substitution für je zwei Produktionsfaktoren sowohl innerhalb einer Industrie als auch beim Einsatz in verschiedenen Industrien gleich sind, für je zwei Konsumgüter beim Konsum gleich der bei der Transformation und für je ein Konsumgut und einen Faktor beim Anbieter des Faktors gleich der in der Produktion sind.*

Diese Bedingungen sind notwendig. Die (hinreichenden) Bedingungen 2. Ordnung besagen im wesentlichen, daß Indifferenzkurven und Isoquanten streng konvex, Transformationskurven streng konkav sein müssen und Skalenerträge nicht steigen dürfen.

Effizienz liegt also vor, wenn gewisse Substitutionsraten übereinstimmen, ist daher zunächst eine Angelegenheit der Güterwelt und ohne Rücksicht auf Preise definierbar. Zu fragen bleibt, wie in einer Volkswirtschaft dafür gesorgt werden kann, daß sich die Wirtschaftssubjekte gemäß diesen Bedingungen verhalten. Damit taucht erneut das Problem des Allokationsverfahrens auf. In einer zentral geplanten Volkswirtschaft müßte die Planbehörde über die in den Gleichungen des Modells 4.1 (S. 359 f.) enthaltenen Informationen und genügend Rechenkapazität verfügen. Die Behörde könnte dann alle Einzelmengen der einzusetzenden Faktorleistungen und der herzustellenden Konsumgüter berechnen und jeden Produzenten und Konsumenten anweisen, die ihn betreffenden Mengen zu liefern beziehungsweise anzunehmen. Die Alternative wäre, lediglich die Preise auszurechnen, als Daten bekanntzugeben und alle Wirtschaftssubjekte zu verpflichten, ihre Instrumentvariablen in Gestalt ihrer Produktionsfaktor- und Konsumgüterkäufe sowie ihrer Produktionsniveaus so zu bemessen, daß die verschiedenen Grenzraten der Substitution mit den entsprechenden Preisverhältnissen (reziprok) übereinstimmen. Halten sich die Wirtschaftssubjekte an diese Vorschrift, käme das gleiche Ergebnis heraus wie bei der erstgenannten Möglichkeit, bei der die Zahl der Anweisungen jedoch um Zehnerpotenzen höher wäre als die Zahl der Preise. Diese Überlegung zeigt, welche Bedeutung Preise als Informationsträger, Signale für das wirtschaftliche Handeln haben. Gleichzeitig ist klar, daß es in der Praxis in keiner Volkswirtschaft eine Zentralstelle geben kann, die über die benötigten Informationen verfügt. Niemand hat mehr oder bessere Informationen über die Ziele, die Präferenzordnung, die Handlungs- einschließlich der Produktionsmöglichkeiten sowie die für die ökonomische Aktivität relevante Umwelt eines Wirtschaftssubjekts als dieses selbst. Es ist unmöglich, diese Informationen über Millionen von Wirtschaftssubjekten in einer Volkswirtschaft ständig zu beschaffen; sie ohne Verluste, Verzerrungen und Vereinfachungen durch eine Hierarchie von Planungsinstanzen zu leiten, auf dem neuesten Stand zu halten, zu Anweisungen zu verarbeiten und diese durchzusetzen.[3] Zu der technischen Unmöglichkeit tritt die noch wichtigere Tatsache, daß es nicht im Interesse jedes Wirtschaftssubjekts liegt, sämtliche Angaben über seine Situation wahrheitsgemäß an die Zentrale zu melden. Eine zentrale Planung des Wirtschaftsprozesses in einer Volkswirtschaft kann daher nicht für Effizienz sorgen, und die Praxis bestätigt diese theoretische Einsicht seit Beginn der Experimente mit solchen Systemen.[4] Die S. 286 angeführte Analogie der Zentralplanwirtschaft zu einem Bauernhof führt also in dem entscheidenden Punkt der Informationsbeschaffung und -verarbeitung in die Irre. Dementsprechend liegt der Vorteil der dezentralen Lösung des Allokationsproblems über Märkte in der Minimierung der Informationserfordernisse. Niemand braucht sich um die unübersehbare Fülle von Informationen zu kümmern, mit denen andere arbeiten, er muß nur die für ihn relevanten Preise und sonstigen Daten kennen. Diese Informationen sind in der Praxis immer unvollständig, aber er paßt sein Verhalten so gut es geht an sie an, und aus der Gesamtheit der daraufhin getroffenen Entscheidungen resultieren ihrerseits die Preise.

Liegen nun in einem System vollkommener Märkte die Voraussetzungen dafür vor, daß dieser Prozeß zu einem allgemeinen mikroökonomischen Gleichgewicht konvergiert, dann wird mit diesem ein Zustand erreicht, in dem sich alle Wirtschaftssubjekte ohne jeden Eingriff von oben im eigenen Interesse so verhalten, daß sie ihre relativen Maxima, das heißt ihre Optima, erreichen. Die Haushalte maximieren ihren Nutzen bei gegebenen Preisen, indem sie Konsumgüter nach Art und Menge so kaufen, daß der Grenznutzen der für jedes Gut zuletzt ausgegebenen Geldeinheit bei allen Gütern gleich groß ist; und die Unternehmen maximieren ihre Gewinne bei gegebenen Faktor- und Produktpreisen, indem sie Produktionsfaktoren nach Art und Menge so einsetzen, daß der Grenzertrag aus der zusätzlich zum Kauf eines Faktors eingesetzten Geldeinheit bei allen Faktoren gleich groß ist. Die Betriebe haben dann die optimale Größe, die Produktmengen werden mit minimalen Durchschnittskosten hergestellt, und die Grenzkosten sind gleich den Preisen. Die fünf Effizienzbedingungen sind erfüllt, da sich alle Wirtschaftssubjekte mit ihren Substitutionsraten an die einheitlich für alle geltenden Realtausch- gleich Preisverhältnisse angepaßt haben. Kein Wirtschaftssubjekt kann dann noch durch irgendwelche Umstellungen in der Produktion oder beim Konsum seine Lage verbessern, ohne damit die Lage eines anderen zu verschlechtern. Dies bedeutet angesichts der Definition 3.2 (S. 289), daß im Zustand des allgemeinen mikroökonomischen Gleichgewichts die notwendigen Bedingungen für Pareto-Effizienz herrschen. Unter den genannten Voraussetzungen sorgt also das Preissystem allein, ohne Auftrag „der Gesellschaft" oder vorgestellte Eingriffe anderer metaphysischer Instanzen für eine optimale Allokation der Produktions- und Konsumgüter. Das individuelle Interesse, sich in einer optimalen Situation

---

[3] Bei R. A. BELOUSOV (Red.): Sovremennaja praktika tsenoobrasovanija, Moskva 1965, S. 20 f. wird mitgeteilt, daß in der sowjetischen Zentralplanwirtschaft kein operatives und flexibles System der Preisbildung, -koordinierung und -kontrolle vorhanden sei, in dessen Rahmen die 8–9 Mill. effektiven Preise ständig an die sich wandelnden Produktions- und sonstigen Bedingungen angepaßt werden könnten.

[4] Der hiermit angestellte Systemvergleich bezieht sich nur auf das Informationsproblem und berücksichtigt nicht, daß es auch in der unter den Bedingungen massiver staatlicher Eingriffe arbeitenden Marktwirtschaft westlichen Typs vielerlei Quellen für Ineffizienz gibt.

zu befinden, stimmt mit dem gesamtwirtschaftlichen Interesse, das Sozialprodukt angesichts gegebener Ressourcen zu maximieren, überein (übrigens ohne daß man dieses messen muß). Das ist eine der S. 363 erwähnten idealen Eigenschaften.

Einschränkend muß hinzugefügt werden, daß sich die vorstehenden Bedingungen auf eine gegebene Ausstattung der Volkswirtschaft mit Bestandsfaktoren und Produktionsstätten, einen bestimmten Stand der Anwendung technischen Wissens und ein vorhandenes Konsumgütersortiment beziehen. Die Analyse gilt nur für eine Periode. Wie die Bezeichnung „Marginalbedingungen" deutlicher erkennen läßt, werden jeweils nur kleine Änderungen an einzelnen Stellen betrachtet, wozu beliebige Teilbarkeit der relevanten Größen vorauszusetzen ist. In Wirklichkeit kommen jedoch ständig sprunghafte Strukturänderungen vor: Neue Produktionsverfahren werden eingeführt, neue Güter kommen auf den Markt und alte verschwinden, Unternehmen werden gegründet oder aufgelöst. Solche Änderungen werden durch steigende Skalenerträge oder Unteilbarkeiten erzwungen und sind streng genommen nichtmarginal. Hat ein Betrieb die optimale Größe, dann kann seine Produktmenge nicht zwecks Erfüllung der Marginalbedingungen schrittweise auf null verringert werden, da die Produktion lange vor Erreichung genügend kleiner Stückzahlen unrentabel wird und er daher geschlossen werden muß. Ein neues Zweigwerk etwa einer Automobilfabrik lohnt nur, wenn ein Mindestabsatz zu erwarten ist. Auch eine neue Eisenbahnlinie ist nicht sinnvoll unterteilbar. Immerhin sind auch solche Änderungen noch in gewissem Sinne marginal (etwa im letzten Beispiel von dem bestehenden Schienennetz her gesehen), und die Marginalbedingungen bleiben prinzipiell anwendbar. Es gibt jedoch wirtschaftspolitische Entscheidungen, die bei noch so großzügiger Anwendung marginalen Denkens nicht mehr unter dieses subsumierbar sind, etwa wenn es sich um den Übergang zu einem anderen Allokationsverfahren handelt. Mit der Erfüllung der Marginalbedingungen erreicht man daher immer nur ein Optimum relativ zu den gerade in Kraft befindlichen nichtmarginalen Bedingungen für ein Optimum, den *Totalbedingungen*. Über diese muß auf andere Weise als durch marginale Annäherung entschieden werden, worüber der nächste Abschnitt berichtet.

4. Wohlfahrtsökonomik. Die bisher in Teil I angestellten Überlegungen bilden eine Grundlage zur Beantwortung von Fragen der Art, wie unterschiedliche Zustände der Gesellschaft zu bewerten sind, unter welchen Bedingungen die ökonomische Wohlfahrt der Menschen maximiert ist und welche wirtschaftspolitischen Maßnahmen zu diesem Ziel beitragen. Der Zweig der Wirtschaftswissenschaft, in dem unter positivem und normativem Aspekt nach Antworten auf diese Fragen gesucht wird, heißt *Wohlfahrtsökonomik*. Einige wichtige Probleme aus diesem Bereich lassen sich wie folgt skizzieren.

Grundlegend ist zunächst die Frage, wer darüber entscheiden soll, wie ein optimaler Zustand der Gesellschaft zu definieren ist, wie eine Präferenzordnung ökonomischer Zustände aussehen soll oder, vom praktischen Standpunkt aus gesehen, ob eine bestimmte Handlung oder wirtschaftspolitische Maßnahme die Wohlfahrt erhöht, ungeändert läßt oder verringert. Das Problem wird meist mit Hilfe einer *sozialen* (auch: *kollektiven, gesellschaftlichen, gesamtwirtschaftlichen*) *Wohlfahrtsfunktion*

$$W = W(u_1, u_2, \ldots, u_M) \tag{4.2}$$

formalisiert, in der W die soziale Wohlfahrt und die u_m ($m = 1 \ldots M$) die individuellen Wohlfahrts- oder Nutzenniveaus der M Mitglieder der Gesellschaft sind. Die u_m sind ihrerseits Funktionen gesellschaftlicher Zustände z_k ($k = 1 \ldots K$):

$$u_m = u_m(z_1, z_2, \ldots, z_K),$$

die durch den Stand der wirtschaftspolitischen Instrumentvariablen mitbestimmt sind und durch deren Änderungen beeinflußt werden können. Zu den z_k gehört auch die Einkommens- und Vermögensverteilung, wobei eine gegebene Verteilung durchaus unterschiedlich beurteilt werden kann. Für die z_k gelten Beschränkungen wie der Stand des technischen Wissens und die kurzfristig konstante Ausstattung mit Bestandsfaktoren.

Hinter diesem Denkansatz stehen wie hinter jedem anderen bestimmte Werturteile, die man kennen muß, um den Ansatz akzeptieren oder ablehnen zu können. Das erste lautet:

– Es kommt nur auf die Wohlfahrt der einzelnen Gesellschaftsmitglieder an, die untereinander gleichberechtigt sind (Werturteil des Individualismus).

Außer den u_m sind daher keine weiteren Variablen in der kollektiven Wohlfahrtsfunktion (4.2) zugelassen: Die soziale Wohlfahrt ist gleich der Gesamtheit der individuell definierten Wohlfahrtsniveaus und nur aus diesen zu ermitteln. Sie steigt (oder aber: sinkt), wenn ceteris paribus die Wohlfahrt irgendeines Mitgliedes der Gesellschaft steigt (oder aber: sinkt), und sie bleibt ungeändert, wenn sich alle Mitglieder auf ihren Indifferenzkurven bewegen. Es gibt dann insbesondere keine an der Spitze des Gemeinwesens stehende und mit Anweisungsbefugnis gleich welcher Legitimation ausgestattete Person oder Personengruppe, die sich als Sachwalter einer über die zusammengefaßte Wohlfahrt der Individuen hinausgehenden Wohlfahrt des Staates, der Gesellschaft, der Allgemeinheit oder sonstwie benannter übergeordneter Wesenheiten begreifen und versuchen könnte, diese ohne Rücksicht auf individuelle Interessen zu maximieren. Damit wird also im Extrem der Fall des Diktators, wie wohlwollend dieser auch sei, ausgeschlossen.

Das zweite Werturteil lautet:

– Jeder Mensch beurteilt seine Wohlfahrtssituation selbst; er ist letzte Instanz für die Bewertung von Situationen und die Antwort auf die Frage, ob ihm eine Maßnahme nützt oder schadet (Werturteil der Selbstbestimmung).

Dieses Werturteil muß von dem eben genannten unterschieden werden, da eine Regierung oder ein Parlament als Gesetzgeber zwar das Wohl jedes Individuums und die Abwägung widerstreitender Interessen im Auge haben, aber von sich aus festlegen könnten, was ihm nützt oder schadet oder wie ein Interessenausgleich vorzunehmen ist. Mit diesem Werturteil wird die „bessere Einsicht" von Philosophen, Lehrpersonen und Politikern ausgeschlossen, die *Konsumentensouveränität* betont und Paternalismus abgelehnt: Gemäß diesem könnten sich irgendwelche Instanzen bei ihren Handlungen gegenüber erwachsenen und geistig gesunden Menschen darauf berufen, daß sie aufgrund anderer oder umfangreicherer Informationen oder höherrangiger Werturteile besser wüßten, was für diese Menschen gut sei, als diese selbst (vgl. S. 291).

Diese beiden Werturteile können als eine demokratisch-liberale Grundlage der Wohlfahrtsökonomik betrachtet werden. Ist man gewillt, von ihnen aus weiter zu argumentieren, stellt sich die zentrale Frage: Wie schließt man von den individuellen

Wohlfahrtsniveaus oder Präferenzordnungen u_m in Gleichung (4.2) auf die kollektive Wohlfahrt W? Dazu bietet sich die Ausnutzung der zum Schluß des vorigen Abschnitts erarbeiteten Erkenntnis an. Sie ist eine Verallgemeinerung der in den Bildern 3.1 (S. 288), 3.2 (S. 292) und 4.1 (S. 365) für je zwei Wirtschaftssubjekte beschriebenen Situationen und gilt als Hauptsatz der (*Paretoschen*) *Wohlfahrtsökonomik*:

Satz 4.3: *In einer Volkswirtschaft, in der bei allseitigem Mengenanpasserverhalten allgemeines mikroökonomisches Gleichgewicht herrscht, ist ein gesamtwirtschaftliches Pareto-Optimum verwirklicht.*

Damit wird die Fragestellung zwar auf die Güterversorgung verengt, aber man gewinnt als *Pareto-Kriterium* für einen anzustrebenden Zustand

Def. 4.1: *Ein gesamtwirtschaftliches Pareto-Optimum liegt vor, wenn es nicht möglich ist, durch irgendeine Umverteilung von Gütern ein Wirtschaftssubjekt besser zu stellen, ohne die Situation eines anderen Wirtschaftssubjekts zu verschlechtern.*

Bezeichnungen wie „ideale Eigenschaft" (S. 364, 370), „Optimum" und „Wohlfahrt" sind offen werthaltig und könnten als Aufforderung mißverstanden werden, die so benannten Situationen auch anzustreben. Demgegenüber ist hier daran festzuhalten, daß die bloße Beschreibung eines wie immer benannten Zustandes zu nichts auffordert. Es werden lediglich gewisse (werturteilsbedingte) Ziele unterstellt und es wird gefragt, wie diese am besten zu erreichen sind: Das ist der S. 13 f. erörterte normative Ansatz. Neben den hier vorgestellten sind andere Ansätze vorstellbar, zwischen denen aufgrund übergeordneter Werturteile zu wählen wäre.

Das interessante Problem sind neben den beiden Werturteilen die sonstigen Voraussetzungen eines Pareto-Optimums. Drei besonders wichtige lauten:

- Erhält ein Wirtschaftssubjekt ceteris paribus mehr von einem Gut, so wird das immer als eine Verbesserung seiner Situation betrachtet, während sich die aller anderen Wirtschaftssubjekte dadurch nicht ändert (Voraussetzungen der Nichtsättigung, des Egoismus und der Abwesenheit von Neid).

Hiermit wird zunächst ausgeschlossen, daß jemand von irgendeinem Gut genug haben könnte und selbst dann nicht mehr von ihm konsumieren würde, wenn sein Preis auf null sinkt. Man stelle sich ferner eine Umstellung im Produktionsbereich vor, mit der eine gewisse Menge eines Produktionsfaktors aus einem Prozeß herausgezogen und in einem anderen Prozeß mit höherer Grenzproduktivität dieses Faktors eingesetzt wird. Damit wird der Produktionsausfall in dem erstgenannten Prozeß mehr als kompensiert, die Reallokation führt näher an das Pareto-Optimum heran, und das Einkommen eines Wirtschaftssubjekts steigt, während das aller anderen konstant bleibt. Diese Änderung der relativen Einkommensverteilung gemäß Definition 4.1 als Besserstellung des einen und Nicht-Schlechterstellung aller anderen zu interpretieren, setzt voraus, daß der Bessergestellte egoistisch denkt, auch wenn er schon sehr reich ist und die Einkommen der Armen konstant bleiben; und daß die Armen ihre relative Schlechterstellung nicht negativ bewerten, also keinen Neid empfinden.

Die Crux des Pareto-Optimums liegt jedoch in der Tatsache, daß von ihm aus keine Umverteilung von Gütern oder Einkommen zulässig ist, solange bei jedem beliebig hohen Einkommen eines Haushalts angenommen wird, daß die letzte Einkommenseinheit noch einen positiven Grenznutzen hat. Jede Umverteilung eines gegebenen Gesamteinkommens der Volkswirtschaft muß dann die Situation derjenigen Haushalte verschlechtern, die dabei Einkommen einbüßen. Änderungen der Verteilung eines gegebenen Einkommens (*A* erhält mehr; *B, C*, ... erhalten weniger) im Gegensatz zur Verteilung eines zusätzlichen (*A* erhält mehr, alle anderen Einkommen bleiben konstant) gehören demnach nicht zu den gemäß Definition 4.1 zulässigen Maßnahmen zur Herbeiführung eines gesamtwirtschaftlichen Optimums. Die in einer Ausgangssituation bestehende Einkommensverteilung wird wie schon bei der Diskussion des Bildes 3.1 als gegeben angesehen, und es gilt

Satz 4.4: *Ein Pareto-Optimum ist in bezug auf eine gegebene Einkommensverteilung definiert. In jeder Volkswirtschaft gibt es so viele Pareto-Optima wie Einkommensverteilungen.*

Auch ganz krasse Fälle von ungleichmäßiger Einkommensverteilung können also pareto-optimal sein, etwa wenn es in einer Volkswirtschaft eine zahlenmäßig kleine Schicht von Produktionsmittelbesitzern gibt, während die Masse des Volkes vom Verkauf von Arbeitsleistungen lebt und mit dem Existenzminimum auskommen muß oder hungert. Mit der Bezeichnung „Pareto-Optimum" soll also nicht behauptet werden, daß ein bestimmter Zustand der Volkswirtschaft allen anderen vorzuziehen sei. Die hinter Satz 4.4 stehende Voraussetzung lautet:

– Interpersonelle Vergleiche von Wohlfahrtssituationen sind nur aufgrund von Werturteilen möglich und daher keine wissenschaftlichen Aussagen.

Umverteilungsmaßnahmen, bei denen auch nur ein Wirtschaftssubjekt absolut schlechter gestellt wird, sind also *pareto-unvergleichbar* (auch: *pareto-neutral*). Da es in der Praxis bei so gut wie jeder Maßnahme Gewinner und Verlierer gibt, würde die Anwendung des Pareto-Kriteriums als Richtschnur für wirtschaftspolitisches Handeln dieses lahmlegen. In Ausgangssituationen etwa mit ungleichmäßiger Einkommens- und Vermögensverteilung wirkt es sich extrem konservativ aus, da es weder Umverteilungs- noch Sprungmaßnahmen (etwa die Einführung einer staatlichen Altersversicherung) zuläßt.

Da die Regierung jedoch handeln muß und nach Annahme gewillt ist, die Präferenzen der Wirtschaftssubjekte zu beachten: Wie erhält sie genügend Informationen über diese? Der Ausweg liegt nahe:

– Man läßt die Betroffenen über Maßnahmen mit Wirkung auf die absolute Einkommensverteilung abstimmen, wobei zu unterstellen wäre, daß die Wahlberechtigten dabei ihre Präferenzen wahrheitsgetreu offenlegen. Die Regierung sorgt daraufhin mit Hilfe von Umverteilungsmaßnahmen entweder in bezug auf die Ausstattung mit Produktionsfaktoren oder auf das im Produktionsprozeß erzeugte Einkommen für die auf diese Weise mehrheitlich gewollte Verteilung;
– Das Allokationsverfahren „Marktwirtschaft" bewirkt, daß sich das laut Satz 4.4 dazugehörige Pareto-Optimum einstellt.

Eine solche in zwei Schritten zu verwirklichende ideale Wirtschaftspolitik stößt jedoch auf unüberwindliche Hemmnisse. Schon beim ersten Schritt, der Abstimmung, kann ein unlösbares Problem auftreten, das sich wie folgt zeigen läßt. Gegeben seien drei Individuen *A, B* und *C*, die drei unterschiedliche ökonomische Situationen oder gesellschaftliche Zustände *X, Y* und *Z* gemäß ihren Präferenzordnungen wie folgt bewerten (das Zeichen $\succ$ wurde S. 92 eingeführt):

A: $X \succ Y \succ Z$; B: $Y \succ Z \succ X$; C: $Z \succ X \succ Y$.

Läßt sich hieraus eine für alle drei Individuen geltende konsistente soziale Präferenzordnung, hier also eine gesamtwirtschaftliche Wohlfahrtsfunktion, gewinnen? Die Antwort ist nein: Eine Mehrheit, nämlich A und C, zieht X gegenüber Y vor; eine andere Mehrheit, A und B, präferiert Y vor Z; die dritte Mehrheit, B und C, zieht Z gegenüber X vor. Die Mehrheitsentscheidungen sind zirkulär und nicht transitiv (vgl. Hypothese 1.11 S. 93, die hier erfüllt wäre, wenn etwa auch für B und C die Relation $X \succ Z$ gälte). Solche Aggregationsprobleme treten erst recht bei mehr als drei Stimmberechtigten auf und führen zu der Einsicht

Satz 4.5:   *Abstimmungen zwecks Offenlegung von Präferenzordnungen können so ausfallen, daß sich keine konsistente gemeinsame Ordnung ergibt.*

Stellt man an eine soziale Präferenzordnung dieselben Anforderungen wie an jede individuelle, verlangt also, daß sie vollständig und konsistent sei (das ist reflexiv und transitiv, vgl. die Hypothesen S. 92 f.), dann folgt aus dem auch *Abstimmungs-* oder *Wahlparadox* genannten Satz 4.5, daß Mehrheitsbeschlüsse kein sicheres Verfahren zur Ermittlung sozialer Wohlfahrtsfunktionen sind. In dem eben genannten Beispiel würde das Ergebnis der Wahl davon abhängen, worüber zuerst abgestimmt wird. Die Wahrscheinlichkeit dafür, daß das Abstimmungsparadox auftritt, beträgt hier 5,6 v.H.; sie wächst mit der Zahl der Wahlberechtigten und der Wahlmöglichkeiten.[5] Diese Einsicht ist ein Anwendungsfall der allgemeineren Erkenntnis, daß unter vier plausiblen und nicht besonders restriktiven Voraussetzungen aus den individuellen Präferenzordnungen keine konsistente soziale Ordnung ableitbar ist. Die Voraussetzungen sind:

(1) Regel bei Einstimmigkeit (hier auch Pareto-Prinzip genannt): Zieht ein Mitglied der Gesellschaft den sozialen Zustand X dem Zustand Y vor, dann soll dies auch für die soziale Wohlfahrtsfunktion gelten, sofern dem keine andere individuelle Präferenzordnung widerspricht;

(2) Keine diktatorische Lösung: Es gibt kein Individuum, dessen Präferenzordnung diejenige anderer Mitglieder der Gesellschaft dominiert, etwa unabhängig von diesen die soziale Wohlfahrtsfunktion bildet. Dies schließt Diktatur und Paternalismus aus;

(3) Keine Beschränkungen individueller Präferenzen: Alle Individuen haben in bezug auf die Zustände der Gesellschaft je eine eigene Präferenzordnung, die lediglich vollständig, reflexiv und transitiv sein muß und sonst nicht beschränkt ist;

(4) Kein Einfluß irrelevanter Alternativen: Die soziale Präferenzordnung in bezug auf je zwei Zustände hängt nur von den individuellen Ordnungen über genau diese Zustände ab. Vergleiche mit weiteren Zuständen oder sonstige Erwägungen wie Unterschiede in der Intensität des Wunsches nach bestimmten Zuständen oder (bei Wahlen) die Existenz nichtwählbarer Personen spielen keine Rolle.

---

[5] Steigt die Zahl der Wahlmöglichkeiten von 3 auf 49 und ist die Zahl der Wahlberechtigten sehr groß, dann erhöht sich die Wahrscheinlichkeit für das Auftreten des Abstimmungsparadoxes von 8,8 v.H. auf 84,1 v.H. Vgl. R. G. NIEMI/H. F. WEISBERG: A Mathematical Solution for the Probability of the Paradox of Voting. Behavioral Science, Chicago, Vol. 13, 1968, S. 322.

Sind diese Bedingungen erfüllt, dann läßt sich aus der Gesamtheit der individuellen Präferenzordnungen über je zwei soziale Zustände keine soziale Präferenzordnung ableiten. (Die Existenz einer solchen Ordnung, auch Bedingung der kollektiven Rationalität genannt, wird manchmal als fünfte Voraussetzung genannt und zeigt sich dann als mit den vier anderen nicht vereinbar.) Diese Erkenntnis nennt man nach ihrem Entdecker das *Arrowsche Unmöglichkeitstheorem* oder *Arrow-Paradox*. Seine weitere Erforschung hat bisher gezeigt, daß man dem mit ihm aufgedeckten Dilemma nur unter stark einschränkenden Voraussetzungen entgehen kann. Eine soziale Wohlfahrtsfunktion samt der Idee, daß bei Abstimmungen so etwas wie „die Gesellschaft" gemäß einer kollektiven Präferenzordnung Entscheidungen trifft, ist somit in der Tat eine *kommunistische Fiktion,* wie MYRDAL dies nannte.[6] Sie ist nur durch ein diktatorisches oder paternalistisches Regime definierbar, also in Ländern mit Einparteienherrschaft, in denen Wahlen nicht oder nur zum Schein stattfinden und ein kleiner Personenkreis an der Parteispitze alle wichtigen Entscheidungen trifft.

Auf der Suche nach weiteren Lösungsmöglichkeiten für das Problem der Rechtfertigung von Eingriffen in die Einkommensverteilung müssen offenbar einige der bisher akzeptierten Voraussetzungen oder Werturteile abgeschwächt oder aufgegeben werden. Das Problem wäre einfach zu lösen, wenn es kardinale Nutzenmessung gäbe. Man könnte dann Haushalten, bei denen der Grenznutzen der von ihnen verbrauchten Güter klein ist, diese oder die entsprechenden Einkommensteile wegnehmen und an solche Haushalte übertragen, bei denen der Grenznutzen höher ist. Haben dabei die Mitglieder der Volkswirtschaft gleiche Nutzenvorstellungen, gemessen durch gleiche Verläufe ihrer Grenznutzenkurven, dann würde die gesellschaftliche Wohlfahrt bei einer Gleichverteilung der Güter maximiert. Bei unterschiedlichen Verläufen wäre eine entsprechende Ungleichverteilung angezeigt.

Dieses Verfahren zur Maximierung der gesamtwirtschaftlichen Wohlfahrt scheitert aber schon im Gedankenexperiment daran, daß keine allgemein akzeptierte Methode des objektiven interpersonellen Nutzenvergleichs bekannt ist. Eine andere Überlegung betrifft die Möglichkeit der *Kompensation.* Erhält A durch irgendeine Reallokation 100 DM mehr, während eben dadurch das Einkommen des B um 80 DM sinkt, so wäre dies im Sinne der Definition 3.2 (S. 289) keine pareto-effiziente Maßnahme. Es könnte jedoch A den B für dessen Einbuße entschädigen, ihm also aus seinem Mehreinkommen von 100 den Betrag von 80 abtreten. Bei B hätte sich dann nichts geändert, während sich die Situation des A um 20 verbessert hat. Verallgemeinert lautet dieses *Kaldor-Hicks-Kriterium:*

Satz 4.6: *Können die von einer Maßnahme Begünstigten die von ihr Benachteiligten voll entschädigen und danach noch besser dastehen als zuvor, dann führt die Maßnahme näher an das Pareto-Optimum heran.*

Werden die jeweiligen Wohlfahrtsgewinne und -verluste dabei von den Beteiligten selbst eingeschätzt, ist keine kardinale Messung des Nutzens von dritter Seite erforderlich. Für die Rechtfertigung einer Maßnahme mit Hilfe dieses Kriteriums sind tatsächliche Entschädigungszahlungen nicht nötig. Das Verfahren würde jedoch in der Praxis erhebliche Informations- und, bei tatsächlich zu leistenden Zahlungen, Verwal-

---

[6] G. MYRDAL: Das politische Element in der nationalökonomischen Doktrinbildung. 1932, 2. Aufl. Bonn-Bad Godesberg 1976, S. 129, 140, 188.

tungsprobleme aufwerfen, und die weitere Diskussion hat auch hierbei Widersprüche aufgedeckt. In der Praxis wird heute, sofern überhaupt derart subtile Überlegungen in Gestalt von *Kosten-Nutzen-Analysen* angestellt werden, danach entschieden, ob die Summe der positiven Änderungen von Konsumentenrenten (vgl. S. 105) die der negativen übersteigt oder nicht. Soweit Kompensationen nicht gezahlt werden, sind solche Maßnahmen wenigstens potentiell pareto-effizient.

Wohlfahrtsökonomik ist eine eminent wichtige Angelegenheit, da sie die Werturteilsproblematik wirtschaftspolitischer Maßnahmen klären hilft und man von Politikern verlangen kann, daß sie sich hierüber Gedanken machen. Es liegt jedoch auf der Hand, daß sich die Bedingungen, die gemäß der Paretoschen Wohlfahrtsökonomik einen optimalen Zustand der Volkswirtschaft garantieren (vgl. auch S. 369), in der Praxis auch nicht näherungsweise überall herstellen lassen. So stellen vollkommene Märkte aus technischen und anderen Gründen in der modernen Industriegesellschaft eine eher seltene Ausnahme dar; und Produktionsfaktoren sind vielfach wenig beweglich. Die Präferenzordnungen der Konsumenten sind sicher nicht unabhängig voneinander; und es gibt in den dichtbesiedelten Industrieländern eine Fülle weiterer wohlfahrtsrelevanter Einflüsse der Produzenten und Konsumenten aufeinander, die nicht über Märkte abgerechnet werden. Der Staat muß auch solche Steuern erheben, mit denen er die Wirtschaftssubjekte veranlaßt, von den Effizienzbedingungen abzuweichen; und er handelt mit weit überwiegender Zustimmung aller Betroffenen in vielfältiger Weise paternalistisch (vgl. dazu unten, 5. Kapitel, Abschnitt II.2), so daß das Werturteil der Selbstbestimmung verletzt wird. Die Voraussetzung der Nichtsättigung entspricht in bezug auf viele Nahrungs- und Genußmittel, Medikamente, Unterhaltungskonsum nicht der Erfahrung. Die Annahme des unbedingten Egoismus wird durch das Vorhandensein altruistischer Nutzenfunktionen widerlegt, gemäß denen der eigene Nutzen zunimmt, wenn das Einkommen oder der Nutzen anderer, vorzugsweise armer, Personen steigt (vgl. S. 8). Diese Wirkung kann so groß werden, daß sie die Nutzeneinbuße überkompensiert, die aus einer progressiven Einkommensbesteuerung resultiert, wenn nur sichergestellt ist, daß das weggesteuerte Einkommen den Armen zugutekommt. Nutzenfunktionen dieser Art existieren vermutlich in nennenswertem Umfang in den heutigen Industrieländern, wenn man die weit verbreitete politische Zustimmung zu oder wenigstens Duldung der öffentlichen Einkommensumverteilung über Steuern und Sozialbeiträge sowie die Leistungen an Entwicklungsländer bedenkt. Abwesenheit von Neid ist sicher keine realistische Annahme, da beispielsweise bei Lohntarifverhandlungen und Steuerreformen die Verteilung eines wachsenden Volkseinkommens aufmerksam verfolgt wird. Ein wesentlicher Mangel ordinaler Nutzenmessung ist zudem, daß die Intensität des Wunsches nach bestimmten Zuständen nicht berücksichtigt wird. Demgegenüber zeigt die tägliche Erfahrung, daß Menschen für eine Sache hohe Geldbeträge opfern oder Gesundheit und Leben aufs Spiel setzen, für die sich andere noch nicht aus dem Haus rühren würden. Das Allokationsverfahren „Marktwirtschaft" ist dem Verfahren „Abstimmung" zu einem wesentlichen Teil gerade deshalb überlegen, weil Intensitätsunterschiede bei den Bedürfnissen durch unterschiedliche Geldbeträge beim Kauf ausdrückbar sind. Schließlich zeigt das Arrow-Paradox die Unmöglichkeit, individuell konsistente Präferenzordnungen zu einer ebensolchen sozialen Ordnung zu aggregieren; und das Modell gibt die Bedingungen für statische Effizienz an, während die tatsächliche Entwicklung bisher überwiegend durch Wachstum gekennzeichnet ist.

Vor allem der technische Fortschritt hat für eine immense Produktivitätssteigerung gesorgt, deren positive Wirkungen auf den Lebensstandard die negativen etwaiger Abweichungen von den Effizienzbedingungen vermutlich weit überstiegen haben. Dies würde auf das Werturteil hinauslaufen, daß andere Dinge für die Wohlfahrt wichtiger sind als statische Effizienz. Allerdings darf man sich Wohlfahrt nicht als monoton wachsende Funktion der im Zeitablauf zunehmenden Güterversorgung vorstellen. Die individuelle Wohlfahrt wird durch die Spanne zwischen einem gewünschten, für möglich gehaltenen oder bei anderen Personen vermuteten Ausmaß der Bedürfnisbefriedigung einerseits und deren tatsächlichem Niveau anderseits bestimmt. Die Wohlfahrt als subjektive Größe ist um so niedriger, je größer diese Spanne ist. Wachstum des Sozialprodukts läßt nun die Bedürfnisse und die Erwartungen über ihren Befriedigungsgrad ebenfalls steigen, und daher kann die Spanne bei einem hohen Sozialprodukt je Kopf höher sein als bei einem niedrigen, so daß solche Maße keinen Wohlfahrtsvergleich erlauben. Nach dem zweiten Weltkrieg in 19 Ländern angestellte Untersuchungen zeigten, daß innerhalb jedes Landes Menschen ihre Wohlfahrt subjektiv um so höher einschätzen, je höher ihr Einkommen war; daß aber beim internationalen und beim Zeitvergleich ein solcher Zusammenhang kaum zu beobachten war.[7]

Angesichts dieser Probleme bei der Anwendung der Paretoschen Wohlfahrtsökonomik bliebe, abgesehen von der Frage der ökonomischen Effizienz bei wirtschaftlichem Wachstum, noch folgendes zu klären. Wenn die Effizienzbedingungen in einigen Wirtschaftsbereichen eingehalten werden oder herstellbar sind, in anderen aber nicht: Ist es dann besser, für eine möglichst weitgehende Einhaltung der Bedingungen zu sorgen, oder gelangt man näher an ein gesamtwirtschaftliches Optimum, wenn die Bedingungen, sozusagen als Gegengewicht, überall verletzt werden? In der *Theorie des Zweitbesten* wird gezeigt, daß und warum die zweite Antwort zutrifft.

Trotz solcher Kritik wäre es voreilig, die an das Modell des allgemeinen mikroökonomischen Gleichgewichts anknüpfenden Überlegungen zur Effizienz und gesamtwirtschaftlichen Wohlfahrt als irrelevante Denkspielerei abzutun. Es gibt nichts, was man an die Stelle dieses Modells setzen könnte, und es liefert bei allen einschränkenden Voraussetzungen neben grundlegenden Einsichten in die Funktionsweise von Allokationssystemen allgemein eine Antwort auf die Frage, wie ein solches System hinsichtlich der Produktion und Verteilung der Güter arbeiten müßte, um die Bedürfnisse der Konsumenten am besten zu erfüllen und jedem daher ein relatives Maximum seiner Wohlfahrt zu gewährleisten. Das Modell bildet insoweit tatsächlich einen Maßstab zur Beurteilung vorhandener oder vorgeschlagener Produktions- und Verteilungsverhältnisse, für die Funktionsweise einzelner Märkte, für ihr Versagen und für die Preissetzung durch öffentliche Anbieter. Inwieweit dieser Maßstab quantitativ anwendbar ist, bleibt strittig und ist Gegenstand weiterer Forschung. Derzeit kann beispielsweise über die quantitativen Wirkungen wirtschaftspolitischer Maßnahmen wenig Verläßliches gesagt werden. Jedoch beschäftigt sich die Wohlfahrtsökonomik mit zentralen Problemen des menschlichen Zusammenlebens, einige ihrer Annahmen entsprechen politischen Grundsatzentscheidungen westlicher Demokratien, und sie

---

[7] R. E. EASTERLIN: Does Economic Growth Improve the Human Lot? Some Empirical Evidence. S. 89–125 in: P. A. DAVID/M. W. REDER (Hg.): Nations and Households in Economic Growth. Essays in Honor of Moses Abramovitz. New York u. a. 1974.

leistet schon dann nützliche Dienste, wenn sie politische Entscheidungen durch Voraussagen über die Richtung erleichtert, in der bestimmte Maßnahmen die Wohlfahrtsniveaus der unterschiedlich Betroffenen oder den Erfüllungsgrad von Effizienzbedingungen ändern werden. Beschränkt empirische Aussagen dieser Art (vgl. S. 41 f.) sind auch über Allokationswirkungen möglich und nützlich. Die neueste Entwicklung der Wohlfahrtsökonomik ist dadurch gekennzeichnet, daß die im Paretoschen Ansatz als störend angesehenen und per Annahme eliminierten Tatsachen wie Unteilbarkeiten, zunehmende Skalenerträge, externe Effekte und Kollektivgüter nunmehr explizit berücksichtigt werden. Wohlfahrtsökonomik wird so zu einer normativen Theorie der Allokationsmechanismen, in denen der Bedarf der Teilnehmer an Informationen, ihre Verarbeitungskapazität für diese ebenso wie ihre sonstigen Transaktionskosten, die Frage der Anreizsysteme und der zeitlichen Verteilung des Ressourcenverbrauchs eine Rolle spielen. Daneben wird versucht, Abstimmungsverfahren zu entwickeln, mit denen einerseits den Forderungen des Pareto-Kriteriums entsprochen, andererseits die Wahrscheinlichkeit des Auftretens inkonsistenter Entscheidungen minimiert wird. Im übrigen wird unten im 5. Kapitel näher untersucht, von welchen Zielen sich Politiker und Bedienstete öffentlicher Verwaltungen leiten lassen und welche Chancen daher das Ziel „Erhöhung der gesamtwirtschaftlichen Wohlfahrt" hat, wenn es wie üblich mittels Festlegung von Zielvariablen operationalisiert und durch Einsatz von Instrumentvariablen angestrebt wird.

II. Dynamische Marktanalyse

1. Wege zum Marktgleichgewicht. Bei der Erörterung des vollkommenen Marktes (S. 312 ff.) wurden die Bedingungen angegeben, unter denen sich ein Gleichgewicht auf einem solchen Markt einstellt und andauert. Offen blieb, in welcher Weise die Marktteilnehmer miteinander in Verbindung treten und wie sich die dabei entstehenden Preise oder Preisnennungen zum Gleichgewichtspreis hin entwickeln. Das Problem spielt besonders auf solchen Märkten eine erhebliche praktische Rolle, auf denen der Informationsfluß gehemmt ist oder sonstige Unvollkommenheiten bestehen, so daß der Weg zum Gleichgewicht längere Zeit erfordert.

Der Konstrukteur des allgemeinen mikroökonomischen Gleichgewichtsmodells, L. WALRAS, erfand zur Lösung des Problems, wie sich Preise am Markt bilden, wenn sie von keinem Teilnehmer gesetzt oder auch nur versuchsweise genannt werden, die Figur des Auktionators, der in einer Versammlung aller Anbieter und Nachfrager Preise „aufs Geratewohl" ausruft. Alle Teilnehmer geben daraufhin die Mengen der bei diesen Preisen von ihnen jeweils angebotenen oder nachgefragten Güter bekannt. Wird dabei von einem Gut mehr angeboten als nachgefragt, dann ruft der Auktionator in der nächsten Runde hier einen niedrigeren, im umgekehrten Fall einen höheren Preis aus und erfragt wiederum die Angebots- und Nachfragemengen. Das Verfahren wird solange fortgesetzt, bis auf allen Märkten diejenigen Preise gefunden sind, bei denen angebotene und nachgefragte Menge übereinstimmen, und der Handel wird ausgeführt. Das ist ein Prozeß des Herantastens, von Versuch und Irrtum,[8] und tatsächlich werden Preise bei Auktionen auf ähnliche Weise ermittelt. Später wurde der Auktionator durch die Annahme ersetzt, daß die Marktteilnehmer Kaufverträge nur unter der Bedingung schließen, nicht an sie gebunden zu sein, falls Gelegenheit besteht, mit einem anderen Teilnehmer günstigere Transaktionsbedingungen zu vereinbaren. Wird beispielsweise ein vorläufiger Vertrag zu einem höheren als dem Gleichgewichtspreis geschlossen, lohnt es für den Käufer, aus ihm auszusteigen und einen Vertrag mit einem anderen Verkäufer zu einem niedrigeren Preis einzugehen.[9] Damit nimmt die Markttransparenz zu, und sobald diese vollständig ist, werden alle Transaktionen zu Gleichgewichtspreisen abgewickelt. Solche Abläufe hat man sich beispielsweise auf einem Pferdemarkt vorgestellt, auf dem das Objekt einigermaßen standardisiert ist, relativ hohen Wert hat und allseitige Transparenz in kurzer Zeit herstellbar ist.[10]

Bei einer näheren Analyse wäre für jeden Markt zunächst zu klären, ob überhaupt ein Gleichgewicht auf ihm existieren kann. Bild 4.2 zeigt zwei Fälle, in denen dies nicht zutrifft. In Teil (a) ist der Preis p^{max}, den Nachfrager höchstens zu zahlen bereit sind, kleiner als der Preis p^{min}, den Anbieter mindestens fordern müßten, um das Gut

Bild 4.2 – *Nichtexistenz von Gleichgewichten*

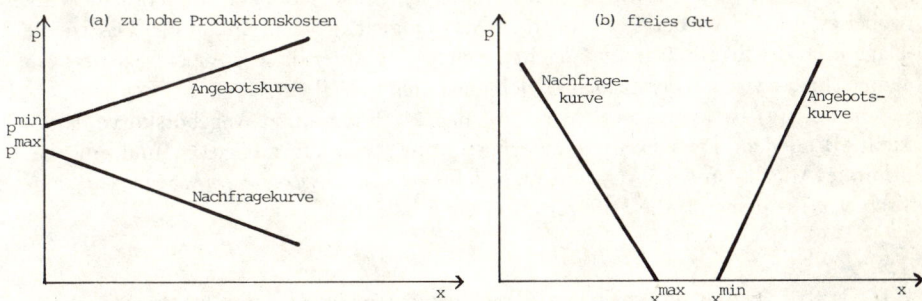

gewinnbringend herzustellen. Badewannen aus Gold mögen als Beispiel dienen (was nicht ausschließt, daß sich ein Ölscheich eine solche anfertigen läßt: Es geht hier um Märkte als regelmäßige Veranstaltung mit vielen Teilnehmern). Teil (a) zeigt aber auch die Situation von Hallenbädern und Theatern vor Empfang öffentlicher Zuschüsse. Nur durch diese wird die Angebotskurve soweit nach unten verschoben, daß die Existenz solcher Einrichtungen ermöglicht wird. Außerdem wird vermutet, daß Märkte für in Zukunft zu liefernde Güter deshalb generell wenig entwickelt sind, weil die Unsicherheit über die Vertragserfüllung zu Angebots- und Nachfragekonstellationen wie in Bild 4.2 (a) führt. Teil (b) stellt den Fall des freien Gutes dar: Es ist soviel von ihm vorhanden, daß auch beim Preis null die nachgefragte Menge x^{max} kleiner als die Menge x^{min} ist, von der an die Produktionstätigkeit aufgenommen werden

---

[8] In der Literatur nennt man solche iterativen (Annäherungs-)Prozesse wie ihr Erfinder häufig „tâtonnement" (von französisch tâtonner = herumtappen, tastend suchen).

[9] Englisch: to recontract = erneut einen Vertrag schließen, „rekontrahieren".

[10] E. v. BÖHM-BAWERK: Positive Theorie des Kapitales, 1. Bd, 4. Aufl. Jena 1921, S. 269–286.

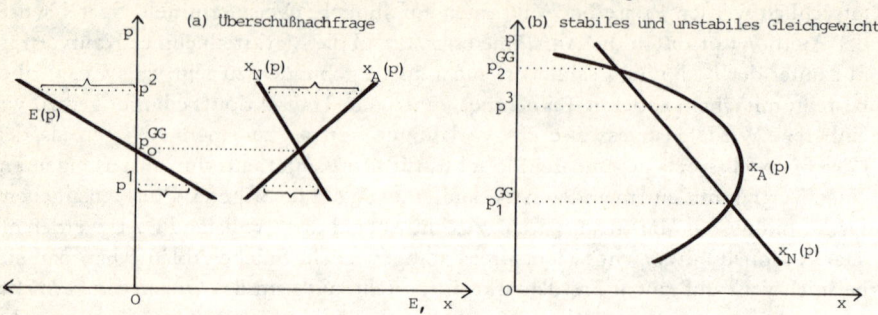

Bild 4.3 – *Überschußnachfrage und multiples Gleichgewicht*

würde. Innerstädtische Parkplätze sind ein Beispiel: Erst von einer bestimmten Kraftfahrzeugdichte an, mit deren Zunahme sich die Nachfragekurve nach rechts verschiebt, lohnt der Bau von Parkhäusern.

Existiert ein Gleichgewicht, entsteht als nächstes die Frage, ob es singulär (eindeutig) oder multipel ist. Bild 4.3 zeigt in Teil (a) ein singuläres Gleichgewicht, in Teil (b) den Fall zweier Gleichgewichte auf einem Markt. Die dritte Frage lautet, ob und wie ein Gleichgewicht von einem Ungleichgewichtszustand aus erreicht wird, wobei es auf die Art der Reaktionen auf das Ungleichgewicht ankommt. Das ist die Frage nach der Stabilität eines Gleichgewichts, und unter diesem Aspekt existiert ein Unterschied zwischen den beiden Gleichgewichten in Teil (b).

In Teil (a) ist je eine normal verlaufende Nachfrage- und Angebotskurve dargestellt. Bei jedem Preis existiert eine bestimmte Nachfragemenge x_N und eine bestimmte Angebotsmenge x_A, und man definiert als *Überschußnachfrage E* (von englisch: Excess demand) die Differenz zwischen beiden:

$$E(p) = x_N(p) - x_A(p).$$

$E(p)$ ist bei Preisen unterhalb des Gleichgewichtspreises positiv, bei $p = p_0^{GG}$ gleich null und bei $p > p_0^{GG}$ negativ. Zur Verdeutlichung sind die jeweils gleichen Strecken bei zwei Preisen p^1 und p^2 eingezeichnet. Ein Beobachter kann nun untersuchen, wie es von einem beliebigen Ungleichgewichtspreis aus zur Bildung eines Gleichgewichtspreises kommt. Gemäß Bild 4.3 (a) wird das durch die Bedingung sichergestellt, daß eine Preiserhöhung eine bestehende Überschußnachfrage (algebraisch) verkleinert:

$$\frac{dE(p)}{dp} < 0 \quad \text{oder} \quad \frac{dx_N}{dp} < \frac{dx_A}{dp}. \tag{4.3}$$

Geht man von p^1 aus, wird die Tatsache, daß einige Nachfrager nicht zum Zuge kommen, diese veranlassen, von anderen Anbietern höhere Preise zu akzeptieren. Bei p^2 werden umgekehrt einige Anbieter mit niedrigeren Preisen aufwarten, und der Preis wird sinken. In einem System von n Märkten, in dem die Nachfrage nach dem Gut x_i von allen Preisen $p_1 \ldots p_n$ abhängt, wird die Annäherung an den Gleichgewichtspreis im Zeitablauf durch die Gleichung

$$\frac{\Delta p_i}{\Delta t} = k_i E_i(p_1 \ldots p_n), \quad \text{worin} \quad i = 1 \ldots n, \quad k_i > 0, \tag{4.4}$$

wiedergegeben. Die Preisänderung Δp_i im Zeitraum Δt ist positiv (der Preis steigt), wenn die Überschußnachfrage positiv ist. Oder: Die Preisänderung hat das gleiche Vorzeichen wie die Überschußnachfrage. Der Proportionalitätsfaktor k_i mißt die Geschwindigkeit des Prozesses. Gleichung (4.4) nennt gleichzeitig eine von mehreren möglichen Stabilitätsbedingungen für das Gleichgewicht (vgl. S. 58): Verläßt das System infolge einer Störung diesen Zustand, kehrt es nach deren Wegfall zu ihm zurück.

Die gleiche Situation liegt in Bild 4.3 (b) beim Preis p_1^{GG} vor, wenn ein in der Ausgangssituation herrschender Ungleichgewichtspreis nicht zu weit von p_1^{GG} entfernt ist. Befand sich der Markt jedoch bei p_2^{GG} im Gleichgewicht und kommt es infolge einer Störung zur Bildung des Preises p^3, dann ist Bedingung (4.3) für die Rückkehr zu p_2^{GG} nicht erfüllt. Da $x_A(p^3) > x_N(p^3)$ ist, haben die Anbieter einen Anreiz zur Senkung statt zur Erhöhung des Preises, und da die Angebotskurve, von der p-Achse her gesehen, zunächst noch steiler als die Nachfragekurve verläuft,[11] wird der Angebotsüberschuß dadurch noch größer und induziert eine weitere Bewegung in dieser Richtung. Hat der Preis also die Gleichgewichtslage p_2^{GG} erst einmal verlassen, dann entfernt er sich aufgrund der einsetzenden Reaktionen immer weiter von dieser: Das Ausgangsgleichgewicht ist instabil. Das Bild zeigt schließlich, daß man bei Störungen eines Gleichgewichtszustandes prinzipiell zwischen *lokaler* und *globaler Stabilität* unterscheiden muß. Ein Gleichgewicht ist nur lokal stabil, wenn die nach kleineren Störungen einsetzenden Anpassungsprozesse zu ihm zurückführen, nach größeren Störungen aber von ihm wegführen. Es ist global stabil, wenn es wie p_0^{GG} nach jeder beliebigen Störung und von jedem anderen Preis aus angesteuert wird.

Der präzise Weg zum Gleichgewicht läßt sich mit dem folgenden Modell beschreiben. Die erste und die zweite Gleichung sind aus Modell 3.1 (S. 317) übernommen. Die dritte besagt, daß die Preisänderung in einem (infinitesimalen) Zeitraum dt

Modell 4.5 – *Dynamische Marktanalyse*

Nachfragefunktion:	$p = a - b\, x_N$	(4.5-I)
Angebotsfunktion:	$p = c + e\, x_A$	(4.5-II)
Reaktionshypothese bei Ungleichgewicht:	$\dfrac{dp}{dt} = k\,(x_N - x_A)$, worin $k > 0$.	(4.5-III)

der Überschußnachfrage direkt proportional ist. Ist diese positiv, ist es auch die Änderung des Preises, so daß dieser steigt; ist die Nachfrage kleiner als das Angebot, sinkt der Preis. Einsetzen von (4.5-I) und (4.5-II) in (4.5-III) ergibt

$$\frac{dp}{dt} = k\left(\frac{a}{b} + \frac{c}{e}\right) - k\left(\frac{1}{b} + \frac{1}{e}\right)p. \qquad (4.6)$$

---

[11] Ein Vergleich der Steigungen beider Kurven läßt sich beispielsweise anhand von Modell 3.1 (S. 317) mit seinen linearen Kurvenverläufen so anstellen, daß man die Gleichungen (3.1-I) und (3.1-II) nach x auflöst und nach p differenziert. Man erhält $dx_N/dp = -1/b$ und $dx_A/dp = 1/e$, so daß angesichts von $b, e > 0$ die Bedingung (4.3) wegen der normalen Lage der Kurven erfüllt ist.

Der Markt ist definitionsgemäß im Gleichgewicht, wenn sich der Preis im Zeitablauf nicht mehr ändert, also $dp/dt = 0$ ist. Man erhält

$$k\left(\frac{a}{b}+\frac{c}{e}\right) = k\left(\frac{1}{b}+\frac{1}{e}\right)p^{GG} \quad \text{oder} \quad p^{GG} = \frac{ae+bc}{b+e} \tag{4.7}$$

und damit die Lösung des statischen Modells 3.1. Der Weg zum Gleichgewicht von einem beliebigen Ungleichgewichtspreis p_0 aus wird durch die Lösung der nichthomogenen Differentialgleichung 1. Ordnung (4.6) beschrieben. Sie lautet [12]

$$p_t = p^{GG} + C e^{-k(1/b + 1/e)t} \tag{4.8}$$

mit C als einer Konstanten. Setzt man in der Ausgangssituation $t = 0$, erhält man hieraus

$$p_0 = p^{GG} + C \quad \text{oder} \quad C = p_0 - p^{GG},$$

also die Differenz zum Gleichgewichtspreis. Daher läßt sich (4.8) auch so schreiben:

$$p_t = p^{GG} + (p_0 - p^{GG}) e^{-k(1/b + 1/e)t}. \tag{4.9}$$

Hierin ist $1/b + 1/e > 0$ die *Stabilitätsbedingung:* Ist sie erfüllt, was bei normalen Verläufen der Angebots- und Nachfragekurve der Fall ist, und gehorcht die zeitliche Entwicklung des Preises der Gleichung (4.5-III), dann wird die Differenz $p - p^{GG}$ mit zunehmendem t ständig kleiner. Der Ungleichgewichtspreis konvergiert zum Gleichgewichtspreis.

Die Tatsache, daß die Stabilitätsbedingung des dynamischen Modells 4.5 mit Hilfe von Parametern formuliert ist, die auch im statischen Modell 3.1 enthalten sind, sollte nicht zu der Ansicht verleiten, daß man aus einem statischen Modell Schlüsse auf die zeitliche Entwicklung abhängiger Variabler ziehen kann, wenn diese in einer Ausgangssituation nicht ihre Gleichgewichtswerte haben. Es ist eine wichtige Erkenntnis der dynamischen Wirtschaftstheorie, daß die Reaktionshypothese entscheidend dafür ist, ob und wie das Gleichgewicht erreicht wird. Der nächste Abschnitt zeigt dies anhand einer anderen solchen Hypothese.

2. Das Spinngewebe-Modell. Im vorigen Abschnitt war beschrieben worden, wie man sich die Bewegung von einem Ungleichgewichtszustand zu einem Gleichgewicht hin vorstellen kann. Eine andere Frage lautet: Was geschieht, wenn aus einem

---

[12] Es sei $-k(1/b + 1/e) = z$. Division von (4.6) durch z ergibt

$$\frac{1}{z}\frac{dp}{dt} = -\frac{ae+bc}{e+b} + p \quad \text{oder nach (4.7):} \quad \frac{dp}{dt} = z(p - p^{GG}).$$

Setzt man die Differenz $p - p^{GG} = \bar{p}$, dann ist $dp/dt = d\bar{p}/dt$ und damit auch $d\bar{p}/dt = z\bar{p}$ und $1/\bar{p} \cdot d\bar{p}/dt = z$. Nun ist die Ableitung der logarithmischen Funktion $\ln \bar{p}$ nach $\bar{p}$: $d\ln \bar{p}/d\bar{p} = 1/\bar{p}$. Dies für $1/\bar{p}$ in die eben ermittelte Gleichung eingesetzt ergibt $d\ln \bar{p}/dt = z$. Integration erbringt $\ln \bar{p} = K + zt$, worin K eine Konstante ist, und Entlogarithmieren führt zu $\bar{p} = C e^{zt}$ mit $C = e^K$ als einer anderen Konstante und e als Basis der natürlichen Logarithmen. Setzt man hierin die Werte von $\bar{p}$ und z ein, erhält man

$$p - p^{GG} = C e^{-k(1/b + 1/e)t},$$

woraus die obige Gleichung folgt. Vgl. Stöwe/Härtter [I.49], S. 348–353; Simpson [4.22], S. 51–56; Chiang [I.48], S. 472–474.

Gleichgewichtszustand heraus die Nachfrage zunimmt und in den folgenden Perioden auf dem höheren Stand verharrt? Einige Möglichkeiten sind:

- Die Anbieter befriedigen die zusätzliche Nachfrage zunächst aus Lagerbeständen und erhöhen anschließend ihre Produktmengen, so daß die Zusatznachfrage von Anfang an zusätzliches Angebot hervorruft;
- Die Anbieter haben keine oder nur geringe Lagerbestände, und die Umstellung auf Mehrproduktion erfordert Zeit, so daß das Mehrangebot erst später auf dem Markt erscheint;
- Die Dauerhaftigkeit der jeweils herrschenden Marktbedingungen wird von den einzelnen Marktteilnehmern unterschiedlich beurteilt, woraus sich unterschiedliche Reaktionen ergeben.

Aus diesen und anderen Hypothesen muß eine Auswahl getroffen werden, wenn man Anpassungsprozesse auf Märkten mit Hilfe von Modellen nachvollziehen will. Wie S. 58 ausgeführt, kann sich dabei auch zeigen, daß die Reaktionen auf eine Störung des Ausgangsgleichgewichts nicht zu einem neuen Gleichgewicht führen. Will der Wirtschaftswissenschaftler Überraschungen in diesem Punkt und damit Fehlprognosen ausschließen, bietet sich als adäquate Methode daher an, den Anpassungsprozeß von der Ausgangssituation aus Schritt für Schritt zu verfolgen. Im Rahmen einer solchen dynamischen Analyse wird unter der weiterhin geltenden Voraussetzung, daß sich Anbieter und Nachfrager als Mengenanpasser verhalten, im folgenden an einem einfachen, aber empirisch relevanten Fall gezeigt, wie dabei vorgegangen werden kann.

In Bild 4.4 möge in der Ausgangssituation $t=0$ Gleichgewicht auf einem Markt herrschen, wobei die Menge x_0 zum Preis p_0 abgesetzt wird. Nun verschiebe sich die Nachfragekurve aus der Lage NN' in die Lage N_1N_1', während sich die Angebotskurve AA' nicht ändert. Es sei weiter angenommen, daß die Nachfrager ohne Verzögerungen auf Preisänderungen reagieren, während die Anbieter ihr Angebot wegen einer technisch bedingten Produktionsverzögerung jeweils eine Periode später an den Preis anpassen. Sie erwarten jedoch, daß der gerade beobachtete Preis, auf dem ihre Gewinnerwartungen beruhen, sich nicht ändern wird und legen ihn daher ihrer Produktionsplanung und damit ihrem Angebot in der folgenden Periode zugrunde. Stellt sich also in Periode 1 angesichts der gestiegenen Nachfrage der Preis p_1 auf dem Markt ein, dann wird in dieser Periode die Menge x_0 nachgefragt, wie sie der neuen Nachfrage-

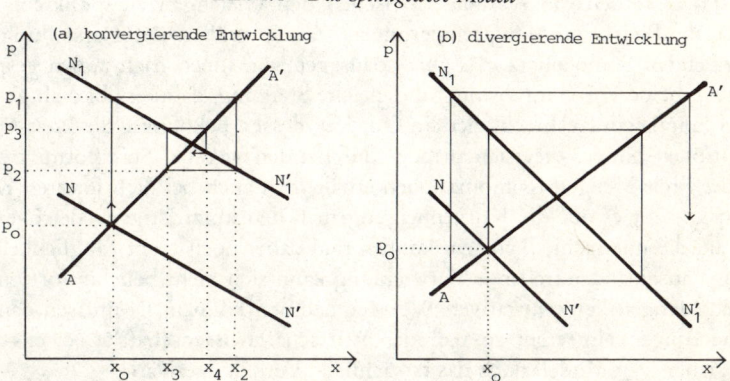

Bild 4.4 – *Das Spinngewebe-Modell*

funktion bei gleichbleibendem Angebot entspricht, während eine dem Preis p_1 gemäß der Angebotsfunktion entsprechende Menge erst eine Periode später angeboten wird: Es ist $x_2^A = f(p_1)$. Der Grund dafür ist, daß die Produktion Zeit erfordert, die häufig recht genau bestimmt werden kann. Gemäß einer solchen Angebotshypothese verhalten sich etwa Landwirte, die im Frühjahr säen, wobei sie die Menge nach dem gerade herrschenden Preis bestimmen, nach einer Produktionsverzögerung von einem halben Jahr ernten und ihre Produkte anbieten. Auch in der Industrieproduktion gibt es unterschiedlich lange, aber wohlbekannte Produktionsverzögerungen. Sind die betrachteten Produktionsprozesse einmal eingeleitet, dann werden sie auch zu Ende geführt; und das Ergebnis wird auf dem Markt angeboten. Die Verschiebung der Nachfragekurve bewirkt nun in der Periode 1, zu deren Beginn sie stattfindet, eine Preissteigerung auf p_1, wenn das Angebot in der betrachteten Periode völlig unelastisch ist. Es sei an die Voraussetzung erinnert, daß kein Anbieter Preispolitik treiben kann und auch eine Verlängerung von Lieferfristen nicht in Frage kommt. Der Preis sorgt also in dem Sinne in jeder Periode für den Ausgleich zwischen Angebot und Nachfrage, daß bei keinem Anbieter ungeplante Lagerbestände entstehen und bei keinem Nachfrager ungedeckte Nachfrage bestehen bleibt. Die Anbieter werden nun gemäß der eben aufgestellten Hypothese ihre Produktionspläne in Periode 1 an den gestiegenen Preis p_1 anpassen, die größere Menge x_2 herstellen und mit dieser gemäß der Angebotsfunktion in Periode 2 auf den Markt kommen. Diese Menge ist jedoch gemäß der Nachfragekurve $N_1 N_1'$ nur zu dem niedrigeren Preis p_2 absetzbar. Dieser wird nun von den Produzenten ihrer Planung in Periode 2 zugrundegelegt, was zu dem Angebot von x_3 in Periode 3 führt. Dieses Angebot wird von den Nachfragern zum Preis p_3 aufgenommen, der seinerseits wieder eine Ausdehnung des Angebots in Periode 4 bewirkt, und so fort. Der Prozeß konvergiert offenbar zum Schnittpunkt der neuen Nachfrage- mit der Angebotskurve und damit zu einem neuen langfristigen Gleichgewicht. Verbindet man wie in Bild 4.4 (a) die nacheinander auftretenden Preis-Mengen-Kombinationen von der Ausgangssituation an mit durchgezogenen Linien, dann erhält man eine Darstellung, die an ein spiraliges Spinnennetz erinnert. Man nennt daher das Modell, das eine solche Entwicklung erklärt, das *Spinngewebe-Modell*.

Bild 4.4 läßt vermuten, daß die Lage der aufeinanderfolgenden Preis-Mengen-Kombinationen von der Lage der Angebots- und Nachfragekurven zueinander abhängt. In Teil (a) verläuft die neue Nachfragekurve flacher als die Angebotskurve. Teil (b) zeigt den Fall, daß die neue Nachfragekurve steiler als die Angebotskurve verläuft. Hier werden die Abstände zwischen den Gleichgewichtspunkten, ökonomisch also die Preis- und Mengenänderungen, ständig größer. Die Darstellung ähnelt auch jetzt einem Spinnennetz, das aber sozusagen von innen nach außen gesponnen wird. Haben beide Kurven (absolut) die gleiche Steigung, dann ergibt sich graphisch statt einer Spirale ein Rechteck oder ein Quadrat, dessen Eckpunkte die Preis-Mengen-Kombinationen bilden, die nacheinander durchlaufen werden. Spiralförmige Anordnungen der Preis-Mengen-Kombinationen erhält man auch bei nichtlinearen Kurven. Bei ihnen kommt es auf die Kurvenneigungen in den kurzfristigen Gleichgewichtspunkten an, die unterschiedlich sein können und daher noch mehr Möglichkeiten zulassen. Eine auseinanderstrebende Entwicklung kann sich nicht beliebig fortsetzen, da Preise und Mengen keine negativen Werte annehmen können. Es müssen dann Verhaltensänderungen eintreten, so daß der Wirtschaftswissenschaftler jeweils prüfen muß, wie lange sein Modell noch das tatsächliche Verhalten erklärt.

Bisher war als auslösender Faktor für den Anpassungsprozeß eine nicht weiter erklärte Verschiebung der Nachfragekurve angenommen worden. Sie kann beispielsweise, wenn es sich um ein Konsumgut handelt, auf eine Einkommenserhöhung zurückgehen. Es läßt sich zeigen, daß sich die in Bild 4.4 dargestellten Abläufe auch ergeben, wenn das Ausgangsgleichgewicht durch eine Verschiebung der Angebotskurve gestört wird. Dies kann etwa dadurch zustande kommen, daß das Angebot durch eine Viehseuche oder eine Mißernte verringert oder durch die Aufhebung von Einfuhrhindernissen erhöht wird. Im folgenden wird jedoch weiter mit einer Nachfrageverschiebung argumentiert.

Bild 4.5 – *Die zeitliche Entwicklung der Preis-Mengen-Kombinationen im Spinngewebe-Modell*

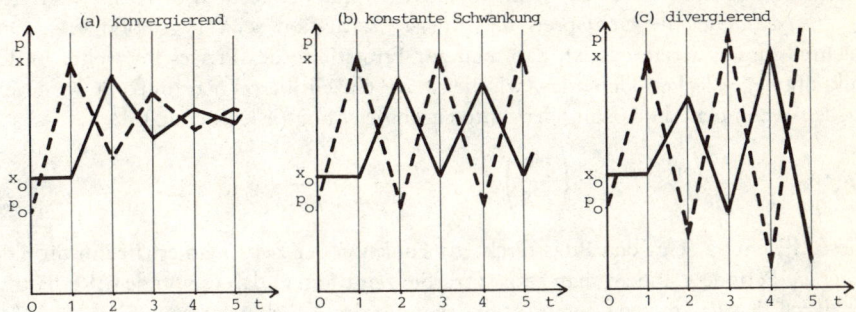

Bild 4.5 zeigt die Entwicklung der Preis-Mengen-Kombinationen gemäß den eben genannten drei Möglichkeiten in Form von Zeitreihen. In Teil (a) konvergieren die Kombinationen zu einem neuen Gleichgewicht, in (b) oszillieren sie unaufhörlich, in (c) divergieren sie.

Die algebraische Analyse des beschriebenen Prozesses beruht auf dem

Modell 4.10 – *Dynamische Marktanalyse mit Angebotsverzögerung*

Nachfragefunktion:	$x_t^N = a - b\, p_t$	(4.10-I)
Angebotsfunktion:	$x_t^A = c + e\, {}^*p_t$	(4.10-II)
Preiserwartungsfunktion:	${}^*p_t = p_{t-1}$	(4.10-III)
Gleichgewichtsbedingung:	$x_t^N = x_t^A$.	(4.10-IV)

Die Nachfragefunktion zeigt die unverzögerte Reaktion der Nachfrager, die Angebotsfunktion die Tatsache, daß die Anbieter ihren Dispositionen einen für die Angebotsperiode t erwarteten Preis ${}^*p_t$ zugrundelegen, da sie die Produktion eine Periode früher planen müssen. Die Preiserwartungsfunktion besagt, daß die Anbieter erwarten, der Preis der Produktionsperiode werde auch noch in der Angebotsperiode gelten. Die Gleichgewichtsbedingung zeigt, daß der Markt in jeder Periode geräumt wird: Es ist $x_t^N - x_t^A = 0$. Setzt man nun Gleichung (4.10-III) in (4.10-II) und anschließend (4.10-I) und (4.10-II) in (4.10-IV) ein, erhält man

$$p_t = \frac{a-c}{b} - \frac{e}{b} p_{t-1}. \tag{4.11}$$

Diese Gleichung liefert nach Einsetzen des Preises einer Periode auf der rechten Seite jeweils den Preis der folgenden Periode. Die dazugehörigen Mengen ergeben sich aus Gleichung (4.10-I) oder (4.10-II) unter Berücksichtigung von (4.10-III). Will man den langfristigen Gleichgewichtspreis ermitteln, der ja im Zeitablauf konstant sein muß, setzt man in (4.11) $p_t = p_{t-1}$ und erhält

$$p_t \left(1 + \frac{e}{b}\right) = \frac{a-c}{b} \quad \text{oder} \quad p_t = \frac{a-c}{b+e}. \tag{4.12}$$

Allerdings wird dieser Preis nur bei konvergierender Entwicklung erreicht. Will man anderseits wissen, welche Werte p im Zeitablauf als Reaktion auf die Nachfrageänderung annimmt, muß man in (4.11) nacheinander $t=1, 2, \ldots$ setzen. Den ersten Wert p_1 für die Periode $t=1$ erhält man, indem man auf der rechten Seite als Wert für $p_{t-1} = p_0$ den Gleichgewichtspreis der Ausgangssituation setzt (vgl. Bild 4.4). Der Nachteil dieses Verfahrens ist, daß man zur Ermittlung des Preises für weiter in der Zukunft liegende Perioden alle Zwischenwerte einzeln berechnen muß. Er wird vermieden, wenn man die Lösung der Differenzengleichung (4.11) benutzt:[13]

$$p_t = \left(-\frac{e}{b}\right)^t \left(p_0 - \frac{a-c}{b+e}\right) + \frac{a-c}{b+e}. \tag{4.13}$$

Diese Gleichung zeigt den Preis direkt als Funktion der Zeit; man erhält ihn für jede beliebige Periode n, indem man $t=n$ setzt. Sie zeigt ferner, daß es von dem Verhältnis der durch den Parameter e gemessenen Steigung der Angebotskurve zu der durch b[14] gemessenen Steigung der Nachfragekurve abhängt, wie sich die Preis-Mengen-Kombinationen im Zeitablauf anordnen. Verläuft wie in Bild 4.4 (a) die Nachfragekurve flacher als die Angebotskurve, dann ist $b > e$, der Quotient $e/b < 1$, und die Folge der kurzfristigen Gleichgewichtspreise konvergiert gegen den langfristigen Gleichgewichtspreis. Ist $b = e$, dann ist der Quotient gleich eins und der Gleichgewichtspreis schwankt ständig zwischen zwei Werten hin und her, da dann das erste Glied der Summe in (4.13) abwechselnd vom zweiten Glied abgezogen oder zu ihm addiert wird. Ist $b < e$, dann ist der Quotient größer als eins, und die Gleichgewichtspreise bilden eine sich nach außen öffnende Spirale. Auch aus (4.13) läßt sich der langfristige Gleichgewichtspreis ermitteln. Soll keine Preisänderung mehr auftreten, muß der bei $(-e/b)^t$ stehende (mathematische) Faktor gleich null sein:

$$p - \frac{a-c}{b+e} = 0,$$

das heißt, p_0 muß den schon mit (4.12) ermittelten Wert haben. Es ergibt sich dann aus (4.13) derselbe Wert für p_t. Der Vergleich mit Modell 4.5 (S. 381) zeigt, daß jetzt eine andere Stabilitätsbedingung gilt. Beide dynamischen Modelle 4.5 und 4.10 lassen

---

[13] Die Lösung einer gewöhnlichen inhomogenen linearen Differenzengleichung 1. Ordnung $y_t = \alpha y_{t-1} + \beta$ ist $y_t = \alpha^t \left(y_0 + \frac{\beta}{\alpha - 1}\right) - \frac{\beta}{\alpha - 1}$, worin y_0 ein Anfangswert ist, der oben gleich p_0 gesetzt wurde. Für Einzelheiten vgl. STÖWE/HÄRTTER [I.49], S. 305–307. Das hochgestellte t in Gleichung (4.13) ist ein Potenzexponent.

[14] Da vor b in Gleichung (4.10-I) ein Minuszeichen steht, ist b positiv.

sich jedoch in ein und dasselbe statische Modell 3.1 (S. 317) als Spezialfall überführen: In 4.5 muß man in (4.5-III) $dp/dt=0$ setzen, in 4.10 in Gleichung (4.10-III) $*p_t=p_t$. Das beweist die Behauptung am Schluß des vorigen Abschnitts, daß allein anhand eines statischen Modells nichts über die Stabilitätseigenschaften auf ihm aufbauender dynamischer Modelle gesagt werden kann.

Bei der bisherigen Analyse muß die Annahme wirklichkeitsfremd erscheinen, daß die Anbieter ständig erwarten, der zuletzt beobachtete Preis werde auch in der folgenden Periode herrschen, obwohl sich diese Erwartung jedesmal als falsch herausstellt. Menschen sind daran gewöhnt, die Folgen ihres Verhaltens zu beobachten und dieses daraufhin gegebenenfalls zu ändern, also zu lernen. Ob es also in der Realität Märkte mit der bisher unterstellten Erwartungsstruktur und ohne Spekulation gibt, kann nur durch empirische Forschung festgestellt werden. Gemäß dem Vorgehen in drei Stufen (S. 40–42) kann der Theoretiker jedoch in einem allgemeineren und zunächst nichtempirischen Modell schon eine Reihe unterschiedlicher Preiserwartungen unterbringen und die Konsequenzen des darauf basierenden Verhaltens deduzieren. Anschließend können dann Beobachtungen angestellt, den Parametern Beschränkungen auferlegt und empirisch gehaltvolle Aussagen gewonnen werden.

Im vorliegenden Fall besteht eine Verallgemeinerung darin, in Modell (4.10), das sonst ungeändert bleibt, anstelle von Gleichung (4.10-III) eine modifizierte

Preiserwartungsfunktion: $\quad *p_t = p_{t-1} + k\,(p_{t-1} - p_{t-2})$ \hfill (4.10-III a)

zu benutzen.[15] Hierin ist k eine Konstante, deren Wert unterschiedliche Preiserwartungen wie folgt anzeigt ($t-1$ ist die Periode, in der geplant wird):

- $k > 1$: Der Preis wird sich in der gleichen Richtung wie zuletzt (zwischen den Perioden $t-2$ und $t-1$) beobachtet ändern, aber um einen größeren Betrag;
- $k = 1$ oder $0 < k < 1$: Die Preisänderung in der gleichen Richtung wird mit demselben oder mit einem kleineren Betrag erwartet;
- $k < -1$, $k = -1$, $-1 < k < 0$ bedeuten, daß die Beobachtung, der Preis habe sich zwischen $t-2$ und $t-1$ geändert, die Erwartung begründet, er werde sich in t in der entgegengesetzten Richtung ändern, und zwar stärker, ebenso stark oder schwächer als beobachtet;
- $k = 0$ stellt die ursprüngliche Annahme gemäß Gleichung (4.10-III) dar, die jetzt nur einer unter mehreren Fällen ist.

Setzt man wie vorhin die Gleichungen zwecks Eliminierung ineinander ein, erhält man analog zu Gleichung (4.11):

$$p_t = \frac{a-c}{b} - \frac{e+ek}{b} p_{t-1} + \frac{ek}{b} p_{t-2}\,. \qquad (4.14)$$

Gemäß Hypothese (4.10-III a) hängt die zeitliche Entwicklung des kurzfristigen Gleichgewichtspreises jetzt nicht mehr allein vom Steigungsverhältnis e/b der beiden Kurven, sondern auch von der durch k ausgedrückten Preiserwartung ab. Je nach der Kombination dieser beiden Größen muß es daher unterschiedliche Verläufe geben. Aus der Lösung der inhomogenen Gleichung 2. Ordnung (4.14) läßt sich Bild 4.6 gewinnen, das alle Möglichkeiten für diese Kombinationen enthält. Für die fünf Berei-

---

[15] Das Modell einschließlich Bild 4.6 stammt von A. P. COLLERY: Expected Price and the Cobweb Theorem. QJE, Vol. 69, 1955, S. 315–317.

che *A* bis *E* gilt, daß die in sie fallenden Kombinationen zu den folgenden Preisbewegungen führen:

A: p_t liegt abwechselnd je eine Periode über und unter dem langfristigen Gleichgewicht und divergiert;
B: Wie *A*, jedoch konvergiert p_t zum langfristigen Gleichgewicht;
C: p_t liegt abwechselnd je zwei aufeinanderfolgende Perioden über und unter dem langfristigen Gleichgewicht und konvergiert zu diesem (gedämpfte Oszillation);
D: Wie *C*, jedoch divergiert p_t;
E: p_t entfernt sich immer mehr in einer Richtung (der Preis „explodiert", wenn er immer größer wird).

Bild 4.6 – *Bereiche für Kombinationen des Steigungsverhältnisses von Angebots- und Nachfragekurve und der Preiserwartung in einem dynamischen Marktmodell*

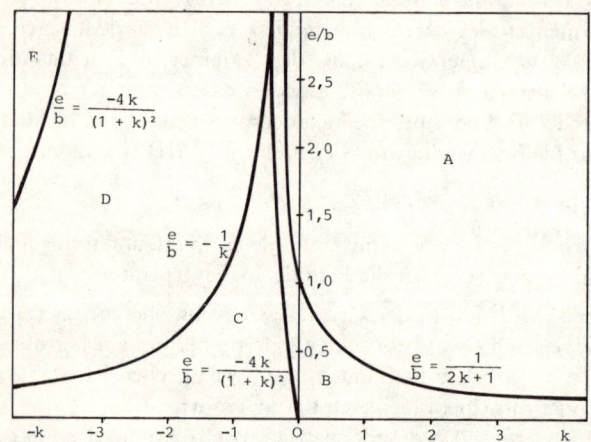

Der ursprünglich behandelte Fall der Preiserwartung $^*p_t = p_{t-1}$ bedeutet $k=0$ und ist daher an der Ordinate von Bild 4.6 abzulesen: Ist der Quotient $e/b < 1$, befindet man sich im Bereich *B*, die Spirale konvergiert. Ist $e/b > 1$, divergiert sie wie bei allen anderen Kombinationen im Bereich *A*.

Das dynamische Marktmodell ist hier aus mehreren Gründen recht ausführlich dargestellt worden:
– Die Analyse läßt erkennen, in welchen Punkten die dynamische Betrachtungsweise der komparativ-statischen überlegen ist. Bei der letzteren müßte man einfach annehmen, daß die Verschiebung der Nachfragekurve in die Lage $N_1 N_1'$ nach einer nicht näher angegebenen Zeit geradewegs zu der durch den neuen Schnittpunkt mit der Angebotskurve gekennzeichneten Preis-Mengen-Kombination führt. Gewöhnlich wird dazu angenommen, daß sich nicht nur die Nachfrage, sondern auch das Angebot verzögerungsfrei an Nachfrageverschiebungen anpaßt. Solche Reaktionsgeschwindigkeiten kommen vor, etwa bei der Produktion von Elektrizität, Transport- und anderen Dienstleistungen innerhalb kurzfristig konstanter Kapazitätsgrenzen, sind aber bei der Herstellung von Sachgütern nicht die Regel. Bild 4.4 zeigt dagegen, daß während des Anpassungsprozesses Gleichgewichtspreise und -mengen kurzfristig ober- und unterhalb des neuen langfristigen Gleichgewichtspunktes entstehen (so daß eine Interpola-

tionshypothese wie die von S. 136 hier falsch wäre) und daß ein solcher möglicherweise überhaupt nicht erreicht wird. Das Modell vermeidet damit die bei komparativ-statischen Analysen möglichen Fehlprognosen.
– Das Modell 4.10 zeigt, daß die Zeit in dynamischen Modellen unter zwei Aspekten auftritt: Entweder als Datierung von Variablen, womit diese unterschiedlichen Zeitpunkten oder -räumen zugeordnet werden und deutlich gemacht wird, daß x_t etwas anderes als x_{t+1} ist; oder als selbständige unabhängige Variable, für die man wie in Gleichung (4.13) unterschiedliche Werte einsetzen und damit die entsprechenden Werte der abhängigen Variablen erhalten kann.
– Die zeitliche Entwicklung der abhängigen Variablen Preis und Menge stellt sich in dem Modell als Folge kurzfristiger, das heißt jeweils nur eine Periode andauernder, Gleichgewichte dar. Es handelt sich um Marktgleichgewichte gemäß Definition 3.5 (S. 316), jedoch werden dabei die Erwartungen der Anbieter über die Preise regelmäßig enttäuscht. Eine Bedingung für ein dynamisches Gleichgewicht gemäß Definition E.11 (S. 54) ist daher verletzt: Das Spinngewebe-Modell ist ein dynamisches Ungleichgewichtsmodell.
– Methodisch gesehen bedeutet die Modifikation der Gleichung (4.10-III) zu (4.10-IIIa) eine Verallgemeinerung, die die bisherige Hypothese ebenfalls enthält, sie jedoch als Spezialfall unter mehreren weiteren Fällen erscheinen läßt: Setzt man in Gleichung (4.14) $k=0$, erhält man Gleichung (4.11). Ein solches Ergebnis wird allgemein als wissenschaftlicher Fortschritt angesehen.
– Die Prinzipien des Modells lassen sich auf eine große Zahl von Problemen anwenden, beispielsweise auch auf solche der Konjunkturtheorie.

Bei der praktischen Anwendung hat sich gezeigt, daß die vier Grundvoraussetzungen für die durch das Spinngewebe-Modell erklärten Prozesse, nämlich

– Mengenanpasserverhalten auf beiden Marktseiten;
– Ausrichtung der während der Produktionsperiode nicht mehr variierbaren Produktmenge am Preis der jeweiligen Vorperiode;
– Kurzfristig völlig unelastisches Angebot;
– Konstante Lage der Angebots- und Nachfragekurven;

am ehesten auf den Märkten für einige landwirtschaftliche Produkte anzutreffen sind. So wurde schon vor dem ersten Weltkrieg über regelmäßige gegenläufige Preis- und Mengenschwankungen am Markt für Schweinefleisch berichtet, und in den zwanziger Jahren wurde dieser Prozeß näher untersucht und *Schweinezyklus* benannt. Immer wenn in der Planperiode die Relation „erwarteter Schweinepreis zum augenblicklichen Futterpreis" einen bestimmten Wert überstieg, wurde die Produktion ausgedehnt, was nach einer Verzögerung von etwa 18 Monaten zu erhöhtem Angebot führte. Lag die Relation darunter, wurde die Produktion eingeschränkt.

In anderen Fällen erwies es sich als erforderlich, das Modell in einzelnen Punkten zu modifizieren. So zeigte sich, daß bei manchen Gütern bei hohem Preis zusätzliches Angebot aus Lagerbeständen oder Einfuhren auf den Markt kam und bei niedrigem Preis Lagerbestände aufgestockt wurden, was den Prozeß schneller konvergieren ließ. Dies trat auch ein, wenn auch nur einigermaßen richtige Preisprognosen veröffentlicht und beachtet wurden, wenn sich die Preiserwartungen an die tatsächliche Entwicklung anpaßten oder wenn die Erzeugung noch während des Produktionsprozesses angepaßt werden konnte.

3. Produktlebenszyklen. Eine andere dynamische Betrachtungsweise wird erforderlich, wenn die zeitliche Entwicklung des Marktes für ein neues Produkt zu analysieren ist. Hierbei sind besonders bei Konsumgütern Regelmäßigkeiten entdeckt worden, aufgrund derer auch Prognosen möglich sind. Betrachtet sei ein Produkt, das zwar vorhandene Güter ersetzt, in wesentlichen Aspekten aber neu ist. Beispiele aus der Zeit seit etwa 1950 sind Kugelschreiber, Farbfernsehgeräte, elektronische Rechengeräte, Videorecorder. Unter diesem Gesichtspunkt können aber auch jeweils neue Waschmittel, Bücher, Schallplatten, Filme, Personenkraftwagen, Zigarettenmarken, pharmazeutische und kosmetische Produkte untersucht werden. Sie kommen auf den Markt, werden eine Zeitlang angeboten und verschwinden wieder. Die Zeit, während derer das Produkt entwickelt, hergestellt und angeboten wird, sein *Lebenszyklus,* von dem der *Marktzyklus* ein Teil ist, läßt sich in vier oder fünf Phasen einteilen, die sich durch unterschiedliche Konstellationen der absatzbestimmenden Variablen auszeichnen, wenn auch eine genaue Abgrenzung zwischen ihnen schwierig bleibt. Sie können etwa wie in Bild 4.7 dargestellt aussehen.

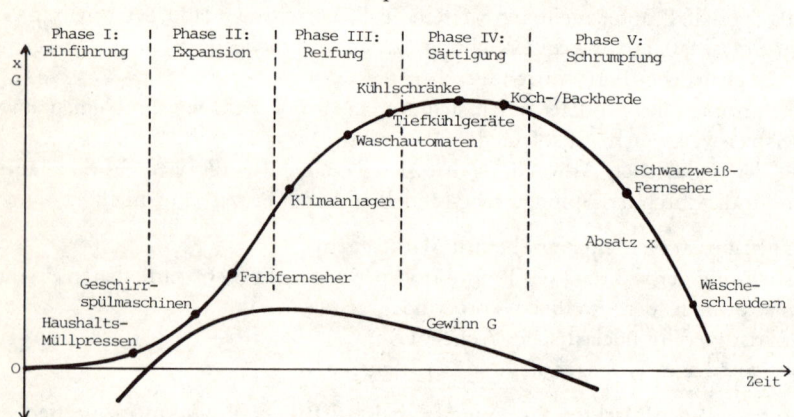

Bild 4.7 – *Marktphasen neuer Produkte*[a]

[a] Quelle für die Einstufung der Güter (Vereinigte Staaten, Anfang der siebziger Jahre): J. E. SMALLWOOD: The Product Life Cycle: A Key to Strategic Marketing Planning. MSU Business Topics, Michigan, Vol. 21 No. 1 (Winter 1973), S. 30.

– I: Einführungsphase. Das Produkt kommt nach einer Entwicklungszeit neu auf den Markt, häufig aufgrund einer zur wirtschaftlichen Verwertung gediehenen technischen Erfindung. Es ist im Vergleich zu den Preisen etwa vorhandener Substitute (elektrischer gegenüber dem Naßrasierapparat, Farb- gegenüber Schwarzweißfotografie und -fernsehen, elektrische gegenüber mechanischer Schreibmaschine) noch teuer, da der Anbieter versucht, die Entwicklungskosten über den hohen Preis wieder hereinzuholen und die kostensenkenden Vorteile der Massenproduktion noch nicht zum Tragen kommen. Technisch leidet es häufig noch an Mängeln („Kinderkrankheiten"), da noch keine genügenden Erfahrungen bei der Herstellung und Qualitätskontrolle vorliegen, so daß in dieser Phase noch experimentiert werden muß. Die Erstkäufer des Produkts bezahlen die Vorteile des Demonstrativkonsums (vgl. S. 144) bei technischen Geräten daher mit hoher Reparaturanfälligkeit, bei Medikamenten die Chance neuer Heilwirkungen mit unvorhergesehenen Nebenwirkungen. Der Anbieter muß den Markt erst schaffen, hat daher hohe Werbe- und Vertriebsaufwendungen und macht Verluste. In dieser Phase scheitern viele neue Produkte: Die Nachfrager nehmen sie nicht an. Wird dieses Stadium überwunden, tritt das Produkt in die

– II: Expansionsphase. Ihr Beginn wird häufig mit der Erreichung der Gewinnschwelle gleichgesetzt. Der anfängliche Marktwiderstand ist überwunden, die Nachfrage nimmt, unterstützt durch Präferenzänderungen infolge Werbung, rasch zu. Der Anbieter hat manchmal eine durch Patente geschützte Monopolstellung, in anderen Fällen sind mehrere Anbieter ohne große zeitliche Abstände mit ihrer Entwicklungsarbeit zu ähnlichen Ergebnissen gekommen, so daß sich die Marktform vom zeitweiligen Monopol zum Oligopol wandelt. Die kurzfristigen Gewinnchancen werden in dieser Marktphase so groß, daß Anbieter auch Patentverletzungen riskieren, weil sie sich ausrechnen, daß die während der Dauer der juristischen Auseinandersetzungen zu erzielenden Gewinne höher sein werden als der allenfalls zu zahlende Schadenersatz samt den Kosten des Rechtsstreits. Mit der in dieser Phase einsetzenden Massenproduktion samt rascher Produktivitätssteigerung und angesichts hoher Preiselastizität der Nachfrage lohnt es, den Preis zu senken, was seinerseits neue Käuferschichten anzieht, weitere Verwendungsmöglichkeiten erschließt und den Prozeß weitertreibt. Mitunter wächst die Nachfrage so rasch, daß Kapazitätsengpässe und Lieferfristen auftreten. Sind mehrere Anbieter des Produkts am Markt, entwickelt sich zwischen ihnen ein heftiger Preiswettbewerb, gleichzeitig wird das Produkt laufend verbessert, was seinen Heterogenitätsgrad senkt. Das Ende dieser Phase wird häufig durch das Gewinnmaximum je kurzer Periode gekennzeichnet. Danach beginnt die

– III: Reifungsphase. Die Zuwachsraten des Absatzes werden kleiner und nähern sich am Ende der Phase dem Wert null. Produkt und Herstellungsverfahren sind technisch ausgereift, so daß nur noch unwesentliche Verbesserungen möglich sind. Die Preiselastizität der Nachfrage ist gesunken, neue Märkte sind kaum noch zu erschließen, der Wettbewerb durch Substitute nimmt zu, die Gewinne sinken, Anbieter scheiden aus, Oligopole werden enger. Phase III wird vielfach zusammengefaßt mit der

– IV: Sättigungs- (auch: Stagnations-)phase. Der Produkt ist jetzt so lange am Markt, daß auch die Nachzügler und damit praktisch alle potentiellen Nachfrager Käufer geworden sind. Der Absatz beschränkt sich im wesentlichen auf die Deckung des Ersatzbedarfs. Neue Käufer kommen nur noch insoweit hinzu, als sie im Zuge von Einkommenssteigerungen im Wirtschaftswachstum in die Einkommensschicht hineinwachsen, in der das Produkt zum Standardkonsumgut gehört. Bei den Anbietern hat sich aufgrund des langen Umgangs mit dem Produkt, den Nachfragern und den Konkurrenten ein hoher Grad an Markttransparenz eingestellt. Meist haben sie die Erfahrung gemacht, daß Preissenkungen von Konkurrenten nachvollzogen werden und daher die Situation relativ zu diesen nicht verbessern und lediglich den Gewinn bei allen Beteiligten schmälern. Stillschweigend ergibt sich daher die Übereinkunft, auf Preiswettbewerb zu verzichten. Preiserhöhungen werden jedoch von allen Anbietern annähernd gleichzeitig vorgenommen, wenn es gemeinsame Anlässe dafür gibt, etwa die jährlichen Lohnsatzsteigerungen, Steuererhöhungen oder Wechselkurssenkungen (bei Produkten mit hohem Importanteil an den Vorleistungen). Der Wettbewerb verlagert sich auf Maßnahmen der Produkt- und Werbepolitik, mit denen versucht wird, die Substitutionsmöglichkeiten in den Augen der Nachfrager sowie deren Markttransparenz herabzusetzen. Da objektive Informationen über das Produkt angesichts der ausgereiften Technik dazu wenig hergeben, wird in der Werbung mehr mit emotionalen Appellen und sonstigen sachfremden Argumenten gearbeitet.

– V: Schrumpfungs- (auch: Rückbildung-, Degenerations-, Niedergangs-)Phase. Die aus dem Produkt noch erzielbaren Gewinne sind zu Beginn dieser Phase auf oder unter das akzeptable Minimum gesunken. Der Hersteller selbst oder Konkurrenten kommen mit neuen Erzeugnissen heraus, mit denen das betrachtete Produkt gezielt vom Markt verdrängt werden soll; das Interesse der Nachfrager wendet sich von ihm ab. Bei Konsumgütern wird im Rahmen der Produktpolitik versucht, an die Stelle technischer die modische Veraltung zu setzen: Modellwechsel zielt darauf ab, das Produkt in den Augen der Konsumenten als veraltet und daher erneuerungsbedürftig erscheinen zu lassen, obwohl es technisch noch durchaus brauchbar ist. Ein klassisches Beispiel ist die Kleidermode, ein anderes sind äußerliche Änderungen bei Personenkraftwagen. Andere Branchen bemühen sich, ihre Produkte ebenfalls als der Mode unterworfen darzustellen, so die Hersteller von Brillengestellen. Manche Produkte sterben schwer: Neben Zutrittsschranken zu einem Markt gibt es auch Austrittsschranken. Paradebeispiel ist der Eisenbahntransport, der mit der rapiden Zunahme des Kraftfahrzeug- und Lufttransports hätte drastisch schrumpfen müssen, aber in vielen Ländern mit staatlicher Hilfe immer noch in einem die Nachfrage weit übersteigenden Maß angeboten wird. Bei manchen Produkten hält sich ein Restmarkt auch privatwirtschaftlich noch jahrzehntelang. Bei anderen ist auch nach Jahrzehnten noch keine Schrumpfungsphase abzusehen: Elektromotor, Glühbirne, Kugelschreiber sind seit langer Zeit unverändert. Bild 4.7 zeigt die Marktsituation einiger dauerhafter Konsumgüter in den Vereinigten Staaten zu Beginn der siebziger Jahre gemäß der Einschätzung eines dortigen Marktforschers.

Marktphasenschemata nach Art von Bild 4.7 lassen sich auch bei Produkten mit kurzen Lebenszyklen beobachten, bei denen das Angebot wie bei landwirtschaftlichen Erzeugnissen auf Saisonzeiten beschränkt ist und Jahr für Jahr wiederkehrt. Jedoch liegt auf der Hand, daß sie die Entwicklung angesichts der Vielgestaltigkeit der relevanten Umstände immer nur ungefähr wiedergeben können und im Einzelfall abgeändert werden müssen.

III. Marktmacht, Monopol und Monopson

1. Marktmacht. Bei der Aufzählung der Wettbewerbssituationen zwischen Anbietern (S. 305 f.) galt als ökonomisch wichtigster Unterschied zwischen einem Mengenanpasser und einem Monopolisten, daß dieser einen Preis für das von ihm angebotene Marktobjekt setzen kann, jener nicht. Genauer: Der Monopolist kann erwarten, daß der von ihm gesetzte Preis von den Nachfragern als Datum hingenommen wird und zumindest einige Zeit relevant bleibt. Diese Verhaltensweise ist jedoch nicht auf Monopolisten im Sinne des Marktformenschemas (S. 309) beschränkt. Sie wird auch von Oligopolisten und Polypolisten angewendet und ist auch bei Nachfragern zu beobachten. Es wird daher eine Bezeichnung für die Fähigkeit benötigt, sich in dieser Weise zu verhalten, und vor allem in der Praxis des Wettbewerbsrechts spricht man von „Marktmacht". Mit dem Wort „Macht" wird ein vor allem in der Politologie und in der Gesellschaftstheorie gebräuchlicher Ausdruck in die Wirtschaftswissenschaft übernommen, was Vor- und Nachteile hat.

In der Regel wird Macht mit dem Ziel ausgeübt, die eigenen Interessen zu Lasten anderer zu fördern, jedoch kann der Machtinhaber paternalistisch auch das Wohl der Machtunterworfenen im Auge haben. Verengt man die Fragestellung auf den wirtschaftlichen Bereich, so muß als Grundlage der Marktmacht die Knappheit der Güter oder allgemeiner der Mittel zur Bedürfnisbefriedigung angesehen werden. Dies zeigt schon der Umkehrschluß: Gäbe es keine Knappheit, könnte niemand dadurch, daß er Bedingungen für den Zugang zu Gütern setzt, andere zu einem ihm genehmen Verhalten veranlassen. Als letztes Ziel der Ausübung von Marktmacht ist zu unterstellen, daß der Machtinhaber eine Verbesserung seiner relativen Einkommensposition anstrebt. Damit kann man definieren

Def. 4.2: *Marktmacht hat, wer auf Dauer oder mindestens für einige Zeit Preise oder andere Bedingungen, unter denen Markttransaktionen stattfinden, zum relativen Nachteil anderer Marktteilnehmer festsetzen oder zu seinen Gunsten beeinflussen kann.*

Die Ausübung von Marktmacht wirkt sich damit auf die Einkommens- und langfristig auf die Vermögensverteilung aus. Die Definition hat den Vorzug, von der Assoziation zum „Alleinanbieter" frei zu sein. Die größte Marktmacht hätte der Monopolist, während die des Oligopolisten schon nicht mehr so groß ist, daß er das Verhalten seiner Konkurrenten ignorieren könnte, und der Polypolist verfügt über einen noch kleineren Spielraum.

Ein Vorteil des Begriffs „Macht" besteht darin, mit ihm eine Vielzahl höchst unterschiedlicher Verhaltensweisen und damit den Regelfall kennzeichnen zu können, daß im Wirtschaftsverkehr ökonomisch ungleiche Transaktionspartner aufeinandertreffen.[16] Folgende Aspekte der Ungleichheit lassen sich unterscheiden:

– Marktteilnehmer *A* will das, was Teilnehmer *B* anbietet, mit anderem Dringlichkeitsgrad erwerben als *B* das haben will, was *A* anbietet.

Hier ist eine Vielzahl von Situationen denkbar. Nahrungsmittel haben die höchste Dringlichkeitsstufe, wenn es um das bloße Überleben geht, daher haben deren Anbieter in Notzeiten sehr starke Marktmacht. Ein vor dem Konkurs stehendes Unternehmen braucht viel dringender Geld als Kunden seine Erzeugnisse. Wer eine starke Präferenz für bestimmte nichtreproduzierbare Güter wie Kunstwerke hat, zahlt Liebhaberpreise. In vielen Produktionsprozessen kann kurzfristig nicht auf Erdöl oder aus ihm hergestellte Produkte verzichtet werden, so daß auch erhebliche Preissteigerungen zunächst nicht oder kaum zu Nachfragerückgängen führen.

---

[16] Der Sachverhalt wurde im vorigen Jahrhundert treffend so beschrieben: In der Regel „steht ein Stärkerer einem Schwächeren, d.h. ... ein Reicher einem Armen, ein Sachverständiger einem Laien, Einer, der warten kann, Einem, der Eile hat, ein Kluger einem Dummen gegenüber ..." Vgl. G. SCHMOLLER: Die Natur des Arbeitsvertrags und der Contractbruch. In: Über Bestrafung des Arbeitsvertragsbruches. Gutachten auf Veranlassung des Vereins für Socialpolitik abgegeben von F. KNAUER u.a., Leipzig 1874, S. 93.

– Die Kosten oder andere Nachteile des Nichtvollzugs der Transaktion sind bei den Partnern absolut oder relativ (etwa zum Einkommen) unterschiedlich hoch, beide können beispielsweise nicht gleich lange warten.

Die Dauer von Streiks wird entscheidend davon bestimmt, wie lange die Gewerkschaft einerseits und die Arbeitgeberseite anderseits deren Kosten tragen können. Dies wiederum hängt im Einzelfall von einer Vielzahl von Faktoren ab, unter denen die Konjunktursituation eine wichtige Rolle spielt.

– Die Möglichkeiten beider Partner zu substituieren, also auf andere Marktteilnehmer oder -objekte auszuweichen, sind unterschiedlich, auch in bezug auf die dazu erforderlichen Aufwendungen.

Stehen viele Nachfrager mit jeweils kleinem Marktanteil einem Alleinverkäufer gegenüber, so kann dieser jeden Nachfrager mühelos durch andere ersetzen, während jeder von diesen allenfalls auf Anbieter entfernter Substitute ausweichen kann und dabei erhebliche Substitutionslücken überwinden muß. Viele Anbieter von Konsumgütern nutzen räumliche Präferenzen ihrer Kunden aus, da diese zusätzliche Transportaufwendungen in Kauf nehmen müßten, wenn sie sich anderen Anbietern zuwenden wollten. Im Verhältnis Wohnungsmieter zu Vermieter gilt, daß ein Wohnungswechsel beide mit Suchkosten nach einem neuen Partner belastet, beim Mieter jedoch zusätzlich die Umzugskosten anfallen. Ein Anbieter kann immer dann Marktmacht ausüben, wenn die Nachfrager keine Alternativen haben, zu haben glauben oder sich diese nur mit zusätzlichen Aufwendungen zunutze machen können.

– Beide sind unterschiedlich gut (oder schlecht) informiert.

In diesem Punkt ist der Professionelle dem Laien überlegen, wobei diese beiden Rollen häufig den Anbietern von Konsumgütern einerseits und den Verbrauchern anderseits zufallen. Der Anbieter oder Hersteller weiß prinzipiell besser über die Eigenschaften seiner Produkte Bescheid als der Konsument, der sich einer unübersehbaren Vielfalt von Gütern gegenübersieht und für den es praktisch unmöglich ist, sich die Spezialkenntnisse über jedes einzelne von ihnen zu verschaffen, über die der Hersteller oder Händler von Berufs wegen verfügt. Entsprechendes gilt für die Transaktionsbedingungen samt deren rechtlichem Rahmen: Dieser ist heute nur noch juristischen Fachleuten in allen Einzelheiten vertraut. Über die Ausnutzung von Informationsvorsprüngen durch Börsen-Innenseiter wurde schon gesprochen (vgl. S. 341 f.).

Soweit zwischen Marktpartnern Verhandlungen stattfinden, kann Macht auch durch Drohung oder dadurch ausgeübt werden, daß beim Partner unzutreffende Vorstellungen über die relative Machtposition geweckt oder bestärkt werden.

Marktmacht wird durch zwei Arten von Gegenkräften begrenzt: Auf derselben Marktseite durch die Konkurrenz anderer Marktteilnehmer, auf der anderen durch *Gegenmacht*. Die Möglichkeit zu deren Bildung ergibt sich aus der Tatsache, daß im Tauschverkehr auch die Teilnehmer der Marktseite etwas anzubieten haben, die zunächst nicht über Marktmacht verfügen. Je stärker sie sich dieser ausgesetzt fühlen, um so größer ist der Anreiz, sich durch Kooperation, Zusammenschlüsse oder auf andere Weise ebenfalls Marktmacht zu verschaffen. Dies kann dazu führen, daß die Macht des einen Marktteilnehmers durch die gleich große des Gegenspielers neutralisiert wird. Angesichts der Definition 4.2 könnte man dann sagen, daß die Marktmacht beider Teilnehmer gleich null ist, da keiner die Transaktionsbedingungen zu seinen Gunsten beeinflussen kann. Sofern die Existenz von Marktmacht als soziales Problem gesehen wird, würde dieses in solchen Situationen nicht bestehen. Wenngleich es keine gesicherte Hypothese darüber gibt, daß zu jeder Machtposition eine Gegenmachtposition entsteht, also der Marktwirtschaft eine Tendenz zur Machtbeschränkung von der jeweils anderen Marktseite her innewohnt, lassen sich viele Beispiele für die Entstehung von Gegenmacht finden. Dabei ist zu beobachten, daß sich Produzenten wegen ihrer kleineren Zahl und ihres einzeln größeren Interesses leichter zu diesem Zweck zusammenfinden als Konsumenten. So sind Einzelhandelsketten als Gegenmacht zu Konsumgüterherstellern, landwirtschaftliche Produktions- und Absatzgenossenschaften als Gegenmacht zu industriellen Nachfragern landwirtschaftlicher Erzeugnisse entstanden; und auch die Bildung von Wirtschaftsverbänden und der Lobbyismus sind mindestens zum Teil ein Versuch, sich der zunehmenden Zahl staatlicher Eingriffe in den Wirtschaftsprozeß zu erwehren. Der historisch wichtigste Fall sind die Gewerkschaften. Ihre Gegenmacht auf dem Arbeitsmarkt ist beispielsweise in der Bundesrepublik so groß geworden, daß sie angesichts der hier herrschenden Verhaltensweisen und institutionellen Regelungen in der Lage sind, den gesetzlichen Auftrag an den Bund und die Länder, gewisse gesamtwirtschaftliche Ziele zu erreichen, zu konterkarieren.[17]

Die Diskussion der verschiedenen Aspekte der Marktmacht zeigt, daß sich diese mit ökonomischen Begriffen wie Preisen, Grenzkosten und Grenzausgaben, Präferenzen, Substitutionsgrad, Ressourcenvorräte für Wartezeiten, Informationsdifferenzen beschreiben läßt. Sie stellt also keine selbständige Erklärungsvariable für die Ergebnisse von Marktprozessen dar. Mit der Einführung des Begriffes „Macht" in die Wirtschaftswissenschaft sind mithin keine zusätzlichen Erkenntnisse zu gewinnen. Manche mögen dies nicht akzeptieren, weil mit dem Begriff eine Fülle nichtökonomischer und werthaltiger Assoziationen verknüpft ist, aber dies bedeutet auch den Nachteil, daß er wenig präzise ist und zu pauschalen Behauptungen verleitet. Worauf es ankommt, wäre eine Messung von Marktmacht im konkreten Fall, und ein Ansatz dazu wird beispielsweise von der Praxis dadurch geliefert, daß man die relative Verteilung der Marktmacht durch die Ausdrücke *Käufermarkt* und *Verkäufermarkt* kennzeichnet, womit auf die Marktseite mit der stärkeren Stellung verwiesen wird. So bedeutet ein Käufermarkt für Personenkraftwagen, daß Käufer die Listenpreise herunterhandeln oder ihre gebrauchten Fahrzeuge zu höheren Preisen in Zahlung geben können, als sie auf dem Gebrauchtwagenmarkt gegenüber Letztkäufern zu erzielen wären. Entsprechend ist ein Verkäufermarkt hier durch lange oder steigende Lieferfristen, Fehlen von Preiszugeständnissen und niedrige Preisgebote bei der Inzahlungnahme von Gebrauchtwagen gekennzeichnet. Hier befinden sich die Käufer in der schlechteren Wettbewerbsposition. Alle diese Merkmale sind im Prinzip meßbar.

---

[17] Insbesondere die Ziele „Stabilität des Preisniveaus" und „hoher Beschäftigungsstand", vgl. *Gesetz zur Förderung der Stabilität und des Wachstums der Wirtschaft* vom 8. 6. 1967 (BGBl. I, S. 582), § 1. Inwieweit die Gewerkschaften ihre Macht bisher mit dem Ergebnis ausgenutzt haben, daß diese Ziele verfehlt wurden, bliebe zu untersuchen.

2. Der Monopolgrad und seine Messung. Es ist zu vermuten, daß nicht jeder Anbieter mit Marktmacht und damit einem Preissetzungsspielraum diesen in jeder Periode voll ausnutzt. Es entsteht dann die Frage, wie sowohl dieser Spielraum als auch sein Ausnutzungsgrad gemessen werden können. Für die Marktmacht eines Anbieters oder auch einer Gruppe von Anbietern, etwa einer Industrie, ist unter dieser Fragestellung die Bezeichnung *Monopolgrad* gebräuchlich. Sie ist nicht auf Monopolisten im Sinne des Marktformenschemas (S. 309) beschränkt und wird im folgenden daher auch auf Oligopolisten und Polypolisten angewendet. Die Messung des Monopolgrades ist besonders für die Wettbewerbspolitik von hohem Interesse. Mit ihr könnte festgestellt werden, in welchem Maße ein gegebener Anbieter seinen Preissetzungsspielraum ausnutzt, und von einem als mißbräuchlich zu definierenden Grad an könnte in sein Verhalten eingegriffen werden.[18]

Die Unterscheidung zwischen Preissetzungsspielraum (auch: potentiellem Monopolgrad) und seinem Ausnutzungsgrad (auch: tatsächlichem oder realisiertem Monopolgrad) bietet den Ansatz zur Lösung des Problems und läßt auch gleich seine Schwierigkeiten erkennen. Die Angabe eines Preissetzungsspielraums bedeutet, einen Preis p^{min} zu nennen, den der Anbieter mindestens auf die Dauer erzielen muß, und einen Preis p^{max}, den er höchstens erzielen kann. Wodurch sind diese beiden Preise bestimmt? Als Mindestpreis muß vernünftigerweise der Preis gelten, der bei der gegebenen Produktmenge und Produktionskapazität die gesamten Kosten des Anbieters einschließlich einer Rendite deckt (vgl. S. 213), die gerade noch als ausreichend angesehen wird und jedenfalls nicht über der branchenüblichen liegt. p^{min} ist mithin der Preis, der dem Anbieter gerade noch die Fortführung des Unternehmens auf Dauer ermöglicht. Er kann auch als der Preis gesehen werden, der sich bei intensivem Wettbewerb auf dem betrachteten Markt einstellen würde. Der Höchstpreis p^{max} ist wesentlich schwerer zu bestimmen. Man stelle sich einen Leitungsmonopolisten in Gestalt eines städtischen Wasserwerks vor. Trinkwasser ist ein lebensnotwendiges Gut, aber es hat Substitute: Man kann kurzfristig für den dringendsten Bedarf auf Mineralwasser in Flaschen ausweichen, und wenn das Wasserwerk seinen Preis nur hoch genug setzt, dann lohnt es mittelfristig, Wasser von auswärts in Tankwagen herbeizufahren und in kleinen Mengen zu verkaufen, und langfristig, Trinkwassertanks wie jetzt Heizöltanks in jedes Haus einzubauen (allerdings würden wohl lange vorher politische Schwierigkeiten für das Werk entstehen). Das Beispiel läßt jedoch erkennen, daß der Preissetzungsspielraum jedes Anbieters nach oben durch die Möglichkeiten der Nachfrager, auf Substitute auszuweichen, und die Gefahr des Zutritts konkurrierender Anbieter begrenzt wird. Da solche Vorgänge Zeit erfordern, ist p^{max} um so höher, je kürzer der betrachtete Zeitraum ist. Stellt man wie bei p^{min} auf die unbegrenzte Fortdauer der Ausgangssituation ab, dann ist p^{max} der langfristig erzielbare höchste Preis, bei dem weder die Nachfrager auf Substitute ausweichen noch neue Anbieter hinzutreten. Ist p^0 der beobachtete Preis in der Untersuchungsperiode, dann wäre der

---

[18] Der Bundesgerichtshof urteilte am 16.6.1971, ein Stromlieferant, dessen Erlöse um 13,41 v.H. über dem Betrag lagen, den der Abnehmer bei anderweitigem Bezug hätte aufwenden müssen, mache sich der „sittenwidrigen Ausnutzung einer Monopolstellung" schuldig. (Aktenzeichen KZR 11/70, Monatsschrift für Deutsches Recht, Hamburg, 25. Jg. 1971, S. 908 f.)

realisierte Monopolgrad μ (sprich: mü) als Quotient aus der Differenz zwischen dem geforderten Preis p^0 und dem Mindestpreis einerseits und dem gesamten Preissetzungsspielraum anderseits zu definieren:

$$\mu = \frac{p^0 - p^{min}}{p^{max} - p^{min}}. \qquad (4.15)$$

Der so definierte Monopolgrad liegt zwischen null und eins mit Einschluß beider Grenzen. Wird die Monopolstellung nicht genutzt, dann ist der Zähler des Quotienten und damit μ gleich null; wird sie voll ausgenutzt, sind Zähler und Nenner gleich groß, und μ ist gleich eins.

Ein interessanter Versuch, den Preissetzungsspielraum anhand einer im Prinzip beobachtbaren Variablen zu bestimmen, ist der folgende. Wie S. 329 gezeigt wurde, setzt ein kurzfristig gewinnmaximierender monopolistischer Anbieter seinen Preis p^m immer höher als die Grenzkosten GK, und zwar so, daß die Bedingung „Grenzumsatz GU = Grenzkosten GK" erfüllt ist. Demnach kann die Differenz $p^m - GK$ als Maß für den monopolistischen Preissetzungsspielraum angesehen werden. Bezieht man diese Differenz zwecks Ausschaltung der Maßeinheit auf den Preis, erhält man das *Lernersche Monopolmaß*:[19]

$$\mu_L = \frac{p - GK}{p} \quad \text{oder} \quad \mu_L = 1 - \frac{GK}{p}. \qquad (4.16)$$

Formt man Gleichung (3.5) S. 328 zu

$$p + \frac{p}{\eta} = GK \quad \text{und weiter zu} \quad \frac{p}{\eta} = GK - p \quad \text{und} \quad -\frac{1}{\eta} = \frac{p - GK}{p}$$

um, so zeigt sich, daß das Lernersche Monopolmaß gleich dem reziproken absoluten Wert der Preiselastizität im Cournot-Punkt ist:

$$\mu_L = -\frac{1}{\eta} = \frac{1}{|\eta|}. \qquad (4.17)$$

Es nimmt gemäß Gleichung (4.16) bei Mengenanpasserverhalten den Wert null an, da dann der Preis gleich den Grenzkosten ist. In Gleichung (4.17) bedeutet dies völlig elastische Nachfrage und damit einen über alle Grenzen gestiegenen Wert der Preiselastizität. Obere Grenze für μ_L ist der Wert eins, wie aus der rechtsstehenden Fassung von Gleichung (4.16) hervorgeht: Gegen diesen Extremwert strebt μ_L, wenn die Grenzkosten auf null zurückgehen oder der Preis immer höher gesetzt wird. In Gleichung (4.17) entspricht dem die Tatsache, daß der Cournot-Punkt immer im elastischen Teil der Nachfragekurve liegt (vgl. S. 328), daher η in dieser Gleichung (algebraisch) kleiner als -1 bleiben muß und -1 selbst einen Grenzwert darstellt. Die Fassung (4.17) läßt erkennen, daß der Preissetzungsspielraum $p - GK$ um so größer wird, je weniger elastisch die Nachfrage ist.

Das Lernersche Monopolmaß kann auf zwei Arten interpretiert werden:

– Es gibt den Preissetzungsspielraum an, wenn p in Gleichung (4.16) der Preis im Cournot-Punkt ist.

---

[19] LERNER [4.72].

Dabei gelten allerdings alle Überlegungen über die Dauerhaftigkeit der Marktposition, die im Zusammenhang mit dem Maß μ gemäß Gleichung (4.15) angestellt wurden. Nur wenn der kurzfristige Spielraum gemessen werden soll, darf der in einer (kurzen) Planperiode erzielbare Preis eingesetzt werden.

– Es gibt den tatsächlich ausgenutzten Spielraum an, ist also ein Maß für den realisierten Monopolgrad.

Dies ist die Interpretation LERNERs, der sein Maß „index of the degree of monopoly power" nannte. Während also die Obergrenze von μ_L mit der von μ je nach Interpretation in Übereinstimmung gebracht werden kann, bleiben die beiden Untergrenzen verschieden, wenn man die Grenzkosten wie häufig ohne den Grenzgewinn definiert, der für das dauerhafte Verbleiben des Anbieters in dem betrachteten Markt erforderlich ist. Der aufgrund des Lernerschen Maßes ermittelte potentielle oder tatsächliche Monopolgrad würde dann höher ausfallen als der aufgrund der Preisdifferenz $p^{max} - p^{min}$ berechnete.

Ein Einwand gegen das Lernersche Monopolmaß wie auch gegen alle anderen, die auf Preis-Kosten-Spannen abstellen, ist die Tatsache, daß sich in den Kosten die Ausnutzung von Monopson- oder ähnlichen Machtstellungen auf den Produktionsgütermärkten auswirkt, so daß in solchen Fällen in Wirklichkeit die Summe aus Monopol- und Monopsonstellung gemessen wird. Im übrigen variieren die Grenzkosten je nach Länge der betrachteten Periode. Schließlich geben die Maße keinen Hinweis auf das Ausmaß des Wohlfahrtsverlustes, der den Nachfragern durch die Minderversorgung mit Gütern infolge des realisierten Monopolgrades entsteht.

Ein Nachteil jedes aus den bisherigen Überlegungen entwickelten Monopolmaßes ist, daß die dabei benutzten Denkinstrumente wie Nachfrageelastizität, Grenzkosten, dauerhaft erzielbarer Höchstpreis in der unternehmerischen Praxis selten oder gar nicht verwendet werden und nur unter großen Schwierigkeiten numerisch zu bestimmen sind. Das hat zu der folgenden Überlegung geführt. Anbieter nutzen ihre Machtstellung einzig und allein zu dem Zweck aus, ihre Gewinne zu erhöhen. Man braucht also nur zu untersuchen, ob und inwieweit die Gewinne des betrachteten Anbieters oder Wirtschaftszweigs höher sind, als sie es bei intensivem Wettbewerb wären, um seinen Monopolgrad zu bestimmen. Die Gewinne können offensichtlich nicht ihren absoluten Beträgen nach verglichen, sondern müssen zuvor auf eine Basis bezogen werden. Dazu bieten sich die in dem jeweiligen Unternehmen oder Wirtschaftszweig investierten Mittel an, da sie ja eben zum Zweck der Gewinnerzielung angelegt wurden. Ein Monopolmaß wäre bei diesem Ansatz also als Quotient aus der tatsächlichen Rendite r, vielleicht zwecks Ausschaltung von Konjunktureinflüssen als Durchschnitt aus mehreren Jahren errechnet, und der unter Wettbewerbsbedingungen zu erzielenden Rendite r_w zu definieren

$$\mu_B = \frac{r}{r_w}.$$

Das Ausmaß, in dem μ_B über eins liegt, zeigt den Grad der Ausnutzung der Marktmacht an.

Auch bei diesem Maß wird die Summe aus Monopol- und Monopsongrad erfaßt. Weitere Probleme dieses Ansatzes sind:

– Die Rendite unter Wettbewerbsbedingungen r_w ist schwer zu bestimmen.

Als erste Annäherung könnte man den jeweiligen Zinssatz des Kapitalmarktes für langfristige risikoarme Forderungen ansehen, da er unter Wettbewerbsbedingungen zustandekommt und von einer Volkswirtschaft mit Wettbewerb auf allen Märkten anzunehmen ist, daß die Renditen sämtlicher Unternehmen auf diesen Satz (plus Risikozuschlag) heruntergekonkurriert werden.

- Die Berechnung der tatsächlichen Renditen erfordert Informationen über die investierten Mittel und die Gewinne, die nicht leicht zu beschaffen sind und Bewertungsprobleme aufwerfen. Die aufgrund gesetzlicher Vorschriften über diese Variablen veröffentlichten Angaben sind unbearbeitet nicht zu gebrauchen.
- Die Gewinne können zu niedrig ausgewiesen werden, weil ein Teil von ihnen benutzt wird, die Monopolposition zu verteidigen. Ausgaben für Werbung fallen mindestens zum Teil in diese Kategorie.

Angesichts dieser Schwierigkeiten wurde auch schon vorgeschlagen, *Preisstarrheit* insbesondere in Zeiten konjunktureller Rückgänge als Indiz für Marktmacht zu sehen. Dem liegt die Hypothese zugrunde, daß die Preise auf Märkten mit intensivem Wettbewerb empfindlich auf Verschiebungen der Angebots-Nachfrage-Konstellationen und damit auf Änderungen von Präferenzen, Einkommen, Kosten, anderen Preisen und Preiserwartungen reagieren. Bei statistischen Untersuchungen wäre eine Industrie mit solchem Wettbewerb als Bezugsbasis heranzuziehen, und die dort zu beobachtenden Preisänderungen wären nach Häufigkeit und Ausmaß mit denen des machtverdächtigen Anbieters oder der Industrie zu vergleichen. Jedoch dürfen dabei nicht die Preise allein betrachtet werden. Wie schon die Diskussion des Monopolmaßes μ zeigte, kommt es auf eine Spanne an, und daher ist nicht die relative Starrheit der Preise, sondern die der Spanne zwischen Preisen und variablen Kosten Merkmal einer Monopolstellung. Ein Monopolmaß ist daraus allerdings bisher nicht konstruiert worden.

Für alle Versuche, den Monopolgrad zu messen, gilt im übrigen, daß dieser sicher keine auch nur einigermaßen konstante Größe ist. Nachfrage und Kosten ändern sich ständig, und daher bleiben weder die Spanne zwischen p^{min} und p^{max} noch erst recht Preise und Gewinne konstant. So kann es vorkommen, daß die Nachfrage nach den Erzeugnissen einer Industrie mit intensivem Wettbewerb längere Zeit hindurch steigt und den Unternehmen daher unvermutete Gewinne beschert, die erst nach und nach durch kapazitätserweiternde Investitionen und vermehrtes Angebot abgebaut werden. Wählt man als Untersuchungsperiode zufällig diese Zeit, wird der Monopolgrad über- und der Wettbewerbsgrad unterschätzt. Was man durch Messungen aufgrund mehrjähriger Durchschnitte allenfalls erreichen kann, ist ein Eindruck von der relativen Ausnutzung von Marktmachtpositionen durch einzelne Anbieter oder Industrien.

3. Monopole in der Praxis. Die Frage, welche Bedeutung Monopole in der Praxis haben, wird je nach der vertretenen Sicht unterschiedlich beantwortet. Die beiden extremen Standpunkte sind:
- Es gibt nur Monopole: Jeder (oder so gut wie jeder) Anbieter hat eine, wenn auch häufig nur unbedeutende, Monopolstellung;
- Es gibt keine Monopole, da zu jedem Wirtschaftsobjekt Substitute, wenn auch noch so entfernte, existieren. Besonders im Konsumgüterbereich konkurriert jeder Anbieter mit jedem anderen um die knappen Mittel der Verbraucher.

Die erstgenannte Ansicht bedeutet, daß „Monopolstellung" mit der Möglichkeit gleichgesetzt wird, Preispolitik, in welch engem Rahmen auch immer, zu treiben. Sie ist weit verbreitet, trifft aber auf eine Reihe wichtiger organisierter Märkte nicht zu, vor allem auf Waren- und Wertpapierbörsen sowie Geld- und Devisenmärkte. Außerdem wird damit die Unterscheidung des Monopols von Oligopol und Polypol aufgegeben, was als unzweckmäßig gelten kann. Zuzugeben ist, daß das Streben nach Monopolstellungen und Wettbewerbsbeschränkung tief im menschlichen Zielkatalog verankert und nicht auf den wirtschaftlichen Bereich beschränkt ist.

Eine Variante der erstgenannten Sicht liegt vor, wenn beispielsweise von einem Monopol der Banken für die Kreditvergabe oder der Ärzte für die Krankenbehandlung die Rede ist. Konsequenterweise wären dann die Anbieter jedes Produkts oder jeder Produktgruppe je für sich Monopolisten, die ihre Preise gemäß ihren gemeinsamen Interessen festlegen könnten. Die Sicht entspricht offenbar nicht der Realität, da ihre Vertreter den Wettbewerb zwischen den jeweiligen Anbietern nicht zur Kenntnis nehmen. Sie beruht auf dem sprachlichen Trick, Sektoren im wirtschaftsstatistischen Sinne mit ihrer Bildung auch gleich zu personifizieren. Ob jedoch beispielsweise die Anbieter von Personenkraftwagen ein Monopol haben, entscheidet sich lediglich danach, ob sie aus einem gemeinsamen Willen heraus handeln. Das kann bei einem funktionierenden Kartell der Fall sein, ist jedoch eine empirische Frage, die nicht schon durch eine sprachliche Zusammenfassung entschieden werden kann.[20]

Bei der zweitgenannten Ansicht wird nicht berücksichtigt, daß die Nachfrager bei gegebenem Preissystem entfernte Substitute vielleicht erst bei beträchtlichen Preiserhöhungen in Betracht ziehen. Das Paradebeispiel ist das Elektrizitätswerk im Verhältnis zu den privaten Haushalten: Das Werk ist als Eigentümer der Leitungen Alleinanbieter, und obwohl man Beleuchtung auch ohne Elektrizität herstellen und ohne elektrische Haushaltsgeräte leben kann, wäre der Verzicht auf Elektrizität oder ihre Eigenproduktion so aufwendig, daß jedes solche Werk eine Monopolstellung besitzt. Das Argument von der generellen Konkurrenz der Konsumgüteranbieter untereinander ist richtig, aber zu pauschal: Innerhalb dieser Situation gibt es viele Möglichkeiten, unbehelligt von Wettbewerbern hohe Monopolgewinne zu erzielen. Gesetzlich etablierte Monopolstellungen werden häufig durch Übertretungen wie Schmuggel oder Schwarzmärkte beeinträchtigt, sind aber nicht generell ineffektiv.

Was für Monopole gibt es in der Praxis? Das hängt wesentlich auch von institutionellen Regelungen ab und ist von Land zu Land verschieden. Jeder Anbieter eines neuen Produkts hat zunächst ein vollständiges, wenn auch meist nur zeitweiliges Monopol für dieses, wenn auch entfernte Substitute immer vorhanden sein dürften. Sehr häufig sind die Anbieter von Elektrizität, Gas, Wasser Monopolisten, da sie über das jeweils einzige Leitungsnetz verfügen. Das gleiche gilt für die Briefbeförderung und die Nutzung von Telefon und Fernschreiber. In vielen Ländern gehören die Rundfunk- und Fernsehsender staatlich kontrollierten Gesellschaften; es gibt Tabak- und Alkoholmonopole; und die Ausgabe von Zentralbankgeld ist überall Sache des Staa-

---

[20] Die Sicht entstammt der marxistischen Kapitalismuskritik, gemäß der die Kapitalisten ein Monopol in bezug auf das Eigentum an Produktionsmitteln haben und in der üblicherweise alle Großunternehmen als „Monopole" bezeichnet werden. Dementsprechend heißt das Wirtschaftssystem „Monopolkapitalismus" oder, wenn die These vom beherrschenden Einfluß dieser Unternehmen auf staatliche Organe hervorgehoben werden soll, „Staatsmonopolistischer Kapitalismus" („Stamokap").

tes, wie denn überhaupt in den westlichen Industrieländern die öffentliche Hand die wesentliche Antriebskraft dafür ist, daß Monopole geschaffen, durch gesetzliche Vorschriften vor Wettbewerb geschützt und in ihrem Verhalten kontrolliert werden.[21] Es gibt lokale Monopole von Zeitungen; vielleicht kann man dem einzigen Ladengeschäft im Dorf angesichts der Substitutionslücke für die Kunden ebenfalls ein solches zuschreiben; und manche Zementwerke haben einen erheblichen Preissetzungsspielraum, da die im Vergleich zum Produktpreis hohen Transportkosten sie vor Konkurrenten schützen. In der Bundesrepublik darf allein der Bund Fernsprech- und Funkanlagen errichten und betreiben[22] und die Bundespost allein Briefsendungen befördern.[23] Private Omnibuslinien dürfen nur auf Strecken betrieben werden, die keinen Wettbewerb zu einer Schienenverbindung bedeuten.[24] Die Deutsche Lufthansa AG ist im inländischen Linienflugverkehr so gut wie alleiniger Anbieter, wenngleich sie dem Substitutionswettbewerb des Eisenbahn- und des Kraftverkehrs ausgesetzt ist und das Bundesverkehrsministerium neuerdings Wettbewerbern Betriebsgenehmigungen für den Linienverkehr erteilt.[25] Die Schornsteinfeger haben regionale Monopole (etwa 5500 Kehrbezirke in der bis 1990 bestehenden Bundesrepublik), ebenso manche Feuerversicherer. Auf dem Markt für Nachrichtenmagazine hat „Der Spiegel" eine Alleinstellung.[26] Hersteller pharmazeutischer Produkte verfügen in vielen Fällen über patentgeschütze Monopole, wenn auch nur auf Zeit.

Eine realistische Sicht samt Übernahme des etablierten Sprachgebrauchs führt somit zu der Aussage, daß es Monopole gibt, daß neue entstehen können und daß sie ein Problem darstellen. Zu fragen wäre dann etwa

- Wie hoch ist der durch die Existenz von Monopolen entstehende Wohlfahrtsverlust?
- Wie sind Monopole zu beurteilen, wenn man die statische Betrachtungsweise verläßt und ihre Rolle in einer wachsenden Volkswirtschaft untersucht?

Zur wohlfahrtstheoretischen Beurteilung des Monopols ist zunächst das Konzept der *Produzentenrente* einzuführen, das analog zur Konsumentenrente (vgl. S. 105–108) gebildet wird. In Bild 4.8(a) ist eine Angebotskurve eingezeichnet, die unter Konkurrenzbedingungen gleich der Grenzkostenkurve eines Produzenten und Anbieters ist. Beim Preis p^0 wird daher die Menge x^0 angeboten. Die Fläche F_1 repräsentiert die aggregierten Grenzkosten und damit die gesamten variablen Kosten des Produzenten. Die punktierte Fläche F_2 ist gleich dem Überschuß des Erlöses über die gesamten variablen Kosten und stellt die Produzentenrente dar. Teil (b) reproduziert Bild 3.8(a) von S. 327. Die Wohlfahrtswirkung einer monopolistischen Verhaltensweise im Vergleich zum Verhalten als Mengenanpasser besteht aus drei Teilen:

---

[21] Folgerichtig sind Monopole in sozialistischen Ländern, in denen die Wirtschaft insgesamt als staatliche Veranstaltung gilt, das hervorstechende Strukturmerkmal. Besonders wichtige wie das Außenhandelsmonopol sind (oder waren) in den Verfassungen der betreffenden Länder verankert, so in Art. 73 Ziffer 10 der Verfassung der Sowjetunion; Art. 9 Abs. 5 der Verfassung der ehemaligen DDR. Vgl. ROGGEMANN [5.23], S. 104, 426.

[22] *Gesetz über Fernmeldeanlagen* in der Fassung vom 3. 7. 1989, § 1. BGBl. I, S. 1455.

[23] *Gesetz über das Postwesen* in der Fassung vom 3. 7. 1989, § 2. BGBl. I, S. 1449.

[24] *Personenbeförderungsgesetz* vom 21. 3. 1961, §§ 2, 13 Abs. 2. BGBl. I, S. 241.

[25] Vgl. Monopolkommission [5.72], Teilziffer 688.

[26] BKA-Bericht 1979/1980, S. 97.

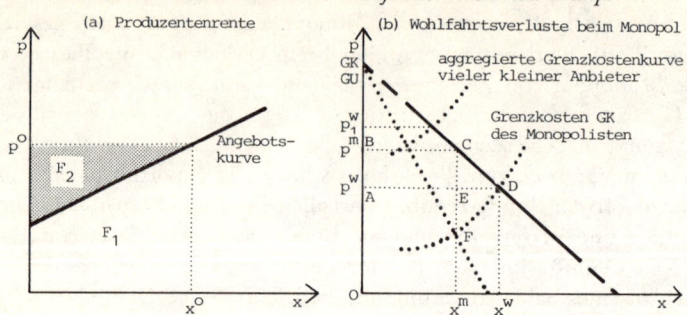

Bild 4.8 – *Produzentenrente und Wohlfahrtsverluste beim Monopol*

(1) Der Monopolist enthält seinen Nachfragern einen Teil der Konsumentenrente vor.

Jede in Bild 4.8 (b) über x^m hinaus bis zur Menge x^w produzierte Mengeneinheit würde von den Nachfragern gemäß Nachfragekurve höher bewertet werden als sie gemäß Grenzkostenkurve kostet. Ihre Herstellung würde also die Wohlfahrt erhöhen. Der Monopolist verweigert dies und läßt daher Konsumentenrente im Ausmaß des Dreiecks *CED* nicht entstehen.

(2) Der Monopolist verzichtet auf Produzentenrente.

Würde er x^w statt x^m herstellen, fiele in diesem Bereich Produzentenrente in Höhe des Dreiecks *EFD* an. Die Beträge unter (1) und (2) stellen zusammen einen unwiederbringlichen Wohlfahrtsverlust dar. Schließlich gilt

(3) Der Monopolist wandelt Konsumenten- in Produzentenrente um.

Dies betrifft das Rechteck *ABCE*, das ersichtlich größer als die nichtentstehende Produzentenrente *EFD* ist. Bei Preissetzung in Höhe der Grenzkosten würde dieser Betrag voll den Nachfragern zugutekommen. Damit lautet die für die wohlfahrtstheoretische und wirtschaftspolitische Beurteilung von Monopolen, allgemeiner der Inhaber von Marktmacht, zentrale Erkenntnis

Satz 4.7: *Wer als Inhaber von Marktmacht seinen Preis höher als seine Grenzkosten setzt, verursacht Wohlfahrtsverluste und ändert die Einkommensverteilung zu seinen Gunsten.*

Dieses Ergebnis ist allerdings mit zwei Einschränkungen zu versehen. Erstens darf man nicht dem folgenden Trugschluß der Verallgemeinerung (vgl. S. 30 f.) verfallen. Gemäß Eigenschaft (6) S. 330 produziert ein Monopolist eine geringere Menge und setzt daher auch weniger Produktionsfaktoren ein als ein Anbieter auf einem Wettbewerbsmarkt. Muß also in einer Volkswirtschaft, in der alle Anbieter Monopolisten sind, zwangsläufig Unterbeschäftigung der Produktionsfaktoren herrschen? Dieser Schluß ist sicher unzulässig.[27] Ob dann aber bei Vollbeschäftigung die Allokation der Ressourcen gesamtwirtschaftlich so ineffizient wäre, wie man dies bei der Beurteilung eines einzelnen Monopols feststellt, muß dahingestellt bleiben. Möglicherweise liegt nur dann eine nennenswerte Fehlallokation vor, wenn in einer Volkswirtschaft mono-

---

[27] Vgl. zu dieser Frage ROBINSON [4.02], Kapitel 27.

polistische und Anbieter unter Wettbewerbsbedingungen nebeneinander existieren. Zweitens ist eine Darstellung wie die von Bild 4.8 (b) nur bedingt für einen Vergleich zwischen einem Monopolisten und einem Markt mit vielen als Mengenanpasser handelnden Anbietern geeignet. Die Darstellung gilt bei dieser Fragestellung nur unter der weitgehenden und in der Praxis wohl kaum jemals zutreffenden Voraussetzung, daß die Grenzkostenkurve des Monopolisten den gleichen Verlauf wie die aggregierte Grenzkostenkurve der vielen Einzelanbieter hat. Ein Monopol könnte sich jedoch bei hinreichender Marktgröße so stark fallende Durchschnittskosten zunutze machen, daß sein Preis auch im Cournot-Punkt noch niedriger läge als der Preis im Schnittpunkt der aggregierten Grenzkostenkurve vieler kleiner Anbieter mit der Nachfragekurve. Eine solche Situation ist ebenfalls in Bild 4.8 (b) dargestellt: p_1^w ist höher als der Monopolpreis p^m. Das Monopol nutzt hier also die Ressourcen besser. Zum Problem der optimalen Betriebsgröße ist anzumerken, daß der Monopolist gemäß Bild 3.9 (S. 330) nicht im Minimum seiner durchschnittlichen Gesamtkosten produziert. Das ist jedoch Zufall, und man kann sich eine Lage der *GK*- und der *DTK*-Kurve in jener Zeichnung vorstellen, bei der das DTK^{min} bei x^m liegt. Das ist also mit der vollen Ausschöpfung des Monopolgewinns vereinbar.

Die Analyse von Bild 4.8 (b) wurde wiederholt benutzt, um den absoluten Wohlfahrtsverlust infolge realisierter Marktmacht statistisch zu schätzen. Die Schwierigkeiten sind enorm, da Annahmen über die durchschnittliche Abweichung der tatsächlichen Preise von hypothetischen Wettbewerbspreisen sowie über die Steigung von Nachfragekurven und damit über Preiselastizitäten gemacht werden müssen. Als Ergebnis einer Gesamtwürdigung der bis Ende der siebziger Jahre für die Vereinigten Staaten vorliegenden Untersuchungen wurde der Wert des Wohlfahrtsverlustes auf 0,9 v. H. des Bruttosozialprodukts geschätzt.[28] Hierbei ist nicht berücksichtigt, daß Monopole unter wesentlich geringerem Kostenminimierungsdruck stehen als Anbieter unter Wettbewerb, und daß sie Aufwendungen zur Erringung und Verteidigung ihrer Stellung in Form von Werbung, Bereithaltung überschüssiger Kapazität bis hin zur Beeinflussung der Rahmenbedingungen von Märkten tätigen (vgl. dazu unten, Abschnitt VII.6). Nimmt man die Möglichkeit hinzu, daß mit Monopolstellungen, insbesondere auch mit staatlich kontrollierten, eine direkte Präferenz für höhere Kosten einhergehen kann (vgl. S. 232), dann dürfte der Wohlfahrtsverlust ein Mehrfaches der genannten Zahl ausmachen.[29]

Solche Angaben beruhen auf dem mit Satz 4.7 ausgesprochenen wohlfahrtsökonomischen Verdikt über Monopole und gelten unter den Voraussetzungen des statischen Modells, dem auch die Effizienzbedingungen entstammen. Wie sind Monopole in einer wachsenden Wirtschaft, also unter dem Gesichtspunkt dynamischer Effizienz, zu beurteilen? Da ist zunächst das Argument, Monopole hätten einen geringeren Anreiz als Anbieter unter Wettbewerbsdruck, technischen Fortschritt zu erzeugen und in die Praxis umzusetzen. Jedoch wurde auch das gerade Gegenteil behauptet: Je mehr ein Unternehmen vor Wettbewerbsdruck geschützt ist und je höhere Gewinne es erzielt, um so eher wird es die hohen Kosten und die Risiken auf sich nehmen, die mit Forschung und Entwicklung mitsamt der Umsetzung ihrer Ergebnisse in die Praxis

---

[28] SCHERER [4.03], S. 464 f. 1979 wären das rund 214 Mrd. US-Dollar gewesen, vgl. Stat. Jb. BRD 1981, S. 723.

[29] SCHERER [4.03], S. 470.

verbunden sind. Die Frage kann hier nicht weiter verfolgt und ohnehin nur empirisch entschieden werden, wobei man sich nicht auf Monopole im strengen Sinne beschränken kann und Zusammenhänge zwischen der Unternehmensgröße als Indiz für den Monopolgrad und dem Beitrag zum technischen Fortschritt zu finden sucht. Die bisher dazu vorliegenden Untersuchungen ergeben kein einheitliches Bild und deuten allenfalls darauf hin, daß ein mittlerer Konzentrationsgrad, wie er in Oligopolen anzutreffen ist, die Forschungs- und Entwicklungstätigkeit begünstigt. Mit zunehmender Monopolstellung und daher abnehmender Wettbewerbsintensität sinkt auch die dynamische Effizienz.[30]

4. Nachfragermacht. Auch Nachfrager können Macht auf Märkten ausüben. Der Extremfall ist hier der des reinen Monopsons (Feld 4.1 des Marktformenschemas, S. 309). Er tritt auf Märkten für laufend angebotene Objekte meist in der Form des Unternehmens auf, das soviel von einem Produktionsfaktor benötigt, daß seine Entscheidungen den Preis beeinflussen. Seine Situation ist in Bild 4.9 dargestellt. Gegeben ist

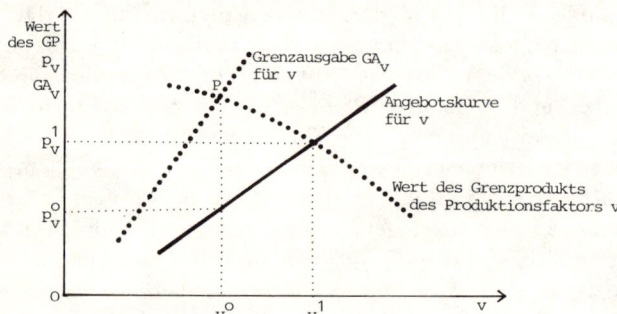

Bild 4.9 – *Monopsonistische Preisbildung auf dem Markt für einen Produktionsfaktor*

eine Angebotskurve $v = v(p_v)$ für den Produktionsfaktor v mit normalem Verlauf. Beispielsweise kann die Menge v^0 zum Preis p_v^0 gekauft werden, und für eine größere Menge wie v^1 muß der höhere Preis p_v^1 gezahlt werden. Aus der monetären Nachfrage nach oder der Ausgabe $A_v = p_v v$ für v erhält man die Grenzausgabe GA_v zu

$$GA_v = \frac{dA_v}{dv} = p_v + v \cdot \frac{dp_v}{dv}, \qquad (4.18)$$

deren Kurve ebenfalls eingezeichnet ist. Sie liegt über der Angebotskurve: Gemäß Gleichung (4.18) besteht die Ausgabe für jede zusätzliche Mengeneinheit aus dem Preis p_v für diese und der Preiserhöhung dp_v/dv infolge der Mehrnachfrage multipliziert mit der gesamten Nachfragemenge. Von der nachfragenden Unternehmung her gesehen existiert nun eine Kurve des Wertes des Grenzprodukts des betrachteten Produktionsfaktors (vgl. S. 242), deren fallender Ast die Grenzausgabe für v im Punkt P schneidet. Strebt der Monopsonist nach kurzfristiger Gewinnmaximierung, dann wird

---

[30] Scherer [4.03], S. 437; Kamien/Schwartz [4.107], S. 3.

er zusätzliche Mengeneinheiten von v nur solange einsetzen, wie der Wert des Grenzprodukts größer als die Grenzausgabe für v ist. Das Gewinnmaximum ist mithin im Punkt P erreicht:

Satz 4.8: *Ein Monopsonist maximiert seinen Gewinn in einer Planperiode, wenn er von jedem Produktionsfaktor diejenige Menge kauft, bei der der Wert des Grenzprodukts dieses Faktors gleich der Grenzausgabe für ihn ist.*

Der Unterschied zum Mengenanpasser liegt auf der Hand: Bei diesem Verhalten würde das Unternehmen die größere Menge v^1 zum höheren Preis p_v^1 kaufen. Unter dem Gesichtspunkt der statischen Effizienz nimmt der Monopsonist also zu wenig Ressourcen zu einem zu niedrigen Preis in Anspruch. Gleichung (4.18) läßt sich in die Amoroso-Robinson-Beziehung (vgl. S. 124 f.) umformen:

$$GA_v = p_v \left(1 + \frac{1}{\alpha}\right) \quad \text{oder} \quad \frac{GA_v - p_v}{p_v} = \frac{1}{\alpha},$$

worin α die (positive) Angebotselastizität in bezug auf den Preis entlang der Angebotskurve für v in Bild 4.9 ist. Den rechtsstehenden Ausdruck kann man in Analogie zum Monopolgrad (S. 396 f.) den *Monopsongrad* nennen. Man sieht dann, daß das Ausmaß der Fehlallokation von der Angebotselastizität für die Produktivleistung abhängt: Je größer diese ist, um so mehr nähert sich die Grenzausgabe dem Preis, und um so kleiner wird entsprechend die Differenz zwischen v^0 und v^1.

Tritt ein Monopson auf dem Markt für eine Vorleistung auf und ist diese für ein bestimmtes Produkt notwendig, dann ist das Unternehmen meist auch alleiniger Verkäufer dieses Produkts. Eine Banknotendruckerei als Käufer für Notdruckpapier wäre ein Beispiel. Im übrigen wird Nachfragermacht von Großunternehmen und Einkaufsvereinigungen des Handels gegenüber Herstellern ausgeübt; ebenso von Automobilproduzenten gegenüber Lieferanten von Zubehörteilen; und in der Bundesrepublik haben Bundespost und Bundesbahn starke Stellungen auf den Märkten für einige ihrer Vorleistungen.

5. Das bilaterale Monopol. Gibt es für ein Marktobjekt nur je einen Anbieter und Nachfrager, spricht man von einem bilateralen Monopol. Hauptkennzeichen dieser Marktform ist, daß sich der Preis des Objekts weder durch einseitige Setzung noch in einem Prozeß der Informationsbeschaffung mit Rekontrahieren (vgl. S. 379) noch durch irgendwelche nichtidentifizierbaren „anonymen Marktkräfte" bildet. Die Teilnehmer sind mit ihrem Interessengegensatz allein und müssen versuchen, ihn durch Verhandlungen zu überwinden. Für den Fall zweier Haushalte mit Erstausstattungen mit je zwei Konsumgütern war diese Situation im Edgeworth-Diagramm (S. 288) analysiert worden. Nach Ausführung der für mindestens einen Partner vorteilhaften und für keinen nachteiligen Tauschtransaktionen befanden sich beide auf der Kontraktkurve, aber wo, blieb unbestimmt. Das Problem würde nur beseitigt, wenn man annehmen würde, ein Partner handle als Optionsfixierer (vgl. S. 311); setzte als Monopolist oder Monopsonist einen Preis, den der andere akzeptiert; oder es paßten beide Teilnehmer ihre Nachfragemengen an einen von dritter Seite wie dem Staat festgesetzten Preis an.

Die Möglichkeiten der Marktform lassen sich etwas besser ausleuchten, wenn man eine Lohnverhandlung zwischen einem Arbeitgeberverband und einer Gewerkschaft annimmt. Alle eben genannten Verhaltensweisen kommen dann offensichtlich nicht in Betracht. Bild 4.10 zeigt einige Möglichkeiten. Für die Arbeitsleistung A existiert eine Angebotskurve, von der zunächst nur der schräg verlaufende Teil betrachtet sei. Gäbe es viele selbständige und als Mengenanpasser handelnde Anbieter und Nachfrager auf diesem Arbeitsmarkt, und hätte der Wert des Grenzprodukts der Arbeit in der Planung der Arbeitgeber den eingezeichneten Verlauf, würde sich der Gleichgewichtslohnsatz l^0 bilden, zu dem die Arbeitsmenge A^0 angeboten und nachgefragt würde. Können die Arbeitgeber dagegen aus einem gemeinsamen Willen heraus als gewinnmaximierender Alleinnachfrager auftreten und kennen sie ihre aggre-

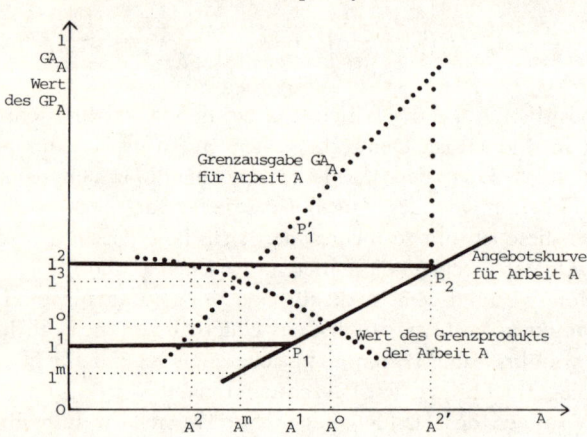

Bild 4.10 – *Bilaterales Monopol auf dem Arbeitsmarkt*

gierte Kurve des Wertes des Grenzprodukts von A mit demselben Verlauf wie eben, dann würden sie wie in Bild 4.9 (S. 404) den Lohnsatz auf l^m setzen und die kleinere Menge A^m nachfragen. Koalieren nun die Arbeitnehmer, dann wird es ihr Ziel sein, höhere Löhne und möglichst auch noch mehr Arbeitsplätze zu erreichen. Gelingt es ihnen, eine Lohnerhöhung gegenüber l^m auf l^1 durchzusetzen, sind beide Ziele erreicht, da auch die Beschäftigung (auf A^1) steigt. Dies kommt zustande, weil die Arbeitsangebotskurve nunmehr geknickt verläuft, und zwar in Höhe von l^1 waagerecht bis P_1 und dann schräg aufwärts. Entsprechend fällt die Kurve der Grenzausgabe für Arbeit bis P_1 mit der Arbeitsangebotskurve zusammen, springt dann von P_1 auf P_1' und verläuft von da an wie bisher. Die Kurve des Wertes des Grenzprodukts geht durch die Sprungstelle, so daß der Gewinn bei A^1 maximiert wird. Wird dagegen der Lohnsatz l^2 ausgehandelt, dann erstrecken sich der waagerechte Teil der Angebotskurve und damit die Kurve der Grenzausgabe bis P_2. Es werden Arbeitsplätze vernichtet, die Beschäftigung sinkt auf A^2. Das Bild läßt erkennen, daß das Maximum an Beschäftigung beim Lohnsatz l^0 erreicht wird, während l^3 der höchste erreichbare Lohnsatz ist, bei dem die Beschäftigung gegenüber der Situation ohne Gewerkschaft nicht zurückgeht.

Die für eine so präzise Analyse eines Arbeitsmarktes erforderlichen Kenntnisse über die Verläufe der relevanten Kurven sind in der Praxis nicht zu beschaffen. Jedoch bleibt als Erkenntniszuwachs die Tatsache, daß ein auf einem monopsonistisch beherrschten Markt als Gegenmacht gegründetes Monopol den Gewinn aus der Monopsonstellung des Kontrahenten (wenn auch nicht aus dessen etwaiger Monopolstellung auf dem Absatzmarkt) ganz oder teilweise an sich ziehen und so die Einkommensverteilung nachhaltig ändern kann. (Entsprechendes gilt, wenn sich auf einem Monopolmarkt die Nachfrager zusammenschließen.) Je nach dem Ausmaß der Preis-, hier der Lohnsatzerhöhung kann es zu der Situation kommen, die sich bei Mengenanpasserverhalten auf beiden Seiten einstellen würde (mit den entsprechenden Folgen für die statische Effizienz), oder zu erheblicher Arbeitslosigkeit (die bei l^2 gleich der Differenz $A^{2'} - A^2$ wäre).

Die Frage bleibt jedoch: Wovon hängt der Ausgang von Verhandlungen im bilateralen Monopol ab? Das Forschungsziel des Wirtschaftswissenschaftlers ist hier hoch gesteckt: Er will aufgrund seiner Kenntnis der Daten und Ziele zweier Verhandlungspartner sowie ihrer Erwartungen über die Reaktionen der anderen Seite auf das eigene Verhalten den Ausgang des Verhandlungsprozesses voraussagen. Nun beruht allgemein und speziell bei Tarifverhandlungen die relative Verhandlungsstärke darauf, beim Gegner den Eindruck zu erwecken, man könne die Arbeitsplätze samt der Lohnzahlung einerseits und die Arbeitsleistungen anderseits sehr lange verweigern und die entstehenden Schäden tragen. Dabei spielen auf der Nachfrager- gleich Arbeitsplatzgeberseite die Gewinnsituation der Unternehmen, ihre Inflationserwartungen, die rechtliche und finanzielle Möglichkeit von Kampfmaßnahmen wie Aussperrung eine Rolle; auf der Gewerkschaftsseite der Anteil der Mitglieder an der Arbeitnehmerschaft, der Stand der Streikkasse, das Verhalten anderer Gewerkschaften. Auf beiden Seiten sind die Erfahrungen mit dem bis dahin gezeigten Verhalten der Gegenseite und die Glaubwürdigkeit ihrer Drohungen, Informationen über ihre Kampfmöglichkeiten und Absichten, Faktoren wie Verhandlungsgeschick sowie die jeweiligen Ansichten der Öffentlichkeit und der Regierung über die vertretbare Höhe des Tarifabschlusses und die Angemessenheit von Kampfmaßnahmen zu berücksichtigen. Insgesamt liegt in der Regel eine solche Fülle von Einflußfaktoren vor, deren Wirkungen kaum zu quantifizieren und deren Einschätzung durch die Verhandlungspartner so schwer zu bestimmen sind, daß es bisher keine Möglichkeit gibt, die Ergebnisse eines solchen Verhandlungsprozesses anders als durch ihn selbst, also außerhalb und unabhängig von ihm (und möglichst noch früher als durch ihn) zu ermitteln.

IV. Polypolmärkte

1. Das kurzfristige Optimum des Polypolisten. Die Hauptkennzeichen der polypolistischen Situation wurden S. 334 f. dargelegt. Im Ergebnis zeigte sich, daß der Unterschied zum Monopolisten darin besteht, daß es für dessen Produkt allenfalls entfernte Substitute und damit erhebliche Substitutionshemmnisse gibt, während der Polypolist mit nahen Substituten rechnen muß. Dies muß sich auf den Preissetzungsspielraum auswirken.

Es sei zunächst untersucht, inwiefern sich die optimale Situation eines Polypolisten von der eines Monopolisten unterscheidet, wenn man die Zahl der Anbieter als konstant betrachtet. Diese Annahme kann nur für kurze Zeit als gültig unterstellt werden, da längerfristig angesichts der Möglichkeit des freien Zutritts zum Markt einerseits und des Ausscheidens aus dem Markt anderseits Anpassungen bezüglich der Zahl der Anbieter berücksichtigt werden müssen.

Es seien n Anbieter vorhanden, die sich gleichartig verhalten, und für den i-ten unter ihnen gelte innerhalb des Bereichs, in dem er Preispolitik ohne wesentliche Folgen für seinen Absatz betreiben kann, die Preis-Absatz-Beziehung

$$x_i = a_i - b_i p_i + c_1 p_1 + \ldots + c_{i-1} p_{i-1} + c_{i+1} p_{i+1} + \ldots + c_n p_n. \quad (4.19)$$

Die Gleichung besagt, daß der Absatz x_i des Anbieters i gemäß dem Nachfragegesetz negativ mit seinem Preis korreliert ist und daß die von den anderen $n-1$ Anbietern vertriebenen Produkte Substitute für x_i sind: Die Vorzeichen der Koeffizienten c_k ($k = 1 \ldots n$, $k \neq i$) sind sämtlich positiv, so daß eine Preiserhöhung für irgendeines der Güter x_k den Absatz von x_i erhöht. Jedoch ist n so groß, daß die c_k sämtlich sehr klein sind — der Polypolist i spürt nicht, wenn ein Konkurrent seinen Preis ändert. Gleichwohl dürfen die anderen Preise nicht vernachlässigt werden, da sich ihre gemeinsame Änderung in einer Richtung sehr wohl bemerkbar machen würde. Zur Vereinfachung sei nun angenommen, daß die Koeffizienten c_k in Gleichung (4.19) alle gleich groß sind und daß in einer Ausgangssituation zufällig alle Anbieter die gleichen Preise in Höhe von p_i verlangen. Die Gleichung vereinfacht sich dann zu

$$x_i = a_i - b_i p_i + (n-1) c_k p_i. \quad (4.20)$$

Hieraus lassen sich unter alternativen Annahmen zwei Preis-Absatz-Beziehungen gewinnen. Setzt man voraus, daß auf diesem Markt stets nur ein einheitlicher Preis herrscht, dann erhält man aus (4.20) nach Auflösung nach p_i

$$p_i = \frac{a_i}{b_i - (n-1) c_k} - \frac{1}{b_i - (n-1) c_k} x_i. \quad (4.21)$$

Nimmt man anderseits an, daß gemäß den Annahmen des polypolistischen Wettbewerbs bei Änderungen von p_i die anderen Preise konstant bleiben und setzt daher in Gleichung (4.20) an die Stelle des weiter rechts stehenden p_i die Größe $\bar{p}_i$, dann ergibt sich

$$p_i = \frac{a_i + (n-1) c_k \bar{p}_i}{b_i} - \frac{1}{b_i} x_i. \quad (4.22)$$

Damit erhält man zwei Nachfragekurven, die sich in der Ausgangssituation schneiden und von denen die Kurve gemäß Gleichung (4.22) flacher verläuft, die Nachfrage also bei jedem gegebenen Preis elastischer ist. Dies folgt geometrisch daraus, daß der Koeffizient von x_i in Gleichung (4.22) kleiner ist als in Gleichung (4.21), weil für die Ausdrücke im Nenner $b_i > b_i - (n-1) c_k$ gilt. Ökonomisch besagt dies, daß der Polypolist bei einer isolierten Preissenkung den anderen Anbietern Kunden abspenstig macht und bei einer isolierten Preiserhöhung Nachfrager an die Konkurrenten verliert. Bild 4.11 zeigt in Teil (a) die beiden Kurven: N_i bezeichnet die Nachfrage nach x_i, wenn sich alle Preise gleichförmig ändern, N'_i die von dem Anbieter vermutete Preis-Absatz-Beziehung, wenn er seinen Preis allein variiert. GU_i und GU'_i sind die da-

Bild 4.11 – *Das kurzfristige Optimum des Polypolisten*

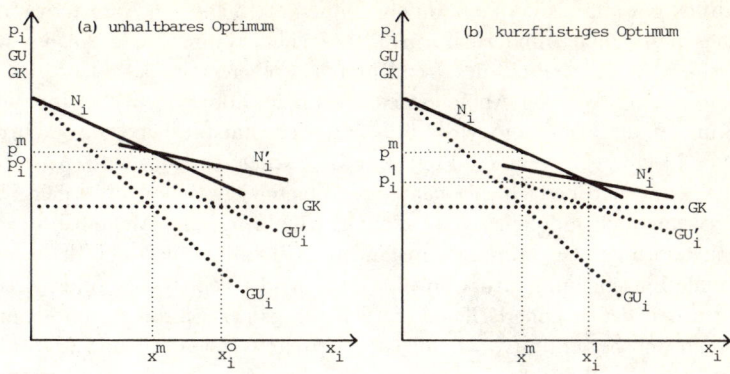

zugehörigen Grenzumsatzkurven, *GK* ist die als linear angenommene Grenzkostenkurve. Würde sich der *i*-te Anbieter zusammen mit den anderen als Monopolist verhalten, dann würde er seinen Gewinn beim Preis p^m maximieren, zu dem die Menge x^m abgesetzt würde (hier schneiden sich GU_i- und GK-Kurve, vgl. S. 327). Tatsächlich handelt es sich jedoch um einen Polypolisten in einer Konkurrenzsituation. Der Anbieter *i* glaubt sich der Nachfragekurve N_i' gegenüberzusehen, die bei isolierter Preisänderung flacher als die Nachfragekurve N_i verläuft. Entsprechend flacher verläuft auch seine Grenzumsatzkurve GU_i'. Er wird daher zunächst seinen Preis entsprechend dem Schnittpunkt von GU_i'- und GK-Kurve in Höhe von p_i^0 festlegen und die Menge x_i^0 anbieten. Dabei wird er allerdings eine Überraschung erleben: Seine polypolistische Preis-Absatz-Beziehung stellt sich als illusorisch heraus, weil er eine Preis-Mengen-Kombination anbietet, die nicht auf der Kurve N_i liegt. Diese Kurve repräsentiert seinen Anteil am Gesamtabsatz der engen Substitute, die zusammen den betrachteten Polypolmarkt bilden; und wenn sich, wie oben vorausgesetzt, alle Anbieter wie der *i*-te verhalten, dann bieten sie beim Preis p^0 insgesamt mehr an, als die Nachfrager bei diesem Preis abzunehmen gewillt sind. Eine kurzfristig haltbare optimale Situation ist daher erst erreicht, wenn wie in Teil (b) von Bild 4.11 der Schnittpunkt von GU_i'- und GK-Kurve eine Preis-Mengen-Kombination p_i^1, x_i^1 anzeigt, die zugleich auf der N_i- und der N_i'-Kurve liegt. Das hierbei für die Beurteilung des polypolistischen Wettbewerbs wichtige Ergebnis ist

Satz 4.9: *Bei polypolistischem Wettbewerb liegt der optimale Preis eines Anbieters über seinen Grenzkosten, aber unterhalb des Monopolpreises.*

In Bild 4.11 wurde nur der monopolistische Bereich der Preis-Absatz-Beziehung des Polypolisten betrachtet. Gemäß seiner im vorigen Abschnitt geschilderten Marktsituation kommt ober- und unterhalb dieses Bereiches jedoch der Wettbewerb zum Tragen und bewirkt ein sehr viel elastischeres Verhalten der Nachfrager. Die vollständige Preis-Absatz-Beziehung eines Polypolisten wird also etwa durch eine Kurve wie in Bild 4.12 (a) wiedergegeben. Innerhalb des Preisbereichs, der durch p^0 und p^1 markiert ist, kann der Anbieter den Preis beliebig variieren und wird relativ geringfügige Reaktionen seiner Kunden erwarten. Setzt der Anbieter den Preis jedoch höher als p^1, dann reagieren die Nachfrager so elastisch, daß der Absatz spürbar zurückgeht. Sie tun dies auch deshalb, weil angesichts des hohen Preises eine größere Zahl von ihnen den Eindruck gewinnt, es könne nunmehr lohnen, nach anderen Anbietern mit niedrigeren Preisen zu suchen und zu ihnen überzugehen, während dies solange nicht attraktiv schien, wie der Preis des betrachteten Anbieters in der Nähe des Durchschnittspreises lag. Setzt der Anbieter den Preis noch höher, verliert er möglicherweise alle Kunden, die Nachfrage wird völlig elastisch. Entsprechend umgekehrt verhalten sich die Nachfrager, wenn ein Preis unterhalb von p^0 verlangt wird. Auch hier gibt es einen Wettbewerbsbereich, bei dem der Anbieter jede innerhalb seiner Kapazität liegende (wenn auch möglicherweise nicht gewinnbringende) Menge absetzen kann. Dies kann nun unter bestimmten Umständen dazu führen, daß sich der Anbieter in eine spezielle Entscheidungssituation versetzt sieht. In Teil (b) des Bildes 4.12 ist die Nachfragekurve der zeichnerischen Deutlichkeit halber gebrochen linear angenommen worden und besteht aus zwei relativ elastischen Teilen AB und CD und einem mittleren, weniger elastischen Abschnitt BC. Der Nachfragekurve entspricht eine (nicht eingezeichnete) Umsatzkurve, aus der sich die Grenzumsatzkurve GU ergibt. Diese hat an den Knickstellen der Nachfragekurve Unstetigkeits-(Sprung-)Stellen. Trägt man auch noch die Grenzkostenkurve GK ein, dann läßt sich der Gewinn in Abhängigkeit von der abgesetzten Menge so darstellen: Der Grenzgewinn je zusätzlicher Mengeneinheit ist gleich der Differenz zwischen Grenzumsatz und Grenzkosten, im Bild also gleich dem senkrechten Abstand zwischen GU- und GK-Kurve. Die bis zu einer bestimmten Produktmenge kumulierten Grenzgewinne ergeben den Gesamtgewinn aus Produktion und Absatz dieser Menge (vor Berücksichtigung der festen Kosten). Bei einem Verlauf der Kurven wie in Bild 4.12 (b) zeigt sich nun die spezielle Entscheidungssituation des Polypolisten wie folgt. Bietet er die Menge x^0 an, erzielt er einen Gewinn in Höhe der Fläche F_1. Dehnt er die Produktion aus, wird der Grenzgewinn negativ und der Gesamtgewinn nimmt daher ab, da die Fläche F_2 unterhalb der Grenzkostenlinie liegt. Erst jenseits der Menge x^1 wird die Nachfrage so elastisch, daß der Grenzgewinn wieder in den positiven Bereich umspringt und der Gesamtgewinn von seinem Minimum bei x^1 an wieder steigt. Das absolute Gewinnmaximum wird bei x_2 erreicht, was man bei einem Vergleich der Flächen F_2 und F_3 erkennt. Eine Entscheidungsmöglichkeit liegt natürlich nur vor, wenn x^2 innerhalb der

Bild 4.12 – *Vollständige Preis-Absatz-Beziehung und Entscheidungssituation eines Polypolisten*

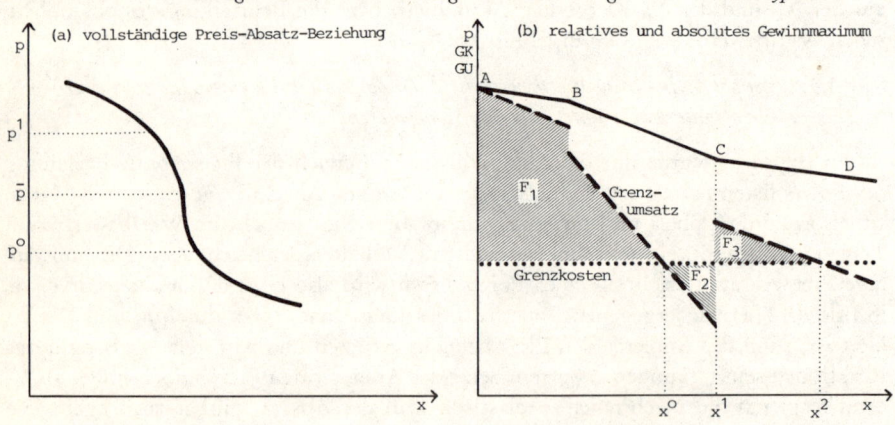

Kapazitätsgrenze des Anbieters liegt, und sie ist uninteressant, wenn F_3 kleiner als F_2 ist. Die Wahrscheinlichkeit dafür wächst, wenn die Grenzkosten nicht konstant sind, sondern steigen. Dies läßt sich in Bild 4.12 (b) leicht hineindenken. Soweit Situationen wie die dargestellte jedoch vorliegen, wird vermutet, daß Polypolisten vor der mit der Überwindung der Verlustzone zwischen x^0 und x^1 verbundenen Ausweitung ihrer Angebotsmenge eher zurückscheuen, sich mit dem relativen Gewinnmaximum bei x^0 begnügen und entsprechend weniger produzieren als sie es gewinnbringend könnten. Die Marktform des Polypols mit Mengenanpasserverhalten der Nachfrager führt daher auch bei dieser Analyse zu einer im Vergleich zum vollkommenen Markt suboptimalen Lösung.

2. Das langfristige Optimum im Polypol. Die bisherigen Erörterungen über die optimale Preispolitik des Polypolisten gelten für die kurze Frist. Diese ist dadurch gekennzeichnet, daß sich noch nicht alle Anpassungsvorgänge voll ausgewirkt haben. Ein solcher, abschließend zu berücksichtigender Vorgang wäre die Anpassung der Zahl der Anbieter an die ökonomische Situation in dem betrachteten Wirtschaftszweig. S. 335 war an letzter Stelle der freie Zutritt zusätzlicher Anbieter genannt worden, und es muß angenommen werden, daß sich weitere Anbieter einfinden, sofern auf dem betreffenden Markt überdurchschnittliche Gewinne gemacht werden und erwartet wird, daß dies so bleibt. Auch die umgekehrte Situation kann vorkommen, wenn etwa infolge eines Nachfragerückgangs für das betreffende Produkt einige Anbieter in die Verlustzone geraten und keine Hoffnung auf eine spätere Besserung der Lage haben: Sie scheiden dann aus.

Bild 4.13 zeigt in Teil (a) den i-ten polypolistischen Anbieter, der seine Produktionskapazität an seine langfristige Einschätzung der Marktlage angepaßt hat und für den daher die Kurven der langfristigen Grenz- und Durchschnittskosten LGK_i und $LDTK_i$ dargestellt sind. Er setzt den Preis im Schnittpunkt der LGK_i- mit der GU'_i-Kurve, die ihrerseits aus der N'_i-Kurve abgeleitet ist, die aus Bild 4.11 (b) S. 409 übernommen ist (die steiler verlaufende N_i-Kurve ist hier weggelassen). Die positive Differenz zwischen dem Preis p^0_i und den durchschnittlichen Gesamtkosten mal Zahl der

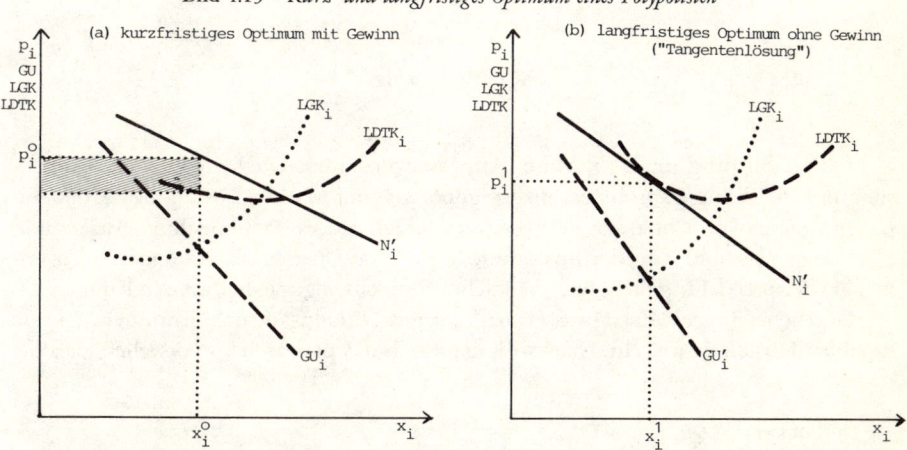

Bild 4.13 – *Kurz- und langfristiges Optimum eines Polypolisten*

verkauften Mengeneinheiten x_i^0 ergibt den (schraffiert eingezeichneten) Gewinn. Treten nun weitere Anbieter hinzu, dann verteilt sich die insgesamt im wesentlichen konstant bleibende Nachfrage auf mehr Anbieter, so daß der auf den betrachteten Polypolisten entfallende Teil kleiner wird. In Bild 4.13 (a) dreht sich die N_i'-Kurve und mit ihr die GU_i'-Kurve nach unten. Der Prozeß hält über den Zutritt weiterer Anbieter solange an, bis der für das typische Unternehmen in Teil (b) gezeigte Zustand erreicht ist: Die Nachfragekurve berührt gerade noch die Kurve der langfristigen Durchschnittskosten, so daß kein Gewinn mehr erzielt wird. Sofern die durchschnittlichen Gesamtkosten jedoch noch den Unternehmerlohn, eine angemessene Verzinsung des Eigenkapitals und eine Risikoabgeltung enthalten (vgl. S. 213), kann die Situation als befriedigend beurteilt werden, so daß kein Anlaß zum Ausscheiden aus dem Markt besteht. Anderseits besteht auch kein Anreiz für weitere Anbieter mehr, in diesen Markt einzutreten. Der Anbieter befindet sich im langfristigen Optimum. Angesichts der Lage der N_i'- und der $LDTK_i$-Kurve zueinander bei der graphischen Darstellung dieser Situation spricht man von der *Tangentenlösung* des Problems des langfristigen Optimums bei polypolistischem Wettbewerb. Der Unterschied zum langfristigen Optimum bei Mengenanpasserverhalten, bei dem ebenfalls keine Gewinne mehr existieren, liegt darin, daß bei der Tangentenlösung nicht im Minimum der langfristigen Durchschnittskosten produziert wird — man vergleiche Bild 4.13 (b) mit Bild 2.26 (b), S. 249. Bei polypolistischem Wettbewerb wird bei sonst gleicher Lage der Kurven eine kleinere Menge zu höherem Preis angeboten, weil die Nachfragekurve N_i' negativ geneigt ist und ihr Berührungspunkt mit der $LDTK_i$-Kurve daher links von deren Minimum liegen muß. Damit entsteht unter Wohlfahrtsgesichtspunkten ein Abwägungsproblem: Einerseits lohnt es bei polypolistischem Wettbewerb, Produktionskapazitäten zu errichten, die weniger als optimal genutzt werden, anderseits geht polypolistischer Wettbewerb mit Produktdifferenzierung einher, die den Wünschen der Konsumenten nach Konsumvielfalt entgegenkommt.

Die vorstehende Analyse gilt unter der Voraussetzung, daß die betrachtete Marktform bestehen bleibt. Beispielsweise können es jedoch Einzelhändler vorteilhaft finden, sich zu Ketten zusammenzuschließen und so Gegenmacht gegenüber ihren industriellen Lieferanten zu bilden. Im Verhältnis zu den Konsumenten wandelt sich dann das Polypol in Richtung auf ein Oligopol um.

V. Oligopole

1. Preisbildung im Dyopol bei Anpasserverhalten. Die historisch früheste Lösung des Preisbildungsproblems im Oligopol stammt wie die Lösung des Monopolpreisproblems von COURNOT.[31] Er benutzte einen radikal vereinfachten Ansatz und eine wenig plausible Reaktionshypothese, aber seine Überlegungen können noch immer als Beispiel dafür gelten, wie ein solches Problem angegangen werden kann.

Gegeben sei eine Mineralwasserquelle, deren Nutzung dem Eigentümer A keine variablen Kosten verursacht. Wer will, kann sich das praktisch so vorstellen, daß die

---

[31] COURNOT [4.69], S. 68–73.

Käufer das Wasser in ihren eigenen Gefäßen davontragen und das Gehalt des Kassierers als Bestandteil der festen Kosten betrachtet wird. Die Grenzkosten sind also gleich null, und wenn der Unternehmer in dieser monopolistischen Ausgangssituation seinen kurzfristigen Gewinn maximieren will, wird er gemäß Satz 3.7 (S. 326) den Preis so setzen, daß auch der Grenzumsatz gleich null wird. Bild 4.14 zeigt in Teil (a) die Nachfragekurve N_0 für das Mineralwasser, der sich der Alleinanbieter A in der Ausgangssituation gegenübersieht und die als Gesamtnachfragekurve für beide Anbieter auch in allen späteren Perioden gültig bleibt. Die Analyse soll gleichzeitig graphisch, algebraisch und an einem Zahlenbeispiel vorgeführt werden. Es sei

Nachfragekurve N_0^A: $\quad p = a - b\,x^A;\quad p = 14 - 0{,}875\,x^A$.

Der Abschnitt auf der p-Achse ist also $a = 14$, und die Sättigungsmenge beträgt

$$x^{\max} = \frac{a}{b}; \quad x^{\max} = 16.$$

Ferner erhält man in der mit dem Periodenindex $t=0$ gekennzeichneten Ausgangssituation gemäß den Regeln der Monopolpreissetzung bei kurzfristiger Gewinnmaximierung aus dem Umsatz $U = p \cdot x = a\,x - b\,x^2$ und dem Grenzumsatz $GU = a - 2\,b\,x = 0$ bei Grenzkosten von null

$$x_0^A = \frac{1}{2} \cdot \frac{a}{b} = \frac{1}{2} x^{\max}; \quad x_0^A = 8$$

$$p_0 = \frac{1}{2} a; \quad\quad\quad p_0 = 7.$$

Der (Brutto-)Gewinn vor Abzug der festen Kosten beträgt

$$G_0^A = p_0 \cdot x_0^A = \frac{1}{4} \cdot \frac{a^2}{b}; \quad G_0^A = 56,$$

und ist graphisch gleich dem Inhalt des Rechtecks, das in Punkt C an die N_0-Kurve stößt.

Es möge sich nun in der nächsten Periode in unmittelbarer Nähe eine zweite Quelle für das gleiche Mineralwasser auftun, die einem anderen Unternehmer B gehört. Das Produkt ist homogen, räumliche Präferenzen bestehen nicht, und es sei auch von persönlichen und sonstigen Präferenzen abgesehen. Auch möge der Fall ausgeschlossen werden, daß sich die beiden Unternehmer zusammenschließen oder Absprachen über den Preis treffen, ihn etwa auf dem bisherigen Niveau belassen und den Gewinn unter sich aufteilen. Da die Käufer den Preis als Datum betrachten, besteht dann die Marktform des reinen homogenen *Dyopols*. Das ist zwar der Grenzfall eines Oligopols, aber das Dyopol wird besonders häufig untersucht, weil die Marktform einfach ist und die Einbuße an Allgemeinheit insofern erträglich erscheint, als man immer einen Anbieter der Gesamtheit der übrigen gegenüberstellen kann.

COURNOTs zentrale These über die Reaktionen der Dyopolisten ist nun, daß jeder erwartet, der Konkurrent werde auf Wettbewerbshandlungen nicht reagieren. Er betrachtet also die Instrumentvariablen des anderen als konstante Daten und man sagt hierzu auch, er verhalte sich *autonom* oder betreibe eine *autonome Strategie*. Tritt also

Bild 4.14 – *Mengen- und Preisentwicklung im Cournotschen Dyopol*

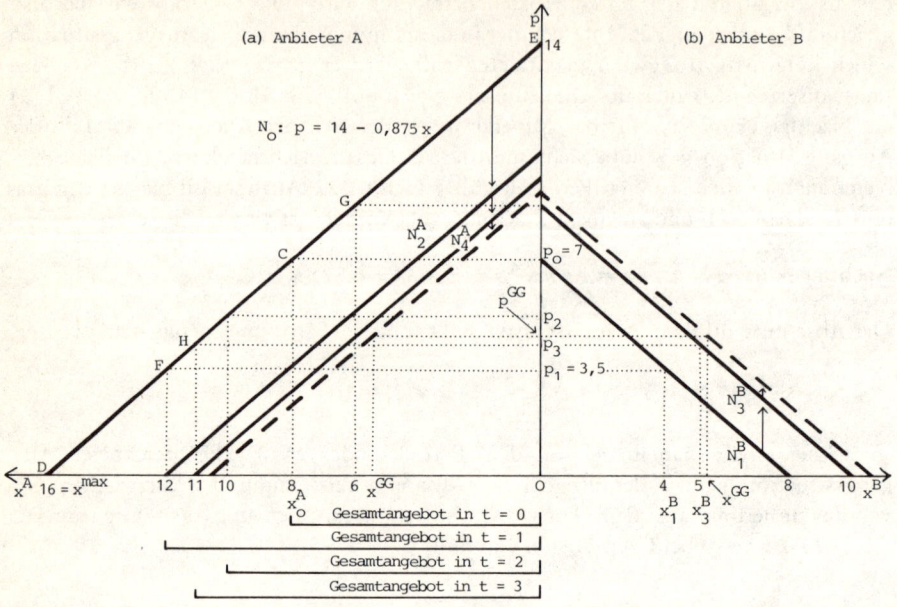

jetzt B als konkurrierender Anbieter hinzu, wird dieser das Stück CD der Nachfragekurve N_0 als den ihm verbleibenden Teil des Marktes betrachten, nachdem A die Menge x_0^A zum Preis p_0 verkauft hat. In Bild 4.14 ist dieses für B in Periode 1 geltende Stück CD der Nachfragekurve nach Teil (b) mit der Bezeichnung N_1^B übertragen. Da B ebenfalls keine variablen Kosten hat und den maximalen Gewinn anstrebt, bietet er diejenige Menge x_1^B an, bei der sein (nicht eingezeichneter) Grenzumsatz gleich null ist. Das ist die Hälfte der für ihn maßgeblichen Sättigungsmenge, die ihrerseits gleich der Hälfte von $x^{\max}$ ist. Es ist also

$$x_1^B = \frac{1}{2}(x^{\max} - x_0^A); \qquad x_1^B = \frac{1}{2}(16 - 8) = 4.$$

Das Gesamtangebot in $t=1$ ist daher gleich 12 entsprechend drei Vierteln der Sättigungsmenge.

Zwei verschiedene Preise wie den von A angesichts seiner ungeänderten Angebotsmenge x_0^A auch für $t=1$ erwarteten Preis p_0 und den von B erwarteten Preis $p_1 = 3,5$ kann es bei homogenem Wettbewerb jedoch nicht geben. COURNOT sagt nichts darüber, auf welche Weise der neue Preis p_1 technisch zustandekommt, so daß diese Frage offenbleiben muß. Es zeigt sich jedenfalls, daß die Menge $\frac{3}{4} x^{\max} = 12$ nur zum Preis $p_1 = 3,5$ abgesetzt werden kann, der sich aus dem zusätzlichen Angebot des B aufgrund von dessen „restlicher" Nachfragekurve N_1^B allein ergibt.

A sieht in Periode 1, daß er zwar sein gesamtes Angebot $x_1^A = x_0^A$ verkauft hat, aber zum halben Preis, so daß sich auch sein Bruttogewinn halbiert hat. Nach COURNOTs Annahme wendet er in Periode 2 die gleiche Strategie an wie B in Periode 1: Er subtrahiert von $x^{\max}$ die Menge x_1^B, die B in $t=1$ angeboten hat, und betrachtet nun den Abschnitt *EF* der Kurve N_0 als seine Domäne. Im Bild ist dieser Abschnitt in Teil (a) nach unten bis zur x^A-Achse verschoben (s. Pfeil) und mit N_2^A bezeichnet. In $t=2$ bietet *A* an

$$x_2^A = \frac{1}{2}(x^{\max} - x_1^B); \qquad x_2^A = \frac{1}{2}(16-4) = 6,$$

so daß im Zahlenbeispiel insgesamt 10 angeboten werden. Der Preis muß also wegen des gegenüber $t=1$ verringerten Gesamtangebots steigen (auf $p_2 = 5\frac{1}{4}$), und das Bild läßt erkennen, daß jetzt *A* mit seinem Angebot den Preis p_2 bestimmt.

Bei seiner Planung für $t=3$ sieht *B*, daß ihm *A* einen größeren Teil des Marktes überlassen hat. Da *A* in $t=2$ nur 6 angeboten hat, hält *B* jetzt den Teil *GD* von N_0 für seinen Markt. Dieser Teil ist nach Teil (b) des Bildes übertragen, mit N_3^B bezeichnet und kann als im Zuge des Anpassungsprozesses nach oben verschobene Lage von N_1^B gedeutet werden (s. Pfeil). In $t=3$ beträgt daher das Angebot des *B*

$$x_3^B = \frac{1}{2}(x^{\max} - x_2^A); \qquad x_3^B = \frac{1}{2}(16-6) = 5.$$

Das Gesamtangebot ist also gleich 11. Es ist gegenüber $t=2$ gestiegen, p_3 ($=4\frac{3}{8}$) ist daher kleiner als p_2 und wird durch x_3^B bestimmt.

Das Bild zeigt auch noch die Reaktion von *A* in $t=4$, der jetzt den Abschnitt *EH* von N_0 als seinen Markt betrachtet (im Bild nach unten verschoben — s. Pfeil) — und mit N_4^A bezeichnet). Der Preis p_4 liegt, nicht mehr eingezeichnet, zwischen p_3 und p_2, da das Gesamtangebot wiederum geringer als in $t=3$ ist. Es ist zu vermuten, daß der Prozeß konvergiert, was sich wie folgt zeigen läßt.

In jeder Periode *t* bietet jeder Anbieter die Hälfte der Differenz zwischen der Sättigungsmenge $x^{\max}$ und der Angebotsmenge seines Konkurrenten in der Vorperiode $t-1$ an, von der er glaubt, daß sie ungeändert auch in *t* angeboten werden wird. Die Reaktionsfunktionen der beiden Anbieter lauten also

Anbieter *A*: $\quad x_t^A = \frac{1}{2}(x^{\max} - x_{t-1}^B); \qquad B: \quad x_{t-1}^B = \frac{1}{2}(x^{\max} - x_{t-2}^A).$

Durch Einsetzen erhält man

$$x_t^A = \frac{1}{4} x^{\max} + \frac{1}{4} x_{t-2}^A. \tag{4.23}$$

Im langfristigen Gleichgewicht ändert sich das Angebot nicht mehr, so daß $x_t^A = x_{t-1}^A = x_{t-2}^A = \ldots$ gelten muß und man aus Gleichung (4.23)

$$x_t^A = \frac{1}{4} x^{\max} + \frac{1}{4} x_t^A \quad \text{oder} \quad x_t^A = \frac{1}{3} x^{\max}$$

erhält. *A* bietet im Endzustand also ein Drittel der Sättigungsmenge an. Da die gleiche Überlegung auch für *B* gilt — in den eben genannten Gleichungen ist nur überall *A* durch *B* und *B* durch *A* zu ersetzen —, bieten die Dyopolisten im Gleichgewicht zusammen zwei Drittel der Sättigungsmenge an, weshalb man dieses Ergebnis auch die *Cournotsche Zweidrittellösung* des Problems der Preisbildung im Dyopol nennt. Bild 4.14 zeigt — gestrichelt — die beiden Nachfragekurven im Endzustand, gemäß denen jeder Dyopolist $x^{GG} = 5\frac{1}{3}$ zum Preis von $p^{GG} = 4\frac{2}{3}$ anbietet, womit er einen Bruttogewinn von $24\frac{8}{9}$ erzielt. Verglichen mit der monopolistischen Ausgangssituation hat also der Wettbewerb im Dyopol bewirkt, daß die Nachfrager zu einem niedrigeren Preis mit einer größeren Menge versorgt werden und sich die Gewinnsumme beider Anbieter zusammen auf 49,78 verringert hat.

Bild 4.15 – *Reaktionskurven im Cournotschen Dyopol*

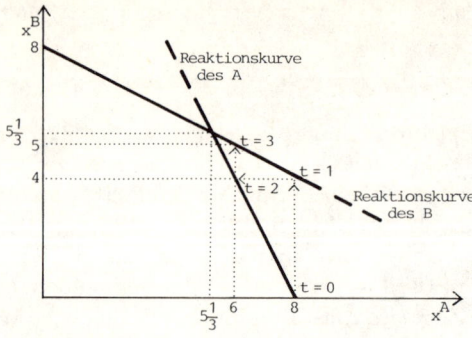

Bild 4.15 zeigt den Verlauf der Reaktionsfunktionen der beiden Anbieter, wobei das Zahlenbeispiel zugrundegelegt wurde. Die Reaktionskurve des A zeigt alle seine gewinnmaximierenden Angebotsmengen bei gegebenen Angebotsmengen des B. Sie beginnt auf der x^A-Achse beim Wert 8: Das war die Ausgangssituation mit A als Alleinanbieter. Fängt dieser mit dem Angebot von 8 an, dann ist 4 die gewinnmaximierende Menge für B. Bietet B 4 an, muß A gemäß seiner Reaktionsfunktion auf 6 zurückgehen. Bietet A 6 an, erhöht B auf 5, und so weiter. Die andere Kurve zeigt alle gewinnmaximierenden Angebotsmengen des B unter der Voraussetzung gegebener Angebotsmengen des A. Sie beginnt auf der x^B-Achse, was die Umkehrung der Ausgangssituation bedeutet: Jetzt würde der Prozeß mit B als Alleinanbieter beginnen. Die Kurven schneiden sich im Punkt $x^A = x^B = 5\frac{1}{3}$, der das Endgleichgewicht repräsentiert und unabhängig davon erreicht wird, wer als Alleinanbieter beginnt. Das Gleichgewicht ist gemäß der Definition S. 58 stabil: Eine vorübergehende Störung löst einen Prozeß aus, der zu ihm zurückführt. Würde aus ihm heraus etwa B sein Angebot auf 6 erhöhen, so müßte bei ungeänderten Verhaltensweisen A in der nächsten Periode 5 anbieten, darauf B 5½, und so fort, wie sich aus Bild 4.15 oder den Gleichungen der Reaktionskurven ablesen läßt. Beide Reaktionskurven gelten nur unter der bisherigen Annahme, daß beide Anbieter keine Reaktionen des Konkurrenten auf die eigenen Wettbewerbshandlungen erwarten.

COURNOT begann seine Analyse mit dem Dyopol, zeigte aber auch für den 3-, 4- und n-Anbieter-Fall, daß das Gesamtangebot um so größer und der Preis daher um so niedriger wird, je größer die Zahl der Anbieter ist. Das entspricht der Standardhypothese über den Zusammenhang zwischen Marktstruktur, Wettbewerb und Preis und läßt sich in einer linearen Fassung des Modells 3.6 (S. 337) wie folgt nachvollziehen. Wieder ist $X=$ gesamte Produktmenge, $Y=$ Gesamtabsatz aller Konkurrenten des betrachteten n-ten Anbieters mit dem Absatz x_n. Die Gesamtnachfragefunktion sei

$$p = a - bX, \text{ worin } a > 0, b > 0; \tag{4.24-I}$$

die Gesamtnachfrage teilt sich auf in

$$X = x_n + Y, \tag{4.24-II}$$

und die Kostenfunktion des n-ten Anbieters laute

$$K_n = FK + c\, x_n, \text{ worin } FK > 0, c > 0; \tag{4.24-III}$$

so daß seine Gewinnfunktion

$$G_n = (a - bX)x_n - FK - c\,x_n \qquad (4.24\text{-IV})$$

ist. Die Bedingung 1. Ordnung für die Gewinnmaximierung lautet dann

$$\frac{dG_n}{dx_n} = (a - bX) - b\frac{dX}{dx_n}x_n - c = 0. \qquad (4.25)$$

Nun erhält man aus Gleichung (4.24-II) durch Differenzierung $dX/dx_n = 1 + dY/dx_n$. Die konjekturale Reaktionsfunktion des betrachteten Anbieters besteht im COURNOTschen Dyopol in der Erwartung, kein Konkurrent werde auf eigene Wettbewerbshandlungen reagieren. Es gilt dann $dY/dx_n = 0$, woraus $dX/dx_n = 1$ folgt. Dies in Gleichung (4.25) eingesetzt ergibt

$$a - bX - b\,x_n - c = 0.$$

Summiert man über alle n Anbieter, erhält man

$$na - nbX - bX - nc = 0, \quad \text{also} \quad X = \frac{na - nc}{nb + b} \quad \text{oder} \quad X = \frac{n}{n+1}\cdot\frac{a-c}{b}. \qquad (4.26)$$

Hierin sind die Ergebnisse unterschiedlicher Wettbewerbskonstellationen enthalten. Läßt man die Zahl n der Anbieter über alle Grenzen wachsen, geht der Quotient $n/n+1$ gegen 1, und das Gesamtangebot X ist die bei vollkommenem Wettbewerb angebotene Menge. Setzt man nämlich $X = (a-c)/b$ in Gleichung (4.24-I) ein, erhält man $p = c$: Der Preis ist gleich den Grenzkosten. Unter der COURNOTschen Annahme $c = 0$ erhält man $p = 0$: Es wird die Sättigungsmenge angeboten. Ist nur ein Anbieter vorhanden, folgt aus $n = 1$, daß gemäß (4.26) die Hälfte der Menge $(a-c)/b$ angeboten wird: Das ist die Verhaltensweise des Monopolisten. Beim Dyopol ist $n/n+1 = {}^2\!/\!_3$, und man erhält die Cournotsche Zweidrittellösung.

COURNOTS Lösung des Preisbildungsproblems im Oligopol stellte für ihre Zeit einen Fortschritt ohne Beispiel dar. Sie ist, wenn sie auch formal nicht so behandelt wurde, eine dynamische Analyse und insofern wirklichkeitsnäher als unzählige statische und komparativ-statische, die ihr folgten. Sie ist auch realistischer als das S. 336 gezeigte Nullsummenspiel: Einigen sich die Konkurrenten im Oligopol darauf, den Monopolpreis zu setzen, erzielen sie zusammen höhere Gewinne als bei jedem anderen Verhalten: Sie sind Teilnehmer an einem Nicht-Nullsummenspiel. Methodisch illustriert die Analyse das S. 40 f. beschriebene Vorgehen: Die erste Stufe der wirtschaftswissenschaftlichen Analyse besteht darin, Annahmen über Ziele und Verhaltensweisen von Wirtschaftssubjekten sowie über die Verhältnisse in einer Ausgangssituation in geordneter Weise in einem Modell zusammenzufassen und sodann ihre Konsequenzen deduktiv ans Licht zu bringen. Schon hierin liegt ein Erkenntniszuwachs: Niemand hätte im vorliegenden Fall allein aufgrund der Annahmen sagen können, daß die Zweidrittellösung aus ihnen folgt. Anderseits ist die Arbeit des Wirtschaftswissenschaftlers damit nicht beendet. Grundsätzlich muß er auch die empirische Relevanz seines Modells prüfen, also das Übertragungsproblem lösen (vgl. S. 38). Anderenfalls wäre seine Aufgabe leicht und ohne praktische Bedeutung, da man sich Modelle in beliebiger Zahl ausdenken kann.

2. Führungs- und Anpasserverhalten im Dyopol. Im Cournot-Modell wurde insofern ein Grundmuster oligopolistischen Verhaltens angesprochen, als es Annahmen darüber enthält, was die Anbieter über die Reaktionen von Konkurrenten vermuten und wie sie selbst auf Wettbewerbshandlungen reagieren. Die Vermutung besagt, daß jeder Anbieter auf die Verhaltenskonstanz des anderen vertraut und sich seinerseits an die Aktionen des anderen anpaßt. Anders ausgedrückt: Jedem Anbieter wird die Erwartung unterstellt, der Konkurrent werde nicht reagieren, sondern unabhängig, autonom handeln, wenn er überhaupt Wettbewerbshandlungen unternimmt. Diese könnten darin bestehen, daß er von sich aus den Preis ändert, also als Preisführer auftritt. Eine abhängige Position wäre demgegenüber dadurch gekennzeichnet, daß ein Anbieter auf Wettbewerbshandlungen des anderen reagiert, beispielsweise als *Preisfolger*. Unterstellt man in dieser Weise beiden Anbietern eines Dyopols die gleiche Position, spricht man von einer Symmetrielösung des Dyopolproblems. Stellt man sich den zeitlichen Ablauf des Prozesses vor, dann wird zu Beginn jeder Planperiode neu entschieden, wobei sich die oligopolistische Interdependenz aber jeweils nur in einer, von Periode zu Periode wechselnden Richtung auswirkt. Das läuft aber auf die wenig plausible Annahme hinaus, daß die Oligopolisten keine Konsequenzen aus der Tatsache ziehen, daß sich ihre Erwartungen jedesmal als falsch herausstellen, daß sie also nicht aus der Erfahrung lernen. Dies kann man allenfalls als Grenzfall oligopolistischen Verhaltens deklarieren. In späteren Modellen wurde daher versucht, diesen Mangel durch die Vermutung zu beseitigen, daß wenigstens einer von zwei Anbietern die Reaktionen des anderen berücksichtigt. Ein entsprechendes Modell samt Zahlenbeispiel läßt sich so konstruieren:

Modell 4.27 – *Ein Dyopol mit Berücksichtigung der Reaktionsverbundenheit*
Gesamtnachfragefunktion: $p = a - b(x_A + x_B)$; $p = 100 - 0{,}4(x_A + x_B)$ (4.27-I)
Kostenfunktion
des Anbieters A: $K_A = K_A(x_A)$ $K_A = 20 + 0{,}6 x_A^2$ (4.27-II)
Kostenfunktion
des Anbieters B: $K_B = K_B(x_B)$ $K_B = 30 + 0{,}2 x_B^2$. (4.27-III)

A und B produzieren somit ein homogenes Gut unter ähnlichen Kostenbedingungen, wobei B mit höheren fixen, aber niedrigeren Grenzkosten als A arbeitet. Die Reaktionsfunktionen ergeben sich aus den Bedingungen 1. Ordnung für die Gewinnmaximierung. Der Gewinn G_A des A ist nach (4.27-I) und (4.27-II)

$$G_A = p\, x_A - K_A = [a - b(x_A + x_B)]\, x_A - K_A = a\, x_A - b\, x_A^2 - b\, x_A x_B - K_A. \quad (4.28)$$

Hieraus folgt

$$\frac{dG_A}{dx_A} = a - 2b\, x_A - b\, x_B - \frac{dK_A}{dx_A} = 0$$

und damit die

Reaktionsfunktion des A: $x_A = \dfrac{a}{2b} - \dfrac{x_B}{2} - \dfrac{1}{2b}\dfrac{dK_A}{dx_A}$; $x_A = 50 - 0{,}2\, x_B$. (4.27-IV)

Auf die gleiche Weise erhält man die

Reaktionsfunktion des B: $x_B = \dfrac{a}{2b} - \dfrac{x_A}{2} - \dfrac{1}{2b}\dfrac{dK_B}{dx_B}$; $x_B = 83{,}33 - 0{,}33\, x_A$. (4.27-V)

Es sei nun angenommen, daß nur Anbieter A die Konkurrenzsituation soweit durchschaut, daß er die Reaktionsweise des B bei seiner Angebotsplanung berücksichtigt, während B sich an A's Verhalten anpaßt und keine Reaktionen des A erwartet. A setzt dann die — nach Annahme zutreffend vermutete — Reaktionsfunktion (4.27-V) des B in seine Gewinnfunktion ein und errechnet die kurzfristig gewinnmaximierende Menge. Das ergibt im Zahlenbeispiel für Gleichung (4.28):

$$G_A = 100\, x_A - 0{,}4\, x_A^2 - 0{,}4\, x_A\, (83{,}33 - 0{,}33\, x_A) - 20 - 0{,}6\, x_A^2$$
$$= 66{,}67\, x_A - 0{,}87\, x_A^2 - 20.$$

Hieraus folgt

$$\frac{dG_A}{dx_A} = 66{,}67 - 1{,}74\, x_A = 0 \quad \text{und damit} \quad x_A = 38{,}45; \quad G_A = 1261{,}57.$$

Anbieter B setzt $x_A = 38{,}45$ in seine Reaktionsfunktion (4.27-V) ein, bietet daher $x_B = 70{,}64$ an und erzielt einen Gewinn gemäß der (4.28) analogen Gleichung

$$G_B = p\, x_B - K_B = [a - b\, (x_A + x_B)]\, x_B - K_B; \quad G_B = 2953{,}64. \quad (4.29)$$

Welche Situation ergibt sich, wenn umgekehrt B die Reaktionsfunktion des A in seine Gewinngleichung einbezieht und A sich an die Angebotsmenge des B anpaßt? Einsetzen von (4.27-IV) in (4.29) ergibt

$$G'_B = a\, x_B - b\, x_B\, (50 - 0{,}2\, x_B) - b\, x_B^2 - K_B = a\, x_B - 50\, b\, x_B - 0{,}8\, b\, x_B^2 - K_B.$$

Die Bedingung 1. Ordnung und das Ergebnis lauten dann

$$\frac{dG'_B}{dx_B} = a - 50\, b - 1{,}6\, x_B - 0{,}4\, x_B; \quad x'_B = 76{,}92 \quad \text{und} \quad G'_B = 3046{,}92.$$

A paßt sich an, setzt $x'_B = 76{,}92$ in seine Reaktionsfunktion (4.27-IV) ein und erhält als seine Angebotsmenge $x'_A = 34{,}62$, was für ihn nach Gleichung (4.28) einen Gewinn von $G'_A = 1178{,}27$ ergibt.

Das Ergebnis ist: A erzielt einen höheren Gewinn, wenn sich B an ihn anpaßt, als wenn er sich selbst an B anpaßt (es ist $G_A > G'_A$); und das gleiche gilt entsprechend für B (es ist $G'_B > G_B$). Es folgt aus den angenommenen Werten der Parameter, und für diese gibt es Konstellationen, bei denen es für beide Anbieter lohnt, die Führungsbeziehungsweise Anpasserrolle beizubehalten. Eine allgemeine Schlußfolgerung aus der beschriebenen Situation lautet wie folgt. Wenn A vermutet, daß seine Handlungen B zu bestimmten Reaktionen veranlassen werden und sich durch die Erfahrung bestätigt sieht, wird er sein Verhalten darauf einstellen. Es kann sein, daß B die Situation akzeptiert, und es liegt dann ein stabiles Gleichgewicht vor. Möglicherweise aber wird irgendwann einmal B auf die Idee kommen, von seinem für A vorhersehbar gewordenen Verhalten abzuweichen, da er seine Lage dadurch unter Umständen verbessern kann. Die Analogie zu vielen Spielen liegt auf der Hand: Man kann ihren Ausgang häufig durch überraschende Verhaltensänderungen günstig beeinflussen. Versucht B jedoch, seinerseits das Reaktionsverhalten des Konkurrenten in seine Planung einzubeziehen und damit die Führungsrolle zu übernehmen, dann sehen beide Konkurrenten, daß ihre Erwartungen über das Verhalten des jeweils anderen fehlgehen: Es ergibt sich eine gleichgewichtslose Situation. Auswege aus dieser sind entweder

Preiskämpfe mit ungewissem Ausgang oder eine Absprache, also die Beschränkung des Wettbewerbs.

3. Die geknickte Preis-Absatz-Beziehung. Eine zentrale Voraussetzung des Cournot-Modells wie auch des Modells 4.27 in V.2 betraf die Abwesenheit von Präferenzen bei den Nachfragern und die damit zusammenhängende Annahme, daß die Anbieter ihre Angebotsmengen als Instrumentvariable betrachten, also eine *Mengenstrategie* betreiben. Die alternative Hypothese ist die der *Preisstrategie*. Nach ihr bringen die Anbieter nicht bestimmte Mengen ihrer Produkte auf den Markt und lassen die Nachfrager oder „den Markt" den Preis bestimmen, wobei unklar bleibt, wie dieser praktisch zustandekommt, sondern sie setzen ihre Preise fest und lassen die Gesamtheit der Nachfrager über den Absatz entscheiden. Dies ist die herrschende Praxis in heterogenen Oligopolen, in denen sich die Produkte der einzelnen Anbieter jeweils geringfügig voneinander unterscheiden, aber enge Substitute sind. Das Problem der Preisentstehung verschwindet dann, und die Anbieter haben es ebenso wie der beobachtende Wirtschaftswissenschaftler mit einer Variablen zu tun, die im Gegensatz zur Absatzmenge, die von vielen Anbietern als Unternehmensgeheimnis betrachtet wird und daher oft schwierig festzustellen ist, leichter beobachtbar ist (wenngleich es in der Realität viele Möglichkeiten für heimliche Preissenkungen oder -aufschläge gibt).

Die Erwartung eines Anbieters im heterogenen Oligopol, daß einige oder alle seiner Konkurrenten reagieren werden, wenn er seinen Preis ändert, läßt sich graphisch wie in Bild 4.16 zeigen. In der Ausgangssituation sei sein Preis p^0. Der Oligopolist vermutet, daß die Nachfragekurve für sein Erzeugnis den Verlauf NN' haben würde, wenn er allein seinen Preis in dem gezeigten Bereich variieren könnte, ohne daß seine Konkurrenten reagieren. Eben diese Ceteris-paribus-Annahme darf er aber bei oligopolistischem Wettbewerb nicht machen. Er muß mit Reaktionen rechnen, und diese sind möglicherweise asymmetrisch: Es kann sein, daß die Konkurrenten bei einer Preissenkung ihre Preise ebenfalls senken, bei einer Preiserhöhung aber nicht reagieren. Herrscht also in der Ausgangssituation der Preis p^0, bei dem der betrachtete Oligopolist die Menge x^0 absetzt, dann verringert sich sein Absatz bei einer Preiserhöhung etwa auf p^1 gemäß dem Verlauf NN' auf x^1 (falls seine Vermutung über diesen Verlauf zutrifft, was nur im heterogenen Oligopol der Fall sein kann). Der Anbieter sieht sich bei einer Preiserhöhung quasi in der Lage eines Polypolisten. Senkt er dagegen den Preis auf p^2, dann trifft der unter der Ceteris-paribus-Annahme vermutete Verlauf NN' nicht mehr zu. Da die Konkurrenten ihre Preise ebenfalls senken, wen-

Bild 4.16 – *Geknickte Preis-Absatz-Beziehung*

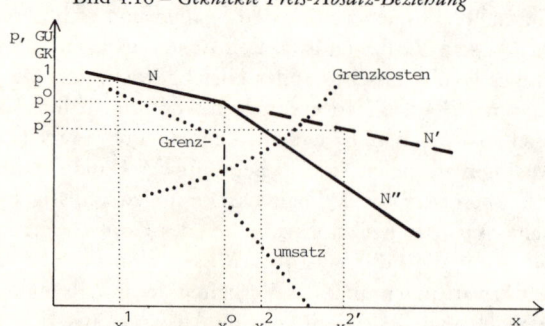

det sich ein Teil der zusätzlichen Nachfrage ihnen zu, und die konjekturale Preis-Absatz-Beziehung verläuft unterhalb von p^0 in Richtung N''. Beim Preis p^0 weist sie einen Knick auf, so daß der Absatz beim Preis p^2 nur auf x^2 statt auf $x^{2'}$ steigt. Bild 4.16 zeigt ferner, daß die Grenzumsatzkurve GU an der Knickstelle der Nachfragekurve eine Unstetigkeitsstelle in Gestalt eines Sprunges aufweist. Dies hat zu der folgenden Überlegung geführt. Verläuft die Grenzkostenkurve GK des betrachteten Oligopolisten in der Ausgangssituation wie in Bild 4.16 durch die Sprungstelle, dann würde er bei einer Preisänderung die Gewinnmaximierungsbedingung Grenzumsatz gleich Grenzkosten verletzen (in der Situation selbst kann über die Bedingung nichts ausgesagt werden, da der Grenzumsatz unbestimmt ist). Er wird daher die Situation als optimal betrachten und den Preis p^0 beibehalten. Er wird dies auch dann tun, wenn sich die Preise seiner Produktionsgüter ändern und sich daraufhin seine Grenzkostenkurve verschiebt, solange sie nur die Grenzumsatzkurve weiterhin in deren Sprungbereich schneidet. Auch wenn in einer Rezession der Absatz zurückgeht, so daß sich die NN'-Kurve nach links verschiebt, kann der Schnittpunkt von Grenzkosten- und Grenzumsatzkurve in der Sprungstelle bleiben, so daß der Preis beibehalten und nur die Absatzmenge angepaßt wird. Die Situation der geknickten Preis-Absatz-Beziehung führt somit zu zwei Hypothesen:

– Oligopolisten treten seltener in Preiskämpfe ein und reagieren auch seltener als Anbieter anderer Konstellationen auf Kosten- und Nachfrageänderungen, weil sie bei kleineren Änderungen innerhalb der Sprungstelle für ihren Grenzumsatz bleiben; oder: Oligopole sind durch relative Preisstarrheit gekennzeichnet;
– Preissenkungen werden häufiger nachgeahmt als Preiserhöhungen.

Die bisher dazu vorliegenden Beobachtungen sind spärlich, da man Oligopole mit anderen Anbieterkonstellationen unter im übrigen möglichst gleichen Umständen vergleichen muß. Untersuchungen in den Vereinigten Staaten anhand der Anzeigenpreise von Fachzeitschriften[32] und des Vergleichs der relativen Häufigkeit von Preisänderungen bei 17 Elektrizitätsdyopolen mit der von 22 Monopolen[33] konnten beide Schlußfolgerungen nicht bestätigen. In anderen Fällen wurde ein entsprechendes Verhalten beobachtet.[34]

Ein Nachteil der Analyse ist, daß der Preis in der Ausgangssituation als gegeben betrachtet wird, so daß sein Zustandekommen anderweitig zu erklären wäre: Sie ist keine Preistheorie. Ändern sich Kosten- oder Nachfragebedingungen oder beide für alle Anbieter eines Oligopols annähernd gleichzeitig und in gleichem Ausmaß, dann sind Preisänderungen zu erwarten, mit denen sich die Kurven in Bild 4.16 verschieben. Die Analyse macht jedoch deutlich, daß die Frage, ob ein Knick in der Preis-Absatz-Beziehung existiert und wie ausgeprägt er gegebenenfalls ist, ganz von den Reaktionen des oder der Konkurrenten abhängt. Die Untersuchung dieser Reaktionen ist daher das Zentralproblem der Oligopoltheorie, und die in der Literatur bisher vorliegenden Modelle unterscheiden sich im Kern nach den unterschiedlichen Hypothesen über diese Reaktionen.

---

[32] SIMON [4.90].
[33] PRIMEAUX/BOMBALL [4.91]. Staatliche Preisaufsicht fehlte in allen Fällen, und in den Städten mit Dyopolen konnten die Nachfrager zwischen je einem öffentlichen und einem privaten Anbieter wählen.
[34] Vgl. SCHERER [4.03], S. 167 für Quellenangaben.

4. Preiswettbewerb im Oligopol. Es liegt auf der Hand, daß die Verhaltensweisen von Oligopolisten maßgeblich von den jeweiligen Umständen beeinflußt werden, unter denen sie agieren müssen. Zu den wichtigsten zählen:

- die Zahl und die Größenverteilung der Anbieter (enges, weites, Teiloligopol);
- die Art des Produkts und das tatsächliche und mögliche Ausmaß seiner Differenzierung (homogenes, heterogenes Oligopol);
- die Höhe der Zutrittsschranken zu dem betrachteten Markt.

Weitere verhaltensbeeinflussende Umstände sind die Kostensituationen der einzelnen Anbieter, Möglichkeiten für technischen Fortschritt, die gegenseitige Kenntnis der Verhaltensweisen, die Art der Vertriebsorganisation und die Wettbewerbssituation auf der Nachfragerseite. Berücksichtigt man die Tatsache, daß jedes dieser Merkmale in mehreren Ausprägungen vorkommen kann, wird man auf die unübersehbare Fülle der Situationen verwiesen, denen sich der Wirtschaftswissenschaftler bei der Marktform des Oligopols gegenübersieht.

Die Alternative zu der im vorigen Abschnitt erwähnten relativen Preisstarrheit im Oligopol ist der Preiskampf. Er spielt sich häufig zwischen zwei großen Anbietern ab. Ist das Produkt homogen oder wenig differenziert und tritt ein (neuer) Anbieter B in einen Preiskampf mit einem Anbieter A ein, dann wird B seinen Preis in Periode 1 knapp unterhalb des von A bisher verlangten Preises p_0 festsetzen und damit angesichts der Homogenität des Produkts und bei Abwesenheit sonstiger Präferenzen sehr viele oder alle Nachfrager auf sich ziehen. In $t=2$ wird daraufhin A den Preis p_1 des B unterbieten, und so fort. Mit dem sinkenden Preis nimmt die Nachfrage zu, und im allgemeinen Fall wäre zu fragen, ob die Anbieter über die erforderliche größere Produktionskapazität verfügen. Ist diese vorhanden, dann wird eine Grenze für dieses Herunterkonkurrieren des Preises erst erreicht, wenn er auf die durchschnittlichen Gesamtkosten der Anbieter gefallen ist. Hierfür gibt es zwei Möglichkeiten. In der Regel haben keine zwei Produzenten genau gleiche Kosten. Ist beispielsweise A der Anbieter mit den höheren $DTK,$ dann macht B auch noch einen Gewinn, wenn er den Preis unterhalb der DTK des A setzt. A könnte jetzt mit einer weiteren Preisunterbietung nur noch folgen, wenn er gewillt und in der Lage wäre, Verluste hinzunehmen. Das ist eine Frage der Zeit, und im allgemeinen ist anzunehmen, daß die Situation den A langfristig zum Ausscheiden zwingt, so daß B als Alleinanbieter übrigbleibt. Im zweiten, wenig wahrscheinlichen Fall gleich hoher DTK wird der Prozeß der Preisunterbietung enden, wenn der Preis diese erreicht hat. Der oligopolistische Wettbewerb hätte dann hinsichtlich des Preises zu dem gleichen Ergebnis geführt wie der Wettbewerb unter Mengenanpassern, und die Situation kann langfristig stabil sein, wenn beide Anbieter ihre Alternativkosten in den Preis einkalkuliert haben (vgl. S. 212f.). Dieses Ergebnis folgt jedoch nicht zwangsläufig. Es kann immer noch sein, daß einer der beiden Konkurrenten über ein größeres finanzielles Polster verfügt, weil er vielleicht aus anderen Betrieben Gewinne erzielt, ein höheres Vermögen besitzt oder weitergehende Möglichkeiten zur Kreditaufnahme hat. Er kann dann seinen Konkurrenten solange unterbieten, bis dieser aufgibt. Das Verhalten des Unterbieters ist dabei gemäß dem Ziel der langfristigen Gewinnmaximierung durchaus rational, da er die vorübergehend in Kauf genommenen Verluste durch die Gewinne mehr als kompensieren kann, die er später aus der Monopolstellung zieht. Allerdings ist der Fall damit nicht abgeschlossen: Die hohen Gewinne des Monopolisten können wiederum Wettbewerber anlocken, damit erneut die Marktform ändern und Wettbewerb induzieren. Nicht berücksichtigt sind hierbei staatliche Eingriffe in den beschriebenen Prozeß.

Dem Preiswettbewerb im Oligopol förderlich dürften eine hohe Fixkostenbelastung sowie der technische Fortschritt sein. Geht in einem solchen Markt die Nachfrage nach den Erzeugnissen der Industrie zurück, sehen sich die Anbieter hohen unausgenutzten Kapazitäten und einem rechnerisch gestiegenen Anteil der festen Stückkosten gegenüber. Es wird dann häufig versucht, den Marktanteil durch Preiszugeständnisse zu Lasten der Konkurrenten auszudehnen. Wer anderseits kostensenkenden technischen Fortschritt realisieren kann, ist in der Lage, seine Preise ohne Gefährdung seiner Gewinnsituation zu senken. Schließlich ist Preiswettbewerb wahrscheinlich, wenn Aufträge relativ zur Kapazität groß sind, unregelmäßig eingehen und gemäß den Spezifikationen des oder der Kunden auszuführen sind. Die unmittelbaren Gewinnchancen bei Großaufträgen können Überlegungen über spätere Preisreaktionen von Konkurrenten weniger wichtig erscheinen lassen; und bei Auftragsfertigung fehlen häufig Vergleichsmöglichkeiten.

Auf der anderen Seite muß sich jeder Oligopolist sagen, daß mit Preiswettbewerb unter Umständen nicht viel zu gewinnen, aber mit größerer Wahrscheinlichkeit viel zu verlieren ist. Er hat Marktmacht wie auch der Monopolist, sieht sich aber nicht wie dieser einer einzigen Preis-Absatz-Beziehung gegenüber (deren Verlauf zu vermuten schwierig genug ist), sondern einer Vielzahl solcher Beziehungen je nach den Reaktionen seiner Konkurrenten, über die seine Vermutungen ebenfalls höchst unsicher sind. Das läßt Preisänderungen besonders risikoreich erscheinen: Senkt er den Preis, so ziehen die Konkurrenten möglicherweise nach und verhindern so, daß sich seine wirtschaftliche Situation verbessert. Geht er daraufhin wieder mit dem Preis herauf, folgen ihm die anderen Anbieter unter Umständen nicht, so daß er schlechter dasteht als zuvor. Preiserhöhungen werden möglicherweise von den Konkurrenten nicht mitgemacht und führen zu Abwanderungen von Kunden, die vielleicht nicht zurückkehren, wenn die Erhöhung rückgängig gemacht wird. Hinzu kommt, daß sich die erhofften Wirkungen einer Preisänderung nur langsam einstellen und von anderen Einflüssen überlagert werden, so daß keine Erfahrungen für späteres Verhalten zu gewinnen sind. Viele Oligopolisten lassen sich daher in klarer Voraussicht eines ruinösen oder mindestens kostspieligen Preiskampfes und seines ungewissen Ausgangs von vornherein nicht auf ihn ein, sondern setzen ihre Preise so, daß sie sich Markt und Gewinne teilen. Besonders im engen Oligopol kann es dazu kommen, daß jeder Anbieter selbständig den zum Maximum des Gesamtgewinns führenden Preis setzt und darauf hofft, daß jeder Konkurrent die Lage ebenso beurteilt, das gemeinsame Interesse erkennt und daher das Gleiche tut.[35]

5. Preisführerschaft. Die eben genannte Möglichkeit hat jedoch auch Nachteile. Sie sind von dreierlei Art. Die Preissetzung im Cournot-Punkt wäre nur dann für alle Anbieter optimal, wenn sie gleiche Kostenverläufe und gleiche Ansichten über das Nachfrageverhalten hätten. Das ist praktisch nie der Fall, und daher bestünde für einige Anbieter ein starker Anreiz, den gemeinsamen Preis zu unterbieten, etwa durch heimliche Rabattgewährung auf die veröffentlichten Listenpreise (was beim Verkauf

---

[35] So die Lösung des Preisbildungsproblems im Oligopol bei CHAMBERLIN [4.01], S. 54.

von Produktionsgütern häufig besser gelingt als bei Konsumgüteroligopolen). Zweitens wäre die Gefahr groß, daß neue Anbieter in den Markt gelockt werden, und drittens wäre es angesichts sich ständig ändernder Daten und der vielen verbleibenden Möglichkeiten für Nichtpreiswettbewerb schwierig, stillschweigende Einigkeit über den optimalen Preis zu erzielen. In vielen Oligopolen nehmen die Anbieter daher eine eher defensive Haltung ein und setzen ihre Preise ohne Absprache so, daß sie zwar auskömmliche Gewinne erzielen, aber unterhalb des gemeinsamen Cournot-Punkts bleiben. Die Art und Weise, in der sich dann ein gemeinsamer Preis bildet, nennt man *Preisführerschaft*. Sie ist auch in Märkten anzutreffen, in denen es neben einem großen mehrere kleine Anbieter gibt (Teilmonopol, vgl. S. 310, jedoch angesichts der Reaktionsverbundenheit auch als Oligopol interpretierbar). Meist sind die kleinen Anbieter einerseits vor dem Zutritt von Konkurrenten geschützt, anderseits haben sie aber auch keine Chance, mit Hilfe ihrer Preispolitik ihre Lage nennenswert zu verbessern. Sie akzeptieren dann ohne formelle Absprache den großen Konkurrenten als Preisführer: Ändert dieser seinen Preis, so folgen sie ihm. Dies wird erleichtert, wenn wie gewöhnlich Kostenänderungen alle Anbieter ungefähr gleichzeitig und in gleichem Ausmaß treffen. Anpassung an einen Preisführer signalisiert allen Beteiligten, daß man das gemeinsame Interesse an möglichst hohen und stabilen Preisen erkannt hat, sich ihm unterordnet und daher auf selbständige und aggressive Preispolitik verzichten will. Aus solcher Rücksichtnahme kann sich eine Art von Solidarität zwischen den Konkurrenten der Branche entwickeln, zumal sie auch gemeinsame Interessen gegenüber anderen Industrien und dem Staat haben. Preisfolgerverhalten hat zudem den Vorteil, nicht gegen das in vielen Ländern bestehende Verbot von Absprachen zu verstoßen (wenngleich einige Wettbewerbsbehörden auch schon gleichförmiges Verhalten ohne Nachweis von Absprachen als Verstoß werten).

Auch im Oligopol mit mehreren annähernd gleich großen Anbietern haben diese ein Interesse, einem von ihnen in seiner Preispolitik zu folgen. Dies kann, muß aber nicht der größte Anbieter sein, da Tradition und institutionelle Gegebenheiten hier eine Rolle spielen. Vielfach ist Preisführer derjenige, der als erster und in angemessener Weise auf Änderungen der Marktdaten und Tendenzen der Preispolitik in Gestalt auch heimlicher Abweichungen von offiziellen Listenpreisen reagiert sowie erfahrungsgemäß die zukünftige Entwicklung eher zutreffend einschätzt und so die anderen Anbieter von der Notwendigkeit entlastet, jeweils eigene Entscheidungen zu treffen. Da der Preisführer sozusagen wie ein Barometer auf Änderungen des Luftdrucks reagiert, hat man diesem Verhalten die Bezeichnung „barometrische Preisführerschaft" gegeben. Der Preisführer hat keine Mittel, die Konkurrenten zu ihrem Verhalten zu zwingen, wird aber seine Rolle um so eher beibehalten können, je mehr er im gemeinsamen Interesse aller handelt. Unter förderlichen Bedingungen wie denen des engen Oligopols, annähernd homogenem Produkt, ähnlichen Kostenverläufen und Zutrittsschranken wird er den Preis setzen, der noch Gewinne erbringt, aber keine zusätzlichen Anbieter anlockt. Bemerkenswerterweise trifft für einen solchen Oligopolisten die Situation der geknickten Preis-Absatz-Beziehung (vgl. V.3) nicht zu, da ihm die Konkurrenten auch bei Preiserhöhungen folgen.

Preisführerschaft kann als Spezialfall von *bewußtem Parallelverhalten* gesehen werden. Bei diesem zeichnet sich keiner der Konkurrenten durch irgendwelche Führungsqualitäten aus, so daß die Initiative zu Wettbewerbshandlungen wechselt und die jeweils anderen Anbieter folgen. Beruht dies auf einer Absprache, ist das Parallelverhalten also abgestimmt, liegt ein Kartell vor (vgl. unten, VII.5). Die Kennzeichnung „bewußt" schließt zufälliges Parallelverhalten aus, das sich als Reaktion auf eine alle Anbieter betreffende Datenänderung ergeben kann. Bewußt gleichförmiges Verhalten ist schwierig nachzuweisen und stellt daher Wettbewerbstheorie und -politik vor erhebliche Probleme.

6. Nichtpreiswettbewerb im Oligopol. Der weitgehende oder völlige Verzicht auf Preiswettbewerb führt angesichts der fortdauernden Konkurrenzsituation dazu, daß im Oligopol häufig reger Nichtpreiswettbewerb zu beobachten ist. Er hat vor allem den Vorteil, sich nicht so unmittelbar wie Preisänderungen auf die ökonomische Situation der Konkurrenten auszuwirken. Dabei ist als genereller Charakterzug oligopolistischen Wettbewerbs das Bemühen erkennbar, sich von den Konkurrenten abzusetzen, also den Grad der Reaktionsverbundenheit zu verringern. Zu dieser Strategie gehört es, Werbung zu treiben, den eigenen Preissetzungsspielraum durch Produktdifferenzierung zu erweitern, Forschung und Entwicklung zwecks Schaffung neuer Produkte zu betreiben und Marktanteile durch Angliederung kleinerer Konkurrenten auszudehnen (soweit die Wettbewerbsbehörden dies zulassen). Besonders der Produktwettbewerb bietet Oligopolisten eine Reihe von Vorteilen. Konkurrenten können hierauf nicht so schnell reagieren wie auf Preiswettbewerb, da Produktdifferenzierung vorbereitet werden muß und schwieriger nachzuahmen ist. Zudem kann sich für den Initiator der Vorteil ergeben, daß sich die Nachfrager an seine neue Variante gewöhnt haben, bevor die Konkurrenten reagieren können. Häufig findet Produktwettbewerb daher nicht nach dem Muster Aktion–Reaktion, sondern unabhängig von der Aktivität von Konkurrenten statt. Bekanntes Beispiel ist der Modellwechsel in der Automobilindustrie. Daß es bei der Herabsetzung des Homogenitätsgrades von oligopolistisch angebotenen Produkten und damit ihrer Kreuzpreiselastizität nicht auf objektive Unterschiede ankommt, zeigt der Produktwettbewerb auf dem Markt für Waschmittel ebenso wie das Unterfangen, für das technisch homogene Gut „Kraftfahrzeugbenzin" durch Rot- oder Blaufärbung sachliche Präferenzen zu schaffen und es dadurch ökonomisch heterogen zu machen.

Ist Produktdifferenzierung schwierig, wird der Kampf um Marktanteile in manchen Fällen über den Ausbau von Vertriebsnetzen geführt: In der Bundesrepublik setzten die Mineralölfirmen wie auch viele Banken jahrelang auf diese Wettbewerbsart, weshalb die Zahl der Tankstellen zeitweilig und die der Bankstellen bis 1981 stark zunahm.[36]

Auf der anderen Seite wird die Reaktionsverbundenheit zwischen oligopolistischen Anbietern von allein um so schwächer, je größer ihre Zahl ist,[37] zumal dann auch Unterschiede in den Kostensituationen wahrscheinlicher werden und heimliche

---

[36] Die Zahl der Straßentankstellen (ohne Bundesautobahn) stieg von 30 100 Ende 1960 auf den Höchststand von 46 684 Anfang 1969 (und geht seitdem zurück, bis Anfang 1982 auf 24 597). Vgl. OEL, Zeitschrift für Mineralölwirtschaft, Hamburg, Jg. 1979, S. 325; 1982, S. 23. Ende 1990 beträgt sie noch rund 17 800 (alter Gebietsstand). — Die Zahl der Bankstellen nahm von 26 333 Ende 1957 auf 44 873 Ende 1981 zu und stagniert seitdem bei über 44 000. Bbk-Monatsbericht Januar 1991, S. 45*.

[37] Nach einer Faustregel SCHERERS [4.03], S. 199 beginnen Anbieter sogar im homogenen Oligopol, ihre Einflüsse aufeinander zu ignorieren, sobald ihre Zahl bei ungefähr gleichen Marktanteilen zehn bis zwölf übersteigt.

Preisunterbietungen schwerer zu entdecken sind. In solchen Situationen ist Platz sowohl für eine aggressive Absatzpolitik einzelner großer Anbieter, denen die anderen nicht folgen; als auch (im Teiloligopol) für viele Aktionen kleinerer Konkurrenten, die von den großen hingenommen werden.

Abschließend ist als Problemlage des Wirtschaftswissenschaftlers festzuhalten, daß angesichts der weiten Verbreitung oligopolistischer Marktstrukturen[38] sowie der Grade an Produktdifferenzierung, der erheblichen Unterschiede in den Produktions- und Absatzbedingungen, der vielen Möglichkeiten für Wettbewerbshandlungen und der Reaktionen von Konkurrenten und Kunden auf diese samt deren zeitlicher Abfolge eine einheitliche Oligopoltheorie vorerst nicht in Sicht ist. Hinzu kommt, daß die Grenzen zwischen oligopolistischem Wettbewerb und seiner Beschränkung fließend sind und nicht wissenschaftlich bestimmt werden können, so daß im konkreten Fall durch andere Verfahren wie Gerichtsverhandlungen entschieden werden muß, ob sie überschritten wurden.

VI. Preisdifferenzierung

1. Gewinnerhöhung durch Preisdifferenzierung. Das Verhalten preissetzender Anbieter wurde in den Teilen III bis V dieses Kapitels unter der Annahme untersucht, daß der Preis im Hinblick auf die Nachfrager einheitlich war. Auf vielen Märkten zeigen sich bei den Nachfragern jedoch unterschiedliche Verhaltensweisen; beispielsweise können die Nachfrageverhältnisse und Konkurrenzbedingungen im Ausland ganz andere als im Inland sein. Ein Anbieter auf einem solchen Markt wird dann eine heterogen zusammengesetzte Preis-Absatz-Beziehung vermuten, und er wird sich fragen, ob er seinen Gewinn nicht durch Ausnutzung dieses Umstandes erhöhen kann. Allgemein nennt man gemäß einer vorläufigen Definition eine Preispolitik, bei der ein Anbieter das gleiche Gut verschiedenen Käufergruppen zu unterschiedlichen Preisen anbietet, *Preisdifferenzierung* (auch *Preisdiskriminierung*).

Zunächst sei an einem Zahlenbeispiel gezeigt, daß und um wieviel der Gewinn durch den Übergang zur Preisdifferenzierung erhöht werden kann. Zielsetzung des Anbieters sei kurzfristige Gewinnmaximierung. Er möge zunächst vermuten, daß seine Abnehmer ein einheitliches Verhalten zeigen und ihre zusammengefaßte Nachfra-

---

[38] Untersuchungen aus mehreren westlichen Industrieländern deuten darauf hin, daß am Umsatz gemessen zwei Drittel bis drei Viertel der Märkte für die Erzeugnisse des produzierenden Gewerbes (manufacturing industry) oligopolistisch strukturiert sind. Vgl. C. KAYSEN/ D. F. TURNER: Antitrust Policy. An Economic and Legal Analysis. Cambridge 1959, S. 31; R. EVELY/ I. M. D. LITTLE: Concentration in British Industry. An Empirical Study of the Structure of Industrial Production 1935–51. Cambridge 1960, S. 81 f. SCHERER [4.03], S. 67 schätzt, daß 5 oder 6 v. H. des Bruttosozialprodukts der Vereinigten Staaten annähernd unter – überwiegend staatlich kontrollierten – Monopolbedingungen und etwas mehr unter vollkommenem Wettbewerb angeboten werden, während alles andere auf Oligopole und Polypole entfällt. Bei einer Untersuchung des Bonn/Kölner Instituts für Mittelstandsforschung 1977 gaben unter rund 500 Industrie-, Handels- und Dienstleistungsunternehmen der Bundesrepublik rund drei Viertel der Befragten an, unter oligopolistischen Marktstrukturen zu arbeiten. Vgl. Manager Magazin Verlagsgesellschaft (Hg.): Managementlücken im Mittelstand. Ergebnisse einer empirischen Untersuchung. Hamburg 1977, S. 21.

gekurve den in Bild 4.17 als Gesamtmarkt bezeichneten Verlauf[39] mit einem Knick bei $p=8$, $x=1$ und einer entsprechenden Unstetigkeitsstelle der Grenzumsatzkurve hat. Die Kostenfunktion habe den Verlauf $K=12+2x$. Aus der Gleichsetzung des Grenzumsatzes im relevanten Bereich $GU=80/9-16/9\,x$ mit den Grenzkosten $GK=2$ erhält man als Produktmenge im Cournot-Punkt $x=31/8=3{,}875$ sowie den Preis $p=49/9=5{,}44$. Der Umsatz erreicht demnach $p\cdot x=21{,}1$ und der Gewinn, da die Kosten bei der angegebenen Produktmenge $K=19{,}75$ betragen, $G=1{,}35$.

Es möge der Anbieter nun entdecken, daß seine Kunden aus zwei Gruppen bestehen, zwischen denen es keine Verbindung gibt und deren Nachfrageverhalten durch die Kurven in den Teilmärkten (a) und (b) von Bild 4.17 beschrieben werden kann. Der Preis $p=5{,}44$, der auf dem Gesamtmarkt den Gewinn maximiert, liegt, wie die Konstruktion der Cournot-Punkte zeigt, zwischen diesen und ist daher auf dem Teilmarkt (a) zu niedrig und auf (b) zu hoch, wenn auf beiden Teilmärkten die Gewinne je für sich maximiert werden sollen. Die Rechnung führt für die Teilmärkte zu folgenden Ergebnissen:

	Teilmarkt (a)	Teilmarkt (b)
Grenzumsatz = Grenzkosten:	$12-8\,x_a=2$	$8-16/7\,x_b=2$
Menge:	$x_a=1{,}25$	$x_b=2{,}625$
Preis:	$p_a=7$	$p_b=5$
Umsatz:	$U_a=8{,}75$	$U_b=13{,}125$
Variable Kosten:	$VK_a=2{,}5$	$VK_b=5{,}25$
Gewinn vor Abzug der Fixkosten:	$G_a=6{,}25$	$G_b=7{,}875$.

Zieht man von der Summe $G_a+G_b=14{,}125$ die festen Kosten von 12 ab, erhält man den Gewinn bei Preisdifferenzierung in Höhe von 2,125. Er ist um 0,775 Einheiten gleich 57,4 v. H. höher als der Gewinn ohne Preisdifferenzierung.

2. Theorie der Preisdifferenzierung. Der soeben durchgerechnete Fall einer Marktspaltung stellt offenbar nur eine von mehreren Möglichkeiten dar. Man teilt diese gewöhnlich in drei Kategorien ein. *Vollständige* (auch: *perfekte*) oder *Preisdifferenzierung ersten Grades* liegt vor, wenn der Anbieter von jedem Käufer dessen individuellen Höchstpreis für jede einzelne zusätzliche Mengeneinheit verlangt und erhält (vgl. S. 106). Bild 4.18 (a) zeigt einen Vergleich dieser Situation mit dem Fall, daß ein für alle Käufer und Mengeneinheiten einheitlicher Preis p^c im Cournot-Punkt gesetzt wird. Der gewöhnliche Monopolgewinn wäre dann gleich der schraffierten Fläche: Zahl der Mengeneinheiten mal Stückgewinn. Bei perfekter Differenzierung ist der Gewinn dagegen gleich der Summe aus schraffierter und punktierter Fläche: Die Preis-Absatz-Beziehung wird zur Grenzumsatzkurve, und der Anbieter geht mit dem

---

[39] Wie aus der folgenden Argumentation hervorgeht, ist der untere Teil der Gesamtnachfragekurve aus der Addition der Nachfragekurven der Teilmärkte (*a*) und (*b*) entstanden. Die Gleichung dieses Teils erhält man durch Auflösung der Gleichungen (*a*) und (*b*) im Bild nach *x*:

$$x_a=3-\tfrac{1}{4}p_a \quad \text{und} \quad x_b=7-\tfrac{7}{8}p_b$$

und Addition unter Berücksichtigung der Tatsache, daß im Gesamtmarkt $p_a=p_b=p$ und $x_a+x_b=x$ sein muß. Vgl. auch Bild 1.19 (S. 120).

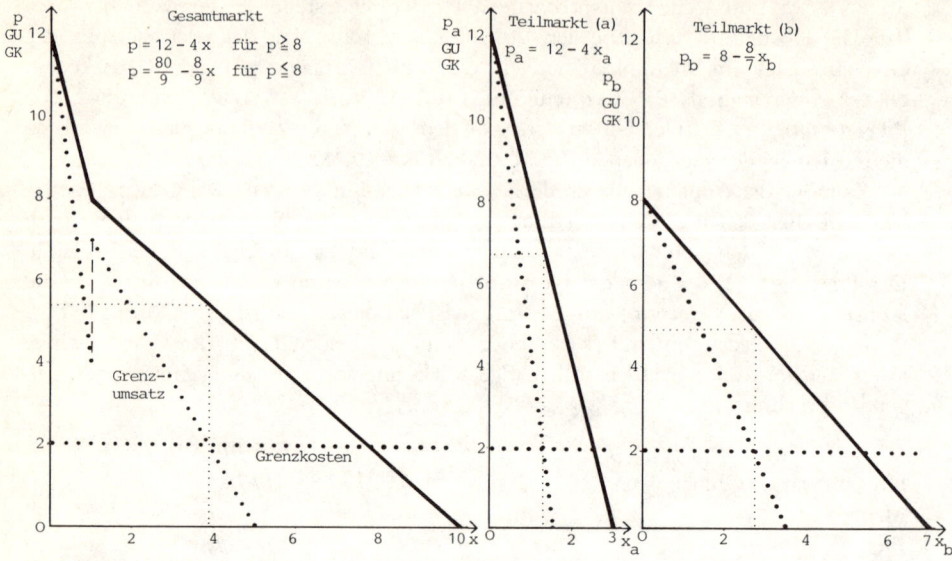

Bild 4.17 – *Preissetzung ohne und mit Differenzierung*

Preis für die letzte verkaufte Mengeneinheit daher soweit herunter, bis die Grenzkosten für diese erreicht sind. Die gesamte Käuferrente (vgl. S. 105) wird abgeschöpft. Allerdings gilt die graphische Darstellung streng genommen nur dann, wenn der Einkommenseffekt der Preiserhöhung (vgl. S. 100) bei vollständiger Differenzierung bei dem betrachteten Gut gleich null ist. Trifft dies nicht zu, dann wird die Senkung des Realeinkommens der Konsumenten infolge der Preiserhöhung schon von der ersten Mengeneinheit an deren Nachfrage nach weiteren Mengeneinheiten und daher auch die abschöpfbare Konsumentenrente senken. Als praktische Erwägung wäre hinzuzufügen, daß Preisdifferenzierung ersten Grades schwierig zu realisieren ist, regelmäßig auch Kosten verursacht und daher, ganz abgesehen von gesetzlichen Hemmnissen, selten sein dürfte.

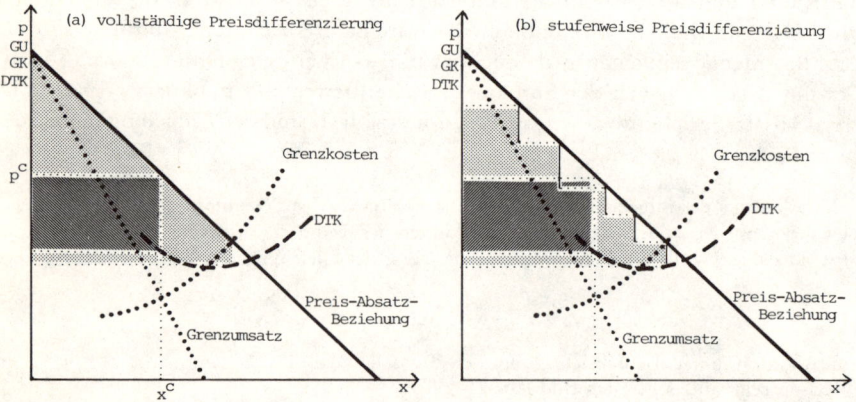

Bild 4.18 – *Preisdifferenzierung ersten und zweiten Grades*

428

Preisdifferenzierung zweiten Grades unterscheidet sich hiervon in zwei Punkten: Jeder Käufer ist nur bereit, sämtliche Mengeneinheiten zu einem einheitlichen Preis zu übernehmen, und überdies kann der Anbieter nicht jedem Käufer einzeln einen speziellen Preis berechnen, sondern die Nachfrager nur in Gruppen einteilen, für die jeweils ein einheitlicher Preis gilt. Der Standardfall liegt vor, wenn Anbieter von Elektrizität, Gas oder Telefonnutzung einen festen Grundpreis und einen konstanten oder mit der Bezugsmenge fallenden Preis je Leistungseinheit erheben. In beiden Fällen sinkt der Durchschnittspreis mit wachsender Nachfrage. Teil (b) des Bildes zeigt, daß bei Differenzierung in fünf Preisstufen der Gewinn unter sonst gleichen Umständen kleiner als im Fall (a) ist, aber immer noch wesentlich größer bleibt als bei Nichtdiskriminierung.

Preisdifferenzierung dritten Grades entspricht dem im vorigen Abschnitt behandelten Fall. Hier wird angenommen, daß der Anbieter die Käufer in selbständige Gruppen mit je einer Nachfragefunktion einteilen kann, zwischen denen keine Arbitrage stattfindet. Das Problem der gewinnmaximierenden Preisdifferenzierung bei einem homogenen Marktobjekt mit n Teilmärkten ($n > 1$, ganzzahlig) läßt sich dann ohne spezielle Annahmen über die Verläufe der Nachfrage- und Grenzkostenkurven wie folgt lösen. Der Verkäufer bietet die Mengen $x_1, x_2, \ldots, x_n$ zu den Preisen $p_1, p_2, \ldots, p_n$ an und erzielt die Umsätze $U_1 = p_1 x_1, U_2 = p_2 x_2, \ldots, U_n = p_n x_n$. Seine Gesamtkosten sind $K = K(x_1 + x_2 + \ldots + x_n) = K(x)$. Er maximiert seinen Gewinn $G = U_1 + U_2 + \ldots + U_n - K(x)$, indem er die partiellen Ableitungen von G nach x_i ($i = 1 \ldots n$), also die Grenzgewinne auf den n Teilmärkten, gleich null setzt:[40]

$$\frac{\partial G}{\partial x_1} = \frac{\partial U_1}{\partial x_1} - \frac{dK}{dx}, \quad \frac{\partial G}{\partial x_2} = \frac{\partial U_2}{\partial x_2} - \frac{dK}{dx}, \ldots, \frac{\partial G}{\partial x_n} = \frac{\partial U_n}{\partial x_n} - \frac{dK}{dx},$$

also dafür sorgt, daß

$$GU_1 = GU_2 = \ldots = GU_n = GK \qquad (4.30)$$

ist. Das ergibt den

Satz 4.10: *Ein preissetzender Anbieter, der ein Objekt auf n voneinander isolierten Teilmärkten anbietet, maximiert seinen kurzfristigen Gewinn, wenn er die Preise p_1 bis p_n so setzt, daß die Grenzumsätze auf allen Teilmärkten einander und den Grenzkosten gleich sind.*

Seine Richtigkeit leuchtet unmittelbar ein, wenn man wieder annimmt, er sei nicht erfüllt. Zeigt sich beispielsweise beim Vergleich zweier Märkte i und k, daß der Grenzumsatz auf Markt i größer ist als auf Markt k, kann der Gesamtgewinn offensichtlich dadurch vergrößert werden, daß der Produzent eine Mengeneinheit von Markt k abzieht und sie zusätzlich auf Markt i anbietet. Seine Kosten bleiben ungeändert, aber Umsatz und daher auch sein Gewinn steigen, da der auf Markt i hinzukommende Umsatz größer als der auf Markt k wegfallende ist. Das Verfahren lohnt solan-

---

[40] Da x und x_i ($i = 1 \ldots n$) in der Argumentation voneinander unterschieden werden, lautet das Ergebnis der korrekten partiellen Differentiation

$$\frac{\partial G}{\partial x_i} = \frac{\partial U_i}{\partial x_i} - \frac{\partial K}{\partial x} \cdot \frac{\partial x}{\partial x_i}.$$

ge, bis $GU_i = GU_k$ geworden ist (wobei Kosten der Umstellung außer Betracht bleiben).

Satz 4.10 gilt auch in einer etwas anderen Fassung, wenn man berücksichtigt, daß aus Gleichung (4.30) auch

$$GU_1 = GK, \ GU_2 = GK, \ldots, \ GU_n = GK$$

folgt. Addiert man alle diese Gleichungen und dividiert sie durch n, erhält man die Gleichung

$$\frac{1}{n} GU_1 + \frac{1}{n} GU_2 + \ldots + \frac{1}{n} GU_n = GK$$

und den

Satz 4.11: *Ein preissetzender Anbieter, der ein Objekt auf n voneinander isolierten Teilmärkten anbietet, maximiert seinen kurzfristigen Gewinn, wenn er die Preise p_1 bis p_n so setzt, daß die Summe der durch n dividierten Grenzumsätze gleich den Grenzkosten ist.*

Schließlich gilt nach Gleichung (4.30) und der Amoroso-Robinson-Beziehung (S. 124 f.) auch

$$p_1 \left(1 + \frac{1}{\eta_1}\right) = p_2 \left(1 + \frac{1}{\eta_2}\right) = \ldots = p_n \left(1 + \frac{1}{\eta_n}\right).$$

Für je zwei Teilmärkte i und k besteht daher die Beziehung

$$\frac{p_i}{p_k} = \frac{1 + \dfrac{1}{\eta_k}}{1 + \dfrac{1}{\eta_i}}. \tag{4.31}$$

Diese Bedingung für die Gewinnmaximierung zeigt, daß es die durch Nachfrageelastizitäten gemessenen Verhaltensunterschiede auf den Teilmärkten sind, die Preisdifferenzierung lohnend machen. Wären die Elastizitäten gleich, dann müßte nach Gleichung (4.31) das Preisverhältnis p_i/p_k gleich 1 und daher $p_i = p_k$ sein. Sind die Elastizitäten verschieden, dann müssen zwecks kurzfristiger Gewinnmaximierung die Preise so differenziert werden, daß der Preis auf dem Markt mit der elastischeren Nachfrage niedriger ist. Preisdifferenzierung lohnt bei linearen Preis-Absatz-Beziehungen wie in Bild 4.17 also nur, wenn die Nachfragekurven in der graphischen Darstellung die Preisachse in verschiedenen Punkten berühren. Haben sie dagegen in ihren Gleichungen alle das gleiche Absolutglied, dann gilt dies auch für die aus ihrer Addition entstehende Gesamtnachfragekurve, und die Nachfrageelastizität ist bei jedem Preis bei allen Kurven gleich groß, wie anhand von Bild 1.20 (b) S. 120 gezeigt wurde.

3. Arten der Preisdifferenzierung. Kein Anbieter kann auf die Dauer mit Erfolg Preise differenzieren, wenn er ein homogenes Gut zur selben Zeit am selben Ort zu unterschiedlichen Preisen anbietet und den Nachfragern die Wahl überläßt, ob sie zum höheren oder zum niedrigeren Preis kaufen wollen. Es gibt zwar vereinzelte Experimente und Erfahrungen darüber, daß Kunden in solchen Fällen freiwillig den höheren Preis zahlten, vor allem weil sie glaubten, der höhere Preis müsse mit einer besseren Qualität einhergehen, aber auf die Dauer und vor allem gegenüber anderen Abnehmern als privaten Haushalten kann kein Anbieter auf einen solchen Effekt vertrauen. Er muß also verhindern, daß Abnehmer eine Wahlmöglichkeit zwischen dem billigen und dem teuren Angebot haben und diese ausüben; und daß Abnehmer zum niedrigeren Preis kaufen und das Gut mit Gewinn an die auf den höheren Preis angewiesenen Nachfrager verkaufen, indem sie diesen Preis unterbieten. Er muß also beide Arten der Arbitrage zwischen den beiden Teilmärkten ausschließen (vgl. S. 321): Bei Ausgleichsarbitrage würde nur das Angebot zum niedrigeren Preis wahrgenommen werden, bei Differenzarbitrage würde zum niedrigeren Preis gekauft und auf dem anderen Markt verkauft werden. Da zumindest diese zweitgenannte Form bei Dienstleistungen nicht möglich ist, bilden diese ein bevorzugtes Anwendungsgebiet für Preisdifferenzierungen. Sie sind in Fülle beispielsweise im Eisenbahn- und Flugverkehr zu beobachten, wo nach Jahres- und Wochenzeit, Reisezweck und einer Vielzahl persönlicher Eigenschaften differenziert wird.

Je nach dem Sachverhalt, aufgrund dessen preisdifferenzierende Anbieter Teilmärkte bilden und Arbitrage ausschließen können, lassen sich verschiedene Arten der Preisdifferenzierung unterscheiden:

(1) *Regionale* (auch: *geographische*) *Preisdifferenzierung*. Häufig bietet sich die erwähnte Differenzierung Inland/Ausland an. Wird im Ausland zu einem wesentlich niedrigeren Preis als im Inland angeboten, sprechen Konkurrenten abwertend von *Dumping*,[41] und zwar häufig auch dann, wenn die Auslandsnachfrage wesentlich elastischer und der niedrigere Preis daher vom Ziel der Gewinnmaximierung her gesehen gerechtfertigt ist. Bleibt der Preisunterschied kleiner als die Summe aus Transport-, Kauf- und Verkaufskosten sowie etwaiger Zölle je Mengeneinheit des Gutes, dann ist der Anbieter gegen gewerbsmäßige Differenzarbitrage geschützt. Das schließt nicht aus, daß etwa Reisende im Falle industrieller Fertigwaren das im Ausland billiger angebotene Gut kaufen, also nebenbei Ausgleichsarbitrage treiben. Dies hat jedoch in der Regel nur geringe Bedeutung. Ist die Preisdifferenz größer als die genannten Kosten je Mengeneinheit, dann muß Arbitrage mit anderen Mitteln verhindert werden. Ein häufiges Verfahren ist das Importverbot: Der Produzent gibt sein Erzeugnis an ausländische Großhändler um soviel billiger als an inländische ab, daß Import in das Inland lohnen würde, verbietet den ausländischen Abnehmern aber vertraglich, diesen Import selbst vorzunehmen oder ihn durch Lieferung an andere Großhändler zu ermöglichen. Ein solches *Rückimport-* (auch: *Reimport-*)*verbot* ist allerdings schwer zu kontrollieren und wird häufig umgangen. Meist nicht möglich und auch nicht nötig ist es, auch noch die Einzelhändler an ein Rückimportverbot zu binden, da die Beschaffung des Gutes bei diesen zu hohe Kosten verursachen würde.

(2) *Zeitliche Preisdifferenzierung*. Hierbei wird das gleiche Gut zeitabhängig zu unterschiedlichen Preisen angeboten. Das betrifft Sachgüter mit saisonbedingten Nachfrageschwankungen; beispielsweise werden Pelze und wurden vor der großen Preiswelle Heizöl, Hausbrandkohle und -koks im Sommer zu niedrigeren Preisen verkauft als im Winter. Auch Saisonschlußverkäufe gehören in diese Rubrik. Neue Güter werden zunächst zu hohen Preisen angeboten, um die monetäre Nachfrage der Pionier-Konsumenten abzuschöpfen; später wird der Preis sukzessive gesenkt, um breitere Käuferschichten zu erfassen. Vor allem Dienstleistungsanbieter differenzieren ihre Preise

---

[41] Nach englisch to dump = hinwerfen, verschleudern.

zeitlich, weil sie auf diese Weise ihre Produktionskapazitäten gleichmäßiger ausnutzen wollen. So verlangt die Deutsche Bundespost nach Tageszeit und Entfernung unterschiedliche Preise unter anderen im Telefon- und Fernschreibverkehr. Weitere Beispiele sind:

- Hotels in Kur- und Ferienorten differenzieren ihre Übernachtungs- und Pensionspreise jahreszeitlich, etwa nach Vor-, Haupt- und Nachsaison;
- Elektrizitätswerke liefern Strom nachts, besonders für Nachtspeicherheizungen, billiger als am Tage;
- Lichtspieltheater fordern vor- und nachmittags niedrigere Preise als abends;
- Eisenbahnen gewähren Preisnachlässe für Fahrten zu verkehrsarmen Zeiten;
- Neue Kunden werden in einen Markt gelockt, indem man ihnen zunächst Vorzugskonditionen gewährt, etwa bei Zeitschriften einen niedrigeren Abonnementspreis für das erste Jahr.

Der Anbieter hofft hier auf eine Gewöhnung an den Bezug der Zeitschrift, eine Präferenzänderung. Zeitliche Preisdifferenzierung ist beliebig kurzfristig möglich, wenn es sich um Dienstleistungen und um das nicht lagerfähige Sachgut Elektrizität handelt, da es bei diesen Gütern keine Arbitrage geben kann. Aus eben diesem Grund wird gelegentlich bestritten, daß es sich hierbei überhaupt um Preisdifferenzierung handelt. So wird argumentiert, daß beispielsweise die mit dem Besuch eines Badeortes am Meer im Hochsommer verbundenen Nutzungen ein anderes Gut seien als die Nutzungen im Frühjahr. Das trifft zu, aber ebenso zweifellos handelt es sich um enge Substitute, und da auch die Nachfrageelastizität nach beiden Gütern unterschiedlich hoch ist, werden solche Fälle hier als Preisdifferenzierung betrachtet. Generell gilt, daß Preisdifferenzierung durch Produktdifferenzierung unterstützt wird.

(3) *Preisdifferenzierung nach Käufereigenschaften.* In vielen Fällen läßt sich schon aus bestimmten Eigenschaften der Käufer auf unterschiedliches Nachfrageverhalten schließen. Kinder, Schüler, Studenten, Arbeitslose, Sozialrentner und Wehrdienstleistende haben in der Regel ein niedrigeres verfügbares Einkommen als voll berufstätige Erwachsene und reagieren daher auf Preissenkungen vieler Güter, besonders solche des gehobenen Bedarfs, elastischer als diese. Das veranlaßt die Besitzer von Lichtspieltheatern, Theatern, Zoologischen Gärten, Museen und Vergnügungsparks, niedrigere Eintrittspreise für solche Personen zu verlangen. Bei dieser Art der Differenzierung nach Käufereigenschaften, der *personellen Preisdifferenzierung,* wird also nicht auf den Einzelfall, sondern auf leicht zu erkennende und zu kontrollierende Merkmale von Personengruppen abgestellt, weshalb man auch von *Preisdifferenzierung nach Personengruppen* spricht. Weitere Beispiele sind:

- Elektrischer Strom wird an private Haushalte zu anderen Preisen als an landwirtschaftliche Betriebe und zu noch anderen an gewerbliche Unternehmen verkauft;
- Mitgliedern von Vereinen und Organisationen oder Angehörigen bestimmter Berufe werden niedrigere Preise eingeräumt. Beispielsweise differenziert die American Economic Association den Bezugspreis für ihre Publikationen nach dem akademischen Status ihrer Mitglieder, und der Internationale Währungsfonds begünstigt Fakultätsmitglieder in dieser Weise.

Im Gegensatz zu diesen Fällen handelt es sich bei den folgenden Beispielen um *individuelle Preisdifferenzierung.* Verkäufer von Gütern, die ihre Preise nicht schon vor dem Kontakt mit dem Kunden festgelegt haben, die also wie Inhaber orientalischer Basare, aber auch wie manche Gebrauchtwagen- und Antiquitätenhändler, Bestattungsunternehmer und Verkäufer von Luxusgütern nicht mit Preislisten und -auszeichnungen arbeiten, bemessen ihre Preise nach ihrem Eindruck von der Dringlichkeit des Kaufwunsches, der Zahlungsfähigkeit und der Marktkenntnis des Kunden. Dies lohnt besonders, wenn es sich nicht um ständige Kunden handelt, die sich übervorteilt fühlen und abwandern könnten. Das beschriebene Verhalten wird auch Verkäufern neuer Kraftfahrzeuge bei der Inzahlungnahme von Gebrauchtwagen nachgesagt. Gerade hierbei zeigt sich auch, daß es letztlich auf den Nettopreis nach Berücksichtigung aller seiner Nebenbestandteile ankommt. Preisdifferenzierung kann sich daher auch darin äußern, daß mittels unterschiedlicher Zahlungsbedingungen, Rabatte, Garantiefristen oder Übernahme von Transport- und Verpackungskosten individuell diskriminiert wird.

Weitere Beispiele hierzu sind

– Ärzte, Rechtsanwälte und andere Dienstleistungsanbieter differenzieren ihre Preise nach ihrer Einschätzung des Einkommens ihrer Klienten.

Dies mag früher eine größere Rolle als jetzt gespielt haben, aber auch heute noch ist der selbständig praktizierende Arzt in der Bundesrepublik berechtigt, Privatpatienten zwischen dem Ein- bis Dreieinhalbfachen von Grundbeträgen für die einzelnen Leistungen zu berechnen. Vermutlich wird er hauptsächlich nach dem Umfang des Versicherungsschutzes diskriminieren.

– Nachrichtenagenturen verkaufen ihre Leistungen beispielsweise an Zeitungen zu Preisen, die nach deren Auflage gestaffelt sind. Maßgebende Käufereigenschaft ist hierbei also dessen Ertragskraft.

(4) *Preisdifferenzierung nach Gütereigenschaften.* Für ein Transportunternehmen sind Kisten einheitlicher Abmessungen und gleichen Gewichts homogene Güter, was die Kosten des Transports betrifft (falls nicht besonders vorsichtig mit ihnen umgegangen werden muß, etwa weil sie zerbrechliche oder gefährliche Gegenstände enthalten). Für den Versender als Nachfrager nach Transportleistung hängt dagegen der Preis für den Transport, den zu tragen er in der Lage ist, entscheidend vom Wert des zu transportierenden Gutes ab. Je wertvoller der Inhalt der Kiste, um so geringer ist der Anteil eines gegebenen Transportpreises an ihrem Gesamtpreis am Bestimmungsort, und um so niedriger ist daher die Elastizität der Nachfrage nach der Transportleistung. Dies nutzen Anbieter von Transportleistung aus, indem sie ihre Preise nach dem Wert der von ihnen transportierten Güter differenzieren. Dies tut die Bundesbahn ebenso wie die Bundespost, die für die Beförderung und Zustellung von Drucksachen einen niedrigeren Preis als für Briefe verlangt.

Eine Preisdifferenzierung nach Gütereigenschaften aus anderen Motiven kann beispielsweise vorgenommen werden, wenn Devisenbewirtschaftung praktiziert wird. Bei strenger Handhabung sind alle Inländer verpflichtet, die bei ihnen aus Exporten, Kreditaufnahmen im Ausland und Übertragungen eingehenden Devisen an die Behörde zu verkaufen und erhalten ihrerseits Devisen für Zahlungen an Ausländer nur im Rahmen eines Zuteilungsverfahrens. Die Behörde kann hierbei die Preise (Kurse), die sie für Devisen zahlt oder erhält, aus gesamtwirtschaftlichen Erwägungen so differenzieren, daß sie beispielsweise für „harte" Devisen (in den dreißiger Jahren etwa für

schiedlich hohe Grenzkosten verursachen, die Preise dann aber so zu setzen, daß sie nicht den Grenzkosten entsprechen. In der Regel vertraut der Anbieter darauf, daß es unter seinen Nachfragern eine Gruppe gibt, welche die in Produktion oder Aufmachung teuerste Ausführung auch für die beste hält und sie mit deutlich geringerer Preiselastizität nachfragt. Dies ermöglicht es dem Anbieter, den Preis für die Ausführung mit den höchsten Grenzkosten mit einer höheren Spanne zu kalkulieren als bei den anderen Ausführungen. Die Situation wird im Bild 4.19 beim Vergleich von Teilmarkt (a) mit Teilmarkt (c) deutlich. Die Grenzkosten GK_c sind höher als die Grenzkosten GK_a, und dies allein würde einen höheren Preis als p^a bedingen. Da aber die Nachfrage im relevanten Bereich im Teilmarkt (c) weit weniger elastisch als im Teilmarkt (a) ist, nutzt der Anbieter diese Situation durch Preisdifferenzierung aus und setzt daher den gegenüber p^b noch höheren Preis p^c. Beispiele für dieses weit verbreitete Verhalten sind

- Kraftfahrzeugbenzin wird in den Varianten „Normal-" und „Superbenzin" angeboten, wobei sich die Hersteller bemühen, den Preisunterschied größer als den Kostenunterschied zu halten;
- Kraftfahrzeuge werden mit „Extras" ausgestattet, die mit höherer Gewinnspanne kalkuliert werden als die Grundausführung;
- Buchproduzenten lassen einen Teil der Auflage einbinden, weil Bibliotheken fast nur diese Ausführung kaufen. Der Preisunterschied zwischen gebundener und broschierter Ausführung ist für den Verlag größer als der Kostenunterschied, nicht aber für die Bibliothek, wenn sie ein broschiert gekauftes Exemplar nachträglich binden ließe;
- Eisenbahn- und Fluglinien bieten ihre Transportleistung in zwei oder mehr Klassen an. Der Kostenunterschied, verursacht durch bessere Ausstattung der Sitze und geringere räumliche Enge, macht sich fast nur bei den Fixkosten geltend. Die Unterschiede in den Grenzkosten sind klein, so daß hier annähernd „reine" Preisdifferenzierung wie im vorigen Abschnitt beschrieben besteht;
- In Theatern, Zirkussen, Konzertsälen werden die Preise nach der Entfernung von der Bühne differenziert, ohne daß den Anbietern entsprechend unterschiedliche Kosten entstünden;
- Physisch gleiche Konsumgüter werden unter einer Markenbezeichnung teurer verkauft als markenfrei. Standardbeispiel ist wiederum Kraftfahrzeugbenzin.

Ein Beispiel für den drittgenannten Fall individuell uneinheitlicher Kosten liegt bei der Bundespost vor, die für die Einrichtung und Verlegung von Telefonanlagen einheitliche Preise verlangt, obwohl die Kosten im Einzelfall stark differieren. Ihre genaue Erfassung würde aber ihrerseits Kosten verursachen, und die Elastizität wird als niedrig eingeschätzt.

Die Erörterungen in diesem Abschnitt haben gezeigt, daß die S. 426 gegebene vorläufige Definition der Preisdifferenzierung wichtige Fälle nicht berücksichtigt. Jedoch erweist sich eine endgültige Definition angesichts ihrer vielen Erscheinungsformen als schwierig. Ohne alle Fälle damit einwandfrei zu erfassen, könnte sie in bezug auf Anbieter etwa so lauten:

Def. 4.3: *Preisdifferenzierung liegt vor, wenn ein Anbieter ein homogenes oder heterogenes Objekt zu Preisen verkauft oder vermietet, die nicht oder nicht voll den Unterschieden der Herstellkosten oder der Einstandspreise entsprechen.*

Entsprechend wäre Preisdifferenzierung durch Nachfrager zu definieren. Voraussetzung ist immer, daß der Anbieter oder Nachfrager Preispolitik treiben und Arbitrage ausschließen oder soweit zurückdämmen kann, daß die aus ihr entstehenden Verluste tragbar bleiben. Soweit *Markttrennungskosten* entstehen, müssen sie kleiner sein als der durch die Differenzierung erzielbare Mehrumsatz. Macht sich ein Anbieter die Existenz räumlich getrennter Märkte zunutze, können auch die Transportkosten als Markttrennungskosten aufgefaßt werden. Preisdifferenzierung beruht nicht notwendig auf der Trennung unterschiedlicher Käufergruppen, sie kann auch gegenüber einer Gruppe in bezug auf unterschiedliche Mengen praktiziert werden. Es wird nicht behauptet, daß die unterschiedlichen Preise gleichzeitig gefordert werden, da sonst die praktisch sehr wichtige zeitliche Differenzierung nicht darunter fiele. Dies ist zudem nur ein verbales Problem: Definiert man die Planperiode entsprechend, läßt sich auch die jahreszeitliche Preisdifferenzierung eines Gebirgshotels als „gleichzeitiger Verkauf zu unterschiedlichen Preisen" auffassen. Da die Grenzkosten gemäß der Definition berücksichtigt werden müssen, kann Preisdifferenzierung auch bei einheitlichem Preis vorliegen, beispielsweise wenn die Grenztransportkosten unterschiedlich hoch sind. Anderseits kann auf das Vorliegen von Preisdifferenzierung nicht immer allein aus unterschiedlichen Preisen geschlossen werden, so dann nicht, wenn die Preisdifferenzen denen der Kosten entsprechen.

5. Ziele und Wohlfahrtseffekte der Preisdifferenzierung. Als Ziel der Preisdifferenzierung wurde bisher Gewinnerhöhung angenommen. Sie besteht dann darin, angesichts unterschiedlicher Nachfrageelastizitäten und Grenzkosten einen einheitlichen Monopolgrad auf allen Teilmärkten einzuhalten, wobei auch bessere Kapazitätsauslastung oder anderweitige Kostensenkung angestrebt werden können. Dabei kann auch das Ziel der langfristigen Sicherung bestehender Gewinne anstelle ihrer kurzfristigen Erhöhung im Vordergrund stehen. So kann ein lästiger Konkurrent zum Aufgeben gezwungen werden, indem man seinen Preis im Verbreitungsgebiet seines Produkts unterbietet. Preisdifferenzierung ist dann eine Wettbewerbshandlung. Besteht die Gefahr, daß andere Anbieter in einen eigenen Teilmarkt eindringen, kann dem durch vorbeugende Preissenkung begegnet werden. Haben es beispielsweise die Verbände der Binnenschiffahrt und der Montanindustrie in einem entlegenen Landesteil vermocht, die Politiker zum Bau eines Kanals zu überreden, der die Beschäftigung der Binnenschiffer verbessern und die Frachtraten für Massengüter wie Erze, Kohle und Stahl senken soll, dann kann die Eisenbahn den Kanalbau zu verhindern suchen, indem sie Ausnahmetarife gewährt. In diesem Fall wird wiederum nicht die gegenwärtige Nachfrageelastizität, sondern die potentielle zugrundegelegt, die nach erfolgtem Einbruch anderer Anbieter in den eigenen Teilmarkt gelten würde und mit Sicherheit (absolut) größer wäre. Dies erklärt auch, warum elektrischer Strom für solche Großabnehmer am billigsten ist, die ihn selbst erzeugen könnten. Preisdifferenzierung dient so der Wettbewerbsbeschränkung.

Definition 4.3 (S. 436) läßt jedoch offen, mit welchem Ziel Anbieter Preisdifferenzierung betreiben. Besonders die Differenzierung nach Käufereigenschaften wird teilweise explizit nicht zwecks Gewinnmaximierung, sondern in öffentlichem Auftrag mit dem sozialpolitischen Ziel der Einkommensumverteilung betrieben. So kann unterstellt werden, daß die Transportleistungsnachfrage von Berufstätigen, die zur Arbeitsstätte, und von Schülern, Lehrlingen und Studenten, die zur Ausbildungsstätte

Die andere Gefährdung ergibt sich aus der Tatsache, daß Wettbewerb kein unternehmerisches Ziel, sondern eines von mehreren Mitteln ist, das Ziel der Einkommensmaximierung zu erreichen. Ein Unternehmer hat grundsätzlich vier Möglichkeiten, sich dem Problem des Wettbewerbs zu stellen:

(1) Er kann im Rahmen der gegebenen Marktform Wettbewerbshandlungen vornehmen und so versuchen, sich zu Lasten seiner Konkurrenten Vorteile am Markt zu verschaffen;
(2) Er kann eine Änderung der Marktform mit dem Ziel anstreben, geringerem Wettbewerb ausgesetzt zu sein;
(3) Er kann durch Beteiligung an Absprachen, freiwilligen Verzicht auf Wettbewerbshandlungen oder Behinderung des Zutritts neuer Anbieter zum Markt den Wettbewerb beschränken;
(4) Er kann mit Hilfe marktexterner Operationen versuchen, beispielsweise durch Beeinflussung der Gesetzgebung über seinen Wirtschaftsverband, die Rahmenbedingungen des Marktprozesses für sich günstiger zu gestalten.

Insgesamt gilt angesichts dieser Möglichkeiten

Satz 4.12: *Wettbewerb ist ein instabiles Verfahren, weil er Marktteilnehmer zum Ausscheiden zwingt und sich dadurch selbst schwächt; und weil Unternehmen ihre Ziele in vielen Fällen leichter erreichen, wenn sie ihn beschränken oder mit Hilfe marktexterner Operationen umgehen.*

Zwar würde ein sich selbst überlassenes marktwirtschaftliches System wohl nicht im Zustand der vollständigen Monopolwirtschaft enden, in dem es für jedes Gut nur noch einen Anbieter gibt, weil hohe Gewinne auf einem Markt immer wieder den Zustrom neuer Anbieter induzieren würden. Die Wettbewerbsintensität würde jedoch nach allgemeiner Ansicht auf vielen Märkten erheblich nachlassen. Daraus wurde in vielen Ländern in einer wirtschaftspolitischen Grundsatzentscheidung der Schluß gezogen, daß der Wettbewerb von staatlichen Stellen überwacht werden müsse.

Im folgenden werden die wichtigsten wettbewerbsbeschränkenden Maßnahmen gemäß den Punkten (2) und (3) sowie marktexterne Operationen gemäß (4) beschrieben.

2. Unternehmenskonzentration. Beherrschendes Strukturmerkmal des modernen Produktionsapparats ist die ungleiche Größenverteilung der Unternehmen vor allem in der Industrie und im Dienstleistungsgewerbe, die *Unternehmenskonzentration*. Da historisch gesehen jedes Unternehmen und jede Industrie einmal klein angefangen hat, muß es einen hierzu führenden Prozeß gegeben haben. Dieser kann sich auf drei Arten vollziehen:

– *Horizontale Konzentration* liegt bei Zusammenschlüssen oder ungleich starkem Wachstum der Anbieter oder Nachfrager einer Industrie vor;
– *Vertikale Konzentration* entsteht durch Zusammenschlüsse mit Unternehmen auf vor- oder nachgelagerten Stufen des volkswirtschaftlichen Produktionsprozesses, also mit Lieferanten von Vorleistungen oder Abnehmern von Endprodukten;
– *Konglomerate* (auch: *Diagonale*) *Konzentration* erfolgt über Zusammenschlüsse oder Zuerwerb von Unternehmen aus verschiedenen Wirtschaftszweigen und führt zur Bildung von *Mischkonzernen* (auch: *Konglomeraten*).

Unternehmenskonzentration als Prozeß wurde schon im 19. Jahrhundert von KARL MARX für die damals industriell am weitesten fortgeschrittenen Länder richtig vorausgesagt und ist auch heute noch zu beobachten. Welche Umstände fördern diesen Prozeß? Das Wachstum eines Unternehmens vollzieht sich intern über kapazitätserweiternde Investitionen, extern über die Angliederung von oder den Zusammenschluß (*Fusion*) mit anderen Unternehmen und wird häufig von Stückkostensenkung, Produktdifferenzierung und der Schaffung neuer Güter und Märkte begleitet. Dabei wird der Beobachter auf kaum einem wie immer abgegrenzten Gütermarkt eine Anzahl gleich großer Anbieter antreffen, die unter auch nur annähernd gleichen Bedingungen produzieren: Die Marktanteile werden ebenso differieren wie die Kostensituationen. Bild 4.20 zeigt als Ausgangssituation in Teil (a) einen Mengenanpassermarkt und unter (b) bis (d) drei Anbieter, die als typisch für eine jeweils größere

Bild 4.20 – *Differentialgewinne auf einem Markt*

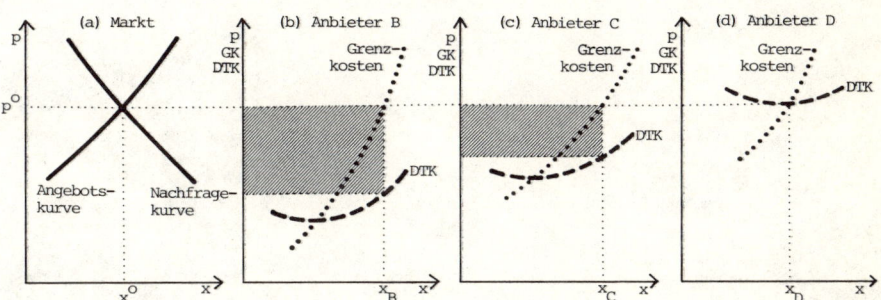

Zahl gelten mögen. Sie sind nach der Höhe ihres (schraffiert hervorgehobenen) Gewinns angeordnet, der auf unterschiedlichen Kostensituationen beruht, in denen sich auch abgestufte Grade der unternehmensinternen Ineffizienz ausdrücken. Anbieter vom Typ B erzielen hier die relativ höchsten Differentialgewinne (vgl. S. 252), solche vom Typ C durchschnittliche Gewinne; und in der Gruppe D sind die Grenzanbieter (vgl. S. 237) zusammengefaßt, bei denen der Preis p^0 nur noch die durchschnittlichen Gesamtkosten *DTK* deckt. Nun sind Gewinne ein wichtiger Bestimmungsfaktor für die Investitionstätigkeit und damit für die Lenkung von Produktionsfaktoren in die Verwendungszwecke mit der höchsten Rendite. Unterstellt man annähernde Parallelität von Gewinn und Rendite, dann zeigt Bild 4.20 auch die Rangordnung der drei Anbietertypen in bezug auf ihre Wettbewerbsposition und den Anreiz, ihre Produktionskapazitäten zu erweitern und ihr Angebot zu erhöhen, also intern unterschiedlich schnell zu wachsen. Ein erhöhtes Angebot kann bei konstanter Nachfrage nur zu niedrigerem Preis abgesetzt werden. Das muß Grenzproduzenten zum Ausscheiden aus dem Markt zwingen. Ihre Produktionsanlagen werden stillgelegt oder von verbleibenden Anbietern übernommen. Es kommt also als Folge des Wettbewerbs zu Unternehmenszusammenschlüssen. Mit solchen Vorgängen sinkt die Zahl der Wettbewerber, und die Verteilung der Marktanteile wird weniger gleichmäßig. Der Prozeß enthält ein Element der Selbstverstärkung: Größe begünstigt weitere Größenzunahme. Hauptfaktor ist im Bereich der Produktion die Kostendegression bei der Massen- und Verbundproduktion vieler Güter, die durch Mechanisierung, Automatisierung und Spezialisierung erreicht wird (und in Bild 4.20 die

len CR-Werte in vielen Wirtschaftszweigen nichts mehr über die Marktsituation aussagen. Anderseits unterschätzt man mit den auf nationaler Ebene berechneten CR-Werten die Möglichkeit von Marktmacht bei Anbietern, die über das ganze Land verstreut sind, frachtkostenempfindliche Güter wie Zement, Ziegel, Bausand, Bier anbieten und daher jeder für sich räumliche Präferenzen ihrer Nachfrager ausnutzen können. Das gilt auch für Lokal- und Regionalzeitungen.

Solche Erwägungen sind bei der Analyse von Angaben wie denen der folgenden Tabelle 4.2 zu berücksichtigen. In ihr sind die Güterklassen nach dem zunehmenden Wert für CR-3 angeordnet, und sie läßt erkennen, daß steigender Konzentrationsgrad im wesentlichen mit abnehmender Zahl der Anbieter einhergeht. Aus weiteren Angaben des Gutachtens, für das die Monopolkommission von 1020 verfügbaren Güterklassen die 300 bedeutendsten mit einem zusammengefaßten Produktionswert von 1,1 Bill. DM im Jahre 1988 auswertete, geht hervor:

- Der Anteil der jeweils drei größten Anbieter betrug 1988 im Durchschnitt aller 298 Güterklassen, für die angesichts der Geheimhaltungsvorschriften Angaben vorlagen, 38,7 v. H.;
- In sieben Güterklassen lag CR-3 über 90 v. H., in 89 über 50 v. H. und in 15 Güterklassen unter 10 v. H. Den kleinsten Wert wies mit CR-3 = 4,25 v. H. die Güterklasse „Schnittholz" auf, in der es 1720 Anbieter gab;
- 181 von 298 Güterklassen zeigten einen Konzentrationsgrad CR-10 von über 50 v. H., 91 von über 80 v. H. und 10 von unter 20 v. H.;
- Ein Vergleich der Änderungen des Konzentrationsgrades von 1978 bis 1988 zeigt, daß unter den 251 Güterklassen, für die Angaben zur Verfügung standen, der Konzentrationsgrad CR-3 bei 118 Güterklassen stieg, bei 116 sank und bei 17 etwa gleich blieb. CR-10 nahm bei 119 Güterklassen zu, ging bei 99 zurück und änderte sich bei 33 nicht. Insgesamt ist, auch unter Berücksichtigung weiterer Konzentrationsmaße und der relativen Bedeutung der untersuchten Güterklassen, in der betrachteten Dekade allenfalls eine leichte und statistisch nicht gesicherte Zunahme der Konzentration zu diagnostizieren;
- Stellt man die jeweils fünf Güterklassen mit der relativ größten Zunahme des Konzentrationsgrades gemäß dreier Definitionen den fünf Güterklassen mit seiner relativ größten Abnahme gegenüber, dann zeigt sich, daß bei 29 der 30 so betrachteten Güterklassen und Konzentrationsmaße steigende Konzentration mit einer kleiner werdenden Zahl von Anbietern einherging, und umgekehrt;
- Ein langfristiger Zeitvergleich zeigt, daß der Anteil des Umsatzes der jeweils 10 größten Unternehmen in 33 von 35 Wirtschaftsgruppen des Bergbaus und des Verarbeitenden Gewerbes (ohne Baugewerbe) im Durchschnitt von 31,3 v. H. im Jahre 1954 bis 1978 auf 44,0 v. H. stieg und seitdem (bis 1987) geringfügig um diesen Wert schwankt;
- Die Analyse der Angebots- und der Unternehmenskonzentration in der Bundesrepublik wird erheblich durch Geheimhaltungsvorschriften behindert, denen das Statistische Bundesamt als Datenlieferant der Monopolkommission unterliegt und die es auch gegenüber dieser anwendet. Außerdem sind die Ergebnisse wegen der Erfassungsgrenze verzerrt, die im allgemeinen bei 20 Beschäftigten liegt.

Nach alledem ist die Frage, ob der Prozeß der Unternehmenskonzentration zur Entstehung von Marktmacht und zu Wettbewerbsbeschränkungen geführt hat, sicher

Tabelle 4.2 – *Angebotskonzentration ausgewählter Güterklassen im Produzierenden Gewerbe der Bundesrepublik Deutschland 1988*

Güterklasse [a] (Bezeichnungen zum Teil vereinfacht)	Zahl der Anbieter	Produktionswert Mrd. DM	Konzentrationsgrad [b] in v. H.			
			CR-3	CR-6	CR-10	CR-50
geringe Konzentration: CR-3 < 10 v. H.						
Möbel aus Holz	839	14,6	6,4	11,4	16,9	45,4
Transportbeton	413	3,5	6,5	10,9	15,6	42,7
Milch, Butter, Käse	265	17,6	9,2	15,7	22,0	58,4
mäßige Konzentration: 10 v. H. ≦ CR-3 < 25 v. H.						
Sand und Kies	442	1,7	10,8	16,1	21,3	48,6
Bier	427	10,6	12,0	21,4	29,9	67,8
Backwaren	975	8,3	12,5	18,9	24,7	48,6
Bücher, Broschüren	628	2,1	16,8	23,8	29,8	56,1
Zeitungen	377	4,7	19,0	28,1	35,6	66,8
Baumaschinen	211	5,7	20,7	33,5	45,6	88,8
Stahlguß	70	1,4	22,1	35,3	48,3	96,4
Wellpappe	133	4,2	22,9	35,1	45,5	86,5
hohe Konzentration: 25 v. H. ≦ CR-3 < 50 v. H.						
Drahterzeugnisse	150	3,1	25,6	37,0	47,6	86,5
Hautpflegemittel	85	1,5	32,0	45,2	55,2	98,0
Textilmaschinen	158	5,9	34,7	49,7	61,4	92,6
Zeitschriften	534	4,1	37,9	54,3	60,3	79,5
sehr hohe Konzentration: 50 v. H. ≦ CR-3						
Präzisionsstahlrohre	32	1,9	50,7	66,6	79,7	
Kabel	35	2,9	51,0	69,4	82,5	
Kraftstoffe	21	7,2	55,9	80,5	96,5	
Fotogeräte	28	0,8	61,2	78,8	89,5	
Personenkraftwagen, Kleinomnibusse	9	88,0	65,4	–[c]		
Ackerschlepper	50	3,7	65,7	90,4	94,3	100,0
Synthetische Fasern	14	1,7	66,3	90,8	98,4	
Koks	10	6,7	70,8	91,1	100,0	
Elektrische Glühlampen	27	0,9	81,0	89,1	94,9	
Flachglas	17	1,1	82,4	94,2	99,0	
Organische Farbstoffe	13	3,9	87,4	99,4	100,0	
Straßenzugmaschinen	8	3,4	98,2	–[c]		
Braunkohle, Briketts	3	2,7	100,0			

[a] Vierstellige Güterklassen gemäß Stat. BA (Hg.): Systematisches Güterverzeichnis für Produktionsstatistiken, Ausgabe 1982, Teil 2: Systematisches Güterverzeichnis für Statistiken im Produzierenden Gewerbe.
[b] Anteil der 3, 6, 10, 50 größten Anbieter am Produktionswert der Güterklasse.
[c] Wegen statistischer Geheimhaltungsvorschriften keine Angabe.
Quelle: Monopolkommission [5.72], Anlagenband, Tabelle I, S. 3–48.

und in manchen Ländern besteht ein Anreiz für Unternehmen der Weiterverarbeitung zur Integration nach rückwärts in die Rohstoffgewinnung in der Möglichkeit, die für diese vorgesehenen Steuervergünstigungen auszunutzen. Durch hohe Verrechnungspreise für die Produkte der Extraktionsstufe werden dann Unternehmensgewinne in diese niedriger besteuerte Stufe verlagert und so insgesamt netto erhöht.

– Die Wettbewerbssituation kann sich verbessern. Ein vertikal integriertes Unternehmen A hat einen Vorteil, wenn es mit einem nur auf einer Stufe tätigen Hersteller B auf dieser Stufe konkurriert und gleichzeitig auf vorgelagerter Stufe Lieferant oder auf nachgelagerter Abnehmer des B ist.

Angesichts solcher Vorteile der vertikalen Integration ist wieder zu fragen, wie weit sie fortgeschritten ist und vielleicht noch fortschreiten wird. In einigen Wirtschaftszweigen ist sie in der Tat weit gediehen. Maximal vertikal integriert sind beispielsweise viele Unternehmen der Mineralölverarbeitung, die von den Ölquellen, dem Transportsystem für Rohöl (Rohrleitungen, Tankschiffe), der Lagerhaltung, Raffinerien, Tankwagen bis zu Tankstellennetzen sämtliche Stufen von der Urproduktion bis zur Lieferung an die Endverbraucher kontrollieren. Jedoch ist dies die Ausnahme, und ein wichtiges Hemmnis für die Integration nach rückwärts ist die Tatsache, daß ein Produzent beispielsweise viele Einbauteile nur in so relativ kleinen Stückzahlen benötigt, daß ihre Eigenproduktion zu teuer würde. Seine Lieferanten können die Vorteile der Kostendegression voll ausnutzen und daher wesentlich billiger anbieten, und die Integration mit einem von ihnen kann außerhalb der finanziellen Reichweite des betrachteten Herstellers liegen.

Die Frage nach den Effizienz- und Wohlfahrtsfolgen vertikaler Integrationen ist nicht definitiv zu beantworten. Durchläuft ein Gut mehrere Produktionsstufen, auf denen jeweils unabhängige Hersteller mit realisierter Marktmacht tätig sind, kann es einen höheren Endverbraucherpreis als beim Durchgang durch eine geringere Zahl vertikal integrierter Unternehmen haben. Dies gilt vor allem, wenn diese auf der letzten Stufe intensivem Wettbewerb ausgesetzt sind. Ist dies jedoch nicht der Fall und erhöht sich der Monopolgrad auf der letzten Stufe infolge der Integration, dann liegen zwei gegenläufige Effekte vor, und es kommt auf den Einzelfall an.

Weniger weitgehende vertikale Einwirkungen als die Integration gibt es in einer Fülle von Variationen. Eine der bekanntesten ist die *vertikale Preisbindung* (einengend auch: *Preisbindung der zweiten Hand*). Bei ihr verpflichtet ein Produzent seine Abnehmer vertraglich, beim Weiterverkauf bestimmte Preise (Höchst-, Mindest-, meist Festpreise) einzuhalten und nimmt ihnen damit eine zentrale Instrumentvariable. Hauptzweck solcher Bindungen ist es, Preiswettbewerb mit den betreffenden Gütern auf der Einzelhandelsstufe auszuschalten und damit diese Preise sowohl höher als bei Wettbewerb als auch einheitlich zu halten. Dies kommt in erster Linie den Einzelhändlern zugute, die von der höheren Gewinnspanne profitieren. Soweit in bestimmten Branchen das Angebot überwiegend aus preisgebundenen und mit Markenzeichen versehenen Waren besteht, können sich im Schutz der Preisbindung viele kleine Geschäfte als Grenzanbieter halten, die ohne sie ausscheiden müßten. Gesamtwirtschaftlich erhöht die Preisbindung also die Kosten der Warendistribution. Die Hersteller sind an der Preisbindung interessiert, weil die hohen Handelsspannen das Interesse vieler Einzelhändler daran sichern, den Artikel im Angebot zu haben, für ihn zu werben und Kundendienstleistungen zu erbringen. Die Bindung verhindert den Einsatz des Produkts als Lockvogel, von dem Händler gern Gebrauch machen, was aber die

Attraktivität des Produkts für andere Einzelhändler herabsetzt und auch den Interessen des Herstellers zuwiderläuft, da dieser im allgemeinen annimmt, daß die Kunden einen konstanten und hohen Preis als Zeichen gleichbleibender und hoher Qualität deuten. Da gebundene Preise nur unter erheblichem Aufwand geändert werden können und daher jeweils längere Zeit gelten, bilden sie ein Element der Starrheit — in Zeiten der Inflation: Stabilität — und behindern den Preiswettbewerb daher auch auf der Erzeugerstufe.

Im Ergebnis muß die Existenz vieler kleiner Einzelhändler mit ihren räumlichen Vorteilen für die Kunden mitsamt der Wettbewerbsbeschränkung und höheren Endverbraucherpreisen der gebundenen Produkte gegen den intensiveren Wettbewerb, die niedrigeren Preise in Supermärkten, Warenhäusern und Kettenläden als Folge von Rationalisierungen und Kostendegression, die Existenz von Preisfächern auch infolge unterschiedlichen Kundendienstangebots, den erhöhten Informationsbedarf der Konsumenten und den vermutlich höheren Konzentrationsgrad abgewogen werden. In vielen Ländern zeigte sich unter den Bedingungen des wirtschaftlichen Wachstums in den drei Jahrzehnten nach dem zweiten Weltkrieg, daß vertikale Preisbindungen sich gegen den Wettbewerb im Einzelhandel auf die Dauer immer weniger halten konnten.[47] Jedoch gibt es immer wieder Versuche von Herstellern, den Preiswettbewerb mit seinen Produkten auf nachgelagerten Stufen zu unterbinden, und Möglichkeiten dazu sind der Aufbau eigener Vertriebsorganisationen auf diesen Stufen oder der Vertrieb über Kommissionsverträge, bei denen die Händler nicht mehr für eigene, sondern für Rechnung des Herstellers verkaufen.

Vielleicht die schwächste Form der vertikalen Bindung ist die *Preisempfehlung* an Anbieter nachgelagerter Stufen. Sie richtet sich entweder nur an den Anbieter oder wird auch, etwa durch Packungsaufdruck oder in der Werbung, den Konsumenten bekanntgegeben. In der Bundesrepublik blieben Verbraucherpreisempfehlungen nach dem weitgehenden Preisbindungsverbot ab 1974 zulässig und unterliegen einer Mißbrauchsaufsicht. Mißbrauch bedeutet hier Beeinträchtigung des Wettbewerbs und liegt vor, wenn überhöhte Empfehlungen („Mondpreise") gegeben werden, die von Händlern erheblich unterboten werden; wenn auf diese Druck mit dem Ziel ausgeübt wird, sich nach der Empfehlung zu richten; wenn beim Wiederverkauf kein Hinweis auf die Unverbindlichkeit der Preisempfehlung erfolgt. Hersteller wollen mit diesem Instrument bei ihren Abnehmern und den Konsumenten gewisse Vorstellungen über die Angemessenheit ihrer Preise wecken, während Händler sie als Kalkulationshilfe nutzen. Die Unterschreitung der vom Hersteller auf der Ware angebrachten empfohlenen Preise wird vom Einzelhandel vielfach als Werbeargument benutzt und damit eine günstige Einkaufsmöglichkeit häufig nur vorgetäuscht (da auch andere Anbieter so verfahren).

Weitere vertikale Bindungen gibt es in Gestalt von Verträgen zwischen Herstellern und Groß- und Einzelhändlern, mit denen dem Partner gewisse Verhaltensweisen auferlegt oder aber untersagt werden. Bei *Ausschließlichkeitsbindungen* verpflichtet ein Hersteller Unternehmen nachgelagerter Stufen, nur seine Produkte, etwa bestimmte

---

[47] In der Bundesrepublik waren gemäß § 16 Abs. 4 und 5 des Gesetzes gegen Wettbewerbsbeschränkungen in der bis Ende 1973 geltenden Fassung Preisbindungen außer für Verlagserzeugnisse und Saatgut beim Bundeskartellamt anzumelden und wurden in einem Register festgehalten. Ende 1973 hatten 650 Unternehmen Bindungen für insgesamt rund 157 000 Verkaufseinheiten angemeldet. BKA-Bericht 1973, S. 18.

Preis so hoch setzt, daß auch die Kleinen noch Gewinne machen. Ein Limitpreis ist daher wirksam, wenn er nach Möglichkeit niedriger oder höchstens ebenso hoch ist wie die Stückkosten des am günstigsten produzierenden tatsächlichen oder potentiellen Konkurrenten. Solche Verhältnisse sind in vielen Märkten zu beobachten, in denen große Unternehmen die in VII.2 beschriebenen Vorteile gegenüber kleineren genießen. Es kann für den Teilmonopolisten jedoch langfristig auch vorteilhaft sein, den Preis etwas höher zu setzen und dann einerseits ein gewisses Mehrangebot der Konkurrenten hinzunehmen, anderseits aber auch ständig höhere Gewinne zu erzielen. Damit entsteht ein schwieriges und nur individuell zu lösendes Abwägungsproblem.

Eintrittsschranken entstehen schließlich aufgrund staatlicher Intervention. Die jeweils vorhandenen Unternehmen und ihre Verbände haben hier viele Wege gefunden. Ein seit Jahrhunderten praktiziertes Verfahren ist der Erlaubnisvorbehalt: Neuen Anbietern wie Handwerksbetrieben, Fachgeschäften, Angehörigen freier Berufe wird der Zutritt nur bei Zustimmung der bisherigen Anbieter gestattet, die ihrerseits von Nachweisen über Befähigung, Sachkunde, Zuverlässigkeit, Mindestkapital oder dem Vorliegen eines Bedürfnisses abhängig gemacht wird. Meist ist es den Organisationen der betreffenden Wirtschaftszweige gelungen, die Zutrittsbeschränkung in Gesetzesform zu bringen, so daß hier Beispiele für marktexterne Operationen (vgl. unten, VII.6) vorliegen.

5. Kartelle und andere Absprachen. Unternehmenskonzentration bedeutet eine institutionelle Änderung und ist daher von außen leicht zu erkennen. Eine wichtige Form der Wettbewerbsbeschränkung liegt jedoch vor, wenn die beteiligten Unternehmen lediglich *Absprachen* über ihr Wettbewerbsverhalten treffen. Diese Bezeichnung mag hier als Oberbegriff für alle Arten von Übereinkünften vom schriftlich fixierten Vertrag bis hin zu beiläufigen mündlichen Verabredungen dienen. Die meisten dieser Absprachen fallen unter den Begriff des *Kartells*:

Def. 4.5: *Ein Kartell ist eine Vereinbarung zwischen rechtlich selbständigen Anbietern oder Nachfragern eines Marktobjekts über die Beschränkung des Wettbewerbs zwischen ihnen.*

Im folgenden ist nur von Anbietern die Rede, jedoch gelten die Erörterungen entsprechend auch für Nachfrager. Ein Kartell einen „Zusammenschluß" zu nennen, wäre mißverständlich, da die Mitglieder über die Vereinbarung hinaus keinen weiteren Beschränkungen unterliegen, insbesondere rechtlich selbständig bleiben. Ist das nicht der Fall, können weitergehende Formen der Wettbewerbsbeschränkung vorliegen. Ob unter „Vereinbarung" auch aufeinander abgestimmtes Verhalten ohne Kontaktaufnahme zu verstehen ist, das den Wettbewerb ebenso wirksam beschränken kann wie eine ausdrückliche Abrede, ist strittig. Ein solches Verhalten wurde an anderen Stellen erörtert, so unter „Preisführerschaft" in V.5. Bei der Frage, ob die Wettbewerbsbeschränkung gemäß Definition 4.5 Gegenstand, Zweck oder Folge der Vereinbarung ist, wird hier die weitestgehende Interpretation bevorzugt: Es kommt auf die Folgen des Handelns und nicht auf die Absichten der Handelnden an (vgl. die Argumentation S. 9, 311 f.). Da die Kartellmitglieder in vielen Fällen gemeinsam so vorgehen können, als seien sie der Alleinverkäufer des von ihnen angebotenen Objekts, spricht man statt von Kartellen auch von *Kollektivmonopolen*.

Der Vorteil, den ein Kartell seinen Mitgliedern bietet, wird am deutlichsten sichtbar, wenn man annimmt, es habe vorher Mengenanpasserverhalten geherrscht und das Kartell benutze den Preis als Instrumentvariable. Bild 3.9 (S. 330) ist hierbei verwendbar, wenn man die dort eingezeichnete GK-Kurve als aggregierte Grenzkostenkurve der Kartellmitglieder und p_0^w als Preis in der Ausgangssituation vor Bildung des Kartells interpretiert. Will dieses den kurzfristigen Gewinn maximieren, setzt es den Preis auf p^m und erhöht den gemeinsamen Gewinn in der im Bild gezeigten Weise.

Bild 3.9 ist jedoch vermutlich keine realistische Beschreibung der Möglichkeiten eines Kartells. Da weniger produziert wird, muß entschieden werden, welche Kartellmitglieder ihre Produktion in welchem Ausmaß einschränken. Vermutlich wäre es am ungünstigsten, den Rückgang anteilig auf alle Mitglieder umzulegen. Vom Gesichtspunkt der Kostenminimierung her wird es meist besser sein, die gesamte verbleibende Produktmenge auf die am kostengünstigsten produzierenden Mitglieder aufzuteilen und die Produktionsanlagen der übrigen stillzulegen. Der Anreiz für die dann nicht mehr produzierenden Mitglieder bestünde darin, daß sie entweder einmalige Abfindungen erhalten oder ständig an den zukünftigen Gewinnen der am Markt bleibenden Mitglieder beteiligt werden. Allerdings verlieren die ausscheidenden Mitglieder dabei jeden Einfluß auf das Marktgeschehen, so daß solche Lösungen selten sind. Soweit sich bei den verbleibenden Produzenten die Vorteile der Massenproduktion geltend machen, verschiebt sich als Folge der Kartellbildung nach einer Anpassungsfrist die Grenzkostenkurve nach unten, so daß sich der endgültige Preis in einer Höhe zwischen p^m und p_0^w einstellt.

Kartelle lassen sich danach einteilen, welche Wettbewerbshandlungen durch sie vereinheitlicht oder ausgeschlossen werden. Gewöhnlich unterscheidet man dabei nach dem Grad der Wettbewerbsbeschränkung zwischen Kartellen niederer Ordnung mit relativ geringer und solchen höherer Ordnung mit stärkerer Beschränkung. Diejenige Kartellform, in der das Ziel einer Verbesserung der ökonomischen Situation ohne Umweg angesteuert wird, ist das

– *Preiskartell*. Hierbei wird im Prinzip eine Änderung der Situation angestrebt, wie sie in Bild 3.9 wiedergegeben ist. Der Preis muß nicht unbedingt so hoch festgesetzt werden, daß der Cournot-Punkt realisiert wird. Wie jedes Monopol muß auch das Kartell befürchten, daß ein zu hoher Preis zusätzliche Anbieter in den Markt lockt. Der Kartellpreis kann auch ein Mindestpreis sein, so daß es jedem Mitglied freisteht, einen höheren Preis zu fordern; und das Kartell kann auch nur dazu gebildet werden, ein drohendes Sinken des Preises zu verhindern. Hauptproblem bei einer Preiserhöhung ist der Zwang zur Einigung darüber, wie die verbleibende Produktmenge aufzuteilen ist, da die bisherige Menge zu dem höheren Preis nicht mehr vom Markt aufgenommen wird. (Soll das Kartell eine Preissenkung verhindern, muß vereinbart werden, daß kein Mitglied sein Angebot vergrößert.) Für die Aufteilung gibt es zwei Möglichkeiten. Die erste besteht darin, den Mitgliedern Anteile an dem zu erwartenden Gesamtabsatz zuzuteilen. Dies kann entweder aufgrund von Marktforschungsergebnissen geschehen, oder bei Auftragsfertigung nimmt eine Zentralstelle alle eingehenden Bestellungen entgegen und verteilt sie gemäß dem vereinbarten Schlüssel an die Mitglieder. Statt von Anteilen spricht man auch von Quoten oder Kontingenten und nennt solche Vereinbarungen *Quoten-* (auch: *Kontingentierungs-*)*kartelle*. Diese können als Alternative zu Preiskartellen aufgefaßt werden: Da immer ein funktionaler

kann durch einen Konjunkturabschwung bedingt sein. Werden daraufhin Kartelle gebildet, um den Preisrückgang durch Wettbewerbsbeschränkungen aufzuhalten oder wenigstens zu bremsen, spricht man von

— *Konjunkturkrisenkartellen* als von „Kindern der Not". Durch sie können Grenzunternehmen über die Depression hinweg am Leben erhalten werden, die sonst hätten ausscheiden müssen. Der Nachfragerückgang kann sich aber auch auf ein Produkt, eine Produktgruppe oder die Erzeugnisse eines Wirtschaftszweigs beschränken. Da sich dann der Anteil des Produkts oder des Wirtschaftszweigs an der Gesamtproduktion, also ein Aspekt der Wirtschaftsstruktur, ändert, spricht man bei daraufhin gebildeten Kartellen von

— *Strukturkrisenkartellen*. Da Strukturänderungen solcher Art meist dauerhaft sind, ermöglicht es ein solches Kartell, den Abbau von Kapazitäten zeitlich zu strecken und die dabei entstehenden sozialen Probleme wie Arbeitslosigkeit zu mildern. 1983 genehmigte das Bundeskartellamt erstmals ein Strukturkrisenkartell, und zwar für Betonstahlmatten mit dem Ziel eines Abbaus der Produktionskapazität von rund 2 Mill. t/Jahr. Nachdem diese bis 1988 auf etwa 1,2 Mill. t/Jahr zurückgeführt war, wurde die Erlaubnis nicht mehr verlängert.[51]

Wichtige Probleme der Kartelltheorie betreffen die Frage, welche Umstände die Entstehung von Kartellen begünstigen, ihren Zusammenhalt fördern oder schwächen und zu ihrem Zerfall führen. Eine Voraussetzung für das Zustandekommen eines Kartells ist, daß die Zahl der Anbieter klein ist. Erstens haben dann meist einige Teilnehmer größere Marktanteile, und das Bewußtsein ihrer Reaktionsverbundenheit verstärkt den Wunsch nach Wettbewerbsbeschränkung; und zweitens kann zumindest der größere Teil des Angebots in das Kartell eingebracht werden. Kartelle für landwirtschaftliche Produkte, für die es Tausende von Anbietern gibt, sind daher höchstens durch staatlichen Zwang zusammenzubringen. Auch wenn die Zahl der Anbieter hinreichend klein ist, gelingt es jedoch häufig nicht, alle Anbieter zum Beitritt zu bewegen, das Angebot also voll zu erfassen. Das liegt daran, daß es besonders für einen Anbieter mit kleinem Marktanteil vorteilhaft ist, dem Kartell nicht beizutreten, sondern als *Außenseiter* seine ökonomische Bewegungsfreiheit zu behalten. Gelingt es dem Kartell, den Preis zu erhöhen, kann der Außenseiter selbständig entscheiden, ob und wie weit er folgen will und genießt so im Schatten des Kartells eine privilegierte Position. Anderseits ist eine volle Erfassung des Angebots für das Funktionieren eines Kartells auch nicht erforderlich. Ein Beispiel bietet das bedeutendste internationale Kartell der neuesten Wirtschaftsgeschichte, die Organisation erdölexportierender Länder. Als diese im Herbst 1973 begann, den Rohölpreis zu erhöhen, betrug ihr Anteil an der Weltrohölproduktion nur 55,5 v. H. So bedeutende Produzenten wie die Vereinigten Staaten und die Sowjetunion mit Anteilen von 16,4 v. H. und 15,5 v. H. blieben Außenseiter.[52] Dennoch gelang es dem Kartell, den Rohölpreis bis 1980 um den Faktor 12 zu vervielfachen, da die Außenseiter weder in der Lage noch willens waren, etwa die Versorgung des Weltmarktes zu den bis 1972 geltenden niedrigen Preisen zu übernehmen. Statt dessen akzeptierten sie die OPEC als Preisführer und

---

[51] BKA-Bericht 1983/1984, S. 74; 1987/1988, S. 56f.
[52] Angaben für 1973 nach: World Economic Survey, 1975. Fluctuations and Development in the World Economy. United Nations, New York 1976, S. 68.

erhöhten ihre Preise ebenfalls (wenn auch mit Verzögerung und teilweise durch Preisstopps behindert).

Die Bildung eines Kartells wird weiterhin begünstigt, wenn es sich bei dem Gut um ein weit verbreitetes und weitgehend homogenes Produkt handelt, für das keine engen Substitute existieren, das mit hohem Fixkostenanteil produziert und bei dem herrschenden Preis unelastisch nachgefragt wird. Die Reaktionsverbundenheit und damit die Unsicherheit über die Folgen von Wettbewerbsbehandlungen sind dann größer, und Nachfrage- oder Angebotsänderungen führen zu starken Preisschwankungen, so daß die Anbieter einen Stabilisierungsbedarf empfinden. Diese Bedingungen werden von vielen landwirtschaftlichen Produkten, industriellen Grundstoffen und einigen industriell hergestellten Konsumgütern erfüllt. Es gab und gibt daher immer wieder Versuche, Kartelle für solche Güter zu bilden, oft auch mit staatlicher Unterstützung. Gegenstand solcher Bemühungen sind vor allem international gehandelte Rohstoffe wie Kakao, Rohkaffee, Baumwolle, Kautschuk und Nichteisenmetalle wie Zinn, Zink, Kupfer, Platin, für die es internationale Abkommen gab und gibt. Ein besonders kartellanfälliges Produkt aus dem Bereich industriell gefertigter Konsumgüter sind Glühlampen. Die Bedingungen weitgehender Homogenität, fehlender Substitutionskonkurrenz und geringer Nachfrageelastizität treffen schließlich in besonderem Maße auf das Gut „Transportleistung" zu. Die Verkehrswirtschaft ist daher ein Eldorado für Kartelle. Das bekannteste internationale Kartell in diesem Bereich war der Internationale Lufttransportverband,[53] ein anderes sind die Schiffahrtskonferenzen. Ähnliche Argumente gelten für die Versicherungswirtschaft.

Da auch gleichartige Forderungen die Homogenitäts- und andere Bedingungen weitgehend erfüllen, sind auch Forderungsmärkte kartellanfällig. Am häufigsten sind hier direkte Preiskartelle in Form von *Zinskartellen.*

Kartelle bilden sich ferner um so eher, je ähnlicher die Produktionsbedingungen sind (wer etwa durch Patente abgesicherte Vorteile hat, wird einer Kartellabsprache weit weniger geneigt sein) und je höher die Zutrittsschranken für neue Wettbewerber sind. Die Neigung zur Kartellbildung verstärkt sich, wenn ein Produkt in die Stagnationsphase und erst recht, wenn es in die Schrumpfungsphase seines Produktlebenszyklus (vgl. II.3) tritt. Schließlich ist Kartellbildung als Gegengewicht zur Marktmacht der anderen Seite zu beobachten: Das historisch bedeutendste Beispiel ist die Bildung von Arbeitnehmergewerkschaften.

Kartelle werden gebildet und zerfallen auch wieder. Anstöße zum Scheitern kommen sowohl von Kartellmitgliedern als auch von Außenseitern; und die Hauptprobleme eines Kartells bestehen daher darin, einerseits Verletzungen der Kartellabsprache seitens der Mitglieder zu entdecken und zu unterbinden und andererseits Außenseiter zu bekämpfen. Zunächst ändert eine Kartellbildung nichts an der unterschiedlichen Kosten- und Gewinnsituation der Mitglieder. Auch wenn die am ungünstigsten produzierenden Mitglieder ausscheiden, gibt es unter den übrigbleibenden noch solche in günstiger und andere in weniger günstiger Situation (vgl. Bild 4.20, S. 441). Die Mitglieder mit den relativ höchsten Gewinnen sind am ehesten in der Lage, ihre Ka-

---

[53] Englisch: International Air Transport Association, IATA. Der Verband besteht seit 1945 als Kartell praktisch aller rund 140 größeren Luftverkehrsgesellschaften und setzte in turnusmäßigen Konferenzen die Flugpreise und andere Bedingungen fest.

gestellt sind, ist unter anderem auch als geglückte marktexterne Operation zu deuten. Generell gilt: Wer wirtschaftliche Macht hat, wird auch versuchen, diese politisch geltend zu machen. Großunternehmen und wichtige Wirtschaftsverbände sind für diese Verhaltensweise besonders anfällig, und Politiker wirken hierbei mit: Regierungsmitglieder lassen sich informell von leitenden Personen dieser Institutionen beraten; große Unternehmen werden bei der Vergabe von Subventionen beispielsweise für Forschung und Entwicklung bevorzugt, sie erhalten Steuererleichterungen bei der Standortwahl; und bei Schwierigkeiten können sie damit rechnen, daß die öffentliche Hand angesichts zahlreicher auf dem Spiel stehender Arbeitsplätze Hilfe leistet.

– *Einflußnahme auf die Auftragsvergabe.* Die technische Entwicklung hat es mit sich gebracht, daß generell die Unteilbarkeiten im Wirtschaftsprozeß zugenommen haben. Es gibt Aufträge für Großgüter wie Kraftwerke, Schiffe, Flugzeuge, Fabrikanlagen, Staudämme; und es gibt Großaufträge für große Mengen kleiner Güter, etwa wenn ein Verteidigungsministerium Bekleidungsstücke für die Truppe kauft oder ein Parlament den Druckauftrag für sein Schriftgut vergibt. Für die Vergabe solcher Aufträge ist eine Person oder ein Ausschuß zuständig, und unter den Anbietern herrscht Konkurrenz, wobei für diese die Beschäftigung von Jahren und Gewinne in Millionenhöhe (in D-Mark oder US-Dollar gerechnet) auf dem Spiel stehen können. Nichts liegt näher, als die für die Auftragsvergabe zuständige(n) Person(en) individuell zu beeinflussen. Das reicht von tolerierten und steuerlich anerkannten Formen wie der Bewirtung von Geschäftsfreunden und der Übergabe von Geschenken bis zur Zahlung von *Schmiergeldern* dafür, daß das zahlende Unternehmen mit seinem Angebot zum Zuge kommt. Für dieses erhöhen sich die Kosten allenfalls unwesentlich, während die Zahlung für den Empfänger, der sie an seinem laufenden Einkommen mißt, eine grundlegende Änderung seiner ökonomischen Situation bedeuten kann. Eine Schmiergeldzahlung wäre sinnlos (von steuerlichen Fragen abgesehen), wenn der Schmiergeldnehmer mit dem Inhaber des kaufenden Unternehmens identisch wäre — die Zahlung würde für diesen auf eine Preiserhöhung hinauslaufen, und der schließlich gezahlte Preis wäre für Käufer und Verkäufer gleich hoch. Die Zahlung wird erst zur marktexternen Operation, wenn sich Angestellte des kaufenden Unternehmens oder Bedienstete öffentlicher Stellen durch Annahme solcher Zahlungen persönlich bereichern. Der Erlös des Verkäufers ist dann netto geringer als der vom Käufer gezahlte Preis, und im Regelfall ist zu vermuten, daß die Interessen des Käufers geschädigt werden, weil die mit dem Einkauf beauftragte Person ohne die Schmiergeldzahlung anders entschieden hätte. Da Konkurrenten sich häufig gezwungen sehen, auf diese Art von Wettbewerb einzugehen, wird sich ein Nebenmarkt für Schmiergeldzahlungen entwickeln. Im weiteren Sinne fallen auch Zahlungen an Bedienstete von Genehmigungs- und Aufsichtsbehörden, der Polizei und der Justiz zwecks Absicherung von Geschäften unter diese Kategorie.

– *Benachteiligung von Konkurrenten.* Es ist anerkannter und gewollter Zweck des Wettbewerbs, daß Konkurrenten einander benachteiligen. Marktextern ist jedoch eine Reihe von Verhaltensweisen, mit denen gegen allgemein gültige Rechtsnormen verstoßen wird. Wer Verleumdungen über die Person eines Konkurrenten verbreitet, sein Produkt mit unwahren Behauptungen schlechtmacht, Sabotage an seinem Produktionsapparat verüben läßt oder seine Angestellten dazu veranlaßt, Betriebs- oder Geschäftsgeheimnisse zu verraten, macht sich strafbar. Eine marktexterne Behinderung liegt aber auch vor, wenn ein Patent erworben und nicht genutzt wird. Kleine Konkurrenten können durch bloße Drohung etwa mit Preisunterbietung zum Anschluß an das Großunternehmen oder zum Aufgeben gezwungen werden.

– *Druck auf die Marktgegenseite.* Der grundsätzliche Interessengegensatz zwischen Anbietern und Nachfragern über die Höhe des Preises kann bei gewissen Marktformen auch in der Form ausgetragen werden, daß die Anbieter sich zeitweilig geschlossen weigern, ihr Erzeugnis herzugeben, um so einen höheren Preis zu erzwingen; oder daß die Nachfrager das Produkt nicht abnehmen, um den Preis zu senken, ihn konstant zu halten oder eine geringere als die geforderte Preiserhöhung hinnehmen zu müssen. Ein solches Vorgehen setzt Einigkeit und ein Mindestmaß an Organisation auf der jeweils aktiven Marktseite voraus; es läßt sich daher auf Mengenanpasser- und polypolistischen Märkten mit großen Teilnehmerzahlen kaum verwirklichen. Standardfall ist der Arbeitsmarkt mit seinen beiden Formen der Marktverweigerung, dem Streik und der Aussperrung. Diese beiden Verhaltensweisen sind noch als marktkonform zu betrachten — eine gegenteilige Ansicht würde bedeuten, einen allgemeinen Kontrahierungszwang zu behaupten, den es tatsächlich nur für einige gesetzliche Monopole gibt — werden jedoch häufig von marktexternen Operationen begleitet. Streikende besetzen die Arbeitsräume, Streikposten lassen Arbeitswillige nicht zu ihrem Arbeitsplatz gelangen, ausgesperrt werden auch Beschäftigte, die keine Lohnforderungen erheben.

– *Kriminelle Handlungen.* Der Vollständigkeit halber sind als marktexterne Operationen alle direkt kriminellen Handlungen zu erwähnen, von denen einige S. 280 als randständiges Allokationsverfahren genannt wurden. In diesen Bereich gehören auch Fälle, in denen Wirtschaftsstrafverfahren aufgrund politischen Drucks nicht zustandekommen, niedergeschlagen oder verzögert werden.

VIII. Marktkritik

1. Mängel, Versagen und Unzuständigkeit von Märkten. Auch Märkte sind nur eine menschliche Veranstaltung, und daher ist in der Praxis von vornherein eine weniger als vollkommene Funktionsweise von ihnen zu erwarten. Tatsächlich besorgen sie, mit entsprechenden Folgen für die Wohlfahrt der Teilnehmer, die Allokation der Ressourcen mit unterschiedlichen Graden der Unvollkommenheit, in manchen Fällen auch gar nicht. Die Gründe dafür lassen sich so einteilen:

(1) Bestimmte Einflüsse und Verhaltensweisen führen zu Abweichungen von den Bedingungen des vollkommenen Marktes: Es gibt *Marktmängel;*
(2) Auch wenn die Bedingungen des vollkommenen Marktes vorliegen oder vorlägen, können sich Situationen ergeben, in denen Effizienzbedingungen (vgl. I.3) oder andere Anforderungen nicht erfüllt sind: Es gibt *Marktversagen.*

Die Diskussion von Marktmängeln in Gestalt von Abweichungen von der Funktionsweise des vollkommenen Marktes war Gegenstand der Teile III bis VII dieses Kapitels. Sie wird nachstehend noch einmal aufgenommen und zusammen mit drei besonders wichtigen Beispielen für Marktversagen in den folgenden Abschnitten behandelt.

Zu den wichtigsten Bedingungen des vollkommenen Marktes zählt, daß sehr viele Anbieter mit jeweils geringen Marktanteilen vorhanden sind; und daß Präferenzen bei

Formen des Marktversagens lassen sich wie folgt klassifizieren. Der wichtigste Fall ist

(2.1) Obwohl Bedarf für gewisse Güter besteht, finden sich keine privatwirtschaftlichen Anbieter, so daß diese Güter nicht hergestellt werden: Es fehlen Märkte.

Zwei ganz unterschiedliche Fälle sind zu unterscheiden:

– Für manche wirtschaftliche oder politische Risiken, gegen die sich viele Wirtschaftssubjekte versichern möchten, findet sich kein Versicherer.

Hauptgrund ist, daß das Schadensereignis bei einer so großen Zahl von Versicherungsnehmern gleichzeitig eintreten kann, daß kein Versicherer zahlungsfähig bliebe. Vielleicht nicht prinzipiell, aber tatsächlich sind daher die Risiken des Konkurses und der Arbeitslosigkeit bei Konjunkturrückgang, des Streiks, der Verstaatlichung, innerer Unruhen und des (Bürger-)Krieges privatwirtschaftlich nicht versicherbar. Andere wie das Erdbebenrisiko werden in den einzelnen Ländern unterschiedlich behandelt.[59] Der zweite Fall ist:

– Es werden Güter nicht hergestellt, wenn die Anbieter nicht zu vertretbaren Kosten sicherstellen können, daß jedermann von ihrem Erwerb ausgeschlossen ist, der den geforderten Preis nicht zahlen will.

Diese wichtige Art des Marktversagens infolge Nichtgeltung des *Ausschlußprinzips* wird unten in VIII.3 behandelt. Eine verwandte Erscheinung ist:

(2.2) Manche Märkte existieren, werden aber von Anbietern oder Nachfragern oder beiden gemäß bestimmter Werturteile zu wenig genutzt.

Standardbeispiel ist der Markt für Ausbildung: Ohne staatliche Schulpflicht würde ein Teil der Kinder nicht lesen und schreiben lernen. Von der Frage nach der Funktionsweise von Märkten her gesehen ist das allerdings ein Grenzfall, da der Entschluß, Kinder nicht zur Schule zu schicken, werturteilsbedingt ist und nur durch ein anderes, aufgrund des paternalistischen Prinzips höher eingestuftes Werturteil außer Kraft gesetzt werden kann. Auch unter dem Zukunftsaspekt sind Märkte unterentwickelt:

(2.3) Märkte kommen wegen zu hoher Informations- und Transaktionskosten nicht zustande.

Dieser S. 379 in bezug auf Produktionskosten erwähnte Fall gilt vor allem für Terminmärkte. Der hier wichtige Unterschied zwischen Transaktions- (einschließlich Informations-) und Produktionskosten liegt darin, daß nur die letztgenannten vom Allokationsverfahren unabhängig sind und daher ceteris paribus in allen Wirtschaftssystemen gleich hoch sind. Da alle wirtschaftlichen Entscheidungen in die Zukunft gerichtet sind (vgl. S. 10 f.), wäre eigentlich zu erwarten, daß im Rahmen des Allokationssystems „Marktwirtschaft" neben Kassamärkten in ähnlichem Umfang auch Märkte für zukünftige Lieferungen entstehen. Solche Märkte gibt es, etwa bei Auf-

---

[59] Das Erdbebenrisiko war in Japan, einem der am meisten von Erdbeben betroffenen Länder der Erde, bis 1931 nicht versicherbar. Seitdem gibt es eine solche Versicherung, jedoch bestehen Haftungsgrenzen je Versicherungsnehmer, für die Gesamtheit der Privatversicherer und für den darüber hinaus eintretenden Staat. Vgl. International Insurance Monitor, New York, Vol. 29 No 4. April 1975, S. 20–22.

tragsfertigung (vgl. S. 344) und beim Warenterminhandel (S. 325). Bei den meisten Gütern fehlen sie jedoch, und daher gehen in die Wirtschaftspläne insoweit anstelle vertraglich vereinbarter zukünftiger Preise und Mengen unsichere Erwartungen über diese ein. Hauptgrund ist, daß Vertragstreue um so weniger sicher und um so kostspieliger zu erzwingen ist, je weiter entfernt der Erfüllungszeitpunkt ist, weil damit auch die Unsicherheit über das zukünftige ökonomische Umfeld der Transaktion, also die Preise anderer Güter, die Nachfrage, die Produktions- und Wettbewerbsbedingungen, zunimmt. Man könnte Terminverträge unter auflösenden Bedingungen schließen, aber dies wirft wiederum Informationsprobleme darüber auf, ob die Bedingungen vorliegen, und macht die Märkte für das Risiko anfällig, daß der Vertragspartner zu seinen Gunsten Einfluß auf das Zustandekommen der Bedingungen nimmt.

Schließlich versagen Märkte partiell dann, wenn gilt:

(2.4) Die Märkte für manche Güter zeigen insofern eine ungenügende Reichweite, als sie nicht alle Vorgänge zwischen Anbietern und Nachfragern oder Einflüsse auf Dritte erfassen.

Man spricht hier von *externen Effekten* und hat die Fälle im Auge, in denen von der Produktion oder vom Konsum schädigende oder auch begünstigende Wirkungen auf Transaktionspartner oder Dritte ausgehen, die außerhalb des Marktes bleiben und die daher nicht in den Preisen mit bewertet und verrechnet werden (vgl. VIII.5).

Märkte werden jedoch auch zu Unrecht kritisiert, wenn ihnen Aufgaben angesonnen werden, die sie nicht erfüllen können. Ein Beispiel ist:

– Märkte beeinflussen auch die Einkommensverteilung, können diese jedoch nicht in irgendeine, gemäß bestimmter Werturteile erwünschte Richtung lenken.

Märkte bewirken den Interessenausgleich zwischen Anbietern und Nachfragern und damit die Allokation von Gütern und Forderungen, sind jedoch überfordert, wenn sie außerdem für eine bestimmte Einkommens- oder Vermögensverteilung sorgen sollen. Versuche, sie mit ihrer Allokations- und Distributionsfunktion gezielt für solche Zwecke einzusetzen, haben regelmäßig bemerkenswert nachteilige Folgen. Hier liegt ein klarer Fall der Unzuständigkeit des Allokationsverfahrens „Marktwirtschaft" vor. Ebenso verteilen Märkte das, was vorhanden ist oder produziert wird; und sie sind daher beispielsweise auch für die Frage unzuständig, wieviel Erdöl zukünftigen Generationen hinterlassen werden sollte.

Märkte können auch zu gut funktionieren. Tritt plötzlich eine Mangellage an einem Gut ein, kann sein Preis in kürzester Zeit sehr stark steigen, wenn anders Angebot und Nachfrage nicht ausgeglichen werden. Dies begünstigt die Anbieter, benachteiligt die Nachfrager und kann bei lebensnotwendigen Gütern zu politisch nicht tragbaren Situationen führen.

Ebenfalls ein ungerechtfertigter Vorwurf gegen Märkte als Allokationsinstrument ist

– Märkte entstehen auch dort, wo sie gemäß der herrschenden Rechtsordnung nicht existieren dürften.

Illegale Märkte sind beispielsweise die für gestohlene Güter, für bestimmte Rauschgifte außerhalb des medizinischen Bereichs; Schwarzmärkte unter einem System staatlicher Güterrationierung; schwarze Devisenmärkte bei Devisenbewirtschaftung; die

Märkte für Schwarzarbeit; Sklavenhandel; Versicherungen gegen Menschenraub und Erpressung.

Versagt ein Markt, so gibt es eine gewisse Chance, daß Substitute auftauchen: Verbände werden gegründet; es bildet sich eine professionelle Ethik; die öffentliche Hand greift ein. Hierüber wird im nächsten Kapitel berichtet.

Marktmängel und -versagen werden im Prinzip in der Weise diagnostiziert, daß das tatsächliche Verhalten von Menschen und die daraus resultierenden Zustände und Abläufe mit Idealsituationen verglichen werden, in denen als Folge anderen Verhaltens Mängel und Versagen nicht auftreten. Dieses Vorgehen ist als *Nirwana-Ansatz* mit dem grundsätzlichen Argument kritisiert worden,[60] daß die als Vergleichsbasis herangezogenen Idealzustände so, wie Menschen nun einmal sind, unerreichbar bleiben müssen und daher keine praktische Bedeutung haben. Dies könnte noch hingenommen werden, da man so immerhin Maßstäbe gewinnt (vgl. auch S. 356 f.). Jedoch liegt die Hauptgefahr des Ansatzes darin, daß die Diagnose von Marktmängeln Änderungsvorschläge hervorruft, die erfahrungsgemäß fast immer staatliches Eingreifen erfordern, wobei ungeprüft unterstellt wird, daß dieses die beanstandete Situation verbessern wird. Die Kritiker des Nirwana-Ansatzes halten dagegen, daß vernünftigerweise nur realisierbare institutionelle Alternativen verglichen werden dürfen, wobei sich häufig genug herausstellen wird, daß staatliches Eingreifen die als mängelbehaftet bezeichnete Situation nur noch verschlechtern kann, so daß es besser ist, mit dem Marktmangel zu leben. Diese pragmatische Position ist bei den folgenden Abschnitten zu berücksichtigen und wird im folgenden Kapitel eingenommen.

2. Probleme des Versicherungsgeschäfts. Erfahrungsgemäß gibt es im menschlichen Leben unvorhergesehene und einzelwirtschaftlich auch unvorhersehbare Ereignisse, die den Betroffenen oder andere Personen mit erheblichen Aufwendungen belasten, zu Einnahmeausfällen führen oder beides verursachen: Krankheiten, Verkehrs- und andere Unfälle, Brandschäden, Betriebsunterbrechungen, Schäden durch Verbrechen. Auch sichere Ereignisse wie Tod und Arbeitsunfähigkeit haben solche Wirkungen. Es besteht ein Bedarf, die Aufwendungen oder Einnahmeausfälle in solchen Fällen ersetzt zu bekommen und damit den Nutzen unter Unsicherheit zu maximieren. Dies bedeutet Nachfrage nach einem Gut, und es hat sich für private Unternehmen als lohnend erwiesen, dieses Gut namens Versicherungsleistung zu produzieren und anzubieten. Sein Preis besteht in der Verpflichtung des Versicherungsnehmers, in regelmäßigen Abständen Beiträge (auch: Prämien) zu entrichten. Als Gegenleistung verpflichtet sich der Versicherer, bei Eintritt des Versicherungsfalles dem Betroffenen die Aufwendungen zur Beseitigung des Schadens zu ersetzen oder sonst Zahlungen zu leisten. Das einzelwirtschaftliche Risiko wird bei einer größeren Zahl von Beteiligten kalkulierbar und auf alle Versicherungsnehmer verteilt. Kalkulierbar heißt hier: Ein Risiko ist versicherbar, wenn der Versicherer wegen der Vielzahl von Fällen, mit denen er es zu tun hat, eine bessere Prognose über die infolge bestimmter (Schadens-) Ereignisse auf ihn zukommenden Zahlungsverpflichtungen abgeben kann als der mit dem Einzelfall konfrontierte Versicherungsnehmer. Beträgt die Höhe der Aufwendungen je Schadensfall aufgrund längerer Erfahrungen im Durchschnitt A, dann lohnt es,

---

[60] DEMSETZ [4.135]. „Nirwana" bedeutet im Buddhismus einen idealen oder Endzustand, in dem die Seele frei von allen Wünschen in vollständiger Ruhe verharrt.

sich gegen den Eintritt des Ereignisses zu versichern, wenn der beispielsweise jährlich zu zahlende Beitrag B wesentlich kleiner als A ist. Das wird in der Regel der Fall sein. Betragen die Zahl der Versicherungsnehmer n, die durchschnittliche jährliche Zahl der Schadensereignisse bei diesen s und die jährlichen Kosten des Unternehmens einschließlich eines angemessenen Gewinns K, dann sind die jährlichen Aufwendungen des Versicherers $sA+K$, seine Erträge nB. Daraus erhält man für die Höhe des Beitrags den Ausdruck $B=(sA+K)/n$. Da nicht alle Versicherungsnehmer von dem versicherten Ereignis betroffen werden, gilt $s \ll n$ und damit je nach Größe von s, n und K im allgemeinen auch $B \ll A$, womit die genannte Bedingung erfüllt ist. Da bei einer Vergrößerung von n auch s wächst, aber nicht in gleichem Maße, hat das Versicherungsunternehmen ein Interesse an der Ausdehnung seines Kundenkreises und wird dafür werben.

Beim Versicherungsgeschäft treten nun drei Arten spezieller Marktmängel auf:

— Versicherungsnehmer begünstigen den Eintritt des Versicherungsfalls;
Versicherungsverträge werden überwiegend von solchen Nachfragern nach Versicherungsleistungen abgeschlossen, deren Risiko höher ist als das mittlere Risiko der Personengruppe, das der Versicherer der Beitragsberechnung zugrundelegt;
— Versicherungsnehmer haben ein Interesse daran, ihren Schaden höher als tatsächlich eingetreten zu bewerten oder anzugeben.

Der erstgenannte Fall tritt in vielen wichtigen Versicherungszweigen, aber nicht in allen auf. Sofern der Versicherungsnehmer den Eintritt des Versicherungsfalls nicht beeinflussen kann (Beispiel: Ein Landwirt hat sich gegen Ernteschäden durch Hagelschlag versichert), besteht kein besonderes Problem. Anders liegen die Dinge jedoch in der Krankenversicherung. Der Versicherte kann ihre Leistungen schon dadurch in Anspruch nehmen, daß er zum Arzt geht und sich untersuchen läßt. Wie oft er das tut, sich vielleicht auch nur beraten läßt, welche Diagnostik angewendet wird, muß weitgehend ihm selbst im Einvernehmen mit dem Arzt überlassen bleiben. Je mehr Leistungen er nachfragt, um so mehr zahlt seine Versicherung. Mit welchen Beträgen er diese also belastet, kann in erheblichem Umfang von ihm bestimmt werden. Die entscheidende Erkenntnis ist nun, daß der Versicherungsnehmer unter diesen Umständen keinen ökonomischen Anreiz hat, seine Inanspruchnahme der Versicherung möglichst klein und daher deren Aufwendungen und damit letztlich auch seinen Beitrag niedrig zu halten. Sein Nutzen aus der Inanspruchnahme ist sehr viel höher als seine Kosten infolge einer eventuell notwendig werdenden Beitragserhöhung, da sich diese auf alle Versicherungsnehmer verteilt. Oder: Er trägt nur einen sehr kleinen Teil der Kosten einer zusätzlichen, ihm zugutekommenden Leistung, und je öfter er diese in Anspruch nimmt, um so geringer ist angesichts seines feststehenden Beitrags ihr rechnerischer Preis. Gemäß Hypothese 1.4 (S. 75) fragt er daher mehr nach, als wenn er die Leistung individuell voll bezahlen müßte. Er wird daher im Zweifel das teurere und daher vielleicht bessere Medikament, den längeren Krankenhaus- oder Kuraufenthalt, die zusätzliche Untersuchung vorziehen, zumal es bei der Wahl zwischen solchen Gütern um Leben oder Tod gehen kann. Auch wenn der Versicherungsnehmer einsieht, daß sein Verhalten auf die Dauer zu einer Beitragserhöhung führen muß, bleibt sein unmittelbarer Vorteil aus der Inanspruchnahme bestehen, und wenn er sich dabei zurückhält, hat er keine Gewähr, daß sich die anderen Versicherungsnehmer ebenso gemäß dieser Einsicht verhalten. Tun sie es, wie zu erwarten ist, überwiegend nicht, ist er benachteiligt. Sein Dilemma sieht also so aus: Versichert er sich nicht, geht er ein Risiko ein, das im Falle langer und schwerer Krankheit zur ökonomischen Katastrophe für ihn werden kann. Versichert er sich, zahlt er für andere, die ihre Zugriffsmöglichkeit auf das Vermögen der Versichertengemeinschaft mißbrauchen.

Versicherungen der genannten Art haben daher einen eingebauten Mechanismus zur ständigen Erhöhung ihrer Beiträge. Dieser wirkt auch noch dadurch selbstverstärkend, daß sich mit wachsenden Beiträgen immer mehr Versicherungsnehmer sagen, sie wollten nun endlich einmal Gegenleistungen für ihr Geld sehen und vermehrt dazu übergehen, die Versicherung in Anspruch zu nehmen. Die bei diesem Verhalten unerläßlich Mitwirkenden, die Ärzte, sind im allgemeinen willige Partner, da ihr Einkommen direkt von ihren Leistungen an die Versicherten abhängt.

Das Versicherungsdilemma tritt wohl am krassesten in der Krankenversicherung, prinzipiell aber in allen Versicherungszweigen auf, in denen der Versicherungsnehmer den Eintritt des Schadensereignisses beeinflussen kann, und sei es über den Grad an Sorgfalt, den er ständig zu seiner Verhütung oder im Eintrittsfall zu seiner Bekämpfung aufbringt. Dem Dilemma unterliegen daher auch die Feuer-, die Kraftfahrzeug-Haftpflicht und -Kaskoversicherung, die Einbruchdiebstahl- und die Rechtsschutzversicherung. Bei dieser tritt der Marktmangel wie folgt zutage. Jeder zivile Rechtsstreit bedeutet, daß sich die Prozeßgegner nicht durch eine einvernehmliche Transaktion einigen konnten, nunmehr Ressourcen in Gestalt der Leistungen des Justizapparats in Anspruch nehmen und dadurch die Transaktionskosten erhöhen. Auch der von Zeugen verlangte Aufwand und der Einsatz an Zeit der Prozeßparteien sind zu berücksichtigen. Der Rechtsschutz-Versicherungsnehmer hat diese Kosten für sich selbst drastisch reduziert, und daher wird durch diese Versicherungsart die Zahl der Prozesse erhöht. Gesamtwirtschaftlich werden also vermehrt Ressourcen eingesetzt, um das Sozialprodukt anders zu verteilen, was gegenüber der Möglichkeit, es durch diesen Einsatz zu erhöhen, als wohlfahrtsschädlich gelten muß.[61]

Die Wirkung des Versicherungsdilemmas wird verstärkt, wenn fahrlässig oder grobfahrlässig herbeigeführte Schäden mitversichert sind (auch Selbsttötung ist, nach einer Wartefrist, Bestandteil von Lebensversicherungen). Besondere Bedeutung hat das Problem in der Arbeitslosenversicherung, und es wächst mit der Höhe der Leistungen dieser Versicherung relativ zum Netto-Arbeitseinkommen. Im weiteren Sinne unterliegt ihm auch der moderne Sozialstaat, eine Gemeinschaftsveranstaltung zur Herstellung und Verteilung des Sozialprodukts, in dem einige Mitglieder nicht soviel beitragen, wie sie könnten, und andere seine Leistungen mißbräuchlich in Anspruch nehmen.

Die Versuche der Versicherer, die Wirkungen des Dilemmas klein zu halten, sind vielfältig. Das am weitesten verbreitete Verfahren ist die *Selbstbeteiligung:* Der Versicherungsnehmer hat Bagatellschäden ganz und größere Schäden bis zu einem bestimmten absoluten Betrag (so häufig in der Kraftfahrzeug-Kaskoversicherung) oder in Höhe eines bestimmten Anteils selbst zu tragen. Dies erhöht seine Grenzkosten

---

[61] Viele Prozesse werden auch durch den Hinweis auf die bestehende Versicherung verhindert, was eine Erklärung dafür ist, daß die Rechtsschutzversicherungen noch nicht infolge Überbeanspruchung und folgende Beitragserhöhungen aus dem Markt ausgeschieden sind. Vgl. M. ADAMS: Ökonomische Analyse des Zivilprozesses. Königstein 1981, S. 111 ff.

aus dem Schadensereignis oder läßt sie überhaupt erst entstehen und mindert so den Anreiz zur Inanspruchnahme: Die Gestaltung des Versicherungsvertrages beeinflußt das Verhalten. Andere diesbezügliche Methoden sind Vereinbarungen von Wartezeiten, Schadenfreiheitsrabatte und Beitragsrückgewähr bei Nichtinanspruchnahme, Höchstbeträge für Versicherungsleistungen. Da jedoch trotz solcher Maßnahmen eine Verbilligung der versicherten Leistung bestehen bleibt, werden die Mehrnachfrage und das Versicherungsdilemma nur verkleinert, nicht beseitigt.

Das Versicherungsdilemma, vom Standpunkt des Versicherers auch *moralisches Wagnis* genannt, zeigt sich ebenso bei den beiden anderen oben genannten Mängeln. Der Versicherer einerseits und der mit durchschnittlichem Risiko behaftete und im Schadensfall ehrliche Versicherungsnehmer anderseits müssen damit rechnen, daß neue Versicherungsnehmer ihr Schadensrisiko zu niedrig angeben und daß Schäden zu hoch bewertet oder, womit die Grenze zum Betrug überschritten wird, vorgetäuscht werden. In allen diesen Fällen besteht der Marktmangel in einem Informationsproblem: Der Versicherer ist im Prinzip außerstande, in jedem Einzelfall mit genügender Sicherheit und zu erträglichen Kosten festzustellen, ob die Neuzugänge zum Versichertenkollektiv nicht systematisch mit überdurchschnittlichem Risiko behaftet sind und ob die unter Mitwirkung der Versicherungsnehmer zustandegekommenen Schadensereignisse dem Eintritt und der Höhe nach unvermeidlich waren. Anders ausgedrückt: Er ist in bezug auf Neuzugänge, Schadenseintritt und -höhe marginal von der Willkür seiner Vertragspartner abhängig.

3. **Nichtentstehung von Märkten.** Handlungsprinzip eines privaten Produzenten ist es, Güter herzustellen und sie zu Preisen zu verkaufen, mit denen er seine Kosten auf Dauer decken und möglichst Gewinne erzielen kann. Dies setzt voraus, daß er mit individuell identifizierbaren Abnehmern Verträge schließen und deren Einhaltung notfalls erzwingen kann. Fehlt bei einem bestimmten Gut auch nur eine dieser beiden Voraussetzungen, wird sich kein privater Produzent finden: Obwohl möglicherweise Bedarf an dem Gut besteht, wird es nicht hergestellt, das Allokationsverfahren „Marktwirtschaft" versagt. Hauptgrund dafür, daß es bei bestimmten Gütern nicht gelingt, Verträge über ihre Abnahme abzuschließen und damit Preise für sie zu erheben, ist die Tatsache, daß von ihrem Verbrauch oder ihrer Nutzung niemand ausgeschlossen werden kann, wenn sie einmal produziert sind. Standardbeispiele sind

- die Landesverteidigung: Jeder Einwohner genießt den Schutz durch die Streitkräfte, auch wenn er keine Beiträge zu ihrem Unterhalt zahlt;
- der Hochwasserdamm: Er schützt auch solche Grundstücke vor Überschwemmung, deren Eigentümer sich an seinen Baukosten nicht beteiligt haben und nichts zu seiner Unterhaltung beisteuern;
- der Leuchtturm: Ihn nutzt jedes vorüberfahrende Schiff, auch wenn es keinen Hafen des Landes anläuft, das den Turm betreibt.

Man sagt, für solche Güter gelte das Ausschlußprinzip nicht und nennt sie *Kollektivgüter*. Demgegenüber sind die bisher allein betrachteten *Individualgüter*[62] solche, von deren Nutzung oder Verbrauch jedermann ausgeschlossen werden kann, der nicht den geforderten Preis für sie zahlen will. Die mit ihrer Produktion an ihnen erworbenen Eigentumsrechte können gegenüber jedem anderen Wirtschaftssubjekt geltend gemacht werden. Bei einem Individualgut kann also der Käufer entscheiden, ob und welche Menge er kaufen will; bei einem Kollektivgut hat er diese Entscheidung nicht und zahlt auch keinen Preis, wird aber möglicherweise auf andere Art zur Finanzierung herangezogen.

Das Kollektivgüterproblem läßt sich vom Standpunkt der Nachfrager wie folgt erläutern. Jeder einzelne von ihnen hat ein Interesse daran, daß das Gut, in dem drittgenannten Beispiel also die Lichtsignale des Leuchtturms, hergestellt und angeboten wird. Er wäre auch bereit, einen Preis dafür zu zahlen, aber da der Betreiber des Leuchtturms ihn nicht zum Abschluß eines Vertrages zwingen kann, kann jeder Nachfrager einzeln hoffen, daß andere Interessenten soviel zahlen, daß er selbst ohne Entrichtung eines Preises davonkommt und die Dienste des Leuchtturms ohne Gegenleistung in Anspruch nehmen kann. Er wird also versuchen, sich wie ein *Schwarzfahrer* zu verhalten. Man kann daher die Zahlungsbereitschaft der potentiellen Nachfrager nicht wie bei jedem Individualgut in der Weise testen, daß man das Gut herstellt, anbietet und einen Preis verlangt: Handelt es sich bei den Nachfragern um eine Großgruppe, in der die soziale Kontrolle schwach ist oder fehlt, ist das Risiko zu groß, daß zu wenige Nachfrager den Preis freiwillig entrichten. Würde man eine Umfrage veranstalten und nach dem Interesse für unterschiedliche Mengen des Gutes samt Zahlungsbereitschaft fragen, ist zu erwarten, daß viele potentielle Nachfrager zwar Interesse bekunden, später aber nicht in gleichem Maße auch freiwillig zahlen würden. Anders ausgedrückt: Kein Nachfrager ist wie im Falle von Individualgütern gezwungen, seine Präferenz für ein Gut dadurch zu offenbaren, daß er für eine bestimmte Menge einen Geldbetrag zahlt (und insoweit auf dessen anderweitige Verwendung verzichtet), weil er es umsonst erhalten kann. Die Situation ist in gewissem Sinne paradox: Der Nutzen des Gutes kann für jeden Konsumenten so hoch sein, daß eine rentable privatwirtschaftliche Produktion möglich wäre, wenn nur das Ausschlußprinzip gelten würde. Würde jeder Konsument freiwillig für das Gut zahlen, läge dies im Interesse aller, da das Gut dann hergestellt werden würde. Da es aber für jeden lohnt, sich allein als Schwarzfahrer zu verhalten und nicht sichergestellt werden kann, daß der eigene Verzicht auf dieses Verhalten von allen anderen durch den gleichen Verzicht honoriert werden wird, unterbleibt die Produktion.

Welche Eigenschaften machen ein Gut zu einem Kollektivgut? Als wichtiges Kennzeichen wird häufig die Unteilbarkeit genannt, und es wird gesagt, die Nutzung des Gutes durch eine Person beeinträchtige oder verringere nicht seine Nutzung durch weitere Personen, der Konsum sei also im Gegensatz zu dem von Individualgütern *nichtrivalisierend*. Das trifft jedoch nicht durchweg zu. Die Dienstleistung „Landesverteidigung" kann sicher nicht aufgeteilt werden, und ihre Inanspruchnahme durch den einen Bürger verringert nicht die durch den anderen. Das gilt auch für den Empfang von Rundfunk- und Fernsehsendungen. Ein Hochwasserdamm aber schützt immer nur ein begrenztes Gebiet, das voll auf die Eigentümer der in ihm gelegenen Grundstücke aufgeteilt ist, und ein Seeufer oder eine Straße können zu Zeiten so stark genutzt werden, daß weitere potentielle Benutzer nicht zum Zuge kommen. Von der

---

[62] Diese Bezeichnungen sollten nicht zu dem Irrtum verleiten, mit der einen Güterart würden so etwas wie „Kollektiv-" oder „gesellschaftliche Bedürfnisse", mit der anderen Individualbedürfnisse befriedigt. Die Gesellschaft oder irgendein anderes Kollektiv sind keine Subjekte, die Bedürfnisse haben können. Diese entstehen immer nur bei einzelnen Menschen, wie sehr sie sich auch gegenseitig beeinflussen mögen, und sie werden mit Individual- und zum Teil eben mit Kollektivgütern befriedigt.

Kapazitätsgrenze an entsteht dann die für Individualgüter typische Situation der *Rivalität:* Was ein Konsument mehr erhält, muß ein anderer weniger bekommen. Tatsächlich kommt es nur darauf an, zu welchen Kosten dem Ausschlußprinzip Geltung verschafft werden kann. Sind diese prohibitiv hoch oder stehen privatwirtschaftliche Ausschlußverfahren nicht zur Verfügung — wer die Landesverteidigung nicht nutzen will, müßte schon ausgebürgert werden; der Eigentümer des dammgeschützten Grundstücks wäre zu enteignen und für nichtzahlende Schiffe ein Fahrverbot in dem betreffenden Seegebiet durchzusetzen — kann man von natürlichen („geborenen") Kollektivgütern sprechen. In anderen Fällen ist die Anwendung des Ausschlußprinzips eine Frage des Standes der Technik. Die von einem Sender ausgestrahlten Wellen scheinen ein geborenes Kollektivgut zu sein, da sie jedermann mit Hilfe frei käuflicher Apparate empfangen kann und diese Nutzung nicht rivalisiert. Der Sender kann sie jedoch mit geringem technischem Aufwand in ein Individualgut verwandeln, wenn er sie vor der Ausstrahlung verzerrt und ein Entzerrungs-Zusatzgerät verkauft oder vermietet, das allein den Empfang ermöglicht. Nach wie vor besteht keine Rivalität beim Konsum, aber das Ausschlußprinzip gilt. Die Nutzung von Straßen und Brücken ist ein Gut, für das mit vertretbaren Kosten Preise erhoben werden können. Vielfach genügt es für das Funktionieren von Märkten auch, wenn der Nutzen des Kollektivguts die Kosten jedes einzelnen Produzenten übersteigt, oder wenn dem Ausschlußprinzip nicht voll, sondern nur weitgehend Geltung verschafft werden kann. Solche Übergangsfälle zum Individualgut liegen vor, wenn der Erzeuger wenigstens den größten Teil des Gutes selbst nutzt und den von Schwarzfahrern in Anspruch genommenen Teil vernachlässigen kann. Wenn der Eigentümer eines Erholungsgebiets, das ihm zu drei Vierteln gehört, Maßnahmen gegen eine Mückenplage unternimmt, kann dies für ihn auch dann lohnen, wenn sich keiner der restlichen Eigentümer an den Kosten der Aktion beteiligt. Das Schwarzfahrerproblem ist vorhanden, wird aber wegen zu geringer Bedeutung vernachlässigt.

Unter dem Gesichtspunkt der Funktionsfähigkeit von Märkten lassen sich Güter also je nachdem, ob sie bei der Nutzung rivalisieren und ob dem Ausschlußprinzip Geltung verschafft werden kann, wie in Tabelle 4.3 einteilen. Sie zeigt, daß es neben natürlichen auch gewollte („gekorene") Kollektivgüter gibt. Bei ihnen könnte der Produzent das Ausschlußprinzip effektiv machen, verzichtet aber darauf. Beispielsweise kommt es vor, daß private Wirtschaftssubjekte Güter wie Parks, Wälder, Seeufer, Bibliotheken oder Kunstsammlungen zur allgemeinen unentgeltlichen Nutzung freigeben. Hauptfall ist hier jedoch das von der öffentlichen Hand produzierte gewollte Kollektivgut: Schulbildung, Straßennutzung und eine Vielzahl öffentlicher oder öffentlich subventionierter Einrichtungen, für die bewußt nichtkostendeckende Preise erhoben werden (Theater, Museen, Bibliotheken, Schwimmbäder).

Soweit das Ausschlußprinzip nicht effektiv gemacht werden kann, liegt Marktversagen vor: Das Gut wird privat nicht produziert, die Wohlfahrt ist nicht so hoch, wie sie sein könnte, und diese Einbuße ist dann erheblich, wenn sich die Nutznießer gegenseitig nicht beeinträchtigen: Eine Minderung der Luftverschmutzung kommt jedermann zugute. Der Ausweg aus dem Dilemma besteht darin, irgendeine Art kollektiver Aktion zu unternehmen, um die Versorgung mit solchen Gütern sicherzustellen. Mehrere Arten solcher Aktionen sind möglich:
- Mehrere an der Herstellung des Gutes interessierte private Wirtschaftssubjekte gründen und finanzieren eine Organisation, die das Gut herstellt.

Tabelle 4.3 – *Einteilung nach Individual- und Kollektivgütern*

Ausschluß- prinzip Rivalität bei der Nutzung	kann	kann nicht oder nur zu unvertretbar hohen Kosten
	effektiv gemacht werden	
liegt vor	Individualgüter: Nahrungsmittel	natürliche Kollektivgüter: Durchfahrt durch eine überlastete innerstädtische Straßenkreuzung
liegt nicht vor	gewollte Kollektivgüter: Fahrt auf verkehrsarmer, gebührenfreier Autobahn	natürliche Kollektivgüter: Straßenbeleuchtung

Ein Beispiel wäre ein privater Deichbauverband. Zwar kann hierbei keiner der von dem Deich begünstigten Grundeigentümer zum Beitritt gezwungen werden, so daß das Schwarzfahrerproblem nicht gelöst wird, aber es kann sein, daß sich genügend freiwillige Mitglieder finden und daß daher der Einzelbeitrag so niedrig wird, daß der Beitritt für jedes Mitglied aufgrund individueller Kosten-Nutzen-Abwägung lohnt. Zudem kann sich innerhalb der überschaubaren Gruppe, um die es sich hier handelt, eine positive Wertschätzung für Mitglieder und eine negative für Nichtmitglieder entwickeln. Eine fortdauernde solche Haltung ist auch deswegen nötig, weil es für jedes einzelne Mitglied unter nur ökonomischen Gesichtspunkten rational wäre, nach dem Deichbau aus dem Verband auszutreten, um den Beiträgen zu den laufenden Unterhaltsaufwendungen zu entgehen. Generell kann gesagt werden, daß solche privaten kollektiven Aktionen auf die Dauer wohl nur in relativ kleinen Gruppen möglich sind, da in solchen der erforderliche soziale Druck in Richtung auf zielkonformes Verhalten erzeugt und aufrechterhalten werden kann. Das Beispiel zeigt auch, daß Kollektivgüter nicht zwangsläufig von öffentlichen Wirtschaftssubjekten hergestellt werden müssen (wenngleich dies für einen großen Teil von ihnen zutrifft). Es gibt eine Vielzahl von Organisationen ohne Erwerbszweck, die sich wie Kirchen, Stiftungen, karitative und Verbraucherschutzorganisationen durch freiwillige Spenden und Mitgliedsbeiträge finanzieren und private Kollektivgüter produzieren. Marktversagen wird insoweit teilweise geheilt. Für die Vereinigten Staaten wurde geschätzt, daß dieser „freiwillige Sektor" 1973 doppelt so viele Einnahmen hatte wie alle öffentlichen Haushalte zusammen für Sachgüter und Dienste ausgaben und rund 15 v. H. des privaten Volksvermögens kontrollierte.[63]

Weitere Möglichkeiten sind:

– Die öffentliche Hand erzwingt den Beitritt zu der produzierenden Organisation durch Gesetz;
– Die öffentliche Hand produziert das Gut selbst und finanziert sich durch Steuern oder spezielle Umlagen.

Diese beiden Fälle bedeuten die Korrektur des Marktversagens durch staatliche Eingriffe und werden im nächsten Kapitel behandelt.

---

[63] WEISBROD [4.139], S. 4f.

4. Das Gefangenendilemma. Der mit dem Schwarzfahrerverhalten aufgedeckte Konflikt zwischen Einzel- und Gesamtinteresse ist ein Anwendungsfall des in vielen Bereichen des sozialen Lebens anzutreffenden und in der Spieltheorie analysierten *Gefangenendilemmas*.[64] Es läßt sich in drei Aussagen zusammenfassen:

(1) Von einer Situation (0) ohne Konsens ausgehend einigt sich eine Personengruppe auf bestimmte Verhaltensregeln, deren Befolgung jedem Beteiligten Nutzen bringt;
(2) Verletzt ein einzelner Teilnehmer die Regeln, während sich alle anderen an sie halten, erzielt er noch mehr Nutzen, als wenn er die Regeln auch befolgen würde;
(3) Da alle Teilnehmer die Situation gemäß (2) durchschauen, besteht die Möglichkeit, daß sie alle danach verfahren und damit die Situation (0) vor dem Konsens herbeiführen, in der jeder auch nicht den Nutzen gemäß (1) erzielt und damit sich selbst schadet.

Ist also Schwarzfahrerverhalten nicht ausschließbar oder wird nichts oder nicht genügend dagegen getan, ist damit zu rechnen, daß sich die gesellschaftlich schlechteste Situation gemäß (3) durchsetzt. Andere Formulierungen des Dilemmas sind neben Satz E.2 (S. 31):

– Wenn sich die Mehrheit gemäß dem gemeinsamen Interesse (kooperativ, solidarisch, regeltreu) verhält, erzielen diejenigen einen zusätzlichen Vorteil, die dies als rationale Individualisten nicht tun („die anderen sind die Dummen");
– Das Einzelinteresse steht im Widerspruch zum Gesamtinteresse.

Beispiele für das Gefangenendilemma gibt es in Fülle. Rufen Politiker wegen einer defizitären Leistungsbilanz zu sparsamem Umgang mit importierten Energieträgern auf, muß sich der einzelne Verbraucher sagen, daß sein Beitrag zur Entlastung der Leistungsbilanz erstens verschwindend gering ist und ihm zweitens schadet, wenn es später zu einer Rationierung des Energieverbrauchs kommt und seine Zuteilung dann von seinem früheren Verbrauch abhängig gemacht wird. Folgt das alte Mütterchen dem Appell, sich in der Inflation mit ihren Ausgaben zurückzuhalten, riskiert sie, daß nicht genügend andere dem Appell folgen, die Inflation daher fortschreitet und ihre zusätzlichen Ersparnisse entwertet. Die Tendenz zur Unternehmenskonzen-

---

[64] Damit wird das folgende Gleichnis bezeichnet, es entstammt LUCE/RAIFFA [4.84], S. 95. — Zwei verdächtige Personen werden festgenommen und eines gemeinsam begangenen Verbrechens beschuldigt, jedoch reichen die Beweise nicht zu ihrer Überführung aus. Sie werden getrennt in Untersuchungshaft gehalten und vor die folgenden Wahlmöglichkeiten gestellt. Gestehen beide nicht, werden beide wegen kleinerer Vergehen zu je 1 Jahr Haft verurteilt. Gesteht nur einer, erhält er als Kronzeuge nur 3 Monate, der andere 10 Jahre. Gestehen beide, erhält jeder 8 Jahre. Verabredungen zwischen beiden sind ausgeschlossen, und die algebraische Summe der den Beteiligten zufließenden Nutzen-(hier: Schadens-)beträge ist von null verschieden: Es liegt ein nichtkooperatives Nicht-Nullsummenspiel vor. In Haftzeiten gerechnet ist dies die oben unter (1) bis (3) dargestellte Situation. Jeder Gefangene hat einerseits das mit dem anderen gemeinsame Interesse, nicht zu gestehen, anderseits das individuelle Interesse zu gestehen, was immer der andere tut. Das letztgenannte dominiert, da sich jeder ausrechnen muß: Gesteht er, erhält er je nach dem Verhalten des anderen bestenfalls 3 Monate, schlimmstenfalls 8 Jahre Haft; gesteht er dagegen nicht, erhält er bestenfalls 1 Jahr, schlimmstenfalls 10 Jahre. Gleichwohl ist nicht vorhersehbar, was beide tun werden, da sie vermutlich auch noch ihre Situation nach der Haftentlassung bedenken.

tration ist eine Folge des Gefangenendilemmas: Auch wenn alle Unternehmer einsehen, daß es langfristig für das System der Marktwirtschaft und damit für sie selbst am besten ist, wenn sie keine Konzentration betreiben, nützt diese Erkenntnis nichts, wenn die kurzfristigen Vorteile von Zusammenschlüssen genügend groß sind. Wer fusioniert, hat in der Regel gegenüber den Konkurrenten einen jahrelangen Vorteil, der von diesen nur langsam aufzuholen ist. Entsprechendes gilt für den Vorschlag, die Mikroelektronik oder ihre Anwendung wegen ihrer arbeitsplatzbeseitigenden Wirkung zu verbieten: Die Industrie des Staates, der einem solchen Pakt nicht beitritt, wird bald einen uneinholbaren Vorsprung gewinnen. Das Gefangenendilemma befällt wie eine Krankheit Organisationen jeder Art. Stellt ein öffentlicher Gesundheitsdienst seine Leistungen zum Preis null zur Verfügung, besteht kein Anreiz zur sparsamen Inanspruchnahme, da der Sparsame nicht darauf vertrauen kann, daß genügend andere ebenso handeln. Hält er sich also zurück, ermöglicht er lediglich anderen einen um so stärkeren Gebrauch. Werden die Leistungen durch Zwangsbeiträge finanziert, die in keiner Beziehung zur Inanspruchnahme stehen, wird im Gegenteil ein Anreiz geschaffen, auch einmal einen Gegenwert sehen zu wollen (vgl. das Versicherungsdilemma, VIII.2). Wird ein Gut, etwa ein landwirtschaftliches Produkt, von vielen als Mengenanpasser handelnden Produzenten angeboten, haben diese das gemeinsame Interesse, das Gesamtangebot zu verringern, da dann der Preis und die Gewinne steigen. Der Gewinn eines Produzenten steigt jedoch noch stärker, wenn er als einziger mehr anbietet. Ohne gemeinsam vereinbarte oder vom Staat veranlaßte Anbaubeschränkung wird jeder individuell rational handeln und bis zum Gleichstand von Preis und Grenzkosten produzieren: Die positiven Wirkungen des Wettbewerbs sind überhaupt nur eine Folge des Gefangenendilemmas. Aber auch bei gemeinsamem Handeln bleibt dieses wirksam: Gelingt es einer Gruppe konkurrierender Anbieter, ihr gemeinsames Interesse an einem höheren Preis mit Hilfe einer Absprache über eine Angebotsbeschränkung zu verwirklichen, dann lohnt es für jeden Anbieter einzeln, sich nicht an die Absprache zu halten, sondern mit einem niedrigeren Preis Kunden von den anderen Anbietern zu sich herüberzulocken (vgl. VII.5). Im Ergebnis bricht das Kartell zusammen, und alle Anbieter stehen schlechter da, als wenn sie sich an die Absprache gehalten hätten. Schwarzfahrerverhalten ist auch ein Gewerkschaftsproblem: Der einzelne Arbeiter muß sich sagen, daß sein Beitrag zur Kampfstärke der Gewerkschaft verschwindend gering ist, während er an Lohnerhöhungen auch als Nichtmitglied partizipiert. Entsprechendes gilt für die Mitgliedschaft in Wirtschaftsverbänden. Auf globaler Ebene ist schließlich die überragend teuerste und für den Bestand der Menschheit bedrohlichste Ausprägung des Gefangenendilemmas die Unfähigkeit, sich auf eine allgemeine Abrüstung samt Garantie der bestehenden Grenzen zu einigen und das Vertrauen darauf zu erzeugen, daß sich alle Staaten an eine solche Regelung halten werden. Angesichts der gegenwärtigen Rüstungsausgaben ist die herrschende Nullsituation in geradezu absurder Weise der Situation (1) mit Regelvereinbarung unterlegen, aber das Gefangenendilemma ist (oder war?) übermächtig.

Das Gefangenendilemma fordert hohe Wohlfahrtseinbußen in Bereichen, in denen ohne Regeln kein geordnetes soziales Leben möglich ist, ihre Verletzung aber besonders hohe Erträge verspricht. Es müssen dann spezielle Vorkehrungen getroffen werden, um das Risiko des Regelverletzers zu erhöhen. Diese nehmen aber ihrerseits Ressourcen in Anspruch und senken so das allgemeine Wohlfahrtsniveau. Polizei, Strafjustiz und Justizvollzug sind die Beispiele. Aber auch Selbstbedienungsläden bedeuten Gelegenheit zur Verletzung der Regel, nicht zu stehlen, und die Kosten in Gestalt von Abwehrmaßnahmen und damit erhöhter Preise tragen alle ehrlichen Käufer. Noch in den fünfziger Jahren waren die meisten Kassenschalter der Banken und der Post in der Bundesrepublik nicht besonders geschützt — heute sind sie kostenaufwendig mit Panzerglas abgeschirmt.

Wie läßt sich das Gefangenendilemma vermeiden? Das die Wohlfahrt am meisten fördernde Verfahren bestünde darin, die Mitglieder der betrachteten Gruppe mit soviel sozialem Verantwortungsgefühl auszustatten, daß sie angesichts des Dilemmas freiwillig auf individuell rationales Verhalten verzichten und die Regeln befolgen.[65] Tatsächlich funktioniert dieses Verfahren in nennenswertem Umfang. Bei politischen Wahlen zeigt sich in der Regel eine hohe Beteiligung, obwohl jeder Wähler dafür Aufwendungen in Kauf nimmt und nur einen verschwindend geringen Beitrag zum Gesamtergebnis leistet. Zweifellos werden ständig in großem Umfang Gelegenheiten zu kriminellen Handlungen nicht wahrgenommen, und dies nicht, um das — häufig äußerst geringe oder fehlende — Risiko der Entdeckung zu vermeiden, sondern um ein gutes Gewissen zu behalten. Zeitungen werden mancherorts ohne Verkäufer vertrieben: Jedermann kann sich von einem Stand auf der Straße Exemplare nehmen, und es wird erwartet, daß er das Entgelt in eine dabeistehende Kasse legt, auch wenn keine andere Person in der Nähe ist und er die Zahlung ohne Risiko vermeiden könnte. Dazu muß aber eine allgemeine ökonomische Moral so weit entwickelt sein, daß keine oder nur wenige Exemplare gestohlen werden (was sicher auch eine Frage der in Betracht kommenden Beträge ist). Als Folge außerordentlicher Ereignisse wie Naturkatastrophen, Beginn eines Krieges und dergleichen lassen oder ließen sich Wellen von „Gemeinsinn" beobachten. Dieser wird in manchen Bereichen auch alltäglich und dauerhaft praktiziert, was erklärt, warum so viele Menschen Zeit und Aufwendungen einsetzen, um Müllkomponenten wie Altpapier, Altglas, Batterien getrennt zu entsorgen.

Jedoch muß konstatiert werden, daß das Verlangen, auf Schwarzfahrerverhalten generell zu verzichten, unter Alltagsbedingungen eine Überforderung bedeutet. Was Organisationen zur Förderung der gemeinsamen Interessen von Gruppen betrifft, so können diese um so weniger mit freiwilliger Mitwirkung ihrer als rationale Individuen handelnden Mitglieder rechnen, je größer sie sind und je geringer daher einerseits die informelle gegenseitige Kontrolle und anderseits der Beitrag der einzelnen Mitglieder ist. Die größte derartige Organisation, der Staat, kann sich daher trotz seiner offensichtlichen Notwendigkeit und gemeinsamer Überzeugungen seiner Mitglieder (Nationalgefühl) nicht auf freiwillige Beiträge verlassen, sondern muß Steuern unter Strafandrohung eintreiben. Zwang in vielerlei Gestalt ist daher generell das Verfahren, Organisationen funktionsfähig zu halten.

5. Externe Effekte. Märkte erfassen nicht alle Einwirkungen von Wirtschaftssubjekten aufeinander, die bei der Herstellung von Gütern, ihrem Verbrauch und bei Transaktionen vielerlei Art auftreten, und versagen insoweit. Die Situation ist so zu beschreiben:

---

[65] Das wäre der kategorische Imperativ (ein Handlungsgebot, das ohne Beziehung auf irgendeinen Zweck bedingungslos gut und richtig ist) des deutschen Philosophen IMMANUEL KANT: Handle nach Grundsätzen, die zugleich als allgemein geltende Gesetze dienen könnten (sinngemäß nach: Grundlegung zur Metaphysik der Sitten, 1785, an mehreren Stellen).

Def. 4.7: *Ein externer Effekt der ökonomischen Aktivität eines Wirtschaftssubjekts liegt vor, wenn von ihr Einflüsse auf mindestens ein anderes Wirtschaftssubjekt ausgehen, über die zwischen beiden nicht abgerechnet wird, die also nicht Gegenstand von Markttransaktionen sind.*

Viele Produktionstätigkeiten sind mit der Abgabe von Schadstoffen an die Umgebung verbunden. Der Rauch aus dem Fabrikschornstein, der Gestank aus der Chemiefabrik, die Radioaktivität aus dem Kernkraftwerk, der Lärm beim Haus- und Straßenbau sind wie die Einleitung von Abwässern in Flüsse, Seen und Meere, die Ablagerung giftiger Stoffe im Boden und die Verwendung nicht abbaubarer, für Mensch und unbeteiligte Tiere schädlicher Pflanzenschutzmittel klassische Beispiele für negative externe Effekte der Produktionstätigkeit. Sie wirken in erster Linie auf Mitglieder privater Haushalte ein: Diesen werden Ungüter aufgezwungen, für deren Hinnahme keine Entschädigung gezahlt wird. Zusammenhänge solcher Art bestehen auch zwischen Unternehmen, etwa wenn flußabwärts gelegene gewerbliche Wassernutzer auf dessen Sauberkeit angewiesen sind, oder wenn das eine Unternehmen expandiert und bei anderen Mitarbeiter abwirbt. Etabliert der Gesetzgeber die Wehrpflicht für junge Männer, dann bürdet er diesen bei der Produktion des Gutes „Landesverteidigung" zugunsten der Steuerzahler einen negativen externen Effekt in Höhe der zusätzlichen Kosten auf, die für eine Streitmacht aus Freiwilligen aufzubringen wären. Konsum-auf-Konsum-Effekte liegen vor, wenn jemand ein Picknick im Grünen veranstaltet, Abfälle liegen läßt und so das Vergnügen später kommender Naturfreunde beeinträchtigt. Der Betreiber einer Diskothek als Anbieter und die Besucher als Nachfrager erzeugen beim Konsum des Gutes „Diskotheknutzung" Geräusche, die von Anwohnern als Belästigung empfunden und daher negativ bewertet werden. Jedoch gibt es auch positive Externalitäten: Manche Güter werden von ihren Empfängern nicht bezahlt. Der Staudamm eines Kraftwerks verringert die Überschwemmungsgefahr, eine Aufforstung verbessert nebenbei das Klima. Wer sich impfen läßt, verringert die Ansteckungsgefahr für andere. Gewinne und Verluste der Anbieter auf einem Markt bis hin zu Konkursen sind wichtige Informationen für andere vorhandene und potentielle Marktteilnehmer und damit externe Effekte. Fragt ein Teilnehmer mehr nach und ermöglicht es dadurch einem Produzenten, infolge der Kostendegression bei Mehrproduktion seinen Preis zu senken, kommen alle anderen Nachfrager in den Genuß einer positiven Externalität. Jede erfolgreiche Wettbewerbshandlung belastet die Konkurrenten mit negativen Effekten und begünstigt in der Regel Teilnehmer der anderen Marktseite. Manchmal ist das Vorzeichen eines Effekts nicht eindeutig. Das Konsumverhalten von Haushalten beeinflußt die Präferenzen anderer, und der neue Pelz oder das Sportauto der Nachbarin wirken vermutlich neiderregend und damit negativ. Eine neue Bekleidungs- oder andere Mode entwertet in der Regel die bisherigen Güter in den Augen ihrer Besitzer. Eine Mode nicht mitzumachen, kann die Wohlfahrt jedoch auch erhöhen, da man damit seine Individualität und Unabhängigkeit betont.

Wohlfahrtstheoretisch sind die bei der Produktion eines Gutes i entstehenden externen Effekte e_i wie folgt zu beurteilen. Sind sie von null verschieden, lautet die allgemeine Effizienzbedingung

$$GK_i = p_{ij} \pm \sum_{k=1}^{K} e_{ik}, \qquad (4.32)$$

worin GK_i die Kosten der zuletzt hergestellten und verkauften Mengeneinheit, p_{ij} der vom Käufer j für diese ME bezahlte Preis und die e_{ik} die auf das k-te Wirtschaftssubjekt ($k=1\ldots K$) einwirkenden externen Effekte sind (deren Bewertung schwierig sein kann). Erhöhen die externen Effekte die Wohlfahrt der Empfänger, dann gilt das Pluszeichen in Gleichung (4.32), der gesamte (auch: soziale) Nutzen des Gutes ist größer als der individuelle des Käufers. Mindern die e_{ik} die Wohlfahrt der Empfänger, dann gilt das Minuszeichen, die volkswirtschaftlichen (auch: sozialen oder gesellschaftlichen) Kosten sind größer als die einzelwirtschaftlichen (auch: privaten). Gleichung (4.32) erlaubt einen wichtigen Schluß. Da die e_{ik} nicht in die Kostenrechnung des Produzenten eingehen, wird bei Mengenanpasserverhalten im Falle positiver Externalität zu wenig von dem Gut hergestellt, da der Produzent die $e_{ik} > 0$ nicht wahrnimmt oder keinen Gegenwert für sie vereinnahmt. Täte er es, könnte GK_i und damit auch die Produktmenge höher als in der Gleichung $GK_i=p_i$ sein (bei steigenden Grenzkosten). Entsprechend wird bei negativen externen Effekten zuviel hergestellt. Die Gesamtkosten sind $GK_i+\Sigma e_{ik}$, aber der Produzent nimmt nur den Teil GK_i davon wahr und dehnt seine Produktion daher soweit aus, bis $GK_i=p_i$ gilt, statt sie schon an der Stelle anzuhalten, an der $GK_i+\Sigma e_{ik}=p_i$ erreicht ist. Das wohlfahrtstheoretische Problem kann daher so ausgedrückt werden: Externe Effekte lassen Preise unberührt und verfälschen so die von ihnen ausgehenden Signale für Produktions- und Konsumentscheidungen.

Der Extremfall eines positiven externen Effekts liegt vor, wenn sich niemand findet, der einen Preis für das Gut bezahlt. p_i in Gleichung (4.32) wird dann null, die Empfänger eignen sich den gesamten Nutzen an, ohne einen Gegenwert zu entrichten, und der Hersteller erleidet einen Verlust in Höhe der Produktionskosten. Das ist der Fall des Kollektivgutes (vgl. VIII.3). Der entsprechende Fall einer extremen negativen Externalität ist das unaufgeklärte Verbrechen: Das Opfer als Empfänger trägt die gesamten oder fast die gesamten Kosten. Allgemein gilt: Individualgüter sind insoweit Kollektivgüter, als sie externe Effekte abgeben, da sie dann mit diesen in den Produktions- oder Nutzenfunktionen mindestens zweier Wirtschaftssubjekte auftreten, über die diese nicht abrechnen.

In manchen Fällen werden externe Effekte zunächst nicht bemerkt, oder sie sind schwach und verstärken sich im Laufe der Zeit. Von einer Schwelle an besteht dann die Tendenz, sie in Markttransaktionen zu verwandeln. Der Absender (Emittent) von Effekten, die vom Empfänger positiv bewertet werden, wird von diesem Bezahlung verlangen; der Empfänger eines negativen Effekts vom Absender Entschädigung fordern. Kommen entsprechende Vereinbarungen zustande, dann ist der externe Effekt zum Marktvorgang geworden und damit durch *Internalisierung* verschwunden.

Mitunter beeinflussen sich zwei Aktivitäten gegenseitig. So galt die Bienenhaltung in der Wirtschaftswissenschaft lange als Paradebeispiel für eine Produktionstätigkeit mit dem positiven externen Effekt der Bestäubung der Blüten von Nutzpflanzen. Dabei wurde übersehen, daß auch der Bienenhalter an möglichst vielen blühenden Pflanzen in der Nähe interessiert sein muß, da er anderenfalls nur wenig Honig ernten würde. Man könnte annehmen, daß sich beide Effekte ungefähr aufheben, und dies trifft sicher vielfach zu. Für den US-Staat Washington wurde jedoch nachgewiesen, daß je nach Saison Prämien für die Aufstellung von Bienenkörben entweder von den Plantagenbesitzern an die Imker oder umgekehrt gezahlt werden.[66]

---

[66] S. N. S. CHEUNG: The Fable of the Bees: An Economic Investigation. JLawEcs, Vol. 16, 1973, S. 23. Auch in: MANNE [5.29].

Warum werden nicht von vornherein alle Einwirkungen von Wirtschaftssubjekten aufeinander in den Preisen berücksichtigt? Ein wichtiger Grund sind die Transaktionsaufwendungen:

– Es lohnt für den Absender einer positiven Externalität nicht, von den Empfängern Preise für sie zu erheben, und für den Empfänger eines negativen Effekts nicht, Schadenersatz zu fordern.

Das Marktversagen wird also nur dann durch Internalisierung geheilt, wenn deren Erträge größer als ihre Aufwendungen sind. In vielen Fällen ist es auch schwierig, Absender oder Empfänger externer Effekte ausfindig zu machen. Die Internalisierung scheitert dann am Informationsproblem. Aber selbst wenn beispielsweise ein Luftverschmutzer bekannt ist, verteilt sich der negative Effekt mit schwierig zu bestimmenden und in jedem Fall sehr kleinen Beträgen auf sehr viele Empfänger, so daß es für keinen von ihnen einzeln lohnt, Schritte gegen den Emittenten zwecks Internalisierung zu unternehmen. Gerade in diesem Beispiel gibt es jedoch noch ein anderes, nämlich institutionelles, Hindernis:

– Die Rechtsordnung bietet keine Handhabe zur Verwertung oder aber Abwehr mancher externer Effekte, weil sie deren kostenlose Verbreitung oder aber Hinnahme im Rahmen einer Interessenabwägung als zumutbar ansieht.

Das Nachbarschaftsrecht steckt voller Regelungen von Einzelproblemen dieser Art, da externe Effekte um so häufiger auftreten und um so intensiver sind, je dichter Menschen zusammenleben.

Die Diagnose wichtiger Gründe dafür, daß externe Effekte entstehen und bestehen bleiben, läßt erwarten, daß diese Art des Marktversagens entweder durch kollektive Aktionen oder staatliches Eingreifen geheilt werden kann. Im Beispiel der Bienenhaltung würde das Problem verschwinden, wenn sich Plantagenbesitzer und Imker zu einem Unternehmen zusammenschlössen. Dasselbe gilt für den Fall, daß ein ausgedehntes Erdöl- oder Erdgasfeld von mehreren Unternehmen ausgebeutet wird. Jedes von ihnen ist bestrebt, zu Lasten der anderen möglichst viel selbst zu fördern, so daß insgesamt zu viele Bohrungen niedergebracht werden. Ein Zusammenschluß der Unternehmen würde die von jeder Bohrung ausgehende Minderung der Förderchancen der anderen als Problem verschwinden lassen. Jedoch sind solche freiwilligen Aktionen vom Schwarzfahrerproblem bedroht. Aus diesem Grund und auch wegen der eben angedeuteten Mängel der Rechtsordnung können externe Effekte vielfach nur durch staatliche Eingriffe beseitigt oder gemildert werden.

Literatur zum vierten Kapitel

Allgemeines:

Die Markt- und Wettbewerbstheorie wurde zu Beginn der dreißiger Jahre wesentlich von zwei Werken beeinflußt, mit denen sich die Erkenntnis durchsetzte, daß die Verhältnisse auf den meisten Märkten moderner Industriegesellschaften nicht mehr zureichend mit dem Modell des vollkommenen Marktes erklärt werden konnten:

[4.01] E. H. CHAMBERLIN: The Theory of Monopolistic Competition. A Re-orientation of the Theory of Value. 1933, 7. Aufl. Cambridge, Mass. 1956. XIV, 350 S.
[4.02] J. ROBINSON: The Economics of Imperfect Competition. 1933, 2. Aufl. London 1969. XX, 352 S.

Die heutigen Forschungen dazu behandeln die S. 311 f. genannten Fragen und bilden das Fachgebiet der Industrieökonomik, das in den letzten Jahren zunehmendes Interesse gefunden hat. Eine Auswahl aus der großen Zahl zusammenfassender Darstellungen ist

[4.03] F. M. Scherer: Industrial Market Structure and Economic Performance. 1970, 2. Aufl. Chicago 1980. XII, 632 S. (3. Auflage für 1990 angekündigt.)

[4.04] D. A. Hay/D. J. Morris: Industrial Economics. Theory and Evidence. Oxford 1979. X, 649 S.

[4.05] W. G. Shepherd: The Economics of Industrial Organization. Englewood Cliffs 1979. XIV, 463 S.

[4.06] E. Kaufer: Industrieökonomik. Eine Einführung in die Wettbewerbstheorie. München 1980. XXVII, 631 S.

[4.07] I. Böbel: Wettbewerb und Industriestruktur. Industrial organization – Forschung im Überblick. Berlin u. a. 1984. XIV, 336 S.

[4.08] S. Martin: Industrial Economics. Economic Analysis and Public Policy. New York u. a. 1988. XIII, 540 S.

[4.09] R. Schmalensee: Industrial Economics: An Overview. EJ, Vol. 98, 1988, S. 643–681.

[4.10] J. Tirole: The Theory of Industrial Organization. Cambridge, Mass. u. a. 1988. XII, 479 S.

[4.11] C. G. Krouse: Theory of Industrial Economics. Cambridge, Mass. 1990. XXI, 602 S.

Den Beitrag der Experimentalökonomik zur Markttheorie faßt zusammen

[4.12] C. R. Plott: Industrial Organization Theory and Experimental Economics. JELit, Vol. 20, 1982, S. 1485–1527.

Sammelbände mit Aufsätzen über mehrere der in diesem Kapitel behandelten Themen sind

[4.13] G. Bombach/B. Gahlen/A. E. Ott (Hg.): Industrieökonomik: Theorie und Empirie. Tübingen 1985. VII, 335 S.

[4.14] H. W. de Jong/W. G. Shepherd (Hg.): Mainstreams in Industrial Organization. Dordrecht u. a. 1986. Book I: Theory and International Aspects. X, 210 S. — Book II: Policies: Antitrust, Deregulation and Industrial. X, 205 S.

[4.15] R. Schmalensee/R. D. Willig (Hg.): Handbook of Industrial Organization. Amsterdam u. a. 1989. 2 Bde, XXVI, XXIV, 1555 S.

Untersuchungen ausgewählter Wirtschaftszweige in der Bundesrepublik enthalten

[4.16] P. Oberender (Hg.): Marktstruktur und Wettbewerb in der Bundesrepublik Deutschland. Branchenstudien zur deutschen Volkswirtschaft. München 1984. X, 694 S.

[4.17] P. Oberender (Hg.): Marktökonomie. Marktstruktur und Wettbewerb in ausgewählten Branchen der Bundesrepublik Deutschland. München 1989. VIII, 742 S.

Zu Teil I:

Einige Spezialtitel zum Allokationsproblem sind im Anschluß an das 3. Kapitel genannt. Wirtschaftspolitische Aspekte behandeln zusätzlich

[4.18] H. Schmidbauer: Allokation, technischer Fortschritt und Wettbewerbspolitik. Tübingen 1974. IX, 670 S.

[4.19] E. Sohmen: Allokationstheorie und Wirtschaftspolitik. Tübingen 1976. XVI, 468 S.

Kurze Einführungen in das allgemeine mikroökonomische Gleichgewichtsmodell finden sich in vielen Lehrbüchern der Mikroökonomik. Vgl. außerdem

[4.20] K. J. Arrow: General Economic Equilibrium: Purpose, Analytic Techniques, Collective Choice. AER, Vol. 64, 1974, S. 253–272.

[4.21] E. R. WEINTRAUB: General Equilibrium Theory. London u. a. 1974. 64 S.
[4.22] D. SIMPSON: General Equilibrium Analysis. An Introduction. Oxford 1975. XVIII, 164 S.
[4.23] C. M. PRICE: Welfare Economics in Theory and Practice. London u. a. 1977. VIII, 175 S.
[4.24] D. DUFFIE/H. SONNENSCHEIN: Arrow and General Equilibrium Theory. JELit, Vol. 27, 1989, S. 565–598.

Gesamtdarstellungen sind

[4.25] J. QUIRK/R. SAPOSNICK: Introduction to General Equilibrium Theory and Welfare Economics. New York u. a. 1968. 221 S.
[4.26] K. J. ARROW/F. H. HAHN: General Competitive Analysis. San Francisco u. a. 1971. XII, 452 S.
[4.27] M. B. KRAUSS/H. G. JOHNSON: General Equilibrium Analysis. A Micro-economic Text. London 1974. 343 S.
[4.28] M. ALLINGHAM: General Equilibrium. London u. a. 1975. VIII, 113 S.
[4.29] V. WALSH/H. GRAM: Classical and Neoclassical Theories of General Equilibrium. Historical Origins and Mathematical Structure. New York u. a. 1980. XVI, 426 S.
[4.30] W. HILDENBRAND/A. P. KIRMAN: Equilibrium Analysis. Variations on Themes by Edgeworth and Walras. Amsterdam u. a. 1988. XI, 297 S.

Die Tatsache, daß in der allgemeinen Gleichgewichtstheorie keine unmittelbar empirisch relevanten Probleme behandelt werden und daß das Übertragungsproblem nicht einmal gestellt, geschweige denn gelöst werden kann, ist oft kritisiert worden. Vgl.

[4.31] N. KALDOR: The Irrelevance of Equilibrium Economics. EJ, Vol. 82, 1972, S. 1237–1255.

Zum Effizienzbegriff vgl.

[4.32] A. SEN: The Concept of Efficiency. S. 196–210 in: M. PARKIN/A. R. NOBAY (Hg.): Contemporary Issues in Economics. Manchester 1975.

Die Effizienzbedingungen sind u. a. dargestellt und erläutert bei SOHMEN [4.19] sowie bei

[4.33] H. GIERSCH: Allgemeine Wirtschaftspolitik. Erster Band: Grundlagen. Wiesbaden 1960, S. 106–125.
[4.34] A. ALBRECHT/M. J. HOLLER: Mikroökonomie: Das sozialökonomische Optimum. München 1978. 128 S.

Einführungen, Gesamtdarstellungen, Übersichten über den jeweiligen Stand und Kritik der Wohlfahrtsökonomik bieten

[4.35] E. J. MISHAN: A Survey of Welfare Economics, 1939–1959. EJ, Vol. 70, 1960, S. 197–265.
    Deutsch: Ein Überblick über die Wohlfahrtsökonomik 1939–1959. S. 110–176 in: G. GÄFGEN (Hg.): Grundlagen der Wirtschaftspolitik. Köln u. a. 1966.
[4.36] D. M. WINCH: Analytical Welfare Economics. Harmondsworth u. a. 1971. 208 S.
[4.37] P. BOHM: Social Efficiency. A Concise Introduction to Welfare Economics. 1973, 2. Aufl. Basingstoke 1987. XIV, 182 S.
[4.38] C. K. ROWLEY/A. T. PEACOCK: Welfare Economics. A Liberal Restatement. London 1975. VIII, 198 S.
[4.39] B. KÜLP u. a.: Wohlfahrtsökonomik I: Die Wohlfahrtskriterien. 1975, 2. Aufl. Tübingen 1984. XIII, 187 S. — Wohlfahrtsökonomik II: Maßnahmen und Systeme. 1976. XI, 168 S.
[4.40] R. SUGDEN: The Political Economy of Public Choice. An Introduction to Welfare Economics. Oxford 1981. XIII, 217 S.

[4.41] J. BONNER: Politics, Economics and Welfare. An Elementary Introduction to Social Choice. Brighton 1986. X, 205 S.

Zum Arrow-Paradox vgl.

[4.42] K. J. ARROW: Social Choice and Individual Values. 1951, 2. Aufl. New Haven u. a. 1963. XI, 124 S.
[4.43] A. F. MACKAY: Arrow's Theorem. The Paradox of Social Choice. A Case Study in the Philosophy of Economics. New Haven u. a. 1980. IX, 143 S.

Die Theorie des Zweitbesten wird abgehandelt in

[4.44] O. A. DAVIS/A. B. WHINSTON: Welfare Economics and the Theory of Second Best. REStud, Vol. 32, 1965, S. 1–14.
[4.45] U. SCHLIEPER: Pareto-Optima, externe Effekte und die Theorie des Zweitbesten. Köln u. a. 1969. 97 S.
[4.46] D. BÖS/C. SEIDL (Hg.): Welfare Economics of the Second Best. Wien u. a. 1986. 280 S.

Erkenntnisse der Wohlfahrtsökonomik dienen in der Praxis vor allem in Gestalt von Kosten-Nutzen-Analysen der Beurteilung von Investitionsvorhaben, meist solchen der öffentlichen Hand, die keine oder nicht nur Erträge in Geld erbringen:

[4.47] A. R. PREST/R. TURVEY: Cost-Benefit Analysis: A Survey. EJ, Vol. 75, 1965, S. 683–735.
[4.48] E. J. MISHAN: Cost-Benefit Analysis: An Informal Introduction. 1971, 4. Aufl. Winchester u. a. 1988. XXX, 461 S.
[4.49] R. SUGDEN/A. WILLIAMS: The Principles of Practical Cost-Benefit Analysis. Oxford 1978. XII, 275 S.
[4.50] H. HANUSCH/P. BIENE/M. SCHLUMBERGER: Nutzen-Kosten-Analyse. München 1987. XII, 195 S.

Zu Teil II:

Dynamische Marktanalysen finden sich in vielen Lehrbüchern der Mikroökonomik. Monographien über dynamische Analysen allgemein sind

[4.51] W. J. BAUMOL: Economic Dynamics. An Introduction. 1951, 3. Aufl. London 1970. XIX, 472 S.
[4.52] A. E. OTT: Einführung in die dynamische Wirtschaftstheorie. 1963, 2. Aufl. Göttingen 1970. 254 S.

Eine Übersicht über Modelle zum Problem, wie es auf Mengenanpassermärkten zur Bildung von Gleichgewichtspreisen kommt, gibt

[4.53] M. ROTHSCHILD: Models of Market Organization with Imperfect Information: A Survey. JPE, Vol. 81, 1973, S. 1283–1308. Auch in: DIAMOND/ROTHSCHILD [3.34].

Ungewißheits- und Ungleichgewichtsprobleme werden allgemein behandelt von

[4.54] K. W. ROTHSCHILD: Einführung in die Ungleichgewichtstheorie. Berlin u. a. 1981. X, 176 S.

Übersichten zum Problem des Produktlebenszyklus und Marktphasenschemata geben neben HEUSS [3.11]:

[4.55] H. MEFFERT: Interpretation und Aussagewert des Produktlebenszyklus-Konzeptes. S. 85–134 in: P. HAMMANN u. a. (Hg.): Neuere Ansätze der Marketingtheorie. Berlin 1974.
[4.56] E. WESNER: Die Planung von Marketing-Strategien auf der Grundlage des Modells des Produktlebenszyklus. Diss. Berlin 1977. IV, 320 S.

Zu Teil III:

Die Frage, ob „Macht" eine selbständige Erklärungsvariable für das Marktverhalten ist, bildet einen alten Streitpunkt der Volkswirtschaftslehre. Die Gesellschaft für Wirtschafts- und Sozialwissenschaften widmete dem Problem wirtschaftlicher Macht eine Tagung:

[4.57] H. K. SCHNEIDER/C. WATRIN (Hg.): Macht und ökonomisches Gesetz. Berlin 1973. 2 Bde. X, XII, 1468 S.

Weitere Sammelbände sind

[4.58] K. W. ROTHSCHILD (Hg.): Power in Economics. Selected Readings. Harmondsworth u. a. 1971. 366 S.
[4.59] W. C. PETERSON (Hg.): Market Power and the Economy. Industrial, Corporate, Governmental, and Political Aspects. Boston u. a. 1988. XI, 176 S.

Unter dem Gesichtspunkt der Ausübung von Macht wird das Marktgeschehen ferner behandelt von

[4.60] W. G. SHEPHERD: Market Power and Economic Welfare. An Introduction. New York 1970. XII, 302 S.
[4.61] H. ARNDT: Wirschaftliche Macht. Tatsachen und Theorien. 1974, 3. Aufl. München 1980. 221 S.
[4.62] G. KLAUSS: Die Bestimmung von Marktmacht. Eine Untersuchung von Machtkriterien unter Berücksichtigung der Zusammenschlußkontrolle des „Gesetzes gegen Wettbewerbsbeschränkungen" in der Bundesrepublik Deutschland. Berlin u. a. 1975. 255 S.
[4.63] R. BARTLETT: Economics and Power. An Inquiry into Human Relations and Markets. Cambridge u. a. 1989. XI, 209 S.

Prominenter Vertreter der Ansicht, daß Marktmacht regelmäßig zur Bildung von Gegenmacht führt, ist

[4.64] J. K. GALBRAITH: American Capitalism. The Concept of Countervailing Power. Boston 1952. XI, 217 S.
Deutsch: Der amerikanische Kapitalismus im Gleichgewicht der Wirtschaftskräfte. Stuttgart u. a. 1956. 208 S.

Als Kommentare zu dieser Idee erschienen unter dem gemeinsamen Obertitel „Das Gegengewichtsprinzip in der Wirtschaftsordnung", Köln u. a. 1966:

[4.65] C.-A. ANDREAE/W. GLAHE: Bd. I — Wirtschaftliche Macht und Wettbewerb. 148 S.
[4.66] A. GUTERSOHN/H.-G. GEISBÜSCH: Bd II — Machtungleichgewichte und Gegengewichtsbildung in der Wirtschaftswirklichkeit. 207 S.
[4.67] H. BARTHOLOMEYCZIK/W. BENISCH: Bd III — Rechtsgrundlagen der Gegengewichtsbildung. 117 S.
[4.68] M. SCHREIBER: Bd IV — Kooperation als Gegengewichtsbildung. 151 S.

Die erste und heute noch gültige Analyse der Monopolpreisbildung lieferte

[4.69] A. A. COURNOT: Recherches sur les principes mathématiques de la théorie des richesses. Paris 1838.
Deutsch: Untersuchungen über die mathematischen Grundlagen der Theorie des Reichtums. Jena 1924. XXIII, 152 S.

Eine ältere einführende und eine neuere weiterführende Gesamtdarstellung sind

[4.70] F. MACHLUP: The Political Economy of Monopoly. Business, Labor and Government Policies. Baltimore 1952. XVI, 544 S.

[4.71] W. KRELLE: Preistheorie I. Teil — Monopol- und Oligopoltheorie. II. Teil — Theorie des Polypols, des bilateralen Monopols (Aushandlungstheorie), Theorie mehrstufiger Märkte, gesamtwirtschaftliche Optimalitätsbedingungen. Spieltheoretischer Anhang. Tübingen 1976. XVI, 822 S.

Vorschläge zur Messung des Monopolgrades stammen von (vgl. auch die zusammenfassende Darstellung bei MACHLUP [4.70], S. 469—528):

[4.72] A. P. LERNER: The Concept of Monopoly and the Measurement of Monopoly Power. REStud, Vol. 1, 1933–1934, S. 157–175. Auch in: RICKETTS [I.33], Vol. I.
[4.73] J. S. BAIN: The Profit Rate as a Measure of Monopoly Power. QJE, Vol. 55, 1941, S. 271–293.

Zum Problem der Nachfragermacht vgl.

[4.74] O. WILDE: Wettbewerbsverzerrungen und Wettbewerbsbeschränkungen durch Nachfragermacht. Freiburg 1979. 134 S.
[4.75] Buying Power. The Exercise of Market Power by Dominant Buyers. Report of the Committee of Experts on Restrictive Business Practices. OECD, Paris 1981. 178 S.
Deutsch: Nachfragemacht. Die Ausübung von Marktmacht durch marktstarke Nachfrager. Bericht des Wettbewerbsausschusses der OECD. Köln u. a. 1983. VIII, 170 S.
[4.76] U. KIRSCHNER: Die Erfassung der Nachfragemacht von Handelsunternehmen. Eine Analyse der ökonomischen Beurteilungskriterien und der wettbewerbsrechtlichen Instrumente im Bereich der Verhaltenskontrolle. Frankfurt am Main u. a. 1988. X, 378 S.

Zu Teil IV:

Die Theorie des Polypols wird ausführlich behandelt bei MACHLUP [3.10], GUTENBERG [2.01], KRELLE [4.71], II. Teil. Eine Diskussion des Polypols unter wettbewerbspolitischem Aspekt findet sich bei

[4.77] H. WILLGERODT: Fehlurteile über vielzahligen Wettbewerb. Ordo, Bd 26, 1975, S. 97–130.

Ein Sammelband zu Problemen des monopolistischen Wettbewerbs ist

[4.78] R. E. KUENNE (Hg.): Monopolistic Competition Theory: Studies in Impact. Essays in Honor of Edward H. Chamberlin. New York u. a. 1967. X, 387 S.

Zu Teil V:

Einführungen in die Oligopoltheorie werden in vielen Lehrbüchern geboten. Für ausführlichere Darstellungen vgl. MACHLUP [3.10], OTT [I.02], KRELLE [4.71], I. Teil. Die aus Beobachtungen des Verhaltens von Oligopolen gewonnenen Erkenntnisse werden ausführlich in den Monographien und Sammelwerken zur Industrieökonomik referiert. Die Oligopoltheorie nimmt ihren Anfang bei COURNOT [4.69], verdankt wesentliche Beiträge neben CHAMBERLIN [4.01] auch

[4.79] H. v. STACKELBERG: Marktform und Gleichgewicht. Wien u. a. 1934. VI, 138 S.

und wurde nach dem zweiten Weltkrieg zusammengefaßt dargestellt bei

[4.80] W. FELLNER: Competition among the Few. Oligopoly and Similar Market Structures. New York 1949. IX, 328, III S.

Neuere Gesamtdarstellungen sowie ein Sammelband sind

[4.81] M. Shubik/R. Levitan: Market Structure and Behavior. Cambridge u.a. 1980. XI, 252 S.
[4.82] J.W. Friedman: Oligopoly Theory. Cambridge u.a. 1983. XVI, 239 S.
[4.83] A.F. Daughety (Hg.): Cournot Oligopoly. Characterization and Applications. Cambridge u.a. 1988. VIII, 443 S.

Unternehmerisches Verhalten unter oligopolistischen Bedingungen ist ein bevorzugtes Anwendungsgebiet der Theorie der strategischen Spiele. Vgl. dazu

[4.84] R.D. Luce/H. Raiffa: Games and Decisions. Introduction and Critical Survey. New York u.a. 1957. XIX, 509 S.
[4.85] M. Bacharach: Economics and the Theory of Games. London u.a. 1976. IX, 163 S.
[4.86] M.D. Davis: Game Theory. A Nontechnical Introduction. 1970, rev. Aufl. New York 1983. XIX, 252 S.
[4.87] J.W. Friedman: Game Theory with Applications to Economics. New York u.a. 1986. XVIII, 262 S.
[4.88] E. Rasmusen: Games and Information. An Introduction to Game Theory. Oxford u.a. 1989. 352 S.

Die Idee der geknickten Nachfragekurve wurde u.a. von

[4.89] P. Sweezy: Demand under Conditions of Oligopoly. JPE, Vol. 47, 1939, S. 568–573. Auch in: Ott [I.30]

eingeführt. Neuere empirische Untersuchungen dazu sind

[4.90] J.L. Simon: A Further Test of the Kinky Oligopoly Demand Curve. AER, Vol. 59, 1969, S. 971–975.
[4.91] W.J. Primeaux/M.R. Bomball: A Reexamination of the Kinky Oligopoly Demand Curve. JPE, Vol. 82, 1974, S. 851–862.

Erschöpfende Überblicke geben

[4.92] G.J. Stigler: The Literature of Economics: The Case of the Kinked Oligopoly Demand Curve. Economic Inquiry, Vol. 16 Part 2, 1978, S. 185–204. Auch in: Wagner [I.34].
[4.93] G.C. Reid: The Kinked Demand Curve Analysis of Oligopoly. Theory and Evidence. Edinburgh 1981. IX, 113 S.

Preisführerschaft wurde untersucht von

[4.94] H. Lampert: Die Preisführerschaft. Versuch einer zusammenfassenden Darstellung. Jahrbücher für Nationalökonomie und Statistik, Bd 172, 1960, S. 203–239.
[4.95] T. Seitz: Preisführerschaft im Oligopol. Köln u.a. 1965. 256 S.

Zu Teil VI:

Analysen der Preisdifferenzierung sind in vielen Lehrbüchern enthalten, vgl. besonders Robinson [4.02], Machlup [4.70], Scherer [4.03], Hirshleifer [I.14]. Eine systematische Aufzählung der Arten der Preisdifferenzierung bringt

[4.96] F. Machlup: Characteristics and Types of Price Discrimination. S. 397–440 (mit Kommentaren) in: Business Concentration and Price Policy. Princeton 1955.

Neuere Untersuchungen sind

[4.97] G. Skiba: Preisdiskriminierung und Wettbewerbspolitik. Eine wettbewerbspolitische Untersuchung des Diskriminierungskonzepts der Preistheorie. Frankfurt 1971. VIII, 162 S.

[4.98] H.-D. Weiss: Preisdifferenzierung und funktionsfähiger Wettbewerb. Eine Untersuchung zur Frage der wettbewerbspolitischen Begründung von Diskriminierungsverboten. Hamburg 1972. 422 S.

[4.99] L. Phlips: Price Discrimination: A Survey of the Theory. Journal of Economic Surveys, Vol. 2, 1988, S. 135–167.

Zu Teil VII:

Die Literatur zum Problem der Konzentration wirtschaftlicher Größen im allgemeinen und der Unternehmen im besonderen umfaßt auch viele empirische Untersuchungen. Einschlägige Werke sind

[4.100] J. M. Blair: Economic Concentration. Structure, Behavior and Public Policy. New York u. a. 1972. XVII, 742 S.

[4.101] H. J. Goldschmid u. a. (Hg.): Industrial Concentration: The New Learning. Boston u. a. 1974. VIII, 470 S.

[4.102] H.-H. Barnikel (Hg.): Probleme der wirtschaftlichen Konzentration. Darmstadt 1975. XVI, 646 S.

[4.103] D. C. Mueller (Hg.): The Determinants and Effects of Mergers. An International Comparison. Cambridge, Mass u. a. 1980. XVIII, 353 S.

[4.104] W. Schubert/K. Küting: Unternehmungszusammenschlüsse. München 1981. XX, 473 S.

[4.105] B. Curry/K. D. George: Industrial Concentration. A Survey. Journal of Industrial Economics, Vol. 31, 1983, S. 203–255.

Viele wichtige Informationen zu allgemeinen Problemen der wirtschaftlichen Konzentration und der Wettbewerbspolitik enthalten die Ergebnisse von Anhörungen des Parlaments der Vereinigten Staaten:

[4.106] Economic Concentration. Hearings before the Subcommittee on Antitrust and Monopoly of the Committee on the Judiciary, United States Senate. 8 Bde. Washington, D.C. 1965–1970. 5392 S.

Zu der Schumpeterschen Hypothese, daß der technische Fortschritt durch die Aussicht auf monopolistische Marktmacht oder deren Vorhandensein und generell durch die Existenz von Großunternehmen begünstigt wird, vgl.

[4.107] M. I. Kamien/N. L. Schwartz: Market Structure and Innovation. Cambridge u. a. 1982. XI, 241 S.

Die Unternehmenskonzentration in der Bundesrepublik Deutschland war Anfang der sechziger Jahre Gegenstand einer staatlichen Untersuchung, der *Konzentrationsenquete*. Seit der Bildung der Monopolkommission ist der jeweils neueste Stand der Unternehmenskonzentration in der Bundesrepublik deren Hauptgutachten zu entnehmen. Vgl. Monopolkommission [5.72]. Übersichten über das Problem der Konzentrationsmessung geben

[4.108] W. Piesch: Statistische Konzentrationsmaße. Formale Eigenschaften und verteilungstheoretische Zusammenhänge. Tübingen 1975. X, 287 S.

[4.109] C. Baum/H.-H. Möller: Die Messung der Unternehmenskonzentration und ihre statistischen Voraussetzungen in der Bundesrepublik Deutschland. Meisenheim 1976. 89 S.

Zur Theorie und statistischen Messung der vertikalen Konzentration vgl.

[4.110] D. L. Kaserman: Theories of Vertical Integration: Implications for Antitrust Policy. Antitrust Bulletin, Vol. 23, 1978, S. 483–510.

[4.111] R. D. Blair/D. L. Kaserman: Law and Economics of Vertical Integration and Control. New York u. a. 1983. XI, 211 S.

Zur Frage der konglomeraten Konzentration vgl.

[4.112] B. VELTRUP: Die wettbewerbspolitische Problematik konglomerater Fusionen. Göttingen 1975. XIII, 233 S.
[4.113] P. O. STEINER: Mergers. Motives, Effects, Policies. Ann Arbor 1977. XIII, 359 S.
[4.114] R. D. BLAIR/R. F. LANZILLOTTI (Hg.): The Conglomerate Corporation. An Antitrust Law and Economics Symposium. Cambridge, Mass. 1981. VIII, 374 S.
[4.115] W. H. GOLDBERG: Mergers. Motives, Modes, Methods. Aldershot 1983. IX, 344 S.
[4.116] A. GRIMM: Motive konglomerater Zusammenschlüsse. Analyse der theoretischen Erklärungsansätze und Fallstudien großer Zusammenschlüsse in den USA. Göttingen 1987. X, 226 S.

Preis- und andere vertikale Bindungen behandeln

[4.117] G. ELSHOLZ: Preisbindung in der Marktwirtschaft? Opladen 1967. 57 S.
[4.118] J. BERSUCH: Alternativen zur Preisbindung als Instrumente der Absatzpolitik. Meisenheim 1971. XXXI, 254 S.

Preisempfehlungen wurden in der Bundesrepublik vom Ifo-Institut untersucht:

[4.119] E. BATZER/E. GREIPL/E. SINGER: Handhabung und Wirkung der unverbindlichen Preisempfehlung. Berlin u. a. 1976. 143 S.

Zur Frage der Zutrittsbeschränkungen vgl.

[4.120] J. S. BAIN: Barriers to New Competition. Their Character and Consequences in Manufacturing Industries. Cambridge, Mass. 1956. X, 329 S.
[4.121] C. C. v. WEIZSÄCKER: Barriers to Entry. A Theoretical Treatment. Berlin u. a. 1980. VI, 220 S.
[4.122] G. S. YIP: Barriers to Entry. A Corporate-Strategy Perspective. Lexington u. a. 1982. XV, 222 S.

Mit Kartellen befassen sich

[4.123] P. MUNTHE: Horizontale Kartelle. Berlin 1969. 182 S.
[4.124] H. ENKE: Kartelltheorie. Begriff, Standort und Entwicklung. Tübingen 1972. XIV, 284 S.

Internationale Rohstoffkartelle wurden untersucht von

[4.125] F. G. ADAMS/S. A. KLEIN (Hg.): Stabilizing World Commodity Markets. Analysis, Practice, and Policy. Lexington u. a. 1978. XVII, 335 S.
[4.126] C. NAPPI: Commodity Market Controls. A Historical Review. Lexington u. a. 1979. XI, 199 S.

Marktinformationssysteme, Submissionskartelle und das Frachtbasensystem behandeln

[4.127] B. RÖPER/P. ERLINGHAGEN: Wettbewerbsbeschränkung durch Marktinformation? Eine Würdigung aus wettbewerbspolitischer und kartellrechtlicher Sicht. Köln u. a. 1974. VII, 174 S.
[4.128] Collusive Tendering. Report of the Committee of Experts on Restrictive Business Practices. OECD, Paris 1976. 83 S.
[4.129] D. D. HADDOCK: Basing-Point Pricing: Competitive vs. Collusive Theories. AER, Vol. 72, 1982, S. 289–306.

Zum Problem marktexterner Operationen vgl.

[4.130] E. R. WALKER: Beyond the Market. S. 36–55 in: ROTHSCHILD [4.58].
[4.131] K. SCHMIDT: Zur Ökonomik der Korruption. Schmollers Jahrbuch für Wirtschafts- und Sozialwissenschaften, 89. Jg., 1. Halbbd 1969, S. 129–149.

[4.132] S. ROSE-ACKERMAN: The Economics of Corruption. Journal of Public Economics, Vol. 4, 1975, S. 187–203.
[4.133] N. H. JACOBY/P. NEHEMKIS/R. EELS: Bribery and Extortion in World Business. A Study of Corporate Political Payments Abroad. New York u. a. 1977. XX, 294 S.

Zu Teil VIII:

Eine Reihe wichtiger Untersuchungen zum Problem des Marktversagens enthält der Sammelband

[4.134] T. COWEN (Hg.): The Theory of Market Failure. A Critical Examination. Washington 1988. 384 S.

Grundsatzkritik wird geübt von

[4.135] H. DEMSETZ: Information and Efficiency: Another Viewpoint. JLawEcs, Vol. 12, 1969, S. 1–22. Auch in: LAMBERTON [3.33].

Zur Frage des Versicherungsdilemmas vgl.

[4.136] K. J. ARROW: Uncertainty and the Welfare Economics of Medical Care. AER, Vol. 53, 1963, S. 941–973. Auch in: RICKETTS [I.33], Vol. II. Kommentare von M. V. PAULY und K. J. ARROW in: AER, Vol. 58, 1968, S. 531 und 537.
[4.137] W. MAHR: Das moralische Risiko in Individual- und Sozialversicherung. Das Prinzip und seine Tragweite. Zeitschrift für die gesamte Versicherungswissenschaft, 66. Bd 1977, S. 205–240.

Das Problem der Nichtentstehung von Märkten wegen Schwarzfahrerverhaltens wird teilweise durch die Bildung von Kollektiven geheilt. Vgl.

[4.138] M. OLSON: The Logic of Collective Action. Public Goods and the Theory of Groups. 1965. 2. Aufl. Cambridge, Mass. 1971. X, 186 S.
Deutsch: Die Logik des kollektiven Handelns. Kollektivgüter und die Theorie der Gruppen. 1968, 2. Aufl. Tübingen 1985. XIV, 181 S.
[4.139] B. A. WEISBROD: The Voluntary Nonprofit Sector. An Economic Analysis. Lexington 1977. VIII, 179 S.

Zum Problem der externen Effekte vgl.

[4.140] R. H. COASE: The Problem of Social Cost. JLawEcs, Vol. 30, 1960, S. 1–44. Auch in: MANNE [5.29]; RICKETTS [I.33], Vol. II.
[4.141] K. HEINEMANN: Externe Effekte der Produktion und ihre Bedeutung für die Wirtschaftspolitik. Berlin 1966. 149 S.
[4.142] E. J. MISHAN: The Postwar Literature on Externalities: An Interpretative Essay. JELit, Vol. 9, 1971, S. 1–28. Auch in: MANNE [5.29].

Ein Sammelband ist

[4.143] R. J. STAAF/F. X. TANNIAN (Hg.): Externalities: Theoretical Dimensions of Political Economy. New York u. a. ohne Jahr (1972?). IX, 354 S.

Fünftes Kapitel

Markt und Staat

In diesem Kapitel wird, wenn auch nur in Auswahl und skizzenhaft, die Frage erörtert, auf welche Weise öffentliche Stellen die Allokation beeinflussen und wie private Wirtschaftssubjekte darauf reagieren. Das zugrundeliegende Werturteil lautet: Jeder öffentliche Eingriff in den Wirtschaftsprozeß bedarf schon deshalb der Rechtfertigung und ständigen Überwachung, weil er Machtausübung bedeutet, deren Begrenzung und Kontrolle die zentrale Errungenschaft eines demokratischen Gemeinwesens ist. Teil I enthält eine Übersicht über die Bereiche staatlicher Eingriffe und skizziert den rechtlichen Rahmen einer Marktwirtschaft, innerhalb dessen die Verfügungsrechte über Güter eine prominente Rolle spielen. Teil II diskutiert einige Bereiche staatlicher Betätigung auf der einzelwirtschaftlichen Ebene. Da kein Eingriff allein deshalb, weil er von Staats wegen erfolgt, zu dem gewünschten Ergebnis führt, wird hier ständig auch auf die Möglichkeit falscher oder unzulänglicher Maßnahmen sowie auf Nebenwirkungen hingewiesen. Dieser Gedanke leitet zu Teil III über, in dem einige Aspekte heutiger Kritik an der staatlichen Beeinflussung der Allokation dargelegt sind.

I. Staatliche Rahmenbedingungen der Marktwirtschaft

1. Bereiche staatlicher Eingriffe. Schon die oberflächlichste Beobachtung lehrt, daß öffentliche Stellen heutzutage mit einer zunächst unübersehbaren Fülle von Maßnahmen in den Wirtschaftsprozeß eingreifen. Will man den jeweils vorhandenen Institutionen und anderen Tatsachen des menschlichen Zusammenlebens nicht schon deshalb eine Daseinsberechtigung zuerkennen, weil es sie nun einmal gibt, muß man fragen, warum sie entstanden sind und welche Ziele und damit Werturteile ihr Fortbestehen rechtfertigen. Die Antwort wurde mit der Marktkritik S. 351 und in Teil VIII des 4. Kapitels gegeben. Das menschliche Zusammenleben führt im wirtschaftlichen Bereich zu Problemen, die nicht von privaten Unternehmen gelöst und nicht über Märkte geregelt werden können; und das marktwirtschaftliche System arbeitet in mancher Hinsicht unbefriedigend und läßt damit seinerseits Probleme entstehen. Beide Gründe machen die Einrichtung besonderer Institutionen in Gestalt öffentlicher Haushalte und Unternehmen sowie wirtschaftspolitischer Instanzen erforderlich. Deren ökonomische Tätigkeit wird häufig in die Wahrnehmung einer Distributions-, einer Stabilisierungs- und einer Allokationsaufgabe eingeteilt.[1] Die Umverteilung von Einkommen, in geringerem Maße auch von Vermögen, und der Chancen

---

[1] Vgl. etwa MUSGRAVE/MUSGRAVE/KULLMER [5.02], Bd. 1, 5. Aufl., S. 5f. (dort „Funktionen" genannt).

sozialen Aufstiegs (durch selektive Ausbildungsförderung) stellt den Hauptbereich staatlicher Eingriffe in die Ergebnisse von Marktprozessen dar. Die überkommene Einkommens-, Vermögens- und Chancenverteilung gilt als nicht tolerierbar und wird daher mit dem Ziel einer gleichmäßigeren Verteilung korrigiert, womit der Staat eine Aufgabe übernimmt, die Märkte nicht leisten können. Offen mag hier bleiben, ob diese Unzuständigkeit auch für die Stabilisierung des Wirtschaftsprozesses gilt, ob also konjunkturpolitische Eingriffe notwendig sind, weil die Marktwirtschaft von sich aus nicht für einen ausreichend stabilen Wirtschaftsablauf mit Vollbeschäftigung der Erwerbspersonen, Wachstum und annähernd konstantem Preisniveau sorgen kann. Dies ist eher eine Frage der makroökonomischen Theorie und Politik. Übrig bleibt, die Allokationstätigkeit zu untersuchen. Gemäß der in Teil VIII des 4. Kapitels vorgestellten Einteilung der Marktkritik können die vielfältigen Eingriffe des Staates in die Allokation in Versuche zur Korrektur von (1) Marktversagen und (2) Marktmängeln gegliedert werden.

Zu den privatwirtschaftlich nicht wahrnehmbaren Aufgaben gehört zunächst die Vorbedingung für jedes geordnete soziale Leben:

(1.1) Der Staat stellt als Kollektivgut den rechtlichen und institutionellen Rahmen bereit, innerhalb dessen die ökonomischen Handlungen und Transaktionen stattfinden. Die Beachtung der entsprechenden Vorschriften muß er notfalls erzwingen können, weshalb ihm das *Gewaltmonopol* zu übertragen ist. Außerdem muß er seine Tätigkeit finanzieren und erhält daher das *Zwangsabgabenmonopol,* dessen wichtigster Teil das *Steuermonopol* ist.

Es muß also allein zu dem Zweck, daß private Transaktionen unter friedlichen Bedingungen abgewickelt, die Einhaltung von Verträgen erzwungen und Vertragsbrüche mit Sanktionen belegt werden können, gesetzgebende Körperschaften und eine Zivilgerichtsbarkeit geben, mittels derer der Staat die Rolle des Schiedsrichters bei Streitigkeiten zwischen Transaktionspartnern übernimmt. Sollen angesichts des Gefangenendilemmas (vgl. S. 473) auftretende unerwünschte Allokationsmechanismen wie Raub, Diebstahl, Betrug, Unterschlagung in Grenzen gehalten werden, muß es Organe zur Aufrechterhaltung der inneren Sicherheit geben. Zu dem Rahmen gehört auch die Festlegung der Rechte und eventuell Verpflichtungen, die sich an jedes Marktobjekt knüpfen. Insgesamt sorgt so der Staat für ein Mindestmaß an Stabilität des sozialen Lebens, mit der die Reaktionen von Transaktionspartnern und damit die Konsequenzen wirtschaftlichen Handelns in gewissem Umfang prognostizierbar werden. In solchen Verhältnissen lohnt es für die meisten Wirtschaftssubjekte, sich ihrerseits an Verträge zu halten, was den Staat von der mit prohibitiven Kosten belasteten Aufgabe befreit, die Einhaltung jedes einzelnen Vertrages zu überwachen oder zu erzwingen. Nach überwiegender, wenngleich nicht völlig unbestrittener Auffassung ist auch die Bereitstellung eines gesetzlichen Zahlungsmittels eine alleinige staatliche Aufgabe, also die Handhabung des *Banknoten-* und *Münzmonopols.* Der Staat muß seine Tätigkeit auf grundlegend andere Weise finanzieren als private Unternehmer, da er die genannten Leistungen wegen ihrer Kollektivguteigenschaft nicht einzeln verkaufen kann. Er erhebt dazu Zwangsabgaben hauptsächlich in Gestalt von Steuern, die auf der Grundlage von Gesetzen als Transfers von den Bürgern eingezogen werden. Damit werden Daten für die privaten Wirtschaftssubjekte gesetzt, mit denen der Staat zwangsläufig massiv in die Allokation eingreift.

(1.2) Der Staat korrigiert Marktversagen, indem er andere Kollektivgüter produziert, Paternalismus ausübt und Maßnahmen gegen negative externe Effekte unternimmt.

Kollektivgüter, die von öffentlichen Stellen zur Verfügung gestellt werden, heißen *öffentliche Güter*. Einige von ihnen können nicht anders angeboten werden, weil das Ausschlußprinzip bei ihnen praktisch nicht effektiv gemacht werden kann; bei anderen wird aufgrund politischer Entscheidung darauf verzichtet, um die Unterausnutzung von Märkten zu korrigieren. Dies sind *gewollte öffentliche Güter*. An der Grenze zwischen Versagen und Unzuständigkeit von Märkten liegen Fälle, in denen Wirtschaftssubjekte Handlungen und Transaktionen unternehmen oder unterlassen, von denen gemäß besserer Einsicht in ihre Folgen für die Handelnden selbst oder andere Personen behauptet werden kann, sie wären besser nicht unternommen oder unterlassen worden. Der Staat erzwingt dann das ihm richtig erscheinende Verhalten und rechtfertigt dies mit dem Prinzip des Paternalismus. Im Ergebnis sichert er damit vor allem Wirtschaftssubjekte vor Risiken, gegen die sie sich nicht selbst schützen können oder wollen. Da schließlich nicht alle Beziehungen zwischen den Mitgliedern einer Volkswirtschaft über Märkte abgerechnet werden, besteht ein Bedarf an Eingriffen zur Eindämmung negativer externer Effekte. Wichtigster Bereich ist hier der *Umweltschutz*.

Die Versuche des Staates, Marktmängel zu beseitigen oder wenigstens zu mildern, lassen sich wie folgt gliedern. Die Aufrechterhaltung der Wettbewerbswirtschaft erfordert einen ständigen Kampf gegen Bestrebungen, Wettbewerb zu beschränken, abzuschaffen oder zu denaturieren:

(2.1) Der Staat muß zur Schaffung oder Aufrechterhaltung einer optimalen Wettbewerbsintensität auf möglichst vielen Märkten *Wettbewerbspolitik* treiben.

Weitere Marktmängel ergeben sich aus dem Informationsproblem, der ungleichen Verteilung der Marktmacht, aus Oszillationsprozessen und der Tatsache, daß schnell reagierende Märkte mitunter zu sozialen Problemen führen:

(2.2) Der Staat versucht, Marktmängel durch Bereitstellung von Informationen, Verbraucherschutzpolitik sowie Direkteingriffe in die Preissetzung privater Anbieter zu korrigieren.

Der sich selbst überlassene Produktionsprozeß würde vermutlich dazu führen, daß Produktionsfaktoren angesichts niedriger Renditeerwartungen in einigen Wirtschaftszweigen und Regionen nicht oder in sehr geringem Umfang eingesetzt, aus anderen abgezogen und in wieder anderen in sehr hohem Umfang eingesetzt würden:

(2.3) Der Staat greift mit Maßnahmen der *Strukturpolitik* und der *Regionalpolitik* korrigierend in die Allokation der Produktionsfaktoren auf die Wirtschaftszweige und Regionen des Landes ein.

Die damit angestrebte Allokation wird durch Werturteile bestimmt, wie sie in der Bundesrepublik etwa im Hinweis auf die „Einheitlichkeit der Lebensverhältnisse" in den Art. 72 und 106 des Grundgesetzes zum Ausdruck kommen. Auch werden hier in erheblichem Umfang der Wohnungsbau und die Industrieansiedlung gefördert; ohne massive agrarpolitische Eingriffe gäbe es nur noch wenig landwirtschaftliche Produktion; und in Wohngebieten dürfen sich keine Industriebetriebe niederlassen.

Für jeden Bereich staatlicher Tätigkeit gilt nun, daß auch die öffentlichen Wirtschaftssubjekte lediglich fehlbares menschliches Verhalten zeigen. Kein Erfahrungssatz belegt, daß die hier verantwortlichen Personen über tiefere Einsichten in wirtschaftliche Zusammenhänge, besser bestätigte Hypothesen über menschliches Verhalten oder genauere Prognosen als Privatpersonen verfügen, die sich professionell auf den jeweiligen Gebieten betätigen und zudem noch die Risiken ihrer Entscheidungen selbst tragen. Unter der Vielzahl öffentlicher Eingriffe in den Wirtschaftprozeß müssen daher in nennenswertem Umfang solche vorkommen, die unvorhergesehene und unerwünschte Nebenwirkungen zeitigen; und es muß Fälle geben, in denen mit staatlichen Eingriffen nichts oder das Gegenteil des Angestrebten bewirkt wird. Grundsätzlich darf daher bei der Planung staatlicher Maßnahmen nicht das empirisch beobachtete, unvollkommen arbeitende Marktsystem einem idealen, fehlerfreien und wohlfahrtstheoretisch effizienten System staatlicher Eingriffe gegenübergestellt werden, das niemals realisierbar ist:

(3.0) Analog zu Marktmängeln und -versagen gibt es Mängel und Versagen staatlicher Eingriffe in den Wirtschaftsprozeß, also *Politikversagen* (auch *Staats-, Regierungsversagen*). Zur Beseitigung oder Milderung der Folgen verfehlter Eingriffe oder ihrer unerwünschten Nebenwirkungen entsteht ein spezieller Eingreifbedarf zur *Politikkorrektur*.

Abzuwägen ist also immer nur zwischen mängelbehafteten Situationen, wobei die größeren Nachteile bei dem einen Problem auf der Seite des Marktes, bei einem anderen auf der Seite des Staates liegen können. Angesichts des heutigen Standes wirtschaftspolitischer Eingriffe in den Wirtschaftsprozeß ist außerdem vor jedem neuen Eingriff zu fragen, ob die beanstandete Situation nicht ihrerseits schon das Ergebnis staatlicher Einwirkung ist und daher möglicherweise eher durch deren Abbau als durch weitere Eingriffe zu verbessern wäre.

Zusammenfassend ist also festzustellen: Wenn alle Märkte ideal funktionieren würden, könnte man ihnen die Allokationsaufgabe mit nur einigen Ausnahmen überlassen. Der Staat könnte sich auf die Bereitstellung und Aufrechterhaltung des institutionellen Rahmens gemäß Punkt (1.1), die Beseitigung der anderen Fälle von Marktversagen nach (1.2), die Korrektur seiner eigenen Fehler nach (3.0) sowie auf die Umverteilung von Einkommen und eventuell die Stabilisierung des Wirtschaftsablaufs auf gesamtwirtschaftlicher Ebene beschränken. Selbst in diesem Falle wäre die Wirtschaftsordnung also ein Mischsystem mit einem zentral gestalteten Rahmen, einem dezentralen Allokationsverfahren und einem begrenzten Bereich zentraler Eingriffe in diese und dessen Ergebnisse. Da das Marktsystem jedoch Mängel aufweist, existiert eine Rechtfertigung für marktkorrigierende und -kompensierende Eingriffe mit den unter (2.1) bis (2.3) genannten Bereichen. Jedoch ist mit der Diagnose eines Marktmangels oder -versagens und dem Beschluß, von Staats wegen korrigierend einzugreifen, keineswegs sichergestellt, daß sich die Situation gegenüber dem Zustand ohne Eingriff verbessern wird. Es wird im Gegenteil zu zeigen sein, daß öffentliche Eingriffe aufgrund der Ziele und Bedingungen, unter denen sie stattfinden, häufig schlechtere Ergebnisse erbringen als sich selbst überlassene Märkte. Unter Berücksichtigung von Ausweich- und Vermeidungsreaktionen der Betroffenen, der sonstigen Nebenwirkungen, der Möglichkeit fehlerhaften Eingreifens und der immer anfallenden Kosten der Eingriffe kann es nach Abwägung des Für und Wider geboten sein, die unbefriedigende Ausgangssituation bestehen zu lassen.[2] Dahinter steht das Werturteil, daß staatliche Eingriffe nicht schon deswegen gerechtfertigt sind, weil sie staatlich sind. Wird anderseits der Beschluß gefaßt, sozial unerwünschtes Verhalten zu bekämpfen, entsteht in der Regel das Problem, unter mehreren Mitteln zu wählen und zu bestimmen, wer eingreifen soll.

2. Der ordnungspolitische Rahmen. Die Bereitstellung des rechtlichen und institutionellen Rahmens, innerhalb dessen die Wirtschaftssubjekte ökonomisch handeln können, erfordert eine Reihe von Grundsatzentscheidungen. Mit deren Gesamtheit wird die Wirtschaftsordnung (auch: das Wirtschaftssystem) und damit ein Allokationsverfahren festgelegt. Man kann auch von einem Satz von Regeln sprechen, gemäß derer sich die Bewohner eines Landes ökonomisch betätigen und deren juristische Form in Gestalt von Verfassungsgrundsätzen, Gesetzen, Verordnungen und Rechtsprechung seine *Wirtschaftsverfassung* bildet. Hauptzweck eines solchen Regelsatzes ist es, einerseits güterhervorbringende Tätigkeiten, ohne die eine Gesellschaft außerhalb des Schlaraffenlandes nicht überleben kann, zu fördern; anderseits unproduktive Allokationsverfahren zurückzudrängen und so auch die zu ihrer Abwehr einzusetzenden Ressourcen zu minimieren. Die Diskussion von Einzelheiten gehört in eine Theorie der Wirtschaftssysteme, in der auch Vergleiche mit anderen realisierten oder vorgestellten Regelsätzen angestellt werden. Es genügt hier, einige wesentliche Kennzeichen der Marktwirtschaft hervorzuheben.

Die Teilnehmer am Wirtschaftsprozeß versuchen auf unterschiedliche Weise, Einkommen zu erzielen. Ihnen muß dabei die Möglichkeit eingeräumt werden, Initiative zu entwickeln, auf andere Menschen einzuwirken und Gestaltungsmöglichkeiten auszunutzen. Jedermann hat daher das Recht, zur Förderung seiner wirtschaftlichen Interessen Verträge zu schließen, auf ihrer Grundlage Transaktionen im Wirtschaftsverkehr abzuwickeln und Rechtsschutz für sie zu beanspruchen, soweit dem nicht Gesetze entgegenstehen: Es herrscht *Vertragsfreiheit*. In deren Rahmen bilden sich Märkte, auf denen *Wettbewerbsfreiheit* herrscht. Sie bedeutet, daß in der Marktwirtschaft jedermann sein eigenes Wohl fördern und dabei rational handeln darf. Speziell besteht in Gestalt der *Gewerbefreiheit* das Recht, sich in einem beliebigen Wirtschaftszweig ohne staatliche Genehmigung und ohne Zustimmung der dort bereits tätigen Produzenten als Unternehmer zu betätigen und eine solche Tätigkeit auch wieder aufzugeben. Einer ihrer Teile ist die *Handelsfreiheit,* die sich auch auf den grenzüberschreitenden Handel erstreckt. Güter werden auf Initiative von Unternehmern produziert, die über deren Art, Qualität und Menge, über den Standort der Produktionsstätte(n) sowie über die Kombination der einzusetzenden Produktionsfaktoren und damit über die anzuwendenden technischen Verfahren entscheiden. Ihre Entscheidungsbefugnis in diesen Angelegenheiten heißt *Produktionsfreiheit*. Sie entscheiden auch über Art und Umfang ihrer Investitionstätigkeit und machen dabei von der *Investitionsfreiheit* Gebrauch.

---

[2] Daß Marktversagen höchstens eine notwendige Bedingung für staatliches Eingreifen ist, wurde im 19. Jahrhundert so ausgedrückt: "It does not of course follow that wherever *laissez faire* falls short government interference is expedient; since the inevitable drawbacks and disadvantages of the latter may, in any particular case, be worse than the shortcomings of private enterprise." H. SIDGWICK: The Principles of Political Economy, 1877, 3. Aufl. London u. a. 1901, S. 414 (Hervorhebung des Originals).

Eine für das Verständnis der Funktionsweise einer Marktwirtschaft wichtige Erkenntnis ist nun, daß die vorstehend genannten Prinzipien in Gestalt von Handlungsfreiheiten
- zum Teil insofern instabil sind, als ihrer Ausübung eine Tendenz zur Beseitigung ihrer selbst oder anderer Freiheiten innewohnt;
- zu Konflikten führen, wenn sie gleichzeitig von Wirtschaftssubjekten mit entgegengesetzten Interessen in Anspruch genommen werden;
- zu gesamtwirtschaftlich unerwünschten Erscheinungen führen und daher nicht ohne Beschränkungen gelassen werden können.

So würde beispielsweise die Vertragsfreiheit Anbietern erlauben, Verträge über die Beschränkung oder Beseitigung des Wettbewerbs zwischen ihnen zu schließen: Die Wettbewerbsfreiheit als tragendes Prinzip der Marktwirtschaft würde durch die Vertragsfreiheit als anderes solches Prinzip außer Kraft gesetzt. Konflikte dieser Art lassen sich offenbar nur durch öffentliche Eingriffe lösen, für die in diesem Fall der Grundsatz formuliert wurde [3]

Satz 5.1: *Vertragsfreiheit darf nicht für Verträge gewährt werden, mit denen die Vertragsfreiheit beschränkt oder aufgehoben wird.*

Vertragsfreiheit ist außerdem das Vehikel, mit dem die Ausübung von Marktmacht in legale Formen gekleidet wird. [4] Das spricht dafür, auch in der Wirtschaftsverfassung machtbegrenzende Institutionen vorzusehen.

3. Verfügungsrechte. Ein wichtiger Teil des institutionellen Rahmens, innerhalb dessen sich der Wirtschaftsprozeß abspielt, besteht in der Ausgestaltung der rechtlichen Aspekte, die sich an Wirtschaftsobjekte als Gegenstand ökonomischer Transaktionen knüpfen. Bei einer vollständigen Analyse der Rolle eines jeden Gutes im Wirtschaftsprozeß einschließlich des Wertes, den ihm Wirtschaftssubjekte beilegen, ist daher zweierlei zu berücksichtigen: Die Möglichkeit, es im Produktionsprozeß einzusetzen oder Konsumbedürfnisse mit ihm zu befriedigen, hängt einerseits von seinen physischen Eigenschaften einschließlich seiner örtlichen und zeitlichen Verfügbarkeit, anderseits von den Verfügungsrechten ab, mit denen es seitens der gesellschaftlichen Institutionen ausgestattet ist. Solche individuellen Rechte fehlen etwa bei Luft, die lebensnotwendig ist, aber nicht produziert wird und als freies und daher nichtökonomisches Gut gilt. Straßen werden produziert, aber aufgrund politischer Entscheidung steht ihre Nutzung als Kollektivgut ebenfalls jedermann frei. Für die überwiegende Mehrheit der Güter gibt es jedoch individuelle Verfügungsrechte, und diese Bezeichnung umfaßt zunächst die Eigentumsrechte in ihrer jeweiligen Ausgestaltung. So kann etwa in der Bundesrepublik der Eigentümer einer Sache nach § 903 des Bürgerlichen Gesetzbuches, „soweit nicht das Gesetz oder Rechte Dritter entgegenstehen, mit der Sache nach Belieben verfahren und andere von jeder Einwirkung ausschließen", während Art. 14 Abs. 2 des Grundgesetzes die *Sozialbindung* des Eigentums

---

[3] Formulierung in Anlehnung an W. EUCKEN: Grundsätze der Wirtschaftspolitik, 1952. 6. Aufl. Tübingen 1990, S. 278.

[4] Der Sachverhalt wurde Ende des vorigen Jahrhunderts von einem führenden Rechtswissenschaftler kraß so gesehen: „Schrankenlose Vertragsfreiheit zerstört sich selbst. Eine furchtbare Waffe in der Hand des Starken, ein stumpfes Werkzeug in der Hand des Schwachen, wird sie zum Mittel der Unterdrückung des Einen durch den Anderen, der schonungslosen Ausbeutung geistiger und wirtschaftlicher Übermacht." v. GIERKE[5.21], S. 22 f.

festlegt: „Eigentum verpflichtet. Sein Gebrauch soll zugleich dem Wohle der Allgemeinheit dienen." Neben Rechten kann es also auch mit Wirtschaftsobjekten verbundene Pflichten geben, konkret etwa die Erhaltung von Baudenkmälern. Zu den Verfügungsrechten gehören aber auch die Gestaltungsmöglichkeiten, die aus dem bloßen Besitz an einem Wirtschaftsobjekt folgen oder von Eigentümern per Vertrag an Benutzer, Verwalter, Geschäftsführer übertragen werden. Beispiele sind die Verfügungsrechte der leitenden Organe von Kapitalgesellschaften oder die Kollektivwirtschaften in der Sowjetunion, denen Art. 12 der Verfassung das unentgeltliche und unbefristete Nutzungsrecht am laut Art. 11 im Eigentum des Staates bleibenden Boden garantiert.[5] Für die Allokation der Produktionsgüter und die Verteilung der Konsumgüter kommt es also nicht darauf an, wem der Produktionsapparat gehört, sondern darauf, wer über ihn verfügen darf.

Verfügungsrechte dienen insbesondere bei ihrer Ausgestaltung als Eigentumsrechte als Leistungsanreiz: Könnte jeder jedem ohne Nachteil ständig alles wegnehmen, würde jeder Anreiz fehlen, irgendwelche Mittel einschließlich Arbeitszeit auf die Herstellung von Gütern zu verwenden, solange das Wegnehmen weniger Zeit und Aufwand verursacht. Da anderseits produziert werden muß, würde dies jeder für sich selbst oder innerhalb einer kleinen Gruppe tun, und erhebliche Ressourcen müßten zum Schutz vor der Wegnahme eingesetzt werden. Durch das staatliche Gewaltmonopol geschützte Verfügungsrechte ermöglichen also Arbeitsteilung, Tausch und die damit einhergehenden Produktivitäts- und Wohlfahrtsgewinne. Sie bewirken anderseits auch die Zurechnung von Fehlentscheidungen: Wer Produktionsmittel einsetzt und die Absatzchancen der hergestellten Produkte zu hoch einschätzt, muß Verluste tragen.

Angesichts ihrer zentralen Bedeutung für die Allokation ist es zweckmäßig, die Gestaltung der Verfügungsrechte in einer Volkswirtschaft möglichst einheitlich zu regeln, da anderenfalls ständig individuelle Verträge hierüber geschlossen werden müßten, was die Transaktionsaufwendungen in die Höhe treiben würde. Diesem Zweck dient ein Teil der Rechtsvorschriften, die aber nur einen Rahmen abgeben und individuelle Gestaltungsmöglichkeiten nicht ausschließen. Außerdem muß es Schiedsinstanzen geben, die bei Streitigkeiten entscheiden und der obsiegenden Partei zur Durchsetzung ihrer Ansprüche verhelfen. Dazu gibt es einen Justizapparat. Die entscheidende und ökonomisch interessante Frage ist nun die nach der Ausgestaltung der Verfügungsrechte. Im Hinblick auf das Allokationssystem „Marktwirtschaft" könnte beispielsweise verlangt werden, sie so zu konstruieren, daß die verschiedenen Arten des Marktversagens minimiert werden. Diese Frage ist insbesondere in bezug auf externe Effekte untersucht worden und wird unten in Abschnitt II.3 erörtert.

Jedes Verfügungsrecht eines Wirtschaftssubjekts beschränkt die Handlungsmöglichkeiten aller anderen. Da somit nicht mehr beliebig verfahren werden und nicht alles passieren kann, wird mit Verfügungsrechten ein Stück Stabilität und Vorhersagbarkeit in das soziale Leben eingebracht. Die Frage ist jedoch, welchen Umfang solche Rechte haben sollen, etwa je Person. Daß jedermann über seine Zeit, etwa hinsichtlich ihrer Aufteilung auf Arbeits- und Freizeit, sowie über die mittels eigener Erwerbstätigkeit erworbenen Güter frei verfügen darf, scheint unstrittig.[6] Güter

---

[5] ROGGEMANN [5.23], S. 408.

[6] Nicht so in Ländern mit Arbeitspflicht. Beispielsweise ist gemäß Art. 60 der Verfassung

werden jedoch auch auf andere Art erworben, und sie sind ungleichmäßig verteilt, woraus sich das nicht abschaffbare Problem der Vermögensverteilung ergibt. Ferner ist zu fragen, auf welche Güter sich Verfügungsrechte erstrecken sollen. Wiederum herrscht Einigkeit darüber, daß Menschen in diesem Sinne keine Güter sind. Das gilt jedoch nur im Prinzip, da auch heute noch mit Sklaven und Kindern gehandelt wird. Privateigentum an Boden ist jedoch schon umstritten.[7] Allerdings zeigen historische Forschungen, daß schon Indianerstämme es nützlich fanden, territoriale Verfügungsrechte zu etablieren, als die Jagd überhandnahm, den Bestand an jagdbaren Tieren und damit die Nahrungsgrundlage zu bedrohen anfing und die Aufwendungen zur Verteidigung des Territoriums kleiner wurden als der Wert der Jagdrechte.[8] Generell gibt, daß die Nutzung von Gütern nur durch die damit verbundenen kurzfristigen Aufwendungen bestimmt wird, wenn individuelle Verfügungsrechte für sie fehlen. Ist der Walfang für jedermann frei, werden die Wale in einigen Jahrzehnten ausgerottet, da kein Walfänger Interesse an einer Schonung der Bestände haben kann, die nur anderen Fangschiffen zugute käme: Das Gefangenendilemma ist wirksam. Es entsteht ein negativer externer Effekt in Gestalt der Situation, ohne Wale leben zu müssen, der den folgenden Generationen aufgebürdet wird. Das Beispiel zeigt auch die Rolle des technischen Fortschritts: In seinen Anfängen konnte der Walfang die Bestände noch nicht gefährden, erst die Erfindung der automatischen Harpune und des Echolots brachten den Beginn der Ausrottung. Ähnliches gilt für Fische und auch für Landwild. Wenn sich „das Volk" gegen die Landeigentümer das Recht auf freie Jagd erkämpft, werden mit wachsender Bevölkerungsdichte und verbesserter Waffentechnik das Land und die Wälder leergeschossen. Italien und die Sowjetunion sind Beispiele hierfür, wobei für letztere gilt, daß die Erklärung von Gütern zum „gesellschaftlichen" (Volks-, Staats-)Eigentum wenig bewirkt und die Verleihung privater Verfügungsrechte nicht ersetzen kann. Dies wurde auch in den anderen ehemals sozialistischen Ländern Mittel- und Osteuropas offenkundig, als ab 1990 der Zustand ihrer Produktionsapparate und der Infrastruktur einschließlich der Wohnbauten von jedermann zu besichtigen war. Die Büffelherden in Nordamerika wurden von den Indianern nicht gefährdet, erst der weiße Mann rottete sie aus, da keine Eigentumsrechte an ihnen bestanden.

4. **Patente und andere Schutzrechte.** Der Zustand der Natur ist immer nur unvollständig bekannt, und neues Wissen hierüber ist häufig zur Einkommenserzielung verwertbar. Auch Texte jeder Art, Musikstücke und andere Ideen lassen sich in dieser Weise nutzen. Allgemein gesprochen handelt es sich dabei um Informationen, die eine wichtige Eigenschaft von Kollektivgütern haben: Ihre Nutzung durch ein Wirtschaftssubjekt verhindert nicht die Nutzung durch ein anderes, und ihre Weitergabe ist praktisch kostenlos. Die Gewinnung oder Herstellung solcher Informationen verursacht anderseits zum Teil erhebliche Kosten. Da außer Frage steht, daß ihre Ver-

---

der Sowjetunion „gewissenhafte Arbeit ... Pflicht und Ehrensache jedes arbeitsfähigen Bürgers." Ähnlich Art. 24 der Verfassung der früheren DDR. Vgl. ROGGEMANN [5.23], S. 109, 423.

[7] v. GIERKE [5.21], S. 16 schrieb hierzu: „Daß ein Stück unseres Planeten einem einzelnen Menschen in derselben Weise eigen sein soll, wie ein Regenschirm ..., ist ein kulturfeindlicher Widersinn." Welche Eigentumsverfassung welcher Art von Kultur angemessen ist, sagte er allerdings nicht.

[8] H. DEMSETZ: Toward a Theory of Property Rights. AER-P&P, Vol. 57, 1967, S. 351–353.

wertung, die *Innovation,* wohlfahrtsfördernd und daher wünschenswert ist, muß ein ökonomischer Anreiz dafür etabliert werden. Das kann nur dadurch geschehen, daß solchen Informationen die Kollektivguteigenschaft durch die Schaffung privater Verfügungsrechte für sie genommen wird. Unter der Bezeichnung *gewerbliche Schutzrechte* werden daher etwa in der Bundesrepublik *Patente* zum Schutz von Erfindungen vor der Verwertung durch Unberechtigte erteilt. Außerdem werden Alleinrechte zur Verwendung von *Gebrauchsmustern* (bei denen es sich um Erfindungen minderen Ranges handelt), *Geschmacksmustern* (das sind künstlerische Gestaltungen im gewerblichen Bereich) und *Warenzeichen* (Kennzeichen zur Unterscheidung von Waren anderer Anbieter) verliehen. Das *Urheberrecht* schützt in gleicher Weise künstlerische und schriftstellerische Hervorbringungen vor der Verwertung durch Unbefugte.

Mit der Verleihung von Ausschließlichkeitsrechten für solche Informationen entsteht jedoch ein Abwägungsproblem: Einerseits soll ein Anreiz zu ihrer Hervorbringung und Verwertung geschaffen werden, anderseits werden damit unter Beschränkung der Gewerbefreiheit und des Wettbewerbs Monopole mit ihren negativen Folgen für die Wohlfahrt etabliert. Das Dilemma läßt sich vielleicht am deutlichsten anhand eines Medikaments zeigen, das wirksam, billig in der Herstellung und arm an Nebenwirkungen ist: Gewährt der Staat Patentschutz, erlaubt man dem Erfinder/Hersteller, aufgrund einer Monopolstellung reich zu werden. Paradefall sind die Beruhigungsmittel Valium und Librium, die dem Hersteller Gewinne in der Größenordnung von Milliarden von US-$ einbrachten, zweifellos aber auch das Wohlbefinden von Menschen milliardenfach erhöhten. Wird der Patentschutz versagt, besteht kein Anreiz, die nötige Forschungsarbeit zu leisten, die Erfindung unterbleibt und der Wettbewerb hat einen wohlfahrtsmindernden Effekt. Ein Sonderproblem entsteht bei der *Arbeitnehmererfindung,* da hier ein Ausgleich zwischen dem Recht des Arbeitgebers auf den Ertrag der Tätigkeit des Arbeitnehmers und dessen Recht auf seine geistige Leistung gefunden werden muß.

Die mit einem Patent verliehene Marktmacht geht weit. Der Inhaber kann das neue Produkt selbst herstellen und den Preis mit dem Ziel setzen, seine Gewinne je kurzfristiger Periode zu maximieren; er kann Lizenzen vergeben und dabei mit dem gleichen Ziel Preise, Verkaufsgebiete, Produktmengen oder Verwendungsbereiche vorschreiben. Mit der Erteilung eines Patents können weitere Entwicklungsarbeiten von Konkurrenten auf dem betreffenden Gebiet blockiert und dadurch vielleicht noch bessere Erfindungen verhindert werden. Es kann für ein Unternehmen auch lohnen, ein Patent nicht zu nutzen, um die vorhandenen Produktionsmittel nicht vorzeitig zu entwerten.

Angesichts solcher Nachteile ist zu fragen, ob Patentschutz überhaupt nötig ist. Wie Beobachtungen zeigen, reicht in vielen Fällen allein der immer vorhandene zeitliche Vorsprung des Innovators aus, ihm die als Anreiz erforderlichen Gewinne zu sichern. Dies wird erleichtert, wenn es sich um Verfahrensinnovationen handelt, wenn auch Imitationen noch Forschung und Entwicklung erfordern, wenn neue Produkte die Präferenzen für den Anbieter erhöhen und Zutrittsschranken existieren. Jedoch hängt dies ganz von den Besonderheiten des Einzelfalls ab. Auf der anderen Seite sind auch die Vorteile des Patentsystems bedeutend. Die Wohlfahrt der Konsumenten erhöht sich auch während der Periode, in der das Patent monopolistisch verwertet wird, wenn es sich um ein neues und besseres Konsumgut oder um ein nennenswert kostensenkendes Produktionsverfahren handelt. Viele grundlegende und daher auch risikoreiche Erfindungen würden vermutlich nicht oder erheblich später gemacht. Kleine und mittlere Unternehmen können sich mit Hilfe patentgeschützter Innovationen besser gegenüber der Marktmacht von Großunternehmen behaupten. Die allgemein akzeptierte und praktizierte Haltung gegenüber dem Patentdilemma besteht heute darin, die aus der Verleihung von Schutzrechten fließenden Verfügungsrechte zu beschränken. Das betrifft zunächst ihre Geltungsdauer: In der Bundesrepublik erlischt ein Patent nach 20 Jahren, der Gebrauchsmusterschutz wird für drei Jahre (mit Verlängerungsmöglichkeit) gewährt.[9] Nach Ablauf des Patents wird dann die Nutzung jedermann zugänglich und erhöht die Wohlfahrt noch weiter. Das Abwägungsproblem liegt hierbei offenbar darin, die Laufzeit so zu bemessen, daß sie gerade ausreicht, so etwas wie den optimalen Einsatz an Ressourcen für Forschung, Entwicklung und Verwertung der Ergebnisse hervorzubringen. Weitere Möglichkeiten sind, vollen Schutz nur für wichtige Erfindungen zu gewähren. Dies wird in der Bundesrepublik mit der Unterscheidung zwischen Patenten und Gebrauchsmustern praktiziert. Man kann jährliche Gebühren für die Aufrechterhaltung des Schutzes fordern und diese im Zeitablauf progressiv gestalten. Ein Verwertungszwang kann dadurch eingeführt werden, daß der Inhaber die Erfindung nach Ablauf gewisser Fristen bei Strafe des Verfalls selbst verwerten oder Lizenzen zur Verwertung erteilen muß. Schließlich bestünde eine Extremlösung darin, daß der Staat entweder die gesamte Forschungstätigkeit in eigene Regie nimmt und die Ergebnisse als kostenloses öffentliches Gut verbreitet, oder daß er die Forschung in privater Hand beläßt, für ihre Ergebnisse zahlt und diese für jedermann zur Verwertung freigibt. Beide Verfahren ziehen aber soviele Nachteile anderer Art nach sich, daß man sich in den westlichen Ländern für einen Mittelweg entschieden hat. Grundlagenforschung, deren Ergebnisse zum Preis null ohnehin selten unmittelbar ökonomisch verwertbar sind, wird voll durch öffentliche Mittel finanziert, da sich anderenfalls hier wegen des Kollektivgutcharakters ihrer Ergebnisse eine schwerwiegende Unterversorgung ergeben würde. Für die Ergebnisse der angewandten privaten Forschung werden zeitlich und in anderer Hinsicht beschränkte private Verfügungsrechte verliehen.

II. Eingriffe in die Allokation

1. Öffentliche Güter. Versagt das dezentrale Allokationsverfahren „Marktwirtschaft" bei einem bestimmten Gut, weil das Ausschlußprinzip nicht oder nur mit unvertretbar hohem Aufwand effektiv gemacht werden kann, und kommt auch keine private kollektive Aktion zustande, dann kann das Gut nicht mehr privat, sondern nur noch durch Tätigwerden der öffentlichen Hand produziert werden. Dieser Aspekt wird durch die Bezeichnung *öffentliches Gut* betont. Öffentliche Haushalte sowie die in ihrem Besitz befindlichen Unternehmen stellen jedoch auch Individualgüter her und verkaufen sie zu Preisen, die ihre Kosten decken oder Gewinne entstehen lassen. Kommunale Versorgungsunternehmen und die Post im Staatsbesitz sind Beispiele. Da anderseits manche Güter sowohl von öffentlichen wie von privaten Wirtschaftssubjekten freiwillig als Kollektivgüter angeboten werden, erhält man als vollständige

---

[9] *Patentgesetz* in der Fassung vom 16. 12. 1980 (BGBl. I, 1981, S. 1), §§ 16, 20; *Gebrauchsmustergesetz* in der Fassung vom 28. 8. 1986, § 23. BGBl. I, S. 1455.

Tabelle 5.1 – *Individual- und Kollektivgüter in der Marktwirtschaft mit Staat*

Anbieter \ Güterkategorie	Individualgüter	Kollektivgüter	
		Natürliche	Gewollte
Private Wirtschaftssubjekte	1.1 Private Individualgüter: größter Teil aller Konsum- und Investitionsgüter	1.2 Natürliche private Kollektivgüter: öffentliche Uhren	1.3 Gewollte private Kollektivgüter: Sammeln von Waldfrüchten
Öffentliche Wirtschaftssubjekte	2.1 Öffentliche Individualgüter: Wasser vom kommunalen Wasserwerk	2.2 Natürliche öffentliche Kollektivgüter: Straßenbeleuchtung	2.3 Gewollte öffentliche Kollektivgüter: Schulausbildung

Übersicht über die Güterbereitstellung in einem gemischtwirtschaftlichen System die in Tabelle 5.1 gezeigte und mit Beispielen versehene Gliederung.

Wie ist die Bereitstellung natürlicher öffentlicher Kollektivgüter unter dem Gesichtspunkt der statischen Effizienz zu beurteilen? In bezug auf ihre Produktion kann angenommen werden, daß bei Vollbeschäftigung der Produktionsfaktoren die Mehrproduktion eines öffentlichen Gutes x nur bei Minderproduktion mindestens eines anderen Gutes y möglich ist. Man bewegt sich auf einer Transformationskurve, und die Effizienzbedingungen der Produktion bleiben gültig. Was den Konsum von x durch einen Konsumenten i angeht, kann man sich vorstellen, daß für diesen wie bei jedem Individualgut eine Nachfragekurve $p_i = f(x)$ mit normalem Verlauf existieren würde, wenn es einen Preis p_i für x gäbe. Ein wesentlicher Unterschied zu jedem Individualgut ergibt sich jedoch, soweit die Nutzung des betrachteten Gutes in bezug auf mindestens einen, im Normalfall mehrere bis viele und im Extrem alle Konsumenten einer Volkswirtschaft nichtrivalisierend ist. Bild 5.1 zeigt die Situation. N_i und N_k seien die individuellen Nachfragekurven zweier Konsumenten i und k. Der eine würde die Menge x^0 beim Preis p_i^0, der andere beim Preis p_k^0 nachfragen. Nichtrivalität beim Konsum bedeutet aber, daß ein und dieselbe Menge x^0 ohne gegenseitige Beein-

Bild 5.1 – *Effizienter Konsum eines öffentlichen Kollektivgutes*

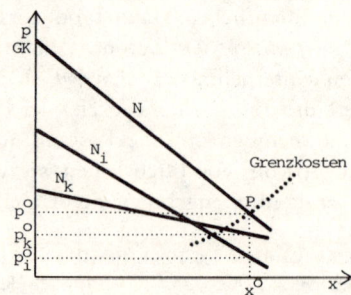

trächtigung von beiden Konsumenten genutzt wird. Die Kurve der Gesamtnachfrage N, die so etwas wie die kumulierte gesellschaftliche Bewertung des Kollektivguts widerspiegelt, ergibt sich daher aus der senkrechten Addition von N_i und N_k (im Gegensatz zur waagerechten Addition bei Individualgütern, vgl. S. 119f.). Im Schnittpunkt P mit der Grenzkostenkurve liegt Gleichgewicht und damit die optimale Menge von x vor. Diese ließe sich jedoch nur ermitteln, wenn die Konsumenten bereit wären, für das Gut x Preise gemäß ihren Nachfragekurven zu zahlen oder ihre Präferenzen auf andere Weise wahrheitsgemäß bekanntzugeben. Genau das ist bei natürlichen Kollektivgütern wegen des Schwarzfahrerverhaltens nicht der Fall. Ein privater Produzent würde also seine Kosten nicht hereinholen können. Die Herstellung muß dann durch zwangsweise beschaffte Mittel oder Kreditaufnahme finanziert werden.

Ist die Entscheidung über die Bereitstellung eines natürlichen öffentlichen Gutes gefallen, bleibt festzulegen, wieviel von ihm hergestellt werden soll. Viele dieser Güter treten in Form der Nutzung dauerhafter Produktionsmittel auf, bei denen sich Kapazitätsgrenzen zeigen. Innerhalb solcher Grenzen ist die Nutzung nichtrivalisierend, und ihre Grenzkosten sind vernachlässigbar klein, man denke an eine zusätzliche Auto- oder Straßenbahnfahrt oder den zusätzlichen Badbenutzer oder Theaterbesucher. Das läßt die Frage offen, wieviel Straßen es in einem Land und wieviele öffentliche Theater es in einer Stadt geben soll. Bild 5.1 legt folgende Antwort nahe. Bei öffentlichen Einrichtungen der genannten Art wird eine Art Ausschlußprinzip wirksam, sobald ihre Kapazitätsgrenzen erreicht sind. Bei Straßen und Brücken zeigen sich dann Staus, bei Theatern Warteschlangen vor den Kassen oder Wartezeiten bis zur nächsterreichbaren Aufführung. Die den Konsumenten damit entstehenden Aufwendungen funktionieren wie Preise. Sie dienen als Mittel der Rationierung, und man kann sagen: Wird von einem öffentlichen Gut soviel angeboten, daß die Nachfrage nach ihm das Angebot niemals übersteigt, dann ist das Angebot in dem Sinne zu groß, daß seine Produktion zuviel Ressourcen in Anspruch nimmt und diese daher nicht optimal eingesetzt sind. Oder: Wenigstens zeitweise muß eine Angebots- oder Kapazitätsbeschränkung für die Nachfrager bindend sein. Grob gesprochen sind also die Staus auf den Autobahnen der Bundesrepublik während der Ferienzeiten allein noch kein Argument für den weiteren Ausbau des Autobahnnetzes.

Mit dieser Überlegung wird jedoch nur die Obergrenze für die Bereitstellung öffentlicher Güter angegeben, wenn sie auch den Vorteil hat, operational zu sein, da die bei der Überschreitung von Angebotsbeschränkungen auftretenden Vorgänge wohlbekannt und beobachtbar sind. Die optimalen Mengen werden in der Regel darunter liegen. Wie die Analyse des Problems der optimalen Aufteilung der gesamten Produktion auf private und öffentliche Güter gezeigt hat, gelangt man nur unter der extremen Voraussetzung gleicher Indifferenzkurvenverläufe bei allen Beteiligten zu eindeutigen pareto-optimalen Lösungen. Differieren die Präferenzordnungen auch nur zweier Konsumenten, dann kann ohne ein zusätzliches Einigungsverfahren nicht über diese Aufteilung entschieden werden.[10]

Die bisherigen Erörterungen bezogen sich auf natürliche öffentliche Kollektivgüter. Würde man ansonsten den Bedürfnissen der Konsumenten freien Lauf lassen, dann würden voraussichtlich einerseits Güter hergestellt, deren Nutzung als unerwünscht gilt, und anderseits Güter nicht oder nicht in ausreichender Menge nachge-

---

[10] Für Einzelheiten vgl. MACKSCHEIDT [5.48], S. 21 ff.

fragt, deren Verbrauch oder Gebrauch ihren Konsumenten nützt. Öffentliche Stellen beschränken sich daher nicht auf die Bereitstellung natürlicher Kollektivgüter. In großem Umfang werden Güter hergestellt und angeboten, bei denen das Ausschlußprinzip geltend gemacht werden könnte, für die aber entweder keine Preise (wie bei öffentlichen Parks und Bibliotheken) oder niedrigere als kostendeckende Preise (wie bei öffentlichen Theatern und Badeanstalten) erhoben werden. Die Präferenzen der Konsumenten sind derart, daß es etwa in einer gegebenen Stadt entweder überhaupt nicht oder nur bei einem sehr kleinen Angebot möglich wäre, kostendeckende Preise zu verlangen. Man spricht dann von *meritorischen Gütern:* Ihre Inanspruchnahme wird von den über die öffentlichen Mittel Verfügungsberechtigten bei kostendeckender Produktion für zu gering gehalten. Die öffentlichen Zuschüsse senken die Preise, in manchen Fällen auf null (freier Eintritt in ein Museum) und lassen so eine größere Nachfrage erwarten. Der zusätzliche Konsum bewirkt einen Lernprozeß, der die Nachfrage steigert und im günstigsten Fall erlaubt, den Eingriff nach einiger Zeit zurückzunehmen. Tabelle 5.2 zeigt das Ausmaß, in dem einige dieser Güter in der Bundesrepublik sub-

Tabelle 5.2 – *Ausgewählte meritorische Güter der Gemeinden*[a] *der Bundesrepublik Deutschland 1980*

Gebührenhaushalt	Kostendeckungsgrad v. H.	Gebührenhaushalt	Kostendeckungsgrad v. H.
Abwasserbeseitigung	96	Musikschulen	25
Abfallbeseitigung	84	Bäder	18
Schlachthöfe	75	Volkshochschulen	18
Friedhöfe	59	Theater	11
Straßenreinigung	55	Museen	7

[a] Gemeinden ab 10 000 Einwohner.
Quelle: Deutscher Städtetag (Hg.): Statistisches Jahrbuch deutscher Gemeinden, 68. Jg. Köln 1981, S. 429.

ventioniert werden. Auch das Gegenteil wird praktiziert: Bestimmte Güter werden mit zusätzlichen Steuern belegt, wobei es nicht in erster Linie auf das Steueraufkommen, sondern auf die Einschränkung des Verbrauchs ankommt. Tabakwaren und alkoholische Getränke sind die bekanntesten dieser *demeritorischen Güter* (wobei es an Glaubwürdigkeit mangelt: Wein bleibt unbesteuert, und wenn Tabak- und Alkoholsteuern den Konsum wirklich nennenswert senken würden, sänke auch das Steueraufkommen mit der Folge erheblicher Probleme).

Meritorische und demeritorische Güter bedeuten einen passiven Eingriff in die Präferenzordnungen von Konsumenten und damit einen Verstoß gegen das Werturteil der Selbstbestimmung (S. 371): Den Konsumenten steht zwar frei, von dem Angebot meritorischer Güter Gebrauch zu machen oder nicht, aber sie werden es nutzen und insgesamt ein anderes Güterbündel konsumieren als ohne diesen staatlichen Eingriff. Die damit verknüpften Werturteile und Hypothesen lassen sich etwa wie folgt gliedern.

– Viele Konsumenten sind mangelhaft informiert.

Wer über die schädlichen Folgen des Tabakrauchens oder die nützlichen des Bücherlesens nicht hinreichend informiert ist, soll durch die (De-)Meritorisierung von Tabakwaren und Bibliotheksbenutzung zu dem gewünschten Verhalten veranlaßt werden. Hiergegen wäre einzuwenden, daß die Bereitstellung von Informationen der bessere Weg wäre, jedoch übersteigt andererseits die heutige Informationsflut bereits die Aufnahme- und Verarbeitungskapazität vieler Konsumenten.

– Meritorische Güter dienen der Umverteilung des Realeinkommens.

Dieser Gesichtspunkt spielt etwa bei der Straßenreinigung, der Meritorisierung der Friedhofsnutzung, der Schulspeisung und der Förderung des Wohnungsbaus eine Rolle. Einige Zweige der Gerichtsbarkeit können gebührenfrei in Anspruch genommen werden. Generell gilt, daß die Bereitstellung meritorischer Güter einen wichtigen Distributionsaspekt hat. Jedoch könnte der gleiche Effekt auch ohne Eingriff in die Präferenzen erreicht werden, wenn man das Nominaleinkommen durch Transfers erhöhen und es den Konsumenten überlassen würde, wie sie dieses verwenden.

– Meritorische Güter haben positive, demeritorische negative externe Effekte.

Das Standardbeispiel für den erstgenannten Fall ist die Impfung gegen Infektionskrankheiten. Sie nützt individuell jedem Empfänger, schützt aber auch die Nichtgeimpften, sobald ein hinreichender Teil der Bevölkerung geimpft ist. Negativer externer Effekt des Alkoholkonsums sind Alkoholkranke, die den Krankenversicherungen und anderen Umverteilungseinrichtungen zur Last fallen.

– Politiker setzen ihre als höherrangig betrachteten Werturteile durch.

Theaterbesuche sind gut; Wetten, Glücksspiele und Spielkarten sind schlecht, weswegen die einen subventioniert, die anderen besteuert werden. Die Meritorisierung kultureller Einrichtungen hat außerdem den Vorteil, als prestigefördernd zu gelten, und läßt sich daher von der politischen Führungsgruppe der Stadt als Ausweis ihrer Tüchtigkeit herzeigen.

2. Staatlicher Paternalismus. Zum Modell der Marktwirtschaft gehört ein bestimmtes Menschenbild. Danach ist jeder Teilnehmer am Wirtschaftsleben stets in der Lage und willens, seine Interessen zu erkennen und danach zu handeln. Er weiß, welche Güter ihm nützen oder schaden, vermag Risiken richtig einzuschätzen, versichert sich gegen mögliche Schadensereignisse, akzeptiert das Verursacherprinzip auch zu seinem Nachteil und trifft Vorsorge für Krankheit, Erwerbsunfähigkeit, Alter und Tod. Wenn jeder Teilnehmer ständig in dieser Weise Entscheidungen zu seinem eigenen Besten treffen soll, die auch seitens der anderen Teilnehmer akzeptabel sind, muß eine Reihe von Voraussetzungen erfüllt sein:

– Der Teilnehmer muß über ein Mindestmaß an Erfahrung verfügen, was ein Mindestalter voraussetzt;
– Er muß im Besitz eines Mindestmaßes an geistigen Kräften, also nicht geisteskrank oder -schwach sein;
– Er muß über ein Minimum an Wissen über seine natürliche und soziale Umwelt verfügen oder sich zumutbarerweise verschaffen können;
– Die Folgen von Fehlentscheidungen müssen für ihn tragbar sein und dürfen seine zukünftige Entscheidungsfreiheit nicht wesentlich beeinträchtigen;
– Die negativen externen Effekte seiner Handlungen dürfen andere Teilnehmer nicht unzumutbar schädigen.

Soweit diese Voraussetzungen nicht vorliegen, stehen jedem Teilnehmer Handlungsmöglichkeiten offen,

(1) die gemäß überwiegender Einsicht mit hoher Wahrscheinlichkeit oder mit einem als zu hoch eingeschätzten Risiko zu Konsequenzen führen, die von dem Individuum selbst nicht gewünscht werden und bei deren Kenntnis es die betreffende Handlung unterlassen hätte;
(2) deren Unterlassung so nachteilige Folgen für das Individuum oder für andere hat, daß deren Übernahme nicht zumutbar erscheint.

Als Erfahrungssatz kann gelten, daß von der Möglichkeit, Dinge gemäß (1) zu tun und gemäß (2) zu unterlassen, in so nennenswertem Maß Gebrauch gemacht wird, daß ein Eingreifbedarf vorliegt, der ohne staatliche Machtmittel nicht auskommt. Die Grundlage für diese Art staatlicher Eingriffe heißt Paternalismus (auch: paternalistisches Prinzip) und läßt sich so formulieren

Def. 5.1: *Paternalismus liegt vor, wenn eine Instanz ein bestimmtes Verhalten im Interesse des Handelnden oder zum Schutze anderer vorschreibt und erzwingt.*

Das Prinzip „Ich weiß besser, was für dich gut ist, als du selbst" (auch: „Mancher muß zu seinem Glück gezwungen werden") liegt vielen menschlichen Handlungen zugrunde und ist in seiner Anwendung gegenüber Kindern unbestritten: Diese muß man daran hindern, unachtsam über die Straße zu laufen oder (giftige) Tollkirschen zu essen. Auch im privaten Umgang unter Erwachsenen ist Paternalismus gang und gäbe, da er eine der Formen ist, in denen sich Machtausübung unter Menschen realisiert. So hat kein Patient nach der neuesten Rechtsprechung des Bundesgerichtshofs das Recht auf volle Einsicht in alle schriftlichen Aufzeichnungen, die ein Arzt in seinem Auftrag und Interesse und auf seine Kosten angefertigt hat. Die Ausführung jeder Art von Missionsbefehl bis hin zur Entwicklungshilfe gehört dazu. Hier interessiert jedoch nur staatlicher Paternalismus gegenüber geistig gesunden Erwachsenen des eigenen Landes. Für diesen läßt sich eine Skala aufstellen, die mit zweifelsfrei nötigen Eingriffen beginnt, einen breiten Bereich gemäß überwiegender Ansicht berechtigter Maßnahmen aufweist und mit zunehmend strittigen Akten endet. Als Rechtfertigung für die damit bewirkten aktiven (im Gegensatz zu den mit der Meritorisierung von Gütern einhergehenden passiven) Eingriffe in die Präferenzen dient die Tatsache, daß es zwischen Individuen Unterschiede im Grad der Einsicht in die Folgen eigener Handlungen gibt, wobei staatliche Stellen weitergehende Möglichkeiten haben, sich bessere Einsichten zu verschaffen als viele Bürger; daß Risiken unterschiedlich eingeschätzt und bewertet und manche Handlungen typischerweise immer wieder bereut werden; und daß Politiker ihre Werturteile für überlegen halten. Nicht zuletzt sind die Interessen unbeteiligter Personen in Fällen zu schützen, in denen die Folgen gewisser Handlungen nicht voll vom Verursacher getragen, sondern auf andere abgewälzt werden.

Bei der Frage, ob im gegebenen Fall der schwächere Eingriff in Form der (De-)Meritorisierung eines Gutes ausreicht oder eine paternalistische Maßnahme angezeigt ist, kann folgende Überlegung herangezogen werden. Erscheint beispielsweise der Konsum eines Gutes als zu hoch und ist die Nachfrage nach ihm preiselastisch, kann schon seine Demeritorisierung im Wege einer zusätzlichen Steuerbelastung den Konsum genügend zurückdrängen. Bei unelastischer Nachfrage dagegen reicht dieses

Mittel nicht aus, es muß stärker, mit paternalistischem Zwang, eingegriffen werden. Auch die Intensität der Werturteile über das Gut spielt hier eine Rolle.

Einige Beispiele mögen den Sachverhalt und das jeweils auftretende Abwägungsproblem illustrieren. Zu dem unter (1) genannten Fall gehört der Genuß von Rauschgiften und Tabakwaren. Der Konsum von Rauschgiften ist mit einem je nach Art unterschiedlich hohen Risiko belastet, süchtig, arbeitsunfähig krank zu werden und vorzeitig zu sterben. Man könnte mit dem Argument, daß sich der freie und selbstverantwortliche Bürger ohne hohen Aufwand des öffentlich vorhandenen Bestandes an Einsichten in die Risiken des Rauschgiftgenusses bedienen kann, diesen freigeben. Zudem sei eine höhere Risikobereitschaft eine individuelle Eigenschaft, an deren Entfaltung niemand gehindert werden solle. Jedoch ist ein negativer externer Effekt zu berücksichtigen: Rauschgiftkonsumenten werden häufig arbeitsunfähig und fallen dem Steuerzahler zur Last, da es nicht tolerierbar erscheint, sie und die von ihnen abhängigen Personen ihrem Schicksal zu überlassen, wenn sie nicht aus eigenen Mitteln für diese Situation vorgesorgt haben. Zudem wird bei einer allgemeinen Freigabe aller Rauschgifte das Problem noch dringender, Kinder und Jugendliche an ihrer Einnahme zu hindern. Daher greift der Gesetzgeber hier in vielen Ländern paternalistisch ein, wenngleich abgestuft: „Harte" Rauschgifte werden verboten; der Konsum von Alkohol wird toleriert, aber als demeritorisches Gut mit einer speziellen Verbrauchsteuer belegt und in manchen Ländern zusätzlich behindert, etwa in Schweden. Für diese Handhabung spricht auch, daß sich nicht jeder Grad von Paternalismus durchsetzen läßt: In den Vereinigten Staaten scheiterte der Versuch, den Konsum alkoholischer Getränke zu verbieten; die 1920 für das ganze Land eingeführte *Prohibition* wurde 1933 aufgehoben. Man überläßt dann, wie es zum Menschenbild des marktwirtschaftlichen Systems paßt, dem Konsumenten die Risikoabwägung. Diese erfordert jedoch Informationen, und als nichtpaternalistische Maßnahme dazu ist beispielsweise die Vorschrift anzusehen, daß Tabakwarenpackungen einen Hinweis auf die gesundheitlichen Gefahren des Tabakrauchens tragen müssen.

Der unter (2) genannte Gesichtspunkt erfordert staatliche Handlungsgebote, deren Befolgung durch Strafandrohung erzwungen wird. Ein Beispiel ist die Pflicht zum Tragen von Schutzhelmen für Benutzer von Motorzweirädern. Viele von ihnen würden das Abwägungsproblem zwischen Risiko und Kosten so lösen, daß die Folgen als untragbar gelten. Hauptanwendungsgebiet paternalistischer Eingriffe ist hier das Versicherungswesen. Sich oder andere durch einen Versicherungsvertrag gegen die ökonomischen Folgen individuell unberechenbarer Schadensereignisse zu schützen oder für das Alter vorzusorgen, ist eine rationale Handlungsweise. Sie erfordert aber langfristige Planung, einen gemäßigten Pessimismus bezüglich der Möglichkeit, von Schadensereignissen verschont zu bleiben und belastet das Budget mit laufenden Zahlungen für das unsichtbare und abstrakte Gut „Versicherungsschutz". Unter diesen Umständen ist längst nicht zu erwarten, daß alle Personen für ihr Alter vorsorgen oder potentiell Betroffene Schadensversicherungen abschließen. Hauseigentümer sind daher verpflichtet, Brandschutzversicherungen einzugehen, und der Gesichtspunkt, Unbeteiligte vor den Folgen unterlassener Versicherungsnahme zu schützen, liegt der zwangsweisen Kraftfahrzeug-Haftpflichtversicherung zugrunde. Der bedeutendste Versicherungszwang besteht in Gestalt der gesetzlichen Kranken- und Rentenversicherung. Als diese im Deutschen Reich in den achtziger Jahren des 19. Jahrhunderts für gewerbliche Arbeitnehmer eingeführt wurde, war sie Folge der Tatsache, daß große Teile der Arbeiterschaft nicht in der Lage waren, diese Art von Vorsorge aus eigenen Mitteln zu bestreiten. Diese Zwangsversicherungen bestehen für unselbständig Beschäftigte unterhalb bestimmter Einkommensgrenzen auch heute fort, obwohl vielen Betroffenen eine individuelle Vorsorge inzwischen durchaus möglich und zumutbar wäre. Hieran wird das grundsätzliche Dilemma des staatlichen Paternalismus deutlich, daß er auch immer Freiheitsbeschränkung bedeutet: Es gilt als Wohltat, daß der Mehrheit der Arbeitnehmer im Interesse ihrer sozialen Sicherheit die Freiheit genommen wird zu entscheiden, wie sie für Alter und Krankheit vorsorgen wollen.

Ein tief in das Leben jedes Menschen einschneidender Fall staatlichen Handlungsgebots ist die allgemeine Schulpflicht. Sie folgt aus der Hypothese, daß auch die Bereitstellung von Schulausbildung zum Preis null deren Unterausnutzung nicht beseitigen würde. Zwar ist von Konsumenten im Alter von sechs Jahren und auch danach keine volle Einsicht in die Vorteilhaftigkeit des Schulbesuchs zu erwarten, jedoch hat jedes Kind bis über das Schulpflichtalter hinaus mindestens einen Erziehungsberechtigten, der aufgrund dieser Einsicht das paternalistische Prinzip privat anwenden und für den Schulbesuch sorgen könnte. Ein solches Verhalten wäre jedoch auch heute nicht durchweg zu erwarten, und es war selbst nach Einführung der allgemeinen Schulpflicht, beispielsweise 1717 in Preußen, lange Zeit nicht zu beobachten. Fehlende Schulpflicht würde dazu führen, daß grundlegende Kulturfertigkeiten wie Lesen, Schreiben und Rechnen von vielen Menschen nicht beherrscht würden, was die Anwendung vieler der heute vorhandenen komplizierten Produktions- und teilweise auch Konsumtechniken behindern und die ökonomische Ungleichheit in der Bevölkerung erhöhen würde. Die Schulpflicht wirkt sich also zum Vorteil sowohl der Betroffenen als auch aller anderen aus, sie hat positive externe Effekte und ist daher ein allgemein anerkannter Akt des staatlichen Paternalismus. Das gleiche gilt für die Führerscheinpflicht.

Die Haltung zum staatlichen Paternalismus offenbart tiefgehende Meinungsverschiedenheiten über das Menschenbild und damit die politischen Werturteile und ist daher Gegenstand immer wieder auflebender Diskussionen. Vor 1938 waren in den Vereinigten Staaten alle Medikamente mit Ausnahme einiger Rauschgifte frei käuflich. Erst als Folge der Weltwirtschaftskrise änderten sich die Ansichten hierüber, und die Verschreibungspflicht wurde eingeführt, die inzwischen als selbstverständlich gilt. Grundsätzlich ist zu vermuten, daß Politiker und Verwaltungen versuchen werden, den Bereich des staatlichen Paternalismus allein zum Nachweis ihrer Tätigkeit für das Gemeinwohl auszudehnen. Hiergegen wird sich Widerstand solcher Bürger zeigen, die ihre Handlungsspielräume nicht ständig weiter einengen lassen möchten. Paternalismus gegenüber Erwachsenen muß daher in einer pluralistischen Gesellschaft sorgfältig untersucht werden, besonders wenn ihn eine so mächtige Instanz wie der Staat ausübt. Ein Beispiel aus neuester Zeit ist die Frage, ob Insassen von Kraftfahrzeugen gesetzlich und unter Strafandrohung zum Anlegen von Sicherheitsgurten verpflichtet werden sollen. Der Gesetzgeber schuf in der Bundesrepublik die Voraussetzung für die Anschnallpflicht, indem er in zwei Stufen die Ausstattung aller ab 1974 (Vordersitze) beziehungsweise 1979 (Hintersitze) erstmals in den Verkehr kommenden Kraftfahrzeuge mit Gurten anordnete. Die Frage, ob mit der Anschnallpflicht verfassungsmäßige Grundrechte verletzt würden, wurde vom Bundesverfassungsgericht in der Weise verneint, daß es im Juli 1976 drei Verfassungsbeschwerden gegen diese Pflicht mangels hinreichender Erfolgsaussichten nicht zur Entscheidung annahm. Die derzeitige Regelung entspricht dem Verursacherprinzip zusammen mit staatlichem Paternalismus: Nichtanlegen des Gurtes wird mit einem Bußgeld geahndet, und bei Unfällen müssen sich Nichtanleger den Teil des Schadens anrechnen lassen, den sie durch Anlegen des Gurtes vermutlich vermieden hätten.

Der deutliche Wunsch nach mehr staatlichem Paternalismus zeigt sich anderseits in der zeitweise heftigen Debatte um das Konsumgütersortiment. Dieses ist, verglichen mit früheren Zeiten, äußerst reichhaltig und wandelt sich ständig. Jeder Beobachter wird viele Konsumgüter nennen können, für die er gemäß seiner Präferenzordnung keinen Bedarf hat. Sie erscheinen ihm unnütz und willkürlich, ob es sich nun um Puppen mit eingebautem Sprechapparat, die auch das Wasserlassen fingieren können; Sportautomobile; elektrische Tischstaubsauer; Tabakwaren oder um die Tatsache handelt, daß es hunderte von Käse- und Kugelschreibersorten und tausende Varianten von Herrenanzügen und Sommerkleidern gibt. Das paternalistische Argument lautet, daß die Bedürfnisse nach vielen dieser Güter erst durch Werbung geschaffen, daher „künstlich" und keine „eigentlichen" oder „wahren" Bedürfnisse seien; und daß folglich der Staat eingreifen müsse, um diese Vielfalt einzudämmen und der damit einhergehenden Verschwendung von Produktionsfaktoren bei der Herstellung und beim Absatz Einhalt zu gebieten. In der Tat ließen sich vermutlich bedeutende Produktivitätszuwächse realisieren, wenn es nur noch eine Seife, unter Verzicht auf jede „Mode" eine lediglich nach Körpergröße differenzierte Einheitskleidung und keine Werbung gäbe. Derart weitgehende Vereinfachungen werden selten vorgeschlagen, jedoch existieren Versuche, Konsumgüter nach dem Grad der Dringlichkeit der durch sie gedeckten Bedürfnisse zu klassifizieren, um sie unterschiedlich zu besteuern. Dies wäre erst eine relative Demeritorisierung, aber vermutlich könnte man dem Problem der als zu weitgehend betrachteten Produktdifferenzierung damit allein nicht beikommen. Konsequenterweise wären diese und die Herstellung nichtlebensnotwendiger Güter samt den dafür erforderlichen Investitionen einem Genehmigungsverfahren zu unterwerfen. Die damit betrauten Gremien hätten allerdings formidable Bewertungs-, Entscheidungs- und Durchsetzungsprobleme, und ihre Kosten würden die Wohlfahrt mindern. Das einer Demokratie angemessene Verfahren ist offenbar, statt solcher Gremien das Volk selbst darüber entscheiden zu lassen, welche Konsumgüter in welchen Mengen hergestellt werden sollen. Genau das aber geschieht in einer Marktwirtschaft ohne jeden diesbezüglichen staatlichen Eingriff. In einem Prozeß von Versuch und Irrtum bringen Unternehmen ständig neue und differenzierte Güter auf den Markt, von denen der kleinere Teil in genügendem Ausmaß von den Konsumenten angenommen wird und mehr oder weniger lange überlebt, während der größere trotz aller Werbung von Anfang an verworfen wird. Schon Zufallsbeobachtungen zeigen, daß immer wieder neue Zigarettenmarken, Zeitschriften, Reinigungsmittel entwickelt und angeboten werden, aber nicht reüssieren und wieder verschwinden.[11] Offenbar bedarf es eines solchen Ausleseprozesses in Analogie zu dem in der Natur wirksamen, um

---

[11] Der Anteil erfolgloser neuer Produkte ist schwierig zu definieren und zu messen, dürfte aber beträchtlich sein. Für die Vereinigten Staaten nannte J. T. O'MEARA: Selecting Profitable Products, Harvard Business Review Januar/Februar 1961, S. 83 als Ergebnis mehrerer Untersuchungen Ausfallraten zwischen 75 und 95 v. H. In den sechziger Jahren erwies sich von 366 neuen Produkten ein Drittel als Fehlschlag, bei mehreren Konsumgütern betrug dieser Anteil 50–60 v. H. Vgl. G. L. URBAN/J. R. HAUSER: Design and Marketing of New Products, Englewood Cliffs 1980, S. 2 f.

die relativ wenigen überlebensfähigen Varianten hervorzubringen, die wie Fotografie und Film, Radio und Fernsehen, Fahrrad und Auto auch von Kritikern des heutigen Konsumgüterangebots ungern vermißt würden. Es bedarf schon eines starken Glaubens an die Weisheit von Expertengremien und die Überlegenheit ihrer Werturteile über die des gewöhnlichen Konsumenten (wie er gemeinhin nur von den Experten selbst aufgebracht wird), um staatliche Eingriffe der genannten Art zu rechtfertigen.

Anfang der achtziger Jahre wurde in der Bundesrepublik die Frage diskutiert, ob der Nation der Empfang weiterer Fernsehprogramme zugänglich gemacht werden sollte. Das paternalistische Argument lautet hier, daß der Großteil der Konsumenten mit der Aufgabe einer sinnvollen Auswahl aus einer Vielzahl von Programmen überfordert sei und daher Familienleben und Kommunikationsfähigkeit leiden würden. Die Programmhersteller hätten sich auf den seichten Geschmack des Durchschnittsverbrauchers einzustellen, und dieser müßte noch mehr Werbung über sich ergehen lassen. Das grundsätzliche Gegenargument lautet etwa so. Wie bei der Forderung, überflüssige Konsumgüter seien von Staats wegen zu eliminieren, würde hier das Prinzip der repräsentativen Demokratie auf den Kopf gestellt: Das Volk, von dem laut Grundgesetz Art. 20 Abs. 2 alle Staatsgewalt ausgeht, wählt zur Wahrnehmung gewisser anders nicht zu bewältigender Aufgaben seine Vertreter. Diese benutzen jedoch die ihnen auf Zeit und in begrenztem Umfang übertragene Macht, ihre dienende in eine herrschende Rolle umzudefinieren, damit ihren Auftrag zu überschreiten und das Volk, ihren Souverän, zu bevormunden. Die Widersprüchlichkeit der Werturteile ist offenkundig: Mündig genug, in Abständen Abgeordnete zu wählen und sich dadurch indirekt Gesetze zu geben, gilt das Volk als nicht mündig genug, täglich sein Fernsehprogramm zu wählen. Immerhin gibt es eine nicht kleine Zahl von Zeitungen, Zeitschriften und Büchern, deren Konsum nicht als kulturfeindlich gilt, und wenn sich hier die Einflüsse gegenseitig abschwächen, müßten sie es auch bei den elektronischen Medien tun.

3. **Korrektur externer Effekte.** In Abschnitt VIII.5 des 4. Kapitels wurden externe Effekte als eine verbreitete Form des Marktversagens beschrieben, die zu Abweichungen von der optimalen Allokation führt. Mehrere Arten staatlicher Eingriffe bieten sich zur Korrektur an:

– Da der Verbreiter von Externalitäten diese nicht in den von ihm erzielbaren Preisen wahrnimmt, muß die Effizienzbedingung (4.32) S. 476 dadurch effektiv gemacht werden, daß der Absender positiver Effekte in Höhe von Σe_{ik} eine Subvention erhält und dem Emittenten negativer Effekte in gleicher Höhe eine Steuer auferlegt wird.

Der eine würde es daraufhin lohnend finden, seine Produktion auszudehnen, der andere würde sie einschränken, weil er sich nunmehr nach den Sozialkosten der Produktion richten muß. Bemerkenswert hieran ist, daß es nicht optimal wäre, beispielsweise Luftverschmutzung einfach zu verbieten (eine Lösung, die dem ökonomisch Ungeschulten als erste einfällt). Das kann als Folge der Besteuerung nur eintreten, wenn der Schaden bei den Empfängern und daher die Steuer so hoch ist, daß keine gewinnbringende Produktion mehr möglich ist. Das kann vorkommen, stellt aber sicher nicht die Regel dar. Das Problem ist offenbar die Bewertung der Effekte, bei der den öffentlichen Stellen ein erheblicher Spielraum bleibt.

Ein weiteres Verfahren ist staatliche Unterstützung oder Anordnung kollektiver Aktionen:

- Der Staat veranlaßt kollektive Aktionen zur Internalisierung externer Effekte oder schützt private Aktionen mit seinen Machtmitteln vor Schwarzfahrerverhalten.

Schließlich bleibt als dritte Möglichkeit, das Allokationsverfahren durch institutionelle Änderungen in der Weise zu vervollkommnen, daß die Marktpartner einen Anreiz erhalten, die bisherigen Externalitäten in ihren Transaktionsverträgen zu berücksichtigen und sie so verschwinden zu lassen. Dazu muß man Verfügungsrechte für die entsprechenden Sachverhalte etablieren und damit den Anwendungsbereich des Allokationsverfahrens erweitern.

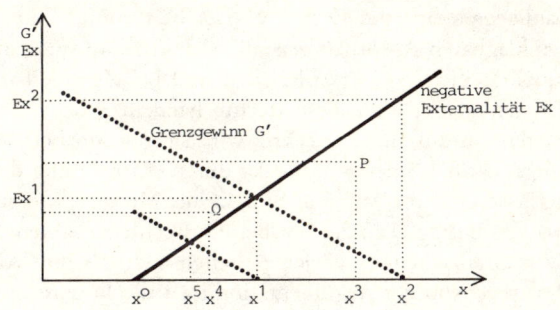

Bild 5.2 – *Negative externe Effekte und effiziente Produktmengen*

Bild 5.2 zeigt den Grenzgewinn G' einer Chemiefabrik in Abhängigkeit von ihrer Produktmenge x. Die Fabrik leitet Abwässer in einen Fluß, deren Menge oder Schadstoffgehalt mit der Produktmenge zunimmt. Der Fluß hat eine gewisse Verarbeitungskapazität für die Abwässer, innerhalb derer die Wasserqualität für die flußabwärts gelegenen Wassernutzer nicht beeinträchtigt wird. Von der Produktmenge x^0 an aber wird die Abwasserbelastung so groß, daß den anderen Wassernutzern Aufwendungen für die Reinigung entstehen, und zwar um so mehr, je höher die Produktmenge der Fabrik und damit die Wasserverschmutzung ist. Die Linie Ex zeigt den an diesen Aufwendungen gemessenen Wert des negativen externen Effekts. Je nach den institutionellen Regelungen gibt es nun mehrere Möglichkeiten. Braucht die Fabrik keine Rücksicht auf die flußabwärts gelegenen Wassernutzer zu nehmen, wird sie die Menge x^2 herstellen, bei der ihr Grenzgewinn null wird, und auf diese Weise negative externe Effekte in Höhe von Ex^2 verursachen. Schließen sich die Fabrik und die anderen Wassernutzer zu einem Unternehmen zusammen, dann müssen in dessen Kostenrechnung auch die von der Fabrik bisher als extern angesehenen Effekte berücksichtigt werden. Es wird nur noch die Menge x^1 hergestellt, bei der der vorher positive Grenzgewinn durch die nunmehr internalisierten Kosten der Wasserreinigung gerade aufgezehrt wird. Die externen Effekte sind verschwunden, die Produktion ist effizient. Bleiben die Beteiligten selbständig, gibt es zwei Möglichkeiten:

(1) Die Fabrik hat traditionsgemäß das Recht auf Einleitung ungereinigter Abwässer. Die an einer Senkung ihrer Reinigungsaufwendungen interessierten Wasser-

507

nutzer könnten dann gemeinsam beispielsweise den Betrag P an die Fabrik zahlen, da er kleiner ist als ihre Reinigungsaufwendungen bei der Produktmenge x^3, und die Fabrik wird auf die Transaktion eingehen, weil P größer ist als ihr Grenzgewinn bei dieser Menge. Allgemein: Die Wassernutzer werden im Bereich $x^1 \ldots x^2$ jeweils Beträge bis zur Höhe der Linie Ex zahlen, die Fabrik wird Beträge oberhalb der Linie G' annehmen. Ein Gleichgewicht stellt sich bei x^1 ein, die Produktion ist hier effizient, und mit den gezahlten Beträgen könnte eine Kläranlage gebaut werden. Die bei x^1 noch verbleibende ist die optimale oder effiziente Verschmutzung. Wer dies nicht einsieht und gänzlich reines Wasser (das es in der Natur nicht gibt) für die beste Lösung hält, möge bedenken, daß ökonomisch handeln abwägen heißt und daher marginales Denken erfordert. Zu fordern ist allerdings, möglichst alle Effekte zu berücksichtigen. Wenn also ein Flughafen erweitert werden soll, sind auch die Senkung der Grundstückspreise in der neuen Flugschneise, die Lärm- und Abgasbelästigung der Anlieger, der Verlust an Wald und weitere Externalitäten in Rechnung zu stellen.

(2) Die Flußanlieger haben das Recht, Wasser bestimmter Güte zu entnehmen und damit einen einklagbaren Anspruch gegenüber der flußaufwärts angesiedelten Fabrik, die Wasserqualität nicht zu verschlechtern und bei Zuwiderhandlungen Schadenersatz zu verlangen. Macht man diese Rechte handelbar, dann unterscheiden sie sich nicht von anderen Gütern, und die Fabrik wird sie den Inhabern abkaufen, solange die Aufwendungen dafür kleiner sind als der durch Ausdehnung der Produktmenge erzielbare zusätzliche Gewinn. Wird in Bild 5.2 die Menge x^4 hergestellt, lohnt es für die Fabrik, etwa den Betrag Q an die Inhaber der Rechte zu zahlen: Sie erzielt dann noch einen positiven Grenzgewinn, und jene erhalten mehr als ihre voraussichtlichen Aufwendungen. Entsprechend der Argumentation im Fall (1) wird die Fabrik im Bereich $x^0 \ldots x^1$ Beträge bis zur Höhe von G' zahlen, die Wassernutzer werden Zahlungen oberhalb von Ex akzeptieren. Auch in diesem Fall wird ein Gleichgewicht bei der Menge x^1 erreicht. Dieses Ergebnis, das unter Vernachlässigung etwaiger Informations- und Transaktionskosten zustande kam, nennt man das *Coase-Theorem:*

Satz 5.2: *Werden Verfügungsrechte über externe Effekte etabliert, dann ist bei Abwesenheit von Transaktionskosten die effiziente Allokation von der Verteilung der Rechte auf Absender und Empfänger unabhängig.*

Aus dem Theorem ist zu schließen, daß Marktversagen hier lediglich Folge einer ungenügenden Ausgestaltung des rechtlichen Rahmens der Marktwirtschaft ist und ohne direkte Eingriffe wie Besteuerung, Ge- oder Verbote durch dessen Vervollkommnung zu heilen ist.[12] Bei der Anwendung dieser Erkenntnis ist allerdings vor allem

---

[12] Der Weg hierzu wurde in der Bundesrepublik durch eine wichtige Entscheidung des Bundesgerichtshofs offengehalten. 1976 bildete sich in Bergkamen (Nordrhein-Westfalen) eine Bürgerinitiative gegen den Bau eines Kohlekraftwerks, die ihren Einspruch nach Verhandlungen und Zahlungen von insgesamt 2,5 Mill. DM zurückzog. Der Tenor des Urteils vom 11.12.1980 lautete: „Ein Vertrag, durch den ein betroffener Anwohner sich verpflichtet, seinen Widerspruch gegen die nach dem Bundes-Immissionsschutzgesetz erteilte Genehmigung einer gewerblichen Anlage gegen Zahlung eines Entgelts zurückzunehmen, verstößt weder gegen ein gesetzliches Verbot (§ 184 BGB) noch ohne weiteres gegen die guten Sitten (§ 138 BGB)." Vgl. Entscheidungen des Bundesgerichtshofs in Zivilsachen, 79. Bd 1981, S. 131. Die Presseberichterstattung hierüber ließ allerdings erkennen, daß solche Regelungen des Umweltproblems noch weithin auf Unverständnis stoßen, obwohl sie in einem so dichtbesiedelten Land die beste Lösung darstellen.

zweierlei zu berücksichtigen. Erstens ist die Verteilung der Verfügungsrechte zwar für die Allokation, angesichts der erforderlichen Zahlungen aber nicht für die Einkommensverteilung gleichgültig (vgl. auch S. 373 über die Unabhängigkeit des Pareto-Optimums von der Einkommensverteilung). Zweitens sind keine Verhandlungen samt den Aufwendungen für diese erforderlich, wenn man das allgemeine Recht auf Nichtschädigung oder auf eine Mindest-Umweltqualität postuliert und gemäß dem Verursacherprinzip von der Haftung des Schädigers ausgeht. Bei einem Recht auf Schädigung muß verhandelt werden, und die Verteilung der Rechte auf Absender oder Empfänger ist daher nur dann unwichtig, wenn die Transaktionsaufwendungen in beiden Fällen annähernd gleich groß sind.

Ein weiterer Aspekt der Transaktionsaufwendungen spielt für die Frage eine Rolle, ob das Coase-Theorem praktische Bedeutung hat, Marktversagen in Gestalt externer Effekte also einfach durch zweckmäßige Gestaltung der Verfügungsrechte beseitigt werden kann. Gibt es nur je einen Absender und Empfänger der Effekte, ist eine Übereinkunft wahrscheinlich. Allerdings tritt auch hierbei schon ein Informationsproblem auf. Sind die Kurvenverläufe von Bild 5.2 nicht objektiv feststellbar und beiden Partnern bekannt, dann kann der Emittent seine Emissionen absichtlich verstärken oder damit drohen, um von dem Wassernutzer eine höhere Abstandssumme zu erhalten; der Wassernutzer kann bei einer Gestaltung der Verfügungsrechte gemäß (2) seinen Schaden übertrieben darstellen. Der Ergebnis der Verhandlungen ist dann nicht vorhersagbar. Gibt es mehrere Absender und Empfänger, dann wachsen mit ihrer Zahl die Informations- und Transaktionsprobleme. Der Emittent einer Externalität läßt sich schwerer ermitteln, und bei den Empfängern wird eine kollektive Aktion notwendig. Kommt diese wegen des Schwarzfahrerproblems nicht zustande, produziert die Chemiefabrik zuviel und verschmutzt die Umwelt zu stark. Bleiben also Externalitäten trotz Ausstattung mit Verfügungsrechten bestehen, muß vermutet werden, daß mindestens eine der soeben genannten Ursachen vorliegt. Damit scheint öffentliches Eingreifen gerechtfertigt. Wird beispielsweise dem Verursacher in Bild 5.2 eine Steuer in Höhe von Ex^1 auferlegt, dann verschiebt sich seine Grenzgewinnlinie in die bei x^1 endende Lage, und er wird die Menge x^1 herstellen. Würde allerdings jetzt verhandelt werden, stellte sich ein Gleichgewicht bei x^5 ein: Die Steuer sichert nicht die effiziente Produktmenge und ist damit der Zuweisung von Verfügungsrechten (falls diese genutzt werden) unterlegen. Außerdem erfordert der staatliche Eingriff seinerseits Informationen und verursacht Aufwendungen, die ebenfalls noch zu berücksichtigen wären.

4. Wettbewerbspolitik. Wettbewerb begrenzt als systemnotwendiges Element der Marktwirtschaft die Marktmacht und damit die Möglichkeit der Marktteilnehmer, Preise und andere Transaktionsbedingungen zu ihren Gunsten zu beeinflussen. Im Idealfall zwingt er die Anbieter von Konsumgütern, sich so weitgehend auf die Bedürfnisse der Verbraucher einzustellen, daß jede Abweichung zum Ausscheiden aus dem Markt führt, wenn es nicht gleichzeitig mit ihr oder durch sie gelingt, die Präferenzen der Abnehmer zu ändern. Überlegungen solcher Art erklären vermutlich die politische Anziehungskraft des Konzepts des vollkommenen Wettbewerbs, die noch 1955 die Regierung der Bundesrepublik veranlaßte, die Herstellung dieser Art von Konkurrenz als Ziel eines Gesetzes gegen Wettbewerbsbeschränkungen anzugeben. In der Begründung zum Entwurf eines solchen Gesetzes schrieb sie, „... daß der

Staat nur insoweit in den Marktablauf lenkend eingreifen soll, wie dies zur Aufrechterhaltung des Marktmechanismus oder zur Überwachung derjenigen Märkte erforderlich ist, auf denen die Marktform des vollständigen Wettbewerbs nicht erreichbar ist."[13] Nun führt aber, wie in Abschnitt VII.1 des 4. Kapitels dargelegt, der sich selbst überlassene Wettbewerb nach herrschender Ansicht in nennenswertem Umfang zu unerwünschten Ergebnissen. Allgemeine Maxime für staatliche Eingriffe in diesen Bereich ist daher deren Abstufung in der Weise, daß

- zu intensiver Wettbewerb als schädlich betrachtet wird, etwa weil er zu viele Wettbewerber ausschaltet und daher zu seiner eigenen Abschaffung beiträgt, oder weil er gegen übergeordnete Rechtsnormen verstößt;
- ein Bereich mittlerer Wettbewerbsintensität als schutz- und förderungswürdig gilt, wo der Wettbewerb seine als segensreich betrachteten Wirkungen entfalten kann;
- bei zu geringem oder fehlendem Wettbewerb staatliche Maßnahmen zur (Wieder)Herstellung des erwünschten Intensitätsgrades angezeigt sind, falls nicht andere Erwägungen Vorrang haben.

Wettbewerbsintensität ist jedoch bisher kein operationales Konzept, so daß die in dieser Idee verkörperte quasi naturwissenschaftliche Denkweise auch bei diesem sozialen Problem versagt. Die Eingriffe müssen daher anhand von Indikatoren für die nicht direkt meßbare Wettbewerbsintensität vorgenommen werden. Hierfür kommen nur beobachtbare Handlungen von Wirtschaftssubjekten in Betracht, die unter diesem Gesichtspunkt in (1) Wettbewerbs-, (2) wettbewerbsbeschränkende und (3) wettbewerbsausschließende Handlungen zu gliedern und je für sich in erlaubte und unerlaubte zu unterteilen wären. Eine weitere Klassifizierung könnte man nach den Bereichen vornehmen, die durch die vier Arten von Wettbewerbshandlungen (S. 302 f.) vorgezeichnet sind. Zur Gruppe der unerlaubten Wettbewerbshandlungen im Bereich der Werbepolitik gehört beispielsweise in der Bundesrepublik (aber nicht in anderen Ländern), die Produkte von Konkurrenten zu nennen und sie hinsichtlich bestimmter Eigenschaften mit den eigenen zu vergleichen. Ebenfalls international nicht einheitlich wird die Frage von Werbebeschränkungen für bestimmte freie Berufe gehandhabt. Die wichtigste Regelung zur Frage unerlaubter Wettbewerbshandlungen ist in der Bundesrepublik das *Gesetz gegen den unlauteren Wettbewerb*.

Die Reihe der Wettbewerbsbeschränkungen kann man mit einer Gruppe von Absprachen beginnen lassen, die als Vorfeld solcher Beschränkungen anzusehen sind, von der Wettbewerbspolitik aber zum Teil geduldet, zum Teil gefördert werden. So ist Produktwettbewerb sicher nicht in der Form zweckmäßig, daß jeder Glühbirnenhersteller seine eigene Fassungsgröße und jeder Schreibpapierproduzent beliebige Formate auf den Markt bringt. Entsprechende Standardisierungsvereinbarungen sind daher erlaubt, da der Rationalisierungsvorteil den Nachteil des partiellen Wettbewerbsausschlusses überwiegt. Erlaubte Beschränkungen des Wettbewerbs liegen ferner vor, wenn bestimmte natürliche Monopole, bereichsspezifische Kartelle oder andere Absprachen zugelassen oder von Staats wegen hergestellt werden. Auch deren Handhabung ist von Land zu Land verschieden.

---

[13] Bundestagsdrucksache 1158 vom 22.1.1955, S. 21. „Vollständiger" darf wohl mit „vollkommenem" Wettbewerb gleichgesetzt werden.

Die wettbewerbspolitischen Eingriffe, mit denen man unerlaubte Beschränkungen verhindern oder Wettbewerb wieder herstellen will, lassen sich nach ihrer Reichweite wie folgt ordnen:

(1) *Verbot wettbewerbsbeschränkender Absprachen.* Ein solches Verbot ist der Kern jeder Wettbewerbspolitik. Seine Hauptprobleme sind

- Die Definition der verbotenen Absprache. Das Problem hat sich als so schwierig erwiesen, daß der Gesetzgeber hier mit einer allgemeinen Klausel arbeiten muß, die im konkreten Fall von den Gerichten auszulegen ist. Der nicht abschaffbare Nachteil dieses Vorgehens ist die mit ihm einhergehende Rechtsunsicherheit. Die Wettbewerber können nicht aufgrund eines unzweideutigen Gesetzestextes von vornherein entscheiden, ob eine gegebene Maßnahme zulässig ist, sondern müssen das Risiko eines häufig durch mehrere Instanzen geführten und daher jahrelangen und teuren Rechtsstreits eingehen.
- Der Nachweis verbotener Absprache. Standardfall ist, daß mehrere Anbieter auf einem oligopolistischen Markt ihre Preise gleichzeitig oder in kurzen Abständen in gleicher Richtung ändern. Dies wäre verboten, wenn es aufgrund einer Absprache geschieht und erlaubt, wenn eine Absprache fehlt, obwohl das Ergebnis in beiden Fällen das gleiche ist. Die Eingriffsmöglichkeiten jeder Wettbewerbsbehörde sind hier beschränkt, da der allgemeine Rechtssatz über die Beweislast auch hier gilt, wonach der Ankläger dem Beschuldigten die Schuld und nicht der Beschuldigte seine Unschuld nachzuweisen hat.
- Die Festlegung des Strafmaßes bei Zuwiderhandlungen. Hierbei ist zu berücksichtigen, daß Strafen, soweit sie Geldstrafen sind, bei dem Gesetzesverletzer Gegenstand eines ökonomischen Kalküls sein können. Überwiegt der aus einer wettbewerbsbeschränkenden Handlung zu erwartende Nutzen die zu erwartende Strafe, ist es nur rational, das Risiko einer Bestrafung einzugehen.

(2) *Fusionskontrolle und Auflösung von Unternehmen.* Wettbewerb wird auch verringert oder ausgeschaltet, wenn gleichrangige Wettbewerber fusionieren oder kleine Unternehmen sich an große anschließen. Fusionskontrolle bedeutet, solche Zusammenschlüsse zu verbieten oder genehmigungspflichtig zu machen, sofern der Marktanteil nach der Fusion eine bestimmte Grenze erreicht oder überschreitet. Hauptproblem ist hier die Messung des Marktanteils der bisherigen Wettbewerber. Fusionskontrolle schützt die zur Zeit ihres Inkrafttretens vorhandenen Großunternehmen, soweit sie Zusammenschlüsse kleinerer Konkurrenten und damit deren Erstarken verhindert. Da nicht einzusehen ist, daß etablierte große Marktmacht besser sein soll als neu hinzutretende, wäre das Korrelat zu einer Fusionskontrolle die Verkleinerung bestehender Großunternehmen. Kandidaten hierfür sind erstens Unternehmen, die bei Inkrafttreten der Fusionskontrolle schon so groß waren, daß sie unter deren Herrschaft nicht zustandegekommen wären, zweitens solche, die ohne Fusionen allein deshalb in die beanstandete Größenordnung hineingewachsen sind, weil ihre Konkurrenten sich nach und nach aus dem Markt zurückgezogen haben.

Die Weisheit der Fusionskontrolle wird jedoch neuerdings in Zweifel gezogen. Die Argumente lauten etwa so. Erstens ist der Anschluß an einen stärkeren Konkurrenten für viele vor dem Konkurs stehende Unternehmen häufig der letzte Ausweg. Versperrt man ihn, gibt es Unternehmenszusammenbrüche mit allen Folgen für die Arbeitsplätze, und die überlebenden Wettbewerber übernehmen den wegfallenden

Marktanteil in jedem Falle. Bei einer Fusion besteht dagegen wenigstens die Chance, Arbeitsplätze und einsatzbereites Realkapital zu erhalten. Sind zweitens die Zutrittsschranken auf einem Markt niedrig, dann wird jedes marktbeherrschende Unternehmen oder Kartell beim Versuch, den Monopolgrad zu erhöhen, Schiffbruch erleiden, weil es neue Anbieter in den Markt lockt und Substitutionswettbewerb hervorruft. Auch intern gewachsene Unternehmen sind demselben Prozeß ausgesetzt. Dieser kann sich allerdings über Jahre erstrecken (und das ist bisher das Hauptargument der Befürworter der Fusionskontrolle). Sind drittens Zutrittsschranken vorhanden, dann werden der oder die Anbieter immer bis zum Limitpreis gehen, unabhängig von ihrer Zahl und der usprünglichen Wettbewerbssituation. Dies ist durch Fusionskontrolle nicht zu verhindern, und eine Preiskontrolle, die eine Kostenkontrolle einschließen müßte, ist nicht praktikabel.

(3) *Preisregulierung*. Hauptanwendungsbereich sind Anbieter leitungsgebundener Güter, also die Energie- und Wasserversorgung. Weitere Bereiche sind in der Bundesrepublik die Landwirtschaft einschließlich des staatlichen Branntweinmonopols, die Wohnungswirtschaft, das Gesundheitswesen (Leistungen der Ärzte und Zahnärzte, Krankenhaus-Pflegesätze, Handelsspannen für Arzneimittel). Die meisten Preise im Wirtschaftsbereich „Verkehr und Nachrichtenübermittlung" einschließlich der Rundfunk- und Fernsehgebühren werden behördlich festgesetzt oder überwacht, ebenso die Entgelte für die Leistungen freiberuflich Tätiger; und die Tarife der Versicherungsunternehmen sind durch das Bundesaufsichtsamt für das Versicherungswesen zu genehmigen. Insgesamt beeinflußt der Staat in dieser Weise mehr oder weniger direkt rund ein Drittel der Verbraucherpreise.[14]

(4) *Verstaatlichung*. Die letzte Stufe ist die Übernahme in den Staatsbesitz. Diese hat sich historisch vielfach in bezug auf Versorgungs- und Verkehrsunternehmen sowie einzelne Produzenten besonderer Güter (Münzprägeanstalten, Banknoten- und Briefmarkendruckereien) von vornherein so ergeben und schwebt in manchen Ländern als ständige Drohung über Unternehmen, die auf dem Wege zu einer Monopolstellung sind oder diese innehaben.

(5) *Sonstige Maßnahmen*. Zu einer Reihe weiterer Eingriffe mit geringerer praktischer Bedeutung gehören die Herstellung oder Intensivierung des Wettbewerbs durch Zulassung oder Förderung von Auslandskonkurrenz oder durch Gründung staatlicher Konkurrenzunternehmen.

5. Verbraucherschutz. Es wäre verwunderlich, wenn Unternehmen unter dem Druck des Wettbewerbs und auch ohne diesen nicht versuchen würden, sich beim Tauschverkehr auch gegenüber Teilnehmern der anderen Marktseite Vorteile zu verschaffen. Dies betrifft sowohl die Marktobjekte als auch die Transaktionsbedingungen und macht sich um so stärker bemerkbar, je ausgeprägter die ökonomische Ungleichheit zwischen beiden Marktseiten in bezug auf Marktmacht, Markttransparenz und Informationsstand ist. Extreme dieser Ungleichheit treten vor allem im Verhältnis von Konsumgüteranbietern zu privaten Endverbrauchern auf und bilden ein spezielles soziales Problem.

Wenn der Produktionsprozeß letztlich im Interesse der privaten Haushalte in ihrer Eigenschaft als Endverbraucher von Konsumgütern stattfindet, dann müßten diese

---

[14] BAUM [5.80], S. 339.

durch ihr Verhalten maßgebend darüber entscheiden, welche Güter mit welchen Eigenschaften in welchen Mengen hergestellt werden. Das ist die Idee der Konsumentensouveränität. Diese hatte sicher zu Lebzeiten der Schöpfer des marktwirtschaftlichen Modells realen Gehalt. Es gab eine nach heutigen Maßstäben geringe Zahl von Konsumgütern, über die sich die Konsumenten ohne größere Aufwendungen jederzeit hinreichend informieren konnten. Die Zahl der Anbieter auf den Wochenmärkten der Städte und in ihren Läden und Handwerksbetrieben war überschaubar, und die Qualität von Nahrungsmitteln, Bekleidung und Einrichtungsgegenständen, die damals praktisch das gesamte Konsumgüterangebot ausmachten, war von jedermann leicht nachprüfbar. Unter diesen Bedingungen war eine wirksame Kontrolle der Produzenten durch die Konsumenten in etwa möglich. Dagegen ist die heutige Realität vom Modell des Konsumenten, der über ausreichende und zuverlässige Informationen über die ihn interessierenden Konsumgüter verfügt und aufgrund dieser Kenntnisse sein Realeinkommen maximiert, weit entfernt. Die Zahl der Konsumgüter hat, auch als Folge der Produktdifferenzierung, immens zugenommen; und sie bestehen heute zum größten Teil aus industriell hergestellten oder bearbeiteten Gütern, deren Qualität nur Fachleute beurteilen können. Damit entsteht bei jedem Konsumenten Bedarf an Informationen über Zehntausende für ihn in Frage kommender Güter, deren aktive Beschaffung und Verarbeitung jedoch viel zu zeitraubend und kostspielig wäre. Die Anbieter wissen dies und füllen von sich aus diese Lücke, zumal sie ständig auch das Problem haben, potentiellen Käufern die Existenz neuer Konsumgüter bekanntzugeben: Sie treiben Werbung. Werbeaussagen sind jedoch nur zum Teil objektive Information. Sie stammen von den Anbietern, werden in deren Auftrag und Interesse produziert und sind daher im Prinzip zugunsten der als positiv betrachteten Aspekte des Produkts verzerrt, hauptsächlich durch Übertreibung, Hinzufügung und Weglassung. Sie schaffen Präferenzen und schwächen damit den Substitutionswettbewerb, ohne daß dies immer durch technische Eigenschaften der Produkte begründet wäre; und sie nutzen unbewußte Motive von Konsumenten aus. Zudem gibt es grundsätzlich zu jeder Werbung eine Gegenwerbung, was die Entscheidungssituation des Konsumenten bei dessen mangelnder Urteilsmöglichkeit jedoch nicht verbessert.

Unter diesen Umständen müssen Konsumenten den Anbietern Vertrauensvorschüsse entgegenbringen, da die Eigenschaften eines Produkts grundsätzlich ungewiß sind. Dies gilt heute angesichts des weit verbreiteten Einsatzes von Pflanzenschutz- und anderen chemischen Mitteln sogar für unbearbeitete Nahrungsmittel, deren Qualität der erfahrene Konsument früher selbst beurteilen konnte. Solche Vorschüsse sind ferner unvermeidbar, wenn es sich um den Kauf technischer Geräte und hochqualifizierter Dienstleistungen wie der von Ärzten, Rechtsanwälten, Architekten, Steuerberatern und Reparaturhandwerkern handelt. Bei Nutzungsverträgen sind es umgekehrt die Verkäufer, die Vertrauensvorschüsse leisten müssen: Banken als Kreditgeber, Wohnungsvermieter müssen auf die Zahlungsfähigkeit und -willigkeit ihrer Kunden hoffen. Arbeitgeber haben das Problem, Arbeitsfähigkeit und -willen neuer Mitarbeiter einzuschätzen. Ohne dieses Verfahren würden sehr viel höhere Transaktionskosten anfallen, das System wäre weniger effizient.

Nun bedeutet das nicht, daß Konsumgüterproduzenten unter den heutigen Bedingungen machen könnten, was sie wollen. Zwei Einflüsse wirken dem entgegen. Wer auf Dauer als Anbieter am Markt bleiben will, darf nicht ständig schlechtere Produkte oder ungünstigere Transaktionsbedingungen als seine Konkurrenten bieten, da die Markttransparenz in der Regel im Zeitablauf zunimmt und seine Kunden daher abwandern würden. Wettbewerb wirkt sich so im Interesse der Verbraucher aus. Fehlt er oder ist er beschränkt, dann haben Anbieter allerdings weitgehend freie Hand. Der zweite Einfluß beruht auf einem Prinzip der Marktwirtschaft, das da lautet: Wenn ein Bedürfnis entsteht (oder geweckt werden kann), dann findet sich über kurz oder lang ein Produzent, der ein Gut zu seiner Befriedigung anbietet. Wenn also das Bedürfnis nach objektiven Informationen über die Eigenschaften von Konsumgütern entsteht, könnte es lohnen, solche Informationen mit Hilfe professioneller Produkttester herzustellen und zu verkaufen. Nun wird wohl überwiegend das Werturteil akzeptiert, daß beide Einflüsse auch zusammen nicht ausreichen, die Interessen der Verbraucher in genügendem Maße wahrzunehmen. Zwar wird die Höhe des Vertrauensvorschusses beispielsweise durch Garantien begrenzt, die Käufern dauerhafter Konsumgüter zugesagt werden, und hier ist auch Wettbewerb in bezug auf deren Dauer und Umfang zu beobachten. Jedoch ist der Wettbewerb auf diesem Gebiet nicht so intensiv, daß er etwa die Hersteller von Milch und Milchprodukten veranlaßt hätte, von sich aus Haltbarkeitsangaben auf ihre Packungen zu drucken. Bei dem zweitgenannten Einfluß ist zu berücksichtigen, daß Informationen nichttrivialisierende Güter sind und das Ausschlußprinzip bei ihnen nur schwierig durchzusetzen ist: Ihre Kollektivguteigenschaft erschwert ihre privatwirtschaftliche Herstellung. Freiwillige kollektive Aktionen etwa durch Bildung von Verbraucherverbänden werden durch Schwarzfahrerverhalten bedroht, das auch gezielte Maßnahmen solcher Verbände schwächt. Mithin sind die aus dem System heraus in Richtung auf den Abbau des grundsätzlichen Informationsdefizits der Konsumenten in bezug auf Produkteigenschaften wirkenden Kräfte insgesamt so schwach, daß staatliche Eingriffe in Gestalt einer *Verbraucherschutzpolitik* gerechtfertigt erscheinen.

Das Problem ist, welcher Art die entsprechenden Maßnahmen sein und welchen Umfang sie haben sollen. Sie können zunächst beim Produzenten ansetzen, um sicherzustellen, daß beispielsweise seine Dienstleistungen eine Mindestqualität haben. Ärzte und Apotheker brauchen daher zur Berufsausübung eine staatliche Approbation, eine Reihe von Berufen darf nur nach Ablegung von Prüfungen ausgeübt werden, die Herstellung von Arzneimitteln und der Betrieb einer Bank sind erlaubnispflichtig. Ein Nachteil dieses Verfahrens ist, daß es wie jede Lizenzpflicht den Wettbewerb schwächt, besonders wenn den vorhandenen Anbietern Einfluß auf die Zulassung neuer eingeräumt wird.

Der zweite Ansatzpunkt ist das Produkt, wobei der staatliche Eingriff tunlichst sowohl nach dem potentiellen Ausmaß des Schadens, den der Verbraucher erleiden kann, als auch nach seinem zumutbaren eigenen Beitrag zur Schadensabwendung abzustufen ist. Die Skala reicht hier von der verfaulten Apfelsine im Netz, die der Verbraucher beim Kauf hätte bemerken müssen; über das Paket Brot, das sich erst zu Hause als verschimmelt herausstellt; das Auto mit einer nicht endenwollenden Kette von Mängeln bis zum Medikament mit schwer schädigenden Nebenwirkungen. Die Beispiele zeigen, daß man es nicht in allen Fällen dem Wettbewerb überlassen kann, für die Eliminierung des schlechten Produkts oder seines Anbieters zu sorgen. Schon Mängel an Kraftfahrzeugen können sich lebensbedrohend auswirken, und vollends unzumutbar erscheint Wettbewerb als Ausleseverfahren bei Medikamenten mit Schäden beim Verbraucher als Indikatoren. Verbraucherschutz in bezug auf das Marktobjekt hat somit drei Aspekte:

(1) Der Verkäufer hat zusammen mit dem Marktobjekt Informationen über dieses zu liefern, die relevant, zutreffend und verständlich sein müssen;
(2) Der Produzent hat das Objekt mit gewissen Mindesteigenschaften auszustatten;
(3) Der Produzent hat in gewissem Umfang für Schäden zu haften, die beim Ge- oder Verbrauch seiner Produkte auftreten.

Zu den Informationen unter (1) gehören Angaben über Zusammensetzung, Mengen und Gewichte von Verpackungsinhalten; Nährwerte, Zusatzstoffe und Haltbarkeitsdaten von Lebensmitteln; Schadstoffe bei Tabakwaren und Kosmetika; chemische Zusammensetzung sowie Indikationen und Kontraindikationen bei Medikamenten. Der Verbraucher soll gegen irreführende sowie unsachliche Werbung geschützt werden, mit der Gefühle wie Angst oder Mitleid geweckt und als Kaufmotiv eingesetzt werden. Eines der schwierigsten Probleme scheint hier der Schutz des Verbrauchers vor objektiv unnötigem Konsum zu sein, der ihm vom Anbieter aufgedrängt wird. Vergleichende Tests zeigen immer wieder, daß Kraftfahrzeugreparaturwerkstätten überflüssige Arbeiten ausführen; und schon daß es in den Vereinigten Staaten doppelt so viele Chirurgen und chirurgische Eingriffe je Kopf der Bevölkerung gibt wie etwa in Großbritannien, deutet auf die auch anderweitig vielfach bestätigte Tatsache vieler unnötiger Operationen in den USA hin.[15]

Mindestansprüche an die Qualität von Sachgütern und Dienstleistungen gemäß (2) sollen allgemein und indirekt durch den Wettbewerb zwischen Anbietern gewährleistet werden. So liegt es beispielsweise im Interesse der Hersteller von Gütern, ihre Lebensdauer möglichst niedrig zu halten, aber deren absichtliche Herabsetzung, der *geplante Frühverschleiß,* ist nur aufgrund von Absprachen möglich, da langlebige Produkte einen bedeutenden Wettbewerbsvorteil verschaffen. Wettbewerb kann hier aber nur in Fällen funktionieren, in denen die Qualität für jeden Käufer leicht zu beurteilen ist (weswegen ein Gesetz gegen den Verkauf verrosteter Fahrräder überflüssig wäre). Staatliche Vorschriften betreffen in diesem Punkt die Sicherheit bei technischen Geräten, Höchstgehalte an schädlichen Stoffen bei Nahrungs- und Genußmitteln sowie therapeutische Wirksamkeit und Nebenwirkungen bei Arzneien. Die maßgebenden Vorschriften sind in der Bundesrepublik zur Zeit das *Gerätesicherheitsgesetz* vom 13. 8. 1979 (BGBl. I, S. 1432), das *Lebensmittel- und Bedarfsgegenständegesetz* vom 15. 8. 1974 (BGBl. I, S. 1945) und das *Arzneimittelgesetz* vom 24. 8. 1976 (BGBl. I, S. 2445). Daneben gibt es freiwillige Vereinbarungen etwa der Hersteller von Elektrogeräten über Sicherheitsnormen. Vorschriften über Mindesteigenschaften gleich welcher Herkunft haben den Nebeneffekt, den Marktzutritt ausländischer Konkurrenten zu behindern.

Die Maßnahmen unter (3) schließlich betreffen die *Produzentenhaftung.* Sie erstreckt sich gemäß einer üblichen Einteilung auf Konstruktions- und Fabrikationsfehler, ungenügende oder fehlerhafte Gebrauchsanweisungen und schließt auch die Verpflichtung ein, das Produkt beim Gebrauch zu beobachten und dabei auftretende Fehler gegebenenfalls durch Rückrufaktionen zu beseitigen.

Der dritte Ansatzpunkt sind die Transaktionsbedingungen. Deren wichtigste sind die Preise, aber der staatliche Einfluß auf diese im Interesse der Verbraucher wird weniger direkt über Maßnahmen der bisher besprochenen Art als vielmehr indirekt über

---

[15] GOODMAN/DOLAN [I.35], S. 59.

die Wettbewerbspolitik geltend gemacht. Dementsprechend wird vom Konsumenten erwartet, daß er die Konkurrenzsituation zwischen Anbietern ausnutzt und vor dem Kauf Preise vergleicht. Dazu gibt es eine *Preisauszeichnungspflicht.* Diese ist bei Sachgütern und den meisten Dienstleistungen weniger problematisch, konnte aber in der Bundesrepublik in bezug auf die effektiven Jahreszinssätze der Banken für ihre Kredite erst nach einigem Widerstand durchgesetzt werden. In den Vereinigten Staaten gilt das entsprechende Gesetz, der Truth-in-Lending Act von 1968, als einer der Eckpfeiler des Verbraucherschutzes. Wettbewerb als Preisregulator kann allerdings in Wirtschaftsbereichen nicht funktionieren, in denen die Preise staatlich reguliert werden, in der Bundesrepublik also in den Ausnahmebereichen des Gesetzes gegen Wettbewerbsbeschränkungen (hauptsächlich Landwirtschaft, Verkehr, öffentliche Energie- und Wasserversorgung), und daher wird das Verbraucherinteresse hier wie auch bei einigen freien Berufen mit staatlicher Gebührenfestsetzung, wenigstens der erklärten Absicht nach, direkt beim öffentlichen Preiseingriff berücksichtigt.

Ein weites Feld für den Verbraucherschutz eröffnet sich jedoch bei den sonstigen Transaktionsbedingungen. Mehr oder weniger knüpft sich an jeden Kauf und an jede Unterschrift unter einen Kredit-, Versicherungs- oder Leistungsvertrag eine Reihe von Bedingungen, mit denen Liefer- und Zahlungsfristen, Eigentumsübergang, Kündigungsfristen, Garantieleistungen, Kundendienst und Eventualfälle wie Rücktritt vom Vertrag, Haftung für Eigenschaften und Mängel, Preiserhöhungen, Leistungsänderungen, Schadenersatz, Verteilung der Beweislast, Nachfristen und Gerichtsstand geregelt werden. Bei der Festlegung dieser Bedingungen haben die Vertragspartner gemäß dem Prinzip der Vertragsfreiheit weitgehenden Spielraum. In der Praxis hat es sich im Interesse zügiger Abwicklung als zweckmäßig erwiesen, einheitliche Regelungen in Gestalt Allgemeiner Geschäftsbedingungen (AGB) zu treffen, um nicht bei jeder Transaktion gesonderte Vereinbarungen aushandeln zu müssen. In den AGB, die es, angepaßt an die Besonderheiten des jeweiligen Wirtschaftszweiges, vor allem für Banken, Versicherungen, Makler, Spediteure, Reparaturwerkstätten, Wohnungsvermieter und Verkäufer dauerhafter Konsumgüter gibt, macht sich der Informationsvorsprung der Anbieter gegenüber Konsumenten als Nachfragern am deutlichsten bemerkbar. Es lohnt nur für Anbieter, sich die AGB direkt oder über ihre Verbände von juristischen Fachleuten so ausarbeiten zu lassen, daß der rechtliche Rahmen weitgehend in ihrem Interesse ausgeschöpft wird. Käufer verfügen dagegen in der Regel nicht über Rechtskenntnisse und vermögen daher noch nicht einmal die Tragweite des Risikos abzuschätzen, das sie mit ihrer Unterschrift unter den Kauf- oder sonstigen Vertrag eingehen. Anderseits lohnt es für den Verbraucher nicht, seinerseits den Rat eines Fachmannes in Anspruch zu nehmen, so daß sein Informationsnachteil nicht zu beseitigen ist. Auch ist nicht zu erwarten, daß Anbieter Wettbewerbshandlungen zwecks Durchbrechung der AGB unternehmen, da dies zusätzliche Kosten verursacht und nur geringe Vorteile verspricht. Da der Wettbewerb also insoweit nicht funktioniert, AGB aber Transaktionskosten senken, wurde das Recht der AGB in der Bundesrepublik Deutschland 1976 mit dem Ziel reformiert, Mißbräuche zu verhindern, den wirtschaftlich Schwächeren vor Nachteilen zu schützen und so einen angemessenen Interessenausgleich zwischen Käufern und Verkäufern herzustellen (*Gesetz zur Regelung des Rechts der Allgemeinen Geschäftsbedingungen* vom 9. 12. 1976, BGBl. I, S. 3317). Eine weitere Möglichkeit ist hier auch die Zulassung der *Verbandsklage:* Hat eine große Zahl von Verbrauchern Schäden erlitten, die jedoch bei jedem einzelnen von ihnen so geringfügig sind, daß es für diesen nicht lohnt, zivilrechtlich Klage zu erheben, kann Verbraucherorganisationen das Recht dazu eingeräumt werden.

Der vierte Ansatzpunkt schließlich sind die Verbraucher selbst, die von der Grundschule an dazu zu erziehen wären, sich über ihre Bedürfnisse und deren Befriedigungsmöglichkeiten klar zu werden, Werbeaussagen und Informationen kritisch gegenüberzustehen und allgemein sich in der heutigen Konsumwelt zurechtzufinden.

Probleme des staatlichen Verbraucherschutzes liegen vor, wenn

– er über sein Ziel hinausschießt und auch dort eingreift, wo selbst der wenig sachkundige und leichtgläubige Verbraucher in der Lage ist oder sein müßte, unzumutbare Produkte oder Transaktionsbedingungen zurückzuweisen;
– Abwägungsprobleme etwa zwischen Risiken und Vorteilen beim technischen oder medizinischen Fortschritt auftreten;
– Maßnahmen das Gegenteil der beabsichtigten Wirkung hervorbringen.

Das Schutzbedürfnis des Durchschnittsverbrauchers dürfte klar überschätzt werden, wenn der Bundesminister für Ernährung, Landwirtschaft und Forsten der Bundesrepublik im Einvernehmen mit zwei weiteren Bundesministern und dem Bundesrat am 9.10.1971 eine Verordnung über gesetzliche Handelsklassen für frisches Obst und Gemüse erläßt (BGBl. I, S. 1640), in der auf 35 Seiten Bundesgesetzblatt u. a. festgelegt wird, daß die Früchte (meist) „frisch, ganz, gesund und sauber" sein müssen, daß bei Knollensellerie der Klasse I „eine kleine wattige Stelle im Innern" zulässig ist; daß Kohlrabi wie auch Meerrettich und anderes so beschaffen sein muß, „daß er Transport und Lagerung aushält", daß Paprikaschoten der Klasse I „bei eckig abgestumpftem Paprika mindestens 2,60 mm Durchmesser haben müssen" (es muß cm heißen, und auch dann ist die Angabe noch auf fünf hundertstel mm genau). Offenbar muß es möglich sein, den Handel mit solch leichtverderblicher Ware den Anbietern, die auf Dauer im Geschäft bleiben wollen, und den Käufern/-rinnen zu überlassen, die geplatzte Radieschen liegenlassen würden. Jedoch ist Verbraucherschutz ein Betätigungsfeld für öffentliche und quasiöffentliche Bedienstete, und daher bemüht sich auch eine Organisation wie die OECD um die internationale Standardisierung von Obst und Gemüse, wobei als Merkmale für die Klassifizierung beispielsweise gelten, daß Erdbeeren „sorgfältig mit der Hand gepflückt" und „frisch, aber nicht gewaschen" sind.[16] Insgesamt liegt hier das Werturteil nahe, daß Maßnahmen solcher Art überflüssig sind. Die Verbraucher sind dennoch nicht der Notwendigkeit enthoben, der Ware kundig und kritisch gegenüberzutreten und dadurch die gründlichste und überdies ständig wirksame Kontrolle über deren Qualität auszuüben; und der Staat könnte die Einhaltung solcher Normen nur zu unvertretbar hohen Kosten kontrollieren.

Schwerwiegende und nicht befriedigend lösbare Abwägungsprobleme treten auf, wenn den Heilwirkungen eines neuen Medikaments das Risiko schädlicher Nebenwirkungen gegenübersteht. Die Zulassung zum Gebrauch kann dann ebenso Menschenleben kosten wie deren Verzögerung oder Verweigerung. Ein ähnliches Problem liegt bei der Sicherheit technischer Geräte vor. Dem ökonomischen Laien scheint es, als

---

[16] International Standardization of Fruit and Vegetables: Strawberries (Revision). OECD, Paris 1979, S. 6. — Zu den allgemeinen Problemen dieser Art von Verbraucherschutz vgl. Standardization of Fruit and Vegetables. Technical and Economic Aspects. OECD, Paris 1970. 91 S.

müsse für den Schutz von Leben und Gesundheit „alles" getan werden, und daher sei jeweils nur der neueste Stand der Technik auf diesem Gebiet zulässig. Tatsächlich wird in der Praxis nicht so verfahren: Die Abschaffung des Kraftfahrzeugverkehrs in der Bundesrepublik (neuer Gebietsstand) würde jährlich rund 11 000 Menschenleben retten, hunderttausende von Verletzten und Sachschäden in Höhe vieler Milliarden DM einsparen (nicht netto: Die Substitute für den Kraftfahrzeugverkehr würden in unbekannter Höhe ebenfalls Opfer und Schäden verlangen), aber offenbar besteht allgemeines Einverständnis darüber, daß der Verkehr solche Opfer wert ist. Grundsätzlich ist jedes technische Produkt um so teurer, je sicherer es ist, und da Konsumenten unterschiedlich sorgfältig mit Geräten umgehen und ihre Risiken dabei unterschiedlich einschätzen und bewerten, lassen sich für Produktsicherheit Angebots- und Nachfragekurven mit normalen Verläufen wie für jedes andere Gut vermuten. Greift nun der Staat mit Vorschriften über mehr Produktsicherheit in das entstehende Gleichgewicht ein und verteuert so die Geräte, dann werden Konsumenten zum Teil auf Substitute ausweichen. Kraftfahrzeugbesitzer werden ihre alten Autos länger fahren (die dabei immer unsicherer werden) oder vermehrt Zweiräder benutzen; anstatt die teure Sicherheitsleiter zu kaufen, wird man Stühle auf Tische stellen. Im Ergebnis kann der oben genannte dritte Effekt eintreten: Die Zahl der Unfälle nimmt zu, nicht ab. Wer schließlich ein neues, technisch besseres und sichereres Auto fährt, wird nunmehr häufiger den riskanten Überholvorgang wagen, den er im alten Wagen unterlassen hätte (Unfallforscher nennen das *„Risikokompensation"*). Amerikanische Untersuchungen deuten darauf hin, daß als Folge zusätzlicher Sicherheitsvorschriften für Automobile die Zahl der tödlichen Unfälle bei den Insassen sank und bei Fußgängern stieg.[17] Daraus ist zu schließen, daß es vorrangig auf die Art und Weise der Produktnutzung und weniger auf die Produktgestaltung ankommt.

6. Höchstpreise. Der Staat greift ständig aus verschiedenen Gründen und mit unterschiedlichen Maßnahmen massiv in die Preisbildung und damit die Allokation ein. Er dekretiert direkt Höchst-, Mindest-, Richt- und Festpreise für Sachgüter und Dienste privater Anbieter; und er setzt Preise für seine eigenen, von öffentlichen Unternehmen oder Verwaltungen erzeugten Leistungen. Außerdem beeinflußt er mit der Zahlung von Subventionen und vor allem mit der Erhebung von Steuern auf den Absatz von Gütern, die Umsätze und den Einsatz von Produktionsfaktoren indirekt die Preisbildung.

Eine häufige Art staatlicher Eingriffe in das Marktsystem liegt vor, wenn für bestimmte Güter Höchstpreise festgesetzt werden. Angenommen, auf dem Mengenanpassermarkt von Bild 5.3 (a) herrsche in der Ausgangssituation der Gleichgewichtspreis p^0, bei dem die Gleichgewichtsmenge x^0 abgesetzt wird. Die Regierung erwarte nun von der nächsten Periode an eine dauerhafte Steigerung der Nachfrage, etwa auf $N_1 N_1'$, möchte aber die dann zu erwartende Preissteigerung vermeiden und setze den Preis p^0 als Höchstpreis fest: Sie verordnet einen *Preisstopp*. Während ohne diesen Eingriff nach Ablauf eines Anpassungsprozesses der Preis auf p^1 steigen und dadurch einerseits soviel zusätzliches Angebot (nämlich $x^1 - x^0$) induzieren, andererseits aber auch einen solchen Teil der zusätzlichen Nachfrage beseitigen würde (nämlich $x^2 - x^1$), daß ein neues Gleichgewicht bei der Menge x^1 zustandekäme, entsteht nun-

---

[17] S. PELTZMAN: The Effects of Automobile Safety Regulation. JPE, Vol. 83, 1975, S. 677–725.

Bild 5.3 – *Festsetzung eines Höchstpreises auf Mengenanpassermärkten*

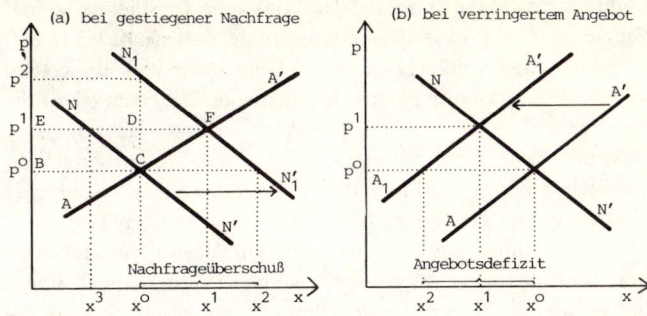

mehr ein Nachfrageüberschuß. In der neuen Situation wird beim Preis p^0 nach wie vor die Menge x^0 angeboten, aber x^2 nachgefragt, die Differenz $x^2 - x^0$ ist der Nachfrageüberschuß. Im Ergebnis die gleiche Situation entsteht, wenn, wie in Teil (b) dargestellt, bei gleichbleibender Nachfrage das Angebot dauerhaft zurückgeht. Unter sonst gleichen Umständen entsteht dann ein Angebotsdefizit, das sich nur der Entstehung nach von einem Nachfrageüberschuß unterscheidet.

Soweit ein Höchstpreis wirksam ist, bewirkt er eine Einkommensumverteilung. Bei der Situation von Bild 5.3 (a) erzielen die Nachfrager einen Einkommenszuwachs in Höhe des Rechtecks *BCDE*: Diesen Betrag hätten sie in Abwesenheit des Preisstopps beim Preis p^1 für die Menge x^0 zusätzlich ausgegeben. Die Anbieter erleiden einen Verlust in Höhe der entgehenden Produzentenrente *BCFE*, der um das Dreieck *CFD*, den absoluten Wohlfahrtsverlust des Eingriffs, größer ist als der Einkommenszuwachs der Nachfrager. Hinzu kommt, daß sich einige der vom Bezug des Gutes ausgeschlossenen Nachfrager nach teureren Substituten umsehen müssen und so ebenfalls Realeinkommen einbüßen. Beispielsweise wurden als Folge der Festsetzung von Höchstpreisen für Erdgas in den USA von 1967–1971 Realeinkommensgewinne der Konsumenten von 8,6 Mrd. $ errechnet, denen Verluste der Produzenten von 8,1 Mrd. $ und der von der Belieferung ausgeschlossenen Nachfrager von 0,5 Mrd. $ gegenüberstanden.[18]

Staatliche Eingriffe in das Wirtschaftsleben im allgemeinen und in Märkte im besonderen rufen Reaktionen der Benachteiligten mit der Absicht hervor, deren Wirkungen zu kompensieren. Der Staat muß in der Regel versuchen, solche Reaktionen durch Strafandrohung zu verhindern. Benachteiligt sind im vorliegenden Fall Nachfrager, die ihre Nachfrage beim Preis p^0 nicht ausüben können, jedoch auch einen höheren Preis zahlen würden; sowie Anbieter, die bei einem höheren Preis vielleicht höhere Gewinne erzielen würden. Da es also Marktpartner beider Seiten gibt, die ein Interesse an Transaktionen auf diesem Markt zu höheren Preisen als dem Höchstpreis haben, müssen solche Transaktionen mit einer Strafandrohung belegt werden. Damit werden jedoch ökonomische Handlungen plötzlich strafbar, die vorher als normal galten. Eine solche Änderung in der Bewertung wird in der Regel von der Mehrheit der Bevölkerung nicht sofort mitvollzogen, sie kann sich allenfalls nach längerem Bestehen durchsetzen.

---

[18] P. W. MACAVOY/R. S. PINDYCK: The Economics of the Natural Gas Shortage (1960–1980). Amsterdam u. a. 1975, S. 24 ff.

Die Regierung hat mit der Höchstpreisfestsetzung eine Mangellage geschaffen. Diese tritt dadurch ins Bewußtsein, daß im konkreten Beispiel bei einem Benzinpreisstopp das Benzin an den Tankstellen jeweils einige Zeit nach der Belieferung ausverkauft ist und später kommende Nachfrager daher nicht bedient werden können. Im Auftreten solcher Situationen liegt der entscheidende Unterschied zu der Alternative, den Marktpreis für den Ausgleich zwischen Angebot und Nachfrage sorgen zu lassen. Man kann sich dies am Extremfall eines völlig unelastischen Angebots klarmachen. Verliefe die Angebotskurve in Bild 5.3 (a) bei der Menge x^0 senkrecht, dann würde der Preis in Abwesenheit eines Preisstopps bis auf p^2 steigen (vgl. auch Bild 3.7 (b) S. 319, wo diese Situation dargestellt ist). Die zur Verfügung stehende Menge wäre wie beim Preisstopp gleich x^0, aber es gäbe keinen Benzinmangel. Benzin wäre knapper und daher teurer, aber jeder, der den Preis p^2 zahlen will, könnte das Gut gemäß seinem revidierten Wirtschaftsplan kaufen.

Würde die Regierung die Situation nach der Verordnung des Preisstopps sich selbst überlassen, dann würden in dem eben genannten Beispiel die Raffineriearbeiter und -angestellten, Tankwagenfahrer, Tankwarte und andere mit der Produktion und Verteilung von Benzin beschäftigten Personen samt deren Freunden keinen Mangel leiden. Ferner wären Konsumenten im Vorteil, die genügend Zeit aufbringen, sich an Warteschlangen an den Tankstellen zu beteiligen. Da solche Ausleseprinzipien im allgemeinen als nicht tragbar angesehen werden, muß ein anderes Verteilungsverfahren eingeführt werden, da eben dem Marktpreis diese Funktion genommen wurde. Die gängige Methode ist die *Rationierung* des Gutes. Darunter versteht man

Def. 5.2: *Ein Gut rationieren heißt, die insgesamt je Periode verfügbare Menge mit Hilfe von Bezugscheinen zuzuteilen.*

Jede Rationierung erfordert einen Verwaltungs- und Überwachungsapparat, dessen Umfang vor allem von der Zahl der Anbieter und Nachfrager abhängt. Die wichtigsten Aufgaben dieses Apparats bestehen darin, Zuteilungskriterien für die Nachfrager festzulegen, Bezugscheine auszugeben und Umgehungsversuche aller Art zu bekämpfen.

Solche Versuche werden um so eher unternommen, je größer die Zahl der Betroffenen und je höher der dabei zu erzielende Nutzen ist. Nur bei einer kleinen Zahl von Konsumenten entspricht die zum Höchstpreis zugeteilte Menge gerade deren Präferenzordnung. Viele werden größere Mengen benötigen und bereit sein, dafür höhere Preise zu zahlen; viele andere werden bei höherem Preis lieber weniger Benzin verbrauchen wollen. Es wird sich ein Markt für Bezugscheine oder für das mit diesen gekaufte Benzin entwickeln, auf dem sich der Minderbedarf der einen mit dem Mehrbedarf der anderen ausgleicht. Da der Käufer eines Bezugscheins dessen Preis dem offiziellen Preis hinzurechnen muß, wird das Gut de facto zu einem höheren als dem erlaubten Preis gehandelt: Die eigentlichen Marktverhältnisse setzen sich durch. Obwohl die von Staats wegen intendierte Versorgung etwa der Minderbemittelten mit Mindestmengen von Benzin zu niedrigen Preisen dadurch nicht berührt wird, neigen Behörden dazu, solche Märkte zu verbieten. Der Markt bleibt bestehen, da das Verbot nicht effektiv gemacht werden kann, wird aber zum *schwarzen Markt*. Wohlfahrtstheoretisch interessant ist hieran, daß sich die Wohlfahrt keines Menschen durch das Verbot des Bezugscheinhandels verbessert, da niemand zum Handel gezwungen wird. Ist der Handel erlaubt, erhöht sich jedoch die Wohlfahrt derjenigen, die ihn freiwillig tätigen, während die der Nichthändler ungeändert bleibt: Die Erlaubnis zum Handel ist pareto-effizient. Ein Anhänger des Verbots meint also, die Gesellschaft stehe nach Aufhebung des Verbots schlechter da, obwohl sich die Wohlfahrt bei keinem ihrer Mitglieder verringert und bei einigen erhöht hat. Er ist damit ein Paternalist, er stellt sein Werturteil „Gleicher Verbrauch von Benzin ist wichtiger als die Wohlfahrt der Mitglieder der Gesellschaft" über die Werturteile dieser Mitglieder. Die Fragwürdigkeit dieser Position zeigt sich, wenn man sie auf andere Güter überträgt: Warum sollten alle Menschen gleich viel Leberwurst essen?

Schließlich müssen bei einem Preisstopp noch Substitutionsvorgänge berücksichtigt werden. Wer das fragliche Gut nicht oder nicht mehr im bisherigen Umfang erhält, wird versuchen, auf Substitute auszuweichen, die das jeweilige Bedürfnis auf ähnliche Weise befriedigen. Das kann es notwendig machen, auch das Substitut in die Rationierung einzubeziehen, wenn dessen Preis ebenfalls nicht steigen soll.

Wird durch die Rationierung nur ein geringer Teil der Nachfrage beseitigt, was jeweils nur anhand des Einzelfalls zu beurteilen ist, dann können allerdings stärkere Reaktionen der Betroffenen ausbleiben, weil genügend Nachfrager ersatzlos auf das Gut verzichten. Generell aber muß bei der Einführung eines Höchstpreises, mit der die Preisfunktion „Beschränkung der Nachfrage" außer Kraft gesetzt wird, mit den nachstehenden Folgen gerechnet werden:

- Sie schafft eine Mangellage (ein Mietenstopp erzeugt „Wohnungsnot");
- Sie schafft Straftatbestände, denen zunächst kein entsprechendes Unrechtsbewußtsein der Täter gegenübersteht;
- Sie erzeugt Korruption und lenkt Arbeitsleistungen auf die unproduktive Tätigkeit der Umverteilung;
- Sie zieht die Notwendigkeit weiterer Eingriffe wie Rationierung und die Schaffung eines Verwaltungs- und Überwachungsapparats nach sich;
- Sie führt zur Bildung eines schwarzen Marktes (statt der Marktmieten werden einmalige Zahlungen als „Baukostenzuschüsse" geleistet);
- Sie läßt Investitionen in der betreffenden Produktionsrichtung unrentabel werden und verringert so langfristig das Angebot (die „Wohnungsnot" nimmt zu);
- Sie bewirkt zusätzliche Nachfrage nach Substituten (der Numerus clausus in einem Studienfach erhöht die Nachfrage nach Studienplätzen in anderen Fächern);
- Ankündigungseffekte verschärfen die zur Einführung des Preisstopps drängende Situation.

Viele Höchstpreisfestsetzungen mit Rationierung sind vorher abzusehen. Da als Basis für die Zuteilung häufig der Verbrauch vor der Rationierung dient — die Zuteilung erfolgt in Höhe eines unter 100 liegenden Prozentsatzes — hat derjenige einen Vorteil, der einen möglichst hohen Verbrauch vor der Rationierung nachweisen kann. Der Ankündigungseffekt führt dann zu vermehrtem Verbrauch und beschleunigt die Einführung der Rationierung — diese wird durch die von ihr selbst ausgelösten Erwartungen gefördert.

Alle solche Folgen werden als nachteilig bewertet. Der Wirtschaftspolitiker muß sie gegenüber zwei Wirkungen abwägen: Erstens gegenüber dem mit der Einführung des Preisstopps beabsichtigten und als zweifelsfrei positiv bewerteten Effekt, daß die Masse der Transaktionen tatsächlich zum Höchstpreis abgewickelt wird, was bei Konsumgütern vor allem den Beziehern niedriger Einkommen, bei Produktionsgütern allen ihren Verwendern zugutekommt; zweitens gegenüber der alternativen Eingriffsmöglichkeit, die Wirkungen der Nachfrage- oder Angebotsverschiebung auf den Preis durch kompensierende Verschiebungen des Angebots oder der Nachfrage auszugleichen. Dafür gibt es eine Fülle von Möglichkeiten, von denen einige wie die Freigabe oder Erleichterung von Importen schneller, andere wie die Förderung von Investitionen in dem betreffenden Wirtschaftszweig zwecks späterer Ausdehnung des Angebots langsamer wirken.

Die Probleme eines Preisstopps potenzieren sich, wenn er in einer Marktwirtschaft für alle Preise einschließlich der Löhne verhängt wird. Der Überwachungsapparat nimmt erhebliche Ausmaße an und bindet entsprechende Ressourcen; die Kontrolle ist bei den einzelnen Gütergruppen unterschiedlich wirksam, was zu Verzerrungen führt; Produzenten erfinden eine Fülle von Umgehungsmöglichkeiten, etwa in Gestalt von Qualitätsherabsetzungen; Lohnstopps werden durch Beförderungen umgangen; der Rückstau an Preiserhöhungen führt nach Aufhebung des Preisstopps zu einem allgemeinen Preisschub.

7. Mindestpreise. Setzt der Staat einen Mindestpreis für ein Gut fest, dann ergibt sich im Prinzip eine Situation, die ebenfalls in Bild 5.3(a) S. 519 abzulesen ist. Es mögen die Nachfragekurve NN' und die Angebotskurve AA' gelten, die Kurve $N_1N'_1$ sei nicht beachtet. Ohne Eingriff würde sich der Gleichgewichtspreis p^0 einstellen. Setzt nun der Staat den Preis p^1 als Mindestpreis fest, dann ergibt sich in Höhe der Differenz $x^1 - x^3$ ein *Angebotsüberschuß:* Gemäß ihrer Wirtschaftsplanung produzieren die Anbieter x^1, aber die Nachfrager nehmen beim Preis p^1 nur x^3 ab.

Die Wirkungen dieser Art staatlicher Markteingriffe hängen von dem betroffenen Gut ab und sind anhand ihrer Zwecke zu beurteilen. Grundsätzlich ist auch hier die Entstehung eines schwarzen Marktes zu erwarten: Da es für Teilnehmer beider Marktseiten vorteilhaft ist, zu Preisen unterhalb des Mindestpreises zu kontrahieren, wird es zu illegalen Transaktionen kommen. Ein sehr wichtiger Fall liegt indessen vor, wenn mit der Festsetzung eines Mindestpreises nicht vorrangig eine andere Allokation der Produktionsfaktoren und der Nachfrage bezweckt, sondern die Einkommensverteilung beeinflußt werden soll. Bei Sachgütern geht das nur, wenn sich der Staat bereiterklärt, die jeweils entstehenden Angebotsüberschüsse zum Mindestpreis zu kaufen. Dieser wird dann zum *Interventionspreis.* Zwei Unterfälle sind zu unterscheiden. Erstens kann es vorkommen, daß der Marktpreis für das betreffende Gut im Zeitablauf schwankt und der Interventionspreis so festgelegt ist, daß er zeitweise über und zeitweise unter dem Marktpreis liegt. Droht der Marktpreis unter den Interventionspreis zu sinken, dann kauft der Staat die von den sonstigen Nachfragern nicht angenommenen Mengen auf. Ist das Gut nicht lagerfähig, muß er diese vernichten. Anderenfalls muß er Lagerkapazität bereitstellen und kann die Interventionsmengen wieder verkaufen, sobald der Markt- über den Interventionspreis steigt. Im Idealfall verhindert der Staat also stärkere Preisschwankungen nach unten wie nach oben, verstetigt die Einkommen der Produzenten und erleichtert die Wirtschaftsplanung der Nachfrager. Seine Kosten bestehen aus den Zinsen für die in den Lagerbeständen gebundenen Mittel, der Unterhaltung der Lagerkapazität und der Verwaltung des Interventionsapparats.

Im zweiten Unterfall ist der Interventionspreis nicht wie eben gleich dem langfristigen Gleichgewichtspreis, sondern liegt über diesem. Die Interventionsstelle kann dann nur noch gelegentlich ihre Lagerbestände verkleinern, langfristig würden diese unbeschränkt wachsen und müssen auf irgendeine andere Weise in Grenzen gehalten werden. Dies ist die Situation der Agrarpolitik der Europäischen Gemeinschaften, die alljährlich für Milliardenbeträge landwirtschaftliche Produkte aus dem Markt nimmt, sie für weitere Milliarden lagert und sie gelegentlich auf dem Weltmarkt zu den dort erheblich niedrigeren Preisen zu verkaufen versucht.

Die Analyse von Bild 5.3 (a) trifft im Prinzip auch für Dienstleistungen oder Nutzungen zu. Der bei weitem wichtigste Fall sind Arbeitsleistungen, und die Wirkungen sind hier die folgenden. Untersuchungen des einzelwirtschaftlichen Arbeitsangebots wie auch Globalbetrachtungen des Arbeitsmarkts in einer Volkswirtschaft lassen ein beschäftigungspolitisch bedeutsames Problem meist nicht hervortreten. Die Gesamtheit der Produktionsprozesse in einer modernen Volkswirtschaft ist hochdifferenziert und erfordert daher auch eine weitgehende Differenzierung der Arbeitsleistungen. Damit differieren auch die Werte der Grenzprodukte der einzelnen Arbeitnehmer untereinander, und ihre Skala reicht weit nach unten. Anders ausgedrückt: Es gibt auch eine Vielzahl unterschiedlich geringwertiger Arbeitsplätze mit niedrigem Grenzprodukt, die daher auch nur ein niedriges Einkommen verschaffen. Gesteht man dem Unternehmer in der Marktwirtschaft zu, daß er zusätzliche Arbeitskräfte nur solange einstellt, wie der Wert des Grenzprodukts jedes weiteren Arbeitnehmers noch größer als sein Lohn zuzüglich der sonstigen Aufwendungen für ihn ist, dann werden geringwertige Arbeitsplätze auf Dauer beseitigt, wenn die Mindestaufwendungen für einen Arbeitnehmer steigen. Es ist daher seit langem bekannt, daß die staatliche Festsetzung von Mindestlöhnen Arbeitslosigkeit schafft oder erhöht. Ist in Bild 5.3 (a) p^0 der Gleichgewichts- und p^1 der Mindestlohn, dann ist $x^0 - x^3$ die resultierende Arbeitslosigkeit.

Die gesetzliche Einführung von Mindestlöhnen wird allgemein als sozialer Fortschritt betrachtet, und tatsächlich können die Einkommen von Hilfs- und ungelernten Arbeitern dadurch steigen, soweit sie beschäftigt bleiben. Mindestlöhne haben insoweit den gewünschten Effekt, die Einkommensverteilung gleichmäßiger zu machen. Das bezieht sich jedoch nur auf die Einkommen der Beschäftigten. Betrachtet man die gesamte Einkommensverteilung, so wird diese eher ungleichmäßiger, und zwar aus zwei Gründen. Erstens werden Personen entlassen, die nicht mehr rentabel beschäftigt werden können, so daß ihre Einkommen sinken. Zweitens wird einer großen Zahl von Arbeitswilligen eine Betätigung verwehrt, die durchaus bereit wären, eine geringwertige Beschäftigung auszuüben und entsprechend niedrig bezahlt zu werden, weil sie selbst oder Mitglieder ihres Haushalts noch über andere Einkommen verfügen. Rentner, Behinderte, Hausfrauen, in Ausbildung stehende Jugendliche und vor allem Personen ohne oder mit obsolet gewordener Berufsausbildung haben Bedarf an geringwertigen Arbeitsplätzen, und auf einem Markt mit freier Preisbildung würden sich Lohnsätze bilden, die für beide Marktseiten akzeptabel wären. Die Einkommensverteilung, gemessen an der Verteilung der Haushaltseinkommen, würde eher gleichmäßiger werden.

Den gleichen Effekt wie gesetzliche Mindestlöhne hat die Durchsetzung mancher gewerkschaftlicher Forderungen. Besonders in den letzten Jahren haben Gewerkschaften in der Bundesrepublik mehrmals neben prozentualen Lohnerhöhungen die Zahlung von Sockelbeträgen, Urlaubsgeld und anderer einheitlicher Leistungen an alle Arbeitnehmer unabhängig von deren Lohnhöhe durchgesetzt. Auch das verringert die

Spanne zwischen höchstem und niedrigstem Lohn, macht daher die Verteilung dieser Einkommen gleichmäßiger und entspricht einem wichtigen Ziel vieler Gewerkschaftsführer. Gleichzeitig setzt es aber die betroffenen Unternehmen unter verschärften Rationalisierungsdruck, die geringwertigen Arbeitsplätze zu beseitigen, und schafft so Dauerarbeitslosigkeit gerade bei ungelernten Arbeitskräften, die allein solche Arbeitsplätze besetzen würden. Es gibt im öffentlichen Nahverkehr der Bundesrepublik kaum noch Schaffner, die nur Fahrgeld kassieren, weil es infolge überproportional steigender Lohnsätze gerade für diese Arbeit für die Unternehmen billiger wurde, Fahrkartenausgabe und -entwertung zu mechanisieren und eine Zunahme der Schwarzfahrten in Kauf zu nehmen. Die Einführung der Selbstbedienung im Einzelhandel und an Tankstellen sind weitere Beispiele, und in der Industrie hat die Wegrationalisierung minderer Arbeitsplätze immense Ausmaße angenommen.

Erhebliche Wirkung zeigt der beschriebene Effekt in der Bundesrepublik auch bei der Bereitstellung von Ausbildungsplätzen für Jugendliche. Seit 1970 wurde eine Reihe von Gesetzen und Vorschriften mit dem Ziel erlassen, die Berufsausbildung zu verbessern, obwohl die bis dahin betriebene Ausbildung im internationalen Vergleich angesichts der Exporterfolge gerade der von Facharbeitern dominierten Industriezweige der Bundesrepublik so schlecht nicht gewesen sein kann. Seitdem wird eine höhere Qualifikation der Ausbilder verlangt, die wöchentliche Berufsschulzeit sowie der Urlaub und damit die Zeit der Abwesenheit vom Arbeitsplatz wurde verlängert, Ausbildungszeit und Vergütungen wurden erhöht. Alle diese Maßnahmen führten dazu, daß die Aufwendungen für den Lehrling stiegen und der ohnehin geringe Wert seines Grenzprodukts noch verringert wurde. Wenn vor den Reformen die Einstellung eines Lehrlings in der Regel den Gewinn wenigstens nicht senkte, führt sie jetzt zu Verlusten. Während früher das einzelwirtschaftliche Interesse an einer zusätzlichen, wenn auch geringwertigen, Arbeitskraft mit dem gesamtwirtschaftlichen Interesse, die heranwachsende Generation für die Übernahme der Arbeitsplätze auszubilden, zusammenfiel, klaffen diese beiden Interessen jetzt auseinander. Wie preis- und produktionstheoretisch vorauszusehen war, beseitigen die Reformen Ausbildungsplätze in großer Zahl. Möglicherweise wird sich diese unbeabsichtigte negative Nebenwirkung als schwerwiegender erweisen als die beabsichtigten positiven Wirkungen der Reformen.

Maßnahmen wie Mindestlohnregelungen, Durchsetzung gewerkschaftlicher Einkommensegalisierungsforderungen im Rahmen bilateraler Monopole auf dem Arbeitsmarkt und Berufsausbildungsreformen in der beschriebenen Richtung bedeuten die Errichtung von Zutrittsschranken und damit Eingriffe in Märkte, die deren Funktionsfähigkeit beeinträchtigen oder aufheben. Nur Unkundige können daher behaupten, Dauerarbeitslosigkeit gering qualifizierter Personen oder Knappheit an Lehrstellen seien Mängel des marktwirtschaftlichen Systems. Obwohl immer noch weitere Ursachen hinzukommen, sind sie noch nicht einmal Mängel des Systems „Soziale Marktwirtschaft", denn auch in einem solchen wäre bei staatlichen Eingriffen darauf zu achten, daß ein so wichtiger Markt wie der Arbeitsmarkt funktionsfähig bleibt. Sie sind eher unvermeidliche Erscheinungen eines Übergangssystems zur Zentralplanwirtschaft, in dem bei Eingriffen nicht mehr auf das Funktionieren der Märkte geachtet wird, die dann notwendig werdende zentrale Lenkung auch des Arbeitseinsatzes aber noch nicht etabliert ist.

III. Kritik staatlicher Eingriffe

1. Ziele und Verhalten politischer Instanzen. Die für die Tätigkeit öffentlicher Wirtschaftssubjekte verantwortlichen Personen haben ständig Entscheidungen zu treffen, mit denen private wirtschaftliche Interessen berührt werden. Parlamente beschließen oder ändern Steuergesetze, Regierungen ändern den Währungskurs oder verhängen Fahrverbote für Kraftfahrzeuge; Stadtverordnete lassen Untergrundbahnen, Schwimmbäder und Sportstadien bauen; kommunale Energieversorgungsunternehmen ändern ihre Preise; und öffentliche Verwaltungen greifen mit einer Vielzahl von Detailentscheidungen in den täglichen Wirtschaftsablauf ein. Bei der Frage nach den Zielen, die allen solchen Entscheidungen zugrundeliegen, muß zwischen zwei Personengruppen unterschieden werden: Einerseits den auf Zeit gewählten Vertretern der gesetzgebenden Körperschaften und der öffentlichen Haushalte, anderseits den Beschäftigten der Verwaltungsapparate, die in der Regel auf Dauer angestellt sind und schon aus diesem Grund eine andere Interessenlage haben. In diesem Abschnitt seien die politischen Instanzen betrachtet.

Die Frage nach den Zielen wirtschaftlicher Betätigung wurde in bezug auf private Haushalte und Unternehmen in früheren Kapiteln durch die Annahme beantwortet, daß diese Wirtschaftssubjekte ihre jeweiligen Eigeninteressen zu fördern versuchen. Das ließ zwar besonders in bezug auf Unternehmen noch genügend Raum zur Untersuchung des Problems, wodurch das eigene Interesse unter den jeweiligen Umständen am besten zu fördern sei, aber im Prinzip war die Antwort eindeutig. In bezug auf politische Instanzen könnte man versucht sein, wie folgt zu antworten. Ihre verantwortlichen Vertreter werden entweder direkt von den Bürgern oder indirekt von direkt gewählten Vertretern in ihre Ämter gewählt. Sie haben daher die Interessen ihrer Wähler, verallgemeinert also „des Volkes", wahrzunehmen. Bezeichnungen dafür sind „Gemeinwohl", „öffentliches Interesse", „sozialer Gesamtnutzen", „Interesse der Allgemeinheit" und andere mehr. Tatsächlich werden beispielsweise in der Bundesrepublik der Bundespräsident und die Mitglieder der Bundesregierung gemäß Art. 56 und 63 des Grundgesetzes eidlich verpflichtet, „den Nutzen des deutschen Volkes zu mehren"; die Abgeordneten des Deutschen Bundestages sind „Vertreter des ganzen Volkes" (Art. 38 Grundgesetz); und die Bundesbeamten werden darauf vereidigt (§ 58 *Bundesbeamtengesetz,* Neufassung vom 3. 1. 1977, BGBl. I, S. 1), das Grundgesetz und alle in der Bundesrepublik geltenden Gesetze zu wahren, in denen sich zahlreiche Hinweise auf das Gemeinwohl und verwandte Formeln finden.

Die Problematik solcher Zielgebung ist offenkundig:

Satz 5.3: *In einer pluralistischen Gesellschaft ergeben sich angesichts laufend neu entstehender Probleme ständig wechselnde Interessenkonflikte wie auch -harmonien zwischen einer Vielzahl von Gruppen. Ein „Gesamtinteresse des Volkes" als Summe von Einzelinteressen ist daher nicht wertfrei und operational definierbar.*

Selbst die Verteidigung gegen die Besetzung des Staatsgebiets durch eine fremde Macht liegt nicht im Interesse wirklich aller Bürger. Nicht wenige würden die Besetzung den mit der militärischen Verteidigung verbundenen Risiken vorziehen, und manche würden mit der Besatzungsmacht zusammenarbeiten und sich dabei besser stehen als zuvor. Die Berufung auf das Gemeinwohl verleitet auch dazu, Sprachsymbole wie „Volk" oder „Gesellschaft" zu personifizieren und jedes Einzel- oder Gruppeninteresse demgegenüber gering zu achten. Der Begriff entspricht jedoch den Harmonievorstellungen älterer Gesellschaftstheorien. Er bietet den Vorteil, angesichts einer Vielzahl divergierender Interessen und des Abwägungsproblems zwischen ihnen wenigstens sprachlich ein unmittelbar einleuchtendes einheitliches Ziel zu suggerieren; und er hat sich als wohlklingende Fiktion mit Beschwichtigungsfunktion vermutlich vor allem deshalb so lange gehalten, weil er nichtoperational ist. Man kann daher einerseits aus ihm allein in keinem konkreten Fall eine Handlungsanweisung ableiten, andererseits sich zur Rechtfertigung praktisch jeder Maßnahme auf ihn berufen. Das Gemeinwohl verwirklichen bedeutet dann in der Praxis, daß die politischen Instanzen zwischen Gruppeninteressen abwägen und ihre Maßnahmen so treffen, daß ein Ausgleich zwischen diesen realisiert wird. Wo dieser liegt, kann nur politisch bestimmt werden. Die Ansichten darüber werden zwischen den jeweils regierenden Parteien und der Opposition differieren, und daher haften die Inhaber der politischen Machtpositionen auch politisch für ihre Entscheidungen bei der jeweils nächsten Wahl.

Bei aller Kritik am Begriff des Gemeinwohls gilt allerdings auch, daß nicht alle sozialen Prozesse als Ausdruck von Konflikten gedeutet werden können. Ohne ein Minimum an Zusammenarbeit und Übereinstimmung in den Zielen funktioniert kein Unternehmen und keine Verwaltung. Auch Gruppen können ihre Interessen nur auf dieser Grundlage verfolgen, und ohne mehrheitliche Übereinstimmung über bestimmte Grundnormen ist kein friedliches Zusammenleben in einem Staat möglich. Dieser *Grundkonsens* muß sich darauf erstrecken, die Gesamtheit der bestehenden Regelungen und Institutionen, die im einzelnen durchaus reformbedürftig und reformierbar sein können, zu akzeptieren und sie erhaltens- und verteidigungswürdig zu finden. Dies gilt gerade auch für die in der pluralistischen Gesellschaft gebotene Möglichkeit, Konflikte offenzulegen und auszutragen. Der Vergleich mit einem Spiel liegt auf der Hand: Auf der Objektebene, der Ebene des Spiels, tritt man gemäß seinen Werturteilen als einzelner oder Angehöriger einer Gruppe für seine Interessen ein und trägt damit Konflikte mit anderen Personen oder Gruppen aus; auf der Metaebene, der Ebene der Spielregeln, lautet das Werturteil, daß eben diese Möglichkeit zur friedlichen Austragung von Konflikten erhalten bleiben soll und der Grundkonsens also darin besteht, die pluralistische Konstruktion der Gesellschaft mitsamt ihren machtbegrenzenden Institutionen und ihren Regelungen zur Konfliktlösung beizubehalten. Oder: Das Gemeinwohl ist eine Angelegenheit der Metaebene und besteht darin, die einmal als richtig erkannten Regeln zu befolgen, für ihre Beachtung auch durch andere sowie dafür zu sorgen, daß sie nur in einem ebenfalls von vornherein festgelegten Verfahren mit Zustimmung möglichst vieler Teilnehmer geändert werden. Im folgenden wird unter Wahrung des genannten Werturteils der Metaebene auf der Objektebene argumentiert, zumal sich das Konfliktmodell gerade auf ökonomischem Gebiet als fruchtbar erwiesen hat.

Wenn es also keine eindeutigen Handlungsanweisungen zur Realisierung des Gemeinwohls gibt, muß nach einer anderen Handlungsmaxime der politischen Instanzen gesucht werden. Dabei hilft folgende Überlegung weiter. Wenn es in einer Volkswirtschaft mit überwiegend privater wirtschaftlicher Tätigkeit für deren Teilnehmer als selbstverständlich gilt, ihre Eigeninteressen zu verfolgen, dann ist von den Repräsentanten der öffentlichen Wirtschaftssubjekte kein Verzicht auf dieses Ziel zu erwarten. Als vornehmliches Eigeninteresse und damit als Hauptziel dieser Personen kann gelten, daß sie ihre Ämter und Posten beibehalten und gegebenenfalls aufsteigen wollen. Das begründet die

Hyp. 5.1: *Endziel der gewählten Inhaber politischer Ämter in der parlamentarischen Demokratie ist, daß sie selbst oder Angehörige ihrer Gruppe (Partei) in diese Ämter wiedergewählt werden wollen.*

Diese Hypothese bildet den Kern der *Ökonomischen Theorie der Demokratie.* Die Bezeichnung soll andeuten, daß politische Parteien im pluralistischen System als eine Art von Unternehmen gesehen werden können. So wie diese Güter produzieren, gegen Zahlung von Preisen verkaufen und Gewinne anstreben, so offerieren Parteien die Erreichung bestimmter politischer Ziele, wobei sie manchmal auch mitteilen, welche Aufwendungen etwa in Gestalt zusätzlicher Steuern und anderer Belastungen dafür in Kauf zu nehmen sein werden. Sie bewerben sich damit um Wählerstimmen und erstreben Erfolg in Gestalt politischer und anderer Ämter und damit letztlich Einkommen, Macht und Ansehen für ihr Führungspersonal. Da wirtschaftliche Probleme wie Einkommenswachstum und -verteilung, Preissteigerungen, Arbeitslosigkeit in den heutigen Industrieländern eine beherrschende Rolle spielen, sind die von den Parteien angebotenen Ziele in erheblichem Umfang ökonomischer Art, so daß die Wähler ihre Entscheidungen insoweit ebenfalls nach ökonomischen Gesichtspunkten fällen können. Im Idealfall funktioniert das politische System dann wie ein ökonomisches unter Wettbewerb: Es gelangen diejenigen Parteien an die Macht, die den Wählerwillen am besten verwirklichen; es liegt Interessenharmonie zwischen den Inhabern der politischen Ämter und ihren Wählern vor.

Das zentrale Problem wird hierbei durch die Frage aufgeworfen, auf welche Weise der Wählerwille praktisch zum Tragen kommt. Naheliegend scheint das Modell der *direkten Demokratie:* Jedermann ist in allen ihn betreffenden Angelegenheiten ständig im Rahmen von Abstimmungen gleichrangig mit allen anderen Bürgern mitbestimmungsberechtigt. Die Inhaber politischer Ämter sind lediglich ausführende Organe ohne eigene Entscheidungsbefugnis und können daher auch jederzeit abberufen und ersetzt werden. Überlegung und Erfahrung zeigen allerdings, daß direkte Demokratie nur in Kleingruppen verwirklicht werden kann. Prototyp ist der isolierte Bauernhof mit einer überschaubaren Zahl von Mitarbeitern und einer beschränkten Zahl wiederkehrender Probleme, die jedes (erwachsene) Mitglied kennt und versteht. In Großgruppen ist dieses Modell nicht anwendbar. Die von den Leitungen öffentlicher Haushalte und wirtschaftspolitischer Instanzen zu treffenden Entscheidungen erfordern unter den heutigen Bedingungen eine solche Fülle von Informationen und Detailkenntnissen, daß sie nicht in ausreichendem Maße von jedem Wähler erworben werden können. Dies gilt auch noch dann, wenn sich der allgemeine Bildungsstand wesentlich heben sollte und weitere Arbeitszeitverkürzungen die Freizeit verlängern. Mangel an Sachkunde und Informationen muß dann bei den meisten Wählern zu Desinteresse an der ständigen Mitwirkung an Entscheidungen führen, zumal der gesamte private Lebensbereich als Konkurrent um Zeit und Interesse hinzutritt. Als praktikabel bleibt das Modell der *repräsentativen Demokratie:* Es werden Institutionen wie Parlamente, Regierungen, Staatsoberhäupter, Zentralbanken und Bürgermeister geschaffen und Personen in die damit bereitgestellten Ämter gewählt, die während begrenzter Amtszeiten Entscheidungen stellvertretend für ihre Wähler treffen. Das ökonomische Prinzip der Arbeitsteilung wird auf das politische System angewandt.

Die ökonomische Theorie der Demokratie zeigt nun, daß die Umsetzung der Präferenzen der Wähler in politisches Handeln im Modell der repräsentativen Demokratie eine Reihe von Mängeln aufweist. Eine Auswahl von fünf dieser Mängel sei im folgenden skizziert.

(1) Mit der Wahl von Parteien oder Parteienvertretern mit bestimmten Programmen stimmt der Wähler über ein immenses Paket von Maßnahmen während der zukünftigen Legislaturperiode ab, die mit Sicherheit nicht alle seinen Interessen entsprechen.

Das Argument wird durch die Überlegung verstärkt, daß nur ein kleiner Teil der Maßnahmen zum Zeitpunkt der Wahl bekannt sein kann, da nicht alle Wahlversprechen gehalten werden können und während der Legislaturperiode ständig neue, weder vorhergesehene noch vorhersehbare Probleme auftauchen. Während der Wähler im System der direkten Demokratie also jeweils von Fall zu Fall differenziert entscheiden könnte, stellt er mit der Delegation der Entscheidungsbefugnis für eine mehrjährige Legislaturperiode in bezug auf eine Vielzahl von Maßnahmen einen Blankoscheck aus. Da aber auch das Abwägungsproblem zwischen den Vor- und Nachteilen der bei der Wahl schon bekannten Maßnahmen zeitraubend ist, die Beschaffung und Auswertung der nötigen Informationen die meisten Wähler überfordert und im Ergebnis auch noch unsicher ist, unterbleibt die Abwägung meist, und es wird nach systemfremden Kriterien abgestimmt, wenn nicht überhaupt die Erwägung dominiert, daß eine einzelne Stimme sowieso nur einen verschwindend geringen Einfluß hat. Gerade unter diesem Aspekt versagt also die Analogie zum ökonomischen System unter Wettbewerb, da in diesem täglich mit unzähligen Käufen über jedes Gut einzeln „abgestimmt" wird: Mißfallen an einem Produkt wird durch Übergang zu einem anderen ausgedrückt und macht sich sofort beim Produzenten meßbar bemerkbar. Dagegen sind Versuche, Mißfallen an einer Politik auszudrücken, die von Kontaktaufnahmen mit Abgeordneten über Beteiligung an Demonstrationen und Bürgerinitiativen, Kapitalflucht und Wechsel des Wohnorts bis zum Extremfall der Auswanderung und des politischen Attentats reichen, mit wesentlich höheren bis hin zu prohibitiven Transaktionsaufwendungen sowie dem erheblichen Risiko der Erfolglosigkeit belastet. Das politische System ist in diesem Punkt dem ökonomischen also weit unterlegen. Die Entdifferenzierung der Wahlmöglichkeiten wegen der Unteilbarkeit des Maßnahmenpakets ist im übrigen der Zahl der Parteien umgekehrt proportional und erreicht ihren Höhepunkt, wenn wie in einigen Ländern nur zwei oder drei Parteien mit Aussicht auf Erringung von Mandaten zur Wahl stehen.

(2) Wenn die Wiederwahl nach Ablauf relativ kurzer Amtsperioden oberstes Ziel der Amtsinhaber ist, werden sie dazu neigen, Maßnahmen mit kurzfristig sichtbaren Ergebnissen gegenüber solchen zu bevorzugen, die ihren Wählern nur längerfristig Vorteile, kurzfristig aber vielleicht Nachteile erbringen.

Wegen der Unsicherheit über die Zukunft ist es allerdings häufig schwierig, bestimmte Maßnahmen unter diesem Gesichtspunkt zu beurteilen. Verfügt beispielsweise ein Land über erschöpfbare Ressourcen (Kohle, Erdöl, Erdgas), dann stößt die mögliche langfristig wirksame Entscheidung der Politiker, diese Vorräte im Interesse zukünftiger Generationen langsamer abzubauen, unweigerlich auf die Frage, für wieviele Generationen vorgesorgt werden soll. Die Vernachlässigung langfristiger Wirkungen zeigt sich jedoch klar bei der Unterschätzung der Folgekosten öffentlicher Investitionen: Das neue Schwimmbad ist zunächst Ausweis der Tüchtigkeit der Politiker, die Betriebskostendefizite fallen später an.

Unter dem Gesichtspunkt der Wirtschaftsordnung und der langfristigen Entwicklung ist der folgende Punkt von überragender Bedeutung:

(3) Inhaber politischer Ämter müssen sich bewähren und neigen dazu, möglichst viel Tätigkeit zu entfalten.

Wer in ein politisches Amt gewählt ist, will das in ihn oder sie gesetzte Vertrauen rechtfertigen, er/sie will etwas leisten, damit er/sie oder seine/ihre Partei wiedergewählt wird. „Leisten" wird per Analogieschluß aus dem privaten Bereich definiert. Wer dort als Unternehmer oder entscheidungsbefugter Angestellter neue Produkte auf den Markt bringt oder vorhandene verbessert, neue Märkte erschließt, investiert und generell also das Wachstum seines Unternehmens fördert, der hat Erfolg und dient insoweit den Inhabern politischer Ämter als Vorbild. Auch diese müssen möglichst viel bewirken, da immer eine Opposition wie auch konkurrierende Parteifreunde bereitstehen, Untätigkeit („Führungs- und Ideenlosigkeit", „es wird nur verwaltet, nicht regiert") den Wählern gegenüber als Versagen zu deklarieren, die ihrerseits von derselben Analogie beeindruckt sind. Im systemnotwendigen Ergebnis entfalten die öffentlichen Haushalte zuviel Tätigkeit. Das wird durch das Fehlen eines Effizienzkriteriums sehr erleichtert. Die Tätigkeit muß zwar finanziert werden, aber erstens kann dies ohne Belastung der Wähler wenigstens zum Teil durch Aufnahme von Krediten geschehen, wobei zu deren Amortisation weitere Kredite herangezogen werden können, und zweitens verteilen sich zusätzliche Steuern in der Regel mit kleinen Beträgen auf sehr viele Steuerzahler, während die Vorteile vieler Maßnahmen nennenswert und sofort sichtbar auf eine kleine Zahl von Begünstigten entfallen, womit die an der Macht befindliche Partei hoffen kann, neue Wähler gefunden oder bisherige in ihrer Parteipräferenz bestärkt zu haben.

Das naheliegende Verfahren für Politiker, Tätigkeit nachzuweisen, besteht darin, für die öffentliche Produktion von Gütern zu sorgen, die auch privat hergestellt werden könnten; möglichst viele natürliche und vor allem mehr gewollte Kollektivgüter produzieren zu lassen; paternalistische und verbraucherschützende Eingriffe vorzunehmen, die auch noch den Vorzug haben, relativ wenig zu kosten; vor allem aber Einkommen umzuverteilen. Beispiele aus der Bundesrepublik für die öffentliche Produktion privater Güter betreffen das Bankwesen, wo der gesamte Sparkassensektor samt seinen Spitzeninstituten, den Landesbanken, sowie eine Reihe von Spezialinstituten im Besitz der öffentlichen Hand sind; das Verkehrs- und Nachrichtenwesen; die Energie- und Wasserversorgung; das Gesundheits- und das Bildungswesen sowie eine Fülle der von Gemeinden erbrachten Aktivitäten. Ganz überwiegend könnte für die dabei hergestellten Güter das Ausschlußprinzip geltend gemacht werden. Sie werden jedoch aufgrund von Tradition oder mit dem Argument, der Staat müsse in diesen Bereichen „Daseinsvorsorge" treffen,[19] öffentlich produziert. Dies wird ungemein gefördert,

---

[19] 1938 definierte der Jurist E. FORSTHOFF (Die Verwaltung als Leistungsträger, Stuttgart u. a.) die „Daseinsvorsorge als Aufgabe der modernen Verwaltung" (Überschrift des I. Kapitels). Der moderne Mensch sei in zunehmendem Maße darauf angewiesen, sich Lebensgüter nicht durch Nutzung einer eigenen Sache, etwa eines Bauernhofes, sondern durch Appropriation (Tausch, Kauf) zu beschaffen. Daseinsvorsorge ist dann die Gesamtheit der Veranstaltungen zur

wenn es wie in der Bundesrepublik das Instrument der *Gemeinschaftsaufgaben* gibt: Übergeordnete Gebietskörperschaften geben an nachgeordnete Zuschüsse zur Finanzierung von Infrastrukturmaßnahmen. Sie wecken so bei diesen die Illusion niedriger Baukosten und induzieren Wettbewerb zwischen diesen um die größten und schönsten Bauten ohne das private Regulativ der Verlustdrohung, da jeder Politiker versuchen wird, Projekte in seinen Wahlkreis zu bringen, deren Kosten von anderen Stellen mitgetragen werden.

Die Vertreter der Forderung, der Staat müsse weitere ökonomische Aktivitäten übernehmen, benutzen häufig die Formulierung, die heutigen Industrieländer seien durch „öffentliche Armut bei privatem Reichtum" gekennzeichnet.[20] Dabei wird jedoch übersehen, daß die Sättigungsmengen bei den unentgeltlich zur Verfügung gestellten öffentlichen Gütern ebenso wie die Nachfragemengen bei meritorischen Gütern mit nicht kostendeckenden Preisen sehr hoch liegen. Die Herstellung dieser Mengen ist angesichts der Fülle öffentlicher Güter vielfach nicht möglich, so daß die Nachfrage durch andere Rationierungsmethoden als Preise beschränkt werden muß. Es entsteht dann der Eindruck, die Versorgung mit öffentlichen Gütern sei unzureichend und es wird die Illusion der „öffentlichen Armut" geweckt, obwohl die effizienten Angebotsmengen beim Absatz zu Grenzkostenpreisen sehr viel kleiner wären. Die Diagnose einer Überproduktion öffentlicher Güter steht somit nicht im Widerspruch zu der Tatsache, daß über ihre Unterproduktion geklagt wird. Ein Korrekturmechanismus existiert hier nur indirekt über den zunehmenden Finanzierungsbedarf, der zunächst immer durch Kreditaufnahme gedeckt werden kann; und er wirkt nur langsam, so daß zunächst immer das positive Ergebnis in Gestalt der neuen Straße, der neuen Sportanlage oder des neuen Krankenhauses herausgestellt werden kann.

Schließlich versprechen Umverteilungsmaßnahmen Politikern den meisten Erfolg. Obwohl dabei wegen des Verwaltungsaufwandes immer weniger verteilt als abgeschöpft wird (soweit nicht auf Kreditfinanzierung zurückgegriffen wird), gelten solche Maßnahmen als positiv zu beurteilende Leistungen von Politikern oder Parteien und im Sinne der Wählerbeeinflussung als attraktiv. Eine gewisse Umverteilung ist gemäß allgemeinem Konsens offenbar notwendig. Sie beruht auf politischen Entscheidungen, gegen die nichts einzuwenden wäre, wenn sie sich in einem Rahmen hielten, der ihre Finanzierung aus dem laufenden Aufkommen an Steuern und anderen zwangsweisen Transfers sichern und insgesamt weder die Zahler unzumutbar belasten noch die Manövrierfähigkeit der öffentlichen Haushalte einschränken würde. Der Fehler des Systems liegt jedoch darin, daß es keinen systemimmanenten Maßstab und Rahmen dafür gibt, bis zu welcher Grenze umverteilt werden darf. Zieht man als Beispiel für die sich daraus ergebende Entwicklung die Bundesrepublik Deutschland heran, dann zeigt sich, daß die Belastung des durchschnittlichen Arbeitnehmereinkommens mit Steuern und Sozialabgaben (ohne Arbeitgeberanteile) von 1960 bis 1980 von 15,8 v. H. auf 29,4 v. H. stieg und sich seit 1987 zwischen 33 v. H. und 34 v. H.

Befriedigung des Appropriationsbedürfnisses. Zu ihr gehören die Gewährleistung eines angemessenen Lohn-Preis-Verhältnisses, die Lenkung des Bedarfs, der Erzeugung und des Umsatzes, die Erstellung der für den modernen Menschen lebensnotwendigen Leistungen (S. 7). Sie fällt in die Verantwortung der Träger der politischen Gewalt. — Wer sich also heute als Politiker auf diese Aufgabe beruft, was nicht selten geschieht, will nichts weniger als die Zentralplanwirtschaft.

[20] GALBRAITH [5.91].

bewegt.[21] Politikfehler sind hier insofern zu registrieren, als Umverteilungsmaßnahmen in der Erwartung eines dauerhaften wirtschaftlichen Wachstums im Ausmaß der fünfziger und sechziger Jahre beschlossen wurden. Eine unter den damaligen Ausnahmebedingungen zustandegekommene Entwicklung wurde als Normalfall angesehen und ohne gehörige Risikoabwägung extrapoliert. Unterschätzt wurden die Abwehrreaktionen als Folge der zunehmenden Belastung der Transferzahler, die von der Verweigerung zusätzlicher Tätigkeiten über die Einschränkung der vorhandenen bis zum Ausweichen in legale bis illegale Nebenwirtschaft reichen. Bei den Transferempfängern führte die Möglichkeit, ohne Arbeit Einkommen zu erhalten, zu Ausweitungen der Berechtigungssachverhalte: Die verhaltensändernde Wirkung einer vermehrten Umverteilung wurde nicht ausreichend in Betracht gezogen. 1983 erhielten von 23,469 Mill. Haushalten der Bundesrepublik 19,428 Mill. gleich 82,8 v.H. Transferzahlungen aus öffentlichen Kassen.[22] Dabei sind Realtransfers vor allem im Wohnungs- und Gesundheitsbereich noch nicht berücksichtigt. Der Prozeß ist von drei Seiten her kumulativ: Abwehrreaktionen senken das Transferaufkommen und erzwingen zusätzliche Belastungen; Ansprüche und Berechtigungen nehmen mit der Leistungsgewährung zu; und der Einziehungs-, Verteilungs- und Kontrollapparat wächst. Schließlich wurden Umverteilungsmaßnahmen beschlossen, bei denen wie bei der Agrarpolitik der EG die Nebenwirkungen auf die Dauer untragbar sind oder die an den Kern des marktwirtschaftlichen Systems rühren. Die arbeitsrechtliche Lösung des Problems der Lohnfortzahlung im Krankheitsfall von 1969 (entsprechende Regelungen waren bei Angestellten seit 1931, bei Beamten seit jeher in Kraft) bedeutet, daß der Arbeitgeber individuell zu Leistungen gezwungen wird, für die er keine Gegenleistung erhält. Das lädt zu Mißbrauch ein und bedeutet einen zusätzlichen Anreiz, möglichst wenig Menschen zu beschäftigen.

Das Korrelat zu der Neigung, die öffentliche Aktivität auszuweiten, ist

(4) Inhaber öffentlicher Ämter versprechen zuviel: Sie übernehmen Aufgaben, die objektiv unlösbar sind oder mit untragbaren Nebenwirkungen einhergehen.

Damit sind nicht Wahlversprechen gemeint, deren Glaubwürdigkeit ohnehin gering ist, sondern in Gesetzesform gegossene Aufgaben, deren Nichterfüllung zwangsläufig das Vertrauen in das System und damit den Grundkonsens beschädigen muß. Zwei krasse Beispiele aus der Bundesrepublik sind das Stabilitätsgesetz und das Asylrecht. Das S. 395 in Anm. 17 genannte Gesetz verpflichtet Bund und Länder, ihre wirtschaftspolitischen Maßnahmen „so zu treffen, daß sie im Rahmen der marktwirtschaftlichen Ordnung gleichzeitig zur Stabilität des Preisniveaus, zu einem hohen Beschäftigungsstand und außenwirtschaftlichem Gleichgewicht bei stetigem und angemessenem Wirtschaftswachstum beitragen." Obwohl vorsichtig genug formuliert – die Ziele werden im Gesetz nicht quantifiziert, ihre Erreichung wird nicht gefordert – begründete das Gesetz dennoch die Erwartung, ein solcher Katalog von Zielen sei mit den Ende der fünfziger Jahre geltenden Bereichen für diese auf Dauer realisierbar.

---

[21] Der Bundesminister für Arbeit und Sozialordnung (Hg.): Sozialbericht 1990, S. 213.
[22] Ohne Haushalte von Ausländern sowie solche mit einem monatlichen Nettoeinkommen ab 25 000 DM. Statistisches Bundesamt (Hg.): Fachserie 15 Wirtschaftsrechnungen; Einkommens- und Verbrauchsstichprobe 1983, Heft 6: Einkommensverteilung und Einkommensbezieher in privaten Haushalten. Stuttgart u.a. 1988.

Ob dies in einem Land möglich ist, das so weitgehend von außenwirtschaftlichen Einflüssen abhängt wie die Bundesrepublik Deutschland, muß selbst dann dahinstehen, wenn die wirtschaftspolitischen Instanzen alle wichtigen Instrumentvariablen in der Hand hätten. Eben das ist nicht der Fall: Die Tarifautonomie blieb bestehen, und die Festsetzung der für die Erreichung aller vier Ziele zentralen Variablen Lohnniveau und vor allem der Lohnstruktur ist nach wie vor Gegenstand von Vereinbarungen der Arbeitsmarktpartner. Wie sich inzwischen zeigt, überfordert das Gesetz daher die wirtschaftspolitischen Instanzen. Das Asylrecht (Grundgesetz, Art. 16: „Politisch Verfolgte genießen Asylrecht") wird in einer Weise gehandhabt, die ebenfalls ein unerfüllbares Versprechen bedeutet. Es gibt in aller Welt hunderte von Millionen Personen, die politisch verfolgt werden oder durch Handlungen, die wie Kritik an der Regierung hierzulande als selbstverständliche Wahrnehmung von Grundrechten gelten, in diese Situation geraten können. Dutzende von Millionen befinden sich als Flüchtlinge außerhalb ihrer Heimatländer. Die Sowjetunion marschiert in ein Nachbarland ein, und 18 Millionen Afghanen erwerben einen einklagbaren Rechtsanspruch auf Aufnahme in die Bundesrepublik Deutschland. Bei einigen Ländern zieht schon ungenehmigtes Verlassen politische Verfolgung nach sich, so daß im Ergebnis die bloße Stellung eines Asylantrags einen Asylgrund schafft und ihn damit rechtfertigt.

Schließlich stellt schon die bloße Eingriffsmöglichkeit einen Unsicherheitsfaktor dar:

(5) Die Tatsache, daß öffentliche Eingriffe jederzeit vor- und zurückgenommen oder durch Maßnahmen mit entgegengesetzter Wirkung abgelöst werden können, erschwert die längerfristige private Wirtschaftsplanung.

Im Detail ist hier die Frage wichtig, inwieweit sich Gesetzgeber und Verwaltung an ihre eigenen, schriftlich fixierten Anordnungen halten müssen. Beispiel ist der Unternehmer, der im Hinblick auf diese investiert und nach ihrer Änderung oder Aufhebung erkennen muß, daß er eine Fehlinvestition getan hat. Das Reichsgericht lieferte das entsprechende Prinzip mit einem Urteilstenor, den man den *Satz über die Unberechenbarkeit staatlicher Eingriffe* nennen kann:

Satz 5.4: *„Wer seine geschäftlichen Maßnahmen auf den jeweiligen Stand der allgemeinen Gesetzgebung aufbaut und ohne vertragsmäßige Regelung einer etwaigen Entschädigungspflicht ... seinen Betrieb entsprechend ausgestaltet und auf einen bestimmten Erwerbszweck gerichtete geschäftliche Maßnahmen trifft, übernimmt damit naturgemäß das Wagnis, daß spätere Gesetze ... seine geschäftlichen Pläne stören oder den Fortbetrieb seines Unternehmens vereiteln."* [23]

Bemerkenswert ist, daß danach das Risiko einer Änderung des Standes der Gesetzgebung der Unternehmer auch dann voll trifft, wenn der Gesetzgeber selbstgesetzte Fristen widerruft.

---

[23] Urteil vom 10. 1. 1933, in: Entscheidungen des Reichsgerichts in Zivilsachen, 139. Bd 1933, S. 177 ff. Es ging um Gefrierfleisch, dessen Importeure nur dann sinnvoll in Kühlhäuser investieren konnten, wenn die Einfuhr erlaubt blieb. Das Reichsgericht erklärte für rechtens, daß eine Verordnung von 1923, gemäß der die Einfuhr „mindestens bis zum 31. 12. 1933" zulässig sein sollte, entgegen diesem Wortlaut schon 1930 aufgehoben wurde.

Wenn also das Hauptproblem der repräsentativen Demokratie in der Aussage zusammengefaßt werden kann, daß die gewählten Inhaber politischer Ämter dazu neigen, ihre Tätigkeit über das angemessene Maß auszudehnen, ihre Kompetenzen zu überschreiten und zuviel Falsches zu tun, ihnen dies aber keineswegs als persönliches Versagen angelastet werden kann: Wie könnte der somit im System liegende Fehler beseitigt werden? Die Antwort kann hier nur angedeutet werden. Vorgeschlagen wurden beispielsweise institutionelle Regelungen der Art, die Kreditaufnahme öffentlicher Stellen strikter als bisher und die Steuervollmacht öffentlicher Haushalte verfassungsmäßig zu begrenzen. Generell seien die Kompetenzen der politischen Organe zu beschränken und erweiterte Mitspracherechte der Bevölkerung zu etablieren, also mehr direkte Demokratie zu praktizieren. Als Leitsatz für alle Staatseingriffe könnte das *Subsidiaritätsprinzip* dienen. Es besagt allgemein, daß in einer hierarchisch aufgebauten Organisation jede Aufgabe der am weitesten unten stehenden Einheit zu übertragen ist, die sie zumutbarerweise bewältigen kann. Sobald sich ein Kind allein die Schuhe zubinden kann, soll dies nicht mehr der Vater tun. In bezug auf die Staatstätigkeit besagt das Prinzip, daß staatliche Stellen nur Aufgaben übernehmen sollen, die Private nicht oder nicht mit gleicher Effizienz erfüllen können oder wollen. Viel sorgfältiger als bisher wäre auch bei jedem Eingriff jeweils ex ante und ex post zu prüfen, ob und inwieweit das angestrebte Ziel erreicht wird, ob es auf andere Weise besser zu erreichen ist, welche Nebenwirkungen auftreten und inwieweit die Erreichung durch andere Maßnahmen beeinträchtigt wird.

2. Ziele und Verhalten öffentlicher Verwaltungen. Die öffentlichen Wirtschaftssubjekte üben ihre Tätigkeit mit Hilfe von *Verwaltungen* aus (häufig auch *Bürokratie* genannt), deren Mitarbeiter die andere S. 525 genannte Personengruppe bilden. Verwaltungen (auch: *Administrationen*) sind für die Umsetzung des politischen Willens der leitenden Organe einer Demokratie in praktisches Handeln und für die Aufrechterhaltung des Rahmens, innerhalb dessen sich die marktwirtschaftlichen Prozesse abspielen, unerläßlich. Sie arbeiten zufriedenstellend, wenn sie das öffentliche Gut „Verwaltungshandeln" entsprechend den Intentionen der Politiker, in gleichbleibender hoher Qualität, unparteiisch, unbestechlich und mit möglichst kleinen Wartezeiten der Bürger produzieren. Sie dürfen nicht „unbürokratisch" handeln: Ordnen Politiker in Notfällen an, daß „rasch und unbürokratisch" geholfen werde, veranlassen sie in der Regel Verstöße gegen ordnungsgemäßes Verwaltungshandeln und schaffen Unrecht.

Eine Verwaltung hat Ähnlichkeit mit einem privaten Unternehmen: Sie besteht ebenfalls aus einer hierarchisch organisierten Gruppe von Menschen, die unter Einsatz ihrer Arbeitsleistungen und nichtdauerhafter Produktionsgüter mit Hilfe dauerhafter Produktionsmittel Leistungen herstellen und abgeben. Der wesentliche Unterschied ist jedoch, daß die abgegebenen Leistungen nicht oder nur in Sonderfällen eingeschränkt meßbar sind und keine Preise haben, so daß kein Zusammenhang zwischen Kosten und Leistungen hergestellt werden kann. Die Kampfkraft und damit die Abschreckungswirkung einer Streitmacht, die Regierungsleistungen von Gebietskörperschaften, die Qualität wirtschaftspolitischer Eingriffe, der Zuwachs an Wohlfahrt aufgrund der Tätigkeit der Justizorgane lassen sich beim gegenwärtigen Stand des volkswirtschaftlichen Rechnungswesens nicht befriedigend messen. Für eine Verwaltung kann man daher in der Regel keine Produktionsfunktion aufstellen. Das hat zwei Folgen. Erstens fehlt der vom Wettbewerb mit anderen Anbietern ausgehende Druck, die Differenzgröße Gewinn durch Kostensenkung zu maximieren und sich nach marktwirtschaftlichen Effizienzkriterien zu richten. Statt dessen ist etwas so schwer Faßbares wie die Qualität der Ausführung von Aufträgen zu maximieren. Da öffentliche Verwaltungen als Anbieter öffentlicher Güter regelmäßig Monopolstellungen innehaben, fehlt auch der auf Qualitätsverbesserung hinwirkende Konkurrenzdruck. Zweitens wäre es unrealistisch anzunehmen, daß nicht auch die Mitglieder einer Verwaltung eigene Ziele hätten, die sie neben und mit den von den politischen Instanzen gestellten Aufgaben zu verwirklichen trachteten. Da sie in ein System eingebettet sind, in dem Streben nach mehr Einkommen, Einfluß und Ansehen allgemein akzeptierte Ziele sind, bietet sich die Hypothese an, daß auch das Verhalten der Mitarbeiter öffentlicher Verwaltungen von solchen Zielen bestimmt wird. Speziell für ihre Leiter gilt dabei, daß die Zahl der ihnen unterstellten Mitarbeiter und die Höhe der ihnen anvertrauten Etats hervorragende Indikatoren für den Erreichungsgrad dieser Ziele sind. Damit bietet sich die Hypothese an:

Hyp. 5.2: *Leiter von Verwaltungseinheiten streben danach, unabhängig von den zu erbringenden Leistungen die Zahl ihrer Untergebenen und die Höhe ihrer Etats zu maximieren.*

Die Hypothese gilt auch für Teile einer Verwaltung wie Abteilungen und Referate in Ministerien, die ihrerseits in kleinerem Maßstab hierarchisch aufgebaut sind. Sie bedeutet Kostenmaximierung als direktes Ziel einer zahlenmäßig bedeutenden Gruppe produzierender Einheiten in der modernen Volkswirtschaft. Das Ziel zeigt sich kraß an einem wohlbekannten Detail: Jede Verwaltung ist bestrebt, gegen Ende des Rechnungsjahres alle noch vorhandenen Mittel auszugeben, auch wenn dies für die Erfüllung ihrer Aufgaben nicht erforderlich ist. Da die tatsächliche Verausgabung von Mitteln als Nachweis ihrer Notwendigkeit ausreicht, bestünde beim Ausweis von Restbeständen die Gefahr, daß diese als Indiz für eine zu reichliche Bewilligung angesehen und zum Anlaß für Kürzungen genommen werden könnten.

Das Ziel kann individuell auf zwei Arten erreicht werden. Der Leiter einer Verwaltungseinheit kann in einer bestehenden Hierarchie bei konstanter Ausstattung mit Planstellen aufsteigen, indem er zum Leiter einer größeren Einheit befördert wird, deren bisheriger Leiter seinerseits befördert wurde oder aus anderen Gründen wie Erreichung der Altersgrenze ausschied. Dies geschieht in Konkurrenz mit anderen aufstiegswilligen Leitern untergeordneter Einheiten. Der zweite Weg besteht darin, die bestehende Einheit durch Erhöhung der Zahl oder Qualifikation der Mitarbeiter oder des Etats zu vergrößern. Dies geschieht in Konkurrenz mit anderen solchen Einheiten und führt zu der Erscheinung des *Ressortegoismus,* einer Ausprägung des Gefangenendilemmas. Er wird bei der alljährlichen Verteilung der Mittel eines öffentlichen Haushalts mit dem Hinweis auf das Wachstum der Zahl oder Bedeutung der von der Einheit zu erfüllenden Aufgaben gerechtfertigt. Wer sich hierbei zurückhält, muß unmittelbare Nachteile in Kauf nehmen, und hat doch nur verschwindend geringen Einfluß auf die Gesamtausgaben. Da auch die an der Spitze der jeweilgen Verwaltung stehenden Politiker ihren Einfluß an diesem Kriterium messen, besteht hier eine Interessenharmonie, die die Übernahme von Aufgaben durch den Staat, die Schaffung neuer öffentlicher Aufgaben und damit das Wachstum von Verwaltungen fördert. Diese Tendenz wurde schon vor der Jahrhundertwende als *Gesetz der wachsenden Staatstätigkeiten* formuliert.[24] Das Wachstum der Aufgaben entstammt dabei zwei Quellen: Erstens werden mit den komplizierter werdenden wirtschaftlichen und gesellschaftlichen Prozessen und mit wachsenden Anforderungen an deren Ergebnisse ständig neue Probleme entdeckt, von denen unterstellt wird, daß sie staatlicher Regelung bedürfen; und zweitens wächst überproportional zum Wachstum der Verwaltungen die Zahl und Bedeutung ihrer internen Probleme. Zu deren Lösung wird ein wachsender Teil ihrer Arbeitskapazität eingesetzt, so daß insoweit keine Leistungen mehr an die Außenwelt abgegeben werden.

Im übrigen liegt auf der Hand, daß die Mitarbeiter öffentlicher Verwaltungen als Interessengruppe ihre unmittelbare Nähe zu den politischen Entscheidungsträgern, die auf die in kontinuierlicher Arbeit erworbenen Kenntnisse der Verwaltungen und deren loyale Mitarbeit lebensnotwendig angewiesen sind, zur Erringung und Sicherung von Privilegien ausnutzen. Diese zu allen Zeiten und in allen Wirtschafts- und Gesellschaftssystemen zu beobachtende Erscheinung zeigt sich etwa an dem lange Zeit in vielen Ländern verfolgten Nebenziel der Arbeitsplatzsicherheit, die heute weitgehend erreicht ist. Im Gegensatz zu den vorgesetzten Politikern, die sich in regelmäßigen Abständen Wahlen zu stellen haben und dabei ihre Posten verlieren können, nehmen Mitarbeiter von Verwaltungen heute in der Regel Dauerstellungen ein. Sie haben unkündbare Verträge, sind etwa in der Bundesrepublik Beamte auf Lebenszeit oder können als Angestellte nach fünfzehnjähriger Dienstzeit nicht mehr entlassen werden. Sie sind damit von Wahlentscheidungen unabhängig und können eben daher noch andere Ziele als die auf Wiederwahl angewiesenen Politiker verfolgen.

Da der Wettbewerb und damit der Markt keine Kontrolle über die Tätigkeit der öffentlichen Verwaltungen ausüben kann, ist zu fragen, welche Gegenkräfte sonst noch wirksam sind. Die begrifflich schwer faßbare „Verschwendung" öffentlicher Gelder ist kein Straftatbestand, was als Relikt aus Zeiten gesehen werden kann, in denen Ländereien samt Bevölkerung den jeweiligen Fürsten quasi als Eigentum gehörten und eine Kontrolle über die Ausübung dieser Verfügungsrechte nicht existierte. Heute gibt es in der Bundesrepublik und in anderen Ländern eine Aufsicht durch die *Rechnungshöfe*. Sie deckt regelmäßig in einer großen Zahl von Einzelfällen Verschwendung öffentlicher Mittel auf, jedoch werden die entsprechenden Berichte teilweise erst Jahre später veröffentlicht und führen selten zu Konsequenzen, so daß ihre präventive Wirkung nicht hoch einzuschätzen ist. Weder die Vertreter der politischen Instanzen noch die der Interessengruppen haben einen Anreiz, auf kostenminimierendes Verhalten der Verwaltungen zu dringen, da sie auf die Zusammenarbeit mit diesen und auf ihr Wohlwollen angewiesen sind. Der einzelne Staatsbürger scheidet als Kontrollorgan aus, da seine Kosten beim Vorgehen gegen eine Verwaltung mit dem Ziel, diese zu effizienterem Handeln zu bewegen, um Zehnerpotenzen höher sein können als der auf ihn entfallende Nutzen. Eine schwache Kontrollfunktion üben allenfalls neben der Presse Zusammenschlüsse wie Steuerzahlervereinigungen aus, die offenkundige Fälle unwirtschaftlichen Verhaltens — jedoch ebenfalls weitgehend folgenlos — an die Öffentlichkeit bringen.

---

[24] Die Hypothese findet sich mehrfach in den Schriften des Finanzwissenschaftlers ADOLPH WAGNER (1835–1917).

Literatur zum fünften Kapitel

Allgemeines:

Die wirtschaftliche Tätigkeit öffentlicher Haushalte ist traditionsgemäß Gegenstand eines selbständigen Zweiges der Volkswirtschaftslehre, der *Finanzwissenschaft*. Eingriffe in die Allokation finden dabei seit einiger Zeit zunehmendes Interesse. Lehrbücher, die diesem Aspekt breiteren Raum widmen, sind

[5.01] G. HEDTKAMP: Lehrbuch der Finanzwissenschaft. 1968, 2. Aufl. Neuwied 1977. XI, 467 S.
[5.02] R. A. MUSGRAVE/P. B. MUSGRAVE: Public Finance in Theory and Practice. 1973, 5. Aufl. New York u. a. 1989. XVI, 627 S.
Deutsch: R. A. MUSGRAVE/P. B. MUSGRAVE/L. KULLMER: Die öffentlichen Finanzen in Theorie und Praxis. 4 Bde. Tübingen 1978–1990.
[5.03] D. BRÜMMERHOFF: Finanzwissenschaft. 1986, 5. Aufl. München u. a. 1990. XXII, 548 S.

Besonders wichtig für die hier behandelten Themen ist ferner der moderne Ansatz der Wohlfahrtsökonomik, der die ökonomische Denkweise unter Bezeichnungen wie „Ökonomische Theorie der Politik", „Neue Politische Ökonomie" (im Englischen häufig: „Public Choice") auf Staatslehre und politische Probleme wie Wahlverfahren, Parteipolitik und Verwaltungshandeln anwendet. Einführungen und Übersichten geben

[5.04] P. BERNHOLZ/F. BREYER: Grundlagen der Politischen Ökonomie. 1972, 1975, 1979; 2. Aufl. Tübingen 1984. XV, 462 S.
[5.05] G. KIRSCH: Ökonomische Theorie der Politik. Tübingen u. a. 1974. X, 149 S.
[5.06] M. TAYLOR: The Theory of Collective Choice. S. 413–481 in: F. I. GREENSTEIN/N. W. POLSBY (Hg.): Macropolitical Theory. Reading 1975.
[5.07] D. C. MUELLER: Public Choice. Cambridge u. a. 1979. XIII, 297 S.
[5.08] B. S. FREY: Theorie demokratischer Wirtschaftspolitik. München 1981. XII, 401 S.
[5.09] A. A. SCHMID: Property, Power, and Public Choice. An Inquiry into Law and Economics. New York u. a. 1987. XV, 332 S.

Sammelbände sind

[5.10] H. P. WIDMAIER (Hg.): Politische Ökonomie des Wohlfahrtsstaates. Eine kritische Darstellung der Neuen Politischen Ökonomie. Frankfurt 1974. 336 S.
[5.11] W. W. POMMEREHNE/B. S. FREY (Hg.): Ökonomische Theorie der Politik. Berlin u. a. 1979. 457 S.
[5.12] E. STREISSLER/C. WATRIN (Hg.): Zur Theorie marktwirtschaftlicher Ordnungen. Tübingen 1980. IV, 523 S.

Eine Bibliographie mit 200 kommentierten Titeln ist

[5.13] N. P. LOVRICH/M. NEIMAN: Public Choice Theory in Public Administration. An Annotated Bibliography. New York u. a. 1984. XXVII, 122 S.

Zu Teil I:

Übersichten und Stellungnahmen zur Rolle des Staates in der Marktwirtschaft finden sich in

[5.14] E.-J. MESTMÄCKER: Recht und ökonomisches Gesetz. Über die Grenzen von Staat, Gesellschaft und Privatautonomie. 1978, 2. Aufl. Baden-Baden 1984. 925 S.

[5.15] G. Hesse: Staatsaufgaben. Zur Theorie der Legitimation und Identifikation staatlicher Aufgaben. Baden-Baden 1979. 450 S.
[5.16] Bundesministerium für Wirtschaft (Hg.): Gutachten des Wissenschaftlichen Beirats beim Bundesministerium für Wirtschaft − Staatliche Interventionen in einer Marktwirtschaft. Bonn 1979. 57 S.
[5.17] R. Windisch: Staatseingriffe in marktwirtschaftliche Ordnungen. S. 297−399 in: Streissler/Watrin [5.12].
[5.18] G. Bombach/B. Gahlen/A. E. Ott (Hg.): Möglichkeiten und Grenzen der Staatstätigkeit. Tübingen 1982. IX, 725 S.
[5.19] J.-E. Lane (Hg.): State and Market. The Politics of the Public and the Private. London u. a. 1985. X, 304 S.
[5.20] A. Hamlin/P. Pettit (Hg.): The Good Polity. Normative Analysis of the State. Oxford u. a. 1989. VIII, 207 S.

Die im Text zitierte Kritik an der Ausgestaltung des Privatrechts im vorigen Jahrhundert stammt von

[5.21] O. v. Gierke: Die soziale Aufgabe des Privatrechts. 1889, Ausgabe Frankfurt am Main 1943. 38 S.

Zum Spezialproblem der Gewerbefreiheit vgl.

[5.22] E. Tuchtfeldt: Gewerbefreiheit als wirtschaftspolitisches Problem. Berlin 1955. 220 S.

In vielen Ländern sind wichtige Teile des ordnungspolitischen Rahmens in den Staatsverfassungen niedergelegt, wobei allerdings Buchstabe und Praxis weit voneinander abweichen können. Im Text wurde zitiert aus

[5.23] H. Roggemann (Hg.): Die Verfassungen der sozialistischen Staaten. Berlin 1980. 578 S.

Die Untersuchung der institutionellen Merkmale von Gütern ist seit Ende der fünfziger Jahre Gegenstand einer besonderen Forschungsrichtung, der Theorie der Verfügungsrechte. Die Zeitschrift „The Journal of Law and Economics," Chicago 1958 ff. widmet sich besonders diesen Problemen und enthält viele wichtige Forschungsergebnisse. Einige Untersuchungen sind

[5.24] E. G. Furubotn/S. Pejovich: Property Rights and Economic Theory: A Survey of Recent Literature. JELit, Vol. 10, 1972, S. 1137−1162. Auch in: Manne [5.29].
[5.25] R. Eschenburg: Mikroökonomische Aspekte von Property Rights. S. 9−27 in: Schenk [5.30].
[5.26] I. Böbel: Eigentum, Eigentumsrechte und institutioneller Wandel. Berlin u. a. 1988. X, 360 S.
[5.27] Y. Barzel: Economic Analysis of Property Rights. Cambridge u. a. 1989. XI, 122 S.

Sammelbände sind

[5.28] E. G. Furubotn/S. Pejovich (Hg.): The Economics of Property Rights. Cambridge, Mass. 1974. XVI, 367 S.
[5.29] H. G. Manne (Hg.): The Economics of Legal Relationships. Readings in the Theory of Property Rights. St. Paul u. a. 1975. XIV, 660 S.
[5.30] K.-E. Schenk (Hg.): Ökonomische Verfügungsrechte und Allokationsmechanismen in Wirtschaftssystemen. Berlin 1978. 205 S.
[5.31] A. Schüller (Hg.): Property Rights und ökonomische Theorie. München 1983. XX, 297 S.
[5.32] M. Neumann (Hg.): Ansprüche, Eigentums- und Verfügungsrechte. Berlin u. a. 1984. XI, 737 S.

Zum Problem der gewerblichen Schutzrechte vgl.

[5.33] K. H. OPPENLÄNDER (Hg.): Patentwesen, technischer Fortschritt und Wettbewerb. Berlin u. a. 1984. 262 S.
[5.34] E. KAUFER: The Eonomics of the Patent System. Chur u. a. 1989. VIII, 66 S.

Zu Teil II:

Ein großer Teil der öffentlichen Eingriffe in die Allokation wird im englischen Sprachbereich unter der Bezeichnung „Regulation", deutsch „Regulierung", zusammengefaßt. Vgl.

[5.35] E. KAUFER: Theorie der öffentlichen Regulierung. München 1981. XIV, 181 S.
[5.36] J. KRUSE: Ökonomie der Monopolregulierung. Göttingen 1985. XI, 487 S.
[5.37] R. SOLTWEDEL et al.: Zur staatlichen Marktregulierung in der Bundesrepublik. Kiel 1987. XI, 118 S.
[5.38] S. V. BERG/J. TSCHIRHART: Natural Monopoly Regulation. Principles and Practice. Cambridge u. a. 1988. XII, 564 S.
[5.39] M. KRAKOWSKI (Hg.): Regulierung in der Bundesrepublik Deutschland. Die Ausnahmebereiche des Gesetzes gegen Wettbewerbsbeschränkungen. Hamburg 1988. 497 S.
[5.40] D. F. SPULBER: Regulation and Markets. Cambridge, Mass. u. a. 1989. XVIII, 690 S.
[5.41] R. SHERMAN: The Regulation of Monopoly. Cambridge u. a. 1989. XI, 315 S.

Die Gegenbewegung heißt entsprechend „Deregulierung" oder „Privatisierung":

[5.42] R. W. POOLE (Hg.): Unnatural Monopolies. The Case for Deregulating Public Utilities. Lexington 1985. XIV, 224 S.
[5.43] R. SOLTWEDEL u. a.: Deregulierungspotentiale in der Bundesrepublik. Tübingen 1986. XI, 326 S.
[5.44] M. HORN/G. KNIEPS/J. MÜLLER: Deregulierungsmaßnahmen in den USA: Schlußfolgerungen für die Bundesrepublik Deutschland. (= Gutachten des Deutschen Instituts für Wirtschaftsforschung, Berlin, im Auftrage des Bundesministers für Wirtschaft.) Baden-Baden 1988. 402 S.
[5.45] J. VICKERS/G. YARROW: Privatization. An Economic Analysis. Cambridge, Mass. u. a. 1988. XIII, 454 S.
[5.46] H. S. SEIDENFUS (Hg.): Deregulierung – eine Herausforderung an die Wirtschafts- und Sozialpolitik in der Marktwirtschaft. Berlin u. a. 1989. 193 S.

Öffentliche Güter werden untersucht von

[5.47] H. HANUSCH: Theorie des öffentlichen Gutes. Allokative und distributive Aspekte. Göttingen 1972. 183 S.
[5.48] K. MACKSCHEIDT: Zur Theorie des optimalen Budgets. Tübingen u. a. 1973. X, 406 S.
[5.49] H. BONUS: Ordnungspolitische Aspekte öffentlicher Güter. S. 51–73 in: E. HELMSTÄDTER (Hg.): Neuere Entwicklungen in den Wirtschaftswissenschaften. Berlin 1978.
[5.50] E. H. CLARKE: Demand Revelation and the Provision of Public Goods. Cambridge, Mass. 1980. XIX, 237 S.
[5.51] W. W. POMMEREHNE: Präferenzen für öffentliche Güter. Ansätze zu ihrer Erfassung. Tübingen 1987. XV, 290 S.
[5.52] A. DE JASAY: Social Contract, Free Ride. A Study of the Public Goods Problem. Oxford 1989. VI, 256 S.

Externe Effekte werden in den dichtbesiedelten Industrieländern heute vorwiegend als Umweltschäden wahrgenommen:

[5.53] W. J. BAUMOL/W. E. OATES: The Theory of Environmental Policy. Externalities, Public Outlays, and the Quality of Life. 1975, 2. Aufl. Cambridge u. a. 1988. X, 299 S.
[5.54] A. C. FISHER/F. M. PETERSON: The Environment in Economics: A Survey. JELit, Vol. 14, 1976, S. 1–33.
[5.55] H. SIEBERT: Ökonomische Theorie der Umwelt. Tübingen 1978. IX, 221 S.

[5.56] L. WICKE: Umweltökonomie. Eine praxisorientierte Einführung. 1982, 2. Aufl. München 1989. XVI, 632 S.
[5.57] M. KEMPER: Das Umweltproblem in der Marktwirtschaft. Wirtschaftstheoretische Grundlagen und vergleichende Analyse umweltpolitischer Instrumente in der Luftreinhalte- und Gewässerschutzpolitik. Berlin u. a. 1989. X, 354 S.
[5.58] J. WEIMANN: Umweltökonomik – Eine theorieorientierte Einführung. Berlin u. a. 1990. 243 S.

In der Bundesrepublik gibt seit 1974 eine Expertengruppe Gutachten ab, zuletzt:

[5.59] Der Rat von Sachverständigen für Umweltfragen: Umweltgutachten 1987. Bundestags-Drucksache 11/1568 vom 21. 12. 1987. 674 S.

Sammelbände sind

[5.60] H. GIERSCH (Hg.): Das Umweltproblem in ökonomischer Sicht. Symposium 1973. Tübingen 1974. 158 S.
[5.61] O. ISSING (Hg.): Ökonomische Probleme der Umweltschutzpolitik. Berlin 1976. 161 S.

Die einschlägigen Rechtsvorschriften sind zusammengestellt in

[5.62] M. KLOEPFER: Umweltrecht. München 1989. XLI, 906 S.

Einige Titel zur Wettbewerbspolitik allgemein sind

[5.63] H.K. SCHNEIDER (Hg.): Grundlagen der Wettbewerbspolitik. Berlin 1968. 135 S.
[5.64] H. BARTLING: Leitbilder der Wettbewerbspolitik. München 1980. XI, 166 S.
[5.65] F.-U. WILLEKE: Wettbewerbspolitik. Tübingen 1980. XI, 451 S.
[5.66] H. COX/U. JENS/K. MARKERT (Hg.): Handbuch des Wettbewerbs. Wettbewerbstheorie, Wettbewerbspolitik, Wettbewerbsrecht. München 1981. XII, 655 S.
[5.67] K. HERDZINA: Wettbewerbspolitik. 1984, 2. Aufl. Stuttgart u. a. 1987. XV, 237 S.
[5.68] E.-J. MESTMÄCKER: Der verwaltete Wettbewerb. Eine vergleichende Untersuchung über den Schutz von Freiheit und Lauterkeit im Wettbewerbsrecht. Tübingen 1984. XV, 332 S.
[5.69] I. SCHMIDT: Wettbewerbspolitik und Kartellrecht. Eine Einführung. 1981, 2. Aufl. Stuttgart u. a. 1987. XVI, 318 S.
[5.70] E. HOPPMANN: Wirtschaftsordnung und Wettbewerb. Baden-Baden 1988. 566 S.

Wer die Wettbewerbspolitik in der Bundesrepublik Deutschland studieren will, kann zurückgreifen auf

– die Gesetzestexte, vor allem die des UWG und des GWB, samt ihren Änderungen und den Stellungnahmen der Bundesregierung und des zuständigen Bundestagsausschusses zu den jeweiligen Entwürfen;
– die Gesetzeskommentare;
– die Rechtsprechung samt ihrer Kommentierung, vor allem in der juristischen Fachliteratur;
– die Tätigkeitsberichte des Bundeskartellamts mitsamt den Stellungnahmen der Bundesregierung;
– die Gutachten der Monopolkommission und die Stellungnahmen der Bundesregierung zu diesen;
– die wirtschaftswissenschaftliche und juristische Fach- und Lehrbuchliteratur.

Die Berichte des Bundeskartellamts erschienen für die Jahre 1958 bis 1978 jährlich, seitdem alle zwei Jahre. Der neueste Bericht ist

[5.71] Bericht des Bundeskartellamtes über seine Tätigkeit in den Jahren 1987/1988 sowie über die Lage und Entwicklung auf seinem Aufgabengebiet (§ 50 GWB). Bundestags-Drucksache 4611 vom 30. 5. 1989. VIII, 190 S.

Die Monopolkommission hat bis 1990 neben 19 Sondergutachten 8 Hauptgutachten veröffentlicht. Das neueste ist

[5.72] Monopolkommission: Hauptgutachten 1988/89 — Wettbewerbspolitik vor neuen Herausforderungen. (= Hauptgutachten der Monopolkommission VIII.) Baden-Baden 1990. 457 S. — Anlagenband. 243 S.

Internationale Übersichten veröffentlichen jährlich die OECD und die EG-Kommission:

[5.73] Annual Reports on Competition Policy in OECD Member Countries. OECD, Paris 1973ff. (jährlich 2 Bde.)
[5.74] Kommission der Europäischen Gemeinschaften: Achtzehnter Bericht über die Wettbewerbspolitik. Brüssel u. a. 1989. 318 S.

Übersichten über Politik und Recht des Verbraucherschutzes geben

[5.75] E. v. Hippel: Verbraucherschutz. 1974, 3. Aufl. Tübingen 1986. XVII, 499 S.
[5.76] G. Scherhorn u. a.: Verbraucherinteresse und Verbraucherpolitik. Göttingen 1975. XIII, 248 S.
[5.77] M. W. Jones-Lee: The Economics of Safety and Physical Risk. Oxford u. a. 1989. XII, 318 S.
[5.78] E. Kuhlmann: Verbraucherpolitik. Grundzüge ihrer Theorie und Praxis. München 1990. XI, 490 S.

Ein Sonderproblem untersuchte

[5.79] B. Röper: Gibt es geplanten Verschleiß? — Untersuchungen zur Obsoleszenzthese. — Göttingen 1976. VIII, 352 S.

Zur Frage der direkten Preiseingriffe vgl.

[5.80] H. Baum: Staatlich administrierte Preise als Mittel der Wirtschaftspolitik: Eine empirische Erfolgskontrolle für die Bundesrepublik Deutschland. Baden-Baden 1980. 363 S.
[5.81] K. Kleps: Staatliche Preispolitik. Theorie und Realität in Markt- und Planwirtschaft. München 1984. XIII, 234 S.

Zu Teil III:

Die Ursachen für Politik- gleich Nichtmarktversagen werden seit einiger Zeit lebhaft erforscht. Einige Untersuchungen hierzu sind

[5.82] T. E. Borcherding (Hg.): Budgets and Bureaucrats: The Sources of Government Growth. Durham 1977. XVI, 291 S.
[5.83] U. Roppel: Ökonomische Theorie der Bürokratie. Beiträge zu einer Theorie des Angebotsverhaltens staatlicher Bürokratie in Demokratien. Freiburg 1979. 204 S.
[5.84] C. Wolf Jr.: A Theory of Nonmarket Failure. Framework for Implementation Analysis. JLawEcs, Vol. 22, 1979, S. 107–139.
[5.85] A. Rosenschon: Verschwendung in Staat und Markt. Eine vergleichende Analyse. Göttingen 1980. XVIII, 228 S.
[5.86] H. Meister: Wohlfahrtsverluste im Staat. Ein Beitrag zur Theorie bürokratischer Ineffizienz. Spardorf 1983. XLIV, 227 S.
[5.87] M. Jänicke: Staatsversagen. Die Ohnmacht der Politik in der Industriegesellschaft. München u. a. 1986. 227 S.
[5.88] E. S. Mills: The Burden of Government. Stanford 1986. X, 188 S.
[5.90] J. A. Lybeck: The Growth of Government in Developed Economies. Aldershot u. a. 1986. XIV, 257 S.

Die einander entgegengesetzten Positionen „Mehr Staat" einerseits und „Mehr Markt" anderseits haben prominente Vertreter in

[5.91] J. K. GALBRAITH: The Affluent Society. 1958, 2. Aufl. Boston 1969. XXXII, 333 S.
Deutsch: Gesellschaft im Überfluß. 1959, 2. Aufl. München u. a. 1970. 316 S.
[5.92] M. FRIEDMAN/R. FRIEDMAN: Free to Chose. A Personal Statement. New York u. a. 1980. XII, 338 S.
Deutsch: Chancen, die ich meine. Ein persönliches Bekenntnis. Berlin u. a. 1980. 344 S.

Mit der extremen Position, der Staat sei überflüssig oder schädlich oder beides und daher abzuschaffen, beschäftigen sich

[5.93] D. FRIEDMAN: The Machinery of Freedom. Guide to a Radical Capitalism. New York u. a. 1973. XVI, 239 S.
[5.94] M. N. ROTHBARD: For a New Liberty. New York u. a. 1973. VI, 327 S.
[5.95] G. TULLOCK (Hg.): Further Explorations in The Theory of Anarchy. Blacksburg 1974. 70 S.

Anhang I

Allgemeine Literatur zur Mikroökonomik

Dieser Anhang nennt unter Beschränkung auf deutsch- und englischsprachige Titel einige der gängigsten allgemeinen Lehrwerke über Mikroökonomik. Einführungen in diese sind außerdem in Lehrbüchern der gesamten Volkswirtschaftslehre zu finden, von denen einige im Literaturanhang zum 1. Kapitel von VRW[7] genannt sind.

1. Einführungen in die Mikroökonomik, deutschsprachig

[I.01]   W. KRELLE: Preistheorie. Tübingen u. a. 1961. XXIV, 732 S. (2. Aufl. s. KRELLE [2.20] und KRELLE [4.71].)
[I.02]   A. E. OTT: Grundzüge der Preistheorie. 1968, 3. Aufl. Göttingen 1979. 329 S.
[I.03]   J. SCHUMANN: Grundzüge der mikroökonomischen Theorie. 1971, 5. Aufl. Berlin u. a. 1987. XVI, 444 S.
[I.04]   H. SCHNEIDER: Mikroökonomie. Eine Einführung in die Preis-, Produktions- und Wohlfahrtstheorie. 1973, 4. Aufl. München 1986. X, 334 S.
[I.05]   U. FEHL/P. OBERENDER: Grundlagen der Mikroökonomie. Eine Einführung in die Produktions-, Nachfrage- und Markttheorie. Ein Lehr- und Arbeitsbuch mit Aufgaben und Lösungen. 1976, 4. Aufl. München 1990. XII, 324 S.
[I.06]   E. v. BÖVENTER u. a.: Einführung in die Mikroökonomie. 1980, 6. Aufl. München u. a. 1989. IX, 339 S.
[I.07]   M. NEUMANN: Theoretische Volkswirtschaftslehre II: Produktion, Nachfrage und Allokation. 1982, 2. Aufl. München 1987. VI, 366 S. (3. Aufl. für 1991 angekündigt.) — III: Wachstum, Wettbewerb und Verteilung. 1982. VI, 379 S.
[I.08]   J. FRANKE: Grundzüge der Mikroökonomik. 1983, 4. Aufl. München u. a. 1988. IX, 276 S.
[I.09]   H. HERBERG: Preistheorie. Eine Einführung. 1985, 2. Aufl. Stuttgart u. a. 1989. 356 S.
[I.10]   H. R. VARIAN: Intermediate Microeconomics. A Modern Approach. 1987, 2. Aufl. New York u. a. 1990. XVIII, 599, A 34 S.
Deutsch: Grundzüge der Mikroökonomik. München u. a. 1989. XVI, 573, A 22 S.

2. Einführungen in die Mikroökonomik, englischsprachig

[I.11]   P. A. SAMUELSON/W. D. NORDHAUS: Microeconomics. A Version of Economics. 1948, 13. Aufl. New York u. a. 1989. XXXIII, 658 S.
[I.12]   R. D. ECKERT/R. H. LEFTWICH: The Price System and Resource Allocation. 1955, 10. Aufl. Chicago u. a. 1988. XVII, 648 S.
[I.13]   W. NICHOLSON: Intermediate Microeconomics and Its Application. 1975, 5. Aufl. Chicago u. a. 1990. XII, 705 S.
[I.14]   J. HIRSHLEIFER: Price Theory and Applications. 1976, 4. Aufl. Englewood Cliffs u. a. 1988. XII, 563 S.
[I.15]   F. R. GLAHE/D. R. LEE: Microeconomics. Theory and Applications. 1981, 2. Aufl. San Diego u. a. 1989. XV, 603 S.

[I.16]   M. CHACHOLIADES: Microeconomics. New York u. a. 1986. XVII, 629 S.
[I.17]   D. SALVATORE: Microeconomics. Theory and Applications. New York u. a. 1986. XXIII, 633, A 14, B 34, I 19 S.
[I.18]   R. B. EKELUND/R. D. TOLLISON: Microeconomics. Boston u. a. 1986. XXVII, 562 S.
[I.19]   S. E. LANDSBURG: Price Theory and Applications. Chicago u. a. 1989. XXV, 646 S.

3. Weiterführende Gesamtdarstellungen der Mikroökonomik

Die als „Neoklassik" bezeichnete Sicht des Wirtschaftsprozesses unter mikroökonomischem Aspekt fand zu Beginn und nach Ende des zweiten Weltkrieges ihren Höhepunkt in zwei auch heute noch grundlegenden Werken:

[I.20]   J. R. HICKS: Value and Capital. In Inquiry into Some Fundamental Principles of Economic Theory. 1939, 2. Aufl. Oxford 1946. XI, 340 S.
[I.21]   P. A. SAMUELSON: Foundations of Economic Analysis. 1947, enlarged edition Cambridge, Mass. u. a. 1983. XXVI, 604 S.

Einige wichtige Lehrbücher für mittlere oder höhere Semester, die den einführenden Stoff kurz zusammenfassen und, häufig unter Verwendung weitergehender mathematischer Hilfsmittel, über die Neoklassik hinaus auch in den „modernen Ansatz", die „Neue Mikroökonomik" einführen, sind

[I.22]   J. M. HENDERSON/R. E. QUANDT: Microeconomic Theory. A Mathematical Approach. 1958, 3. Aufl. New York u. a. 1980. XIX, 420 S.
         Deutsch: Mikroökonomische Theorie. Eine mathematische Darstellung. 1967, 5. Aufl. München 1983. XIV, 441 S.
[I.23]   A. KOUTSOYIANNIS: Modern Microeconomics. 1975, 2. Aufl. London u. a. 1979. XVII, 581 S.
[I.24]   P. R. G. LAYARD/A. A. WALTERS: Microeconomic Theory. 1978, second printing New York u. a. 1988. XIV, 498 S.
[I.25]   E. SILBERBERG: The Structure of Economics. A Mathematical Analysis. 1978, 2. Aufl. New York u. a. 1990. XVI, 686 S.
[I.26]   H. R. VARIAN: Microeconomic Analysis. 1978, 2. Aufl. New York u. a. 1984. XIV, 348 S.
         Deutsch: Mikroökonomie. 1981, 2. Aufl. München u. a. 1985. XI, 354 S.
[I.27]   H. GRAVELLE/R. REES: Microeconomics. 1981, 7th impression London u. a. 1988. XIII, 620 S.
[I.28]   W. SHER/R. PINOLA: Modern Microeconomic Theory. New York u. a. 1986. XXXIV, 496 S.
[I.29]   R. J. RUFFIN: Modern Price Theory. Glenview u. a. 1988. XVI, 523 S.

4. Sammelwerke

Sammlungen wichtiger Beiträge zu vielen Bereichen der Mikroökonomik sind

[I.30]   A. E. OTT (Hg.): Preistheorie. 1965, 3. Aufl. Köln u. a. 1968. 554 S.
[I.31]   D. R. KAMERSCHEN (Hg.): Readings in Microeconomics. New York u. a. 1969. XV, 607 S.
[I.32]   K. J. ARROW/M. D. INTRILIGATOR (Hg.): Handbook of Mathematical Economics, Vol. II. Amsterdam u. a. 1982. XIX, S. 379–1070.
[I.33]   M. RICKETTS (Hg.): Neoclassical Microeconomics. Aldershot u. a. 1988. Vol. I: VIII, 388 S. — Vol. II: VIII, 369 S.

5. Aufgabensammlungen, Übungs- und Arbeitsbücher

Die Ergebnisse der mikroökonomischen Theorie lassen sich auf eine Vielzahl von Situationen anwenden. Sammlungen realer und fiktiver Anwendungsfälle (vgl. auch die in den Text eingestreuten Beispiele bei praktisch allen der oben in Abschnitt 2 dieses Anhangs genannten Titel) sind:

[I.34] L. Wagner (Hg.): Readings in Applied Microeconomics. 1973, 2. Aufl. Oxford u.a. 1981. VIII, 403 S.

[I.35] J.C. Goodman/E.G. Dolan: Economics of Public Policy: The Micro View. 1979, 2. Aufl. St. Paul u.a. 1982. IX, 225 S.

[I.36] D. de Meza/M. Osborne: Problems in Price Theory. Oxford 1980. XIII, 299 S.

[I.37] H. Hesse (Hg.): Arbeitsbuch angewandte Mikroökonomik. Tübingen 1980. VIII, 141 S.

[I.38] D.C. North/R.L. Miller: The Economics of Public Issues. 1971, 5. Aufl. New York u.a. 1980. IX, 214 S.

[I.39] G.W. Yohe: Exercises and Applications for Microeconomic Analysis. 1979, 2. Aufl. New York u.a. 1984. IX, 436 S.
Deutsch: Übungsbuch zu Varian Mikroökonomie 2. Auflage. München u.a. 1987. VI, 253 S.

[I.40] K. Brandt u.a.: Grundzüge der Mikroökonomie. Ein Übungs- und Arbeitsbuch. 1981, 2. Aufl. Freiburg 1989. 479 S.

Ein Arbeitsbuch zu Schumann [I.03] ist:

[I.41] U. Meyer/J. Diekmann: Arbeitsbuch zu den Grundzügen der mikroökonomischen Theorie. 1982, 3. Aufl. Berlin u.a. 1988. X, 250 S.

In gleicher Weise gehört zu Böventer [I.06]:

[I.42] E. v. Böventer/G. Illing/R. Koll: Mikroökonomie. Studien- und Arbeitsbuch. 1987, 2. Aufl. München u.a. 1988. 217 S.

Weitere neuere Titel dieser Art sind

[I.43] V. Böhm: Arbeitsbuch zur Mikroökonomie I. 1984, 2. Aufl. Berlin u.a. 1989. VII, 235 S.

[I.44] T.C. Bergstrom/H.R. Varian: Workouts in Intermediate Microeconomics. 1987, 2. Aufl. New York u.a. 1990. 384, A 29 S.

[I.45] V. Böhm: Arbeitsbuch zur Mikroökonomie II. Berlin u.a. 1988. VII, 248 S.

6. Mathematik für Wirtschaftswissenschaftler

Die nachstehenden Werke führen in unterschiedlichem Umfang in die in der Wirtschaftswissenschaft gebräuchlichen mathematischen Kalküle ein, wobei auch ökonomische Anwendungen gezeigt werden. Auf einige von ihnen wurde im Text Bezug genommen.

[I.46] R.G.D. Allen: Mathematical Analysis for Economists. London 1938. XV, 548 S.
Deutsch: Mathematik für Volks- und Betriebswirte. Eine Einführung in die mathematische Behandlung der Wirtschaftstheorie. Berlin 1956. XIII, 572 S.

[I.47] R.G.D. Allen: Mathematical Economics. London 1956. XVI, 768 S.
Deutsch: Mathematische Wirschaftstheorie. Berlin 1971. XXI, 987 S.

(In [I.47] ist der Stoff nach ökonomischen Gebieten geordnet, und die mathematischen Techniken werden anhand ökonomischer Beispiele erläutert, so daß es gleichzeitig als Lehrbuch der Wirtschaftstheorie dienen kann.)

[I.48] A. C. CHIANG: Fundamental Methods of Mathematical Economics. 1967, 3. Aufl. Auckland u. a. 1984. XII, 788 S.

[I.49] H. STÖWE/E. HÄRTTER: Lehrbuch der Mathematik für Volks- und Betriebswirte. Die mathematischen Grundlagen der Wirtschaftstheorie und der Betriebswirtschaftslehre. 1967, 3. Aufl. Göttingen 1990. XVI, 404 S.

[I.50] J. SCHWARZE: Mathematik für Wirtschaftswissenschaftler. 1974, 8. Aufl. Herne u. a. 1989. Bd 1: Grundlagen. 224 S. — Bd 2: Differential- und Integralrechnung. 182 S. — Bd 3: Lineare Algebra, Lineare Optimierung und Graphentheorie. 234 S.

[I.51] S. GLAISTER: Mathematical Methods for Economists. 1972, 3. Aufl. Oxford 1984. XI, 260 S.

[I.52] A. TAKAYAMA: Mathematical Economics. 1974, 2. Aufl. Cambridge u. a. 1985. XXIII, 737 S.

[I.53] B. BRESSLER:: A Unified Introduction to Mathematical Economics. New York u. a. 1975. XVIII, 667 S.

([I.53] eignet sich sehr gut für Anfänger. Ökonomische Probleme und ihre mathematische Behandlung sind integriert, und der Text ist durchgehend anhand von Aufgaben illustriert, deren Lösungen ebenfalls gezeigt werden.)

[I.54] D. S. HUANG/W. SCHULZ: Einführung in die Mathematik für Wirtschaftswissenschaftler. 1979, 3. Aufl. München 1988. 322 S.

[I.55] V. BÖHM: Mathematische Grundlagen für Wirtschaftswissenschaftler. Berlin u. a. 1982. VIII, 169 S.

[I.56] T. GAL u. a.: Mathematik für Wirtschaftswissenschaftler. I: Lineare Algebra. 1983, 3. Aufl. Berlin u. a. 1991. XIII, 298 S. — II: Analysis. 1983, 3. Aufl. 1991. XX, 383 S. — III. Lineare Optimierung. 1983. XVI, 106 S.

[I.57] O. OPITZ: Mathematik. Lehrbuch für Ökonomen. München u. a. 1989. X, 769 S.

Anhang II

Fachausdrücke aus der Mikroökonomik

Die folgende Zusammenstellung enthält versuchsweise Definitionen und Erläuterungen wichtiger Begriffe aus der Mikroökonomik (ohne solche der Methodenlehre). Sie soll den Text von Begriffsdiskussionen und der Aufzählung von Synonymen entlasten, die für die dortigen Gedankengänge entbehrlich sind, und ist unter anderem für den eiligen Benutzer gedacht, der an einer Stelle zusammengefaßt Informationen zu den Stichwörtern finden möchte. Deren Auswahl ist notwendig subjektiv, durch Platzknappheit beschränkt, und die Auskünfte sind zum Teil nur Kurzresümees der Ausführungen im Text, enthalten aber in den meisten Fällen zusätzliche Angaben. Die im 1. bis 5. Kapitel numerierten und graphisch herausgesetzten Definitionen, Hypothesen und Sätze werden nicht wiederholt, sind aber über die Seitenangaben leicht zu finden. Englischsprachige Synonyme sind angegeben, wenn sie auch in deutschen Texten vorkommen. Im übrigen können Nachschlagewerke wie Handwörterbücher und Fachlexika zu Rate gezogen werden, von denen einige im Literaturanhang zum 1. Kapitel von VRW[7] aufgeführt sind.

Bei der Benutzung ist zu beachten:

– Für die alphabetische Einordnung gilt die Vorbemerkung zum Sachverzeichnis, S. 589;
– Definitionen sind kursiv, Erläuterungen in Normalschrift gedruckt;
– Jedes Stichwort wird im dazugehörigen Text abgekürzt, so „Wettbewerb, vollkommener" zu „v. W.";
– Das Zeichen → verweist nur auf Stichwörter in diesem Anhang;
– Textstellen, an denen der Fachausdruck erarbeitet, definiert, näher erläutert oder benutzt wird, nennt das Sachverzeichnis.

Allokation = *Vorgang der oder Zustand nach Zuweisung von Wirtschaftsobjekten, insbesondere ökonomischer Güter, auf unterschiedliche Verwendungszwecke.* Die Zuweisung von →Produktionsfaktoren auf Produktionsprozesse heißt **A. der Ressourcen** oder **Faktorallokation**. Die Gesamtheit der Regelungen und Verhaltensweisen in einer Volkswirtschaft, aufgrund derer die Faktorallokation vorgenommen und Konsumgüter auf private Haushalte verteilt werden, bildet ein **A.sverfahren**, s. Tabelle 3.1 (S. 279). Das **A.sproblem** besteht für jedes Wirtschaftssubjekt darin, als Produzent oder Konsument die Zuweisung in seinem Bereich so vorzunehmen, daß seine Ziele bestmöglich erreicht werden, wobei jede Entscheidung unter Restriktionen (Nebenbedingungen) getroffen und von diesen mitbestimmt wird. Das A.sproblem hat einen zeitlichen Aspekt, soweit zwischen dem Einsatz in der jeweils nächsten Planperiode und späteren Perioden abzuwägen ist. Die Signale, nach denen sich die Wirtschaftssubjekte bei ihren A.sentscheidungen richten, sind die Transaktionsbedingungen, vor allem die Preise, → Preisfunktion. Der Wirtschaftswissenschaftler hat im Rahmen der normativen Ökonomik die Bedingungen anzugeben, unter denen die A. gemäß bestimmter Kriterien optimal ist.

Alternativkosten: Def. 2.5 (S. 211). Soll etwa in einem Unternehmen ein Teil des Produktionsapparats, der mit der Herstellung eines Gutes x voll beschäftigt ist, auf die eines anderen Gutes y umgestellt werden, sind dessen A. die bisher mit der Produktion von x erzielten Erträge. Die Verwendung des A.konzepts bedeutet, gemäß dem ökonomischen Prinzip zu handeln und somit das Ziel der Nutzen- oder Gewinnmaximierung zu verfolgen. Erforderlich sind die Existenz von mindestens zwei Handlungsmöglichkeiten sowie Informationen über diese. Im Bereich der Produktion wird variable Einsatzmöglichkeit von → Produktionsfaktoren gemäß einer → Transformationskurve vorausgesetzt. Synonyme: Opportunitätskosten; Nutzungskosten; englisch: opportunity costs.

Amoroso-Robinson-Beziehung = *Die Grenzausgabe für ein Gut ist gleich seinem Preis multipliziert mit dem um eins vergrößerten reziproken Wert der direkten Preiselastizität.* Vom Anbieter her gesehen tritt an die Stelle der Grenzausgabe sein Grenzumsatz. Bei jedem endlichen (negativen) Wert der direkten Preiselastizität und damit bei normalem Verlauf der Nachfragekurve sind Grenzausgabe/Grenzumsatz kleiner als der Preis. Wächst die direkte Preiselastizität (absolut) über alle Grenzen, dreht sich die Nachfragekurve also in eine waagerechte Lage, wird die Differenz zwischen Grenzausgabe und Preis immer kleiner, bis beide bei völlig elastischer → Nachfrage zusammenfallen. LUIGI AMOROSO (1886–1965), italienischer Wirtschaftswissenschaftler, und JOAN ROBINSON (1903–1983), englische Wirtschaftswissenschaftlerin, stellten die A.-R.-B. in den zwanziger Jahren des 20. Jahrhunderts auf. Synonyme: Amoroso-Robinson-Formel; Robinson-Amoroso-Relation.

Angebot. Wird analog zu → Nachfrage in drei Bedeutungen gebraucht: $A._1$ = *Zum Verkauf bereitgestellte Menge eines Wirtschaftsobjekts,* meist in Abhängigkeit von dessen Preis p (typische Aussage: „Wenn p steigt, nimmt das A. zu"); $A._2$ im Sinne von → Angebotsfunktion (typische Aussage: „Wenn das A. zunimmt, sinkt p"); $A._3$ = *Reaktionsweise eines Anbieters oder mehrerer Anbieter auf Änderung einer Transaktionsbedingung* (typische Aussage: „Das A. ist beim Preis p^0 unelastisch"). Zu unterscheiden ist ferner zwischen dem **mengenmäßigen A.** x_A und dem **monetären A.** = *Wert px_A einer angebotenen Menge x_A.* Synonyme: Angebotsmenge; angebotene Menge.

Angebotsfunktion = *Funktion, die den vermuteten oder geplanten Zusammenhang zwischen dem mengenmäßigen oder monetären → Angebot an einem → Marktobjekt als abhängiger und dessen → Preis und gegebenenfalls anderen Erklärungsvariablen als unabhängigen Variablen angibt.* Bezieht sich die A. auf einen Anbieter, ist sie eine **einzelwirtschaftliche A.**; bezieht sie sich auf mehrere, ist sie eine **aggregierte A.** Die graphische Darstellung einer A., meist mit dem Preis als einziger exogener Variabler, ist eine **Angebotskurve.** Verläuft diese monoton steigend, repräsentiert sie das → Angebotsgesetz. Änderungen des Preises führen zu Bewegungen auf der Angebotskurve, Änderungen von unter der Ceteris-paribus-Klausel stillgehaltenen anderen Erklärungsvariablen ändern Lage oder Gestalt der Kurve oder beide. Synonyme: Für einzelwirtschaftliche A.: mikroökonomische A.; individuelle A.

Angebotsgesetz = *Verhalten sich auf dem Markt für ein Wirtschaftsobjekt ein oder mehrere Anbieter als* → *Mengenanpasser, dann wird ceteris paribus eine um so größere Zahl von Einheiten des Objekts angeboten, je höher dessen* → *Preis ist.* Der algebraische Zusammenhang $x_A = f(p)$ heißt → Angebotsfunktion; dem A. entsprechend ist $dx_A/dp > 0$.

Arbitrage: Def. 3.6 (S. 323); vereinfacht auch = *Risikofreie Ausnutzung von Informationsvorsprüngen durch unmittelbar aufeinanderfolgenden Kauf und Verkauf von Wirtschaftsobjekten zu unterschiedlichen Preisen.* Dies ist **Differenzarbitrage** im Unterschied zur **Ausgleichsarbitrage,** bei der ohne Gegengeschäft zum niedrigsten Preis gekauft oder zum höchsten verkauft wird. **Kreuzarbitrage** wird über ein weiteres Objekt abgewickelt, etwa über eine Drittwährung bei der Devisenarbitrage. Neben dieser sind die wichtigsten Arten der A. die Wertpapier- und die Zinsarbitrage. Synonym: Risikofreies Differenzgeschäft.

Arrow-Paradox = *Aus jeweils vollständigen, reflexiven und transitiven, aber sonst nicht beschränkten individuellen* → *Präferenzordnungen über je zwei soziale Zustände läßt sich bei Gültigkeit des Pareto-Prinzips* (ziehen alle Beteiligten den Zustand A dem Zustand B vor, dann soll dies auch für die soziale Präferenzordnung gelten) *sowie Ausschluß einer diktatorischen Lösung und irrelevanter Alternativen keine widerspruchsfreie soziale Präferenzordnung gewinnen.* Ein Beispiel für einen Satz unvereinbarer Prämissen ist: Von den Annahmen „Gott ist (a) allmächtig, (b) allwissend, (c) allgütig; und (d) es gibt Böses in der Welt" sind je zwei oder drei, aber nicht alle vier miteinander vereinbar (MACKAY [4.43]). Ein Spezialfall des A.-P. ist das → Wahlparadox. Synonyme: Arrows Theorem; (Arrowsches) Unmöglichkeitstheorem; in der Erstveröffentlichung ARROW [4.42]: Möglichkeitstheorem.

Ausschlußprinzip = *Gilt in bezug auf ein Wirtschaftsobjekt, wenn sein Eigentümer, Hersteller oder Anbieter andere Wirtschaftssubjekte von dessen Erwerb, Verbrauch oder Nutzung ausschließen kann, falls sie nicht die dafür geforderte Gegenleistung erbringen wollen.* Meist wird auf Güter eingeengt: Güter, für die das A. gilt, heißen → Individualgüter; solche, für die es nicht gilt oder nicht angewendet wird, → Kollektivgüter. Gilt das A. nicht, ist niemand gezwungen, seine → Präferenz für das Gut durch Zahlung eines Preises zu offenbaren. Die Gültigkeit des A.s ist eine Voraussetzung dafür, daß Güter privatwirtschaftlich zwecks Einkommenserzielung hergestellt werden können. Gegensatz: Prinzip der Nichtausschließbarkeit. Synonyme: Ausschließungsprinzip; Prinzip der Ausschließbarkeit.

Ausschöpfungstheorem: Satz 2.5 (S. 193). Das A. ist im Text anhand der → Cobb-Douglas-Funktion gezeigt, gilt aber für jede linear-homogene → Produktionsfunktion. Es ist ein Anwendungsfall des → Wicksell-Johnson-Theorems. Das A. gilt als krönender Abschluß der Grenzproduktivitätstheorie, die im letzten Drittel des 19. Jahrhunderts entstand und unter dem Aspekt des A.s auch **Zurechnungslehre** heißt. Wichtigste Voraussetzungen sind beliebige Teil- und Substituierbarkeit der → Produktionsfaktoren, abnehmende Grenzerträge bei diesen und ihre Entlohnung mit dem Wert ihres → Grenzprodukts. Einzelheiten bei STIGLER [2.35].

Bogenelastizität = *Bei nichtlinearen Verhaltensfunktionen aufgrund einer endlich großen Änderung der unabhängigen Variablen gemessene → Elastizität, deren Wert von der Größe der Änderung abhängt.* Die damit gegebene Unbestimmtheit der numerischen Größe der B. kann vermieden werden, wenn man die Änderung der unabhängigen Variablen vereinheitlicht, etwa bei 1 v. H., oder wenn man mit der → Punktelastizität arbeitet. Vorgeschlagen wird auch, als Bezugsbasis für die Ermittlung der relativen Preis- und Mengenänderung das arithmetische Mittel von Preisen und Mengen der Ausgangs- und Endsituation zu verwenden. Synonym für die so gemessene B.: **Durchschnittselastizität.**

CES-Produktionsfunktion: Def. und Eigenschaften S. 202–206. Die am häufigsten benutzte Form ist die von Gleichung (2.31) S. 202, jedoch ist die C.-P. für eine beliebige Zahl von Faktoren und einen beliebigen Homogenitätsgrad konstruierbar. Empirische Untersuchungen einzelner Industrien mit der C.-P. ergaben bisher überwiegend Werte der → Substitutionselastizität Sachkapitalnutzung gegen Arbeitsleistung zwischen null und eins. Synonym: ACMS-Funktion (nach den Autorennamen von Arrow u. a. [2.37]).

Coase-Theorem: Satz 5.2 (S. 508); oder = *Haftungsregeln in bezug auf → externe Effekte sind allokationsneutral.* Die praktische Bedeutung des C.-T.s hängt neben der Höhe der Transaktionskosten davon ab, ob die → Verfügungsrechte im konkreten Fall wohldefiniert und daher prozeßsicher sind, inwieweit kollektive Aktionen vom → Schwarzfahrerproblem bedroht und objektive Informationen über die externen Effekte erhältlich sind. Quelle: Coase [4.140]. Eine Übersicht über die Argumente der daraufhin geführten Diskussion gibt A. Endres: Die Coase-Kontroverse, ZStW 1977, S. 507 f.

Cobb-Douglas-Funktion = *Klasse homogener Funktionen der Form* $x = c\, v_1^\alpha\, v_2^\beta \ldots v_n^\nu$ *mit den v_i als Erklärungsvariablen und $c, \alpha \ldots \nu > 0$ als Konstanten.* Wird überwiegend in der Produktionstheorie benutzt. Unterliegt die Summe der Potenzexponenten keinen weiteren Beschränkungen, wird in diesem Buch von **allgemeiner C.-D.-F.**, bei der zusätzlichen Beschränkung $\alpha + \beta \ldots + \nu = 1$ von **spezieller C.-D.-F.** gesprochen. Bezeichnung nach C. W. Cobb/P. H. Douglas: A Theory of Production, AER-P&P 1928, mit dem die Versuche beginnen, Produktionsprozesse anhand konkreter Funktionen empirisch zu erfassen. Synonyme: Ursprünglich wurden als C.-D.-F.en nur Funktionen der obigen Form mit zwei → Produktionsfaktoren und der Beschränkung $\alpha + \beta = 1$ bezeichnet. Eigenschaften S. 192–194.

Cournot-Punkt = *Preis-Mengen-Kombination auf der von einem preissetzenden Alleinanbieter vermuteten Preis-Absatz-Beziehung, bei der dieser seinen Gewinn in der (kurzen) Planperiode maximiert oder seinen Verlust minimiert.* Die Ermittlung des C.-P.s ist Ergebnis des → Cournot-Theorems. Bezeichnung zu Ehren des französischen Mathematikers, Nationalökonomen und Philosophen Antoine Augustin Cournot (1801–1877), der 1838 als erster eine entsprechende Analyse vorlegte, vgl. Cournot [4.69]. Bild 3.8 (S. 327), Eigenschaften des C.-P.s S. 328–331.

Cournot-Theorem: Satz 3.7 (S. 326); oder = *Eine Variable (→ Nutzen, Gewinn) wird maximiert, wenn der Grenzvorteil (→ Grenznutzen, Grenzumsatz) gleich dem Grenznachteil (→ Grenzkosten) ist.* In Dieser Fassung gilt das C.-T. universell und daher auch, wenn sich Anbieter als →Mengenanpasser verhalten. Zur Bezeichnung →Cournot-Punkt. Synonym: Cournotsches Theorem. Graphische Darstellung: Bilder 3.8 (S. 327) und 3.9 (S. 330).

Dyopol = *Anbieterkonstellation, bei der zwei Anbieter eines Wirtschaftsobjekts im →Wettbewerb miteinander stehen.* Die Anbieter sind **Dyopolisten.** Spezielle Form des →Oligopols. Entsprechung auf der Nachfragerseite: **Dyopson.** Die Wortbildungen **vollkommenes** und **unvollkommenes Dyopol** folgen samt ihren Synonymen den entsprechenden Begriffen beim Oligopol. Die Marktform (mit →Mengenanpasserverhalten der Nachfrager) ist wegen ihrer Einfachheit häufig analysiert worden. Sie ist in der Praxis in manchen Städten der Vereinigten Staaten anzutreffen, in denen je ein privater und öffentlicher Elektrizitätsanbieter existieren. Synonyme: Duopol; für Dyopolist: Duopolist.

Edgeworth-Diagramm = *Graphische Darstellung zur Analyse von Tauschsituationen zwischen zwei Partnern, bei der das Koordinatensystem des einen Partners um 180 Grad gedreht und so mit dem System des anderen verbunden wird, daß jeder Punkt in dem entstehenden Rechteck („Schachtel") eine bestimmte Aufteilung der insgesamt vorhandenen oder zufließenden Mengen zweier Tauschobjekte auf die Partner wiedergibt.* Das E.-D. wird vor allem in der Wohlfahrtstheorie, der Theorie des allgemeinen Gleichgewichts und der Spieltheorie benutzt und geht auf den englischen Nationalökonomen F. Y. EDGEWORTH (1845–1926) zurück. Synonym: Edgeworth-Schachteldiagramm; englisch: Edgeworth box. Bilder 3.1 (S. 288) und 4.1 (S. 365).

Effekt, externer: Def. 4.7 (S. 476). Einteilung nach der Richtung in 4 Kategorien: E. E.e können von Produzenten oder von Konsumenten ausgehen und sich auf Produzenten oder auf Konsumenten auswirken; oder nach der Bewertung durch den oder die Empfänger in positive und negative e. E.e. Man spricht daher auch von externem →Nutzen und externen →Kosten wirtschaftlicher Tätigkeit: Der Emittent erhält keinen Preis für den Nutzen, den er den Empfängern verschafft; oder er zahlt keine Entschädigung für die Kosten, die er anderen aufbürdet: Es besteht eine Differenz zwischen sozialen und privaten Nutzen oder Kosten. E. E.e werden internalisiert und verschwinden, wenn sie Gegenstand von Marktvereinbarungen werden. E. E.e sind ein Aspekt des →Marktversagens, aber insbesondere in der Form der Umweltschädigung nicht auf die Marktwirtschaft beschränkt. Sie haben erhebliche wirtschaftliche Bedeutung; beispielsweise liegen die privaten Kosten des Kraftfahrzeugverkehrs weit unter ihren sozialen. Synonym: Externalität.

Effizienz. Zu unterscheiden sind **technische E.** = *Ein Produktionsprozeß ist technisch effizient, wenn mit ihm aufgrund einer gegebenen Ausstattung mit →Produktionsfaktoren ein Produktbündel* $X = (x_1 \ldots x_n)$ *so hergestellt wird, daß mit keinem anderen Prozeß und keiner Kombination von Prozessen ein Bündel* X' *herstellbar ist, das von mindestens einem Produkt* x_i $(i = 1 \ldots n)$ *mehr und von keinem anderen Produkt weniger enthält,* vgl. Bild 2.2 (S. 175), Sätze 2.1 (S. 185) und 2.2 (S. 186); **ökonomische E.** = *Eine Verteilung von Gütern ist ökonomisch effizient, wenn es keine andere Verteilung derart gibt, daß sich mindestens ein Wirtschaftssubjekt besser und keines schlechter steht.* Gemeinsames Merkmal beider E.begriffe ist die Dominanz einer Menge M über eine Menge M', wonach M von mindestens einem Element mehr und von keinem weniger enthält als M'. Daher gilt auch: *E. liegt vor, wenn das ökonomische Prinzip realisiert ist.* Technische E. ist ohne Kenntnis von Preisen, ökonomische E. ohne interpersonelle Nutzenvergleiche feststellbar. Gegensatz: **Ineffizienz**, s. Def. 2.2 (S. 174). Liegt diese vor, läßt sich die Produktmenge mindestens eines Gutes oder die Wohlfahrt mindestens eines Wirtschaftssubjekts durch Re-Allokation von Produktionsfaktoren oder Konsumgütern erhöhen. Synonym zu technische E.: Produktionseffizienz; technologische E. Zu ökonomische E.: Pareto-Effizienz.

Einkommenseffekt = *Reaktion eines privaten Haushalts auf die mit der Preisänderung für ein Gut definitionsgemäß einhergehende Änderung der Kaufkraft seines Einkommens oder seiner Konsumausgabensumme.* Der E. kann den gleichzeitig auftretenden →Substitutionseffekt verstärken, ganz oder teilweise kompensieren oder aber überkompensieren. Im letzteren Fall liegt das →Giffen-Paradox vor. Synonyme: Kaufkrafteffekt; Realeinkommenseffekt.

Elastizität: Einer der meistgebrauchten Verhaltensparameter. Allgemeine Def. 1.4 (S. 112) und Gleichung (1.18), S. 113. Bezeichnungsregel: Ist y die abhängige und z die Erklärungsvariable, spricht man von *y-z-E.,* geschrieben $\eta_{y,z}$. Kurzbezeichnungen wichtiger E.en sind →Kreuzpreis-, →Nachfrage-, →Produktions-, →Skalen-, →Substitutionselastizität. Die E. ist eine dimensionslose Zahl. Je nachdem, ob infinitesimale oder endliche Änderungen von y und z betrachtet werden, unterscheidet man →Punkt- von →Bogenelastizität.

Elementarmarkt = *Markt, auf dem ein homogenes →Marktobjekt gehandelt wird.* Meist wird auch Abwesenheit sonstiger Marktunvollkommenheiten angenommen, so daß dann gilt: E. = *„Größter →vollkommener Teilmarkt eines unvollkommenen Gesamtmarktes"* (H. V. STACKELBERG: Grundlagen der theoretischen Volkswirtschaftslehre, 1951). Bei der Untersuchung eines E.es entfällt das Problem des →relevanten Marktes zu entscheiden, welche heterogenen, aber mehr oder weniger gut substituierbaren Marktobjekte als zu dem betrachteten Markt gehörig angesehen werden sollen. Entsprechend ist die Ceteris-paribus-Klausel auf einem E. im Prinzip nicht erfüllt.

Engel-Kurve = *Graphische Darstellung einer partiellen →Konsumfunktion, mit der für einen privaten Haushalt oder eine Gruppe solcher Haushalte die Abhängigkeit der Ausgaben für ein Konsumgut oder eine Gruppe naher Substitute vom Einkommen oder von den Gesamtausgaben für Konsumgüter gezeigt wird.* Je nach dem Verlauf der E.-K. unterscheidet man →superiore von relativ und absolut →inferioren Gütern. Bezeichnung zu Ehren von E. ENGEL, →Engelsches Gesetz. Eine umfassende Untersuchung ist HOUTHAKKER [1.33].

Ertragsgesetz: Hyp. 2.1 (S. 178). Die graphische Darstellung des E.es ergibt eine **Ertragskurve bei partieller Faktorvariation,** Bilder 2.3 (a), S. 176 und 2.4 (S. 179). Zu unterscheiden ist das **E. im weiteren Sinne** gemäß Hyp. 2.1 vom **E. im engeren Sinne,** nach dem die Ertragszuwächse von Anfang an abnehmen. Zum Ertragsverlauf bei Variation des Einsatzes aller →Produktionsfaktoren ›Skalenertrag. Synonyme: Für E. im weiteren Sinne: klassisches E.; für E. im engeren Sinne: rigoroses E., neoklassisches E.; Gesetz vom abnehmenden (auch: fallenden) Ertragszuwachs (auch: Grenzertrag).

Gefangenendilemma: Satz E.2 (S. 31); oder = *Die Befolgung gewisser Regeln bei einem für andere Personen relevanten Verhalten nützt allen Beteiligten gegenüber einem Zustand* *ohne Regeln, jedoch kann ein einzelner seinen Nutzen noch weiter steigern, wenn er allein die Regel(n) bricht.* Ergebnis kann sein, daß so viele Beteiligte die Regel(n) nicht befolgen, daß der Konsens zum Schaden aller zusammenbricht. Dies ist vor allem dann zu vermuten, wenn keine zusätzlichen Anreize für die Einhaltung der Regeln und gegen ihre Verletzung bestehen. Jedoch tritt diese Folge nicht zwangsläufig ein. Im günstigsten Fall sind die Regeln soweit verinnerlicht, daß ihre Durchbrechung Gewissensbisse verursachen oder Furcht vor Bestrafung durch metaphysische Instanzen wecken würde und daher in hinreichendem Maße unterbleibt. Tritt die Entscheidungssituation immer wieder auf, kann sich aufgrund von Erfahrungen Vertrauen auf regelkonformes Verhalten anderer herausbilden. Eine der vielen Ausprägungen des G.s ist das → Wettbewerbsparadox. Die Bezeichnung geht auf eine Parabel bei LUCE/RAIFFA [4.84] zurück, eine umfassende Untersuchung ist A. RAPAPORT/A. M. CHAMMAH: Prisoner's Dilemma. A Study in Conflict and Cooperation, Ann Arbor 1965. Synonyme: Rationalitätsfalle; Konflikt zwischen einzel- und gesamtwirtschaftlich rationalem Verhalten; Dilemma des kategorischen Imperativs.

Gesetz = *Vermutung über eine bestimmte Regelmäßigkeit im wirtschaftlichen Verhalten.* Ein G. wird meist durch einen funktionalen Zusammenhang zwischen Variablen oder als Wenn-dann-Satz wiedergegeben. Jedoch sind nicht alle Wenn-dann-Sätze G.e im obigen Sinne, so dann nicht, wenn die Dann-Komponente definitorisch oder logisch aus der Wenn-Komponente folgt oder wenn sie kein für den Satz relevantes Ereignis ausschließt. Manche Autoren reservieren „G." für Aussagen mit hohem Bewährungsgrad, wie er in einigen Naturwissenschaften, nicht aber in der Wirtschaftswissenschaft erreichbar scheint. Für die in diesem Buch erwähnten G.e vgl. Tabelle E.1 (S. 20), die folgenden Stichwörter sowie → Angebots-, → Ertrags-, → Grenznutzen-, → Nachfragegesetz. Synonyme: Hypothese; Verhaltenshypothese; Theorie; generelle Aussage; Allsatz.

Gesetz der abnehmenden Grenzrate der Substitution: Für den Konsum Hyp. 1.8 (S. 87) und 1.14 (S. 94), für die Produktion Hyp. 2.2 (S. 184). Bei Gültigkeit des Gesetzes erscheinen die entsprechenden Kurven vom Nullpunkt des Koordinatensystems her gesehen konvex.

Gesetz, Engelsches: Hyp. 1.16 (S. 136); oder = *Der Anteil der Ausgaben für Nahrungsmittel an den gesamten Konsumausgaben nimmt mit deren Zunahme ab.* Das E. G. gilt für ein breites Spektrum mittlerer Einkommen, jedoch nicht für alle Haushalte. Solche mit sehr niedrigen Einkommen erhöhen bei deren Zunahme ihre Nahrungsmittelausgaben absolut und zunächst auch relativ, indem sie mehr und bessere Nahrungsmittel kaufen. Diese Haushalte sind vom „Prä-Engel-Typ". Sie wachsen bei weiter steigendem Einkommen in den „Engel-Typ" hinein, der sich gemäß dem E. G. verhält. Bei Haushalten im oberen Einkommensbereich bleiben die Nahrungsmittelausgaben absolut konstant und sinken relativ: Sie sind vom „Post-Engel-Typ". Da der Anteil der Ernährungsausgaben somit ein Wohlstandsindikator ist, spricht man auch vom **Engelschen Wohlstandsgesetz.** Bezeichnung nach dem deutschen Statistiker und Direktor des Königlich Sächsischen Statistischen Bureaus ERNST ENGEL (1821–1896): Die vorherrschenden Gewerbszweige in den Gerichtsämtern mit Beziehung auf die Productions- und Consumtionsverhältnisse des Königreichs Sachsen. Zeitschrift des Statistischen Bureaus des Königlich Sächsischen Ministeriums des Innern, 3. Jg.

Leipzig 1857. Hier stellte ENGEL den „auf dem Wege echter Induktion gefundenen" Satz auf: „Je ärmer eine Familie ist, einen desto größeren Antheil von der Gesammtausgabe muß zur Beschaffung der Nahrung aufgewendet werden" (S. 169, im Original gesperrt).

Gesetz der festen Proportionen = *Gilt für technisch →effiziente Produktionsprozesse, in denen das Verhältnis jedes →Produktionsfaktors zur Produktmenge unabhängig von deren Höhe durchschnittlich oder marginal konstant ist.* Abgesehen von fixen Faktoren ist die Zusammensetzung des Faktorpakets von der Produktmenge unabhängig und konstant. Die Faktoren sind limitativ; ihre →Intensitäten sind konstant; der Prozeß ist mit einer →Leontief-Produktionsfunktion zu erfassen. Gegensatz: →Gesetz der variablen Proportionen.

Gesetz, Schwabesches: Hyp. 1.17 (S. 136); oder = *Der Anteil der Wohnungsmiete an den Konsumausgaben nimmt mit steigendem Einkommen ab;* oder = *Die Einkommenselastizität der Nachfrage nach Nutzung von Mietwohnungen ist kleiner als eins.* Die graphische Darstellung des S. G.es ist eine spezielle →Engel-Kurve. Die Untersuchung von BEDAU [1.34] bestätigte das S. G. bei der gewählten Einkommensklassifizierung für vier soziale Gruppen in der Bundesrepublik Deutschland 1985. Vgl. auch für 1980: WiSta 1982, S. 829–831. Das S. G. gilt jedoch möglicherweise für andere Länder und Zeiten nur ab einer bestimmten Einkommenshöhe oder innerhalb homogener sozialer Gruppen. Bezeichnung nach dem deutschen Statistiker HERMANN SCHWABE: Das Verhältniß von Miethe und Einkommen in Berlin. Beiträge zu einer Consumtionsstatistik. Gemeinde-Kalender und städtisches Jahrbuch für 1868, 2. Jg., hg. vom statistischen Bureau der Stadt. Berlin 1870, S. 264f. („Je ärmer Jemand ist, einen desto größeren Theil seines Einkommens muß er für Wohnung verausgaben.").

Gesetz der Unterschiedslosigkeit = *Hypothese, daß sich auf einem →Markt bei vollständiger →Markttransparenz, rationalem Verhalten und Abwesenheit von →Präferenzen einheitliche Transaktionsbedingungen bilden.* Interessiert man sich nur für den →Preis als eine dieser Bedingungen, kann man vom **Gesetz der Preisunterschiedslosigkeit** sprechen. Das G. d. U. geht auf den englischen Nationalökonomen W. S. JEVONS (1835–1882) zurück, der es als „Law of Indifference" in „The Theory of Political Economy" (1871) veröffentlichte: In einem offenen Markt kann es für ein homogenes Gut zu einem Zeitpunkt keine unterschiedlichen Preise, sondern nur einen Gleichgewichtspreis geben. In der Realität kann sich das G. d. U. nur aufgrund von Informationen der Marktteilnehmer realisieren, deren Beschaffung ebenso wie die bei uneinheitlichen Bedingungen einsetzende →Arbitrage Zeit erfordert. Zur Kritik vgl. P. ISARD, AER 1977, S. 942–948. Synonyme: Prinzip der (Preis)unterschiedslosigkeit; Prinzip der Preiseinheitlichkeit.

Gesetz der variablen Proportionen = *Eine gegebene Produktmenge ist technisch →effizient mit mindestens zwei unterschiedlichen Kombinationen von →Produktionsfaktoren herstellbar.* Die Faktoren sind dann substitutiv; ihre →Intensitäten variabel; der Produktionsprozeß ist mit einer klassischen oder neoklassischen →Produktionsfunktion zu erfassen. Gegensatz →Gesetz der festen Proportionen.

Gesetz, Walrassches = *Wenn in einem allgemeinen mikroökonomischen Gleichungssystem kein Haushalt spart und alle Gewinne gleich null sind, dann ist der Wert der gesamten*

Güternachfrage bei jedem Preissystem gleich dem Wert des gesamten Güterangebots; oder = Die Summe der wertmäßigen positiven und negativen Überschußnachfragen auf sämtlichen Märkten ist gleich null; oder = Herrscht in einem System von n Märkten Gleichgewicht auf n–1 Märkten, dann ist auch der n-te Markt im Gleichgewicht; oder = In einem geschlossenen System mit n Wirtschaftssubjekten gibt es n–1 voneinander unabhängige Budgetgleichungen. Das W. G. ist kein →Gesetz im Sinne einer Hypothese, sondern eine immer erfüllte grundlegende Beziehung, die bei jeder gesamtwirtschaftlichen Analyse beliebiger Aggregationsstufe zu berücksichtigen ist. Die Bezeichnung stammt von O. LANGE: Say's Law: A Restatement and Criticism. In: O. LANGE u. a. (Hg.): Studies in Mathematical Economics and Econometrics, Chicago 1942; zu Ehren des Begründers der Theorie des allgemeinen Gleichgewichts, LÉON WALRAS (1834–1910), der den Zusammenhang in seinem Hauptwerk: „Éléments d'Économie Politique Pure ou Théorie de la Richesse Sociale" (1874) veröffentlichte. Synonyme: Walras-Gesetz; Walrasianisches Gesetz.

Gesetz der zunehmenden Grenzrate der Transformation = *Können mit einer gegebenen Ausstattung an →Produktionsfaktoren mehrere unterschiedliche Mengenkombinationen zweier Güter x und y →effizient hergestellt werden, dann muß bei Änderung einer Kombination auf die Herstellung um so größerer Mengen des Gutes y je Einheit von x verzichtet werden, je mehr von x bereits hergestellt wird; oder = Der absolute Wert der →Grenzrate der Transformation nimmt entlang einer →Transformationskurve ständig zu.* Graphisch zeigt sich das G. daran, daß die Transformationskurve vom Nullpunkt her gesehen streng konkav verläuft. Bild 2.10 (b), S. 195.

Giffen-Paradox = *Eine Preiserhöhung für ein Konsumgut veranlaßt einen Haushalt, die nachgefragte Menge zu erhöhen; oder = Fall einer positiven →Nachfrageelastizität für ein Konsumgut.* Das G.-P. bedeutet, daß der →Einkommenseffekt den →Substitutionseffekt bei einem →inferioren Gut überkompensiert und daher das →Nachfragegesetz nicht gilt. Bezeichnung nach dem britischen Statistiker und Ökonomen ROBERT GIFFEN (1837–1910), der die Beobachtung machte, daß eine Erhöhung des Brotpreises ärmere Familien zwang, ihren Konsum von Fleisch und teureren Nahrungsmitteln aus Mehl einzuschränken und mehr Brot zu verbrauchen (so die Wiedergabe des Sachverhalts bei A. MARSHALL: Principles of Economics, 8. Aufl. 1920). Tatsächlich wurde der Fall schon 1815 beschrieben, vgl. E. MASUDA/P. NEWMAN: Gray and Giffen Goods, EJ 1981. Synonyme: Giffen-Fall; Giffen-Effekt; das Gut heißt auch „Giffen-Gut". Bild 1.13 (b), S. 101.

Grenzkosten = *Kosten der zur Herstellung einer weiteren Mengeneinheit eines Produkts erforderlichen →Produktionsfaktoren.* Für diese wird die →Minimalkostenkombination vorausgesetzt. Wird die Mehrproduktion durch Einsatz nur eines Produktionsfaktors bei Konstanz aller anderen bewirkt, spricht man von **partiellen G.** Sie sind gleich dem Quotienten aus →Preis und →Grenzproduktivität des Faktors. Bei fortgesetzter Vergrößerung der Produktmenge können die G. sinken, konstant bleiben oder zunehmen. Häufig wird konstanter oder aber U-förmiger Verlauf angenommen.

Grenznutzen = →*Nutzen des Konsums einer zusätzlichen Mengeneinheit eines Gutes.* Der G. variiert bei fortgesetzter Ausdehnung des Konsums nach Annahme gemäß dem →Grenznutzengesetz. Mathematische Wiedergabe als Differenz zweier Nutzengrößen oder (meist) als 1. Ableitung der Nutzenfunktion. **G. des Einkommens** = *Nutzen des Konsums der mit einer zusätzlichen Einheit des Einkommens beschafften Gütermenge*.

Grenznutzen-Ausgleichsregel: Satz 1.2 (S. 75); andere Fassungen sind die Sätze 1.1 (S. 74) und 1.3 (S. 75). Die G.-A. ist kein → Gesetz gemäß dem Sprachgebrauch dieses Buches (S. 22), sondern eine Maximierungsvorschrift. Richtet sich ein privater Haushalt nach ihr, befindet er sich in seinem Optimum, nach dem Sprachgebrauch einiger Autoren im Gleichgewicht. Synonyme: Gesetz von Ausgleich der gewogenen Grenznutzen; Equimarginalprinzip; Zweites Gossensches Gesetz (zu GOSSEN → Grenznutzengesetz).

Grenznutzengesetz: Hyp. 1.3 (S. 72), graphische Darstellung Bild 1.3 (S. 77). Das G. unterstellt kardinale Meßbarkeit des Nutzens. Häufig wird nur der im Wendepunkt der Gesamtnutzenkurve beginnende Bereich abnehmenden → Grenznutzens betrachtet und dann vom **Gesetz vom abnehmenden Grenznutzen** gesprochen. Synonyme: Sättigungsgesetz; Gesetz der Bedürfnissättigung: Erstes Gossensches Gesetz; Gossensches Sättigungsgesetz. Diese Bezeichnungen nach dem deutschen Unternehmer und Juristen HERMANN HEINRICH GOSSEN (1810–1858), der das G. in seiner Schrift „Entwicklung der Gesetze des menschlichen Verkehrs und der daraus fließenden Regeln für menschliches Handeln" (1854) veröffentlichte.

Grenzprodukt eines Produktionsfaktors: Def. 2.1 und Gleichung (2.5), beide S. 172. Der Einsatz aller anderen Faktoren bleibt dabei konstant. Das G. e. P. kann positiv, gleich null oder negativ sein. Multiplikation mit Produktpreis oder seinem Grenzumsatz ergibt den **Wert des Grenzprodukts.** Synonym: Grenzertrag; Ertragszuwachs.

Grenzrate der Substitution = *Wirken zwei → substitutierbare Güter x und y bei der Erzielung eines Erfolges mit, dann ist die G. d. S. von x durch y gleich dem Quotient aus der wegfallenden Menge von x und der zusätzlich eingesetzten Menge von y, bei denen der Erfolg ungeändert bleibt.* Zu unterscheiden sind die **G. d. S. beim Konsum** entlang einer → Indifferenzkurve, die **G. d. technischen S.** (auch: Grenzrate der Faktorsubstitution) entlang einer → Isoquante und die **G. d. S. am Markt** als Preisverhältnis zweier Güter. Meist wird der Nenner des Quotienten gleich 1 gesetzt oder die G. d. S. geometrisch als Steigung einer Tangente an die entsprechende Kurve interpretiert. Die G. d. S. ist bei linearen Kurven konstant, bei gekrümmten Kurven variabel und unterliegt dann nach Annahme dem → Gesetz der abnehmenden Grenzrate der G. d. S. Synonym für G. d. S. am Markt: Realtauschverhältnis.

Grenzrate der Transformation = *Können mit einer gegebenen Ausstattung an → Produktionsfaktoren unterschiedliche Kombinationen zweier Güter x und y → effizient hergestellt werden, dann ist die G. d. T. von y in x der Quotient $\Delta y/\Delta x < 0$, worin Δy die Teilmenge von y ist, auf deren Herstellung bei zusätzlicher Produktion einer Teilmenge Δx von x verzichtet werden muß.* Zur Beziehung zwischen G. d. T. und → Grenzproduktivität eines Faktors s. Satz 2.6 (S. 196). Für die Variation der G. d. T. im Verlauf einer → Transformationskurve wird häufig Gültigkeit des → Gesetzes der zunehmenden G. d. T. unterstellt.

Gut, inferiores = *Ein Konsumgut wird als inferior betrachtet, wenn die mengenmäßige →Nachfrage nach ihm mit steigendem Einkommen weder stärker als dieses noch ebenso stark zunimmt;* oder = *Konsumgut mit einer Konsumausgaben-Einkommenselastizität kleiner als 1.* Einteilung in **relativ i. G.:** Def. 1.6 (S. 131) und **absolut i. G.:** Def. 1.7 (S. 132). Vgl. auch Bilder 1.10 (S. 91) und 1.23 (b) (S. 128). Bei einem relativ i. G. verstärkt der →Einkommenseffekt den →Substitutionseffekt; bei einem absolut i. G. wirken beide Effekte einander entgegen. Synonyme: Für absolut i. G.: inferiores Gut. Für relativ i. G.: normales Gut; Notwendigkeitsgut; in bezug auf ein solches spricht man auch von starrem, vordringlichem, unelastischem oder Existenzbedarf.

Gut, komplementäres = *Ein Gut ist zu einem anderen komplementär, wenn beide zwecks Befriedigung eines Bedürfnisses oder bei der Herstellung eines Gutes zusammen eingesetzt werden müssen.* Das Mengenverhältnis ist konstant (streng k. G.er) oder variabel. Streng k. G.er können bei vielen Fragestellungen als ein Gut betrachtet werden, ihre →Indifferenzkurve verläuft rechtwinklig, s. Bild 1.6(b), S. 83. Die →Kreuzpreiselastizität zwischen k. G.ern ist negativ. Gegensatz: →substituierbares Gut. Die Beziehung zwischen k. G.ern heißt **Komplementarität.** Synonyme: Komplementärgut; Komplement.

Gut, meritorisches = *Gewolltes öffentliches →Kollektivgut.* Hinzugerechnet werden Güter, deren Preise durch Zuschüsse öffentlicher Stellen gesenkt werden. Zweck ist, eine vermehrte Inanspruchnahme dieser Güter zu bewirken oder ihre Herstellung zu ermöglichen, falls sie ohne Zuschüsse nicht produziert werden würden. Gegensatz: **Demeritorisches Gut** = *Gut, dessen Verbrauch oder Nutzung durch eine spezielle Steuer eingeschränkt oder durch andere Maßnahmen (möglichst) auf null gesenkt werden soll.* Mit m. G.ern und d. G.ern sollen Informationsmängel von Konsumenten kompensiert, Realeinkommen umverteilt, positive →externe Effekte verstärkt, negative abgeschwächt oder Werturteile von Politikern durchgesetzt werden.

Gut, substituierbares = *Wirken zwei Güter x und y bei der Erzielung eines Erfolges mit, dann ist x ein durch y* **vollständig s. G.**, *wenn der gänzliche Wegfall von x durch vermehrten Einsatz von y so kompensiert werden kann, daß der Erfolg ungeändert bleibt; ein* **marginal s. G.**, *wenn nur ein teilweiser Wegfall von x durch Mehreinsatz von y erfolgsneutral kompensierbar ist,* s. Hyp. 1.12 (S. 93). Der Grad der Substituierbarkeit kann durch die →Grenzrate der Substitution oder die →Substitutionselastizität, am Markt auch durch die →Kreuzpreiselastizität gemessen werden. Gegensatz: →komplementäres Gut. Synonyme: Substitut; substitutives (auch: substitutionales) Gut; konkurrierendes Gut; Wettbewerbsgut. Bild 1.6, S. 83.

Gut, superiores: Def. 1.5 (S. 131) und Bilder 1.9 (b) S. 90 und 1.23 (a), S. 128; oder = *Die →Nachfrage nach einem s. G. nimmt mit steigendem Einkommen stärker als dieses zu.* Bei einem s. G. verstärkt der →Einkommenseffekt den →Substitutionseffekt. Gegensatz: →inferiores Gut. Synonym: Luxusgut. In bezug auf ein s. G. spricht man auch von Luxus- oder elastischem Bedarf.

Hicks-Zerlegung = *Isolierung des →Substitutionseffekts einer Preisänderung von ihrem →Einkommenseffekt in der Weise, daß die Änderung des Realeinkommens durch eine fiktive Einkommenserhöhung oder -senkung in solcher Höhe kompensiert wird, daß der Konsument auf seiner ursprünglichen →Indifferenzkurve bleibt.* Bezeichnung nach HIRSHLEIFER [I.14] zu Ehren des englischen Nationalökonomen J. R. HICKS (1904–1989).

Indifferenz = *Beurteilung einer (zusätzlichen) Mengeneinheit eines Gutes oder eines Güterbündels im Vergleich zu der (zusätzlichen) Mengeneinheit eines anderen Gutes oder zu einem anderen Bündel mit dem Ergebnis, daß von beiden die gleiche Bedürfnisbefriedigung erwartet wird;* oder = *Von zwei Güterbündeln wird keins dem anderen vorgezogen.* I. kann als Grenzfall der →Präferenz aufgefaßt werden, wobei diese den Wert null annimmt. I. zwischen zwei Gütern wird graphisch durch eine **I.kurve** dargestellt, Def. 1.1 (S. 78); zwischen drei und mehr Gütern durch **I.flächen.** Analogon in der Produktionstheorie →Isoquante.

Individualgut = *Gut, von dessen Verbrauch oder Nutzung der Eigentümer oder Hersteller andere Wirtschaftssubjekte ausschließen kann und dies auch tut, wenn sie einen Preis oder eine andere geforderte Gegenleistung nicht erbringen wollen.* Für das I. gilt also das →Ausschlußprinzip. Bei vielen I.ern schließt ihre Nutzung durch ein Wirtschaftssubjekt die Nutzung durch alle anderen aus: Es herrscht **Rivalität.** Gegensatz →Kollektivgut, Abgrenzung s. Tabellen 4.3 (S. 472) und 5.1 (S. 498). Synonym: Häufig wird „privates Gut" so gebraucht (mißverständlich: Auch öffentliche Unternehmen und Verwaltungen bieten I.er an).

Innovationswettbewerb = →*Wettbewerb mit Hilfe neuer oder geänderter Produkte, Leistungen, Produktionsverfahren oder Absatzmethoden sowie mittels Erschließung neuer Märkte, Verwendungs- oder Nutzungsmöglichkeiten für vorhandene Produkte.* „Innovation" ist generell Einführung einer Neuerung jedweder Art in die wirtschaftliche Praxis mit Folgen für Konkurrenten oder Teilnehmer auf der anderen Seite des betrachteten Marktes; im Gegensatz zur zeitlich und sachlich vorgelagerten Entdeckung oder Erfindung im naturwissenschaftlichen oder technischen Bereich.

Intensität (eines →Produktionsfaktors v in bezug auf einen Faktor w) = *Durchschnittliches Verhältnis v/w der Einsatzmengen bei gegebener Produktmenge x, oder Verhältnis der marginalen Einsatzmengen $\Delta v/\Delta w$ bei Erhöhung der Produktmenge um Δx.* Statistisch werden auch Bestandsfaktoren zueinander in Beziehung gesetzt; bekannteste I. ist die **Kapitalintensität der Arbeit** = *Durchschnittliche oder marginale Ausstattung eines Arbeitsplatzes mit dauerhaften Produktionsmitteln.* Die I.en sind bei Produktionsprozessen konstant, die gemäß →Leontief-Produktionsfunktionen ablaufen; sie sind bei substitutiven Faktoren variabel. Synonym: Faktorintensität.

Isoquante = *Geometrischer Ort für alle Kombinationen von →Produktionsfaktoren, die ein gleich großes Produktionsergebnis erbringen.* Meist werden nur →effiziente Kombinationen betrachtet. Bei zwei Faktoren und Gültigkeit des →Gesetzes der abnehmenden Grenzrate der technischen Substitution erscheint die I. vom Nullpunkt des Koordinatensystems her gesehen konvex. Analogon in der Theorie der Konsumwahl →Indifferenzkurve. Synonyme: Isoproduktkurve; Kurve gleicher Produktmenge; Produkt(ions)isoquante; Iso-Ertragskurve.

Kaldor-Hicks-Kriterium: Satz 4.6 (S. 375). Das K.-H.-K. bedeutet den Versuch, die praktische Anwendungsmöglichkeit des →Pareto-Kriteriums dadurch zu erweitern, daß zusammen mit einer Maßnahme auch die Wirkungen von Umverteilungen betrachtet werden. Einige Autoren bestreiten, daß tatsächliche Entschädigungszahlungen nicht nötig sind. Schwierigkeiten mit dem K.-H.-K. können entstehen, wenn wie normalerweise bei einer Preissenkung die äquivalente Einkommensänderung größer als die kompensierende ist und bei einer Einkommenserhöhung das Umgekehrte gilt, s. Kommentar zu Bild 1.16 (S. 107). Ergibt sich aus einer Maßnahme für Wirtschaftssubjekt A eine Preissenkung, für B eine Preiserhöhung, dann kann A den B nicht entschädigen, wenn die kompensierende Einkommensänderung für A (die er höchstens zahlen würde, um in den Genuß der Preissenkung zu kommen) kleiner ist als der Betrag, den B mindestens erhalten müßte, um für seine Wohlfahrtsminderung entschädigt zu werden. Bezeichnung nach N. KALDOR und J. R. HICKS, die das K.-H.-K. in zwei Aufsätzen in EJ 1939 entwickelten. Synonyme: Kompensationsprinzip; -kriterium.

Kartell: Def. 4.5 (S. 452). Hinzuzufügen wäre, das Ziel eines K.s regelmäßig die Verbesserung der Gewinnsituation der Teilnehmer, Mittel eine Vereinbarung über die Handhabung mindestens einer Instrumentvariablen ist. Einteilung nach diesen oder nach Märkten unter dem Gesichtspunkt der Region oder der Branche sowie nach dem Ausmaß der → Wettbewerbsbeschränkung. Da K.en unerwünschte → Allokationswirkungen zugeschrieben werden, werden sie im Rahmen der Politik gegen Wettbewerbsbeschränkungen bekämpft, wobei vom Mißbrauchs- oder vom Verbotsprinzip ausgegangen wird. Synonym: Kollektivmonopol.

Käuferrente = *Überschuß des Gesamtnutzens einer Gütermenge über das (mathematische) Produkt aus Grenznutzen der letzten Mengeneinheit mal Zahl der Mengeneinheiten.* Wird interpersonell gleicher und (annähernd) konstanter Grenznutzen des Einkommens vorausgesetzt, gilt auch: K. = *Betrag, den Nachfrager bei einem einheitlichen Preis für ein Gut gegenüber der Situation nicht aufwenden müssen, daß die Anbieter von der ersten Mengeneinheit an sukzessive den Höchstpreis erheben, den die Nachfrager für die jeweils zusätzliche Mengeneinheit zu zahlen bereit sind;* oder = *Differenz zwischen dem Erlös des Anbieters bei* → *vollständiger Preisdifferenzierung und dem Erlös bei einem einheitlichen Preis.* J. R. HICKS entwickelte vier Maße für die K. im Rahmen der → Indifferenzkurvenanalyse, vgl. auch Bild 1.16 (S. 107). Im Prinzip wird die K. durch das aus Preisachse, Nachfragekurve und Preislinie gebildete Dreieck gemessen. Die Idee, daß der → Nutzen einer Gütermenge für die meisten Nachfrager größer ist, als dies durch den aufgewendeten Betrag angezeigt wird, geht auf den französischen Ingenieur J. DUPUIT (1844) zurück. Analogon auf der Anbieterseite → Produzentenrente. Synonyme: Konsumentenrente, -überschuß; englisch: consumers' surplus. Diese Bezeichnungen sind unglücklich gewählt, da der Sachverhalt nicht nur auf Konsumenten zutrifft.

Kollektivgut = *Gut, von dessen Verbrauch oder Nutzung der Eigentümer oder Hersteller andere Wirtschaftssubjekte nicht ausschließt, auch wenn sie keinen Preis dafür zahlen.* Kann er nicht ausschließen, etwa weil die Kosten der Durchsetzung des → Ausschlußprinzips unvertretbar hoch sind, handelt es sich um ein **echtes K.**; will er nicht ausschließen, um ein **gewolltes K.** Wird ein K. von öffentlichen Stellen oder in deren Auftrag und zu deren Lasten hergestellt oder angeboten, handelt es sich um ein **öffentliches K.** Die Nutzung von K.ern ist, in manchen Fällen nur bis zu einer Kapazitätsgrenze, nichtrivalisierend: Die Nutzung durch eine Person beeinträchtigt nicht die Nutzung durch andere. Jedoch kann die Rivalität, etwa bei der Nutzung von Straßen, graduell zunehmen. Gegensatz → Individualgut, Abgrenzung s. Tabellen 4.3 (S. 472) und 5.1 (S. 498). Synonyme: Sozialgut; soziales Gut. Häufig wird „öffentliches Gut" als

Übersetzung des englischen „public good" als Synonym für K. gebraucht, womit das Mißverständnis gefördert wird, es käme auf die Eigenschaft des Herstellers oder Anbieters an, eine staatliche Stelle zu sein. Jedoch bieten auch Private K.er an. Für echtes K.: geborenes K. Für gewolltes K.: gekorenes K. Für öffentliches K.: öffentliches Gut. Für gewolltes öffentliches K. →meritorisches Gut.

Konsumfunktion = *Funktion, die den vermuteten Zusammenhang zwischen den Konsumausgaben als abhängige Variable und dem Einkommen und eventuell anderen Variablen als Erklärungsvariable angibt.* Einfachste Form Gleichung (E.2), S. 16 und Hyp. 1.5 (S. 76), deren graphische Darstellung **Konsumkurve** heißt. Teilfunktion einer →Nachfragefunktion. Bezieht sich die K. auf einen Haushalt, ist sie eine **einzelwirtschaftliche** (auch: individuelle, mikroökonomische) **K.**; bezieht sie sich auf alle Haushalte einer Volkswirtschaft, ist sie eine **gesamtwirtschaftliche K.** Werden nur die Ausgaben für ein Gut oder eine Gruppe verwandter Güter (Nahrungsmittel, Textilien) betrachtet, handelt es sich um eine **partielle K.**, deren graphische Darstellung →Engel-Kurve heißt; werden alle Güter betrachtet, liegt eine **generelle K.** vor.

Kontraktkurve = *Kurve im →Edgeworth-Diagramm, die alle Kombinationen je zweier Gütermengen miteinander verbindet, bei denen zwei konsumierende Haushalte ihre Nutzenmaxima in der Weise erreichen, daß keiner von beiden besser gestellt werden kann, ohne daß der andere schlechter gestellt wird;* oder = *Geometrischer Ort für alle →pareto-effizienten Kombinationen zweier Konsumgüter in der reinen Tauschwirtschaft,* in denen sich also die Indifferenzkurven tangieren.

Kosten: Def. 2.4 (S. 209). Es gibt zwei grundlegende K.konzepte, deren Unterschied sich anhand des Unternehmerlohns UL zeigen läßt. UL_1 = **Realkosten** sind das Mindestentgelt, von dem ab jemand zu unternehmerischer Tätigkeit bereit ist; UL_2 = →**Alternativkosten** sind das Entgelt, das er höchstens als unselbständig Beschäftigter erzielen könnte. UL_1 kann wesentlich kleiner als UL_2 sein (wenn die unternehmerische Freiheit hoch bewertet wird). In anderer Bedeutung sind **Realkosten** = Gesamtheit der in physischen Einheiten gemessenen →Produktionsfaktoren (Synonym: Mengengerüst der K.), die, mit ihren Preisen bewertet, zu **Geldkosten** werden. Unter anderen Aspekten wird zwischen **privaten** und **sozialen K.** (→externer Effekt), **festen** und **variablen K.** sowie **Gesamt-, Durchschnitts-** und →**Grenzkosten** unterschieden. In der Betriebswirtschaftslehre wurde eine Vielzahl von Differenzierungen des K.begriffs entwickelt, über die eine eigene Literatur existiert; vgl. K. THIELMANN: Der Kostenbegriff in der Betriebswirtschaftslehre (1964); S. MENRAD: Der Kostenbegriff. Eine Untersuchung über den Gegenstand der Kostenrechnung (1965).

Kreuzpreiselastizität: Def. s. Gleichung (1.28), S. 125. Neben der dort definierten **K. der Nachfrage** gibt es eine entsprechende **K. des Angebots**. Das Vorzeichen der K. dient der Unterscheidung zwischen →**komplementären** und →**substituierbaren** Gütern, s. Satz 1.10 (S. 127); ihr Wert gibt Anhaltspunkte dafür, welches der →relevante Markt für ein heterogenes →Marktobjekt ist. Die am Markt gemessene K. enthält auch immer einen →Einkommenseffekt.

Leistungswettbewerb = *Gesamtheit von →Wettbewerbshandlungen, mit denen Marktteilnehmern der anderen Seite bessere Leistungen als die von Konkurrenten geboten oder Infor-*

mationen gegeben werden. L. von Anbietern bedeutet etwa, jeweils ceteris paribus niedrigere Preise, höhere Qualität, kürzere Liefer- oder längere Garantiefristen zu bieten. L. bewirkt, daß Vorteile, die Anbieter etwa im Zuge des → Innovationswettbewerbs bei der Technik der Güterherstellung und ihrer Organisation, beim Einkauf und beim Vertrieb erringen, nicht bei ihnen verbleiben und ihre Gewinne erhöhen, sondern zu deren Lasten an die Käufer weitergegeben werden. Gegensatz: → Nichtleistungswettbewerb. Synonyme: Marktgerechter, echter Wettbewerb. Manchmal steht L. auch für Nichtpreiswettbewerb.

Leontief-Produktionsfunktion = → *Produktionsfunktion mit limitativen* → *Produktionsfaktoren.* → Isoquanten Bild 2.7 (S. 184). Bezeichnung nach WASSILY LEONTIEF (1906–), amerikanischer Nationalökonom, der solche Funktionen in seiner Input-Output-Analyse benutzte. Synonym: Produktionsfunktion vom Typ B (GUTENBERG [2.01], Bd 1).

Markt: Def. 3.1 (S. 279); oder = *Informelle Institution zur Abwicklung des* → *Allokationsverfahrens „Dezentraler* → *Tausch".* Zu einem M. gehören mindestens ein Anbieter, ein Nachfrager und ein → Marktobjekt. In anderen Formulierungen ist M. die Gesamtheit oder der Inbegriff der (wechselseitigen) Beziehungen und Wirkungen zwischen Anbietern und Nachfragern eines Wirtschaftsobjekts; die „gedankliche Zusammenfassung aller Kauf- und Verkaufsakte eines bestimmten Gutes innerhalb eines bestimmten Gebietes und Zeitraumes" (H. V. STACKELBERG); der „ökonomische Ort des Tausches" (OTT [I.02]). Unbefriedigend sind Def.en, in denen nur von Gütern die Rede ist (es gibt auch Märkte für Forderungen), oder in die sämtliche ökonomischen Beziehungen zwischen den Teilnehmern eingeschlossen sind (zusätzlich bestehende Kreditbeziehungen können für die M.beziehungen unwesentlich sein). Für Einzelheiten vgl. die folgenden Stichwörter sowie → Elementarmarkt; → Punktmarkt.

Markt, freier = → *Markt ohne wirksamen Eingriff Dritter, insbesondere des Staates, in das* → *Marktobjekt, die Transaktionsbedingungen oder die* → *Marktorganisation.* Streng genommen gibt es keinen f. M., da schon die Ausgestaltung der → Verfügungsrechte über das Marktobjekt einen staatlichen Eingriff bedeutet. Verweist man solche Eingriffe in die Rahmenbedingungen der Marktwirtschaft, ist gemäß einer engeren Def. ein f. M. = *Markt ohne staatlichen Eingriff in die Preisbildung.* Gegensatz: → regulierter Markt.

Markt, regulierter = → *Markt, auf dem es neben den Einwirkungen von Anbietern und Nachfragern Eingriffe Dritter in bezug auf das* → *Marktobjekt, die Transaktionsbedingungen oder die* → *Marktorganisation gibt.* Die an Zahl und Ausmaß wichtigsten Eingriffe sind staatlicher Art, sie beziehen sich vor allem im Rahmen des Verbraucherschutzes auf Marktobjekte sowie auf Preise in Wirtschaftsbereichen wie Land-, Energie- und Verkehrswirtschaft.

Markt, relevanter: Satz 3.4 (S. 296). Das → Marktobjekt praktisch jedes → Elementarmarktes hat eine Reihe mehr oder weniger enger Substitute, so daß alle Elementarmärkte einer Volkswirtschaft nach Art eines Netzes zusammenhängen. Das Problem einer Operationalisierung des Konzepts „r. M." besteht darin, aus diesem Netz einen Komplex benachbarter Elementarmärkte so herauszuschneiden, daß das Verhalten jedes Teilnehmers auf dem damit abgegrenzten r. M. noch einen Mindesteinfluß auf Absatz oder Transaktionsbedingungen jeder Spielart (Butter, Margarine, Schmalz) des damit gleichzeitig definierten differenzierten Marktobjekts („Streichfette") hat oder seinerseits von diesen beeinflußt wird. Im Einzelfall ist zu untersuchen, inwieweit die Spielarten des Objekts im Urteil der Nachfrager die gleiche Funktion in der Produktion oder bei der Bedürfnisbefriedigung erfüllen und inwieweit die Anbieter und Nachfrager auf Änderungen von Transaktionsbedingungen reagieren, gemessen etwa durch die →Kreuzpreiselastizität des →Angebots oder der →Nachfrage. Je größer deren Werte sind, um so eher gehört die betreffende Ausprägung des Objekts zu dem betrachteten Markt. Konkrete Entscheidungen sind im Streitfall jedoch nur durch Gerichtsurteile möglich, wobei diese wegen des ständigen Auftretens neuer oder differenzierter Produkte nur begrenzte Zeit gültig bleiben. Der Begriff des r. M. ist von zentraler Bedeutung im Wettbewerbsrecht, da ohne ihn Konzepte wie →Marktmacht, Marktbeherrschung, Monopolgrad, Unternehmenskonzentration, →Wettbewerbsbeschränkung empirisch leer und eine Fusionskontrolle nicht praktikabel wären. Die Monopolkommission widmete dem Problem der sachlichen Abgrenzung des r. M. ein Kapitel ihres Hauptgutachtens 1982/1983.

Markt, unvollkommener = →*Markt, auf dem mindestens eine der Voraussetzungen des →vollkommenen Marktes nicht vorliegt und daher die von diesem erwarteten Ergebnisse nicht oder nicht voll eintreten.* Das →Marktobjekt ist nicht homogen oder nicht beliebig teilbar, es existieren →Präferenzen, die →Markttransparenz ist nicht vollständig, die →Produktionsfaktoren sind nicht beliebig teilbar oder nicht vollständig mobil. Bei heterogenem Marktobjekt sind jeweils Teilmengen desselben nahe Substitute, so daß der u. M. dann ein Komplex von in bezug auf das Objekt benachbarten →Elementarmärkten ist, vgl. →relevanter Markt. Der Grad der Unvollkommenheit eines Marktes kann ab- oder zunehmen, letzteres etwa durch →Produktdifferenzierung. Gegensatz: →vollkommener Markt. Synonym: Heterogener Markt.

Markt, vollkommener: Def. 3.4 (S. 314); oder = *Markt mit →vollkommenem →atomistischem Wettbewerb auf beiden Seiten und →vollständiger Markttransparenz bei den rational handelnden Teilnehmern.* Aus den Voraussetzungen des v. M.es folgt, daß alle Teilnehmer als →Mengenanpasser handeln und keine →Wettbewerbshandlungen vornehmen, das →Gesetz der Unterschiedslosigkeit gilt und der →Preis, auch Wettbewerbspreis genannt, ein Gleichgewichtspreis ist. Einige Autoren fügen als weitere Bedingung die vollkommene Teilbarkeit des Marktobjekts und der zu seiner Herstellung benötigten →Produktionsfaktoren sowie deren vollkommene Mobilität hinzu. Bei der Herstellung des Objekts entstehen dann keine →intramarginalen Renten. Der Beschluß, Anpassungsprozesse auf einem v. M. und damit zeitweilige Gewinne aufgrund von Vorsprüngen (bei der Technik oder Informationsverwertung) nicht zu betrachten, wird auch durch die Annahme einer „unendlich großen Anpassungsgeschwindigkeit" wiedergegeben. Gegensatz: →Unvollkommener Markt. Synonym: Homogener Markt. Einige Autoren sagen, auf einem v. M. herrsche →vollständiger Wettbewerb.

Marktform = *Kombination der →Wettbewerbssituation auf der Anbieterseite mit der auf der Nachfragerseite.* Da die beiden Seiten in dieser Hinsicht voneinander unabhängig sind, ergeben sich je nach der Zahl *m* der Situationen einer Seite und der Zahl *n* der anderen bis zu $m \cdot n$ M.en. Die Wettbewerbssituation auf jeder Marktseite läßt sich in erster Annäherung durch die Angabe kennzeichnen, ob es einen, wenige oder viele Wettbewerber gibt, so daß das einfachste M.enschema eine Matrix mit 9 Feldern ist; s. Tabelle 3.2 (S. 309) mit 16 Feldern. Die M. ist ein wichtiger Aspekt der → Marktstruktur.

Marktfunktion. Dem → Allokationsverfahren „Marktwirtschaft" werden normativ gewisse Aufgaben zugedacht, deren Erfüllung als im gemeinsamen Interesse aller Mitglieder der Volkswirtschaft liegend angesehen und daher positiv bewertet wird. Als hauptsächliche M. gilt die Lenkung der → Produktionsfaktoren in die Verwendungen, in denen sie gemäß den → Präferenzordnungen der Konsumenten die höchsten Erträge erbringen. Diese M. ist erfüllt, wenn die → Effizienzbedingungen gelten und alle Märkte → vollkommen sind. Einige Autoren schreiben die M.en einzelnen Elementen des Allokationsverfahrens zu, so den Beziehungen zwischen den Marktteilnehmern jeweils einer Seite (Wettbewerbsfunktion) oder den Signalen, mit denen das Verfahren hauptsächlich arbeitet (→ Preisfunktion, Gewinnfunktion). Soweit Märkte ihnen zugedachte Funktionen nicht oder unzureichend erfüllen, liegen → Marktversagen oder Marktmängel vor.

Marktgleichgewicht: Def. 3.5 (S. 316); oder = *Situation auf einem → Markt, bei der es bei einem bestimmten → Preis weder Überschußnachfrage noch Überschußangebot gibt.* Preis und Menge heißen dann Gleichgewichtspreis und -menge. Ob das M. andauert, hängt davon ab, ob Marktteilnehmer ihrer Zielerreichung durch Änderung von Instrumentvariablen verbessern können. Im → Edgeworth-Diagramm herrscht **Tauschgleichgewicht,** wenn sich die Teilnehmer auf einem Punkt der → Kontraktkurve befinden.

Marktlagengewinn = *Unerwarteter und ohne Zutun des Empfängers entstandener Gewinn;* oder = *Unvorhergesehene reale Werterhöhung des Vermögens, die weder auf Einsatz von Leistungen noch Übernahme von Risiken oder Investition von Mitteln zurückzuführen ist* (so sinngemäß nach A. C. PIGOU: A Study in Public Finance, 3. Aufl. 1947). Dagegen wird der Gewinn aus → Spekulation angestrebt und ergibt sich aus zweckgerichteten Handlungen des Spekulanten. Synonym (englisch): windfall profit (ein windfall ist im Englischen ein Windbruch oder Fallobst, im übertragenen Sinne unter Änderung des Wertgehalts ein unerwarteter Glücksfall).

Marktmacht: Def. 4.2 (S. 393). M. ermöglicht auch, → Marktobjekte zum Nachteil anderer Teilnehmer zu beeinflussen, etwa durch Qualitätssenkung einschließlich Herabsetzung der Lebensdauer bei gleichbleibendem Preis. M. ist ein Aspekt des allgemeineren Begriffs **wirtschaftliche Macht** = *Fähigkeit, andere Teilnehmer des Wirtschaftsverkehrs einschließlich rahmensetzender Instanzen zu einem Verhalten im Sinne der eigenen Ziele veranlassen zu können.* H. ARNDT (Markt und Macht, Tübingen 1973) definiert diese als „Fähigkeit, objektive ökonomische Größen zu ändern, Geschäftspartner zu Umwertungen zu zwingen, Konkurrenten zu unterwerfen, die eigene Information gegen die Unwissenheit anderer Wirtschafter auszuspielen und die vom Staat gesetzten Rahmenbedingungen des Wirtschaftens zu beeinflussen." Ihre Ausübung schließt also auch marktexterne Operationen wie Lobbyismus ein. Der juristische Fachausdruck ist **Marktbeherrschung.**

Marktobjekt: Einteilung Bild 3.3 (S. 295), Kennzeichen Satz 3.5 (S. 298). Die Bezeichnung „M." hat nur Bedeutung, wenn die →Allokation überwiegend über →Märkte vor sich geht. Eine vom Allokationsverfahren unabhängige Bezeichnung ist **Wirtschaftsobjekt,** zusätzlich einteilbar beispielsweise in →Individual- und →Kollektivgüter. Die ökonomisch wichtigen Attribute eines M.s sind die mit ihm verknüpften →Verfügungsrechte sowie (bei einem Gut) seine physischen Eigenschaften, aus denen zusammen sich seine Einsatzmöglichkeiten als Produktions- oder Konsumgut ergeben. Für den →Wettbewerb zwischen Marktteilnehmern ist die Einteilung in **homogenes M.** = *nichtdifferenziertes* (auch: *vertretbares*) *M., bei dem für keine Teilmenge* →*Präferenzen bestehen;* und **heterogenes M.** = *differenziertes M., dessen Einheiten im Urteil von Marktteilnehmern nicht alle gleich(wertig) sind,* wichtig.

Marktorganisation = *Gesamtheit der Institutionen und Verfahrensregeln, mit deren Hilfe Marktteilnehmer zueinander in Beziehung treten und* →*Markttransparenz hergestellt wird;* oder = *Gesamtheit der Einrichtungen, die der Kommunikation zwischen Kauf- und Verkaufswilligen eines* →*Marktobjekts dienen.* Die Funktionsweise einer M. ist eine Frage des Grades: Der **Organisationsgrad eines Marktes** *ist um so höher, je höher der Anteil an den potentiellen Marktteilnehmern der Gegenseite ist, mit denen ein Anbieter oder Nachfrager bei gegebenen Aufwendungen für Informationsbeschaffung in Kontakt kommt; oder je niedriger diese Aufwendungen bei gegebenem Anteil sind.* Einen hohen Organisationsgrad weist der Markt für Aktien, Obligationen und ähnliche Titel auf, die an Wertpapierbörsen unter Mitwirkung von Maklern gehandelt werden und für die es eine tägliche Berichterstattung über Kurse und Umsätze gibt. Weniger gut organisiert (und organisierbar) ist der Grundstücksmarkt, obwohl es auch hier eine spezielle Institution zur Zusammenführung von Anbietern und Nachfragern gibt, die Grundstücksmakler. Einen noch niedrigeren Organisationsgrad hat etwa der Markt für gebrauchte Kraftfahrzeuge. Weitere Institutionen der M. sind Kreditvermittler, Anzeigenteile von Zeitungen, öffentliche Aushangstellen.

Marktstruktur = *Gesamtheit der für das Geschehen auf einem* →*Markt wichtigen Ausgangsdaten, darunter* →*Marktform,* →*Marktorganisation, Stand der* →*Markttransparenz bei den Teilnehmern, Ausmaß der* →*Produktdifferenzierung, Grad der Unternehmenskonzentration, Existenz von Zutrittsbeschränkungen, Stand der staatlichen Eingriffe.* Die M. ist Ausgangspunkt der zentralen Hypothese 3.4 (S. 312) der Industrieökonomik, s. Bild 3.4 (S. 311).

Markttransparenz = *Gesamtheit der Informationen über die Bedingungen, zu denen andere Marktteilnehmer zu Transaktionen bereit sind.* Ein Teilnehmer oder ein Dritter (Makler) verfügt über **vollständige** (auch: **vollkommene**) **M.,** wenn er alle diese Bedingungen sämtlicher anderer Teilnehmer kennt, s. Hyp. 3.3 (S. 284). Die M. ist in bezug auf den →Markt vollständig, wenn sie bei jedem Teilnehmer vollständig ist, womit eine der Bedingungen des →vollkommenen Marktes erfüllt ist. Auf einem gegebenen Markt kann die M. zunächst unvollständig sein und sich im Zeitablauf durch Austausch von Informationen dem Zustand der Vollständigkeit annähern.

Marktversagen = →*Märkte entstehen nicht, werden ungenügend genutzt oder erfassen nicht alle mit Markttransaktionen verbundenen Vorgänge zwischen den Marktteilnehmern oder zwischen diesen und Dritten.* Zu den Entstehungsbedingungen eines Marktes gehört, daß dem →Ausschlußprinzip zu vertretbaren Kosten Geltung verschafft werden kann; daß der Anbieter die versprochenen Leistungen zu erbringen in der Lage ist und daß die Informations- und Transaktionskosten eine gewinnbringende Herstellung zulassen. Diese Bedingungen fehlen bei →echten Kollektivgütern, bei manchen Versicherungsleistungen und den meisten Terminmärkten. Ungenügende Nutzung mancher Märkte ist nur anhand von Werturteilen konstatierbar, so daß strittig bleibt, ob dabei M. vorliegt. Ungenügende Reichweite von Märkten betrifft die Existenz →externer Effekte.

Mengenanpasser = *Marktteilnehmer, der den →Preis eines →Marktobjekts als von ihm unbeeinflußbares Datum ansieht und die von ihm angebotene oder nachgefragte Menge gemäß seiner Zielsetzung an den Preis anpaßt.* M.verhalten wird erzwungen, wenn das Marktobjekt homogen ist, sonstige →Präferenzen fehlen und →atomistischer Wettbewerb vorliegt; in anderen Fällen wird ein Einfluß auf den Preis durch Vertrag oder staatliche Vorschrift ausgeschaltet. Als M. verhalten sich vor allem die Nachfrager auf den Märkten für viele Konsumgüter, für (kleinere) Kredite, Devisen und Sorten, international gehandelte Rohstoffe. Gewinnmaximierendes Verhalten eines als M. handelnden Anbieters: Satz 2.12 (S. 234); →Angebotskurve Bild 2.21 (S. 236) und Satz 2.13 (S. 237). Synonym (englisch): Price-taker. Zu der Übersetzung „Preisnehmer" vgl. S. 73, Anm. 3.

Minimalkostenkombination = *Mengenkombination von →Produktionsfaktoren zur Herstellung einer bestimmten Produktmenge, die angesichts gegebener Faktorpreise oder Faktorangebotsfunktionen die geringsten →Kosten verursacht.* Bedingungen für die Verwirklichung der M. s. Sätze 2.8 bis 2.11 (S. 216–218). Der geometrische Ort für die M.en mehrerer Produktmengen heißt Minimalkostenkurve (auch: Minimalkostenlinie; Faktoranpassungskurve; Expansionspfad), s. Bild 2.14 (b), S. 219. S. 216–222; Modell 2.56, S. 243.

Mitläufereffekt = *Ein Haushalt fragt bei jedem Preis um so mehr von einem Gut nach, je größer die Gesamtnachfrage nach diesem Gut ist;* oder = *Ein Haushalt nimmt ein Gut in sein Nachfragesortiment auf, sobald die Gesamtnachfrage einen Mindestwert überschreitet.* Der M. ist ein Beispiel dafür, daß das Verhalten von Haushalten →externe Effekte hat, indem es die →Präferenzen anderer Haushalte beeinflußt. Gründe: Der Haushalt möchte sich im Einklang mit anderen befinden; oder er vermutet, daß andere über das Produkt besser informiert sind als er selbst. Der M. wirkt auch in der anderen Richtung, etwa wenn der Kauf bestimmter Güter als anstößig gilt. Gegenteiliges Verhalten →Snobeffekt. Synonyme: Vermassungseffekt; modebewußtes Verhalten; (amerikanisch) bandwagon effect (der „bandwagon" ist in einem Eisenbahnzug der Waggon mit der Musikkapelle, der „band", in dem jeder mitfahren möchte).

Monopol = *Auf einem →Markt tritt nur ein Anbieter für das →Marktobjekt auf.* Der Anbieter ist **Monopolist** und entweder Preis- oder Mengensetzer, aber nicht beides. Dies ist die enge, wirtschaftstheoretische Def. Häufig wird aus der M.situation auf ein bestimmtes Verhalten des Anbieters geschlossen, etwa auf das Streben nach kurzfristiger Gewinnmaximierung. Jedoch können auch andere Ziele verfolgt werden, bei denen die M.situation nicht kurzfristig ausgenutzt wird. Messung einer potentiellen oder tatsächlichen M.stellung durch den **Monopolgrad**; wohlfahrtstheoretische Beurteilung des M.s Satz 4.7 (S. 402). In der Kapitalismuskritik ist „Monopol" Synonym mit abwertendem Beiklang für privates Großunternehmen unabhängig von seiner Marktstellung. Im weiteren Sinne wird eine „Monopolstellung" oder „monopolistische Preissetzungsmacht" jedem Anbieter zugeschrieben, der, in wie engem Rahmen auch immer, Preispolitik treiben kann. In noch weiterem, auch umgangssprachlichem und nichtökonomischem Sinne wird mit „Monopol" jede Situation gekennzeichnet, in der jemand ein Vorrecht, einen alleinigen Besitz oder Anspruch hat („Definitionsmonopol", „Gewaltmonopol"). Synonyme: Alleinverkauf; Alleinanbieter; sprachlich tautologisch „Angebotsmonopol". Zwecks Abgrenzung vom → Teilmonopol auch „reines" (auch: absolutes) M.

Monopol, bilaterales = *Auf einem → Markt stehen sich ein Alleinanbieter und ein Alleinnachfrager gegenüber.* Die Beispielsituation des b. M.s. liegt beim isolierten Realtausch vor, wie er im → Edgeworth-Diagramm betrachtet wird. Die Preisbildung auf dem Markt des b. M. wird, wenn die Teilnehmer Produzenten sind, durch die Bedingung beschränkt, daß keiner auf die Dauer Verluste hinnehmen kann, bleibt aber innerhalb dieses Bereichs ohne weitere Informationen unbestimmt. Lösungsansätze werden in der Verhandlungstheorie versucht. Synonym: Zweiseitiges Monopol. Die Wortbildung ist nicht korrekt, soweit ein Teilnehmer → Monopsonist ist.

Monopol, natürliches = *Ein Anbieter hat aufgrund zunehmender → Skalenerträge so bedeutende Kostenvorteile gegenüber Konkurrenten, daß sich keiner von diesen in dem betreffenden → Markt halten kann.* Zu den n. M.en gehören die **Leitungsmonopole** für Elektrizität, Gas, Wasser, Telefonnutzung. Gegensatz ist das staatlich verordnete Monopol.

Monopson = *Auf einem → Markt tritt nur ein Nachfrager für das → Marktobjekt auf,* der Nachfrager ist **Monopsonist.** Gewinnmaximierungsbedingung Satz 4.8 (S. 403). Analog zum → Monopol läßt sich ein **Teilmonopson** (auch: unvollständiges M.) vorstellen, bei dem neben einem Nachfrager mit großem Marktanteil noch mehrere bis viele Nachfrager mit jeweils unbedeutenden Marktanteilen vorhanden sind. Synonyme: Alleinkauf; Monoon; sprachlich unhaltbar „Nachfragemonopol".

Nachfrage. Drei Bedeutungen, s. S. 121 f. Zu unterscheiden sind ferner **mengenmäßige N.** und **monetäre N.** = *(mathematisches) Produkt aus Preis und der bei diesem nachgefragten Menge.* Die N. nach Konsumgütern verursacht N. nach → Produktionsfaktoren zu ihrer Herstellung: Die letztere ist **abgeleitete N.** Ist der → Preis auf einem → Markt kein Gleichgewichtspreis, entsteht ein **N.überschuß** (auch: Überschußnachfrage) oder ein **N.defizit.**

Nachfrageelastizität = Kurzform für: *Elastizität der nachgefragten Menge eines Gutes in bezug auf dessen Preis.* Def. Gleichung (1.20), S. 114; Bereiche S. 115 f. und Bild 1.18 (S. 118); Zusammenhang zwischen N. und Ausgaben Satz 1.8 (S. 122), zwischen N. und Ausgaben-Preiselastizität Satz 1.9 (S. 123); geometrische Ermittlung Bild 1.17 (b), S. 115 und Satz 1.7 (S. 117); Einfluß von Verschiebungen der → Nachfragekurve auf die N. Bild 1.20 (S. 120); → Amoroso-Robinson-Beziehung S. 124 f. Gilt das → Nachfragegesetz, ist die N. negativ. Synonyme: Elastizität der Nachfragemenge in bezug auf den Preis; Nachfragemengen-Preiselastizität; direkte Preiselastizität (als Gegensatz zu → Kreuzpreiselastizität).

Nachfragefunktion = *Algebraische Form einer Hypothese über den Zusammenhang zwischen der mengenmäßigen oder monetären → Nachfrage nach einem Wirtschaftsobjekt als abhängiger Variabler einerseits und dem Preis des Objekts, den Preisen anderer Objekte, den Einkommen der Nachfrager und anderen Erklärungsvariablen andererseits.* Bezieht sich die N. auf einen Nachfrager, ist sie eine **einzelwirtschaftliche N.**, sonst eine **aggregierte N.** Die N. beruht auf der Wirtschaftsplanung des Nachfragers oder der Nachfrager und enthält daher Ex-ante-Stromgrößen. Häufig benutzte vereinfachte Hypothese in der Theorie der Konsumwahl ist, daß die Nachfrage nach einem Gut nur von seinem Preis, den Preisen einiger wichtiger →substituierbarer und →komplementärer Güter sowie dem Einkommen abhängt. Die graphische Darstellung einer N. mit dem Preis des Objekts als alleiniger Erklärungsvariabler heißt **Nachfragekurve**, s. Satz 1.6 (S. 116), Bilder 1.18 (S. 118), 1.19 (S. 120) und 1.25 (S. 131); für **isoelastische Nachfragekurven** Bild 1.26 (S. 133); für (vom →Einkommenseffekt) →bereinigte Nachfragekurven S. 104. Änderungen der unter der Ceteris-paribus-Klausel konstant gehaltenen weiteren Erklärungsvariablen ändern Gestalt oder Lage der Nachfragekurve oder beides. Verläuft sie monoton fallend, repräsentiert sie das →Nachfragegesetz. Eine N. mit den Ausgaben für ein Konsumgut oder mehrere als abhängige Variable und dem Einkommen als (Haupt-)Erklärungsvariable heißt →Konsumfunktion. Synonyme: Preis-Absatz-Beziehung; für einzelwirtschaftliche N.: Mikroökonomische (auch: individuelle) N.

Nachfragegesetz = *Hypothese, daß Nachfrager um so mehr Mengeneinheiten eines →Marktobjekts zu kaufen planen, je niedriger dessen →Preis ist.* In bezug auf die →Nachfrage eines privaten Haushalts s. Hyp. 1.4 (S. 75). Hauptinhalt der Ceteris-paribus-Klausel ist, daß die →Präferenzen des Haushalts, sein Einkommen und die Preise der anderen Objekte sich nicht ändern, keine neuen Güter angeboten werden und keine Erwartungen über Preisänderungen vorliegen. Die Bedingung der Einkommenskonstanz soll mitunter auch bedeuten, daß der →Einkommenseffekt einer Preisänderung des betrachteten Gutes vernachlässigbar klein ist. Eine Ausnahme vom N. liegt vor, wenn der →Prestigeeffekt wirksam ist.

Nachfragekurve, bereinigte = *Preis-Absatz-Beziehung unter der Annahme, der →Einkommenseffekt einer Preisänderung werde kompensiert.* Die b. N. zeigt also allein die Wirkung des →Substitutionseffekts der Preisänderung, die am Realeinkommen gemessene Wohlfahrt des Konsumenten ist auf ihr konstant. Sofern der Einkommenseffekt den Substitutionseffekt wie in den Bildern 1.12 (S. 100) und 1.13 (a) S. 101 verstärkt, liegt die b. N. bei Preiserhöhungen über und bei Preissenkungen unter der unbereinigten. Synonym: Kompensierte Nachfragekurve. Bild 1.8 (b), S. 89.

Nichtleistungswettbewerb = *→Wettbewerb mit Hilfe von Handlungen, die Marktteilnehmern der anderen Seite keine Vorteile bieten.* Im weiteren Sinne auch = *Wettbewerb unter Mißachtung der Regeln, die ihm durch die Moral, seinen wirtschaftlichen Sinn und rechtliche Vorschriften gesetzt sind.* Moralisch verwerflich wäre etwa die Täuschung anderer Marktteilnehmer; dem wirtschaftlichen Sinn des Wettbewerbs widersprächen Preisunterbietungen mit dem alleinigen Ziel, Konkurrenten aus dem Markt zu drängen (→Verdrängungswettbewerb) oder zu wettbewerbsbeschränkenden Abreden zu zwingen; rechtlichen Vorschriften widerspricht der →unlautere Wettbewerb. Eine Spielart des N.s ist der **Behinderungswettbewerb** mit Maßnahmen wie Verringerung der →Markttransparenz, Erschwerung des Marktzugangs oder Erhöhung der

Kosten von Konkurrenten. Da jede → Wettbewerbshandlung deren Situation verschlechtern soll, ist die Grenze zum → Leistungswettbewerb schwer zu ziehen.

Nutzen = *Grad der Bedürfnisbefriedigung, den der Verbrauch oder Gebrauch eines Konsumgutes einem Konsumenten verschafft.* Der N. einer zusätzlichen Einheit des Gutes heißt → Grenznutzen. Bei Annahme kardinaler Meßbarkeit gelten die Hypothesen der Nutzenzuordnung 1.2, der Nutzenmaximierung 1.1, das → Grenznutzengesetz und die Sätze 1.1 bis 1.3 (S. 71 f., 74 f.). Der N. einer bestimmten Menge x^0 eines Gutes x kann nach dem Prinzip der → Alternativkosten durch die Menge eines anderen Gutes y gemessen werden, durch das x^0 so ersetzt wird, daß der N. ungeändert bleibt. An die Stelle von y kann Geld treten. Der N. hängt sowohl von x als auch von den Mengen aller anderen Güter ab, die in der Planperiode konsumiert werden. Das Unbehagen am Begriff des N.s zeigt sich daran, daß er mehrfach neu benannt wurde („Ophelimität" bei V. PARETO) und etwa VARIAN [I.26] vom Ziel der „Präferenzmaximierung" spricht. Synonyme: Bedürfnisbefriedigung; subjektiver Wert; psychisches Einkommen; Gebrauchswert; Wohlfahrtsänderung; Präferenzintensität. Obwohl ein Wort für „negativer N." benötigt wird, hat sich im Deutschen noch keines durchgesetzt („Schaden"; englisch: disutility, disservice.).

Oligopol = *Auf einem → Markt treten so wenige Anbieter auf, daß jeder Teilnehmer damit rechnen muß, daß seine → Wettbewerbshandlungen den Absatz seiner Konkurrenten merklich beeinflussen und Reaktionen auslösen; und daß Wettbewerbshandlungen von Konkurrenten den eigenen Absatz beeinflussen.* Die Anbieter sind **Oligopolisten,** zwischen ihnen herrscht → oligopolistischer Wettbewerb. Nach der Zahl der Konkurrenten wird zwischen **engem** und **weitem** O. unterschieden. Steht die Zahl der Anbieter fest, spricht man bei zweien von → Dyopol, und (selten) bei dreien von Tripol, bei vieren von Tetrapol. Ist das angebotene Gut im Urteil der Nachfrager homogen, liegt ein **homogenes** (auch: reines, vollkommenes) O., sonst ein **heterogenes** (auch: differenziertes, unvollkommenes) O., vor.

Oligopson = *Nachfragerkonstellation* (auch: Nachfragestruktur) *auf einem → Markt, die durch wenige Nachfrager mit ungefähr gleich großen Marktanteilen gekennzeichnet ist.* Die Nachfrager sind **Oligopsonisten,** zwischen ihnen herrscht in der Regel oligopsonistischer Wettbewerb. Synonym (sprachlich unhaltbar): „Nachfrageoligopol".

Pareto-Optimum: Def. 4.1 (S. 372). Entsprechend besagt das **Pareto-Kriterium** = *Die gesamtwirtschaftliche Wohlfahrt nimmt zu, wenn infolge einer Maßnahme die Wohlfahrt mindestens eines Beteiligten zu- und die keines anderen abnimmt.* Definiert man als „Wettbewerbsgleichgewicht" ein simultanes Gleichgewicht in einem System interdependenter → vollkommener Märkte, dann gilt als Hauptsatz der „paretianischen" Wohlfahrtsökonomik: „Jedes Wettbewerbsgleichgewicht ist ein P.-O. (Satz 4.3, S. 372), und jedes P.-O. ist ein Wettbewerbsgleichgewicht." Jedes P.-O. gilt für eine bestimmte Einkommensverteilung, so daß es beliebig viele von ihnen gibt, s. Satz 4.4 (S. 373). In der Realtauschwirtschaft des → Edgeworth-Diagramms bildet ihre Menge die → Kontraktkurve. Wird Produktion berücksichtigt, schließt das P.-O. die technische → Effizienz ein. Der erste Teil des Satzes ergibt sich aus dem Nachweis, daß Wettbewerb unter den Bedingungen des vollkommenen Marktes die Erfüllung der Effizienzbedingungen sicherstellt. Bezeichnung nach V. PARETO: Manuel d'Économie Politique (1909). Hauptkritik: Bestimmte Einkommensverteilungen können politisch unakzeptabel sein; bei praktisch jeder Maßnahme wird jemand schlechter gestellt; bei Abstimmungen darf es keine Gegenstimme geben, was zu Erpressung anreizt und den Status quo begünstigt; die Besserstellung des einen läßt die anderen nicht gleichgültig, da die relative Einkommensposition wichtiger als die absolute ist.

Paternalismus: Def. 5.1 (S. 502). Staatlicher P. ist mit dem liberalen Menschenbild des mündigen, aufgeklärten und selbstverantwortlichen Bürgers unvereinbar; gehört aber zu konservativen wie auch sozialistischen Vorstellungen über die gesellschaftliche Organisation. Gemäß diesen wird, de facto zu Recht, geltend gemacht, daß die Voraussetzungen des liberalen Menschenbildes (vgl. S. 501) nicht bei allen Menschen im erforderlichen Umfang vorliegen und der Verzicht auf staatlichen P. daher zu nicht hinnehmbaren Erscheinungen führen würde. Synonym: Paternalistisches Prinzip.

Polypol = *Anbieterkonstellation* (auch: Angebotsstruktur) *auf einem Markt, gekennzeichnet durch zahlreiche Anbieter, von denen jeder nur einen kleinen Marktanteil hat.* Im Polypol herrscht →polypolistischer Wettbewerb, die Anbieter verhalten sich als **Polypolisten**. Je nach Art des Wettbewerbs sprechen manche Autoren von **vollkommenem** (auch: reinem, homogenem) und **unvollkommenem** (auch: heterogenem, monopolistischem) **P.** Entsprechung auf der Nachfragerseite →Polypson. Synonym: Atomistische Angebotsstruktur.

Polypson = *Nachfragerkonstellation* (auch: Nachfragestruktur) *auf einem Markt, die durch zahlreiche Nachfrager gekennzeichnet ist, von denen jeder nur einen kleinen Marktanteil hat.* Die Nachfrager sind **Polypsonisten,** zwischen ihnen herrscht **polypsonistischer Wettbewerb.** Synonym: Atomistische Nachfragestruktur.

Präferenz. In der Theorie der Konsumwahl = *Subjektive Bewertung zweier Situationen, Objekte, Güter(bündel) A und B durch einen Konsumenten hinsichtlich der von ihnen erwarteten Bedürfnisbefriedigung mit dem Ergebnis $A \prec B$ (B wird A strikt vorgezogen), $A \precsim B$ (A wird B nicht vorgezogen) oder umgekehrt oder mit dem Grenzfall der →Indifferenz $A \sim B$,* vgl. Hyp. 1.7 (S. 83). Meist wird unterstellt, daß eine P. nicht einer Laune oder sonst einem spontanen Entschluß entspringt, sondern Ergebnis wohlabgewogener Überlegung ist und wenigstens einige Zeit konstant bleibt; daß die Bewertung aufgrund hinreichender Informationen erfolgt; daß die P.en eines Wirtschaftssubjekts vollständig, reflexiv und transitiv sind und daher eine **P.ordnung** bilden. Meist gelten die P.en als gegeben und interpersonell unabhängig; vgl. jedoch Satz 1.13 (S. 141), gemäß dem die hinter den P.en stehenden Bedürfnisse zum größten Teil durch eben den Prozeß geschaffen werden, der die Mittel zu ihrer Befriedigung erzeugt. P.en werden offenbar, wenn ein Beobachter feststellt, welche Wahl Wirtschaftssubjekte treffen, wobei angenommen wird, daß diese mit ihren Handlungen gemäß ihren P.en ihre Bedürfnisbefriedigung oder andere Variable zu maximieren suchen. In der Markttheorie = *Marktteilnehmer ziehen bestimmte Einheiten eines →Marktobjekts anderen Einheiten vor* (**sachliche P.**, etwa aufgrund technischer Eigenschaften); *Anbieter ziehen bestimmte Nachfrager oder Nachfrager bestimmte Anbieter vor, und zwar wegen persönlicher Eigenschaften oder Bindungen* (**persönliche P.**), *wegen ihres Standorts* (**räumliche P.**) *oder wegen Unterschieden in den Liefer- oder Abnahmefristen* (**zeitliche P.**). Synonyme: Für P.ordnung: Präferenzskala, -struktur, -system; Bedürfnisstruktur.

Preis = *Tauschverhältnis eines Wirtschaftsobjekts gegen ein anderes.* Sind beide Wirtschaftsobjekte Güter, ist der P. ein Realtauschverhältnis. In der Geldwirtschaft ist der P., genauer **Geldpreis**, ein Quotient mit der Zahl der Geldeinheiten im Zähler und der (physischen) Einheit des Wirtschaftsobjekts im Nenner. Einige P.e tragen besondere Namen, so heißt der P. für die Einheit menschlicher Arbeitsleistung **Lohnsatz**, für die Gewährung eines Kredits **Zinssatz**, und bei Wertpapieren und Devisen spricht man von **Kursen**. Einteilung in **Veräußerungspreis** (auch: Kaufpreis) für die endgültige und **Nutzungspreis** (auch: Mietpreis) für die zeitweilige Überlassung eines Wirtschaftsobjekts (W. Stützel: Art. „Wert und Preis", Handwörterbuch der Betriebswirtschaft, 4. Aufl. 1976, der diese Unterscheidung betont, spricht von „einfachem Kaufpreis" und „Bestandshaltepreis"); nach der Blickrichtung auf die Transaktion in **Kauf-** (auch: Anschaffungs-) und **Verkaufs-** (auch: Abgabe-)**preis**. Auf →Märkten entstehende P.e, genauer **Marktpreise,** bilden das wichtigste Signal des →Allokationsverfahrens „Marktwirtschaft", in dessen Rahmen ihnen bestimmte →Preisfunktionen zugeschrieben werden. Den Gegensatz zu Marktpreisen bilden **Verrechnungspreise**, die eine übergeordnete Stelle für Transaktionen nachgeordneter Einheiten untereinander festsetzt, etwa im Unternehmen oder in der Zentralplanwirtschaft. Verrechnungspreise zwischen Tochterunternehmen, besonders multinationaler Unternehmen, heißen auch **Transferpreise**. Synonyme: Tauschwert; Austauschrelation.

Preisdifferenzierung: Def. 4.3 (S. 436). Unterscheidung nach Grad und Arten sowie gemäß einer engeren oder weiteren Def. danach, ob auch zeitliche P. einbezogen wird. Hauptbedingungen sind, daß der Anbieter den Preis setzen kann, die Markttrennungskosten kleiner als der erwartete Zusatzerlös sind, die Käufergruppen im relevanten Bereich unterschiedlich elastisch auf Preisänderungen reagieren und →Arbitrage zwischen ihnen nicht lohnt. Sind die Teilmärkte räumlich getrennt, spricht man von **agglomerativer P.**; lassen sich die räumlich nicht getrennten Nachfrager in Gruppen teilen, von denen unterschiedliche Preise verlangt werden, von **deglomerativer P.** mit dem Ziel, die →Käuferrente abzuschöpfen. Gewinnmaximierung bei P. s. Sätze 4.10 (S. 429) und 4.11 (S. 430). Synonyme: Preisdiskriminierung; Preisdiskrimination.

Preisführerschaft = *Dominanz eines Marktteilnehmers oder einiger weniger Marktteilnehmer auf einer Marktseite, dessen oder deren Preispolitik von anderen Teilnehmern derselben Seite nachgeahmt wird.* Häufig hat der dominierende Teilnehmer den größten Marktanteil, und daher ist P. besonders im →Teilmonopol und im →Teiloligopol zu beobachten. Der P. entspricht **Preisfolgerschaft** der nichtdominierenden Teilnehmer.

Preisfunktion. →Preise sind in der Marktwirtschaft (und, soweit diese mit Preisen arbeitet, auch in der Zentralplanwirtschaft) Signale für die Produktions- und Konsumentscheidungen der Wirtschaftssubjekte und damit für die →Allokation der Güter: Sie haben mit ihrer Signal- (auch: Informations-) eine Allokationsfunktion. Das Wort „Funktion" wird hier und in ähnlichen Zusammensetzungen im Sinne von „Aufgabe" gebraucht und hat damit normativen Gehalt. Als wichtigste P. werden außerdem genannt: Preise bestimmen die primäre Einkommensverteilung (Einkommensverteilungs- oder Distributionsfunktion); sie beschränken die kaufkräftige

→Nachfrage (Zuteilungs- oder Rationierungsfunktion); sie bewirken langfristig eine Auslese unter den Anbietern (Auslese- oder Selektionsfunktion); sie sorgen für den Ausgleich von angebotener und nachgefragter Menge (Ausgleichs- oder Markträumungsfunktion). Vgl. M. E. STREIT: Theorie der Wirtschaftspolitik, 4. Aufl. 1991. Man kann diese und weitere Funktionen auch der Institution →Markt zuschreiben und von →Marktfunktionen sprechen. Entsprechende Überlegungen gelten für die sich aus Preisen und Mengen ergebenden Gewinne.

Prestigeeffekt = *Ein Haushalt fragt um so mehr von einem Gut nach, je höher dessen Preis ist;* oder = *Ein Haushalt fragt ein Gut erst nach, sobald sein Preis eine Mindesthöhe überschritten hat.* Der Kauf besonders teurer Güter im Hinblick auf das Ansehen, das ihr Kauf oder Besitz verschafft, heißt **Demonstrativkonsum** (auch: Auffälliger Konsum, englisch: conspicuous consumption). Der Käufer stellt den Sozialnutzen des Gutes als →externen Effekt in Rechnung. Synonym: Veblen-Effekt, nach dem amerikanischen Soziologen THORSTEIN VEBLEN: The Theory of the Leisure Class; An Economic Study of Institutions (1899), der den P. beschrieb.

Produktdifferenzierung = *Ein →Marktobjekt wird in mehreren, physisch oder nach Ansicht der Nachfrager voneinander verschiedenen Ausführungen angeboten.* Mit P. bezeichnet man sowohl diese Situation als auch den Vorgang, daß ein Anbieter eine differenzierte Ausführung auf den Markt bringt. P. ist in diesem Fall eine →Wettbewerbshandlung im Rahmen des Produktwettbewerbs, sie soll →Präferenzen bei den Nachfragern schaffen und so die →Substituierbarkeit des Objekts herabsetzen. Manche Arten der P. werden durch technische Normierungen ausgeschlossen. P. in der IV. Phase des Produktlebenszyklus wird oft als „funktionslos" kritisiert, wenn sie sich auf geringfügige technische Änderungen oder nur auf die Aufmachung (Farbe, Verpackung) beschränkt. Das ist ein →paternalistisches Argument, da Konsumenten Vielfalt und Unverwechselbarkeit im Konsum anstreben und daher auch P. solcher Art honorieren. Synonym: Heterogenisierungswettbewerb; Produktpolitik.

Produktionselastizität = Kurzform für *Elastizität der Produktmenge in bezug auf einen →Produktionsfaktor.* In der →Cobb-Douglas-Funktion ist die P. gleich dem Potenzexponenten des betreffenden Faktors. Alternative: **Totale Produktionselastizität** →Skalenelastizität. Synonym: Partielle P.

Produktionsfaktor = *In einem Produktionsprozeß eingesetztes Gut.* Je nach Art des Einsatzes kann man P.en in zwei Kategorien einteilen. **Verbrauchsfaktoren** gehen im Produktionsprozeß während des betrachteten Zeitabschnitts unter, **Bestandsfaktoren** geben (wie arbeitende Menschen) Leistungen oder (wie Maschinen, Gebäude) Nutzungen ab und behalten ihre Identität. Die Zuordnung hängt bei vielen P.en von der Länge der betrachteten Periode ab. Die Unterscheidung wird in deutschsprachigen Lehrbüchern meist nicht für so wichtig gehalten, daß man sie sprachlich berücksichtigt, und daher steht P. häufig sowohl für Verbrauchs- wie für Bestandsfaktor. Jedoch wird mit jedem Doppelgebrauch der hier betonte wichtige Unterschied verwischt. Häufig wird das, was in einen Produktionsprozeß ein- und in der betrachteten Periode untergeht, wie im Englischen „input" genannt. Dieses kurze und treffende Wort wird hier samt seinem Gegenstück „output" nicht verwendet, eben weil es englisch ist. Vgl. zum Gebrauch von „factor of production" und „input" auch SAMUELSON [I.21].

In diesem Buch wird P. oder einfach „Faktor" als Synonym zu „Verbrauchsfaktor" benutzt. Ist das Verhältnis eines P.s zum Produktionsergebnis unabhängig von dessen Menge durchschnittlich oder marginal konstant (→effiziente Produktion vorausgesetzt), spricht man von einem **limitativen P.**, der dem →Gesetz der festen Proportionen unterliegt. Kann ein P. bei gleichbleibender Produktmenge marginal durch einen anderen ersetzt werden, ist er ein **substitutiver P.**, für den das →Gesetz der variablen Proportionen gilt. Synonyme: Faktor, Produktor. Für limitativer P.: Limitationaler, limitierender, streng komplementärer, nichtsubstitutiver P. Für substitutiver P.: substitutionaler P. Für Bestandsfaktor: Potentialfaktor (GUTENBERG).

Produktionsfunktion = *Funktion, die den Zusammenhang zwischen →Produktionsfaktoren $v_1 \ldots v_n$ und Produktionsergebnissen $x_1 \ldots x_m$ eines Produktionsprozesses angibt.* Die v_i und x_k sind reale oder monetäre Stromgrößen. Im Fall des Einproduktprozesses gilt $x = f(v_1 \ldots v_n)$. x kann in physischen Einheiten, als deren Wert oder als Nettoproduktionswert gemessen werden. Meist werden nur solche Bereiche von P.en betrachtet, die technisch →effiziente Transformationen von Faktoren in Produkte wiedergeben; und es wird angenommen, die v_i und x_k seien homogen und beliebig teilbar. Einteilung Bild 2.12 (S. 206). Bei substitutiven Faktoren wird häufig angenommen, die P. sei eindeutig, stetig und zweimal differenzierbar; der technische Fortschritt wird nicht betrachtet. Die inverse Form $v_i = v_i(x)$ für $i = 1 \ldots n$ heißt **Faktoreinsatzfunktion**. In der neueren Theorie des privaten Haushalts werden auch ihm P.en zugeschrieben. Synonyme: Ertragsfunktion; Input-Output-Relation.

Produktionsfunktion, klassische = *Produktionsfunktion mit →substitutiven Produktionsfaktoren, deren →Grenzprodukte bei zunehmendem Einsatz zunächst zu- und später abnehmen.* Für jeden Faktor gilt das →Ertragsgesetz im weiteren Sinne. Ein Unterfall ist die **neoklassische Produktionsfunktion**, bei der die Grenzprodukte aller Faktoren von Anfang an abnehmen, für die also das Ertragsgesetz im engeren Sinne gilt. Bezeichnung nach den Klassikern der Wirtschaftswissenschaft (u. a. ADAM SMITH; DAVID RICARDO, JOHN STUART MILL), deren Hauptwerke in dem Dreivierteljahrhundert zwischen 1776 und 1850 erschienen. Synonyme: Produktionsfunktion vom Typ A (GUTENBERG [2.01], 1. Bd); substitutionale Produktionsfunktion (obwohl nicht die Funktion, sondern die Faktoren substituierbar sind).

Produktivität. Zu unterscheiden sind **Durchschnittsproduktivität eines →Produktionsfaktors** = *Quotient aus der Produktmenge eines auf einem gegebenen Niveau laufenden Produktionsprozesses und der dabei eingesetzten Menge des Faktors;* und **Grenzproduktivität eines Produktionsfaktors** = *Änderung der Produktmenge eines Produktionsprozesses als Folge des Mehreinsatzes eines Faktors ceteris paribus, bezogen auf den Mehreinsatz.* Die Änderung der Produktmenge selbst ist das →Grenzprodukt des Faktors. Die P. kann auch für Gruppen von Faktoren oder für alle berechnet werden, →Skalenertrag.

Produzentenrente = *Differenz zwischen dem Erlös beim Absatz einer Produktmenge und ihren gesamten variablen →Kosten.* Ein Maß für die P. ist die Fläche zwischen der →Grenzkosten- gleich Angebotskurve eines Anbieters und der Preislinie, vgl. Bild 4.8(a), S. 402. Das analoge Konzept auf der Nachfragerseite heißt →Käuferrente. Synonyme: Produzentenüberschuß; allgemeiner: Anbieter-; Verkäuferrente.

Punktelastizität = → *Elastizität an einer Stelle einer Verhaltensfunktion, gemessen unter Verwendung des Differentialquotienten aus abhängiger und Erklärungsvariabler.* Alternative → Bogenelastizität.

Punktmarkt = *Alle Anbieter und Nachfrager eines* → *Marktobjekts befinden oder treffen sich an einem Ort.* Es können dann keine → räumlichen Präferenzen auftreten. Möglicherweise vorhandene unterschiedliche Aufwendungen der Marktteilnehmer für den Transport ihrer Waren, Beauftragten, Nachrichten oder ihrer eigenen Person vom gewöhnlichen Standort zum P. werden nicht berücksichtigt oder in den → Preis am P. einkalkuliert.

Reaktionsfunktion = *Gibt den vermuteten Zusammenhang zwischen der Änderung einer Instrumentvariablen eines Wirtschaftssubjekts und der daraufhin erfolgenden Änderung einer Instrumentvariablen eines anderen Wirtschaftssubjekts oder mehrerer anderer Wirtschaftssubjekte an.* Die graphische Darstellung einer R. heißt **Reaktionskurve.** Wird nur eine Stelle einer R. betrachtet, kann die Reaktion durch einen **Reaktionskoeffizienten** gemessen werden. Beispiele für diese sind Marginalquoten und → Elastizitäten, sofern die Erklärungsvariable eine Instrumentvariable ist. Von R.en wird besonders in der Theorie des → Oligopols Gebrauch gemacht.

Rendite: Def. 2.10 (S. 262); oder = *Überschuß des Ertrages einer Investition über die eingesetzten Mittel, bezogen auf diese;* oder = *Nettoertrag einer Investition als v. H.-Satz des investierten Betrages.* Das unternehmerische Ziel „Maximierung der R." wird als „erwerbswirtschaftliches Prinzip" bezeichnet (GUTENBERG [2.01], 1. Bd). Synonyme: Interner Zinssatz; Ertragssatz; Real- (auch: Effektiv-)verzinsung (im Gegensatz zur Nominalverzinsung); Grenzleistungsfähigkeit des Kapitals („Kapital", investierte Produktionsmittel, ist immer schon vorhanden, die R. mißt daher den Ertrag, die „Leistungsfähigkeit", zusätzlichen „Kapitals"); interne Ertragsrate; erwartete Profitrate.

Rente, ökonomische: Def. 2.7 (S. 252); oder = *Differenz zwischen dem Erlös, den eine Ressource, eine verwertbare Fertigkeit, ein* → *Produktionsfaktor bei der jeweiligen Verwendung erbringt, und dem Erlös bei der nächstbesten Verwendung;* oder = *Differenz zwischen Erlös und* → *Alternativkosten beim Einsatz eines Produktionsfaktors.* Die ö. R. kann positiv, gleich null oder negativ sein. Positive ö. R.n sind vom Standpunkt der → Allokation unnötig, um einen Faktor in seiner jeweiligen Verwendung zu halten. Sie verschwinden, wenn die Faktoren vollständig mobil sind, da sich dann einheitliche Preise für sie bilden. Da dies beim Einsatz von Grundstücken in der landwirtschaftlichen Produktion nicht zutreffen kann, entsteht **Bodenrente**; bei einheitlichen Produktpreisen, aber unterschiedlicher Bodenfruchtbarkeit entstehen **intramarginale ö. R.n** (auch: Differentialgewinne). Die Existenz einer ö. R. ist oft Indiz für → Marktmacht. Synonym: Ökonomischer Überschuß.

Schwarzfahrerverhalten = *Inanspruchnahme eines* → *Kollektivguts unter Vermeidung einer Beteiligung an seinen Herstellungs- oder Unterhaltungskosten.* S. führt zu Unterversorgung mit privaten Kollektivgütern. Synonym (für Schwarzfahrer): Freifahrer (mißverständlich, da es beispielsweise auf öffentlichen Verkehrsmitteln legale Freifahrten gibt); Trittbrettfahrer (öffentliche Nahverkehrsmittel hatten früher außen Trittbretter). Aber auch „Schwarzfahrer" ist keine glückliche Bezeichnung, da man dem

→Ausschlußprinzip auf Verkehrsmitteln durchaus Geltung verschaffen kann, Kontrollen in der Tat stattfinden und S. in anderen Bereichen legal sein kann.

Skalenelastizität: Gleichung (2.15), S. 187; oder = *Quotient aus relativer Änderung der Produktmenge in einem Produktionsprozeß und relativer Änderung des Einsatzes der Produktionsfaktoren.* Vorausgesetzt wird, daß die Mengenverhältnisse der →Produktionsfaktoren zueinander konstant bleiben. Bei homogenen →Produktionsfaktoren ist die S. gleich deren Homogenitätsgrad und gleich der Summe der partiellen →Produktionselastizitäten, Satz 2.4 (S. 189). Entsprechend den drei relevanten Bereichen der S. (S. 187) spricht man hierbei von linearen, unter- oder überlinearen Produktionsfunktionen. Synonym: totale (im Gegensatz zur partiellen) Produktionselastizität.

Skalenertrag. Zu unterscheiden sind **marginaler S.:** Def. 2.3 (S. 186); oder = *Änderung der Produktmenge in einem* →*Produktionsprozeß als Folge des Mehreinsatzes aller* →*Produktionsfaktoren in ungeänderten Mengenverhältnissen;* **durchschnittlicher S.** = *Quotient aus Produktionsergebnis x und Zahl λ der Faktorpakete konstanter Zusammensetzung.* Der Zusammenhang $x = f(\lambda)$ heißt **Skalenertragsfunktion.** Deren graphische Darstellung ist eine **Ertragskurve bei totaler Faktorvariation,** s. Bild 2.8 (S. 187). Der S. kann über den Bereich der gesamten Kapazität oder Teilbereiche steigen, konstant bleiben oder fallen; entsprechende Werte zeigt die →Skalenelastizität. Das Konzept ist auf allen drei Betrachtungsebenen (Unternehmen, Industrie, Volkswirtschaft) anwendbar. Synonyme: Für marginaler S.: →Grenzprodukt des Prozeßniveaus; Niveaugrenzprodukt.

Slutsky-Zerlegung = *Isolierung des* →*Substitutionseffekts einer Preisänderung von ihrem* →*Einkommenseffekt in der Weise, daß die Änderung des Realeinkommens in solcher Höhe kompensiert wird, daß die Kaufkraft des Konsumenten in der Ausgangssituation erhalten bleibt.* Dabei wird das Güterbündel der Ausgangssituation mit den Preisen der Endsituation bewertet, die Realeinkommenskompensation also durch einen Paasche-Mengenindex gemessen. Bezeichnung zu Ehren des russischen Nationalökonomen und Statistikers EVGENIJ E. SLUTSKIJ (1880–1948), auf den die Grundgleichung der Wertlehre, auch **Slutsky-Gleichung** genannt, zurückgeht.

Snobeffekt = *Ein Haushalt fragt bei jedem Preis um so weniger von einem Gut nach, je größer die Gesamtnachfrage nach diesem Gut ist;* oder = *Ein Haushalt entläßt ein Gut aus seinem Nachfragesortiment, sobald die Gesamtnachfrage nach ihm einen Mindestwert überschritten hat.* Dem S. liegt das Bestreben zugrunde, eine erhöhte Einschätzung durch andere Personen dadurch zu gewinnen, daß man vom üblichen Verhalten abweicht. Beispiel dafür, daß das Verhalten von Haushalten die →Präferenzen anderer beeinflußt. Gegenteiliges Verhalten →Mitläufereffekt. (Ein Snob ist ein Vornehmtuer; einer, der Überlegenheit zur Schau stellt, um andere zu beeindrucken.)

Spekulation: Def. 3.7 (S. 325). Kennzeichnend ist die Unsicherheit über den zukünftigen Kassapreis, dessen Änderung im Zeitablauf der Spekulator zu seinen Gunsten auszunutzen hofft. S. beruht häufig auf dem erwarteten Eintreten von Ereignissen mit voraussehbaren Wirkungen auf den Preis des Objekts (Frosteinbruch beeinträchtigt die Kaffee-Ernte in Brasilien, politische Ereignisse). S. kann auch darin bestehen, bestimmte Transaktionen zu unterlassen und heißt dann **passive S.** im Gegensatz zur **aktiven S.** gemäß obiger Def. (Beispiel: Ein Warenexporteur verkauft auf Ziel, unternimmt aber kein Kurssicherungsgeschäft). Nicht zu verwechseln mit →Arbitrage. Synonym: Risiko-Differenzgeschäft.

Spinngewebe-Modell: *Auf einem Mengenanpassermarkt ergeben sich aus einer Gleichgewichtssituation heraus gegenläufige Preis-Absatzmengen-Schwankungen, wenn sich die Nachfragekurve dauerhaft in eine neue Lage verschiebt, sich das kurzfristig völlig unelastische Angebot aufgrund einer Produktionsverzögerung nach dem Preis der Vorperiode richtet und sich die Nachfrage ohne Verzögerung an den Preis anpaßt.* Je nach dem Verhältnis der Steigungen der linearen Kurven zueinander konvergieren die Schwankungen zu einem neuen langfristigen Gleichgewicht, bleiben konstant oder divergieren. Bekanntester Anwendungsfall ist der Schweinezyklus. Die Bezeichnung („cobweb theorem") stammt von N. KALDOR: A Classificatory Note on the Determinateness of Equilibrium, REStud 1933/34. Synonym: Spinnweb-Theorem.

Strategie, ökonomische = *Wirtschaftsplan, in dem mehrere Möglichkeiten für das Handeln anderer Wirtschaftssubjekte oder Zustände der Natur während der Planperiode zusammen mit den jeweiligen eigenen Reaktionen darauf vorgesehen sind.* Bei einer **autonomen ö. S.** werden bei der Planung von Transaktionen keine Reaktionen anderer Wirtschaftssubjekte einbezogen, anderenfalls liegt eine **nichtautonome ö. S.** vor.

Substitution = *Teilweise oder vollständige Ersetzung von Wirtschaftsobjekten oder Produktionsverfahren durch andere zwecks Erreichung eines möglichst ungeänderten Erfolges als Reaktion auf Datenänderungen.* Bedingungen und Verhaltensnorm für S.en sind im **Substitutionsprinzip** zusammengefaßt, s. Def. E.3 (S. 27). S. ist eine universelle Verhaltensweise in Produktion und Konsum (→ substituierbares Gut) und beruht darauf, daß praktisch immer mehrere Güter zur Bedürfnisbefriedigung oder Güterherstellung zusammenwirken und kaum eines unersetzlich ist. S. erfordert Informationen und Umstellungskosten, aus denen sich der Grad der **Substituierbarkeit** eines gegebenen Objekts oder Verfahrens ergibt und die ein **Substitutionshemmnis** darstellen, wenn sie größer sind als die von der S. erwartete Verbesserung der Zielerreichung. Bleibt S. aus, besteht eine **Substitutionslücke**. Je nach dem Ausmaß der S. im Vergleich zur Ausgangssituation unterscheidet man **marginale S.** und **Sprungsubstitution**. Synonyme: Für vollständige S.: Alternativsubstitution. Für teilweise S.: Marginale, periphere S.; Randsubstitution.

Substitutionseffekt = *Reaktion eines Wirtschaftssubjekts auf die Preisänderung für ein Wirtschaftsobjekt. Bei einer Preiserhöhung wird ceteris paribus weniger, bei einer Preissenkung mehr gekauft;* oder = *Die →Nachfragekurve für ein Gut verläuft fallend, es gilt das →Nachfragegesetz.* In der Theorie der Konsumwahl wird gezeigt, wie der S. mit Hilfe der →Hicks- oder der →Slutsky-Zerlegung vom →Einkommenseffekt der Preisänderung zu trennen ist.

Substitutionselastizität. Zu unterscheiden sind die **Markt-S.** = *Quotient aus den relativen Änderungen des Mengenverhältnisses, in dem zwei Güter nachgefragt werden, und ihres Preisverhältnisses* (S. 125, 127); und die **technische S.** gemäß Gleichung (2.27) S. 199 als Maß für die Krümmung einer →Isoquante. Wertebereich s. Satz 2.7 (S. 200). Bei gegebenen Faktorpreisen gilt im Produktionsoptimum auch die Def. der Gleichung (2.30), S. 202. Die technische S. dient der Einteilung von →Produktionsfunktionen in →CES (= constant elasticity of substitution) und VES (= variable elasticity of substitution)-Funktionen, S. 206 f.

Tausch = *Abgabe eines Wirtschaftsobjekts mit gleichzeitigem Empfang eines anderen als Gegenleistung.* T. ist ein grundsätzlich friedliches Verfahren zur →Allokation insbesondere von Gütern entweder aufgrund eigener Intiative der T.partner (dezentraler T.) oder auf Anordnung einer übergeordneten Stelle. Dominiert T. als Allokationsverfahren, liegt eine **T.wirtschaft** vor. T. kommt als **Realtausch** = *T. Gut gegen Gut,* bei dem ein →Realtauschverhältnis entsteht; und als **Kauf/Verkauf** = *T. Gut oder Forderung gegen Geld* vor, dem ein →Preis zugrundeliegt. Bei dezentralem T. wollen beide T.partner in der Regel ihre Situation verbessern: Hyp. 3.1 (S. 283), so daß zwischen ihnen ein Interessenkonflikt bezüglich der T.bedingungen besteht. T. ist erforderlich, weil und insoweit Menschen als Konsumenten unterschiedliche Bedürfnisse haben und arbeitsteilig produziert wird. T. bewirkt in der Regel eine Wohlfahrtsmehrung, →fundamentales Tauschtheorem.

Tauschtheorem, fundamentales: Satz 3.2 (S. 290). Das f. T. gilt auch, wenn sich die Situation nur eines Partners verbessert und die des anderen ungeändert bleibt. Ob sich die →Allokation gemäß den →Präferenzordnungen eines Partners oder beider auch bei von einem Partner erzwungenem oder von übergeordneter Stelle befohlenem →Tausch verbessert, ist nur von Fall zu Fall entscheidbar. Wird Güterproduktion berücksichtigt, gilt Satz 3.3 (S. 293).

Teilmonopol = *Anbieterkonstellation auf einem* →*Markt, bei der neben einem Anbieter mit großem Marktanteil noch mehrere bis viele Anbieter mit jeweils unbedeutenden Marktanteilen vorhanden sind.* Synonym: Unvollständiges Monopol.

Teiloligopol = *Anbieterkonstellation auf einem* →*Markt, bei der neben wenigen Anbietern mit nennenswerten Marktanteilen mehrere bis viele weitere Anbieter mit jeweils unbedeutenden Marktanteilen vorhanden sind.* Synonym: Unvollständiges Oligopol.

Transformationskurve = *Geometrischer Ort der Kombinationen zweier Gütermengen, die mit einer gegebenen Ausstattung an Produktionsfaktoren maximal hergestellt werden können.* Werden mehr als zwei Güter betrachtet, wird die T. zu einer Transformationsfläche. Verläuft die Kurve oder Fläche vom Nullpunkt des Koordinatensystems her gesehen streng konkav, gilt für sie das →Gesetz der zunehmenden Grenzrate der Transformation. Die T. ist auf allen drei Betrachtungsebenen verwendbar. Synonyme: Produktionsmöglichkeitskurve; Kurve der Produktionsmöglichkeiten; Kapazitätslinie.

Verdrängungswettbewerb = →*Wettbewerbshandlungen werden mit solchem Erfolg vorgenommen, daß die Gewinne von Wettbewerbern dauerhaft unter das langfristig als Minimum angesehene Niveau gedrückt und diese daher zum Rückzug aus dem Markt oder zur Geschäftsaufgabe gezwungen werden.* V. bleibt im Prinzip systemgerecht (wenn er auch einen Schritt in Richtung auf die Aufhebung des Wettbewerbs bedeutet), soweit er mit Hilfe von Leistungen an die andere Marktseite geführt wird, die nach dem Ausscheiden des oder der Konkurrenten bestehen bleiben. Ist dies nicht der Fall, liegt →Nichtleistungswettbewerb vor. Synonyme: Ruinöser Wettbewerb; Vernichtungswettbewerb; englisch: cut-throat competition. Im internationalen Handel wird Wettbewerb durch gezielte und erhebliche Preisunterbietung als „Dumping" bezeichnet (von englisch to dump = hinwerfen, abladen, zu Schleuderpreisen verkaufen).

Verfügungsrecht = *Von der Rechtsordnung oder gemäß Konvention einem Wirtschaftssubjekt in bezug auf ein Wirtschaftsobjekt gewährte Handlungsmöglichkeit.* V.e werden durch Kauf, Tausch, Transfer, Aneignung erworben; bei ihrer Ausübung können Transaktionsaufwendungen entstehen. Fehlende oder unvollständige V.e lassen → externe Effekte entstehen. Synonym: Eigentumsrecht (zu eng); englisch: Property right.

Verursacherprinzip = *Wer Ressourcen in Anspruch nimmt oder anderen Personen Schäden oder Nachteile zufügt, soll die entstehenden Kosten tragen; wer anderen Personen Güter oder Vorteile zukommen läßt, soll gleichwertige Gegenleistungen erhalten.* Das V. liegt der → Tauschwirtschaft zugrunde, ist aber bei vielen → externen Effekten wegen schwer beschaffbarer Informationen oder Aufwendungen für seine Durchsetzung nicht voll realisierbar. Seine Problematik zeigt sich bei Kriminalität (bei deren Ahndung nicht das Prinzip im Vordergrund steht, daß der Täter das Opfer zu entschädigen hat), Umweltschädigung und anderen Ausprägungen des → Gefangenendilemmas sowie bei → Kollektivgütern. Synonym: Verursachungsprinzip.

Wagnis, moralisches = *Hat bei einer Versicherung der Versicherungsnehmer Einfluß auf des Eintreten des Versicherungsfalles, dann besteht eine Tendenz zur Überanspruchnahme der Versicherungsleistungen, weil für jeden Versicherungsnehmer einzeln der Vorteil aus der Inanspruchnahme die Kosten in Form höherer Beiträge weit übersteigt;* oder: *Eine Versicherung senkt die Kosten der versicherten Ereignisse für die Versicherungsnehmer, so daß diese Ereignisse häufiger eintreten.* Die Bezeichnung ist offen werthaltig und weist auf die Versuchung für den Versicherungsnehmer hin, sich marginal nicht vertragsgemäß zu verhalten. Das m. W. ist eine Form des → Schwarzfahrerverhaltens. Synonyme: Moralisches Risiko; (in diesem Buch auch) Versicherungsdilemma; englisch: moral hazard.

Wahlparadox: Satz 4.5 (S. 374); oder = *Aus Abstimmungen über eine Anzahl sozialer Zustände aufgrund individuell konsistenter Präferenzordnungen können sich nichtkonsistente soziale Präferenzordnungen ergeben.* Für den Ausgang der Abstimmung ist dann die Reihenfolge maßgebend, in der über Zustandspaare abgestimmt wird und unterlegene Zustände aus dem Wahlbereich ausscheiden. Das W. ist ein Spezialfall des → Arrow-Paradox. Synonyme: Abstimmungsparadox; Condorcet-Paradox (nach dem französischen Mathematiker A. DE CONDORCET, der das Problem 1785 als erster beschrieb).

Wettbewerb: Def. 3.3 (S. 302); oder = *Zu* → *Wettbewerbshandlungen führende Beziehung der Rivalität zwischen Teilnehmern jeweils einer Seite eines* → *Marktes.* Diese sind **Wettbewerber**, zwischen ihnen besteht eine **W.ssituation**. W. setzt daher mindestens zwei Teilnehmer auf der jeweiligen Marktseite voraus. 1848 schrieb J. S. MILL, daß nur insoweit, als Zinserträge, Gewinne, Löhne und Preise durch den W. bestimmt werden, →Gesetze für sie aufgestellt werden könnten, und daß die Nationalökonomie nur wegen des W.sprinzips Anspruch auf den Charakter als Wissenschaft erheben könne (Principles of Political Economy, Book II, Chapter IV). Methodisch bedeutet dies die Hyp., daß W. rationales und damit vorhersagbares Verhalten erzwingt. Normativ werden dem W. gewisse **W.sfunktionen** zugedacht = *W. erzeugt auf Märkten bestimmte positiv bewertete Ergebnisse,* hauptsächlich die Schwächung von → Marktmacht und die Förderung des technischen Fortschritts. Jedoch ist W. ein instabiles Verfahren, Satz 4.12 (S. 440). Entscheidend für die Beurteilung von W.ssituationen ist die Abgrenzung des →Marktobjekts (→relevanter Markt). Gliederung nach W.handlungen sowie nach der Einschätzung des Marktobjekts und der Teilnehmer einer Marktseite durch die der Gegenseite in →vollkommenen und →unvollkommenen W.; oder nach dem Verhalten gegenüber Konkurrenten in →polypolistischen und →oligopolistischen W. Nach EUCKEN [E.10] liegt W. nur vor, wenn die Marktteilnehmer den vom Markt (nicht von einem Preisführer) gebildeten Preis als Datum betrachten (was eine unzweckmäßige Einschränkung ist). W. wird durch eine große Zahl von Adjektiven näher bestimmt, in der Wirtschaftspraxis u. a. durch „dynamisch", „echt", „fair", „ruinös", „scharf", „unfair", „unlauter"; in der Wirtschaftswissenschaft durch „atomistisch", „beschränkt", „frei", „funktionsfähig", „monopolistisch", „offen", „potentiell", „rein", „vollkommen", „vollständig". Von diesen werden einige nachstehend definiert, andere als Synonyme eingeordnet. Vgl. in diesem Verzeichnis auch →Innovations-, →Leistungs-, →Nichtleistungs-, →Verdrängungswettbewerb. Manche Autoren sprechen statt von W. zwischen Marktteilnehmern von W. zwischen Gütern. Zur Begriffsdiskussion vgl. auch K. BORCHARDT/W. FIKENTSCHER: Wettbewerb, Wettbewerbsbeschränkung, Marktbeherrschung (1957). Synonym: Konkurrenz. Für Wettbewerber: Konkurrent.

Wettbewerb, atomistischer = *Wettbewerb unter einer sehr großen Zahl von Marktteilnehmern der betrachteten Marktseite, die einzeln sehr kleine Marktanteile haben, so daß jeder Teilnehmer nur einen sehr kleinen oder keinen Einfluß auf die Transaktionsbedingungen hat.* A. W. ist eine Bedingung für das Verhalten als →Mengenanpasser. Synonyme: Atomistische Konkurrenz; atomistische Angebots- beziehungsweise Nachfragestruktur.

Wettbewerb, funktionsfähiger = *Wettbewerb, der die ihm zugedachten Aufgaben („Funktionen") in hinreichender Weise erfüllt.* Der Begriff wurde angesichts der Erkenntnis geprägt, daß auf wesentlichen Märkten der modernen Industriegesellschaft Formen des →unvollkommenen Wettbewerbs vorherrschen und daß man sich mit einer prinzipiell unvollkommenen Erfüllung der Aufgaben des Wettbewerbs zufriedengeben muß, aber auch kann. Bedingungen: →Nachfragekurven sind geneigt, so daß Preispolitik möglich ist; genügend Produktheterogenität, so daß Unsicherheit über die Reaktionen von Konkurrenten besteht; Drohung →potentiellen Wettbewerbs. Die Bezeichnung wurde von J. M. CLARK: Toward a Concept of Workable Competition, AER 1940, eingeführt. Die Schwierigkeiten seiner Def. hat E. MASON glossiert: Es gibt soviele Def.en von f. W. wie funktionsfähige Volkswirte. Synonyme: Funktionierender, wirksamer, leistungsfähiger, aktiver Wettbewerb.

Wettbewerb, geschlossener = *Der Wettbewerb zwischen Marktteilnehmern einer Seite ist geschlossen, wenn kein weiterer Wettbewerb Zutritt zum Markt hat.* G. W. ist eine Form der →Wettbewerbsbeschränkung, bei ihm fehlt der →potentielle Wettbewerb. Bei g. W. auf beiden Marktseiten liegt ein **geschlossener Markt** vor. Gegensatz →offener Wettbewerb. Synonym: Geschlossenes Angebot beziehungsweise geschlossene Nachfrage (EUCKEN [E.10]). Häufig wird schon von geschlossenem Markt gesprochen, wenn nur auf der Anbieterseite g. W. vorliegt.

Wettbewerb, monopolistischer = →*Polypolistischer Wettbewerb, bei dem das* →*Marktobjekt heterogen ist oder die Nachfrager* →*Präferenzen anderer Art haben, so daß* *es sich um* →*unvollkommenen Wettbewerb handelt.* Vom Wortlaut her könnte man annehmen, m. W. herrsche zwischen Anbietern entfernter Substitute, jedoch wird der Begriff nicht so benutzt. Die Bezeichnung „monopolistic competition" wurde von A. C. PIGOU (Wealth and Welfare, 1912) mit der Bedeutung „Wettbewerb zwischen wenigen Anbietern, von denen jeder einen nennenswerten Marktanteil hat" benutzt und in sein Buch „The Economics of Welfare" (1920) übernommen. Bei CHAMBERLIN [4.01] manifestiert sich m. W. in →Produktdifferenzierung unabhängig von der Wettbewerbssituation. Heute wird auf das Vorhandensein vieler naher Substitute abgestellt. Synonyme: Monopolistische Konkurrenz; unvollkommene (auch: heterogene) polypolistische Konkurrenz; heterogene atomistische Konkurrenz; unvollständiger Wettbewerb.

Wettbewerb, offener = *Es bestehen keine natürlichen, institutionellen oder durch Absprachen zwischen Marktteilnehmern einer Marktseite errichteten Hindernisse für den Zutritt weiterer Wettbewerber, und diese haben zu den gleichen Bedingungen Zugang zu Informationen und (auf der Anbieterseite) Produktionsgütern wie die vorhandenen Teilnehmer.* Institutionelle Bedingung für o. W. auf der Anbieterseite ist die Gewerbefreiheit. Strittig ist, ob schon dann kein o. W. mehr vorliegt, wenn hohe Investitionsaufwendungen erforderlich sind, um als Anbieter auftreten zu können. Ist eine der Bedingungen für o. W. nicht erfüllt, besteht eine →Wettbewerbsbeschränkung. Bei o. W. auf beiden Marktseiten liegt ein **offener Markt** vor. Gegensatz: →geschlossener Wettbewerb. Synonyme: Freier Wettbewerb; freie Konkurrenz; offenes Angebot/offene Nachfrage. Häufig wird nur die Anbieterseite betrachtet und bei o. W. auf ihr von „offenem Markt" gesprochen.

Wettbewerb, oligopolistischer = *Wettbewerb zwischen wenigen Anbietern, wobei* →*Wettbewerbshandlungen in der Regel merklichen Einfluß auf den Absatz von Konkurrenten ausüben und daher mit Reaktionen von ihrer Seite gerechnet werden muß.* O. W. kann →vollkommener oder →unvollkommener Wettbewerb sein. Entsprechung auf der Nachfragerseite: **Oligopsonistischer Wettbewerb.** Synonyme: Wettbewerb zwischen wenigen Anbietern; oligopolistische Konkurrenz.

Wettbewerb, polypolistischer = *Wettbewerb zwischen vielen Anbietern, von denen jeder einen so kleinen Marktanteil hat, daß er bei Änderungen seiner Instrumentvariablen keine spürbaren Auswirkungen auf den Absatz anderer Anbieter und daher auch keine Reaktionen von diesen erwartet.* P. W. kann →vollkommener oder →unvollkommener Wettbewerb sein. Die Situation auf den meisten Konsumgütermärkten ist durch unvollkommenen p. W. gekennzeichnet. Die Anbieter nehmen an, daß ihre →Wettbewerbshandlungen das Verhalten anderer Anbieter nicht beeinflussen; die Produkte sind vielfach differenziert; und es gibt persönliche und vor allem räumliche →Präferenzen der Nachfrager in bezug auf die Anbieter. Preisbildung Satz 4.9 (S. 409). Entsprechung auf der Nachfragerseite: **Polypsonistischer Wettbewerb.** Synonyme: Für vollkommenen p. W.: Homogen-atomistische Anbieterkonkurrenz. Für unvollkommenen p. W.: Monopolistischer Wettbewerb; heterogen-atomistische Anbieterkonkurrenz.

Wettbewerb, potentieller = *Möglichkeit des Zutritts weiterer Wettbewerber auf einer Marktseite.* Fehlt sie, dann herrscht auf ihr →geschlossener Wettbewerb. Auf der Anbieterseite ist mit dem Zutritt weiterer Wettbewerber zu rechnen, wenn die auf dem

Markt erzielbaren Gewinne nennenswert über den sonst üblichen liegen und zu erwarten ist, daß diese Situation andauert. Voraussetzungen für p. W. sind vor allem, daß die Gewinnsituation bekannt ist, daß die wesentlichen Produktionsverfahren nicht durch Patente geschützt sind und keine staatlichen Hemmnisse gegen den Zutritt neuer Anbieter bestehen, daß zusätzliche Produktionsgüter zu annähernd konstanten Bedingungen erhältlich sind, die optimale Betriebsgröße nicht zu hoch liegt und das zusätzliche Angebot nicht mindestens so groß sein muß, daß es einen erheblichen Preissturz auslösen würde. P. W. kann → Monopolisten und → Oligopolisten veranlassen, ihre Preissetzungsspielräume nicht voll auszunutzen, und drückt daher den realisierten → Monopolgrad.

Wettbewerb, unlauterer: Tragender Begriff des *Gesetzes gegen den unlauteren Wettbewerb* (UWG), erstmals im Deutschen Reich 1909, zur Zeit geltende Fassung in W. HEFERMEHL: Wettbewerbsrecht, 16. Aufl. München 1990. Mit dem Begriff des u. W. werden bestimmte Mittel und Ziele des → Wettbewerbs mißbilligt, die gegen die guten Sitten verstoßen (Generalklausel des § 1 UWG). Das Verbot bestimmter → Wettbewerbshandlungen „im geschäftlichen Verkehre" (also nicht bei Sport und Spiel) soll zum Teil dem Schutz der Nachfrager (unzulässig sind Kundenfang wie Ansprechen auf der Straße, Zusendung unbestellter Ware, unrichtige oder irreführende Angaben in der Werbung, Verstöße gegen Verbraucher- und Umweltschutzbestimmungen), zum Teil dem der Konkurrenten dienen: U. W. sind Boykott(aufrufe), Preisunterbietungen im Rahmen des → Verdrängungswettbewerbs, Verbreitung unwahrer Behauptungen, Bestechung von Angestellten. Gegensatz: Lauterer (auch: fairer) Wettbewerb. Synonym (englisch): Unfair competition.

Wettbewerb, unvollkommener = → *Wettbewerb zwischen Anbietern oder Nachfragern eines → Marktobjekts, wobei dieses im Urteil der jeweils anderen Marktseite nicht → homogen ist oder → Präferenzen in bezug auf Teilnehmer der betrachteten Marktseite bestehen;* oder = *Wettbewerb bei Differenzierung des Marktobjekts oder der Marktteilnehmer der betrachteten Seite im Urteil der Teilnehmer der anderen Seite.* Zeitweilig u. W. kann in → vollkommenen Wettbewerb übergehen, wenn die → Markttransparenz im Zeitablauf zunimmt oder Präferenzen verschwinden. Synonyme: Heterogener Wettbewerb; unvollkommene oder heterogene Konkurrenz; englisch: imperfect competition (vgl. den Titel von ROBINSON [4.02]). Ein Wertgehalt des Wortes „unvollkommen" ist nicht beabsichtigt.

Wettbewerb, vollkommener = → *Wettbewerb zwischen Teilnehmern einer Marktseite, wenn bei den rational handelnden Teilnehmern der anderen Seite keine → Präferenzen in bezug auf das → Marktobjekt oder die Teilnehmer der betrachteten Seite bestehen;* oder = *Wettbewerb in bezug auf ein → homogenes Marktobjekt bei Abwesenheit von Präferenzen bei den Teilnehmern der anderen Marktseite.* V. W. schließt → Wettbewerbshandlungen nicht aus, jedoch führen diese, etwa im → Oligopol, unverzüglich zu Reaktionen von Wettbewerbern. Die Bedingungen für v. W. liegen auf den beiden Seiten eines → vollkommenen Marktes vor; sie sind in der Praxis an Börsen und anderen hochorganisierten → Märkten angesichts der dort gehandelten Objekte annähernd erfüllt. Einige Autoren nennen Wettbewerb gemäß der obigen Def. „reinen Wettbewerb" und fügen bei v. W. noch die Bedingung der vollständigen → Markttransparenz hinzu. Gegensatz → unvollkommener Wettbewerb. Synonyme: Homogener Wettbewerb;

vollkommene oder homogene Konkurrenz; englisch: Perfect competition. Ein Wertgehalt des Wortes „vollkommen" ist nicht beabsichtigt. Die Bezeichnung „homogener Wettbewerb" gibt die sprachliche Parallelität zu „homogenem Gut" besser wieder, dessen Homogenität eine Voraussetzung des v. W.s ist. J. ROBINSON schrieb 1935 (QJE, Vol. 49) v. W. werde in so vielen Bedeutungen gebraucht, daß der Begriff fast wertlos geworden sei.

Wettbewerb, vollständiger. Der Ausdruck gilt für einen Markt oder alle Märkte einer Volkswirtschaft und kann bedeuten: (1) Alle Anbieter und Nachfrager auf einem → Markt handeln als → Mengenanpasser (EUCKEN [E.10], S. 111); (2) Ein Synonym für →vollkommenen Markt (SCHUMANN [I.03], S. 177 ff.; H. C. RECKTENWALD: Zur Lehre von den Marktformen, in: OTT [I.30], S. 65); (3) Alle Anbieter und Nachfrager auf sämtlichen Märkten einer Volkswirtschaft handeln als Mengenanpasser (Modell oder Theorie des v. W.s bei R. RICHTER: Preistheorie, Wiesbaden 1963, S. 14); (4) Alle Märkte einer Volkswirtschaft sind vollkommene Märkte (BÖVENTER [I.06], S. 22). Der Begriff wird in diesem Buch nur zitiert (S. 510) und nicht verwendet, da sich hier alle Wettbewerbsbegriffe auf die Beziehungen zwischen den Teilnehmern jeweils einer Marktseite beschränken. Synonyme: Vollständige oder reine Konkurrenz. Der Ausdruck dürfte eine fehlerhafte Übersetzung des englischen „perfect competition" (= vollkommene Konkurrenz) sein, da „vollständig" „complete" heißen müßte.

Wettbewerbsbeschränkung = *Vereinheitlichung oder Ausschluß von → Wettbewerbshandlungen durch Übereinkunft von Wettbewerbern, Verträge mit Wiederverkäufern oder staatliches Gebot; sowie Erschwerung oder Ausschluß des Zutritts weiterer Wettbewerber aus technischen Gründen, aufgrund staatlicher Vorschrift oder des Verhaltens der vorhandenen Wettbewerber.* Beispiele sind Ausschluß des Preiswettbewerbs im →Kartell, vertikale Preisbindung und das Verbot des →unlauteren Wettbewerbs. Extremfall der Zutrittsbeschränkung ist das →natürliche Monopol, andere sind die Forderung nach Befähigungsnachweisen und die Politik des Sperrpreises. Eine allgemeine Tendenz zu W.en ist in der Marktwirtschaft zu vermuten, jedoch verursachen Vereinbarungen über diese und deren Kontrolle Aufwendungen, die in der Regel mit der Zahl der Konkurrenten wachsen; außerdem locken die im Schutz von W.en erzielten Gewinne zusätzliche Konkurrenten an. Liegt keine W. vor, herrscht **unbeschränkter** (auch: freier) **Wettbewerb,** der jedoch insofern eine Ausnahme ist, als der Staat bestimmte Wettbewerbshandlungen schon wegen ihrer Unlauterkeit ausschließt, →unlauterer Wettbewerb.

Wettbewerbshandlung = *Maßnahme eines Marktteilnehmers mit Wirkung auf den Markt, die objektiv geeignet ist, das eigene Interesse zu Lasten der Interessen anderer Teilnehmer der eigenen Marktseite zu fördern und subjektiv mit dieser Absicht unternommen wird.* Adressaten der W. sind meist Teilnehmer der anderen Marktseite. Nach der Art der W. lassen sich Preis-, Produkt-, Werbe- und Vertriebswettbewerb unterscheiden. Gewöhnlich richten sich W.en gegen Wettbewerber auf demselben Markt, jedoch können im weiteren Sinne auch Maßnahmen wie gemeinsame Werbekampagnen zu ihnen gerechnet werden, mit denen Kaufkraft von anderen → Märkten abgezogen werden soll. Wesentlich für die Klassifizierung einer Maßnahme als W. ist, daß sie ohne Absprache mit denjenigen Konkurrenten erfolgt, gegen die sie sich richtet. Finden sich demnach Wettbewerber in einer Koalition gegen Dritte zusammen, bleiben ihre gemeinsamen

Maßnahmen W.en. Synonyme (betriebswirtschaftlich): Maßnahme der Absatzpolitik; absatzpolitisches Instrument.

Wettbewerbsintensität = *Häufigkeit und Wirksamkeit der von Teilnehmern einer Marktseite während eines Zeitraums unternommenen → Wettbewerbshandlungen.* W. ist eine Frage des Grades mit den Extremen null einerseits und einem (schwer definierbaren) Maximum anderseits, die etwa durch den → Verdrängungswettbewerb gekennzeichnet ist.

Wettbewerbsparadox = *Jeder Wettbewerber einer Marktseite nimmt an, daß ihm → Wettbewerbshandlungen Vorteile gegenüber seinen Konkurrenten verschaffen werden. Nehmen dies alle an und handeln sie danach, so heben sich die Vorteile gegenseitig auf, so daß kein Wettbewerber danach besser dasteht.* Meist befinden sich alle sogar in einer schlechteren Position, etwa wenn eine Werbekampagne die Marktanteile nicht geändert und nur Aufwendungen verursacht hat; oder wenn mit den Wettbewerbshandlungen der anderen Marktseite Vorteile eingeräumt wurden. Die Einsicht in das W. ist ein mächtiger Anreiz zu → Wettbewerbsbeschränkungen, jedoch verhindert sie Wettbewerb nicht vollständig, da zeitliche Vorsprünge bei Wettbewerbshandlungen diese lohnend erscheinen lassen können. Synonyme: Konkurrenzparadox, -paradoxon.

Wicksell-Johnson-Theorem: Sätze 2.3 und 2.4 (S. 189). Das W.-J.-T. ist die Grundlage des →Ausschöpfungstheorems. Bezeichnung nach dem Vorschlag von E. SCHNEIDER zu Ehren des Engländers W. E. JOHNSON und des Schweden KNUT WICKSELL, die den Zusammenhang 1913 veröffentlichten. Synonyme: Skalenelastizitätsgleichung; Eulerscher Homogenitätssatz; Eulersches Theorem; in der englischsprachigen Fachliteratur: Clark-Wicksteed-Theorem.

Wohlfahrtsfunktion, gesamtwirtschaftliche = *Für eine Personenmehrheit geltende → Präferenzordnung in bezug auf gesellschaftliche Zustände.* Von einer g. W. wird verlangt, daß sie vollständig und transitiv sei. Sie kann der Gesellschaft entweder von oben verordnet werden (diktatorische oder → paternalistische Lösung des Wohlfahrtsproblems), oder es kann versucht werden, sie durch Mehrheitsentscheid herzustellen. Dies setzt einen Mehrheitsentscheid darüber voraus, daß Mehrheitsentscheide gelten sollen, und führt so in ein unlösbares Anfangsdilemma. Abgesehen davon unterliegen Mehrheitsentscheide über Präferenzordnungen dem → Arrow-Paradox. Die Bezeichnung stammt von A. BERGSON: A Reformulation of Certain Aspects of Welfare Economics, QJE 1938. Synonyme: Gesellschaftliche, soziale Wohlfahrtsfunktion.

X-Ineffizienz = *Überschuß der tatsächlichen Kosten über die der → Minimalkostenkombination in einem Produktionsunternehmen.* Eine der Hauptursachen ist, daß Arbeitsverträge unvollständig sind und im Unternehmen tätige Menschen neben der Abgabe ihrer Arbeitsleistungen eigene Ziele verfolgen, und zwar auch in Abhängigkeit von der Marktsituation des Unternehmens. So wird vermutet, daß die X.-I. in einem unangefochtenen → Monopol höher als in einem Unternehmen unter starkem Wettbewerbsdruck ist. Sie kann ohne Mehreinsatz von → Produktionsfaktoren durch Umorganisation des Produktionsprozesses, Lohnanreize und andere motivationsfördernde Maßnahmen, Mitarbeiterschulung und -kontrolle verringert werden. Das Konzept geht auf H. LEIBENSTEIN (1966) zurück, vgl. FRANTZ [2.56]. Die Gesamtheit der Modelle und Theoreme zur X.-I. nennt er **X-Effizienz-Theorie.** Synonym: Unternehmensinterne Ineffizienz (so SCHUMANN [I.03], S. 373).

Personen- und Institutionenverzeichnis

Institutionen sind gemäß ihrer korrekten Bezeichnung eingeordnet, so die Bundespost unter „Deutsche Bundespost". Geographische Eigennamen sind nicht aufgenommen.

Abel, B.   65, 66
Adam, D.   274
Adams, F. G.   486
Adams, M.   468
Addicks, A.   253
AEG-Telefunken AG   324
Albach, H.   277
Albert, H.   64, 66
Albrecht, A.   480
Alchian, A. A.   158
Aldrup, D.   66
Allen, R. G. D.   85, 544
Allingham, M.   480
American Economic Association   432
Amoroso, L.   547
Andreae, C.-A.   482
Andrews, P. W. S.   353
Arndt, H.   64, 482, 562
Arni, J.-L.   66
Arnim, H. H. v.   8
Arrow, K. J.   157, 274, 275, 305, 352, 463, 479, 480, 481, 487, 543, 548, 549

Bacharach, M.   484
Bailey, E. E.   276
Bain, J. S.   483, 486
Bain, K.   353
Bamberg, G.   273
Barnikel, H. H.   485
Barreto, H.   274
Barten, A. P.   157
Bartholomeyczik, H.   482
Bartlett, R.   482
Bartley III, W. W.   355
Bartling, H.   539
Barzel, Y.   537
Batzer, E.   486
Baum, C.   485
Baum, H.   512, 540
Baumol, W. J.   481, 538
Bea, F. X.   273

Becker, G. S.   65, 150, 160
Bedau, K.-D.   135, 159
Bell, D.   64
Belousov, R. A.   369
Benisch, W.   482
Berg, S. V.   538
Bergson, A.   581
Bergstrom, T. C.   544
Bernholz, P.   65, 536
Bersuch, J.   486
Biene, P.   481
Bjarnarson, V. W.   181
Black, R. D. C.   66
Blair, J. M.   485
Blair, R. D.   485, 486
Blattner, N.   275
Blaug, M.   64
Blundell, R.   157
Böbel, I.   479, 537
Böcker, F.   354
Bohm, P.   480
Böhm, V.   157, 544, 545
Böhm-Bawerk, E. v.   379
Boland, L. A.   65
Bombach, G.   157, 160, 275, 353, 479, 537
Bomball, M. R.   421, 484
Bonner, J.   481
Bonus, H.   538
Borchardt, K.   577
Borcherding, T. E.   540
Borchert, M.   353
Bös, D.   481
Boskin, M. J.   158
Boulding, K. E.   353
Böventer, E. v.   542, 544, 580
Brandt, K.   157, 274, 276, 544
Bressler, B.   545
Breyer, F.   536
Brown, A.   157
Brown, M.   275
Brümmerhoff, D.   536

Buchanan, J. M. 65
Buchner, R. 277
Bundesaufsichtsamt für das Versicherungswesen 512
Bundesgerichtshof 396, 502, 508
Bundeskartellamt 308, 310, 449, 451, 454, 456, 459, 539
Bundesminister für Arbeit und Sozialordnung 531
Bundesminister für Ernährung, Landwirtschaft und Forsten 517
Bundesministerium für Verkehr 401
Bundesministerium für Wirtschaft 286, 537
Bundespräsident 525
Bundesrat 517
Bundesregierung 5, 138, 459, 509, 525, 539
Bundesverfassungsgericht 504
Burke, T. 353
Busse v. Colbe, W. 261, 273

Caldwell, B. J. 65
Campbell, D. E. 353
Cannan, E. 355
Caprano, E. 277
Cassel, D. 355
Casson, M. 274
Chacholiades, M. 543
Chamberlin, E. H. 423, 478, 483, 578
Chammah, A. M. 552
Chenery, H. B. 275
Cheung, S. N. S. 477
Chiang, A. C. 96, 382, 545
Chmielewicz, K. 63
Clark, J. M. 577
Clarke, E. H. 538
Clarke, R. 273
Clever, P. 64, 66
Coase, R. H. 487, 549
Coats, A. W. 66
Cobb, C. W. 549
Coenenberg, A. G. 273
Collard, D. 65
Collery, A. P. 387
Condorcet, A. de 576
Cournot, A. A. 329, 412, 413, 414, 416, 417, 482, 483, 549
Cowen, T. 487
Cox, H. 353, 539
Currie, J. M. 158
Curry, B. 485
Cyert, R. M. 273

Daal, J. v. 66
Daimler-Benz AG 324
Daughety, A. F. 484
Däumler, K.-D. 277

David, P. A. 377
Davis, M. D. 484
Davis, O. A. 481
Deaton, A. 157
Defoe, D. 367
Demsetz, H. 466, 487, 495
Deutsche Bundesbahn 405, 433, 438
Deutsche Bundespost 401, 405, 432, 433, 436
Deutscher Bundestag 459, 525
Deutsche Lufthansa AG 401
Deutscher Städtetag 500
Devinney, T. M. 353
Diamantensyndikat 454
Diamond, P. 354, 481
Diekmann, J. 544
Dolan, E. G. 515, 544
Dorward, N. 354
Douglas, P. H. 274, 549
Duffie, D. 480
Dupuit, J. 558

Easterlin, R. E. 377
Eckert, R. D. 542
Edgeworth, F. Y. 82, 550
Eels, R. 487
Eichhorn, W. 66, 274
Ekelund, R. B. 157, 543
Elsholz, G. 486
Eltis, W. A. 59
Emminger, O. 62
Endres, A. 549
Engel, E. 551, 552, 553
Enke, H. 486
Erlinghagen, P. 486
Eschenburg, R. 537
Eucken, W. 23, 64, 310, 493, 577, 580
Europäische Gemeinschaften 50, 307, 342, 523, 531, 540
Evely, R. 426

Fandel, G. 274
Fehl, U. 542
Fellner, W. 483
Ferguson, C. E. 274
Fikentscher, W. 577
Finger, J. M. 66
Finger, N. 276
Fisher, A. C. 538
Fleck, F. H. 275
Forsthoff, E. 529
Fotiadis, F. 159
Franke, J. 542
Frantz, R. S. 276, 581
Frey, B. S. 65, 536

Friedlaender, A. F. 276
Friedman, D. 541
Friedman, J. W. 484
Friedman, M. 9, 355, 439, 541
Friedman, R. 541
Frohn, J. 275
Furubotn, E. G. 157, 537
Fuss, M. 275

Gäfgen, G. 480
Gahlen, B. 157, 160, 275, 353, 479, 537
Gal, T. 545
Galatin, M. 354
Galbraith, J. K. 482, 530, 541
Geisbüsch, H.-G. 482
Genn-Bash, A. 353
George, K. D. 485
Gierke, O. v. 493, 495, 537
Gierl, A. 277
Giersch, H. 480, 539
Giffen, R. 554
Gilson, J. C. 181
Glahe, F. R. 542
Glahe, W. 482
Glaister, S. 545
Goldberg, W. H. 486
Goldschmid, H. J. 485
Gollnick, H. G. L. 159
Goodman, J. C. 515, 544
Goodwin, C. D. W. 66
Göseke, G. 159
Gossen, H. H. 555
Gottinger, H. W. 158
Gram, H. 480
Gramm, W. P. 157
Gravelle, H. 543
Green, H. A. J. 157
Greenstein, F. I. 536
Greipl, E. 486
Grichting, A. 276
Grimm, A. 486
Gronau, R. 160
Grossekettler, H. 353
Gutenberg, E. 273, 483, 560, 571, 572
Gutersohn, A. 482
Gutmann, G. 355

Haddock, D. D. 486
Hagger, A. J. 263
Hahn, F. H. 305, 480
Haines, B. 353
Hammann, P. 273, 481
Hamlin, A. 537
Hanusch, H. 481, 538
Harbusch, P. 355

Härtter, E. 96, 205, 382, 386, 545
Hartwig, K.-H. 66
Hauser, J. R. 505
Hausman, D. M. 65
Haveman, R. H. 352
Hax, H. 277
Hay, D. A. 479
Hayek, F. A. v. 353, 354, 355
Head, J. G. 156
Heathfield, D. F. 274
Hedrick, C. L. 273
Hedtkamp, G. 536
Hefermehl, W. 579
Heilbroner, R. L. 66
Heinemann, K. 487
Helmstädter, E. 538
Henderson, J. M. 543
Herberg, H. 542
Herdzina, K. 353, 539
Hesse, G. 537
Hesse, H. 275, 544
Heuss, E. 353, 481
Hey, J. D. 354
Hicks, J. R. 100, 102, 103, 155, 208, 543, 556, 558
Hildenbrand, W. 480
Hippel, E. v. 540
Hirschman, A. O. 355
Hirshleifer, J. 354, 484, 542, 556
Hoffmann-Nowotny, H.-J. 66
Hogarth, R. M. 66
Holler, M. J. 480
Hong, B. Y. 276
Hoppmann, E. 302, 353, 539
Hopt, K. J. 354
Horn, M. 538
Horowitz, I. 273
Houthakker, H. S. 130, 159, 551
Howells, P. 353
Huang, D. S. 545
Hurwicz, L. 353

Illing, G. 544
Institut für Mittelstandsforschung 426
Internationale Arbeitsorganisation 215
Internationaler Lufttransportverband (IATA) 457, 458
Internationaler Währungsfonds 432
Intriligator, M. D. 157, 274, 543
Ireland, N. J. 353
Isard, P. 553
Issing, O. 539

Jacoby, N. H. 487
Jänicke, M. 540

Jasay, A. de 538
Jens, U. 353, 539
Jevons, W. S. 553
Jochimsen, R. 65
Johnson, G. L. 65
Johnson, H. G. 480
Johnson, W. E. 581
Johnston, J. 276
Jones-Lee, M. W. 540
Jong, H. W. de 479

Kaldor, N. 480, 558, 574
Kallfass, H. H. 353
Kamerschen, D. R. 100, 158, 159, 543
Kamien, M. I. 404, 485
Kammergericht Berlin 310
Kant, I. 475
Kantzenbach, E. 353
Kaserman, D. L. 485
Kaufer, E. 479, 538
Kaysen, C. 426
Kemper, M. 539
Kennedy, C. 275
Keynes, J. M. 60
Kirman, A. P. 480
Kirsch, G. 536
Kirschner, U. 483
Klamer, A. 66
Klaus, J. 274
Klauss, G. 482
Klein, S. A. 486
Kleps, K. 540
Klippert, H. 64
Kloepfer, M. 539
Knauer, F. 393
Knieps, G. 538
Knobel, H. 65
Koll, R. 544
Koutsoyiannis, A. 273, 543
Krakowski, M. 538
Krauss, M. B. 480
Krelle, W. 158, 273, 274, 275, 483, 542
Kristol, I. 64
Kroeber-Riel, W. 158
Kromphardt, J. 64
Krouse, C. G. 479
Krupp, S. R. 65
Kruse, J. 538
Kuenne, R. E. 483
Kuhlmann, E. 540
Kullmer, L. 488, 536
Külp, B. 480
Kupsch, P. 273
Küting, K. 485

Lagrange, J. L. de 96
Lambert, P. J. 354
Lamberton, D. M. 354, 487
Lamouroux, H. 158
Lampert, H. 484
Lancaster, K. 159
Landsburg, S. E. 543
Lane, J.-E. 537
Lange, O. 554
Lanzillotti, R. F. 486
Lassmann, G. 261, 273
Latsis, S. J. 65
Lave, L. B. 275
Layard, P. R. G. 103, 543
Lee, D. R. 542
Leftwich, R. H. 542
Leibenstein, H. 159, 274, 581
Leinfellner, W. 158
Leiter, R. D. 354
Leontief, W. W. 560
Lerner, A. P. 397, 398, 483
Levitan, R. 484
L'Hospital, G.-F.-A. de 205
Lippman, S. A. 354
Little, I. M. D. 426
Lovrich, N. P. 536
Luce, R. D. 473, 484, 552
Lücke, W. 274
Luckenbach, H. 157, 160
Lybeck, J. A. 540

Macavoy, P. W. 519
Machlup, F. 64, 66, 273, 353, 482, 483, 484
Mackay, A. F. 481, 548
Mackscheidt, K. 499, 538
Mahr, W. 487
Majumdar, T. 158
Manne, H. G. 477, 487, 537
Männel, W. 276
Marchi, N. de 64
Margolis, H. 65
Margolis, J. 352
Markert, K. 353, 539
Marshall, A. 117, 554
Martin, S. 479
Marx, K. 441
Mason, E. 577
Mason, R. S. 158
Masuda, E. 554
McCall, J. J. 354
McCloskey, D. N. 66
McFadden, D. 275
McGuiness, T. 273
McKenzie, R. B. 9, 65
McKie, J. W. 458

Meffert, H. 481
Meier, P. 66
Meister, H. 540
Menrad, S. 559
Merkies, A. H. Q. M. 66
Mestmäcker, E.-J. 536, 539
Meyer, U. 544
Meza, D. de 544
Michael, R. T. 160
Mill, J. S. 571, 576
Miller, R. L. 544
Mills, E. S. 540
Minhas, B. S. 275
Mishan, E. J. 158, 480, 481, 487
Möller, H. H. 485
Monopolkommission 253, 307, 401, 442, 443, 444, 445, 446, 485, 539, 540, 561
Morgenstern, O. 64, 313
Morris, D. J. 479
Muellbauer, J. 157
Mueller, D. C. 485, 536
Müller, J. 538
Münstermann, H. 276
Munthe, P. 486
Murphy, J. A. 158
Musgrave, P. B. 488, 536
Musgrave, R. A. 488, 536
Myrdal, G. 375

Nadiri, M. I. 274, 275
Nappi, C. 486
Naylor, T. H. 273
Neal, F. 66
Nehemkis, P. 487
Neiman, M. 536
Nerlove, M. 274, 275
Neumann, C. W. 353
Neumann, M. 537, 542
Newman, P. 554
Nicholson, W. 542
Niemi, R. G. 374
Nobay, A. R. 480
Nordhaus, W. D. 542
North, D. C. 544

Oates, W. E. 538
Oberender, P. 479, 542
Ohlin, B. 59
Olson, M. 487
O'Meara, J. T. 505
Opitz, O. 545
Oppenländer, K. H. 538
Organisation erdölexportierender Länder (OPEC) 252, 300, 456, 458

Organisation for Economic Co-operation and Development (OECD) 483, 486, 517, 540
Osborne, D. K. 458
Osborne, M. 544
Ott, A. E. 157, 160, 353, 479, 481, 483, 484, 537, 542, 543, 560, 580
Owen, J. D. 160

Page, A. N. 158
Parkin, M. 480
Pareto, V. 567
Pauly, M. V. 487
Peacock, A. T. 480
Pejovich, S. 537
Peltzman, S. 518
Peterson, F. M. 538
Peterson, W. C. 482
Pettit, P. 537
Pfaff, M. 353
Pfisterer, U. 354
Pheby, J. 64
Phelps, E. S. 65, 463
Phlips, L. 93, 157, 354, 485
Piesch, W. 485
Pigou, A. C. 562, 578
Pindyck, R. S. 519
Pinola, R. 543
Pitchford, J. D. 263
Plott, C. R. 479
Pohl, R. 21
Pollak, R. A. 110, 158, 160
Polsby, N. W. 536
Pommerehne, W. W. 536, 538
Poole, R. W. 538
Popper, K. R. 23, 64
Powell, A. A. 157
Prais, S. J. 159
Pratten, C. F. 254, 276
Prest, A. R. 481
Price, C. M. 480
Primeaux, W. J. 231, 421, 484

Quandt, R. E. 543
Quirk, J. 480

Radnitzky, G. 65
Raffée, H. 65, 66
Raiffa, H. 473, 484, 552
Rapaport, A. 552
Rasmusen, E. 484
Rat von Sachverständigen für Umweltfragen, Der 539
Rau, R. 159
Recktenwald, H. C. 355, 580
Reder, M. W. 66, 377

Redman, D. A.   66
Rees, R.   543
Reichsgericht   532
Reid, G. C.   484
Ricardo, D.   571
Richter, R.   580
Ricketts, M. J.   273, 458, 483, 487, 543
Riebel, P.   276
Riley, J. G.   354
Robinson, J.   402, 478, 484, 547, 579, 580
Rodrian, H.   342, 354
Roggemann, H.   401, 494, 495, 537
Röper, B.   486, 540
Roppel, U.   540
Rose-Ackerman, S.   487
Rosenschon, A.   540
Roth, A. E.   66
Roth, T. P.   157
Rothbard, M. N.   541
Rothschild, K. W.   481, 482, 486
Rothschild, M.   354, 481
Rowley, C. K.   158, 480
Ruffin, R. J.   543

Salamander AG   434
Salvatore, D.   543
Samuelson, P. A.   55, 542, 543, 570
Sander, U.   159
Saposnick, R.   480
Scheer, A.-W.   273
Schenk, K.-E.   353, 537
Scheper, W.   274
Scherer, F. M.   253, 276, 304, 403, 404, 421, 425, 426, 479, 484
Scherhorn, G.   540
Schlieper, U.   481
Schlögl, H.   276
Schlumberger, M.   481
Schmalen, H.   354
Schmalensee, R.   479
Schmid, A. A.   536
Schmidbauer, H.   479
Schmidt, I.   539
Schmidt, K.   486
Schmitz, A.   158
Schmoller, G.   393
Schneeweiss, H.   41
Schneider, D.   277
Schneider, E.   261, 277, 581
Schneider, H.   542
Schneider, H. K.   66, 353, 482, 539
Schreiber, M.   482
Schubert, W.   485
Schüller, A.   537

Schulz, W.   545
Schumann, J.   542, 544, 580, 581
Schumpeter, J. A.   485
Schwabe, H.   553
Schwartz, N. L.   404, 485
Schwarze, J.   205, 545
Schweitzer, M.   277
Scott, M. FG.   59
Securities and Exchange Commission (SEC)   342
Seidenfus, H. S.   538
Seidl, C.   353
Seiffert, H.   63
Seitz, T.   484
Sen, A.   158, 480
Sharp, C.   160
Shephard, R. W.   274
Shepherd, W. G.   479, 482
Sher, W.   543
Sherman, R.   538
Shone, R.   66
Shubik, M.   64, 352, 484
Sidgwick, H.   492
Siebert, H.   7, 65, 538
Silberberg, E.   103, 543
Silberston, A.   276, 354
Simon, J. L.   421, 484
Simpson, D.   382, 480
Singer, E.   486
Skiba, G.   484
Slutsky, E. E.   102, 103, 573
Smallwood, J. E.   390
Smith, A.   168, 305, 349, 355, 571
Sohmen, E.   479, 480
Solow, R. M.   66, 275
Soltwedel, R.   538
Sonnenschein, H.   480
Spiegel, Der   401
Spulber, D. F.   538
Staaf, R. J.   487
Stackelberg, H. v.   483, 551, 560
Stahlknecht, R.   273
Statistisches Bundesamt   46, 137, 215, 444, 445, 531
Steiner, P. O.   486
Stewart, I. M. T.   64
Stigler, G. J.   157, 275, 484, 548
Stone, R.   159
Stöwe, H.   96, 205, 382, 386, 545
Streißler, E.   159, 354, 536, 537
Streißler, M.   157, 159
Streit, M. E.   570
Stützel, W.   569
Sugden, R.   107, 480, 481
Sweezy, P.   484

Takayama, A. 545
Tannian, F. X. 487
Taylor, L. D. 130, 159
Taylor, M. 536
Terleckij, N. E. 110, 160
Theil, H. 157
Thielmann, K. 559
Thieme, H. J. 355
Thirlwall, A. P. 275
Thompson, A. A. 273
Tietzel, M. 66, 354
Tirole, J. 479
Tollison, R. D. 158, 543
Topitsch, E. 65
Trebeis, O. V. s. Siebert, H.
Trossmann, E. 277
Tschirhart, J. 538
Tuchtfeldt, E. 355, 537
Tullock, G. 9, 65, 158, 541
Turgot, A. R. J. 180
Turner, D. F. 426
Turvey, R. 481

Uebe, G. 274
United Nations 456
United States Senate 485
Urban, G. L. 505

Valentine, L. M. 100
Varian, H. R. 542, 543, 544, 567
Veblen, Th. 570
Veltrup, B. 486
Verband der Chemischen Industrie e.V. 62
Vernon, J. M. 273
Vickers, J. 538

Wachter, M. L. 160
Wagner, A. 535
Wagner, L. 484, 544
Walker, E. R. 486
Wallis, K. F. 66
Walras, L. 378, 554

Walsh, V. 480
Walter, H. 275
Walters, A. A. 103, 276, 543
Ward, B. 64
Watrin, C. 66, 482, 536, 537
Wegehenkel, L. 353
Weimann, J. 539
Weintraub, E. R. 480
Weisberg, H. F. 374
Weisbrod, B. A. 472, 487
Weiss, H.-D. 485
Weizsäcker, C. C. v. 486
Wesner, E. 481
Whinston, A. B. 481
Wibe, S. 274
Wicke, L. 539
Wicksell, K. 581
Widmaier, H. P. 536
Wied-Nebbeling, S. 334, 354
Wiek, D. 355
Wilde, O. 483
Wildsmith, J. R. 274
Will, M. R. 354
Willeke, F.-U. 302, 539
Willgerodt, H. 483
Williams, A. 107, 481
Williamson, O. E. 353
Willig, R. D. 479
Winch, D. M. 107, 480
Windisch, R. 537
Wissenschaftlicher Beirat beim Bundesministerium für Wirtschaft 286
Wolf Jr., C. 540
Wolfe, J. N. 59
Wong, S. 158

Yaari, M. E. 110, 158
Yarrow, G. 538
Yip, G. S. 486
Yohe, G. W. 544

Zeelenberg, C. 354

Sachverzeichnis

Zusammengesetzte Stichwörter suche man unter dem ersten Substantiv, etwa „kollektive Aktion" unter „Aktion, kollektive". Bei der alphabetischen Einordnung wurden diakritische Zeichen nicht beachtet. Auf die in Anhang II halbfett gedruckten Wörter wird mit ebensolchen Seitenzahlen verwiesen. Juristische Gesetze sind unter diesem Oberbegriff am Schluß zusammengestellt.

Absatz 163 f.
Absatzmarkt 166 f., 241, 243–245
Absatzpolitik 302 f., 580
Abschreibung 214 f., 254
Abstimmung 282, 373 f., 376
Abstimmungsparadox s. Wahlparadox
Abwägungsproblem 4, 6, 9 f., 13, 140, 254, 342, 452, 496 f., 503, 517, 526, 528
Abzinsungsfaktor s. Diskontierungsfaktor
ACMS-Funktion s. CES-Produktionsfunktion
Aggregation(sproblem) 29 f., 45, 119 f., 130, 178, 374
Aktion, kollektive 471, 478, 497, 507, 509, 514
Allokation(saufgabe, -sentscheidung, -sproblem, -sverfahren) 6 f., 27, 150, 278–282, 290, 346, 350–352, 355 f., 366, 368–370, 402, 461–463, 479, 488–491, 507 f., **546**, 560
Alternativkosten 211–214, 220, 236, 259, 265, 276, 333, 343, 422, **547**
Alternativproduktion 194
Altruismus, -istisch 8, 65, 280, 376, 463
Amoroso-Robinson-Beziehung 125, 128, 245, 328, 405, 430, **547**
Amortisationsbetrag s. Annuität
Analyse, dynamische 57–59, 363, 387–389, 417, 481
–, komparativ-statische 57–59, 320, 388 f.
–, statische 56–58, 314, 359, 382, 387
Angebot 316 f., **547**
Angebotsfunktion, -kurve 20, 155 f., 236 f., 244, 317–319, 331, **547**
Angebotsgesetz **548**
Angebots(mengen-Preis)-Elastizität 246, 319
Angebotsstruktur, atomistische 306, 577
Ankündigungseffekt 63, 521
Anlagebetrag 255–260, 264–266

Annuität(enmethode) 257, 268
Ansatz, deterministischer 18 f., 34
–, stochastischer 18, 35, 44
Anschaffungsbetrag s. Anlagebetrag
Anspruchsniveau 11, 333
Anwendungsbedingung 23 f., 39, 42
Arbeitsangebot(sfunktion, -skurve) 150–156, 160, 406
Arbeitsleistung 162, 176, 215, 299, 348, 523
Arbeitsmarkt 299, 351, 395, 406 f., 523 f.
Arbeitsteilung 3, 165, 190, 287, 293, 527
–, effiziente 366, 368
Arbitrage, Arbitrageur 320–325, 431, **548**
Arrow-Paradox 375 f., 481, **548**, 576
Asylrecht 531 f.
Auftragsfertigung 232, 298, 344, 423, 464
Aufwand 210 f., 255, 268
Auktion(ator) 280, 299, 302, 378 f.
Ausbeutung 246, 330
Ausbildungsinvestition 256, 259
Ausgabe 210 f.
Ausgabenkurve 122–124, 129
Ausgaben-Preiselastizität 122 f.
Ausgangssituation 26, 52, 381–383
Ausgleichsarbitrage 321, 323, 431, **548**
Ausschließlichkeitsbindung 449 f.
Ausschlußprinzip 464, 469–472, 490, 497, 499 f., 514, 529, **548**
Ausschöpfungstheorem 193, **548**, 581
Außenseiter (eines Kartells) 456–458

Barwert s. Gegenwartswert
Barwertfaktor 261
Basiseinkommen 140
Basispunktsystem s. Frachtbasensystem
Bedarf 4, 6, 282
Bedürfnis 3 f., 6 f., 70–72, 110, 147, 349, 514
Behinderungswettbewerb **566**
Beschaffungsmarkt 166 f., 241, 243, 245

589

Beschränkung, finanzielle 7
–, institutionelle 7
–, technische 7
Beschreibungsmodell 36–38, 48
Bestandsfaktor 162 f., 172, **570**
Betrieb 164
Betriebsbereitschaft 215
Betriebsgröße 246–254, 276, 339, 361, 403
Betriebsminimum 237
Betriebsoptimum 236
Bezugschein 281, 520
Bilanzgleichung 73
Bodenrente **572**
Bogenelastizität 127 f., **549**
Börse 320, 342, 345, 579
Break-even-Punkt s. Wert, kritischer
Budgetbeschränkung 73, 85, 148, 294
Budgetgerade, -gleichung 73, 79 f., 89 f., 294, 359, 361
Budgetrestriktion s. Budgetbeschränkung

CES-Produktionsfunktion 202–206, 208, 275, **549**
Ceteris-paribus-Klausel 19, 43 f., 83, 364
–, modellexterne 43
–, modellinterne 44
Clark-Wicksteed-Theorem 581
Coase-Theorem 508 f., **549**
Cobb-Douglas-Funktion 188, 192–194, 200–202, 204–208, 274, **549**, 570
Cournot-Punkt, -Theorem 326–331, 397, 402, 427, 453, **549**

Daseinsvorsorge 529
Datum 4, 6, 10, 15, 53, 167
Demokratie, direkte 527 f., 533
–, parlamentarische 3, 527
–, repräsentative 506, 527 f., 533
Demonstrativkonsum 144, 391, **570**
Deregulierung s. Privatisierung
Devisenarbitrage 323 f.
Differentialgewinn s. Gewinn, intramarginaler
Differenzarbitrage 321, 431, **548**
Differenzinvestition 265 f.
Diskontierungsfaktor 259, 269
Diversifizierung 442, 446
Dumping 431, 575
Duopol s. Dyopol
Durchschnittselastizität **549**
Durchschnittskosten(kurve), langfristige 250–252, 411 f.
Durchschnittsproduktivität 172 f., 193, **571**
Durchschnittsquote 112 f., 172

Dyopol 231, 335 f., 413, 418, 421, **550**
–, Cournotsches 413–417
Dyopson **550**

Edgeworth-Diagramm 287 f., 290, 293, 365 f., 405, **550**, 559
Effekt, externer 110, 141, 350, 378, 447, 465 476–478, 487, 506–509, 538, **550**
–, –, negativer 213, 476–478, 490, 501, 503, 506 f.
–, –, positiver 253, 476–478, 501, 504, 506
Effektivverzinsung 261 f.
Effizienz, ökonomische 289 f., 294, 369, 403–405, 438, 480, 521, **550**
–, technische 174–176, 185 f., 196, 222 f., 254, 276, 288, 365, 508, **550**
Effizienzbedingung 221, 254, 357, 364–370, 376 f., 403, 476, 480, 498, 506
Effizienzentscheidung (in der Haushaltsproduktion) 148 f.
Egoismus, -istisch 8, 65, 168, 372, 376
Eigentumsrecht 352, 469, 493–495
Einkommensänderung, äquivalente 107 f.
–, kompensierende 106–108
Einkommenseffekt 100–105, 108, 155, **551**
Einkommenserwerbsplan 68–70, 151 f., 154
Einkommensexpansionspfad 90
Einkommensteueraufkommensfunktion 138
Einkommensverteilung (primäre) 193 f., 202, 204, 347, 351, 363, 372 f., 375, 402, 489
Einkommensverwendungsplan 68–70
Einnahme 210 f.
Elastizität 112–119, 127–131, **551**
–, potentielle 435, 437
Elementarmarkt 297, **551**, 560 f.
Endziel 5 f., 168 f.
Engel-Kurve 130–132, 134–136, 159, **551**
Entscheidung 4, 10 f., 62, 111
– unter Risiko 11
– – Sicherheit, Unsicherheit 11, 167
Entsparen 73, 140
Erklärungsmodell 37 f., 48
Erklärungsregreß (infiniter) 24, 33, 111
Erklärungsvariable 15–18, 24 f., 33, 112
Ersparnis 70, 139–141
Ertrag (s. auch: Umsatz) 171, 210 f., 255
Ertragsgesetz 179–181, 191 f., **551**
– im engeren Sinne 180, 243, **551**
– – weiteren Sinne 180, **551**
Ertragskurve 176 f.
– bei partieller Faktorvariation 176, **551**
– – totaler Faktorvariation 187, **573**
Ertragswert 264, 266
Erwartung 10 f., 15

590

Expansionspfad 220, 564
Experiment (alökonomik) 45, 61 f., 479
Exportkartell 455
Externalität s. Effekt, externer

Faktor s. Bestandsfaktor, Produktionsfaktor
Faktorangebot, effizientes 368
Faktoranpassungskurve s. Minimalkostenkurve
Faktoreinsatz, effizienter 368
Faktoreinsatzfunktion 173, **571**
Faktorgrenzkosten, s. Grenzkosten, partielle
Falsifizierbar(keit) 39, 43, 47 f., 50 f.
Fiktion, kommunistische 375
Fiskalwirtschaft 281
Fixkosten s. Kosten, feste
Forschung und Entwicklung 256, 311 f., 340 349, 404, 425, 442, 460, 496 f.
Fortschritt, technischer 174, 198, 207 f., 272, 275, 377, 485, 495
Frachtbasensystem 435, 454, 486
Frühverschleiß, geplanter 515
Fusion (skontrolle) 441, 511 f.

Gebietskartell 454
Gebietsmonopol 331
Gefangenendilemma 10, 473–475, 489, 495 534, **551**
Gegenmacht 351, 394 f., 407, 412, 439, 482
Gegenwartswert 259, 264, 266–268
Gehalt, empirischer 39–42, 319
Geld 282, 285, 358
Geldillusion 99, 156
Geldkosten 209, **559**
Geldpreis 284, **569**
Geldwirtschaft 284, 294
Gemeinschaftsaufgabe 530
Gemeinwohl 6, 350, 525 f.
Gesamtkosten 209, **559**
Gesamtkostenfunktion, -kurve, kurzfristige 222–226
–, –, langfristige 246–249
Gesamtkosten-Produktmengenelastizität 226
Geschäftsbedingung, allgemeine 345, 516
Gesetz, ökonomisches (s. auch: Hypothese) 21–23, 43, 51, 75, **552**
– vom abnehmenden Grenzertrag 179, 192
– – – Grenznutzen 72, 81, 84, **555**
– der abnehmenden Grenzrate der Substitution 87, 89, **552**
– – – – – technischen Substitution 184, 200
– vom Ausgleich der Faktorgrenzkosten 218

– – – – – gewogenen Grenznutzen 75
– – – – – Grenzproduktivitäten 218, 222
–, Engelsches 136 f., **552**
– der festen Proportionen 176, 184 f., **553**
–, Gossensches s. Grenznutzen-Ausgleichsregel, Grenznutzengesetz
–, Schwabesches 136, **553**
– der Unterschiedslosigkeit 315, **553**
– – variablen Proportionen 175, **553**, 571
– – wachsenden Staatstätigkeiten 534
–, Walrassches 360, **553**
– der zunehmenden Grenzrate der Transformation 197, **554**, 575
Gewerbefreiheit 492, 496, 537
Gewinn 164, 251, 304 f., 347, 441
–, intramarginaler 252, 441
Gewinnbereich, -zone 233 f., 332
Gewinnmaximierung, kurzfristige 168 f., 234, 327, 332, 363, 453
–, langfristige 168–170, 332, 422, 435
Giffen-Fall, -Paradox 101 f., 119, 158, **554**
Gleichgewicht(szustand) 53–58, 294, 378–382
–, dynamisches 54, 56
–, gesamtwirtschaftlich-mikroökonomisches 53, 315, 357–362, 369, 372, 377 f., 479
–, instabiles 58, 381
–, stabiles 58, 381, 419
–, statisches 53–56, 357
–, teilwirtschaftliches 53, 289, 358
–, wirtschaftspolitisches 56
Gleichgewichtsmenge 53, 317, 319
Gleichgewichtsmodell 36, 38
Gleichgewichtspreis 53, 314–317, 319, 357, 378–380, 386
Grenzanbieter, -produzent, –unternehmen 237, 252, 441, 448
Grenzausgabe 124 f., 404 f.
Grenzertrag s. Grenzprodukt
Grenzgewinn 27, 234 f., 410, 429, 507 f.
Grenzkosten (kurve) 27, 215, 217, 223–226, 234 f., 237, 326–330, 401 f., **554**
–, partielle 218, 221 f., **554**
Grenznutzen 72–78, 81, 105, **554**
Grenznutzen-Ausgleichsregel 75, 243, **555**
Grenznutzen des Einkommens 98, 106, **555**
Grenznutzengesetz 72, 243, **555**
Grenzprodukt 172, 178–180, 183, 242 f., **555**
Grenzproduktivität 172, 175, 178, 183–186, 191, 196, 217 f., 222, **571**
– des Prozeßniveaus 186
Grenzproduktivitätstheorie 243, 245, 275, 548

591

Grenzrate der Substitution beim Konsum 87–89, 212, 289f., 293, 358, 366–368, **555**
– – – am Markt 88, **555**
– – technischen Substitution 183, 191, 199–201, 212, 216f., 293, 365f., 368, **555**
– – Transformation 195–197, 367f., **555**
Grenzumsatz 27, 125, 326–329, 429f.
Grundbedarf, -bedürfnis 71, 118, 137
Grundgleichung der Wertlehre 103, 573
Grundkonsens 526, 531
Grundstücksmarkt 300
Gut, absolut inferiores 91, 101, 120, 131f., **556**
–, demeritorisches 500–503, **556**
–, komplementäres 83, 86, 119, 126f., **556**
–, meritorisches 490, 500–502, 529f., **556**
–, neutrales 132
–, öffentliches 281, 490, 497–499, 530, 538
–, relativ inferiores 91, 101, 120, 131f., 155, **556**
–, substituierbares 86, 118, 126f., 130, 297, 307, **556**
–, superiores 91, 101, 120, 131f., 155, **556**
–, unabhängiges 126f.
Güterbündel 78, 82–84, 92–95, 110, 340
Gütersortiment, effizientes 368

Haftung 166, 352, 515
Handelsfreiheit 492
Handlung, wirtschaftliche 2, 4, 7, 10
Haushalt, privater 2, 67–70
Haushaltsoptimum 76, 79f., 87–89, 99, 108
Haushaltsproduktion 145, 147–150
Hicks-Neutralität (des technischen Fortschritts) 208
Hicks-Zerlegung 100, **556**
Höchstpreis 55, 114, 116, 518–521
Hypothese 16f., 20–23, 41f., 47, 50f.

Importkartell 455
Indifferenz(kurve) 78–80, 83–91, 158, 182–184, 212, 239, 287–290, 292–294, **557**
Individualgut 71, 469–471, 477, 498, **557**
Individualnutzen 147
Industrieökonomik 312, 479
Ineffizient, Ineffizienz 148, 369, 441, 479, **551**
Ineffizienz, technische 174f., 177, 182, 228
Information(sproblem) 7, 10f., 167, 282–286, 291, 295, 314, 339–341, 350, 354, 368f., 463f., 495f., 513
Informationsvorsprung 323, 341f., 394, 516
Innenseiter(problem) 341f., 354, 463
Innovation(swettbewerb) 303, 496, **557**, 560

Input-Output-Koeffizient s. Produktionskoeffizient
Instrumentvariable 4f., 15f., 53f., 368
Integration, vertikale s. Unternehmenskonzentration, vertikale
Intensität 173, 199, **557**
Intensitätsparameter 203
Interdependenz 12, 18, 24, 37, 61, 304, 320, 357, 364
–, oligopolistische 337f., 417, 425
Internalisierung (externer Effekte) 477f., 507
Interventionspreis 522
Investitionsfreiheit 492
Investitionsfunktion 20
Investitionsplanung 167, 277
Investitionsproblem 255
Isokostengerade, -linie 218–221, 238
Isoquante 183–186, 190f., 198–200, 212, 368, **557**

Kaldor-Hicks-Kriterium 375, **557**
Kalkulationskartell 454f.
Kalkulationszinssatz 264–270
Kapazitätsgrenze 223f., 226, 238, 499
Kapazitätslinie 197f.
Kapazitätsproblem 345
Kapitaldienst 270f.
Kapitalisierung 266
Kapitalwert(kriterium, -methode) 264–266, 268–272
Kapitalwertkurve 269, 272
Kapitalwiedergewinnungsfaktor 266f.
Kartell 452–458, 474, 486, 510, **558**
Kassamarkt 298, 464
Käufermarkt 395
Käuferrente 105f., 108f., 158, 402, 428, **558**
Kaufkraft 80, 99, 349, 551
Knappheit 6f., 278, 393
Kollektivgut 71, 340, 378, 469–472, 477, 489, 497–499, **558**, 572
–, echtes s. Kollektivgut, natürliches
–, gewolltes öffentliches s. Gut, meritorisches
–, natürliches 471f., 498f., **558**
–, öffentliches 490, 498f., **558**
–, privates 492, 498
Kollektivmonopol s. Kartell
Kollusion 337
Kompensation(skriterium) 375f.
Komplementärgut s. Gut, komplementäres
Konditionenkartell 455
Konflikt(beziehung) 4, 6, 289, 302, 525
Konflikt, externer, interner (im Unternehmen) 169f.
Konjunkturkrisenkartell 456

Konkurrenz s. Wettbewerb
Konsumausgaben-Einkommenselastizität 112 f.
–, partielle 104, 131 f., 134
Konsumentenrente s. Käuferrente
Konsumentensouveränität 371, 513
Konsumentenüberschuß s. Käuferrente
Konsumfunktion, -kurve 16, 18, 20, 30, 45 f., 90, 112, 130–133, 159, **559**
–, einzelwirtschaftliche partielle 91, 130, **559**
Konsumgut, dauerhaftes 71, 109
–, nichtdauerhaftes 71
Konsumoptimum 293 f.
Konsumplan 69 f, 74, 83, 90, 92
Konsumquote, durchschnittliche 112, 131 f.
–, marginale 18, 30, 47, 112
–, partielle durchschnittliche 131 f.
–, partielle marginale 131 f., 134
Kontingentierungskartell s. Quotenkartell
Kontraktkurve 289 f., 294, 366, 405, **559**
Konventionsbeschränkung 7, 109
Konvexität, schwache 95
Konvexitätshypothese 94
Konzentration s. Unternehmenskonzentration
Konzentrationsgrad 443–445, 449
Kooperation s. Zusammenarbeit
Koordination der Wirtschaftspläne 55, 282, 344 f., 362
Korruption 521
Kosten 164, 209–213, **559**
–, durchschnittliche (variable) 253, 333 f.
–, feste 214 f., 222–224, 253, 326, **559**
–, private 213, **559**
–, soziale 213, 477, 506, **559**
–, variable 214–216, 224 f., 247, **559**
Kostendegression 442, 448, 450 f.
Kostenelastiziät s. Gesamtkosten-Produktmengenelastizität
Kostenfunktion, -gleichung, -kurve 20, 209, 222–226, 276
Kostenmaximierung 230, 232, 534
Kostenminimierung 169 f., 228, 230, 232, 453, 535
Kosten-Nutzen-Analyse 158, 376, 481
Kostenremanenz 223
Kostenstruktur 247
Kreditmarkt 166, 296
Kreuzarbitrage, -kurs 322 f., **548**
Kreuzpreiselastizität 125–127, 307, **559**
Kreuztauschverhältnis 322
Kuppelproduktion 194

Lebenszyklus-Hypothese 151
Leistungswettbewerb 303, **559**
Leitungsmonopol(ist) 254, 331, 396, **565**

Leontief-Produktionsfunktion 175–177, 184, 197, 205 f., 553, 557, **560**
Limitpreis s. Sperrpreis
Lockvogel(angebot) 335, 448
Lohn(satz) 201 f., 204, 406 f., 523 f., **569**
Lösung, interne (eines Optimierungsproblems) 220
Luxusbedürfnis, -gut 71, 119, 132, 137, 433, 556

Macht(position) 4, 281, 439, 442, 482, **562**
Marginalanalyse 26 f., 75, 112, 326, 357
Marginalbedingung s. Effizienzbedingung
Marginalquote 27, 55, 112–114, 172
Markt 53, 279, 283–285, 295–297, 348 f., **560**
–, freier **560**
–, geschlossener 450, **577**
–, offener 313, **578**
–, regulierter **560**
–, relevanter 296 f., 559, **560**
–, schwarzer 520–522
–, unvollkommener 314, **561**
–, vollkommener 312, 314 f., 321, 340, 357, 362, 369, 376, 461 f., **561**
Marktanteil 168, 170, 254, 311 f., 314, 441
Marktbeherrschung 306, 446, **562**
Marktergebnis 311 f.
Marktform 309, 312, **561**
Marktfunktion **562**
Marktgleichgewicht 316 f., 321, 378–381, 389, **562**
Marktinformationssystem 459
Marktlagengewinn 252, **562**
Marktmacht 349, 393–396, 398, 402, 442, 444, 450, 482, 493, 496, 509, **562**
Marktmangel 461, 463, 466, 469, 489–491
Marktmechanismus 251, 286, 510
Marktobjekt 295–299, 312 f., 462, **563**
–, heterogenes 314, 559, **563**
–, homogenes 296, 306, 313, 315, 324, 429, **563**
Marktorganisation 315, 334, **563**
Marktphase 390–392
Marktstruktur 311 f., 416, 442, 459, **563**
Markttransparenz 284, 296, 312–316, 320–323, 340, 379, 458, **563**
Markttrennungskosten 437
Marktverhalten 311 f.
Marktversagen 461, 464–466, 471 f., 487, 489–491, 494, **563**
Marktwirtschaft 279, 301, 340 f., 346–352, 355 f., 373, 376, 462, 488 f., 494, 505, 562
Massenproduktion 165, 253, 272, 390 f., 441, 450, 453

593

Maximin-Strategie 336
Mehrproduktprozeß, -unternehmen 165, 171, 276, 443
Mengenanpasser 73, 232–237, 245, 305–307, 309f., 314f., 329, **564**
Mengenanpassermarkt 310, 316–318, 320
Mengenstrategie 420
Menschenbild 501, 504
Messung, kardinale 81–84, 87, 98, 105, 375
–, ordinale 82–85, 87, 92, 95, 98, 376
Methode, hypothetisch-deduktive 49f.
Mindestlohn 9, 523f.
Mindestpreis 55, 518, 522
Minimalkostenkombination 204, 216–223, 226, 229f., 365, 554, **564**
Minimalkostenkurve 220, 564
Minimax-Strategie 336
Mitläufereffekt 142f., **564**
Modell 25, 31–43, 54f.
–, analytisches 40
–, beschränkt empirisches 40, 55
–, dynamisches s. Analyse, dynamische
–, nichtempirisches 40f.
– der reinen Tauschwirtschaft 292
–, statisches s. Analyse, statische
–, voll empirisches 40, 42, 45, 59
Monopol(ist) 231, 306–310, 312, 325–327, 329–331, 392, 399–404, 482, **564**
–, bilaterales 405–407, **565**
–, natürliches 231, 254, 462, 510, **565**
Monopolgrad 396–399, 448, 483, 512, **564**
Monopolmaß, Lernersches 397–399
Monopson(ist) 309, 404f., **565**
Monopsongrad 405
Monotonitätshypothese 93

Nachfrage 121f., 319f., **565**
–, abgeleitete 146, **565**
–, einheitselastische 116, 119, 125
–, elastische 116, 119, 122
–, monetäre 316f., **565**
–, unelastische 116, 119, 122
–, völlig elastische 116, 118f., 319, 329
–, – unelastische 115, 118f., 319
Nachfragefunktion 20, 159, 359, **566**
–, allgemeine 98f., 108
Nachfragegesetz 76, 90, 101f., 119, 326, 408, **566**
Nachfragekurve 89f., 104, 114–121, 239, 242, 317f., 326, **566**
–, aggregierte 120, 326, **566**
–, bereinigte 104, 108, **566**
–, isoelastische 128f., **566**
–, nichtlineare 127f.
Nachfragermacht 404f., 483

Nebenwirtschaft 156, 531
Nichtleistungswettbewerb 303, **566**
Nichtpreiswettbewerb 303, 339, 424f.
Nichtsättigung 78, 109, 372, 376
Nirwana-Ansatz 466
Niveauparameter 203
Nominalverzinsung 261f.
Notwendigkeitsgut 119, 132, 556
Nullsummenspiel 336, 417
Nutzen 71–83, 157f., 525, **567**
Nutzenfunktion 72, 76–78, 145
Nutzengebirge 77f., 85, 182
Nutzenindexfunktion 85, 95, 108, 111
Nutzenvergleich, interpersoneller 82f., 375
Nutzung 71, 74, 162–164, 214f., 295, 341, 344
Nutzungspreis 296, **569**

Ökonometrie 45, 66, 364
Ökonomik, normative 13–15, 52, 72, 169, 372, 547
–, positive 13–15, 52, 56
Oligopol(ist) 306f., 309f., 335, 337–339, 393, 420–425, 483, **567**
–, enges 308, 391, 423, **567**
–, heterogenes 337, 420, 422, **567**
–, homogenes 337, 422, **567**
–, weites 308, 422, **567**
Oligopson(ist) 309f., 335, **567**
Operation, marktexterne 440, 452, 459–461, 486
Operational(ität, -isierung) 38, 56, 499
Opportunitätskosten s. Alternativkosten
Optimierung(smodell, -sproblem) 8, 36, 38, 55, 220f.
Optionsfixierung 311, 405
Ordnung, lexikographische 93
Organisationsgrad eines Marktes 311f., 345, **563**

Parallelverhalten, bewußtes 424
Parameter 17f., 25, 35, 40–42, 49, 56f., 114
Pareto-Effizienz s. Effizienz, ökonomische
Pareto-Kriterium 372f., 378, **567**
Pareto-Optimum 289, 372f., 499, 509, **567**
Pareto-Prinzip 374, 548
Patent 439, 461, 496f.
Paternalismus, -istisch 291, 371, 374–376, 490, 502–506, 521, 529, **568**
Personalnebenkosten 215
Planperiode 4, 68, 313f.
Politikfehler, -versagen 491, 531, 540
Polypol(ist, -istisch) 306–309, 335, 393, 407–412, 483, **568**
Polypson(ist, -istisch) 308f., **568**

Präferenz 3, 71, **568**
–, persönliche 126, 296, 313 f., 334, **568**
–, räumliche 296, 304, 313 f., 334, **568**
–, sachliche 313 f., **568**
–, strenge 92
–, transitive 93
–, zeitliche 313, **568**
Präferenzordnung 3, 84, 89, 92, 95, 108–111, 141 f., 158, 294, 548, **568**
–, schwache 92 f.
Preis 284 f., 298 f., 302, 346 f., 350, 357, 378 f., **569**
Preis, relativer s. Preisverhältnis
Preis-Absatz-Beziehung, geknickte 410, 420 f., 424, 484
–, konjunkturale 124, 326, 328 f., 408 f., 421
Preisbindung, vertikale 306, 448 f., 486
Preisdifferenzierung 426 f., 437 f., 484
–, agglomerative **569**
–, deglomerative **569**
– dritten Grades 429, 438
– ersten Grades s. Preisdifferenzierung, vollständige
–, individuelle 432
– nach Gütereigenschaften 433
– – Käufereigenschaften 432, 437
– – Personengruppen, personelle 432
–, regionale 431, 434
–, vollständige 427 f., 438
–, zeitliche 431 f., 434, 437
– zweiten Grades 428 f., 438
Preiselastizität, direkte 114–117, 121, 430, 565
Preisempfehlung 449, 486
Preiserwartung 119, 151 f., 318, 387–389
Preiserwartungsfunktion 385
Preisfächer 10, 297, 307, 324, 342 f., 449
Preisfolger(schaft) 418, 424, **569**
Preisführer(schaft) 337, 418, 424, 456, 484, **569**
Preisfunktion 346 f., **569**
Preisindex, hedonistischer 149
Preiskartell 453–455
Preismeldestelle 459
Preispolitik 302 f., 305, 308, 334 f.
Preisstarrheit 334, 339, 421 f., 449
Preisstopp 518–522
Preisstrategie 420
Preisuntergrenze, kurzfristige 237
–, langfristige 236, 250
Preisverhältnis 76, 88, 217, 284, 293 f., 361
Preiswettbewerb 303, 308, 315, 339, 391, 422 f., 425, 449, 455
Preiszusammenhang, direkter 322
Prestigeeffekt 144 f., **570**

Prinzip, erwerbswirtschaftliches 572
–, ökonomisches 8, 15, 27, 111, 148, 185, 221, 230, 283–285, 547, 550
Privatisierung 538
Produktdifferenzierung 149, 303, 308, 311, 339, 349, 412, 425, 434 f., 505, 513, **570**
Produktion(sprozeß) 3, 161–164
Produktionsapparat 164, 198, 300, 494
Produktionselastizität, partielle 188 f., 193 f., 196, **570**
Produktionsfaktor 3, 162 f., 170 f., 180, **570**
–, komplementärer 180
–, limitativer 173, 177, 222, 227, **571**
–, notwendiger 176
–, substitutiver 172, 177 f., 206, 227, **571**
Produktionsfreiheit 492
Produktionsfunktion 20, 35, 170–173, 206 f., 226, **571**
– des Haushalts 146 f.
–, homogene 187–189
–, klassische 175, 177, 206, **571**
–, linear-homogene 190, 192 f., 362
–, neoklassische 180, 185, 205 f., **571**
Produktionskoeffizient 172 f., 202, 222
Produktionsmittel, dauerhaftes 162–164, 167, 210, 246 f., 254–256
Produktionsoptimum 201, 217, 220, 293
Produktionsunternehmen 165–167
Produktionsverzögerung 383 f.
Produktivität 172, **571**
Produktivitätsoptimum 236 f., 251
Produktivitätsparameter 203, 208
Produktlebenszyklus 390–392, 457, 481
Produktmengeneffekt 241 f.
Produktpolitik 303, 312
Produktwettbewerb 303, 425
Produzentenhaftung 515
Produzentenrente 158, 401 f., 519, **571**
Produzentenüberschuß s. Produzentenrente
Prognose 11, 48, 50, 61–63, 168, 466
–, selbsterfüllende 63, 151 f.
–, selbstzerstörende 63
Prognosemodell 37 f.
Prozeßanalyse s. Analyse, dynamische
Prozeßniveau 171, 186
Prozeßstrahl 227, 229
Punktelastizität 127 f., **572**
Punktmarkt 297, **572**

Querschnittsanalyse 136, 207
Quotenkartell 453 f.

Rabatt 302, 433, 442, 455
Rabattkartell 455
Randlösung, -optimum 89, 98, 220, 290

595

Rational(ität) 6, 8, 11, 15
Rationalisierungskartell 455
Rationierung 499, 520 f.
Reaktionsfunktion, -hypothese, -kurve 338, 382, 412 f., 416–419, **572**
Reaktionskoeffizient 338, **572**
Reaktionsverzögerung 12, 32, 56, 113, 119, 347
Realeinkommen 99 f., 152–154, 285, 428
Realkapital 162, 178, 201 f.
Realkosten 171, 209, **559**
Reallohn(satz) 153–156, 243, 245 f.
Realtausch 282, 292, 565, **575**
Realtauschverhältnis, objektives 88 f., 154, 283–285, 322
–, subjektives 87, 89, 154
Realtauschwirtschaft 282, 294, 322
Recheneinheit, -gut 284–286, 360 f.
Rechtsform 165 f.
Rechtsschutz, gewerblicher 340, 496, 538
Reflexivitätshypothese 92
Regulierung 538
Rendite 69, 259–265, 269, 277, 396, 398 f. 441, 451, **572**
–, branchenübliche 332
Rentabilitätsoptimum 237, 251, 442
Rente 105, 158, **572**
–, intramarginale 252, 561, **572**
Ressortegoismus 534
Ressourcenbeschränkung 7, 450
Restwert 260
Risiko 11, 213, 268, 291, 325, 466–469
Risikokompensation 518
Rivalität 302, 471, **557**, 558
Robinson-Crusoe-Ökonomie 367

Sachinvestition 255 f.
Sachkapital s. Realkapital
Samariterdilemma 10, 65
Sättigung(smenge) 6, 83, 114, 116, 120, 124, 413 f., 530
Satz über die Unberechenbarkeit staatlicher Eingriffe 532
Schmiergeld 460
Schutzrecht, gewerbliches s. Rechtsschutz, gewerblicher
Schwarzfahrer(problem, -verhalten) 470–475, 487, 499, 507, 509, 514, **572**, 576
Schweinezyklus 389
Sicht 1 f., 6, 13 f., 61, 111, 164, 167–169
Skalenelastizität 187–190, **573**
Skalenertrag(sfunktion) 186 f., 192, 197, 250, 253 f., 276, 339, 358, 362, 368, 378, 438, 462, **573**

Slutsky-Gleichung s. Grundgleichung der Wertlehre
Slutsky-Hicks-Zerlegung 103
Slutsky-Zerlegung 103 f., **573**
Snobeffekt 142–144, **573**
Sozialnutzen 147
Sparfunktion 140 f.
Sparquote, durchschnittliche 141
–, marginale 141
Spekulant, Spekulation 152, 255 f., 325, 387, **573**
Sperrpreis 451 f., 512
Spiel(theorie) 337, 419, 473, 484, 526
Spinngewebe-Modell 383–385, 389, 463, **574**
Sprungsubstitution **574**
Staatsversagen s. Politikfehler
Stabilität(sbedingung) 381 f., 386 f.
Steueraufkommensfunktion 20, 35
Störvariable 18 f., 34 f., 39, 43 f., 46
Strategie, ökonomische 90, 335 f., 413, **574**
Strukturkrisenkartell 456
Stückgewinn 236, 330, 363
Stückkosten s. Kosten, durchschnittliche
Submission 299
Submissionskartell 454, 486
Subsidiaritätsprinzip 533
Substituierbarkeitshypothese 93
Substitut, enges, nahes 118, 127, 130, 297, 307, 335, 420, 560 f.
Substitution 12, 27 f., 172, 178, 198, 348, **574**
–, lineare 83, 87, 94
–, marginale 83, **574**
–, vollständige 83, 86, 200
Substitutionseffekt 100–104, 109, 155, 241 f., 551, **574**
Substitutionselastizität 125, 127, **574**
–, technische 198–202, 206 f., 275, 549, **574**
Substitutionshemmnis 28, 297, 300, 311, **574**
Substitutionslücke 28, 358, 394, 401, **574**
Substitutionsparameter 204
Substitutionsprinzip 27, 195, **574**
Suchproblem, -theorie 342 f., 354
Syndikat 454, 458
System, marktwirtschaftliches s. Marktwirtschaft
–, offenes 34, 60
–, vernetztes 60, 305

Tangentenlösung 412
Tausch 3, 279–281, 287–294, 340, 494, **575**
–, effizienter 368
Tauschregion 288
Tauschtheorem, fundamentales 290, **575**

Tauschwirtschaft, dezentrale 279, 282, 286, 363, **575**
Teilmonopol(ist) 310, 424, 451 f., 454, **575**
Teilmonopson 311, **565**
Teiloligopol 310, 337, 422, 426, **575**
Teiloligopson 311
Tenderverfahren 299
Terminmarkt 298, 363, 465
Theorie 9, 32, 51 f., 62 f., 111
– der Demokratie, ökonomische 527 f.
– – Einkommensverteilung 243, 246
– – Konsumwahl 70, 82 f., 92, 108–111, 146 f., 221, 243
– – offenbarten Präferenzen 111
– – Politik, ökonomische 9, 536
– des Zweitbesten 377, 481
Totalbedingung 370
Transaktion 2, 279, 291
Transaktionsaufwendungen, -kosten 291, 322, 324, 353, 363, 447, 478, 508 f., 528
Transfer(zahlung) 3, 69, 138, 166, 215, 279–281, 531
Transferausgaben-Einkommenselastizität 138
Transferfunktion 138
Transferpreis **569**
Transferquote, durchschnittliche 138
–, marginale 138
Transferwirtschaft 279 f., 282, 353, 463
Transformation, lineare 81
–, streng monoton wachsende 85, 95, 108
Transformationsfunktion 146, 150
Transformationskurve, -linie 153–155, 195–198, 212, 223, 292 f., 366–368, 554, **575**
Transitiv(itätshypothese) 93, 110
Trugschluß der Monokausalität 23
– – Verallgemeinerung 30 f., 402

Überflußparadox 124
Überschußnachfrage 380 f., 565
Übertragungsproblem 38, 41 f., 44, 59, 363, 417, 480
Umsatz 123 f., 164, 211
Umwelt, natürliche 2 f., 7, 10, 149, 162, 350
–, soziale 3, 7, 10, 142
Umweltschutz 490
Ungleichgewicht(szustand) 54–56, 316, 363, 380, 382, 481
Ungut 71, 343, 476
Unsicherheit 10–12, 325, 354, 466
–, marktexterne 340
–, marktinterne 341
Unteilbar(keit von Gütern) 74, 95, 254, 370, 378, 460, 470

Unternehmen, multinationales 442
Unternehmenskonzentration 311, 351, 440–444, 456, 473, 485
–, horizontale 440
–, konglomerate 440, 486
–, vertikale 440, 447 f., 485
Unternehmenswachstum 168, 170, 312
Unternehmerlohn, kalkulatorischer 213

Variable, abhängige s. Variable, zu erklärende
–, endogene s. Variable, zu erklärende
–, exogene s. Erklärungsvariable
–, irrelevante 33 f., 54
–, zu erklärende 15, 18, 20–22, 24 f., 33 f.
Veblen-Effekt s. Prestigeeffekt
Veräußerungspreis 296, **569**
Verbandsklage 516
Verbraucherschutz(politik) 490, 514–517, 540, 560
Verbrauchsfaktor s. Produktionsfaktor
Verbrauchsstruktur 133 f.
Verdrängungswettbewerb 303, 566, **575**
Verfügungsrecht 298, 346, 352, 493–496, 507–509, 535, 537, 563, **576**
Verhaltensänderung 17
Verhaltensfunktion, -hypothese s. Hypothese
Verhaltensparameter s. Parameter
Verkäufermarkt 395
Verlust 164, 347
Verlustbereich, -zone 233, 411
Vermögensanlageplan 68–70
Verrechnungspreis 286, 448, **569**
Verrentung 266
Verschiebungsparameter 121, 143, 207, 219
Versicherungsdilemma 468 f., 487
Versicherung(sgeschäft) 462–464, 466–469, 503
Vertragsfreiheit 350, 492 f., 516
Vertriebspolitik 303
Vertriebswettbewerb 303
Verursacherprinzip 350, 501, 505, 509, **576**
Verwaltung, öffentliche 525, 533–535
Verzinsung, kalkulatorische 213
VES-Produktionsfunktion 206 f.
Vollkostenprinzip 333 f.
Vollständigkeitshypothese 92, 110
Vorleistung, Vorprodukt 162–164, 348

Wagnis, moralisches 469, **576**
Wahlparadox 374, **576**
Warentermingeschäft, -handel 325, 463
Werbewettbewerb 303
Werbung 110, 145, 254, 303, 343, 349, 351, 505, 513, 515

Wert des Grenzprodukts 240–242, 246, 404, 523f., **555**
–, kritischer 269, 271f., 277
Wertpapierarbitrage 324
Werturteil 3, 8, 14, 51, 59f., 63, 291, 371f., 490, 501f., 506, 526
– des Individualismus 371
– der Selbstbestimmung 371, 376, 500
Wettbewerb 4, 231f., 301f., 304f., 315, 348–351, 353, 439f., 474, 509f., 515f., **576**
–, atomistischer 438, **577**
–, funktionsfähiger **577**
–, geschlossener **577**
–, monopolistischer 308, 335, 483, **577**
–, offener **578**
–, oligopolistischer 308, 420, 425f., **578**
–, oligopsonistischer 309, **578**
–, polypolistischer 308, 334f., 408f., **578**
–, polypsonistischer 308, 568, **578**
–, potentieller 331, 349, 439, 577, **578**
–, unlauterer 510, 566, **579**
–, unvollkommener 578, **579**
–, vollkommener 509f., **579**
–, vollständiger 510, **580**
Wettbewerbsbeschränkung 313, 400, 435, 452f., 458, 510, 558, **580**
Wettbewerbsfreiheit 492f.
Wettbewerbsfunktion **576**
Wettbewerbshandlung 302f., 305, 308, 311, 314f., 348, 437, 476, 510, **580**
Wettbewerbsintensität 303f., 307f., 333, 440, 510, **581**
Wettbewerbsparadox 305, 439, 552, **581**
Wettbewerbspolitik 396, 425, 446, 490, 511, 516, 539
Wettbewerbswirtschaft 348, 490
Wicksell-Johnson-Theorem 548, **581**
Wirtschaftsobjekt 2, 29, 285, **563**
Wirtschaftsplan 4, 31, 36f., 53f., 56, 70, 111, 279, 316f., 344, 462
Wirtschaftssubjekt, öffentliches 2f., 525f.
Wirtschaftsverband 304, 395, 440, 458, 474
Wirtschaftsverfassung 492f.
Wissensinvestition 256
Wohlfahrt 71, 106, 152, 290f., 370f., 377, 476f.
Wohlfahrtsfunktion, gesamtwirtschaftliche 370, 374f., **581**
Wohlfahrtsökonomik 358, 370–372, 480f., 536
Wohnungsmarkt 300

X-Effizienz-Theorie **581**
X-Ineffizienz 231, **581**

Zahlungsausgang, -eingang 210, 255, 257–259, 264
Zeitbeschränkung 7, 150, 153, 343
Zeithorizont 4, 170, 177f.
Zeitpräferenz 140
Zeitreihenanalyse 136
Zentralplanwirtschaft 279, 281f., 285f., 296, 368, 524, 530
Ziel 4f., 8, 13–15, 525–527
– von Produktionsunternehmen 167–170, 273, 331f., 439
Zielantinomie 5
Zielkomplementarität 5
Zielkonkurrenz 5
Zielneutralität 5
Zielvariable 4f., 15, 53f.
Zinsarbitrage 324
Zinseszins 260
Zinskartell 457
Zinssatz 201f., 204, 301, **569**
–, interner s. Rendite
Zufallsvariable s. Störvariable
Zusammenarbeit 4, 526
Zutrittshemmnis, -schranke 311f., 339, 422, 450–452, 486, 512, 524
Zweckprognose 63
Zweidrittellösung, Cournotsche 415, 417
Zwei-Güter-Fall 32, 76, 92, 99, 101, 152
Zwischenprodukt 163, 360
Zwischenziel 5f., 168f., 301

Juristische Gesetze:
Arzneimittelgesetz 515
Bundesbeamtengesetz 525
Bundeshaushaltsordnung 8
Bundessozialhilfegesetz 71
Bürgerliches Gesetzbuch (BGB) 493, 508
Einkommensteuergesetz 138, 212
Gebrauchsmustergesetz 497
Gerätesicherheitsgesetz 515
Gesetz über Fernmeldeanlagen 401
– zur Förderung der Stabilität und des Wachstums der Wirtschaft 395, 531
– über das Postwesen 401
– zur Regelung des Rechts der Allgemeinen Geschäftsbedingungen 516
– gegen unlauteren Wettbewerb (UWG) 510, 539, 579
– – Wettbewerbsbeschränkungen (GWB) 306, 449, 459, 509, 516, 539
Grundgesetz für die Bundesrepublik Deutschland 8, 490, 493, 506, 525, 532
Lebensmittel- und Bedarfsgegenständegesetz 515
Patentgesetz 497
Personenbeförderungsgesetz 401
Umsatzsteuergesetz 71

A. Stobbe

Volkswirtschaftliches Rechnungswesen

7., rev. Aufl. 1989. XV, 409 S. 27 Abb.
(Heidelberger Taschenbücher, Bd. 14)
Brosch. DM 32,–
ISBN 3-540-51151-2

Aus den Besprechungen: „Der Versuch, den Leser vom einfachsten wirtschaftlichen Grundbegriff aus über die einzel- und gesamtwirtschaftliche Vermögensrechnung (und) die makroökonomischen Probleme des Geldwesens zur Kreislaufanalyse und zur eigentlichen volkswirtschaftlichen Gesamtrechnung bis zu den verwickelten Zahlungsbilanzfragen zu führen, ist ausgezeichnet gelungen. Zum begrifflichen Verständnis der großen wirtschaftspolitischen Zeitfragen gibt es jedenfalls kaum einen besseren Helfer."
Der Volkswirt

U. Westphal

Makroökonomik

Theorie, Empirie und Politikanalyse

1988. XIV, 530 S. 129 Abb. 50 Tab.
Brosch. DM 69,–
ISBN 3-540-18837-1

In diesem Lehrbuch wird eine Makro-Theorie entwickelt, die an der Empirie und den wirtschaftspolitischen Problemen der Bundesrepublik Deutschland orientiert ist. Entsprechend dem "state of the art" integriert diese Theorie Nachfrage- und Angebotsseite; sie umfaßt verschiedene Ungleichgewichtsregime, die Preis-Lohn-Dynamik, Stock-flow-Zusammenhänge, Prozesse der Erwartungsbildung sowie eine konsistente portfoliotheoretische Modellierung des finanziellen Sektors offener Volkswirtschaften.

M. J. Holler, G. Illing

Einführung in die Spieltheorie

1991. XII, 366 S. 89 Abb. Brosch. DM 49,80
ISBN 3-540-53769-4

Spieltheoretische Methoden werden heute in allen Bereichen der Wirtschafts- und Sozialwissenschaften intensiv verwendet. Die Spieltheorie stellt das formale Instrumentarium zur Analyse von Konflikten und Kooperation bereit. Die vorliegende Einführung gibt einen umfassenden Überblick über den neuesten Stand dieses Forschungsgebietes. Die Darstellung legt den Schwerpunkt auf die Vermittlung der grundlegenden Ideen und der intuitiven Konzepte. Anhand von zahlreichen Beispielen wird illustriert, wie sich spieltheoretische Konzepte auf ökonomische Fragestellungen anwenden lassen, und es wird gezeigt, wie spieltheoretische Konzepte neue Einsichten für das Verständnis der Grundlagen ökonomischer Theorie liefern können.

A. Stobbe

Volkswirtschaftslehre III

Makroökonomik

2., völlig überarb. Aufl. 1987. XIV, 394 S.
(Heidelberger Taschenbücher, Bd. 158)
Brosch. DM 34,80 ISBN 3-540-18172-5

Dieses Lehrbuch der Makroökonomik, eine vollständig revidierte und in weiten Teilen neu geschriebene Fassung der "Gesamtwirtschaftlichen Theorie" von 1975, wendet sich an Studienanfänger und mittlere Semester der Wirtschafts- und Sozialwissenschaften.

Springer-Verlag
Berlin
Heidelberg
New York
London
Paris
Tokyo
Hong Kong
Barcelona
Budapest

B. Felderer, S. Homburg
Makroökonomik und neue Makroökonomik

5., verb. Aufl. 1991. XV, 455 S.
97 Abb. (Springer-Lehrbuch)
Brosch. DM 36,–
ISBN 3-540-53415-6

Aus einer Besprechung:
„...die Autoren bieten eine längst überfällige, übersichtliche Einführung in die verschiedenen makroökonomischen Schulen, die sich in den vergangenen 200 Jahren entwickelt haben und früher oder später jedem Studenten im VWL-Studium begegnen... eine willkommene Orientierungshilfe im "Dickicht" der widerstreitenden Makroschulen... ein komplexes Standardwerk, das über das gesamte Studium hinweg einen guten Wegbegleiter abgibt."

WISU 7/87

J. Schumann
Grundzüge der mikroökonomischen Theorie

5., rev. u. erw. Aufl. 1987. XVI,
444 S. 192 Abb. (Heidelberger Taschenbücher, Bd. 92)
Brosch. DM 29,80 ISBN 3-540-17985-2

Dieses im deutschen Sprachgebiet weit verbreitete und auch ins Spanische übersetzte Buch ist für das wirtschaftswissenschaftliche Grund- und Hauptstudium gedacht. Es vermittelt solide Kenntnisse der mikroökonomischen Theorie und schafft Verständnis für das Funktionieren einer Marktwirtschaft.

A. Pfingsten
Mikroökonomik
Eine Einführung

1989. XIV, 240 S. 56 Abb.
Brosch. DM 29,80 ISBN 3-540-50971-2

Dieses Lehrbuch der Mikroökonomik vermittelt einen Einblick in grundlegende Fragestellungen, Methoden und Modelle mikroökonomischer Theorie. Nach kurzen Abschnitten über die Stellung der Mikroökonomik in den Wirtschaftswissenschaften, Grundprobleme des Wirtschaftens und wirtschaftswissenschaftliche Modellbildung folgen mehrere ausführliche Kapitel zur Haushaltstheorie, zur Gleichgewichts- und Wohlfahrtstheorie, sowie zur Produktionstheorie. Elastizitäten und ein kurzer Abstecher in die Preistheorie bilden den Abschluß.

U. Meyer, J. Diekmann
Arbeitsbuch zu den Grundzügen der mikroökonomischen Theorie

3., verb. Aufl. 1988. X, 250 S.
132 Abb. Brosch. DM 27,50
ISBN 3-540-50046-4